Pflanzenleben

Zweiter Band.

Allgemeine Naturkunde.

Brehms Tierleben.

Vierte, neubearbeitete Auflage. Unter Mitarbeit von Prof. Dr. Ludw. Heck, Dr. Fr. Hempelmann, Prof. Dr. R. Heymons, Prof. Dr. W. Marshall, Dr. O. Steche und Prof. Dr. Fr. Werner herausgegeben von Prof. Dr. O. zur Strassen. 13 Bände. Mit über 2000 Abbildungen im Text und auf mehr als 500 Tafeln in Farbendruck, Ätzung und Holzschnitt sowie 13 Karten.

Der Mensch.

Von Prof. Dr. Johannes Ranke. Dritte Auflage. 2 Bände. Mit 695 Abbildungen im Text (1714 Einzeldarstellungen), 7 Karten und 64 Tafeln in Farbendruck, Ätzung und Holzschnitt.

Völkerkunde.

Von Prof. Dr. Friedrich Ratzel. Zweite Auflage. 2 Bände. Mit 1103 Abbildungen im Text, 6 Karten und 56 Tafeln in Farbendruck und Holzschnitt.

Die Pflanzenwelt.

Von Prof. Dr. Otto Warburg. 3 Bände. Mit mehr als 900 Abbildungen im Text und über 80 Tafeln in Farbendruck und Ätzung.

Pflanzenleben.

Von Prof. Dr. Anton Kerner von Marilaun. Dritte, von Prof. Dr. Adolf Hansen bearbeitete Auflage. 3 Bände. Mit über 600 Abbildungen im Text, 1 Karte und etwa 80 Tafeln in Farbendruck, Ätzung und Holzschnitt.

Erdgeschichte.

Von Prof. Dr. M. Neumayr. Zweite, von Prof. Dr. V. Uhlig bearbeitete Auflage. 2 Bände. Mit 873 Abbildungen im Text, 4 Karten und 34 Tafeln in Farbendruck und Holzschnitt.

Das Weltgebäude.

Eine gemeinverständliche Himmelskunde. Von Dr. M. Wilh. Meyer. Zweite Auflage. Mit 291 Abbildungen im Text, 9 Karten und 34 Tafeln in Farbendruck, Ätzung und Holzschnitt.

Die Naturkräfte.

Ein Weltbild der physikalischen und chemischen Erscheinungen. Von Dr. M. Wilh. Meyer. Mit 474 Abbildungen im Text und 29 Tafeln in Farbendruck, Ätzung und Holzschnitt.

Pflanzenleben

von

Anton Kerner von Marilaun.

Dritte Auflage

neubearbeitet von Dr. Adolf Hansen,

Professor der Botanik an der Universität Gießen.

Zweiter Band:

Die Pflanzengestalt und ihre Wandlungen

(Organlehre und Biologie der Fortpflanzung).

Mit 250 Abbildungen im Text, 20 farbigen, 10 schwarzen Tafeln und 4 doppelseitigen Tafeln nach Originalen und Photographien von Adolf Hansen, Ernst Heyn, Adele, Anton und Fritz von Kerner, H. von Königsbrunn, E. von Ransonnet, H. Schenck, Johs. Schmidt, J. Selleny, K. Springer und Olof Winkler.

Leipzig und Wien

Bibliographisches Institut

1913.

Vorwort zum zweiten Band.

Eine viel weitergehende Umarbeitung, als sie beim ersten Band von Kerners „Pflanzenleben" nötig war, mußte dieser zweite Band des Werkes erfahren. Auf Wunsch des Leiters des Bibliographischen Instituts sollte der letzte Abschnitt des Bandes: „Die Pflanze und der Mensch", welcher die Beschreibung der Nutzpflanzen, die Gartenkunst und die Pflanze in der Kunst behandelte, ganz fortfallen. Ich konnte diesem Wunsche nur zustimmen, da die Gegenstände mit einer Biologie der Pflanzen keinen Zusammenhang haben. Über Nutzpflanzen gibt es längst umfassende Sonderwerke, ebenso über Gartenkunst und über die Pflanze als Kunstmotiv[1]. Durch die Ausschaltung dieser Kapitel wurde Raum für Wichtigeres gewonnen, vor allem für die Darstellung der in Kerners Werk nur dürftig behandelten Pflanzengeographie, die dort auf zehn Seiten zusammengedrängt war. Sie muß im dritten Band ganz neu behandelt werden. Es stellte sich also die Notwendigkeit einer ganz neuen Einteilung des Werkes und einer Verteilung des Stoffes auf drei Bände heraus. Das Bibliographische Institut hat mich bei dieser vorläufigen Arbeit durch Gewährung jeder Freiheit in dankenswerter Weise unterstützt. Nach der Dreiteilung des Werkes konnte die Morphologie nicht mehr im ersten Band verbleiben. Es war auch naturgemäßer, mit ihr einen Band zu beginnen, als damit zu schließen, wie in der alten Auflage. So bildet die Schilderung der äußeren Gestalt der Pflanzen die erste Hälfte dieses Bandes. Doch mußte die Morphologie ganz umgearbeitet werden, da Kerners Darstellung stark veraltet war. Sie wurde, wie heute üblich, unter dem Gesichtspunkt der Entwickelungsgeschichte und Metamorphosenlehre behandelt, auch die Ausführungen

---

[1] H. Semler, Tropische Agrikultur. 2. Aufl. 1892—1903. — M. Fesca, Pflanzenleben der Tropen und Subtropen. 3 Bde. 1904—11. — L. Reinhardt, Kulturgeschichte der Nutzpflanzen. 2 Bde. 1911. — O. Warburg und van Someren-Brand, Kulturpflanzen der Weltwirtschaft. 1908. — J. v. Falke, Der Garten, seine Kunst und Kunstgeschichte. 1884. — H. Jäger, Gartenkunst und Gärten. 1888. — W. Lange, Die Gartengestaltung der Neuzeit. 1902. — A. Siebert, Schölermann und Kraus, Wie lege ich einen Garten an? 1912. — F. Rosen, Die Natur in der Kunst. 1903. — E. Haeckel, Kunstformen der Natur. 1904.

über Molekularstruktur wurden geändert. Das Kapitel über Gallen, welches Kerner bei der Entstehung der Pflanzenarten besprochen hatte, ist der Morphologie der Bildungsabweichungen angeschlossen worden. Kerners eigenste Domäne war die Blütenbiologie, doch konnte auch hier nicht alles unverändert bleiben. Die Darstellung wurde, ohne das reiche Beobachtungsmaterial wesentlich zu vermindern, etwas gekürzt, besonders das Kapitel der Selbstbefruchtung (Autogamie) etwas in seiner Breite beschränkt. Ich erfreute mich bei den Änderungen der Zustimmung des Wiener Biologen und Systematikers Prof. von Wettstein, des Schwiegersohns A. Kerners. Das reiche Beobachtungsmaterial Kerners sowie die vortrefflichen Abbildungen sind dabei so gut wie ganz erhalten geblieben, und ich glaube, daß trotz aller Änderungen und Zusätze auch dieser Band als Kerners Werk keinen Abbruch erlitten hat. Zu den vorhandenen Abbildungen ist eine Reihe neuer Textbilder und farbiger Tafeln hinzugekommen, die deshalb erwünscht waren, weil ihre Objekte nicht überall zur Hand sind. Das Bibliographische Institut ist auch hierin zu allen Opfern bereit gewesen, wofür ich den Dank auszudrücken nicht unterlassen will, ebenso wie ich meine Danksagung auch der Redaktion für die Mitarbeit bei der Drucklegung abstatte. Die schönen, von verschiedenen Künstlern ausgeführten Aquarelle in Band I—III sollten in heller Beleuchtung betrachtet werden. Die Meeresbilder machen sich besonders schön im Sonnenlicht. Der dritte Band, welcher die Entstehung der Arten und die Deszendenzlehre sowie die Verbreitung der Pflanzen auf der Erde enthalten wird, muß freilich fast ganz dem Herausgeber selbst zur Last fallen. Immerhin wird durch Übernahme einiger Kapitel aus der früheren Auflage auch dieser Band Kerners Namen tragen dürfen.

Gießen, September 1913.

Dr. A. Hansen.

Inhalts-Verzeichnis.

Die Pflanzengestalt und ihre Wandlungen.

I. Aufbau und Gliederung der Pflanzengestalt.

II. Die Fortpflanzung und ihre Organe.

Verzeichnis der Abbildungen.

Farbige Tafeln.

Schwarze Tafeln.

Abbildungen im Text.

Die Pflanzengestalt und ihre Wandlungen.

I. Aufbau und Gliederung der Pflanzengestalt.

1. Bauplan und unsichtbare Struktur der Pflanze.

Solange die Pflanzen, wie im ganzen 18. Jahrhundert, fast ausschließlich ein Gegenstand der Klassifikation (Einteilung in Klassen und Abteilungen) waren, hatte man sich um das Leben der Pflanze wenig gekümmert. Das lag schon in der damaligen Methode der botanischen Forschung begründet. Man wollte die Möglichkeit haben, die Pflanzenarten, namentlich die fremdländischen, immer wieder zur Hand zu nehmen, darum mußte man sie aufbewahren. So wurde die Pflanze in erster Linie Herbariumsobjekt, und dieses war getrocknet und tot. Man konnte auf diese Weise um so weniger eine Vorstellung von einer lebendigen Pflanze gewinnen, als sich die meisten Pflanzen nicht vollständig, sondern nur in Stücken in die Herbariumsmappen legen lassen, etwa ein blühender Zweig oder ein Laubsproß mit seinen Blättern. Sogar bei kleineren Gewächsen verzichtete man darauf, ganze Individuen zu trocknen, da die unterirdischen Organe, die Wurzeln, Zwiebeln usw., für die Klassifikation oft gar keine Bedeutung hatten, sondern dazu die Blüten genügten. So arbeitete der Botaniker damals vorwiegend mit toten und unvollständigen Pflanzen.

Wer aber zum wahren Verständnis der Pflanze gelangen will, muß sie in erster Linie als ein lebendes Wesen ansehen und alle Organe im Zusammenhang miteinander betrachten. Aus diesem Grunde sind im ersten Bande dieses Werkes die lebendigen Eigenschaften und Äußerungen der Pflanze in den Vordergrund gestellt. Anderseits hieße es die Aufgabe der Botanik verkennen, wollte man übersehen, daß die Pflanze auch ein geformtes Naturwesen ist.

Der alten Botanik war die Pflanze nur ein Formenwesen, und die Form sowohl des Ganzen wie seiner einzelnen Teile etwas Gegebenes, das man nur beschreiben konnte. Für die heutige Botanik sind dagegen die Pflanzenformen etwas Gewordenes, und dieses Werden muß sich verfolgen, beobachten lassen. Jede Pflanzenform bedeutet daher nicht mehr eine bloße Tatsache, sondern eine Aufgabe, ein Problem für die wissenschaftliche Forschung, und diese nimmt die Gestalt der Pflanze nicht als etwas Selbstverständliches hin, sondern fragt sich, warum und unter welchen Bedingungen die Pflanze ihre Formen ausbildet.

Jede Formenbildung, z. B. die Entstehung von Stengeln, Blättern und Blüten, ist ja gleichfalls eine Äußerung des Lebens, denn die tote Pflanze entwickelt nichts mehr von alledem. War die Aufklärung der Vorgänge der Ernährung, der Atmung, der Bewegungen die erste Aufgabe, um die Pflanze als lebendes Wesen zu verstehen, so kann die Beantwortung der Frage nach der Entstehung der Pflanzenform als letzte und höchste Frage der Biologie bezeichnet werden. Die Methode ist auch bei dieser Aufgabe die allgemein naturwissenschaftliche, die genaue Beobachtung und der wissenschaftliche Versuch. Zur Erlernung dieser Methode ist nicht bloß der Gelehrte von Fach bestimmt, und somit erscheint die Absicht, auch diesen Stoff weiteren Kreisen wissenschaftlich zu erläutern, begründet und aussichtsvoll.

Die Aufgabe, über die Methode der alten Botanik, die Betrachtung und Beschreibung des Unveränderlichen hinauszugehen und die Entwickelung der Formen zu verfolgen, hat schon Goethe, dem die Naturwissenschaft mehr Anregung verdankt, als allgemein anerkannt ist, mit folgenden Worten angedeutet.

„Der Deutsche hat für den Komplex des Daseins eines wirklichen Wesens das Wort Gestalt. Er abstrahiert bei diesem Ausdruck von dem Beweglichen, er nimmt an, daß ein Zusammengehöriges festgestellt, abgeschlossen und in seinem Charakter fixiert sei. Betrachten wir aber alle Gestalten, besonders die organischen, so finden wir, daß nirgend ein Bestehendes, nirgend ein Ruhendes, ein Abgeschlossenes vorkommt, sondern daß vielmehr alles in einer steten Bewegung schwanke."

Einer solchen Betrachtungsweise, die lebendigen Wesen als solche zu verstehen, ihre äußeren, sichtbaren und greifbaren Teile im Zusammenhange anzusehen, die äußere Gliederung als Andeutung des inneren Baues aufzufassen, gab Goethe den Namen Morphologie. Er bahnte dadurch einer neuen Wissenschaft den Weg, durch welche die lebenden Naturkörper von den toten viel klarer als bis dahin unterschieden wurden.

Wie verschieden diese Anschauungsweise von der alten terminologischen Behandlung der Pflanzen ist, die jeden Teil durch einen lateinischen Namen für genügend erläutert hielt, beleuchtet Goethe durch ein einfaches, aber lebendiges Beispiel.

Man nehme, sagt er, eine Bohne in völlig entwickeltem Zustande, dann findet man unter der Schale zwei Samenblätter, die man wenig glücklich mit dem Mutterkuchen der Tiere verglichen hat; denn es sind zwei wahre, nur sehr dicke und mit Mehl erfüllte Blätter, welche an Licht und Luft grün werden. Zwischen ihnen erkennt man schon das Federchen, welches aus jungen und unfertigen Blättern besteht. Bedenkt man, daß hinter jedem Blattstiele eine Knospe sitzt oder entstehen kann, so liegt in einem solchen Samen eine ganze Sammlung von Entwickelungsmöglichkeiten, von Anlagen, die sich zu mehr oder weniger, ja sogar gänzlich veränderten Organgestalten ausbilden können.

Der Linnéschen Botanik war eine Bohne nur ein fertiger Same, der die Pflanze zur Not mit charakterisieren konnte, dessen weiteres Verhalten vielleicht einen Gemüsegärtner, aber nicht die Wissenschaft interessierte. Goethe eröffnet eine fruchtbarere wissenschaftliche Anschauungsweise. Für ihn ist die Bohne ein interessantes Pflanzenerzeugnis, in dem Kräfte ruhen und geweckt werden können, um vorhandene Formanlagen zur vollen Entwickelung zu bringen oder Neubildungen zu veranlassen. An einer Keimpflanze sind nicht bloß verschiedene Teile zu unterscheiden, sondern eine Reihe merkwürdiger Entwickelungsvorgänge zu beobachten. In seinen Schriften über die Metamorphose der Pflanze hat Goethe solche eigenen Beobachtungen mitgeteilt, sie wissenschaftlich durchdacht und damit einen leitenden Faden für die botanisch-morphologische Forschung gefunden, dem diese bis auf den heutigen Tag folgt.

Goethe war wohl in der Lage gewesen, einen solchen fördernden Gedanken auszusprechen und zu begründen. Er sprach es aber selbst aus, daß er nicht daran denken könne und wolle, sich dauernd den Forschern in den sich damals mehr und mehr trennenden Einzelwissenschaften zuzugesellen. Die selbständig gewordene Botanik mußte diesen Gedanken übernehmen, und Alexander Braun sprach in seinem klassischen Werke „Die Erscheinungen der Verjüngung im Pflanzenreich" 1849 den Goethischen Gedanken klar und bündig als methodischen Grundsatz aus: Bei den Lebewesen könne nirgends ein Beharrendes, Ruhendes, Abgeschlossenes vorkommen, jede einzelne Erscheinung dürfe nicht für sich gelten, sondern müsse als Glied wesentlich zusammenhängender Erscheinungen aufgefaßt werden. Darum muß die Forschung auf die ersten Anfänge zurückgehen und von ihnen aus das Werden der ganzen Entwickelungsvorgänge bis zum eigentlichen Ziel verfolgen. Erst die Anwendung dieses allgemeinen Lehrsatzes auf die einzelnen Organe gab Goethes Morphologie einen großen und anziehenden Inhalt, und Alexander Braun wurde dadurch der Schöpfer einer Pflanzenmorphologie.

Im ersten Bande dieses Werkes sind mancherlei einzelne besonders merkwürdige Pflanzenformen beschrieben worden. Die Morphologie (Gestaltlehre) will mehr leisten, sie will in den Stand setzen, alle Pflanzengestalten nach wissenschaftlichen Grundsätzen zu verstehen und sich in der ungeheuern Mannigfaltigkeit, die den Anfänger verwirrt und erschreckt, mit Leichtigkeit an der Hand der Begriffe zurechtzufinden. An Stelle unruhigen Fragens will die Morphologie und die aus ihr hervorgegangene Organographie (Organlehre) die ruhige Sicherheit des Verstehens von Form und Leistung der Organe setzen.

Ehe jedoch an die Schilderung der Tatsachen herangegangen wird, mögen einige rein theoretische Betrachtungen über Gestaltung des Pflanzenkörpers im allgemeinen vorausgeschickt werden, deren Kenntnis die Anschauung vertiefen wird.

Nicht selten hört man Pflanzengestalten mit Bauwerken vergleichen, womit aber nur hervorgehoben werden soll, daß auch die Pflanzengebäude den Eindruck der Zweckmäßigkeit machen, die manchmal sogar überraschend erscheint. Eine solche Anpassung des Baues an bestimmte Aufgaben setzt aber ein Gestaltungsgesetz voraus, einen Bauplan, wie man auch zuweilen sagt, der die für die künftige Arbeitsteilung am besten passende Raumverteilung, die zweckmäßige Konstruktion des ganzen Aufbaues, die passendste Anlage der leitenden Gewebe, der Speicher- und Lufträume und vieles andere beherrscht, was der Pflanze in Zukunft für ihre gesamten Lebensaufgaben frommen soll.

Trotz dieser Voraussetzung muß freilich die Frage aufgeworfen werden: ob es angeht, bei den Pflanzen von einem Bauplane zu sprechen? In dem Sinne, wie man von dem Bauplane einer menschlichen Behausung spricht, gewiß nicht. Wir wissen nichts von einem Baumeister. Noch weniger baut sich die Pflanze infolge eines von ihr selbst vorausbedachten Planes auf, sondern ihre Teile erhalten die bestimmte Gestalt, wie nach einem vorgeschriebenen Gesetz, aus innerer, ererbter Notwendigkeit, ähnlich dem Kristalle, dessen Form in der chemischen Zusammensetzung der Flüssigkeit, aus welcher er herauswächst, begründet ist. Die Bezeichnung Bauplan ist aber insofern nicht widersprechend, als auch bei den Pflanzen der Bauplan nicht unabänderlich ist. Gerade wie bei einem Bau noch Abweichungen vom Plane eintreten können, so kann auch der ererbte normale Entwickelungsgang durch Änderung der äußeren Bedingungen zuweilen abgeändert werden. Abweichungen der Blattform z. B. treten in der Natur ein durch Änderung der Beleuchtung und der Feuchtigkeit. Ganz besonders lassen sich durch das Experiment solche Änderungen des regelrechten Entwickelungsganges an Pflanzen hervorrufen. Man kann gewisse Stadien ganz ausschalten und den Entwickelungsgang sogar umkehren. Doch kann auf diese Tatsachen der experimentellen Morphologie hier nur hingewiesen werden (vgl. Goebel, „Einleitung in die experimentelle Morphologie"). So gut aber von dem Grundrisse und Aufrisse, von der symmetrischen Anlage, ja von dem Bauplane des

Kristalles gesprochen werden kann, ebenso ist es gestattet, bildlich auch von dem Bauplane oder, wenn man es lieber hört, von dem Gestaltungsgesetze der wachsenden Pflanze zu reden. Der Bauplan ist eben für jede Pflanze vorgezeichnet durch ihre spezifische Konstitution, und insofern hat jede Art zunächst ihren eigenen, von äußeren Einflüssen ganz unabhängigen Bauplan, dem sie so lange folgt, ja folgen muß, als ihre spezifische Konstitution nicht geändert wird. Auch Goebel nennt das „die innere Konstitution, welche eine Entwickelung in bestimmter Richtung bedingt". Von anderer Seite werden diese Verhältnisse durch die Annahme innerer Gestaltungsursachen erläutert. Was hier spezifische Konstitution genannt wird, faßt man auch unter dem Begriff „erbliche Eigenschaften" zusammen. Man begreift leicht, daß es sich hier um noch schwer zu erfassende Vorgänge im Pflanzenkörper handelt, für die man bis jetzt nichts hat als einen sprachlichen Ausdruck, der so oder so lauten kann.

Unter spezifischer Konstitution verstehen wir nicht nur die chemische Zusammensetzung, die bestimmte Zahl von Atomen und die eigentümliche Vereinigung derselben zu Molekülen, sondern auch den Verband von Molekülen zu bestimmten Gruppen höherer Ordnung, welcher im Pflanzenkörper ebenso geregelt sein muß wie in einem Kristall. Und zwar müssen wir annehmen, daß diese Verbindung der Moleküle für jede Pflanzenart eine eigentümliche ist, ja noch mehr, daß die Substanz, welche sich beim Wachstum den schon vorhandenen Molekülgruppen beigesellt, sich immer wieder den daselbst herrschenden Gestaltungsgesetzen unterordnet, denn sonst könnte die Form einer Pflanze oder eines fertigen Organes keine gleichbleibende, keine beständige sein.

Wenn wir hier den Aufbau der Kristalle zum Vergleiche herbeiziehen, so soll damit nicht gesagt sein, daß die in Rede stehenden Vorgänge hier und dort dieselben sind. Im Gegenteil, es ist sicher, daß eine tiefgreifende Verschiedenheit in betreff des Aufbaues von Kristallkörpern und Pflanzenkörpern besteht, daß der Unterschied zwischen unbelebten und belebten Gebilden gerade mit dieser Verschiedenheit zusammenhängt, und daß insbesondere die Teile der Pflanze durch den ihnen eigentümlichen unsichtbaren Bau zu jenen Bewegungen, die uns als Leben erscheinen, geeignet sind.

Die durch die Kristallisation und das Wachstum der Kristalle vereinigten Moleküle lassen keine weitere Einschiebung gestaltungsfähiger Substanz, keine Umlagerung und Umgestaltung, keine Verknüpfung neuer Moleküle mit den schon vorhandenen zu, wie die Moleküle lebender organisierter Körper. Mit anderen Worten, ein Kristall besitzt keinen Stoffwechsel, wie ein lebender Körper, der trotz der steten Wandlung der ihn aufbauenden Stoffe doch immer die einmal angenommene Form behalten kann. Wenn dagegen die Moleküle des Wassers in einen Salzkristall eindringen und die Salzmoleküle auseinanderdrängen, so ist das der Zerfall, die Auflösung des Kristalles und nicht eine weitere Entwickelung desselben. Der Kristall zeigt auch bei seiner Bildung niemals solche Bewegungen der kleinsten Bausteine, welche die lebenden, organisierten Teile der Pflanze charakterisieren und welche als Erscheinungen des Lebens gelten.

Die Analogie zwischen dem Aufbaue der Kristallkörper und Pflanzenkörper besteht nur darin, daß in dem einen wie in dem anderen Falle die Gruppierung der Moleküle nicht regellos vor sich gehen kann, sondern jedesmal bestimmten Gesetzen folgen muß, und daß die äußerlich sichtbare Form des fertigen Bauwerkes im Kristall wie in der Pflanze das Ergebnis und zugleich der Ausdruck der besonderen eigenartigen Gruppierung der unsichtbaren Moleküle und der aus ihnen hervorgegangenen Gruppen ist.

Abgesehen von dieser Analogie besteht wahrscheinlich ein tiefgreifender Unterschied zwischen dem molekularen Bau eines Kristalles und dem der Pflanzensubstanz. Diesen Unterschied klar zu bezeichnen, ist aber bis jetzt nicht möglich. Man kann sich höchstens theoretischen Ansichten zuwenden, die von scharfsinnigen Gelehrten über diese Frage geäußert worden sind. Die Grundlage solcher Theorien bildet immer die Annahme, daß der Pflanzenkörper sich aus Molekülgruppen besonderer Art aufbaut. Somit stehen diese Theorien im Einklang mit Vorstellungen der Chemie und Physik über Zusammensetzung der Materie, folgen aber doch besonderen, eben nur für die lebende Materie geltenden Vorstellungen.

Wenn unsere Wißbegierde durch solche Hypothesen auch nur wenig Befriedigung findet, so sind sie deswegen doch nicht geringschätzig zu behandeln. Die Zellsubstanz (das Protoplasma), deren Bewegungen und deren ganzes Schaffen und Wirken unserer sinnlichen Wahrnehmung als Leben erscheint, hat zu viel Fesselndes an sich, als daß wir es unterlassen dürften, nach ihrem feinsten Bau zu fragen. Dem Bedürfnisse, sich, solange die Beobachtung in dieser Richtung versagt, wenigstens von diesen Dingen ein anschauliches Bild zu entwerfen, entspricht es jedenfalls besser, sich Molekülgruppen in einer bestimmten Form und Anordnung, als gar nichts, vorzustellen.

Unter mehreren Hypothesen über die besondere Molekularstruktur, welche die Substanz der lebenden Körper in einen so merkwürdigen Gegensatz bringt zu den unbelebten, ist diejenige C. von Nägelis die annehmbarste, weil sie nicht mit „lebendigen Einheiten", die gar nichts erklären können, sondern mit physikalischen Vorstellungen arbeitet. Wenn man behauptet, die Pflanzensubstanz: Protoplasma, Zellhäute u. a., bestände aus hypothetischen, lebendigen Einheiten im Gegensatz zu den chemischen Elementen und Verbindungen, so ist damit für die lebenden Körper gar nichts gesagt, was die Einsicht förderte. Man erklärt nichts, wenn man sagt, die Gewebeteile bestehen aus lebendigen Elementen. Dagegen ist es eine Erklärung, zu sagen, welche andere innere Struktur die Substanzen des lebenden Körpers haben können. In diesem Sinne ist Nägelis Ansicht eine wirkliche naturwissenschaftliche Theorie, während die Annahmen von Plasomen, Gemmarien u. dgl. lebenden Einheiten nur etwas andere Formen von Leibniz' philosophischer Monadenlehre sind.

Nägeli wies mit Recht darauf hin, daß alle organisierten Substanzen, d. h. die Gewebestoffe, sich gegenüber den unorganisierten, also Mineralien, chemischen Elementen und Verbindungen, durch ihr Verhalten zum Wasser auszeichnen. Sie sind quellbar, d. h. lösen sich nicht in Wasser auf wie ein Salzkristall, sondern lagern Wasser nur bis zu einer bestimmten Grenze zwischen ihre Substanzmoleküle ein. Dieser Unterschied läßt sich an jedem Stück Holz, einer tierischen Haut oder an Gelatine erläutern. Nägeli nahm an, daß die organischen Substanzen nicht aus Molekülen als nächsten Einheiten, sondern aus größeren Molekülgruppen, die er Mizellen nannte, aufgebaut seien.

Die Mizellen lagern bei der Quellung Wasser in ihre Zwischenräume ein. Sie werden dadurch auseinandergedrängt, die Substanz wird wasserreich und quillt auf, ohne sich zu lösen. Nur die Konsistenz der Substanz ändert sich; war sie vorher hart und brüchig, wie ein Stück trockene Gelatine, so wird sie nach der Wasseraufnahme weich und schlüpfrig. Das Wasser wird mit großer Gewalt von den festen Teilchen angezogen, schiebt sie auseinander und vergrößert das Volumen so gewaltig, daß man bekanntlich mit angefeuchteten Holzkeilen Felsen sprengen kann. Das Quellungswasser, auch Imbibitionswasser genannt, läßt sich nicht einfach aus der gequollenen Substanz auspressen.

Alle diese physikalischen Verhältnisse deuten auf eine besondere Molekularstruktur quellbarer Substanzen. In einen Kristall, der gleich diesen Stoffen in Wasser unlöslich wäre, bringt niemals Wasser ein, um ihn quellen zu machen. Entweder löst er sich in dem Wasser auf, oder er bleibt ganz unverändert.

Nägelis Mizellentheorie ist wohlgeeignet, der Vorstellung über die inneren Vorgänge bei der Quellung zu Hilfe zu kommen. Da manche organisierten Substanzen, wie Zellmembranen, Stärkekörner und Kristalloide, optische Doppelbrechung zeigen, glaubt Nägeli, daß die Mizellen selbst kristallähnliche Molekülgruppen seien, doch könnte die Doppelbrechung auch durch Spannungen in den Substanzen hervorgerufen sein. Wichtig ist es, hervorzuheben, daß diese Theorie voraussetzt, daß verschiedene Bestandteile des Körpers, als Protoplasma, Zellwände, Zellkerne, Stärkekörner usw., aus Mizellen verschiedener Größe und Eigenschaften bestehen. Das ist auch viel wahrscheinlicher, als daß alle Gewebesubstanzen aus ganz gleichartigen „Lebenseinheiten" bestehen sollen, wie manche Forscher annehmen. Wenn wir, um unsere Vorstellungen über viele Lebensvorgänge zu klären, ohne solche theoretische Ansichten nicht auskommen, so muß man anderseits sagen: sehen kann man mit unseren optischen Hilfsmitteln von diesem molekularen Aufbau nichts. Gewisse Schlüsse können freilich aus dem optischen Verhalten der Gewebesubstanzen im polarisierten Lichte wegen des ähnlichen Verhaltens von Körpern bekannter Struktur gezogen werden. Die optische Untersuchung der Zellwände und geformten Inhaltskörper der Zelle ist ein interessantes Gebiet der Forschung, doch können wir hier auf dessen Inhalt nicht eingehen.

Wollen wir uns mit dem begnügen, was dem bewaffneten Auge sichtbar gemacht werden kann, dann kann der Grundsatz aufgestellt werden, daß alle Pflanzenkörper sich aus Protoplasten oder Zellen aufbauen, die das allgemeine, und zwar sichtbare Formelement sind. Auf der untersten Stufe des Pflanzenreiches ist die Zelle zugleich die ganze Pflanze, da z. B. niedere Algen nur aus einer einzigen Zelle bestehen, wie man sagt „einzellig" sind. Es gibt nur eine einzige noch einfachere Organisation, die wir bei den Schleimpilzen oder Myxomyzeten finden. Hier gilt der Begriff der Zelle nur für ihre Sporen, mit denen sie sich fortpflanzen. Ihre vegetativen Zustände, die Plasmodien, sind hautlose Protoplasmamassen, durch Zusammenfließen der Sporeninhalte entstanden, aber ohne Ähnlichkeit mit dem in Zellen gegliederten inneren Baue aller anderen Pflanzen.

Das ausgesprochene Streben nach Formenbildung gibt sich aber auch schon auf dieser untersten Stufe der Pflanzenwelt zu erkennen. Die formlosen Plasmodien wandeln sich bei der Fortpflanzung zu den mannigfaltigsten und zierlichsten Gestalten um, die nicht von Einfachheit und Niedrigkeit sprechen lassen.

2. Sichtbare Formenbildung des Protoplasmas.

Im ersten Bande ist das Protoplasma schon in seiner formbildenden Tätigkeit betrachtet worden, aber nur in bezug auf innere Raumverhältnisse. Hier kommen wir darauf zu sprechen, daß das Protoplasma auch bestimmte äußere Formen anzunehmen und sich zur „Pflanze" zu gestalten vermag.

Ein mit Vorliebe auf der Rinde abgefallener dürrer Kiefernzweige vorkommender Schleimpilz, Leocarpus fragilis (s. Abbildung, S. 9, Fig. 12), bildet als sogenanntes Plasmodium eine schmierige gelbe Masse, die dem zerflossenen Dotter eines Hühnereies täuschend ähnlich sieht. Dieses Plasmodium ist aus der Vereinigung gelblicher kleiner, aus Sporen ausgekrochener

Protoplasten entstanden und stellt einen hautlosen Protoplasmakörper dar. Diese Masse überzieht die abgestorbenen, auf dem Boden liegenden Zweige als eine dünne Schicht, an welcher besondere Hervorragungen nicht zu erkennen sind. Noch am späten Abend kann man den Leocarpus in der angegebenen Gestalt als Plasmodium sehen. Im Laufe der Nacht erheben sich aber an bestimmten Stellen Buckel und Warzen, und die ganze Masse sieht dann wie grob gekörnt aus. Gegen Morgen sind aus diesen Erhabenheiten verkehrt-eiförmige, an dünnen

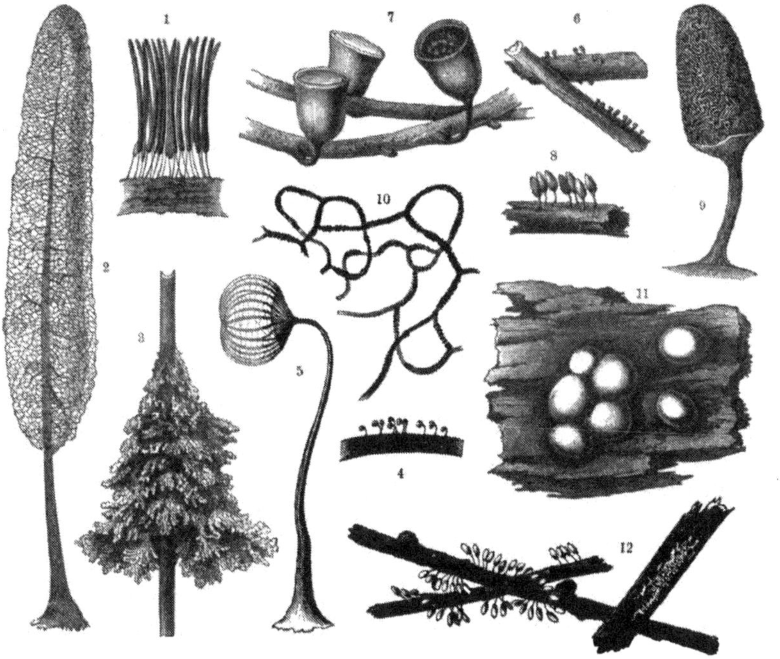

Schleimpilze: 1) Gruppe von Sporenträgern von Stemonitis fusca, 2) ein einzelner dieser Sporenträger, vergrößert; 3) Sporenträger von Spumaria alba an einem Grasblatte; 4) Gruppe von Sporenträgern von Dictydium umbilicatulum; 5) Sporenträger desselben, vergrößert; 6) Sporenträger von Craterium minutum; 7) dieselben, vergrößert; 8) Sporenträger von Arcyria punicea; 9) ein einzelner Sporenträger, vergrößert; 10) Stück des netzförmigen Kapillitiums aus demselben; 11) Sporenträger von Lycogala Epidendron auf einem Holzstücke; 12) rechts ein Plasmodium, links mehrere Sporenträger von Leocarpus fragilis auf Holzstücken.

Stielen aufsitzende birnförmige Körper geworden, die nun nicht mehr schmierig sind, sondern eine dünne trockene Haut haben und im Inneren zahlreiche haarförmige Fäden und dazwischenliegende staubartige schwarze Sporen enthalten. Zu dem Aufbau derselben braucht der Leocarpus ungefähr zwölf Stunden, und hat man die Geduld, die ganze Nacht hindurch die sich formende Masse zu beobachten, so kann man tatsächlich sehen, wie sich der schleimige gelbe Körper von der Unterlage erhebt, abrundet, eine Haut bekommt und die birnförmige Gestalt annimmt. Ähnlich wie Leocarpus entwickelt auch Dictydium umbilicatulum seine Sporenbehälter (s. obenstehende Abbildung, Fig. 4 und 5). Die lichtbraune zerflossene, gestaltlose Protoplasmamasse erhebt sich zu einem runden Strange, der an seinem oberen Ende sich keulenförmig verdickt und dann in ein zierliches Netzwerk auflöst, das im Umrisse die Gestalt einer Kugel besitzt. Zwischen den Maschen dieses Netzwerkes sondert sich das Protoplasma in schwarze staubförmige Sporen, welche dem leichtesten Lufthauche zur Beute werden. Das schleimige Protoplasma der Stemonitis fusca (Fig. 1 und 2, S. 9) dagegen erhebt sich in Gestalt zahlreicher dichtgedrängter, ungefähr 1 cm langer Stränge. Jeder einzelne Strang gliedert sich in einen unteren stielartigen Teil und in einen oberen dickeren zylindrischen Körper. Dieser ist zunächst noch von schleimiger Konsistenz, wird aber alsbald trocken und sondert sich in eine mittlere Spindel, von welcher allseitig eine Unzahl feiner und feinster netzförmig miteinander verbundener Fäden ausgeht, dann in Tausende staubförmiger Sporen und an der Peripherie in eine sehr zarte Haut, die später zerbricht und die Sporen ausfallen läßt. Diese ganze Gestaltung des Protoplasmas, mit der auch eine Farbenwandlung aus Weiß in Braunviolett verbunden ist, vollzieht sich unter den Augen des Beobachters im Verlaufe von ungefähr zehn Stunden. Von dem Protoplasma der Stemonitis fusca ist jenes des Chondrioderma difforme kaum zu unterscheiden. Und dennoch, wie ganz anders ist die Gestalt, welche dessen Sporenbehälter annehmen. Zunächst zieht es sich zu einem rundlichen Ballen zusammen, und in diesem sondert sich eine umhüllende Haut aus unzähligen einfachen feinen Fäden und eine große Menge dunkler Sporen, welche den von der Haut umschlossenen Raum ausfüllen. Bald darauf zerreißt die Haut an dem freien Scheitel des ballenförmigen Körpers in sternförmig abstehende Lappen, und die dunkeln Sporen können nun aus der geöffneten Blase ausstäuben.

Es müßten hier eigentlich die Gestalten aller Schleimpilze beschrieben werden, wenn es sich darum handeln würde, die Mannigfaltigkeit der Gestalt, welche das Protoplasma bei dieser Pflanzengruppe annimmt, zu erschöpfen. Die Abbildung zeigt noch einige andere dort mit Namen bezeichnete Formen von Sporangien, die alle durch einfache Erhärtung des Plasmodienplasmas entstanden sind. Da sich in kurzer Zeit scheinbar ganz gleiches Protoplasma in einer für jede Spezies bestimmten Weise ausgestaltet, genügen die obigen Beispiele. Es ist nur noch zu bemerken, daß die Gestalt, welche die spezifisch verschiedenen Protoplasmen annehmen, von den äußeren Verhältnissen ganz unabhängig ist, und daß sich in derselben Nacht nebeneinander bei gleicher Feuchtigkeit und gleicher Temperatur der Luft unter demselben Glassturze der birnenförmige Leocarpus und die zylindrischen Stränge der Stemonitis ausbilden. Es ist aber nur die niedere Klasse der Schleimpilze allein, bei der das Protoplasma unmittelbar zur Formung von Organen Verwendung findet. Bei den übrigen Pflanzen, von den Algen angefangen bis zu den Blütenpflanzen hinauf, finden wir als Baustein die Zelle, welche die Gewebe zusammensetzt, aus denen Organe und Pflanze bestehen.

Die Haut der Sporenbehälter der Schleimpilze enthält keinen Zellstoff, und es besteht bei diesen Gewächsen in betreff der Substanz überhaupt kein Unterschied zwischen Haut und Zellenleib. Das Protoplasma der anderen Pflanzen versieht sich dagegen immer früher oder später mit einer Haut, welche aus Zellulose besteht. Schon bei den einzelligen Pflanzen findet sich diese wiederkehrende Zellform, aber selbst die kleine Protoplasmamasse, welche, in ihrer Haut eingeschlossen, den ganzen Körper solcher mikroskopisch kleinen Pflänzchen darstellt, besitzt die Fähigkeit einer ganz erstaunlichen Formenbildung.

In dieser Beziehung stehen die Algenfamilien der Diatomeen und der Desmidiazeen unerreicht da. Erstere sind schon in Band I, S. 58, abgebildet. Bei den Desmidiazeen kommen walzenförmige, halbmondförmige, scheibenförmige Gestalten in unerschöpflicher Abwechselung oft auf engem Raume in buntem Durcheinander vor (s. Abbildung, S. 11). Jede Art hält aber mit wunderbarer Genauigkeit ihren Bauplan fest und wächst bis zu einer bestimmten Größe heran. Erst wenn diese erreicht ist, und nachdem sich die Zelle eine Zeitlang in ihren äußeren Umrissen unverändert erhalten hat, greift eine auffallende Umgestaltung zum Zwecke der Vermehrung Platz. Das Mittelstück der Zelle, welches bei allen Arten eine ringförmige Einschnürung zeigt, streckt sich, und es bildet sich in der Mitte des gestreckten Mittelstückes eine Scheidewand aus. Zugleich weiten sich die an die Scheidewand angrenzenden Teile. Aus einer Zelle sind jetzt zwei Zellen geworden. Diese bleiben aber nur sehr kurze Zeit vereinigt; die beiden Zellen fallen auseinander, und jede nimmt alsbald genau die Gestalt an, welche die Mutterzelle besaß. Alle diese Gestaltungsvorgänge, die die umhüllende Haut zeigt, sind

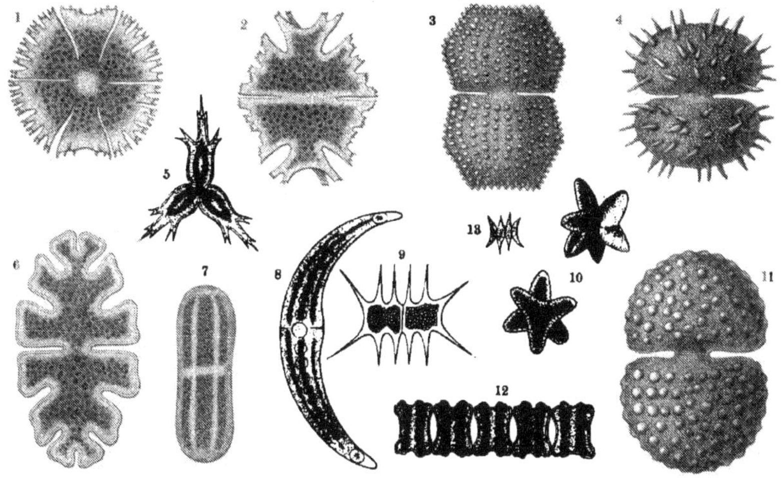

Einzellige Algen: Desmidiazeen. 1) Micrasterias papillifera; 2) Micrasterias morsa; 3) Cosmarium polygonum; 4) Xanthidium aculeatum; 5) Staurastrum furcatum; 6) Euastrum oblongum; 7) Penium Brebissonii; 8) Closterium Lunula; 9) Xanthidium octocorne; 10) Staurastrum alternans, von zwei Seiten gesehen; 11) Cosmarium tetraophthalmum; 12) Aptogonum Desmidium. Sämtliche Figuren ungefähr 200fach vergrößert.

aber das Werk des in ihr lebenden Protoplasten. Wenn sich eine Desmidiazeenzelle in die Länge oder Quere streckt, an einer Stelle ausbaucht, an einer anderen eingeschnürt bleibt, so ist das nur die Folge der Tätigkeit des Protoplasten, der seinen Leib und damit auch seine Haut dem Bauplane der Art entsprechend gestaltet und umgestaltet.

Die Zellen dieser Algen sowohl wie der höheren Pflanzen sind im allgemeinen mikroskopisch klein. Bei einer Algenabteilung, den Siphoneen, erreichen dagegen sogar die einzelnen Zellen solche Größe, daß sie eine äußere Gliederung, ähnlich der höherer Pflanzen, erlangen können. Die einfachste Form, in der eine einzige solche schlauchförmige Algenzelle sich durch bloße Erzeugung von Ausstülpungen zu einer „Pflanze" gestaltet, bietet unser kleines, auf feuchtem Boden wachsendes Botrydium granulatum dar, welches auf S. 12 abgebildet ist. Das einzellige Pflänzchen rundet sich nach oben zu einem eiförmigen, grünen, oberirdischen Teile von Stecknadelkopfgröße ab, nach unten wächst diese Zelle zu verzweigten Schläuchen aus, die in den feuchten Boden hineinwachsen, und so entsteht aus einer einzigen Zelle eine Pflanze, welche mit einem Wurzelorgan und grünem, assimilierendem Sproßorgane versehen ist und trotz des Mangels an jeder Gewebebildung doch in bezug auf Arbeitsteilung sich wie eine höhere Pflanze verhält. In etwas anderer Form ist schon früher in Vaucheria ein Beispiel beschrieben worden, wo die ganze Pflanze ein einziger Schlauch ist. Aus der Keimzelle solcher Algen entstehen lange haarförmige Schläuche, die, wie bei der Band I, S. 22, beschriebenen Vaucheria, einfache Fäden bleiben können, aber bei anderen, z. B. schon bei der noch kleineren, zierlichen Bryopsis, einer im Mittelmeer wachsenden Alge, den Eindruck eines verzweigten Bäumchens mit ungleichlangen Ausstülpungen machen. Bei der Gattung Caulerpa gliedert sich die über ½ m lang werdende Zelle ebenfalls in einen am Meeresboden hinkriechenden, mit wurzelförmigen Aussackungen versehenen Scheinstengel und nach oben wachsende, flache Ausstülpungen, die die Form von Blättern annehmen. Einen ganz seltsamen Anblick gewähren die Azetabularien, die die Gestalt eines kleinen Sonnenschirmes besitzen, während die Zellen der Valonia zu beerenförmigen Körpern werden, die zu traubenförmigen Rasen zusammentreten. Welch sonderbare Gestalten auf einfache Weise entstehen können, beweist die als Codium Bursa bezeichnete Alge des Mittelmeeres, deren Kugel durch Verflechtung eines einzigen Zellfadens entsteht (vgl. die beigeheftete Tafel „Algenformen des Meeres").

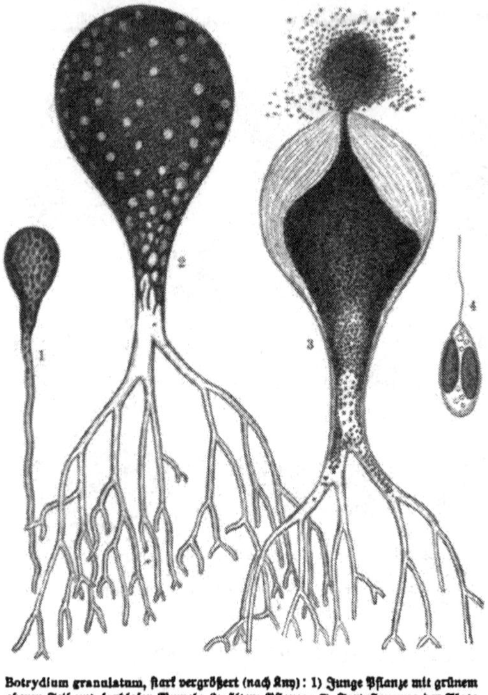

Botrydium granulatum, stark vergrößert (nach Kny): 1) Junge Pflanze mit grünem oberen Teil und farbloser Wurzel; 2) ältere Pflanze; 3) Fortpflanzung der Alge; der Inhalt ist in zahlreiche Sporen zerfallen, die nach Aufquellung der Wand diese sprengen und ins Freie treten; 4) einzelne Schwärmspore, sehr stark vergrößert.

Trotz dieser Gestaltungsfähigkeit, die bei den Siphoneen eine einzige Zelle zeigt, finden wir schon bei den anderen Algen das Bestreben entwickelt, durch eine Vereinigung von mehreren oder endlich von vielen Zellen zu höheren Leistungen zu gelangen. Die einzelne Zelle geht im Kampfe ums Dasein leicht zugrunde. Man denke nur an die kleinen Feinde der Algen des Süßwassers. Durch Verbindung mehrerer Zellen läßt sich schon ein etwas widerstandsfähigeres Gebäude bilden, abgesehen davon, daß auch eine Verteilung von Aufgaben an verschiedene Zellen möglich ist, während die Einzelzelle alle Arbeiten übernehmen muß.

Die einfachste Form der Zellvereinigung ist die Koloniebildung, welche namentlich bei den Algen zu ungewöhnlich reizenden Formen geführt hat.

Durch bloße Zusammenhäufung einzelner Zellen derselben Algenart, wie bei den einzelligen

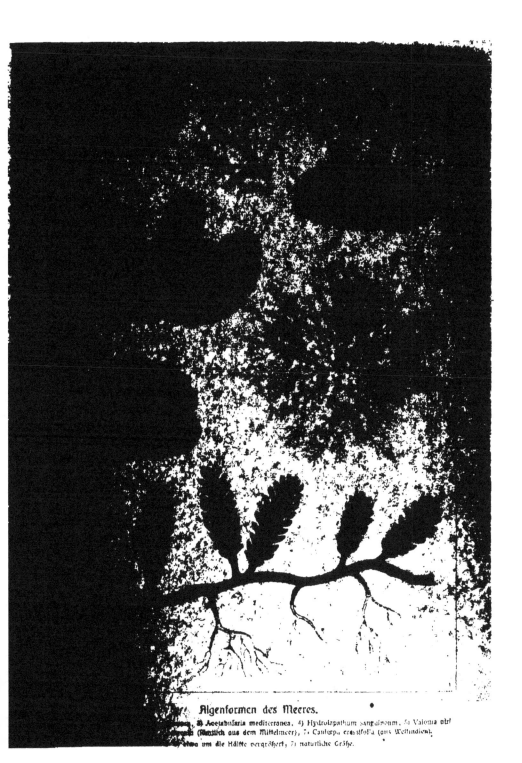

Algenformen des Meeres.

3) Acetabularia mediterranea, 4) Hydrolapathum sanguineum, 5) Valonia utr
(sämtlich aus dem Mittelmeer), 7) Caulerpa crassifolia (aus Westindien).
etwa um die Hälfte vergrößert, 7) natürliche Größe.

[illegible]

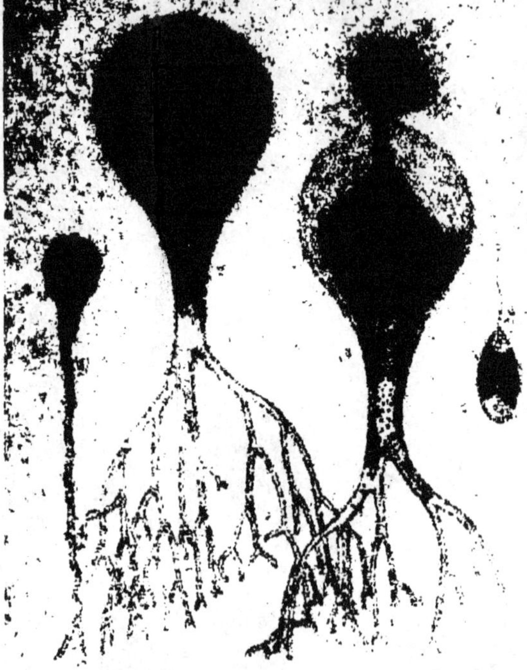

[illegible] ... vergrößert.

[illegible] ... entsteht ... [illegible] Tafel „Algen[illegible] des Meeres“).

Trotz dieser Gestaltungsfähigkeit, die bei den Siphoneen eine einzige Zelle zeigt, finden wir [illegible] bei den anderen Algen [illegible] entwickelt, [illegible] den mehreren oder endlich von [illegible] zu [illegible] recht im Vorteile [illegible] leicht [illegible] Algen des [illegible] [illegible] mehrerer [illegible] [illegible] [illegible] [illegible]

Die [illegible] reizenden [illegible] genannt [illegible].

[illegible] Zusammenfassung [illegible] Zellen [illegible]

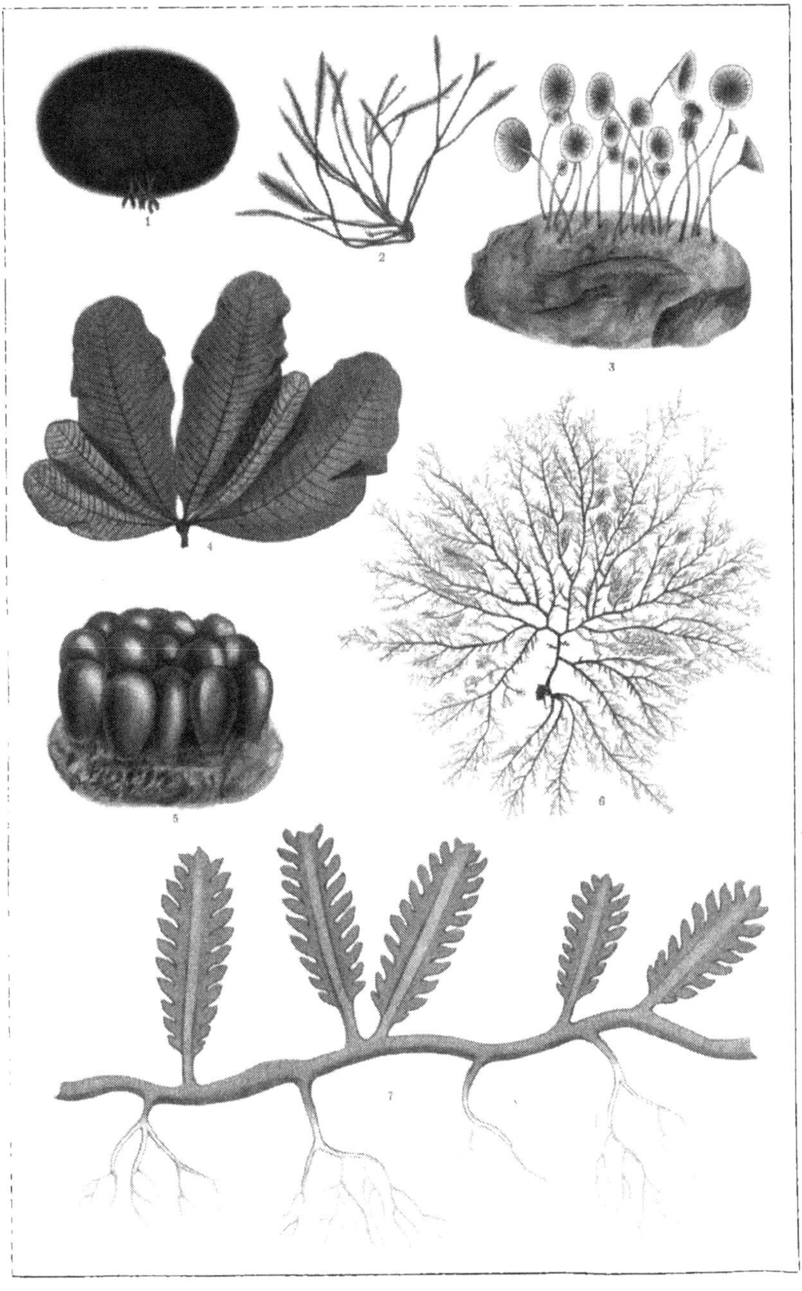

Algenformen des Meeres.

1) Codium Bursa, 2) Bryopsis plumosa, 3) Acetabularia mediterranea, 4) Hydrolapathum sanguineum, 5) Valonia utricularis, 6) Plocamium coccineum (sämtlich aus dem Mittelmeer), 7) Caulerpa crassifolia (aus Westindien).

1–6) etwa um die Hälfte vergrößert, 7) natürliche Größe.

grünen Pleurococcus-Arten auf der Oberfläche von Baumrinden (s. die Tafel „Algenformen des Süßwassers“ bei S. 14, Fig. 1), entsteht noch keine Kolonie. Eine Kolonie, an der zahlreiche, einzelne Individuen teilnehmen, hat vielmehr einen stets gleichbleibenden Umriß, so daß sie den Eindruck eines vielzelligen Individuums, einer selbständigen Pflanze, macht.

Bei den blaugrünen Oszillarien, die in Form dicker Häute auf feuchtem Erdboden leben, vereinigen sich kurze zylindrische Zellen zu einer fadenförmigen Kolonie, die von einer Schleimscheide umschlossen wird. Bei der verwandten Gattung Nostoc sind die Zellen perlschnurartig verbunden und ebenfalls durch eine große faltige Schleimmasse zusammengehalten. Diese Nostoc-Kolonien, die in feuchtem Kies oft in Menge auftreten, machen gar keinen pflanzlichen Eindruck. Sie sehen aus wie ein schmutziggrüner, faltiger oder kugeliger Gallertklumpen. Erst unter dem Mikroskop sieht man die zierlichen Perlketten der sie zusammensetzenden Zellen, die noch von etwas andersgeformten und -gefärbten größeren „Grenzzellen“ unterbrochen sind (vgl. die Tafel „Algenformen des Süßwassers“ bei S. 14, Fig. 4 und 5).

Am hübschesten sind einige Kolonien, die im Wasser schwimmen. Der wunderschöne Volvox ist in Band I abgebildet und beschrieben. Einfacher, aber nicht minder zierlich sind die auf der obengenannten Tafel abgebildeten Formen von Pandorina, Pediastrum und Gonium gebaut. Mit Ausnahme von Pediastrum tummeln sich diese Zellkolonien mit Hilfe zarter, beweglicher Wimpern im Wasser umher, und wenn sie reichlich auftreten, kann man sie zum Teil mit bloßem Auge in einem Glase Wasser, welches man aus einem Teiche schöpft, erkennen. Pediastrum bildet flache Scheiben, die durch Zusammentreten von anfangs innerhalb einer Schleimhülle beweglichen Schwärmern entstehen (s. auch Bd. I, S. 35).

Die Pandorina-Kolonie besteht aus acht keilförmigen Zellen, die, zu einer Kugel angeordnet, von einer zarten Gallerthülle umgeben sind. Durch diese streckt jede der grünen, mit einem roten Pigmentfleck versehenen Zellen zwei feine Fäden ins Wasser, die die Kugel in Drehung versetzen. Bei Gonium dagegen sind die Zellen in einer Fläche angeordnet, ebenfalls in Gallerte eingeschlossen und mit Geißelfäden ausgerüstet.

Daß diese Zellen, welche die Kolonie zusammensetzen, keine einheitliche Pflanze darstellen, sondern daß jede Zelle ihre Selbständigkeit bewahrt hat, geht aus dem Vermehrungsakt hervor, wobei jede Zelle sich teilt und wieder eine neue Kolonie bildet, die nach der Trennung aus dem Verbande allein weiterlebt. Die Verbindung der Zellen ist hier also nur für einige Zeit geschlossen und wird bei der Fortpflanzung wieder aufgehoben.

Daß die Koloniebildung einen Vorteil mit sich bringt, ist einzusehen. Die kleine grüne Scheibe von Pediastrum wird vom Wasser besser an die Oberfläche gehoben als eine einzelne Zelle und kann daher das Licht für ihre Ernährung besser ausnutzen. Das Scheibchen kann an Stengeln oder Blättern von Wasserpflanzen nahe der Wasseroberfläche leichter festhaften und so einen sicheren Standort gewinnen. Die Auswüchse, welche die Randzellen entwickelt haben, starren wie Hellebarden nach allen Richtungen und halten Angriffe kleiner Feinde ab. So finden wir hier schon eine Arbeitsteilung durch Vereinigung ermöglicht. Die winzigen Zellen, die die Volvox-Kolonie zusammensetzen, würden allein leicht ein Raub kleiner Wassertiere werden. Die mit Wimpern versehene Kugel ist schon durch ihre Größe besser vor Angriffen geschützt. Die beweglichen Wimpern lassen die kleinen Feinde nicht herankommen, und die Kugel entgleitet ihnen durch ihre drehende Bewegung.

Wenn das Pflanzenleben sich auf eine höhere Stufe, d. h. zu vollkommeneren Leistungen erheben soll, dann ist mit diesen einfachen Mitteln nicht mehr auszukommen. Durch lockeres

Zusammenschließen anfangs getrennter Zellen läßt sich kein größeres Pflanzengebäude aufführen. Daher haben denn selbst die roten Algen des Meeres, deren Körper zwar keine Kolonien sind, die aber zum Teil durch bloße Verflechtung und Verwachsung anfänglich getrennter Zellfäden entstehen, es nicht zur Entwickelung wirklich imponierender Größe gebracht.

Laminarien in der Nordsee. (Zu S. 15.)

Gleichfalls auf unvollkommener Stufe des zelligen Aufbaues stehen alle höheren Pilze, obwohl diese, wie bekannt, in ihren buntfarbigen Hüten oft gar stattliche Körper darstellen. Aber ein solcher Pilzhut baut sich allmählich auf aus einem anfangs ganz lockeren Geflecht dünner Zellfäden, Hyphen genannt, welche, selbständig wachsend, immer fester aneinanderschließen

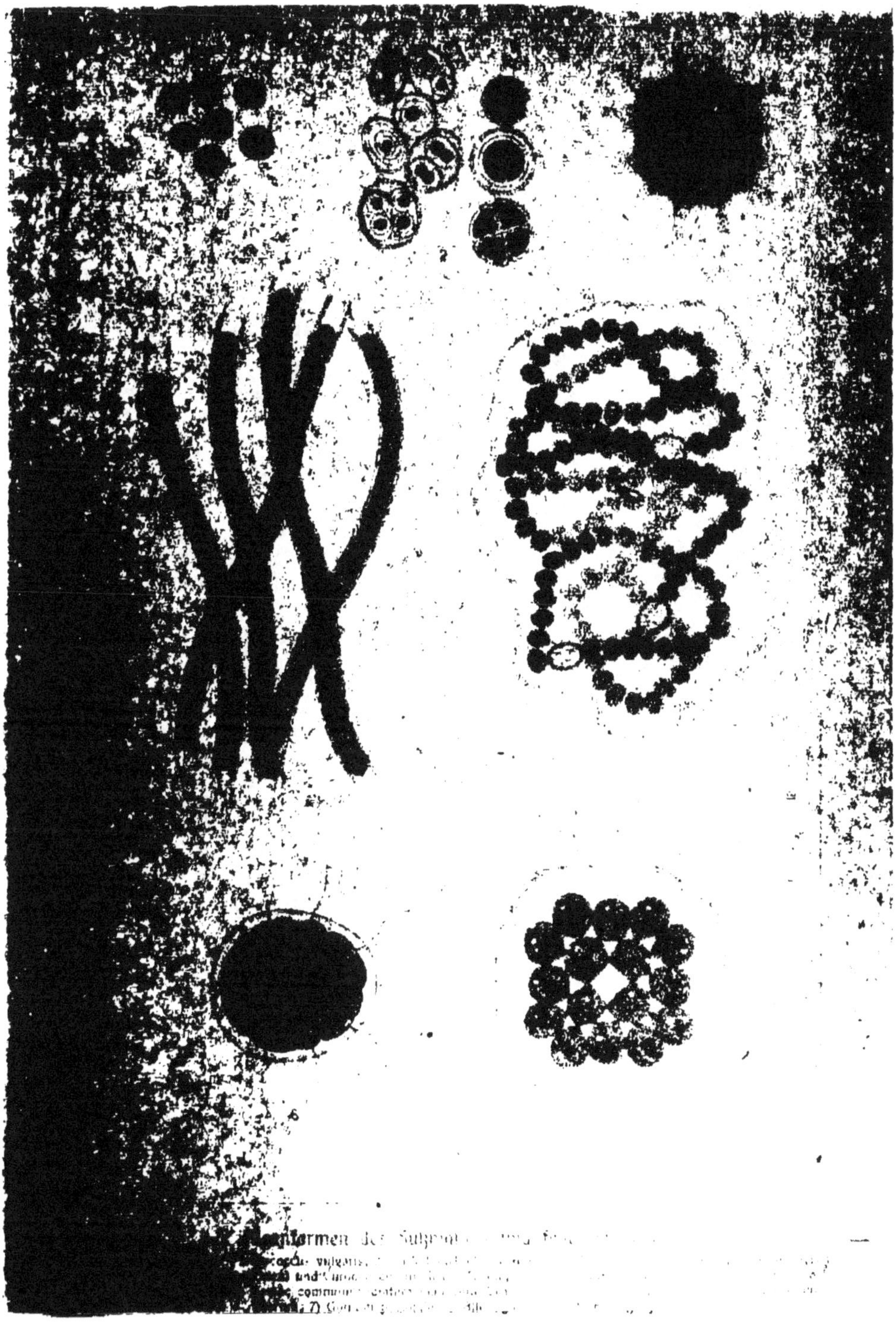

...formen der Sulzpro... vulgaris ... und ... communis ... 7) ...

[illegible]

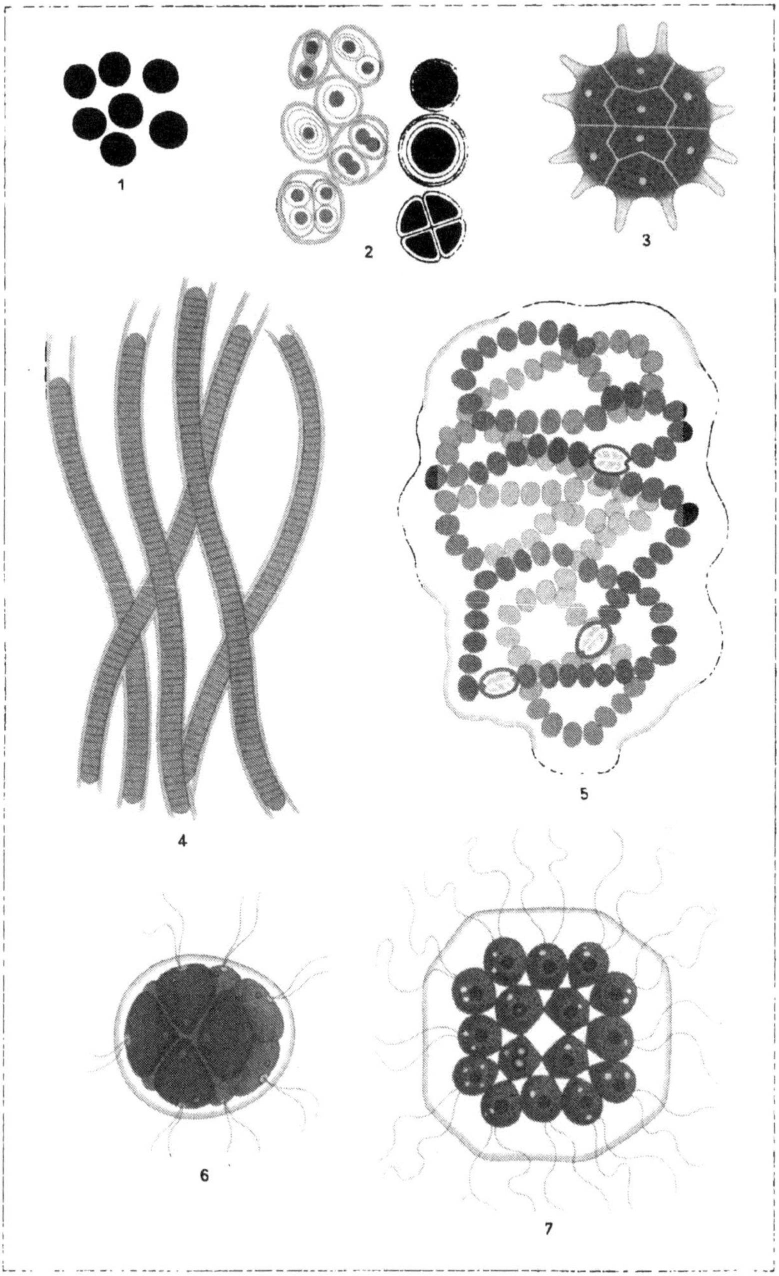

Algenformen des Süßwaſſers und feuchten Bodens.

1) Die einzellige Art Pleurococcus vulgaris; 2—7) koloniebildende Algen: 2) Gloeocapsa (mit mehrfachen ineinandergeſchachtelten Schleimſchichten) und Chroococcus (nach der Teilung zur kleinen Familie vereinigt), 4) fadenförmige Kolonie von Oscillaria, 5) Nostoc commune; ſämtlich blaugrüne Zyanophyzeen; 3) Pediastrum granulatum, 6) Pandorina Morum, 7) Gonium pectorale. — Alle Figuren ſehr ſtark vergrößert.

und sich endlich so innig miteinander verflechten und verbinden, daß ein bestimmt begrenzter, fester, ja beim Feuerschwamm und ähnlichen Pilzen sogar harter Körper entsteht.

Ein nachhaltiger Fortschritt in der Gestaltung wurde aber erst durch die Art der Zellvereinigung erreicht, die man als Gewebebildung bezeichnet hat. Der Unterschied eines Gewebes gegenüber locker verbundenen Zellkolonien besteht darin, daß bei der Vermehrung der Zellen keine Trennung derselben erfolgt, daß vielmehr die durch Teilung entstandenen Zellen dauernd fest miteinander verbunden bleiben.

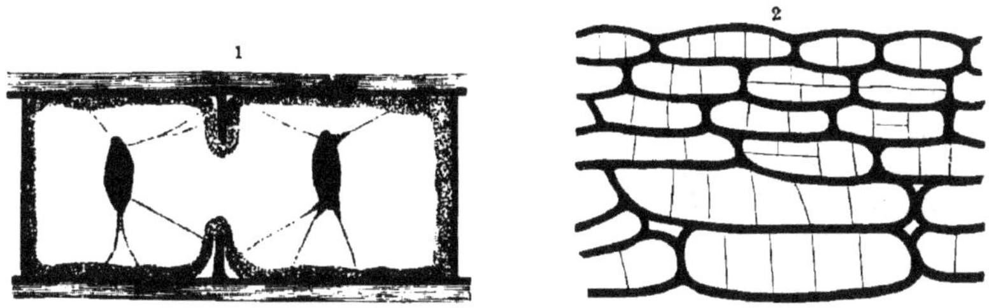

Zellteilung: 1) Zelle einer Spirogyra in Teilung; das Chlorophyllband ist der Deutlichkeit wegen fortgelassen; 2) Zellteilung in dem Rindengewebe eines Stengels. (Zu S. 15 und 16.)

Auf diese Weise können nicht nur größere Flächen, sondern auch Körper aufgebaut werden, wie man das schon bei gewissen großen Meeresalgen (s. Abbildung, S. 14) feststellen kann. Die Laminarien der Nordsee bilden schon sehr stattliche Pflanzen mit breiten, blattähnlichen

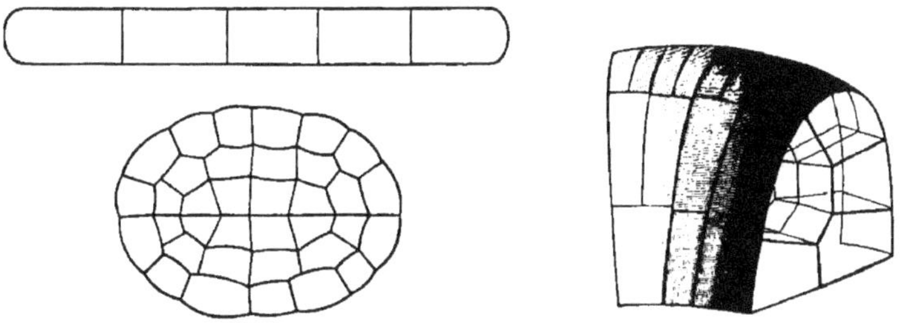

Entstehung eines Zellfadens, einer Zellfläche und eines Zellkörpers durch Zellteilung. (Zu S. 16.)

Organen und festen, unzerreißbaren Stengeln. Beide bauen sich aus Geweben auf, die durch wiederholte Teilung vorhandener Zellen sich vermehren. Die Bildung eines Gewebes aus einer Zelle ist, rein äußerlich betrachtet, ziemlich einfach, wie die obenstehende Abbildung erläutern kann. Betrachten wir z. B. die Zelle einer fadenförmigen Spirogyra, welche sich zur Teilung anschickt, so beginnt dieser Vorgang immer mit der Teilung des Zellkernes, wodurch zwei Kerne entstehen, die auseinanderrücken. Dann beginnt langsam die Bildung der Trennungswand, welche die Zelle vollständig in zwei Zellen teilt. Von der vorhandenen Wand wächst eine ringförmig aus ihr hervortretende Membran gegen die Mitte so lange, bis sie sich vollständig geschlossen hat. Jede der entstandenen Zellen wächst nun in die Länge, und dadurch verlängert sich auch der ganze Faden. Er stellt also ein einfaches Zellgewebe dar, welches von der Keimzelle seinen Anfang nahm und durch fortgesetzte Teilung in derselben Richtung einen Faden aufbaut. Findet die Zellteilung nicht immer in derselben Richtung, sondern nach verschiedenen Richtungen derselben Ebene statt, dann entsteht statt der Fäden eine Zellfläche, und wenn die Teilwände nach drei Richtungen des Raumes sich bilden, bauen sich, immer durch denselben einfachen Wechsel, Zellkörper auf (vgl. Abbildungen, S. 15).

Bei der Spirogyra kann man den Vorgang der Zellteilung gut unter dem Mikroskop verfolgen. Bei den meisten Pflanzen entstehen die Zellwände plötzlich und in vielen Zellen zugleich. Man erkennt die neuen Zellwände dann an ihrer großen Feinheit gegenüber den älteren Zellwänden. In Fig. 2 auf S. 15 ist ein Stück eines Stengelgewebes abgebildet, in welchem durch Teilung der Zellen die Gewebevermehrung fortschreitet.

Aber bloße Zellteilung und Gewebevermehrung ist noch nicht die Ursache der Erzeugung von Pflanzengestalten. Das ergibt sich ja aus der Betrachtung der Siphoneen, bei denen ein wohlgegliederter Pflanzenkörper ohne jede Zellteilung und Gewebebildung durch bloße Ausgliederung einer Zelle hervorgehen kann. Es liegen also offenbar Triebkräfte in der Zelle, welche die Form hervorbringen, und diese Triebkräfte kommen auch in den zu Geweben verbundenen Zellen zur Geltung. Wir kennen diese Triebkräfte nicht und bezeichnen ihre Wirkung mit dem Worte „Wachstum". Es ist wohl einzusehen, daß auch bei den vielzelligen Pflanzen die Gestalt nur durch Hinzukommen des Wachstumes zur Gewebebildung zustande kommen kann. Es genügt nicht, daß sich an vorhandene Zellen neue anlagern. Dadurch könnte sich wohl das Volumen eines Pflanzenkörpers ändern, die Gestalt würde aber unter Umständen die gleiche bleiben. Sollen äußere Gegensätze, soll eine Gliederung in verschiedene Teile, in Stengel, Zweige und Blätter usw., stattfinden, so kann das nur durch eine ungleiche Verteilung des Wachstumes in den verschiedenen Regionen eines Pflanzengebäudes ins Werk gesetzt werden. Immer aber geht dies äußerlich zutage tretende Wachstum von den Zellen aus.

Die allermeisten Pflanzen zeigen eine ausgesprochene Verschiedenheit ihres Wachstumes nach zwei Richtungen. Selbst kleine, mikroskopische Algen, wie das niedliche Characium oder das oben beschriebene, auf feuchtem Lehmboden oft in Menge wachsende Botrydium granulatum zeigen einen Gegensatz von einem grünen, kugeligen oberen Ende und einem farblosen, verzweigten, wurzelähnlichen Organ, das nach unten wächst. Was bei solchen einfachen Pflänzchen schon in die Augen fällt, wiederholt sich bei allen vollkommenen Pflanzen in anderer Form.

Diese allgemeine Tatsache läßt sich schon dadurch verstehen, daß alle mit Chlorophyll ausgerüsteten Pflanzenteile ans Licht gebracht werden müssen, während die Pflanzen gleichzeitig eines festen Standortes auf einem Boden bedürfen, dem sie meistens auch Nährstoffe entziehen. So ist dieser durchgehends herrschende Gegensatz (die Polarität der Pflanze) teleologisch schon aus den allgemeinen Ernährungsaufgaben begreiflich, wenn auch nicht damit erklärt.

Anschaulich tritt der Gegensatz verschieden gestalteter Teile bei den Keimpflanzen der vollkommeneren Gewächse hervor. Der aufwärts wachsende Teil sieht anders aus als der abwärts strebende. Man nennt den letzteren die Wurzel, den ersteren den Stengel der Keimpflanze. Beide Teile unterscheiden sich durch Umrißform und Wachstumsrichtung. Sie gleichen sich darin, daß die Organe, die sie im Gegensatze zu einfachen Pflanzen hervorbringen, hervorgehen aus an ihrer Spitze liegenden embryonalen Zellmassen, die man „Vegetationspunkte" nennt. Diese organbildenden Gewebekörper oder Vegetationspunkte, welche die höheren Pflanzen von ihrem Körpergewebe aussparen, um die Weiterentwickelung an ganz bestimmte Orte ihres Umrisses zu verlegen, bilden einen besonderen Charakter der Pflanze, welche sie ganz wesentlich vom Tier unterscheidet. Während die übrigen Gewebe und die daraus aufgebauten Organe endlich ihre volle Ausbildung erlangen, wie man sagt „ausgewachsen sind“, behalten die Vegetationspunkte dauernd die Fähigkeit, ihre Zellen zu vermehren, in erneutes Wachstum einzutreten und neue Organe zu bilden. Nur den Vegetationspunkten verdankt ein Baum die Möglichkeit, Jahr für Jahr neue Triebe, Blätter, Wurzeln und Blüten zu bilden.

Die Vegetationspunkte sind nach bestimmten Regeln verteilt (vgl. Abbildung, S. 43), denen die Pflanzen ihre Symmetrie verdanken, die sie bei der Umbildung der Vegetationspunkte zu Organen zeigen. Bei der Keimpflanze befindet sich je ein Vegetationspunkt an der aufwärts- und an der abwärtswachsenden Spitze (Sproß- und Wurzelvegetationspunkt); der erstere, von den jungen Blättern umhüllt, bildet die Endknospe (s. Abbildung, S. 43, Fig. 3). Sobald der Sproßvegetationspunkt Blätter bildet, entstehen in deren Achseln neue Vegetationspunkte für die Seitensprosse. Auch die Wurzel legt im Inneren neue seitliche Vegetationspunkte für die Seitenwurzeln an. Beim Wachstum des Stengels rücken die Achselvegetationspunkte auseinander, daher findet man bei der herangewachsenen Pflanze in jeder Blattachsel einen von jungen Blättern eingehüllten Vegetationspunkt, eine Knospe. Wachsen Seitensprosse und Seitenwurzeln aus, so haben beide wieder ihren Spitzenvegetationspunkt und können ebenfalls seitliche Vegetationspunkte anlegen, aus denen weitere Seitenorgane hervorgehen (Fig. 3). Nicht immer wachsen die seitlichen Sproß-Vegetationspunkte aus, sondern sie bleiben vielfach als Reserve ruhend und unentwickelt. In der Regel entstehen aber aus ihnen in symmetrischer Folge Seitensprosse. Wenn jedoch aus einem Vegetationsorgan ein anderes Organ (eine Metamorphose), z. B. Ranke, Dorn oder Blüte, entsteht, dann wird der Vegetationspunkt bei der Umbildung aufgebraucht und seine Entwickelung ist begrenzt.

Besonders wichtig ist, daß ein Vegetationspunkt neue Vegetationspunkte erzeugen kann und die Pflanze in diesen Bildungen die Möglichkeit besitzt, sich auf unbeschränkte Zeit fortzuentwickeln, wie man das an hundertjährigen Bäumen sehen kann. Jahr für Jahr altern die Gewebe eines solchen Baumes und Organe sterben in Menge ab, aber die Vegetationspunkte verjüngen sich immer wieder durch neue Zellbildung, und wenn ein solcher Baum auch uralt ist, seine Vegetationspunkte stellen ihn in eine Linie mit der jüngsten Pflanze.

Die Fähigkeit der Vegetationspunkte, Organe bestimmter Form zu erzeugen, ist aber verschieden. Wurzeln bilden immer nur Wurzelvegetationspunkte und daher auch nur wieder neue Wurzeln. Aus den Vegetationspunkten des Stengels dagegen können sich Blätter (die eine Wurzel niemals bildet), aber außerdem neue Sprosse, Seitenzweige, bilden, die wieder Blätter erzeugen, gerade wie der Hauptstengel aus seinem Vegetationspunkte. In seiner späteren Entwickelung bildet der Stengel aber auch Blüten. So ist ein solcher Keimstengel endlich bedeutend leistungsfähiger als die Wurzel. Beide sind demnach nicht bloß durch ihre Form, sondern vor allem durch die Eigenschaften ihrer Vegetationspunkte verschieden.

In diesem Verhalten, anfangs nur zweierlei Grundorgane, Stengel und Wurzel, zu erzeugen, sind alle Keimpflanzen einander gleich, so verschieden sie auch sonst aussehen mögen. Es ist das übrigens nur die Beibehaltung desselben Prinzips des polaren Gegensatzes, welches wir schon bei den niederen Algen, bei Bryopsis und Botrydium u. a., hervorgehoben haben. Es handelt sich aber nicht bloß um einen polaren, sondern auch um einen physiologischen, die Aufgabe der Organe betreffenden Gegensatz. Die ersten Aufgaben der Ernährung jeder Pflanze sind Stoffbildung und Wasseraufnahme. Immer werden zu ersterem Zweck grüne chlorophyllhaltige Organe gebildet, die vom Licht abhängig sind und sich diesem notgedrungen zuwenden müssen. Das Wasser wird allgemein einer Unterlage entnommen, in welche die dafür bestimmten Organe eindringen müssen. Ob nun das chlorophyllhaltige Organ bloß eine eiförmige oder eine verzweigte Ausstülpung ist wie bei Botrydium und Bryopsis oder eine bandförmige Platte wie bei Marchantia oder ein beblätterter Keimstengel wie bei der Bohne, ist nebensächlich. Wir erkennen überall das Organ gleicher Bestimmung und gleicher Fähigkeit. Ebenso finden wir physiologisch keinen Unterschied darin, daß die für das Substrat bestimmten Organe bei den Moosen nur haarförmige Rhizoiden, bei den höheren Pflanzen Wurzeln sind. Auf Grund dieser Überlegungen ist man dahin gekommen, die Organe gleicher Bedeutung (analoge Organe) auch gleich zu benennen, und wählte für alle nach oben wachsenden, meist Chlorophyll tragenden Organe die von Alex. Braun zuerst angewandte Bezeichnung Sproß, für das meist farblose, wassersuchende Organ des Bodens das Wort Wurzel. Da alle Pflanzen in diesen ersten Schritten ihrer Entwickelung miteinander übereinstimmen, so war es nicht nur zweckmäßig, sondern notwendig, dies sprachlich klar zum Ausdruck zu bringen.

Durch diese Begriffsbildung wird die Organisation des ganzen Pflanzenreiches auf einmal einfach und übersichtlich. Bei der Entstehung jeder Pflanze aus ihrem Samen oder ihrer Keimzelle entwickelt sich zunächst nie etwas anderes als ein Sproß und eine Wurzel, und beide Teile erzeugen auch zunächst wieder bloß Wiederholungssprosse und Seitenwurzeln.

Bei den höheren Pflanzen ist der Grund, weshalb die Pflanzen trotz ihrer späteren auffallenden Verschiedenheit im Anfange dieser Entwickelung aus dem Samen so einfach und übereinstimmend organisiert sind, leicht zu erkennen. Er liegt darin, daß der Keim oder Embryo, welcher im Samen jeder höheren Pflanze verborgen ist, bei allen diesen Pflanzen den gleichen einfachen Bau und außer den beiden genannten Teilen gar keine anderen Organanlagen besitzt. Jeder Embryo besteht aus einem kurzen, die Keimblätter tragenden Sproßende und einer ebenso kurzen, aber deutlich unterscheidbaren Wurzel. Nur diese Teile können sich also bei der Keimung entwickeln, und die Übereinstimmung aller höheren Pflanzen im Zustande der Keimpflanze hat nichts Rätselhaftes mehr.

Diese Tatsachen, so einfach sie uns erscheinen, bilden doch eine wichtige Grundlage für das Verständnis des Aufbaues einer Pflanze. Wir wollen aber nach diesen theoretischen Aufklärungen nun auch die sichtbaren Entwickelungsformen selbst ins Auge fassen.

---

3. Die Ausbildung der ersten Organe der höheren Pflanzen bei der Keimung des Samens.

In jedem Samen liegt eine unvollkommen organisierte Pflanze, die man als Keim oder Embryo bezeichnet. Der Embryo, der im Samen ruht und unter Umständen 100 Jahre ruhen kann, besitzt zwar die Fähigkeit, sich zu einer Pflanze zu entwickeln, allein nur dann wird diese Fähigkeit zur Wirklichkeit, wenn gewisse äußere Bedingungen, eine bestimmte Temperatur und ein richtiges Maß von Feuchtigkeit auf den Samen einwirken können. Dann wächst aus dem unselbständigen Keim eine selbständige Pflanze heran. Bis zum Zeitpunkte dieser Selbständigkeit bezieht der Keim seine Nahrung aus einem Speicher, welcher im Samen angelegt ist, lebt von Stoffen, die noch von der Mutterpflanze herstammen, von einem Vorrat an Stärke und Fett, welcher, in besonderen Zellkammern abgelagert, dem von der Mutterpflanze ausgebildeten, sich aber als Same von ihr ablösenden Keimling als erste Wegzehrung mit auf die Reise gegeben wurde. Solche für den Keimling noch von der Mutterpflanze angelegte Nahrungsbehälter finden wir von zweierlei Art in den Samen. Bisweilen bilden die Keimblätter selbst den Speicher für die später zu verwendende Nahrung. In diesem Falle wurden von der Mutterpflanze in den Zellen der Keimblätter Reservestoffe abgelagert, die, wenn die geeignete Zeit gekommen, zum weiteren Aufbau des Keimstengels und des mit ihm verbundenen Würzelchens verwendet werden. Im zweiten Fall ist innerhalb der umhüllenden Samenhaut neben dem Keimlinge noch ein besonderes Speichergewebe ausgebildet, dessen Zellen ganz mit Stärke und Proteinkörnern oder Fett oder mit einem Gemenge dieser Stoffe vollgepfropft sind. Das Gewebe dieser besonderen, dem Keimling angelagerten Vorratskammer wird Endosperm genannt. Seltener, z. B. beim Dattelkern und anderen Palmen, besteht das Endosperm aus Zellulosemassen, die eine harte, hornartige Konsistenz angenommen haben, wie das Durchschneiden eines Dattelkerns lehrt.

Wo die Keimblätter selbst das Speichergewebe bilden, ist die Ernährung des an dem einen Ende von dem Würzelchen, an dem anderen von der Keimlingsknospe abgeschlossenen Keimes ziemlich einfach. Es vollzieht sich die Wandlung und Wanderung der Reservestoffe so, wie sie früher (Bd. I, S. 286 u. f.) geschildert worden ist. Zuerst wächst, nachdem der durch Wasseraufnahme quellende Same seine Schale gesprengt hat, auf Kosten der zugeleiteten Baustoffe das Würzelchen des Keimlinges zur Wurzel aus, und erst dann wird aus der Keimlingsknospe ein beblätterter Sproß. Die Zellen der Keimblätter verlieren ihren Vorrat an Stärke und Fett, und ihre Ammenrolle ist ausgespielt. Manche derselben übernehmen zwar nachträglich noch eine andere Rolle; aber als Speichergewebe haben sie aufgehört, für den sich weiter entwickelnden Keimling von Bedeutung zu sein. Weit verwickelter gestaltet sich die Ernährung des Keimes in jenen Fällen, wo der ihm von der Mutterpflanze mitgegebene Vorrat an Stärke und Fett nicht in den Keimblättern, sondern in einem Endosperm niedergelegt ist.

Bei dieser Sachlage kommt den Keimblättern eine wesentlich andere Funktion zu, sie spielen nämlich die Rolle des Vermittlers, und ihre erste Aufgabe besteht darin, daß sie die im Speichergewebe verflüssigten Baustoffe aufnehmen und zu den wachsenden Teilen des Keimlinges hinleiten. Um das zu erreichen, ist es notwendig, daß die Zellen der Keimblätter, welche dem Speichergewebe anliegen, die Fähigkeit besitzen, aus diesem organische Verbindungen aufzusaugen und weiter zu leiten. Sie sind auch tatsächlich in ähnlicher Weise tätig wie die Haustorien der Verwesungspflanzen oder die der Schmarotzer und können in diesem Stadium als Saugorgane bezeichnet werden. Bei manchen Arten, z. B. bei der Kornrade (s. Abbildung auf S. 20, Fig. 11), bleiben sie kurz, bilden eine zusammenhängende Zellenlage, die an das Speichergewebe angrenzt, und erinnern an die Saugzellen der Nestwurz; bei anderen, wie z. B. bei Tradescantia (s. Abbildung auf S. 20, Fig. 15), stellen sie sich als Papillen dar, sind seitlich voneinander ganz oder teilweise getrennt und gleichen den Saugzellen der Enzianwurzeln, und wieder in anderen Fällen, wie z. B. bei dem Weizen (s. Abbildung auf S. 20, Fig. 6), verlängern sie sich zur Zeit des Saugens um das Zehn- bis Zwölffache und weichen dann auch an ihren Seitenwänden auseinander, so daß man durch sie an die Saugzellen von Cuscuta (s. Bd. I, S. 358, Fig. 2) erinnert wird. Ist der Keimling ganz in das Speichergewebe eingebettet, so nehmen alle seine oberflächlichen, an das nahrungliefernde Gewebe angrenzenden Zellen die Stoffe auf; ist dagegen der Keimling nur einseitig dem Speichergewebe angeschmiegt, so sind die Saugzellen auch nur an dieser einen Seite ausgebildet. Der Keimling der Kornrade, welcher wie ein Hufeisen um das Speichergewebe gekrümmt ist (s. untenstehende Abbildung, Fig. 8), zeigt z. B. die Saugzellen nur an der Unterseite desjenigen seiner beiden Keimblätter, welches der Mitte des Samens zugewendet ist. Manchmal ist es nur ein sehr beschränkter Teil des Keimblattes, dessen Zellen als Saugzellen dem Speichergewebe angeschmiegt sind, wie beispielsweise bei der Sommerzwiebel, wo nur das Ende

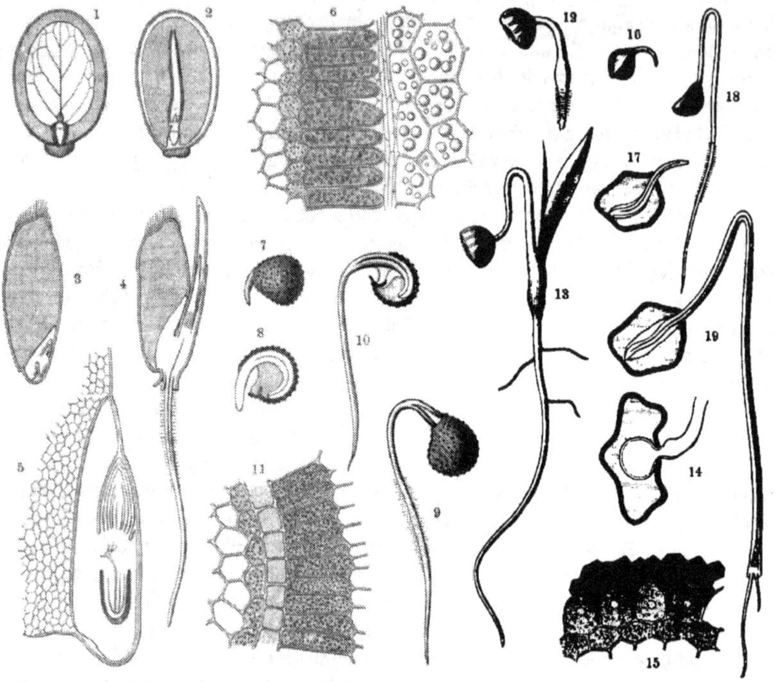

Keimblätter: 1) Längsschnitt durch den Samen von Ricinus, das vordere Keimblatt entfernt, 2) Längsschnitt durch denselben Samen, senkrecht auf die beiden parallelen Keimblätter; 3) Längsschnitt durch ein Weizenkorn (Triticum vulgare), 4fach vergrößert, 4) Längsschnitt durch dasselbe Weizenkorn, nachdem die Keimung bereits stattgefunden, 4fach vergrößert, 5) der Keimling mit dem Schildchen im Weizenkorne, 80fach vergrößert, 6) Saugzellen an der Oberfläche des Schildchens im Weizenkorne, 210fach vergrößert; 7) keimender Same der Kornrade (Agrostemma Githago), etwas vergrößert, 8) derselbe im Längsschnitt, 9) Kornradenkeimling im späteren Entwickelungsstadium, 10) derselbe im Längsschnitt, 11) Saugzellen an der Oberfläche des dem Speichergewebe anliegenden Keimblattes im Samen der Kornrade, 210fach vergrößert; 12) keimender Same der Tradescantia virginica, etwas vergrößert, 13) derselbe in einem späteren Entwickelungsstadium, 14) Querschnitt durch das knopfförmige im Speichergewebe eingebettete Ende des Keimblattes von Tradescantia virginica, 10fach vergrößert, 15) Saugzellen an der Oberfläche dieses knopfförmigen Endes, 180fach vergrößert; 16) keimender Same der Sommerzwiebel (Allium Cepa), natürl. Größe, 17) derselbe im Durchschnitt, etwas vergrößert, 18) Keimling der Sommerzwiebel im späteren Entwickelungsstadium, natürl. Größe, 19) derselbe im Durchschnitt, etwas vergrößert. (Zu S. 19—24, 26 u. 31.)

des Keimblattes Saugzellen trägt (s. Fig. 17 und 19), oder bei Tradescantia, wo sich das Ende des Keimblattes als eine knopfförmige Saugwarze darstellt (s. Fig. 14). Es verdient auch hervorgehoben zu werden, daß in manchen Fällen, wo das besondere Speichergewebe sehr umfangreich und der Keimling sehr klein ist, die aufsaugende Zellfläche des Keimblattes sich im Verlaufe der Keimung vergrößert. In dem Maße, wie die Reservestoffe ausgesogen werden und das ausgesogene Speichergewebe schwindet, wächst häufig das aufsaugende Stück des

Keimblattes nach. Das knopfförmige Ende des Keimblattes von Tradescantia, anfänglich nur von geringer Größe, wird desto umfangreicher, je mehr das Speichergewebe abmagert. Auch das aufsaugende hohlkegelförmige oder blasenförmige Ende des Keimblattes vieler Palmen, so z. B. der Dattel- und der Kokospalme, vergrößert sich, dringt in das Speichergewebe ein und nimmt dessen Stoffe auf. Bei den Binsen und Seggen beobachtet man ein ähnliches Verhältnis. Bei den Keimlingen in den Samen des Kaffees und des Efeus sind die Keimblätter anfänglich sehr klein, wachsen aber während des Keimungsprozesses immer weiter und weiter in das Speichergewebe hinein, dasselbe scheinbar zurückdrängend und endlich den ganzen Samenraum ausfüllend. Sehr eigentümlich verhalten sich auch die Keimblätter der Doldenpflanzen. Der kleine Keimling liegt im Samen am Grunde des Speichergewebes, und es ragen seine winzigen Keimblätter in ein von ausgeleerten Zellen gebildetes lockeres Gewebe hinein. Diese Zellschicht ist aber rings von den mit Fett erfüllten Zellen des Speichergewebes umgeben. Wenn nun die Keimung beginnt, so wachsen die beiden Keimblätter in die Länge, durchdringen die lockere Zellschicht und legen sich dem Speichergewebe an.

Nachdem zunächst durch alle diese Vorgänge die Wurzel des Keimes der neuen Pflanze zum Wachsen gebracht und der Same im Boden befestigt ist, handelt es sich darum, den Keimstengel und die ihn krönende Knospe aus der Samenschale heraus, ans Licht zu bringen. Daß diese Aufgabe keine ganz einfache ist, ergibt sich aus dem Bau des Samens. Wo ein Speichergewebe vorhanden ist, findet man den Keimling häufig in der Mitte desselben gelagert, oder er ist in seitlichen Nischen und Höhlungen desselben geborgen. Das Speichergewebe ist manchmal hornartig und beinhart, wie z. B. in den Samen der Dattel und des Kaffees, und dann ist schon durch dieses Gewebe ein trefflicher Schutz für den schlafenden Keimling hergestellt. Unter allen Umständen ist der Keimling von der Samenschale umgeben, die meistens aus mehreren Zellagen besteht. Bei sehr vielen Gewächsen ist der Same überdies noch von einer sich niemals öffnenden Fruchthülle und zum Überflusse noch von vertrocknenden oder fleischig werdenden Teilen der Blüte umwallt. Solange der Same ruht, dienen alle diese Umhüllungen dem zarten Keime als Schutz, aber sie sind zugleich ein Hindernis für das Hervortreten des Keimstengels.

Dieser Vorgang spielt sich in einer zwar für jede Art genau bestimmten, aber bei den verschiedenen Arten ins Unabsehbare wechselnden Weise ab. Mitunter zeigen größere Abteilungen des Pflanzenreiches eine recht auffallende Übereinstimmung, es kommt aber auch vor, daß sehr nahe verwandte Arten ein und derselben Gattung in Beziehung auf die Erlösung des Keimlinges aus den Banden der Samenschale bedeutend abweichen. Immer aber ist dieser Vorgang ein höchst beachtenswerter. Um doch eine annähernde Übersicht zu gewinnen, werden in der folgenden Darstellung mehrere verschiedene Fälle durch ein Beispiel erläutert werden.

Eine einfache Art der Keimung zeigen die Gräser, was mit der günstigen Lage des Embryos zusammenhängt. Wie das als Beispiel gewählte Weizenkorn (s. Abbildung auf S. 20, Fig. 3—5) zeigt, ist der kleine Keimling der Gräser dem einen Ende des großen, besonders mehlreichen Speichergewebes seitlich angeschmiegt. Das Keimblatt der Gräser hat zwar keine blattähnliche Form, es ist zu einem schildförmigen Körper umgebildet, daher auch Schildchen (scutellum) geheißen. Obschon verschiedentlich abgeändert, ist es doch bei den drei- bis viertausend verschiedenen Arten der Gräser in der Hauptsache gleichgestaltet. Die freien Ränder dieses nur von wenigen Gefäßen durchzogenen Keimblattes wölben sich über die Keimlingsknospe, wickeln dieselbe mitunter förmlich ein und bilden eine scheidenartige Umhüllung derselben.

Nach abwärts setzt sich das Schildchen in einen Sack fort, der das Würzelchen des Keimlinges einschließt. Wenn nun durch Vermittelung der auf S. 19 geschilderten Saugzellen des Schildchens die Stoffe aus dem Speichergewebe zum Würzelchen und der Keimlingsknospe gelangen, wachsen diese Teile rasch in die Länge; das Würzelchen durchbricht nach unten die sackartige Hülle, dringt in den Boden und seine reichlichen Wurzelhaare verwachsen mit den Partikelchen der Erde und nehmen vor allem Wasser auf. Die Knospe aber streckt sich nach oben, und die Blätter drängen aus der scheidenartigen Umhüllung des Keimblattes nach oben wachsend dem Lichte zu. Die unteren Blätter sind meist Niederblätter und ohne grüne Spreite, die auf sie folgenden Blätter zeigen aber sämtlich lange, grüne Spreiten, die eigentlichen Grasblätter. Die Stärke des Speichers ist bei dem raschen Wachstume des Keimlinges bald vollständig aufgezehrt. Sobald dies geschehen, hat das Schildchen keine weiteren Aufgaben zu erfüllen, es vertrocknet und geht zugrunde; die junge Graspflanze aber ist jetzt in den Stand gesetzt, mit ihren Wurzeln und ihren grünen Laubblättern sich selbständig die zum Weiterbau nötigen Stoffe zu verschaffen.

Die Keimlinge der Seggen und Binsen, der Schwertlilien, Schneeglöckchen, Narzissen, Aloë- und Mäusedornarten, der Blütenschilfe, Bananen und Palmen und noch zahlreicher anderer Gewächse, welche gleich den Gräsern zu den Monokotyledonen gehören, zeigen eine etwas andere Art der Keimung. Der Keimling ist bei allen diesen Pflanzen im Speichergewebe des Samens eingeschlossen, und das von dem Keim ausgehende Keimblatt bildet eine Scheide, welche die Knospe ringsum einhüllt. Das Keimblatt ist nur an seiner Spitze mit Saugzellen versehen und steht nur dort mit den Zellen des Speichergewebes in Verbindung. Bei der Keimung tritt zuerst die Wurzel heraus, dann streckt sich das Keimblatt in die Länge und schiebt den Keim mit der Keimlingsknospe aus dem Samen heraus. Die von dem zurückbleibenden Teile des Keimblattes aus dem Speichergewebe aufgesogene Nahrung wird aus dem Inneren des Samens zu dem hinausgeschobenen Keimlinge durch den verlängerten Keimblatteil geleitet. Der Keimling ist mit Hilfe dieser ihm zugeführten Nahrung in die Lage gesetzt, sein Würzelchen zu einer in den Boden eindringenden Saugwurzel und die Blattanlagen der Knospe zu grünen Blättern auszubilden. Von diesem hier nur ganz im allgemeinen skizzierten Vorgange lassen sich zahlreiche Modifikationen unterscheiden, welche insbesondere durch die verschiedene Richtung und Länge des aus dem Samen herausgeschobenen Keimblattstückes bedingt werden. Bei den auf sumpfigem Boden oder selbst unter Wasser im Schlamme keimenden Seggen, Binsen und Zypergräsern krümmt sich das vorgeschobene, den Keimstengel, die Knospe und das erste Laubblatt umschließende Stück des Keimblattes nach aufwärts (s. Abbildung auf S. 23, Fig. 14 und 15), während sich dasselbe bei den Arten der Gattungen Yucca und Tradescantia in einem Bogen nach abwärts krümmt (s. Abbildung auf S. 20, Fig. 12—15). Bei den Zykadeen und Palmen, welche auf einem oberflächlich der Dürre ausgesetzten Boden wachsen, biegt es sich sofort nach dem Hervortreten aus dem Samen wie eine Wurzel und wächst senkrecht in die tieferen, stets feuchteren Erdschichten hinab (s. Abbildung auf S. 23, Fig. 7, 9 und 10, welche die Keimung der Dattelpalme erläutert). Bei der Arekapalme und den schlanken Chamädoreen ist das aus dem Samen herausgeschobene scheidenförmige Stück des Keimblattes sehr kurz, während es sich bei der Dattelpalme, Kokospalme und anderen Palmen so sehr verlängert, daß es aussieht, als wäre der in der Scheide eingeschlossene Keim durch einen langen Faden mit dem im Samen steckengebliebenen Saugorgan verbunden (Fig. 10). Die Figuren 7—10 der Abbildung auf S. 23 zeigen den Dattelkeimling in allen seinen

Entwickelungsstufen. Der eine Teil des Keimblattes steckt als stattlich entwickeltes Saugorgan im Samen, die Knospe ist durch den herausgestreckten Teil tief in den Boden versenkt und muß nun, um ans Licht zu kommen, die Scheide seitlich durchbrechen (Fig. 8) und durch den Boden

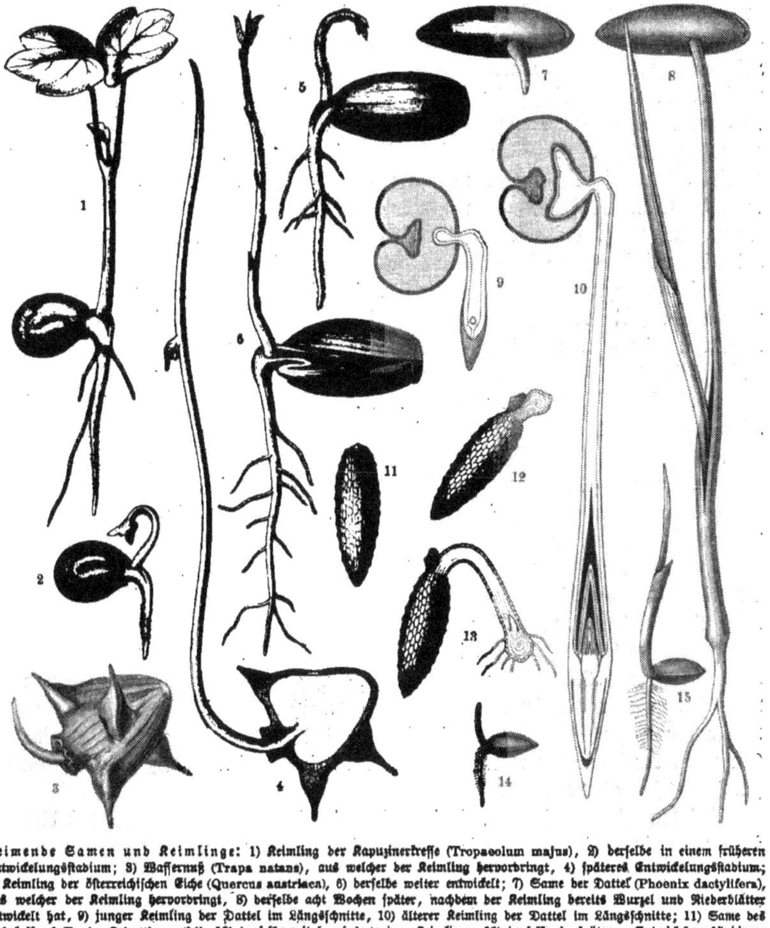

Keimende Samen und Keimlinge: 1) Keimling der Kapuzinerkresse (Tropaeolum majus), 2) derselbe in einem früheren Entwickelungsstadium; 3) Wassernuß (Trapa natans), aus welcher der Keimling hervorbringt, 4) späteres Entwickelungsstadium; 5) Keimling der österreichischen Eiche (Quercus austriaca), 6) derselbe weiter entwickelt; 7) Same der Dattel (Phoenix dactylifera), aus welcher der Keimling hervorbringt, 8) derselbe acht Wochen später, nachdem der Keimling bereits Wurzel und Niederblätter entwickelt hat, 9) junger Keimling der Dattel im Längsschnitte, 10) älterer Keimling der Dattel im Längsschnitte; 11) Same des Rohrkolbens Typha Schuttleworthii, 12) derselbe mit hervortretendem Keimlinge, 13) derselbe in späterem Entwickelungsstadium; 14), 15) Keimlinge der Segge Carex vulgaris. Fig. 1—8 in natürl. Größe, 9), 10) achtfach, 11—13) vierzigfach, 14), 15) sechsfach vergrößert. (Zu S. 22—25.)

nach oben wachsen. Bei manchen Palmen wird die Keimblattscheide 1/2 m lang, und es vergehen viele Monate, bis sämtliche Reservestoffe der riesigen, oft bis zu 8 kg schweren Samen durch die Keimblattscheiden dem in der Tiefe von 1/2 m eingepflanzten Keimlinge zugeführt und von ihm verbraucht worden sind. Dann wächst er langsam dem Lichte zu.

In etwas anderer Weise keimen die Samen zahlreicher Arten des Lauches (Allium). Bei dem Knoblauch (Allium sativum) ist der Keimling in die Mitte des Speichergewebes eingebettet (wie bei Abbildung auf S. 20, Fig. 17). Sobald die Keimung beginnt, schiebt auch hier das Keimblatt den Keim aus der Samenschale heraus, wächst zuerst aufwärts, biegt sich aber dann knieförmig um, so daß es ebenfalls den Keim tief in die Erde senkt (s. Abbildung auf S. 20, Fig. 18 und 19). Hier entwickeln sich aus dem Würzelchen sowie aus der Basis des Keimes lange Wurzelfasern, welche das Keimblatt durchbrechen, den Keimling an der Stelle, wo ihn das Keimblatt hingesetzt hat, festhalten. Die Spitze des Keimblattes steckt noch immer im Samen und saugt hier noch die letzten Reste der Reservestoffe auf. Sind diese endlich erschöpft, so wächst der eine Schenkel des knieförmig gebogenen Keimblattes in die Höhe, und es wird dadurch die Spitze aus der entleerten Samenschale herausgezogen. Das alles erfolgt unter der Erde. Es handelt sich nun darum, daß das Keimblatt auch an das Sonnenlicht kommt, um dort zu ergrünen. Das geschieht dadurch, daß das gekrümmte Keimblatt wie ein Keil wirkt und sich so durch die Erde nach oben Bahn bricht.

Bei den Rohrkolben (Typhazeen) fallen die kleinen Früchtchen, durch Luftströmungen verbreitet, auf die Oberfläche einer Wasseransammlung und erhalten sich dort einige Tage hindurch schwimmend. Nun öffnet sich die Fruchthülle, und der Same sinkt langsam in die Tiefe. Die Schale des Samens ist an dem einen Ende zugespitzt, an dem anderen mit einem äußerst zierlichen Deckel verschlossen (s. Abbildung auf S. 23, Fig. 11). Bei dem Hinabsinken durch das Wasser ist das spitze Ende nach unten, das zugedeckelte nach oben gekehrt. Am Grunde der Wasseransammlung angekommen, erhält sich der Same zwischen den abgestorbenen aufragenden Stummeln der Stengel und Blätter in der angegebenen Stellung, und es beginnt nun alsbald die Keimung. Das Keimblatt wächst in die Länge, stößt den Deckel auf und kommt an der Mündung der Samenschale zum Vorscheine (s. Abbildung auf S. 23, Fig. 12). Dasselbe beschreibt, weiter wachsend, einen Bogen und erreicht mit jenem Ende, in welchem die Keimachse und die Knospe eingehüllt sind, den schlammigen Boden. Kaum hat es diesen berührt, so verlängern sich die betreffenden Oberhautzellen und werden zu langen, schlauchförmigen Gebilden, welche in den Schlamm eindringen und so das Ende des Keimblattes festhalten (s. Abbildung auf S. 23, Fig. 13). Später kommen auch Würzelchen zum Vorschein, welche vom Keimblattstamme ausgehen. Inzwischen ist die Reservenahrung von der im Samen zurückgebliebenen Spitze des Keimblattes aufgesogen worden, es wird diese Spitze aus der Samenschale herausgezogen, das Keimblatt streckt sich gerade, ergrünt und funktioniert jetzt als Laubblatt.

Bei den Dikotylen ist der Keimling mit zwei Keimblättern ausgerüstet, und die Baustoffe, welche dem Keimlinge für die erste Zeit seines Wachstums zur Verfügung stehen, sind vielfach in den Keimblättern selbst aufgespeichert. Es gehören in diese Gruppe die Pflanzen mit pflaumenartigen Früchten sowie die meisten Arten mit Samen und Früchten von nußartigem Ansehen, aber auch solche, deren Samen nur eine lederige, weniger feste Umhüllung zeigen. Beispielsweise seien genannt die Walnuß und Haselnuß, die Eiche, Kastanie und Roßkastanie, Mandel, Kirsche, Aprikose und Pfirsich, der Lorbeer und die Pimpernuß, die Seerosen (Nymphaea, Nuphar), die Kapuzinerkresse (Tropaeolum), die Päonien und Windröschen (Paeonia und Anemone), der Hundswürger (Cynanchum) und das Immenblatt (Melittis) wie die Samen der Hülsenfrüchte, Bohnen, Erbsen, Wicken usw. Die beiden Keimblätter erfüllen in den Samen aller dieser Pflanzen fast den ganzen von der Samenschale umschlossenen

Raum, das Würzelchen ist ein kleines Spitzchen, und die kleine Keimlingsknospe ist zwischen den großen Keimblättern ähnlich wie ein getrocknetes Pflänzchen zwischen den Papierbogen eines Herbariums zusammengepreßt. Die Keimblätter sind dick, gedunsen, prall und immer verhältnismäßig schwer. Manche derselben sind wellenförmig verbogen oder gefaltet, wie bei Roßkastanie und Walnuß, und selten machen sie den Eindruck eines Blattes. Mitunter sind beide Keimblätter vorn zu einer Masse verwachsen, wie z. B. bei der Kastanie und Roßkastanie, den Seerosen und der Kapuzinerkresse, und dann ist alles das, was man gemeinhin als Attribut eines Blattes anzusehen pflegt, vollständig beseitigt. Wenn solche Samen Wasser aus der Umgebung aufgenommen haben, zu keimen und zu wachsen beginnen, wird zunächst die Samenschale an dem einen Pole des Samens gesprengt, und das Würzelchen sowie der untere Teil des Stämmchens und auch die dicken Stiele der beiden Keimblätter werden durch den Riß herausgeschoben. Die Keimblätter selbst bleiben dagegen von der Samenschale umhüllt in der Höhlung stecken, verlieren in dem Grad, als sie Stoffe an die eben genannten wachsenden Teile abgegeben haben, an Gewicht, magern ab und erscheinen endlich ganz erschöpft, geschrumpft und ausgesogen. Das vorgeschobene Würzelchen hat sich dagegen sichtlich vergrößert, krümmt sich nach abwärts, bringt senkrecht in den Boden ein und treibt Seitenwurzeln mit Saugzellen, welche nun aus dem Erdreiche Nahrung aufsaugen. Das Knöspchen, welches zwischen den kurzen, dicken Stielen der beiden Keimblätter wie eingeklemmt war, hat sich dagegen emporgekrümmt, streckt sich ziemlich rasch in die Länge, und der Keimstengel kommt mit überhängender Knospe über dem Boden an. Durch diese hängende Stellung wird die Knospe beim Durchdringen des Erdbodens vor Schaden bewahrt. Der Sproß entwickelt bei der Kapuzinerkresse sofort grüne, gelappte Laubblätter, bei anderen Pflanzen, wie z. B. bei der Eiche, zuerst schuppenförmige Niederblätter und erst über diesen grüne Laubblätter. In der Abbildung auf S. 23, Fig. 1, 2, 5 und 6, sind diese Verhältnisse sowohl an der Kapuzinerkresse als auch an der Eiche zur Anschauung gebracht. Die Keimblätter bleiben in allen diesen Fällen unterirdisch und fungieren zuerst als Behälter der Reservestoffe und zugleich als schützende Hülle für den kleinen, eingeklemmten Keimling. Haben sie ihre Aufgabe gelöst, so sterben sie ab, die ausgesogenen Keimblätter bleiben in der Höhlung der Samenschale stecken, gehen wie diese in kurzer Zeit in Verwesung über und zerfallen so vollständig, daß an der Stelle, wo sie mit dem Keimblattstamm in Verbindung standen, kaum noch eine Spur ihres Ansatzes zu erkennen ist.

Eine seltsame Form der Keimblätter beobachtet man bei der Wassernuß (Trapa). Das eine der Keimblätter ist klein, schuppenartig und enthält keine Reservestoffe, das andere ist sehr groß und erfüllt die Nuß so vollständig, daß es aussieht, als habe jemand Stearin in das Innere der Frucht gegossen, welches dann erstarrte und zu einer festen Masse wurde. Die Wassernuß keimt auf schlammigem Grunde unter Wasser. Bei der Keimung tritt aus dem Loche der Nuß ein weißer, stielrunder Körper heraus, welchen man als Keimblattstamm (Hypokotyl) deutet (s. Abbildung, S. 23, Fig. 3). Eine Hauptwurzel wird nicht entwickelt. Dieses Gebilde verlängert sich unter dem Wasser und wächst geradlinig in die Höhe. Von den beiden Keimblättern verläßt nur das eine, welches als kleine Schuppe dem kurzen Keimblattstamme aufsitzt, die Höhlung der Nuß, das andere, große bleibt in der Nuß stecken und steht mit dem Keimblattstamme durch einen langen Stiel in Verbindung. Dieser lange Stiel und der sehr kurze Keimblattstamm gehen so unvermittelt ineinander über, daß sie zusammen als ein einziger ungegliederter weißer Strang erscheinen (s. Abbildung auf S. 23, Fig. 4). Durch die stielartige Verbindung werden die in dem großen, dicken Keimblatte gespeicherten Baustoffe den im Wasser wachsenden Teilen des Keimlinges zugeführt, was ziemlich lange Zeit in Anspruch nimmt. Bis dieses Keimblatt alle seine Reservestoffe abgegeben hat, ist die Wurzel schon so weit erstarkt, daß sie aus der Umgebung Stoffe aufzunehmen vermag; sie krümmt sich gegen den schlammigen Boden herab und setzt sich in demselben mit zahlreichen Seitenfasern fest. Auch die Knospe, welche an der Basis des kleinen, schuppenförmigen Blattes am Keimblattstamme angelegt wurde, ist inzwischen ausgewachsen und zu einem Sprosse geworden, welcher unten Niederblätter, weiter aufwärts grüne Laubblätter entwickelt und zur Oberfläche des Wassers hinaufwächst. Das ausgesogene Keimblatt verläßt niemals den Innenraum der Nuß, sondern geht wie diese allmählich in Verwesung über. Es liegt demnach hier der seltene Fall vor, daß das eine Keimblatt aus der Höhlung des Samens und der Frucht vorgeschoben wird, während das andere dort zurückbleibt.

Verhältnismäßig selten kommt es vor, daß der Keimsproß ohne weiteres geradlinig aus dem Samen herauswächst. Als Beispiel möge Cardopatium corymbosum (s. Abbildung auf S. 27, Fig. 5) gewählt sein. Der Keimling ist gerade, der Keimblattstamm (auch Hypokotyl genannt) ist kurz und trägt zwei dickere Keimblätter, deren dicht aneinanderliegende Spitzen einen stumpfen Kegel bilden. Ist einmal das Würzelchen vorgeschoben und hat sich in der Erde befestigt, so verlängert sich gleich danach der Keimblattstamm in entgegengesetzter Richtung, ohne sich zu krümmen, schiebt die zusammenschließenden Keimblätter vor sich her und drängt diese aus der Fruchtschale hinaus. Es muß hierbei das Gewebe der Fruchtschale, welches über dem Keimblattkegel liegt, durchstoßen werden, was aber keine Schwierigkeiten macht, da dieses Gewebe aus dünnwandigen Zellen besteht. So kommt an dem einen Pole das Würzelchen, an dem anderen das Keimblattpaar hervor, und der Keimling erscheint in seiner Mittelhöhe von der ausgeleerten Fruchtschale wie von einem Ring oder einer Hülse umgeben. Die zu einem festen Kegel vereinigten Spitzen der Keimblätter müssen, nachdem sie die Höhlung der Schale verlassen haben, meistens noch die darüberliegende Erde durchbohren, und erst wenn dies geschehen ist, können sie sich entfalten und ergrünen.

In den allermeisten Fällen, wo die Keimblätter sich oberirdisch entfalten, nachdem sie die Reservestoffe des Endosperms aufgezehrt haben, werden sie in umgekehrter Lage aus der Samenschale herausgezogen und auf diese Weise vor Beschädigungen beim Durchdringen des Erdbodens geschützt. So verhält es sich bei den meisten Dikotylen, z. B. bei der schon wiederholt genannten Kornrade (Agrostemma Githago), deren beide aufeinanderliegende Keimblätter hufeisenförmig um das mit Stärke vollgepfropfte Speichergewebe gekrümmt sind, nach Verbrauch dieser Nahrung aber aus der Samenschale gezogen werden, auseinander weichen und ergrünen (s. Abbildung auf S. 20, Fig. 7—10). Bei Ricinus communis (s. Abbildung auf S. 20, Fig. 1 und 2) platzt die Samenschale im Beginne der Keimung; die großen Keimblätter nehmen die Reservestoffe auf, dann folgt das Herausziehen und Ergrünen der beiden Keimblätter im Sonnenlichte. Bei den Kürbissen und noch vielen anderen Arten der in Rede stehenden Gruppe ist die wenige Reservenahrung in den Keimblättern selbst aufgespeichert. Alsbald nach dem Beginne der Keimung bringt das Würzelchen des Keimlinges hervor, wächst in die Erde und zieht dann auch die Keimblätter aus der Höhlung der Samenschale hervor.

Der Vorgang bei dem Herausziehen der Keimblätter aus der Höhlung der Samenschale ist so merkwürdig, daß es sich verlohnt, denselben in seinen auffallendsten Verschiedenheiten kennen zu lernen. Zunächst mag als Vorbild für eine große Zahl von Arten der Kürbis (Cucurbita Pepo; s. Abbildung auf S. 27, Fig. 1) hingestellt sein. Der Same dieser Pflanze ist ziemlich groß, von zwei Seiten her abgeplattet, im Umriß eiförmig, an dem einen Ende gerundet, an dem anderen Ende etwas verschmälert und schief abgestutzt. An dieser Stelle ist er mit einem kleinen Loche versehen. Werden Kürbissamen ausgestreut, so kommen sie mit einer der abgeplatteten Seiten auf den Boden zu liegen und verkleben dort leicht mit Erde, zumal dann, wenn sie an ihrer Oberfläche mit einem klebrigen Safte des Fruchtfleisches überzogen sind, was bei der natürlichen Aussaat in der freien Natur stets der Fall ist. Da der

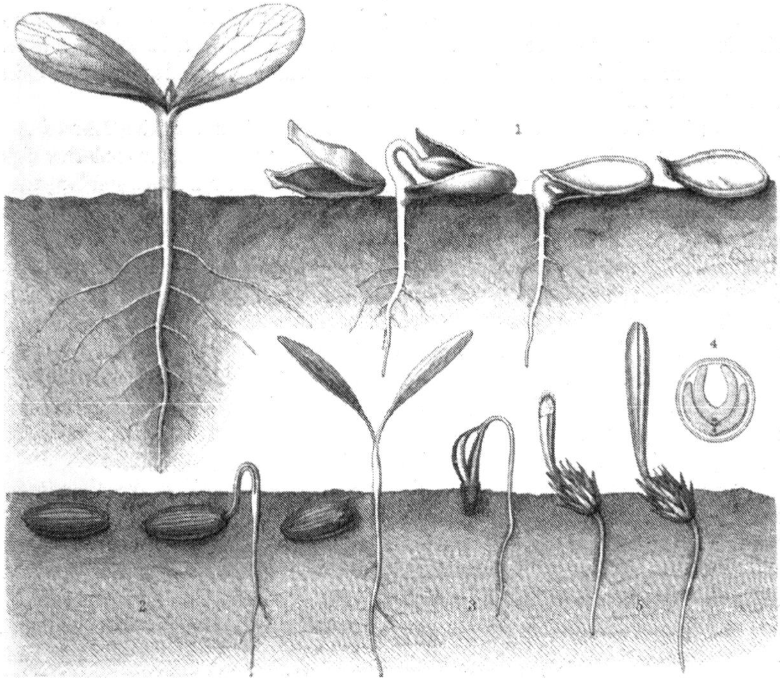

Austritt der Keimblätter aus der Höhlung der Samen- oder Fruchtschale: 1) Kürbis (Cucurbita Pepo); 2) Stinkasant (Scorodosma Asa foetida); 3) einjährige Immortelle (Helichrysum annuum), 4) Querschnitt durch die innerhalb der Fruchtschale gerollten Keimblätter der einjährigen Immortelle; 5) Cardopatium corymbosum, nach Klebs. Fig. 1—3 in natürl. Größe, Fig. 4—5 etwas vergrößert. (Zu S. 26—29.)

von der Samenhaut umschlossene Keimling gerade ist, so erhält dieser eine zur Fläche des Keimbettes parallele Lage. Wenn nun die Keimung beginnt, so tritt zuerst das Würzelchen durch die erwähnte kleine Öffnung an dem einen Ende des Samens hervor; es krümmt sich sofort und wächst auf Kosten der ihm aus den beiden Keimblättern zugeführten Nahrung ziemlich rasch abwärts in die Erde hinein, wo es Seitenwürzelchen entwickelt und sich durch reichliche Saugzellen mit den Erdteilchen fest verbindet. Aber auch der kurze Keimblattstamm, in welchen die Wurzel nach oben übergeht, wächst anfänglich abwärts in die Erde hinein. Freilich nur kurze Zeit. Alsbald ändert sich nämlich die Richtung seines Wachstums, und der Stamm treibt jetzt in entgegengesetzter Richtung zum Lichte empor. Wie aus der bisherigen Darstellung hervorgeht, ist der Keimblattstamm oben und unten festgelegt: unten durch die in der Erde festgewachsene Wurzel, oben durch die am Boden festgeklebte Samenschale, in welcher die Keimblätter stecken. Sobald er nun in die Länge wächst, muß er eine starke Krümmung machen, ja manchmal eine förmliche Schlinge, deren konvexe Seite nach oben gewendet ist (s. Abbildung auf S. 27, Fig. 1). Notwendigerweise übt er dabei einen starken Zug nach beiden Enden aus. Die in der Erde gut befestigte Wurzel wird hierdurch in ihrer Lage nicht mehr verrückt, dagegen machen sich die Wirkungen des Zuges an den an dem Keimblattstamme sitzenden, noch im Samen steckenden Keimblättern geltend; die Schale des Kürbissamens wird gesprengt, die Keimblätter werden aus dem klaffenden Spalte herausgezogen, der Keimblattstamm richtet sich gerade empor, die beiden Keimblätter rücken auseinander und wenden ihre obere Seite dem Lichte zu (s. Abbildung auf S. 27, Fig. 1 links).

Es wird die Spaltung der Samenschale und das Herausziehen der Keimblätter bei dem Kürbis noch wesentlich dadurch gefördert, daß an der Grenze des Würzelchens und des Keimblattstammes ein vorspringender Wulst ausgebildet ist, der sich an den unteren Rand der harten Samenschale anstemmt und diesen an den Boden drückt, so daß nach erfolgter Sprengung der obere Teil der Samenhaut von dem unteren wie ein Deckel emporgehoben wird. Auch der Keimling der Sinnpflanze (Mimosa pudica) sowie jener von Cuphea entwickeln an dem Keimblattstamme einen solchen Wulst, der sich an den unteren Teil der Samenschale anstemmt und so die Sprengung und das Herausziehen begünstigt. Dort, wo der Same von einer Fruchthülle umschlossen wird, sind an dieser bald Leisten und Ecken, bald vorspringende Ränder des vertrockneten Kelches und dergleichen ausgebildet, welche dem Wulste des Keimblattstammes als Stützpunkt dienen. Es sind diese Bildungen daher nichts weniger als verkümmerte, der Pflanze nutzlose Organe, für welche man sie früher gehalten hatte, und finden hiermit als wertvolle Hilfsorgane bei dem Herausziehen des Keimlinges ihre naturgemäße Erklärung.

Manche Pflanzen, so namentlich gewisse Doldengewächse, entwickeln einen sehr kurzen Keimblattstamm. Derselbe krümmt sich nicht, übt keinen oder doch nur einen unbedeutenden Zug auf die Keimblätter aus und wäre nicht imstande, die Keimblätter aus der Hülle der Samen- oder Fruchtschale herauszuziehen. Bei allen diesen Pflanzen sind nun die Keimblätter langgestielt, und die Stiele übernehmen die Rolle des Keimblattstammes, wenigstens insofern, als durch sie das Herausziehen der Spreite der Keimblätter in ähnlicher Weise vermittelt wird, wie oben geschildert. Recht auffallend tritt diese Erscheinung bei der Keimung des Stinkasantes (Scorodosma Asa foetida) hervor, welche durch die Fig. 2 der Abbildung auf S. 27 zur Anschauung gebracht ist. Die von dem sehr kurzen Keimblattstamm ausgehenden Stiele der Keimblätter wachsen rasch in die Länge und nehmen dieselbe S-förmige Krümmung an, welche der Keimblattstamm des Kürbiskeimlinges zeigt; sie üben auch auf die noch in der Fruchtschale steckenden Spreiten der Keimblätter eine ähnliche Wirkung aus und ziehen diese förmlich heraus. Sobald das geschehen, strecken sich die Stiele sofort gerade, und die von ihnen getragenen Spreiten wenden ihre obere Seite dem Lichte zu.

Wenn Keimblätter über die Erde kommen, welche aus der Frucht- oder Samenschale unterirdisch herausgezogen wurden, so wird bei dem Geradestrecken des Keimblattstammes ein Druck auf die über dem Keimlinge liegenden Erdschichten ausgeübt, die Keimblätter nehmen die erdigen Teile gewissermaßen auf ihren Rücken und heben sie empor, ohne sie eigentlich zu durchstoßen oder zu durchbohren. Dabei ist die Gefahr einer Verletzung jedenfalls eine geringe, und die Annahme, daß darum jene Keimblätter am häufigsten vorkommen, deren

Entfaltung nach dem Vorbilde des Kürbisses oder Stinkasantes stattfinden, ist vollauf berechtigt. Pflanzen, deren gerader Keimling mittels der zu einem Kegel zusammenschließenden Keimblattspitzen die Fruchtschale und die darüberliegende Erde zu durchstoßen hat, wie z. B. Cardopatium corymbosum (s. Abbildung, S. 27, Fig. 5), sind dagegen sehr selten.

In allen jenen Fällen, wo die Keimblätter durch einen Spalt oder ein Loch der Frucht- oder Samenhülle herausgezogen werden, scheint es ganz selbstverständlich, daß die Öffnung einen Durchmesser besitzt, welcher zum mindesten so groß ist wie jener der herausgezogenen Spreite. In der Regel trifft diese Voraussetzung auch zu; in einigen Fällen aber ist das herausgezogene Keimblatt tatsächlich breiter als der Spalt in der Fruchthülle, und man fragt sich erstaunt, wie da das Herausziehen ohne Schädigung des Gewebes erfolgen konnte. Die Sache verhält sich folgendermaßen. Bevor noch der Zug sich geltend macht, rollen sich die in der Höhlung des Samens steckenden Keimblätter zusammen und werden dann als eine lange Rolle durch die enge Öffnung der Fruchtschale herausgezogen. Kaum entfesselt, rollen sie sich dann wieder auf und breiten sich flach aus. So verhält es sich z. B. bei der Immortelle Helichrysum annuum (s. Abbildung auf S. 27, Fig. 3 und 4), ferner bei dem Doldengewächse Smyrnium Olusatrum und noch mehreren anderen. Bei einigen Pflanzen, wie z. B. bei der Buche (Fagus silvatica), sind die Keimblätter, solange sie in der Fruchtschale stecken, wie ein Fächer der Länge nach zusammengefaltet, nehmen in dieser Lage nur einen geringen Raum ein, können auch durch einen verhältnismäßig kleinen Spalt aus der Nuß herausgezogen werden und breiten sich, nachdem dies geschehen ist, in kürzester Zeit flächenmäßig aus (s. Abbildung auf S. 35, Fig. 1—3). Auch an den Keimlingen von Pinus, welche fünf und mehr wirtelständige, schmale, lineale Keimblätter besitzen (s. Abbildung auf S. 35, Fig. 6), verläßt eins nach dem anderen die Höhlung der Samenschale, und man geht wohl nicht irre, wenn man die Breite, Länge und den Zuschnitt der Keimblätter mit dem inneren Bau und mit der Art und Weise des Öffnens der Frucht- oder Samenhülle in Zusammenhang bringt.

Für die Keimung von Bedeutung ist die äußere Form des Samens und die Lage, welche er infolge seiner Form beim Niederfallen auf den Boden einnimmt. Kommt der Same so auf den Boden zu liegen, daß die Achse des Keimblattstammes senkrecht zur Erdoberfläche und die Spitze des Würzelchens abwärts gerichtet ist, so scheint das im ersten Augenblicke zwar eine sehr günstige Stellung, ist es aber in Wirklichkeit nicht. Bei dieser Lage muß der Keimblattstamm die kompliziertesten Krümmungen machen, um die Keimblätter aus dem Samen herausziehen zu können. Dagegen ist das günstigste Verhältnis dann hergestellt, wenn die Achse des Keimblattstammes zusammen mit dem Würzelchen parallel zur Erdoberfläche zu liegen kommt. Bei dieser Lage kann das Würzelchen sofort nach dem Verlassen der Samenhülle, mit einer Krümmung umbiegend, in die Erde hinabwachsen und anderseits der Keimblattstamm am raschesten die Keimblätter aus ihrer Umhüllung herausziehen (s. die Figuren 1, 5, 7 und 14 der Abbildung auf S. 20 und Fig. 1 rechts der Abbildung auf S. 27). Wenn man Samen ausstreut, so nehmen sie auch in der Regel die zuletzt erwähnte Lage an. Die flachen oder zusammengedrückten Samen kommen mit ihrer Breitseite auf den Boden zu liegen, die eiförmigen sowie die langgestreckten, zylindrischen Samen fallen so zu Boden, daß die längere Achse der Unterlage parallel ist, und auch an den kugeligen Samen liegt der Schwerpunkt so, daß der Keimling die möglichst günstige Lage erhält.

Jedem, der dem merkwürdigen Herausziehen der Keimblätter aufmerksam zusieht, muß auch sofort die Bedeutung zahlreicher Ausbildungen an der Außenseite der Samen- oder

Fruchtschale klar werden. Es ist augenscheinlich, daß das Herausziehen nur dann vonstatten geht, wenn die Samen- oder Fruchtschale nicht der Spielball der nächstbesten Luft- oder Wasserströmung ist, wenn der Same in irgendeiner Weise festliegt. Solche Ausrüstungen zum Festhalten der Früchte und Samen auf ihrer Unterlage gibt es denn auch in großer Zahl und in reicher Abwechselung. Schon die flügelförmigen und haarförmigen Anhängsel, die gekrümmten, spitzen und widerhakigen Fortsätze und die verschiedenen Klebevorrichtungen der Früchte und Samen, welche in erster Linie die Bedeutung von Verbreitungsmitteln haben, und deren Schilderung dem dritten Bande des „Pflanzenlebens" vorbehalten ist, bieten sehr häufig auch noch den zweiten Vorteil, daß durch sie der Same dort festgehalten wird, wo die Keimung mit Erfolg stattfinden kann. Wenn man Ende Mai, zur Zeit, wenn die haarigen Samen der Weiden und Pappeln als leichte Flocken aus den aufgesprungenen Kapseln hervorkommen und durch die Luftströmungen entführt werden, den feuchten Lehmboden am Ufer eines Flusses betrachtet, so sieht man dort unzählige dieser Samen gestrandet, mittels der Haare an den Lehm geklebt und die kleinen Samenschalen am feuchten Grund unverrückbar festgehalten. Alle diese Samen keimen binnen wenigen Tagen, während die nebenbei in losen Flocken auf dem trockenen Boden liegenden Samen nicht zum Keimen kommen. Die haarige Hülle, welche zunächst als Verbreitungsmittel des Samens diente, kann also auch den Samen befestigen. Dasselbe gilt von den Haarschöpfen, welche die kleinen Samen der tropischen Tillandsien schmücken. Zunächst dienen sie als Flugvorrichtungen, und die leichtbeschwingten kleinen Samen werden durch die Winde aus den aufgesprungenen Kapseln weithin entführt. Stranden diese Samen an der Borke eines vom Winde bestrichenen Baumstammes, so haften die Haare fest an und bringen auch den Samen mit der Unterlage in Berührung. Man sieht dann die Windseite der Baumstämme mit unzähligen dieser Samen besetzt und in einen förmlichen Mantel gehüllt, und diejenigen Samen, welche der Unterlage angepreßt werden, gelangen auch zur Keimung. Auch bei der Ansiedelung der Samen der Anemone silvestris und mehrerer Korbblütler beobachtet man einen ähnlichen Vorgang. Um noch ein anderes Beispiel zu bringen, sei auch der anhäkelnden Früchte von Xanthium spinosum und Lappago racemosa gedacht. An irgendeiner Stelle von wandernden Tieren abgestreift, bleiben sie mit ihren widerhakigen Fortsätzen an den Haaren der genannten Tiere hängen und werden oft viele Meilen weit verschleppt. Selbstverständlich suchen die Tiere sich der unbequemen Anhängsel später zu entledigen und reiben sich dann so lange an dem Erdboden, bis sich die Früchte von der borstigen Haut oder dem Pelz ablösen. Bei dieser Gelegenheit wird ein Teil der Früchte in die Erde gedrückt und dort mittels der widerhakigen Stacheln fest verankert. Nur die Keimlinge aus den festgeankerten Früchten entwickeln sich zu kräftigen Pflanzen, die locker auf dem Boden liegenden Samen dagegen keimen entweder gar nicht, oder es gehen die Keimlinge, deren Keimblätter nicht ordentlich aus der Fruchthülle gezogen wurden, alsbald zugrunde.

Viele Samen haben aber besonders wirksame Ausrüstungen, die der Befestigung dienen. In dieser Beziehung sind zunächst klebende Stoffe hervorzuheben, welche von der Oberfläche der Samenschale ausgeschieden, und durch welche die Samen mit dem Boden verkittet werden. Sie treten hervor, wenn die Oberfläche des Samens befeuchtet oder wenn von der Erde das Regenwasser aufgesogen wird. In den meisten Fällen wird die schleimige Masse, welche zum Kitte wird, von den oberflächlichen Zellen erzeugt, wie namentlich bei den vielen Arten der Gattungen Lein und Wegerich (Linum und Plantago), bei der Gartenkresse und dem Leindotter (Lepidium sativum und Camelina sativa), bei Teesdalia, Gilea und Collomia und noch vielen anderen Arten der verschiedensten Gattungen, welche aber in dem einen miteinander übereinkommen, daß die Samenschale eine ganz glatte Oberfläche besitzt. Bei dem Basilienkraute (Ocymum basilicum) sowie bei den zahlreichen Arten der Gattungen Salbei und Drachenkopf (Salvia und Dracocephalum) geht die schleimige Substanz von der glatten Oberfläche der Fruchtschale aus. Häufig sind es nur bestimmte reihenweise angeordnete Zellen an der Oberfläche der Frucht- oder Samenschale, in denen sich der klebrige Schleim ausbildet, wie bei der neuseeländischen Selliera und bei zahlreichen Korbblütlern, von welchen die Kamille (Matricaria Chamomilla) als die bekannteste Art hervorgehoben werden mag. Auch bei den Arten der Gattung Oxybaphus sind fünf Längskanten an der Schale des Samens mit besonderen Schleimorganen besetzt. Wenn die Schale befeuchtet wird, so treten an ihr fünf weiße schleimige Linien hervor, welche das Ankleben an das Keimbett vermitteln. Bei vielen Korbblütlern, so namentlich bei dem gemeinen Kreuzkraute (Senecio vulgaris) sowie bei den Arten der Gattungen Euriops, Doria, Trichocline usw., sind besondere Haare an der Fruchtschale ausgebildet, die den anklebenden Schleim ausscheiden. Wieder in anderen Fällen, so namentlich bei vielen Aroideen, wird das Klebemittel nicht von Zellen der Oberhaut ausgebildet, sondern es bleibt auf den Samen, die in einer fleischigen Fruchthülle stecken, ein Teil des Fruchtsaftes oder Fruchtfleisches zurück, der, wenn er vertrocknet, eine Kruste bildet. Wenn solche Samen nachträglich befeuchtet werden, so wandelt sich die Kruste wieder in eine schleimig-klebrige Masse um, und es werden durch diese die Samen an der Unterlage festgeklebt. Höchst merkwürdig sind die Samen von Cuphea petiolata gebaut. In ihren Epidermiszellen befinden sich gedrehte Fäden, die sich beim Befeuchten, die Epidermiszellen sprengend, hervorstrecken und durch ihre schleimige Beschaffenheit die Samen befestigen. Oft bildet auch die ganze saftreiche verwesende Fruchthülle das Befestigungsmittel der Samen, was namentlich bei den Melonen, Gurken, Kürbissen und anderen Kukurbitazeen sowie bei zahlreichen Gewächsen mit Beeren und pflaumenartigen Früchten der Fall ist.

Bei vielen Pflanzen, wie z. B. bei der Kornrade (s. Abbildung auf S. 20, Fig. 7—10) und der auf lehmigen Feldern häufigen Neslea paniculata, wird die Befestigung der Samen oder Früchte an das Keimbett nicht durch schleimige, klebrige Stoffe, sondern durch Unebenheiten an der Oberfläche der Samen- oder Fruchtschale vermittelt. Es finden sich da die mannigfaltigsten Warzen, Zapfen, Riefen, Netze und dazwischen grubige Vertiefungen, in welche sich die Erdpartikelchen eindrängen und, wenn sie befeuchtet werden, mit den Zellen der Oberhaut verbinden. Die Adhäsion ist dann sehr groß, und wollte man solche Samen oder Früchte reinigen und die anhaftende Erde aus allen den kleinen Grübchen herausputzen, so würde das viel Mühe machen und doch nicht vollständig gelingen. Es ist hier auch auf den Gegensatz der in diese Gruppe gehörigen Samen zu denjenigen, welche der früheren Gruppe zugezählt werden müssen, hinzuweisen. Samen mit rauher, runzeliger und grubig punktierter Oberfläche entwickeln niemals Klebemittel aus ihren Hautzellen, weil die Befestigung an das Keimbett durch die Unebenheiten der Samenschale vermittelt wird; Samen mit glatter Oberfläche, welche sonst leicht verschiebbar wären, verkleben mittels der Schleimmassen, welche ihre Hautzellen ausbilden.

Ganz eigentümlich verhält sich die Wassernuß (Trapa), deren Keimung oben geschildert worden ist. Jede ihrer großen Früchte zeigt zwei Paare von abstehenden, kreuzweise gestellten Dornen, die sich aus den Kelchblättern herausbilden und die Frucht während des Ausreifens gegen die Angriffe seitens der Wassertiere schützen. Diese Dornen sowie die ganze Frucht sind nur innen steinhart, die äußeren Zellschichten sind weich, zersetzen sich auch unter Wasser ziemlich rasch und lösen sich in unregelmäßigen Fetzen und Fasern von dem tieferen, sehr festen Gewebe ab. An der Spitze der Dornen erhält sich nach der Ablösung der Weichteile nicht nur die kräftige, sehr feste Mittelrippe, sondern es verbleiben auch die Anfänge einiger rückläufiger Bündel aus sehr festen, langgestreckten Zellen, die unmittelbar hinter der Spitze von der Mittelrippe entspringen. Diese Dornen erscheinen daher ankerartig ausgebildet (s. untenstehende Abbildung) und wirken auch ähnlich wie Anker im Grunde der Teiche. Der aus der Nuß herauswachsende Keimling vermag dann auch nicht die feste Fruchthülle mit emporzuheben, sie bleibt verankert an der Stelle, wo sie hingefallen war.

Seltsame Einrichtungen, welche ein Verankern der Früchte an der zum Keimen geeignetsten Stelle bewirken, beobachtet man an mehreren Steppengräsern, namentlich an den Federgräsern (Stipa) und auch an den Arten der Gattung Reiherschnabel (Erodium). Die Federgräser zählen zu den auffallendsten Erscheinungen der Steppe und bilden sogar

Die Verankerung der Wassernuß.

einen charakteristischen Zug des Landschaftsbildes, indem sie mit verschiedenen Schmetterlingsblütlern, namentlich mit Tragant-Stauden (Astragalus), dann mit zahlreichen Korbblütlern, Nelken und niederen Schwertlilien den Hauptbestandteil der Pflanzendecke, ja man kann wohl sagen das Grundgewebe des farbenprächtigen, über manche Steppen gebreiteten Pflanzenwuchses bilden. Ernst Heyn hat in der beigehefteten Tafel „Federgras auf der Steppe Südrußlands" eine solche Steppe mit ihrer charakteristischen Vegetation in vollendeter Naturwahrheit zur Anschauung gebracht, und wir werden auf dieses Bild noch wiederholt zurückzukommen Gelegenheit haben. Die Federgräser, welche uns hier zunächst interessieren, fallen auf dem Bilde dadurch auf, daß aus dem scheidenförmigen Blatt am oberen Ende der Halme ein Büschel langer, weißer, im Winde wehender Federn vorgestreckt sind, mit einem wehenden Reiherbusch vergleichbar. Diese Gebilde sind Grannen, welche sich, wenn die Federgräser abgeblüht haben, so außerordentlich verlängern, wie das an keinem anderen Grase der Fall ist.

Die Spelze, welche von der mit zweizeilig geordneten, abstehenden Haaren besetzten, federförmigen Granne gekrönt ist, umschließt zusammen mit einer zweiten kurzen, grannenlosen Spelze die kleine Frucht. Sobald diese reif ist, trennt sich das Stielchen, welches die um die Frucht gewickelte, inzwischen sehr hart gewordene Spelze trägt, ab; der nächste kräftige Windstoß entführt die abgelöste eingewickelte Frucht und treibt sie wie eine Flaumfeder über die Steppe dahin. Die von der Spelze ausgehende lange, federige Granne hat also zunächst die

1. Stipa pennata. — 2. Ranunculus pedatus. — 3. Astragalus exscapus. — 4. Astragalus virgatus. — 5. Dianthus polymorphus. — 6. Jurinea mollis. — 7. Achillea ochroleuca. — 8. Iris variegata. — 9. Astragalus Onobrychis. — 10. Salvia austriaca. — 11. Syrenia angustifolia. — 12. Festuca vaginata.

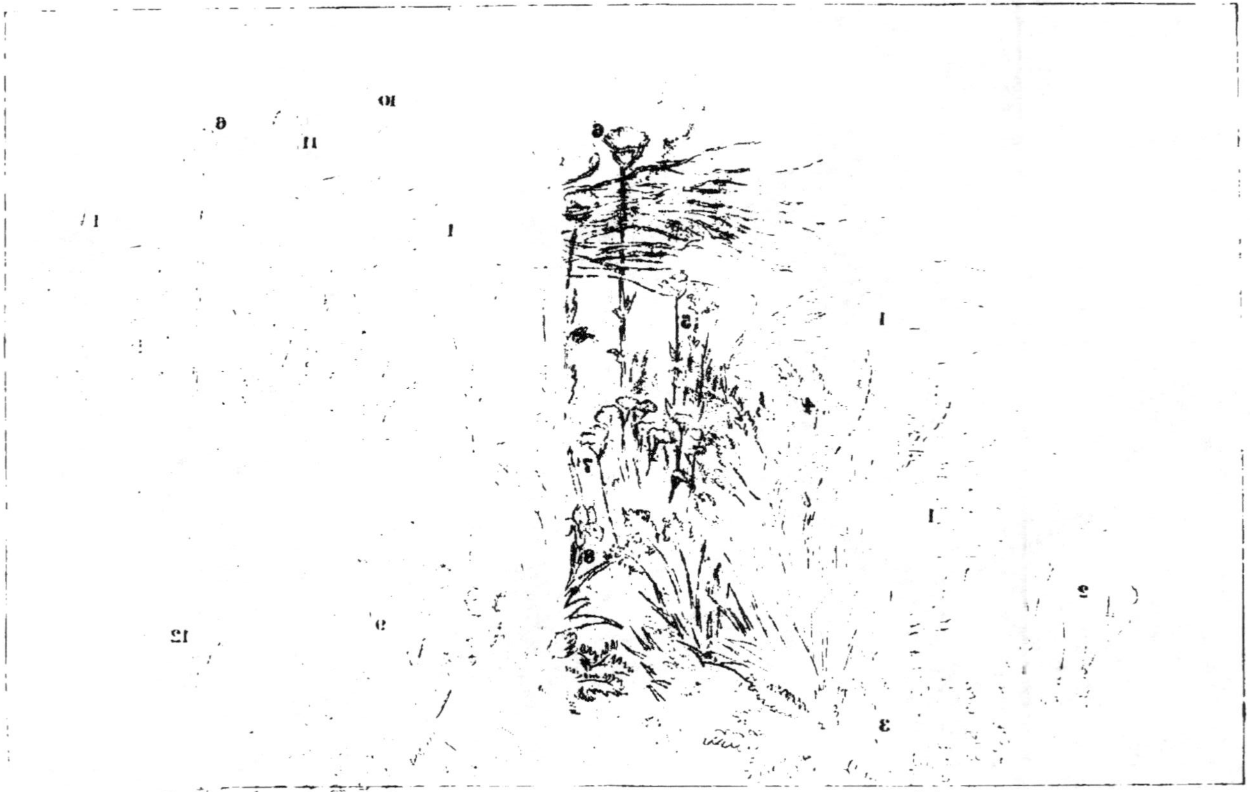

1. *Stipa pennata.* — 2. *Ranunculus pedatus.* — 3. *Astragalus exscapus.* — 4. *Astragalus virgatus.* — 5. *Dianthus polymorphus.* — 6. *Jurinea mollis.* — 7. *Achillea ochroleuca.* — 8. *Iris variegata.* — 9. *Astragalus Onobrychis.* — 10. *Salvia austriaca.* — 11. *Syrenia angustifolia.* — 12. *Festuca vaginata.*

Federgras auf der Steppe Südrußlands.

Bedeutung einer Flugvorrichtung, ähnlich so vielen anderen federförmigen oder flügelförmigen Gebilden, mit welchen Früchte und Samen besetzt oder eingehüllt sind, und sie vermittelt die Verbreitung der betreffenden Federgrasart über das weite Gelände. Es kommt ihr aber, nachdem sie irgendwo auf dem Steppenboden gestrandet ist, auch noch eine weitere Aufgabe zu.

Das Eindringen von Früchten in die Erde und die Befestigung dieser Früchte im Keimbett: 1), 2) Früchte des Federgrases (Stipa pennata); 3), 4) Früchte des Reiherschnabels (Erodium Cicutarium). (Zu S. 32—35.)

Gesetzt den Fall, es sei eine Federgrasfrucht so auf die nackte Erde gefallen, wie das durch die obenstehende Abbildung veranschaulicht wird. Jener Teil, welcher in der verhärteten Spelze die Frucht eingeschlossen enthält, wird als der schwerere selbstverständlich zuerst mit dem Boden in Berührung kommen, und da das Ende dieses Teiles sehr spitz ist, so bleibt die Frucht manchmal sofort nach dem Stranden in der Erde stecken (s. obenstehende Abbildung, Fig. 1). Fällt sie schief auf, so wird das Eindringen des spitzen Endes durch ein späteres Schwanken der in die Luft emporragenden langen Feder veranlaßt, und es wird dieses erste Eindringen noch wesentlich dadurch begünstigt, daß das Spitzchen nach einer Seite hin etwas schief gebogen ist.

Wenn nur einmal das Spitzchen in die Erde gedrungen ist, so folgt auch der andere die Frucht umhüllende Teil der Spelze alsbald nach, und zwar geschieht das durch folgende Einrichtung. Dicht oberhalb des Spitzchens finden sich an der eingerollten Spelze aufwärts gerichtete, elastisch-biegsame, aber dabei sehr steife Haare. Solange diese steifen Haare anliegen, setzen sie dem Eindringen der Spelze in die Erde keinen Widerstand entgegen, und es gelangt auch gleich bei dem ersten Einstechen des Spitzchens immer ein Teil dieser Haare unter die Erde. Wird nun die mit dem Spitzchen und einigen Haaren in der Erde steckende Spelze durch irgendeinen von oben wirkenden noch so leisen Druck nach einer Seite, sagen wir nach rechts, geneigt, so werden dadurch die Haare der rechten Seite an die Spelze noch mehr angedrückt, jene der linken Seite aber etwas abgehoben. Diese letzteren stemmen sich an die über ihnen befindlichen Erdteilchen an und wirken als Hebelarme, durch welche die ganze Spelze gleichzeitig mit dem Neigen nach rechts auch etwas tiefer in die Erde hinabgedrückt wird. Wenn die Spelze später nach der entgegengesetzten Seite, nämlich nach links, geneigt wird, so werden die Haare der linken Seite angedrückt, während jene der rechten Seite sich abheben, und indem sie sich gleich kleinen Hebeln an die über ihnen befindlichen Erdteilchen anstemmen, wird die Spitze der Spelze wieder um ein kleines Stück tiefer in die Erde hinabgedrängt. Derselbe Erfolg stellt sich bei jeder Schaukelbewegung, also auch dann ein, wenn die ganze Spelze nach vorn oder wenn sie nach rückwärts geneigt wird, und es fragt sich nur, wodurch denn diese Lageänderungen, die ein ruckweises Vorrücken des Spitzchens im Gefolge haben, hervorgerufen werden können. Ein Blick auf die Abbildung auf S. 33 lehrt, daß jeder nur einigermaßen stärkere Luftstrom, welcher den langen federigen Teil der Granne trifft, sofort auch eine Lageänderung der im Boden steckenden Spelze zur Folge haben muß. So wird durch das Flattern der federigen Granne nach den verschiedenen Richtungen der Windrose die in der Erde steckende Spelze bald nach dieser, bald nach jener Seite geneigt, und da die Änderung des Neigungswinkels jedesmal auch ruckweise ein Vordringen in die tieferen Schichten der Erde bedingt, so ist eigentlich der Wind die treibende Kraft, durch welche die in der gerollten Spelze eingeschlossene Frucht in den Boden versenkt wird. Nun haben aber die Grannen der Federgräser noch zwei andere eigentümliche Einrichtungen. Sie sind nämlich unterhalb des mit Haaren besetzten federigen Teiles zweimal knieförmig gebogen und überdies noch wie ein Korkzieher schraubig zusammengedreht (s. Abbildung, S. 33). Dieser gekniete und zugleich gedrehte Teil der Granne ist sehr hygroskopisch; bei Regenwetter verschwinden die knieförmigen Biegungen fast ganz, die Granne sträubt sich und streckt sich gerade, auch dreht sich die Schraube bei feuchter Witterung auf und bei trockener Luft zusammen. Es werden nun diese Bewegungen begreiflicherweise auf die Spelze übertragen und verursachen Änderungen in der Neigung derselben, was wieder ein Vorrücken des Spitzchens in tiefere Erdschichten zur Folge hat.

Auf ähnliche Weise wie die Federgrasfrüchte gelangen auch die Früchte des Reiherschnabels (Erodium) unter die Erde. Wie an der Abbildung auf S. 33, Fig. 3, zu ersehen, lösen sich an dieser Pflanze die fünf Spaltfrüchtchen in ganz eigentümlicher Weise von ihrem Träger los. Zuerst hebt sich das den Samen umschließende dicke untere Ende, später auch die lang ausgezogene Spitze des Fruchtblattes ab. Die letztere dreht sich zum Teile schraubenförmig zusammen, und nur das freie Ende streckt sich in sanftem Bogen wie ein Uhrzeiger vor. Man benutzt diese abgefallenen Teilfrüchtchen bekanntlich als Hygrometer. Man steckt sie mit ihrem unteren dicken Ende, welches ähnlich wie die Spelze des Federgrases mit einem stechenden Spitzchen besetzt ist, auf ein mit Papier überzogenes Brettchen, und zwar in das Zentrum eines darauf gezeichneten Kreises. An der Peripherie des Kreises macht man Striche, welche den Stand des zeigerförmigen Endes der Reiherschnabelfrucht bei sehr feuchtem und bei sehr trockenem Wetter angeben, und kann dann nachträglich wieder aus dem Stande des Zeigers auf die relative Feuchtigkeit der Luft einen Rückschluß machen. Diese Verwendung der Reiherschnabelfrüchte erklärt aber auch die infolge des veränderten Feuchtigkeitszustandes der Luft veranlaßte Drehung derselben, welche bei dem Eindringen in die Erde ins Spiel kommt. Die Fixierung des Schnabels erfolgt im Freien auf nackter Erde in der Weise, daß sich die Spitze des Schnabels an den Boden stemmt, und daß dann infolge des Aufdrehens der schraubigen Windungen bei feuchtem Wetter das mit dem stechenden Spitzchen abgeschlossene dickere Fruchtende schief in die Erde gebohrt wird. Die Bewegung ist hier weit mehr mit jener eines Bohrers zu vergleichen, obschon infolge von Schwankungen und Lageänderungen des Schnabels, welche bei Windströmungen unvermeidlich sind, auch schaukelnde Bewegungen des einbohrenden Teiles stattfinden und augenscheinlich von Vorteil sind. Ähnlich wie die Früchte der Federgräser, sind jene des Reiherschnabels oberhalb des stechenden Spitzchens mit aufrechten, steifen Haaren besetzt. Es spielen diese Haare auch die gleiche Rolle wie dort.

In betreff der Gestalt, welche die ergrünenden Keimblätter erlangen, ist zu bemerken, daß dieselbe bei weitem weniger Abwechselung bietet als jene der grünen Sproßblätter. Vorherrschend sind ganzrandige, elliptische, längliche und lineale, seltener kreisrunde und quer-ovale Formen. Mitunter sind die Keimblätter vorn eingebuchtet oder im Umriß einem Kartenherz vergleichbar, was besonders bei Keimlingen vorkommt, welche im Samen derartig zusammengekrümmt sind, daß das Würzelchen dicht neben den vorderen Rand der Keimblätter zu liegen kommt, was als eine Ausnutzung des knapp bemessenen Innenraumes der Samen zu erklären ist. Am seltensten sind die Keimblätter zweilappig (Raphanus sativus) und zweispaltig (Eucalyptus orientalis, Eschscholtzia californica), dreilappig (Erodium Cicutarium) und dreispaltig (Lepidium sativum), vierlappig (Pterocarya caucasica) und fünflappig (Tilia). Bei allen Keimlingen, deren Keimblattstamm kurz ist, ist die Spreite der Keimblätter langgestielt, während bei den Keimlingen mit verlängertem Keimblattstamm die Spreite sitzend erscheint, was mit den schon früher erörterten Vorgängen, zum Teil aber auch damit zusammenhängt, daß es für die Keimpflanzen von Wichtigkeit ist, die Spreiten, nachdem sie die dunkle Höhlung der Samenschale verlassen haben, möglichst der Sonne auszusetzen und, wenn sie ergrünt sind, über andere Gegenstände, durch welche sie in Schatten gestellt werden könnten, emporzuheben. Die Abbildung auf S. 36 gibt eine Übersicht der auffallendsten Formen entfalteter und im Sonnenlichte ausgebreiteter grüner Keimblätter.

Wo zwei Keimblätter vorhanden sind, zeigen dieselben in der Regel gleichen Zuschnitt und gleiche Größe; nur dasjenige, welches im Samen als Saugorgan gedient hatte, ist auch im ausgewachsenen Zustande gewöhnlich etwas kleiner, wie beispielsweise bei der Kornrade, dem Senf und Hanf. Manchmal bedingen die beschränkten Raumverhältnisse im Inneren des Samens, daß eins der Keimblätter dem Würzelchen den Platz räumen muß, oder daß dasselbe doch auffallend klein und unterdrückt bleibt, wie z. B. bei Petiveria und Abronia. Bei mehreren Gesnerazeen, insbesondere bei einem Teile der Arten von Streptocarpus, sind die beiden Keimblätter im Samen von derselben Form und Größe; auch nachdem sie die Samenschale verlassen haben, gleichen sie sich noch vollständig; später aber bleibt das eine im Wachstum zurück und stirbt ab, während das zweite sich außergewöhnlich vergrößert und zu einem dem Boden aufliegenden grünen Laubblatt auswächst (s. untenstehende Abbildung, Fig. 17 bis 20). Seltsamerweise entwickeln mehrere Arten dieser Gattung, wie z. B. Streptocarpus benguelensis, polyanthus und Wendlandii, gar keine weiteren grünen Blätter, sondern begnügen sich mit der Ausbildung des einen Keimblattes zu einem riesigen, bisweilen die Länge von 30 und die Breite von 20 cm erreichenden, dem Boden aufliegenden Laubblatt, mit dem später der Sproßblattstamm verbunden erscheint und aus dessen dicker Mittelrippe sich ein

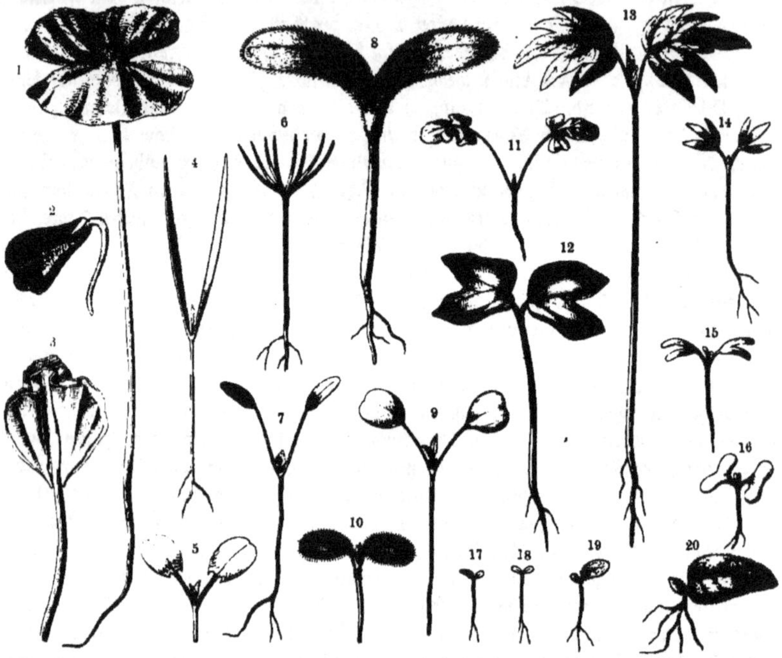

Keimblätter: 1), 2), 3) Fagus silvatica; 4) Fumaria officinalis; 5) Galeopsis pubescens; 6) Abies orientalis; 7) Convolvulus arvensis; 8) Borago officinalis; 9) Senecio erucifolius; 10) Rosa canina; 11) Erodium Cicutarium; 12) Quamoclit coccinea; 13) Tilia grandifolia; 14) Lepidium sativum; 15) Eucalyptus orientalis; 16) E. coriaceus; 17—20) Streptocarpus Rexii. (Zu S. 35—38.)

Blütenstand erhebt (s. Abbildung, S. 37). Diese ungewöhnliche Entwickelung ist dadurch bedingt, daß der Embryo weder einen Sproßvegetationspunkt noch eine Wurzelanlage besitzt. Nach der Blüte stirbt daher die Pflanze ab.

Daß den Keimblättern, welche ergrünen, gleich anderen grünen Geweben die Fähigkeit zukommt, im Sonnenlicht aus Kohlensäure und Wasser organische Stoffe, Zucker und Stärke, zu erzeugen, steht außer Frage. Gewöhnlich erscheint das Chlorophyll erst, nachdem die Keimblätter aus der Samenhülle hervorgekommen sind und sich im Sonnenlicht ausgebreitet haben. Manchmal aber bildet es sich schon zu der Zeit aus, wo die Keimblätter noch im Samen stecken und in Dunkel gehüllt sind, wie z. B. bei den Kiefern und Fichten, den Ahornen und einigen Schotengewächsen, den Riemenblumen und der Mistel, der südamerikanischen Pernetia und dem in Japan heimischen Hülsenfrüchtler Styphnolobium. Die ergrünten und ausgebreiteten Keimblätter zeigen alle Eigentümlichkeiten des Laubes; die Oberhaut ist mit Spaltöffnungen versehen, und im grünen Gewebe lassen sich häufig auch Palisadenzellen und Schwammparenchym unterscheiden. Manche Pflanzen, zumal jene, die später unterirdische Knollen oder knollenartige Wurzeln ausbilden, z. B. mehrere Ranunkeln, Eisenhut, Lerchensporn, Eranthis, Leontice, Bunium, Smyrnium perfoliatum, Chaerophyllum bulbosum,

Gruppe von blühenden Streptocarpus Wendlandii (Gesnerazeen). Jede erwachsene Pflanze besteht nur aus einem großen stammlosen Blatt, aus dessen Basis sich der verzweigte Blütenstand entwickelt. Die Form der Blüten ist mit der Lupe zu erkennen. (Zu S. 36.)

kommen im ersten Jahre, nachdem sie gekeimt haben, über die Bildung grüner Keimblätter nicht hinaus, und erst im nächsten Jahre entwickeln sich aus der Knospe des Keimlinges die grünen Sproßblätter. Viele Pflanzen entfalten dagegen nahezu gleichzeitig mit den Keimblättern auch grüne Sproßblätter, die Keimblätter funktionieren mit diesen zusammen als Laub und erhalten sich mitunter bis zur Zeit der Blüte, ja selbst der Fruchtreife frisch und grün. Beispiele hierfür sind zahlreiche raschwüchsige, einjährige Unkräuter auf unseren Feldern und in unseren Gemüsegärten (z. B. Fumaria officinalis, Scandix Pecten Veneris, Arnoseris pusilla, Urtica urens, Adonis aestivalis). Gewöhnlich sind diese Keimblätter klein. An einjährigen, sich schnell entwickelnden Pflanzen erreichen die Keimblätter mitunter einen

Umfang, welcher jenem der grünen Sproßblätter wenig nachgibt. So werden z. B. die Keimblätter des Kürbis über 10 cm lang und 4—5 cm breit. Es ist zu erwarten, daß solche ergrünte Keimblätter, welche mit den grünen Blättern der Sprosse in betreff der Funktion vollständig übereinstimmen, auch geradeso wie diese gegen äußere schädliche Einflüsse geschützt sein werden, und in der Tat findet man bei ihnen mehrere der Schutzeinrichtungen wieder, welche bei früherer Gelegenheit an Laubblättern ausführlicher geschildert wurden.

Die Keimblätter vieler Asperifoliazeen sind mit steifen Borsten besetzt (z. B. Borago, Caccinia, Anchusa, Myosotis, s. Abbildung, S. 36, Fig. 8), die der Rosen sind mit Drüsenhaaren gewimpert (s. Abbildung, S. 36, Fig. 10), und jene mehrerer Nesseln tragen auf ihrer oberen Seite Brennborsten. Daß die Keimblätter gegen die Nachteile, welche durch Wärmeverlust in hellen Nächten eintreten könnten, sich selbst und auch die zwischen ihnen geborgenen jungen Sproßblätter durch Zusammenfalten und durch die Annahme der vertikalen Lage schützen, ist bereits Band I, S. 476—477, hervorgehoben worden.

Während die Keimung im allgemeinen erst bei dem von der Pflanze abgefallenen Samen erfolgt, wobei zu ergänzen ist, daß manche Samen erst eine längere Ruhe überstehen müssen, ehe sie keimen, gibt es auch Fälle, in welchen die Keimung schon auf der Mutterpflanze erfolgt.

Wir führen hier den merkwürdigsten Fall der an Lagunen der Meeresküsten in den Tropen der Alten und der Neuen Welt in ausgedehnten Beständen wachsenden Mangroven an. Die Art, welche hier als Beispiel gewählt sein mag, und von welcher der ganze Entwickelungsgang durch die Abbildung auf S. 39 anschaulich gemacht ist, heißt Rhizophora conjugata. Der Längsschnitt durch die nickende Blüte dieser Art (s. Abbildung, S. 39, Fig. 1 und 4) zeigt im Fruchtknoten zwei gleichgroße Fächer, und in jedem Fache befindet sich die Anlage eines Samens. Nach der Befruchtung fallen die Blumenblätter und Pollenblätter ab. Der Kelch bleibt unverändert an seiner Stelle. Der bedeutend vergrößerte Fruchtknoten nimmt die Gestalt eines stumpfen Kegels an, dessen Scheitel die beiden in trockene Spitzen umgewandelten Narben trägt (s. Fig. 2). Wird der Fruchtknoten in diesem Entwickelungsstadium der Länge nach durchschnitten, so kann man an dem Durchschnitte (s. Fig. 5) sehen, daß das eine Fach samt der Samenanlage verkümmert ist, während das zweite sowie die darin befindliche Samenanlage sich sehr erweitert und vergrößert haben. An der Anlage des Samens, welche der ursprünglichen Mittelwand des Fruchtknotens einseitig aufsitzt, unterscheidet man jetzt bereits deutlich den Keimling und das ihn umgebende Speichergewebe. Beide zusammen erfüllen die eiförmige, nach unten zu offene Höhlung, welche von der dicken Samenschale gebildet wird. Der Keimling besteht aus dem mit seinem freien Ende abwärts gewendeten Keimblattstamm und dem Keimblatte, welches einen Blindsack darstellt, der unten röhrig ist, nach oben zu aber sich erweitert und in seiner Form an eine phrygische Mütze erinnert. Das Keimblatt überdeckt wie eine Sturzglocke das Knöspchen des Keimlinges, welches mitten aus dem Scheitel des Keimblattstammes herauswächst. An dem unteren röhrenförmigen Teile des Keimblattes bemerkt man zahlreiche Gefäßbündel, welche in den Keimblattstamm führen und diesem die Nahrung zuleiten. Ein Würzelchen am unteren Ende des Keimblattstammes ist hier nicht ausgebildet, und was man früher für eine Wurzel ansah, ist nur der Keimblattstamm selbst. Sonderbarerweise lösen sich die Früchte der Mangroven nach der Ausbildung des Keimlinges nicht von den Zweigen des Baumes ab, sie springen auch nicht auf, um die Samen ausfallen zu lassen, sondern die Samen keimen hier eingeschlossen in der noch am Baume hängenden Frucht. Dabei wächst der Keimling innerhalb der Samenschale auf Kosten der Reservenahrung, in welche er eingebettet ist, und nimmt diese Nahrung vermittelst des Keimblattes auf. Die ganze Außenseite des eben mit einer phrygischen Mütze verglichenen Keimblatteiles ist mit Saugzellen förmlich tapeziert, und diese Saugzellen entziehen der umgebenden schleimig-gallertartigen Masse Nährstoffe und führen sie durch die früher

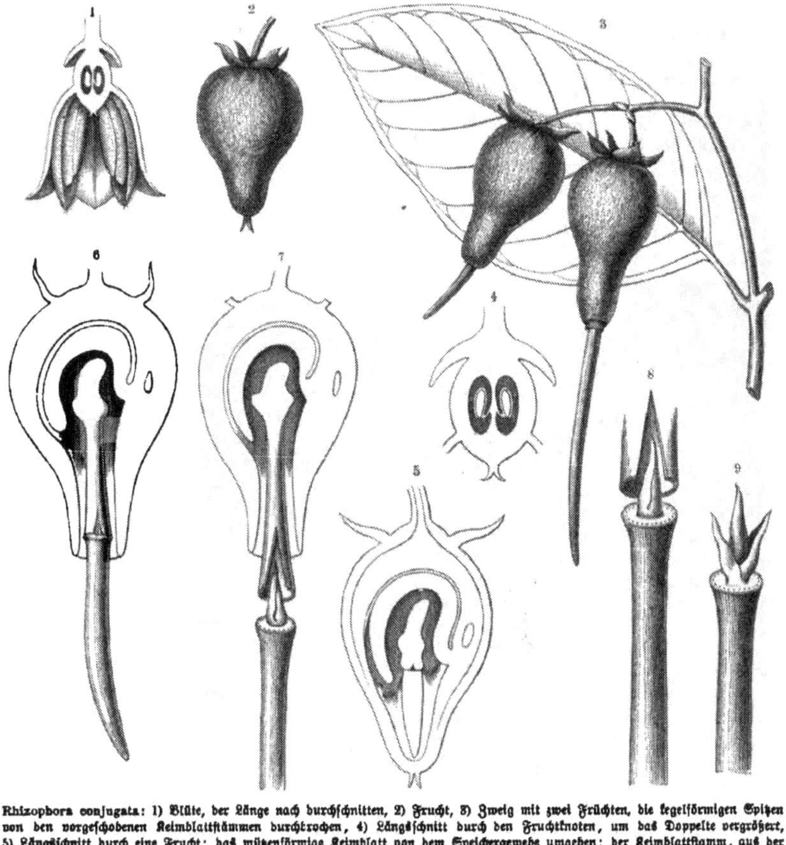

Rhizophora conjugata: 1) Blüte, der Länge nach durchschnitten, 2) Frucht, 3) Zweig mit zwei Früchten, die kegelförmigen Spitzen von den vorgeschobenen Keimblattstämmen durchbrochen, 4) Längsschnitt durch den Fruchtknoten, um das Doppelte vergrößert, 5) Längsschnitt durch eine Frucht; das mützenförmige Keimblatt von dem Speichergewebe umgeben; der Keimblattstamm, aus der Samenschale hervorgewachsen, erreicht mit seinem unteren Ende die hohlkegelförmige Spitze der Fruchthülle, 6) Längsschnitt durch eine Frucht, zwei Monate später; die Röhre des Keimblattes hat sich verlängert und den Keimblattstamm aus der Fruchthülle hinausgeschoben, 7) Längsschnitt durch eine Frucht, acht Monate später; der Keimblattstamm reißt von dem röhrenförmigen Teile des Keimblattes ab, 8) derselbe, etwas vergrößert, 9) oberes Ende des Keimblattstammes mit der Knospe des Keimlinges; die beiden unteren Niederblätter der Knospe abstehend, die beiden oberen noch zusammenschließend. (Zu S. 38—41.)

erwähnten Gefäßbündel dem Keimblattstamme zu. Da die Menge der aufgespeicherten Nahrung trotzdem nicht abnimmt, da sie auch nicht im Verhältnis zu der Größe des heranwachsenden Keimlinges steht, so kann mit Sicherheit angenommen werden, daß dasjenige, was durch das Keimblatt ausgesogen und zum Wachstume des Keimblattstammes verwendet wird, von der Mutterpflanze noch fortwährend ersetzt wird.

Wenn der Keimblattstamm 2 cm lang geworden ist, streckt sich auch der röhrenförmige Teil des Keimblattes und schiebt den Keimblattstamm so lange vor, bis dessen Spitze die Höhlung der Frucht durchbohrt hat und an das Tageslicht kommt (s. Abbildung, S. 39, Fig. 3 und 6). Der Keimblattstamm verlängert sich nun innerhalb eines Monats ungefähr

Mangrove bei Goa, an der westlichen Küste von Vorderindien, zur Zeit der Ebbe. (Zu S. 41.)

um 4 cm und zeigt nach Verlauf von 7—9 Monaten eine Länge von 30—50 cm und eine Dicke von 1,5 cm. Er ist im unteren Drittel am dicksten und dort auch wie eine Ahle schwach bogenförmig gekrümmt. Sein Gewicht beträgt jetzt ungefähr 80 g. Diese langen, schweren, aus den Früchten heraushängenden Keimblattstöcke pendeln nun bei jeder Luftströmung hin und her, endlich reißen die Gefäßbündel, durch welche noch immer die Verbindung mit dem röhrenförmigen Teile des Keimblattes erhalten war (s. Abbildung, S. 39, Fig. 7

und 8), und der Keimling fällt in die Tiefe. Meistens durchbringt er das seichte Wasser und bohrt sich mit seinem unteren Ende tief in den Schlamm ein. Sogar eine $^1/_2$ m hohe Wasserschicht kann von ihm mit solcher Gewalt durchfahren werden, daß er in dem darunter befindlichen Schlamm aufrechtstehend steckenbleibt. Diejenigen Keimblattstämme, welche im Schlamme nicht steckenbleiben, erhalten sich schwimmend im Wasser, wozu sie durch ein besonderes Gewebe ausgerüstet sind. Diese werden dann auf dem Wasserwege verbreitet, worauf später bei Besprechung der Verbreitungsmittel der Pflanzen zurückzukommen sein wird. Wenige Tage nach der Ablösung und dem Abfallen des Keimblattstammes fällt auch die Fruchthülle mit dem in derselben zurückgebliebenen Keimblatte vom Baum. An dem oberen Ende des abgefallenen Keimblattstammes sieht man nun die früher noch immer von dem röhrenförmigen Keimblatt überdeckte Knospe. Die vier kleinen grünen Niederblätter dieser Knospe wachsen nur wenig in die Länge; dagegen entwickeln sich an dem aus der Knospe hervorgehenden Sproß alsbald große elliptische, glänzendgrüne Blätter, welche als Laub tätig sind, während sowohl am unteren, in den Schlamm eingebohrten Ende des Keimblattstammes selbst als auch an dem ganzen Stamme Wurzeln entstehen, welche einerseits die Befestigung der Pflanze in dem schlammigen, bei der Flut überschwemmten, bei Ebbe trocken gelegten Boden, anderseits die Zuführung von Nährsalzen vermitteln. In der Umgebung alter, wie auf Stelzen gestellter Mangrovebäume sieht man oft Dutzende von abgefallenen und im Schlamm eingebohrten Keimblattstämmen stecken und an den aus ihrem oberen Ende hervorgegangenen kurzen Sprossen bald nur Niederblätter, bald schon Laubblätter ausgebildet. Die auf S. 40 eingeschaltete Abbildung nach einer von Ransonnet bei Goa an der Westküste von Vorderindien nach der Natur gezeichneten Skizze zeigt das alles in anschaulichster Weise.

Die Embryonen der allermeisten Pflanzen, welche durch den oben ausführlich beschriebenen Bau mit Wurzel, Keimblättern und blattbildenden Vegetationspunkten jederzeit zur Keimung bereit sind, können wir als vollkommene (normale) bezeichnen.

Es gibt aber einige tausend Pflanzen, bei denen der Keim weder Wurzel noch Keimblätter besitzt, sondern einen kleinen, ganz ungegliederten Zellkörper darstellt. So verhält es sich mit dem in Band I, S. 410, besprochenen Ohnblatt und der Korallenwurz. Aber auch die anderen Orchideen haben unvollkommene Embryonen. Besonders Humusbewohner und Parasiten sind gleichfalls durch solche ungegliederte Keime ausgezeichnet, wie Orobanchen, Balanophoreen und Rafflesiazeen. Es scheint, daß diese embryonale Unvollkommenheit mit dem Parasitismus zusammenhängt, denn auch die Flachsseide (Cuscuta) hat, obgleich der Embryo noch ziemlich groß ist, doch eine unvollkommene Keimwurzel ohne Spitze und Wurzelhaube. Aber diese ungegliederten und unfertigen Keime sind nicht immer durch den Parasitismus bedingt. Eine ganze Anzahl grüner, normaler Pflanzen hat in den abfallenden Samen ganz unvollständige Embryonen ohne Kotyledonen, z. B. der Winterstern Eranthis hiemalis, manche Anemonen, Corydalis cava und solida (Lerchensporn), Paris quadrifolia usw. Aber bei diesen bildet sich der Embryo in dem abgefallenen Samen gewissermaßen durch ein Nachreifen aus, und diese Pflanzen keimen dann wie die normalen. Ob die Bildung unvollkommener Embryonen einen biologischen Vorteil bedeutet, darüber lassen sich höchstens Vermutungen aufstellen.

4. Die Weiterentwickelung der Keimpflanze und die Metamorphose der Organe.

Tatsächlich ist die Keimung nur ein durch die Feuchtigkeitsaufnahme des Samens angeregtes Wachstum der ersten Organe, welche die Pflanze im Samen gleichsam mit auf die Welt gebracht hat. Das eine Ende des Embryos streckt sich zum blatttragenden Keimstengel und das andere zur fadenförmigen, dünnen Keimwurzel. Aber mit diesen wenigen, kleinen und schwachen Organen würde die Pflanze während eines längeren Lebens nicht wirtschaften können.

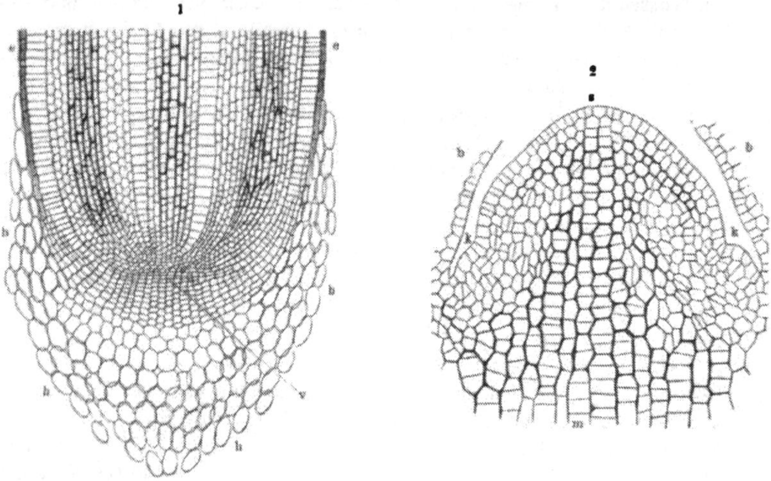

Längsdurchschnitt durch Wurzel- und Stengelspitze. 1) Längsdurchschnitt der Wurzelspitze (Vegetationspunkt) einer Maiskeimpflanze (Zea Mays), e Oberhaut der Wurzel, v Ende des Vegetationspunktes, h Wurzelhaube, deren äußere Zellschichten zerfallen; 2) Längsschnitt durch die Stengelspitze (Vegetationspunkt) eines Keimlings der Gartenbohne (Phaseolus multiflorus), s Scheitel, b Teile der ersten beiden Blätter, k Anlagen von Seitenzweigen in den Blattachseln, m inneres Gewebe des Stengels.

Sie muß daher zunächst danach trachten, ihre Organe wenigstens zu vermehren, um ihre Leistungsfähigkeit zu erhöhen. Zu diesem Zwecke bringt die Keimpflanze zwei schon im Keim angelegte Vegetationspunkte mit, die ihr dauernd die Fähigkeit zur Abgliederung neuer Organe verleihen. Die beiden kegelförmigen Vegetationspunkte liegen an den Enden des Sprosses und der Wurzel. Der Wurzelvegetationspunkt ist durch eine Gewebekappe, die Wurzelhaube, geschützt, der in die Luft tauchende Sproßvegetationspunkt bedarf eines solchen Schutzes nicht (s. obenstehende Abbildungen). Die Entwickelung einer solchen Keimpflanze wird verständlich durch die Abbildung auf S. 43. In ihr ist Fig. 1 und 2 der Embryo, halb und ganz entwickelt, w das kurze Wurzelende, c die relativ großen Keimblätter, zwischen diesen ist der Sproßvegetationspunkt durch Schraffierung hervorgehoben. Bei der Keimung wächst die Wurzel in den Boden, gliedert von ihrem Vegetationspunkte eine Anzahl neuer Vegetationspunkte innerhalb der Wurzelrinde ab, welche zu Seitenwurzeln auswachsen. In Fig. 3 hat sich auch der oberirdische Stengel schon ziemlich weit entwickelt. Die Keimblätter des Embryos (c) sind entfaltet und noch gewachsen. Eine zwischen den Keimblättern des Embryos liegende Zone hat sich beträchtlich in die Länge gestreckt und den kleinen Vegetationspunkt mit in die Höhe gehoben, so daß er nun an der Spitze liegt. Dieser Vegetationspunkt hat auch schon Auswüchse erzeugt, die sich zu Blättern ausbilden, und die, da das Ende des Sprosses mit seinem Wachstum in die Höhe fortfährt, langsam auseinanderrücken, sodann auch gleichzeitig ihre Stiele bekommen. Daher stehen die älteren Blätter nicht mehr dicht beisammen, wie am Vegetationspunkt, sondern sind durch Stengelstücke (Internodien) getrennt (b—b‴). Gleichzeitig haben aber die Blätter in den Winkeln ihrer Stiele wieder neue Vegetationspunkte erzeugt (k—k″), die selbst Blätter bilden und sich später genau so strecken wie der Hauptsproß. Auf diese Weise verzweigt sich der Stengel durch Bildung von Seitensprossen. Nach diesem Beispiel kann man sich den langsamen Aufbau einer jeden dikotylen Pflanze vorstellen und klarmachen.

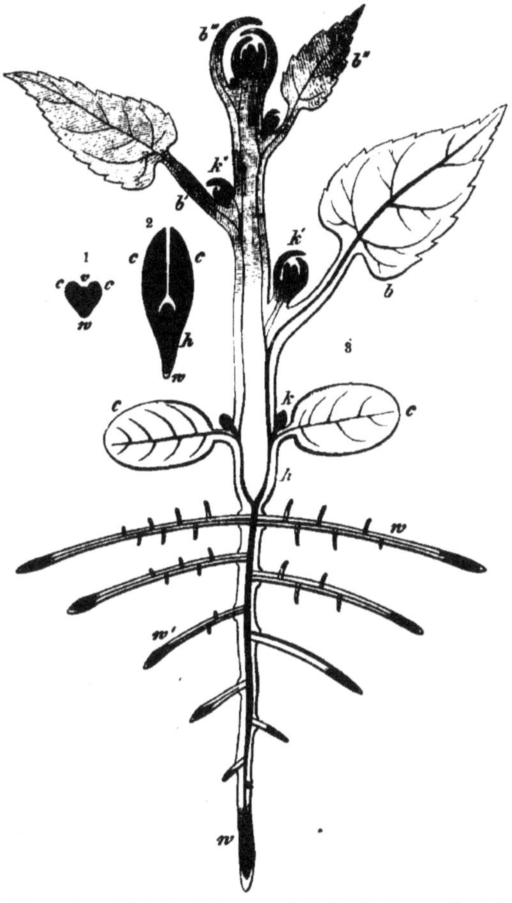

Schema einer dikotylen Pflanze, nach Sachs, Vorlesungen. 1) und 2) embryonale Zustände, 3) nach der Keimung; v Vegetationspunkt; c c Keimblätter; w w′ Wurzeln; h hypokotyles Glied der Sproßachse, b—b‴ Blätter, k—k″ Knospen. Vegetationspunkte schwarz, in Streckung begriffene Teile grau, ausgewachsene weiß. (Zu S. 17 und 42—43.)

Zunächst sehen wir aber, daß die Keimpflanze dabei nichts Neues bildet, sondern sich immer nur mit Wiederholung der gleichen Organbildung abgibt. Sie bildet Blatt auf Blatt, Wurzel auf Wurzel und blatttragende Seitenzweige. Bei sehr vielen Pflanzen sehen wir aber nach einem gewissen Zeitraum oder auch schon sehr bald Organe ganz anderer Art auftreten. Beim Weinstock, beim Kürbis entstehen Organe zum Klettern, die man Ranken nennt. Die Kartoffelpflanze erzeugt später unterirdische Knollen, ebenso die Herbstzeitlose (Colchicum autumnale), die Schwertlilien bilden unterirdische Wurzelstöcke (Rhizome). Andere Pflanzen bilden Zwiebeln, Dornen, Blattranken, und alle Pflanzen vollkommener Art bilden endlich Blüten. Woher kommen alle diese Organe, die wir vorläufig weder als Sprosse noch als Wurzeln bezeichnen können?

Merkwürdig ist, daß von allen eben genannten Organen weder im Embryo eine versteckte Anlage zu finden, noch an der Keimpflanze immer ein Anfang derselben zu entdecken ist. Es entsteht also hier die Frage: Wie verschafft sich die Pflanze solche Organe, die ihr anfangs ganz fehlen, deren sie aber in ihrem späteren Leben bedarf, um ihren Aufgaben nachkommen zu können?

Die Antwort macht uns mit einer neuen Eigenschaft der Pflanze bekannt, die ihr wieder einen ganz besonderen Charakter verleiht. Die Pflanze besitzt nämlich die Eigenschaft, alle ihr noch fehlenden Organe mit Einschluß der Blüten durch bloße **Umwandlung der Grundorgane, Sproß, Blatt und Wurzel**, mit denen jede normale Keimpflanze ausgerüstet ist, herzustellen. Goethe hat dies entdeckt und zuerst an der Blüte erläutert.

Man wußte sich noch zu jener Zeit darüber gar keine Rechenschaft zu geben, wie eine Blüte eigentlich entstehe, obwohl man zur Befestigung des Linnéschen Systems viele tausend Blüten fort und fort beobachtet hatte. Man sah, was man auch heute noch bemerkt, daß die Blüten immer erst nach den sogenannten Vegetationsorganen, den Laubsprossen, und stets an diesen entstehen. Aber wie man diesen Zusammenhang, diese Abstammung der bunten, ganz anders gestalteten Blüte von den grünen Organen zu verstehen habe, darüber konnte man durch allerlei von der Beobachtung losgelöste Theorien (vgl. Bd. I) nicht ins klare kommen. Goethe schloß aus Beobachtungen von Übergangsbildungen zwischen Blüten und Stengelorganen, daß kein Gegensatz, sondern eine innige Verwandtschaft zwischen Blüten und Laubsprossen bestehe, so zwar, daß durch Umwandlung aus Sproßvegetationspunkten, die die Pflanze schon im Embryonalzustande besitzt, Blüten entstehen können.

Nach dieser Auffassung sind die Blüten nur zu Fortpflanzungszwecken veränderte (metamorphosierte) Laubsprosse. Das wurde nach Goethes Tode durch sorgfältige mikroskopische Beobachtungen über Entstehung der Blüten durch die Botaniker als richtig bewiesen. Aber schon Goethe hatte noch andere Umwandlungen an Pflanzenorganen erkannt, z. B. daß die Ranken des Weinstockes nur umgewandelte Sprosse seien, was man noch an einem verkümmerten Blattrestchen an der Ranke sehen kann, daß eine Rübe nur eine metamorphosierte faserförmige Wurzel, die Kartoffelknolle eine veränderte Knospe eines unterirdischen Ausläufers, daß die Kohlrabiknolle ein bloßes Stengelgebilde, die Knospenschuppen der Winterknospen umgebildete Laubblätter seien usw. Diese allgemeine Erscheinung im Pflanzenleben nannte Goethe **Metamorphose**, eine Bezeichnung, welche sich heute fest und unverrückbar in der Botanik eingebürgert hat und die wichtigsten Tatsachen der Formbildung umfaßt und ungemein leicht verständlich macht. Die in tausend Formen geprägte pflanzliche Organisation läßt sich in die Formel fassen: **Die Organe der höheren Pflanzen sind entweder Wurzeln und blattbildende Sprosse oder deren Metamorphosen.** Mit dieser Formel kann auch der Laie mit Erfolg an die Betrachtung der Pflanzenorgane herantreten, und wir wollen sie nach diesem Gesichtspunkte einzeln besprechen.

Aber auch bei den Kryptogamen lassen sich Metamorphosen beobachten. Die Sprosse und Wurzeln der niederen Kryptogamen weichen in Form und anatomischem Bau von denen höherer Pflanzen sehr ab. Sie haben aber auch eine andere Entstehungsweise, sind jenen nicht **homolog**. Diese unvollkommenen Organe kann man als **rudimentäre** bezeichnen. Bei den Parasiten ist die Unvollkommenheit dagegen eine Rückbildung, die Organe sind **reduzierte** zu nennen. Gemeinsam für alle Pflanzen, auch für die niederen, gilt das Gesetz der Metamorphose.

5. Die Gestalten der Wurzeln.

Die Grundformen.

Die dem Keimling entspringende einfache, fadenförmige Wurzel genügt dem Bedürfnisse des zarten, aus dem Embryo hervorwachsenden Stammes nicht lange. In dem Maß, als dieser an Umfang zunimmt, ein Stockwerk über dem anderen aufbaut, Blätter entwickelt, in den Achseln der Blätter Knospen anlegt und Seitensprosse treibt, wird auch das Bedürfnis nach

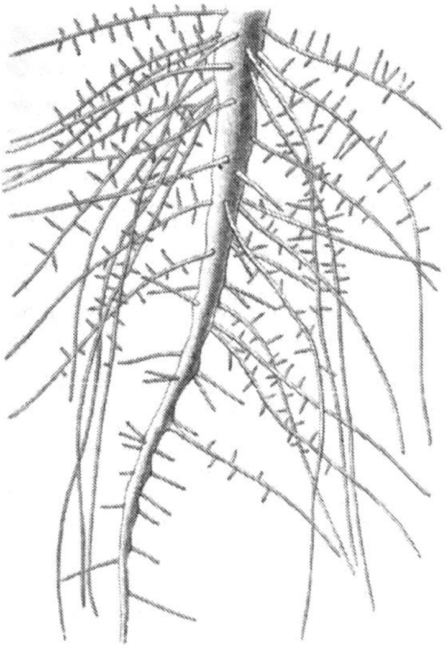

2

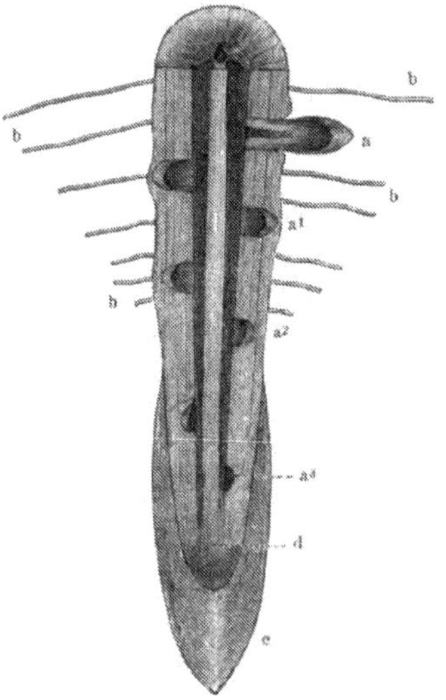

1) Keimwurzel einer Roßkastanie mit Seitenwurzeln erster und zweiter Ordnung (Wurzelsystem). — 2) Durchschnitt einer jungen Wurzel. Der aus Parenchym bestehende Wurzelkörper wird in der Mitte von dem Gefäßbündelstrang durchzogen, der unterhalb der Spitze endigt und ein Mark umschließt. Bei d liegt der Vegetationspunkt, von der Wurzelhaube c bedeckt. Im Innern des Wurzelgewebes entstehen um den Gefäßbündelzylinder herum Vegetationspunkte (a^3), aus denen die Nebenwurzeln a, a^1, a^2 heranwachsen, welche endlich das Gewebe der Mutterwurzel durchbrechen. Aus den Oberflächenzellen der Wurzel haben sich Wurzelhaare b entwickelt.

Wasser und Nährsalzen größer und größer; es müssen neue Quellen dieser Stoffe erschlossen, neue Zuleitungsorgane hergestellt, es müssen also auch neue Wurzeln gebildet werden. Aus der Erstlingswurzel des Keimes entspringen die neuen Wurzeln zunächst an dieser selbst wie seitliche Äste, und man pflegt dann zu sagen, die primäre oder Hauptwurzel habe sich verästelt, sie habe Seitenwurzeln gebildet (s. obenstehende Abbildung). Natürlich können sich auch diese Äste wieder verzweigen, und in der Tat wiederholt sich die Verzweigung manchmal ins Unabsehbare. So kann eine ästige Wurzel entstehen, die besonders bei einjährigen Erdpflanzen mit aufrechtem, reichbelaubtem Stamme zu beobachten ist. Fast ebenso häufig kommt es vor, daß die erste Wurzel bald, nachdem sie aus dem Samen hervorgewachsen war, zugrunde geht, und daß dann aus dem Keimblattstamme dicht neben der Ursprungsstelle der abgestorbenen mehrere neue Wurzeln entspringen, oder daß an dem im Erdreiche steckenden unteren Ende des Sprosses Wurzeln entstehen, die, wenn sie in größerer Zahl und dicht gedrängt beisammenstehen, einen Büschel darstellen, was dann als büschelförmige Wurzel unterschieden werden kann (vgl. Abbildung, S. 165). Dieser Fall ist bei den Monokotylen die Regel, so bei Gräsern, z. B. beim Mais, ferner bei den Palmen, Pandanazeen u. a. Aber wenn man auch den ganzen unterirdischen Teil in der Regel die Wurzel der Pflanze nennt, so ist das doch botanisch ungenau. Jede ästige Wurzel oder büschelförmige Wurzel bildet ein Wurzelsystem, und jeder einzelne Faden desselben ist eine selbständige Wurzel. In den meisten Fällen geht eine Wurzel aus einer Zellgruppe hervor, welche dem Inneren einer älteren Wurzel oder eines Stammes angehört, und ehemals glaubte man auch hierin einen Unterschied zwischen Wurzeln, Blättern und Stämmen gefunden zu haben, da die letzteren aus Zellen der Oberfläche des sie bildenden Gewebekörpers entstehen. Aber manche Wasserwurzeln, beispielsweise jene der Ruppia und Zannichellia, gehen auch aus Zellen nahe der Oberfläche des Stammes hervor, und ebenso entspringen die Wurzeln auf den Blättern des Wiesenschaumkrautes aus den Zellen der Oberhaut und des unmittelbar unter der Oberhaut liegenden Parenchyms. Immerhin sind dies Ausnahmen, und es ist ein wichtiges Merkmal der allermeisten Wurzeln, daß sie aus inneren Geweben der sie erzeugenden Pflanzenorgane entstehen.

Von wesentlichem Einfluß auf die Gestalt der Wurzeln ist der Umstand, ob die betreffende Pflanze einjährig, zweijährig oder mehrjährig ist. Einjährige Pflanzen erzeugen in der ihnen karg zugemessenen Vegetationszeit möglichst viele Samen und statten die in den Samen steckenden und in die weite Welt wandernden Keimlinge mit der zur Begründung des neuen Haushaltes notwendigen Reservenahrung aus. Es wäre zwecklos und widerspräche der Ökonomie der Pflanze, wenn für die kurze Lebensfrist auch in der Wurzel Reservestoffe abgelagert würden; denn diese Wurzeln verdorren und sterben ab, sobald die Samen ausgestreut sind. Die Wurzeln der einjährigen Gewächse beschränken sich daher darauf, das dem Pflanzenstocke im Laufe seiner kurzen Vegetationszeit nötige Wasser und die Nährsalze zu liefern, dazu auch die entsprechende Festigung auf der Unterlage herzustellen, verschwenden aber keine Arbeit auf die Anlage von unterirdischen Nahrungsspeichern. Daher haben die einjährigen Pflanzen dünne, fadenförmige Wurzeln, die der Wasseraufnahme genügen. Ganz anders bei den zweijährigen und mehrjährigen Gewächsen. Die zweijährigen, für welche als bekannteste Beispiele die als Gemüse verwendeten verschiedenen Rüben, die gelbe oder Mohrrübe (Daucus Carota), die weiße Rübe (Brassica Rapa rapacea) und die rote Rübe (Beta vulgaris rapacea), aufgeführt werden mögen, entwickeln im ersten Jahre einen sehr kurzen, mit rosettig gruppierten Laubblättern besetzten Stamm und eine dicke, fleischige Pfahlwurzel von Rübenform, welche mit Nährstoffen für das folgende Jahr gefüllt wird. Wenn im zweiten Jahre die Vegetationstätigkeit wieder beginnt, so wird auf Kosten der in der verdickten Wurzel aufgespeicherten Stoffe ein aufrechter Sproß mit Laub und Blüten aufgebaut; aus den Blüten werden Früchte, und nach dem Ausreifen der in den Früchten erzeugten Samen stirbt der ganze Sproß mitsamt der ausgesogenen Wurzel ab. Bei ausdauernden Gewächsen zeigen die Wurzeln, wenn sie zur Aufnahme reichlicher Reservestoffe dienen, zwar auch häufig eine starke Verdickung; doch sind es bei diesen Pflanzen meistens die am unteren Ende des unterirdischen Stammteiles nach dem Absterben der Erstlingswurzel entspringenden büschelförmig gruppierten Seitenwurzeln, welche diese Ausbildung erfahren, wie bei der Georgine, der Fetthenne (Sedum Telephium) und der weiß blühenden Walderbse (Orobus pannonicus). Bei der knolligen Spierstaude (Spiraea Filipendula) und der gelben Taglilie (Hemerocallis flava) werden die Wurzeln knollig aufgetrieben. Viele unserer Erdorchideen haben zweierlei Wurzeln, lange zylindrische, wurmförmige und kurze dicke, eiförmige oder handförmige, mit Reservestoffen angefüllte, welche Knollen sehr ähnlich sehen und Wurzelknollen genannt werden. Besonders reich an Gewächsen, deren Wurzeln als Speicher für Reservenahrung ausgebildet sind, ist die Mittelmeerflora und auch die Flora der Steppen, wo im Hochsommer die Lebenstätigkeit der Pflanzen auf das äußerste beschränkt ist. Pflanzen der verschiedensten Familien (z. B. **Ranunculus neapolitanus, Centaurea napuligera, Valeriana tuberosa, Rumex tuberosus, Asphodelus albus**) bilden dort verdickte, mit Reservestoffen vollgepfropfte, büschelig gruppierte Wurzeln, welche die Trockenperiode unterirdisch ohne Nachteil überdauern und in der kommenden Vegetationszeit die Stoffe zum raschen Aufbau oberirdischer belaubter und blühender Sprosse hergeben. Eigentümlich sind diese verdickten, gebüschelten Wurzeln bei den ausdauernden, schmarotzenden Arten der Gattung Pedicularis. Dieselben dienen zur Aufspeicherung der Reservestoffe, zur Festigung des Stockes und zur Aufnahme von Nährstoffen, aber das letztere geschieht, wie früher (Bd. I) geschildert wurde, mit den Saugorganen, die sich mit anderen Pflanzen verbinden.

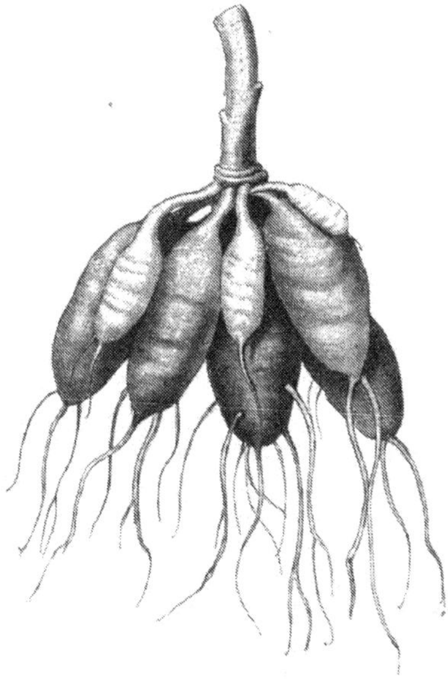

Knollenförmige Nebenwurzeln der Georgine (Dahlia variabilis).

Wurzeln entstehen im allgemeinen auseinander durch Verzweigung. Aber häufig kann man auch Wurzeln an Stengeln und Stämmen, also an Sproßorganen, entstehen sehen, an deren Oberfläche sie hervorbrechen. Wenn sich Wurzeln an einem belaubten Stamme ausbilden, so fällt es auf, daß die Ursprungsstellen in der Nähe der Blätter liegen. Bei Epiphyten, zumal den auf der Borke der Bäume lebenden Aroideen und Orchideen, sieht man sie bisweilen so verteilt, daß an genau bestimmten Stellen des Stammes immer eine einzelne Wurzel, ein Wurzelpaar oder ein Büschel von Wurzeln entspringt. Jedes Stengelglied hat an solchen Pflanzen sozusagen seine besonderen Wurzeln, ist dadurch von den benachbarten Stengelgliedern nahezu unabhängig und kann sich für den Fall, daß ein oder beide nachbarliche Stengelglieder absterben sollten, auch selbständig erhalten. Bei den auf der Erde lagernden kriechenden Stämmen, namentlich an den Ausläufern und Schößlingen, entspringen die Wurzeln immer nur an den Knoten (s. Abbildung der Hydrocotyle vulgaris, S. 115). Auch an den unterirdischen Stämmen, welche Rhizome genannt werden, sieht man die Wurzeln in ähnlicher Weise verteilt. Wenn die älteren Glieder dieser Ausläufer und Rhizome von hintenher absterben, so werden dadurch die nächstjüngeren nicht benachteiligt; denn sie sind schon mit eigenen Wurzeln ausgestattet, decken mit deren Hilfe ihren Bedarf an Wasser und Nährsalzen und werden durch sie auch am Boden festgehalten. Bei Zwiebeln entspringen die Wurzeln nur aus der unteren Fläche dieses unterirdischen Sproßgebildes (s. Abbildung, S. 165).

Die an Rhizomen, Ausläufern und oberirdischen kletternden Stämmen entstehenden Wurzeln erscheinen häufig in ihrem Ursprunge genau bestimmt, und es ist ihre Lage ganz unabhängig von äußeren Einflüssen. Die Ausläufer der Erdbeerpflanze und des kriechenden Hahnenfußes (Fragaria vesca und Ranunculus repens) entwickeln ohne äußere Anregung zwei bis fünf Wurzelhöcker an den Stengelknoten, und Brombeerstämme, welche sich bogenförmig zur Erde krümmen, um dort anzuwurzeln, legen an bestimmten Stellen nahe der Spitze mehrere Wurzelhöcker an, ehe noch diese Spitzen den Boden erreicht haben. Bei vielen als Epiphyten wachsenden Aroideen und Orchideen sind die Ursprungsstellen der Wurzeln sogar symmetrisch am Umfange des Stammes verteilt wie jene der Blätter, und so ließen sich noch viele Beispiele anführen, aus welchen hervorgeht, daß die Anlage eines Teiles der Wurzeln schon von vornherein auf das genaueste festgestellt ist.

Abgeschnittene Weidenzweige, welche in ein mit Wasser gefülltes Gefäß, in nassen Sand, in durchfeuchtete Erde oder Moos gesteckt werden, entwickeln dort, wo sie von Wasser oder von den erwähnten feuchten Körpern berührt werden, binnen acht Tagen Wurzeln, welche ebensowohl als Saug- wie als Haftorgane wirksam sind. Aber diese Wurzeln stecken schon als Anlagen in den Zweigen. Würde man jedoch die Zweige vom Weidenstamm nicht abgeschnitten und nicht in der angegebenen Weise behandelt haben, so wäre die Wurzelentwickelung an ihnen nicht eingetreten, trotzdem die Anlagen da sind. Solche Weidenzweige können als Vorbild für die Sprosse einer großen Zahl von Pflanzen angesehen werden, welche alle in kurzer Zeit aus dem Stamme Wurzeln entwickeln, die als Anlagen in ihnen verborgen ruhen, wenn dieser in feuchte Umgebung gebracht wird. Wenn Staudenpflanzen mit aufrechtem Stamm und dicken Stengelknoten, z. B. die verschiedenen Arten der Gattung Hohlzahn (Galeopsis) oder Knöterich (Polygonum), durch irgendeine äußere Veranlassung ganz auf den Boden hingestreckt werden, so nimmt nach einiger Zeit nicht der ganze Stamm, sondern nur ein Teil desselben wieder die aufrechte Lage an, und zwar in der Weise, daß an einem der Stengelknoten eine rechtwinklige Biegung stattfindet, und daß das dem freien Stammende nähere Stück sich erhebt, während das an die Wurzel angrenzende Stück dem Boden aufgelagert bleibt. Die Berührung mit dem Boden wirkt bei diesem letzteren Stück als Anregung zur Neubildung von Wurzeln, und es entstehen hier an dem knieförmig gebogenen Teile an den Stengelknoten reichliche Wurzeln, welche in die Erde dringen und als Saug- und Haftorgane tätig werden. Würden diese Stauden nicht auf den Boden hingestreckt, so würden sich an den Stengelknoten auch keine Wurzeln ausgebildet haben.

Auch die von den Gärtnern so vielfach ausgeführte Vermehrung der Pflanzen durch Stecklinge beruht darauf, daß Zweige von einem zur Vermehrung bestimmten Pflanzenstock abgeschnitten und in feucht gehaltenen Sand gesteckt werden, worauf sie „Wurzel schlagen", d. h. an dem im Sand steckenden Teile des Stammes Wurzeln neu bilden. Auf die wurzelschlagenden Blätter der Pfefferarten, der Begonien und anderer Pflanzen wirkt die Berührung mit feuchter Erde als Anregung zur Entstehung von Wurzeln, und zwar an Stellen, wo ohne diesen Kontakt eine Wurzelbildung nimmermehr eingetreten wäre. Wenn man ein Pfeffer- oder Begonienblatt in Stücke zerschneidet, diese Stücke auf feuchten Sand legt und so an die Unterlage andrückt, daß die an der unteren Seite vorspringenden Rippen vom feuchten Sand umwallt werden, so kommen aus dem Parenchym über den Rippen bald Wurzeln hervor, die nach abwärts wachsen, während sich darüber ein Gewebekörper ausbildet, der zu einem aufwärts wachsenden, von den Wurzeln mit Nahrung versorgten belaubten

Sprosse wird. Aus dem Zellgewebe an der Basis der Stiele üppiger Efeublätter, welche in nassen Sand oder in Wasser gesteckt werden, entstehen lange Wurzeln, was an unverletzten Efeublättern niemals geschieht.

Der Vorteil, welchen die Pflanzen von der Ausbildung dieser Wurzeln haben können, ist leicht einzusehen. Die abgeschnittenen Zweige der Weiden, das zerstückte Laub der Begonien, die vom Stamme getrennten Efeusprosse usf. müßten absterben, wenn sie nicht mit Wurzelanlagen ausgestattet wären oder Wurzelvegetationspunkte neu bilden könnten. So leicht aber der Vorteil, welcher mit dieser Art der Wurzelbildung verbunden ist, eingesehen werden kann, so schwierig ist es, zu erklären, wie der mechanische Anstoß zu diesen Neubildungen erfolgt. Daß die Berührung mit einem fremden Körper dabei von Bedeutung ist, wurde wohl in allen einzelnen oben aufgezählten Fällen hervorgehoben; aber wie durch den Kontakt der Oberhaut mit Wasser, mit feuchter Erde und mit lebenden Wirtspflanzen die tieferen Zellenlagen angeregt werden, eine Wurzel auszubilden oder neuzubilden, und zwar an einer Stelle, wo sonst eine derartige Bildung nicht erfolgt sein würde, ist völlig rätselhaft, und wir müssen uns damit behelfen, zu sagen, daß der Kontakt als Reiz wirkt, welcher, auf die tieferen Zellschichten fortgepflanzt, diese anregt, Wurzeln zur Rettung vor dem Tode aufzubauen. Besonders schwierig wird die Erklärung in jenen Fällen, wo sich an abgeschnittenen Pflanzenteilen Wurzeln nicht aus vorhandenen Anlagen, sondern ganz neu bilden. Es wurde eines solchen Falles schon bei früherer Gelegenheit (Bd. I, S. 74) gedacht und dort geschildert, wie sich an abgeschnittenen und an einem Faden in die Luft gehängten Sprossen verschiedener Arten des Mauerpfeffers und der Hauswurz (z. B. Sedum reflexum und Sempervivum arboreum) aus den Stammgliedern zwischen den Laubblättern, an Stellen, wo sonst keine Wurzeln entstanden sein würden, Wurzeln bilden, welche in die umgebende Luft hineinwachsen und sich so lange strecken, bis sie mit ihrer Spitze einen festen Körper erreichen. Hier kann von einem auf die Oberhaut einwirkenden Reize kaum die Rede sein; die aufgehängten Sprosse stehen zur umgebenden Luft in keiner anderen Beziehung wie damals, als sie mit dem in der Erde eingewurzelten Stocke verbunden und noch nicht abgeschnitten waren. Die Anregung zur Wurzelbildung ist hier wohl auf die Abtrennung des Sprosses vom Stocke zurückzuführen, aber wir müssen darauf verzichten, uns den Vorgang dieser Anregung mechanisch vorzustellen, und uns damit begnügen, zu konstatieren, daß sich der in die Luft gehängte lebendige Sproß durch die Ausbildung dieser Wurzeln am Leben erhalten kann.

Diese Erscheinungen, die man als Regeneration bezeichnet, sind von der normalen Wurzelbildung zweifellos sehr verschieden. Wenn eine seilförmige Luftwurzel eines Philodendron den Boden erreicht, so bildet sie auch plötzlich Wurzeln, und das scheint eine gewisse Ähnlichkeit mit dem Verhalten eines in Sand gesteckten Stecklings zu haben. Aber die Seitenwurzeln der Philodendron-Wurzel stammen wahrscheinlich von deren Hauptvegetationspunkte ab, während die Stecklingswurzeln aus Dauergewebe der verschiedensten Art entstehen, das sich dabei erst in Vegetationspunkte umwandeln muß. Diese Erscheinungen gehören nicht in das Gebiet der Ökologie, sondern der experimentellen Morphologie, und obwohl es sich um eines der interessantesten Kapitel der Biologie handelt, können wir hier darauf nicht näher eingehen.

Die den Wurzeln zukommenden Aufgaben sind: erstens das Aufsaugen und die Leitung von Wasser und im Wasser gelösten Nährstoffen und zweitens das Festhalten der ganzen Pflanze an der Unterlage. In den meisten Fällen wird diese doppelte Funktion von denselben Wurzeln übernommen. Mitunter findet aber auch eine Teilung der Arbeit statt, so zwar, daß ein Teil der Wurzeln nur der Nahrungsaufnahme, ein anderer nur der Befestigung dient. So z. B. hat Tecoma radicans zweierlei Wurzeln, einmal unterirdische, welche Wasser und Nährsalze aus dem Boden aufnehmen, und dann noch die auf S. 161 abgebildeten Haftwurzeln, durch welche die lichtscheuen Sprosse an Stellen befestigt werden, wo von Aufnahme flüssiger Nahrung keine Rede sein kann. Durchschneidet man einen solchen Sproß unterhalb der Stelle, wo er mittels der Haftwurzeln an einem Felsen oder einer Mauer festgehalten wird, so vertrocknet das Stück über der Schnittstelle nach kurzer Zeit, und zwar selbst dann, wenn die Haftwurzeln und die Unterlage fortwährend benetzt und feucht erhalten werden. Auch bei anderen Pflanzen kommen Nähr- und Befestigungswurzeln nebeneinander vor.

Wie der anatomische Bau zu diesen Aufgaben paßt, ist zum Teil schon bei der Ernährung geschildert worden. Die Aufnahme des Wassers erfolgt durch die Wurzelhaare, seine Aufwärtsleitung besorgt der zentrale Gefäßbündelzylinder, der von einem dünnen oder dicken Parenchymmantel umgeben ist. Dieser anatomische Bau ist aber zugleich für die zweite Aufgabe der Wurzel, als Haftorgan zu dienen, zweckentsprechend. Die an Baumborke, Gestein oder irgendeiner anderen festen Unterlage angewachsenen Haftwurzeln, ebenso die mannigfaltig gestalteten unterirdischen Wurzeln werden auf Biegungsfestigkeit nicht in Anspruch genommen, und es fehlen ihnen auch alle jene mechanischen Gewebe, welche diese Festigkeit bedingen würden. Dagegen werden solche Wurzeln durch das Gewicht der von ihnen an die Unterlage gefesselten belaubten Stämme gezerrt, und insbesondere ist bei dem Hin- und Herschwanken der zugehörigen beblätterten Stämme und Äste ein starker Zug auf sie unvermeidlich. Für einen zylindrischen Körper, welcher starkem longitudinalem Zuge widerstehen soll, gibt es aber keine bessere Einrichtung als die Vereinigung der widerstandsfähigen Elemente zu einer kompakten Masse in der Achse des Zylinders. Und diese Einrichtung ist an den Haftwurzeln und unterirdischen Wurzeln auch wirklich getroffen. Die Leitbündel mitsamt dem angelagerten mechanischen Gewebe bilden in der zylinderförmigen Wurzel einen einzigen mittleren Strang. Die in der Erde eingebetteten Wurzeln sind unvermeidlich einem von der umgebenden Masse herrührenden seitlichen Druck ausgesetzt, und es muß Vorsorge getroffen sein, daß durch diesen Druck die leitenden Gewebe in ihrer Funktion nicht gestört werden, damit die Leitung der Säfte nicht unterbrochen oder gar aufgehoben wird. Diese Vorsorge aber ist getroffen durch die Polsterung des eben beschriebenen mittleren Stranges, durch Einhüllung desselben in einen Mantel aus Parenchymzellen. Je nach der Größe des seitlichen Druckes schwankt auch die Mächtigkeit dieser Hülle, und wenn die Wurzeln auf sehr große Druckfestigkeit in Anspruch genommen sind, so erscheinen überdies noch die Wände der Parenchymzellen entsprechend verdickt.

Bei einer ganzen Anzahl von Stauden finden wir, daß die Wurzeln trotz ihrer äußeren Form nicht alle gleich gebaut sind, daß einige mehr für den Zug mit mechanischen Geweben ausgerüstet sind und, wie oben angedeutet, der Befestigung dienen, während die anderen die Wasseraufnahme übernehmen. Solche Arbeitsteilung verbirgt sich dann in der anatomischen Struktur und kann erst durch mikroskopische Untersuchung erkannt werden.

Für das Eindringen in den Boden sind die Wurzeln an der Spitze durch eine Gewebekappe, die Wurzelhaube, geschützt (s. Abbildung, S. 42, Fig. 1, und Abbildung, S. 45, Fig. 2). Bei den Erdwurzeln dient die Wurzelhaube nur dem Schutze der zarten, in Teilung und Vermehrung begriffenen Zellen des Vegetationspunktes am wachsenden Ende. Der Druck, welchem diese in fortwährender Teilung begriffenen Zellen bei ihrem Vordringen ins Erdreich ausgesetzt sind, ist ein viel größerer als jener, welcher auf die ausgewachsenen Teile hinter der

Wurzelspitze einwirkt. Es hat das wachsende Ende der Wurzel feste Sandkörnchen und andere Erdpartikel auf die Seite zu schieben und gleich einem Erdbohrer den Raum zu schaffen, in welchem später die ausgewachsene Wurzel Platz finden soll. Die Wurzelhaube kann mit einem Schilde verglichen werden, welchen die wachsenden und dabei vordrängenden Zellen in der Richtung, wo es notwendig ist, ausbilden, und den sie stetig vor sich her schieben. Es wird dieser Schild durch das Teilungsgewebe fort und fort ergänzt und erneuert. Die an das wachsende Gewebe anschließende Hälfte der Wurzelhaube besteht aus eckigen, dicht gefügten, die äußere, dem Erdreiche zugewendete Hälfte aus abgerundeten, gelockerten Zellen. Auch sieht man an der äußeren Seite der Wurzelhaube die Zellen teilweise getrennt und abgerissen. In dem Maß, als die äußeren Zellschichten bei dem Vordringen der Wurzel im Erdreich verletzt, zerstört und abgestoßen werden, rücken von innen her immer wieder neue Zellen nach, und so findet eine fortwährende Ergänzung, eine fortwährende Reparatur der Wurzelhaube statt. Wasserwurzeln bedürfen begreiflicherweise eines solchen Schutzes an ihrer Spitze nicht; auch für die Luftwurzeln ist derselbe, wenigstens in der geschilderten Form, überflüssig, obwohl er in beiden Fällen doch häufig vorhanden ist. Auch die in Schlamm eindringenden Wurzeln haben denselben nicht nötig. Mehrere Sumpfpflanzen, darunter auch die sumpfbewohnenden Mangroven, entwickeln an ihren Wurzelenden keine Wurzelhaube. Ebenso fehlt dieselbe vollständig den Schmarotzerwurzeln, für welche sie beim Eindringen in das Gewebe der Wirtspflanzen nur ein Hindernis bilden würde.

Merkwürdige Lebenserscheinungen der Wurzeln.

Die kleinen Stammgebilde, welche aus den keimenden Samen epiphytischer Orchideen hervorgehen, zeigen, entsprechend der Verschiedenheit ihres Standortes, ein sehr abweichendes Verhalten. Aus den kleinen Knöllchen der auf Baumrinde als Epiphyten gedeihenden Arten entwickeln sich zunächst haarförmige Saugzellen, welche mit der Unterlage verkleben, dann kommen Wurzeln zum Vorschein, die gleichfalls mit der Borke fest verwachsen, deren oberflächliche Zellen aber nicht imstande sind, in das Innere der Unterlage einzudringen. Die kleinen Knöllchen der sogenannten Erdorchideen, d. h. derjenigen, welche auf Wiesen und im Humus der Waldgründe ihren Standort haben, entwickeln Wurzeln, welche in den Boden hinabwachsen. Dabei ziehen sie den Stengel, mit dem sie verbunden sind, in die Tiefe hinab, und es kommt vor, daß auf diese Weise die knöllchenförmigen Stämme binnen zwei Jahren 6—10 cm unter die Stelle befördert werden, wo der Same gekeimt hatte. Mit den Keimlingen zahlreicher zwei- und mehrjähriger Gewächse, zumal solcher, deren unterirdische Wurzeln und Stämme nachträglich zu Speichern für Reservestoffe werden, z. B. den Mohrrüben und Nachtkerzen, dem Eisenhut, dem knolligen Hahnenfuß (Daucus, Oenothera, Aconitum, Ranunculus bulbosus) und vielen anderen, verhält es sich ganz ähnlich. Auch bei diesen Pflanzen wird der Stamm der Keimpflanze mehr oder weniger tief unter die Erde gezogen, und die vernarbten Ansatzpunkte der Keimblätter befinden sich dann nicht selten mehrere Zentimeter tiefer als zur Zeit des Verlassens der Samenhülle.

Auch von den später entstehenden Wurzeln haben manche die Fähigkeit, auf ihren Stamm einen Zug nach unten auszuüben. Die an den Stengelknoten von Ausläufern, beispielsweise von denen der Erdbeerpflanze, entspringenden Wurzeln ziehen diese Stengelknoten einen Zentimeter in die Erde hinein. Dasselbe gilt von den langen Wurzeln, welche aus den Stämmen der ausdauernden Primeln hervorgehen. Wenn solche Primeln in den Klüften und Spalten senkrecht abstürzender Felswände ihren Standort haben, so wird durch dieses Hineinziehen eine

Brombeerstrauch mit einwurzelnden Zweigspitzen. (Zu S. 53 und 54.)

Erscheinung hervorgebracht, welche jeden, der sie zum ersten Male beobachtet, überrascht und als ein schwer zu lösendes Rätsel erscheint. Die dicken Stämme dieser Primeln (z. B. Primula Auricula, Clusiana, hirsuta) haben eine Rosette aus Laubblättern. In dem Maße, wie die unteren Blätter dieser Rosette verdorren, wird in der Achsel eines der oberen Blätter eine neue Rosette angelegt, welche die alte im nächsten Jahr ersetzt. Wenn die Rosettenblätter auch ziemlich gedrängt übereinander stehen, so hat nichtsdestoweniger das von ihnen bekleidete Stammstück ein Längenmaß von ungefähr einem Zentimeter, und ebensolang ist auch der jährliche Zuwachs, welchen der geradlinig aufwärtswachsende Stamm erfährt. Dieser Zuwachs von zehn Jahren summiert gibt zehn Zentimeter, und man sollte erwarten, daß die Rosette des zehnten Jahres auch um zehn Zentimeter über jenen Punkt vorgeschoben sein würde, wo die Rosette des ersten Jahres stand. Merkwürdigerweise aber bleiben die Rosetten aller folgenden Jahre immer an dem gleichen Punkte, nämlich immer den felsigen Rändern der Ritze oder Kluft, angeschmiegt, in welcher der Stock wurzelt. Es erklärt sich diese Erscheinung daraus, daß die von dem rosettentragenden Stamm ausgehenden Wurzeln den Stamm alljährlich um einen Zentimeter in die mit Erde und Humus gefüllte Ritze hineinziehen. Das kann aber wieder nur geschehen, wenn das hintere Ende des Stammes alljährlich um ein entsprechend großes Stück abstirbt und verwest, was auch tatsächlich der Fall ist. In Felsritzen, welche für diesen Vorgang nicht geeignet sind, gedeihen die Primeln schlecht, ihre Stämme ragen dann über die Ränder der Ritzen vor, die ganzen Stöcke verfallen einem langsamen Siechtum, kommen nicht mehr zum Blühen und gehen nach einigen Jahren zugrunde. Für die Kultur der genannten Primeln sowie mehrerer in der freien Natur in Felsritzen wachsender Pflanzen ist die Kenntnis dieser Wachstumsweise insofern von Interesse, weil sich daraus naturgemäß die Vorsicht ergibt, die Stöcke so zu pflanzen, daß die Stämme alljährlich um ein bestimmtes Stück von den Wurzeln in die Erde gezogen werden können.

Auf ganz seltsame Weise werden die Stammenden mehrerer Brombeerarten unter die Erde gezogen. Eine dieser Arten, Rubus bifrons, ist in der Abbildung auf S. 52 dargestellt, und zwar sind in dieser Abbildung die Wurzeln und die durch sie in das Erdreich gezogenen Stammspitzen dadurch sichtbar gemacht, daß im Vordergrunde die Erde wie durch Spatenstiche abgehoben erscheint. Rubus bifrons entwickelt alljährlich kräftige fünfkantige, mit rückwärts gerichteten Stacheln besetzte Schößlinge, welche anfänglich kerzengerade in die Höhe wachsen, gegen den Herbst zu aber weite Bogen bilden, was zur Folge hat, daß ihre Spitzen sich dem Erdreiche nähern. Noch bevor diese den Erdboden erreicht haben, entstehen an den Stammkanten, nahe an der Basis kleiner schuppenförmiger Blätter, Höcker als erste Anlagen von Wurzeln. Hat die Stammspitze den Boden erreicht, so verlängern sich die mit der Erde in Berührung gekommenen Höcker zu wirklichen Wurzeln, und diese dringen in das Erdreich ein. Sie verlängern sich sehr rasch, es bilden sich auch zahlreiche Seitenwurzeln an ihnen, und in kurzer Zeit ist ein umfangreiches unterirdisches Wurzelsystem hergestellt. Aber auch die Stammspitze, welche den Ausgangspunkt für dieses Wurzelwerk bildet, und die jetzt auffallend verdickt erscheint, ist unter die Erde gekommen. Dieselbe wurde durch die Wurzeln in die Tiefe gezogen und bleibt nun hier in der Erde eingebettet. Im darauffolgenden Frühling, bisweilen schon in demselben Herbst, in welchem die Einwurzelung erfolgte, wächst diese Stammspitze, ernährt von ihren Wurzeln, zu einem Sproß aus, der wieder über der Erde erscheint. Der alte Stamm aber, der sich bogenförmig zur Erde niedergebeugt hatte, und dessen Spitze durch die Wurzeln in die Erde hineingezogen wurde, stirbt früher oder später ab, und so ist aus der Stammspitze ein neuer selbständiger Stock geworden.

Daß das Hereinziehen des Stammes in die Erde durch die Wurzeln vermittelt wird, ist in allen Fällen sicher nachgewiesen. Die Wurzeln verkürzen sich nach beendigtem

Längenwachstum, in einigen Fällen nur um 2—3, in anderen Fällen aber um 20—30 Prozent, also um nahezu den dritten Teil ihrer Länge. Das noch nicht ausgewachsene Wurzelstück ist oberhalb seiner dem Erdmittelpunkte zuwachsenden Spitze mit haarförmigen Saugzellen ausgerüstet, und diese sind mit der umgebenden Erde verwachsen. Dadurch aber ist ein Widerstand gegeben, welchen das sich zusammenziehende Wurzelstück nicht überwinden kann. Daneben findet in dem wachsenden Wurzelende eine Verlängerung der Zellen, eine Streckung des Gewebes statt, und das Wurzelende bringt trotz des von obenher wirkenden Zuges in die Tiefe vor. Nach dieser Richtung hat also der Zug keinen Erfolg. Anders verhält es sich mit dem Zuge, welchen das sich verkürzende ausgewachsene Wurzelstück nach oben auf den Stamm ausübt. Hier ist kein Widerstand, der nicht leicht überwunden werden könnte, und so wird denn auch der Stamm ein Stück in die Erde hineingezogen.

Dieses merkwürdige Hineinziehen kommt selbstverständlich nur an Pflanzen vor, deren Wurzeln lotrecht in das Erdreich hinabwachsen, und wird, wie schon bemerkt, am auffallendsten bei jenen Arten beobachtet, welche in ihren unterirdischen Stämmen und Wurzeln Reservestoffe aufspeichern. Wurzeln, welche flach unter der Oberfläche des Bodens hinlaufen, sind nicht geeignet, den Stamm in der angegebenen Weise zu beeinflussen. Im Gegenteil, unter gewissen Umständen vermögen sie eine Hebung des Stammes zu bewirken. Das gilt insbesondere von Bäumen mit mächtigen verholzenden Wurzeln, beispielsweise von Fichten und Kiefern, Eichen und Kastanien, und erklärt sich auf folgende sehr einfache Weise. Die erste mit ihrer Spitze senkrecht in die Erde hinabwachsende Keimwurzel stirbt bei diesen Baumarten schon früh ab oder bleibt doch in ihrer Entwickelung, zumal in ihrer Längenausdehnung, sehr zurück, und es entwickeln sich aus ihr oder aus dem untersten Teile des aufrechten Sprosses viel kräftigere Wurzeln, welche in horizontaler Richtung unter der Oberfläche des Bodens verlaufen. Meistens strahlen diese nach allen Richtungen aus und bilden einen förmlichen Quirl an der Basis des aufrechten Stammes, wie man sehr deutlich an den durch einen verheerenden Sturm entwurzelten Fichtenbäumen sehen kann. Diese flach unter der Oberfläche verlaufenden Wurzeln haben anfänglich nur geringe Dicke, ihr Umfang nimmt aber mit den Jahren zu, und man erkennt an ihnen die aufeinanderfolgenden Holzschichten als „Jahresringe" ganz ähnlich wie am Stamm. Natürlich sind die unterirdischen Wurzeln druckfest gebaut und widerstehen nicht nur dem vom umgebenden Erdreich ausgehenden Druck, sondern üben bei ihrem Dickenwachstum selbst einen erheblichen Druck auf die Umgebung aus. Infolgedessen wird unterhalb der zylindrischen, horizontal wachsenden Wurzel die Erde zusammengepreßt, oberhalb derselben aber gehoben und aufgebrochen. Allmählich wird die holzige dicke Wurzel oberflächlich sichtbar und ist an der oberen Seite von Erde ganz entblößt. Die Achse der horizontalen Wurzel nimmt nicht mehr jene Lage ein wie in früheren Jahren. Damals war die Wurzel nur einige Millimeter dick, jetzt hat sie den Durchmesser von 20—30 cm erreicht, und die Wurzelachse ist ungefähr um den halben Wurzeldurchmesser, das ist 10—15 cm, in die Höhe gerückt. Um ebensoviel wird aber auch der aufrechte Stamm, welcher in der oben beschriebenen Weise mit horizontalen Wurzeln in fester Verbindung ist, gehoben. So erklärt sich das eigentümliche Bild, das man in unseren Wäldern so häufig beobachtet: das Bild mächtiger Baumstämme, von deren Basis dicke holzige Wurzeln entspringen, welche an ihrer oberen Seite von Erde entblößt sind und halb oberirdisch in schlangenförmigen Windungen im Waldgrunde verlaufen.

Noch auffallender als bei unseren einheimischen Bäumen ist die Hebung der Stämme durch die Wurzeln bei den tropischen Mangroven, deren erste Entwickelungsstadien auf S. 39 geschildert wurden. Nachdem der Keim vom Baume herabgefallen ist und sich in den Schlamm eingebohrt hat, erheben sich an seinem Umfange im unteren Drittel Höcker, welche zu schräg abwärts gerichteten Wurzeln auswachsen. Schon nach wenigen Monaten ist infolge der Verlängerung dieser Wurzeln der im Schlammboden eingebohrte Stamm der Pflanze über das nasse Erdreich etwas emporgehoben und erscheint jetzt wie auf Stelzen gestellt (vgl. S. 41 und die Abbildungen, S. 40 und 66).

In der Regel stecken die Wurzeln der Pflanzen im festen Erdboden. Man nennt sie daher auch **Erdwurzeln**. Es dürfte anzunehmen sein, daß die Wurzeln von 70 Proz. aller Samenpflanzen Erdwurzeln sind. Als **Wasserwurzeln** kann man dagegen die im Wasser entstehenden Wurzeln der Wasserpflanzen bezeichnen, da sie manche Eigentümlichkeiten besitzen, die mit der Umgebung zusammenhängen. Wurzeln der **schwimmenden Wasserpflanzen** sind in der Regel sehr zart gebaut, denn ein großes Gewicht derselben würde der Pflanze das Schwimmen ihrer Stengel und Blattorgane erschweren; nur diejenigen Wasserpflanzen, die im Boden der Gewässer festgewurzelt sind und nur mit ihren Blattsprossen gegen die Oberfläche wachsen, haben kräftige Wurzeln. Die Wasserwurzeln haben ein größeres Bedürfnis nach Durchlüftung als die Erdwurzeln, da die Luft leichter in den trockenen Boden eindringt; daher haben Wasserwurzeln ein ausgebildetes System von Luftgängen (Interzellularräumen). Wasserwurzeln entspringen seitlich an schwimmenden Stämmen, und zwar meistens gebüschelt, seltener einzeln, und sind schwach schraubenförmig gewunden. Sie werden sowohl von den Stämmen, deren Laubblätter der Wasseroberfläche aufliegen, als auch von den auf dem Wasserspiegel schwimmenden laublosen, in grüne Phyllokladien umgewandelten Stämmen (z. B. bei Lemna polyrrhiza, gibba, minor) ausgebildet. Bei diesen Pflanzen ist die Spitze der Wurzeln von Wasser umflutet. Gelangen sie beim Sinken des Wasserstandes auf den schlammigen Untergrund, so bringen sie dort nicht in die Tiefe ein und verwachsen auch nicht mit den Erdpartikeln des Schlammes. Die Sumpfpflanzen bohren sich dagegen mit den zuerst entwickelten Wurzeln am Grunde der von ihnen bewohnten Tümpel, Teiche und Seen in den Schlamm ein, während sie die späteren, von höheren Stengelgliedern ausgehenden Wurzeln im Wasser flottieren lassen. Die aus dem Samen hervorgegangene Erstlingswurzel der Wasserschere (Stratiotes aloides) wächst in den Schlamm hinein; nach dem Absterben derselben erhebt sich der ganze Pflanzenstock bis zum Wasserspiegel, erhält sich schwebend und entwickelt aus seinem beblätterten kurzen Stamme schwimmende Wurzeln; später sinken die Stöcke wieder in die Tiefe, und dann werden die schwimmenden Wurzeln wieder zu Erdwurzeln. Umgekehrt kommt es häufig vor, daß Erdwurzeln zu Wasserwurzeln werden. An Erlen, Weiden und Rüstern, welche am Ufer der Bäche wachsen, sieht man oft genug umfangreiche Wurzelgeflechte, welche über die Erde der Uferböschung hinausgewachsen sind und im Wasser flottieren; ja, merkwürdigerweise zeigen manche Erdwurzeln, wenn sie in fließendes Wasser kommen, dort ein weit üppigeres Wachstum als in der Erde, und es ist bekannt, daß die Wurzeln der obengenannten Bäume, wenn sie in Wasserleitungsröhren gelangen, sich zu so bedeutender Länge entwickeln, daß in kurzer Zeit die Röhren

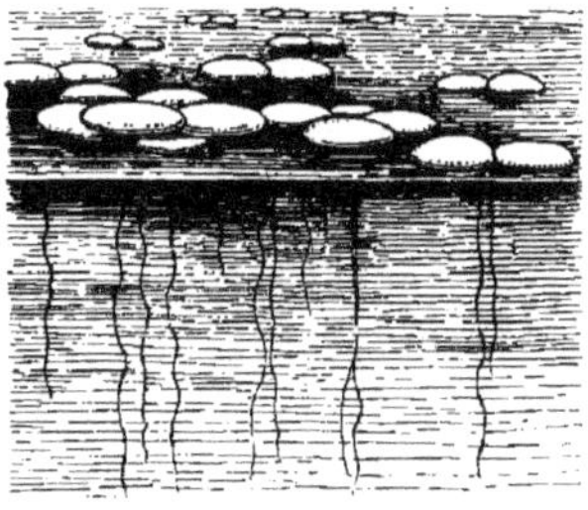

Wasserlinse (Lemna minor). Etwas vergrößert.

ganz verstopft sind und der Wasserzufluß unterbrochen wird. Die aus solchen Röhren herausgezogenen Wurzelgeflechte haben die Form langer Haarzöpfe und sind unter dem Namen Wurzelzöpfe bekannt. Hyazinthen und viele andere Zwiebelgewächse, ja selbst verschiedene Laubhölzer, wie z. B. Ahorne und Roßkastanien, deren Wurzeln für gewöhnlich in der Erde wachsen, können auch mit bestem Erfolge großgezogen werden, wenn man ihre Wurzeln im Wasser sich entwickeln läßt, vorausgesetzt, daß dieses Wasser das richtige Maß der nötigen Nährsalze enthält.

Bau, Entwickelung und Tätigkeit der Wurzeln sind mit der oben gegebenen Darstellung nur so weit ins rechte Licht gesetzt, als sie sich auf die beiden Haupttätigkeiten jeder Wurzel, die Wasseraufnahme und die Befestigung, bezogen. Aber es wurde schon früher hervorgehoben, daß die Lebensaufgaben der Pflanzen sich mehren, verwickelter werden und ganz neue Anforderungen an die Organe stellen. Die Pflanze hat nicht die Fähigkeit, für jede neue, ihr von den äußeren Umständen aufgezwungene Arbeit eine ganz neue Art von Organen zu erzeugen. Sie bleibt insofern unvollkommen, als sie nur immer Blattsprosse und Wurzeln zu bauen versteht. Sie muß also mit diesen Organen auch das Neue bewältigen, und da der Bau ihrer Grundorgane oft gar nicht zu den neuen Aufgaben paßt, müssen diese in der mannigfachsten und weitgehendsten Weise umgestaltet (metamorphosiert) werden. Man nennt diese Fähigkeit, die Organe durch Umwandlung der Gestalt einer neuen Funktion anzupassen, wie schon im Eingange gesagt wurde, Metamorphose, und bezeichnet die neuen Formen mit demselben Namen.

Wurzelmetamorphosen.

Nachdem eine genügende Kenntnis der einfachen und verbreitetsten Wurzelformen erworben ist, können nun einige Wurzelmetamorphosen betrachtet werden. Eine Reihe solcher Wurzelmetamorphosen bringt weder in einen festen Boden noch in Wasser ein, sondern entwickelt sich frei an der Luft aus den Stämmen der Pflanzen. Im Gegensatz zu den vorher behandelten Erd- und Wasserwurzeln nennt man sie daher allgemein Luftwurzeln.

Die Luftwurzeln finden sich am Umfang aufrechter Stämme von Baumfarnen und in großer Mannigfaltigkeit an den Stämmen der Epiphyten, zumal der Aroideen, Bromeliazeen und Orchideen. Bei den Baumfarnen, namentlich den Todea- und Alsophila-Arten, sind die Luftwurzeln sehr kurz, aber so zahlreich und so dicht gestellt, daß sie zusammen einen förmlichen Pelz um den Stamm bilden. Auch bei den auf der Borke alter Bäume wachsenden Orchideen entspringen die Luftwurzeln häufig in großer Zahl dicht nebeneinander, sind verlängert, fadenförmig und bilden förmliche Mähnen, wie z. B. an dem in Band I, S. 160, abgebildeten Oncidium. Bei anderen Orchideen dagegen sind sie vereinzelt und dann gewöhnlich viel dicker, ziemlich starr, wellenförmig hin und her gebogen oder schraubig gewunden, wie das beispielsweise an dem in Band I, S. 341, abgebildeten Sarcanthus rostratus zu sehen ist. Bei vielen Orchideen und Aroideen erscheinen sie mit großer Regelmäßigkeit einzeln oder paarweise gegenüber der Ursprungsstelle der Blätter am Stamm. Alle diese Luftwurzeln sind ebenso wie die gewöhnlichen Wurzeln zur Aufnahme von Wasser und wässerigen Lösungen der Nährstoffe vortrefflich geeignet.

Von diesen zur Auffaugung des Wassers noch geeigneten Luftwurzeln sind jene verschieden, die zwar auch an oberirdischen Stämmen entspringen und zum größeren Teile von Luft umgeben sind, welchen aber die Fähigkeit abgeht, den Wasserdampf der sie umgebenden Luft zu verdichten und atmosphärisches Wasser aufzunehmen, die vielmehr bis zur Erde hinabwachsen und dort eindringen, um das zu erhalten, was sie an Wasser und Nährsalzen bedürfen. Man beobachtet solche Wurzeln besonders bei Kletterpflanzen, deren älteste unterste Stammglieder abgestorben sind, und welche dann mit der Erde nicht mehr in direkter Verbindung stehen, deren große Laubblätter aber eine viel größere Menge von Wasser nötig haben, als die feuchte Oberfläche der zur Stütze dienenden Baumstämme liefern kann. Die in Band I auf der Tafel bei S. 198 abgebildeten großblätterigen Aroideen mit seilförmigen, 4—6 m langen, sich zur Erde senkenden Wurzeln können als Vorbild für diese Form angesehen werden. Von den beschreibenden Botanikern werden solche Formen zwar Luftwurzeln genannt; wer aber an der oben gegebenen Unterscheidung festhält, wird solche Wurzeln richtiger als eigentümlich modifizierte Erdwurzeln anzusehen haben. Da übrigens wiederholt beobachtet worden ist, daß die Luftwurzeln einiger Orchideen, namentlich jene der Gattung Vanda, wenn sie mit der Erde in Berührung kommen, in diese eindringen und den Bau von Erdwurzeln annehmen, so ist auch die Grenze zwischen Luft- und Erdwurzeln verwischt, und es ergibt sich, daß, wie auch sonst, alle diese Einteilungen nur künstlich sind.

Die Schmarotzerwurzeln sind in ihrem Bau und ihrer Tätigkeit von diesen gewöhnlichen Wurzeln ganz verschieden, sie dringen in das lebendige Gewebe von Wirtspflanzen ein und saugen aus diesem die Stoffe, deren sie selbst sowie der ihnen zum Ausgangspunkte dienende Stamm zum weiteren Aufbau bedürfen. Sie werden auch Haustorien genannt und sind entweder von warzen-, scheiben- oder kuchenförmiger Gestalt oder bilden sogenannte Senker, erinnern bisweilen auch an die Gestalt eines Hyphengeflechtes. Bald entspringen sie seitlich an einem oberirdischen, bald an einem unterirdischen Stamme. Häufig gehen sie auch als seitliche Glieder aus unterirdischen Wurzeln hervor. Ihr Aufbau und ihre verschiedenen Gestalten sind in Band I, S. 343ff., ausführlich geschildert worden.

Aber mit diesen Einteilungen ist noch lange kein Bild von der Mannigfaltigkeit der Wurzelformen gegeben. Die Funktion kurzer Luftwurzeln ist meist die von Haftwurzeln oder Klammerwurzeln, durch welche oberirdische Stämme mit irgendeiner Stütze fest verbunden werden, also beispielsweise die kurzen Kletterwurzeln des Efeus und der Tecoma radicans, die vielfach verästelten, das Gestein und die Baumborke mit einem förmlichen Netz überziehenden und mit der Unterlage verklebenden Wurzeln zahlreicher Arten der Gattungen Bignonia und Cereus, die bandförmigen, mit der Rinde der Bäume verwachsenden Wurzeln gewisser tropischer Orchideen, namentlich der in Band I, S. 340, beschriebenen Phalaenopsis Schilleriana, und endlich die gurtenförmigen Wurzeln des auf S. 59 abgebildeten Ficus. Solche Wurzeln haben dann oft die Tätigkeit der Wasseraufnahme ganz aufgegeben.

Die Klammerwurzeln benutzen als Stütze die Stämme alter Bäume, steile Felswände und in der Kultur häufig auch Mauern und Holzplanken. Alle kletternden Stämme haben zweierlei Wurzeln: Saugwurzeln, mittels welchen sie Wasser aufnehmen, und Kletterwurzeln, welche zur Anheftung an die Stütze dienen. In den meisten Fällen sind die Funktionen dieser zweierlei Wurzeln streng gesondert, so daß ein kletternder Stamm, wenn er auch mit tausend Kletterwurzeln einem Felsen oder der Borke eines Baumes angeheftet ist, doch alsbald verdorrt und abstirbt, wenn man ihn oberhalb seiner Saugwurzeln durchschneidet. In einigen Fällen dagegen übernehmen die Kletterwurzeln zugleich die Rolle von Saugwurzeln, was freilich voraussetzt, daß die Unterlage, welcher sie anhaften, der Pflanze auch die nötige Nahrung zu bieten imstande ist.

Immer kommen die Warzen und Wülste, welche die ersten Anfänge der Kletterwurzeln bilden, an der vom Lichte abgewendeten Seite des Stammes zum Vorschein. So ist auch die Richtung, welche sie bei ihrem Wachstume einhalten, stets vom Licht abgewendet und gegen die dunkle Hinterwand gerichtet oder aber von den grünen Laubblättern dicht beschattet (s. Abbildung, Bd. I, S. 164). Wenn man die Klammerwurzeln, welche sich an der auf S. 161 abgebildeten Tecoma radicans an den dunkelsten Stellen unter einem vorspringenden Gesims entwickelt haben, mit jenen vergleicht, welche weiter unterhalb an weniger beschatteten Stellen ausgebildet wurden, so ergibt sich, daß erstere stets viel üppiger und länger sind als die letzteren. Wird durch irgendeinen Zufall ein Trieb, welcher bereits Kletterwurzeln zu entwickeln begonnen hat, aus seiner Lage gebracht und seine frühere Schattenseite dem Licht ausgesetzt, so dreht sich derselbe manchmal, bis seine mit den Anfängen der Luftwurzeln besetzte Seite wieder vom Licht abgewendet ist. Sollten sich dieser Drehung Hindernisse in den Weg stellen, so bleiben die jungen Kletterwurzeln in ihrer Entwickelung zurück, wachsen nicht weiter, sondern welken und vertrocknen. Es können dagegen auf der jetzt beschatteten Seite neue Wurzeln entstehen.

Sobald die schattenseitig am Stamme entsprungenen Kletterwurzeln mit einer dahinterstehenden Unterlage in Berührung kommen, wird dadurch ihr Wachstum auffallend gefördert und in kürzester Zeit eine feste Verbindung mit dem berührten Substrat hergestellt. Nicht nur, daß die Würzelchen in alle Spalten der Unterlage hineinwachsen und sich den gröberen Unebenheiten auf das genaueste anpassen, auch jede einzelne Oberhautzelle der wachsenden Würzelchen zeigt ein ähnliches Verhalten, schmiegt sich den kleinsten Erhabenheiten und Vertiefungen an und breitet sich an den ganz glatten, ebenen Stellen wie eine plastische Masse aus. Sind die Oberhautzellen schlauchförmig ausgestülpt und als sogenannte Wurzelhaare ausgebildet, so drängen sie sich in die kleinsten Ritzen der Unterlage ein, breiten sich auch fußförmig aus oder gleichen mitunter einer Hand, deren Fläche und deren gespreizte Finger dem Boden aufgestemmt werden. Ähnlich den in Band I, S. 71, geschilderten Saugzellen verkleben auch diese Oberhautzellen der Kletterwurzeln mit der Stütze, der sie sich angelegt haben, und die Verbindung ist eine so innige, daß bei Anwendung eines kräftigen Zuges viel eher die Würzelchen an ihrer Basis abreißen, als daß eine Trennung an der Verwachsungsstelle stattfinden würde.

Die Klammerwurzeln haben verschiedene Formen. Die einfachsten sind fadenförmig kurz, wie beim Efeu. Mit zunehmendem Alter und zunehmender Dicke des verholzenden Stammes vermehren sich dieselben durch Nachschübe. Mitunter sind sie paarweise zusammengewachsen und besäumen den der Unterlage angeschmiegten Stamm mit unregelmäßigen, aber dichten Reihen. An älteren Stämmen sind die Kletterwurzeln größtenteils vertrocknet, und die, welche mit der Unterlage nicht verwachsen konnten, stehen dann nach verschiedenen Seiten ab und bilden häufig struppige Bärte, durch welche der Stamm ein gar wunderliches Ansehen erhält. Als Beispiel für diese Gruppe mag der auf der beigehefteten Tafel „Efeu, mit Kletterwurzeln am Stamm einer Eiche befestigt" dargestellte Efeu (Hedera Helix) vorgeführt sein.

Ganz anders sehen die Klammerwurzeln der zur Überkleidung von Mauern in Gärten häufig gezogenen, aus den Südstaaten der Union stammenden Tecoma radicans aus. Die Kletterwurzeln sind hier streng lokalisiert. An jedem Gliede der noch im kräftigsten Wachstume befindlichen lichtscheuen Triebe wird die Oberhaut des grünen Stammes unterhalb der Basis der Blattpaare von zwei blaßgelblichen, $^1/_2$—1 cm langen Wülsten durchbrochen. An jedem dieser Wülste bemerkt man vier parallele Längsreihen von Warzen, welche nach vollständiger Durchbrechung der Oberhaut in ebenso viele Reihen von übereinanderliegenden, 1—5 cm

Efeu, mit Kletterwurzeln am Stamm einer Eiche befestigt,
unten die Form der Blätter am Klettersproß, oben rechts deren abweichende Gestalt am Blütensproß zeigend.

Ficus mit gurtenförmigen Kletterwurzeln, aus dem Darbschiling im Sikkim-Himalaja. (Nach einer Photographie.) (Zu S. 60.)

langen unverästelten oder kurzästigen, fransenförmigen Fasern auswachsen (s. Abbildung, S. 161). Die Oberhautzellen jener Fransen, welche mit einer festen Unterlage in Berührung kommen, verlängern sich und gestalten sich zu Wurzelhaaren oder zu Papillen und Schläuchen aus, welche in kürzester Zeit der Unterlage ankleben, dann aber sich bräunen und absterben, also gewiß nicht als Saugzellen tätig sind.

Wieder eine andere Gestalt zeigen die Kletterwurzeln, welche der berühmte, unter dem Namen „Königin der Nacht" bekannte Cereus nycticalus, mehrere tropische Bignoniazeen, Aroideen und Fikazeen haben, und für welche als Beispiele Pothos celatocaulis (s. Abbildung, Bd. I, S. 164) und Ficus scandens (s. Abbildung, Bd. I, S. 149) dienen können. Bei diesen Pflanzen erheben sich die Klammerwurzeln büschelweise im Schatten der grünen Blätter, sind fadenförmig und in spreizende Ästchen aufgelöst, kleben mit Wurzelhaaren an und verbinden dadurch die biegsamen Stämme mit der Unterlage. Dicht neben ihnen entstehen aus dem inzwischen dicker gewordenen Stamme viel kräftigere Wurzeln, welche an den Wänden wie Schnüre herablaufen, sich vielfach verzweigen und kreuzen, förmliche Netze bilden und oft mehrere Meter lang werden. Diese letzteren Wurzeln tragen zur Befestigung des Stammes an der stützenden Wand nicht viel bei, sondern sind Saugwurzeln, welche das an der Borke der Bäume und an den Felswänden kondensierte oder dort herabsickernde und an Nährstoffen angereicherte Wasser aufnehmen.

Als vierte Form der Kletterwurzeln kann jene betrachtet werden, welche die Stämme der in der Bergregion des Himalaja heimischen Arten der Gattung Wigthia und mehrere ebendort verbreitete Ficus-Arten aufweisen. Das Anheften der jungen Triebe erfolgt hier, ähnlich wie bei der früher besprochenen Form, durch feine verästelte, aber nicht besonders verlängerte und alsbald verdorrende Würzelchen. Wenn aber der kletternde Stamm einigermaßen erstarkt ist, so gehen aus ihm viel kräftigere Wurzeln hervor, welche sich wie Klammern um den zur Stütze dienenden Baumstamm herumlegen und denselben förmlich umgürten. Diese gurtenförmigen Kletterwurzeln verwachsen nicht selten an der Stelle, wo sie aufeinander treffen, nehmen an Umfang zu und erreichen manchmal die Dicke eines menschlichen Armes. Die auf S. 59 stehende Abbildung zeigt solche Stämme, welche an die astlosen Stämme hoher Bäume wie angebunden erscheinen, und die sich erst oberhalb ihrer gurtenförmigen Kletterwurzeln von der Unterlage etwas abbiegen, verästeln und reichbelaubte Zweige entwickeln.

Andere tropische Feigenarten, welche als Repräsentanten einer fünften Gruppe gelten können, zeigen die Eigentümlichkeit, daß die der Unterlage angeschmiegten Kletterwurzeln sich verflachen und wie eine teigartige, plastische Masse sich ausbreiten, daß dann die bei der Ausbreitung zusammenstoßenden Wurzeln miteinander verschmelzen und unregelmäßige Gitter, mantelförmige, nur hier und da durch Lücken unterbrochene Flechtwerke bilden, welche dem stützenden Stamm auflagern und ihm fest angeschmiegt und angekittet sind, ohne aber mit ihm zu verwachsen und Nahrung aus ihm zu beziehen. Häufig ist nicht der Stamm, sondern die Äste des zur Stütze dienenden Baumes mit den verflachenden Klammerwurzeln des kletternden Ficus verbunden, und manchmal senkt der letztere auch noch Luftwurzeln zur Erde herab, welche sich wie Säulen und Pfeiler ausnehmen, während die über den Klammerwurzeln sich erhebenden belaubten Äste mit den Ästen des stützenden Baumes sich kreuzen und verwirren, so daß man beim ersten Anblick oft kaum zu unterscheiden weiß, was der stützenden und was der kletternden Pflanze angehört. Die Abbildung auf S. 61, die getreue Wiedergabe einer von Selleny auf Kondul, einer kleinen nikobarischen Insel, ausgeführten Zeichnung, zeigt einen dieser merkwürdigen Kletterer mit verflachenden, die Stütze inkrustierenden Wurzeln, nämlich Ficus Benjamina auf einem stützenden Myrtazeenbaume, welcher aber unter der Last seines Bedrückers sichtlich leidet und bereits im Absterben begriffen ist.

Ficus Benjamina mit inkrustierenden Kletterwurzeln. (Nach der Natur von Selleny.) Zu S. 60.

Diese Gewächse sind gleichwie die strangulierenden, in Band I, S. 337, besprochenen und abgebildeten Schlingstämme in den Tropen unter dem Namen Baumwürger bekannt. Wenn sie ihre Stütze auch nicht aussaugen, wie man früher geglaubt hat, so sind sie doch für dieselbe nicht gleichgültig. Sie können ihre lebendige Stütze vollständig ersticken und töten. Der umwachsene Baum vermodert, und sein Holz zerfällt; vielleicht tragen auch Termiten das ihrige bei, um den Rest des abgestorbenen Stammes zu entfernen; der kletternde Stamm mit seinen Klammerwurzeln aber bleibt lebendig, er hat sich mit den pfeilerförmigen Luftwurzeln inzwischen eine genügende Stütze aus eigenen Mitteln geschaffen und ist durch sie vor dem Umfallen gesichert. Mit Verwunderung erblickt man dann diese sonderbar verkrümmten und durchlöcherten, mitunter als förmliche Röhren ausgebildeten Gestelle der Klammerwurzeln, über welche sich belaubte Zweige erheben. Stirbt endlich auch diese ihrer ursprünglichen Stütze längst beraubte kletternde Pflanze ab, so bleichen ihre Wurzeln und Stammgebilde, und es heben sich ihre seltsamen Formen, in welchen, um mit Martius zu sprechen, „die erregte Phantasie abenteuerliche Gespenster und riesenhafte gefräßige Ungeheuer zu erkennen vermeint“, unheimlich vom dunkeln Hintergrunde des tropischen Urwaldes ab. Wer die Entwickelung anderer tropischer Feigenarten nicht kennt, glaubt, deren alte aufrechtstehende Stämme, wie sie auf der beigehefteten Tafel abgebildet sind, seien dort an Ort und Stelle aufgekeimt und hätten das Netz von Luftwurzeln nachträglich aus ihrem Stamme nach abwärts gesendet. Aber diese Wurzeln wurden schon in einem jüngeren Lebensstadium des Feigenbaumes gebildet, als sein junger Stamm noch auf einem Felsblock oder auch einer anderen Pflanze der festen Stütze bedurfte. Darum umklammerte er mit seinem aus der Stammbasis hervortretenden Wurzelgeflecht die lebendige oder tote Unterlage, und dieses Wurzelgerüst gibt nun der inzwischen mächtig entwickelten Stammbasis ein seltsames Aussehen. Die Bildung neuer Wurzeln wird nun aber, wie die Abbildung zeigt, von den alten Ästen fortgesetzt.

Der merkwürdigste Vorgang, durch welchen die zum Klettern bestimmten Sprosse an die zur Stütze sich darbietende Wand gelangen, wird aber bei mehreren tropischen Bignoniazeen aus der Verwandtschaft der Bignonia unguis beobachtet, von denen die am Rio Negro in Brasilien heimische Bignonia argyro-violacea auf S. 63 abgebildet ist. Diese Pflanze trägt zweierlei Blätter. Die einen sind ungeteilt, und ihre Spreite wird bei den älteren, dickeren Stämmen recht groß; die anderen tragen, wie die Blätter der Platterbsen (Lathyrus), an einem Stiele zwei gegenständige Teilblättchen und endigen mit einem durch Metamorphose aus dem Endblättchen hervorgegangenen Greiforgane, das sich in drei mit spitzen, hakenförmig gekrümmten Krallen besetzte Zehen spaltet und dem Fuß eines Raubvogels täuschend ähnlich sieht.

Die Entwickelung dieses bekrallten Greiforganes eilt jener der Teilblättchen stets voraus, so zwar, daß in den allerjüngsten Stadien die grünen Teilblättchen nur als winzige Schüppchen zu bemerken sind. Die in Krallen endigenden Blätter finden sich nur an jenen Stämmen, welche sozusagen noch auf der Suche nach einer festen, sicheren Stütze für die später zu entwickelnden blühenden und fruchtenden Sprosse begriffen sind. Diese Stämme aber sind dünn, sehr verlängert, schieben unermüdlich immer wieder neue Stengelglieder vor, hängen von dem Baume, dessen Borke bereits ganz übersponnen ist und für eine neue Ansiedelung keinen Raum mehr bietet, in Gestalt langer Fäden herab und werden als Spiel des Windes leicht ins Schwanken gebracht. Am Ende jedes Fadens sieht man zwei jugendliche Blätter gegenübergestellt, an deren jedem aber vorerst nur die drei bekrallten Zehen entwickelt sind, die, wie bei einem Raubtiere, zum Fang ausgestreckt erscheinen. Trifft der im Winde

Ficus mit gitterbildenden Luftwurzeln.

schwankende Sproß heute noch auf keine Unterlage, die er mit seinen Krallen erfassen könnte, so beugen sich die bekrallten Blätter zurück, die Organe, welche vergeblich zum Fang ausgestreckt waren, werden eingezogen, schließen häufig wie zwei über die Brust gekreuzte Arme am dünnen Stamme zusammen und bergen sich unter den inzwischen zu lanzettlichen Spreiten ausgewachsenen Teilblättchen. Bis morgen hat sich der fadenförmige Stengel um ein neues,

Bignonia argyro-violacea, vom Ufergelände des Rio Negro in Brasilien. (Zu S. 62.)

mit zwei gekrallten Blättchen ausgerüstetes Stück verlängert, wieder sind zwei dreizehige Greiforgane ausgestreckt, und wieder pendelt der fadenförmige Stengel im Wind, in der Erwartung, einen festen Punkt erfassen zu können. Dasselbe wiederholt sich auch übermorgen und überübermorgen, und endlich kommt wohl der Tag, an dem der Faden so lang geworden ist, daß die Krallen an seiner Spitze beim Hin- und Herschwanken an einer geeigneten Unterlage hängen bleiben. Damit ist aber auch die Zeit für die Entwickelung der Kletterwurzeln gekommen, welche den Stamm noch weit fester an die Unterlage zu fixieren imstande sind, als es die Krallen zu tun vermöchten. Diese Kletterwurzeln sind nun an jedem Knoten des fadenförmigen Stammes in Form kleiner Warzen schon vorbereitet, aber an den in der Luft schwebenden Stammteilen verkümmern sie; nur an jenem Stücke des Stammes, welches einer geeigneten Unterlage angedrückt wird, wachsen sie aus, verlängern sich und bilden Seitenäste, wie es an der Abbildung auf S. 63 zu sehen ist. Hat es nun diese merkwürdige Bignonia gut getroffen, d. h. haben sich die bekrallten Spitzen ihrer im Winde schwankenden Stengel an einem Baume verankert, dessen Borke noch nicht von anderen Kletterpflanzen überwuchert war, konnte sich dort das Ende des Stammes anlegen, durch Kletterwurzeln befestigen und auch Saugwurzeln ausbilden, so nehmen die von diesem neuen Ansiedelungspunkt ausgehenden Sprosse eine ganz andere Form an, sie erscheinen gedrungener und kräftiger, entwickeln einfache, nicht zusammengesetzte Blätter ohne Krallen und können auch Blüten entfalten und Früchte reifen. Bietet dann nach einiger Zeit auch diese neubegründete Kolonie keinen genügenden Raum mehr für die üppig wuchernde Pflanze, so sendet sie wieder die oben beschriebenen, mit Krallen ausgerüsteten, schwankenden Seitensprosse aus, um einen weiteren Platz zur Ansiedelung zu gewinnen.

Der Efeu, die Tecoma radicans, die kletternden Feigenarten, manche tropische Aroideen zeigen die Eigentümlichkeit, daß der Stamm, sobald er über die Baumränder oder steilen Felswände in die lichten sonnigen Höhen emporgeklommen ist, sein Wachstum ändert. Die dort oben sich entwickelnden Sprosse sind nicht mehr lichtscheu und entwickeln auch keine Kletterwurzeln zum Anheften an eine Unterlage mehr. Der Holzkörper wird umfangreicher, der Hartbast, welcher den Holzkörper umgibt, entwickelt sich auffallend stärker, die Triebe stehen jetzt nicht nur ohne Stütze aufrecht, sondern sind auch biegungsfest geworden, sie tragen honigreiche Blüten, welche in der sonnigen Höhe von Bienen und Fliegen aufgesucht, und reife Früchte und Samen, welche von dem leichtbeschwingten Volke der Vögel oder von den über die Baumwipfel brausenden Winden weithin verbreitet werden. Wer nur die blütenlosen, auf dem Erdboden kriechenden oder mit Kletterwurzeln den Baumstämmen angehefteten und mit lappigen Blättern besetzten Sprosse des Efeus kennt und zum ersten Male die aufrechten, im Sonnenlichte gebadeten, von Blütendolden abgeschlossenen und mit ganzrandigen herzförmigen glänzenden Laubblättern geschmückten Endsprosse sieht, hält es für unmöglich, daß beide ein und derselben Pflanze angehören. Und dennoch verhält es sich so, und das merkwürdigste ist, daß sich diese Verschiedenheit auch an den mittels Stecklingen vermehrten Efeustöcken erhält. Wenn man aufrechte, mit herzförmigen ganzrandigen Blättern besetzte Efeuzweige aus der obersten Region des Stockes in die Erde steckt, so treiben sie Saugwurzeln abwärts und entwickeln alsbald auch Seitenäste aufwärts. Aber diese Seitenäste, selbst die untersten, sind keineswegs, wie man erwarten sollte, der Unterlage angeschmiegt, mit Kletterwurzeln versehen und mit eckigen oder lappigen Blättern besetzt, wie sie den ersten Trieben der aus Samen gezogenen Efeustöcke zukommen. Selbst dann, wenn die Stecklinge sich dicht über der Erde verzweigen und die Zweige unmittelbar vor einer Wand stehen, bilden sie keine Kletterwurzeln und zeigen überhaupt denselben Bau, dieselbe aufrechte Stellung und dasselbe Laub, wie die Sprosse am obersten Saum einer Felswand oder oben am Stamm eines hochstämmigen Baumes (s. die Tafel S. 58, rechts am Stamm). Man könnte versucht sein, solche aus Stecklingen hervorgegangene, im Topfe kultivierte Efeustöcke gar nicht für Efeu, sondern für irgendeine aufrechte tropische Aralia zu halten, und selbst gewiegte Pflanzenkenner können durch solche Stöcke irregeführt werden. Unwillkürlich wird man beim Anblicke der in ihrer äußeren Gestalt und im inneren Bau so abweichenden aufeinanderfolgenden Triebe desselben Stammes an den Generationswechsel erinnert, wie er sich bei manchen Kryptogamen vollzieht, da die kletternden Sprosse, welche den obersten aufrechten blühenden Sprossen vorhergehen, niemals Blüten und Früchte entwickeln.

Mächtige seilförmige Luftwurzeln entwickeln die zu den Aroideen gehörigen Philodendron-Arten und ihre Verwandten. Da sie oft bei uns auf Blumentischen gezogen werden, so kann man die Verhältnisse im kleinen beobachten. In den tropischen Wäldern klettern diese Pflanzen bis in die Kronen der Bäume; dabei entwickeln sie zunächst horizontal oder schief verlaufende Luftwurzeln, mit denen sie ihren Stamm gewissermaßen festbinden. Darauf senden sie dickere, lange, seilförmige Wurzeln bis in den Boden hinab, die der Wasserversorgung dienen. Solange sie den Erdboden nicht erreicht haben, hängen sie wie lange dünne Taue nach unten und geben diesen Pflanzen ein merkwürdiges Aussehen (vgl. die Tafel in Bd. I bei S. 198).

In äußerst zweckmäßiger Weise werden bei tropischen Ficus-Arten die einzelnen weit ausladenden Äste, deren Kronen sonst durch ihr gewaltiges Gewicht vom Stamme abbrechen würden, durch mächtige Säulen gestützt, zu denen sich aus den Ästen hervorbrechende und nach unten wachsende Wurzeln entwickeln. Sie entspringen aus den horizontalen oder schräg aufsteigenden Ästen der Bäume, wachsen senkrecht abwärts, bis sie den Boden erreicht haben, dringen in diesen ein, verbinden sich mit dem Erdreich und stellen nun Säulen dar, welche die Äste des Baumes tragen. Einer der schrägen Äste des auf der Tafel bei S. 67 im Vordergrund abgebildeten Gummibaumes erscheint durch eine nach unten zu verdickte mächtige Säule gestützt, und auch die Mangrovenbäume auf S. 40 u. 66 zeigen lange, von den horizontalen unteren Ästen aus der Krone sich herabsenkende Stützwurzeln, welche sich tiefer unten zwischen die Stelzenwurzeln einschieben und in den Schlamm hinabwachsen.

Die großartigste Ausbildung von Säulenwurzeln zeigen unter allen Bäumen die indischen Banianenbäume Ficus bengalensis, Tsiela und noch mehrere andere. In dem Maße, als die vom Hauptstamm in nahezu horizontaler Richtung ausladenden Äste dieses Baumes erstarken, weiterwachsen, sich verzweigen und an Gewicht zunehmen, senden sie zylindrische Wurzeln aus, welche dem Boden zuwachsen, dort in die Erde eindringen, sich mit Seitenwurzeln befestigen und zu Stützpfeilern für die betreffenden Äste werden. Diese an Umfang noch fortwährend zunehmenden Säulenwurzeln haben dann ganz das Aussehen aufrechter Stämme, entwickeln auch belaubte Äste und dienen nicht nur als Stützen, sondern auch zur Aufsaugung und Zuleitung von Wasser und gelösten Nährstoffen aus dem Boden. Unter der Krone eines solchen Baumes sieht es aus wie in einer Halle, deren Decke von Säulen gestützt ist, und da das Blätterdach der Krone für Regen und Sonnenstrahlen fast undurchdringlich ist, herrscht in diesen Hallen selbst am Tage ein Dämmerlicht. Der Sage nach soll in den Hallen eines einzigen Banianenbaumes ein Heer von 5000 Mann gelagert haben. Bei Trinkomali auf Ceylon steht ein Banian, der Hunderte von Säulenwurzeln zählt und 1000 Menschen unter seinem Schatten beherbergen kann. In Kalkutta steht ein Banian, dessen Stamm 51 engl. Fuß, dessen Krone 997 Fuß Umfang hat und von 562 Säulenwurzeln gestützt wird. Die Banianenbäume sehen dann aus wie ein ganzer Wald, da man die Wurzeln für Stämme hält. Weil der Boden unter der Krone, die den Regen abhält, so dürr und fest ist, daß weitere herabwachsende Stützpfeiler dort nicht eindringen und anwurzeln können, so erzeugt die Krone immer neue Säulenwurzeln an ihrer Peripherie und baut den Hain weiter.

An die Luftwurzeln insofern anschließend, als sie eine Strecke in Luft gewachsen sind, ehe sie in den Boden eindringen, sind die Stelzenwurzeln zu nennen. Die Stelzenwurzeln entspringen aus einem aufrechten oder schräg aufgerichteten Hauptstamme, sind aber zylindrisch

Stelzen- und Stützwurzeln der Mangroven (Rhizophora conjugata). Zu S. 65 u. 67.

Gummibaum und Banianenbaum.

und haben die Gestalt schiefer Stützpfeiler. Bisweilen stirbt der älteste unterste Teil des gestützten aufrechten Stammes, soweit er in der Erde steckt, und selbst noch darüber hinaus, ab; er verwest und zerfällt, und nur der obere Teil des Stammes erhält sich frisch und lebendig. Die ersten Wurzeln der in den schlammigen Grund eingebohrten, auf S. 40 abgebildeten Mangrovenkeimlinge haben die Fähigkeit, durch ihr Längenwachstum den Stamm, dem sie angehören, über den Schlamm emporzuheben. Solche Stämme sind dann wie auf Stelzen gestellt und stehen nur durch Vermittelung der Wurzeln in Verbindung mit dem Boden. Auf S. 66 ist eine Mangrovenart abgebildet, welche diese bizarren Wurzelgebilde zur Anschauung bringt. Man findet sie auch noch bei mehreren anderen Gewächsen der tropischen Zone, namentlich bei Palmen, Klusiazeen und Feigenbäumen. Bei einigen Klusiazeen sind die Stelzenwurzeln dicker als der von ihnen gestützte Stamm, und bei den längs der Meeresküste im Bereiche der Ebbe und Flut in dichten Beständen wachsenden oft genannten Mangroven erscheinen sie wiederholt gabelig verästelt und bilden ein wüstes Gewirr, dessen Sonderbarkeit noch dadurch erhöht wird, daß die Wurzeläste und auch die Stämme, soweit die Flut reicht, mit den Schalen und Panzern der verschiedensten Schnecken, Muscheln und Krustentiere besetzt sind. Mit Stelzenwurzeln versehen sind vor allen die interessanten und schöngeformten Pandanus-Arten, welche zum Teil den Sandstrand der Tropen besiedeln, z. B. auf Ceylon an der Südküste von Kolombo bis Galle mächtige Dickichte bilden (vgl. die Abbildung, S. 69).

Die Stelzenwurzeln stützen, wie ersichtlich, den Pflanzenstamm. In anderer Weise wirken Wurzeln mit, die Stämme mächtiger tropischer Baumriesen wie Strebepfeiler zu stützen. Solche Stützwurzeln gehen vom unteren Teil eines aufrechten Hauptstammes aus und haben die Gestalt von Tafeln, welche auf eine Schmalseite gestellt sind. Auch lassen sie sich mit massiven Holzplanken vergleichen. Da sie nach allen Richtungen ausstrahlen, so machen die Zugänge zu dem dicken zentralen Stamme den Eindruck kurzer, sich verengernder und in spitzem Winkel endigender Nischen, welche als Schlupfwinkel von verschiedenem Getier aufgesucht werden. Die Tafelwurzeln sind eine Eigentümlichkeit tropischer Bäume mit mächtiger, schwerer Krone. In besonders ausgeprägter Form zeigt sie der westindische Bombazeenbaum (Eriodendron Caribaeum) und der Kautschuk liefernde, dem tropischen Asien angehörende Gummibaum (Ficus elastica). Das nach der Natur von R a n s o n n e t gezeichnete Bild dieses letzteren Baumes auf der beigehefteten Tafel „Gummibaum" gestattet, eine klare Vorstellung von den Tafelwurzeln zu gewinnen; und es ist hier noch darauf aufmerksam zu machen, daß der im Hintergrunde auf dem Bilde sichtbare Baum eine zweite Ficus-Art, nämlich den berühmten Banianenbaum (Ficus bengalensis), von welchem schon die Rede war, darstellt.

Den Wurzeln zweijähriger und mehrjähriger Gewächse kommt in jenen Gegenden, wo die Tätigkeit der Pflanzen infolge von Trockenheit und Kälte zeitweilig unterbrochen ist, häufig auch noch eine dritte Funktion, nämlich die A u f s p e i c h e r u n g v o n S t ä r k e, F e t t, Z u c k e r u n d a n d e r e r R e s e r v e n a h r u n g, zu. Begreiflicherweise sind in Landschaften mit lang anhaltender Sommerdürre, desgleichen in denen mit strengem Winter die in der Erde geborgenen Teile gegen Trockenheit und Frost am besten geschützt, und neben den unterirdischen Stammteilen und den von diesen ausgehenden Niederblättern sind es daher vorzüglich die unterirdischen Wurzelgebilde, welche als Speicher für die im Laufe der kurzen Vegetationszeit von den oberirdischen grünen Organen gebildeten Stoffe am vorteilhaftesten Verwendung finden.

Es ist begreiflich, daß der Mensch eine Menge solcher Pflanzen, die Nährstoffe in ihren Wurzeln ablagern, in Kultur genommen hat, um die Nährstoffe für sich zu gewinnen. Dabei hat sich herausgestellt, daß diese Speicherwurzeln durch die Kultur meistens viel umfang- und damit inhaltreicher geworden sind (s. untenstehende Abbildung). Zu diesen Kulturformen gehören unsere Futter- und Zuckerrüben, Möhren, Radieschen usw. Alle diese Wurzeln enthalten keine holzigen Gewebe, der dicke Parenchymmantel, der die nichtholzigen Leitungsstränge umgibt, stellt den Raum zur Ablagerung von Stärke und Zucker oder Inulin dar.

Rübenförmige Wurzel von Beta Cicla.

Begreiflicherweise sind die von der Pflanze angelegten und mit Reservenahrung vollgefüllten Gewebe auch ein Anziehungspunkt für verschiedene unterirdisch lebende Tiere, und die Anlegung des Speichers erfordert wiederum eine Sicherung desselben gegen die Angriffe der von Hunger getriebenen Mäuse und verschiedener Insektenlarven. Jene Schutzmittel und Waffen, durch welche das grüne Laub oder die Früchte und Samen gegen die zu weit gehenden Angriffe der Tiere verteidigt werden, können hier nicht ausgebildet werden. Die meisten fleischigen Wurzeln sind jedoch, wie man z. B. bei der Zuckerrübe erkennt, von einer dicken, festen Korkhaut überzogen, die schon einen Widerstand gegen Angriffe leistet. Häufig wird auch das unterirdisch wühlende Ungeziefer durch Gifte so gut wie möglich abgehalten. Es ist genügend bekannt, daß gerade Wurzeln besonders reich an giftigen Alkaloiden, an den für Tiere widerlichen Harzen, bitteren Stoffen und dergleichen sind und darum auch als Arzneimittel mehr wie Stengel und Blätter Anwendung finden. Ein unfehlbarer Schutz gegen alle Angriffe von Tieren wird freilich dadurch nicht geboten; daß aber wenigstens teilweise eine Sicherung der zur Aufspeicherung bestimmten Stoffe in den überwinternden Wurzeln stattfindet, ist durch die nachstehenden Erfahrungen sehr wahrscheinlich gemacht. In einem Garten Innsbrucks hatten einmal die Feldmäuse unter der winterlichen Schneedecke arge Verwüstungen angerichtet und verschiedene Wurzeln angenagt; die an giftigem Saponin reichen Wurzeln und Wurzelstöcke des dort reichlich wachsenden Seifenkrautes (Saponaria officinalis) waren aber von ihnen verschont geblieben. Daß die bitteren Wurzeln der Enziane (Gentiana punctata, lutea, pannonica), die doch ungemein reich an Reservenahrung sind und auf den von Mäusen durchwühlten tiefgründigen Alpenwiesen ihren

Pandanus utilis. (Nach einer Photographie.) Zu S. 71 u. 72.

Standort haben, von einem Tiere angegriffen worden wären, hat man nie gesehen. Dasselbe gilt von den dicken Pfahlwurzeln des giftigen Eisenhutes, von den massiven Wurzelstöcken der Rhabarberpflanzen und vieler Doldengewächse, welche doch alle reich an Stärke und anderen Nährstoffen sind und insofern für die pflanzenfressenden hungernden Tiere im Winter eine ausgiebige Nahrung bieten würden.

Es ist nicht anders zu erwarten, als daß den verschiedenen Aufgaben der Wurzeln wie bei den Speicherwurzeln auch in anderen Fällen eine besondere Anordnung der Zellen und Gewebe entspricht, und daß insbesondere die Stützwurzeln, welche in ihren Funktionen mit den aufrechten Stämmen die meiste Analogie zeigen, wirklich auch aufrechten Stämmen, die Erdwurzeln dagegen, welche mit den liegenden und den in Erde eingebetteten Stammgebilden so vieles gemein haben, diesen letzteren in betreff ihres inneren Baues ähnlich sehen. Die Säulenwurzeln sind tatsächlich in ihrem inneren Aufbau von aufrechten Stammgebilden gar nicht zu unterscheiden, und auch die Stelzenwurzeln zeigen eine Gruppierung der Zellen und Gefäße, welche mit jener der aufrechten Stämme oft weit mehr übereinstimmt als mit jener unterirdischer Rhizome. An der zu den Klusiazeen gehörenden Fagraea obovata unterscheidet sich das zellige Gefüge des aufrechten Stammes von dem seiner stützenden Stelzenwurzeln nur dadurch, daß das Mark und der Holzteil der Gefäßbündel etwas stärker entwickelt sind, aber im übrigen ist keinerlei Verschiedenheit zu erkennen. Die Stelzenwurzeln der auf S. 66 abgebildeten Rhizophora conjugata zeigen gleichfalls eine Gruppierung der Zellen und Gefäße, wie sie den Stämmen zukommt. In der Mitte findet sich ein dicker Markkörper, derselbe ist umgeben von zahlreichen Leitbündeln, welche zusammen einen Hohlzylinder bilden und von mechanischem Gewebe begleitet sind; darauf folgen nach außen noch Kork, Hypoderm und eine stark kutikularisierte Oberhaut, also ganz dieselbe räumliche Verteilung, welche die Biegungsfestigkeit der aufrechten Stämme bedingt. Ja, an diesen Stelzenwurzeln der Mangroven findet man sogar die Festigkeit noch durch sonderbar verschränkte, spindelförmige Zellen mit sehr verdickten Wandungen erhöht, welche so hart sind, daß man sie mit dem schärfsten Messer kaum durchschneiden kann.

Campylocentrum Burchelli, die auf S. 71 abgebildete blattlose Orchidee, abgeblüht: die Pflanze besteht nur aus den assimilierenden, grünen Wurzeln, dazwischen vertrocknete Blütenähren. (Zu S. 72.)

Bei den Mangroven und auch bei den erwähnten Klusiazeen sind die stützenden Wurzeln im Vergleich zum gestützten Stamme dick und weit ausgreifend, bilden einen umfangreichen Unterbau, vertreten, was die Anforderungen an Festigung anlangt, vollständig den aufrechten, verhältnismäßig schwachen Stamm und sind nur auf Biegungs- und Säulenfestigkeit in Anspruch genommen. Die Zugfestigkeit kann bei diesen Wurzelgebilden kaum in Betracht kommen. Anders verhält es sich bei jenen Gewächsen, deren Stelzenwurzeln einen Stamm mit reichbeblätterter, umfangreicher Krone zu stützen haben, und für welche der auf S. 69 abgebildete Pandanus als Vorbild gelten kann. Sobald der Wind auf die massige, schwere Krone und den sie tragenden aufrechten Stamm einwirkt und ein Schwanken derselben veranlaßt, werden die nach allen Seiten als Stützen an den Stamm angelehnten Wurzeln abwechselnd bald auf Biegungs- und Säulenfestigkeit, bald auf Zugfestigkeit in Anspruch genommen. Weht der Wind aus Norden, so werden durch den gegen Süden geneigten Stamm die südseitig entspringenden Stützwurzeln einen Druck erfahren und gepreßt und gebogen werden, während die nordseitig entspringenden Stützwurzeln gleichzeitig einem starken Zuge ausgesetzt sind. Läßt der Wind nach, so wird durch die Elastizität der südseitigen Wurzeln der Stamm wieder in die aufrechte Ruhelage zurückgebracht. Das Umgekehrte findet statt, wenn der Anprall des Windes auf Krone und Stamm von Süden her erfolgt. Die Stelzenwurzel wird demnach nicht nur biegungs-, sondern auch zugfest gebaut sein müssen. Dementsprechend findet man auch in den Luftwurzeln des Pandanus zwei Zylinder mit mechanischem Gewebe versehen, einen äußeren, der aus der mit Hartbastbündeln durchzogenen Rinde besteht, und einen inneren, der an die Anordnung erinnert, wie sie bei der Mehrzahl der Dikotyledonen

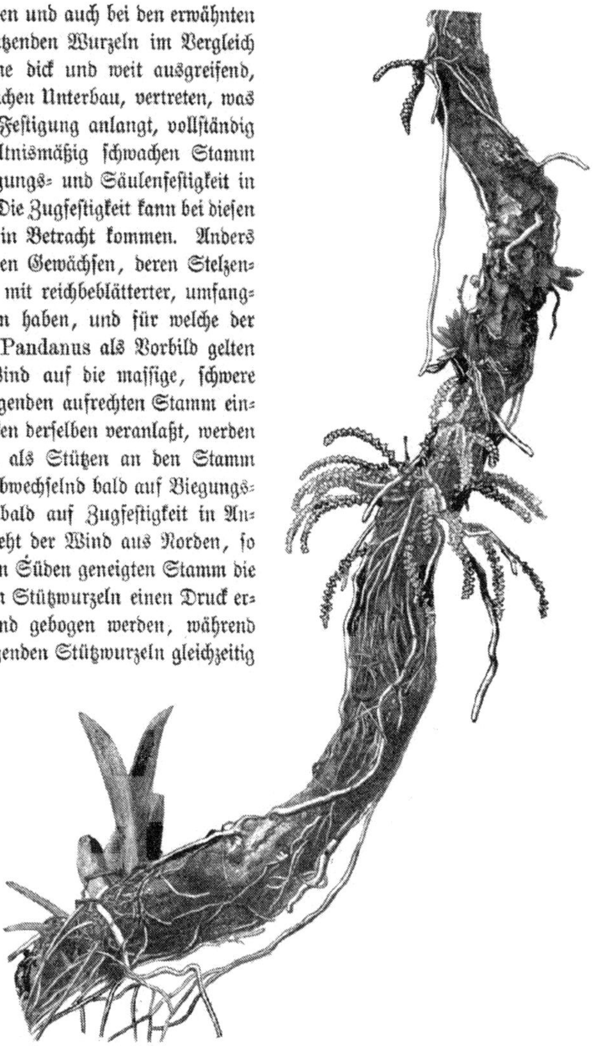

Campylocentrum Burchelii, eine blattlose Orchidee, blühend: an den Wurzeln entstehen Knospen, aus denen sich die Blütenstände ohne grüne Blätter entwickeln. (Zu S. 72.)

vorkommt, und der aus dem mit Hartbast verstärkten, in der Achse der Wurzel liegenden Gefäßbündelkreise gebildet wird. Durch den ersteren erhalten die Stelzenwurzeln die nötige Säulen- und Biegungsfestigkeit, durch den letzteren die entsprechende Zugfestigkeit.

Ähnlich wie bei Pandanus erscheinen auch die weniger auffallenden, aus den untersten Stammknoten der Maispflanze entspringenden Stelzenwurzeln der ihnen gestellten doppelten Aufgabe angepaßt. Auch hier sind zwei Zylinder aus mechanischem Gewebe vorhanden. Der äußere, in der Rinde gelegen, besteht bloß aus Hartbast und bedingt die Säulenfestigkeit, während der innere, mit den Leitbündeln in Verbindung stehende die Zugfestigkeit bedingt. Nur ist in den Stelzenwurzeln an der Basis des Maisstammes auch ein zentrales Mark oder eine weite Markhöhlung zu sehen, welche den Wurzeln des Pandanus fehlt.

Nur kurz können noch einige andere Funktionen gestreift werden, welche die Wurzeln zuweilen übernehmen müssen. Im allgemeinen bilden Wurzeln kein Chlorophyll aus, auch wenn man sie zwingt, im Lichte zu wachsen. Aber es gibt auch einige Fälle, wo Luftwurzeln grün werden und dann die Assimilationstätigkeit übernehmen. Einige solche Beispiele wurden in Band I, S. 95, erwähnt. Das dort genannte Taeniophyllum Zollingeri besitzt ebenso wie Arten der Gattung Polyrrhiza und Campylocentrum überhaupt keine Blätter. Aus der ganz kurz bleibenden Achse entwickeln sich eine Menge Wurzeln, die sich der Borke von Bäumen anlegen. Aus der Knospe entsteht später ein zierlicher Blütenstand (vgl. Abbildung, S. 70 und 71). Da aber der kurze Stengel gar keine grünen Blätter erzeugt, so müssen die Wurzeln neben ihrer Tätigkeit als Haftorgane auch die Ernährung mit übernehmen. Ihre Oberflächenschichten füllen sich mit Chlorophyll, werden grün und können nun den Blütenstand ernähren. Zu Dornen, also zu Schutzwaffen, bilden sich die Wurzeln bei einigen Palmen aus, z. B. bei Acanthorrhiza und Iriartea, wo sie die Stammbasis dieser Pflanzen gleichsam mit einer Schutzwehr umgeben.

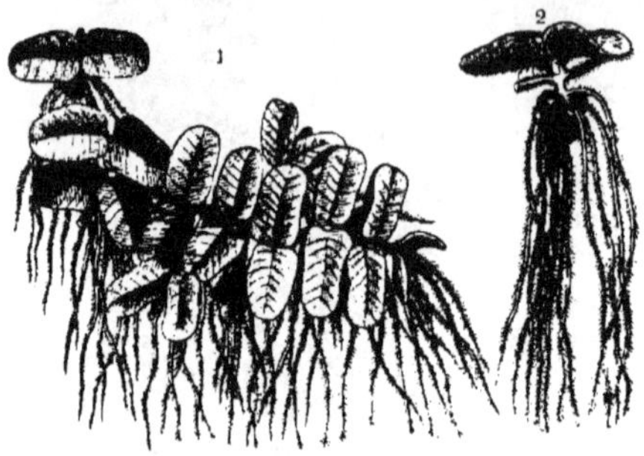

1) Der schwimmende Wasserfarn (Salvinia natans), 2) ein Stück dieser Salvinia mit gerieften Sporengehäusen. Beide Figuren mit wurzelähnlichen Wasserblättern. Natürl. Größe. (Zu S. 73 und zu späteren Kapiteln.)

Sehr auffallend ist auch die Übernahme der Atmung durch Wurzeln in einigen Fällen. Am sonderbarsten gestalten sich die Verhältnisse bei manchen tropischen und subtropischen in Sümpfen wachsenden Bäumen. Im Sumpfboden, wo reichlich Fäulnisprozesse stattfinden, leiden die Wurzeln Mangel an Sauerstoff. Bei den Avicennien und Sonneratien, die der Mangrovevegetation angehören, erheben sich um die Stämme, wo sie auf sumpfigem Boden wurzeln, Hunderte von Wurzeln aus dem Boden, welche senkrecht aufwärts wachsen. Sie nehmen Luft auf und führen sie den unterirdischen Nährwurzeln zu. Daher bezeichnet man sie auch als Atemwurzeln (Pneumatophoren). Ein solcher von seinen Atemwurzeln umgebener Mangrovestamm bietet ein ganz überraschendes Bild dar. Die beigeheftete Tafel zeigt ein von Johs. Schmidt aufgenommenes Vegetationsbild von der Insel Koh Chang im Meerbusen von Siam. In der Mitte ein mächtiger Stamm von Sonneratia alba mit zahllosen dazugehörigen Atemwurzeln, im Hintergrunde Rhizophora conjugata. Auch manche schwimmenden

Mangrove in Siam.

Sonneratia alba, Stamm mit senkrechten oberirdischen Atemwurzeln; im Hintergrunde Rhizophora conjugata. Nach einer Photographie von Dr. Johs. Schmidt in Kopenhagen. Aus den Vegetationsbildern von Schenck und Karsten.

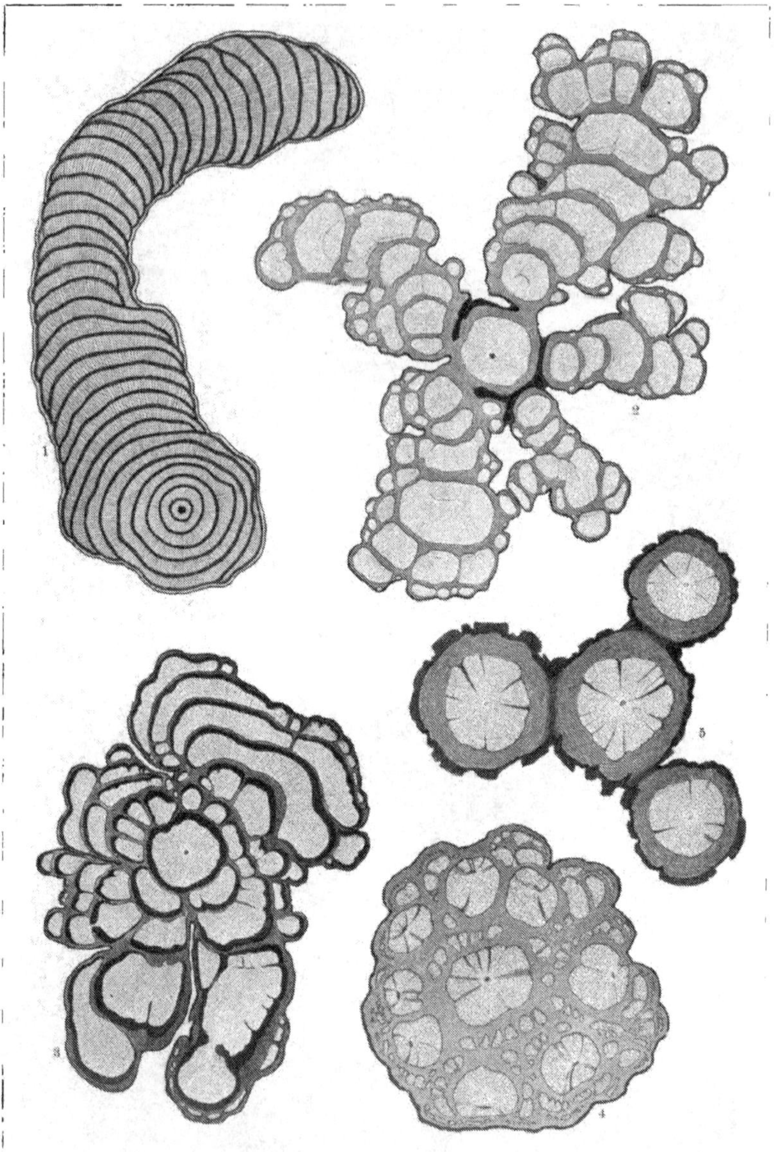

Querſchnitte durch Lianenſtämme. Nach H. Schenck, Biologie und Anatomie der Lianen.

1) Botryopsis platyphylla (Meniſpermeneen, Braſilien), 2) Alter Stamm von Thinouia mucronata (Sapindazeen, Braſilien). 3) Paullinia pseudota (Sapindazeen, Braſilien), älterer Stamm, 4) Serjania ichthyoctona (Sapindazeen, Braſilien), 5) Serjania multiflora (Sapindazeen, Braſilien), ältere Stämme. — Alle etwas verkleinert.

Wasserpflanzen, z. B. Jussieua repens, bilden einen Teil ihrer Wurzeln zu kurzen schwammigen Organen aus, die als Atemwurzeln dienen.

Bei der ganz allgemeinen Notwendigkeit der Wurzeln als Organe für die Befestigung und Wasseraufnahme, der das allgemeine Vorkommen der Wurzeln bei den vollkommenen Pflanzen auch entspricht, sollte man meinen, daß es überhaupt keine Pflanze geben könnte, die der Wurzeln entbehre. Dennoch gibt es auch einige völlig wurzellose höhere Pflanzen. Von vielen Wasserpflanzen (z. B. Hottonia, Ceratophyllum, Najas) wird die Aufnahme des Wassers durch die Oberhautzellen ihrer Laubblätter besorgt, und von Wurzeln ist keine Spur zu finden. Dagegen erinnern ihre Laubblätter vielfach an Wurzelgebilde. An einem schwimmenden Wasserfarn (Salvinia natans, s. Abbildung, S. 72) finden sich außer den ovalen, auf dem Wasser schwimmenden Blättern auch fadenförmige Blätter, die in das Wasser herabhängen. Sie haben in Form und Farbe die größte Ähnlichkeit mit Wurzeln, sind aber Blätter. Man kann nun in solchen Fällen sagen, die Blätter seien zu wasseraufnehmenden Organen geworden, aber nicht behaupten, aus den Blättern seien Wurzeln geworden, denn diese Blätter haben den Blattbau behalten. Zuweilen werden aber auch Wasserwurzeln mit Blättern verwechselt, wie bei der Wassernuß, Trapa natans (s. obenstehende Abbildung), deren verzweigte Nebenwurzeln gewöhnlich für fiederförmige Wasserblätter gehalten werden, wie sie bei den Wasserranunkeln in der Tat vorkommen. Wurzellos sind die Utrikularien und einige humusbewohnende Orchideen unserer Wälder. Bei diesen und manchen anderen Pflanzen (z. B. Bartschia, Epipogon, Corallorrhiza) treten an Stelle der Wurzeln haarförmige Saugzellen, die an den unterirdischen Stämmen entstehen, auch bei Lemna trisulca finden sich solche. Man kann diesen Ersatz wirklicher Wurzeln durch schlauchförmige Zellen wohl verstehen. Eigentlich sind es ja bei allen Wurzeln nur die Saugzellen ihrer Oberfläche, welchen die Aufgabe zukommt, das Wasser

Trapa natans, Wassernuß, auf dem Wasser mit den rautenförmigen Blättern schwimmend. Die aus dem untergetauchten Stengel entspringenden scheinbaren gefiederten Blätter sind Wurzeln.

aufzunehmen (vgl. Bd. I, S. 72). So erscheint es begreiflich, daß sich solche Saugzellen auch unmittelbar an Stämmen und Blättern bilden können. Das aus der Samenschale vorgeschobene Keimblatt des Rohrkolbens (Typha) bringt mit Saugzellen in den Boden ein; auch an den grünen Blättern vieler Steinbreche, Stachelrasen, Tamarisken usw. findet man besondere Saugzellen ausgebildet, und an solchen Sumpfpflanzen, deren Laubblätter zum Teil auf der Wasserfläche schwimmen, zum Teil untergetaucht sind, dienen die Oberhautzellen der letzteren gleichfalls als Saugzellen.

Tillandsia usneoides, im Gewächshaus an einem Orchideenkasten hängend, ohne jede Wurzelbildung.

Besonders überraschend wirken Pflanzen, die auch dieses Ersatzes der Wurzeln ganz entbehren. Die epiphytisch lebende Bromeliazee Tillandsia usneoides der südlichen Union und Mexikos, deren lange fadenförmige Sprosse wie Mähnen von den Bäumen herabhängen (vgl. nebenstehende Abbildung) und diese Bäume oft fast ersticken, hat weder Wurzeln noch Saugzellen. Sie nimmt das Regenwasser mit ihrer Oberhaut auf und kann daher auch auf einem Telegraphendraht wachsen, wo Vögel und Wind sie zuweilen hinbringen.

Ist der Ersatz der Wurzeln durch bloße Saugzellen bei den Blütenpflanzen und Farnen eine Ausnahme, so ist er bei den übrigen Kryptogamen Regel. Ein Schimmelpilz, der auf Brot wächst, senkt in diesen Nährboden keine Wurzeln, sondern haarfeine, oft weitverzweigte Fäden hinein, mit denen Wasser und Nährstoffe aufgenommen werden (vgl. Bd. I, S. 399). Ähnlich verhalten sich die Hutpilze des Waldes. Sogar die Lebermoose, Moose und manche zu den Farnen gehörige Hymenophyllazeen haben es nicht zur Wurzelbildung gebracht und begnügen sich an deren Stelle mit haarförmigen Schläuchen, die man als Rhizoiden bezeichnet. Die Rhizoiden, die sich bei allen Lebermoosen finden, kann man auf der Unterseite der flachen Sprosse von Marchantia als dichten weißen Filz gewahren. Sowohl Marchantia als auch andere Lebermoose haben Rhizoiden von zweierlei Bau, was man aber nur mit dem Mikroskop unterscheiden kann. Ein Teil ist dünnwandig, bei einem anderen Teil haben die Wände der Schläuche in ihrem Inneren zapfenförmige Verdickungen. Die Zäpfchenrhizoiden dienen der Wasseraufnahme, die glatten der Befestigung; also wir finden hier auf niederer Stufe des Pflanzenreiches schon die Arbeitsteilung, die bei wurzelbildenden Pflanzen geschildert wurde. Die Rhizoiden der Laubmoose bestehen stets aus Reihen von Zellen, die merkwürdigerweise durch schiefe Zwischenwände getrennt sind. Unter den Farnen haben einige als Epiphyten in den Tropen lebende Hymenophyllazeen solche Rhizoiden, mit denen sie ihre Stämmchen nur befestigen, während die Wasseraufnahme durch ihre zarten Blätter erfolgt.

---

6. Die Gestalten der Stammgebilde.

Morphologische und biologische Betrachtung der Stämme.

Das richtige Verständnis der Stammbildungen bietet viel größere Schwierigkeiten dar, als das der viel einfacheren Wurzeln. Während diese bei den verschiedensten Pflanzen eine wesentliche Übereinstimmung zeigen, erscheint z. B. der Stengel eines Hahnenfußes oder einer Lilie himmelweit verschieden von einem Palmenstamme oder dem gewaltigen Holzstamm einer Eiche, der sich zur knorrigen Astkrone ausbreitet. Je mehr Pflanzenarten wir betrachten, um so mehr fällt es in die Augen, daß alle Verschiedenheit in erster Linie auf der Mannigfaltigkeit der Stammbildungen samt ihrem Blätterkleide beruht.

Seit den entlegensten Zeiten hat die Menschheit Pflanzen in Zucht genommen und bei der damit verbundenen primitiven Beobachtung doch die angeborene Fähigkeit der Abstraktion so richtig gehandhabt, daß, trotz aller Formverschiedenheit, die allen Pflanzen gemeinsamen Organe mit den Worten Stengel oder Stamm, Blatt und Wurzel scharf und auch ganz richtig unterschieden wurden. Um so mehr nimmt es wunder, daß, als gelehrte Männer anfingen, die damaligen Kenntnisse über die Pflanzen wissenschaftlich zu bearbeiten, sie auf das wichtige Hilfsmittel der Begriffsbildung ganz verzichteten und glaubten, mit bloßer Namengebung eine Wissenschaft gestalten zu können. Indem man jede Einzelheit an den Pflanzen mit einem besonderen Namen belegte, merkte man nicht, daß man nicht den Weg der Wissenschaft, sondern einen Abweg einschlug, denn das Gemeinsame bei den Pflanzen wurde allmählich ebenso unerkennbar wie die Einzelheiten unübersehbar. Das Ganze erweckte auch nur deshalb den Schein von Wissenschaft, weil man für die Namenschöpfungen sich der lateinischen Sprache bediente. Statt daß man einen Grashalm, einen Krautstengel, einen Baumstamm unter einen Begriff faßte, nannte Linné den Stengel der Gräser calamus, den krautigen Stengel caulis, den Palmenstamm stirps usw. Den Stamm im allgemeinen nannte er zwar truncus, was aber kein natürlicher Oberbegriff ist. In ähnlicher Weise wurden auch für jede Blatt- und Wurzelform Namen geschaffen. Wenn nun auch noch Nachfolger Linnés seinen truncus wieder in stirps umtauften, den Palmenstamm, den Linné stirps genannt, als caudex bezeichneten usw., dann begreift man, wie unklar die wissenschaftliche Übersicht über die Tatsachen werden mußte und wie die von Linné so schön getaufte Scientia amabilis durch diese ganz prinzipienlose und daher unwissenschaftliche Terminologie zu einer wahren Scientia horribilis wurde.

Solange man sich nur mit Klassifikation der Pflanzenarten befaßte und das Namenwerk für die Pflanzenteile zu bloßen Einteilungszwecken benutzte, ging die Sache noch. Sobald man aber die Termini als Namen für Organe benutzen wollte, mußte man zu der Ansicht gelangen, daß die Pflanzen so viel verschiedene Organe besäßen, als Namen für diese existierten, und deren Zahl war ganz ungeheuer groß. Die Sache wurde dadurch noch schlimmer, daß die Namen nach schwankenden Prinzipien gegeben wurden. So benutzte man auch gelegentlich ein biologisches Moment und nannte Zwiebeln und Knollen hibernacula, Überwinterungsorgane.

Damit verdeckte man aber ihre Zugehörigkeit zu den Stammgebilden und warf sie mit Winterknospen und anderen fremdartigen Dingen zusammen. Diese gänzlich unfruchtbare Terminologie hätte nicht so lange den Fortschritt aufgehalten, wenn sich ihr Schöpfer Linné nicht eines so autoritativen Einflusses erfreut hätte, daß wirkliche Wissenschaft zunächst nicht durchdrang. Erst als durch Goethe, Robert Brown und in Deutschland besonders durch Alexander Braun begonnen wurde, Pflanzenformen nicht bloß für systematische Beschreibungen, sondern als lebendige Wesen zu studieren und einer von Braun geforderten tieferen, biologischen Betrachtungsweise zu unterwerfen, erkannte man, daß die Unzahl der Pflanzenorgane nur Schein sei. Braun schuf als Gegensatz zur Wurzel den allgemeinen Begriff Sproß für das blätterbildende Organ der höheren Pflanzen. Was sich aus dem Vegetationspunkt des Embryos entwickelt, ist der erste Sproß, der Keimsproß der betreffenden Pflanze. Man unterscheidet an ihm die Sproßachse und die daransitzenden Blätter. Die Blätter sind anfangs bloße Auswüchse und Ausgliederungen der Sproßachse, es gibt also zwischen dieser und dem daransitzenden Blatte keine scharfe Grenze, und das Blatt gehört zum Sproß wie der Finger zur Hand. Wächst der Keimsproß unter Blattbildung in die Länge, so entsteht eine Pflanze mit einfachem Stengel. Wird der Stengel im Laufe der Zeit durch Wachstum dicker, so nennt man ihn Stamm. Dieser kann wie der Stengel einfach bleiben, z. B. bei einer Palme oder einem Baumfarn, die auf dem Gipfel eine Krone von Blättern tragen. Bilden sich die am Keimsproß in den Blattwinkeln entstehenden Knospen zu Seitensprossen aus, so entsteht ein verzweigter Stengel oder Stamm. Die verschiedenen Formen der Kronen der Bäume, z. B. der Pyramidenpappel, der Zypresse, der Fichte oder der Eiche und des Ahorns, beruhen nur auf der verschiedenen Richtung und Stärke der Seitensprosse, die durch Dickenwachstum zu Ästen werden.

Mit anderen Worten, es handelt sich bei der oberirdischen Pflanze immer nur um Sprosse und Vereinigungen von Sprossen, die auseinander hervorgegangen sind, und durch diesen einfachen, der Beobachtung der Entwickelung entsprungenen Begriff ist die ganze alte unverständliche Terminologie vollständig beseitigt.

So verschieden auch einem Laien ein Grashalm, der Stengel einer Sonnenrose, der Schaft einer Palme, der zarte Stengel eines Vergißmeinnichts, eine Fichte, eine Eiche und die fleischige, stachelige Säule eines Kaktus erscheinen mögen: alle diese Formen sind nur verschiedene Entwickelungsformen des ursprünglichen Sprosses, ihre Anlage ist nicht verschieden. Diese Begriffsfestsetzung hat das wissenschaftliche Verständnis der Pflanzenform ganz ungemein vereinfacht und erleichtert. Uns ist es hier aber vor allem um Anschauung zu tun, und es soll nun an der Hand der Natur untersucht werden, zu welcher Verschiedenheit der Ausbildung die Pflanze ihren Sproß bringen kann.

Entwickelung des Sprosses zum Stamm.

Die in Band I, S. 356 geschilderte Keimung der Samen von Cuscuta lehrt, daß der wachsende Keimling nicht in Achse und Blätter gegliedert ist, sondern dem bloßen Auge als ein schraubig gedrehter Faden erscheint, der die Hülle der Samenhaut bei der Keimung durchbricht, sich dabei streckt und verlängert, gerade aufwärts wächst, später sich dreht und windet und nach einer Unterlage sucht, der er Nahrung entziehen könnte. Dieser Faden ist als Sproß zu bezeichnen, obwohl er keine Blätter trägt, ja nicht einmal Andeutungen von verkümmerten oder unterdrückten Blättern erkennen läßt. Erst später, wenn dieser fadenförmige Sproß mit einer Wirtspflanze in Berührung gekommen ist, an den Berührungsstellen Saugwarzen gebildet hat und auf Kosten fremder Nahrung in die Länge gewachsen ist, entstehen unter seiner fortwachsenden Spitze kleine Schüppchen, welche verkümmerte Blätter sind. Dann bilden sich auch in den Achseln dieser Schüppchen Knospen, die zu Seitensprossen auswachsen.

Die Tatsache, daß es auch Sprosse gibt, welche keine oder nur verkümmerte Blätter bilden, wird hier ausdrücklich hervorgehoben, um sie als Ausnahme, die aber nicht allein steht, zu bezeichnen. Ganz allgemein bilden sonst die Sprosse vollkommene Blätter, und diese Blattbildung gehört zum Charakter der Sprosse, denn eine Wurzel erzeugt überhaupt niemals Blattorgane. Immerhin könnte eine Charakterisierung der Sprosse durch die Fähigkeit, Blätter zu erzeugen, wegen der Ausnahmen unzureichend erscheinen. Es empfiehlt sich daher, nach anderen allgemeinen Merkmalen eines Sprosses Umschau zu halten. Verfolgen wir die Entwickelung der Cuscuta-Sprosse noch weiter, so beobachten wir außer der genannten Bildung von Seitensprossen ganz regelmäßig noch etwas anderes, nämlich die Bildung von Blüten (Bd. I, S. 358). Mag auch der Parasitensproß durch den Mangel an Blättern von typischen Sprossen abweichen, in der Blütenbildung stimmt er mit ihnen überein. Und das tun noch andere blattlose Sprosse. Jeder Kaktus erzeugt an seinen blattlosen, fleischigen Sprossen zuzeiten Blüten (vgl. Bd. I, S. 244). In der Erzeugung von Blüten haben wir also einen ganz allgemeinen Charakter der Sprosse aufgedeckt. Chlorophyllbildung und Blattbildung kann den Sprossen zuweilen fehlen, und wenn wir die niederen Kryptogamen einschließen, ist dies sogar häufiger der Fall, aber auch bei diesen ist der Sproß immer Träger der Fortpflanzungsorgane, wobei hervorzuheben ist, daß die Fortpflanzungsorgane nicht immer auf der Sproßachse sitzen, sondern auch, wie schon bei den Farnen, auf Blättern sitzen können.

Bei der Schilderung der verschiedenen Stammgebilde werden diese theoretischen Beziehungen immer wieder hervortreten. Betrachten wir zuerst die am weitesten im Pflanzenreich verbreitete Sproßform, den Sproß mit ausgebildeten grünen Blättern, so beobachten wir die Tatsache, daß es keinen Pflanzenstock gibt, an welchem der Stamm von der Basis bis hinauf zum Scheitel ganz gleichmäßig ausgebildet ist. Man kann vielmehr immer aufeinanderfolgende Stockwerke unterscheiden, deren jedes entsprechend der dort zu leistenden Arbeit gebaut und eingerichtet ist, namentlich was die Blattformen angeht. Nehmen wir eine einjährige Pflanze zur Hand, z. B. einen Mohn (Bd. I, S. 13). Unten am Stengel sitzen die Keimblätter (Kotyledonen), die freilich bald abgeworfen werden. Gewöhnlich folgen dann die grünen Laubblätter, deren unterste aber in der Regel einfacher und kleiner sind. In der Mitte des Stengels haben sich die Laubblätter zu ansehnlicher Größe entwickelt. Nach oben zu werden sie wieder kleiner und einfacher, oft fadenförmig, und das höchste Stockwerk nehmen dann die Blattkreise ein, die die Blüte zusammensetzen. Bei mehrjährigen Pflanzen gestaltet sich die Architektur der Pflanze ganz ähnlich, wenn wir nicht die ganze Pflanze, sondern die jüngsten Triebe des Jahres mit der einjährigen Pflanze vergleichen.

Daraus ergibt sich schon, daß der Baustil, die ganze Gestalt der Stämme davon abhängt, ob die in Betracht kommende Pflanze kurz- oder langlebig ist. Um einen Überblick zu gewinnen, seien daher einige Erklärungen in dieser Beziehung hier eingefügt.

Man unterscheidet monokarpische und polykarpische Pflanzen. Mit dem ersteren Namen werden Gewächse bezeichnet, die in ihrem ganzen Leben nur ein einziges Mal blühen und nach der Ausbildung der Früchte und Samen vollständig absterben. Polykarpisch werden dagegen jene genannt, welche nach der erstmaligen Ausbildung von Blüten und Früchten nicht absterben, sondern sich lebend erhalten und noch mehrere, oft sehr viele Jahre hindurch blühen und fruchten können.

Die monokarpischen Pflanzen werden in einjährige, zweijährige und vieljährige eingeteilt. Unter dem Namen einjährige Pflanzen (plantae annuae), für welche in der beschreibenden Botanik das Zeichen ⊙ in Anwendung gebracht wird, und als deren Vorbild Mercurialis annua dienen kann, begreift man solche Arten, welche innerhalb Jahresfrist, oft innerhalb einiger Monate, keimen, wachsen, blühen und fruchten, nach der Samenreife aber vollständig absterben und verdorren. Es liegt nahe, anzunehmen, daß Pflanzen, denen zum Aufbau des ganzen Stockes und zum Ausreifen der Samen eine so kurze Zeit zugemessen ist, nur einen bescheidenen Umfang erreichen können. Im allgemeinen ist das auch der Fall. Bei manchen einjährigen Arten, wie z. B. dem zu den Primulazeen gehörenden Centunculus minimus, beträgt die Höhe des Stammes ungefähr 3 cm und die Dicke desselben $^1/_2$—1 mm; das Hungerblümchen (Erophila verna) läßt schon aus seinem Namen die dürftige Gestalt vermuten. Aber es kommen auch einjährige Arten vor, welche, wie beispielsweise die einjährige Sonnenrose (Helianthus annuus), unter günstigen Verhältnissen Stämme entwickeln, die eine Höhe von $2^1/_2$ m und die Dicke von 3 cm erreichen. Zweijährige Pflanzen (plantae biennes), für welche das Zeichen ⊙ eingeführt ist, nennt man diejenigen, welche, nachdem ihr Same in die Erde gelegt wurde, keimen und wachsen, aber im ersten Jahre, und zwar auch dann, wenn die Keimung schon im Frühling erfolgte, über den Aufbau eines kurzen belaubten Stammes nicht hinauskommen. Erst nach Ablauf einer mit der Trockenheit oder Kälte an dem betreffenden Standorte zusammenhängenden Ruhezeit, also erst nach Jahresfrist, verlängert sich ihr Stamm, entwickelt am Ende Blüten, und wenn die Früchte ausgebildet sind, stirbt die Pflanze wie die einjährigen Pflanzen vollständig ab. Als Beispiele zweijähriger Pflanzen mögen die aus Amerika eingewanderte, aber bei uns jetzt verbreitete Nachtkerze (Oenothera biennis), ferner der rote Fingerhut (Digitalis purpurea), die Königskerze (Verbascum Thapsus, phlomoides, montanum) aufgeführt werden. Die vieljährigen Pflanzen (plantae multiennes) verhalten sich im ersten Jahre ihres Wachstums ähnlich wie die zweijährigen, kommen aber in ihrem zweiten Lebensjahre noch nicht zur Blüten- und Fruchtbildung, sondern wachsen mit ihrem belaubten Stamme mehrere Jahre, nicht selten sogar mehrere Jahrzehnte hindurch, ohne zum Blühen zu kommen. In dem Maße, als die älteren Laubblätter des Stammes absterben, entwickeln sich an diesem immer wieder neue Laubblätter. Endlich erhebt sich als Abschluß des ganzen Pflanzenstockes ein mit zahlreichen Blüten bedeckter Blütenstand. Sobald die Blütezeit und die Reife der Früchte vorüber ist, stirbt die ganze Pflanze ab. Als Vorbild für diese seltenere Form kann die Schatten- oder Talipotpalme (s. Tafel in Bd. I, S. 203) gelten, welche bis 80 Jahre alt werden kann, ehe sie ihren gewaltigen Blütenstand erzeugt. Ihre letzten Blätter fangen dann an zu welken, hängen herab, und nach der Fruchtbildung stirbt das ganze mächtige Gebäude der schönen Palme ab. Auch einige Arten der Gattung Yucca, namentlich Y. filamentosa, gehören zu diesen vieljährigen monokarpischen Pflanzen.

Als bekanntes Beispiel für monokarpische vieljährige Gewächse mag hier Agave americana (s. Abbildung, S. 79) hervorgehoben werden. Aus dem Keimlinge dieser unter dem unrichtigen Namen der hundertjährigen Aloe bekannten Pflanze bildet sich ein kurzer Stamm, welcher mit rosettenförmig gestellten, starren, dornig gezähnten Blättern besetzt ist. Es vergehen 20, 30, angeblich manchmal 100 Jahre, in welchem Zeitraume diese Agave über die

Bildung der bodenständigen Rosette nicht hinauskommt. Endlich erhebt sich aus der Mitte der Rosette eine schlanke, mit auseinandergerückten, verhältnismäßig kleinen Blättern besetzte Fortsetzung des Stammes, die in einen reichen Blütenstand übergeht. Sobald sich aus den Blüten Früchte herausgebildet haben, stirbt die ganze Pflanze mitsamt allen Blättern ab; aus

Agaven der mexikanischen Hochebene. (Nach einer Photographie.) Zu S. 78—79.

der Wurzel und dem untersten Teile des Stammes wachsen aber meistens Sprosse hervor, durch welche sich die Agave weiter lebend erhält. Jeder dieser Sprosse kann zu einem selbständigen Stocke werden, an welchem sich der eben geschilderte Vorgang wiederholt. Auch die mexikanische Fourcroya longaeva wächst viele Jahrzehnte, ehe sie ihren 15 m hohen Blütenstand vor Ende ihres Lebens erzeugt.

Die polykarpischen Pflanzen werden auch ausdauernde (plantae perennes) genannt. In der beschreibenden Botanik ist für dieselben das Zeichen ♃ eingeführt worden.

Bei diesen sterben zwar nach dem Ausreifen der Früchte die Fruchtstiele und bisweilen die ganzen Sprosse, welche die Früchte getragen haben, ab, die ganze Pflanze erhält sich aber durch blütenlose, aus den Verzweigungen des Stammes und bisweilen auch aus der Wurzel hervorgehende Sprosse lebenskräftig und wachstumsfähig. Jeder dieser Sprosse kann früher oder später wieder Blüten und Früchte entwickeln. Mehrere dieser ausdauernden Pflanzen ähneln in ihrer äußeren Erscheinung den vieljährigen Pflanzen, unterscheiden sich aber von ihnen dadurch, daß sie nicht bloß einmal, sondern immer von neuem blühen. Beispiele ausdauernder Pflanzen sind die Stauden, wie Päonien, Helleborus-Arten, alle Sträucher und Bäume.

Von großem Einfluß auf die Gestalt der Pflanze ist der Umstand, ob die von dem Stamme ausgehenden Laubblätter gedrängt oder nicht gedrängt beisammenstehen. Wenn der jährliche Zuwachs des Stammes so kurz bleibt, daß die von ihm getragenen Laubblätter seine Achse ganz verdecken, so spricht man von einem **Kurztrieb**, wenn dagegen der jährliche Zuwachs des Stammes so sehr verlängert ist, daß derselbe von den auseinandergerückten Laubblättern nicht verhüllt wird, so wird dieser Jahrestrieb ein **Langtrieb** genannt.

Es gibt Pflanzen, **deren Stamm zeitlebens nur mit Kurztrieben weiterwächst.** So z. B. entwickelt der Stamm der auf S. 81 abgebildeten Yucca gloriosa alljährlich neue Kurztriebe von ungefähr 5 cm Höhe. Die Blätter, welche von diesem Stammstück ausgehen, sind ungemein dicht zusammengedrängt und bilden einen Schopf oder eine Rosette. Wenn sich in einem neuen Jahre der Stamm um einen weiteren Kurztrieb verlängert, so sterben die Laubblätter früherer Jahre allmählich ab, fallen ab, und es bleiben von ihnen nur häutige und faserige Reste der Blattscheiden oder manchmal auch nur schmale Kanten, welche die Narben der Ablösungsstellen umranden, zurück, und die Rosette oder der Schopf grüner, frischer Blätter wird jetzt von einem entblätterten Schaft oder säulenförmigen Stamme getragen. Das geht so fort viele Jahre hindurch, und man sieht dann von dem mit Narben besetzten, fast gleichdicken Stamme die riesige Blattrosette immer höher und höher über den Boden gehoben. Diese Form des Stammes ist häufig bei Pflanzen der tropischen und subtropischen Gebiete, namentlich bei den Zykadeen, Pandanazeen, Grasbäumen, Liliifloren und vor allem den Palmen. Meistens ist bei diesen Pflanzen der Stamm unverästelt. Doch gibt es auch einige Arten, wie die Dumpalme (Hyphaene thebaica) und der Drachenbaum (Dracaena Draco), deren Stamm sich in Äste teilt, nachdem die Pflanze geblüht hat.

Viel häufiger als die nur mit Kurztrieben fortwachsenden Pflanzen sind jene, **deren Stämme sich nur aus Langtrieben aufbauen.** Es gehören dahin nicht nur zahllose Kräuter und Stauden, sondern auch die meisten Sträucher und Bäume aus den verschiedensten Familien und den verschiedensten Florengebieten.

Seltener sind Pflanzen, deren Stämme **gleichzeitig oder in bestimmten Zeiträumen abwechselnd Langtriebe und Kurztriebe entwickeln.** Die Triebe, welche im Frühling bei den Kiefern (Pinus) aus den Knospen hervorbrechen, sind Langtriebe. Jeder dieser Langtriebe ist aber schon in der Knospe mit den Anlagen zahlreicher Kurztriebe besetzt, deren jeder zwei bis sechs nadelförmige Blätter trägt. Bei der Zirbelkiefer oder Arve (Pinus Cembra) sind diese Kurztriebe sehr genähert, wodurch verhältnismäßig kurze dicke Nadelbüschel entstehen. Bei den Lärchen trägt nur der untere Teil eines Sprosses reichnadelige Kurztriebe, das freie Ende desselben ist ein Langtrieb, und die von diesem getragenen Blätter sind deutlich auseinandergerückt. Diese Verschiedenheit in der Anordnung von Lang- und Kurztrieben bei der Arve und Lärche bleibt selbstverständlich nicht ohne Einfluß auf das Gesamtbild dieser beiden

Arve.

Lärche.

Nadelhölzer und auf die aus ihnen zusammengesetzten Waldformationen, was durch die beigehefteten Tafeln „Lärche“ und „Arve“ weit besser, als es Worte vermöchten, zum Ausdruck kommt.

Yucca gloriosa. (Nach einer Photographie.) Zu S. 80.

Für niedrige krautartige Gewächse, welche abwechselnd Kurz- und Langtriebe entwickeln, mögen als Beispiele die Arten der Gattung Hauswurz (Sempervivum) angeführt werden. Diese Gewächse entwickeln zunächst Kurztriebe mit rosettenförmig gruppierten Laubblättern. Aus der Rosette erhebt sich ein Langtrieb, welcher in einen blüten- und fruchttragenden Hochblattstamm übergeht. Nach dem Ausreifen der Früchte stirbt dieser Hochblattstamm ab, und es kommen aus den Achseln der unteren Rosettenblätter ringsum Langtriebe hervor, deren jeder wieder mit einem Kurztriebe abschließt. Auch unter den Wasserpflanzen ist dieser Typus vertreten, und zwar an der merkwürdigen Wasserschere (Stratiotes aloides), von welcher schon wiederholt die Rede war. Bei dieser Pflanze kommen, ähnlich wie bei den Arten der Gattung Hauswurz, aus den Achseln der unteren Rosettenblätter Langtriebe hervor, welche so lange fortwachsen, bis sie über den Umkreis der ganzen Rosette hinausgekommen sind. Ist das geschehen, so streckt sich der junge, wagerecht abstehende Langtrieb nicht mehr weiter, und das

Wollbäume in den Katingas Brasiliens. (Nach Martius.)

Ende desselben wird wieder zu einem Kurztriebe, nämlich zu einer Rosette, welche in den folgenden Jahren neuerdings Langtriebe aussendet.

Ein ähnlicher Wechsel von Lang- und Kurztrieben wird übrigens auch noch bei zahlreichen anderen Pflanzen beobachtet. Bei den Rosen und den holzigen, buschigen Spiräen, beim Weißdorn, Sanddorn, Sauerdorn und Bocksdorn, welche wir später als heckenbildende Sträucher kennen lernen werden, entwickeln sich aus demselben Sproß teils Langtriebe, teils Kurztriebe.

Die Stämme der Bäume, welche sich zu massiven, verholzten Trägern für die Krone der fortwachsenden belaubten Sprosse ausgebildet haben, sind in den meisten Fällen an der Basis am dicksten, und ihr Umfang nimmt nach oben allmählich ab, der Stamm hat also die Form eines langen, spitzen Kegels. Bei den Buchenbäumen (Fagus silvatica) und den meisten Palmen ist diese Abnahme oft so unmerkbar, daß ihr Stamm den Eindruck einer zylindrischen Säule macht. Einige Palmen, wie z. B. Chamaerops humilis, sowie mehrere Zekropien besitzen dagegen einen Stamm, der unterhalb des von ihnen getragenen Schopfes grüner Laubblätter dicker ist als an der Basis, und bei den sonderbaren Wollbäumen (Bombazeen), von welchen auf S. 82 eine Abbildung eingeschaltet ist, bildet der Stamm eine tonnenförmig aufgetriebene Masse und zeigt ungefähr in der Mittelhöhe den größten Umfang.

Von großer Bedeutung für die Architektonik der Pflanzenstämme ist auch das Bedürfnis der von ihnen getragenen Blätter nach Licht. Notwendigerweise muß der Stamm als Träger von Organen, welche die Aufgabe haben, im Sonnenlicht organische Stoffe zu bereiten, sich in betreff der Lage, welche seine Blätter im Luftraum einnehmen, der Beleuchtung richtig anpassen. Von den Gewächsen, deren Blätter von Kurztrieben ausgehen, kann selbst unter den günstigsten Bedingungen das Licht nur innerhalb eines verhältnismäßig eng umschriebenen Raumes ausgenutzt werden. Weit günstiger sind in dieser Beziehung solche Pflanzen gestellt, deren Stämme Langtriebe entwickeln. Diese können ihre Blätter stufenweise über- und nebeneinander ausbreiten und in der vorteilhaftesten Weise dem Sonnenlichte zuwenden. Die dahin zielenden biologischen Eigenschaften der Blätter sind im ersten Bande geschildert (S. 135ff.). Aber die Lage der Blätter hängt außerdem von ihrer Entstehung und endlichen Stellung am Stamm ab, die eine so regelmäßige ist, daß man sich schon lange Zeit mit ihr beschäftigt hat.

Die Blattstellung.

Stellt man abgeschnittene belaubte Zweige verschiedener Bäume nebeneinander und betrachtet die Verteilung der Blätter am Umfange derselben, so fällt zunächst folgende Verschiedenheit in die Augen. Bei einigen von ihnen sieht man, daß genau in derselben Höhe eines Zweiges zwei oder mehr Blätter entspringen, während bei den anderen von ein und derselben Höhe des Stengels oder der Achse immer nur ein einziges Blatt ausgeht. Um diese Verhältnisse übersehen zu können, ist es vorteilhaft, sich den blättertragenden Sproß oder Stengel als einen Kegel zu denken. Der Scheitelpunkt des Kegels entspricht dem oberen Ende und die Basis des Kegels dem untersten und insofern auch ältesten Teile des Sprosses. Der ganze Sproß ist nicht auf einmal fertig, er wächst an der Spitze fort und ist nach oben zu nicht nur jünger, sondern auch weniger beleibt als an dem der Basis naheliegenden älteren Teile. Er kann also in der Tat mit einem Kegel ganz gut verglichen werden, wenn diese Gestalt auch nur selten so auffallend hervortritt wie in den folgenden schematischen Zeichnungen.

Was vom Alter der verschiedenen Teile des Sprosses gilt, hat natürlich auch für die von dem Sproß ausgehenden Blätter Geltung, d. h. die unteren Blätter eines Sprosses sind die älteren, die oberen sind die jüngeren. Wenn man auf die Spitze des Kegels blickt (s. Abbildung, S. 84), so liegen die Ausgangspunkte der älteren Blätter nahe dem Umfange der kreisförmigen Scheibe, welche die Basis des Kegels bildet, während die jüngsten Blätter nahe dem Scheitelpunkte, demnach dem Mittelpunkte genähert, entspringen. Durch die Blätter wird der Stengel gewissermaßen in übereinanderstehende Absätze geteilt. Gewöhnlich ist der Stengel an den Stellen, wo von ihm Blätter ausgehen, etwas verdickt oder knotenförmig angeschwollen, und man bezeichnet daher die Ursprungsstellen der Blätter als Stengelknoten, jedes zwischen zwei aufeinanderfolgenden Knoten liegende Stengelstück aber als Zwischenknotenstück oder Internodium. Wenn von ein und demselben Höhepunkte des Stengels zwei Blätter ausgehen, so sind diese einander gegenübergestellt wie etwa die zwei ausgestreckten Arme des menschlichen Körpers, und sie erscheinen an dem kegelförmigen Stengel, dessen Querschnitt in allen Höhen einen Kreis vorstellt, genau um die Hälfte des Kreisumfanges (180°)

voneinander entfernt (Fig. 1 der untenstehenden Abbildung). Entspringen in ein und derselben Höhe des Stengels drei Blätter, wie z. B. beim Oleander, so sind diese in horizontaler Richtung um den dritten Teil des Kreisumfanges (120°) voneinander entfernt. Sämtliche in einer Höhe entspringende Blätter bilden zusammen einen **Wirtel**, und die Entfernung der einzelnen Blätter voneinander nennt man den **Horizontalabstand** oder die **Divergenz**. Der Horizontalabstand beträgt in Fig. 1 die Hälfte, in Fig. 2 ein Drittel des Kreisumfanges, und man kann das auch kurz durch Angabe dieser Brüche ($^1/_2$, $^1/_3$) zum Ausdruck bringen.

Beachtenswert ist, daß die dem Alter nach aufeinander folgenden und übereinander stehenden Blattwirtel ein und desselben Sprosses gegeneinander verschoben sind. So sieht man die Ausgangspunkte des zweiten zweigliederigen Wirtels in Fig. 1 gegen die Ausgangspunkte des ersten, ältesten und untersten zweigliederigen Wirtels um den vierten Teil des Kreisumfanges (d. h. um 90°, einem rechten Winkel) verschoben. Der dritte zweigliederige Wirtel ist

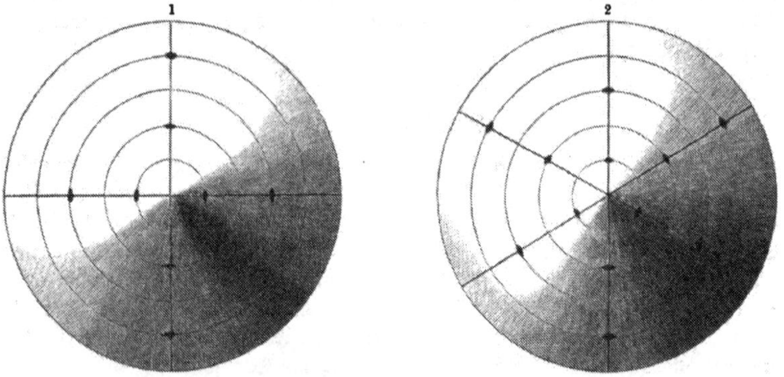

Schema für wirtelige Blattstellungen: 1) zweigliederige Wirtel, 2) dreigliederige Wirtel. Die Blätter sind durch schwarze Punkte angedeutet.

gegen das zweite Blattpaar wieder um einen rechten Winkel verschoben, und so geht das fort und fort am Stengel hinauf, soweit an demselben überhaupt Laubblätter zu sehen sind. Ist der Stengel verlängert, so erscheinen an ihm in dem besprochenen Falle vier **geradlinige Zeilen** (**Orthostichen**) entwickelt (Fig. 1). Wurde ein Wirtel aus drei Blättern gebildet, und waren die aufeinanderfolgenden Wirtel um den sechsten Teil des Kreisumfanges verschoben, wie beispielsweise beim Oleander (Fig. 2), so entstehen sechs geradlinige Zeilen von Blättern, welche von der Basis zur Spitze des als Kegel gedachten Stengels hinauflaufen.

Man kann sich den beblätterten Stengel auch in **Stockwerke** geteilt vorstellen, in Stockwerke, von welchen jedes die gleiche Zahl, Stellung und Verteilung der Blätter zeigt und in seinem Bauplan mit den höheren oder tieferen Stockwerken vollkommen übereinstimmt. In dem einen Falle (Fig. 1) ist jedes Stockwerk mit vier kreuzweise gestellten Blättern, in dem anderen Falle (Fig. 2) mit zweimal drei um 60° gegeneinander verschobenen Blättern besetzt. Würde man die übereinanderstehenden Stockwerke trennen, so würden sie in der Anlage einander zum Verwechseln ähnlich sehen. Jedes fängt unten genau so an und hört oben genau so auf wie das unter ihm und das über ihm stehende, und der einzige Unterschied liegt darin, daß die dem Gipfel des Zweiges näherliegenden jüngeren Abschnitte kleinere Abmessungen und manchmal auch etwas anderen Umriß ihrer Blätter zeigen; der Bauplan aber ist, wie gesagt, in den übereinanderfolgenden Stockwerken ganz derselbe.

In den Fällen, wo jedem Stockwerke zwei Wirtel von Blättern angehören, die gegeneinander um einen bestimmten Winkel verschoben sind, insbesondere in dem sehr häufigen Falle, wo die Wirtel zweigliederig, d. h. die Blätter zu zwei und zwei gegenständig sind, und wo die übereinanderstehenden Blattpaare kreuzweise gestellt erscheinen, nennt man die Blätter dekussiert. Man trifft diese Anordnung insbesondere bei Ahornen und Eschen, dem Flieder und Ölbaum, dem Holunder und Geißblatt, den Kornelkirschen und Myrtengewächsen, den Lippenblütlern, Gentianazeen und zahlreichen anderen Pflanzengattungen und Pflanzenfamilien. Diese Gattungen und Familien treten durch ihre Blattstellung vor vielen anderen hervor.

Noch häufiger aber als diese Stellung der Blätter ist die, welche man als die schraubige bezeichnet hat. Da entspringt in ein und derselben Höhe immer nur ein Blatt am Stengel, und sämtliche Blätter eines Stengels sind daher nicht nur in horizontaler, sondern auch in vertikaler Richtung auseinandergerückt. Würde man sich die Knotenpunkte eines Stengels mit dekussierten Blättern so in die Länge verschoben denken, daß die Blätter nicht mehr zu zwei oder drei in gleicher Höhe, sondern sämtlich in bestimmten Abschnitten übereinander entspringen, so würde aus der dekussierten und der wirteligen die schraubige Stellung hervorgehen. Bei mehreren Weiden, Wegdornen, Korbblütlern und Ehrenpreisarten (z. B. Salix purpurea, Rhamnus cathartica, Dahlia variabilis, Veronica spicata) kommen an ein und demselben Stengel teilweise wirtelig, teilweise schraubig gestellte Blätter vor, und es geht die eine Stellung unzweifelhaft in die andere über; mit Rücksicht auf die Übersichtlichkeit empfiehlt es sich aber, sie auseinanderzuhalten und eine, wenn auch künstliche, Grenze zu ziehen.

Man kann, wie bereits erwähnt, an Stengeln mit schraubig gestellten Blättern geradeso wie bei denen, welche Blattwirtel tragen, beobachten, daß sie sich aus mehreren Stockwerken aufbauen, welche untereinander den gleichen Bauplan zeigen, so daß in jedem Stockwerke die Zahl, Stellung und Verteilung der Blätter sich wiederholen. Besonders häufig findet man die nachfolgenden Stellungen.

Erster Fall. In einem Stockwerk entspringen am Umfange des Stengels nur zwei Blätter. Diese beiden Blätter sind nicht nur in vertikaler, sondern auch in horizontaler Richtung gegeneinander verschoben, und zwar beträgt ihr horizontaler Abstand die Hälfte des Kreisumfanges (180°), wie in Fig. 1 des auf S. 86 eingeschalteten Schemas zu sehen ist. Zieht man von dem Ansatzpunkte jedes unteren älteren zu jenem des nächstoberen jüngeren Blattes und von diesem zu dem dritten Blatt, also bis zum Beginn des nächsten höheren Stockwerkes, an der Stengeloberfläche eine fortlaufende Linie, so zeigt diese die Gestalt einer Schraube. Man hat sie die Grundspirale genannt. In dem hier erörterten ersten Falle bildet sie in jedem Stockwerke nur einen einfachen Schraubenumgang. Diese Anordnung wiederholt sich in einem zweiten, in einem dritten und in anderen Stockwerken, die an demselben Stengel übereinander folgen. Das untere Blatt des zweiten, dritten, vierten Stockwerkes kommt dabei immer genau über das untere Blatt des ersten Stockwerkes zu stehen. Dasselbe gilt von den oberen Blättern sämtlicher Stockwerke. So entstehen am Umfange des Stengels zwei geradlinige Zeilen oder Orthostichen aus übereinanderstehenden Blättern; die beiden Zeilen stehen sich gegenüber, oder, was dasselbe sagen will, sie sind um $^1/_2$ des kreisförmigen Stengelumfanges voneinander entfernt. Diese Blattstellung, welche man z. B. bei Rüstern (Ulmus) und Linden (Tilia) bemerkt, wird die Einhalb-Stellung ($^1/_2$) genannt.

Zweiter Fall. Jedes Stockwerk umfaßt drei Blätter, jedes Blatt steht in einer anderen Höhe, eins unten, eins in der Mitte und eins oben. In horizontaler Richtung erscheinen je zwei im Alter aufeinanderfolgende Blätter um den dritten Teil des Kreisumfanges gegeneinander verschoben (s. Fig. 2). Wenn der untere Blattansatz mit dem mittleren und dieser mit dem oberen durch eine Linie verbunden werden und diese Linie bis zum Beginn des nächsten Stockwerkes fortgeführt wird, so ergibt sich ein einmaliger Schraubenumgang um den Stengel.

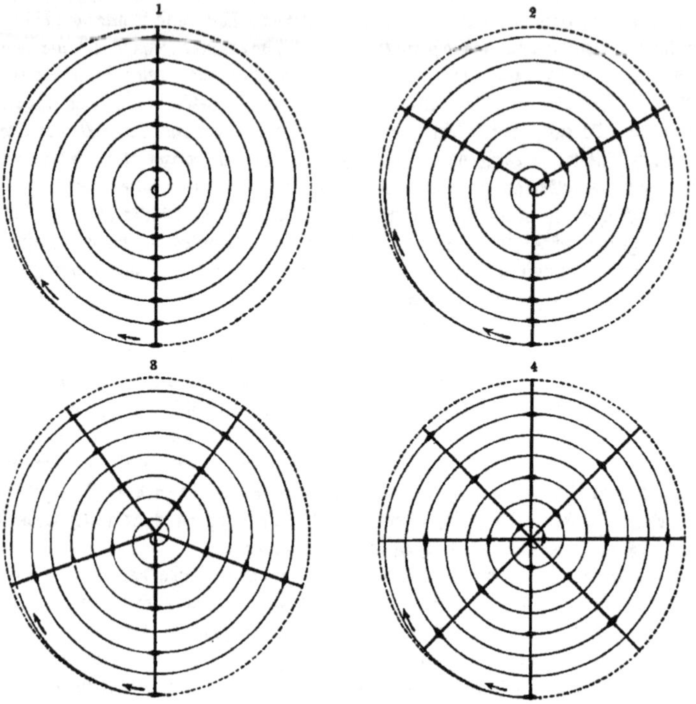

Schema für schraubige Blattstellungen: 1) Einhalb-Stellung, 2) Eindrittel-Stellung, 3) Zweifünftel-Stellung, 4) Dreiachtel-Stellung. Die kegelförmigen Stengel in der Horizontalprojektion; die Ausgangspunkte der Blätter am Umfange des Stengels sind durch Punkte markiert. (Zu S. 87.)

Nun folgt über dem eben beschriebenen Stockwerke, das wir als das unterste bezeichnen, ein zweites, und zwar wieder mit drei Blättern genau in derselben Anordnung. Das unterste Blatt des zweiten Stockwerkes steht senkrecht über dem untersten Blatte des ersten Stockwerkes, das mittlere über dem mittleren, das obere über dem obersten, und so geht das fort durch sämtliche Stockwerke. Auf diese Weise entstehen am Umfange des Stengels drei geradlinige Zeilen oder Orthostichen aus übereinanderstehenden Blättern. Diese Stellung, welche man an den aufrechten Zweigen der Erlen sowie an denen der Haselnußsträucher findet, wird als die Eindrittel-Stellung ($^1/_3$) bezeichnet.

Dritter Fall. In einem Stockwerk entspringen fünf Blätter, die dem Alter nach als erstes, zweites, drittes, viertes und fünftes zu bezeichnen sind. Das unterste ist das älteste, das oberste das jüngste. Diese fünf Blätter weichen einander in horizontaler Richtung aus, und zwar beträgt die Verschiebung zweier im Alter aufeinanderfolgender Blätter $^2/_5$ des Kreisumfanges (s. das Schema auf S. 86, Fig. 3). Verbindet man die fünf Blätter nach ihrer Altersfolge, so erhält man eine Schraubenlinie, die zwei Umgänge bildet, um alle fünf Blätter zu berühren. Die Grundspirale macht demnach hier zwei Touren um den Stengel. Wenn sich ein Stengel mit dieser Anordnung der Blätter aus zwei oder mehreren Stockwerken aufbaut,

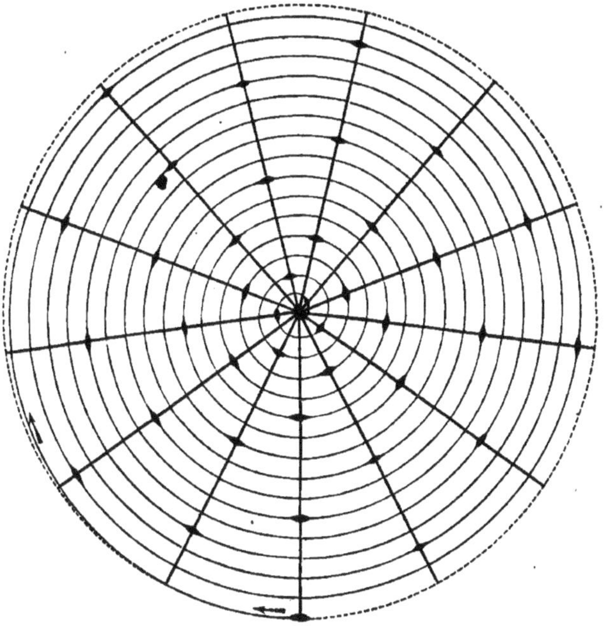

Schema für die Fünfdreizehntel-Stellung. (Zu S. 88.)

so kommen die gleichnamigen Blätter in geraden Zeilen übereinander zu stehen, die ersten (untersten) Blätter sämtlicher Stockwerke bilden zusammen eine gerade Zeile (Orthostiche), ebenso die zweiten, die dritten usw. Auf diese Weise entwickeln sich am Umfange des Stengels fünf Zeilen aus übereinanderstehenden Blättern. Man bezeichnet diese ziemlich häufig vorkommende Stellung, welche man z. B. bei den Eichen, bei den Salweiden und bei mehreren Wegdornen findet, als die Zweifünftel-Stellung ($^2/_5$).

Vierter Fall. In jedem Stockwerke finden sich acht Blätter, die man wieder dem Alter nach mit Nr. 1—8 bezeichnen kann. Je zwei der aufeinanderfolgenden Blätter weichen sich in horizontaler Richtung um $^3/_8$ des Kreisumfanges aus (s. das Schema auf S. 86, Fig. 4). Zieht man, vom untersten ersten Blatt angefangen, eine Linie, welche sämtliche acht Blätter des Stockwerkes in der Altersreihe verbindet, so stellt sich diese als eine Schraubenlinie oder Grundspirale dar, welche drei Umgänge um den Stengel macht. An einem Stengel, der sich aus mehreren solcher Stockwerke aufbaut, kommen wieder die mit den gleichen Nummern versehenen Blätter in geraden Zeilen übereinander zu stehen, und man sieht daher acht geradlinige Zeilen am Stengel hinauflaufen. Diese Stellung, welche z. B. bei Rosen und Himbeeren, bei Birnen und Pappeln, beim Goldregen und Sauerdorn vorkommt, wird die Dreiachtel-Stellung ($^3/_8$) genannt.

Besonders häufig findet man bei Bäumen und Sträuchern mit schmalen Blättern, so namentlich beim Mandelbaum, beim Bocksdorn, bei der Lorbeerweide, dem Sanddorn und mehreren Spierstauden, einen weiteren fünften Fall, in welchem ein Stockwerk 13 Blätter enthält, die durch eine Schraubenlinie mit fünf Umgängen verbunden werden können. Die Zahl der geraden Zeilen beträgt dann dreizehn und die Entfernung von zwei dem Alter nach aufeinanderfolgenden Blättern $^5/_{13}$, das ist 138° des Kreisumfanges (s. Schema, S. 87).

Nicht so häufig oder, vielleicht besser gesagt, nicht mit gleicher Bestimmtheit nachweisbar sind die Fälle, wo ein Stockwerk 21 Blätter zeigt, die durch eine Grundspirale mit acht Umgängen verbunden sind, und jene, wo ein Stockwerk 34 Blätter umfaßt, die durch eine Grundspirale mit 13 Umgängen verkettet werden. In dem einen Falle weichen sich je zwei im Alter aufeinanderfolgende Blätter eines Stockwerkes um $^8/_{21}$, in dem anderen um $^{13}/_{34}$ des Kreisumfanges aus, oder, was auf dasselbe hinauskommt, in einem Falle sind 21 Orthostichen, in dem anderen ihrer 34 vorhanden.

Stellt man diese tatsächlich beobachteten Vorkommnisse zusammen, so ergibt sich die Reihe von Blattstellungen $^1/_2$, $^1/_3$, $^2/_5$, $^3/_8$, $^5/_{13}$, $^8/_{21}$, $^{13}/_{34}$ ...

Hiermit ist aber die Mannigfaltigkeit der Stellungsverhältnisse der Blätter noch lange nicht erschöpft. Es wurden, wenn auch selten, Fälle beobachtet, die man in der Reihe $^1/_4$, $^1/_5$, $^2/_9$, $^3/_{14}$, $^5/_{23}$ ..., dann in der Reihe $^1/_4$, $^2/_7$, $^3/_{11}$, $^5/_{18}$ ... zusammenstellte. In allen Reihen fällt die sehr beachtenswerte Eigentümlichkeit auf, daß, wenn man die Zähler und Nenner zweier aufeinanderfolgender Stellungen addiert, man den Wert der folgenden Blattstellung durch diese Addition erhält, also $^1/_2 + ^1/_3 = ^2/_5$, $^1/_3 + ^2/_5 = ^3/_8$.

Es muß übrigens hier ausdrücklich hervorgehoben werden, daß die Entfernung, um welche sich die im Alter aufeinanderfolgenden Blätter in horizontaler Richtung ausweichen, desto schwieriger festzustellen ist, je kleiner dieselbe wird. Die Eindrittel-, Zweifünftel- und Dreiachtel-Stellung ist an den ausgewachsenen Sprossen meistens leicht zu erkennen, obschon auch da mitunter Zweifel auftauchen, ob die drei, fünf oder acht Orthostichen vollkommen gerade Linien darstellen; der Nachweis der $^8/_{21}$- und $^{13}/_{34}$-Stellung ist aber, zumal an grünen, krautartigen Stengeln, stets sehr schwierig und unsicher.

Es gibt auch nur wenige Pflanzen, an deren Zweigen oder Achsen übereinander mehrere Stockwerke mit 21 oder 34 Blättern folgen. Dagegen kommt es vor, daß an manchen Sprossen nicht einmal ein Stockwerk ganz ausgebaut ist, oder, mit anderen Worten, daß unter mehr als 100 Blättern, die an einer Achse stehen, nicht zwei zu finden sind, welche genau senkrecht übereinanderstehen, so daß man dann von geradlinigen Orthostichen nicht sprechen kann. An manchen reichbeblätterten Nadelholzzapfen sucht man z. B. vergeblich nach geradlinigen Zeilen und ist nicht imstande, auch nur annähernd anzugeben, wie viele Blätter ein Stockwerk umfaßt.

An solchen Sprossen ist es, zumal dann, wenn die Blätter sehr zusammengedrängt sind, auch nicht leicht, die Altersreihe festzustellen, d. h. die Blätter mit denjenigen Nummern zu bezeichnen, welche ihre Altersfolge angeben. Es ist das um so schwieriger, als sich an solchen sehr dicht und reich beblätterten Achsen die Blätter in andere schraubenförmige Reihen oder

Zeilen ordnen, welche weit mehr in die Augen fallen als die Altersreihe oder Grundspirale selbst. Man hat solche schraubenförmige Reihen, die man an den Sprossen vieler Fettpflanzen (Sedum, Sempervivum), bei den Arten von Pandanus und Yucca, an den Zweigen von Bärlappen und Koniferen, besonders auffallend auch an Blütenständen der Korbblütler und Zapfen vieler Nadelhölzer beobachtet, und für welche als Beispiel ein Fichtenzapfen in der untenstehenden Abbildung vorgeführt werden mag, mit dem Namen **Parastichen** bezeichnet. Man sieht an dem Zapfen sehr deutlich zwei sich kreuzende Schrägzeilensysteme, von denen das eine nach rechts, das andere nach links aufsteigt. Man kann diese Schrägzeilen benutzen, um mit ihrer Hilfe zu ermitteln, welche Blätter dem Alter nach aufeinander folgen, und das

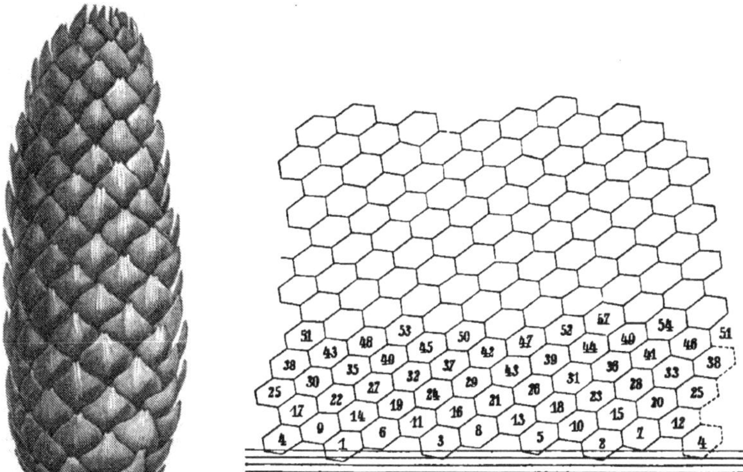

Parastichen eines Fichtenzapfens. Die acht nach links gewendeten steileren Parastichen gehen von den Punkten 1, 6, 3, 8, 5, 2, 7, 12, die fünf nach rechts gewendeten weniger steilen Parastichen von den Punkten 4, 1, 3, 5, 2 aus.

geschieht dadurch, daß man zunächst feststellt, wie viele solcher schraubiger Zeilen an der untersuchten Achse parallel nach links und wie viele nach rechts hinaufziehen. Es ist einleuchtend, daß diese Schrägzeilen durch die Anordnung der Blätter nach der „Grundspirale" von selbst zustande kommen müssen, ähnlich, wie wenn beim Druck eines Tapetenmusters aus Längsreihen der Figuren des Musters solche Schrägzeilen entstehen. Dadurch wird es erklärlich, daß, wenn die Grundspirale bei dichtgestellten zahlreichen Blättern nicht zu erkennen ist, man aus den leichter sichtbaren Schrägzeilen die Grundstellung ableiten kann. Die Zahlen der Schrägzeilen enthalten den Wert der Divergenz, indem die kleinere Zahl den Zähler, die Summe beider den Nenner des Bruches bildet. Hat man z. B. 5 und 8 Schrägzeilen gefunden, so ist die daraus abgeleitete Blattstellung $\frac{5}{5+8} = \frac{5}{13}$ und man kann danach die Blätter numerieren. An dem Fichtenzapfen z. B. (s. obenstehende Abbildung) laufen acht solche Zeilen oder Parastichen ziemlich steil schräg nach links und fünf etwas weniger steil schräg nach rechts hinauf. Um nun zu ermitteln, welche Blätter im Alter aufeinander folgen, bezeichnet man das unterste Blatt mit 1 und benutzt die Zahlen 8 und 5 in folgender Weise. Die Blätter der steileren

Parastiche, welche sich an 1 anschließen, werden durch Dazuzählen von 8 mit 9, 17, 25, 33, 41 usw. numeriert. Die Blätter der weniger steilen Parastiche, welche sich an 1 anschließen, numeriert man dagegen durch Dazuzählen von 5 mit 6, 11, 16, 21, 26 usw. Es läßt sich dann die Numerierung leicht durch Abziehen und Dazuzählen der Zahlen 8 und 5 auch an den anderen Parastichen ergänzen, und die so gewonnenen Nummern geben die Altersfolge der Blätter am Zapfen an. Am besten kann man diese etwas verwickelten Verhältnisse zur Anschauung bringen, wenn man sich die Oberfläche einer beblätterten, nahezu zylindrischen Achse, z. B. eines Fichtenzapfens, der Länge nach aufgeschnitten, auseinandergerollt und ausgebreitet denkt, so daß sämtliche Blattschuppen in eine Ebene zu liegen kommen, wie solches in der auf S. 89 stehenden schematischen Abbildung veranschaulicht ist.

Begreiflicherweise haben die hier übersichtlich dargestellten geometrischen Verhältnisse der Blattstellung von jeher das lebhafteste Interesse erregt, und es konnte nicht fehlen, daß man die verschiedensten Spekulationen an dieselben knüpfte. Auf diese ausführlich einzugehen, ist hier nicht am Platze. Es möge nur so viel hervorgehoben werden, daß die Annahme der Begründer der Blattstellungslehre (Schimper und A. Braun), die häufige Anordnung der Blätter in Schraubenlinien sei ein Ausdruck eines Wachstumsgesetzes, indem die Blattbildung einer Spirallinie, der genetischen Spirale, folgen müsse, durch nichts bewiesen werden kann. Die Blätter entstehen ja gar nicht in der Richtung dieser erst später hervortretenden Linie, sondern am Vegetationspunkt (vgl. S. 130). Diese Theorie ist demnach verlassen, wenn auch historisch von Interesse. Insoweit aber die merkwürdigen tatsächlichen Verhältnisse der geometrischen Stellung der Blätter für das Leben der Pflanze von Bedeutung sind, können die Versuche, sie zu erklären, nicht übergangen werden. Zunächst ist auf den Befund hinzuweisen, daß die Zahl der Orthostichen oder der Glieder eines Stockwerkes sowie die Zahl, welche anzeigt, wie oft die Grundspirale in einem Stockwerke den Stengel umkreist, von der gleichbleibenden Größe des horizontalen Abstandes der aufeinanderfolgenden Blätter abhängt. Um sich das klarzumachen, ziehe man auf einer Kegeloberfläche eine Schraubenlinie in derselben Weise, wie es in den Figuren auf S. 86 zu sehen ist, und trage nun in diese Schraubenlinie Punkte in fortlaufend gleichen Abständen ein. Die Größe des Abstandes der Punkte kann ganz beliebig gewählt werden; von Wichtigkeit ist nur, daß die aufeinanderfolgenden Punkte den einmal gewählten Abstand einhalten. Gesetzt den Fall, es würden die Punkte in der Entfernung von $^1/_{10}$ des Kreisumfanges (36°) auf die Schraubenlinie eingetragen, so kommen auf je einen Umgang der Schraube zehn Punkte in gleichen Abständen zu liegen. Mit dem zehnten Zehntel hat aber die Schraubenlinie den Kegel oder den Stengel einmal umkreist; der elfte Punkt kommt über dem ersten Punkt zu liegen, und es beginnt mit ihm ein neuer Umgang und ein neues Stockwerk. Es werden sich an einem solchen Stengel notwendig zehn Orthostichen ergeben, und wenn wir an die Stelle der Punkte Blätter setzen, so wäre die Blattstellung durch $^1/_{10}$ auszudrücken.

Tragen wir nun, um noch ein Beispiel zu bringen, die Punkte in horizontalem Abstande von $^2/_7$ des Kreisumfanges auf die Schraubenlinie ein. Wie stellen sich da die Punkte? Punkt 2 ist gegen Punkt 1 um $^2/_7$, Punkt 3 um $^2/_7 + ^2/_7 = ^4/_7$, Punkt 4 um $^2/_7 + ^2/_7 + ^2/_7 = ^6/_7$, Punkt 5 um $^2/_7 + ^2/_7 + ^2/_7 + ^2/_7 = ^8/_7$ auf der Grundspirale vorgerückt. Punkt 4 liegt noch nicht genau über dem Punkte 1, und Punkt 5 liegt schon über 1 hinaus, keiner von beiden kommt genau über 1 zu stehen. Man bringt nun weitere Punkte immer in dem gleichen Abstand auf dem zweiten Umgange der Schraubenlinie an, zunächst den Punkt 6, dieser ist um $^{10}/_7$, dann Punkt 7, dieser ist um $^{12}/_7$, endlich Punkt 8, dieser ist um $^{14}/_7$ gegen 1 auf der Grundspirale vorgeschoben. Punkt 8 kommt genau über Punkt 1 zu liegen. Dort endigt der zweite Umgang der Schraubenlinie, dort hört auch das erste Stockwerk auf, und es beginnt mit Punkt 8 ein neues Stockwerk. Es würden sich an einem Stengel, dessen Blätter dieselbe Verteilung wie die Punkte in dem eben erörterten Beispiele zeigen, und von denen je zwei und zwei um $^2/_7$ des Kreisumfanges in horizontaler Richtung voneinander entfernt sind, sieben Orthostichen ergeben. Die Grundspirale, d. h. die Linie, welche die übereinanderfolgenden Blätter in ihrer Altersfolge verbindet, würde zwei Umgänge um den Stengel machen. Eine solche Blattstellung aber würde als Zweisiebentel-Blattstellung zu bezeichnen sein. Aus diesen Beispielen geht hervor, daß jedem beliebigen, wenn nur gleichbleibenden horizontalen Abstande der im Alter aufeinanderfolgenden Blätter eine bestimmte Blattstellung entspricht. Der am Kreisumfange des Stengels gemessene Abstand mag ein großer oder kleiner sein, immer wird sich schließlich eine gleichmäßige Verteilung der Blätter rings um den Stengel herausstellen, und die Blätter werden in gleicher horizontaler Entfernung nach so vielen Richtungen abstehen, als durch den Nenner des den Abstand anzeigenden Bruches angegeben werden. Die Schraubenlinie aber, welche alle durch den Nenner angegebenen Blätter miteinander verbindet, wird so viele Umgänge um den Stengel machen, wie durch den Zähler angezeigt werden. Mit anderen Worten: Die Größe des horizontalen Abstandes gibt immer auch schon die Blattstellung an. Der Nenner des die Blattstellung anzeigenden Bruches ist gleich der Zahl der Orthostichen, und der Zähler ist gleich der Anzahl der Umgänge, welche die Grundspirale in einem Stockwerke macht.

Es ist hier nochmals der schon oben (S. 88) berührten Beobachtung zu gedenken, wonach jene Bruchzahlen, durch welche die an den Pflanzen tatsächlich gefundenen Blattstellungen ausgedrückt werden, Glieder einer bestimmten Zahlenreihe sind. Man mag was immer für Horizontalabstände zwischen den aufeinanderfolgenden Blättern beobachtet haben, immer sind dieselben Näherungswerte eines unendlichen Kettenbruches von der Form:

$$\cfrac{1}{z+\cfrac{1}{1+\cfrac{1}{1\ldots,}}}$$

bei welchem z eine ganze Zahl ist. Setzt man nun für z die Zahl 1, so gelangt man durch Bildung der aufeinanderfolgenden Näherungswerte zu der Reihe $^1/_2$, $^2/_3$, $^3/_5$, $^5/_8$, $^8/_{13}$, $^{13}/_{21}$...; setzt man $z = 2$, so erhält man $^1/_2$, $^1/_3$, $^2/_5$, $^3/_8$, $^5/_{13}$, $^8/_{21}$...; setzt man $z = 3$, so erhält man $^1/_3$, $^1/_4$, $^2/_7$, $^3/_{11}$, $^5/_{18}$, $^8/_{29}$..., und setzt man $z = 4$, so ergibt die Reihe $^1/_4$, $^1/_5$, $^2/_9$, $^3/_{14}$, $^5/_{23}$, $^8/_{37}$... Das Merkwürdige hierbei ist, daß unter allen diesen Blattstellungen diejenigen, welche durch die Zahlen $^1/_2$, $^1/_3$, $^2/_5$, $^3/_8$, $^5/_{13}$ ausgedrückt werden, am häufigsten vorkommen, während Blattstellungen, welche den anderen obenerwähnten Reihen angehören, nur äußerst selten beobachtet werden. Tatsächlich erscheint also jene Reihe am öftesten, in welcher für z die Zahl 2 substituiert wird. Man hat den Vorteil, welchen die aus dieser Zahl hervorgehende Reihe bietet, dahin erklärt, daß durch sie einerseits Blattstellungen zustande kommen, bei welchen durch die kleinstmögliche Zahl von Blättern in jedem Stockwerke schon eine gleichmäßige Verteilung derselben erreicht wird, und anderseits doch auch wieder Blattstellungen entstehen, welche ein Ausladen der Blätter vom Stengel weg nach sehr zahlreichen Richtungen ermöglichen.

Den Grund, warum jede Pflanzenart ganz unabhängig von äußeren Einflüssen, sozusagen ohne Kenntnis von den Verhältnissen, denen ihre Laubblätter in Zukunft ausgesetzt sein werden, schon in der Knospe die Blätter in vorteilhafter Weise anlegt, kennen wir im einzelnen nicht. Es handelt sich hier um Wachstumsäußerungen, die wir höchstens mit anderen beobachteten Erscheinungen einmal vergleichen können, nur um die Schwierigkeit des Problems zu erläutern, nicht aber, um es zu lösen. Gleichwie in der wässerigen Lösung eines Salzes Kristalle anschießen, die je nach der Konstitution dieses Salzes bald mit sechsseitigen, bald mit dreiseitigen Ecken sich erheben, Kristalle, deren Flächen immer dieselben Umrisse und deren Kanten immer eine genau bestimmte Größe der Winkel zeigen, so müssen die blattbildenden Gewebehügel gewissen Ursachen folgen, die im Inneren der Pflanze liegen, uns unbekannt sind und vorläufig mit dem Namen „erbliche Anlage" od. dergl. zusammengefaßt werden. Die Stelle, wo am Umfange des Stengels ein Blatt entsteht, hängt gewiß nicht vom Zufall ab, sondern ist in dem molekularen Aufbau und in der Zusammensetzung des Protoplasmas der betreffenden Pflanzenart begründet; und wenn sich die Blätter an dem Zweige der Eiche immer nach $^2/_5$ anordnen, so ist die Beständigkeit dieser Anordnung nicht mehr und nicht weniger merkwürdig als die Beständigkeit in der Größe der Kantenwinkel an einem Alaunoktaëder.

Jede Knospe, welche die Anlage eines beblätterten Zweiges bildet, läßt an dem Umfange der noch sehr kurzen, kegelförmigen Achse schon die Ursprungsstätten der Blätter erkennen, und immer sind die Lage und der gegenseitige Abstand der Blattansätze geometrisch genau zu bestimmen. Hat sich dann die Achse verlängert und ist aus der Knospe ein gestreckter Zweig hervorgegangen, so stimmt die Stellung, welche die auseinandergerückten und ausgewachsenen Blätter zeigen, nicht immer mit jener in der Knospe überein. Die Blattstellung ist eben infolge des wechselseitigen Druckes der Zellgruppen bei dem Längen- und Dickenwachstum und infolge der hiermit zusammenhängenden Verschiebungen und Drehungen der Achse eine andere geworden. Hat sich die Drehung nur auf einen Teil des Stengels beschränkt, so sieht man, mitunter recht auffallend, ein förmliches Umspringen der einen Blattstellung in die andere.

Um sich die auf solche Art entstehenden Veränderungen anschaulich zu machen, braucht man nur einen krautartigen, beblätterten Stengel abzupflücken, an den beiden Enden zu fassen und so zu drehen, wie man etwa ein Bündel von Fäden zu einem Stricke drehen würde. Die Ansatzpunkte der Blätter werden dadurch gegeneinander verschoben; aus den Orthostichen werden Parastichen, und neue, oft sehr verwickelte Blattstellungen kommen zum Vorschein. Auch lassen sich die Veränderungen, welche durch die Drehung des Stengels erfolgen, durch die auf S. 93 eingeschaltete Abbildung ersichtlich machen. Gesetzt den Fall, es würden an dem in dieser Abbildung in der Horizontalprojektion dargestellten jungen, kegelförmigen Stengel die schwarzen Punkte entlang den drei dickeren Linien Ansätze von Blättern bedeuten, welche sich um $^1/_3$ des Kreisumfanges gegenseitig ausweichen. Dieser Stengel habe nun bei seiner Verlängerung auch eine Drehung erfahren, und zwar um eine ganz bestimmte, für alle Abschnitte des Stengels gleichbleibende Größe. Jedes zwischen zwei dem Alter nach aufeinander folgende Blätter eingeschaltete Stengelstück sei nämlich um $^1/_{15}$ des Kreisumfanges (24°) gedreht worden, und infolgedessen betrage jetzt der gegenseitige Abstand der Blätter nicht mehr $^1/_3$ des Kreisumfanges, d. h. 120°, sondern 120 + 24° = 144°, d. h. also soviel wie $^2/_5$ des Kreisumfanges. Infolgedessen kommen die Ausgangspunkte der Blätter an die Punkte zu stehen, welche durch Striche neben den Ziffern bezeichnet wurden, und es ist aus der Eindrittel-Stellung die Zweifünftel-Stellung hervorgegangen. In ähnlicher Weise entsteht aus der

Eindrittel-Stellung die Dreiachtel-Stellung, wenn infolge der Drehung jeder der aufeinanderfolgenden Punkte um $^{1}/_{24}$ des Kreisumfanges (15°) vorrückt und der horizontale Abstand nicht mehr $^{1}/_{3}$, sondern $^{3}/_{8}$ des Kreisumfanges beträgt. In die Einhalb-Stellung wird die Eindrittel-Stellung umgewandelt, wenn in einem Stockwerke das zweite Blatt, welches in der Knospe von dem ersten um $^{1}/_{3}$ des Kreisumfanges entfernt ist, infolge der Drehung des auswachsenden Stengels um $^{1}/_{6}$ des Kreisumfanges (60°), also genau um so viel vorrückt, daß es nun um einen halben Kreisumfang (180°) von dem ersten entfernt ist. Gerade

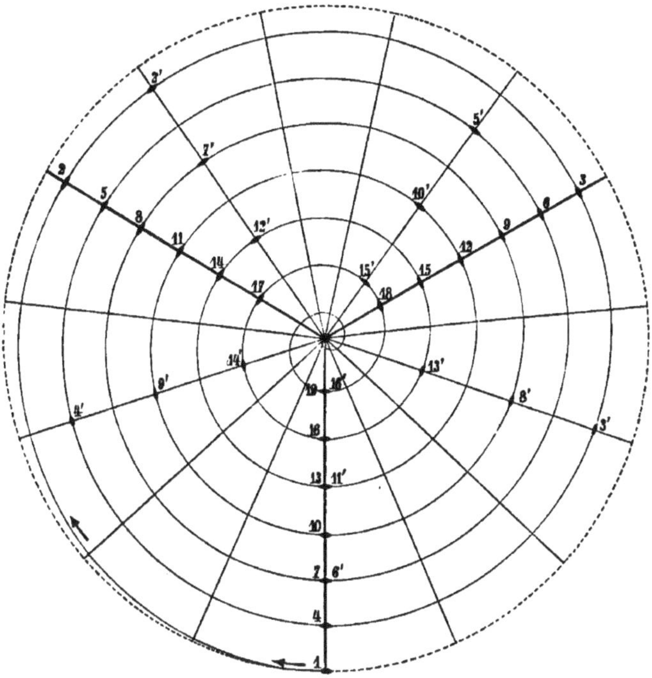

Verschiebung der Blattansätze zufolge Drehung des Stengels. Umwandlung der Eindrittel-Stellung in die Zweifünftel-Stellung. Punkt 2 ist infolge der Drehung nach 2' versetzt; Punkt 3 nach 3' usw. (Zu S. 92.)

diese Veränderung ist namentlich an den auswachsenden Zweigen von Buchen und Hainbuchen, Haseln und vielen anderen Bäumen und Sträuchern zu sehen. In den Knospen der Seitenzweige sind die Blätter nach $^{1}/_{3}$ gestellt, an den ausgewachsenen, holzig gewordenen Seitenzweigen erscheinen sie nach $^{1}/_{2}$ gestellt. Da man überhaupt in den Knospen die einfachsten Fälle, zumal die Eindrittel-Stellung, am häufigsten beobachtet, so liegt der Gedanke nahe, daß die Zahl der ursprünglichen Blattstellungen eigentlich nur sehr gering ist, und daß kompliziertere Blattstellungen, welche durch Bruchzahlen ausgedrückt werden, in denen der Nenner eine zweizifferige Zahl darstellt, meistens durch Drehung der einzelnen Stengelglieder während ihres Wachstumes hervorgehen. Es ist hier noch darauf hinzuweisen, daß die Blattstellung desto verwickelter wird, je geringer die Drehung ist, welche ein Internodium erfährt.

was schon aus der obigen Darstellung ersichtlich wird; auch ist erwähnenswert, daß bei Pflanzen, deren Laubblätter zu zwei, drei oder mehr in ein und derselben Höhe am Stengel entspringen, bei Pflanzen also, die wirtelständige Blätter besitzen, solche Drehungen der Stengelglieder und dadurch bedingte Veränderungen der Blattstellung gleichfalls häufig vorkommen.

Diese Beobachtung von Veränderungen der Blattstellung deutet schon auf die Berechtigung von Versuchen hin, dieselbe mechanisch aufzuklären. Schwendener hat eine mechanische Blattstellungstheorie aufgestellt, welche beweisen will, daß die Blattstellung nicht durch innere Ursachen vorher bestimmt sei, sondern nur das Endresultat von Verschiebungen, welche die Blätter durch Ungleichheiten des Längen- und Dickenwachstums der Achse erleiden. Dazu kommt, daß sie durch gegenseitige Berührung ebenfalls Verschiebungen erleiden können, da sie sich in den gegebenen Raum bei ihrem Wachstum teilen müssen. Auch diese Theorie ist aber nicht abgeschlossen, sondern bedarf noch eines besseren Ausbaues. Denn auch sie stößt auf Schwierigkeiten, da nämlich bei der Bildung von Blättern am Vegetationspunkt häufig Berührung und Druck gar nicht vorhanden sind und die spätere Blattstellung somit nicht immer mechanisch erklärt werden kann. Demnach liegt eine befriedigende Theorie der Blattstellung noch in der Zukunft.

Verschiedene Formen der Laubblattstämme.

Wir gebrauchen für die in der Landschaft hervortretenden Formen des aufrechten Stammes die vom Volksmunde geschaffenen Ausdrücke Halm, Schaft, Stengel und Holzstamm, welche auch in die Sprache der Wissenschaft Eingang gefunden haben, von denen zwar jeder zu wissen glaubt, was sie bedeuten, die sich aber, wenn man näher zusieht, für die Nomenklatur der aufrechten Stämme doch nicht recht geeignet zeigen. Es gibt ja auch horizontalliegende Halme, liegende Stengel und liegende Holzstämme, und es ist daher eigentlich nicht gerechtfertigt, diese Benennungen nur auf die aufrechten Stammformen in Anwendung zu bringen.

Aus der Reihe laubtragender aufrechter Stämme kann jedenfalls der Stamm der Palme am meisten Anspruch machen, mit einer Säule verglichen zu werden. Die auf der beigehefteten Tafel vorgeführte Gruppe von „Palmyrapalmen am Strande von Nord-Ceylon", eine Kopie eines durch v. Königsbrunn nach der Natur ausgeführten großen Aquarells, vermag eine anschauliche Vorstellung dieser Form zu geben. Die Höhe solcher Palmenstämme wird gewöhnlich sehr überschätzt; insbesondere die einzelnstehenden Stämme ist man versucht, viel höher zu veranschlagen, als sie wirklich sind. Es beruht das auf einer optischen Täuschung, ähnlich wie bei dem Abschätzen der Höhe von Bergen. Ein isolierter, mit steilen Wänden aufragender Berggipfel wird beim ersten Anblick immer für höher gehalten als ein langgezogener Rücken, der mit sanften Gehängen allmählich ansteigt, wenn beide auch genau dieselbe Elevation zeigen, und so geht es einem auch bei dem Abschätzen der Höhe von Stämmen. Die isoliert aus niederem Gestrüppe aufragende Palmyrapalme scheint bei flüchtiger Betrachtung weit höher als eine in betreff der Stammhöhe tatsächlich gleichhohe Baumart, die, im geschlossenen Bestande wachsend, mit ihren Wipfeln sich nur wenig über andere Baumkronen erhebt. Den höchsten säulenförmigen Stamm besitzt Ceroxylon andicola, eine in den Anden heimische Palme, von welcher Stämme von 57 m nachgewiesen sind. Der Stamm der Kokospalme (Cocos nucifera) erreicht die stattliche Höhe von 32 m, jener der auf der Tafel abgebildeten Palmyrapalme (Borassus flabelliformis) 30 m. Die meisten anderen

[illegible]

... erklärt werden [illegible] ...

[illegible] Formen der [illegible]

[illegible] für die in der [illegible] ... geschaffenen Ausdrücke [illegible] ... [illegible] in die Sprache der Wissenschaft Eingang [illegible] ... [illegible], was sie bedeuten, die sich aber, [illegible] ... aufrechten Stämme doch nicht recht geeignet [illegible] ... liegende Stengel und liegende Holzstämme, [illegible] ... solche Benennungen nur auf die aufrechten [illegible] in Anwendung [illegible]

Aus der Reihe laubtragender aufrechter Stämme kann jedenfalls [illegible] Palme am meisten Anspruch machen, [illegible] ... angehefteten Tafel vorgeführte Gruppe von [illegible] ... eines durch v. Königsbrunn nach der Natur ausgeführten [illegible] ... eine anschauliche Vorstellung dieser Form zu geben. Die Höhe solcher [illegible] ... gewöhnlich sehr überschätzt; insbesondere [illegible] Stämme ist [illegible] viel höher zu veranschlagen, als sie wirklich [illegible]. Es beruht das auf einer [illegible] ... schung, ähnlich wie bei dem Abschätzen der Höhe von Bergen. Ein [illegible] ... Wänden aufragender Bergspiel wird [illegible] ... immer für höher [illegible] langgezogener Rücken, der mit sanften [illegible] ... dieselbe Elevation zeigen und in [illegible] ... men. [illegible] ... scheint [illegible] ... Betrachtung [illegible] ... die [illegible] ... über [illegible] ... Krone [illegible] ... Tafel [illegible]

Palmyra-Palmen am Strand von Nord-Ceylon.
Nach Aquarell von v. Königsbrunn.

Bambus auf Java. (Nach einer Photographie.) Zu S. 96 und 97.

Palmen bleiben aber unter dieser Höhe zurück, und für eine große Zahl ist 20 m das Äußerste, was sie erreichen. Die Zwergpalme (Chamaerops humilis) wird nur 4 m hoch, und es gibt auch Palmen, deren Stamm sich kaum über den Boden erhebt.

Auch die Stämme der Baumfarne und der Zykadeen bleiben verhältnismäßig niedrig. Wenn Reisende von den riesigen Baumfarnstämmen erzählen, so ist das eben nur im Vergleiche zu den Stämmen der in unseren europäischen Wäldern vorkommenden Farne gemeint, welche sich mit ihren Stämmen entweder gar nicht oder, wie jene des Straußfarnes (Struthiopteris germanica), nur 10 cm über den Boden erheben. Der neuseeländische Baumfarn Balantium antarcticum erreicht bei einem Durchmesser von 40 cm eine Höhe von 3 m, und der Stamm der Alsophila excelsa wird bei einer Dicke von 60 cm 22 m hoch. Die Zykadeen erreichen kaum jemals diese Höhe, ebensowenig wie die verschiedenen anderen Samenpflanzen, welchen eine ähnliche Stammform zukommt, wie namentlich die Arten der Gattungen Yucca, Dracaena, Urania, Pandanus, Aloë und Xantorrhoea. Der berühmte Drachenbaum (Dracaena Draco) von Orotava, dessen Alter auf 6000 Jahre geschätzt wurde, ehe er 1868 einem Sturm zum Opfer fiel, zeigte bei einem Umfange von 14 m die Höhe von 22 m.

Den verhältnismäßig kürzesten Stamm zeigt die zu den Gnetazeen gehörende, in den Wüsten des südwestlichen Afrika heimische Welwitschia mirabilis. Der über den Boden sich erhebende Stamm dieser seltsamen Pflanze erreicht im ausgewachsenen Zustande bei einem Umfange von 1/2—4 m nur die Höhe von 10—20 cm und hat ein tischförmiges Ansehen. Die von demselben ausgehenden lederigen Laubblätter, welche viele Jahre hindurch als Assimilationsorgane tätig sind, erreichen die Länge von ungefähr 3 m, sind wellenförmig gewunden und, indem sie der Länge nach durch den Wind einreißen, wie lange, breite Riemen über den Boden hingestreckt (s. die beigeheftete, nach einem von dem Entdecker Welwitsch gezeichneten Bild angefertigte Tafel „Welwitschia mirabilis in der Wüste Kalahari").

In der Mehrzahl der Fälle ist der Säulenstamm (Schaft) einfach. Nur mehrere Pandanazeen und Drachenbäume und von Palmen die im äquatorialen Gebiete Afrikas heimischen Dumpalmen (Hyphaene Thebaica, coriacea usw.) gabeln sich und entwickeln einige kurze Äste, wenn ihr Hauptstamm ein höheres Alter erreicht hat. Die Stämme der Baumfarne Alsophila und Todea sind ganz mit kurzen Luftwurzeln überdeckt, wodurch ihre Oberfläche ein eigentümliches struppiges Aussehen erhält. Manche Stämme von Palmen sind auch mehr oder weniger reich mit stechenden Dornen besetzt. Der Palmenstamm kommt dadurch zustande, daß die älteren Blätter nach und nach abfallen, während das obere Ende etwas in die Länge wächst. So entsteht allmählich ein Stamm mit freier Oberfläche. Für das Aussehen der meisten ist es von Bedeutung, ob die abgestorbenen Blätter über der Basis abbrechen, so daß die Blattscheiben zurückbleiben, oder ob auch die Blattscheiben sich ablösen und eine Narbe am Stamme zurücklassen. Im ersteren Falle ist der Stamm mit Leisten, Schuppen, Fasern und trockenen Häuten oder auch mit kurzen starren Stummeln der verschiedensten Gestalt bekleidet, im letzteren Falle ringförmig oder schildförmig gezeichnet, wie z. B. bei der Kokospalme. Die Stämme der Caryota (s. Abbildung, Bd. I, S. 226) werden nach dem Ablösen der Blätter ganz glatt.

Der Halm ist in betreff seiner Größe fast noch verschiedenartiger als der säulenförmige Schaft. Man unterscheidet den Halm im engeren Sinne, welcher solche Formen umfaßt, deren Stammdurchmesser 1/2 cm nicht überschreitet, dann Halme, die nicht verästelt sind, deren Stengelglieder stets von langen Scheiden umschlossen werden, und deren Stamm einen Durchmesser von 1/2—5 cm aufweist, wie beim Rohr. Beim Bambus, der sich in zahlreiche Äste teilt und kurze

Blattscheiden besitzt, erfährt der Halm seine großartigste Entwickelung. Manche Bambus, wie z. B. der, welcher auf S. 95 abgebildet ist, erreicht bei einer Dicke von ungefähr 1/8 m die Höhe von 30 m. Von diesem Extrem bis zu dem fadendünnen, 2—3 cm langen Hälmchen mehrerer einjähriger Gräser läßt sich eine ununterbrochene Übergangsreihe herstellen, in deren Mitte ungefähr das südliche Rohr (Arundo Donax) mit einer Höhe von 4 m und einem Durchmesser von 5 cm zu stehen kommt.

Als Stengel bezeichnet man Sprosse, die nicht verholzen, sich nur eine Vegetationsperiode hindurch grün erhalten und dann absterben. Der Stengel der ein- und zweijährigen, unter dem Namen Kräuter begriffenen Pflanzen wird Krautstengel genannt. Unter dem Namen Staube versteht man ausdauernde Gewächse, welche aus ihrem unterirdischen Stamm alljährlich Sprosse hervortreiben, die nicht verholzen, sondern mit Beginn des Winters verdorren, wie der Attich (Sambucus Ebulus), die Tollkirsche (Atropa Belladonna), die Nelkenwurz (Geum urbanum), der Wiesensalbei (Salvia pratensis) und viele andere.

Die Triebe der Holzpflanzen erscheinen im ersten Jahre grün und krautig und haben ganz das Ansehen von Sprossen einer Keimpflanze. Daher werden sie von den Botanikern in diesem Zustande auch Sprosse genannt. Nachträglich verholzen sie, wachsen in die Dicke, und man unterscheidet sie dann nach ihrem Alter als Äste und Zweige.

Der Holzstamm ist im ausgewachsenen Zustande bis zu einer bedeutenden Höhe unverzweigt und wird dann Baum genannt (vgl. die Tafel „Kiefer" bei S. 98), oder er ist verhältnismäßig kurz, und auch im ausgewachsenen Zustande vom Grunde aus verästelt, so daß eine Anzahl gleichstarker Äste nebeneinander stehen, in welchem Fall er Strauch genannt wird. Für Sträucher, deren jährliche Triebe bis zur nächsten Vegetationsperiode nur an der Basis verholzen, an den Spitzen dagegen verdorren und absterben, die also einen Übergang zu den obenerwähnten Stauden bilden, wird der Ausdruck Halbstrauch angewendet.

Von diesen Formen des Holzstammes nimmt der durch seine Massenhaftigkeit besonders hervortretende Baum naturgemäß das Interesse am meisten in Anspruch. Und zwar erregt er nicht nur das wissenschaftliche Interesse des Botanikers, sondern auch das künstlerische des Landschaftsmalers, das praktische des Forstwirtes und Gärtners und das ästhetische jedes Naturfreundes. Das ist wohl sicher auch der Grund, warum unter allen Gestalten der Pflanzenwelt die Bäume am besten bekannt sind. Sie haben in allen Sprachen ihre besonderen Namen erhalten, die verschiedenen Völkerschaften haben sich einzelne Arten ihres Heimatslandes zu Lieblingen erkoren und sie als Nationalbäume in ihren Liedern verherrlicht, und selbst in den religiösen Anschauungen und Gebräuchen alter und neuer Zeit spielten und spielen Bäume eine hervorragende Rolle. Leute, welche sich niemals mit Botanik beschäftigten und niemals Blüten und Früchte genauer untersuchten, dabei aber einen entwickelten Formensinn haben, vermögen auf den ersten Blick und oft auf mehrere hundert Schritt Entfernung die verschiedenen Arten der Bäume genau zu unterscheiden und zu erkennen.

Wie ist das möglich? Die Erklärung ist sehr einfach. Wie das Antlitz jedes Menschen, zeigt auch das Antlitz jedes Baumes bestimmte Züge, die nur ihm eigentümlich sind, weil sie auf der Form, Folge und Anordnung seiner Sprosse beruhen; diese Züge prägen sich fast unbewußt dem ins Gedächtnis ein, der viel in und mit der freien Natur verkehrt, und sie sind es auch, an welchen die Art gleich einem auf der Straße uns entgegenkommenden Jugendfreunde schon von fern wiedererkannt wird. Dem Landschaftsmaler sind diese Züge, welche in ihrer Gesamtheit das ausmachen, was man den Baumschlag nennt, ganz besonders wichtig;

denn seine Aufgabe ist es, sie festzuhalten und künstlerisch zu verwerten. An uns aber tritt die Aufgabe heran, diese Züge im Antlitze des Baumes zu erklären, oder, sagen wir, eine wissenschaftliche Begründung des Baumschlages zu geben. Der Raum dieses Buches gestattet freilich nicht, dieses Thema ausführlich zu behandeln; aber es läßt sich ja auch mit wenigen Strichen ein Baum an die Wand zeichnen, und hier soll der Versuch gemacht werden, mit wenigen Worten die Grundsätze des Baumschlages zu entwickeln.

Zunächst hängt die Form des Baumes von dem Wachstumverhältnis der Haupt- und Seitenzweige ab. Die Pyramidenform der meisten Nadelhölzer ist dadurch bedingt, daß der bei der Keimpflanze auftretende Hauptsproß auch später das größte Wachstum in Höhe und Dicke zeigt, während alle Seitensprosse auch später zurückbleiben. Bei den meisten Laubhölzern gibt die anfängliche Hauptachse ihr Wachstum im Laufe der Zeit auf oder stirbt ab, und einige Seitensprosse bilden sich zu gleichstarken Ästen aus. So entsteht als Gegensatz zu der pyramidalen Form der Nadelhölzer die breite, ausladende Krone der Laubbäume.

Da bei jedem Stamme die Lage der Knospen von der Lage der Laubblätter abhängt, so ist es selbstverständlich, daß auch die Verteilung der von einem Zweig ausgehenden Seitenzweige durch die Stellung der Blätter bedingt wird. Der Zusammenhang zwischen Blattstellung und Zweigstellung ist daher das erste, was bei der Erklärung des Baumschlages in Betracht zu ziehen ist. Gleich den Blättern sind auch die Zweige entweder wirtelig und dekussiert oder entlang einer Schraubenlinie gestellt. Wie von den Blättern kann man daher auch von den Zweigen sagen, daß sie geometrisch bestimmte Stellungen (vgl. S. 83 ff.) zeigen. Schon dieser Umstand verleiht jedem Baum ein eigentümliches Gepräge. Wie ganz anders präsentiert sich in der Winterlandschaft das des Laubes beraubte Gezweige bei den Ahornen und Eschen mit ihren dekussiert gestellten Zweigen im Vergleich zu den durch die Einhalb- und Eindrittelstellung ausgezeichneten Rüstern, Linden und Erlen und den durch die Zweifünftel- und Dreiachtelstellung charakterisierten Buchen, Eichen und Pappeln. Aber nicht nur, daß die entlaubten Bäume im Winter sofort an ihrer Verzweigung selbst aus der Ferne zu erkennen sind, auch die Gruppierung der einzelnen belaubten Partien der Krone gewinnt infolge dieser Verzweigung ihre besonderen Umrisse. Dabei spielt natürlich auch die Krümmung der Äste und ihre größere oder geringere Biegsamkeit eine Rolle.

Die Form der Astkrone hängt von dem regelmäßigen oder unregelmäßigen Austreiben der Knospen oder, wie man auch sagt, von der Sproßfolge ab. Treiben alle Knospen am Zweige im Frühling aus, so baut sich die Krone regelmäßig auf. Bei der Eiche treibt aus der Gruppe von Winterknospen am Ende der letzten Jahrestriebe meist nur eine seitliche Knospe aus. Der neue Trieb macht also mit dem alten einen Winkel, und da dies jedes Jahr wechselt, so kommt allmählich der knickige und „knorrige" Wuchs der Eichenkrone zustande, in dem der Poet den Ausdruck der Kraft sieht. Es ist das aber ein bloßer Eindruck. Die Form der Eichenkrone hängt lediglich von ihrer eigentümlichen Sproßfolge ab.

In zweiter Linie ist bei der Erklärung des Baumschlages die Größe und Form und Stellung der Laubblätter zu berücksichtigen. Hiermit soll nicht gesagt sein, daß es Aufgabe des Künstlers sei, die Form der einzelnen Blätter deutlich zur Ansicht zu bringen, was ja geradezu unschön sein würde. Die Bedeutung der Gestalt und des Umfanges der einzelnen Blätter liegt vielmehr darin, daß sie die Form des ganzen Baumes beeinflussen. Bäume mit schmalen und nadelförmigen Blättern brauchen mit ihren Ästen und Zweigen bei weitem weniger auszuladen als die, welche mit flächenförmig ausgebreiteten großen Blattflächen geschmückt

Kiefer.

Buche.

Buche.

Tanne.

Eiche.

sind. Erstere strecken sich immer mehr in die Höhe, letztere mehr in die Breite, ein Gegensatz, welcher bei den Bäumen aller Zonen und Regionen hervortritt. Recht auffallend ist z. B. der Gegensatz in der Architektonik der schmalblätterigen, schlanken Eukalypten und Weiden und der breitblätterigen, mit ihren Ästen weit ausgreifenden Paulownien, Katalpen und Platanen. Auch wenn man die hier nebeneinander gestellten Abbildungen der Eiche und der Tanne (s. die beigehefteten Tafeln „Eiche" und „Tanne") vergleicht, so fällt auf, daß die von den schlanken Stämmen der Tanne getragenen benadelten Äste und Zweige kaum den dritten Teil des Raumes überdecken wie jene der Eiche, deren Blätter viel breiter veranlagt sind, und deren Zweige dementsprechend eine ganz anders geformte Krone aufbauen.

Drittens ist es für den Baumschlag, zumal für jenen der Nadelhölzer, von maßgebendem Einfluß, ob es in der Art des Baumes liegt, nur Kurztriebe oder neben den Kurztrieben auch Langtriebe auszubilden, was bereits S. 80 u. f. erörtert und durch die Abbildungen der Lärche und Arve auf den dort beigehefteten Tafeln anschaulich gemacht worden ist.

Der astlos gewordene untere Teil des Stammes nimmt in dem Grade an Umfang zu, als die Last, die er zu tragen hat, eine größere wird, und seine Dicke und Festigkeit steht bei jeder Art in einem genau geregelten Verhältnis zum Gewichte der Krone. Die Zunahme des Umfanges erfolgt vorzüglich dadurch, daß sich dem schon vorhandenen Holze alljährlich neue Holzmassen anlagern. In den Keimpflanzen der Bäume erscheint das Holz in Gestalt von Strängen, die rings um das zentrale Mark symmetrisch geordnet sind, schon im zweiten Jahr dicht aneinander schließen und einen nur von den Markstrahlen durchsetzten Zylinder bilden, der auf dem Querschnitt als „Holzring" erscheint. Auch das alljährlich neugebildete, an der Peripherie des schon vorhandenen Holzzylinders sich anlagernde Holz präsentiert sich im Querschnitt als Ring und wird bekanntlich Jahresring genannt. Man stellt das Alter eines gefällten Baumes nach der Zahl dieser Jahresringe fest, und selbstverständlich ist der Umfang des Stammes desto größer, je größer die Zahl der Jahresringe ist. Mit der Zunahme des Umfanges ändert sich aber auch das äußere Aussehen des Stammes. Als junges Reis besitzt der Stamm eine Oberhaut (Epidermis), welche sich dem grünen Gewebe der Rinde anschmiegt. Diese Haut hält aber mit der Entwickelung des Stamminneren nur so lange gleichen Schritt, als der betreffende Stammteil sein Längenwachstum noch nicht abgeschlossen hat. Ist das geschehen und wächst der Stamm nun in die Dicke, so geht die erste Haut zugrunde und wird durch eine zweite Haut, das sogenannte Periderm, ersetzt, welches sich meistens schon gegen Ende des ersten Jahres am Umfange des Stammes zu entwickeln beginnt. Dieses Periderm besteht ganz aus Kork, einem Gewebe aus wasserdichten und nahezu luftdichten Zellen, welches sich als Hülle für die saftreichen inneren Stammteile vortrefflich eignet. Was außerhalb dieses Korkes liegt und durch ihn von den saftreichen inneren Stammteilen geschieden ist, verfällt dem Vertrocknen und Absterben. Hatte sich Periderm nur unter der Oberhaut ausgebildet, so geht nur diese Oberhaut zugrunde; wenn aber in den tieferen Schichten der Rinde auch noch ein inneres Periderm entstanden ist, so werden dickere Schichten der Rinde zum Absterben gebracht, und diese lagern dann dem Korke außen als eine trockene, tote Kruste auf. Das innere Periderm samt den daran haftenden abgestorbenen Rindenteilen bildet dann die Borke.

Die Entwickelung des Periderms hält mit der Entwickelung des Stammes gleichen Schritt. Sobald infolge der Entstehung eines neuen Jahresringes der Holzkörper des Stammes dicker geworden ist, erweitert sich der Peridermmantel und damit auch die Borke, welche den Stamm als Kruste umgibt. Bei manchen Arten erhält sich diese Borke lange Jahre an der Peripherie des Stammes, zerklüftet aber bei dem weiteren Dickenwachstum. Dabei wird immer wieder neue Borke von innen her durch die Tätigkeit eines Kambiums eingeschoben; in anderen Fällen dagegen löst sich infolge der Verdickung des Stammes ein Teil der Borke ab, fällt zu Boden und wird von innen her durch neue Borke ersetzt. Da nun jede Baumart ihre besondere Borke entwickelt, so trägt die Gestalt und Farbe dieses Gewebes nicht wenig zum Aussehen des ganzen Baumes bei; sie bildet eben auch wieder einen der charakteristischen Züge, welche bei der Schilderung des Baumschlages nicht übersehen werden dürfen. Als die auffallendsten Formen der Borke sind folgende hervorzuheben. Zunächst die Schuppenborke, wie sie die Kiefer zeigt, welche sich bei manchen Bäumen alljährlich in Gestalt von Schildern und Platten ablöst, und die besonders schön an den Stämmen der Platanen, der Mandelweide und mehrerer neuholländischer Eukalyptusarten zu sehen ist (s. Abbildung, S. 103), dann die häutige Borke, welche sich in trockenen Häuten und Bändern abtrennt. Die Abbildung auf S. 101 zeigt diese Form der Borke bei der weißstämmigen Birke (Betula verrucosa). Mehrere Arten der neuholländischen Gattung Melaleuca zeigen eine Borke, welche, vom Stamm abgezogen, einem dünnen Seidenstoffe täuschend ähnlich sieht. Eine dritte Form ist die Ringelborke, welche sich in Gestalt von unregelmäßig geborstenen dünnen Röhren vom Stamm ablöst und besonders am Pfeifenstrauche (Philadelphus) entwickelt ist; eine vierte Form, für welche der Weinstock (Vitis vinifera) als Beispiel angeführt werden kann, ist die Faserborke, welche beim Ablösen in zahlreiche starre Fasern getrennt wird. Endlich ist noch die rissige Borke hervorzuheben, welche sich an den Stämmen der Eichen und zahlreicher anderer Laubhölzer zeigt. Bei dieser Form findet eine Ablösung in größeren Partien überhaupt nicht statt, sondern die Borke zerklüftet beim Dickerwerden des Stammes, und es bilden sich in ihr Längsrisse von geschlängeltem oder zickzackförmigem Verlauf, von welchen in dem einen Falle nur schmale Kämme und Riefen, in dem anderen Falle breite, eckige Schilder umrahmt werden. Auf dieser rissigen Borke siedeln sich mit Vorliebe Epiphyten, zumal Moose und Flechten an, und ältere mit dieser Borke versehene Stämme sind in den gemäßigten Zonen gewöhnlich mit Moospolstern, in den tropischen Gebieten mit Bromeliazeen und vorzüglich mit Orchideen überwuchert (s. Abbildung, S. 102). An den sich alljährlich ablösenden Borken ist eine solche Ansiedelung unmöglich, und die Stämme der Birken, Platanen und australischen Arten der Gattungen Melaleuca und Eucalyptus (s. Abbildung, S. 103) sind nicht nur nicht mit Epiphyten besetzt, sondern sehen im Frühjahr wie gescheuert und geschält aus.

Die Gestalt der Borke ist so charakteristisch, daß man aus ihr allein schon die Baumart zu erkennen vermag; sie bildet daher gleichfalls einen wichtigen Zug in dem Bilde des Baumes, darf nicht nach Gutdünken abgeändert werden, und es ist unzulässig, daß Künstler ihre Studien, die nach verschiedenen Bäumen gemacht wurden, beliebig kombinieren und etwa die Krone einer Eiche auf den Stamm einer Platane setzen. Daß auch das Kolorit der Borke und die Farbe des Laubes von Bedeutung sind, und daß die Größenverhältnisse der verschiedenen nebeneinander stehenden Bäume berücksichtigt werden müssen, ist selbstverständlich. Eine junge Tanne, die neben einer alten Fichte aufwächst, wird zwar von der letzteren überragt werden; wenn aber beide gleichalterig sind, ragt die Tanne stets über die Fichte weit hinaus.

Die Höhe und das Alter der Bäume sind in ganz sicheren Zahlen nicht festzustellen; aber so viel ist gewiß, daß jede Baumart gleichwie jede Tierspezies an eine bestimmte Größe und an ein bestimmtes Alter gebunden ist, die nur selten überschritten werden. Was das Alter anlangt, so sind die Angaben aus älterer Zeit meistenteils zu hoch gegriffen. Wenn

Birkenstämme mit weißer häutiger Borke. (Zu S. 100.)

in den Schilderungen der Urwälder von tausendjährigen Bäumen die Rede ist, so beruht die Angabe wohl nur auf Vermutungen und in seltenen Fällen auf wirklichen Messungen.

Borke tropischer Bäume, mit Orchideen (Angraecum eburneum) überwuchert. (Zu S. 100.)

Der berühmte Baobab (Adansonia digitata; s. Abbildung einer Adansonia, Bd. III) wurde von Adanson auf Grund der Dicke des jährlichen Zuwachses auf 5000 Jahre berechnet; ob aber dabei nicht ein Rechnungsfehler untergelaufen ist, mag dahingestellt bleiben. Der schon einmal erwähnte berühmte Drachenbaum von Orotava wurde sogar auf 6000, die Platane von Bujukdere bei Konstantinopel auf 4000, die mexikanische Sumpfzypresse (Taxodium

Eukalyptusbäume in Australien. (Nach einer Zeichnung von Selleny.) Zu S. 100 und 104.

mexicanum) auf 4000 Jahre geschätzt. Auch für diese Angaben möchte es schwer halten, die Bürgschaft zu übernehmen. Mit ziemlicher Sicherheit wurde dagegen als Altersgrenze berechnet für die Zypresse (Cupressus fastigiata) 3000, Eibe (Taxus baccata) 3000, Kastanie (Castanea vesca) 2000, Stieleiche (Quercus pedunculata) 2000, Libanon-Zeder (Cedrus Libani) 2000, Fichte (Picea excelsa) 1200, Sommerlinde (Tilia grandifolia) 1000, Zirbelkiefer (Pinus Cembra) 500—700, Lärche (Larix europaea) 600, Föhre (Pinus silvestris) 570, Silberpappel (Populus alba) 500, Buche (Fagus silvatica) 300, Esche (Fraxinus excelsior) 200—300, Hainbuche (Carpinus Betulus) 150 Jahre.

Nachfolgende Tabelle enthält die beglaubigten Angaben über die Höhe der Bäume:

Name	Höhe in Metern	Name	Höhe in Metern
Fieberheilbaum (Eucalyptus amygdalina)	140—152	Sumpfzypresse (Taxodium mexicanum)	38,7
Mammutbaum (Wellingtonia gigantea)	79—142	Wintereiche (Quercus sessiliflora)	35
Weißtanne (Abies pectinata)	75	Platane (Platanus orientalis)	30
Fichte (Picea excelsa)	60	Esche (Fraxinus excelsior)	30
Lärche (Larix europaea)	53,7	Baobab (Adansonia digitata)	23,1
Zypresse (Cupressus fastigiata)	52	Zirbelkiefer (Pinus Cembra)	22,7
Föhre (Pinus silvestris)	48	Götterbaum (Ailanthus glandulosa)	22
Rotbuche (Fagus silvatica)	44	Stieleiche (Quercus pedunculata)	20
Zeder des Libanon (Cedrus Libani)	40	Hainbuche (Carpinus Betulus)	20
Silberpappel (Populus alba)	40	Eibe (Taxus baccata)	15

Unter allen bisher bekanntgewordenen Bäumen erreicht demnach der Eucalyptus amygdalina, welchen die Abbildung auf S. 103 nach einer Zeichnung Sellenys zur Anschauung bringt, die größte Höhe. Die höchsten dieser Stämme, neben den 135 m hohen Turm der Stephanskirche in Wien aufgestellt, würden diesen noch um 17 m überragen und von dem 157 m hohen Kölner Dome nur um 5 m überragt werden.

Höhe und Dicke der Bäume nehmen nicht im gleichen Maße zu, wie ein Vergleich der nachfolgenden Tabelle mit der vorhergehenden zeigt.

Name	Stammdurchmesser in Metern	Name	Stammdurchmesser in Metern
Kastanie (Castanea vesca)	20	Zypresse (Cupressus fastigiata)	3,2
Mexikanische Sumpfzypresse (Taxodium mexicanum)	16,5	Ulme (Ulmus campestris)	3
Platane (Platanus orientalis)	15,4	Weißtanne (Abies pectinata)	3
Virginische Sumpfzypresse (Taxodium distichum)	11,9	Silberpappel (Populus alba)	2,8
Mammutbaum (Wellingtonia gigantea)	11	Rotbuche (Fagus silvatica)	2
Baobab (Adansonia digitata)	9,5	Fichte (Picea excelsa)	2
Sommerlinde (Tilia grandifolia)	9	Zirbelkiefer (Pinus Cembra)	1,7
Fieberheilbaum (Eucalyptus amygdalina)	8	Esche (Fraxinus excelsior)	1,7
Stieleiche (Quercus pedunculata)	7	Lärche (Larix europaea)	1,6
Eibe (Taxus baccata)	4,9	Korneliuskirsche (Cornus mas)	1,4
Wintereiche (Quercus sessiliflora)	4,2	Föhre (Pinus silvestris)	1
		Hainbuche (Carpinus Betulus)	1
		Götterbaum (Ailanthus glandulosa)	0,9

Nach diesen beglaubigten Angaben gibt es also wirklich Pflanzen, deren Stamm einen Durchmesser von 20 m erreicht, und solche, deren Stamm sich 152 m über den Boden erhebt.

Die Festigkeitseinrichtungen der Stämme.

Wenn man die zuletzt geschilderten Riesenbäume mit Rücksicht auf das Gewicht ihrer einzelnen Teile abschätzt, so begreift man kaum, wie der verhältnismäßig nicht dicke Hauptstamm eine Krone im Gewichte von mehreren tausend Kilogramm zu tragen vermag, und wie es möglich ist, daß die vom Hauptstamm ausgestreckten Äste unter der Wucht der von ihnen getragenen Zweige und Blätter nicht bersten und zusammenbrechen. Der Stamm der Bäume besteht aus dem von der Rinde bedeckten Holzkörper, einer Säule, die sich ganz und gar aus harten, unbiegsamen Geweben, die wir Holz nennen, aufbaut. Die Tragfähigkeit des Baumstammes ist also um so leichter zu begreifen, als wir unseren Gebäuden eben durch die aus den Stämmen geschnittenen Balken Festigkeit verleihen. Viel merkwürdiger ist es, daß die Holzsäule des lebenden Baumes sich auch bis zum gewissen Grade biegen läßt, ohne zu brechen. Das liegt in den ganz anderen Elastizitätsverhältnissen des lebenden Holzes im Gegensatz zum ausgetrockneten Holzbalken. Vor allem ist es der Wassergehalt des Stammes, der hier mit in Betracht kommt, danach spielt auch die den Stamm umgebende Rinde bei der Biegungsfähigkeit des Stammes eine Rolle. Aber auch Grashalme sowie die Stengel der Stauden und Kräuter sind so belastet, daß man sich beim Anblicke derselben verwundert fragt, wie sie sich aufrechtzuerhalten imstande sind, und wie es kommt, daß sie, aus dem Gleichgewicht gebracht, nach kurzer Zeit ihre aufrechte Ruhelage wieder einnehmen. Forscht man den Einrichtungen nach, welche es diesen Gewächsen möglich machen, ihre Stämme ohne fremde Stütze in ihrer Lage zu erhalten, so wird man zunächst den untersten Teil des aufrechten Hauptstammes als denjenigen in Betracht ziehen müssen, von welchem zu erwarten steht, daß er die schwerste Last zu tragen hat. Vorausgesetzt, daß der durch die Belastung bedingte Druck genau in der Richtung der Achse des Hauptstammes wirken würde, müßte derselbe Einrichtungen zeigen, welche ihn befähigen, dem vertikalen Drucke zu widerstehen. Einige Palmen ausgenommen, welche mit kerzengradem Stamme säulenförmig vom Boden emporragen, und deren Blätter nach allen Richtungen der Windrose gleichmäßig ausladen, dürfte nur bei wenigen Pflanzen ein solcher Druck genau in der Richtung der Achse des Stammes zur Geltung kommen. In der Regel wird eine wenn auch noch so geringe Ungleichheit des Stammes oder der Krone eine Ablenkung des Druckes von der Mittelachse zur Folge haben. Winde und Stürme, welche von der Seite her einen aufrechten Stamm und seine Blätter treffen, werden nicht nur infolge des unmittelbaren Anpralles, sondern auch insofern, als sie den Schwerpunkt der von dem unteren Teil des Stammes getragenen Last verschieben, eine Biegung bewirken. Die Beobachtung lehrt nun, daß diese Biegung nur selten ein Zerbrechen des Stammes im Gefolge hat. Nicht nur Gras- und Rohrhalme, sondern in der Regel auch rutenförmige aufrechte Zweige der Bäume, Sträucher und Stauden, ja selbst Palmenstämme können bei Stürmen tief zur Erde niedergebeugt werden, kehren aber rasch wieder in ihre aufrechte Lage zurück, ohne den geringsten Schaden erlitten zu haben.

Man sehe einmal auf die Halme, Stengel, Zweige und Laubblätter einer Wiese oder eines Waldes zur Zeit der Gewitterschwüle, welche dem Ausbruche eines Sturmes vorausgeht.

Kein Blättchen regt sich, selbst die schwanken Halme sind unbewegt, und alle Teile der Pflanze nehmen jene Lage zum Licht ein, welche für sie, die wahren Kinder des Lichtes, die günstigste ist. Nun bricht das Gewitter los, der Wind saust über die Flur, die Blätter zittern, schaukeln und flattern, die Blattstiele schwanken, die Halme neigen und beugen sich, die Stengel und Zweige werden gekrümmt und niedergedrückt, daß sie mit ihren Spitzen fast den Boden berühren; zudem wird das Laubwerk vom Regen gepeitscht und durch jeden anprallenden Tropfen erschüttert und aus der Lage gebracht. Eine Stunde später ist der Sturm vorüber; hier und da liegt vielleicht noch eine Gruppe von Stengeln und Blättern unter der Last der Regentropfen auf den Boden hingestreckt, und ein Teil der erschütterten krautigen Stengel ist gegen den Windschatten bogenförmig gekrümmt, aber die anderen stehen schon wieder aufrecht und unbewegt, als ob sie nie von einem Lüftchen berührt worden wären; schließlich erheben auch die durch die Erschütterung gekrümmten und von den Regentropfen so arg niedergedrückten Stöcke ihr Zweig- und Laubwerk, und alles hat wieder denselben Stand und dieselbe Lage wie vor dem Ausbruche des Gewittersturmes angenommen. Nur die Getreidehalme, welche sich durch das eigentümliche Wachstum ihrer Knoten erheben, brauchen dazu einige Tage.

Es wurde diesen Erscheinungen früher nur wenig Aufmerksamkeit geschenkt, vielleicht aus dem Grunde, weil sie gar so gewöhnlich und alltäglich sind, oder möglicherweise auch darum, weil man eine wissenschaftliche Erläuterung und Begründung des Schwankens der Zweige im Winde nicht für möglich hielt. Erst der neueren Zeit war es vorbehalten, den Mechanismus, welcher diesem Zurückkehren der gebogenen Stämme in eine bestimmte Ruhelage zugrunde liegt, und die Einrichtungen, welche es bewirken, daß solche Stämme selbst bei bedeutender Belastung und bei starkem Drucke zwar sich biegen, aber nicht brechen, genau zu verstehen und äußerst einleuchtend zu erklären.

Die einschlägigen Untersuchungen, welche von Schwendener herrühren, haben nämlich ergeben, daß in den Pflanzenstämmen die Tragfähigkeit und Biegungsfestigkeit durch ganz ähnliche Konstruktionen erreicht werden, wie sie der Mensch bei der Überspannung der Flüsse mit Brücken, bei der Herstellung von Dachstühlen, Riegelwänden und anderen Bauten in Anwendung bringt, und daß auch der für jeden Werkmeister so wichtige Grundsatz: mit dem geringsten Aufwande von Material die größtmögliche Festigkeit des Gebäudes zu erzielen, bei dem Aufbau der Stämme zum Ausdruck kommt.

Das Gerüst, welches dem ganzen Bau die nötige Festigkeit zu geben hat, wird aus Teilen gebildet, welche der Werkmeister eines von Menschen herzustellenden Gebäudes Konstruktionsteile nennen würde, und diese Teile sind bei den Pflanzen aus besonderen Zellen zusammengesetzt, die man mechanische Zellen genannt hat. Die mechanischen Zellen sind schon bei früherer Gelegenheit, nämlich bei der Besprechung der Leitungsvorrichtungen, erwähnt worden (Bd. I, S. 297). Es wurde dort darauf aufmerksam gemacht, daß die Röhren und Zellen, welche der Ableitung und Zuleitung flüssiger Stoffe dienen, regelmäßig zu einem Bündel, dem sogenannten Leitbündel, vereinigt sind. Wenn die Bestandteile dieser Leitbündel sich in Organen finden, die der Gefahr des Geknicktwerdens ausgesetzt sind, erscheinen jedesmal mechanische Zellen (Bastfasern) als Begleiter der ab- und zuleitenden Zellen und Röhren.

Als das in beiden Fällen am häufigsten zur Befestigung in Anwendung gebrachte mechanische Gewebe ist der Hartbast hervorzuheben. Die Zellen des Hartbastes erscheinen dem freien Auge als Fasern, sie sind langgestreckt, spindelförmig, an beiden Enden zugespitzt und mit den spitzen Enden verschränkt und verzahnt, wie es in der Abbildung in Bd. I, S. 46

und 296, dargestellt ist. Sie haben meist eine Länge von 1—2 mm, einzelne erreichen aber auch ein viel bedeutenderes Längenmaß, und für die des Hanfes werden 10, jene des Leines 20—40, die der Nessel 77 und jene der Boehmeria nivea sogar 220 mm angegeben. Die Wände der Bastfasern sind immer sehr verdickt, die Zellenhöhle ist sehr eng, oft auf einen äußerst feinen Kanal reduziert und in einzelnen Fällen, wie z. B. bei den Zellen des als Jute bekannten Hartbastes von Corchorus olitorius, stellenweise ganz verschwunden, so daß aus der Zelle eine solide Faser geworden ist.

Ist die Bastfaser vollständig ausgebildet, so ist in ihrem Inneren das lebendige Protoplasma verschwunden, der enge Raum der Zellenhöhle ist mit Luft, seltener mit wässeriger Flüssigkeit gefüllt, und eine solche Zelle ist dann nicht mehr geeignet, weiter zu wachsen, kann auch weder zur Aufnahme und Leitung der Nahrung noch zur Erzeugung organischer Ver-

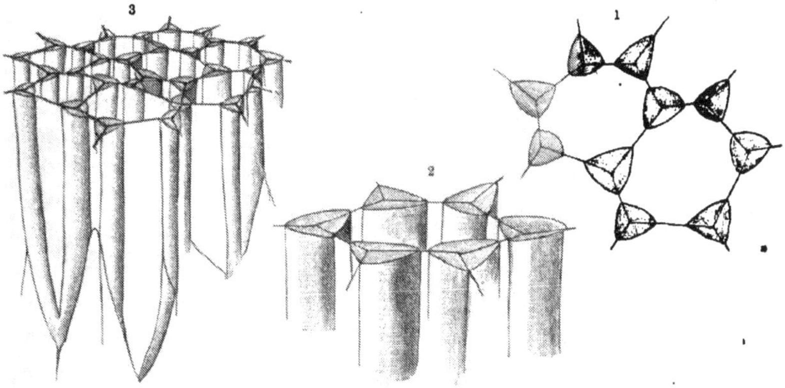

Kollenchymgewebe: 1) Kollenchymzellen im Querschnitt mit Verdickungen in den Ecken der Zellen; 2) Kollenchymzellen in der Längsansicht; 3) zehn miteinander verbundene Kollenchymzellen in der Längsansicht. (Zu S. 108.)

bindungen, ebensowenig zur Wandlung und Wanderung der Stoffe Verwendung finden, sondern hat ausschließlich eine mechanische Bedeutung. Der ihr in dieser Beziehung gestellten Aufgabe entspricht sie aber in vorzüglicher Weise. Ihre Festigkeit und Elastizität ist außerordentlich groß. Man hat berechnet, daß das Tragvermögen des Hartbastes für das Quadratmillimeter Querschnittfläche zwischen 15 und 20 kg beträgt, also jenem des Schmiedeeisens gleichkommt, und daß das Tragvermögen des Bastes mancher Arten sogar jenem des Stahles gleichzustellen ist. Dabei hat der Hartbast vor dem Eisen noch den Vorteil einer weit größeren Dehnbarkeit, vermag darum dem Zerreißen auch viel länger zu widerstehen als das Eisen, und es wird bei Berücksichtigung aller dieser Eigenschaften erklärlich, warum von den Menschen seit uralter Zeit der Hartbast vieler Pflanzen zu Geweben, Bindfäden, Tauen und dergleichen, also gerade da, wo es besonders auf Zugfestigkeit ankommt, mit Vorteil verwendet wird.

Von den Bastfasern verschieden, wenn auch von ähnlicher Form, sind die Holzfasern, welche man auch Libriformzellen genannt hat (s. Abbildung, Bd. I, S. 46, 6). Während die Bastfasern einen der wichtigsten Bestandteile der Rinde ausmachen, bilden die Holzfasern ein wesentliches Element im Holzkörper jener Stämme, welche alljährlich auf das schon vorhandene Holz eine neue Schicht von Holz durch das Kambium ansetzen, auf diese Weise an

Umfang zunehmen und auf dem Querschnitte sogenannte Jahresringe zeigen. Die Länge der Holzfasern schwankt zwischen 0,3 und 1,3 mm, und im allgemeinen zeigen sie daher eine geringere Länge als die Bastfasern. Auch sind ihre Wände verholzt, daher sind sie nicht biegsam wie die Bastfasern. Wenn ein holzbildender Stamm in die Dicke gewachsen ist und an seinem Umfang eine Borke ausgebildet hat, so ist begreiflicherweise die Rolle, welche der Hartbast in der Rinde gespielt hat, zu Ende; dann übernehmen die Holzfasern jene Aufgabe, welche in den jungen Trieben dieses Stammes dem Hartbast zufiel.

Als besondere Form mechanischen Zellgewebes wird von vielen Pflanzen **Kollenchym** entwickelt. Die Zellen, welche das Kollenchym zusammensetzen, sind **langgestreckt** und in ähnlicher Weise miteinander verbunden wie die Hartbastzellen; sie unterscheiden sich aber von diesen und auch von den Holzfasern dadurch, daß die Verdickung ihrer Wände keine gleichmäßige ist. Nur dort, wo drei oder vier dieser Zellen mit ihren Langseiten zusammenstoßen, ist die

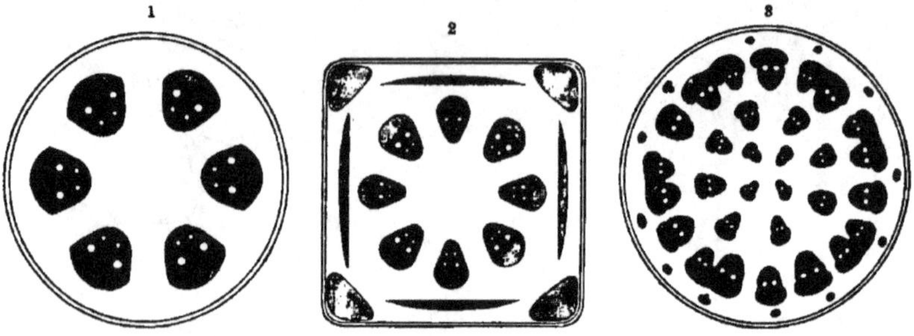

Querschnitte aufrechter Stämme mit einfachen, nicht zu einer Röhre verschmolzenen Trägern: 1) einjähriger Zweig der großblätterigen Linde (Tilia grandifolia); 2) weiße Taubnessel (Lamium album); 3) Dattelpalme (Phoenix dactylifera). Es erscheinen in dieser schematischen Abbildung die mechanischen Gewebe grau, die Leitbündel schwarz mit eingeschalteten weißen Punkten. (Zu S. 109—112.)

Wandung sehr verdickt, stellenweise aber bleibt die Wand, welche zwei benachbarte Zellkammern gemeinsam haben, wieder dünn (s. Abbildung, S. 107), das ganze Gewebe läßt sich einem Bauwerke vergleichen, in welchem dicke Hauptmauern mit dünnen Zwischenwänden abwechseln und die dünnen Mauern, stellenweise durch Pilaster verdickt, große Tragfähigkeit erreichen. Ein weiterer Unterschied von den Hartbastzellen und Holzfasern liegt darin, daß sich im Inneren der Kollenchymzellen das Protoplasma lebendig erhält, daß in diesem nicht selten Chlorophyllkörper vorhanden sind, daß dasselbe einen Teil der zum Wachstum notwendigen Stoffe durch die dünneren Stellen der Wände aus der Nachbarschaft beziehen und zu Baustoffen verarbeiten kann, daß mit einem Worte das Kollenchym wachstumsfähig bleibt. Damit ist aber auch der Vorteil, welchen die Kollenchymzellen vor den Hartbastzellen und Holzfasern oder Libriformzellen voraushaben, erklärt. Der Hartbast und das Libriform, einmal fertiggestellt, haben die weitere Entwickelungsfähigkeit eingebüßt und würden daher in einem Stamme, welcher noch in die Länge wachsen soll, als architektonische Elemente schlecht am Platze sein; sie würden entweder das Längenwachstum der anderen Gewebe hindern oder durch die Kraft der in die Länge wachsenden anderen Zellen zerreißen, in beiden Fällen daher eine schlechte Rolle spielen. Die Kollenchymzellen dagegen sind noch entwickelungsfähig, vermögen Hand in Hand mit den anderen Geweben sich zu strecken und weiterzuwachsen und sind dem Gerüst eines mehrstöckigen Gebäudes zu vergleichen, das man immer nur in dem Maße erhöht, als es zum Weiterbau des Ganzen notwendig ist. Gegen den Hartbast und das Libriform hat das Kollenchym allerdings den Nachteil, daß seine absolute Festigkeit etwas geringer ist, indem sich das Tragvermögen für das Quadratmillimeter Querschnittfläche nur auf 10—12 kg stellt. Ebenso ist die Elastizitätsgrenze des Kollenchyms bedeutend geringer. Wo aber der Hartbast oder das Libriform aus den oben angeführten Gründen nicht passend wären, tritt das Kollenchym an seine Stelle. Man kann darum auch nicht sagen, daß Hartbast und Libriform wichtiger seien als das Kollenchym; jedes ist in seiner Art von hervorragender architektonischer Bedeutung, und bald ist dieses, bald jenes von größerem Vorteil.

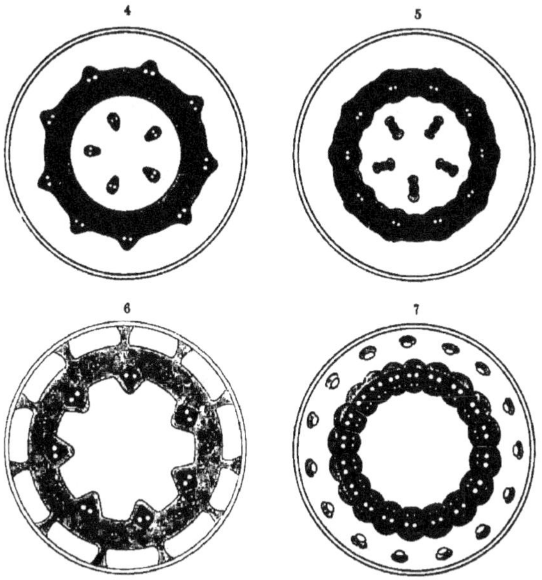

Querschnitte aufrechter Stämme mit einfachen, zu einer zylindrischen Röhre verschmolzenen Trägern: 4) Weinbergslauch (Allium vineale); 5) quirlblätteriges Maiglöckchen (Convallaria verticillata); 6) blaues Pfeifengras (Molinia coerulea); 7) Sumbulstaude (Euryangium Sumbul). Es erscheinen in dieser schematischen Abbildung die mechanischen Gewebe grau, die Leitbündel schwarz mit eingeschalteten weißen Punkten. (Zu S. 110—112.)

Was nun die Anordnung des bald als Hartbast, bald als Libriform, bald als Kollenchym ausgebildeten mechanischen Gewebes anlangt, so ist sie im allgemeinen die von Strängen, welche parallel zur Längsachse des betreffenden Stammes verlaufen. Wenn sie sich bei diesem Verlaufe in der Mitte des Stammes halten würden, so wäre das für den aufrechten Stamm keine zweckmäßige Anordnung; denn dort können sie für die Biegungsfestigkeit desselben so gut wie nichts leisten. Der Stamm wird um so steifer und unbiegsamer werden, je mehr die Steifungsgewebe an die Peripherie rücken. Das lehrt schon die Festigkeit hohler Säulen. Liegen die Steifungsstränge symmetrisch nahe der Peripherie, so werden sie einer Verbiegung nach jeder Seite einen Widerstand entgegensetzen. Wir finden wirklich auch eine vollkommen symmetrische Verteilung der Stränge, wie sich aus den abgebildeten Querschnittsansichten erkennen läßt. Allgemein ist zu beachten, daß die Steifungsgewebe (in den Figuren grau) in der Regel mit den Leitungssträngen (schwarz) fest verbunden sind, was nachher noch mechanisch erklärt werden wird.

Fig. 1, S. 108, ist ein Stammquerschnitt, bei welchem die mechanischen Stränge des Hartbastes (Sklerenchym), möglichst nach außen gerückt, den Leitungssträngen anliegen. Eine Verbindungslinie zweier gegenüberliegender Stränge würde durch den Mittelpunkt des Stammes gehen, was ergibt, daß immer zwei solcher Stränge sich in ihrer Steifheit bei Verbiegungen unterstützen. So sind die allermeisten Stengel gebaut, auch die Keimsprosse aller Bäume, bei denen, wenn sie älter werden, an Stelle dieser Stränge dann der feste Holzkörper tritt. Zuweilen treten auch außerhalb des Gefäßbündelkreises noch besondere Stränge hinzu. Z. B. bei den vierkantigen Stengeln der Labiaten (Fig. 2, S. 108) läuft innerhalb jeder Kante des Stengels ein Kollenchymbündel herab. Diese Ausrüstung der Stengelkanten mit einem steifen Strang macht es begreiflich, daß die dünnen und langen Labiatenstengel steif aufrecht stehen. Fig. 3 ist der Querschnitt einer Palme (Phoenix dactylifera). Hier ist auch die Mitte des Stengels, das Mark, von Strängen durchzogen, jeder Strang außen mit einem Steifungsstrang bekleidet, die zum Teil seitlich verschmolzen sind. Die größere Anzahl der Stränge entspricht den Anforderungen, die an die hohen, vom Winde bedrängten Palmenstämme gestellt werden.

Die Sklerenchymbündel können auch bei ihrer Ausbildung miteinander zu einer zylindrischen Röhre verschmelzen und stellen sich dann auf dem Querschnitt als geschlossener Ring

8 9 10

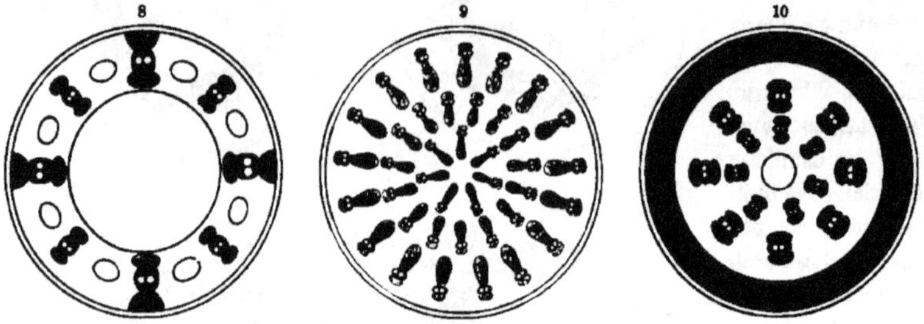

Querschnitte aufrechter Stämme mit als Träger zweiter Ordnung ausgebildeten Gurtungen: 8) rasige Binse (Scirpus caespitosus); 9) schwarzstengeliger Bambus (Bambusa nigra); 10) gemeines Rohr (Phragmites communis). Es erscheinen in dieser schematischen Abbildung die mechanischen Gewebe grau, die Leitbündel schwarz mit eingeschalteten weißen Punkten. In Fig. 8 sind die ovalen Luftkanäle angegeben.

bar (Fig. 4—7, S. 109). Die Leitungsstränge können dabei außen, innen oder ganz vom Sklerenchymring umschlossen liegen. Zuweilen gehen auch, wie bei dem Grase Molinia coerulea (Fig. 6), von dem Sklerenchymring Vorsprünge an die Peripherie, die den Umfang des Stengels wie Strebepfeiler gegen Verbiegung stützen. In anderen Fällen ist die Rinde des Stengels durch einen Kreis selbständiger Steifungsbündel befestigt, wie bei der stattlichen Doldenpflanze Euryangium Sumbul (Fig. 7), welche auch auf der beigehefteten Tafel „Orientalische Doldenpflanzen" abgebildet ist. Man erkennt die stattliche Höhe des Blütenstengels, der den Winden der Steppe gewachsen sein muß. Das in Fig. 6 gewählte System, den Umfang des Stengels zu stützen, wird auch häufig in etwas anderer Weise verwirklicht, z. B. bei der Binse (Scirpus caespitosus, s. obenstehende Fig. 8), wo die Strebepfeiler aus zwei durch das Leitungsbündel zusammengehaltenen Steifungssträngen gebildet werden. Durch diese Abweichung von dem in Fig. 6 gegebenen Beispiel wird für die Sumpfpflanze der Vorteil erreicht, noch für große Luftkanäle zwischen den Bündeln den nötigen Raum zu gewinnen. Wo solche Einrichtungen nicht verlangt werden, z. B. beim gemeinen Rohr, Phragmites communis (Fig. 10), kann eine vollständig geschlossene Sklerenchymröhre ganz an die Peripherie des Stengels gelegt werden. Beim Bambus (Fig. 9), welcher wie das Rohr zu den Gräsern gehört, ist die Anzahl der Stränge bedeutend vermehrt, dafür aber sind die Stränge dünner. Jedes Leitbündel ist von zwei Sklerenchymsträngen flankiert, von denen der innere stärker entwickelt ist.

...stalische Doldenpflanzen (Turkestan).

[illegible] gebildet werden. [illegible]
[illegible] für die [illegible]pflanze der [illegible]
[illegible] zwischen [illegible] Wagen zu gewinnen. [illegible]
[illegible] z. B. [illegible] Margaritas [illegible]
[illegible] geschlossene [illegible] ganz an die [illegible] des Stengels
[illegible] (Fig. [illegible]), [illegible] das [illegible] gehört, [illegible]
[illegible] vermehrt, [illegible] aber [illegible] die [illegible]. Jenes [illegible]
[illegible] Gliederschnürungen [illegible], von denen der [illegible] stärker entwickelt [illegible]

Orientalische Doldenpflanzen (Turkistan).

Die oben geschilderten anatomischen Einrichtungen wirken ganz so, als ob sie nach den Regeln unserer Bautechnik eingerichtet wären, was aus einigen Hindeutungen auf technische Mechanik klar hervorgehen wird. Die Ingenieurwissenschaft hat gefunden, daß die Festigkeit eines Tragbalkens abhängt von der Festigkeit der Grenzflächen, weil diese am meisten in bezug auf Druck und Zug in Anspruch genommen werden und den größten Widerstand leisten müssen. Darum braucht solch ein Balken in der Mitte nicht so stark wie an den Grenzflächen

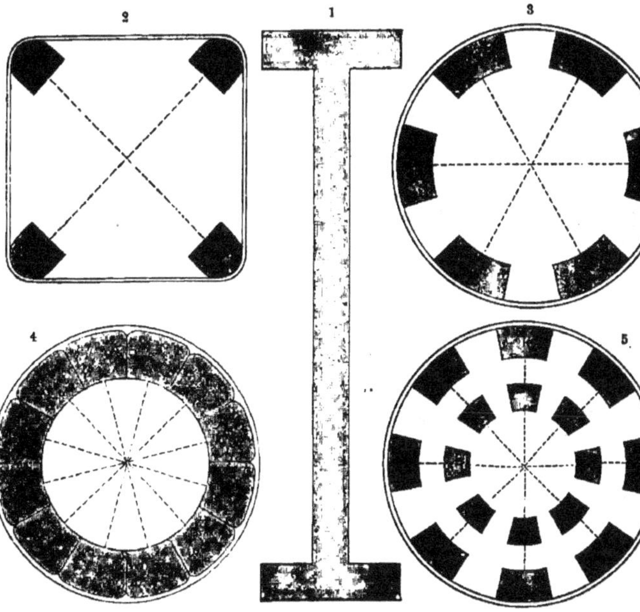

Schematische Darstellung verschieden kombinierter Träger: 1) ein einzelner Träger; 2) zwei kombinierte kreuzweise gestellte Träger; 3) drei kombinierte Träger; 4) sechs kombinierte Träger; die Gurtungen schließen seitlich so aneinander, daß eine zylindrische Röhre hergestellt ist; 5) vier kombinierte Hauptträger; die Gurtungen derselben werden aus Trägern zweiter Ordnung gebildet. In Fig. 2—4 ist die Füllung der Träger durch gestrichelte Linien angedeutet. (Zu S. 111 u. 112.)

zu sein, man konstruiert vielmehr die Tragebalken in der bekannten Form der „Träger" (s. obenstehende Fig. 1). Die beiden Endflächen nennt man Gurtungen und das Zwischenstück Füllung. Die Füllung kann aus einem leichteren Material hergestellt werden oder auch nur aus Gitter- oder Fachwerk bestehen. Das bedeutet Raum- und Materialersparnis. Betrachtet man die abgebildeten Stengelquerschnitte Fig. 8, 9 u. 10, so erkennt man leicht, daß in jedem einzelnen Bündel das (schwarze) Leitbündel der Füllung, die (grauen) Sklerenchymbündel den Gurtungen eines Trägers gleichen und die Stengel also gegen Verbiegen von außen durch lauter Träger gestützt sind. Aber auch in dem Querschnitt Fig. 1, S. 108, wo die Leitbündel nur einseitig von einem Sklerenchymstrang begleitet sind, braucht man nur zwei gegenüberliegende Bündel durch eine Linie zu verbinden, um das Bild des Trägers, wie in obenstehender Fig. 3, zu finden. Überall bestehen die Gurtungen aus mechanischem Gewebe (Sklerenchym, Kollenchym), die Füllungen aus Leitbündeln oder Parenchym. In den flächenförmig ausgebreiteten Laubblättern sind die Träger so eingefügt, daß deren Gurtungen den Blattseiten parallel, die Füllungen quer dazu liegen, und diese Anordnung macht die Blätter in der Blattebene biegungsfest. Diese Konstruktion, welche an den Blattquerschnitten der Abbildungen in Bd. I, S. 257, Fig. 1 und 4, und S. 258, Fig. 3 und 6, zu sehen ist, wäre für aufrechte Stämme sehr unpassend. Der aufrechte Stamm, auf welchen bald von dieser, bald von jener Seite her der Wind einstürmt, muß nach verschiedenen Richtungen ohne Nachteil gebogen werden können, und dieser Anforderung entsprechend erscheinen in ihm die verschiedenartigsten Kombinationen von Trägern ausgebildet. Gewöhnlich sind mehrere, wenigstens zwei, häufig aber sehr viele Träger so kombiniert, daß sie die Achse miteinander gemein haben, wie das durch die schematischen Querschnitte Fig. 2, 3 und 4 der Abbildung auf S. 111 dargestellt wird. In diesem Falle befinden sich sämtliche Gurtungen an der Peripherie des Stammes, und je zwei derselben, welche diametral gegenüberliegen, müssen immer als zu einem Träger gehörend angesehen werden. In manchen Stämmen haben sämtliche Gurtungen eine parallele Lage, in anderen Fällen sind sie hin und her gebogen und seitlich so miteinander verbunden, daß ein Gitterwerk der mannigfachsten Art entsteht; wieder in anderen Fällen sind sämtliche nahe der Peripherie des Stammes liegende Gurtungen seitlich miteinander verschmolzen (Fig. 4), so daß aus ihnen eine zylindrische Röhre entsteht, in welchem Falle die Füllung überflüssig wird und die Stämme im Inneren entweder hohl sind wie eine hohle Säule oder nur mit lockerem Mark erfüllt erscheinen. Bisweilen ist jede Gurtung selbst wieder zu einem Träger umgestaltet, wodurch die Gurtungen zu Trägern zweiter Ordnung werden (z. B. Fig. 5 auf S. 111).

Es besteht in Beziehung auf die Anwendung dieser Prinzipien in den Pflanzenstengeln eine Mannigfaltigkeit, die kaum geringer sein dürfte als jene, welche die Anordnung der Blattadern zeigt. Da aber die Untersuchungen in betreff des Verlaufes und der Gruppierung der mechanischen Gewebestränge noch lange nicht so weit gediehen ist, um daraus ein System machen zu können, haben wir uns begnügt, einige auffallende Beispiele zu erläutern.

Die liegenden, flutenden und schwimmenden Stämme.

Einen auffallenden Gegensatz zu den aufrechten Stämmen bilden die horizontal am Erdboden hinkriechenden Sprosse von Pflanzen, die auf Torfmooren, auf den sandigen Flächen der Niederungen, auf steinigen Terrassen des Hügellandes und in den Felsritzen windgepeitschter Berghöhen wurzeln, im allgemeinen also einen Boden bewohnen, welcher nicht als fruchtbar gilt, auf welchem die Stürme freies Spiel treiben, und wo hochstrebende Pflanzen einen schweren Stand haben würden. Die Blätter, welche liegende Stämme schmücken, sind meistens ungeteilt, klein und an jedem Jahrestrieb in großer Zahl vorhanden. Wo nicht unüberwindliche Hindernisse im Boden vorhanden sind, breiten sich die liegenden Stämme von der Stelle, wo der Stock zuerst Wurzel gefaßt hat, nach allen Seiten aus, und wenn die betreffenden Arten zu den geselligen gehören, überziehen sie den Boden, der ihnen zur Unterlage dient, in verhältnismäßig kurzer Zeit mit einem geschlossenen Teppich. In den jüngsten Entwickelungsstufen sind die Sprosse noch nicht auf den Boden hingestreckt, namentlich ist die Achse des Sprosses, welcher unmittelbar über dem Keimblattstamm entspringt, immer aufrecht; alsbald aber, nachdem eine Streckung in die Länge stattgefunden hat, neigt sich der Sproß zur Seite, schmiegt sich dem Erdreich an oder bildet wohl auch einen nach oben zu konvexen Bogen, um mit seinem freien Ende den Boden zu erreichen. Die Spitze erscheint allerdings immer wieder etwas aufgerichtet, und die meisten liegenden jungen Sprosse haben daher die Gestalt eines ∼. In dem Maße, wie ein solcher Stamm sich verlängert, schmiegt sich das hinter der fortwachsenden Spitze liegende Stück der Unterlage an.

In vielen Fällen sind diese Stämme nicht fähig, sich aufrecht zu erhalten. Der Boden, auf dem sie hinkriechen, ist für sie tatsächlich Liegestatt und Stütze, und sobald ihnen diese entzogen wird, werden sie nickend und überhängend, wie das beispielsweise bei Erdbeerpflanzen (Fragaria) beobachtet wird, die über den Rand einer Felsterrasse hinauswachsen. Daß es aber nicht immer das eigene Gewicht und das Gewicht der Blätter ist, welches diese Wachstumsweise unmittelbar veranlaßt, oder, mit anderen Worten, daß die Sprosse nicht unter der Last ihrer Blätter auf den Boden hinsinken, sieht man deutlich genug an den liegenden Stämmen der Ausläufer treibenden Habichtskräuter (z. B. Hieracium Pilosella), welche, abgepflückt und aufrecht gestellt, ganz steif und gerade bleiben und nicht die geringste Biegung erfahren. Niederliegende Stengel kommen schon bei einjährigen Pflanzen vor, die sich nur durch Samen fortpflanzen, z. B. dem Burzeldorn (Tribulus), dem Gauchheil (Anagallis), dem efeublätterigen Ehrenpreis (Veronica hederifolia), dem Portulak (Portulaca oleracea) und zahlreichen Arten der Gattungen Knöterich, Klee, Schneckenklee (Polygonum, Trifolium, Medicago). Andere dauern mit unterirdischen Rhizomen aus und treiben jährlich neue oberirdische Stengel wie der Schotenklee (Tetragonolobus siliquosus), der gewöhnliche Ehrenpreis (Veronica officinalis) und mehrere nelkenartige Gewächse (Saponaria ocymoides, Telephium Imperati).

Bei den ausdauernden kriechenden Pflanzen entwickeln die Stämme alljährlich End- und Seitentriebe, welche sämtlich dem Boden parallel verlaufen. Auch die aus ihren Knospen hervorwachsenden Triebe sind dem Boden angepreßt und wiederholen überhaupt die Wachstumsweise ihrer Mutterstämme. Die neuen Triebe sind stets beblättert, die älteren verlieren dagegen die Blätter; sie erhalten sich aber noch Jahre hindurch lebenskräftig und dienen der Zuleitung des Wassers aus dem Boden. Bei vielen dieser Pflanzen verholzen die älteren Stammteile, erhalten sich dann gewöhnlich sehr lange Zeit, können auch an Umfang zunehmen und zeigen mitunter zahlreiche Jahresringe, wie z. B. die den Felsplatten der Hochalpen angepreßten Stämme der liegenden Weiden (Salix serpyllifolia, retusa, Jacquiniana, reticulata), von welchen auf S. 114 eine Abbildung eingeschaltet ist.

Häufig wurzeln die sich verlängernden Stämme auf weiter Erstreckung ihrer Unterlage nicht an. Faßt man sie an den belaubten Spitzen und hebt sie vom Boden ab, so überzeugt man sich, daß die Triebe mehrerer, oft vieler Jahre noch immer keine Wurzeln geschlagen haben. Wenn solche Stämme sich verzweigt und mit ihren Ästen über den Boden in weiterem Umkreis ausgebreitet haben, so entstehen förmliche Teppiche, welche sich von der Erde oder von den Felsterrassen als ein zusammenhängendes Ganze abheben lassen, wie das beispielsweise bei der Bärentraube (Arctostaphylos Uva ursi) und der Silberwurz (Dryas octopetala) beobachtet wird. Es fällt auf, daß eine so große Zahl der hierher gehörigen Arten wintergrünes Laub besitzt, und es sei in dieser Beziehung auf die liegende Azalea (Azalea procumbens; s. Tafel in Bd. I, S. 216), dann auf die Moosbeere (Oxycoccos palustris) und die herzblätterige Kugelblume (Globularia cordifolia) hingewiesen.

Bei anderen Kriechpflanzen mit nicht verholzenden Stämmen halten sich die älteren Triebe nicht so lange Zeit, sondern sterben schon nach drei, vier Jahren ab, wodurch die Pflanze in der Richtung des wachsenden Endes gewissermaßen fortwandert. An den Gelenken entwickeln diese

Stämme reichlich Wurzelfasern, welche in den Boden eindringen und den Stamm oft förmlich in die Erde oder wie bei Hydrocotyle vulgaris (s. Abbildung, S. 115) in den Schlamm hineinziehen können. Wenn an älteren Stammstücken jene Stellen, wo früher Blätter gesessen hatten, durch querlaufende Narben und Leisten bezeichnet sind, so sehen solche Stämme kriechenden,

Dem Boden angeschmiegte Stämme und Zweige von Alpenweiden auf der Nordseite des Blasers in Tirol. (Zu S. 113.)

geringelten Würmern und Raupen nicht unähnlich. Recht auffallend sind in dieser Beziehung die über feuchtes Gestein am Rande der Quellen hinkriechenden braunroten Stämme der kalifornischen Saxifraga peltata. Aber auch die Stämme der Haselwurz (Asarum), des sumpfbewohnenden Bitterklees (Menyanthes trifoliata), der Schlangenwurz (Calla palustris) und mehrerer Arten von Klee (z. B. Trifolium repens) rufen den Eindruck hervor, als ob Gewürm über dem Boden hinkrieche.

Mit dem besonderen Namen Ausläufer (stolo) bezeichnet man einen liegenden, nach

Jahr und Tag absterbenden Seitensproß, welcher aus den Knospen der unteren Blätter eines aufrechten Hauptsprosses entsteht. Ausläufer haben in der Regel sehr dünne, oft fadenförmige Achsen und sind in kleineren oder größeren Abständen mit Blättern besetzt. In den Achseln vieler dieser Blätter werden keine Knospen ausgebildet oder es sind oftmals nur die Enden der Ausläufer, an welchen aus den Achseln sehr verkleinerter Blätter anwurzelnde Knospen entstehen. Hierher gehören von bekannten Pflanzen das Sinngrün (Vinca) und der rotblaue Steinsame (Lithospermum purpureo-coeruleum). Die von einem älteren Stock ausgehenden Triebe dieser Arten bilden einen flachen, mit Laubblättern reichlich besetzten Bogen, der sich mit seinem freien Ende auf die Erde niedersenkt, sich dort verdickt, in eine dunkle Ritze oder in den schwarzen Humus hineinwächst, Wurzel schlägt und durch diese noch tiefer in den Boden hineingezogen wird. Dieses in die Erde gezogene Ende des Ausläufers stellt sich dann im nächsten Jahre sozusagen auf eigene Füße; es wächst zu einem neuen Stocke heran, während der bogen- oder spangenförmige Teil des Ausläufers früher oder später abstirbt und gewöhnlich schon im nächsten oder zweitnächsten Jahre spurlos verschwunden ist. Die Ausläufer des Pfennigkrautes (Lysimachia Nummularia) sind ähnlich gebaut, aber bei dieser Pflanze liegen die Sprosse

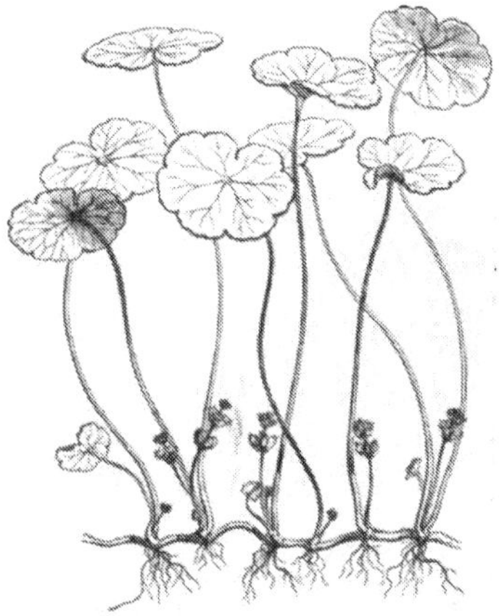

Hydrocotyle vulgaris, mit kriechendem Stamme. (Zu S. 114.)

Ausläufer von Ranunculus repens. Die Knoten, an denen die Blätter und Seitensprosse entstehen, bewurzeln sich. Später sterben die fadenförmigen Teile des Ausläufers ab, wodurch die anfänglichen Seitensprosse zu selbständigen Pflanzen werden. (Zu S. 115 u. 116.)

platt dem Boden auf, eine Verdickung des Endes findet nicht statt, die Spitzen sind nicht lichtscheu und werden auch nicht weit in die Erde hineingezogen. In den Achseln der kleinen Blätter nahe an der Spitze des Ausläufers entstehen Knospen, welche anwurzeln und im nächsten Jahre zum Ausgangspunkte für neue Stöcke werden. Mehrere Arten der Gattungen

Steinbrech und Hauswurz (Saxifraga und Sempervivum), der kriechende Günsel (Ajuga reptans), einige Habichtskräuter (z. B. Hieracium Pilosella und Auricula) und zahlreiche andere Gewächse entwickeln reichbeblätterte Ausläufer, welche an dem freien Ende zu Kurztrieben werden und dort auch anwurzeln. Die Blätter sind an diesen Kurztrieben rosettenförmig gruppiert; der Kurztrieb wächst im nächsten Jahre zu einem neuen Pflanzenstock heran, während der Ausläufer selbst zugrunde geht.

Zuweilen sind, wie gesagt, die Ausläufer sehr lang und fadenförmig, wobei sich nur in weiteren Absätzen an denselben Blätter und Knospen ausbilden, welche anwurzeln und zu

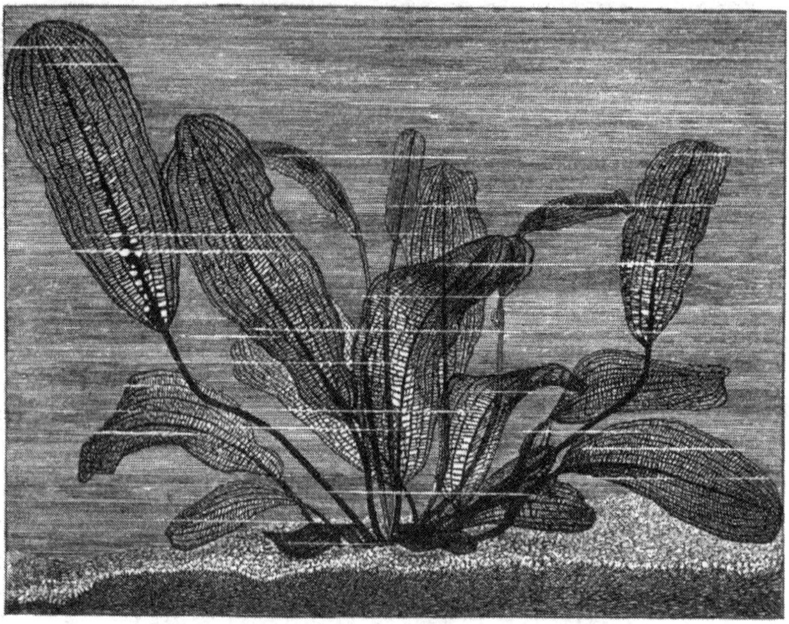

Ouvirandra fenestralis oder Aponogeton fenestrale, eine unter Wasser wachsende Pflanze. (Zu S. 119—120.)

Ausgangspunkten neuer Stöcke werden. Die langen, blattlosen Stengelglieder gehen binnen Jahresfrist zugrunde. Ein Teil der an den Knoten entwickelten Knospen gestaltet sich zu aufrechten Kurztrieben, während andere noch im alten Jahre zu neuen Ausläufern werden. Jeder Stock sendet gleichzeitig mehrere auf den Boden hingestreckte Stolonen nach allen Seiten, was dazu führt, daß in kurzer Zeit Strecken mit fadenförmigen Ausläufern kreuz und quer übersponnen sind und die Pflanze sich auf diese Weise reichlich vermehrt.

Bekannte Beispiele für diese Form des liegenden Stammes liefern die Erdbeerpflanzen (z. B. Fragaria vesca und indica), der auf Wiesen verbreitete, S. 115 abgebildete Hahnenfuß Ranunculus repens, mehrere Fingerkräuter (z. B. Potentilla reptans und anserina), die kriechende Nelkenwurz (Geum reptans), die Felsenbrombeere (Rubus saxatilis), der Gundermann (Glechoma hederacea) und der japanische Steinbrech (Saxifraga sarmentosa).

Ein gar seltsames Ansehen bietet eine im Himalaja heimische Art der Gattung Mannsschild (Androsace sarmentosa). Alle ihre Blätter sind an einem aufrechten Kurztriebe zu einer zierlichen Rosette zusammengedrängt. Aus den Achseln mehrerer dieser Rosettenblätter kommen im Laufe des Sommers dünne, lange, rote Schößlinge in strahlenförmiger Anordnung hervor, legen sich dem steinigen Boden an, und jeder dieser Schößlinge bildet an seinem Ende nur einen einzigen anwurzelnden Kurztrieb, der sich zu einer Rosette ausgestaltet. Die roten Fäden gehen im zweiten Jahre zugrunde, aber man sieht dann um eine ältere Rosette fünf oder sechs neue angewurzelte Rosetten sehr regelmäßig in einem Kreise herumstehen.

Die Stämme der Wasser- und Sumpfpflanzen entbehren, wie schon früher gesagt, des Holzes und Bastes entweder vollständig, oder enthalten diese Elemente nur in sehr geringer Menge. Dagegen sind sie mit auffallend großen Luftkanälen durchzogen und infolgedessen ungemein leicht und schwimmfähig. Schneidet man den versenkten Stamm einer im Seegrunde wurzelnden Wasserpflanze nahe über seinen Wurzeln ab, so steigt er sofort zur Wasseroberfläche empor, nimmt dort eine horizontale Lage an, erhält sich schwimmend und kann unter Umständen noch weiter wachsen und vielleicht, an den seichten Strand getrieben, wieder anwurzeln. Und wenn man aus einem vollen Teiche, der mit Wasserranunkeln, Laichkräutern und anderen Gewächsen erfüllt ist, das Wasser abfließen läßt, so sinken die genannten Pflanzen schlaff auf den Boden hin, ihre Stämme haben nicht die Fähigkeit, sich selbst und ebensowenig ihre Blätter in aufrechter Lage zu erhalten.

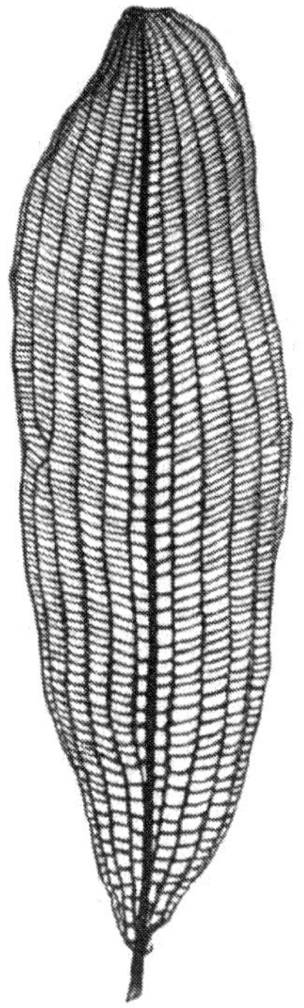
Blatt von Aponogeton fenestrale. (Zu S. 119—120.)

Das Wasser also, von dem sie rings umgeben sind, stützt und trägt sie, und sie sind in dieser Beziehung mit den klimmenden Stämmen zu vergleichen, welche auch einer besonderen Stütze bedürfen, wenn sie vom Erdboden zur Höhe gelangen wollen. Auch insofern ist die Analogie mit den genannten Pflanzen nicht zu verkennen, als in beiden Fällen das Bedürfnis nach Licht die Richtung und die Dauer des Wachstums beeinflußt und die Stämme der Wasserpflanzen aus dem gedämpften Lichte des Seegrundes zum Wasserspiegel hinaufführt, ähnlich wie es die Kletterpflanzen aus dem Waldgrunde zu den sonnigen Wipfeln der Bäume emporträgt.

Eine kleinere Anzahl von Wasserpflanzen gelangt am einfachsten dadurch zum Lichtgenuß, daß sie nahe der Oberfläche oder selbst auf dieser, ohne am Boden durch Wurzeln befestigt zu sein, frei schwimmen und nur zur Zeit, wenn ihre chlorophyllhaltigen Blätter die Arbeit einstellen, in den lichtarmen Grund hinabsinken und dort überwintern. So schwimmen die in Bd. I, S. 329 abgebildeten Aldrovandia und die dort S. 305—307 besprochenen und abgebildeten Wasserschlauchgewächse ohne Spur einer Wurzelbildung im Wasser. Die hübsche, S. 72 abgebildete Salvinia natans treibt mit ihren Stengeln, die zierliche eirunde Blättchen besitzen, auf dem Wasser, während lange Wurzeln ins Wasser herabzuhängen scheinen. Aber dies ist nur Schein, vielmehr sind die fadenförmigen Organe keine Wurzeln, sondern nur anders geformte sogenannte Wasserblätter, wie wir sie auch bei anderen Wasserpflanzen finden. Auch

Vallisneria spiralis. (Zu S. 119 und zu späteren Kapiteln.)

die zu den Lebermoosen gehörigen zierlichen Riccia-Arten schwimmen auf dem Wasser, gerade wie die jedermann bekannten Wasserlinsen (S. 55). Es gehören auch dahin mehrere den tropischen Gewässern angehörige Arten der Gattung Pistia und Pontederia und endlich die zu den Farnen gehörige nordamerikanische Azolla, eine Verwandte von Salvinia. In fließenden Gewässern wäre für solche nicht festwurzelnde Pflanzen ein schlechter Platz: sie finden sich auch ausschließlich in den stillen Buchten der Teiche und Seen und in den ruhigen, von Binsen und Röhricht umgebenen Tümpeln, wo niemals heftige Bewegung des Wassers die Pflanze stören kann.

Wie das Wasser die weichen Stengel der Wassergewächse stützt und trägt, erkennt man am besten an den Wasserpflanzen, deren Stämme im Boden hinkriechen oder senkrecht auf-

Limnanthemum Humboldti. (Nach Goebel, Biolog. Schilderungen.) Zu S. 121—122.

wärts wachsen, aber durch ein ausgiebiges Wurzelsystem im Boden befestigt sind. Auch von diesen Pflanzen wachsen viele ganz untergetaucht, bringen zwar bis zur Oberfläche des Wasserspiegels, erheben sich aber nicht darüber empor. Manchmal sind die Stämme der Wasserpflanzen so kurz, daß sie kaum merklich aus dem Schlamme des Seegrundes hervorragen. Dann pflegen die Blätter zu langen Bändern ausgestaltet zu sein, welche mit ihren freien, im Wasser flutenden Enden in die besser beleuchteten Wasserschichten hinaufragen, wie die auf S. 118 abgebildete Vallisneria spiralis, deren merkwürdige Befruchtung wir später kennen lernen werden. An sie reiht sich die seltsame, in Madagaskar heimische Gitterpflanze (Ouvirandra fenestralis oder Aponogeton fenestrale, s. Abbildung, S. 116 und 117). Ihr Stamm ist kurz, die Wurzeln stecken im Schlamm der Gewässer, die gestielten Blätter breiten sich rosettenförmig im Wasser aus. Das Blattparenchym, welches sonst die Maschen der netzförmig verbundenen Stränge auszufüllen pflegt, fehlt, und die Stränge, welche das Grundgerüst der Blätter bilden, sind nur mit einer dünnen Lage chlorophyllführender Zellen belegt, so daß das Ganze einem im Herbste vom Baume gefallenen und unter Wasser mazerierten Blatte ähnelt, von welchem

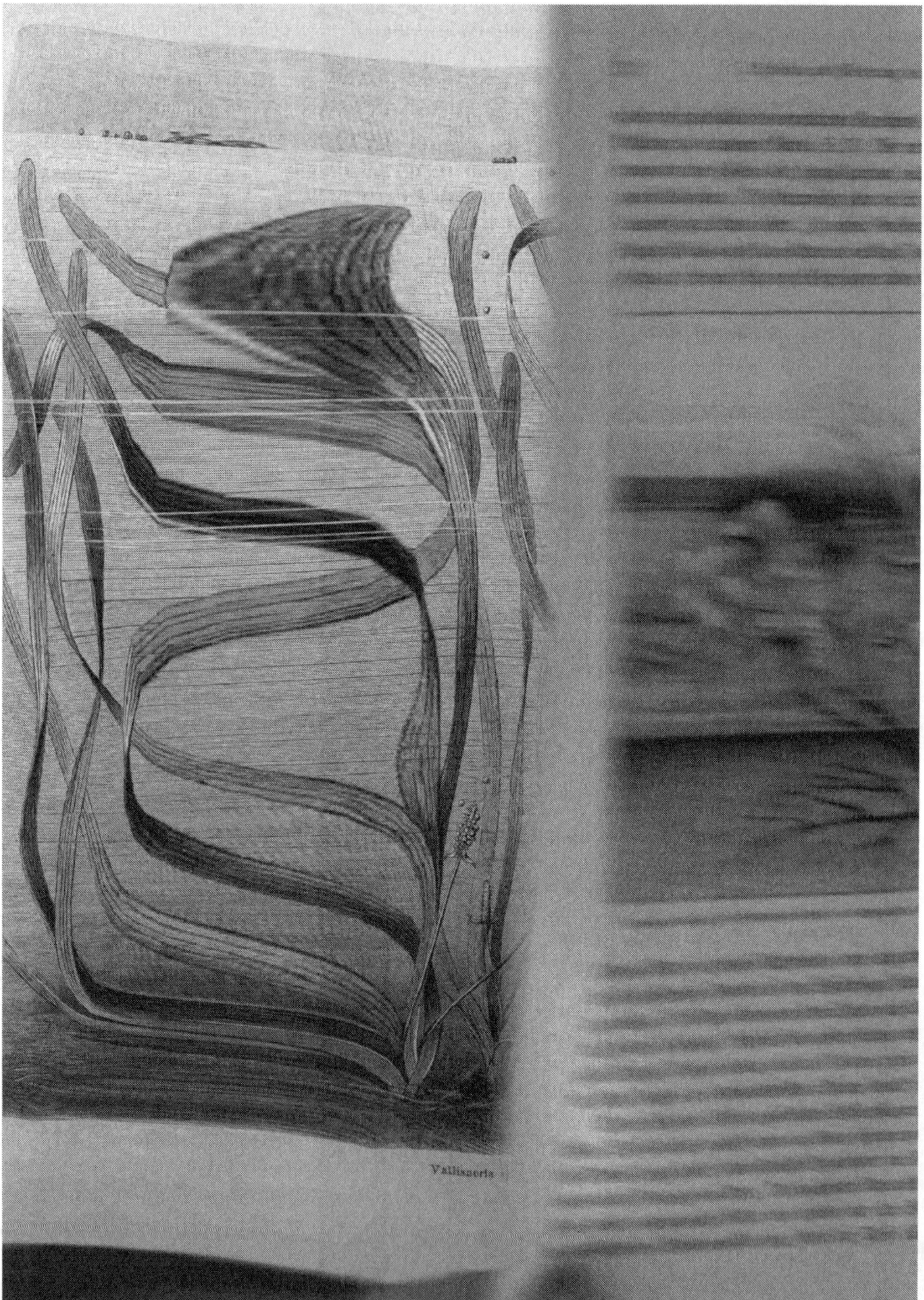
Vallisneria

Victoria Regia im Amazonenstrome

nach dem Herausfallen des verwitternden Parenchyms nur das Adernetz übriggeblieben ist (vgl. Abbildung des einzelnen Blattes, S. 117). Diese merkwürdige Gitterung hängt offenbar zusammen mit dem Fehlen aller Interzellularräume, welche sonst bei den Wasserpflanzen eine so große Rolle spielen. Die Gittermaschen halten die Luft fest, welche Kohlensäure und vor allem Sauerstoff zum Atmen liefert. In unseren Gewässern wachsen mit aufstrebenden zierlichen Stengeln Nitella- und Chara-Arten und eine Anzahl Formen von Najas, Zanichellia, Ceratophyllum. Bei einer Reihe von Wasserpflanzen erheben sich aus dem im Schlamm hinkriechenden

Ranunculus aquatilis, mit schwimmenden flachen und untergetauchten, fadenförmig geteilten Blättern. (Zu S. 121.)

Stamme Blätter mit großen Blattspreiten, deren langgestreckte Stiele so lange fortwachsen, bis die scheibenförmigen Spreiten auf dem Wasserspiegel schwimmen, um dort das volle Tageslicht zu genießen. Die Blüten werden von ihren Stielen noch über das Wasser emporgehoben, damit die Insekten sie besuchen. Beispiele sind unsere schönen weißen Seerosen (Nymphaea alba), die gelbe Teichrose (Nuphar luteum) und die Victoria regia mit ihren metergroßen Blättern, die die stillen Buchten der südamerikanischen Ströme bedeckt (siehe die beigeheftete Tafel).

Die im fließenden Wasser angesiedelten Wasserpflanzen müssen der Strömung Widerstand leisten. Sie sind daher zunächst immer am Boden festgewurzelt, bilden meistens in der Richtung des Stromes langgestreckte, schweifähnliche Vegetationen wie Ranunculus fluitans und divaricatus und die Potamogeton-Arten. Die bezeichneten Ranunkeln haben in schmale, fadenförmige Zipfel geteilte untergetauchte Blätter und erheben nur ihre Blüten über das Wasser, die bei den weißblühenden Wasserranunkeln eine Zierde der Flüsse bilden.

Victoria Regia im Amazonenstrome.

[illegible] Victoria regia [illegible]

[illegible] Gebäude besucht (siehe [illegible]

Die bei [illegible] Wasserpflanzen [illegible]

[illegible] Sie sind daher zunächst immer am Boden festgewachsen. [illegible]

[illegible] Stromes langgestreckte, schneeweiße [illegible]

[illegible] und die Potamogeton-Arten. Die bezeichneten [illegible] in schmale, [illegible]

[illegible] untergetauchte Blätter und erheben nur ihre Blüten über das [illegible]

[illegible] blühenden Wasserranunkeln eine Zierde der Flüsse bilden.

Victoria Regia im Amazonenstrome.

Schon bei Salvinia wurde auf die Verschiedenheit der untergetauchten und der Schwimmblätter hingewiesen. Solche verschiedenblätterige Wasserpflanzen gibt es aber eine ganze Anzahl. Immer sind die untergetauchten Blätter schmal, oft in dünne, fadenförmige Zipfel gespalten, während sich auf der Wasserfläche breite, scheibenförmige Blätter wiegen. Beispiele bieten mehrere Laichkräuter (Potamogeton heterophyllus, rufescens, spathulatus) und besonders Wasserranunkeln (Ranunculus aquatilis, s. Abbildung, S. 120) u. a. Die Form der Wasserblätter ist eine Anpassung an das Wasserleben, welches den Assimilationsorganen ganz andere Bedingungen bietet als die Luft. Die feine Verzweigung der Wasserblätter bedeutet eine Vergrößerung der Oberfläche zum Zwecke der besseren Ausnutzung der im Wasser verteilten Kohlensäure und des Sauerstoffes. Die Bedeutung der Schwimmblätter dagegen besteht, abgesehen davon, daß sie wie alle Blätter der Ernährung dienen, doch noch besonders darin, den Blüten als Stütze zu dienen. Eine Benetzung der Blüten mit Wasser würde die Pollenkörner zerstören und die Bestäubung durch die Insekten zum Zwecke der Befruchtung sehr beeinträchtigen. Schon bei Ranunculus aquatilis beobachtet man leicht, daß Schwimmblätter meistens nur an blühenden Sprossen, den Blüten gegenüber, entstehen. Besonders anschaulich ist das bei einigen Limnanthemum-Arten, die, obwohl sie zu den Gentianeen gehören, nymphäaähnliche Schwimmblätter besitzen. Die Blätter von Limnanthemum Humboldti, welche auf langen Stielen aus dem im Grunde des Wassers wurzelnden Stamme zur Oberfläche aufsteigen, scheinen zur Blütezeit auch die Blütenstände zu erzeugen. Aber die Sache liegt so, daß der lange vom Wassergrunde aufsteigende Stiel dem Blütenstande selbst gehört und das Schwimmblatt nur seitlich daran sitzt. So erhält es das kurze

Sagittaria sagittifolia. (Zu S. 122.)

Ende, welches die Blüten trägt, in fester Lage. Es kommt noch hinzu, daß die enge Verbindung von Blatt und Blütenstand den Weg für die Zuwanderung der im Blatt gebildeten Nährstoffe für den sich in der Blüte bildenden Samen verkürzt (vgl. Abbildung, S. 119).

Auch bei einigen Sumpfpflanzen, die mit ihren Blättern sich über das Wasser in die Luft erheben, findet man außer diesen auch noch Wasserblätter von einfacherer Form. Lange bekannt und viel beschrieben sind sie bei unserem Pfeilkraut (Sagittaria sagittifolia). Die Luftblätter der Pflanze haben eine pfeilförmige Spreite, die Wasserblätter sind bandförmig, zeigen aber auch zuweilen Übergangsformen zwischen beiden (s. Abbildung, S. 121). Das deutet schon auf die innere Verwandtschaft beider Formen hin. In der Tat bildet die Pflanze anfangs nur bandförmige Blätter, die aber genau die gleiche Bildungsart wie die späteren pfeilförmigen haben. Die Umgebung mit Wasser, die schwächere Beleuchtung hemmt aber eine weitere Ausgestaltung. Wahrscheinlich spielt auch die Ernährung eine Rolle, denn erst später, nachdem die Pflanze viele bandförmige Blätter erzeugt hat, die nicht über das Wasser wachsen, beginnen die späteren, anfangs gleichfalls bandförmigen Blätter, pfeilförmige Spreiten zu bilden, die über dem Wasser erscheinen.

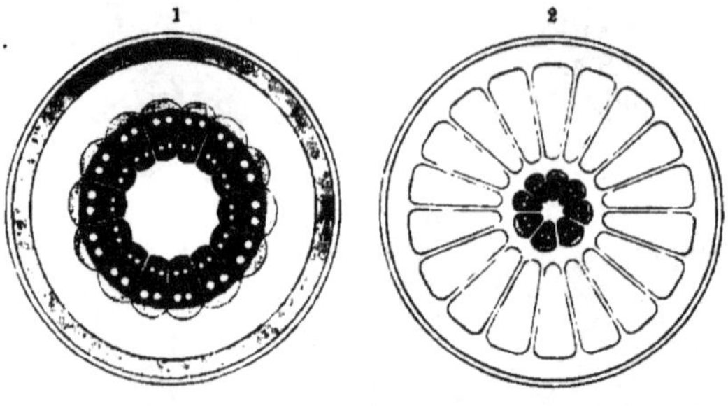

1) Querschnitt durch den dem Boden aufliegenden Ausläufer der Gartenerdbeere (Fragaria grandiflora); 2) Querschnitt durch den Stamm des ährigen Tausendblattes (Myriophyllum spicatum). Es erscheinen in dieser schematischen Abbildung die mechanischen Gewebe grau, die Leitbündel schwarz mit eingestreuten weißen Punkten.

Die Stämme der Wasserpflanzen sowohl wie die, welche in Erde eingebettet sind, und endlich auch die der Oberfläche des Erdreiches aufgelagerten Stammbildungen sind nur wenig auf Biegungsfestigkeit, desto mehr aber auf Zug- und Druckfestigkeit in Anspruch genommen. Für die Stämme aller dieser Gewächse bildet das Erdreich oder die umgebende Wassermasse die unmittelbare Stütze, und es ist für sie eine Anordnung der Gewebe, deren die frei in den Luftraum hineinwachsenden aufrechten Stämme bedürfen, überflüssig. Es fehlen ihnen in der Tat auch oft die trägerähnliche Anordnung der Hartbast- und Kollenchymstränge, welche für aufrechte Stammgebilde so charakteristisch sind. Der Gefäßbündelzylinder nimmt den Mittelpunkt des Stammes ein und schließt meistens nur einen kleinen Markkörper ein. Gegen den seitlichen Druck, der von der umgebenden Erde oder dem umgebenden Wasser ausgeht, sind die hier in Betracht kommenden Stämme durch eine Schicht dickwandigen Parenchyms (s. obenstehende Abbildung, Fig. 1) oder durch die Gewebespannung in der Umgebung größerer, der Länge nach außerhalb des Gefäßbündelkreises im Stamme hinauflaufender Luftkanäle (Fig. 2) geschützt. Den unterirdischen Stämmen des Studentenröschens (Parnassia palustris) und anderer krautartiger Pflanzen fehlt das Mark, sie zeigen einen zentralen Strang aus zusammengedrängten Gefäßbündeln und stimmen in ihrem Bau mit den in Erde eingelagerten Wurzeln überein. Bei den Wasserpflanzen ist der Gefäßbündelkörper sehr wenig ausgebildet, weil Leitungsbahnen bei ihnen unnötig sind.

7. Die Gestalten der Blattgebilde.

Die Definition des Blattes.

Wenn ein Botaniker des 16. und 17. Jahrhunderts bei der Beschreibung von Pflanzen das Wort Blatt gebrauchte, so geschah das ausschließlich im Sinne der Sprache des Volkes, er verstand unter Blatt ein flächenförmig ausgebreitetes Gebilde, wie es mit grüner Farbe als Laubblatt, mit roten, blauen und anderen Farben geschmückt als Blumenblatt erscheint. Erst im 18. Jahrhundert, und zwar nicht zum wenigsten unter dem Einflusse der Goethischen Metamorphosenlehre (vgl. Bd. I, S. 11), wandten die Botaniker das Wort Blatt auch auf die dicken, fleischigen Schalen der Zwiebeln, auf die Schuppen der überwinternden Knospen, auf manche Dornen und Ranken, auf Staubfäden und Teile der Fruchtgehäuse an. Der Beweggründe hierzu waren mehrere: einmal der Wunsch, die ungemein mannigfaltigen Erscheinungen übersichtlich zusammenzufassen, und das Streben, ein einfaches allgemeines Naturgesetz zu finden, welchem sich die Gestalten der unzähligen einzelnen Lebewesen unterordnen; weiterhin die Erkennung der Analogie in betreff der Entstehung, die tatsächlich beobachtete Übereinstimmung der jüngsten Zustände später so abweichend sich ausgestaltender Gebilde; endlich auch noch der bemerkenswerte Umstand, daß mitunter aus den Dornen, Ranken, Staubgefäßen und Fruchtgehäusen, durch abnorme äußere Einflüsse, z. B. durch den Einfluß von Milben und anderen Wirkungen, wirklich grüne Blätter werden. Manche Botaniker dachten sich eine Ur- oder Grundform des Blattes, wobei die am häufigsten zur Ansicht kommende Gestalt des grünen Laubblattes maßgebend war, und stellten sich vor, daß die anderen aufgezählten Gebilde, welche zwar nicht ihrer Gestalt, wohl aber ihrem Ursprunge nach mit den grünen Blättern übereinstimmen, aus diesen durch Umwandlung hervorgegangen seien, daß sie gleichfalls als Blätter zu gelten haben, freilich als umgestaltete oder metamorphosierte Blätter. Die Zwiebelschalen, die Staubfäden, die Teile des Fruchtgehäuses sind entsprechend dieser Auffassung metamorphosierte Blätter, wenn sie auch in ihrer fertigen Gestalt der Vorstellung, welche sich der Nichtbotaniker von einem Blatte macht, nicht entsprechen. In neuerer Zeit bringt man richtiger die Metamorphose mit der Teilung der Arbeit und mit der Änderung der Funktion der Glieder des betreffenden Pflanzenkörpers in Zusammenhang und hat erkannt, daß die Metamorphosen nicht bloß ein gedachter, sondern ein wirklicher Umwandlungsvorgang gleicher Blattanlagen ist. Die grünen Laubblätter besorgen im Sonnenlichte die Bildung organischer Stoffe aus unorganischer Nahrung, sie eignen sich aber nicht gleichzeitig zur Ausbildung von Samen, noch weniger zur Erzeugung von Pollen oder Blütenstaub, würden auch als unterirdische Vorratskammern für Reservestoffe schlecht passen. Werden diese Aufgaben gefordert, so nehmen gewisse Blätter der Pflanze während ihrer Ausbildung für die eben genannten Aufgaben besser geeignete Gestalten an, oder mit anderen Worten, sie metamorphosieren sich entsprechend der ihnen nun zukommenden anderen Funktion. Wir sehen daher zur Erzeugung des Pollens keine grünen Blätter, sondern Staubgefäße oder Pollenblätter, als Speicher für Reservestoffe im dunkeln Schoße der Erde kein grünes, flächenförmig ausgebreitetes Laub, sondern dicke, weiße, fleischige Schuppen sich entwickeln. Dem Ursprunge nach und in den ersten Entwickelungsstadien gleichen sich aber die den Pollen erzeugenden Staubgefäße, die grünen, im Sonnenlichte organische Stoffe zubereitenden Laubflächen und noch verschiedene andere bestimmten Aufgaben nachkommende Organe ein und derselben Pflanze so vollständig, daß man sie unter einem allgemeinen Begriffe zusammenfaßt und für diesen das Wort **Blatt** in Anwendung gebracht hat. Wie in einem Bienenstocke die ausgewachsenen Arbeitsbienen, die Drohnen und die Königin, entsprechend den durch Teilung der Arbeit bedingten verschiedenen Aufgaben, von verschiedener Gestalt sind, so erhalten auch die in den ersten Entwickelungsstadien übereinstimmenden Blätter ein und desselben Pflanzenstockes im ausgewachsenen Zustande, je nach der ihnen zukommenden Funktion, einen anderen Bau, und wir kommen daher zu dem Schluß: die Verschiedenheit der zum Gedeihen und zur Erhaltung des ganzen Stockes zu leistenden Aufgaben und die dadurch veranlaßte Teilung der Arbeit veranlassen an einem Pflanzenstocke die Metamorphose seiner Blätter.

Aus dem Gesagten geht nun hervor, daß eine **Definition des Blattes** an die ersten Entwickelungsstufen anknüpfen muß. Auf frühester Stufe erscheint jedes Blatt als ein seitlicher Wulst oder Höcker unter dem fortwachsenden Scheitel des Stammes. Sein Wachstum ist begrenzt, und es lassen sich die **Pflanzenblätter** mit Rücksicht auf diese Merkmale definieren als **in geometrisch bestimmter Reihenfolge aus den äußeren Gewebeschichten unter der fortwachsenden Spitze des Pflanzenstammes entspringende, seitliche Glieder mit begrenztem Wachstum.**

Die Aufgabe der grünen Laubblätter ist die Bildung von Stärke, welche in Band I ausführlich geschildert wurde. Auf das Zusammenstimmen von Form und Aufgabe ist damals so ausführlich hingewiesen, daß es hier genügt, das Notwendigste über Formverhältnisse zur Ergänzung nachzutragen. An vielen Laubblättern unterscheidet man deutlich einen flächenförmig ausgebreiteten grünen, von hellen Adern durchzogenen Teil, die **Spreite** (lamina), dann einen stielförmigen festen Träger der Spreite, den **Blattstiel**, und endlich noch ein Stück, welches die Verbindung zwischen dem Blattstiel und dem betreffenden Teile des Stammes herstellt, den **Blattgrund**. Bei vielen Pflanzen ist dieses letztere Stück verbreitert, rinnenförmig vertieft, mitunter auch von einem häutigen Saume berandet, und der Stengel wird dann, wie die Messerklinge von der Scheide, von diesem Stück umfaßt. Dort, wo das Blatt vom Stengel abbiegt, findet man häufig noch zwei Auswüchse, einen rechts, einen links am rinnigen Scheidenteile. Dieselben haben meist die Gestalt häutiger Schuppen (s. Abbildung, Bd. I, S. 269, Fig. 6), sind manchmal auch blasig aufgetrieben, wie z. B. beim Tulpenbaume (s. Abbildung, Bd. I, S. 267, Fig. 1—3), und fallen, wenn das Blatt, dessen Basis sie schmücken, ausgewachsen ist, häufig ab (Fig. 4). An anderen Pflanzen haben sie die Form kleiner Lappen, sind grün gefärbt und erhalten sich so lange, wie das ganze Blatt in Verbindung mit dem Stamme bleibt. Es wurde für diese Gebilde die Bezeichnung **Nebenblätter** (stipulae) gewählt.

Blätter, an welchen die Spreite, der Stiel und die Nebenblättchen deutlich ausgebildet sind, trifft man seltener als solche, wo der eine oder andere dieser Teile fehlt. Von den Nebenblättchen ist häufig keine Spur zu sehen. Manchmal ist nur die Blattscheide in Gestalt einer konkaven Schuppe oder Schale vorhanden, in anderen Fällen fehlt der Blattstiel, und die Spreite sitzt dann unvermittelt dem Stamme auf (s. Abbildung, Bd. I, S. 82), oder es kommt auch vor, daß das grüne Gewebe der Spreite den ganzen Stengel wie ein Kragen umgibt, so daß man meinen könnte, es sei der Stengel durch dieses Blatt durchgesteckt oder durchgewachsen. Bilden zwei oder mehrere solcher Blätter mit sitzender Spreite einen Wirtel, so können sie, teilweise oder ganz verbunden, eine Schale oder einen Becher bilden, und auch dann macht es den Eindruck, als ob der Stengel durch die Mitte der verwachsenen Blattgruppe durchgewachsen wäre (s. Abbildung, Bd. I, S. 180). Mitunter sieht man das grüne Gewebe sitzender Blattspreiten in Form zweier grüner Leisten oder Flügel am Stengel herablaufen. Man hat für diese Formen in der botanischen Kunstsprache die Ausdrücke: sitzende Blätter, durchwachsene Blätter, zusammengewachsene Blätter und herablaufende Blätter eingeführt, zu welcher Terminologie die Aufklärung gegeben werden muß, daß man in früherer und wohl auch noch in neuester Zeit bei dem Beschreiben der Pflanzen die Blattspreiten als den auffallendsten Teil des Blattes auch kurzweg Blatt (folium) genannt hat.

Wenn man erwägt, wie unendlich verschieden die Bedingungen der Assimilation in den verschiedenen Zonen und Regionen unseres Erdballes sind, wie sehr selbst innerhalb der Grenzen eines Landstriches feuchte und trockene, sonnige und schattige, windstille und sturmgepeitschte Standorte abwechseln, und wenn man überlegt, daß jedem Standort eine ganz bestimmte Blattform entsprechen muß, so überrascht es nicht, daß gerade die Pflanzenblätter die größtmögliche Abwechselung zeigen. Überdies ist zu erwägen, daß neben der wichtigsten Funktion die Laubblätter nicht selten auch eine Nebenfunktion zu übernehmen haben, daß sie z. B. die Zuleitung des Regenwassers zu den Saugwurzeln besorgen, als Kletterorgane oder auch als Waffen eine Rolle spielen, ja bei den Insektivoren als Organe zur Verdauung gefangener Tiere tätig sein können, woraus sich dann die teilweisen oder vollständigen Metamorphosen der Blätter in jedem Falle erklären.

Von den älteren Botanikern, welche die abweichenden Gestalten durch Beschreibungen festzuhalten suchten, wurde für jede Blattgestalt ein eigener Name gebildet, und für die Blätter waren etwa hundert verschiedene Ausdrücke zur kurzen Bezeichnung der auffallendsten Formen eingeführt. Da wir wissen, daß das Laubblatt überall die gleiche Arbeit leistet, interessiert uns von dieser alten Terminologie nur noch Weniges.

Die Größe der Blätter ist sehr verschieden. Man braucht nur das kleine Blatt eines Heidekrautes mit den großen Blattflächen von Coccoloba, der Banane oder einer Kokospalme zu vergleichen, deren Blätter 5—7 m lang werden. Auch manche Aroideen, z. B. Xanthosoma Maximiliana, haben so große Blattflächen, daß sie einen Menschen bedecken.

Der Umriß der Blattspreite kann alle erdenklichen geometrischen Formen haben: queroval, kreisrund, elliptisch, rhombisch, rhomboidisch, dreieckig, fünfeckig usw. Das freie Ende der Blattspreite ist bald spitz, bald stumpf, bald in eine lange Spitze ausgezogen, bald wieder wie abgeschnitten oder auch wie eingedrückt oder herzförmig ausgerandet. Die Basis der Blattspreite ist in dem einen Falle verengert und gegen den Stengel hin zusammengezogen, in anderen Fällen ist die Spreite im Umrisse nierenförmig, pfeilförmig, spießförmig, lanzettförmig, eiförmig, spatelförmig, halbmondförmig usw. Die Spreite ist entweder ungeteilt und wird dann ganzrandig genannt, oder sie zeigt vom Rande her bald auffallende, bald unscheinbare Einschnitte. Sind diese nur klein, so nennt man die Blattspreite gekerbt, gesägt, gezähnt; sind sie groß, so heißt der Blattrand ausgeschweift oder buchtig. Gehen die Einschnitte tiefer in die grüne Fläche der Spreite, so werden die Ausdrücke: gelappt, gespalten, geteilt, zerschlitzt und zerschnitten gebraucht. Es kann ein geteiltes Blatt den Eindruck machen, als wäre dasselbe aus mehreren Blättchen zusammengesetzt, und solche Blätter hat man auch zusammengesetzte Blätter genannt, zumal dann, wenn an der Basis der einzelnen Teilblättchen sich jene merkwürdigen Gelenkwülste ausgebildet finden, die in Band I auf S. 478 beschrieben wurden.

Mit dem Bau und der Gestalt der Blattspreite steht auch die Verteilung der Blattnerven im engsten Zusammenhang. Wenn man dem Ursprung der Stränge einer Blattspreite nachgeht, so wird man stets auf den Stamm hingelenkt, an welchem das Blatt sitzt, mit anderen Worten: die ersten Spuren jener Stränge, welche als ein reichgegliedertes System

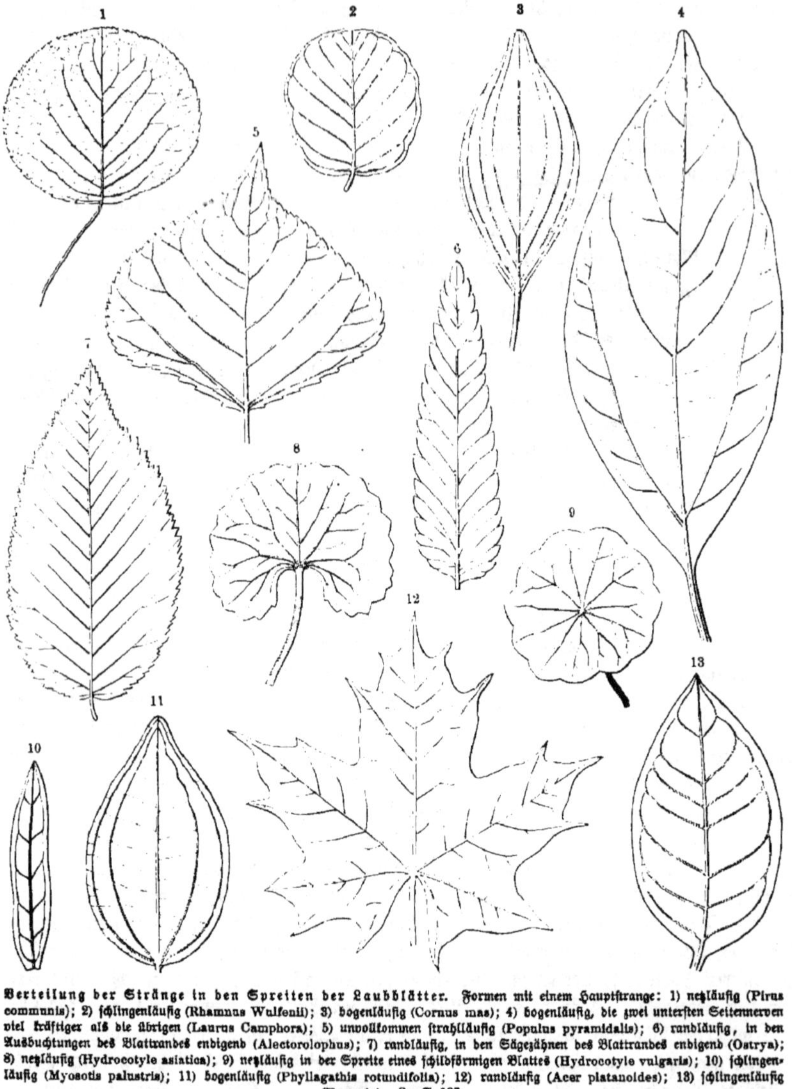

Verteilung der Stränge in den Spreiten der Laubblätter. Formen mit einem Hauptstrange: 1) netzläufig (Pirus communis); 2) schlingenläufig (Rhamnus Wulfenii); 3) bogenläufig (Cornus mas); 4) bogenläufig, die zwei untersten Seitennerven viel kräftiger als die übrigen (Laurus Camphora); 5) unvollkommen strahlläufig (Populus pyramidalis); 6) randläufig, in den Ausbuchtungen des Blattrandes endigend (Alectorolophus); 7) randläufig, in den Sägezähnen des Blattrandes endigend (Ostrya); 8) netzläufig (Hydrocotyle asiatica); 9) netzläufig in der Spreite eines schildförmigen Blattes (Hydrocotyle vulgaris); 10) schlingenläufig (Myosotis palustris); 11) bogenläufig (Phyllagathis rotundifolia); 12) randläufig (Acer platanoides); 13) schlingenläufig (Eugenia). Zu S. 127.

die Blattspreite durchziehen, finden sich schon im Stamme und treten von da durch Blattscheide und Blattstiel in die Spreite. Hier finden wir nun eine ganze Fülle verschiedener Konstruktionen, auf deren Bedeutung schon in Band I, S. 106, hingewiesen wurde. Es brauchen diese

Ravenala madagascariensis.

Dinge hier nicht wiederholt zu werden, um so mehr sei auf die Abbildungen hingewiesen, welche die wunderbare Mannigfaltigkeit des Strangverlaufes in den Blättern erläutern. Jedes Blatt kann zugleich als Typus auch für mehrere andere Pflanzen gelten.

Gewöhnlich durchzieht ein Hauptstrang das Blatt von der Basis zur Spitze, wo er endigt. Vgl. Abbildung, S. 126, Fig. 1—7, 10 und 13, welche eine fiederförmige, und Fig. 8, 9, 11, 12, welche eine strahlenförmige Anordnung der dünneren Seitenstränge zeigen.

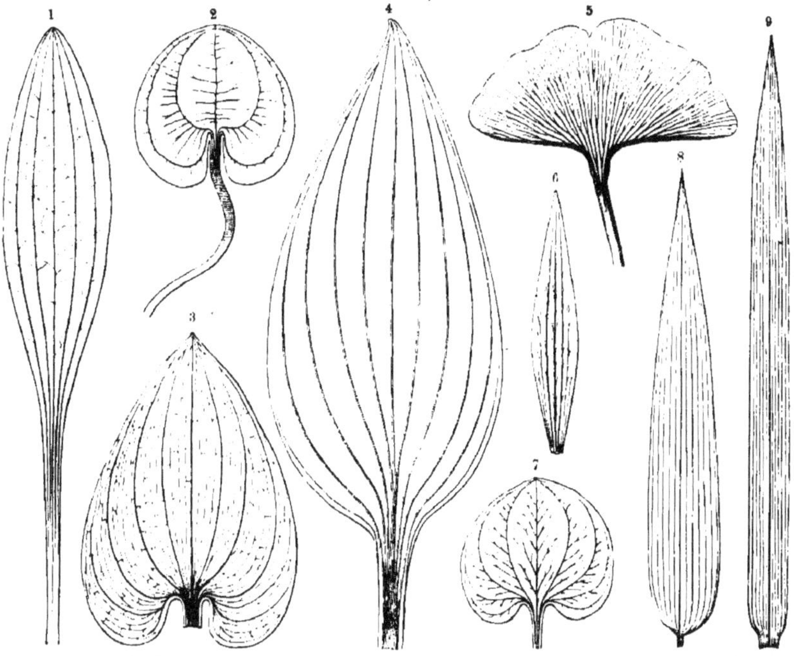

Verteilung der Stränge in den Spreiten der Laubblätter. Formen mit mehreren Hauptsträngen: 1) spitzläufig (Bupleurum falcatum); 2) krummläufig (Hydrocharis Morsus ranae); 3) krummläufig (Majanthemum bifolium); 4) krummläufig (Funkia); 5) fächerläufig (Ginkgo biloba); 6) spitzläufig (Leucopogon Cunninghami); 7) spitzläufig, „fußnervig“ (Parnassia palustris); 8) parallelläufig (Bambusa); 9) parallelläufig (Oryza clandestina).

Bei den Arten der Gattungen Canna, Musa und Ravenala (s. die beigeheftete Tafel „Ravenala madagascariensis“) beobachtet man regelmäßig, daß nach der Entfaltung der im jugendlichen Zustande röhrenförmig zusammengerollten Blattspreite das grüne Gewebe zerreißt, wodurch die ganze Pflanze ein sehr merkwürdiges Aussehen erhält. Die Risse verlaufen stets parallel den zum Blattrande verlaufenden Gefäßbündelsträngen. Bei der zu den Liliifloren gehörenden Gattung Funkia haben die Stränge in den Blättern einen anderen Verlauf wie bei Musa und Ravenala; die Stränge verlaufen zwar gleichfalls gesondert durch den Blattstiel in die Blattspreite, biegen aber, dort angekommen, nicht rechtwinklig gegen den Blattrand, sondern ziehen in einem nach außen konvexen Bogen gegen die Spitze des Blattes (s. obenstehende Abbildung, Fig. 4).

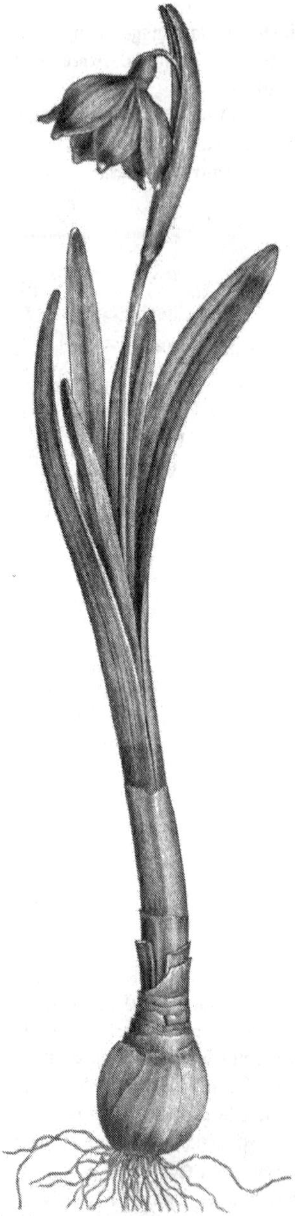

Frühlings-Knotenblume (Leucojum vernum).

Man findet diese Anordnung der Stränge bei vielen Monokotylen, zumal lilienartigen Gewächsen, z. B. bei Leucojum vernum (s. nebenstehende Abbildung), bei Orchideen, Binsen, Seggen und insbesondere bei den Gräsern. Der Eintritt in die Blattspreite erfolgt entweder aus einer breiten Scheide, wie z. B. bei der Reisquecke (Oryza clandestina; s. Abbildung, S. 127, Fig. 9), und dann sind die getrennten Stränge schon an der Basis der Spreite in deutlichen Abständen leicht zu erkennen, oder es ist eine Art kurzes Stielchen der Spreite ausgebildet, wie bei den Bambusblättern (s. Abbildung, S. 127, Fig. 8), und dann erscheinen die eintretenden Stränge am Grunde der Spreite knieförmig gebogen. Die parallellaufenden Stränge sind meistens von ungleicher Dicke, der mittlere ist fast immer stärker und kräftiger als die seitlichen.

Eine ebenso merkwürdige wie seltene Anordnung der Stränge hat man mit dem Namen fächerförmig bezeichnet. Einige wenige Hauptstränge treten getrennt in die Blattspreite ein, teilen sich wiederholt in gabelige, gerade vorgestreckte Äste, und die letzten Verästelungen endigen am vorderen Blattrande. Dieser Verlauf der Stränge bedingt eine ganz eigentümliche Blattform, die man mit einem geöffneten Fächer am besten vergleichen könnte. Als ein Beispiel kann der japanische Ginkgo (Ginkgo biloba; s. Abbildung, S. 127, Fig. 5) dienen. Es gibt auch Blätter, bei denen die Stränge von parenchymatischen Geweben so ganz und gar eingehüllt sind, daß man sie oberflächlich gar nicht zu sehen bekommt.

Es verdient nochmals besonders hervorgehoben zu werden, daß von den Pflanzenarten die Verteilung und Anordnung der Stränge mit großer Genauigkeit festgehalten wird. Um so auffallender ist die Tatsache, daß dasselbe nicht immer auch von den Pflanzengattungen und Pflanzenfamilien gilt. Es gibt zwar Pflanzenfamilien, deren sämtliche Gattungen und Arten in dieser Beziehung große Übereinstimmung zeigen, wie z. B. die Rhinanthazeen, Asperifoliazeen, Melastomazeen und Myrtazeen; aber diesen Fällen stehen andere gegenüber, wo es sich umgekehrt verhält. So z. B. zeigen die verschiedenen Primulazeen-Gattungen die weitestgehenden Verschiedenheiten, und selbst die einzelnen Arten der Gattung Primula weichen in betreff der Anordnung und des Verlaufes der Stränge in den Spreiten der Laubblätter mehr voneinander ab als etwa die Myrtazeen von den Asperifoliazeen. Nichtsdestoweniger hat die genaueste Feststellung und Beschreibung der Strangverteilung in den Blättern für die Systematik einen hohen Wert, und es wird diesen Verhältnissen auch in der Paläontologie Aufmerksamkeit geschenkt. Was sich von Gewächsen aus früheren Perioden in den Schichten des Gesteins eingebettet erhalten hat, besteht vorwiegend aus einzelnen Blättern und aus Bruchstücken derselben, oft von sehr dürftigem Ansehen. An diesen Bruchstücken ist mitunter nicht einmal die Berandung, geschweige denn der ganze Umriß der Spreite deutlich zu erkennen. Was aber selbst an dem kleinsten Fragmente eines Blattes unterschieden werden kann, sind die Stränge und das Netz, welches sich zwischen die gröberen Stränge einschiebt. Oft genug ist der Paläontologe nur auf solche spärliche Reste angewiesen, wenn er Aufschluß erhalten will über die Pflanzenarten, die in längst verschollenen Zeiten unseren Erdball bevölkerten. Da gewinnt selbst das unscheinbarste Blattnetz eine hervorragende Bedeutung. Wie der mit der Geschichte des Menschengeschlechtes beschäftigte Forscher aus den Schriftzeichen einer mühsam entzifferten Papyrusrolle auf die Zustände des Haushaltes, auf die staatlichen Einrichtungen, auf die Sitten, Gewohnheiten und die Intelligenz der vor zweitausend Jahren im Niltale seßhaften Bevölkerung zurückschließt, ebenso vermag der Botaniker, welcher die Geschichte der Pflanzen zu erforschen, den Zusammenhang von Einst und Jetzt aufzuklären strebt, aus den fossilen Blättern die in vergangenen Perioden lebenden Arten zu erkennen und die Zustände der Vegetation, wie sie vor vielen Jahrtausenden bestanden, herauszulesen. Mögen die in dieser Richtung bisher gewonnenen Forschungsresultate auch noch viele Lücken aufweisen, mögen die Ergebnisse bei nochmaliger Untersuchung reicheren Materials vielfache Ergänzungen und Berichtigungen erfahren, die Geschichte der Pflanzenwelt ist in ihren Hauptzügen erforscht, und was in dieser Beziehung in dem verhältnismäßig kurzen Zeitraum eines halben Jahrhunderts erreicht wurde, gehört zu den staunenswertesten Errungenschaften der Naturwissenschaft. Vor unserem geistigen Blicke sind die Wälder und Fluren erstanden, welche vor langer, langer Zeit das Festland der Steinkohlenperiode schmückten, es erheben sich vor uns die Bestände schwanker Kalamiten, die starren Wedel der Zykadeen und das Dickicht unzählbarer Farne, wir sind imstande, Landschaftsbilder aus der Jura- und Kreideperiode zu entwerfen, und sehen die Ufer der Flüsse besäumt mit Zimtbäumen, immergrünen Eichen, Walnuß- und Tulpenbäumen (vgl. Bd. III). Und alle diese Bilder aus der Pflanzenwelt ferner und fernster Zeiträume konnten entworfen werden auf Grund von Bestimmungen der Pflanzenarten unter Zuhilfenahme der Anordnung und Verteilung der Stränge in den fossilen Blättern.

Die Entstehung der Blätter.

Die Frage nach der Entstehung so wichtiger Organe, wie es die Blätter sind, ist begreiflicherweise schon längst in der Botanik gestellt worden. Linné meinte, die Knospen brächen aus dem Inneren des Stammes hervor, machten in seinem Rindengewebe ein Loch, und da nach einer Theorie von ihm alle Blätter aus der Rinde entstehen sollten, nahm er an, daß der Gewebelappen des Wundrandes, der die durchbrechende Knospe umgab, zum Blatte auswüchse. Aber weder kommen die Knospen aus dem Inneren des Stammes, noch machen sie ein Loch in der Rinde. Auch entstehen die Knospen immer erst nach den Blättern, nicht vor ihnen, lauter Tatsachen, die die Linnéschen Botanik übersehen hatte. Trotzdem wurde noch zu Goethes Zeit von botanischen Lehrbüchern diese Ansicht vorgetragen. Das war um so mehr zu bedauern, als schon zu Lebzeiten Linnés Caspar Friedr. Wolff auf Grund mikroskopischer Beobachtungen die Entstehung der Blätter fast richtig geschildert hatte.

Wenn man einen beliebigen Laubsproß betrachtet, so fällt es auf, daß die Blätter nach seinem Gipfel zu immer kleiner werden und sich endlich in jüngsten Formen am Gipfel zusammendrängen (s. untenstehende Abbildung, Fig. 1). Diese gipfelständige Blättervereinigung nennt man bekanntlich Knospe. Aber nur wenigen ist bekannt, daß innerhalb dieser Knospe das Ende der Sproßachse verborgen ist, aus welchem die Blätter als mikroskopische, halbkugelige Gewebeauswüchse entstehen. Sie bilden sich so dicht neben- und übereinander, daß die etwas

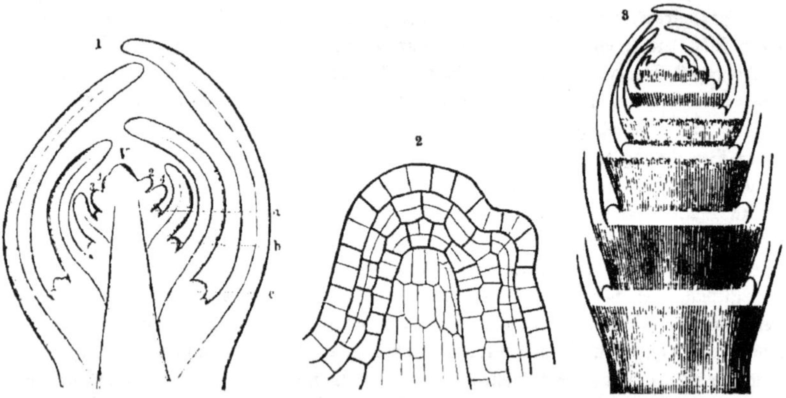

Knospe. 1) Durchschnitt einer Knospe: V Vegetationspunkt, 1, 2, 3, 4 jüngste Blattanlagen, welche noch die Form gerundeter Hügel besitzen. In den Achseln der etwas älteren Blätter werden Vegetationspunkte von Seitensprossen a, b, c angelegt. 2) Durchschnitt durch einen Sproßvegetationspunkt, wie ihn die obenstehende Knospe bei V enthält, stärker vergrößert. Die Auswölbung rechts ist die erste Anlage eines Blattes am Sproßscheitel. 3) Durchschnitt eines Sproßendes (Endknospe). Die Teile, welche sich beim Wachstum verlängern, sind grau angedeutet. Denkt man sich diese Strecken auseinandergeschoben, so entfernen sich die Blätter voneinander, die Achselsprosse bleiben aber mit ihren Blättern verbunden. (Zu S. 130—132.)

älteren Blätter die jüngeren umhüllen und man von dem eigentlichen Bildungsherde nichts sieht. Erst wenn man eine solche Knospe der Länge nach durchschneidet und mit dem Mikroskop betrachtet, erkennt man, daß das Ende der Sproßachse einen abgerundeten, aus kleinzelligem Gewebe aufgebauten Kegel darstellt (s. obenstehende Abbildung, Fig. 2), aus dem die jungen Blätter sich hervorwölben. Nach Wolffs Vorgang nennt man solche organbildende Gewebekegel, wie schon früher erwähnt, Vegetationspunkte (V in Fig. 1). Der Vegetationspunkt der Wurzel, welcher Seitenwurzeln erzeugt, ist schon früher geschildert worden (S. 42). Hier soll auf den Vegetationspunkt des Sprosses näher eingegangen werden.

Bei den meisten Laubsprossen hat der Vegetationspunkt die Form eines kürzeren oder längeren, abgerundeten Kegels (S. 42). Die Blätter bilden sich aus diesem Kegel anfangs sehr einfach dadurch heraus, daß das Gewebe sich in Form von halbkugeligen Auswüchsen vorwölbt (s. obenstehende Abbildung, Fig. 2). Die Blätter haben also anfangs weder Ähnlichkeit im Umrisse mit erwachsenen Blättern, noch lassen sie eine Differenzierung in Blattparenchym und Gefäßbündel erkennen. Das sind Vervollkommnungen, die erst mit dem Wachstum eintreten (s. untenstehende Abbildung, Fig. 1—9). Der kleine Blatthügel verbreitert sich langsam an der Basis und nimmt mehr und mehr die Gestalt eines einfachen, stengellosen Blattes an. Der Blattstiel entsteht also erst später und wird zwischen der Blattbasis und der Sproßachse eingeschoben. Sehr merkwürdig ist es, daß alle Blätter anfangs die gleiche, einfache Form besitzen und die so ungemein verschiedenen Randbildungen, die Zerteilung der Blattfläche in Abschnitte oder Fiederblätter, wie z. B. bei der Roßkastanie oder der Robinie, gleichfalls erst Folgen des späteren Wachstums sind. Als Anlagen sind alle Blätter einander gleich (Fig. 1). Je nachdem die mittlere Fläche oder der Rand einer Blattanlage ein überwiegendes Wachstum beginnt, kann aus gleichgeformter Anlage ein flaches Blatt mit Blattzähnen

Entwickelung verschiedener Blattformen aus gleicher Anlage. Die jugendlichen Blattformen 2—4, die aus der Anlage 1 entstanden, können sich in allerverschiedenster Weise durch Wachstum zu einfachen oder mehr oder weniger geteilten Blättern ausgestalten. Die Blätter 7—9 können alle aus der Anlage 1, die in 5 und 6 schon geteilt, aber noch ohne Stiel ist, entstehen, durch bloßes verschiedenes Wachstum dieser Anlage. (Die Figuren 5—9 nach Sachs, Vorlesungen.) Zu S. 130 und 131.

oder ein in verschiedener Weise geteiltes Blatt hervorgehen. Also nur von dem späteren Wachstum ist die Gestalt, welche aus der einfachen Blattanlage hervorgeht, abhängig. Erzeugt der Rand des jungen Blattes nur wenige größere Ausbuchtungen (Fig. 2), die beim Wachstum der Fläche sich nicht vertiefen, so hat das fertige Blatt einen gebuchteten Rand. Sobald, wie bei Fig. 3, die seitlichen Auswüchse jedoch mit dem Wachstum der Fläche gleichen Schritt halten, entsteht aus derselben einfachen Anlage ein geteiltes oder ein zusammengesetztes Blatt (Fig. 7 u. 8). Die seitlichen Auswüchse des jungen Blattes können aber auch in größerer Zahl hervortreten (Fig. 4). Wenn sie hinter dem Wachstum der Blattfläche zurückbleiben, erscheinen sie am erwachsenen Blatt als Blattzähne. Aber ein solches gezähntes Blatt (Fig. 4), z. B. ein Linden- oder Erlenblatt, hat in seiner Jugend große Ähnlichkeit mit dem später gefiederten Blatte einer Leguminose, z. B. einer Robinie, denn auch dieses erscheint zuerst als gezähntes Blatt. Bei der weiteren Ausbildung beginnt jeder Abschnitt des gezähnten Randes ein Wachstum, welches das der Blattmitte überwiegt. Die anfängliche kleine Blattfläche verbreitert sich nicht, sondern wächst nur in die Länge und wird zu einem dünnen Tragorgan für die kleinen Fiederblättchen, die aus den anfänglichen bloßen Zähnen sich ausbilden.

Wie bekannt, stehen die Blätter am erwachsenen Stengel nicht wie in der Knospe dicht übereinander, sondern einzeln oder zu wenigen an der Sproßachse, getrennt durch Stengelglieder. Auch diese Stellung kommt nur durch Wachstum zustande, indem die Stücke zwischen den Ansatzstellen der Blätter sich in die Länge strecken, wodurch die Blätter auseinanderrücken. Die Stengelglieder, welche die Blätter voneinander trennen, heißen **Internodien**, die Ansatzstellen der Blätter, welche häufig etwas angeschwollen sind, heißen **Knoten**. In der Regel steht in dem Winkel, den das Blatt mit dem Stengel bildet (Blattachsel), wenigstens eine Seitenknospe, selten mehrere. Diese Seitenknospen sind aber keineswegs erst nachträglich in der Blattachsel des fertigen Blattes entstanden, sondern wurden gleich nach der Entstehung des Blattes am Vegetationspunkt in Form kleiner Gewebehügel gebildet (s. Abbildung, S. 130, Fig. 1) und rücken bei der Streckung der Internodien mit ihrem Blatte abwärts. Fig. 3 in der Abbildung auf S. 130 sucht dies zu erläutern. Die schraffierten Stellen des abgebildeten Schemas eines Stengelendes werden später verlängert und zu Internodien umgebildet. Die in den Achseln der Blätter gebildeten Sproßknospen halten nach ihrer Ausbildung mit ihrem Wachstum inne, bleiben daher klein und sind in der Blattachsel verborgen. Erst später, wenn sich das Bedürfnis einer Verjüngung der Pflanze herausstellt, wachsen diese Knospen zu Seitentrieben aus.

Wir haben im vorstehenden den Aufbau des oberirdischen Systems der Pflanze geschildert, um diese Formen verstehen zu können. Aber das Sproßsystem erscheint vielfach in ganz veränderter Gestalt, nämlich dann, wenn dem System der Sprosse außer der Aufgabe, Blätter und Blüten zu erzeugen und zu tragen, noch andere biologische Aufgaben zugewiesen werden.

---

8. Metamorphosen des Sprosses.

Klimmende Stämme.

Wie doch manche Pflanzennamen durch ihren Wohlklang bestrickend auf unsere Einbildungskraft wirken! An das gehörte Wort knüpft sich die Vorstellung einer Pflanze, sofort aber auch das Bild der ganzen Umgebung, in welcher diese Pflanze wächst und gedeiht, das Bild der blumigen Wiese oder des schattigen Waldes. Wenn sich mit dem schönlautenden Namen vielleicht noch eine liebe Jugenderinnerung verbindet, wenn der Eindruck wieder lebendig wird, den die lebensvolle Schilderung in einem Buche oder ein herrliches, mit empfänglichem Sinne vor Jahren geschautes Landschaftsbild zurückgelassen, so fällt es fast schwer, an den Gegenstand, welcher den anmutigen Namen trägt, mit dem kritischen Auge des Forschers heranzutreten, mit Maßstab, Wage, Messer, Mikroskop und verschiedenem anderen wissenschaftlichen Rüstzeug zu untersuchen, zu zergliedern, zu klassifizieren und in trockenem Tone zu referieren.

So ist es mit dem Wort **Liane**. Wenn das schöne Wort erklingt, taucht aus der Dämmerung der Jugenderinnerungen eine ganze Reihe herrlicher Bilder in kräftigen Linien und bunter Farbenpracht empor. Über den riesigen Stämmen des Urwaldes, welche gleich Pfeilern eines weiten Hallenbaues emporragen, wölbt sich ein Laubdach, das nur hier und da von dünnen Sonnenstrahlen durchdrungen wird. Im Waldgrunde üppiges Grün von schattenliebenden, die Leichen gefallener Bäume überkleidenden Farnen oder mächtigen Stauden und

Lianen im Urwald auf Ceylon.

Nach der Natur von v. Königsbrunn.

[illegible] Gebäude den [illegible]
[illegible] mehrere Kirch[illegible]
[illegible] u. s. f. Ein [illegible]
[illegible] noch eine der [illegible]

Lianen im Urwald auf Ceylon.

[illegible]

weiterhin wüstes braunes Wurzelwerk, welches das Fortkommen im düsteren stillen Grunde fast unmöglich macht. Im Gegensatz zur unheimlichen Waldestiefe, welch buntes Bild in den Lichtungen und am Saume des Urwaldes! Ein Gewirr aus allen erdenklichen Pflanzenformen böscht sich empor zur dichtesten Hecke, baut sich auf, höher und höher bis zu den Kronen der Baumriesen, so daß der Einblick in die Säulenhallen des Waldinneren gänzlich benommen ist. Da ist die echte und rechte Heimat der Lianen. Alles schlingt, windet und klettert durcheinander, und das Auge bemüht sich vergeblich, zu ermitteln, welche Stämme, welches Laubwerk, welche Blüten und welche Früchte zusammengehören. Hier flechten und wirken die Lianen grüne Wände und Tapeten, dort hängen sie als schwankende Girlanden oder zu breiten Vorhängen verstrickt von dem Gezweige der Bäume herab, und wieder an anderer Stelle spannen sich üppige Gewinde von Ast zu Ast, von Baum zu Baum, bauen fliegende Brücken, ja förmliche Laubengänge mit Spitzbogen und Rundbogen. Einzelnstehende Baumstämme werden durch die Hülle aus verflochtenen Lianen zu grünen Säulen oder noch häufiger zum Mittelpunkte grüner Pyramiden, über deren Spitze die Krone schirmförmig ausgebreitet ist. Sind die Lianen zugleich mit den von ihnen als Stütze benutzten Bäumen alt geworden, und haben sich ihre alten Stammteile des Laubschmuckes entledigt, so erscheinen sie wie Taue zwischen Erde und Baumkrone ausgespannt, und es entwickeln sich jene seltsamen Formen, welche mit dem Namen Buschtaue belegt worden sind. Bald straff angezogen, bald schlaff und schwankend, erheben sie sich aus dem Gestrüpp des Waldgrundes und verlieren und verwirren sich hoch oben in dem Geäst des Baumes. Manche dieser Buschtaue sind wie die Seile eines Kabels verschlungen, andere einem Korkzieher gleich gewunden und wieder andere bandförmig verbreitert, grubig ausgehöhlt oder zu zierlichen Treppen, den berühmten „Affenstiegen", ausgestaltet.

Die grünen Girlanden, Lauben und Gewinde der Lianen sind hoch oben geschmückt mit den buntesten Blüten. Hier leuchtet ein Strauß wie eine kleine Feuergarbe hervor, dort schwankt eine lange blaue Traube im Sonnenschein, und hier wieder ist eine dunkle Wand mit Hunderten blauer, roter oder gelber Blüten durchstickt. Und wo Blüten prangen und Früchte reifen, fehlt es auch nicht an den Gästen derselben, an dem bunten Volke der Falter und an den Sängern des Waldes, deren liebster Tummelplatz der lianendurchflochtene Waldrand ist.

Es ist auffallend, daß verhältnismäßig selten Landschaften, in denen die Lianen das hervorstechendste Motiv bilden, von Malern dargestellt werden. Der Grund mag vielleicht darin liegen, daß solche Landschaften, wenn sie naturgetreu gehalten sind, zu bunt, zu unruhig, zu sehr zerfahren erscheinen, und daß sie, wenn auch reizend in den Einzelheiten des Vordergrundes, doch des ruhigen stimmunggebenden Hintergrundes entbehren. Wir sind in der Lage, ein von v. Königsbrunn gemaltes Bild des tropischen, von Lianen durchflochtenen ceylanischen Urwaldes zu bringen, auf dem besonders die Buschtaue und das um die Baumstämme zu grünen Pyramiden verstrickte Geschlinge in charakteristischen Formen hervortreten, und können nicht unterlassen, zu bemerken, daß dieses schöne Bild von dem Künstler sorgfältig nach der Natur ausgeführt worden ist (s. die beigeheftete Tafel „Lianen im Urwalde auf Ceylon").

Nach dem bisher über die Lianen Gesagten könnte man glauben, daß diese Pflanzenformen nur den Tropen angehören, was aber unrichtig wäre. Auch in der Umgebung der kanadischen Seen und im Gelände der großen mitteleuropäischen Ströme Donau und Rhein klimmen Menispermeneen, mehrere Arten der Gattung Clematis, wilde Weinreben, Kletterrosen, Geißblatt, Brombeeren u. s. f. in die Kronen der Bäume empor, und selbst die Wälder unserer Voralpen beherbergen noch eine der reizendsten Lianen, nämlich die mit großen blauen glockenförmigen Blumen geschmückte Alpenrebe Atragene alpina. Allerdings nimmt die Zahl der Arten außerordentlich zu, sobald man sich dem heißen Erdgürtel nähert, und es dürfte nicht weit gefehlt sein, wenn die Zahl der Lianen in den Tropenländern auf 2000, jene in den gemäßigten Zonen auf 200 Arten veranschlagt wird. Dem arktischen Gebiet sowie der baumlosen Hochgebirgsregion sind die Lianen fremd. Merkwürdig ist, daß das tropische Amerika nahezu doppelt soviel Gewächse mit klimmenden Stämmen aufweist als das tropische Asien. Den größten Reichtum an diesen Gewächsen zeigen Brasilien und die Antillen. Von den französischen Antillen stammt auch das schöne Wort Liane, das nunmehr in die meisten Weltsprachen übergegangen ist.

Wie fangen es aber die Pflanzen an, ganz gegen die Gewohnheit ihrer vielen Genossen zu klettern und dabei weite Wege zurückzulegen? Schon bei Besprechung der Wurzeln ist auseinandergesetzt worden, daß die Pflanzen, sobald sie vor neue Aufgaben gestellt werden, diese nur mit passenden Organen bewältigen können. Aber keine Pflanze ist imstande, nach Belieben jede Art von Organen hervorzubringen, welche sie gerade braucht. Von der Natur ist ihr nur die Fähigkeit verliehen, Sprosse und Wurzeln zu bilden, und wenn diese nicht ausreichen, würde sie am Ende ihrer Existenz stehen, wenn nicht diese Organe eine ganz merkwürdige Wandelbarkeit besäßen, die schon mehrfach als Metamorphose bezeichnet worden ist. Die Umbildung der Grundorgane kann zwar nicht plötzlich von heute auf morgen vor sich gehen, wenn man auch oft genug beobachten kann, daß Pflanzen, in ungünstige Bedingungen hineingedrängt, die auffallendsten Anstrengungen machen, ihre Laubsprosse und Wurzeln solchen Verhältnissen anzupassen. So kann man z. B. beobachten, daß der Storchschnabel (Geranium Robertianum), welcher gelegentlich in den Ritzen von Mauern und Felswänden sich ansiedelt, seine untersten Blätter zur Stütze benutzt, indem die Blattstiele sich so krümmen, daß die Blattflächen der Unterlage angedrückt werden. Durch diese breiten Stützen wird dann der Stengel vor dem Umfallen bewahrt. Die Blattflächen gehen meistens bald zugrunde, aber die Stiele bleiben lebendig, und dann hat die Pflanze sich aus ihren Blättern Stelzen geschaffen, die ihr Halt gewähren. In den allermeisten Fällen geht aber eine solche Metamorphose nicht im Laufe eines kurzen Pflanzenlebens durch Umbildung fertiger Organe anderer Funktion vonstatten. Schon bei den Vorfahren der betreffenden Pflanze sind solche Umwandlungen auf nicht mehr feststellbare Art und wahrscheinlich allmählich in längeren Zeiträumen entstanden und erblich geworden. Aber so viel läßt sich auch heute noch durch Beobachtung feststellen, daß die metamorphosierten Organe aus den Grundorganen, Sprossen, Blättern und Wurzeln, hervorgehen, indem ihre Anlagen den Organen, von denen sie abstammen, genau gleichen.

Die Eigentümlichkeiten der Kletterpflanzen, d. h. die Mittel, mit denen die Pflanzen ihren Zweck erreichen, sind, obwohl es sich immer um dieselbe Aufgabe handelt, recht verschieden. Mit ihren gewöhnlichen, gertenartig ausgebildeten Laubsprossen klettern eine Anzahl Sträucher, welche von H. Schenck, dem besten Kenner der Lianen, als Spreizklimmer bezeichnet worden sind. Diese Spreizklimmer haben weder reizbare Kletterorgane noch Klammerwurzeln, sondern werfen ihre langen Sprosse auf die Äste anderer Pflanzen, auf denen sie lagern und hängen, zuweilen sich durch hakige Dornen noch besser befestigen. Zu ihnen gehört auch der bei uns verbreitete Bocksdorn (Lycium barbarum). Es ist erstaunlich, wie seine langen gertenförmigen jugendlichen Sprosse, wenn sie am Rand eines Gehölzes vom Boden emporwachsen, zwischen den sparrigen Verzweigungen anderer Gewächse ihren Weg finden und dann, etwa in der Höhe der untersten Kronenäste eines der Waldbäume, mit dem freien Ende wie aus einer Dachluke hervorkommen. Im Laufe des Sommers verholzt der schlanke, dünne Sproß, und aus den Achseln der oberen Laubblätter kommen unter nahezu rechten Winkeln beblätterte Seitensprosse hervor, welche in einen starren Dorn endigen. Außerdem hat sich das oberste Stück des Sprosses über einen der Baumäste gebogen, und der ganze Sproß ist jetzt in das Gestrüppe des Waldrandes so eingelagert und eingeflochten, daß man bei einem Versuche, denselben herauszuziehen, unzählige stützende Äste und Ästchen zerrt und den Waldrand auf weithin ins Schwanken bringt. Der erstjährige verholzte Sproß überdauert den Winter; im nächsten Frühling kommen hoch oben an jenem Teile, welcher sich quer über einen Baumast gelegt hat, rechts und links neben jedem dornförmigen Seitenästchen zwei neue Sprosse hervor, von welchen einer gewöhnlich klein bleibt, während der andere schlank und kräftig in gerader Linie zwischen dem Geäste der Baumkrone weiter in die Höhe strebt und ganz die Wachstumsweise des vorjährigen Sprosses wiederholt. Oft werden vier, sechs, zehn solcher Sprosse mit ihren beblätterten, sich überneigenden Enden zwischen den Zweigen der als Stütze dienenden Baumkrone sichtbar, und indem sich dieses Spiel mehrere Jahre hindurch wiederholt, ist schließlich die ganze Baumkrone von den Sprossen des Bocksdorns durchflochten. Dann kommt es wohl auch vor, daß zahlreiche sich quer über die stützenden Äste legende Sprosse im weiten Bogen aus dem Bereich der Baumkronen hervortreten, wie die Zweige einer Trauerweide herabhängen, den Baum, welcher ihnen zur Stütze dient, einhüllen oder vor ihm eine förmliche Hecke bilden.

Diesem Vorbilde des Bocksdorns entsprechend, entwickeln sich von bekannteren Pflanzen zahlreiche Rosen, Brombeeren, Spierstauden, Sauerdorn, Sanddorn, Jasmin (Rosa, Rubus, Spiraea, Berberis, Hippophaë, Jasminum) und noch zahlreiche andere heckenbildende, mit Vorliebe an den Rändern der Wälder wachsende Holzpflanzen. Manche Rosen, wie z. B. die im mittelländischen Florengebiete häufige Rosa sempervirens, flechten sich nicht nur durch das Gestrüppe der Macchien, sondern erreichen oft die Wipfel der höchsten Steineichen. Ebenso gelangen zahlreiche Brombeersträucher weit hinauf in das Geäst der Bäume und hängen dann nicht selten mit meterlangen Trieben in weitem Bogen herab. Die Stämme des Rubus ulmifolius, welche im südlichen Europa die Baumkronen durchflechten, erreichen bei einer Dicke von nur $^1/_2$ cm bisweilen die Länge von 6—7 m. Auch Jasminum nudiflorum und Celastrus scandens gelangen mit ihren gertenförmigen langen Trieben vermittelst der oben geschilderten Wachstumsweise zu den Wipfeln der mächtigsten Bäume empor. Wenn diese Heckensträucher nicht Gelegenheit haben, sich in das Geäst von Bäumen und in höheres, aus Pfahlstämmen gebildetes Gestrüpp einzuflechten, so sind sie gezwungen, selbst ein Gerüst herzustellen, das sie nachträglich als Stütze benutzen. In der Wachstumsweise und in der Art der Verjüngung tritt keine Änderung ein, nur bleiben die Sprosse gewöhnlich kürzer, und es erscheint infolgedessen der ganze Stock gedrängter. Die anfänglich kräftig in die Höhe strebenden, aufrechten Sprosse bilden, wenn sie verholzen, flache, nach oben konvexe Bogen, welche mit ihrer Spitze zur Erde neigen, diese mitunter sogar erreichen. Von der oberen Seite dieser Bogen erheben sich dann im nächsten Jahre teils kurze Blütensprosse, teils wieder lange, aufrechte Triebe, welche zu neuen Bogen werden. Das freie Ende der alten Bogen verdorrt, und über die verdorrten Reste legen sich frische Bogen, aus deren Basis im folgenden Jahre wieder aufrechte Triebe hervorgehen. Indem sich diese Sproßbildung mehrere Jahre hindurch wiederholt, entsteht allmählich eine undurchdringliche natürliche Hecke, die sich immer höher und höher aufbaut, weil die Stummel der alten verdorrten, an ihren Enden nicht weiterwachsenden Bogen zu Stützen für die jüngeren Sprosse werden. Es ist auch ein sehr gewöhnlicher Fall, daß diese Heckensträucher, wenn sie älter geworden sind, aus ihren Wurzeln zahlreiche Reiser entwickeln, welche zwischen dem aus den alten abgedorrten Bogen gebildeten Gestrüpp emporwachsen und dieses dann als Stütze benutzen, wie das besonders bei dem Sauerdorn, Sanddorn und Bocksdorn, dem Pfeifenstrauch, den Rosen, dem Jasmin und der ulmenblätterigen Spierstaude zu sehen ist.

Außer den verholzenden flechtenden und heckenbildenden Stämmen gibt es aber auch solche, deren Sprosse nicht holzig werden. Als Vorbild dieser flechtenden Staudenpflanzen kann der weitverbreitete Sumpf-Storchschnabel (Geranium palustre) gelten. Der jährlich im Beginn der Vegetationszeit aus dem unterirdischen Stammteil hervorwachsende Sproß stirbt im Herbste jedesmal ab, und die oberirdisch zurückbleibenden verdorrten Reste verwesen so rasch, daß sie im darauffolgenden Jahre nur in seltenen Fällen noch als Stütze für die neuen aus der Erde hervorkommenden Triebe dienen könnten. Die jungen Triebe wachsen zwischen dem Buschwerk in den feuchten Wiesen oder am Rand eines Waldes ziemlich gerade empor, verholzen aber nicht, krümmen sich auch nicht mit dem oberen Ende über die stützenden Zweige, entwickeln aber, wenn sie einmal eine gewisse Höhe erreicht haben, sparrig abstehende steife Seitenzweige und langgestielte Blätter, welche sich zwischen das steife verdorrte Geäst der stützenden Büsche hineinschieben, wodurch dann der ganze Sproß unverrückbar festgehalten wird. Wächst dieser Sumpf-Storchschnabel auf einer Wiese zwischen niedrigen Kräutern, die ihm nicht als Stütze dienen können, so knickt der Stengel ein, und der ganze Sproß liegt dann mit seinen unteren Stengelgliedern dem Boden auf. Die Enden der Stengelglieder sind knotig verdickt, und diese Knoten sind geotropisch, wodurch die jüngsten Stengelglieder immer wieder in eine aufrechte Lage versetzt werden, so daß sie gegen die auf dem Boden liegenden älteren Stengelglieder unter einem rechten Winkel gekrümmt erscheinen. Es ist durch diese Einrichtung der Vorteil erreicht, daß die über den Boden hingestreckten Stauden, wenn sie in nicht allzu großer Entfernung auf ein tragfähiges Gestrüpp treffen, dieses sofort als Stütze benutzen und sich in dasselbe hineinflechten können. In der Tat sieht man manchmal Stöcke des Geranium palustre mit ihren untersten Stengelgliedern dem Boden aufliegen, während die oberen Stengelglieder sowie zahlreiche Seitenäste in einen auf der Wiese stehenden Busch eingeflochten sind und ihre roten Blüten mehr als 1 m hoch über dem Wiesengrund aus dem Gezweige des zur Stütze benutzten Busches hervorschieben. Nach dem Vorbild dieses Sumpf-Storchschnabels sind auch noch einige andere Arten derselben Gattung (z. B. Geranium nodosum und divaricatum), mehrere Arten von Labkraut und Waldmeister (z. B. Galium Mollugo und Galium Aparine) und der beerentragende Taubenkropf (Cucubalus baccifer) ausgebildet. Hierher gehören auch mehrere Spargelarten mit sparrig abstehenden Ästen und fädlichen oder nadelförmigen Phyllokladien, deren jährliche Triebe eine erstaunliche Länge erreichen und sich in die Gabelungen der Äste von Stämmen einschieben. Insbesondere ist in dieser Beziehung der im Gebiete des Mittelmeers sehr häufige Asparagus acutifolius und der in Kleinasien heimische Asparagus verticillatus hervorzuheben, deren Stämme nicht selten eine Länge von 3 m erreichen, bis in die Kronen niederer Eichenbäume hinaufklimmen und sich dort mit ihren langen, steifen, horizontal abstehenden Verzweigungen einflechten.

Zu den Spreizklimmern gehören auch die Rotange, jene seltsamen, durch die fabelhafte Länge ihrer fast gleichdicken Stämme ausgezeichneten Palmengattungen (Bd. I, S. 195), von welchen auf S. 137 eine von Selleny auf Java nach der Natur gezeichnete Art vorgeführt ist. Der Stamm aller jungen Rotangpflanzen ist aufrecht, und seine gefiederten Blätter, deren Abschnitte vor der Entfaltung dicht zusammengelegt und aneinandergeschmiegt sind, wachsen wie ein steifer Stift senkrecht in die Höhe. Wenn sich die Blätter später lösen, entfalten und ausbreiten,

Rotang auf Java. (Nach einer Zeichnung von Selleny.) Zu S. 136.

so krümmen sie sich dabei bogenförmig nach auswärts und legen sich auf die verwirrte Masse anderer Gewächse, zwischen welchen die Rotangpalme ihre ersten Entwickelungsstufen durchlaufen hat. Die Blätter endigen in lange dünne Ruten, die mit einer Menge untereinanderstehender kranzförmiger Haken besetzt sind. Damit verankern sich die Blätter an den Stützen. Besteht der Pflanzenwuchs der nächsten Umgebung nur aus niederen Kräutern und Stauden, so findet der in die Länge wachsende Rotangstamm nicht die ausreichende Stütze, um in der anfänglich eingehaltenen lotrechten Richtung sich erheben zu können. Er legt sich auf den Boden und wächst ähnlich wie ein Ausläufer über diesen hin, häufig schlangenförmige Windungen bildend, wie sie das Sellenysche Bild zeigt, immer aber mit dem freien Ende sich emporkrümmend und fort und fort neue Blätter in die Höhe schiebend und sich mit seinen Flagellen festklammernd. Hat sich die Rotangpflanze zwischen hohen Sträuchern und Bäumen entwickelt, oder ist sie bei ihrem Fortwachsen über dem Boden im Bereich eines Gehölzes angelangt, so schiebt sie ihre steifen, zusammengefalteten, stiftartigen jungen Blätter zwischen den unteren Äften der Bäume dieses Gehölzes empor, und indem sich diese Blätter entfalten und bogenförmig auswärts krümmen, werden sie zu einem festen Widerhalt, womit der seilartige Stamm oben im Gezweige der stützenden Bäume aufgehängt ist (s. Abbildung, S. 137). Sind die Verhältnisse günstig, so kann der Stamm mit Hilfe seiner neuen, auf immer höhere Äste der Bäume sich auflagernden und festhaltenden Blätter unglaublich weit emporkommen. Manchmal sinkt das freie Ende des Rotangsprosses auch wieder herab, gelangt in die Kronen niederer Bäume, erhebt sich aber von dort wieder zu höheren Wipfeln. So erreichen diese Stämme mitunter eine Länge, wie sie von keiner anderen Pflanze bekannt ist. Beglaubigten Angaben zufolge hat man Rotange gefunden, deren Stamm bei einer fast gleichmäßigen Dicke von nur 2—4 cm: 200 m lang geworden ist. Die beigegebene Tafel gibt das Vorkommen der Rotange (Calamus) im Urwald von Ceylon gut wieder.

Auch manche Bambusarten der tropischen Wälder sind Spreizklimmer. Im Gegensatz zu den mit mächtigen Halmen ausgerüsteten aufrechten Formen (s. die Abbildung, S. 96) haben einige dieser Waldbewohner dünne, schnellwachsende Halme, die sich zum Teil mit hakigen Stacheln festhalten oder sich durch reiche Verzweigung in die Äste der Bäume hineinflechten.

Es wurde schon erwähnt, daß die meisten, wenn auch nicht alle Gewächse, welche sich in das Dickicht anderer Pflanzen einflechten, mit widerhakigen Dornen, Stacheln und Borsten ausgerüstet sind, die das Festhalten in der einmal erreichten Höhe begünstigen. Der Bocksdorn ist mit horizontal abstehenden Dornen versehen, die Rinde der Stämme sowie die an der unteren Blattseite der Rosen und Brombeeren vorspringenden Rippen sind mit sichelförmig nach rückwärts gebogenen Stacheln besetzt, mehrere Labkräuter (z. B. Galium uliginosum und Aparine) tragen an den Stengelkanten, Blatträndern und Blattrippen kurze, starre, nach rückwärts gerichtete Börstchen, und die Mittelrippe der gefiederten Rotangblätter setzt sich, wie gesagt, über die grünen Fiederabschnitte in ein langes, gertenförmiges Gebilde fort, welches mit Widerhaken der mannigfaltigsten Art besetzt ist. Die auf S. 139 eingeschaltete Abbildung dreier Rotangarten zeigt verschiedene Formen dieser sonderbaren Blätter. Bei der einen Art (Fig. 1) ist die verlängerte Blattspindel in gleichen Abständen mit Gruppen von kleinen, aber sehr spitzen Widerhaken besetzt, bei der zweiten Art (Fig. 2) ist ein Teil des Blütenstandes zu der langen Rute umgebildet, die seltsame klauenartige Widerhaken trägt, und bei der dritten (Fig. 3) finden sich neben kleinen Zäckchen große, lange, sehr spitze, rückwärts gerichtete Dornen an dem vorderen Teile des Blattes, die durch Umwandlung der äußersten Blattfiedern entstanden sind. Wenn man diese widerhakigen Gebilde sieht und noch berücksichtigt, daß die Rotangblätter

Von Rotangpalmen durchsetzter Urwald auf Ceylon.

ungemein zähe sind, so begreift man, wie fest sich die Kronen der Rotange in den Baumwipfeln festankern, und wie schwer es den Rotangsammlern wird (die Rotangstämme kommen als „Spanisches Rohr“ in den Handel), derartige wie mit Harpunen eingehakte Gewächse aus den Baumwipfeln, deren Gezweige sie durchflechten, herabzuziehen. Infolge des Zuges, den die Rotangsammler an den langen, seilartigen Stämmen ausüben, brechen viel eher die dürren

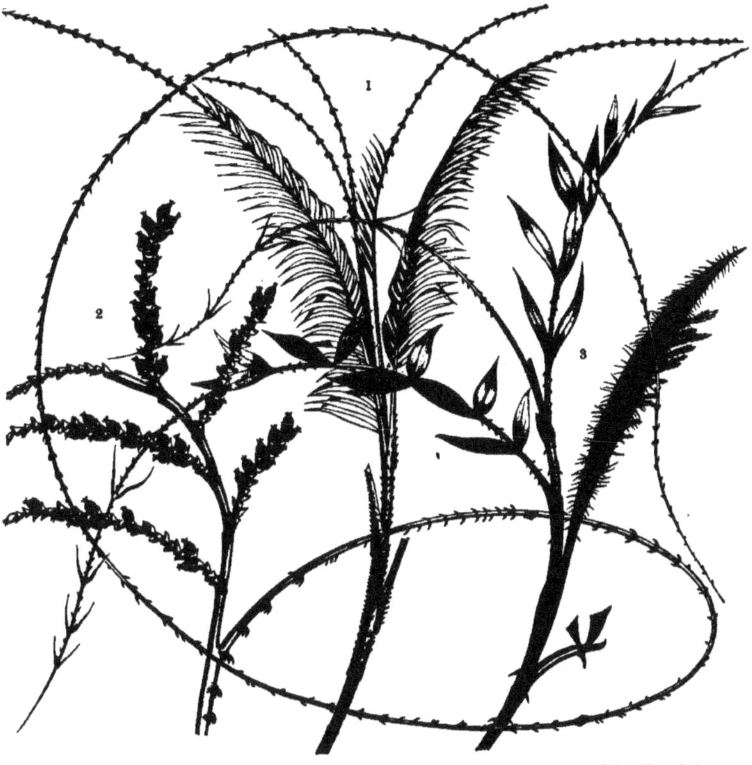

Wipfel von drei Rotang-Arten: 1) Daemonorops hygrophilus; 2) Calamus extensus, mit Blütenrispe; 3) Desmoncus polyacanthus, sehr verkleinert. (Zu S. 138.)

Äste der stützenden Bäume, als daß die Blätter zerreißen, und wenn diese Äste sehr biegungsfest sind, gelingt es überhaupt nicht, selbst durch den kräftigsten Zug, den mehrere Personen ausüben, die Rotange aus ihrer Verankerung zu lösen.

Den Rotangen in betreff der widerhakigen Stacheln auffallend ähnlich sind mehrere südamerikanische Leguminosen (z. B. Acacia lacerans und pteridifolia und mehrere Arten der Gattung Machaerium), doch sind bei ihnen die mit Widerhaken besetzten geißelförmigen Gebilde nicht Blätter, sondern blattlose Zweige. Ebenso ist hier einiger südamerikanischer Bambus zu gedenken, deren lange Halme mit Knospen vom Ansehen widerhakiger Stacheln besetzt sind und auch ähnlich wie die Stacheln an den harpunenartigen Blattenden der Rotange funktionieren.

Eine durch ungewöhnlich reichliche Ausbildung widerhakiger Stacheln ausgezeichnete flechtende Pflanze ist auch die untenstehend abgebildete neuseeländische Brombeerenart Rubus squarrosus. Jedes Blatt derselben teilt sich in drei nur an der Spitze mit einer kleinen Spreite besetzte Teile, und sowohl der Blattstiel als diese drei Teile sind ihrer ganzen Länge nach grün und mit gelben, sehr spitzen Stacheln besetzt, die sich so fest in die durchflochtenen Stauden und Sträucher einhaken, daß stellenweise ganz unentwirrbare Knäuel entstehen.

Endlich sind hier auch noch jene Pflanzen zu erwähnen, bei welchen der Widerhalt durch die spitzen Zähne des Blattrandes unterstützt wird. Zu diesen gehören besonders mehrere tropische Pandanaceen (Freycinetia) mit langen, dünnen, an Rotang erinnernden Stämmen und auch ein unscheinbarer kleiner Ehrenpreis, der auf feuchten Wiesen im mittleren Europa heimisch ist

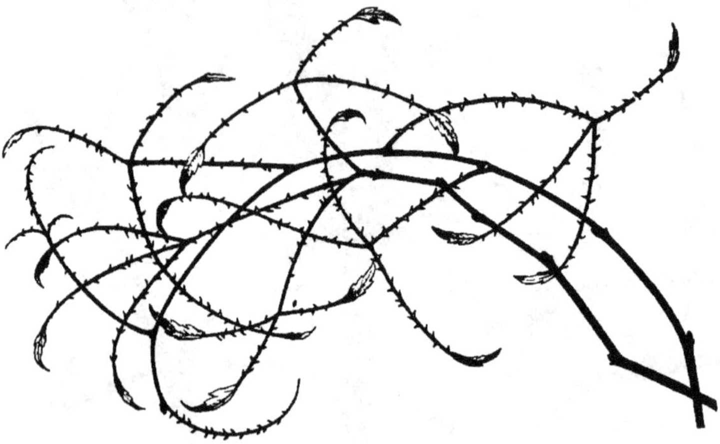

Zweige der neuseeländischen Brombeere Rubus squarrosus.

und sich dort mit seinem dünnen, schwachen Stengel zwischen die anderen derberen aufrechten Sumpfpflanzen einflechtend über den Boden erhebt. Dieser Ehrenpreis (Veronica scutellata; s. Abbildung, S. 141) hat lange, schmale Blätter, welche im jugendlichen Zustande aufrecht und über der lotrecht in die Höhe wachsenden Stammspitze paarweise zusammengelegt sind. Bei dem Weiterwachsen der Stammspitze werden diese aufrechten, paarweise zusammengelegten Blätter in die Lücken des aus Halmen und abgedorrtem Laube gebildeten Gewirres der anderen in unmittelbarer Nachbarschaft stehenden Sumpfgewächse eingeschoben und emporgehoben, schlagen sich dann von der Stengelspitze, der sie bisher angelagert waren, zurück, nehmen eine horizontale Lage an und bilden nun auf anderen Pflanzenteilen auflagernd einen guten Widerhalt. Während die Sägezähne des Blattrandes bei den übrigen Ehrenpreisarten mit ihren Spitzen nach vorn stehen, erscheinen sie hier seltsamerweise nach rückwärts gegen den Stengel und abwärts gegen den Boden gerichtet, und es wird dadurch der Widerhalt, den diese Blätter bilden, noch wesentlich gefördert. Bei diesem Ehrenpreise haben die rückwärts gerichteten Zähne des Blattrandes sicherlich keine andere Bedeutung als die des Festhäkelns. In vielen anderen der obenerwähnten Fälle kommt aber den spitzen Zähnen, Stacheln und Dornen auch noch die Aufgabe zu, das Laub oder auch die Blüten und Früchte gegen Tiere, welche nahrungsuchend über die Stämme emporklettern möchten, zu schützen.

Als **gitterbildenden Stamm** kann man einen solchen bezeichnen, der nicht windet, auch keine besonderen Klettervorrichtungen hat und dennoch, angelehnt an Felswände oder Baumstrünke, allmählich zu erstaunlichen Höhen emporklimmt. Er verkleidet seine Rücklehne mit Zweigen, welche zusammengenommen ein festes Gitterwerk darstellen, wodurch er an gewisse flechtende Klimmstämme erinnert. Von diesen unterscheidet er sich aber dadurch, daß sein Emporkommen weder durch sparrige, abstehende Seitenäste, noch durch bogenbildende Sprosse, noch durch zurückgeschlagene Laubblätter vermittelt wird. In der nördlich gemäßigten Zone kommt er verhältnismäßig nur selten zur Entwickelung. Das auffallendste Beispiel aus diesem Gebiete ist wohl die kleine zierliche Wegdornart, welche den Namen Rhamnus pumila führt, und die in den Voralpen von der Schweiz bis Steiermark hier und da die steilen Kalkfelsen mit ihrem Gitterwerk überkleidet. Sieht man von fern auf eine mit diesem Wegdorn überwachsene Felswand, so könnte man glauben, es sei Efeu, welcher mit seinen Haftwurzeln an den Steinen emporklimmt. Die nähere Betrachtung aber zeigt, daß hier Haftwurzeln fehlen und auch sonst keinerlei Verwandtschaft mit dem Efeu besteht. Dagegen treten zwei andere sehr merkwürdige Erscheinungen hervor: erstens die außergewöhnliche Brüchigkeit der holzigen Zweige, und zweitens, daß die älteren Stämme in die Ritzen des Gesteines förmlich eingezwängt sind.

Veronica scutellata. (Zu S. 140.)

Die Brüchigkeit geht so weit, daß die Zweige bei unvorsichtigem, kräftigem Anfassen sofort splittern und zu Boden fallen, und daß man sehr behutsam vorgehen muß, wenn es gelingen soll, einen größeren Stamm mit allen seinen Verzweigungen von der Felswand abzulösen. Sie erklärt sich aus dem besonderen Bau des Holzes. Die dem Weichbast nach außen zu aufgelagerten Stränge aus faserförmigem Hartbast, welche die Biegungsfestigkeit der jungen Zweige unserer Bäume bedingen, durch Windstöße gebogene Zweige in ihre Ruhelage zurückbringen und Knickungen derselben verhindern, fehlen hier. Man sieht in der Mitte der Zweige einen Holzzylinder, rings um denselben Stränge aus Weichbast und diesem ein sehr voluminöses Bastparenchym, aber nur sehr wenige zähe Hartbastfasern angelagert. Auch die weiterhin nach außen folgenden Schichten werden aus parenchymatischen Zellen zusammengesetzt, welche zwar einen Schutz des Weichbastes gegen seitlichen Druck bieten, aber nichts zur Biegungsfestigkeit der Zweige beitragen. Da ist es begreiflich, daß die Zweige leicht abbrechen. Und daß sie an ihren Ursprungsstellen, d. h. dort, wo sie aus einem älteren Aste hervorgehen, am leichtesten splittern, erklärt sich daraus, daß dort der Holzzylinder am schwächsten ist. Bei Berücksichtigung dieses eigentümlichen Baues der holzigen Verzweigungen wird es begreiflich, daß dieser Wegdorn ohne eine stützende Hinterwand früher oder später zugrunde gehen müßte, weil bei dem ersten kräftigen Anprall eines Sturmes die spröden Zweige abbrechen und zu Boden fallen würden und nach jedem Gewitter der Busch ganz verstümmelt werden müßte.

Was die zweite oben berührte Eigentümlichkeit, nämlich das Einzwängen der Zweige in die Felsritzen, anbelangt, so erklärt sich diese aus der eigentümlichen Wachstumsweise, welche der in Rede stehenden Pflanze zukommt. Wenn im Frühling aus den Laubknospen belaubte Sprosse werden, so wachsen diese nicht dem Licht entgegen, wie das bei der großen Mehrzahl der Pflanzen, namentlich bei Holzgewächsen, der Fall ist, sondern wenden sich vom Lichte ab, suchen die Dunkelheit auf, krümmen sich sogar um Felsvorsprünge in die beschatteten Winkel und Aushöhlungen und gelangen so unfehlbar in die dunkeln Spalten und Ritzen der steilen Felswand. Ist diese eine Strecke weit nicht zerklüftet, sondern glatt und eben, so legen sich die wachsenden längeren Triebe immer dicht an dieselbe an und erscheinen dann auch geradlinig; sobald aber wieder eine Kluft erreicht ist, krümmt sich der Trieb sofort um die Ecke in die Kluft hinein, wächst also in ähnlicher Weise, wie sonst die Wurzeln zu wachsen pflegen. Während sich bei anderen Sträuchern die jungen wachsenden Sprosse, welche aus einem vorjährigen verholzten Zweige hervorgehen, aufwärts richten, kommt es hier häufig vor, daß die Richtung nach abwärts eingeschlagen wird. Für das Einschlagen dieser Richtung ist in dem betrachteten Falle die Belastung durch das an den Sprossen sich entfaltende Laub und überhaupt die Zunahme des Gewichtes nicht als ursächliches Moment anzusehen; denn nicht selten entspringen von ein und demselben in horizontaler Richtung längs der Felswand hinlaufenden Zweige knapp nebeneinander gleichgestaltete, gleichbelaubte und gleichschwere Sprosse, von welchen ein Teil nach abwärts, ein anderer Teil nach aufwärts wächst. Bei dieser Wachstumsweise ist es unvermeidlich, daß sich die Verzweigungen mitunter auch kreuzen, und daß ein förmliches Gitterwerk entsteht, welches der Felswand anliegt. Verwachsungen der sich kreuzenden und übereinander liegenden Stämme werden an dem besprochenen Wegedorn niemals beobachtet, wohl aber kommt es häufig vor, daß die jüngeren Zweige, welche sich quer über die älteren legen, diesen fest angepreßt sind, so daß sie nach dem Ablösen größerer Zweigpartien von den Felswänden miteinander noch verbunden bleiben.

Umfangreiche Zweiggitter machen ganz und gar den Eindruck eines Wurzelgeflechtes, das sich über einen Felsblock ausgebreitet hat. Namentlich wird man an die merkwürdigen gitterförmigen Wurzelbildungen gewisser tropischer Feigenbäume erinnert, von denen schon die Rede war (S. 60). Auch insofern wird man versucht, die älteren Stämme der Rhamnus pumila für Wurzeln zu halten, als man sie häufig in den Ritzen und Spalten der Felsen eingebettet sieht, welche Erscheinung auf folgende Weise zustande kommt. Wenn der sich entwickelnde lichtscheue Sproß einen dunkeln Spalt mit seiner Spitze erreicht hat, so wächst er begreiflicherweise in der Richtung dieses Spaltes fort und schmiegt sich in denselben, soweit es sein Laub gestattet, ein. Im Herbst verliert der Sproß sein Laub und verholzt. Im nächsten Jahre sendet er neue Sprosse aus und nimmt an Umfang zu. Alljährlich entsteht eine neue Lage von Holzparenchym und Holzfasern, und im Laufe der Jahre wird der Stamm so dick, daß er den ganzen Felsspalt ausfüllt und geradeso aussieht wie eine Wurzel, welche sich in die Felsenritze eingezwängt hat.

Auf ganz andere Weise als bei dem merkwürdigen, die Felswände übergitternden Wegdorn findet die Gitterbildung bei den tropischen Klusiazeen statt, von welchen eine Art durch die Abbildung auf S. 144 dargestellt ist. Die jungen Stämme derselben wachsen aufrecht und benutzen mit Vorliebe Baumstämme, namentlich von Palmen, um sich an dieselben anzulehnen. Alle Sprosse dieser Klusiazeen sind verhältnismäßig dick und mit gegenständigen, fleischigen Blättern besetzt; sie bleiben sehr lange Zeit grün, sind selbst dann, wenn sich aus den Blattachseln der aufrechten Stammglieder spreizende gegenständige Seitentriebe entwickelt haben, noch nicht verholzt, und es kommt aus ihnen bei Verletzung der Rinde ein klebriger dicker, dem Gummigutt ähnlicher Saft zum Vorscheine. Die Blätter haben ein so großes Gewicht, daß sich unter ihrer Last die spreizenden Seitenzweige neigen, bogenförmig überhängend werden, ja mitunter sogar lotrecht herabsinken. Da ist es unvermeidlich, daß sich so manche dieser Seitenzweige kreuzen, miteinander in Kontakt kommen, und daß an den Berührungsstellen die Oberhaut durch Reibung verletzt wird. An solchen Stellen aber findet eine wirkliche Verwachsung der sich berührenden Zweige statt, und indem sich dieser Vorgang mehrfach wiederholt, entsteht ein Gitterwerk, wie es die Abbildung auf S. 144 zeigt. Die einzelnen Stammstücke sind zwar noch immer weich und biegsam; aber in der angegebenen Weise gitterförmig verschränkt und gegenseitig gestützt, besitzt die Gesamtheit derselben eine Tragfähigkeit, welche ausreicht, daß die neuen aufrechten Sprosse entlang der umgitterten Stütze um eine Stufe höher emporkommen können. Von vielen älteren Stammgliedern entwickeln sich überdies noch seilförmige Luftwurzeln, welche sich zur Erde herabsenken, und die an jenen Stellen, wo sie miteinander in Berührung kommen, gleichfalls verwachsen. Da sich diese Luftwurzeln in der Farbe von den grau gewordenen Stammteilen kaum unterscheiden, ist man bei Betrachtung älterer Klusiazeen kaum imstande, auf den ersten Blick zu erkennen, was Stamm und was Wurzel ist. Hat eine der Klusiazeen den jungen Stamm einer Palme in der angegebenen Weise mit ihrem Gitterwerke umfangen, und wächst der Schaft dieser Palme in die Dicke, so erscheint dann das Gitterwerk fest an jenen angepreßt. Manche Zweige der Clusia sterben infolge des Druckes der in die Dicke wachsenden Palme ab, aus anderen älteren Stummeln kommen aber neue belaubte Triebe hervor, welche die früher beschriebene Wachstumsweise wiederholen, und deren Seitenzweige sich wieder zu Gittern verschränken können. An solchen Klusiazeen verflachen dann die anliegenden Stämme und liegen als dicke Gurten, ja mitunter als förmliche Platten der Unterlage auf. Auch neue Luftwurzeln entwickeln sich bald hier, bald dort aus den älteren Stammgliedern, und so entsteht nach und nach ein unentwirrbares Gitterwerk, welches den Palmenstamm ringsum so dicht umkleidet, daß von diesem selbst gar nichts mehr zu sehen ist. An den Ufern des Rio Guama in Brasilien sah Martius ganze Reihen der Macauba-Palme (Acrocomia sclerocarpa) mit Clusia alba überzogen. Die Clusia bildete um jeden der 10 m hohen Palmstämme geradezu ein ringsum

Palmenstamm, von den gitterbildenden Stämmen einer Klusiazee (Fagraea obovata) als Stütze benutzt. (Zu S. 143.)

geschlossenes Rohr, welches Laub und Blumen trug, und aus dessen oberer Mündung der erhabene Palmenstamm mit seiner Blätterkrone fremdartig hervorragte.

Die meisten noch übrigen Kletterpflanzen haben für das Klettern eine besondere Ausrüstung erhalten, und man kann sehr scharf zwei Gruppen, die Schlingpflanzen (Windepflanzen) und die Rankenpflanzen, unterscheiden. Die ersten klettern mit ihren sich schraubig um eine Stütze windenden Hauptsprossen, die Rankenpflanzen erzeugen reizbare Klammer- oder Greiforgane.

Jede Schlingpflanze macht in den allerersten Stadien ihrer Entwickelung den Eindruck einer gewöhnlichen aufrechten Pflanze, und es wäre schwierig, äußere Merkmale anzugeben, wodurch sich junge Sprosse der einen von denen der anderen unterscheiden. Immer sind die Triebe anfänglich aufrecht und durch ihren inneren Bau befähigt, sich in der aufrechten Lage zu erhalten. Erst wenn die Pflanzen älter geworden und eine gewisse Höhe erreicht haben, tritt die Eigentümlichkeit des windenden Stammes hervor, und der Sproß sucht nun für sein freies Ende einen Halt zu gewinnen; er krümmt sich in flachem Bogen um eine in der Nähe befindliche Stütze, sein Ende dreht sich wie der Zeiger einer Uhr im Kreise herum und windet sich endlich etwa um einen aufrechten Pfahl, der gerade erreichbar ist.

Die Schlingpflanze gelangt also nur dadurch in die Höhe, daß sie sich an aufrechte Stützen legt und sich um diese entlang einer Schraubenlinie emporwindet. Als Stütze dienen in der freien Natur meistens dünne Stämme. Bisweilen kommt es auch vor, das ein windender Stamm sich um einen zweiten, einer anderen Art angehörenden windenden Stamm windet (s. Abbildung, S. 149). In Gärten benutzt man auch Stäbe, Schnüre und Drähte, wenn man Wände oder Spaliere mit windenden Pflanzen überkleiden will. Man überzeugt sich bei dieser Gelegenheit leicht, daß selbst sehr feine Fäden als Stütze vortrefflich brauchbar, dicke Pfähle und umfangreiche Baumstrünke dagegen nicht geeignet sind. Für einjährige windende Stämme sind Pfähle im Durchmesser von 20—25 cm schon zu dick, als daß sie noch umschlungen werden könnten. Jene ausdauernden und verholzenden windenden Stämme, welche man Lianen nennt, findet man mitunter um Säulen von 30—40 cm Durchmesser gewunden, so z. B. die einer Glycine chinensis in den Laubengängen des Parkes von Miramare bei Triest und die von Ruscus androgynus im Garten von Kew bei London. In tropischen Gegenden sieht man selbst an Baumstämmen, welche eine Dicke von 40—50 cm besitzen, windende Pflanzen emporklettern; es ist aber in diesen Fällen sehr wahrscheinlich, daß der Baumstamm zur Zeit, als er umwunden wurde, die angegebene Dicke noch nicht besaß und dieselbe erst später erlangte. Freilich kann das nur unter besonders günstigen Verhältnissen geschehen; denn die meisten ausdauernden, holzig gewordenen schlingenden Stämme vertragen keine starke Zerrung und Längenausdehnung, und eine solche müßte doch jedesmal erfolgen, wenn das Bäumchen, um dessen Stamm eine ausdauernde Schlingpflanze ihre verholzenden Schlingen gelegt hat, stark in die Dicke wachsen würde. Die windenden Stämme des in Band I, S. 337, abgebildeten Baumwürgers werden nach erfolgter Verholzung zuverlässig nicht mehr länger, wirken daher wie Drosselschlingen auf den im kräftigsten Dickenwachstum befindlichen jungen Baumstamm, sind imstande, ihn zu strangulieren und sein Absterben zu veranlassen. Ist der abgestorbene Stamm, welcher zur Stütze für die Liane gedient hatte, gegen Witterungseinflüsse nicht sehr widerstandsfähig, und tritt nach kurzer Zeit eine Vermoderung desselben ein, so kann es vorkommen, daß die Stütze zerbröckelt, in Moder und Staub zerfällt und von den Winden fortgeweht wird, während die widerstandsfähigere Liane erhalten bleibt, so daß dann innerhalb der Windungen des Lianenstammes keine Spur mehr von der Stütze zu sehen ist. So manche Liane des tropischen Waldes scheint im jugendlichen Zustande irgendeine lebende Pflanze mit mäßig dickem aufrechten Stamme als erste Stütze benutzt zu haben und über diese in die Kronen höherer Bäume emporgeklettert zu sein; nachträglich ist die Stütze zugrunde gegangen, während die dem oberen Teile der Liane zur Stütze dienenden Zweige der Bäume einen dauernden Halt bilden. Manche Lianen werden auch so dick, daß sie später ohne Stütze aufrechtstehen.

Für jene Gewächse, deren windende Stämme nur einen Sommer durchleben und nach

Ausbildung der Samen entweder ganz absterben, wie die des windenden Knöterichs (Polygonum Convolvulus), oder bis auf die unterirdischen Stammteile verdorren, wie die des Hopfens (Humulus Lupulus), wäre es kein Vorteil, wenn sie dicke, aufrechte Baumstämme umwinden würden. Solche Gewächse, welche darauf angewiesen sind, im Laufe eines kurzen Sommers Stamm und Blätter, Blüten und Früchte und zahlreiche Samen zu entwickeln, müssen so rasch wie möglich und auf dem kürzesten Wege vom Erdboden zur sonnigen Höhe gelangen. Das gelingt ihnen, wenn ihre Stämme einen dünnen Grashalm als Stütze benutzen, aber durchaus nicht, wenn sie einen dicken Baumstamm umwinden wollten. Der Weg um einen dicken Stamm wäre viel zu lang, und das zum Aufbau so weitschweifiger Windungen notwendige Material wäre überflüssig verschwendet, was der Ökonomie der Pflanzen ganz und gar widersprechen würde. Damit soll nicht gesagt sein, daß den windenden Pflanzen die Fähigkeit zukommt, die zusagendste Stütze aufzusuchen oder aus mehreren Stützen die passendste auszuwählen; die Wahlfähigkeit ist immer nur eine scheinbare, und wenn die Stämme des Hopfens sich niemals um Pfähle winden, die dicker als 10 cm sind, so kommt das nicht daher, daß der Hopfensproß von vorherein das Unzweckmäßige weiter Windungen zu erkennen vermöchte, sondern ist darin begründet, daß ihm die Fähigkeit abgeht, in so weitschweifigen Schraubenlinien den Stamm zu umkreisen. Kommt es vor, daß ein Hopfensproß zur Basis eines Pfahlstammes kommt, der dicker als 10 cm ist, so vermag er sich zwar an denselben anzulegen, er wird ihn aber alsbald wieder verlassen und seitwärts in die Umgebung hinauswachsen, wo er vielleicht mit einer dünneren Stütze zusammentrifft.

Der obere seitlich gebogene, in der Luft schwebende Teil der Schlingpflanzen führt Bewegungen aus, die zum Zwecke haben, sein freies Ende in einem Kreis oder in einer Ellipse herumzuführen. Die Botaniker nennen diese Bewegungen Nutationen. Man hat diese Bewegung des schwebenden Sproßteiles mit der des Zeigers einer Uhr verglichen; noch besser ließe sich dieselbe mit der Bewegung einer biegsamen Gerte oder einer Peitsche, welche jemand mit der Hand über den Kopf hält, und deren Ende er in kreisende Bewegung versetzt, vergleichen. Sie ist natürlich nicht so rasch wie die der kreisenden oberen Hälfte einer Gerte, vollzieht sich aber immerhin mit einer Schnelligkeit, welche den Beobachter in Erstaunen setzt. Bei warmem Wetter macht das schwebende, kreisende Ende eines Hopfensprosses (Humulus Lupulus) einen Umlauf durchschnittlich innerhalb 2 Stunden und 8 Minuten, der Feuerbohne (Phaseolus multiflorus) innerhalb 1 Stunde und 57 Minuten, des Windlings (Convolvulus sepium) innerhalb 1 Stunde und 42 Minuten, der japanischen Akebia quinata innerhalb 1 Stunde und 38 Minuten und des Grammatocarpus volubilis innerhalb 1 Stunde und 17 Minuten. Bei anderen windenden Pflanzen erfolgt das Fortrücken allerdings viel langsamer, und ihre schwingenden Triebe brauchen 24, ja selbst 48 Stunden zu jedem Umlaufe. Da diese Umläufe sich an ziemlich langen Sproßteilen vollziehen, so kann man sie ähnlich wie die Umläufe des Zeigers einer Uhr mit freiem Auge sehen, zumal dann, wenn man bei Sonnenschein unterhalb des übergebogenen Teiles des Sprosses einen Kragen aus weißem Papier anbringt. Man sieht dann auf der Papierfläche den Schatten des schwebenden Teiles ähnlich dem Zeiger auf dem Zifferblatt vorwärtsrücken.

Da bei den meisten windenden Stämmen gleichzeitig mit dem Kreisen des freien Endes auch eine Drehung (Torsion) des Stammes stattfindet, so glaubte man früher, daß durch diese Drehung auch die kreisende Bewegung veranlaßt werde. Die neueren Untersuchungen haben aber ergeben, daß dem nicht so ist. Das Kreisen erfolgt unabhängig von der Drehung durch abwechselndes Längenwachstum der verschiedenen Seiten des Stengels.

Ein Teil der windenden Pflanzen, namentlich der Hopfen, das Geißblatt und der windende Knöterich (Humulus Lupulus, Lonicera Caprifolium, Polygonum Convolvulus), winden ihre Triebe in der Richtung von West durch Nord nach Ost und dann weiterhin durch Süd wieder nach West (s. Abbildung, S. 148), was man **rechts winden** nennt; ein anderer Teil, wie z. B. die Feuerbohne, die Winden und verschiedene Arten der Osterluzei (Phaseolus multiflorus, Convolvulus sepium, Aristolochia Sipho) winden von West durch Süd nach Ost und von da durch Nord wieder nach West, was **links winden** genannt wird. Äußere Verhältnisse haben auf das Einhalten dieser Richtungen keinen Einfluß. Ob wir Licht, Wärme, Feuchtigkeit von dieser oder jener Seite wirken lassen, für die Richtung der Bewegung ist das einerlei, immer schwingt die betreffende Art in den gleichen Bahnen, der Hopfen nach rechts, die Feuerbohne nach links. Auch wenn das windende Stück fortwährend in entgegengesetzter Richtung angebunden wird, — es ist alles vergeblich, die Pflanze läßt sich keine andere Bahn aufzwingen und sich die ihr eigentümliche Richtung nicht abgewöhnen. Sie windet in der ihr angeborenen, von Geschlecht auf Geschlecht sich vererbenden Weise fort, und wir können die verschiedene Richtung des Windens nur auf innere Ursachen, nur auf die jeder Pflanze eigentümliche Konstitution ihres lebendigen Protoplasmas zurückführen.

Sobald das kreisende Ende des Sprosses mit einer aufrechten, nicht zu dicken Stütze in Berührung gekommen ist, hört diese Bewegung sofort auf, **das Ende des Sprosses umgreift die Stütze, wächst, dieser angeschmiegt, entlang einer Schraubenlinie empor und nimmt so die Gestalt einer ausgezogenen Spirale an, welche um die Stütze herumgewunden ist und sich ihr immer fester anlegt.**

Aus vielfältigen Beobachtungen und Versuchen hat sich ergeben, daß lotrecht aufgerichtete Pfähle am leichtesten von windenden Stämmen umschlungen werden. Auch dann, wenn die Neigung des Pfahles nicht unter 45° gegen den Horizont beträgt, bildet der windende Sproß noch eine Schraube um denselben; aber horizontale Stäbe werden nicht umwunden. Versucht man, künstlich eine Schlingpflanze um eine horizontale Stange herumzuwinden, so dreht sie sich immer wieder von selbst zurück, um ihr Ende, so gut es geht, aufwärts zu krümmen und eine vertikale Stütze zu suchen. Es wurde ermittelt, daß die Umläufe, welche der windende Stengel macht, mit dem Alter sich ändern. Die Windungen, welche der jüngste, oberste Teil des Sprosses ausführt, sind oft sehr genähert und nahezu horizontal; tiefer aber erscheint die Spirale mehr ausgezogen, und es werden die inzwischen neugebildeten oberen flacheren Windungen erst durch den Geotropismus des Stengels in die Höhe geschoben. Damit ist der Vorteil verbunden, daß für den mehr gestreckten und daher auch der Stütze fester angepreßten unteren Teil der Spirale ein besserer Halt an der Stütze gewonnen wird. Dieser bessere Halt wird übrigens in vielen Fällen auch dadurch erreicht, daß eine Drehung (Torsion) der Achse des windenden Stammes stattfindet. Diese ist mit dem Umwinden der Stütze nicht zu verwechseln (vgl. S. 146). Wir können einen Pfahl mit einem Bindfaden umwinden, dessen Fasern nicht zusammengedreht sind, wir können aber auch einen Bindfaden wählen, dessen Fasern man früher stark zusammengedreht hat, und ganz ähnlich verhält es sich mit den windenden Stämmen. Die Stränge in denselben, namentlich jene Stränge, welche an der Peripherie des windenden Stammes liegen und dort als Kanten vorspringen, können geradlinig verlaufen oder doch nur schwach gedreht sein, können aber auch eine starke Torsion zeigen und wie die Fasern eines Strickes gewunden erscheinen. Dadurch, daß der windende Sproß eine Drehung um seine eigene Achse vollzieht, wird er jedenfalls viel straffer und steifer, und die an seiner Peripherie vorspringenden, nun schräg verlaufenden Kanten vermitteln auch einen besseren Halt an dem umwundenen Pfahl, als ihn die nicht gedrehten Kanten zu bieten imstande wären.

Nicht selten wird das Festhalten des windenden Stammes auch noch durch rückwärts

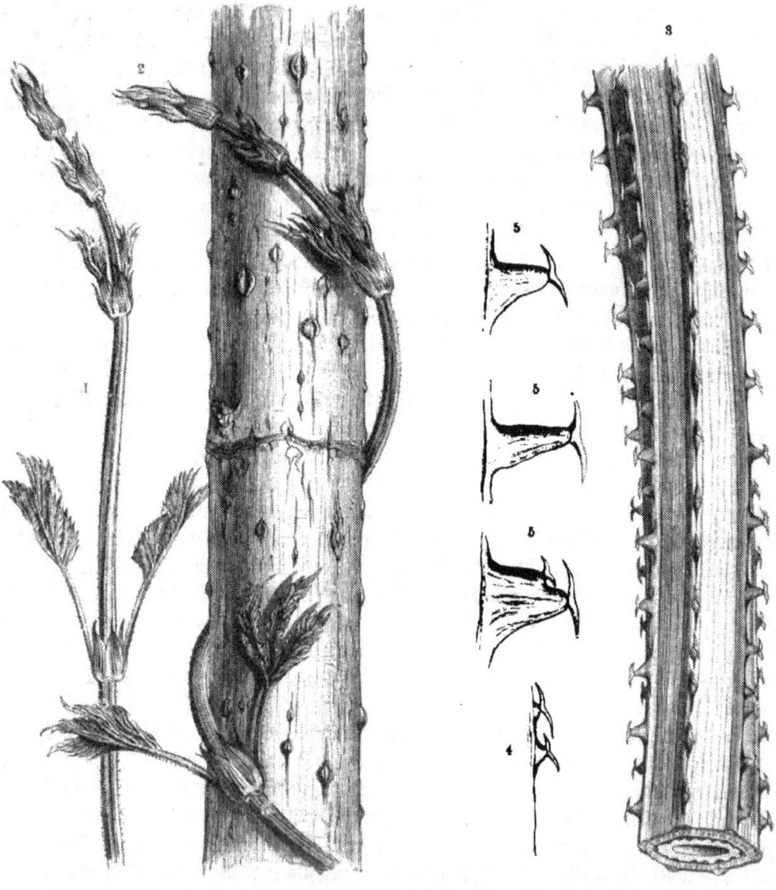

Windender Hopfen (Humulus Lupulus): 1) freies Ende eines eben erst aus dem Boden hervorgekommenen Sprosses, 2) der Stamm dieses Sprosses, um einen Holunderpfahl windend, in natürlicher Größe, 3) ein Stück dieses Stammes, vergrößert, 4) und 5) einzelne vom Stamme abgetrennte amboßartige Klimmhaken, noch mehr vergrößert. (Zu S. 146—149.)

gerichtete, steife Borsten und durch Widerhäkchen verstärkt, welche an den Kanten ausgebildet sind, wie das namentlich an dem windenden Knöterich und den Bohnenpflanzen der Fall ist. Verhältnismäßig groß sind diese rückwärts gerichteten Stacheln an der Windenart Ipomoea muricata. Eine merkwürdige Form von Stacheln zeigt auch der Hopfen. Wie aus obenstehender Abbildung zu ersehen ist, haben sie bei dieser Pflanze die Gestalt eines Ambosses. Auf einer zapfen- oder kegelförmigen Unterlage ist nämlich eine Zelle ausgebildet, welche sich stark in die Quere streckt und an beiden Enden spitz zuläuft. Ihre Wand ist verkieselt, sehr fest, und die Spitzen haken sich in weichere Gewebe wie Krallen ein. Diese Klimmhaken finden sich in regelmäßigen Reihen an den sechs Kanten, welche der windende Hopfenstamm zeigt, und erleichtern ungemein seine Befestigung an der umwundenen Stütze. Die tropischen Dilleniazeen Delima hirsuta und Tetracera fagifolia entwickeln zweierlei Sprosse: blattlose windende und beblätterte nichtwindende. Erstere sind mit Klimmhaken dicht besetzt, letztere ohne solchen Besatz.

An der unter dem Namen Wachsblume bekannten, in den Gewächshäusern häufig gezogenen Hoya carnosa sind die jungen windenden Stämme dicht mit rückwärts gerichteten Haaren bekleidet, welche wesentlich zum Festhalten an rauhen Unterlagen beitragen. Überdies

Abschnitte von tropischen, korkzieherförmig gewundenen Lianen. Natürliche Größe. (Zu S. 145 und 150.)

entwickeln die Stämme dieser Pflanze, sobald sie zu winden aufgehört haben, auch noch lichtscheue Kletterwurzeln, welche sich an die Unterlage anschmiegen, mit dieser verwachsen und dadurch dem Stamme, sobald er zu winden aufgehört hat, eine sichere Ruhelage verschaffen. Die Stämme dieser Wachsblume sowie der in Bd. I, S. 357 und 360, besprochenen Arten der Gattungen Cuscuta und Cassytha sind insofern Mittelformen zwischen den windenden und den mit Kletterwurzeln ausgerüsteten Pflanzen, die früher schon besprochen wurden.

Versagen alle Hilfsmittel zum Erfassen einer Stütze, so lagert schließlich der schraubenförmig gewundene und gedrehte Stamm auf dem Boden, bleibt aber dann im Wachstum zurück und bietet das Bild einer kümmerlichen, dahinsiechenden Pflanze. Gerade diese Tatsache ist insofern von Interesse, als aus ihr hervorgeht, daß der Druck, welchen der an den stützenden Pfahl angelegte windende Stamm erfährt, fördernd auf das Wachstum des ganzen Sprosses einwirkt. Dieser Druck könnte als Reiz aufgefaßt werden, geradeso wie der Druck, welcher die später zu besprechenden Ranken zu normalem Wachstum anregt, und man käme damit zu der Vermutung, daß auch die windenden Stämme reizbar sind, wennschon die Reizbarkeit hier nicht so augenfällig hervortritt wie bei den rankenförmigen Bildungen.

In den gemäßigten Zonen hat die Mehrzahl der windenden Stämme nur eine kurze Lebensdauer. Der windende Knöterich ist einjährig; der Hopfen und die Winden sind zwar ausdauernd, aber die aus dem unterirdisch überwinternden Stock alljährlich neu hervortreibenden Stengel gehen im Herbst immer wieder zugrunde. Nur das Bittersüß (Solanum Dulcamara) und mehrere Arten der Gattung Geißblatt (z. B. Lonicera Caprifolium und Periclymenum), die noch in verhältnismäßig rauhen Gegenden vorkommen, zeigen verholzende windende Stämme, welche von Jahr zu Jahr an Dicke zunehmen. In den tropischen Gegenden dagegen sind langlebige, verholzende windende Stämme in den Urwäldern verbreitet, und diese tropischen Formen werden auch gewöhnlich im engeren Sinne als Lianen bezeichnet. Begreiflicherweise rücken die Windungen eines um die dünne Stütze fest angelegten und nicht mehr verschiebbaren, aber doch in die Dicke wachsenden Stammes sehr dicht aneinander, und es entstehen dann jene seltsamen Lianen, welche das Erstaunen aller Besucher des tropischen Waldes erregen. Korkzieherförmig um die dünnen Stämme anderer Lianen gewundene Stämme im Durchmesser von 4 cm sind keine Seltenheit, und mitunter sieht man solche Gebilde, von welchen kleine Abschnitte in der Abbildung S. 149 in natürlicher Größe dargestellt sind, mit Hunderten sehr gleichmäßiger Windungen viele Meter hoch wie dicke Schiffstaue zu den Baumkronen aufragen.

Es gibt Pflanzen, deren Stengel für gewöhnlich nicht winden, die aber windend werden, sobald sie mit einer zusagenden Stütze in Berührung kommen. Wenn Aconitum paniculatum zwischen Buschwerk aufwächst und sich die Achse sowie die Verzweigungen des Blütenstandes an holzige feste Stämme anlegen, so krümmen sie sich an der Berührungsstelle, umgreifen die ihnen dargebotene Stütze und werden geradezu windend. An dem im offenen Land und auf Gartenbeeten aufgewachsenen Aconitum paniculatum findet dieses Krümmen und Winden nicht statt. Auch der Giftsumach (Rhus Toxicodendron), in Nordamerika heimisch, beginnt mit seinen Zweigen zu klettern, wenn er Stützen erfassen kann. Anderseits sieht man häufig Schlingpflanzen, deren Zweige schraubig winden, obwohl jede Berührung mit einer Stütze ausgeschlossen ist. So z. B. entwickelt der zu den Hamamelidazeen gehörende Strauch Actinidia Kalomikta in sehr auffallender Weise korkzieherförmig gewundene, in die Luft hineinwachsende Zweige. Besonders schön kann man solche freie Windungen beobachten bei Menispermum canadense, Dioscorea Batatas, beim Hopfen, der Feuerbohne, bei Aristolochia Sipho, Akebia quinata und anderen Schlingpflanzen.

Die Rankenpflanzen.

Die so bezeichneten Pflanzen klettern mit Hilfe eigentümlicher Organe, welche Ranken genannt werden, in jene Regionen, wo ihren grünen Blattflächen das nötige Sonnenlicht in genügendem Maße zukommt, und wo auch die Blüten und Früchte die günstigste Lage erhalten. Die Ranken, welche im Gegensatz zum windenden Stamm wie Greiforgane wirken, haben im jugendlichen Zustande die Gestalt von Fäden, sind bald dünn und zart, bald dick und steif, in dem einen Fall ungeteilt, in dem anderen gegabelt, immer aber reizbar gegen Druck und so eingerichtet, daß die von ihnen berührten Körper erfaßt, festgehalten und als Stütze benutzt werden können. Bevor sich die Ranke an eine Stütze anlegt, ist sie geradlinig, wächst in die Länge und hält dabei eine Richtung ein, welche gewöhnlich dahin führt, daß eine Stütze erfaßt wird. Auch die Ranke vollführt kreisende Bewegungen, die den Zweck haben, auf eine feste Stütze zu stoßen. Ist dieses Ziel erreicht, so wickelt sich das Rankenende um die berührte Stütze, und nach einiger Zeit rollt sich der hinter der Anheftungsstelle liegende Rankenteil schraubenförmig zusammen. Durch diese schraubenförmige Zusammenziehung wird der Stamm, an welchem die Ranke sitzt, der Stütze genähert und erscheint dann an dieser wie durch eine federnde Spirale befestigt. Der Stamm selbst ist fast immer passiv, und nur bei sehr wenigen Pflanzen vollführt er im jugendlichen Zustande Bewegungen, wie sie das freie schwingende Ende des windenden Stammes auszuführen pflegt.

Die Ranken entspringen an ihrem Stamm immer in der Mehrzahl. Gewöhnlich kommt auf jedes obere Stengelglied je eine Ranke, bisweilen auch deren zwei, und abgesehen von dem untersten Teil, welchem die Ranken ganz zu fehlen pflegen, ist der Stamm der ganzen Länge nach sehr regelmäßig mit denselben besetzt. Das hat den Vorteil, daß für den Fall, daß die eine Ranke fehlschlagen oder keine Stütze finden sollte, immer eine benachbarte für sie einspringen kann. Überhaupt sind die Gewächse mit Ranken im Vergleich zu allen anderen Formen von Kletterpflanzen im entschiedenen Vorteil, und es erklärt sich daraus, daß sie auch der Zahl nach die anderen bedeutend überwiegen. Den Pflanzen mit windenden Stämmen sind sie insbesondere dadurch überlegen, daß sie auch über zerklüftete Seitenwände von Felsen und über alte mächtige Baumstrünke emporkommen können, indem die Enden mancher Ranken sich mit eigentümlichen Scheiben an die glattesten Felsen anheften oder mit feinen Spitzen selbst unbedeutende vorspringende Stücke der Borke und horizontal abstehende Stummel abgebrochener alter Äste erfassen und festhalten, was den Schlingpflanzen unmöglich ist. Die Ranken umwinden mit Vorliebe horizontale Ästchen und Blattstiele und häufig auch rankentragende ältere Stämme, welche früher einmal in die Krone eines Baumes emporgeklommen sind. Oben in dem Geäst der Baumkrone angekommen, können sie von einem Zweige zum anderen übergehen, nach oben und unten sich festknüpfen und so allmählich die ganze Krone überspinnen. Die Teile, welche über die Krone hinauswachsen, hängen im Bogen herab und werden durch den leisesten Lufthauch ins Schwanken gebracht. Von den Stengelgliedern dieser schwankenden Stammteile sind aber schon wieder neue Ranken wie die Fangarme eines Polypenstockes ausgestreckt, und wenn nur ein einziger dieser zahlreichen Fangarme den Stiel eines Laubblattes oder selbst nur den Zipfel einer Blattspreite auf einem benachbarten Baum erreicht, im Nu hat er denselben erfaßt, krümmt sich bald im Bogen um ihn herum und bildet eine fest anliegende Schlinge, aus welcher der erfaßte Teil nicht mehr so leicht zu entwischen imstande ist. Es dauert nicht lange, so hat auch eine zweite, dritte, vierte Ranke die äußersten Laubblätter und Zweiglein eines benachbarten Baumes ergriffen. Alle diese Ranken ziehen sich dann spiralig zusammen und ziehen dadurch den ganzen rankenden Stammteil, der früher im Winde hin und her schwankte, zur benachbarten Baumkrone hinüber. Die Brücke, die auf diese Weise hergestellt ist, wird wieder von anderen klimmenden Stämmen zum Übergange benutzt. Es entstehen dann Girlanden und Festons, welche die benachbarten Bäume verbinden, oder auch grüne Torbogen und nicht selten förmliche Lauben, deren aus rankenden Stämmen gebildetes Dach von zwei benachbarten Bäumen wie von zwei riesigen Pfeilern getragen wird. Ein Vorteil, welchen die Rankenpflanzen im Vergleich zu den Schlingpflanzen voraus haben, besteht auch darin, daß sie eine bestimmte Höhe mit Aufwand viel geringerer Mittel erklettern können. Der windende Stamm der Feuerbohne, welcher die Höhe von 1 m über den Boden erklommen hat, zeigt, ausgezogen, die Länge von $1^1/_2$ m. Der kletternde, nicht gewundene, nahezu gerade Stamm der Erbse, welcher sich mit seinen Ranken zu derselben

Höhe emporgezogen hat, ist dagegen wenig länger als 1 m. Allerdings wird auch zur Ausbildung der Ranken Baumaterial verbraucht; aber dasselbe steht doch in gar keinem Verhältnis zu jenem, welches ein Stammstück von ½ m beansprucht.

Was ist die Ranke? Ein Blatt, ein Stengel, eine Wurzel? Sie kann das eine oder andere sein, wie es eben für die betreffende Art von Vorteil ist. Sogar aus jedem der ver-

Nebenblattranken der rauhen Stechwinde (Smilax aspera).

schiedenen Abschnitte eines Blattes für sich allein kann sich durch Metamorphose eine Ranke bilden, und die Blattspreite, die Mittelrippe, der Blattstiel, selbst die Nebenblätter können zu Ranken werden. Vom entwickelungsgeschichtlichen Standpunkt und mit Rücksicht auf den Ursprung und die gegenseitigen Beziehungen der einzelnen Pflanzenglieder hat man die so ungemein mannigfaltigen Rankenbildungen übersichtlich in folgende Gruppen zusammengestellt. Zunächst die Nebenblattranke, für welche insbesondere die Arten der Gattung Stechwinde (Smilax) ein vortreffliches Beispiel geben. Wie an der im Gebiete der Mittelmeerflora so häufigen Smilax aspera (s. obenstehende Abbildung) zu ersehen, sind die Blätter dieser Pflanze in Spreite, Blattstiel, Scheide und Nebenblätter gegliedert, und die vom Scheidenteil ausgehenden beiden Nebenblätter sind in ziemlich lange, das Geäst anderer Pflanzen und selbst die eigenen Zweige umschlingende Ranken umgewandelt.

Häufiger als diese im ganzen seltene Form ist die Blattstielranke, die selbst wieder zahlreiche Modifikationen zeigt, je nachdem nur der Stiel eines ungeteilten oder dreizähligen Blattes oder die Stiele der einzelnen Blattabschnitte die Rolle von Ranken übernehmen. Das

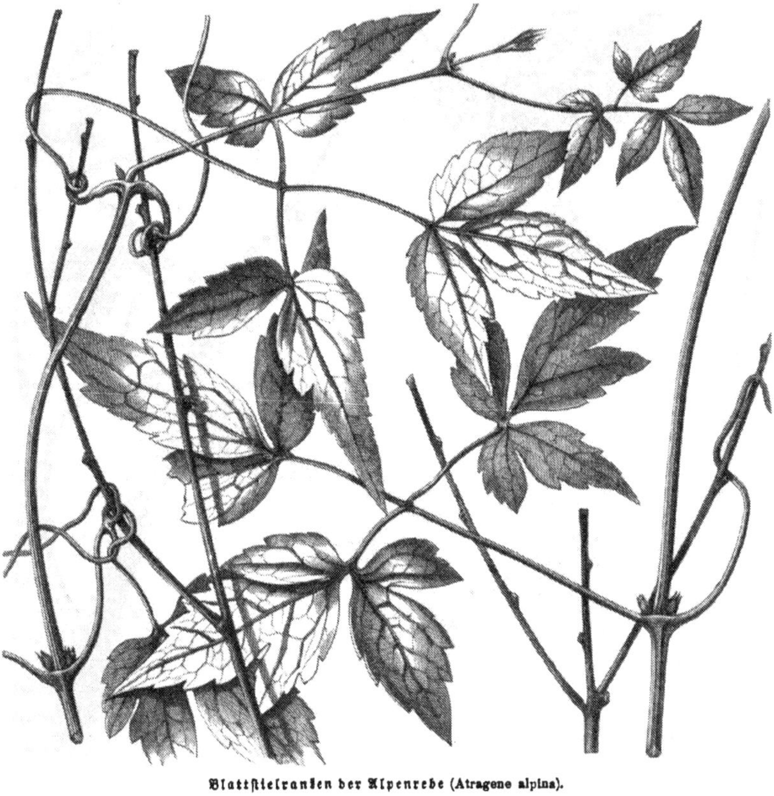

Blattstielranken der Alpenrebe (Atragene alpina).

erstere sieht man sehr schön bei den zahlreichen Arten der Kapuzinerkresse (Tropaeolum), bei dem rankenden Löwenmaul (Antirrhinum cirrhosum) und den mehrere Meter langen, mit dreizähligen Blättern besetzten Stämmen der zu den Kukurbitazeen gehörenden Zanonia sarcophylla, das letztere bei vielen Arten der Gattung Erdrauch (Fumaria), den rankenden Waldreben (Clematis) und der einzigen Liane unserer Alpen, der Alpenrebe (Atragene alpina), von welcher obenstehend eine Abbildung eingeschaltet ist. Auch bei den Kannenpflanzen (Nepenthes) ist ein Teil des Blattstieles in eine Ranke umgewandelt, und durch diese werden die Kannen an dem Gezweige der stützenden Pflanze aufgehängt (vgl. Bd. I,

S. 317). Wenn die Mittelrippe eines Laubblattes sich über das grüne Gewebe der Spreite noch weit hinaus als Faden fortsetzt, welcher feste Stützen ergreifen und umschlingen kann, so wird dieses Gebilde **Blattrippenranke** genannt. Hierher gehören die seltsamen südamerikanischen Mutisien (Mutisia ilicifolia, hastata, subspinosa, decurrens), die in Indien heimischen Flagellaria indica und Gloriosa superba und mehrere, an steife Halme und Blätter

Astranken der Serjania gramatophora. (Zu S. 155.)

benachbarter Gräser sich anheftende Kaiserkronen (Fritillaria cirrhosa, verticillata und ruthenica). Auch die **Blattranke** wird als Mittelrippe einer Blattspreite oder eines Teilblättchens gedeutet; doch ist hier von dem grünen Gewebe der betreffenden Spreite gar nichts entwickelt. Man sieht nur die Mittelrippen, und zwar als Fäden, welche, sobald sie einen Stab berühren, sich sofort krümmen und befestigen. Diese Form der Ranke ist die häufigste von allen und findet sich namentlich bei den Schmetterlingsblütlern sehr mannigfaltig. Bisweilen ist die ganze Blattspreite in eine einzige Ranke metamorphosiert, wie bei der Linsenplatterbse (Lathyrus Aphaca). Gewöhnlich sind aber nur an Stelle des Endblättchens und der vorderen Teilblättchen der gefiederten Blätter Ranken entstanden; so bei den Wicken, Erbsen und Linsen (Vicia, Pisum, Ervum). Es verdient hier erwähnt zu werden, daß in dem Maße, als das grüne Gewebe der Blattspreite infolge der Rankenbildung reduziert erscheint, seine Ausdehnung an den untersten Teilblättchen, Blattstielen und Nebenblättern zunimmt, mit anderen Worten, daß dort, wo an Stelle der vorderen Teilblättchen Ranken auftreten, das unterste Paar von Teilblättchen und die Nebenblätter breite grüne Flächen bilden. Bisweilen sind dann auch die Blattstiele und Stengel mit grünen blattartigen Leisten und Flügeln besetzt.

Als Stengelranke bezeichnet man jede Ranke, welche auf ein Sproßgebilde zurückgeführt werden kann. Diese Ranke kann eine Metamorphose eines Laub- oder eines Blütensprosses sein. Blütenstielranken findet man insbesondere beim Weinstock und den Cissus-Arten, bei Passiflora cirrhiflora, bei mehreren Arten der Gattungen Paullinia und Cardiospermum, Astranken bei Fumaria claviculata und bei zahlreichen kürbisartigen Gewächsen. Diese Ranken, für welche die in der Abbildung auf S. 154 dargestellte Serjania gramatophora als Beispiel gelten mag, entspringen nicht immer aus der Achsel eines Laubblattes, sondern sind häufig verschoben, d. h. neben oder unter das Stützblatt gerückt, ja mitunter den Stützblättern gegenübergestellt. Bei den reben- und kürbisartigen Gewächsen tritt diese Verschiebung besonders auffallend hervor, und in früherer Zeit hat man darum diese Ranken auch nicht für Stammranken gelten lassen wollen, sondern für Blattranken erklärt. Schließlich wäre hier auch noch der Wurzelranke zu gedenken, welche aus wirklichen am Stamm entspringenden Wurzeln hervorgeht, sich aber in betreff ihrer Wirksamkeit ganz so wie eine Ranke benimmt und insbesondere bei klimmenden zartstengeligen Bärlappgewächsen, beispielsweise bei Selaginella Willdenowii, beobachtet wird.

Manche Ranken, z. B. die des Wilden Weines, können, wie oben erwähnt, indem sie an ihren Enden kleine Saugscheiben bilden, auch an ebenen Wänden sich anheften; den meisten Rankenpflanzen geht aber die Fähigkeit ab, an Felswänden oder an der Borke dicker Baumstrünke emporzuklettern, und sie sind nur darauf eingerichtet, Halme, Blätter und dünne Zweige anderer aufrechter Pflanzen als Stützen zu benutzen, sich an ihnen zu befestigen und mittels spiraliger Krümmung der befestigten Ranken emporzuziehen.

Die untersten Glieder der jugendlichen Sprosse von Rankenpflanzen entbehren der Ranken, sie stehen ohne Hilfe aufrecht. Bei manchen Arten tragen wohl auch die sich zurückschlagenden und dann wagerecht abstehenden, steifen Blattstiele oder die eigentümlich widerhakig gestalteten Blattspreiten dazu bei, die jungen Triebe an angrenzende andere Pflanzen anzulehnen und aufrecht zu erhalten. Für die oberen Glieder des höher und höher wachsenden Sprosses würden aber diese Stützen nicht ausreichen, und an diesen oberen Sproßgliedern entwickeln sich dann die Ranken, welche sich in die Länge strecken und ihr wunderliches Spiel beginnen. Die Fäden dieser Ranken, welche am Gipfel des wachsenden Sprosses anfangs zwischen den zusammengedrängten jungen Laubblättern versteckt und häufig spiralig eingerollt sind, verlängern sich ganz außerordentlich rasch, rollen sich auf, strecken sich gerade und ragen dann über die Laubblätter wie Fangarme weit hinaus. Nur das äußerste Ende derselben zeigt eine bald stärkere, bald schwächere hakenförmige Krümmung (s. Abbildung, S. 156). Haben sie ihre volle Länge erreicht, so beginnen sie im Kreise herumzuschwingen, ganz ähnlich wie die Sproßgipfel windender Stämme. Treffen sie dann bei dieser Bewegung auf einen zur Stütze geeigneten Gegenstand, so wird derselbe von dem hakenförmig gekrümmten Ende erfaßt und umschlungen. Die Berührung mit dem fremden Körper wirkt jetzt als Reiz auf die Ranke; sie legt sich dem berührten Körper als Schlinge an, rollt sich dann spiralig zusammen und zieht dadurch den Stamm, welcher die Ranke ausgesendet hat, schräg empor. Nun kommt die nächste Ranke an die Reihe, d. h. jene, welche um ein Stengelglied weiter aufwärts von dem wachsenden Gipfel des rankenden Stammes ausgesendet wird. Sie verhält sich genau so wie die eben beschriebene erste und wird in kurzer Zeit von einer dritten, vierten u. s. f. abgelöst. Sollte eine dieser Ranken bei ihrem Herumschwingen keine Stütze gefunden haben, so verschlägt das

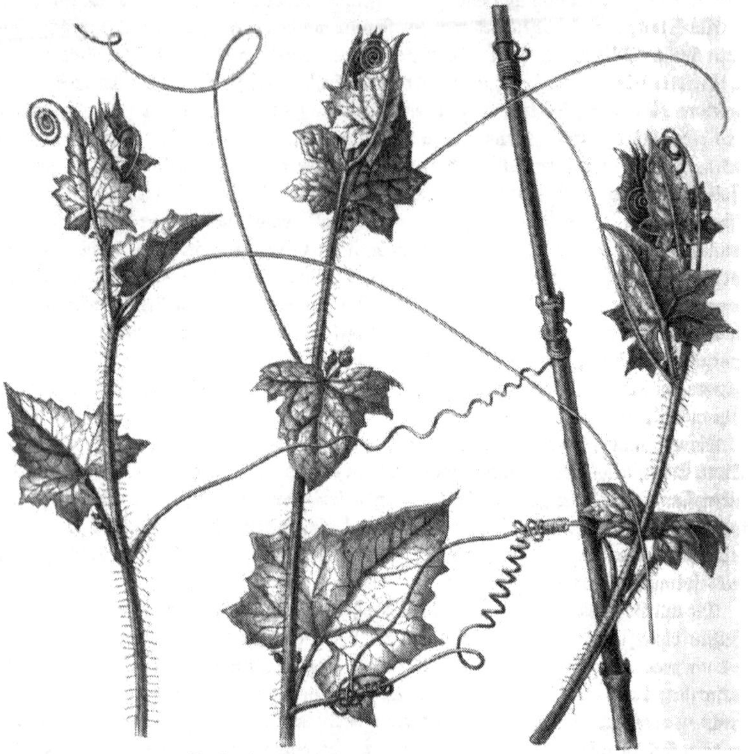

Ranken der Zaunrübe (Bryonia). Zu S. 155 und 156.

nicht viel, die aufeinanderfolgenden Ranken sind so nahe gestellt und ersetzen sich so rasch, daß der Sproß doch ganz gleichmäßig in die Höhe gezogen und vor dem Umfallen gesichert wird. Wenn ganze Reihen von Ranken keine Anhaltspunkte finden, dann sinkt der Sproß allerdings, im Bogen sich krümmend, herab, was zur Folge haben kann, daß dabei eine der noch immer schwingenden Ranken einen fernerstehenden Zweig streift, an diesem sich festhält und ihn als Stütze benutzt. Ist auch das nicht der Fall, so krümmt sich das Ende des im Bogen herabhängenden Sprosses wieder empor, streckt neuerdings Ranken über seinen Scheitel aus, und so gelingt es vielleicht doch noch, irgendein in der Nähe vorragendes Zweiglein zu erfassen, über das wieder in die Höhe geklommen werden kann. Die Wege, welche ein solcher rankender Stamm einschlägt, sind darum oft seltsam auf- und abwärts geschlungen, immer aber folgt der Stamm der Peripherie der benutzten Stütze, und niemals wird auch das innere Geäste dieser Stützen durchflochten. Pflanzen, deren rankende Stämme sich stark verzweigen, können die von ihnen überwachsenen Stützen wie mit einem Teppich einhüllen, und wenn die klimmende Pflanze große Laubblätter trägt, so wird dieser Teppich mitunter so dicht, daß man erst bei eingehenderer Untersuchung erkennt, welche Pflanze das Unglück hatte, als Stütze für die klimmenden Stämme herhalten zu müssen.

Die Darstellung des Wachstums, wie sie im obigen gegeben wurde, bringt nur jene Erscheinungen zur Geltung, welche bei allen mit Ranken ausgerüsteten Stämmen beobachtet werden; im einzelnen finden sich noch unzählige besondere Einrichtungen, deren erschöpfende Schilderung in dem engen Rahmen dieses Buches unmöglich wäre, und es können daher nur einige der auffallendsten Tatsachen besprochen werden.

Zunächst ist hervorzuheben, daß sich in manchen Fällen, so namentlich bei den tropischen Passifloren, nicht nur die vorgestreckten jungen Ranken, sondern auch die Sproßgipfel, von welchen die Ranken ausgehen, im Kreise herumbewegen, wodurch der von den Ranken durchfahrene Raum erweitert und die Wahrscheinlichkeit, auf eine Stütze zu treffen, vergrößert wird. Sind die Ranken gabelig geteilt, so macht jeder Gabelast für sich seine besonderen Bewegungen, wie das z. B. bei den Ranken des Weinstockes zu sehen ist. Die Zahl der Umläufe, die eine Ranke oder ein Rankenast macht, ist je nach den Arten sehr verschieden. Cobaea scandens bedarf zu einem Umlaufe nicht mehr als 25 Minuten, Passiflora sicyoides 30—46 Minuten, Vitis vinifera 67 Minuten. Auch die Schnelligkeit, mit welcher sich die Ranken infolge des von fremden Körpern ausgeübten, als Reiz wirkenden Druckes krümmen, ist je nach den Arten sehr verschieden. Bei Cyclanthera pedata beginnt die Krümmung infolge von Berührung mit einem festen Stabe schon nach 20 Sekunden, bei Passifloren (z. B. Passiflora gracilis und P. sicyoides) nach etwas mehr als einer halben Minute, bei Cissus discolor nach 4—5 Minuten. Entfernt man den berührenden Stab, so streckt sich das gekrümmte Stück allmählich wieder gerade. Läßt man ihn dauernd in Berührung, so schreitet die Krümmung gleichmäßig fort; bei Cyclanthera pedata ist in 4 Minuten bereits die erste vollständige Schlinge um den Stab gelegt, bei anderen dauert es dagegen mehrere Stunden, ja selbst 1—2 Tage. Gewöhnlich begnügt sich die Ranke nicht mit dem Anlegen einer einzigen Schlinge, sondern bildet deren mehrere. Die Schlingen sind dem erfaßten Stabe sehr fest angepreßt und schmiegen sich, fortwachsend, allen Erhabenheiten und Vertiefungen desselben wie eine plastische Masse an, das Gewebe dringt sogar in kleine Ritzen und Spalten ein, und wenn man die Ranke von ihrer Unterlage ablöst, so sieht man an der Berührungsstelle einen förmlichen Abdruck aller Unebenheiten der Stütze. Bei manchen Arten, so namentlich bei Bauhinia brachycarpa, Hanburya mexicana, Uncaria ovalifolia und mehreren Arten der Gattung Paullinia, entstehen an der Berührungsstelle auch eigentümliche kallöse Wucherungen. Die Enden der Ranken sind manchmal hakenförmig gekrümmt, wodurch das Erfassen des beim kreisenden Schwingen berührten Gegenstandes wesentlich erleichtert wird. Bei manchen Arten endigen die Ranken mit förmlichen Klauen. Besonders zierlich nehmen sich die Ranken der in Mexiko heimischen, in unseren Gärten als Zierpflanze häufig gezogenen Cobaea scandens aus. Dieselben sind in drei größere Äste geteilt, jeder Ast gabelt sich dreimal und endigt mit acht kurzen, haardünnen, spreizenden Ästchen, und jedes dieser Ästchen trägt eine Doppelklaue, deren Spitzen sich bei leisester Berührung sofort einhaken und sogar an der Haut der menschlichen Hand hängen bleiben.

Die meisten Ranken sind geteilt. Ungeteilte einfache Fäden, wie sie die auf S. 156 abgebildete Bryonia zeigt, sind verhältnismäßig selten. Die längsten Ranken haben die Passifloren und die kürbisartigen Pflanzen. Jene des gewöhnlichen Kürbis (Cucurbita Pepo) messen manchmal über 30 cm. Die spiralige Rollung der zwischen der Stütze befindlichen Rankenstrecke beginnt je nach den verschiedenen Arten einen halben oder einen oder zwei Tage, nachdem die Rankenspitze die erste Schlinge um die Stütze gelegt hat, vollzieht sich aber, nachdem sie einmal begonnen hat, ziemlich rasch. Die Drehung richtet sich an ein und demselben Rankenaste teils nach rechts, teils nach links, und daher entsteht in der Mitte eine sogenannte „Wendung". An den Ranken der Kürbisse kann man sogar die Richtung der Drehung drei- bis viermal wechseln sehen. Die Zahl der Umläufe ist äußerst ungleich, die langen Kürbisranken machen gewöhnlich 30—40 Schraubenumgänge. Der rankentragende Stamm ist durch die schraubigen, elastisch federnden Gebilde in vorteilhaftester Weise an seiner Stütze befestigt. Er wird nämlich an der Stütze zwar festgehalten, aber nicht angepreßt, und es ist dadurch jede Reibung mit derselben vermieden. Bei heftigem Winde wird der rankende Stamm von der Stütze zwar weggedrängt, aber beim Nachlassen des Windes wird er durch die federnde Ranke wieder in seine frühere Stellung gebracht. Die schraubige Einrollung findet aber auch an Ranken statt, welchen es nicht gelungen ist, eine Stütze zu erfassen; merkwürdigerweise verkümmern solche Ranken, schrumpfen zusammen, sinken herab, verwelken und lösen sich mitunter wie welke Herbstblätter vom Stamme ab, während Ranken, die eine Stütze erfaßt haben, viel stärker und dicker werden und auch in ihrem inneren Bau eine Reihe von Veränderungen erfahren, welche sie für ihre Aufgaben besonders gut geeignet machen.

Die Stämme mit lichtscheuen (negativ heliotropischen) Ranken erinnern an die lichtscheuen flechtenden und gitterbildenden Stämme. Wie diese gehören sie Pflanzen an, welche über steile Wände felsiger Abhänge und über die Borke umfangreicher Bäume hinaufklimmen sollen. An solchen Standorten würde der Stamm nach der einen Seite hin seine Ranken vergeblich ausstrecken; denn dort ist nur Luft, welche keinen Anhaltspunkt bietet. Hier würde auch durch kreisendes Schwingen eine Stütze kaum erreicht werden können. Nur durch die Eigenschaft, sich vom Lichte abzuwenden, können die Ranken die stützende Wand erreichen. In weniger als 24 Stunden krümmen sie sich unter einem Winkel von 90—180° und wachsen ohne Umschweife, und ohne durch kreisendes Schwingen Arbeitskraft zu verschwenden, der Hinterwand zu, während die von demselben Stamm entspringenden Laubblätter, welche in Licht und Luft gebadet werden sollen, sich in entgegengesetzter Richtung vorstrecken und vor der Wand die günstigste Lage einzunehmen suchen. Auf dem eingeschlagenen Wege kommt die Ranke in kurzer Zeit mit der Wand in direkte Berührung, und es handelt sich nun darum, an derselben auch einen festen Halt zu gewinnen. Das geschieht nun entweder durch eigentümliche Haftscheiben oder durch Festhaften in den dunkeln Klüften und Rissen, welche die stützende Wand darbietet. Mehrere Ampelidazeen (Ampelopsis, Cissus, Vitis), Bignoniazeen (Glaziovia, Haplolophium, Pithecoctenium) und mehrere Kukurbitazeen entwickeln Haftscheiben. Nachdem die mit kleinen Knötchen endigenden Gabeläste der auf S. 159 in Fig. 2 abgebildeten, in Japan und China heimischen, bei den Gärtnern unter dem Namen Cissus Veitchii bekannten Vitis inconstans eine feste Wand berührt haben, spreizen sie auseinander, ganz ähnlich wie die Zehen eines Laubfrosches, und aus den kleinen Knötchen werden in kurzer Zeit scheibenförmige Gebilde, die sich mit der Unterlage durch eine aus den Zellen der Scheiben ausgeschiedene zähflüssige Masse verkitten. Dieser Kitt hält nun so fest, daß bei einem Versuche, die Ranke wieder von der Unterlage zu trennen, viel eher der Faden der Ranke zerreißt, als ein Ablösen der Scheibe erfolgen würde. Bei Vitis Royleana und Ampelopsis hederacea sind anfänglich keine Knötchen an den Verzweigungen der Ranken zu sehen, sondern deren Enden sind hakenförmig gekrümmt und nur unbedeutend verdickt. Sobald diese auf die feste Wand kommen, spreizen die Zweiglein weit voneinander, legen sich seitlich an und ordnen sich in gewissen Abständen in passendster Weise. Innerhalb zweier Tage verdicken sich die gekrümmten Spitzen, färben sich hellrot, und wieder nach zwei Tagen sind die Scheiben fertig und die Ranke ist an der Wand befestigt. Das Anheften kann an ganz ebenen Wänden erfolgen, und selbst gehobeltes Holz, Glas, geschliffene Steine und glatt poliertes Eisen werden

1 2

Lichtscheue Ranken: 1) Vitis (Ampelopsis) inserta; 2) Vitis inconstans.

als Unterlage nicht verschmäht. In den Tropen kommen häufiger Ranken mit Haftscheiben vor, so bei den südamerikanischen Glaziovia, Haplolophium und Pithecoctenium.

Abweichend von den drei genannten rankenden Pflanzen verhalten sich Bignonia capreolata und Vitis (Ampelopsis) inserta, von welcher die Ranken in der obenstehenden Abbildung, Fig. 1, dargestellt sind. Hier suchen die gekrümmten Spitzen der lichtscheuen, gegen die Wand wachsenden Ranken die Furchen, Ritzen, Spalten und Klüfte der Borke oder des geborstenen Gesteines auf und betten sich in dieselben ein. Sie meiden dagegen möglichst die glatte Oberfläche, welche dieser Form der Ranken keinen entsprechenden Halt geben würde. In den Ritzen und Furchen eingelagert, schwellen die bisher noch hakenförmig gebogenen Enden kolbenförmig an und verdicken sich in kurzer Zeit so stark, daß sie die ganze Furche oder Spalte ausfüllen. Es sieht aus, als hätte man in die Vertiefung flüssiges Wachs gegossen, das dann erstarrte und sich allen Unebenheiten der Spalte angelegt hat. Die Wucherung des Gewebes erstreckt sich je nach der Tiefe der Spalte und je nach dem Umfange der

Kontaktfläche über einen bald größeren, bald kleineren Teil des eingelagerten Rankenteiles, und mitunter sieht man auch noch hinter dem kolbenförmig angeschwollenen Ende, an Stellen, wo sich die Ranke einem kleinen Vorsprunge des Gesteines fest angeschmiegt hat, eine kallöse Verdickung entstehen. Das verdickte Ende der Ranke haftet so fest in der Vertiefung, in welche sie sich förmlich eingekeilt hat, daß es schwer hält, sie aus derselben herauszuziehen, und auch in diesem Falle scheint eine Kittmasse abgesondert zu werden, welche die Befestigung vervollständigt. Untersucht man die Stellen der Haftscheiben oder der kallösen eingekeilten Verdickungen, welche der Unterlage fest anliegen, unter dem Mikroskop, so sieht man, daß insbesondere die Oberhaut eine merkwürdige Umänderung erfahren hat. Die Oberhautzellen sind vergrößert, warzenförmig oder zapfenförmig vorgestülpt, schmiegen sich allen Erhabenheiten und Vertiefungen der Unterlage an, fassen die kleinsten Vorsprünge zwischen sich, so daß die

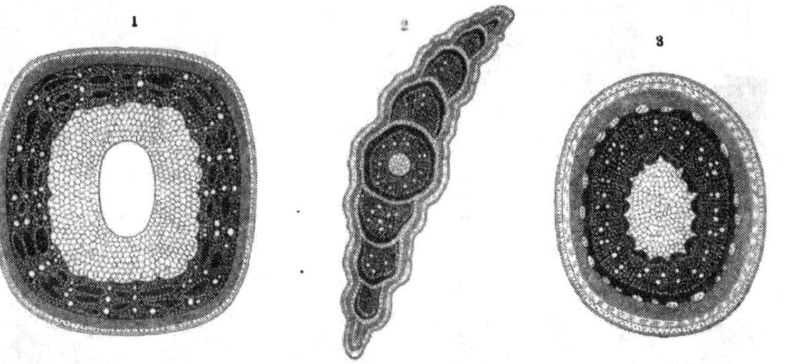

Querschnitte durch Lianenstengel: 1) Thunbergia laurifolia; 2) Rhynchosia phaseoloides; 3) Tecoma radicans, 30fach vergrößert, schematisch; die einzelnen Gewebe sind in folgender Weise charakterisiert. Der Weichbast: ganz schwarz; das Holz: größere und kleinere weiße Punkte auf schwarzem Grunde; der Hartbast und andere mechanische Gewebe: schwarze Punkte auf weißem Grunde; das grüne Gewebe: schraffiert; Kork (Periderm): gestrichelt; Mark: genetzt. (Zu S. 160—164.)

nach Zusatz chemischer Mittel abgelöste Berührungsfläche einem Siegellack gleicht, auf das man, solange es noch flüssig war, ein Petschaft gepreßt hatte. Merkwürdig ist, daß sich die Haftscheiben und kallösen Verdickungen nur dann ausbilden, wenn die Berührung mit einem festen Körper stattgefunden hat. Sobald die Ranke aus irgendeiner Ursache von der Berührung mit einer festen Unterlage abgehalten wird, findet die Wucherung des Gewebes, die Papillenbildung an der Oberhaut und die Ausscheidung einer Kittmasse nicht statt, sondern das Ende der Ranke vertrocknet und stirbt ab.

Sehr alte Stämme bedürfen der Haftorgane nicht mehr, sie stehen vor der Wand, an der sie als junge Reben vor Jahren emporgeklettert waren, als kräftige aufrechte Stämme, wenn auch ihre Ranken schon längst verdorrt sind. Nur die höher und höher strebenden jungen Triebe heften sich immer wieder in der oben dargestellten Weise an die Unterlage an.

Besonders in den Tropen haben die Rankenpflanzen sich in mannigfacher Form ihre Greiforgane ausgebildet, weil dort der Kampf ums Dasein doch ein viel intensiverer ist als in der Pflanzenwelt der gemäßigten Zone. So haben bei manchen die gewöhnlichen beblätterten Seitenzweige die Eigenschaft von Ranken. Die Zweige wickeln sich bei den Zweigklimmern nach allen Richtungen um Stützen herum, verholzen und werden dadurch zu so festen Klammern, daß sie den schwachen Stamm aufrechthalten können. Andere ergreifen nicht mit ihren Ranken die Stützen, sondern die uhrfederförmig eingerollten Ranken fangen zwischen ihnen hinwachsende Stengel als Stützen gewissermaßen ein und umklammern sie fest.

Bemerkenswert sind auch die tropischen Hakenklimmer, welche krallenförmige Dornen erzeugen, die, wenn sie eine Stütze berühren, gleichwie Ranken eine starke Einkrümmung erfahren und durch Verholzung zu festen Haken werden, an denen die Kletterpflanze festhängt.

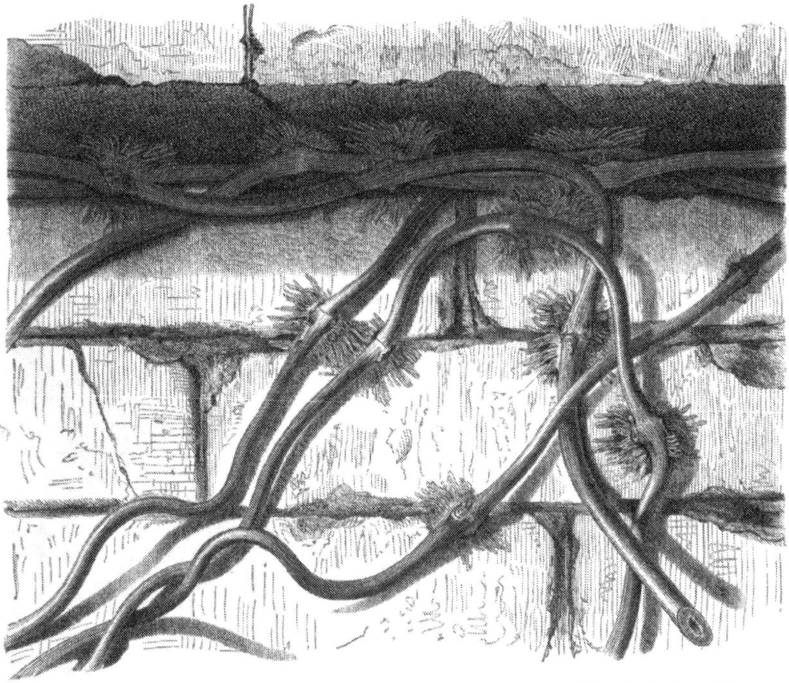

Entlaubte Zweige der Tecoma radicans, an einer Mauer angewurzelt. (Zu S. 50 und 58, 161 und 162.)

Bei manchen Lianen, z. B. bei Rhynchosia phaseoloides und Tecoma radicans (s. Abbildungen, S. 160—162), sind die jungen grünen windenden Stengel im Querschnitt kreisförmig und zeigen einen Bau, der sich von dem aufrechter Stämme wenig unterscheidet. Bei solchen Stämmen sind Holz und Rinde durch eine Gewebezone getrennt, in welcher eine sehr lebhafte Neubildung von Zellen vor sich geht und die man Kambium genannt hat (s. Abbildung, Bd. I, S. 46). Aus diesem Kambium, welches im kreisförmigen Querschnitt eines Stammes als Ring erscheint, entwickeln sich einerseits Zellen, welche sich an den schon vorhandenen Holzteil, anderseits Zellen, welche sich an den schon vorhandenen Bastteil der Gefäßbündel von innen her anlegen. Dadurch nehmen beide Teile, es nimmt aber auch der ganze Stamm an Umfang zu. Die meisten älteren Lianen weichen von diesem Stammbau ganz auffallend ab. Auf dem Querschnitt einer solchen Liane erblickt man meistens mehrere durch

Parenchymmassen getrennte Holzkörper, so daß der Querschnitt mit dem eines Kabels verglichen werden kann. Diese selbständigen Holzkörper entstehen dadurch, daß, nach Ausbildung des ersten Holzkörpers, voneinander getrennte und geschlossene Kambiumringe im Stamm entstehen, deren jeder einen Holzkörper aufbaut (vgl. die beigeheftete Tafel „Querschnitte durch

Rhynchosia phaseoloides, eine Liane mit bandförmigen Stengeln. (Zu S. 161—164.)

Lianenstämme"). In einfacher Weise ist das schon bei der virginischen Trompetenrebe (Tecoma radicans) der Fall, die zu den Bignoniazeen gehört. Hier entstehen an der inneren, dem Marke zugewendeten Seite des Holzringes mehrere Züge von Kambiumzellen, welche nach außen zu Holz, nach innen zu Weichbast bilden. Die blattlosen Zweige der Tecoma radicans sind mit Büscheln von Wurzeln an der Unterlage befestigt und haben einen elliptischen Querschnitt, von zwei Seiten etwas zusammengedrückt (s. Abbildung, S. 160, Fig. 3, und S. 161).

Ein größeres Streben nach bandartiger Verbreiterung des Stammes tritt bei sehr vielen Lianen ausgesprochen hervor, z. B. bei der auf S. 162 abgebildeten Rhynchosia. Hier entstehen an zwei Seiten neue Kambien, von welchen in der Richtung gegen den erstjährigen Gefäßbündelring die Bildung von Holz und an der gegenüberliegenden Seite die Bildung des Weichbastes mit angelagertem Hartbast ausgeht. Der Stengel ist nach Ablauf des zweiten

Wellung bandförmiger alter Lianenstämme (Bauhinia anguina) aus dem Tropenwalde Indiens. (Zu S. 164.)

Jahres nicht mehr rund wie im ersten, er hat gleichsam zwei Flügel bekommen, zeigt jetzt einen elliptischen Querschnitt, und da sich diese Art der Neubildung von Jahr zu Jahr wiederholt und sich an die schon vorhandenen Flügel immer wieder neue Flügel anschließen, wird der Stengel allmählich bandförmig und zeigt einen Durchschnitt, wie er in der Abbildung auf S. 160, Fig. 2, zu sehen ist. Wenn auch der zur Stütze dienende Pfahlstamm, welchen die Rhynchosia umschlungen hat, mächtig in die Dicke wächst, die Liane dadurch gespannt wird und einen seitlichen Druck erfährt, so kann doch der Saft im Weichbast ungehindert seine Wanderungen vollziehen. Ähnlich verhält es sich auch, wie Fig. 1 der Tafel bei S. 162 zeigt, bei

Menispermeen, etwas anders bei Sapindazeen, wo neben dem ersten Gefäßbündelkreis mehrere neue Bildungsherde entstehen, welche neue Gefäßbündelkreise aufbauen.

Die schraubige Drehung der bandförmigen Lianenstämme, welche auch an der auf S. 162 abgebildeten Rhynchosia phaseoloides ersichtlich gemacht ist, vermehrt die Zugfestigkeit, was in allen jenen Fällen von Wichtigkeit ist, wo an Umfang zunehmende Bäume oder Sträucher zur Stütze dienen und Zerrungen der ihnen anliegenden Lianen unvermeidlich sind.

Auch die Wellung der bandförmigen Lianenstämme in den tropischen Wäldern, wie sie bei vielen Bauhinien und bei den seltsamen unter dem Namen „Affenstiegen" bekannten Caulotretus-Arten vorkommt, darf wohl als ein Schutz gegen Zerrung der saftleitenden Gewebe aufgefaßt werden. Wie an den Ausschnitten der Stämme einer Bauhinia in der Abbildung auf S. 163 ersehen werden kann, ist nur der mittlere Teil des bandförmigen Stammes stark gewellt, die beiden Ränder sind weit weniger hin und her gebogen, manchmal sogar gerade und bilden ein festen Rahmen für das stark gewellte Mittelfeld. Im Fall einer Längszerrung wird zunächst nur der Rahmen betroffen, die Gewebe im Mittelfelde können die Säfte unbeirrt von und zu den an den Breitseiten entspringenden Ästen hinleiten. In vielen Fällen erhalten die Stämme der holzigen Lianen rippen- und flügelförmige Auswüchse, so daß der Querschnitt eine ganz merkwürdige Unregelmäßigkeit besitzt (s. die Tafel bei S. 162). Es ist zweifellos, daß diese anatomische Struktur eng mit der Aufgabe des Kletterns zusammenhängt. Bei den Zerrungen und Drehungen, welche die Lianen erleiden, würde ein gewöhnlicher Holzkörper zerbrechen, während die geteilten, kabelförmigen Holzkörper nebeneinander hergleiten können und den Drehungen bis zu einem gewissen Grade folgen.

Noch zu mannigfachen anderen Aufgaben müssen die Sprosse verwendet und zu diesem Zwecke metamorphosiert werden. Eine Anzahl solcher Sproßmetamorphosen ist jedoch schon in Band I dieses Werkes so ausführlich besprochen worden, daß nur nochmals darauf hingewiesen zu werden braucht: das sind die als Wasserspeicher dienenden Stammsukkulenten (Bd. I, S. 243; vgl. nebenstehende Tafel), die der Assimilation dienenden rutenförmigen und flachen Sprosse (Bd. I, S. 246) und die Dornen, die zum Teil wenigstens aus Sprossen hervorgehen (Bd. I, S. 129). Etwas ausführlicher möge dagegen auf die unterirdischen Sproßformen eingegangen werden, die ebenfalls eine erhebliche Umbildung erfahren.

Unterirdische (geophile) Sproßformen.

Man unterscheidet mehrere unterirdische Sproßformen: Rhizome, Knollen und Zwiebeln. Obwohl unterirdisch, zeigen sie doch eine Eigenschaft der Sprosse immer sehr deutlich, die Fähigkeit Blätter zu bilden. So lange diese Blattbildung unter dem Boden geschehen muß, sind diese Blätter freilich unvollkommen, und die beschreibende Botanik zählt sie zu den Niederblättern. Durch das Verhältnis der Sproßachse zu diesen Blättern sind die unterirdischen Sprosse schon erheblich voneinander unterschieden.

Unter Zwiebel (bulbus) versteht man einen unterirdischen, aufrechten Sproß, dessen sehr kurzer, aber dicker Stamm (Zwiebelkuchen) mit verhältnismäßig großen, dicht übereinander liegenden, sich deckenden, schuppenförmigen sogenannten Niederblättern besetzt ist. Die ruhende Zwiebel hat eine gewisse, rein äußerliche Ähnlichkeit mit einer Knospe, und ihre Form wird ganz vorzüglich durch die Gestalt ihrer Blätter bedingt. Diese sind in den meisten Fällen

[illegible] (geophile) [illegible]

[illegible] unterscheidet [illegible] unterirdische Sproßformen: Rhizome, Knollen [illegible]. Obwohl unterirdisch, zeigen sie doch eine Eigenschaft der Sprosse immer [illegible] Fähigkeit Blätter zu bilden. So lange diese Blattbildung unter dem [illegible], sind diese Blätter freilich unvollkommen, und die beschreibende Botanik [illegible] Niederblättern. Durch das Verhältnis der Sproßachse zu diesen Blättern sind die [illegible] Sprosse schon erheblich voneinander unterschieden.

Unter Zwiebel (bulbus) versteht man einen unterirdischen, aufrechten [illegible] sehr kurzer, aber dicker Stamm (Zwiebelkuchen) mit verhältnismäßig großen, dicht [illegible] ander liegenden, sich deckenden, schuppenförmigen sogenannten Niederblättern besetzt [illegible] [illegible] Zwiebel hat eine gewisse, rein äußerliche Ähnlichkeit mit einer Knospe, und [illegible] wird ganz vorzüglich durch die Gestalt ihrer Blätter bedingt. Diese sind in den meisten [illegible]

Opuntien auf dem Plateau von Anahuak (Mexiko), mit fleischigen, als Wasserspeicher dienenden Stengelgliedern ohne Blätter.

breit, schalenförmig und so gruppiert, daß die inneren von den äußeren vollständig umfaßt werden, wie z. B. bei der unten abgebildeten Küchenzwiebel, oder sie sind länglich, eiförmig oder lanzettlich und liegen wie die Dachziegel aufeinander, wie bei den Lilien (Lilium Martagon, candidum usw.; Fig. 1 u. 2). Manchmal sind die benachbarten Zwiebelblätter auch miteinander verwachsen, wie z. B. bei der Kaiserkrone (Fritillaria imperialis). Die Schuppen der Zwiebel haben vorwiegend die Bedeutung von Speicherorganen. Der Sproß, dessen Basis sie bekleiden, bezieht, wenn er auszuwachsen beginnt, die nötigen Baustoffe so lange aus diesen Speicherorganen, bis seine über die Erde vorgeschobenen, ergrünenden Laubblätter imstande sind, im Sonnenlichte neue organische Stoffe zu erzeugen. Vor der Gefahr des Vertrocknens sind die Zwiebeln durch die umgebende Erde gesichert; vielfach vertrocknen auch die

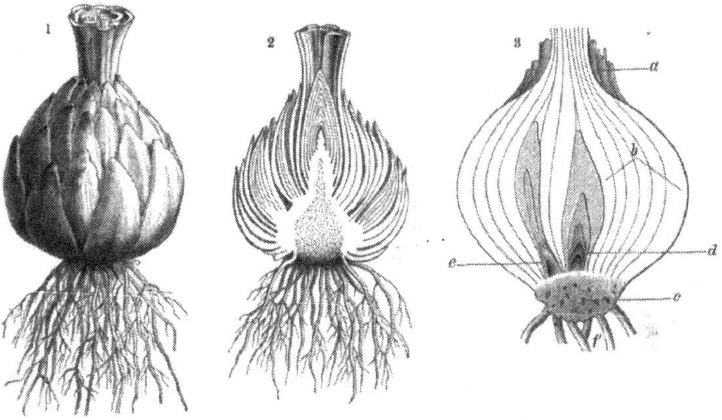

Zwiebeln: 1) Zwiebel der Lilie mit lockeren Blättern; 2) dieselbe im Durchschnitt, der kurze Stamm endet innerhalb der Zwiebelschuppen und wächst später als oberirdischer Stengel aufwärts; 3) Durchschnitt der Küchenzwiebel (Allium Cepa), c kurze Sproßachse (Zwiebelkuchen), der die Wurzeln f entspringen, d und e Knospen, die in den Achseln der sich fest umhüllenden Zwiebelblätter b sitzen, a äußerste vertrocknete als Schutz dienende Zwiebelschalen. (Zu S. 164—166.)

äußersten Zwiebelschuppen zu dünnen Häuten, die dann, z. B. bei der Küchenzwiebel, Schutzhüllen gegen das Austrocknen bilden. Es ist aber auch von Wichtigkeit, daß ihnen gegen die Angriffe unterirdisch lebender Tiere, namentlich der Nager, Schutz geboten werde. Das geschieht nun, abgesehen von den die genannten Tiere abhaltenden Giftstoffen und Raphiden, ebenfalls dadurch, daß die ausgesogenen und abgestorbenen älteren Niederblätter nicht vollständig verwesen und zerfallen, sondern derbe, pergamentartige Schalen bilden, oder daß sich ihre netzig und gitterförmig verbundenen Stränge zu förmlichen Gehäusen ausgestalten, von welchen die inzwischen entstandenen jungen Zwiebeln mit ihren prallen, an Reservestoffen reichen Schalen umgeben und geschützt werden, wie das besonders auffallend bei den Safranen, Schwerteln und Tulpen (Crocus, Gladiolus, Tulipa) zu sehen ist.

Bau und Form der Zwiebel ist bei den verschiedenen Zwiebelpflanzen etwas verschieden, ebenso die Zeit, während welcher sie besteht. Manchmal besteht die junge Zwiebel nicht aus vielen übereinander liegenden Schalenblättern, sondern sie wird durch Anschwellung eines einzigen grünen Blattes an seiner unterirdischen Basis gebildet. Das ist z. B. bei Allium ursinum, dem Bärenlauch, der Fall, wo diese einfache Zwiebel noch von borstenförmigen

Gefäßbündelresten der vorjährigen Zwiebel umgeben ist. Das zwiebelförmig verdickte Blatt ist das erste Blatt einer Achselknospe des Blütenschaftes, und jedes Jahr entsteht wieder eine neue Zwiebel aus einer jungen Achselknospe. Aus der kurzen Zwiebelachse kommen neue Wurzeln hervor. Ähnlich verhalten sich manche Gagea-Arten. Bei Ornithogalum-Arten besteht die Zwiebel aus mehreren dicken Schuppen, die alle mit Ausnahme der äußersten nach oben sich zu Laubblättern umbilden.

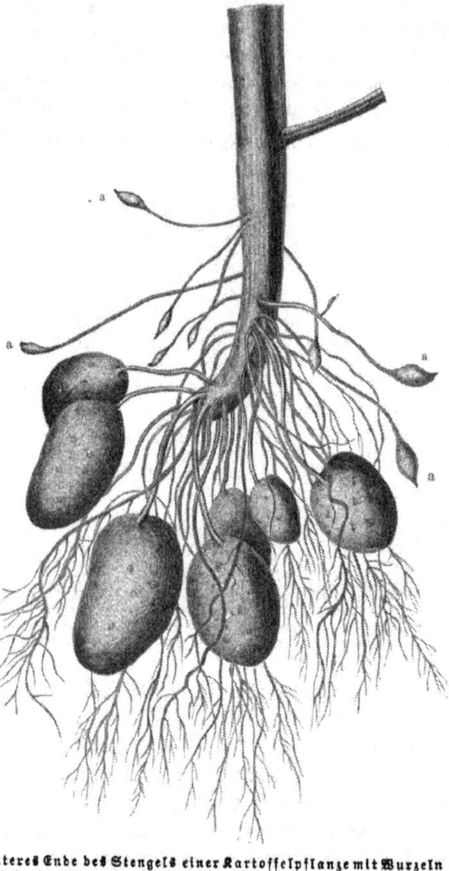

Unteres Ende des Stengels einer Kartoffelpflanze mit Wurzeln und knollenbildenden Ausläufern. Bei a Beginn der Knollenbildung (aus Hansen, Metamorphose der Pflanzen). Zu S. 167.

Bei der weißen Lilie besteht die Zwiebel aus trennbaren, fleischigen Schalen, aus deren Mitte grüne Laubblätter und endlich der Blütenstengel hervorkommen (vgl. Abbildung, S. 165, Fig. 1 u. 2). Das ist folgendermaßen zu verstehen. Die äußersten Schuppen trugen das vorige Jahr die oberirdischen Laubblattflächen, welche nun abgefallen sind, was man an den deutlich sichtbaren Blattnarben erkennen kann; hinter diesen stehen fleischige Blätter, die keine Laubspreite bilden, und dann kommen die diesjährigen oberirdischen Laubblätter mit gleichfalls verdickter Basis. Von den sämtlichen Blättern der Zwiebel übernehmen also nur einige die Aufgabe der Assimilation, die anderen dienen ausschließlich als Speicherräume. Der Blütenstengel entsteht aus der Achsel des letzten Laubblattes, und eine Achselknospe wird für das nächste Jahr zur Erzeugung der oberirdischen Organe aufbewahrt. Bei Lilium bulbiferum und Martagon erzeugt keine der Zwiebelschalen eine grüne Spreite, die Laubblätter entstehen hier am oberirdischen Stengel.

Bei der Küchenzwiebel (Allium Cepa, s. Abbildung, S. 165, Fig. 3)), der Tulpe (Tulipa), Fritillaria, Hyacinthus, Scilla, Muscari und vielen anderen Zwiebelpflanzen sind die Zwiebeln nicht locker gebaut, sondern fest, weil die Zwiebelschuppen sich ganz umhüllen.

Wie oberirdische Sprosse sind die Zwiebeln einjährig oder mehrjährig. Bei den einjährigen geht der Blütenstand aus dem Endvegetationspunkt hervor, die Zwiebel wird ausgesogen und eine neue Zwiebel als Achselsproß erzeugt, die als Überwinterungsorgan dient, und so jedes folgende Jahr. Bei den ausdauernden Zwiebeln bilden sich jährlich grüne Blätter und neue Zwiebelschuppen aus dem Vegetationspunkt, der Blütensproß ist dagegen ein Achselsproß, so daß die Zwiebel nach der Blüteperiode der Pflanze nicht abstirbt.

Oft von ähnlicher Umrißform wie die Zwiebeln sind unterirdische Stämme, die man Knollen nennt. Während aber bei der Zwiebel die Achse gar nicht, die Blätter (Zwiebelschuppen) stark entwickelt sind, bildet bei den Knollen die fleischige Achse den eigentlichen Körper. Die Blätter sind verkümmert und höchstens als Schuppen oder dünne Häute ausgebildet. So bildet hier das Grundparenchym der Achse den Speicherraum, in welchem während der Winterruhe Stärke und andere Nährstoffe aufgespeichert werden. Der Safran (Crocus) und die Herbstzeitlose (Colchicum, s. nebenstehende Abbildung) sind derartige Beispiele. Die Knolle dient nur einen Winter über als Reservestoffbehälter und wird dann durch eine neue ersetzt, die aus einer Achselknospe der alten Knolle hervorgeht. Bei Gladiolus, Ranunculus bulbosus u. a. besteht der Knollenkörper aus mehreren sehr kurzen Internodien, die neue Knolle entspringt einem oberen Internodium und steht daher über der alten, zugrunde gehenden. Bei Colchicum ist die Knolle nur ein einziges Internodium, und die neue Knolle entspringt neben der alten aus einer tieferen Blattachsel.

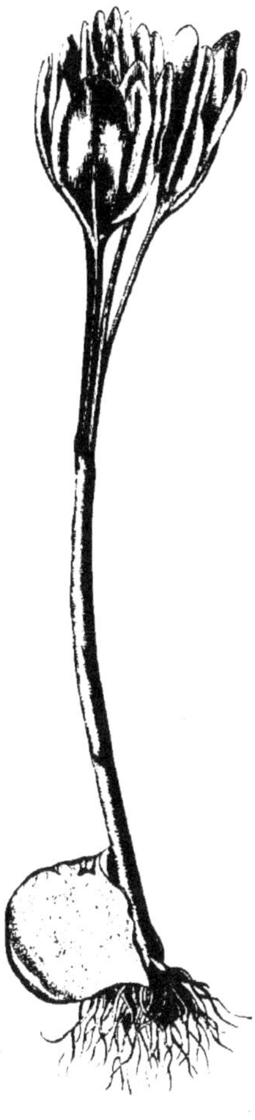

Durchschnittene Knolle mit Blütenstengel von Colchicum orientale (orientalische Zeitlose). Aus Hansen, Metamorphose.

Die Knollen der Kartoffel (s. Abbildung, S. 166) und des Topinamburs sind keine unterirdischen Hauptsprosse, sondern angeschwollene Endknospen von Ausläufern, also von Seitensprossen, die in den Erdboden eindringen. Meistens sind Knollen unterirdisch. Seltener bilden sie sich auch oberirdisch in den Achseln von Laubblättern aus, wie z. B. beim Scharbockskraut (Ficaria ranunculoides), wo jene merkwürdigen kleinen Knollen entstehen, die nach dem Verwelken des Krautes sich ablösen, auf den Boden zu liegen kommen und, wenn sie in großer Menge entwickelt wurden, die Fabel vom „Getreideregen" veranlaßt haben. Die unterirdischen Knollen, die das Scharbockskraut außerdem besitzt, sind die rübenförmig angeschwollenen kurzen Wurzeln. Die Pflanze vermehrt sich mit diesen Knollen reichlich und ersetzt dadurch die bei ihr dürftige Samenbildung.

Sind die unterirdisch wachsenden Stämme mehr in die Länge gestreckt und ihre Blattbildung unter dem Boden unterdrückt, so daß die Sproßachse die Hauptsache bildet, so nennt man diese Stämme Rhizome oder Wurzelstöcke. Bei diesen horizontal wachsenden Sprossen entstehen die Wurzeln niemals an dem Hinterende, sondern stets an der Unterseite oder aus den Flanken. Die Rhizome haben eine überaus mannigfaltige Form. Sie sind kurz, fast knollenförmig beim Aronsstab (Arum maculatum), kurz, kegelförmig beim Germer (Veratrum album). Dünn, langgestreckt sind die Rhizome von Gräsern, Riedgräsern (s. Abbildung, S. 169), der Hainanemone (Anemone nemorosa), dicker die des Kalmus (Acorus Calamus), des Rohrkolbens (Typha latifolia), der Teichrose (Nuphar luteum, s. Abbildung, S. 170) und andere. Das Parenchym der Sproßachse dient als Speicherraum für Nährstoffe. Die Rhizome zeigen zweierlei Wachstumsweise. Entweder wächst die unterirdische Achse mit ihren Endknospen in gleichbleibender Richtung weiter, und es treten jährlich Achselsprosse der unterirdischen Blattschuppen über den Boden, um Blätter und Blüten zu entfalten. Dann behält das Rhizom seine einheitliche zylindrische Form. Oder es biegt jedes Jahr die Endknospe aufwärts und entfaltet oberirdisch Blätter und Blüten; das unterirdische Wachstum aber wird durch eine Achselknospe aufgenommen, deren Trieb natürlich mit seiner Hauptachse einen Winkel macht. In diesem Falle setzt sich das Rhizom allmählich aus Gliedern zusammen, z. B. bei der Schwertlilie (Iris, s. nebenstehende Abbildung).

Iris (Schwertlilie) mit verzweigtem Rhizom.

Sehr merkwürdig ist die Tatsache, daß die geophilen Sprosse nicht nur nicht mit ihrer Hauptachse einmal aus dem Boden hervorwachsen, sondern daß sie Veränderungen ihrer Tiefenlage ausgleichen können, um stets in einer gleichbleibenden Bodentiefe fortzuwachsen. Pflanzt man Rhizome, Knollen oder Zwiebeln zu hoch, so werden viele von ihnen durch den Zug ihrer Wurzeln langsam in die Tiefe gezogen; liegen sie zu tief im Boden, so wachsen die neu entstehenden Teile so lange aufwärts, bis sie ihre „normale“ Lage wieder erreicht haben. Namentlich bei Rhizomen ist diese Eigenschaft sehr anschaulich. So biegt das Ende eines zu tief gepflanzten Rhizoms von Polygonatum multiflorum mit seinem Ende nach oben, ändert also seine geotropischen Eigenschaften und wächst so lange aufwärts, bis es die ihm zusagende Lage erreicht hat, wo dann wieder horizontales Wachstum einsetzt. Liegt das Rhizom zu hoch, so wird die Spitze positiv geotropisch und wächst eine Zeitlang abwärts. Diese Änderung der geotropischen Eigenschaften, die zunächst rätselhaft erscheint und so aussieht, als ob die geophilen Sprosse ein Gefühl für ihre Lage hätten, ist, soweit Untersuchungen darüber vorliegen, so zu erklären, daß die Änderung des geotropischen Verhaltens wahrscheinlich durch die mit Änderung der Tiefenlage sich in den unterirdischen Sprossen ändernden Stoffwechselvorgänge beeinflußt wird, so daß auch hier keineswegs psychologische Momente in der Pflanze mitspielen.

Es ist hier auch jener seltsamen Pflanzen zu gedenken, als deren Vorbild der Huflattich (Tussilago Farfara) aufgeführt sein mag. Aus einigen Knospen des unterirdischen Rhizoms erheben sich im ersten Frühlinge Langtriebe über die Erde, welche mit schuppenförmigen Niederblättern dicht besetzt sind und oben mit einem Blütenköpfchen, also mit Hochblättern abschließen, der Laubblätter aber vollständig entbehren. Später, im Sommer, entwickeln sich aus anderen Knospen des unterirdischen Rhizoms Sprosse, welche mit einigen großen, grünen, flachen Laubblättern besetzt sind, aber keine Blüten tragen. Es hat demnach hier eine Teilung der Arbeit stattgefunden; die Frühjahrssprosse dienen der Blüten- und Fruchtbildung, die Sommersprosse der Assimilation, und dieser Wechsel dürfte ebenfalls mit Stoffwechselvorgängen in dem Rhizom zusammenhängen.

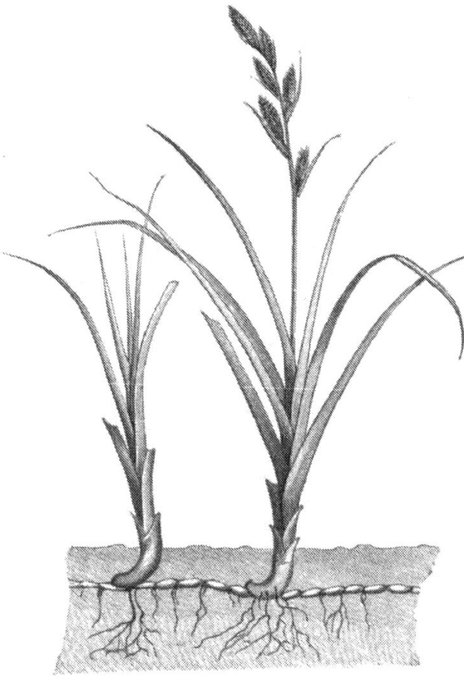

Dünnes Rhizom einer Segge (Carex). Zu S. 168.

Auch die Schachtelhalme (Equisetazeen) gehören hierher, und bei einer Abteilung derselben (Equisetum arvense, Telmateja) wiederholt sich die Teilung der Arbeit in ähnlicher Weise wie beim Huflattich; die ersten über die Erde emporkommenden, oben durch eine Ähre aus Sporengehäusen abgeschlossenen Sprosse sind bleich und chlorophyllarm, und erst später, nachdem die Sporen durch die Lüfte entführt und nachdem die bleichen Erstlingssprosse verwelkt sind, kommen Sommersprosse hervor, deren Stämme in der Rinde grünes Gewebe entwickeln.

Die als Langtriebe ausgebildeten Seitensprosse von Rhizomen wachsen über die Erde empor, und die Rinde ihrer Stämme ergrünt so weit, als das Licht auf dieselben Einfluß nehmen kann. Was von dem Sproß im Dunkel der Erde geborgen bleibt, ergrünt nicht, und manche dieser Sprosse, wie z. B. jene des Spargels (Asparagus), sind zur unteren Hälfte bleich und chlorophyllos, und nur die oberen Teile, namentlich die dort aus den Achseln der kleinen, schuppenförmigen Niederblätter hervorgehenden nadelförmigen grünen Phyllokladien, sind dunkelgrün gefärbt. Für den Tisch der Menschen läßt man bekanntlich die Spargelsprosse nicht über die Erde gelangen, wo sie grün und hart werden, sondern sticht sie ab, so lange sie noch unterirdisch, zart und farblos sind.

Der merkwürdige Wechsel von Ruhe und lebhafter Tätigkeit bei den unterirdischen Sproßformen und das zeitweilige Verschwinden aller oberirdischen Teile des Pflanzenstockes steht im Zusammenhange mit den klimatischen Verhältnissen, unter denen diese Pflanzen wachsen. Die größte Zahl dieser Gewächse findet sich in Gebieten, wo infolge monatelanger Dürre alle

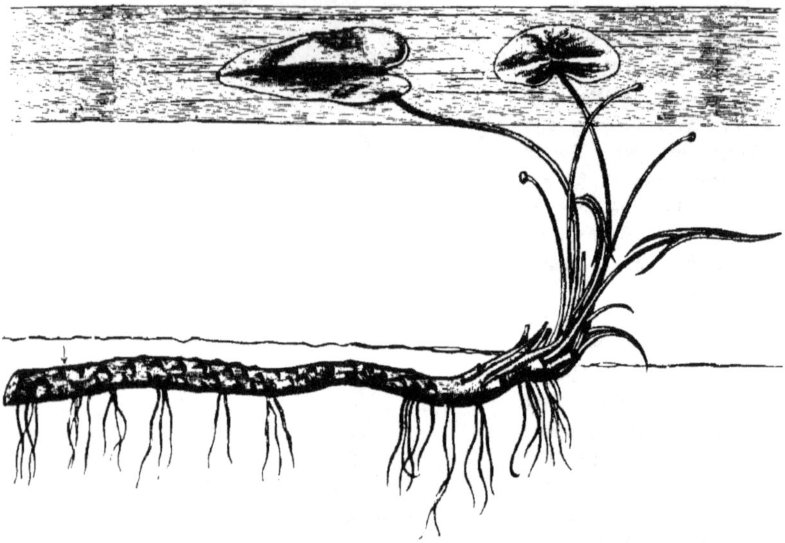

Dickes Rhizom der Teichrose (Nuphar luteum), am Boden eines Teiches angewurzelt, während die von langen Stielen getragenen Blätter auf dem Wasser schwimmen. (Zu S. 168.) Aus Hansen, Metamorphose.

saftreichen, an der Luft ausgebreiteten Gewebe der Gefahr des Verdorrens ausgesetzt sind, und wo auch die oberflächlichen Bodenschichten, in welchen die Knollen, Rhizome, Zwiebeln usw. eingebettet sind, so stark austrocknen, daß sie für das aus den oberirdischen Blättern verdunstende Wasser keinen Ersatz liefern könnten. Wenn aber diese Bodenschichten auch alles Wasser verloren haben, so sind sie doch für die entwickelten Stämme ein vortreffliches Schutzmittel; die Erde bildet eine förmliche Kruste um die saftreichen Sprosse, und in manchen Gegenden erhärtet das lehmige, durch Eisenoxydhydrat rot gefärbte Erdreich zu einer Masse, welche einem Ziegelsteine täuschend ähnlich sieht. In dieser Masse eingebettet überdauern die geophilen Stämme unbeschadet Trockenperioden, welche sich über sieben bis acht Monate erstrecken können. Und wenn dann die Regenzeit kommt und die harte Erdkrume benetzt wird, so regt sich in ihr allerwärts ein wundersames Leben, unzählige Knollen- und Zwiebelpflanzen sprießen aus dem aufgeweichten Lehm empor und entfalten in der kurzen, feuchten Periode ihre Blüten und ihre grünen Laubblätter. So verhält es sich auf den Lehmsteppen des zentralen Asiens, auf den Berggeländen Kleinasiens, Griechenlands, Spaniens und überhaupt aller das Mittelmeer umrandenden Landschaften und insbesondere in dem durch seinen fast unerschöpflichen Reichtum an Zwiebel- und Knollenpflanzen berühmten Kapland. Im mittleren Europa, wo die Tätigkeit der Pflanzenwelt nicht durch Trockenheit, sondern durch Frost unterbrochen wird, ist die Zahl der Pflanzen mit unterirdischen Stämmen auffallend geringer als in den vorher bezeichneten Gebieten. Auch der Boden, in welchem die wenigen Arten vorkommmen, zeigt ganz andere Verhältnisse. Das Erdreich ist da niemals einer hochgradigen Dürre ausgesetzt, ja, auffallenderweise trifft man die Mehrzahl der mit Rhizomen, Knollen und Zwiebeln ausgestatteten Gewächse im Grunde der mitteleuropäischen Laubwälder in lockerer, humusreicher, stets etwas feuchter Erde. An solchen Orten gedeihen bekanntlich die Schneeglöckchen und Gelbsterne, die zweiblätterige Meerzwiebel, der Aronsstab, der Bärenlauch und die verschiedenen Arten der Hohlwurz (Galanthus nivalis, Gagea lutea und minima, Scilla bifolia, Arum maculatum, Allium ursinum, Corydalis fabacea, solida und cava) in ganzen Beständen und im üppigsten und kräftigsten Wachstum, und, was besonders bemerkenswert ist, ihre Blüten zählen zu den ersten des Jahres, ihr grünes Laub entfaltet sich zeitig im Frühling und ist schon im Juni vergilbt und verwelkt.

Man hat sich die Vorliebe unserer im ersten Frühling blühenden Zwiebel- und Knollenpflanzen für den Grund der Laubwälder in folgender Weise erklärt. Das Erdreich, von den im Herbste abgefallenen dürren Blättern der Laubhölzer bedeckt und von den Baumkronen überwölbt, strahlt verhältnismäßig wenig Wärme aus, auch der Frost bringt im Winter nur in geringe Tiefe ein, so daß die dort eingebetteten Niederblattstämme der Gefahr des Erfrierens weit weniger ausgesetzt sind als im offenen Lande. Was aber das Blühen im ersten Frühling und das frühzeitige Vergilben der grünen Blätter anlangt, so ist das eine ererbte Eigenschaft der Zwiebelpflanzen, die ihnen in ihren heimatlichen Steppen unentbehrlich ist, denn hier könnten sie im glühenden Sommer oberirdisch nicht aushalten. Daher beschließen sie ihre Blatt- und Blütenbildung in der kurzen feuchten Frühlingszeit. In unseren Wäldern finden dieselben Pflanzen insofern ähnliche Bedingungen, als das für die Tätigkeit der grünen Blätter nötige Licht nur auf so lange in den Waldgrund eindringen kann, als die Kronen der Waldbäume noch nicht belaubt sind. Später, wenn sich die Zweige in den höchsten Wipfeln mit grünem Laube geschmückt haben, bildet sich oben ein schattendes Dach aus, und nur hier und da stiehlt sich durch die Lücken dieses Laubdaches ein Sonnenstrahl, welcher das feuchtkühle Erdreich des Waldgrundes trifft. Dieses spärliche Licht genügt aber nicht mehr den über die Erde vorgeschobenen grünen Blättern der erwähnten Pflanzen zu der ihnen obliegenden Arbeit, und sie müssen daher ihre Tätigkeit schon abschließen, ehe sich das dichte Laubdach der Baumkronen ausgebildet hat. Während also in den Steppen die Sonnenglut und Trockenheit die Vegetation dieser Zwiebelpflanzen zum Absterben bringt, würde dies im Walde dem Lichtmangel entsprechen. Nur für die Schmarotzer und Verwesungspflanzen reicht das spärliche Licht des belaubten Waldes aus, und es ist bemerkenswert, daß nun im Sommer an Stelle der jetzt verwelkten Blätter von Knollen- und Zwiebelpflanzen das chlorophyllose Ohnblatt, die Korallenwurz, der Fichtenspargel und eine Unzahl von bleichen Schwämmen aus dem tiefen Humus in das Düster des Waldgrundes emportauchen.

Blattmetamorphosen.

Betrachtet man einen aufrecht wachsenden Pflanzenstengel einer einjährigen Pflanze, so fällt die regelmäßige Verschiedenheit der Blattgebilde, die ihm in verschiedener Höhe ansitzen, sehr leicht ins Auge. Unten am Stengel sitzen gewöhnlich schuppenförmige oder einfachgestaltete Blätter, nach der Höhe nehmen die Laubblätter an Vollkommenheit zu, unterhalb der Blüte werden häufig die Blätter wieder einfach oder gar fadenförmig, und endlich krönt die Blüte das Ganze. Man hat diese verschiedenen Stockwerke der Pflanze seit früherer Zeit als Nieder-blatt-, Laubblatt-, Hochblatt- und Blütenregion unterschieden.

Man bezeichnet aber als Niederblätter vielfach auch unvollkommen ausgebildete Blätter oben an einer Pflanze, z. B. die Schuppen der Winterknospen. Das ist nun für das Verständnis nicht förderlich. Die Niederblätter am Stengel, an den Rhizomen und Knollen sind verkümmerte, die Knospenschuppen dagegen zu besonderen Zwecken umgebildete Laubblätter. Man sollte daher den Ausdruck Niederblätter ganz aufgeben, denn auch die zu den Niederblättern gerechneten Schuppen einer Zwiebel bedeuten etwas anderes als die verkümmerten Blattschuppen an der Basis eines Stengels. Auch die Hochblätter sind in den meisten Fällen bloß verkümmerte Laubblätter ohne Bedeutung. In einzelnen Fällen dagegen bilden sich gerade die Hochblätter in sehr auffallender Weise um, indem sie zu prachtvoll gefärbten Organen werden, die die Aufgabe übernehmen, die Insekten für die Bestäubung der bei solchen Pflanzen häufig kleinen und unscheinbaren Blüten anzulocken. Solche Hochblätter kommen bei vielen tropischen Zingiberazeen, z. B. den Alpinia-Arten, vor, wo die gefärbten Hochblätter, in deren Achseln die Blüten sitzen, im Dämmer der Urwälder besser hervorleuchten, wie die Blüten selbst. Prachtvolle Hochblätter besitzt der südamerikanische Kletterstrauch Bougainvillea, der, in Südeuropa eingeführt, dort im Frühjahr eine der schönsten Zierden der Villengärten ist. Die Hochblätter sind schön violett gefärbt und so reichlich an den Zweigspitzen entwickelt, daß die Pflanze von ferne wie mit leuchtendvioletten Blüten bedeckt aussieht. Erst bei näherem Zusehen erkennt man die gefärbten Organe als Hochblätter und entdeckt in ihren Achseln die kleinen röhrigen gelben Blüten (s. die beigeheftete Tafel). Prächtig zinnoberrot sind die Hochblätter der zu den Euphorbiazeen gehörenden Poinsettien aus Mexiko (s. die Tafel bei S. 404).

Den größten Gegensatz zu diesen prangenden Blattmetamorphosen bilden die unscheinbaren, aber sehr wichtigen Knospenschuppen, welche die in den Winterknospen eingeschlossenen Blatt- und Blütensprosse bis zum Frühjahre vor Unbilden der Jahreszeit schützen. Sie finden sich bei allen Holzpflanzen sowohl an Laubknospen als an Blütenknospen, das heißt sowohl am untersten Teil der Sproßanlagen, welche nur grüne Laubblätter erzeugen, als auch an denen, welche sich zu Blüten entwickeln. Die Knospenschuppen zeigen in der Regel eine feste, derbe Oberhaut, sind häufig außen mit klebrigen Stoffen überzogen und schützen den von ihnen umhüllten jungen Sproß ganz vorzüglich gegen Winterschäden. Wenn sich im Frühling der Sproß zu strecken beginnt, so werden sie entweder abgehoben und abgeworfen, wie bei den Weiden, oder sie rücken nur wenig auseinander und lassen gerade so viel Raum, daß der Sproß hindurchwachsen kann, wie bei der Kölreuterie (Koelreuteria paniculata). Bei manchen Arten bleiben sie an ihrer Stelle, bei anderen rücken sie weit auseinander und erhalten sich noch einige Zeit an der Basis des neuen Sprosses, wie bei der Walnuß und den Eschen, wieder bei anderen schlagen sie sich zurück und fallen bald danach ab, wie bei dem Vogelbeerbaum (Sorbus Aucuparia) und den meisten Arten der Gattung Aesculus.

Bougainvillea spectabilis.

Bougainvillea spectabilis.

Insbesondere ist in dieser Beziehung Aesculus neglecta sehr auffallend, da deren Knospendecken sehr groß und rot gefärbt sind und, wenn sie abfallen, den Boden unter der Baumkrone ähnlich wie herbstliches Laub ganz dicht überdecken. Meistens sind die Schuppen an den Knospen der Holzpflanzen braun und chlorophyllos und ändern ihren Umfang nur wenig, während die Knospe sich öffnet, jene von Gymnocladus aber haben eine grüne Farbe und vergrößern sich auch im Frühling um mehr als das Doppelte und Dreifache.

An den Knospen der Weiden ist nur eine einzige Knospenschuppe zu sehen, die Linden haben deren zwei, die Erlen drei, die Manna-Eschen vier, die Buchen, Hainbuchen, Rüstern und Zürgelbäume sehr zahlreiche. Ist nur ein einziges Blatt vorhanden, wie bei den Weiden, so erscheint es tief ausgehöhlt und umgibt wie eine Hülse den zu schützenden Knospenteil; sind einige wenige Niederblätter ausgebildet, wie bei Gymnocladus, so wölben sie sich kuppelförmig über die jungen, grünen Blätter; sind aber viele Schuppen entwickelt, so liegen sie wie die Schindeln eines Daches übereinander.

Zu braunen Schuppen ausgebildet, sehen die Knospenhüllen aus wie verkümmerte Blätter. Aber sie sind keine Verkümmerungen, sondern sehr merkwürdige Umbildungen von Laubblattanlagen. Bei dieser Umbildung bildet sich die Blattspreite der ursprünglichen Laubblattanlage nur in den ersten Schritten aus, und der ganze übrige Teil, der Blattgrund, wird zur Knospenschuppe. Ist diese fertig, so erkennt man zuweilen die unentwickelte Blattspreite noch in Form eines kleinen Spitzchens. Mit dem Vergrößerungsglase sieht man, daß dieses Spitzchen wirklich die Form einer kleinen Blattfläche hat, die z. B. beim Spitzahorn sehr zierlich aussieht. Öffnen sich die Knospen, dann bilden in manchen Fällen die Knospenschuppen, die eine Zeitlang noch mitwachsen, ihre kleine Blattfläche noch deutlicher aus. Sehr gut läßt sich das bei Aesculus macrostachya beobachten.

Außer diesen Metamorphosen können die Blätter, wie die Wurzeln und Sprosse, noch mannigfachen Metamorphosen unterliegen, um neue Aufgaben zu übernehmen. Ihre Umgestaltung zu Wasserbehältern ist schon in Band I besprochen worden, ebenso die Umbildung in Dornen. Manche Kletterpflanzen erhalten ihre Kletterorgane durch Umbildung von Blättern. Die Ranken der Erbse, der Wicken, von Cobaea scandens sind, wie oben (S. 150 ff.) gezeigt wurde, Blattranken, die aus den Endblättchen der gefiederten Laubblätter hervorgehen. Die merkwürdigsten Metamorphosen erleiden die Blätter jedoch bei den insektenfressenden Pflanzen (Bd. I, S. 303 ff.).

Umbildung des Laubsprosses zum Sexualsproß (Blüte).

Der auffallende Gegensatz, den die Blüten zu den Ernährungsorganen bilden, hat im Anfange botanischer Forschung dazu verführt, sie als Organe ganz eigener Art anzusehen. Erst Cesalpini, der (im Grunde kein unrichtiger Gedanke) die verschiedene Härte oder Zartheit der Gewebe auf eine verschiedene Ernährung zurückführen wollte, war der Ansicht, die Blüte sei ein unmittelbares Erzeugnis der Stengelgewebe, vorwiegend des Markes, in dem man damals die Kräfte des Lebens besonders vereinigt dachte. Diese theoretische Ansicht wurde von Linné aufgegriffen, aber indem er sie mit Swammerdams Ansichten über die Insektenmetamorphose verschmolz, die er überdies mißverstand, kam er auf die Idee, die Blüte entstehe wie ein Insekt aus einer Larve. Die belaubte Pflanze sei der Larve, die Blüte dem fertigen Insekt gleichzuachten. Fruchtbarer wurden Goethes Gedanken (vgl. S. 44 und Bd. I, S. 11 ff.), der mit überlieferten Anschauungen brach, von Anfang an die Teile der Pflanzen und so auch die Blüten als Organe ansah und, den Gedanken einer Umwandlung festhaltend, die Blüte als Umwandlung (Metamorphose) einer Laubknospenanlage betrachtete. Die mikroskopische Beobachtung der Blütenentwickelung, von C. F. Wolff begonnen, führte aber noch nicht zu einem völlig klaren Resultat, da Wolff die Blattanlagen für flüssige Tropfen hielt. In der Folge aber bestätigte die Methode Wolffs Goethes Ansicht vollkommen, und der bedeutendste lebende Morphologe, H. Goebel, bezeichnet mit Recht diese Bestätigung der Organumwandlung „als eine der wichtigsten Tatsachen zum Verständnis der Pflanzengestaltung". Von ganz besonderer Wichtigkeit ist es, daß die neuere Botanik nachweisen konnte, daß die Metamorphose bei den Kryptogamen, geradeso wie bei den höheren Pflanzen, die Entstehung der Fortpflanzungsorgane erläutert, womit die Metamorphose ganz im Sinne Goethes als eine allgemeine Entwickelungsregel in der Natur erscheint.

Die Frage: Was ist eine Blüte? kann man heute kurz mit dem Satze beantworten: Jede Blüte ist ein zu Fortpflanzungszwecken umgewandelter Laubsproß, d. h. die am Vegetationspunkte eines Sprosses ursprünglich entstehenden Blattanlagen haben sich in Blütenteile umgewandelt. Da nun bei Kryptogamen Sprosse sich zu Sexualsprossen umwandeln, z. B. bei Laub- und Lebermoosen, könnte man bei ihnen ebenfalls von Blüten reden. Die in den Pflanzen liegenden inneren Ursachen einer solchen Umwandlung kennen wir nicht, doch läßt sich die Metamorphose durch äußere Bedingungen leiten. Die Auffassung aller Blüten und blütenähnlichen Organe als Metamorphosen wird aber dadurch notwendig, daß auch die erstmalige Entstehung von Blüten im Pflanzenreich gar nicht anders als durch Umwandlung von Ernährungssprossen zu Sexualsprossen oder von Laubblättern zu Sporophyllen stattgefunden haben kann, denn wir wissen sehr genau, daß die Pflanzen nicht von Anfang an mit Blüten versehen waren, sondern daß diese einmal entstanden sind.

Die Achse, welche durch die Blüte abgeschlossen wird, ist nur in seltenen Fällen, nämlich nur bei einigen einjährigen Kräutern, die gerade Verlängerung des Sprosses, welcher aus der ersten am Keimstengel angelegten Knospe hervorgegangen ist (s. Abbildung, Bd. I, S. 13). In diesem Falle folgen an demselben Sprosse über den Laubblättern unmittelbar die zur Blüte vereinigten Blütenteile, und die Blüte wird dann endständig genannt. Viel häufiger zweigt der blütentragende Sproß oder Blütenstiel von einem Laubsproß seitlich ab und entspringt dicht über einem Blatt, welches man Stützblatt nennt, und in diesem Falle spricht man von seitenständigen Blüten. Das ist bei vielen einjährigen Pflanzen der Fall, z. B. dem Gauchheil und Ehrenpreis (Anagallis arvensis und Veronica hederifolia). Häufig verzweigen sich die Blütensprosse, und für solche Gruppierungen hat man die Bezeichnung Blütenstand (inflorescentia) eingeführt. Das Stützblatt stimmt entweder in der Form, Größe und Farbe mit den tieferstehenden, als Laub fungierenden Blättern überein, oder es weicht im Zuschnitt und im Umfang sowie auch in der Färbung von den übrigen Laubblättern ab und wird dann als Deckblatt (bractea) angesprochen.

Solche von den Laubblättern abweichende Deckblätter haben vielfach schon eine besondere Beziehung zu den Befruchtungsvorgängen und werden auch Hochblätter genannt (z. B. die Hochblätter der Bougainvillea und Poinsettia). Manchmal ist ein ganzer Blütenstand von einem einzigen sehr großen Deckblatte gestützt oder eingehüllt, und in solchen Blütenständen, die namentlich für die Palmen und Aroideen sehr charakteristisch sind, findet man die Deckblättchen an der Basis der einzelnen Blüten gewöhnlich unentwickelt. Bekannt ist das weiße, den Blütenkolben umgebende Deckblatt der bei uns kultivierten Calla, das gewöhnlich fälschlich für eine Blumenkrone gehalten wird. Ein solches Deckblatt wird **Blütenscheide** (spatha) genannt (vgl. untenstehende Abbildung, Fig. 1). Es kommt auch vor, daß ein Teil der Blüten eines Blütenstandes nicht zur Entwickelung gelangt, und daß dann Deckblätter ohne darüberstehende Blüten zu sehen sind. Finden sich solche „leere Deckblätter“ gehäuft an der Basis des Blütenstandes, in eine Ebene gerückt oder dort in sehr gedrängten Schraubenumgängen gruppiert, so spricht man von einer **Blütenhülle** (involucrum). Die großen

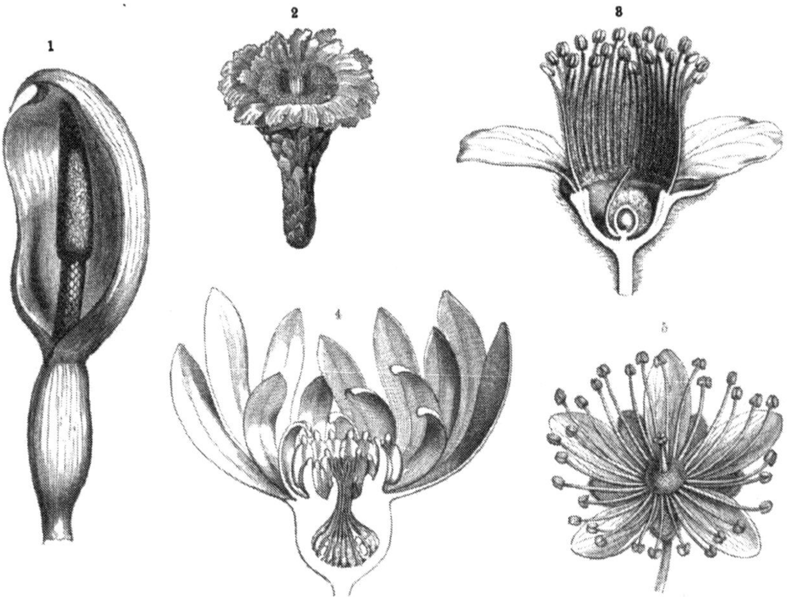

Blumenblätter: 1) Blütenscheide der Aroidee Colocasia antiquorum; 2) Blüte einer Kaktusart mit schraubig geordneten Blumenblättern; 3) Längsschnitt durch die Blüte von Chrysobalanus, in der Mitte der Fruchtknoten mit seitlich von demselben entspringendem Griffel; 4) Längsschnitt durch die Blüte von Calycanthus, die Blumenblätter in schraubiger Anordnung; 5) Blüte der großblätterigen Linde (Tilia grandifolia), der aus den Spitzen von fünf Fruchtblättern gebildete, vom Scheitel des Fruchtknotens entspringende Griffel durch eine fünfstrahlige Narbe abgeschlossen.

weißen Deckblätter von Cornus florida und Cornus suecica sind Beispiele, wie sehr diese Hüllblätter den Blütenstand verschönen. Kleine, starre, trockene und chlorophyllose Deckblättchen in dichtgedrängten Blütenständen heißen **Spreublättchen** und **Spreuschuppen**.

An den Blüten unterscheidet man Blumenblätter, Pollenblätter und Fruchtblätter. Die **Blumenblätter** sind entweder schraubig oder wirtelig angeordnet. Das erstere beobachtet man bei den Seerosen, namentlich bei den Arten der Gattung Nymphaea und ihr verwandten Familien, ferner bei Calycanthus (s. obenstehende Abbildung, Fig. 4) und bei den Kakteen (s. obenstehende Abbildung, Fig. 2). Bei den Blüten der Gattung Nymphaea stehen nur die oberen Blumenblätter in einer Schraubenlinie, bei den Kakteen und Kalykantheen zeigen jedoch die sämtlichen Blumenblätter diese schraubige Anordnung, und zwar sind sie bei den ersteren so gruppiert, daß die kleinsten zu unterst und die größten zu oberst zu stehen kommen, während bei den letzteren das Umgekehrte der Fall ist. Weit häufiger bilden die Blumenblätter zwei aufeinanderfolgende Wirtel. Besteht der untere Wirtel aus grünen Blättern, deren Gewebe mit jenem der Laubblätter übereinstimmt, während der obere aus zarten,

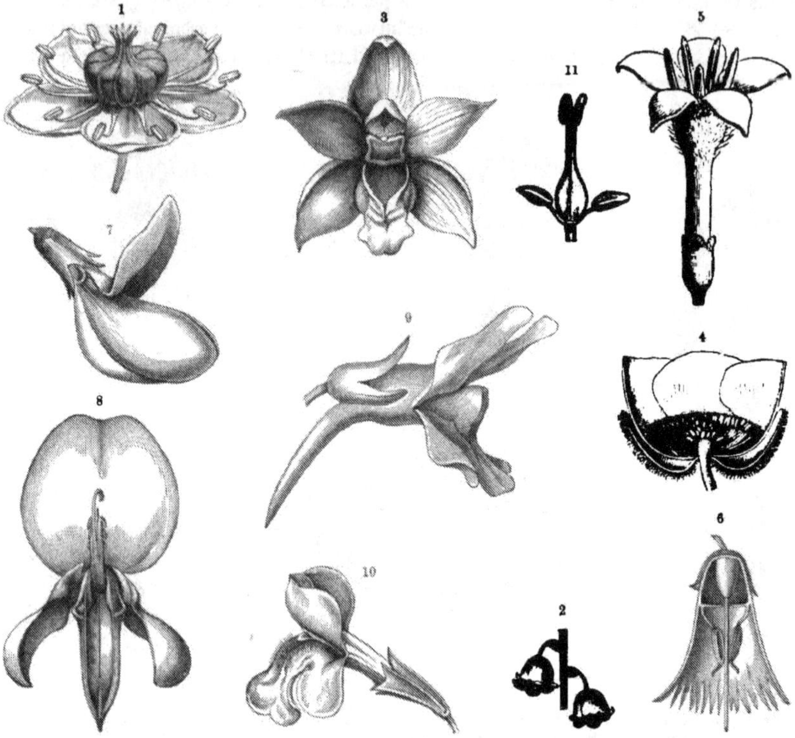

Blumenblätter: 1) aktinomorphes getrenntblätteriges Perigon, Phytolacca decandra; 2) aktinomorphes verwachsenblätteriges Perigon, Convallaria majalis; 3) zygomorphes getrenntblätteriges Perigon, Epipactis latifolia; 4) Kelch und Krone aktinomorph getrenntblätterig, Ranunculus glacialis; 5) Kelch und Krone aktinomorph verwachsenblätterig, Cephaëlis Ipecacuanha; 6) Kelch und Krone aktinomorph verwachsenblätterig, Soldanella alpina; 7) Krone zygomorph getrenntblätterig, schmetterlingsartig, Lotus corniculatus (von der Seite gesehen); 8) Krone zygomorph, getrenntblätterig, schmetterlingsartig, Spartium scoparium (von vorne gesehen); 9) Krone zygomorph, verwachsenblätterig, maskiert und gespornt, Linaria alpina; 10) Krone zygomorph, verwachsenblätterig, maskiert, nicht gespornt, Mimulus luteus; 11) eine Blüte der Esche (Fraxinus excelsior) ohne Blumenblätter. Sämtliche Figuren etwas vergrößert. (Zu S. 177.)

in allen möglichen, nur nicht in grüner Farbe prangenden Blattgebilden zusammengesetzt wird, so heißt der untere Kelch (calix), der obere Krone (corolla). Sind sämtliche Blumenblätter gleich oder doch sehr ähnlich gestaltet und gefärbt, wobei es gleichgültig ist, ob sie nur einen oder zwei Wirtel bilden, so spricht man von einem Perigon. Dieses ist entweder grün (kelchartig), wie bei Helleborus viridis, oder nicht grün (kronenartig), wie bei den Tulpen, Hyazinthen und anderen Liliazeen. Sowohl die Blätter des Perigons als auch jene des Kelches und der Krone können an ihrem unteren Ende vollständig voneinander getrennt (s. Abbildung,

S. 176, Fig. 1, 3 und 4) oder teilweise oder auch ganz miteinander verwachsen sein (s. Fig. 2, 5 und 6). Im letzteren Falle bringt man für die Blüte entsprechend der Ähnlichkeit mit gewissen Geräten die Ausdrücke glockenförmig, trichterförmig, röhrenförmig, stieltellerförmig, krugförmig, radförmig usw. in Anwendung.

Wenn die Blumenblätter einer Blüte gleichgestaltet sind, mögen dieselben nun voneinander getrennt oder miteinander verwachsen sein, so bezeichnet man die betreffende Blüte als aktinomorph oder, entsprechend der Terminologie früherer Zeiten, als regelmäßig (s. Abbildung, S. 176, Fig. 1, 4 und 5). Weichen dagegen diese Blätter in ihrem Zuschnitt und ihrer Größe voneinander ab, und sind sie dabei so gruppiert, daß die eine Hälfte der Blüte wie ein Spiegelbild der anderen gleicht, so wird die betreffende Blüte zygomorph oder nach alter Terminologie unregelmäßig genannt (s. Abbildung, S. 176, Fig. 3, 7, 8, 9 und 10). Bei den aktinomorphen Blüten kann man sich mehrere ihren Mittelpunkt schneidende vertikale Ebenen hineingelegt denken, und jedesmal werden die durch diese Teilungsebenen gebildeten Hälften vollständig miteinander übereinstimmen. Bei den zygomorphen Blüten können dagegen nur durch eine einzige solche Teilungsebene zwei gleiche Hälften gebildet werden. Die zygomorphen Blüten, unter welchen wieder die schmetterlingsartigen, zweilippigen, maskierten usw. unterschieden werden, zeigen bei gewissen Familien, namentlich den Skrofulariazeen und Orchideen, eine unerschöpfliche Mannigfaltigkeit. Inwieweit diese merkwürdigen Gestalten der Blumenblätter mit der Befruchtung durch Vermittelung von Tieren, namentlich Insekten, zusammenhängen, wird später ausführlich erörtert werden. Es ist hier nur noch zu erwähnen, daß es auch Pflanzen gibt, deren Blüten der Blumenblätter vollständig entbehren. Als Beispiele für dieselben mögen die Blüten mehrerer Pfefferarten und jene der Esche, der Weiden, Pappeln und anderer Laubbäume (s. Abbildung, S. 176, Fig. 11), hervorgehoben werden.

Die Pollenblätter (stamina), welche von den Botanikern auch Staubblätter oder Staubgefäße genannt wurden, haben die Aufgabe, die unter dem Namen Pollen oder Blütenstaub bekannten männlichen Geschlechtszellen zu erzeugen. Sie sind gleichwie die anderen Blütenteile entweder paarweise gegenübergestellt oder zu mehreren in Form eines Wirtels gruppiert oder endlich in dichten Schraubenumgängen aneinandergereiht. Sehr wenige Pflanzenarten zeigen nur ein einziges Pollenblatt in jeder Blüte; so der Tannenwedel Hippuris vulgaris. Die Mehrzahl der Blüten enthält mehrere oder viele Pollenblätter. Entweder ordnen sich diese in einen einzigen Wirtel oder einen einzigen Schraubenumgang, oder es folgen zwei oder mehrere derartige Wirtel übereinander.

Da bei jeder botanischen Art die Zahl der Pollenblätter in der Regel gleichbleibt, so zwar, daß z. B. in den Blüten des Tannenwedels immer nur 1, in jenen des Flieders 2, in jenen der Schwertlilie 3, in jenen des Waldmeisters 4, in jenen des Veilchens 5 und in jenen der Tulpe 6 Pollenblätter sich entwickeln, so wurden diese Zahlenverhältnisse als Grundlage einer wenn auch nicht gerade natürlichen, aber doch äußerst bequemen und daher sehr populär gewordenen Einteilung der Blüten- oder Samenpflanzen benutzt. Insbesondere in dem von Linné erdachten System finden sich die Pflanzen in Gruppen zusammengestellt, welche Klassen genannt wurden, und von welchen die erste alle jene Pflanzen begreift, die in jeder Blüte nur ein einziges Pollenblatt zeigen, während die zweite Klasse die Gewächse umfaßt, deren Blüten mit 2, die dritte, deren Blüten mit 3 usf. Pollenblättern ausgestattet sind. Da jedoch diese künstliche Einteilung verwandte Pflanzen mit verschiedener Staubfadenzahl auseinanderreißt, nicht verwandte dagegen vereinigt, so ist jenes System in der Botanik nicht mehr gebräuchlich.

Die Gesamtheit sämtlicher einer Blüte angehörenden Pollenblätter wird Andrözeum genannt. Das Andrözeum schiebt sich immer zwischen die Blumenblätter und Fruchtblätter ein, so zwar, daß von außen nach innen stets zuerst die Blumenblätter, dann die Pollenblätter und schließlich die Fruchtblätter folgen.

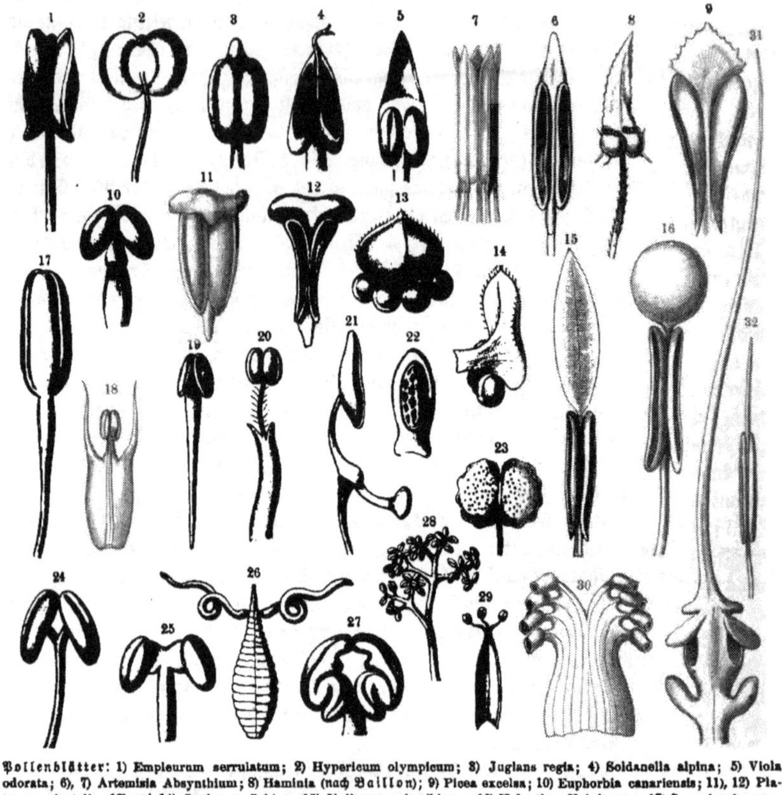

Pollenblätter: 1) Empleurum serrulatum; 2) Hypericum olympicum; 3) Juglans regia; 4) Soldanella alpina; 5) Viola odorata; 6), 7) Artemisia Absynthium; 8) Haminia (nach Baillon); 9) Picea excelsa; 10) Euphorbia canariensis; 11), 12) Platanus orientalis; 13) und 14) Juniperus Sabina; 15) Halimocnemis gibbosa; 16) Halantium Kulpianum; 17) Sanguinaria canadensis; 18) Allium sphaerocephalum; 19) Actaea spicata; 20) Aconitum Napellus; 21) Salvia officinalis; 22) Viscum album; 23) Mirabilis Jalappa; 24) Tilia ulmifolia; 25) Thymus Serpyllum; 26) Acalypha (nach Baillon); 27) Bryonia dioica; 28) Ricinus communis; 29) Corydalis capnoides; 30) Polygala amara; 31) Doryphora (nach Baillon); 32) Paris quadrifolia. Sämtliche Figuren etwas vergrößert. (Zu S. 179—181.)

An jedem Pollenblatt unterscheidet man die Anthere als eigentliche Bildungsstätte und Behälter des Pollens und den Träger oder Stiel dieser Anthere, welcher Staubfaden (Filament) genannt wird. Der für den Antherenträger gewählte alte Name Staubfaden erklärt sich daraus, daß wirklich in vielen Fällen, namentlich bei den von jeher mit besonderer Sorgfalt studierten Kulturpflanzen, bei dem Hanf und Hopfen, Roggen und Weizen, Reis und Mais, Mohn und Lein, der Antherenträger eine fadenförmige Gestalt besitzt. Auf viele andere Fälle paßt der Name Faden freilich nicht, und es hört sich seltsam an, wenn der kurze, dicke

Untersatz der Antheren in den Blüten des Veilchens und der Zaunrübe (s. Abbildung, S. 178, Fig. 5 und 27) Faden genannt wird. Mitunter haben die Träger der Antheren auch die Gestalt von Bändern, oder sie sind spindelförmig und keulenförmig, welche Form insbesondere dort beobachtet wird, wo die Pollenblätter zur Zeit der Ausstreuung des Pollens durch die leiseste Luftströmung in schwingende oder zitternde Bewegung versetzt werden sollen, wie z. B. bei **Thalictrum aquilegifolium, Bocconia, Sanguinaria** und **Actaea spicata** (s. Abbildung, S. 178, Fig. 17 und 19). Ähnlich den Laubblättern des Zitronenbaumes, deren Stiele eigentümliche Gelenke aufweisen, sind auch die Antherenträger vieler Wolfsmilcharten und Lippenblütler mit Gelenken versehen (s. Fig. 10 und 21, S. 178). Bei mehreren Salbeiarten zeigen diese Gelenke eine wunderbare Vollkommenheit, erinnern lebhaft an die Gelenke der Füße und Fühler von Insekten und werden in ihrer Bedeutung für die Befruchtung später noch ausführlicher zu besprechen sein. Bei den Linden sieht man die fadenförmigen Träger dicht unter der Anthere gegabelt (s. Fig. 24, S. 178), bei den Lerchenspornen sind die Antherenträger bandartig und vorn in drei kurze Spitzen geteilt (s. Fig. 29, S. 178), und bei dem Rizinus und mehreren anderen Wolfsmilchgewächsen erscheinen sie vielfach gespalten und verästelt (s. Fig. 28, S. 178). Diese geteilten Antherenträger dürfen übrigens nicht mit den zusammengewachsenen verwechselt werden; denn auch das kommt vor, daß die Antherenträger benachbarter Pollenblätter sich zu einem Bande, einer Röhre oder einer Rinne miteinander verbinden, wie bei den Malven, den Schmetterlingsblütlern und den Polygaleen (s. Fig. 30, S. 178).

Bei den Laubblättern findet man an der Basis des Stieles sehr oft eigentümliche Gebilde, die sogenannten Nebenblättchen (stipulae; vgl. S. 124). Diese werden an den Pollenblättern nur selten angetroffen. Am auffallendsten treten sie noch bei einigen Arten der Gattung Milchstern (z. B. Ornithogalum nutans und chloranthum), beim Lauch (z. B. Allium rotundum und sphaerocephalum) und Eisenhut (Aconitum) in Erscheinung (s. Abbildung, S. 178, Fig. 18 und 20). Manchmal, wie z. B. bei Doryphora, sind die Nebenblättchen an der Basis der Staubfäden auch als honigabsondernde Drüsen, welche die Insekten anlocken, ausgebildet (s. Abbildung, S. 178, Fig. 31).

Die Teile der Anthere, welche in besonderen Hohlräumen den Pollen bergen, werden Pollenbehälter, Pollensäcke, das Zwischenstück, welches die Pollensäcke verbindet, wird Konnektiv genannt. Das Konnektiv ist selbstverständlich die unmittelbare Fortsetzung des Antherenträgers oder Staubfadens und wie dieser von einem sehr feinen Gefäßbündel durchzogen. Die Pollensäcke sind entweder wirtelförmig um das Konnektiv gruppiert, wie bei der Eibe, und bilden dann gewissermaßen Nischen rings um das säulenförmige, am freien Ende in eine Art Schildchen übergehende Konnektiv, oder sie erscheinen symmetrisch rechts und links am Konnektiv, wie z. B. bei dem Wacholder (s. Abbildung, S. 178, Fig. 13 und 14). In den allermeisten Blüten findet man zwei Paare von Pollensäcken rechts und links am Konnektiv angewachsen (s. Abbildung, S. 178, Fig. 3). Dies kommt gewiß bei 90 Prozent aller Samenpflanzen vor. Hierzu muß noch bemerkt werden, daß die beiden Pollenbehälter rechts und links nur bei der jugendlichen Anthere durch eine Scheidewand getrennt sind; später schwindet die Scheidewand, und an der ausgewachsenen Anthere sieht man dann statt vier nur noch zwei durch das Konnektiv zusammengehaltene, mit Pollen erfüllte Säcke. Seltener stoßen vier Pollenbehälter oberhalb des Konnektivs zusammen, es schwinden dort die trennenden Scheidewände, und die vier Pollenbehälter sind zu einem einzigen zusammengeflossen, wie das bei dem Sonnentau (Drosera), dem Bisamkraute (Adoxa), dem Fichtenspargel (Monotropa) und besonders augenfällig bei der Kugelblume (Globularia) zu sehen ist. Bei den Orchideen dagegen ist die Zahl der Pollenbehälter in jeder Anthere von Anfang an auf zwei reduziert und bleibt auch später auf diese Zahl beschränkt.

Sehr eigentümlich gestalten sich die Pollenbehälter in den Antheren der Mimosen. Bei Acacia, Albizzia, Calliandra und Inga findet man in jeder Anthere acht rundliche Fächer, in welchen der Pollen ausgebildet wird, und in den Antheren der Gattung Parkia sind Längsreihen linsenförmiger Hohlräume ausgebildet, in welchen Ballen aus Pollenzellen eingebettet liegen. Auch die Antheren der Rhizophoreen zeigen in Längsreihen geordnete, mit Pollen erfüllte Kammern, und zwar sind hier mehrere, jedenfalls mehr als vier Längsreihen und alles zusammengenommen bisweilen über 30 Kammern zu sehen. Die mit den Blumenblättern verschmolzenen Antheren der Mistel (Viscum; s. Fig. 22, S. 178) enthalten sogar je 40—50 Pollenkammern. Bei den meisten lorbeerartigen Gewächsen (Laurazeen) kommt es vor, daß die vier Fächer der Anthere paarweise übereinanderstehen. Gewöhnlich öffnen sich alle vier Fächer gegen jene Seite zu, wo die Insekten in den Blütengrund einfahren, wenn sie dort Honig gewinnen wollen (vgl. Abbildung, S. 192, Fig. 4).

Eine große Abwechselung in der Gestalt der Anthere wird durch das verschiedene Größenverhältnis des Konnektivs und der von dem Konnektiv getragenen Pollenbehälter bedingt. Bei den meisten Ranunkulazeen, Magnoliazeen, Seerosen und mohnartigen Gewächsen ist das Konnektiv sehr breit, und die Pollenbehälter bilden nur einen schmalen Saum oder Rahmen desselben (s. Fig. 17, S. 178). Beim Schildkraute (Scutellaria), dem Bergthymian (Calamintha), dem Thymian (Thymus; s. Fig. 25, S. 178) und zahlreichen anderen Lippenblütlern, ebenso bei vielen Rosazeen (Rosa, Agrimonia usw.) erscheint das Konnektiv als ein massiver dreieckiger, viereckiger oder sechseckiger Gewebekörper, welchem die eiförmigen oder kugeligen Pollenbehälter eingefügt sind, und solche Antheren gleichen dann manchmal einem Insektenkopfe mit zwei seitlichen Augen. In manchen Fällen kann eine Grenze zwischen Konnektiv und Antherenträger überhaupt nicht gezogen werden; das ganze Pollenblatt erscheint als eine kurze, dicke Säule oder präsentiert sich wie ein Amboß, dessen Masse nischenförmige, mit Pollen erfüllte Räume enthält.

Bisweilen bildet das Konnektiv einen von der kurzen Säule getragenen querlaufenden Hebelarm und ist mit seinem Träger in einer gelenkartigen Verbindung, wie das insbesondere bei mehreren Salbeiarten der Fall ist (s. Abbildung, S. 178, Fig. 21). Bei dem schwächsten Anstoß schwanken solche Konnektive wie Wagebalken auf dem Stützpunkte des Gelenkes auf und ab. Auch bei vielen Liliengewächsen, so namentlich bei den Tulpen, Lilien und Kaiserkronen (Tulipa, Lilium, Fritillaria), ebenso bei einigen Gentianen (Gentiana ciliata, nana usw.), ist das mit den beiden Pollenbehältern der ganzen Länge nach verwachsene Konnektiv nur an einer Stelle mit dem Träger der Anthere gelenkartig verbunden, und wenn man die Anthere anstößt, kann sie leicht in schaukelnde Bewegung versetzt werden. Einen auffallenden Gegensatz bilden die auf einen sehr schmalen, von den großen Pollenbehältern völlig verdeckten Gewebekörper beschränkten Konnektive, für welche als Beispiel Mirabilis Jalappa (s. Abbildung, S. 178, Fig. 23) genannt werden kann.

Daß durch die Gestalt der Pollenbehälter auch das Aussehen der Anthere, ja auch des ganzen Pollenblattes wesentlich beeinflußt wird, ist selbstverständlich. Es kommen da alle möglichen Abstufungen von der kugeligen zur eiförmigen und von der eiförmigen zur länglichen und linealen Gestalt vor. Die Abbildungen von 32 verschiedenen Pollenblättern auf S. 178

geben ein annäherndes Bild von der herrschenden Mannigfaltigkeit. Einen seltsamen Eindruck machen die bogenförmigen Pollenbehälter von Cyclanthera (s. untenstehende Abbildung) und die gleich den Hörnern eines Widders gedrehten Pollenbehälter der Acalypha (s. Abbildung, S. 178, Fig. 26); ebenso eigentümlich sind die gewundenen Pollenbehälter der kürbisartigen Gewächse, von welchen als Beispiel die Zaunrübe (Bryonia dioica) gewählt wurde (s. Abbildung, S. 178, Fig. 27). Es gibt übrigens Kürbisse, an deren Antheren die Pollenbehälter noch weit mehr als an diesem Beispiele hin und her gewunden sind, so daß sie lebhaft an die Windungen am Großhirn des Menschen erinnern.

Die Fruchtblätter sind wie die Blumen- und Pollenblätter bald wirtelig, bald schraubig angeordnet. Bei den Nadelhölzern und ihren Verwandten erscheinen sie schuppenförmig und zeigen freie, nicht miteinander verwachsene Ränder. Daher heißt diese Abteilung auch Nacktsamige (Gymnospermen). Bei den eigentlichen Blütenpflanzen (Angiospermen) sind sie zusammengerollt und an den Rändern verwachsen, so daß dadurch ein Gehäuse für die Samen gebildet wird, das man Stempel (pistillum, ovarium, Gynäzeum) genannt hat. Sind in einer Blüte mehrere Fruchtblätter vorhanden, so kann jedes einzelne einen besonderen Stempel bilden, und es erscheinen dann mehrere oder zahlreiche einblätterige Stempel in schraubenförmiger oder sternförmiger Anordnung als Abschluß des Sprosses in der Mitte der Blüte, wie z. B. bei den Ranunkulazeen (s. Abbildung des Ranunculus glacialis, S. 176, Fig. 4). Bei den Mandeln, Pflaumen und Kirschen, dann bei den Schmetterlingsblütlern und einigen anderen mit diesen verwandten Pflanzengruppen ist am Ende des Blütensprosses nur ein einziger einblätteriger Stempel ausgebildet. Viel öfter findet man aber im Zentrum der Blüte mehrere Fruchtblätter zu einem einzigen Stempel verwachsen (s. Abbildung der Phytolacca decandra, S. 176, Fig. 1). Nach der Art und dem Grade der Verwachsung unterscheidet man eine große Zahl verschiedener Baupläne der mehrblätterigen Stempel, die insbesondere zur Charakterisierung der Familien und Gattungen treffliche Anhaltspunkte geben. Die auffallendsten Verschiedenheiten sind dadurch bedingt, daß das eine Mal die wirteligen Fruchtblätter der ganzen Länge nach miteinander verschmolzen sind, während sich ein andermal die Verwachsung nur auf die unteren Teile beschränkt, daß manchmal die eingerollten, verwachsenen Ränder der benachbarten Fruchtblätter zu Scheidewänden im Inneren des Stempels werden, was dann zur Fächerung führt, während in anderen Fällen diese Scheidewandbildung unterbleibt, die Fruchtblätter wie die Dauben eines Fasses sich aneinanderschließen und ein ungefächertes Gehäuse bilden.

Bogenförmige Pollenblätter in der Blüte von Cyclanthera pedata.

Man unterscheidet als Teile des Stempels den Fruchtknoten, den Griffel und die Narbe. Der Fruchtknoten (die Anlage der Frucht) stellt, wie der Name sagt, in den meisten Fällen ein knotenförmiges Gebilde dar. Umriß und Oberfläche desselben bieten geringe Verschiedenheiten im Vergleich zu der Mannigfaltigkeit der anderen Blütenteile. Meistens ist seine Gestalt eiförmig, ellipsoidisch, kugelig oder scheibenförmig, seltener in die Länge gestreckt, zylindrisch und walzenförmig, manchmal auch von der Seite her zusammengedrückt und schwert- oder säbelförmig. Oftmals erheben sich an seinem Umfange, entsprechend der Zahl der Fruchtblätter, welche ihn aufbauen, vorspringende Höcker, Wülste, Ecken, Kanten, Leisten und Kiele, und insbesondere häufig begegnet man drei- und fünfkantigen Formen. Die Haare, Borsten, Stacheln und Flügel, welche an dem später zum Fruchtgehäuse gewordenen Fruchtknoten in so auffallender Weise hervortreten, sind zur Zeit des Blühens meistens so unentwickelt, daß man nicht einmal die Anlagen zu diesen Auswüchsen erkennt.

In seinem Inneren birgt der Fruchtknoten die Anlagen der Samen, aus welchen nach erfolgter Befruchtung die reifen Samen hervorgehen. Man hat dieselben unrichtigerweise mit den Eiern der Tiere verglichen und zuzeiten auch Eichen (ovula) genannt. Auch

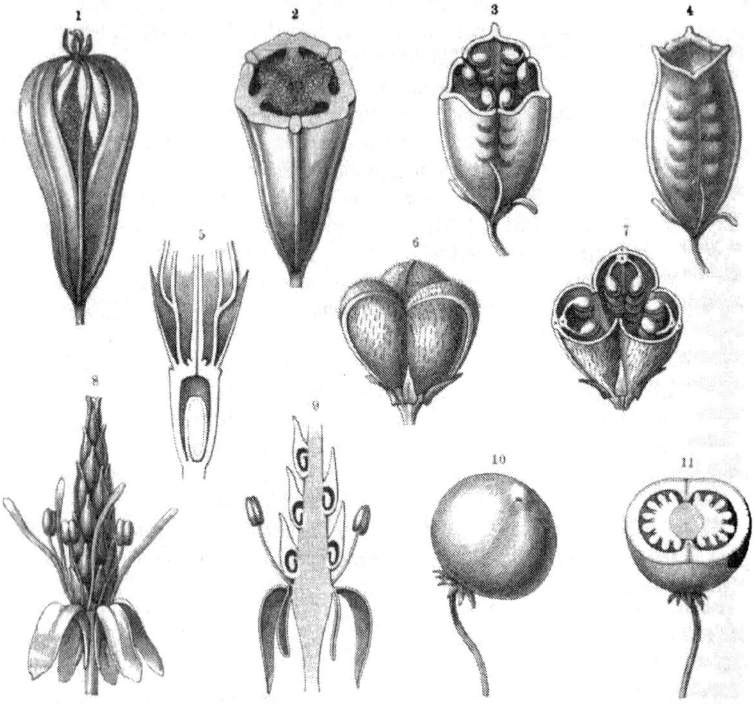

Verschiedene Formen von Fruchtknoten: 1) aufgesprungene Frucht der Miltonia stellata; 2) Fruchtknoten der Miltonia stellata, quer durchschnitten; 3) Fruchtknoten einer Reseda (Reseda), quer durchschnitten, 4) derselbe Fruchtknoten, nicht durchschnitten; 5) Längsschnitt durch den Fruchtknoten von Helianthus tuberosus; 6) Fruchtknoten des Veilchens (Viola odorata), 7) derselbe, quer durchschnitten; 8) Fruchtknoten in der Blüte des Myosurus minimus, 9) derselbe, im Längsschnitt; 10) unreifer Fruchtknoten der Kartoffelpflanze (Solanum tuberosum), 11) derselbe, quer durchschnitten. Sämtliche Figuren etwas vergrößert. (Zu S. 182 und 183.)

die Namen Samenknospen und Keimknospen waren ehemals üblich. Es dürfte aber das passendste sein, diese Gebilde als das, was sie sind, nämlich als Samenanlagen, zu bezeichnen. Sie haben eine etwas verschiedene Gestalt: sie stehen auf einem langen Stiel aufrecht (s. Abbildung, S. 183, Fig. 1) oder werden durch das Wachstum des Stieles umgekehrt (Fig. 2) oder sind gekrümmt (Fig. 3). Vgl. auch S. 268.

Ehemals wurden die Samenanlagen ausnahmslos als Teile der Sproßachse angesehen, man hielt die Samenanlagen einer Knospe für gleichwertig, was zu der Bezeichnung „Samenknospe" Veranlassung gegeben hat. Weiter nahm man an, daß die Achse mit den Fruchtblättern verwachsen sein könne, und daß es dann den Eindruck mache, als ob die Samenanlagen aus den Fruchtblättern entspringen. Später deutete man die Samenanlagen aller Pflanzen als **Blattgebilde**, als Teile der Fruchtblätter; dann hielt man wieder die Samenknospe bald für ein umgewandeltes ganzes Blatt, bald bloß für den Teil eines Blattes usw. Tatsächlich sind die Samenknospen morphologisch nicht in allen Abteilungen des Pflanzenreiches ganz dasselbe. Bei manchen Zykadeen stehen sie an Stelle von Blattfiedern. Auch bei den Blütenpflanzen ist der Ursprung der Samenanlagen recht verschieden. Meistens entspringen sie aus Gewebepolstern, die an den Fruchtblättern entstehen und **Plazenten** heißen (vgl. Abbildung, S. 182), in anderen Fällen aus einer von der Blütenachse gebildeten Zentralplazenta oder als endständige Bildungen um die Spitze der Blütenachse innerhalb des Fruchtknotens. Die Entwickelungsgeschichte reicht nicht aus, um die morphologische Natur (die Homologie) der Samenanlagen als eine allgemeine zu bestätigen. Da die Samenanlagen in allen Fällen die weiblichen Sexualorgane der höheren Pflanzen sind, die sich von den Makrosporangien der Kryptogamen (s. S. 259) ableiten, so ist auch gar nicht vorauszusetzen, daß sie in allen Fällen Metamorphosen der gleichen Vegetationsorgane darstellen können.

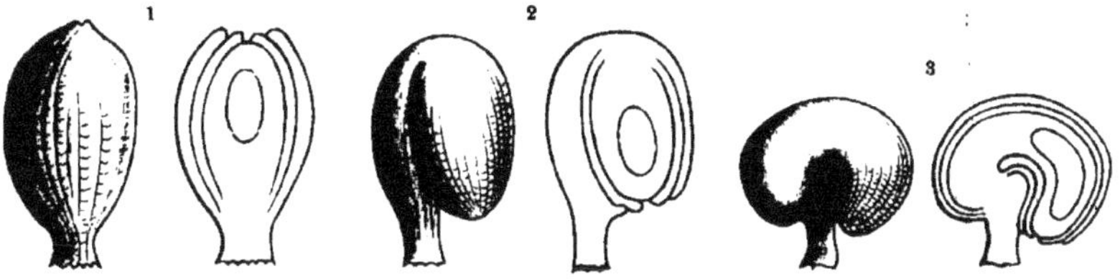

Verschiedene Formen der Samenanlagen, jede Form perspektiviert und im Durchschnitt: 1) aufrechte (orthotrope), 2) umgewendete (anatrope), 3) gekrümmte (kampylotrope) Samenanlage. (Zu S. 182 und S. 269.)

Was die äußere Gestalt des Fruchtknotens weiter anbetrifft, so erhebt sich der Griffel vom Scheitel, bisweilen auch von einer der Seiten des Fruchtknotens. An dem einblätterigen Stempel der Fingerkräuter und der Chrysobalaneen sieht man in der Tat den Griffel nicht aus dem Scheitel des Fruchtknotens entspringen, sondern es macht den Eindruck, als wäre derselbe seitlich an das Gehäuse des Fruchtknotens angewachsen (s. Abbildung einer Blüte von Chrysobalanus, S. 175, Fig. 3). An Stempeln, welche aus mehreren wirtelig gestellten, verwachsenen Fruchtblättern aufgebaut sind, wie z. B. an jenem der Phytolacca decandra (s. Abbildung, S. 176, Fig. 1), erscheinen die Griffel oft getrennt und immer einseitig dem betreffenden Fruchtknotenfache aufgesetzt; wenn aber mehrere wirtelig gestellte Fruchtblätter bis hinauf zur Narbe vollständig miteinander verwachsen sind, dann ist nur ein einziger Griffel zu sehen. Manchmal fehlt an dem Stempel der Griffel, und dem Fruchtknoten sitzt dann unmittelbar die Narbe auf, wie das jede Tulpe zeigt.

Die **Narbe** hat die Pollenzellen aufzunehmen und festzuhalten, und je nachdem diese durch den Wind herbeigetragen oder in zusammenhängenden Klümpchen durch Insekten in die Blüten gebracht werden, ist ihre Form verschieden. In dem einen Falle sind die Narben pinselförmig und federförmig, oder die Teile derselben sind wie ein Federbusch ausgespreizt; in dem anderen Falle finden sich an derselben vorspringende Papillen, Höcker, Kanten und Leisten, an welchen die in die Blüte einfahrenden Insekten den Pollen abstreifen.

Daß die Pollenblätter metamorphosierte Blätter sind, ist mehrfach hervorgehoben. In den Blüten der Seerosen ist eine scharfe Grenze von Pollenblättern und Blumenblättern überhaupt nicht zu finden, und man kann dort deutlich ein allmähliches Übergehen der einen in die anderen bemerken. Auch die Blüten gewisser Linden (Tilia americana, alba, tomentosa) sowie die Blüten des Dreizacks (Triglochin) sind in dieser Beziehung sehr lehrreich. Bei der Silberlinde (Tilia tomentosa; s. untenstehende Abbildung, Fig. 1 und 2) ist unterhalb des Stempels zunächst ein Wirtel von Pollenblättern mit Antheren ausgebildet, diesem folgt ein Wirtel von Blättern ohne Antheren, der aber Honig zur Anlockung der Insekten absondert, dann kommt wieder ein Wirtel von Blättern mit Antheren und unter diesen neuerdings zwei

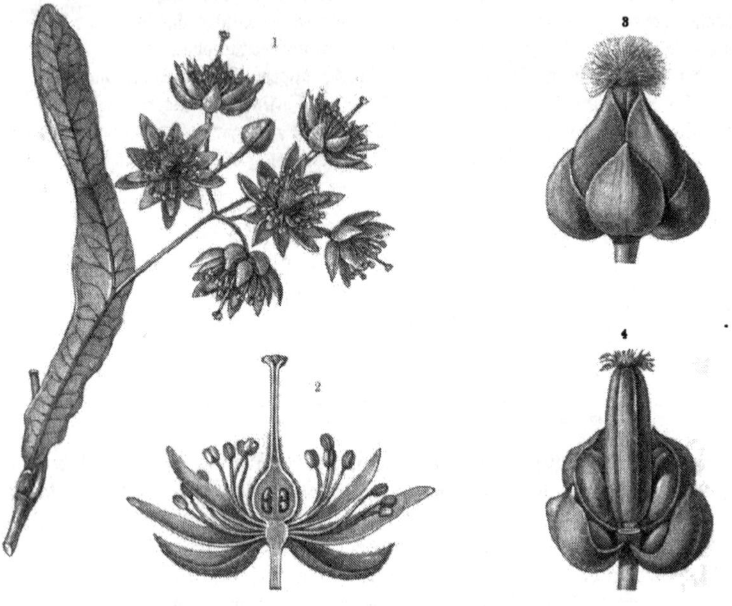

Blüten der Silberlinde (Tilia tomentosa) und einer Art des Dreizacks (Triglochin Barellieri); 1) Blütenstand der Silberlinde in natürlicher Größe, 2) Längsschnitt durch eine einzelne Blüte, vergrößert, 3) Blüte des Dreizacks im ersten Stadium des Aufblühens, 4) dieselbe Blüte in einem späteren Entwickelungsstadium, eins der oberen Blumenblätter weggeschnitten. Fig. 3 und 4 etwas vergrößert.

Wirtel von antherenlosen Blättern. Ähnlich verhält es sich bei Triglochin, dessen Blüten den Eindruck machen, als beständen sie aus zwei übereinander stehenden, ganz gleich eingerichteten Stockwerken (s. obenstehende Abbildung, Fig. 3 und 4). Die Blüte beginnt unten mit einem Wirtel aus drei schalenförmigen Blättern ohne Antheren, über diesem folgt ein Wirtel aus drei Blättern mit Antheren, und es sind die großen Antheren während ihrer Entwickelung von den unter ihnen stehenden schalenförmigen Blättern wie von einem Mantel eingehüllt und geschützt. Nun folgt neuerdings ein Wirtel aus drei schalenförmigen, antherenlosen Blättern und über diesem nochmals ein Wirtel von drei Pollenblättern mit großen Antheren, und zwar genau in derselben Gruppierung wie in dem unteren Stockwerke. Wenn einmal der staubförmige Pollen aus den Antheren ausfällt, wird er nicht sofort durch die Luftströmungen entführt, sondern fällt zunächst in die schalenförmige Aushöhlung der unter den Antheren stehenden Blätter und bleibt hier so lange deponiert, bis der geeignete Zeitpunkt zu seiner Übertragung auf die Narbe einer anderen Blüte gekommen ist. Diese schalenförmigen Blätter, obschon selbst ohne Antheren, sind also eine Zeitlang mit Pollen angefüllt und sehen aus wie Antheren, welche sich eben geöffnet haben. Sie sind für die rechtzeitige Verbreitung des Pollens und für das Zustandekommen der Befruchtung von größter Wichtigkeit und können mit Rücksicht auf die Rolle, welche sie zu spielen haben, als antherenlose Pollenblätter aufgefaßt werden. In der botanischen Kunstsprache werden die antherenlosen Pollenblätter, d. h. jene Hochblätter, welche zufolge ihrer Stellung in der Blüte den Pollenblättern entsprechen, aber keine Antheren tragen, und deren Gestalt sich bald jener der Staubfäden, bald jener der Kronenblätter nähert, Staminodien genannt. Lehrreiche Beispiele von Übergängen der Blumenblätter in Pollenblätter liefern auch gefüllte Blüten, z. B. die gefüllten Päonien und die Gartenrosen.

Verzweigung in der Blütenregion.

Da die Blüte der Anlage nach selbst ein Sproß ist, so zeigt sie auch alle Eigenschaften eines Sprosses. Es kann aus ihr statt einer Einzelblüte auch ein Verzweigungssystem hervorgehen, dessen Enden dann die einzelnen Blüten tragen. Die Sproßnatur der Blütenstände zeigt sich vielfach noch darin, daß außer den Blüten auch noch Blätter, freilich meist sehr verkleinerte, am Blütenstande sitzen, aus deren Achseln dann die Blüten entspringen. Diese Tragblätter verlieren bei anderen jegliche Funktion und sind zu Schuppen (Brakteen) verkümmert. Endlich kann die Verkümmerung so weit gehen, daß von Tragblättern nichts mehr an dem Sexualsproß zu sehen ist, wie bei den Blütenständen der Koniferen. In der Erzeugung solcher Verzweigungen der Blütensprosse, wodurch die mannigfaltigsten Blütenvereine zustande kommen, ist die Pflanze Meisterin. Wie schon oben erwähnt, nennt man diese Verzweigungen Blütenstände oder Infloreszenzen. Zum Zwecke der Pflanzenbeschreibung hat sich das Bedürfnis herausgestellt, die verschiedenen Blütenstände mit kurzen Namen zu belegen, und es wurde eine eigene Terminologie festgestellt, welche zu dem Trefflichsten gehört, was die Botaniker zu Ende des 18. Jahrhunderts geschaffen haben. Leider ist dieselbe in neuerer Zeit durch das Einführen und Substituieren einer Unzahl aus dem Griechischen abgeleiteter, sehr gelehrt klingender, aber vollständig überflüssiger Namen nicht nur nicht verbessert, sondern recht schwerfällig gemacht worden. Diese Terminologie in ihren Einzelheiten zu verfolgen, liegt nicht im Plane dieses Buches. Hier genügt es, die auffallendsten Formen der Blütenstände mit ihren seit alter Zeit eingebürgerten Namen übersichtlich vorzuführen.

Um die Darstellung der Blütenstände zu erleichtern und die Beschreibungen abzukürzen, empfiehlt es sich, die Hauptachse, um welche sich alle einzelnen Blütenstiele wie um ein gemeinsames Zentrum gruppieren, oder welche in auffallender Weise die Führung des ganzen Achsensystems übernommen hat, als Spindel zu bezeichnen.

Man hat die Blütenstände übersichtlich in zwei Gruppen, in zentrifugale und zentripetale, zusammengestellt. In den zentrifugalen Blütenständen schließt die Spindel mit einer Blüte ab, die zum Mittelpunkt des ganzen Blütenstandes wird. Dieser Blüte stellen sich alsbald zwei oder drei jüngere Blüten an die Seite, deren Achsen unterhalb der zuerst angelegten Blüte aus der Spindel entspringen. An jeder dieser Seitenachsen können wieder Seitenachsen entstehen, welche die von ihnen getragenen Blüten gleichfalls in die Höhe der mittelständigen ersten Blüte stellen. Die Blütenknospe, von welcher die Spindel abgeschlossen wird, öffnet sich immer zuerst, dann kommen die Blütenknospen an den Seitenachsen erster Ordnung, dann jene an den Seitenachsen zweiter Ordnung usf. an die Reihe. Im großen und ganzen geht demnach die Entfaltung der Blütenknospen vom Zentrum gegen den Umfang des Blütenstandes entsprechend der Altersfolge vor sich, und ein solcher Blütenstand kann daher auch zentrifugal genannt werden. Die einfachste Form, gleichsam das Vorbild aller zentri-

Zentrifugale und gemischte Blütenstände: 1) zusammengesetzte Zyme von Evonymus europaeus; 2) gemischter Blütenstand von Teucrium orientale; 3) Blütenknäuel von Cephaëlis Ipecacuanha. (Zu S. 186—187.)

fugalen Blütenstände, ist die einfache Zyme (cyma). Sie zeigt nur drei Blüten, eine mittlere ältere, welche den Abschluß der Spindel bildet, und zwei seitliche jüngere. Da die letzteren in gleicher Höhe von der Spindel entspringen, so erscheint die einfache Zyme als dreizinkige Gabel. Manchmal kommt es vor, daß die Blütenknospe an der Spindel verkümmert oder gar nicht zur Entwickelung gelangt, und dann präsentiert sich der Blütenstand wie eine zweizinkige Gabel (dichasium, z. B. bei vielen Geißblattarten). Haben sich an den von der Spindel ausgehenden Seitenachsen statt einzelner Blüten einfache Zymen entwickelt, so spricht man von einer zusammengesetzten Zyme. Als Beispiel möge hier der europäische Spindelbaum (Evonymus europaeus; s. obenstehende Abbildung, Fig. 1) vorgeführt sein. Die Blütenstiele können an der zusammengesetzten Zyme dreigabelig oder zweigabelig gruppiert sein, und es kann sich diese Verzweigung schier endlos wiederholen, wie das z. B. an dem rispigen Gipskraute (Gypsophila paniculata) der Fall ist. Manche Zymen sehen den Dolden ähnlich und werden daher auch Trugdolden genannt. Wenn von zwei gegenständigen Blütenstielen oder Seitenachsen einer Zyme die eine nicht zur Entwickelung kommt, die andere dagegen sehr kräftig wird und die Spindel überholt und überragt, so macht sie den Eindruck der Hauptachse und die Spindel den Eindruck einer Seitenachse. Dasselbe kann sich auch an den Teilen einer zusammengesetzten Zyme wiederholen. Geht das so fort und fort, so entsteht jene Form des zymatischen Blütenstandes, die man Wickel nennt, von dem dann wieder zahlreiche Modifikationen unterschieden werden. Erscheinen dagegen die Blütenstiele sehr verkürzt und infolgedessen die Blüten dicht zusammengedrängt, so nennt man den Blütenstand einen Büschel (s. Abbildung, S. 186, Fig. 3). Die Nelkengewächse, die Lippenblütler, die rauhblätterigen Pflanzen und die Gekreuztblätterigen zeigen eine geradezu unerschöpfliche Mannigfaltigkeit zymatischer Blütenstände. Die zentripetalen Blütenstände sind daran zu erkennen, daß die Spindel mit einer Knospe abschließt, welche dem Alter nach das jüngste Gebilde am Hochblattstamm ist, während die am entgegengesetzten unteren Ende der Spindel entspringenden Blütenstiele als die ältesten Seitenachsen aufzufassen sind. Sieht man von obenher auf einen solchen Blütenstand, oder veranschaulicht man sich die Ausgangspunkte der einzelnen Blütenstiele in einer Horizontalprojektion, so stehen die untersten und zugleich ältesten Blütenstiele an der Peripherie, die jüngsten im Zentrum des Blütenstandes. Die Blüten an den ältesten Blütenstielen entfalten sich zuerst, jene der jüngsten Blütenstiele zuletzt, und das Aufblühen geht demnach in zentripetaler Reihenfolge vor sich. Die Spindel wird in der Regel durch eine verkümmerte Blütenknospe abgeschlossen, welche nicht zur weiteren Entwickelung kommt. In manchen Fällen wird der Abschluß durch eine Laubknospe gebildet, aus der später ein belaubter Sproß hervorgeht, wie das besonders auffallend an mehreren neuholländischen Myrtengewächsen aus der Abteilung der Leptospermeen (Callistemon, Metrosideros, Melaleuca), desgleichen bei Bromeliazeen (z. B. der Ananas, Ananassa sativa) der Fall ist.

Man unterscheidet von zentripetalen Blütenständen die Traube (racemus) mit verlängerter Spindel und deutlichen Blütenstielen (s. Abbildung, S. 188, Fig. 1), die Ähre (spica) mit verlängerter Spindel und auf das äußerste verkürzten Blütenstielen, die Dolde (umbella) mit einer auf das äußerste verkürzten Spindel und verlängerten Blütenstielen und das Köpfchen (capitulum) mit einer sehr verkürzten und dabei verdickten Spindel und auf das äußerste verkürzten Blütenstielen. Dieser Blütenstand kennzeichnet die große Familie der Kompositen, zu denen die Kamille, die Astern, die Wucherblume gehören. Alle diese Blütenstände sind durch Mittelformen miteinander verkettet, von welchen die für die Schotengewächse besonders charakteristische Doldentraube (corymbus), ein Bindeglied von Dolde und Traube, besonders erwähnt zu werden verdient.

Die größte Mannigfaltigkeit zeigt das Köpfchen, zumal wegen der zahlreichen gehäuften Deckblätter, welche zusammengenommen als kelchartige Hülle die Blüten umgeben. Erwähnenswert ist auch noch eine Form der Ähre mit verdickter Spindel, welche Kolben (spadix) genannt wird (s. Abbildung, S. 188, Fig. 3), und dann die unter dem Namen Kätzchen (amentum) bekannte Ähre, welche Blüten ohne Blumenblätter in den Achseln schuppenförmiger Deckblätter enthält und nach dem Verblühen oder nach der Fruchtreife abfällt, nachdem an der Basis der Spindel vorher eine Trennung des Gewebes und eine Ablösung der Zellen stattgefunden hat (s. Abbildung, S. 188, Fig. 2).

Ähren, ährenförmig gruppiert, bilden eine zusammengesetzte Ähre; Trauben, in Traubenform angeordnet, erzeugen eine zusammengesetzte Traube oder Rispe, und Dolden, doldenförmig vereinigt, geben eine zusammengesetzte Dolde. Erstgenannte kommt bei Gräsern, letztgenannte bei den Doldengewächsen sehr häufig vor.

Man unterscheidet nun auch noch die mannigfaltigsten anderen Kombinationen der oben aufgeführten einfachen Blütenstände, und es ist sehr beachtenswert, daß insbesondere Ver-

Zentripetale Blütenstände: 1) Traube von Ribes rubrum; 2) Kätzchen von Betula verrucosa; 3) Kolben von Arum maculatum. (Zu S. 187.)

bindungen zentripetaler mit zentrifugalen Blütenständen häufig vorkommen. Köpfchen, sowie zusammengesetzte Dolden, welche zymatisch angeordnet sind, Zymen, welche sich in Form von Ähren und Trauben aneinander reihen, sind eine sehr gewöhnliche Erscheinung. In solchen Blütenständen findet dann ein Umspringen in der Reihenfolge des Aufblühens statt. Unter den zusammengesetzten Dolden, welche zu einer Zyme vereinigt sind, kommt die mittelständige Dolde zuerst an die Reihe; aber es öffnen sich an ihr nicht die mittelsten Blüten, sondern jene, welche an ihrem Umfange stehen (s. Abbildung, S. 189). Sind Zymen ährenförmig gruppiert, so blühen zuerst jene an der Peripherie des ganzen Blütenstandes auf, aber das Aufblühen der einzelnen Zymen erfolgt in entgegengesetzter Richtung (s. Abbildung, S. 186, Fig. 2).

Mehr als der achte Teil aller lebenden Blütenpflanzen hat die Blüten in Köpfchen vereinigt, und es dürfte dieser Blütenstand der häufigste von allen sein. Nach ihm kommt die Zyme mit ihren verschiedenen Modifikationen und dann erst die Dolde, die Traube und die Ähre. Unter allen Gewächsen zeigen die ausdauernden Stauden die im Verhältnis zur Größe des ganzen Stockes umfangreichsten Blütenstände. Manche derselben schieben alljährlich nur einen Stengel über die Erde empor, der an der Basis einige große Laubblätter trägt, weiter aufwärts aber mit schuppenförmigen Deckblättern besetzt ist, sich in zahlreiche Dolden, Trauben und Zymen auflöst und so einen einzigen riesigen Blütenstand bildet. Als Beispiel für diese im Orient, zumal in den Steppenlandschaften Irans und Turkistans, heimische Form kann das auf der Tafel „Orientalische Doldenpflanzen" bei S. 110 abgebildete Euryangium Sumbul gelten. Diese bei Pentschakend südlich von Samarkand im südlichen Turkistan häufige Doldenpflanze entwickelt zu Beginn der Vegetationszeit fünf grundständige, in unzählige Zipfel zerteilte, moschusduftende Laubblätter, die aber nur einige Wochen hindurch ihr frisches Grün bewahren und verhältnismäßig früh welken, bleichen und ein blaßviolettes Kolorit annehmen. Sobald die Verfärbung dieser grundständigen Blätter begonnen hat, erhebt sich ein laubloser, blau bereifter, spargelartiger, 4—5 cm dicker Sproß über die Erde, welcher in unglaublich kurzer Zeit die Höhe von 3—4 m erreicht, sich im oberen Drittel quirlförmig verzweigt und in zahlreiche Dölbchen auflöst. Ähnlich dieser seltsamen Sumbulstaude verhält sich noch eine ganze Reihe orientalischer Doldenpflanzen, so namentlich aus der Gattung Ferula und Scorodosma. Auch mehrere schotentragende steppenbewohnende Stauden aus der Gattung Crambe entwickeln binnen wenigen Wochen einen Blütenstand mit sparrig abstehenden langen Zweigen von 2 m Höhe und nahezu 2 m Breite. Diesen Staudenpflanzen schließt sich auch die unter dem Namen hundertjährige Aloe bekannte Agave americana an, welche auf S. 79 abgebildet ist. Der über die Rosette aus dicken, fleischigen, dornig gezähnten Laubblättern sich erhebende 5—7 m hohe und 6—12 cm dicke Stamm ist nur mit schuppenartigen, vertrocknenden, chlorophyllosen Blättern besetzt und wird zur Spindel eines Blütenstandes, der zu den größten gehört, welche die Pflanzenwelt aufweist.

Gemischter Blütenstand einer Umbellifere: zusammengesetzte Dolden, zymatisch angeordnet.

Im Gegensatz zu den Staudengewächsen, deren rasch aufsprossende und durch sehr große Blütenstände abgeschlossene Stämme krautig bleiben und nach dem Abfallen der Früchte und Samen wieder bis zum Grunde abdorren und absterben, ohne zu verholzen, zeigen unsere Holzgewächse, zumal die Bäume, der Mehrzahl nach nur kleine Blütenstände. Allerdings ist die Zahl dieser kleinen, die Bäume schmückenden Blütenstände ungemein groß. Häufig sind die Blumenblätter grünlich gefärbt, und die unscheinbaren, noch dazu zwischen dem Laube verteilten Blütenstände werden dann aus einiger Entfernung gar nicht bemerkt. Manchmal dagegen reihen sich die von holzigen Zweigen getragenen zahlreichen kleinen, aber lebhaft gefärbten Blütenstände dicht aneinander und fließen förmlich zusammen. Wenn an solchen Gewächsen die Entfaltung der Blüten vor jener des grünen Laubes stattfindet, wie beispielsweise dem Mandelbaum und Kirschbaum, so macht jeder Baum für sich, aus der Ferne gesehen, den Eindruck eines riesigen Blütenstraußes. In den Tropen sind die Laubbäume meistens mit großen, schönfarbigen Blüten ausgerüstet, und die Pracht der blühenden Pithekolobien, von Poinciana regia, Jacaranda, Jambosa, Bombax malabaricus, Barringtonia, Wormia u. a. ist unvergleichlich.

Blühende Corypha umbraculifera auf Ceylon. (Nach Ransonnet.)

Bei den Palmen findet man nur wenige Blütenstände, diese sind aber gewöhnlich sehr groß und reichblütig. Überhaupt kommen bei den Palmen die umfangreichsten aller Blütenstände vor. Jene der Dumpalme (Hyphaene thebaica) sowie mehrerer Phönixarten werden über 1 m, jene der Raffia Ruffii und der Plectocomia elongata 2 m lang, und der Schattenpalme (Corypha umbraculifera; s. die Tafel bei S. 190 und die Abbildung, S. 190) wird nachgerühmt, daß sie unter allen Pflanzen der Welt den umfangreichsten Blütenstand besitzt. Diese merkwürdige zweihäusige Palme wächst verhältnismäßig langsam, und es vergehen oft 30—40 Jahre, bis ihr Stamm die Höhe von 20 m erreicht. In diesem Zeitraum kommen niemals Blüten zum Vorschein; erst wenn der Stamm im 70. bis 80. Jahre seine volle Größe von 22 m erlangt hat, erhebt sich aus seinem Scheitel der Blütenstand, dessen Spindel die Höhe von 14 m zeigt. Von dieser Spindel zweigen sich 12—13 stielrunde Äste ab, deren unterste 6 m lang werden. Alle Äste sind in zahlreiche Zweige und Zweiglein aufgelöst und reichlich mit Blüten besetzt. Der ganze Blütenstand zeigt dann, vollkommen ausgewachsen, die fabelhafte Höhe von 14 m und die Breite von 12 m. Sobald sich die Blüten öffnen, beginnen die darunterstehenden fächerförmigen Laubblätter nach und nach zu welken und fallen häufig während der Blütezeit sämtlich ab, so daß dann der Schaft nur den Blütenstand auf seinem Scheitel trägt. Die Blütezeit erstreckt sich über 3—4 Wochen. Sobald die Blütezeit vorüber und die Reife der fruchttragenden Stämme eingetreten ist, stirbt der ganze Stamm ab, und jedes Individuum dieser Palme blüht daher in seinem Leben nur einmal. (Vgl. S. 78.)

Als Gegensatz zu dem größten Blütenstande möge hier auch noch des kleinsten gedacht sein, nämlich des Köpfchens der in den Gebirgen Korsikas heimischen Nananthea perpusilla, welches in die Höhe und Quere nur 2—3 mm mißt.

Die Größe der Blütenstände und jene der sie zusammensetzenden Blüten nimmt nicht in gleichem Verhältnis zu und ab. Umfangreiche Blütenstände haben häufig sehr kleine Blüten und umgekehrt; eine allgemeine Regel läßt sich aber in dieser Beziehung nicht feststellen. Bei gleichem Umfange zeigt der Blütenstand der Paulownia imperialis 100 große, jener der Spiraea Aruncus 10000 kleine Blüten. Die Schattenpalme soll gegen 100000 Blüten in ihrem Riesenstrauße tragen. An einfachen Zymen kommt es manchmal vor, daß die mittlere Blüte nicht ausgebildet wird, so daß dann der ganze Blütenstand aus einem Paare meist eigentümlich verwachsener Blüten besteht, wie das an vielen Arten der Gattung Geißblatt (z. B. Lonicera alpigena, coerulea, nigra, Xylosteum) zu sehen ist. Bei vielen Akanthazeen, Windlingen und Rachenblütlern beobachtet man dagegen, daß von den drei Blüten einer einfachen Zyme die beiden seitlichen Blütenanlagen unterdrückt werden, und daß nur die mittelständige zur Entwickelung gelangt, in welchem Falle dann der ganze Blütenstand nur durch eine einzige Blüte repräsentiert ist.

Der Blütenboden, d. h. jener Teil des Blütenstieles, aus welchem die Blumenblätter und andere Blütenorgane hervorgehen, ist immer etwas verbreitert und entweder kegel- oder scheibenförmig. Derselbe ist manchmal sehr verlängert, kegel- oder zapfenförmig und trägt dann gewöhnlich zahlreiche dicht gedrängte Fruchtanlagen (z. B. bei Myosurus in der Abbildung auf S. 192, Fig. 2, und S. 182, Fig. 8 und 9). In anderen Fällen ist er sehr kurz, halbkugelig oder kuchenförmig und trägt nur eine einzige Fruchtanlage, welche im Inneren zahlreiche Samenanlagen enthält (z. B. Bixa Orellana in der Abbildung auf S. 192, Fig. 6).

Im Gegensatz zu den somit sehr einfach gebauten Formen des Kegelbodens zeigt der

Scheibenboden eine große Mannigfaltigkeit. Der Scheitel der Achse, welcher die Fruchtanlagen trägt, ist bei demselben häufig von einem fleischigen Gewebe umwallt, von welchem die Blumenblätter und Pollenblätter ausgehen. In manchen Fällen wird die Basis der Fruchtanlage von dem umwallenden Gewebe nicht überhöht, wie z. B. in den Blüten des Götterbaumes (Ailanthus glandulosa; s. untenstehende Abbildung, Fig. 1), häufig aber bleibt der die Fruchtanlage tragende Scheitel der Achse im Wachstum sehr zurück, während das Gewebe des Walles sich erhebt und die Gestalt eines die Fruchtanlage umgebenden Bechers oder Kraters annimmt. Man sieht dann die Fruchtanlage im Grunde des Bechers oder Kraters stehen. Die Pollenblätter

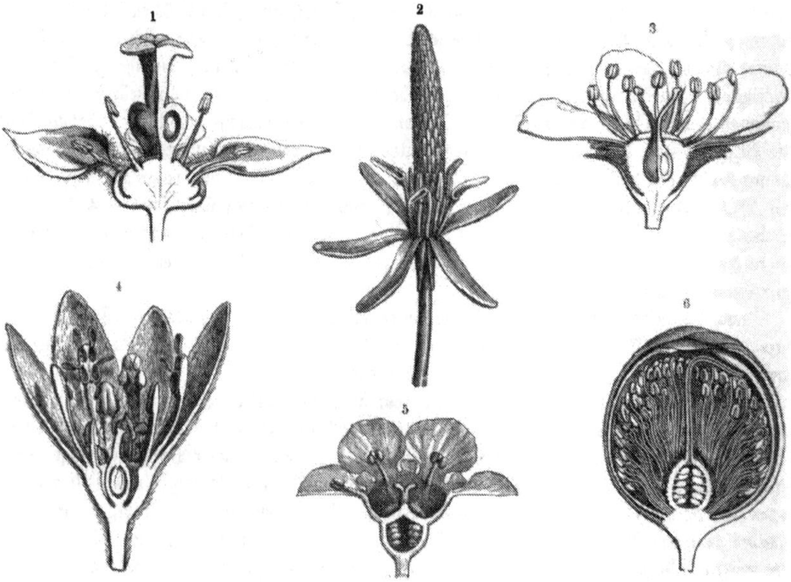

Blütenböden: 1) Scheibenboden von Ailanthus glandulosa: 2) Kegelboden von Myosurus minimus; 3) Hypanthium von Agrimonia Eupatoria; 4) Hypanthium von Cinnamomum zeylanicum; 5) Hypanthium von Ribes rubrum: 6) Kegelboden von Bixa Orellana. Fig. 2 in seitlicher Ansicht, die anderen im Längsschnitte. (Teilweise nach Baillon.) Zu S. 192—193.

und meistens auch die Blumenblätter entspringen dann vom Rande des Bechers, und zwar oberhalb der Basis der im Grunde des Bechers geborgenen Fruchtanlage (z. B. bei Cinnamomum zeylanicum; s. obenstehende Abbildung, Fig. 4). Meistens ist nur eine Fruchtanlage im Grunde des Bechers ausgebildet, in den Blüten der Rosen und mehrerer anderer Gattungen sind dagegen mehrere entwickelt. In manchen Fällen (z. B. bei Ribes; s. obenstehende Abbildung, Fig. 5) gehen nicht nur die Pollenblätter, sondern auch die Fruchtblätter vom Rande des Bechers aus und überdecken die kraterförmige Vertiefung des Blütenbodens. Mitunter ist die im Grunde des becherförmigen Blütenbodens entwickelte Fruchtanlage mit der Innenwand des Bechers verwachsen, wie beispielsweise in den Blüten von Agrimonia Eupatoria (s. obenstehende Abbildung, Fig. 3). In jene Fällen, wo der Ansatzpunkt der Fruchtanlage von dem Rande des becherförmigen Scheibenbodens überhöht wird, wie das durch die Fig. 3, 4 und 5 der Abbildung auf S. 192 dargestellt ist, wird der Blütenboden **Hypanthium** genannt. Ein solches Hypanthium ist besonders deutlich bei den Rosen und Pomazeen ausgebildet, wo der Blütenboden tief krugförmig ausgehöhlt ist, in seinem Grunde die Früchtchen und auf seinem Rande die übrigen Blütenteile trägt. Der als Unterbau oder als Umwallung der Fruchtblätter ausgebildete Teil des Blütenbodens wird später sehr häufig zu einem Teile der Frucht. Häufig finden sich noch am Blütenboden Gewebepolster oder Ringe zwischen den Blütenteilen ausgebildet, z. B. S. 192, Fig. 1. Es sind Nektarien, und von ihnen wird meistens **Honig** ausgeschieden, der als Anlockungsmittel für die die Befruchtung vermittelnden Insekten dient.

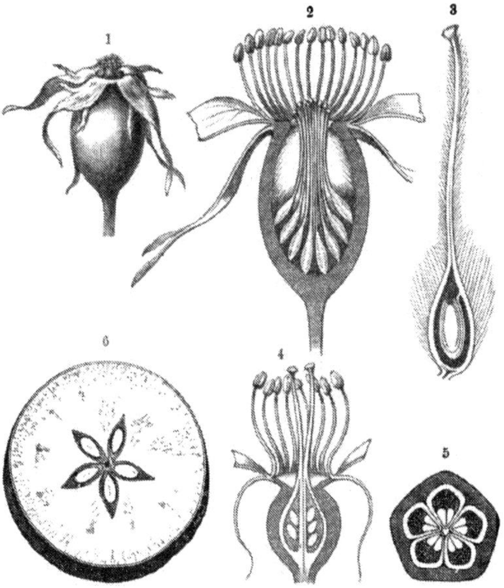

Anlagen und Baupläne von Phanerogamenfrüchten: 1) Fruchtanlage einer Rose (Rosa Schottiana), 2) dieselbe, etwas vergrößert, im Längsschnitt, 3) ein dieser Fruchtanlage entnommener Stempel im Längsschnitt; 4) Fruchtanlage des Apfels (Pirus Malus), im Längsschnitt, 5) dieselbe, im Querschnitt, 6) Querschnitt durch einen Apfel, der aus dem Hypanthium (Fig. 4) entstand. Fig. 1 und 6 in natürl. Größe, Fig. 2, 4, 5: 3fach, Fig. 3: 8fach vergrößert.

Eine Eigentümlichkeit, welche den Blütenboden vor allen anderen Stammgebilden auszeichnet, und deren hier noch zum Schlusse gedacht werden soll, ist das **begrenzte Wachstum** desselben. Solange der Blütenboden an seiner Peripherie Blütenorgane bildet, wächst er noch immer etwas in die Länge, wenn das Längenwachstum auch ein unbedeutendes ist. Nach Ausbildung der Blütenteile aber hat die Verlängerung der Achse nicht nur zeitweilig, sondern ein für allemal ihr Ende erreicht. Diese Tatsache ist insofern von Wichtigkeit, als durch sie einer der wenigen Unterschiede, welche man zwischen Stamm und Blatt feststellen zu können glaubte, eine Beschränkung erfährt. Aber auch mit Rücksicht auf die Architektonik des ganzen Pflanzenstockes hat das begrenzte Wachstum des Blütenbodens eine besondere Bedeutung. Das Stammstück, welches den Blütenboden bildet, trennt sich nämlich, und zwar gewöhnlich mitsamt dem Blütenstiel und nicht selten sogar mit der ganzen Spindel des Blütenstandes, von dem darunterstehenden Hauptstamme, sobald die Blüte ihre Funktion als Fortpflanzungsorgan erfüllt hat, es lösen sich die Blüten- und Fruchtstiele ab, sobald die Blumenblätter verwelkt, die Pollenbehälter entleert, die Früchte ausgereift sind, welcher Vorgang an das Ablösen jener Laubblätter erinnert, die nicht mehr imstande sind, die ihnen zukommenden Aufgaben zu erfüllen. Ähnlich wie nach dem Laubfall an den Ursprungsstellen der einzelnen abgetrennten Blätter eine Narbe entsteht oder ein vertrockneter Stummel zurückbleibt, bildet sich auch an der Stelle, wo sich Blüten oder Blattstiele abgetrennt haben, ein Narbengewebe aus, und an dieser Stelle wächst der Stamm niemals weiter. Mag der betrachtete Sproß mit einer einzelnen Blüte oder mit einem ganzen Blütenstand endigen, niemals kann sich derselbe nach dem Abfallen der Früchte geradlinig verlängern, sein Spitzenwachstum ist ein für allemal abgeschlossen. Dagegen können aus den Achseln tieferstehender Laubblätter Seitentriebe hervorgehen und über die vernarbte Stelle hinauswachsen, was natürlich den Typus der Verzweigung und die Architektonik des ganzen Stammes wesentlich beeinflußt. Dieser Einfluß tritt insbesondere bei den Holzpflanzen, zumal bei hochgewachsenen Sträuchern und Bäumen, auffallend hervor. Indem nämlich der vernarbte Gipfel eines Zweiges durch zwei nahe unterhalb der Narbe entspringende Seitenzweige überragt wird, entsteht eine mehr oder weniger regelmäßige zweizinkige Gabel, und wenn sich an den Zinken dieser Gabel der eben geschilderte Vorgang wiederholt, so ergibt sich eine sehr zierliche Form der Verzweigung, die selbst an den älteren Ästen noch zu erkennen ist und dem Strauch oder Baum ein ganz eigentümliches Gepräge verleiht. Während der jährliche Höhenzuwachs an den in solcher Weise verzweigten Holzpflanzen nur ein geringer ist, geht die Krone derselben auffallend in die Breite, und die älteren blattlosen Äste haben gewöhnlich das Ansehen eines Geweihes oder eines verschränkten, nach oben zu sich verbreiternden Gitterwerkes, wie das in auffallender Weise bei dem Essigbaum (Rhus typhina) und bei mehreren Äskulusarten (z. B. Aesculus flava und discolor) zu sehen ist. Bei dem Oleander (Nerium Oleander) und häufig auch bei unserer bekannten Mistel (Viscum album) wird der vernarbte Scheitel des Hauptsprosses von drei wirtelig gestellten Seitensprossen überholt, wodurch wieder eine eigentümliche Abänderung dieser Verzweigungsform veranlaßt wird.

Der innere Bau des Hochblattstammes, zumal die Anordnung des mechanischen Gewebes, entspricht immer den Aufgaben, welche dem Träger von Blüten und Früchten naturgemäß zukommen. Handelt es sich darum, daß die Blütenteile und die aus ihnen hervorgehenden Früchte in aufrechter Lage erhalten werden, so sind die Stiele und auch die betreffende Spindel biegungsfest gebaut. Die Stiele und Spindeln hängender Blüten und besonders hängender schwerer Früchte sind dagegen zugfest gemacht und in beiden Fällen mit entsprechend gelagertem und verstärktem mechanischem Gewebe ausgestattet. Derselbe Bastzylinder, welcher zur Zeit des Öffnens der Blumen die Biegungsfestigkeit des aufrechten Blütenstieles herzustellen hatte, wird später auf Zugfestigkeit in Anspruch genommen, wenn aus der aufrechten Blüte eine hängende Frucht hervorgegangen ist. Auch das Umgekehrte kommt vor, und nicht selten werden aus hängenden zugfesten Blütenstielen aufrechte, sehr biegungsfeste, bei dem Ausstreuen der Samen beteiligte Fruchtstiele. Übrigens spielt bei allen diesen Lageänderungen auch die Turgeszenz des an der Peripherie der Blütenstiele ausgebildeten parenchymatischen Gewebes eine hervorragende Rolle.

---

9. Abweichende Formbildung im Pflanzenreiche.

Mißbildungen.

Es ist nicht zu verkennen, daß in der Formbildung der Organe eine wiederkehrende, feste Regel herrscht, die dem Beobachter so zur Gewohnheit geworden ist, daß er Abweichungen davon nicht erwartet. Treten sie doch ein, so wirken sie überraschend, und indem man das als regelrecht angenommene als das Normale bezeichnet, nennt man die abweichenden Formen abnorm, pathologisch, krankhaft. Was die Regel normaler Bildungen beherrscht, ist unbekannt. Man spricht wohl von inneren, erblichen Eigenschaften und bildlich von einem Typus, einem Bauplan. Aber das sind nur Bekenntnisse unserer unvollkommenen Einsicht. Die regelmäßigen Formbildungen sind in diesem Bande ausführlich beschrieben worden. Aber auch die gelegentlich vorkommenden „Bildungsabweichungen", wie man sie genannt hat, erfordern unsere Aufmerksamkeit und unser Interesse bis zu einem gewissen Grade. Sie erscheinen beinahe als Abwege von dem in der Natur vorgezeichneten Gesetz, was man mit dem Ausdruck des Pathologischen bezeichnen möchte, und dennoch haben auch diese Formen ihre Ursachen, denen zufolge sie so gut wie die normalen entstehen müssen. Besonders ist hervorzuheben, daß nicht jede Abweichung von einer als normal bezeichneten Form krankhaft zu nennen ist. Man nennt krankhaft z. B. eine übermäßige Vermehrung der Gewebe, was man als eine Hypertrophie bezeichnet. Wenn aber bei einer Zuckerrübe eine Hypertrophie der Wurzel eintritt, so nennt man das nicht krankhaft, obgleich die Wurzelform von der normalen abweicht. Man erkennt in diesem hypertrophischen Wachstum der Wurzel einen wichtigen Zweck für das Leben der Pflanze, die Schaffung eines Speicherraumes. Daher wird man am besten nur dann Formänderungen als krankhaft oder pathologisch bezeichnen, wenn dabei eine Herabsetzung oder ein Verlust wichtiger Funktionen stattfindet. Blätter, die durch Eisenmangel ihr Chlorophyll nicht entwickeln, sind krankhaft verändert. Einen Pilz, der von Anfang an chlorophyllos ist, kann man nicht als krankhafte Bildung bezeichnen.

Campanula Medium mit einfachen und gefüllten Blüten. (Zu S. 197.)

Die pathologischen Erscheinungen sind so gut wie die normalen mit Formbildung verbunden, sie treten überhaupt meist nur durch ihre charakteristischen Formen in die Erscheinung. Ihre Fülle ist so groß, daß man ganze Bände mit der Beschreibung der krankhaften Gestaltungen füllen kann. Hier kann daher nur das Auffallendste von solchen Tatsachen geschildert werden.

Von vielen pathologischen Erscheinungen kennt man die Ursachen, namentlich von allen denen, die man besonders als „Pflanzenkrankheiten" bezeichnet. Sie werden nur zum kleinen Teil durch Einflüsse des Bodens und des Klimas allein hervorgerufen. Meistens sind es Insekten oder Pilze, welche als Parasiten die Pflanze oder ihre Teile befallen, worauf schon in Band I hingewiesen wurde. Der Parasit veranlaßt fast immer abnormes Wachstum der befallenen Gewebe, wobei dann Formen entstehen, die vom Normalen abweichen, und an denen man auch gemeiniglich die Natur des Parasiten erkennt.

Digitalis purpurea mit großer glockenförmiger Gipfelblüte, die durch Verwachsung und Umbildung mehrerer Blüten entstanden ist. (Zu S. 197.)

In anderen Fällen sind die Ursachen der Formabweichung nicht bekannt. Es sind innere Stoffwechselvorgänge, welche die Entwickelung der Organe abnorm beeinflussen. Die dadurch entstehenden Formen pflegt man im Gegensatze zu den Pflanzenkrankheiten als **Mißbildungen** zu bezeichnen.

Es gibt nun hier allerlei Übergänge von dem Normalen zum Abnormen, was namentlich bei den Blüten sehr anschaulich wird. Manche der Formabweichungen, die man bei Blüten beobachtet, können deshalb nicht als pathologisch bezeichnet werden, weil die Funktion als Fortpflanzungsorgan unter Umständen noch erhalten bleibt. Das ist z. B. bei vielen gefüllten Blüten der Fall, die man auch in der Regel nicht als pathologische Bildungen betrachtet. Man braucht nur an die „Königin der Blumen", die Rose, zu denken.

Die **gefüllten Blüten** sind sehr häufig nichts anderes, als Blüten, in welchen Pollenblätter in Blumenblätter umgewandelt wurden. Bei den gefüllten Rosen, Nelken und Primeln kann man alle Übergangsstufen und Mittelformen zwischen Pollenblättern und Blumenblättern sehen (s. Abbildung, S. 197, Fig. 3—8). Häufig bemerkt man an der Stelle, wo das Blumenblatt in den sogenannten Nagel zusammengezogen ist, eine Schwiele von gelblicher Farbe, welche eine verkümmerte Anthere ist, nicht selten ist dort auch eine wirkliche Anthere zu sehen, welche ausgebildeten Pollen enthält. Eine bei diesen gefüllten Blüten oftmals beobachtete Erscheinung ist auch, daß mit der Umwandlung der Pollenblätter in Blumenblätter eine Vermehrung der Blattgebilde Hand in Hand geht. An Stelle eines Pollenblattes treten zwei nebeneinander stehende, halb in Blumenblätter umgewandelte Pollenblätter auf, oder es findet eine Vermehrung in der Weise statt, daß überzählige hintereinander stehende Blätter entstehen, oder endlich es kommen beide Erscheinungen zugleich vor (s. die gefüllte Primel in Fig. 2 und 8 der untenstehenden Abbildung). Gefüllte Blüten können aber häufig noch so viel entwickelte Staubgefäße und Fruchtknoten enthalten, daß sie Samen bilden.

Sehr auffallende Gestalten entstehen, wenn die Füllung nur eine beschränkte bleibt, z. B. wenn sich der Kreis der Staubfäden in eine zweite Blumenkrone umwandelt, was die auf S. 195 gegebene Abbildung einer Blüte von Campanula Medium erläutert. Es sieht aus,

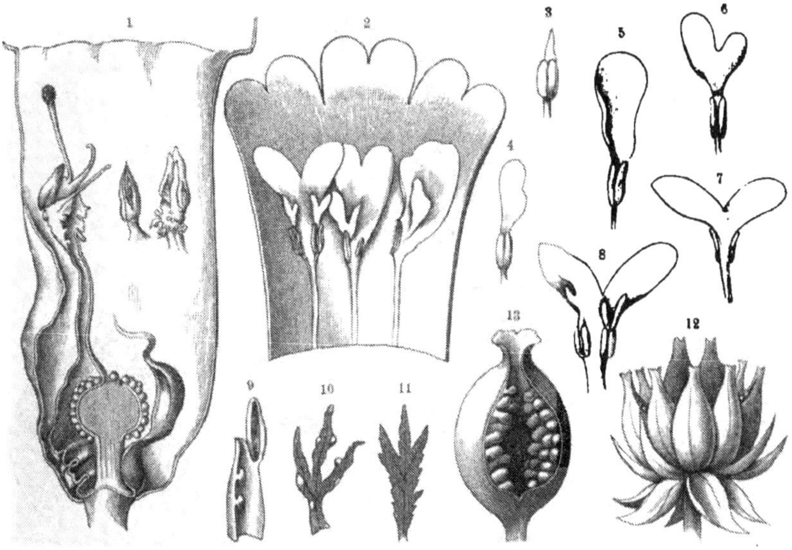

Pollenblätter aus gefüllten und vergrünten Blüten: 1) Längsschnitt durch eine vergrünte Blüte der Primula japonica; 2) Längsschnitt durch eine gefüllte Blüte der Primula spectabilis, 3—8) einzelne Pollenblätter aus derselben Blüte; 9) Pollenblatt aus einer vergrünten Blüte der Tigerlilie (Lilium tigrinum); 10) und 11) vergrünte Pollenblätter aus den Blüten einer Glockenblume (Campanula Trachelium); 12) vergrünte Blüte eines Steinbrechs (Saxifraga stellaris), 13) ein einzelnes Pollenblatt aus dieser vergrünten Blüte. Sämtliche Figuren 8—10fach vergrößert. (Zu S. 196—200.)

als ob man künstlich eine Krone in die andere gesteckt hätte. Die Staubgefäße sind aber gewöhnlich durch diese Umwandlung in eine Blumenkrone verbraucht worden.

Beim roten Fingerhut, dessen Blüten zygomorph sind, steht am Gipfel gelegentlich eine große, scheinbar regelmäßige Blüte (s. Abbildung, S. 196), die einer Glockenblume so ähnlich sein kann, daß der Laie dem Botaniker das Wunder berichtet, er habe einen Fingerhut mit einer Kampanulablüte gefunden. Diese Mißbildung entsteht in der Weise, daß mehrere Fingerhutblüten miteinander verwachsen. Man erkennt diese Verwachsung daran, daß die Mißbildung viel mehr Staubfäden als die normale Blüte besitzt, die aber meist verbildet sind. In der Mitte steht ein ebenfalls verbildeter Fruchtknoten, aus dem oft kleine grüne Blätter hervorkommen.

Andere Mißbildungen finden sich bei Blüten an deren einzelnen Teilen in verschiedener Form. Bald sind es die Blumenblätter, bald Staubfäden oder Fruchtblätter, die in grüne

Blätter von der Form kleiner Laubblätter umgebildet sind. Man bezeichnet darum diese Mißbildungen als „Vergrünungen" der Blüten, und es kann auch ein ganzer Blütenstand, z. B. bei Kompositen wie Bellis oder Dahlia, vergrünen. Von Dahlia variabilis befindet sich im Gießener Botanischen Garten eine Pflanze, welche dauernd allerlei Übergänge von gefärbten zu vollständig vergrünten Blütenköpfen erzeugt.

Bei allen Vergrünungen von Blüten pflegen die Blütenorgane, wie der Name andeutet, mehr oder weniger laubartig und grün zu werden, wodurch die Mißbildung natürlich besonders in die Augen fällt. In den S. 199 abgebildeten Vergrünungen sind bei Fig. 2 die Blumenblätter

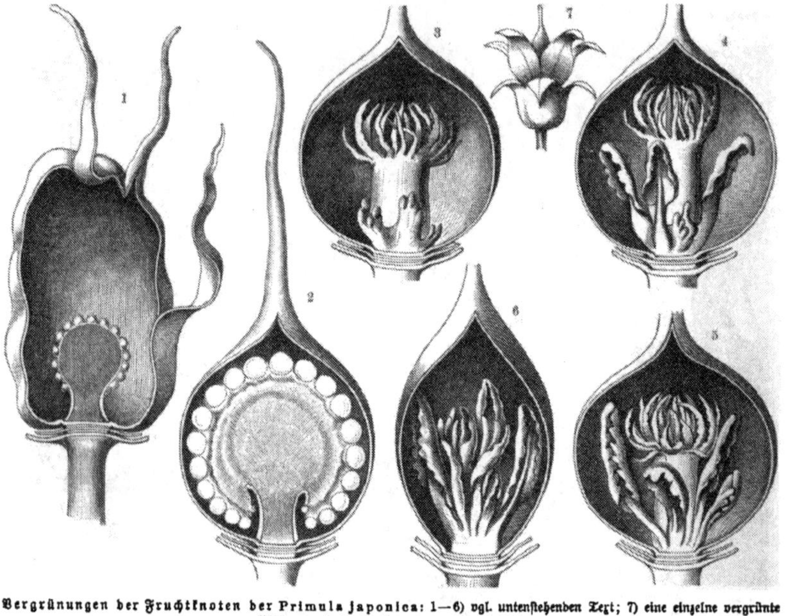

Vergrünungen der Fruchtknoten der Primula japonica: 1—6) vgl. untenstehenden Text; 7) eine einzelne vergrünte Blüte von Primula japonica. (Zu S. 200.)

zu grünen Blättern geworden, Staubfäden sind vorhanden, die Fruchtblätter sind ebenfalls da, aber abnorm ausgebildet; bei Fig. 1 sind dagegen die drei Fruchtblätter völlig blattartig geworden; in Fig. 3 ist ein einzelnes solches verbildetes Fruchtblatt dargestellt.

Bei den Vergrünungen der Blüten kommt es mitunter vor, daß die Pollenblätter in Fruchtblätter umgewandelt erscheinen, oder daß sich in den Blüten einzelne Blätter finden, welche halb Pollenblatt, halb Fruchtblatt sind. An solchen Mißbildungen ist bemerkenswert, daß die Anthere oder doch die Schwiele, welche als verkümmerte Anthere gedeutet werden muß, gewöhnlich höher steht als der Teil des Fruchtblattes, welcher die Samenanlagen trägt (s. Abbildung, S. 197, Fig. 1 und 9). Übrigens zeigt die Vergrünung der Blüte eines Steinbrechs (Saxifraga stellaris), welche in der Abbildung auf S. 197 durch die Figuren 12 und 13 dargestellt ist, daß Antheren und Samenanlagen auch aus demselben Teile der Blüte hervorgehen können. Es waren bei dieser Blüte (Fig. 12) zehn Blumenblätter, fünf herabgeschlagene

Kelchblätter und fünf schmale, aufrechte vergrünte Kronenblätter, entwickelt; den Abschluß der Blüte bildete eine Fruchtanlage aus zwei Fruchtblättern (in der Fig. 12 dunkel schraffiert),

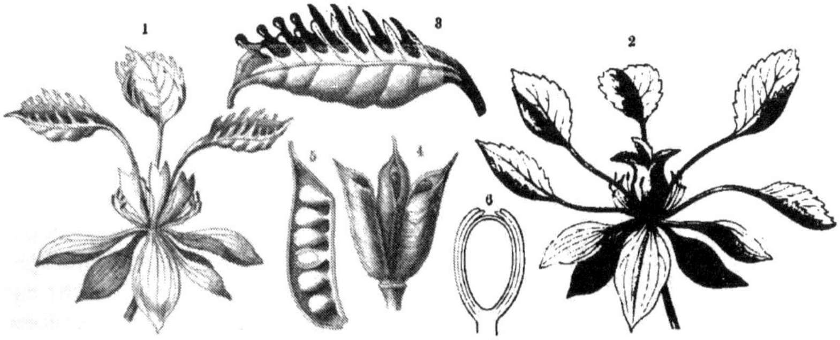

Blütenmißbildungen: 1) und 2) vergrünte Blüten des Rittersporns (Delphinium caschmirianum), 3) vergrüntes Fruchtblatt derselben Pflanze, 4) normale Fruchtknoten derselben Pflanze; 5) Längsschnitt durch ein einzelnes Fruchtblatt; 6) Längsschnitt durch die Samenanlage. (Zu S. 200.)

wie sie in den Steinbrechblüten gewöhnlich vorkommt. Zwischen den Blumenblättern und der Fruchtanlage waren an jener Stelle, wo sonst zehn Pollenblätter einen Wirtel bilden, zehn Gebilde zu sehen, welche in gewisser Beziehung an Pollenblätter, in anderer Beziehung wieder

Celosia cristata (Hahnenkamm) mit verbänderten Blütensprossen. (Zu S. 200.)

an Fruchtblätter mahnten. Ein einzelnes derselben ist durch die Figur 13 abgebildet. Das freie Ende wurde durch eine unregelmäßig gekerbte Schuppe gebildet, welche mit der Narbe eines Stempels, aber ebensogut mit dem über die Anthere sich erhebenden Fortsatz verglichen werden kann. Was darunter folgt, war tief ausgehöhlt, und in der Höhlung waren rechts und links in je vier Reihen gelbe warzenförmige Körper zu sehen, welche man beim ersten Anblick für Samenanlagen hätte halten mögen, die sich aber bei näherer Untersuchung als sogenannte Urmutterzellen des Pollens herausstellten, indem jede derselben aus einer großen Zelle bestand, welche die Mutterzellen des Pollens umschloß. Die Abbildungen der japanischen Primel, S. 198, zeigen sehr verschiedene Stufen der Vergrünung. In Fig. 2 erscheint der Fruchtknoten noch ziemlich normal, die Säule im Inneren (die Plazenta) ist ausgebildet und mit Samenknospen besetzt. Der Griffel und die Narbe sind dagegen verkümmert. In Fig. 1 haben sich die zusammengewachsenen Fruchtblätter zum Teil getrennt und zu schmalen Blättern entwickelt. Im Inneren des Gehäuses ist eine Plazenta mit verkümmerten Samenknospen vorhanden. Die Abbildungen 3—6 zeigen sehr hübsch die verschiedene Umbildung der Säule in eine beblätterte Achse und der Samenanlagen in Blätter und bedürfen, ebenso wie die auf S. 199 abgebildeten Blütenmißbildungen, keiner ausführlichen Beschreibung mehr.

Fasziation eines Spargelsprosses.

In einer Reihe von Fällen hat man nachgewiesen, daß Blüten vergrünen, wenn sich in ihren Knospen Blattläuse ansiedeln und die jungen Organe verletzen. Ob dabei Stoffe von den Blattläusen abgeschieden werden, die in die Anlagen eindringen, oder ob nur der mechanische Reiz der Saugwerkzeuge der Tiere wirksam ist, um diese auffallenden Formänderungen herbeizuführen, ist noch nicht festgestellt.

Eine ganz auffallende, an Stengeln einer ganzen Reihe von Pflanzen häufig auftretende Mißbildung ist die Verbänderung oder Fasziation. Die normalerweise zylindrischen Stengel werden bei ihrem krankhaften Wachstum ganz flach, und da die auf schmalem Raume zusammengedrängten Gefäßbündel auf der Oberfläche des bandförmigen Stengels hervortreten, so sieht es aus, als ob derselbe aus zahlreichen Stengeln verwachsen wäre. Das ist aber nicht der Fall, es handelt sich nur um eine Verbreiterung eines Stengels. Man findet solche Verbänderungen bei Ranunculus bulbosus, Matthiola incana, Reseda odorata, Cichorium Intybus, Asparagus officinalis, Lilium candidum, Pinus sylvestris u. a. Die obenstehende Abbildung stellt eine sehr hübsche, dabei auch noch spiralig gedrehte Verbänderung eines Spargelstengels dar, der im Gießener Botanischen Garten auftrat. An dem bandförmigen flachen Hauptsprosse stehen eine Menge junger Seitensprosse.

Ursachen für die Verbänderung lassen sich nicht angeben. Bekannt ist nur, daß, wenn man einer jungen Pflanze einer Gartenbohne (Phaseolus) die Spitze abschneibet, die in den Achseln der Kotyledonen verborgenen Knospen auswachsen, merkwürdigerweise nicht als normale, sondern als verbänderte Sprosse.

In einigen Fällen hat man solche Verbänderungen gezüchtet, und sie sind erblich geblieben, wie bei den als Zierpflanzen gezogenen Hahnenkamm- oder Celosia-Arten (s. Abbildung, S. 199).

Hier sind auch am passendsten die merkwürdigen Drehungen von Stämmen zu nennen, die man als Zwangsdrehungen bezeichnet. Bei Dipsacus ist diese Formabweichung gleichfalls als erbliche Eigenschaft erzogen worden.

Unendlich groß ist die Zahl der Formabweichungen, welche durch pflanzliche Parasiten bei Pflanzen erzeugt werden. Wir können auf das gewaltige Gebiet der eigentlichen Pflanzenkrankheiten hier nicht ausführlich zurückkommen. Einiges davon ist in Band I, S. 355 ff., geschildert worden, wo auf die Beeinflussung der Form durch die Parasiten hingewiesen wurde. An dieser Stelle mögen nur einige Ergänzungen durch solche Fälle folgen, die sich nicht ohne weiteres als Wirkungen eines Schmarotzers erkennen lassen, aber um so mehr durch ihre Form die Aufmerksamkeit erregen.

Es gehören dahin auffallende Geschwulstbildungen, die bei Holzpflanzen auftreten und gewöhnlich als Krebs bezeichnet werden, obwohl diese Krebse sehr verschiedenartiger Natur sind.

Krebsgeschwülste.

Als Krebsgeschwülste bezeichnete Hypertrophien werden zum Teil durch schmarotzende Pilze veranlaßt. In den meisten Fällen zeigen sie nicht nur eine von der Umgebung abweichende Gestalt, sondern auch ein übermäßiges Wachstum, was man als Hypertrophie zu bezeichnen pflegt. Ohne Zweifel wird die Hypertrophie durch einen von dem Schmarotzer ausgehenden Reiz veranlaßt. Wenn infolge der reichlichen Zufuhr von Baustoffen zu dem über das gewöhnliche Maß sich entwickelnden krebsig entarteten Gewebe auch dem Schmarotzer ein reichlicher Vorrat von Nährstoffen zur Verfügung gestellt wird, so kann man den Schluß ziehen, daß die Bedeutung der Hypertrophie in der Zufuhr reichlicher Nahrung für den Schmarotzer liegt. In vielen Fällen wird aber durch das hypertrophierte Gewebe nur ein Schutzwall gegen das weitere Übergreifen des Schmarotzers hergestellt. Es enthält dasselbe dann keine Nährstoffe, welche sich der Schmarotzer nutzbar machen könnte, sondern wird vorzüglich aus Korkzellen aufgebaut, welche zu zerstören oder aufzuzehren der Schmarotzer nicht imstande ist. Man könnte ein solches Gewebe mit dem sogenannten Wundkork vergleichen, welcher sich nach Verletzungen der Pflanzen an den von der Oberhaut entblößten Stellen oder auch an anderen Wunden einstellt und diese allmählich als schützende Schicht überwallt.

Der Bildungsherd der Krebse ist manchmal nur auf einen kleinen Teil der befallenen Pflanze beschränkt; in anderen Fällen sind ganze Blätter und Zweige und bisweilen sogar umfangreiche Sprosse krebsig entartet und umgestaltet.

Krebse, welche umfangreiche Stammstücke sowohl in ihrem inneren Bau als im äußeren Ansehen verändern, werden bei zahlreichen Holzpflanzen beobachtet. Der Schmarotzer nistet sich im Rindenparenchym ein, veranlaßt daselbst eine Hypertrophie, und dazu kommen nachträglich noch die mannigfaltigsten Störungen und Veränderungen im Holz des betreffenden Stammstückes. Der Stamm, Ast oder Zweig erscheint stark gewulstet oder knotig aufgetrieben, die Rinde mannigfaltig zerschrunden und zerrissen, und aus den Rissen der Wucherung fließt bisweilen Harz oder ein gummiartiger Schleim hervor. Da ein solcher Schmarotzer mehrere Jahre hindurch seine umgestaltende Tätigkeit ausübt, so nimmt der Krebs von Jahr zu Jahr an Umfang zu. Alljährlich kommen auch an der krebsig entarteten Stelle Sporenträger von mannigfaltiger Gestalt und Farbe zum Vorschein, welche aber, nachdem die Sporen ausgestreut sind, wieder verschwinden. Der Teil des Stammes oder Astes oberhalb der Krebsgeschwulst verkümmert und stirbt früher oder später ab. Nur in seltenen Fällen vermag sich der Baum oder Strauch des Schmarotzers dadurch zu entledigen, daß die krebsig entartete Stelle von den angrenzenden gesunden Stammteilen aus mit Holz und Kork ganz überwallt und so der Schmarotzer vernichtet wird. Der auf den Stämmen und Ästen des gewöhnlichen Wacholders (Juniperus communis) durch Gymnosporangium clavariaeforme veranlaßte Krebs ist als Beispiel für diese unten in Fig. 1 abgebildete Form. Auf den Wacholderarten werden übrigens durch Gymnosporangium conicum, Sabinae und tremelloides auch noch andere Krebse veranlaßt, deren Unterschiede

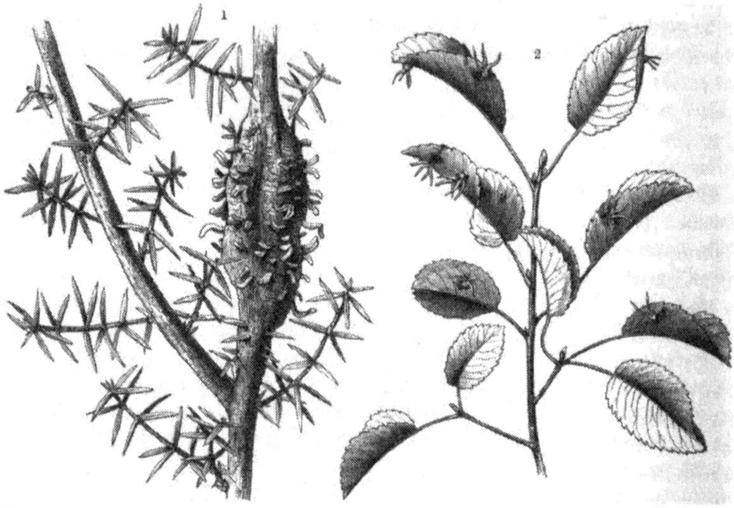

Krebse: 1) Krebs an dem Stamm des Wacholders (Juniperus communis), verursacht durch Gymnosporangium clavariaeforme; 2) Krebse an den Blättern der Felsenmispel (Aronia rotundifolia), verursacht durch Gymnosporangium conicum.

eingehender zu beschreiben aber zu weit führen würde. Doch ist es wichtig, hier zu bemerken, daß jeder dieser Schmarotzer in zweierlei Entwickelungsstufen vorkommt, welche auf verschiedenen Wirtspflanzen leben und auf jeder Wirtspflanze ein anders gestaltetes Gebilde erzeugen. Die Äzidiumstufe (vgl. Bd. I, S. 388) erzeugt auf dem Laube verschiedener Pomazeen (Aronia, Crataegus, Pirus, Sorbus) an beschränkten Stellen knorpelige Anschwellungen, die Teleutosporenstufe dagegen an den Wacholdern (Juniperus communis, excelsa, Sabina) Verdickungen und knollige Auftreibungen der Stämme.

In großen Weißtannenwäldern finden sich nicht allzu selten Bäume, die an ihren Stämmen oder an den Ästen mächtige kugel- oder tonnenförmige Verdickungen zeigen, deren Borke tief eingerissen ist. Dieser Krebs der Weißtanne wird veranlaßt durch einen zu den Uredineen gehörigen Pilz Melampsora Caryophyllacearum, dessen Uredoform und Teleutosporenform sich auf Nelkengewächsen (Stellaria, Cerastium) entwickelt. Das auf der Tanne wachsende Aecidium elatinum erzeugt dagegen den Krebs und außerdem an den Zweigen eigentümliche Sproßverzweigungen, die man als „Hexenbesen" bezeichnet (s. Abbildung, S. 203).

Nicht jede krebsähnliche Hypertrophie ist durch Pilze verursacht. Der Apfelbaumkrebs, Rosenkrebs, Krebs des Weinstockes sind krankhafte Holzwucherungen infolge von Frostverletzungen entstanden. Auch die knollenförmigen großen Anschwellungen an alten Pappeln und anderen Bäumen sind keine Pilzbildungen, sondern scheinen durch eingeschlossene Knospen verursacht zu werden. Bei Überwallungen von abgeworfenen oder abgesägten Ästen bilden sich oft knollenförmige Anschwellungen. Alle diese Bildungen zeigen ein abnormes hin und her gebogenes Wachstum der Holzstränge, das sich auf Durchschnitten als sogenannte *Masern* zeigt.

Hexenbesen der Tanne, verursacht durch Aecidium elatinum. (Zu S. 202.)

Wenn sich die Umgestaltung von Sprossen durch schmarotzende Sporenpflanzen an Ästen höherer Sträucher oder Bäume einstellt, so kommen Gebilde zum Vorschein, welche der Volksmund mit dem Namen *Hexenbesen* belegt hat. Die Anregung zur Bildung derselben wird bei den verschiedenen Bäumen durch sehr verschiedene Schmarotzer gegeben. Der Hexenbesen der Weißtanne wird, wie schon gesagt, durch eine Uredinee veranlaßt. Auf einer Anzahl von Laubbäumen entstehen gleichfalls ähnlich geformte Hexenbesen, aber durch Pilze einer anderen Abteilung. Es ist die Gattung Taphrina oder Exoascus, welche diese Mißbildungen hervorruft, und zwar sind es verschiedene Arten. Auf der Birke wächst Taphrina betulina, auf Pflaumenbäumen Taphrina insititiae, auf Hainbuchen T. Carpini, auf Erlen T. epiphylla.

In allen Fällen wächst das Pilzmyzelium jahre- oder jahrzehntelang mit dem Hexenbesen weiter, der weiter nichts als ein verbildetes Verzweigungssystem des Baumes ist. Da der Pilz immer wieder in die neuen Knospen eindringt, so behält das Gebilde seinen abnormen

Wuchs bei. Dabei bleibt der Pilz auf seinen Hexenbesen in der Regel beschränkt, ohne auf andere Teile des Baumes überzugehen.

Bei der Weißtanne geht der Hexenbesen stets von einem der wagerecht abstehenden Seitenäste des Tannenbaumes aus und erhebt sich von der oberen Seite desselben mit aufrechten oder bogig aufsteigenden Zweigen, so daß der Eindruck eines auf der Borke des wagerechten Astes wachsenden Schmarotzers hervorgebracht wird. Die Zweige sind nicht, wie das sonst bei den Seitenzweigen der Tanne der Fall ist, zweizeilig, sondern wirtelförmig gruppiert. Alle sind verkürzt und verdickt und auffallend weich und biegsam, was davon herrührt, daß das

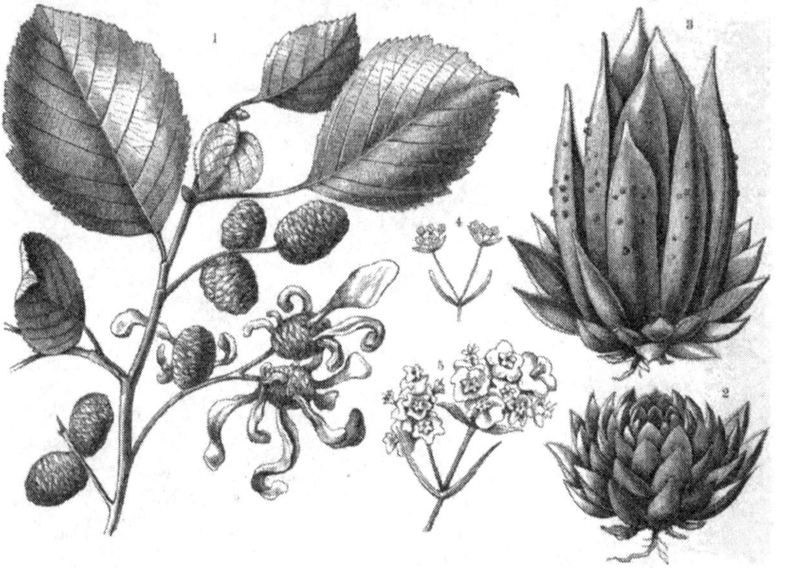

Mißbildungen, durch parasitische Pilze veranlaßt, und Gallen: 1) Krebs an den Deckschuppen der Fruchtblüten von der Grauerle (Alnus incana), verursacht durch Exoascus alnitorquus; 2) Blattrosette der Hauswurz (Sempervivum hirtum), 3) Blattrosette derselben Pflanze, von Endophyllum Sempervivi befallen; 4) Blütenstand des Rapünzchens (Valerianella carinata), 5) derselbe Blütenstand mit Klunkergallen, verursacht durch eine Gallmilbe. (Zu S. 205.)

Rindenparenchym schwammig aufgetrieben und der Holzkörper nur schwach entwickelt ist. Die Knospen, welche an den gesunden Tannenzweigen eiförmig sind, erscheinen hier fast kugelig. Wie in allen anderen Fällen, wo ein Pflanzenglied oder ganzer Sproß krebsig entartet ist, findet auch an diesem Hexenbesen eine vorzeitige Entwickelung statt. Die Knospen schwellen früher an und kommen früher zur Entwickelung als jene der nicht entarteten Zweige. Die Blätter bleiben kurz, gelblich, sind etwas gekrümmt und fallen schon ein Jahr, nachdem sie sich entwickelt haben, ab, während jene der gesunden Zweige lang, lineal, gerade und oberseits dunkelgrün sind und 6—8 Jahre an ihrer Stelle haften. Das Wachstum der Zweige ist beschränkt; nach wenigen Jahren sterben sie ab, und dann steht in dem dunkelgrünen Geäst der Edeltanne ein struppiger, dürrer Besen, der auffallend genug aussieht, um das Landvolk zu abergläubischen Vorstellungen anzuregen.

Durch schmarotzende Sporenpflanzen bewirkte **Umgestaltungen der Blütenblätter** sind verhältnismäßig selten. Exoascus alnitorquus ist die Ursache, daß sich die von ihm befallenen Deckschuppen der Fruchtblüten bei den Erlen (Alnus glutinosa und incana) in purpurrote spatelförmige, mannigfaltig verkrümmte Lappen verlängern (s. Abbildung, S. 204, Fig. 1); Peronospora violacea veranlaßt in den Blüten der Knautia arvensis bisweilen die Umwandlung der Pollenblätter in Kronenblätter, so daß die Blüten dann „gefüllt" erscheinen: Ustilago Maydis bewirkt eine Wucherung des Gewebes in den Fruchtblüten der Maispflanze, so daß die aus den betroffenen Fruchtknoten an Stelle der Maiskörner hervorgehenden Krebse den Durchmesser von 7 cm erreichen, und Exoascus aureus, welcher sich an den Fruchtblüten der Pappelbäume (Populus alba und tremula) ansiedelt, ist die Veranlassung, daß sich die betroffenen Fruchtknoten in goldgelbe Kapseln umgestalten, welche die gewöhnlichen um mehr als das Doppelte des Umfanges übertreffen. In diese Abteilung gehören auch jene Bildungen, welche sich aus den Fruchtknoten der Zwetschen, Pflaumen, Schlehen und Ahlkirschen (Prunus domestica, insititia, spinosa, Padus) durch den Einfluß des Schmarotzers Exoascus Pruni entwickeln. Das Gewebe des Fruchtknotens nimmt an Umfang zu, aber in anderer Weise als bei der Entwickelung zu Früchten. Es erscheint wie von zwei Seiten zusammengedrückt, wird brüchig und gelblich, der Same im Inneren verkümmert, und es bildet sich an dessen Stelle eine Höhlung aus. Die krankhaften Früchte, welche aus den Fruchtknoten von Prunus domestica hervorgehen, haben die Gestalt von etwas verbogenen Taschen, welche zur Zeit der Sporenreife an der Außenseite wie mit Mehl bestäubt aussehen. Diese führen im Volksmunde den Namen Taschen, Narren, Hungerzwetschen, Hungerpflaumen und fallen schon verhältnismäßig früh von den Bäumen. Sie werden in manchen Gegenden gegessen, haben aber einen faden, süßlichen Geschmack.

Überaus merkwürdige Veränderungen der Gestalt entstehen dadurch, daß **ganze Blätter durch Parasiten verbildet werden**. So sind z. B. die Blätter, aus welchen sich die Rosetten der Hauswurz Sempervivum hirtum (s. Abbildung, S. 204, Fig. 2) zusammensetzen, länglich verkehrt-eiförmig und wenig mehr als doppelt so lang wie breit. Die Blätter derselben Pflanze, welche von dem Schmarotzer Endophyllum Sempervivi befallen wurden (s. Abbildung, S. 204, Fig. 3), sind siebenmal so lang als breit, erhalten eine lineale Form, sind aufrechtstehend und zeigen eine auffallend blasse Farbe.

Gallen.

Unter den Namen Gallmilben, Gallmücken und Gallwespen beschreiben die Zoologen gewisse Akariden, Fliegen und Hautflügler, welche sich auf lebenden Pflanzen ansiedeln und an den Ansiedelungsstellen eigentümliche Auswüchse veranlassen. Am längsten bekannt sind von solchen Auswüchsen diejenigen, welche auf den Laubblättern der Eichen in Gestalt kleiner rotbackiger Äpfel hervorwachsen, und die der Volksmund in alter Zeit Laubäpfel und Eichäpfel genannt hat. Im 16. Jahrhundert wurde für diese Gebilde auch der Name Gallen und Galläpfel gebraucht, und zwar im Einklang mit dem altenglischen galle, dem französischen galle und dem italienischen galla, welche Namen samt und sonders auf das lateinische, schon in der Naturgeschichte des Plinius für die in Rede stehenden Auswüchse angewendete galla zurückzuführen sind. Die Schriftsteller des 16. Jahrhunderts sprechen übrigens nicht nur von „Galläpfeln", sondern auch von „Gallnüssen", worunter sie die festen, kleinen Auswüchse auf den Laubblättern der Buchen verstehen. Späterhin wurde der Name Gallen für sämtliche an grünen lebenden Pflanzen entstandene, durch Tiere veranlaßte Auswüchse gebraucht. Ja noch mehr. Auch die im vorhergehenden Kapitel besprochenen Veränderungen der grünen Wirtspflanzen durch Askomyzeten und andere schmarotzende Sporenpflanzen wurden unter den Begriff der Gallen einbezogen. In jüngster Zeit hat man den Vorschlag gemacht, das Wort Galle durch Zezidie zu ersetzen und die Auswüchse, je nachdem sie durch Pilze, Fadenwürmer (Nematoden), Gallmilben (Phytoptus), Fliegen (Dipteren) usw. veranlaßt werden, als Mykozezidien, Nematozezidien, Phytoptozezidien, Dipterozezidien usw. zu unterscheiden. Für Zoologen mag eine solche der systematischen Einteilung der Tiere sich anschmiegende Einteilung bedeutend und wertvoll sein, für die Botaniker ist sie erst in zweiter Linie brauchbar. Der Botaniker muß hier wie in anderen ähnlichen Fällen die Gestalt des Gegenstandes als obersten Einteilungsgrund festhalten und hat eine auf die Übereinstimmung in der Entwickelung der fraglichen Gebilde begründete Einteilung zu geben. Auch wird bei der übersichtlichen Zusammenstellung zu beachten sein, ob nur ein einzelnes oder ob eine ganze Gruppe zusammengehöriger Pflanzenglieder eine Umgestaltung erfahren hat, und ebenso wird der Ausgangspunkt der Auswüchse berücksichtigt und ermittelt werden müssen, ob Laubblätter, Blütenblätter, Stämme, Wurzeln usw. als Herd der Neubildung erscheinen.

Die einfachste Gallenform sind die durch Gallmilben erzeugten Filzgallen. Es sind Haarwucherungen, die auf beiden Seiten von Blättern entstehen können und gewöhnlich auf den Blattunterseiten längs den Nerven von den Milben hervorgerufen werden. Früher bezeichnete man diese Haarbildungen als Phyllerium und Erineum und hielt sie für Pilzbildungen. Solche Filzgallen finden sich öfters beim Weinstock und an den Blättern der Linde, des Ahorns und der Buche.

Mit diesen Filzgallen dürfen nicht diejenigen Haarbildungen an Blättern verwechselt werden, die ohne jeden Einfluß von Milben entstehen, aber von diesen als passende Wohnungen benutzt werden. Im ersten Bande, S. 425, sind solche Haarfilze beschrieben und mit dem Namen Domatien von den Filzgallen unterschieden worden.

Eine große Menge einfacher Gallen wird unter dem Namen Mantelgallen zusammengefaßt. Die Tiere, welche die Ursache dieser Gallenbildungen sind, verharren zeitlebens an der Außenseite der betreffenden Blätter, vermehren sich dort und heften auch ihre Eier der Oberhaut der Blätter an. Durch den Reiz, welchen die Tiere auf die Stätte ihrer Ansiedelung ausüben, wird dort eine Wucherung des Zellgewebes veranlaßt. Es entstehen infolgedessen Hohlräume, welche den angesiedelten Tieren und ihrer Brut zur Wohnung dienen und sie wie ein schützender Mantel umgeben. Mit Rücksicht auf die Entwickelungsgeschichte lassen sich die Mantelgallen in Rollgallen, Stulpgallen und Hülsengallen unterscheiden. Die Rollgallen werden durch Gallmilben, Blattläuse, Blattflöhe und Fliegen hervorgerufen und finden sich zumeist an den Spreiten, seltener auch an den Stielen der Laubblätter entwickelt. Das von den genannten Tieren besiedelte Blattgewebe, welches sich unter gewöhnlichen Verhältnissen flach ausgebreitet haben würde, wächst auf der einen Blattseite stärker als auf der anderen, und die Folge dieses ungleichen Wachstums ist die Bildung einer Rolle, eines Hohlraumes, in welchem die angesiedelten Tiere geborgen sind. Stets ist es die von den Tieren besetzte Seite, welche infolge der Rollung die Innenwand des Hohlraumes bildet, und regelmäßig werden die betroffenen Blätter der Länge nach gerollt. Bei dem Alpenröschen (Rhododendron), dem blutroten Storchschnabel (Geranium sanguineum) und den Melden (Atriplex hastata, oblongifolia usw.) ist es die obere, bei den nicht windenden Geißblattarten Lonicera Xylosteum usw.) die untere Seite der Blattspreite, welche den Tieren zur Ansiedelung dient und daher als Innenwand der Rolle erscheint. In manchen Fällen ist die ganze Blattspreite eingerollt, häufiger nur der Blattrand. Bei dem Alpenröschen (Rhododendron ferrugineum und hirsutum) sind beide Hälften der Blattspreite spiralig eingerollt (s. die Tafel „Gallen" bei S. 210, Fig. 2), meistens aber ist die Rollung so beschränkt, daß die Rollgalle die Gestalt eines Kahnes oder einer Hohlkehle annimmt. In den meisten Fällen ist das Gewebe der Rollgallen verdickt, brüchig, des Chlorophylls mehr oder weniger beraubt und daher gelblich gefärbt. Nicht selten hat sich auch ein roter Farbstoff eingestellt, so daß die Außenseite der Galle eine rötlichgelbe Farbe erhält. Bei manchen Pflanzen verlängern sich die Oberhautzellen, welche die Innenwand der Rolle bekleiden, in ähnlicher Weise wie bei den früher geschilderten Filzgallen und stellen sich dem freien Auge als Haare dar. Ihr saftiger Inhalt dient dann den Gallmilben zur Nahrung. So verhält es sich z. B. bei dem rostfarbigen Alpenröschen (Rhododendron ferrugineum), dessen obere Blattseite für gewöhnlich ganz glatt, an den von Gallmilben befallenen und eingerollten Blättern dagegen dicht behaart ist (s. die Tafel, Fig. 3).

An die Rollgallen schließen sich die Ausstülpungsgallen an. Sie kommen dadurch zustande, daß sich das Gewebe der Blattspreite oder des Blattstieles und mitunter auch das grüne Gewebe der Rinde junger Zweige dort, wo von den Tieren (Gallmilben, Blattläusen, Zweiflüglern) ein Reiz ausgeübt wurde, als eine Ausstülpung erhebt, deren hohle Seite den betreffenden Tieren als Wohnort dient. Diese Ausstülpungen zeigen nach Form und Umfang eine große Mannigfaltigkeit. Auch weichen sie im inneren Bau recht auffallend ab. Als besonders bemerkenswerte Gestalten mögen die nachfolgenden hervorgehoben werden. Zunächst die Faltengallen. Es bilden sich in der Blattmasse tiefe faltenförmige, bisweilen geschlängelte Rinnen, welche an der oberen Seite mit einem engen Spalte münden und über die untere Seite des Blattes als Schwielen vorspringen. Das wuchernde Gewebe, welches den Grund der Rinne bildet, ist vergilbt, und häufig ist die rinnenfömige Vertiefung mit kurzen Härchen besetzt. Die Faltengallen werden durch Gallmilben veranlaßt. Die bekanntesten Faltengallen sind jene an den Laubblättern von Carpinus Betulus, der Birke, Clematis Flammula und recta und Ribes alpinum. Den Faltengallen schließen sich weiterhin die Runzelgallen an. Die Ausstülpungen beschränken sich auf das von einigen kräftigen, rippenartig vorspringenden Strängen begrenzte grüne Gewebe des Blattes und haben nur eine geringe Tiefe; die obere Seite des Blattes erscheint mit Buckeln und Höckern, die untere mit Mulden und Gruben versehen. Da immer zahlreiche solche Ausstülpungen nebeneinander entstehen, so ist die betroffene Stelle des Blattes in auffallender Weise gerunzelt. Als Beispiele für diese Gallenform erscheinen die durch die Blattlaus Schizoneura Ulmi erzeugte Runzelgalle auf dem Laube der Rüster (Ulmus campestris; s. die Tafel bei S. 210, Fig. 15) und die durch eine andere Blattlaus, Myzus ribis, erzeugte Runzelgalle auf dem Laub der Johannisbeere (Ribes rubrum; s. die Tafel, Fig. 6—8). Die letztere zeigt meistens mehrere Runzeln zu großen blasenförmigen Ausstülpungen vereinigt, ist oberseits rot gefärbt und an der ausgehöhlten Seite mit gegliederten, drüsentragenden, zelligen Gebilden besetzt, welche sich dem freiem Auge als kurze Haare darstellen. Andere Ausstülpungsgallen, z. B. an den Blättern von Hieracium Pilosella, hat man mit dem Namen Köpfchengallen belegt. In noch anderen Fällen haben die Ausstülpungen die Gestalt eines Hornes und sind sehr verlängert, besitzen verhältnismäßig dicke Wandungen und werden als Hörnchengallen bezeichnet. Die durch eine Gallmilbe verursachte Köpfchengalle des Schlehdornes (Prunus spinosa) ragt über die untere Blattseite fast ebenso stark vor wie über die obere, während die gleichfalls durch eine Gallmilbe verursachte Galle an den Laubblättern der Ahlkirsche (Prunus Padus) oberseits als langer Beutel, unterseits nur als kleine Warze sich erhebt. Es sieht aus, als ob ein Nagel durch das Blatt gesteckt worden wäre. Manche Köpfchen- und Hörnchengallen sind nur einseitig ausgebildet, und es herrscht in dieser Beziehung eine überaus große Mannigfaltigkeit. An den durch die Blattlaus Tetraneura Ulmi auf den Blättern der Rüstern veranlaßten beutelförmigen Ausstülpungen bildet sich zur Zeit, wenn die Blattläuse die Höhlung verlassen, an dem verschmälerten Teile des Beutels ein verhältnismäßig weiter Schlitz aus, wie auf der Tafel bei S. 210, Fig. 16, zu sehen ist.

An die Ausstülpungsgallen reihen sich als dritte Abteilung der Mantelgallen die Umwallungsgallen an. Sie stellen gleich den Stulpgallen Höhlungen dar, in welchen die gallenerzeugenden Tiere leben. Ihre Entwickelungsgeschichte ist aber eine wesentlich andere. Die Gallenhöhle entsteht dadurch, daß das Gewebe in der Umgebung jener Stelle, wo sich ein Tier angesiedelt hat, oder wo ein Ei an die Oberhaut angeheftet wurde, zu wuchern beginnt, sich in Form fleischiger Schwielen und Wälle erhebt und so lange fortwächst, bis die Ansiedelungsstelle der Tiere dachförmig oder kuppelförmig überwallt und überwölbt ist. Die Höhlung entsteht demnach hier nicht durch Ausstülpung, sondern durch Überwallung. In der äußerern Erscheinung sind diese Gallen sehr mannigfaltig. Eine der einfachsten Formen findet sich an den Blättern der Esche (Fraxinus excelsior; s. Abbildung, S. 209, Fig. 3), sie wird dort durch die Gallmücke Diplosis botularia veranlaßt. Das Tier heftet seine Eier in die rinnenförmige Vertiefung der Blattrippen. Alsdann entstehen an beiden Seiten der Rinne fleischige Wülste, diese legen sich aneinander, bilden über der Rinne ein Dach, und die Höhlung ist fertig. Eine Verwachsung der das Dach bildenden Wülste findet hier nicht statt. Später entsteht ein klaffender Spalt, wie er an der Abbildung S. 209, Fig. 3, zu sehen ist, durch den die Gallmücken ausfliegen können. Ähnlich wie diese Galle an den Eschenblättern verhalten sich jene an der Mittelrippe der Rüsternblätter (Ulmus campestris; s. die Tafel bei S. 210, Fig. 17), welche durch eine Blattlaus (Tetraneura alba) veranlaßt wird.

Die sogenannten Terpentingalläpfel (Carobe di Giude; s. Abbildung, S. 209, Fig. 4), welche auf verschiedenen Arten der Gattung Pistacia durch Blattläuse hervorgerufen werden, gehören gleichfalls zu den Umwallungsgallen. Der Gewebekörper, welcher die Anlage eines Laubblattes bildet, und aus welchem sich unter gewöhnlichen Verhältnissen ein gefiedertes Blatt mit dunkelgrünen, elliptischen Teilblättchen entwickelt haben würde, wächst zu einem Körper heran, der lebhaft an eine Hülsenfrucht erinnert. In dem von den verwachsenen Teilblättchen umschlossenen Hohlraum, der durch das erste Tier entsteht, wohnt später eine ganze Blattlauskolonie (Pemphigus cornicularius). Wenn die Zeit zum Verlassen der Höhlung gekommen ist, so öffnet sich die Hülse an der Spitze, indem dort die Enden der verwachsenen, die Wand der Höhlung bildenden Teilblättchen sich trennen und etwas zurückkrümmen (s. Abbildung, S. 209, Fig. 4). Eine ähnliche Entwickelungsgeschichte wie die Terpentingalläpfel haben die unter dem Namen „chinesische Gallen" eingeführten Umwallungsgallen. Sie stellen unregelmäßig ausgesackte, lappige und höckerige graue Hülsen dar und stammen von dem Sumach, Rhus semialata. Zwei andere Umwallungsgallen, welche ihrer Form wegen besonders erwähnt zu werden verdienen, entstehen an den Blattstielen der Pappelbäume, zumal der Arten Populus nigra, pyramidalis und dilatata. Die eine, als deren Erregerin die Blattlaus Pemphigus bursarius anzusehen ist (s. untenstehende Abbildung, Fig. 2), bildet glatte, äußerlich gewöhnlich rotbackige Auftreibungen an der oberen Seite des rinnenförmigen Blattstieles. Wenn man diese Auftreibungen durchschneidet, so sieht man, daß sie hohl sind und daß der von den Blattläusen bewohnte Hohlraum dicke, fleischige Wandungen

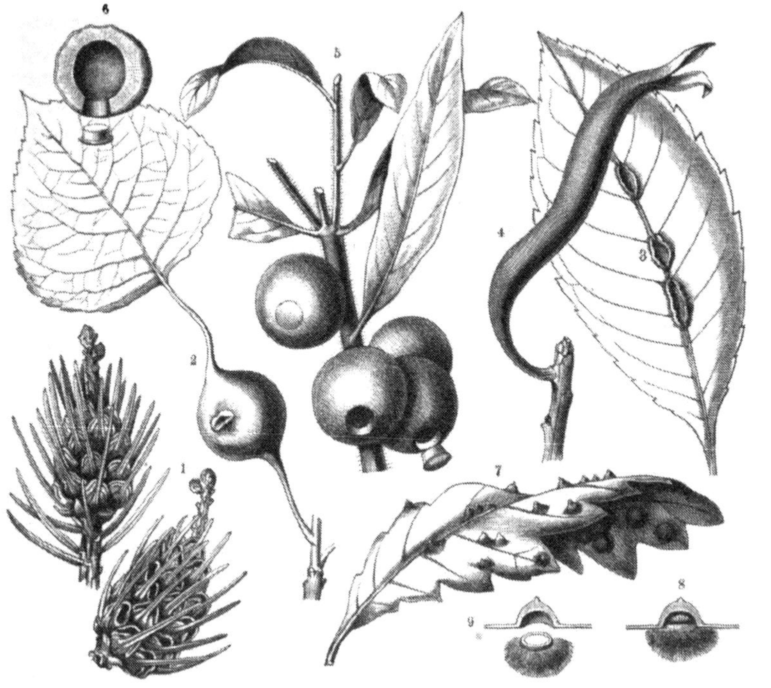

Gallen: 1) Kuckucksgalle an den Zweigen der Fichte, verursacht durch Chermes abietis; 2) Umwallungsgalle am Blattstiele der Pyramidenpappel (Populus pyramidalis), verursacht durch Pemphigus bursarius; 3) Umwallungsgallen auf dem Blatt der Esche (Fraxinus excelsior), verursacht durch Diplosis botularia; 4) Umwallungsgalle an der Pistazie (Pistacia Lentiscus), verursacht durch Pemphigus cornicularius; 5) Markgallen an der Rinde von Duvalia longifolia, verursacht durch Cecidoses Eremita, 6) Längsschnitt durch eine dieser Gallen; 7) Kapselgallen auf einem Blatt der österreichischen Eiche (Quercus austriaca), verursacht durch Cecidomyia (Janetia) Cerris, 8) eine solche Galle im Durchschnitt mit festsitzendem Deckel und 9) nach Abfallen des Deckels. Fig. 1 bis 7 in natürl. Größe, Fig. 8 u. 9: 3fach vergrößert. (Zu S. 208—217.)

besitzt. Das fleischige Gewebe dieser Wandungen ist eine Wucherung des Blattstieles. Wenn die Bewohner der Gallenhöhle auswandern, bildet sich ein von wulstigen Lippen umrandeter Spalt aus, wie es in der obenstehenden Abbildung, Fig. 2, dargestellt ist. Die andere an den Blattstielen der erwähnten Pappelbäume zu beobachtende Galle, welche durch die Blattlaus Pemphigus spirotheca veranlaßt wird, bildet sich in der Weise aus, daß die Ränder des rinnenförmigen Blattstieles sich schwielig verdicken, als fleischige Wülste erheben und über der Rinne zusammenschließen; gleichzeitig findet eine schraubige Drehung des betroffenen Blattstielteiles statt, und es entsteht dadurch eine Galle, deren Höhlung wie das Innere eines

Schneckengehäuses schraubig gewunden ist. Eine Verwachsung der wulstigen Ränder des Blattstieles findet nicht statt; sie liegen zwar anfänglich dicht aneinander, aber später trennen sie sich, und es entstehen schraubenförmig gewundene Spalten, aus welchen die weißflaumigen Blattläuse hervorkriechen können (s. die beigeheftete Tafel, Fig. 1).

Die unter dem Namen Markgallen zusammengefaßten einfachen Gallen erscheinen als Anschwellungen von beschränktem Umfang an einzelnen Pflanzengliedern und werden durch Insekten veranlaßt, welche das Pflanzengewebe anstechen und in die gebildete Wunde ihre Eier legen. Dabei wird entweder nur die Oberhaut des zur Brutstätte ausgewählten Gewebes verletzt, oder es wird das Ei sofort in das tiefere Gewebe eingeschoben. In beiden Fällen wird eine lebhafte Zellteilung in der Umgebung angeregt. Die Hohlräume, in welchen die Larven hausen, hat man Larvenkammern genannt, und man unterscheidet Markgallen,

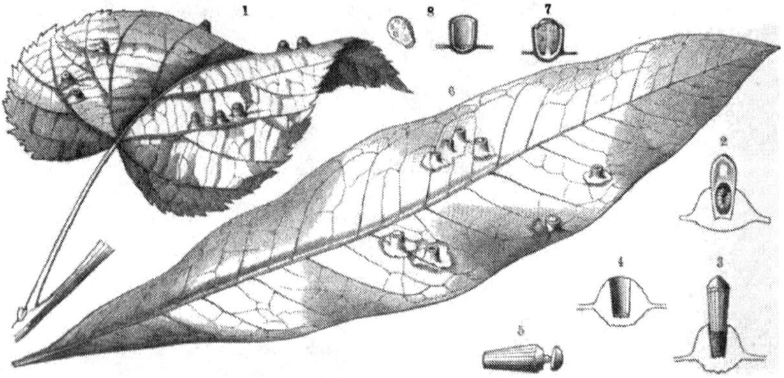

Markgallen: 1) Kapselgallen auf dem Blatte der großblätterigen Linde (Tilia grandifolia), verursacht durch Hormomyia Réaumuriana, 2) Längsschnitt durch eine solche Galle, im Inneren die Made zeigend, 3) Längsschnitt durch eine Kapselgalle, aus der eben die Innengalle hervortritt, 4) Außengalle nach dem Ausfallen der Innengalle, 5) Innengalle im Moment des Abfallens des Deckels; 6) Kapselgallen auf dem Blatte einer brasilischen Celastrus-Art, 7) Längsschnitt durch eine dieser Gallen, 8) dieselbe nach dem Ausfallen der Innengalle. Fig. 1 u. 6 in natürl. Größe, Fig. 2—5, 7 u. 8: 2fach vergrößert. (Zu S. 210 und 213.)

welche mehrere, und solche, welche nur eine einzige Larvenkammer enthalten (s. obenstehende Abbildung, Fig. 2 und 7). Die Wände der Larvenkammernlassen in ihrem Aufbau eine große Mannigfaltigkeit erkennen. In allen Fällen zeigen sie eine aus saftreichen, dünnwandigen Zellen gebildete, unmittelbar an das Ei angrenzende Schicht, welche Markschicht oder Gallenmark genannt wird, und eine äußere Schicht, welche als Haut oder Rinde das Gallenmark umgibt (s. die beigeheftete Tafel, Fig. 10). In den meisten Fällen ist auch noch eine dritte Schicht eingeschaltet, welche aus sehr festen Zellen besteht, und die man Hartschicht oder Schutzschicht genannt hat. Das Gallenmark hat die Aufgabe, die aus dem Ei geschlüpften Larven mit Nahrung zu versorgen, und dem entsprechend sind die Zellen desselben auch mit nahrhaften Stoffen ausgerüstet. Es ist bemerkenswert, daß die Ausbildung des Markes ungemein rasch vor sich geht, und daß sie sofort beginnt, nachdem das Ei in das Gewebe gelegt wurde. Die aus dem Ei ausschlüpfende Larve findet die Innenwand der ihr zum zeitweiligen Aufenthalte angewiesenen Kammer immer schon mit der nötigen Nahrung ausgestattet, fällt auch mit Heißhunger allsogleich über das saftreiche Zellengewebe an der Innenwand her und weidet dasselbe ab. Merkwürdigerweise wird der abgeweidete Teil der Zellen in kürzester Zeit wieder

Erklärung der Tafel ‚Gallen auf Blättern'.

1) Umwallungsgallen an dem Blattstiel der Schwarzpappel *(Populus nigra)*, veranlaßt durch *Pemphigus spirotheca.*
2) Rollgallen an den Blättern des rostfarbigen Alpenröschens *(Rhododendron ferrugineum)*, veranlaßt durch die Gallmilbe *Phytoptus alpestris.*
3) Querschnitt durch eine solche Rollgalle.
4) und 5) Klunkergalle an den Ästen des Quendels *(Thymus Serpyllum)*, veranlaßt durch die Gallmilbe *Phytoptus Thomasi.*
6) Runzelgallen auf dem Blatt des Johannisbeerstrauches *(Ribes rubrum)*, veranlaßt durch *Myzus ribis.*
7) Ein Stück des Blattes von der Unterseite gesehen.
8) Querschnitt durch einen Teil dieser Runzelgalle.
9) Markgalle auf dem Blatt der Grauweide *(Salix incana)*, veranlaßt durch *Nematus pedunculi.*
10) Dieselbe Galle, aufgeschnitten.
11) Ein Stück der Wand dieser Galle im Durchschnitt.
12) Markgallen auf dem Blatt einer Rose, veranlaßt durch *Rhodites Rosae.*
13) Markgallen auf dem Blatt derselben Rose, veranlaßt durch *Rhodites Eglanteriae.*
14) Markgallen auf dem Blatt derselben Rose, veranlaßt durch *Rhodites spinosissima.*
15) Runzelgallen auf dem Blatt der Rüster *(Ulmus campestris)*, veranlaßt durch *Schizoneura Ulmi.*
16) Beutelgallen auf demselben Blatt, veranlaßt durch *Tetraneura Ulmi.*
17) Umwallungsgalle auf demselben Blatt, veranlaßt durch *Tetraneura alba.*
18) Markgallen auf dem Blatt der Purpurweide *(Salix purpurea)*, veranlaßt durch *Nematus gallarum.*
19) Markgalle auf den Blättern derselben Weide, veranlaßt durch *Nematus vesicator.*

Fig. 1, 2, 4, 6 und 9 in natürlicher Größe, Fig. 5 und 6: 4fach, Fig. 3 und 7: 8fach, Fig. 8 und 11: 50fach vergrößert.

Gallen auf Blättern.

ersetzt. Die Zellen des Gallenmarkes verbleiben nämlich so lange, als die Larven in der Larvenkammer der Nahrung bedürfen, in teilungsfähigem Zustande, dadurch werden die in den Gallenkammern abgeweideten, oberflächlichen Zellenlagen in kurzer Zeit wieder durch neue, aus der Tiefe emporwachsende, ersetzt. Die auf den Blättern von **Salix incana** entstandene kugelige Galle (s. die beigeheftete Tafel, Fig. 9) ist einkammerig, und in deren Kammer lebt eine Larve auf Kosten der äußerst dünnwandigen, mit Stärkemehl und anderen Nährstoffen erfüllten Zellen, welche das Gallenmark bilden (Fig. 11). Die Larve macht in der Kammer förmliche Rundgänge, fängt an einer bestimmten Stelle mit der Vertilgung der Zellen an und weidet sie, in der Runde fortschreitend, ab (Fig. 10). Bis sie zu der Stelle gekommen ist, wo sie den Fraß begonnen hat, sind dort schon wieder neue, zur Nahrung geeignete Zellen ausgebildet worden.

Die Hartschicht und Rindenschicht sind in der mannigfaltigsten Weise als Schutzmittel der Galle, einerseits gegen die Gefahr des Vertrocknens im Hochsommer, anderseits gegen die Angriffe der Vögel und anderer Tiere ausgebildet. Zu dem letzteren Zwecke ist die Rindenschicht häufig in ähnlicher Weise gestaltet wie die Fruchthüllen, welche den Samen und Keimling zu schützen haben. So erklären sich die herben Stoffe, harten Schalen, pelzigen Überzüge, struppigen Fortsätze und noch zahlreiche andere Schutzmittel, welche bei den Gallen geradeso wie bei den Fruchthüllen ausgebildet sind, und welche in der Tat die merkwürdige Ähnlichkeit von Gallen und Früchten bedingen. Manche eigentümliche Ausbildung an der Oberfläche dieser fruchtähnlichen Gallen sind freilich aus diesen Gesichtspunkten allein nicht zu erklären, und es mögen in ihnen wie in so vielen anderen Fällen noch andere Vorteile liegen, für welche uns das Verständnis derzeit noch abgeht.

Für die Ähnlichkeit mancher Gallen mit Früchten gibt es eine ganze Reihe von Beispielen. Die an den Pollenblüten der österreichischen Eiche (**Quercus austriaca**) durch **Andricus grossulariae** veranlaßte Einzelgalle hat nicht nur die Form und Größe einer Johannisbeere, sondern ist auch rot gefärbt und saftreich, und wenn an einem Blütenstande der genannten Eiche gleichzeitig mehrere solcher Gallen zur Entwickelung gekommen sind, so ist man beim ersten Anblick wirklich versucht zu glauben, es seien hier Trauben der Johannisbeere der Eiche angehängt worden. Die durch die Buchengallmücke **Hormomyia (Oligotrophus) Fagi** verursachten Gallen auf den Blättern der Rotbuche ähneln dagegen kleinen Steinfrüchten insofern, als sie mit einer Hartschicht ausgestattet sind, welche mit dem Steine, und einer äußeren Schicht, die mit dem Fruchtfleisch einer Steinfrucht verglichen werden könnte. Auch die Gallen an den Fruchtknoten mehrerer Lippenblütler, z. B. der **Nepeta pannonica**, veranlaßt durch die Gallwespe **Aulax Kerneri**, und bei **Salvia officinalis**, durch die Gallwespe **Aulax Salviae** erzeugt, ahmen die Form von kleinen Steinfrüchten nach. Das Insekt legt seine Eier in einen der vier Fruchtknoten, welche die Blüten enthalten. Dieser Fruchtknoten vergrößert sich nun innerhalb einer Woche zu einer glatten, gelbgrünen Kugel, welche schon äußerlich das Aussehen einer unreifen Ahlkirsche hat. Ein Durchschnitt lehrt, daß die Kugel auch einen ähnlichen Bau wie eine Kirsche besitzt. Eine saftreiche Außenschicht umgibt einen festen Steinkern, aber in der Höhlung liegt statt eines Samens die weiße Larve der Gallwespe. Die Gallen fallen, ähnlich wie Früchte, im Juli ab, überwintern auf dem Erdboden, und im nächsten Jahre frißt sich das ausgewachsene Insekt durch die Gallenwand eine Ausflugsöffnung.

Auf die Ähnlichkeit der unter dem Namen Galläpfel bekannten, durch verschiedene Zynipiden erzeugten kugeligen Eichengallen (s. Abbildung, S. 215, Fig. 3) und der auf den Rosen- und

Weidenblättern vorkommenden kleinen, rotbackigen, durch Rhodites Eglanteriae und Nematus gallarum veranlaßten Gallen (s. die beigeheftete Tafel, Fig. 13 und 18) mit Apfelfrüchten wurde schon im Eingange dieses Abschnittes hingewiesen. Besonders häufig sind Markgallen, welche an gewisse Trockenfrüchte erinnern. Die an der grünen Rinde junger Eichenzweige entstehenden, durch Aphilothrix Sieboldi veranlaßten Gallen (s. Abbildung, S. 215, Fig. 1) gemahnen an die Früchte von Metrosideros-Arten, die auf den Blättern der österreichischen Eiche durch Neuroterus lanuginosus und Spathegaster tricolor erzeugten Gallen (s. Abbildung, S. 215, Fig. 11 und 14) haben eine ausgesprochene Ähnlichkeit mit den Schließfrüchten des Waldmeisters und des kletternden Labkrautes (Asperula odorata und Galium Aparine), die „hemdknöpfchenförmigen" Gallen, welche auf den Eichenblättern durch die Gallwespen Neuroterus fumipennis und numismaticus hervorgebracht werden, ahmen die Früchte von Omphalodes nach (s. Abbildung, S. 215, Fig. 12 und 13), und die auf den Blättern von Duvalia longifolia durch den Schmetterling Cecidoses Eremita erzeugte Galle hat die Gestalt einer mit Deckel aufspringenden Kapsel (s. Abbildung, S. 209, Fig. 5 und 6). Die Oberfläche dieser Gallen erscheint wie jene der Früchte in allen erdenklichen Abstufungen glatt, warzig, höckerig, mit Samt- oder Wollhaaren, mit Borsten und Stacheln, Fransen und Krallen und selbst mit moosähnlichen Auswüchsen besetzt. Die an den wilden Rosen vorkommenden Gallen, von deren Oberfläche moosähnliche Auswüchse ausgehen (s. die Tafel bei S. 210, Fig. 12), sind seit uralter Zeit unter dem Namen Bedeguar bekannt. Sie werden durch die Rosengallwespe (Rhodites Rosae) veranlaßt, die ihre an der einen Seite spitz zulaufenden und mitunter hakig gebogenen Eier zeitig im Frühling in die Oberhaut eines noch in der Knospe zusammengefalteten, unentwickelten Laubblattes hineinlegt. Dadurch wird eine veränderte Wachstumsweise in der Umgebung veranlaßt, welche sich zunächst durch die Ausbildung zahlreicher Haare kundgibt. Die aus den Eiern ausgekrochenen Larven dringen tiefer in das Blattgewebe ein, das sich zu einem Gallenmark ausgestaltet und je nach der Zahl der Larven mehr oder weniger Kammern enthält. Von der Außenschicht erheben sich immer mehr und mehr Haare und Fransen, und es entstehen so diese seltsamen Gebilde, von welchen ehemals die Meinung herrschte, daß sie, unter das Kopfkissen gelegt, einen ruhigen Schlaf herbeizuführen imstande seien. Meistens werden die Stiele der in der Knospe liegenden jungen Blätter angestochen, und in diesem Falle sterben dann die darüber folgenden Teile des Blattes frühzeitig ab. Seltener wird das Ei in die Oberhaut eines Teilblättchens gelegt, in welchem Falle die Blätter ihre gewöhnliche Größe erreichen und nur auf dem betreffenden Teilblättchen mit einem kleinen Bedeguar besetzt sind, wie es Figur 12 der Tafel bei Seite 210 zeigt. Wenn gleichzeitig die Blattstiele von drei jugendlichen, in der Knospe zusammengedrängten Blättern angestochen werden, was sehr oft vorkommt, so entstehen drei an einer verkürzten Achse dicht zusammengedrängte Einzelgallen, und das ganze Gebilde erreicht dann nicht selten die Größe eines Pinienzapfens.

Die Stelle, wo das wachstumsfähige Gewebe der Pflanze von dem eierlegenden Tier angestochen wird, erhält sich in manchen Fällen auch später als freier offener Kanal; in anderen Fällen bildet sich an der Wundstelle ein Korkgewebe aus, so daß die Kammer, in welcher die Larve lebt und zur Puppe wird, von der Außenwelt ganz abgeschlossen ist. In diesen Fällen muß das auskriechende Insekt durch die Wand der Galle einen Ausführungsgang bilden, was dadurch geschieht, daß von dem entwickelten Tier mittels der Kiefer ein Loch ausgebissen wird (s. Abbildung, S. 215, Fig. 3). Die Gallwespen (Zynipiden) verlassen ausnahmslos auf diese

Weise den Raum, welcher ihnen bisher nicht nur als sichere Wohnung, sondern zugleich als nie versiegende Speisekammer gedient hat.

Überaus merkwürdig und darum einer eingehenderen Schilderung wert ist die Art und Weise, wie sich jene Markgallen öffnen, welche einer mit Deckel aufspringenden Kapsel ähnlich sehen und dem entsprechend als Kapselgallen angesprochen werden. Wenn die Zeit herannaht, wo die Larve die Kammer verlassen soll, um sich in der Erde zu verpuppen, findet entlang einer kreisförmigen Linie eine Trennung in dem Gewebe statt, und der von dem Kreis umschriebene Teil der Gallenwand wird als Deckel abgestoßen. Sehr hübsch ist dieser Vorgang an der durch die Gallmücke Cecidomyia (Janetia) Cerris (s. Abbildung, S. 209, Fig. 7) an den Blättern der österreichischen Eiche (Quercus austriaca) veranlaßten Galle zu verfolgen. Die Galle stellt im geschlossenen Zustand ein festes, rundliches Gehäuse dar, welches in das Blatt so eingeschaltet ist, daß es sich über die obere Blattseite als kleiner bespitzter Kegel, über die untere Blattseite als eine Scheibe, welche mit einem Räschen aus dicht zusammengedrängten Haaren besetzt ist, erhebt. Im Herbst trennt sich von der unteren Seite dieses Gehäuses ein kreisrundes, deckelartiges Stück los. Dasselbe entspricht genau dem Umfang der erwähnten, mit Haaren besetzten Scheibe und ist so scharf umgrenzt, daß es den Eindruck macht, es sei mit einem Messer herausgeschnitten worden (s. Abbildung, S. 209, Fig. 8 und 9). Der Deckel fällt nun ab, und auch die Larve, welche aus dem Ei hervorgegangen war, und die den Sommer hindurch in der Kammer dieser Galle gelebt hatte, fällt zu Boden, dringt in die Erde, spinnt sich dort ein und verwandelt sich im darauffolgenden Frühling zu einer Puppe, aus welcher im Mai die Gallmücke ausschlüpft.

Noch seltsamer ist die durch den Schmetterling Cecidoses Eremita an dem grünen Rindengewebe der jungen Zweige von Duvalia longifolia, einer südamerikanischen Anakardiazee, hervorgebrachte, auf S. 209, Fig. 5 und 6, abgebildete Galle. Dieselbe ist kugelrund, sehr hart und beherbergt in ihrer großen Kammer die aus dem Ei hervorgegangene Raupe. Wenn die Zeit zum Verpuppen herangerückt ist, bildet sich gegenüber von dem Ansatzpunkt der Galle ein Pfropfen aus, der mit einem vorspringenden Rande versehen ist. Nach Entfernung desselben bemerkt man ein kreisrundes Loch, welches in die Gallenkammer führt, und durch welches die Raupe ihren bisherigen Wohnort verläßt. Es gibt noch merkwürdigere Formen in dieser Abteilung der Gallenbildungen. An den Blättern der großblätterigen Linde (Tilia grandifolia) entsteht in der Umgebung des von der Gallmücke Hormomyia Réaumuriana gelegten Eies eine Wucherung, welche sich vergrößert und an der oberen Blattseite als ein stumpfer Kegel, an der unteren als halbkugelige Warze vorragt. Die Kammer dieser Galle ist von der Made der genannten Gallmücke bewohnt. Im Juli verfärbt sich die Spitze des kegelförmigen Teiles, wird gelb und braun, und nun bemerkt man auch eine Furche, welche den Kegel umsäumt. Wird die Galle zu dieser Zeit der Länge nach durchschnitten, so erkennt man, daß sich in dem die Kammer umgebenden Gewebe eine Scheidung in zwei Schichten derart vollzogen hat, daß die äußere Schicht, welche in das grüne, unveränderte Blattgewebe allmählich übergeht, zu einem Wall geworden ist, welcher die innere, die Made unmittelbar umhüllende Schicht bis zur Höhe der obenerwähnten Kreislinie umgibt. Das ganze Gewebe hat sich in eine „Außengalle" und eine „Innengalle" gesondert, und die Innengalle erscheint wie ein Ei im Eibecher eingesenkt (s. Abbildung, S. 210, Fig. 2). Im Hochsommer trennt sich die Innengalle vollständig von der Außengalle und wird von der letzteren förmlich ausgestoßen. Das geschieht dadurch, daß das Gewebe der Außengalle stark aufquillt, so daß ein Druck auf die einem Pfropfen nicht unähnliche und unterwärts etwas verschmälerte Innengalle ausgeübt wird (s. Abbildung, S. 210, Fig. 3). Die ausgestoßene Innengalle fällt auf die Erde unter den Lindenbaum und nimmt eine dunkelbraune Farbe an; die Außengalle aber hat nun die Gestalt eines Kraters, dessen Grund von dem aufgequollenen Zellgewebe eingenommen ist (s. Abbildung, S. 210, Fig. 1 und 4); später schrumpft sie und erscheint dann als eine durchlöcherte, grüne Verdickung in der grünen Spreite des Lindenblattes. Die Kammer der abgefallenen Innengalle birgt die Gallmückenlarve, welche sich noch eine Zeitlang von dem saftigen, die Innenwand der Kammer bekleidenden Zellgewebe ernährt, sich in der Kammer auch während des Winters ruhend verhält und im darauf folgenden Frühling verpuppt. Vor der Verpuppung wird von ihr eine ringförmige Furche unter der kegelförmigen Gallenspitze ausgefressen, und wenn dann die Puppe ausschlüpfen will, braucht sie nur an die Gallenspitze zu drücken, worauf sofort im Umkreise der Furche eine Trennung des Zusammenhanges erfolgt, die kegelförmige Gallenspitze als Deckel abgeworfen und eine weite Ausgangspforte gebildet wird (s. Abbildung, S. 210, Fig. 5). Eine sehr ähnliche Ausbildungsart von Kapselgallen findet sich an den Laubblättern einer in Brasilien vorkommenden Art der Gattung Celastrus (s. Abbildung, S. 210, Fig. 6—8), nur enthält dort die Innengalle mehrere Kammern, und die Außengalle hat die Form eines der grünen Blattfläche aufgesetzten Bechers.

Die Ursprungsstelle der Markgallen wird durch die gallenerzeugenden Tiere bestimmt. Diese sind in betreff der Stelle, wohin sie ihre Eier legen, im allgemeinen sehr wählerisch, und es ist wahrhaft staunenswert, mit welcher Findigkeit von ihnen selbst sehr versteckte und schwer zugängliche Punkte aufgesucht werden, wenn Aussicht vorhanden ist, daß dort die aus dem Ei hervorkommenden Larven nicht nur Nahrung, sondern auch eine gesicherte Heimstätte finden. Die kleine Gallwespe Blastophaga grossorum legt ihre Eier in die Fruchtknoten der sogenannten Gallenblüten im Inneren der Urnen von Ficus Carica (s. S. 384 und Abbildung, S. 380, Fig. 14 und 15); Aphilothrix legt ihre Eier in die grüne Rinde, aus der Markgallen entstehen (S. 215, Fig. 1), die Gallwespe Cynips caput Medusae legt sie an die Seite der Hüllblättchen, welche die Fruchtblüten der Eichen (Quercus sessiliflora und pubescens) umgeben, und erzeugt dort eine Galle mit unzähligen, wirr durcheinander geflochtenen starren und spitzen Fransen, welche die Angriffe anderer Tiere abwehren (s. Abbildung, S. 215, Fig. 10).

Die von Aphilothrix Sieboldi (s. Abbildung, S. 215, Fig. 1) erzeugte Galle ist insbesondere auch dadurch bemerkenswert, daß von ihrer Oberfläche ein klebriger, süß schmeckender Saft abgesondert wird, welcher kleine Ameisen anlockt. Diese Ameisen suchen ihre Nahrungsquelle, den süßen Saft auf den Gallen, für sich allein auszubeuten und wehren alle anderen Tiere, welche sich diesen Gallen nähern wollen, ab. Mithin spielen sie die Rolle von Wächtern der Gallen und schützen die Erzeuger und Bewohner derselben gegen die Nachstellungen verschiedener Schmarotzer, namentlich der Arten der Gattungen Torymus und Synergus. Man wird dadurch lebhaft an die in Band I, S. 422, geschilderten Vorgänge der Schutzeinrichtungen der Blätter von Cecropia erinnert. Noch ist zu bemerken, daß die Ameisen häufig aus Sand und Erde einen vollständigen Mantel um die durch Aphilothrix Sieboldi erzeugten Gallen bauen, um den süßen Saft ungestört genießen zu können, wodurch der Schutz noch wesentlich vervollkommt wird.

Zusammengesetzte Gallen werden diejenigen genannt, an deren Aufbau mehrere unmittelbar aneinander grenzende Glieder einer Pflanze teilnehmen. Sie lassen sich in drei

Gruppen, in die Knoppergallen, Kuckucksgallen und Klunkergallen, zusammenstellen. Die **Knoppergallen** umfassen mehrere, häufig sogar sämtliche Teile eines Sprosses. Von den

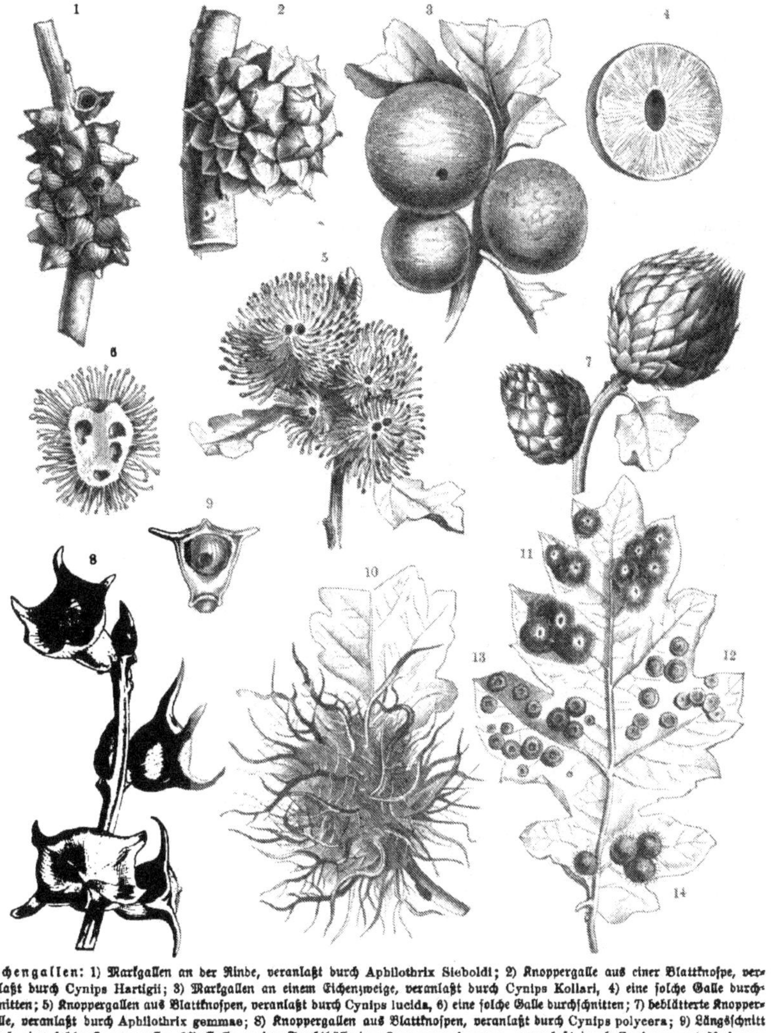

Eichengallen: 1) Markgallen an der Rinde, veranlaßt durch Aphilothrix Sieboldi; 2) Knoppergalle aus einer Blattknospe, veranlaßt durch Cynips Hartigii; 3) Markgallen an einem Eichenzweige, veranlaßt durch Cynips Kollari, 4) eine solche Galle durchschnitten; 5) Knoppergallen aus Blattknospen, veranlaßt durch Cynips lucida, 6) eine solche Galle durchschnitten; 7) beblätterte Knoppergalle, veranlaßt durch Aphilothrix gemmae; 8) Knoppergallen aus Blattknospen, veranlaßt durch Cynips polycera; 9) Längsschnitt durch eine solche Knoppergalle; 10) Galle an der Fruchthülle der Quercus pubescens, veranlaßt durch Cynips caput Medusae; 11—14) Markgallen auf dem Blatte der österreichischen Eiche (Quercus austriaca): 11) veranlaßt von Neuroterus lanuginosus, 12) von Neuroterus numismaticus, 13) von Neuroterus fumipennis, 14) von Spathegaster tricolor. Nach G. Mayr. (Zu S. 211—216.)

blattlosen Knoppergallen sind insbesondere jene Formen hervorzuheben, welche mit eigentümlichen Schutzmitteln gegen die Angriffe der den Gallenwespenlarven nachstellenden Tiere ausgerüstet sind. Die auf S. 215, Fig. 8 und 9, abgebildete, durch Cynips polycera veranlaßte, aus den Blattknospen der Quercus pubescens und sessiliflora hervorgehende und gewissermaßen einen ganzen Seitentrieb vertretende Galle hat die Form einer jungen Mispelfrucht und 3—5 abstehende, starre und spitze Zacken, welche als veränderte, aber ohne Grenze in das Gewebe der Sproßachse übergehende Blattgebilde angesehen werden können. Diese Galle ist einkammerig, und es hat sich das Gewebe ihrer Wand in eine Außengalle und eine kugelige, markige Innengalle gesondert. Die auf S. 215, Fig. 2, abgebildete Galle wird durch die Gallwespe Cynips Hartigii veranlaßt, welche ein Ei in die Mitte einer Blattknospe der Stieleiche (Quercus sessiliflora) legt. Aus einer solchen Blattknospe entwickelt sich statt eines belaubten Sprosses eine einkammerige, kleine Galle, von deren Umfang große nagelförmige oder keulenförmige Fortsätze ausgehen, welche als umgewandelte Blätter zu deuten sind. Die verdickten, eckigen Enden dieser Fortsätze schließen dicht zusammen und bilden so gewissermaßen eine zweite äußere Hülle der Gallenkammer, welche zu durchdringen feindlichen Schlupfwespen nicht möglich ist. Durch die Anordnung und Form der zusammenschließenden Fortsätze erinnert diese Galle lebhaft an die Zapfenfrucht einer Zypresse. Noch seltsamer ist die aus den Knospen verschiedener Eichen (Quercus pendulina, sessiliflora, pubescens) hervorgehende und durch die Gallwespe Cynips lucida veranlaßte Galle (s. Abbildung, S. 215, Fig. 5 und 6). Dieselbe enthält mehrere Larvenkammern und ein reichliches Markgewebe, und von ihrem Umfang erheben sich unzählige dünne Fortsätze, welche an Leimspindeln erinnern, insofern nämlich, als sie an dem köpfchenförmig verdickten Ende sehr kleberig sind. Die dem Gallenerzeuger feindlich gesinnten Schlupfwespen und andere Tiere nehmen sich wohl in acht, mit diesen Leimspindeln in Berührung zu kommen. Auch bei dieser Galle mag man, wie bei der zuvor besprochenen Gallenart, die von der angeschwollenen Achse ausgehenden Fortsätze als veränderte Blätter deuten.

Als Vorbild der beblätterten Knoppergallen mag vorerst die auf S. 215, Fig. 7, abgebildete Galle dienen, welche durch die Gallwespe Aphilothrix gemmae an verschiedenen Eichen (Quercus pedunculata, sessiliflora, pubescens) entsteht. Diese erinnert an einen Hopfen- oder Lärchenzapfen, entwickelt sich aus den Laubknospen der genannten Eichen, zeigt eine stark verkürzte, angeschwollene Achse, deren Gewebe sich in eine Außengalle und eine Innengalle gesondert hat, und ist mit zahlreichen vertrockneten, braunen, lanzettlichen, behaarten Schuppen besetzt, welche die Gestalt von Deckblättern haben.

Den mit Laubblättern besetzten Gallen schließen sich noch diejenigen an, zu deren Aufbau Blumenblätter in Verwendung gekommen sind. Sie gehen aus Blütenknospen hervor, in welche von kleinen Gallmücken Eier gelegt wurden. Die aus dem Ei schlüpfenden Larven leben in der Höhlung des Fruchtknotens oder, wo dieser mehrere Fächer hat, in einem der Fächer desselben, und dieser Raum erlangt dadurch die Bedeutung einer Larvenkammer. Die Blumenkrone, welche in der Blütenknospe den Fruchtknoten einhüllt, öffnet sich nicht, sondern erhält sich als eine geschlossene Kappe über der Larvenkammer. Der Kelch erscheint aufgebläht, vergrößert, bisweilen fleischig angeschwollen. Die ganze Galle macht den Eindruck einer Knospe oder kleinen Zwiebel und erinnert an jene knospenförmigen Ableger, welche an Stelle der Blüten an den Hochblattstengeln gewisser Laucharten entstehen. Besonders findet man solche Gallen am Hornklee (Lotus corniculatus), wo sie durch die Gallmücke Diplosis (Contarinia) Loti, an verschiedenen Arten der Königskerze (Verbascum austriacum, nigrum, Lychnitis usw.), wo sie durch Asphondylia Verbasci, an mehreren Arten des Gamanders

(Teucrium montanum, Chamaedrys, Scordium usw.), wo sie durch die Wanzen Laccometopus Teucrii und clavicornis, und an der Teufelskralle (Phyteuma orbiculare), wo sie durch Cecidomyia Phyteumatis hervorgebracht werden.

Den Knoppergallen schließen sich jene merkwürdigen Gallenbildungen an, welche die Basis von Sprossen umwachsen. Die bekannteste und verbreitetste in diese Gruppe gehörige Galle wird durch die Blattlaus Chermes Abietis an den Zweigen der Fichtenbäume (Abies excelsa) hervorgebracht (s. Abbildung, S. 209, Fig. 1). Eine der „Altmütter" der genannten Blattlaus saugt sich zeitig im Frühling, ehe noch die Laubknospen der Fichten sich zu strecken beginnen, an der untersten Knospenschuppe fest und legt neben sich ein Häufchen Eier ab. Die Verletzung, welche durch das Saugen veranlaßt wird, und noch mehr die Einführung von Stoffen in das verletzte Gewebe, welche von dem saugenden Tiere herstammen, veranlaßt in dem darüberstehenden Teil des Triebes die merkwürdigsten Veränderungen. Die Achse des Sprosses verdickt sich. Die Basis der von dieser Achse ausgehenden nadelförmigen Blätter schwillt an und gestaltet sich zu einem weichen, weißlichen, saftreichen Gewebe, dessen Zellen unter anderem auch Stärkemehlkörner in großer Menge enthalten. Das freie Ende dieser Blätter behält die Form und dunkelgrüne Farbe der gewöhnlichen Fichtennadeln und erscheint der kissenförmigen blassen Basis aufgesetzt. Inzwischen sind aus den Eiern, welche von der Altmutter abgelagert wurden, junge Tiere ausgekrochen, welche ihre Geburtsstätte verlassen, zu dem umgeänderten Teil des Sprosses emporkriechen und sich dort verteilen. Nun beginnt infolge des Reizes, welchen die Tiere auf ihre Unterlage ausüben, eine neue Wucherung in dem bleichen, kissenförmigen Gewebe. Es erheben sich von demselben krempenartige Vorsprünge, Wülste und Wälle, zumal an der vorderen Seite eines jeden Kissens; die benachbarten Wülste schließen zusammen, und die jungen Blattläuse werden förmlich überwallt und eingekapselt. Sie verbleiben hier in den durch Überwallung gebildeten kleinen Höhlungen, ernähren sich, häuten sich und vermehren sich. Erst im August beginnt die Galle auszutrocknen, jede der kleinen Höhlungen öffnet sich vor der grünen, dem Kissen aufgesetzten Nadelspitze mit einem Querspalt (s. Abbildung, S. 209, Fig. 1), und die Blattläuse verlassen nun die Räume, in welchen sie den Frühling und Sommer hindurch gehaust hatten.

Mit dem Namen **Klunkern** bezeichnet man in Norddeutschland Mißbildungen an den Blütenständen der Esche, an welchen die Häufung von Blattgebilden zu Knäueln, Knöpfen und Schöpfen besonders auffällt, und für welche durch genaue Untersuchung festgestellt wurde, daß sie als Gallen, erzeugt von Phytoptus Fraxini, zu betrachten seien. Die Ansiedelung von Mücken, Blattläusen und Milben erfolgt jedesmal am Ende eines Sprosses, und zwar stets zur Zeit, wenn dieser noch unentwickelt in der Knospe steckt. Die Achse eines solchen Sproßendes bleibt infolge des Reizes der angesiedelten Tiere mehr oder weniger verkürzt. Damit für die zwischen den Blättern angesiedelten Tiere der nötige Raum geschaffen werde, ist entweder die Spreite, oder es ist der scheidenförmige Teil des Blattes vertieft und ausgehöhlt, und indem sich diese Teile der Blätter aufeinanderlegen, entstehen Höhlungen, nicht unähnlich denjenigen, welche sich an den Zapfen der Nadelhölzer für die heranwachsenden Samen ausbilden. Der Scheidenteil der Blätter ist nicht selten etwas verdickt, und sein saftiges Zellgewebe dient dann den in der Galle wohnenden Tieren zur Nahrung. An derartige Gallen, zu denen auch die auf S. 218 abgebildete, auf den Espen häufig anzutreffende, von Schizoneura tremulae erzeugte Galle gehört, schließen sich die absonderlichen Gebilde an den Zweigspitzen der Weiden, welche der Volksmund Weidenrosen nennt. Sie werden durch die Gallmücke

Cecidomyia (Dichelomyia) rosaria veranlaßt. Die Laubknospe, aus der sie entstehen, behält ihre kurze Achse und entwickelt aus dieser zahlreiche grüne Blätter, welche wie die Blätter einer gefüllten Rose gruppiert sind. Die untersten Blätter dieser „Rose“ weichen in ihrer Gestalt von den gewöhnlichen Laubblättern der betreffenden Weidenarten nur wenig ab. Meistens ist nichts weiter als eine Verkürzung und Verbreiterung des Blattstieles und der Blattscheide zu bemerken, während sich die grüne Spreite und ihre fiederförmige Strangverteilung fast unverändert erhalten haben. An den weiter aufwärts beziehentlich einwärts folgenden

Bildung einer Klunkergalle in der Krone eines Espenbaumes: 1) normaler Espenzweig mit unveränderten Laubblättern; 2) ein von der Blattlaus Schizoneura tremulae befallenes Blatt der Espe, von der unteren Seite gesehen; 3) ganze Klunkergalle in der Krone der Espe. (Zu S. 217.)

Blättern nimmt dagegen der scheidenförmige Teil des Blattes auffallend an Umfang zu und der grüne Spreitenteil an Umfang ab, und noch weiter gegen den Mittelpunkt der „Rose“ werden die Blätter schuppenförmig, und es trägt der Sproß auffallend verkürzte Blätter mit breiten bleichen, fleischigen Blattstielen, welche in eiförmige oder lanzettliche, von strahlig verlaufenden Strängen durchzogene Blattspreiten übergehen (s. Abbildung, S. 219, Fig. 1—6). Bemerkenswert ist, daß die Zahl der Blätter in einer solchen Weidenrose immer größer ist als diejenige, welche an einem unveränderten Sproß der betreffenden Weidenart gefunden wird.

Einen bemerkenswerten Gegensatz zu diesen Klunkergallen, welche sich als weit offene Rosetten darstellen, bilden diejenigen, deren sämtliche Blätter zusammenschließen oder sich gewissermaßen ballen, wie etwa die Blätter an einem Kohlkopfe, so daß die ganze Galle ein kopfförmiges Aussehen erhält, wie solche z. B. durch Gallmilben am Quendel (Thymus Serpyllum) hervorgebracht werden (s. die Tafel bei S. 210, Fig. 4 und 5).

An den Sprossen der Eibe (Taxus baccata), des Leines (Linum usitatissimum), der zypressenartigen Wolfsmilch (Euphorbia Cyparissias), des stiellosen Leimkrautes (Silene acaulis) und mehrerer Eriken (Erica arborea, carnea usw.) entstehen durch den Einfluß verschiedener Mücken (Cecidomyia Taxi, Euphorbiae, Ericae scopariae usw.) Gallen mit linealen,

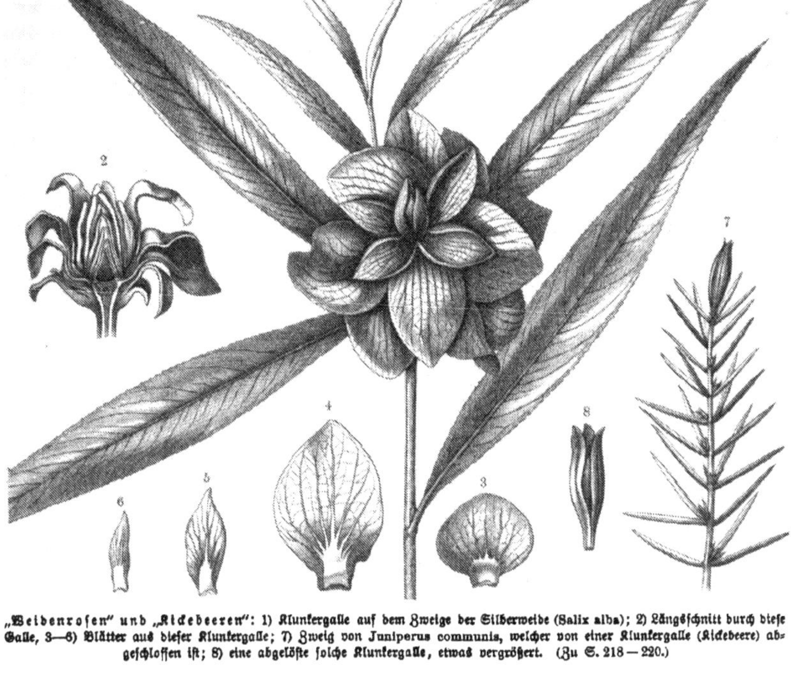

„Weidenrosen“ und „Kickebeeren“: 1) Klunkergalle auf dem Zweige der Silberweide (Salix alba); 2) Längsschnitt durch diese Galle, 3—6) Blätter aus dieser Klunkergalle; 7) Zweig von Juniperus communis, welcher von einer Klunkergalle (Kickebeere) abgeschlossen ist; 8) eine abgelöste solche Klunkergalle, etwas vergrößert. (Zu S. 218—220.)

aufrecht abstehenden, zu Büscheln zusammengedrängten Blättern. Der Grund der gehäuften Blätter und auch die Achse der Galle ist gewöhnlich etwas verdickt, wodurch der Eindruck hervorgebracht wird, daß die linealen Blätter einem rundlichen Knopfe aufsitzen, was namentlich bei der zypressenförmigen Wolfsmilch recht auffallend hervortritt. An diese Form reiht sich die unter dem Namen Kickebeere bekannte, an Zweigen des Wacholders (Juniperus communis) vorkommende, von der Gallmücke Hormomyia (Oligotrophus) juniperina veranlaßte Gallenbildung an. Die nadelförmigen Blätter des Wacholders stehen an den unveränderten Sprossen zu drei und drei in Quirlen beisammen. Durch den Einfluß der genannten Gallmücke erscheinen nun die Quirle am obersten Ende der Zweige so verändert, daß der vorletzte derselben infolge Verbreiterung der Nadeln einen dreizackigen Becher darstellt, während der letzte Quirl sich zu einem von drei kurzen Blättchen umschlossenen Gehäuse ausgestaltet (s. Abbildung, S. 219, Fig. 7 und 8). Die Galle erinnert in ihrer Form sehr auffallend an die Zapfen gewisser Lebensbäume (Thuja occidentalis, orientalis und plicata).

Die Erklärung der Gallenbildung stößt auf große Schwierigkeiten, und es fehlt an einer befriedigenden Einsicht, welche diese so überaus merkwürdigen Tatsachen verständlich macht. Man muß aber auch wohl beachten, daß es sich nicht um einfache, sondern um sehr verwickelte Vorgänge handelt, bei denen chemische und mechanische Prozesse und Gestaltungsvorgänge miteinander in schwer zu trennender Weise verknüpft sind. Ein Insekt sticht ein junges Eichenblatt an und bringt mit dem Ei auch Sekrete in die Wunde. Diese unscheinbare Verletzung, dieser Eintritt ganz minimaler Mengen einer der Pflanze fremden chemischen Verbindung, des Sekrets, in einige Zellen des Blattes dazu die Entwickelung des Eies veranlassen die Bildung der merkwürdigsten, dem Charakter der Pflanze fremden Gallenformen. Dazu kommt noch, daß diese Gallen ihren besonderen Stoffwechsel haben und z. B. bei den Galläpfeln die Zuwanderung und Anhäufung von Tannin erfahren.

Einst war die Meinung verbreitet, daß die Bildung der Gallen eine Folge der Verletzungen sei, welche die im Wachstum begriffenen Gewebe durch den Legestachel oder die Saugorgane der Tiere erleiden. Die neueren Untersuchungen haben aber diese Meinung nicht bestätigt. Die verletzten Zellen gehen zugrunde und haben damit die Fähigkeit verloren, sich umzugestalten oder veränderte Tochterzellen zu erzeugen; aus dem angrenzenden lebendigen Gewebe geht allenfalls Kork hervor, welcher die wunde Stelle verschließt, aber das ist noch lange keine Gallenbildung. Die in das Gewebe eingeschobenen oder demselben angehefteten Eier sind gleichfalls nicht imstande, eine Gallenbildung unmittelbar anzuregen. Erst dann, wenn die Made oder Larve die Eihaut verläßt und flüssige Stoffe absondert, findet eine Veränderung der Umgebung statt. Es bilden sich dann an der Stätte, wo sich die Larve aufhält, wuchernde Gewebe der verschiedensten Art, und diese Gewebe nehmen in rascher Folge jene seltsamen Formen an, welche geschildert wurden. Das bezieht sich natürlich auch auf die Fälle, wo die Larve an einem entfernten Punkte aus dem Ei geschlüpft ist und sich das zur Wohnstätte geeignete Gewebe erst aufgesucht hat, und ebenso auf die Fälle, wo sich ausgewachsene Gallmilben und Blattläuse einen passenden Platz zum Eierlegen wählen und dort gleichzeitig mit den Eiern flüssige Stoffe ausscheiden. Es ist auch bemerkenswert, daß für den Fall, daß das Tier abstirbt, die Wucherung und Neubildung des Gewebes sofort ihr Ende erreicht und die Galle nicht zur Ausbildung kommt. Die Zellen in der Umgebung des Tierleichnams bräunen sich und sterben ab, woraus mit Recht geschlossen wird, daß **nur die von lebenden Tieren ausgeschiedenen Stoffe Gallenbildung verursachen können.** Man glaubte, daß das von dem eierlegenden Tier bei der Eiablage ausgeschiedene Sekret als chemischer Reiz wirke, der die Gallenbildung auslöse. Allein künstliche Injektionen der Sekrete von Nematus viminalis in Weidenblätter führten niemals zur Gallenbildung. Ebenso unwirksam waren Extrakte junger Gallen oder von Tieren und Eiern. Mögen nun auch die Methoden künstlicher Injektion von der Wirkung des Legestachels abweichen, die Versuche sprechen nicht dafür, daß ein einfacher chemischer Reiz genügt, um das Wachstum der Gallen zu veranlassen. Einige Gallenforscher nehmen an, daß nicht das Sekret des Legestachels, sondern der von den Tieren zur Verflüssigung der Nahrung ausgeschiedene scharfe Speichel es sei, welcher auf das Zellgewebe der von dem Insekt gewählten Wohnstätte einwirke.

Die chemische Zusammensetzung dieser Stoffe ist zwar unbekannt, man nimmt aber an, daß die wirksamen Bestandteile zu jener Gruppe stickstoffhaltiger Verbindungen gehören, welche Enzyme genannt werden und von denen in Band I, S. 292, die Rede war. Die Enzyme haben die Fähigkeit, chemische Spaltungen hervorzurufen und damit den Stoffwechsel zu beeinflussen. Ob das aber dahin führen muß, daß die Gewebe der befallenen Pflanzenteile ganz und gar neue Wege der Formbildung einschlagen und die merkwürdigen Gallen erzeugen, läßt sich nicht erkennen. Für diese Annahme wird angeführt, daß die Larve anfangs wenig wächst, vielmehr erst, wenn die Galle ausgebildet ist, schnell ihre Größe erreicht. Daraus wird geschlossen, daß die zuerst von der Larve aufgenommene Nahrung nicht von ihr selbst verwendet wird, sondern zunächst das gallenbildende Sekret liefert. Es scheint aber, daß diese Ausscheidung des „gallenbildenden Stoffes" durch die Larve länger andauern muß, damit die Galle sich ausbildet. Das widerspricht der Annahme, daß der bloße Stich des Insekts und die Wirkung des dabei ausgeschiedenen Sekrets ausreiche, um die Gallenbildung hervorzurufen, also daß der ganze Vorgang wesentlich als eine chemische Reizwirkung aufzufassen sei. Der Versuch, die Gallen einfach als Chemomorphosen, d. h. durch chemischen Reiz hervorgerufene Bildungen anzusehen, ist eigentlich nur eine Anwendung der Theorie von Sachs, der allgemein die Form der Pflanzenorgane auf „organbildende Stoffe" zurückführen wollte. Diese Theorie ist ziemlich grob-materialistisch und leidet an dem Fehler, daß die organbildenden Stoffe eine rein hypothetische Annahme sind. Es sind noch niemals organbildende Stoffe beobachtet worden. Diese Theorie läßt sich also gar nicht in eine Vorstellung umsetzen. Wie soll man sich die Wirkung der Stoffe vorstellen? Ist es denkbar, daß eine chemische Verbindung, eine Säure, ein Enzym so über die Nährstoffe dominieren kann, daß es sie zur Bildung von Geweben und Organen in Bewegung setzt?

Viel eher könnte man sich vorstellen, daß solche Stoffe auf eine von der Pflanze ausgehende Entwickelung hemmend wirken. Man könnte die Gallen als Adventivbildungen auffassen, deren Entwickelung durch die Verwundung durch ein Insekt angeregt würde. Statt daß sich normale Sprosse oder Wurzeln bilden, würde durch die chemischen Ausscheidungen die normale Entwickelung gehemmt und es entstehen Gallen. Dafür sprechen Versuche Beijerincks, daß man Weidenrosengallen durch Tötung der Larve zum Austreiben von beblätterten normalen Sprossen veranlassen kann. So lange das Insekt lebte, war diese normale Entwickelung offenbar gehemmt durch Reize chemischer und anderer Art, die die Larve ausübte.

Die Schwierigkeit, die Gallenbildungen als bloße Chemomorphosen ansehen zu können, ist der Grund, weshalb manche Forscher sogar angenommen haben, es müsse bei der Gallenbildung Keimplasma der Tiere sich mit dem pflanzlichen Plasma vereinigen und dadurch eine symbiontische Beziehung zwischen der Galle und dem Insekt zustande kommen. Das ist aber äußerst unwahrscheinlich. Die Tatsache, daß schon pflanzliche Protoplasmen, falls sie verschiedenen Pflanzenarten angehören, sich abstoßen und durchaus keine Vereinigung miteinander eingehen, wie das die Amöben verschiedener Schleimpilzarten beweisen, macht es ganz unwahrscheinlich, daß tierische und pflanzliche Protoplasmen zu Lebenszwecken verschmelzen sollten.

Auch die Ansicht, daß die von den gallenbildenden Tieren ausgeschiedenen flüssigen Stoffe imstande seien, das Protoplasma der Pflanzenzellen so zu verändern, daß die Gallenbildung gewissermaßen als eine Änderung der Arteigenschaften der betreffenden Pflanze anzusehen sei, hat etwas Gezwungenes. Kerner war dieser Ansicht und handelte die Gallenbildung nicht in der Morphologie, sondern im Kapitel über Entstehung der Pflanzenarten ab, was der Herausgeber jedoch nicht vertreten kann. Es handelt sich vielmehr bei den Gallenbildungen nur um eine Richtungsänderung der Entwickelung durch den Einfluß der von den Gallentieren ausgehenden, vielleicht zum Teil chemischen, teils aber auch andersartigen Reize.

Dafür spricht auch die wiederholt gemachte Beobachtung, daß nicht nur das Protoplasma jener Zellen, auf welche die von den Tieren ausgeschiedenen Stoffe unmittelbar einwirken, zu einer veränderten Bautätigkeit angeregt wird, sondern daß sich die Einwirkung von Zelle zu Zelle fortpflanzt und auf immer weitere Kreise erstreckt. Die Schildlaus Chermes Abietis saugt sich an ein Blättchen der Fichtenknospe fest und kann nur einige wenige Zellen des in dieser Knospe geborgenen jungen Sprosses unmittelbar beeinflussen. Nichtsdestoweniger beginnen bald darauf Tausende von Zellen an dem aus der Knospe hervorwachsenden Sprosse sich in veränderter Weise auszugestalten, ein Vorgang, welcher lebhaft an den Einfluß der Befruchtung auf die Ausgestaltung des Fruchtknotens zur Frucht erinnert.

Von hoher Bedeutung ist auch die Tatsache, daß *verschiedene Tiere auf ein und derselben Pflanze verschieden gestaltete Gallen hervorrufen*. Nebeneinander können auf einem Rosenblatte die von Rhodites Rosae erzeugten Bedeguare, die von Rhodites Eglanteriae erzeugten erbsenartigen Markgallen und die von Rhodites spinosissima erzeugten, unregelmäßige Buckel bildenden Markgallen vorkommen (s. die Tafel bei S. 210, Fig. 12—14). Auf demselben Rüsternblatt erzeugt Schizoneura Ulmi eine Runzelgalle, Tetraneura Ulmi eine Beutelgalle und Tetraneura alba eine Umwallungsgalle (s. dieselbe Tafel, Fig. 15—17). Auf den Blättern der Purpurweide findet man bisweilen dicht nebeneinander die kugelige Markgalle von Nematus gallarum und die blasenförmig aufgetriebene Markgalle, welche durch Nematus vesicator erzeugt wird (s. dieselbe Tafel, Fig. 18 und 19), und man trifft Eichenblätter, auf welchen die kleinen Markgallen von vier verschiedenen Gallwespen, nämlich von Neuroterus lanuginosus, numismaticus, fumipennis und Spathegaster tricolor, gruppenweise nebeneinander vereinigt stehen (s. Abbildung, S. 215, Fig. 11—14). Für mehrere Eichen, so namentlich für die Stieleiche (Quercus pedunculata), ist es nachgewiesen, daß durch 20—30 verschiedene Gallwespen ebenso viele verschiedene Gallenformen erzeugt werden.

Es verdient hier auch erwähnt zu werden, daß *ein und dieselbe Tierart auf verschiedenen Pflanzen zwar ähnliche, aber doch etwas abweichende Gallen hervorruft*. So z. B. ist die durch Nematus pedunculi auf den unterseits weißfilzigen Blättern der Salix incana erzeugte Galle weißfilzig, die durch dieselbe Gallmücke auf den kahlen Blättern der Salix purpurea erzeugte Galle kahl; die auf den hellgrünen Blättern der Rosa canina durch Rhodites Rosae erzeugte Galle ist blaßgelb und höchstens an der Sonnenseite etwas rotbackig, die auf den violetten Blättern der Rosa rubrifolia durch dieselbe Nematus-Art hervorgebrachte Galle ist dunkelviolett usw. Diese Abweichungen sind allerdings nur unbedeutend, zeigen aber, daß die Arteigenschaften der Pflanze auf die Gallenbildung einen bestimmten Einfluß behalten.

II. Die Fortpflanzung und ihre Organe.

1. Vegetative Vermehrung.

Wenn eine Pflanze sich entwickelt, so bildet sie in der ersten Zeit ihres Lebens nur ihre Ernährungsorgane aus, welche Stoffe bilden oder herbeischaffen, denn ohne stoffliche Grundlagen ist ein Leben auf die Dauer nicht möglich. Das ist so bekannt, daß jeder Mensch, der ein lebendes Wesen in seine Pflege nimmt, zuerst für seine Ernährung sorgt. Erst nachdem die Pflanze ihre Ernährung gesichert hat, schreitet sie zur Fortpflanzung, um Wesen gleicher Art zu erzeugen, die die Existenz ihrer eigenen Form auch für die Zukunft sichern. Manche Pflanzen können auch diese Vermehrung mit Hilfe ihrer Ernährungs- oder Vegetationsorgane besorgen. Daß das möglich ist, lehrt die Kunst des Gärtners, der aus Ablegern oder Stecklingen neue Pflanzen erzeugt. Aber hier handelt es sich um eine gewaltsame Abtrennung der Teile, welche allerdings beweist, daß ganze Pflanzen aus ihren Teilen wieder entstehen können. Die Pflanze kann aber auch unter natürlichen Bedingungen, ohne gewaltsamen Eingriff, selbst solche Ableger herstellen. Wenn z. B. ein Erdbeerausläufer seine Seitensprosse bewurzelt und die Zwischenstücke später absterben und vergehen, sind aus einer Pflanze zahlreiche, ganz wie durch Ableger, entstanden. Häufiger ist es, daß die Pflanze, will sie sich durch Vegetationsorgane fortpflanzen, diese für den neuen Zweck etwas umbildet. So erzeugen manche Pflanzen, z. B. Dentaria bulbifera, Knospen in ihren Blattwinkeln, die sich von gewöhnlichen Laubknospen dadurch unterscheiden, daß sie sich ablösen, zu Boden fallen, sich bewurzeln und dadurch zu selbständigen Pflanzen werden. Solche Knospen werden Brutknospen genannt, und ähnliche abfallende Organe, wenn auch von einfacherer Art, entstehen bei Lebermoosen, Moosen und Farnen. Während beim Austreiben einer Winterknospe eines Baumes nur ein neuer Trieb dieses Baumes, aber keine selbständige Pflanze entsteht, geschieht dies, sowie eine solche Knospe sich von der Pflanze loslösen kann. Wir sehen also, daß die Trennung eines Teiles von der erzeugenden Pflanze ein wesentliches Moment aller Fortpflanzung bildet.

Zur Veranschaulichung dieser einfachen Form der Erzeugung neuer Pflanzenwesen mögen einige Lebermoose und Laubmoose dienen. Die grünen flachen, mit feinen, haarähnlichen Rhizoiden am Boden von Wiesengräben oder im beschatteten feuchten Rasen wurzelnden Sprosse von Marchantia polymorpha bilden auf ihrer Blattoberfläche zierliche Körbchen (s. Abbildung, S. 224, Fig. 1 und 2), in denen flache grüne Gewebekörperchen entstehen von der Form, wie sie Fig. 3 zeigt. Letztere fallen leicht heraus, und auf feuchtem Boden entsteht daraus eine neue Marchantiapflanze. Solche Brutknospen haben eine verschiedene Gestalt bei anderen Moosen, immer aber entwickelt sich aus ihnen wieder ein vollständiges Moos. Sie sind

Zellreihen z. B. an den untenstehend in Fig. 12—14 dargestellten Blättchen des Mooses Syrrhopodon scaber, Zellenplatten bei dem verbreiteten Laubmoos Tetraphis pellucida (Fig. 4 und 8) und beckenförmige, kugelige oder ellipsoidische Gewebekörper bei dem Laubmoos Aulacomnion androgynum (Fig. 15—18).

Bisweilen besteht ein solches Thallidium nur aus einigen Zellen, manchmal aus hunderten, wie bei den von den älteren Botanikern nicht gerade glücklich mit dem Namen Brutknospen

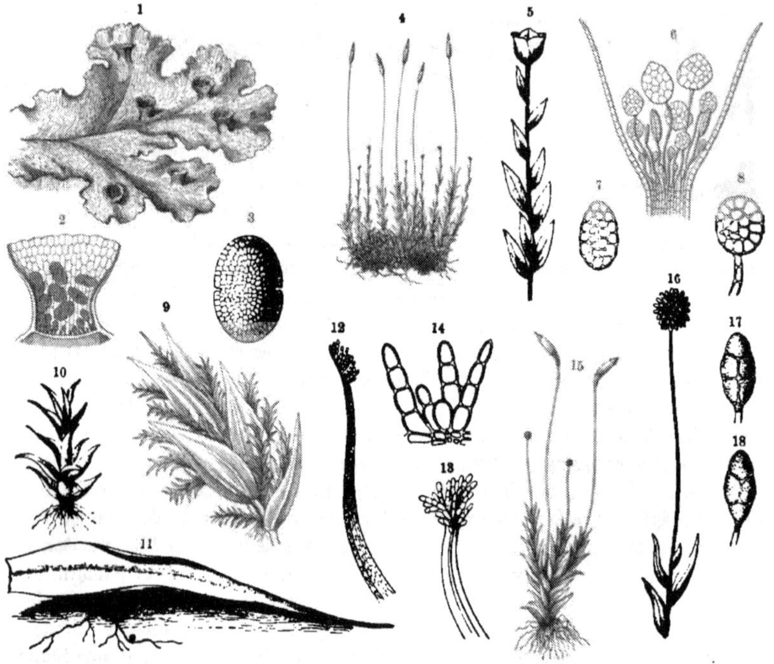

Thallidien der Leber- und Laubmoose: 1) Marchantia polymorpha mit Thallidienbecher, 2) ein Thallidiumbecher von Marchantia im Längsschnitt, 3) einzelnes Thallidium; 4) Tetraphis pellucida mit Thallidienbechern und länger gestielten Sporenkapseln, 5) ein Stämmchen von Tetraphis mit einem Thallidiumbecher, 6) ein Thallidiumbecher im Längsschnitt, 7) und 8) abgelöste Thallidien von Tetraphis; 9) ein Stämmchen von Leucodon sciuroides mit Ablegern; 10) ein von dem Stämmchen abgelöster Ableger; 11) Entwickelung eines Ablegers aus den Rhizoiden eines abgebrochenen Blättchens von Campylopus fragilis; 12—14) Entwickelung von Thallidien an der Spitze des Blattes von Syrrhopodon scaber; 15) Aulacomnion androgynum mit Sporenkapseln neben Thallidiensprossen, 16) ein Stämmchen von Aulacomnion, Thallidien tragend, 17) und 18) einzelne abgelöste Thallidien von Aulacomnion. Fig. 1 in natürl. Größe, Fig. 4 u. 15: 2fach, Fig. 2, 12, 13: 8—15fach, Fig. 5, 6, 9, 10, 14: 20—40fach, Fig. 3, 7, 8, 17, 18: 120fach vergrößert.

bezeichneten Thallidien von Marchantia. Auch die Soredien der Flechten, worunter man einzelne oder gruppenweise vereinigte, von farblosen Hyphenfäden umsponnene grüne, sich vom Flechtenkörper lösende Zellen versteht, rechnet man hierher.

Die Bildung dieser Ableger bei den Flechten und Moosen kann auch durch Verletzungen und Verstümmelungen der betreffenden Pflanzen angeregt werden, doch ist hier die Anregung in ihren Erfolgen erst neuerdings so sorgfältig untersucht, wie bei den groß angelegten Bäumen, Sträuchern und Staudenpflanzen, an welchen jahrhundertelange Erfahrung dahin geführt hat, die durch Verstümmelung veranlaßte Bildung von Knospen bei der künstlichen Vermehrung von Nutzpflanzen in der ausgiebigsten Weise zu verwerten, wie das in der gärtnerischen Praxis der Stecklingsbildung geschieht.

Was an diesen Blattstecklingen infolge der Manipulation der Gärtner geschieht, erfolgt bei einigen Pflanzen spontan in der freien Natur, und zwar ohne daß ein Blatt sich von seinem Stamm vorher abgetrennt hätte. Besonders sind es manche Schotengewächse (Cardamine silvatica, pratensis, uliginosa, Nasturtium officinale, Roripa palustris, Brassica oleracea,

Entwickelung blattständiger Knospen bei Tolmiea Menziesii: 1) Erste Anlage der Knospe, von den Blättern der Knospe sind nur die Scheidenteile ausgebildet, 2) die Knospe weiter entwickelt, sie hat sich mit Wurzeln versehen, und eines der Blätter zeigt eine grüne Spreite; 3) aus der blattständigen Knospe hat sich ein reich bewurzelter Pflanzenstock entwickelt, das Tragblatt ist im Absterben begriffen; 4—6) die Blätter der blattständigen Knospe in ihrer Altersfolge.

Arabis pumila), mohnartige Pflanzen (Chelidonium majus), Seerosen (Nymphaea guyanensis), Gesneriazeen (Episcia bicolor, Chirita sinenis, Achimenes grandis u. a.), Lentibularieen (Pinguicula Backeri), Aroideen (Atherurus ternatus), Orchideen (Malaxis monophyllos und paludosa), Liliazeen (Fritillaria, Ornithogalum, Allium, Gagea, Hyacinthus) und Amaryllideen (Curculigo), welche ab und zu mit blattständigen Knospen beobachtet werden. Manchmal wachsen die sich in Gestalt kleiner Wärzchen erhebenden Knospen sofort zu kleinen Pflänzchen heran, wie bei der nordamerikanischen, zu den Saxifrageen gehörigen Tolmiea (s. obenstehende Abbildung) und bei dem Schaumkraut Cardamine uliginosa (s. Abbildung, S. 226, Fig. 4), oder es entstehen kleine Zwiebelchen, wie bei den Laucharten und der Kaiserkrone (Allium und Fritillaria), oder auch Knöllchen, wie bei den obengenannten Arten der Gattung Malaxis. In manchen Fällen bilden sich die Knospen aus wenigen Zellen meistens über den Gabelungen der Nerven der Blattfläche, z. B. bei Cardamine, in anderen Fällen, z. B. bei Curculigo, stehen die Knospen am Ende der Mittelrippe. An der auf Moorboden Nordosteuropas heimischen kleinen Orchidee Malaxis paludosa (s. untenstehende Abbildung, Fig. 5) entspringen die kleinen Knospen vorwiegend am Rande der Laubblätter in solcher Menge, daß das Blatt wie gewimpert aussieht. Jedes Knöspchen besteht aus einem gelbgrünen Gewebekörper, der aus einem Kern und einer Hülle besteht. Diese bildet eine Art Ring, den eine nabelartige Vertiefung umgibt. Die Knospen ähneln durch ihre Form den Samen von Malaxis und anderen

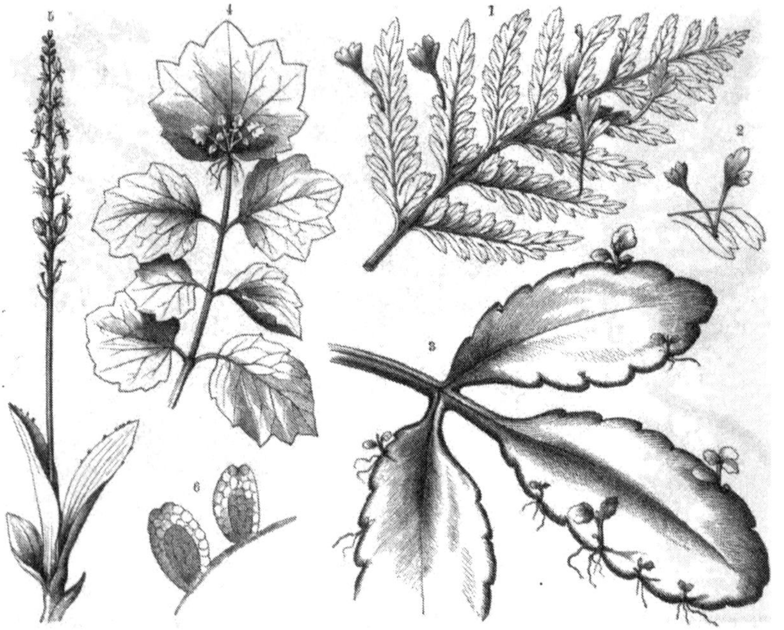

Knospenbildung an Farnwedeln und Laubblättern: 1) und 2) an den Wedelabschnitten des Asplenium bulbiferum; 3) am Rande der Blattabschnitte von Bryophyllum calycinum; 4) an den Laubblättern von Cardamine uliginosa; 5) am Rande der Laubblätter von Malaxis paludosa; 6) zwei Knospen am Rande eines Laubblattes von Malaxis paludosa. Fig. 1, 3—5 in natürl. Größe, Fig. 2: 2fach, Fig. 6: 20fach vergrößert. (Zu S. 225—228.)

Orchideen. Bisweilen entstehen auch Knospen auf Zwiebelschuppen, und diese Erfahrung hat die holländischen Zwiebelzüchter veranlaßt, die Hyazinthen aus Zwiebelschalen zu vermehren. Sie zerstören den Zwiebelkuchen, entfernen die etwa vorhandenen Anlagen von Blütenschäften und führen einen Querschnitt durch den unteren Teil der Zwiebelschalen. Nicht selten werden die Zwiebelschalen auch der Länge nach teilweise gespalten. Man sollte glauben, daß eine so mißhandelte Zwiebel zugrunde gehen müßte, aber im Gegenteil, an den Rändern der künstlich ausgeführten Schnittflächen entstehen eine Menge kleiner zwiebelartiger Knospen. Am seltensten entstehen Knospen aus den Geweben von Hochblättern, doch wurden im Inneren der Fruchtgehäuse mehrerer Arten, von Crinum und Amaryllis, statt der Samen auf den Fruchtblättern entwickelte kleine Knospen gefunden, aus denen sich auf feuchter Erde neue Pflanzen entwickelten.

Gewisse Farne, wie z. B. Asplenium celtidifolium, flagelliferum und bulbiferum (s. Abbildung, S. 226, Fig. 1 und 2), bilden sogar sehr regelmäßig auf ihren Wedeln Knospen aus. In diesen Fällen entspringen die Knospen auf der Fläche der grünen Abschnitte des Wedels, an der in den Sümpfen Ostindiens häufigen Ceratopteris thalictroides aus den Stielchen der einzelnen grünen Lappen, bei den Gleichenien aus den Gabelungen der Wedel (s. Abbildung,

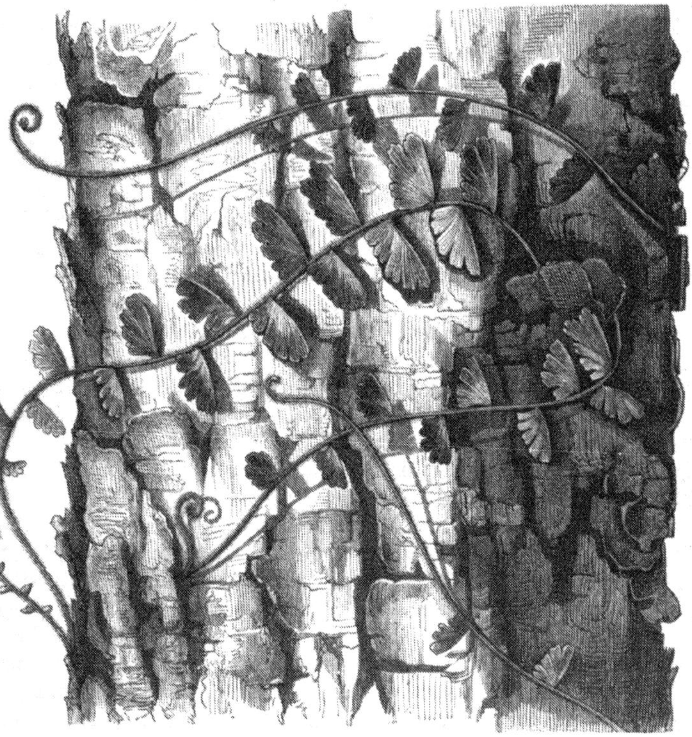

Knospenbildung an der Blattspitze des Farns Asplenium Edgeworthii.

S. 254, Fig. 6) und bei Asplenium cirrhatum, flagellifolium, rhachirhizon und Edgeworthii (s. obenstehende Abbildung) aus der Spitze des Wedels. Dieser zuletzt genannte, auf der Borke von Bäumen wachsende Farn hat die merkwürdige Eigenschaft, daß die Spitzen seiner Wedel lichtscheu sind, sich gegen die dunkelsten Stellen des Standortes krümmen, in die Ritzen der Baumborke förmlich hineinkriechen, sich dort verdicken, fest anlegen und über der Berührungsstelle eine Knospe ausbilden. Aus dieser Knospe gehen wieder Wedel hervor, von welchen sich aber meistens nur einer kräftig entwickelt und, nachdem er sich aufgerollt hat, mit der Spitze wieder eine dunkle Ritze aufsucht. Indem sich dieser Vorgang mehrmals wiederholt, werden die Stämme jener Bäume, auf deren Borke sich dieses Asplenium angesiedelt hat, von den Wedeln förmlich umgürtet und umsponnen, wie es die obenstehende

Abbildung zur Ansicht bringt. Die einzelnen Wedel des Farns erinnern dann lebhaft an die Ausläufer gewisser Ehrenpreis-, Günsel- und Singrün-Arten mit zweireihig gestellten Blättchen.

Bekannt ist eine dieses Verhältnis zeigende tropische Krassulazee, Bryophyllum calycinum. Die Pflanze hat auch in nichtbotanischen Kreisen eine gewisse Berühmtheit erlangt, weil sich seinerzeit Goethe mit ihr beschäftigt und sie mehrfach in seinen Schriften behandelt hat. Die Laubblätter dieses Bryophyllum (s. Abbildung, S. 226, Fig. 3) sind fiederförmig geteilt, die einzelnen Lappen länglich-eiförmig und deutlich gekerbt. An jedem Blatte, das seine volle Größe erreicht hat, bemerkt man in den Einkerbungen eine Zellengruppe, welche dem freien Auge als ein punktförmiges Knötchen erscheint, und die, solange das Blatt am Stamme bleibt, sich bei uns nur selten weiterentwickelt, in welcher aber dann, wenn das Blatt abgepflückt und auf die Erde gelegt wird, ein lebhaftes Wachstum beginnt, dessen Ergebnis die Ausbildung eines kleinen Pflänzchens mit Stamm, Blättern und Wurzeln ist, wie es die eben erwähnte Abbildung darstellt. Die Blätter dieser Pflanze sind dick und fleischig und enthalten im ausgewachsenen Zustande so viel Reservestoffe und so reichlich Wasser, daß die Aufnahme von Nahrung aus der Umgebung entbehrlich gemacht ist; erst später, wenn die aus den Einkerbungen hervorgewachsenen Pflänzchen die in dem abgepflückten Blatte aufgespeicherten Stoffe aufgezehrt haben, sind sie darauf angewiesen, sich mit ihren Würzelchen aus der Umgebung Nahrung zu suchen. Wurde das abgepflückte Blatt auf mäßig feuchte Erde gelegt, so bringen die Würzelchen der aus den Einkerbungen entwickelten Pflänzchen in diese ein, und wenn indessen das Gewebe des abgepflückten Blattes ausgesogen, verwelkt, vertrocknet und zerfallen ist, werden alle die kleinen Pflänzchen selbständig und wachsen zu umfangreichen Stöcken heran. In der Heimat der Pflanze entwickeln sich aber die Brutknospen in großer Menge auf den an der Pflanze festsitzenden Blättern und fallen bei Erschütterungen oft in Menge auf den Boden, wo sie sich bewurzeln. Ähnliche Verhältnisse wie bei Bryophyllum calycinum werden auch noch bei anderen Gewächsen mit dicken, fleischigen Blättern, zumal bei den Echeverien, beobachtet. Auch auf den abgetrennten fleischigen Blättern der Rochea falcata kommen bisweilen junge Pflänzchen zum Vorschein. Es besteht zwar bei diesen der bemerkenswerte Unterschied, daß an den Ursprungsstellen nicht wie bei Bryophyllum besondere Zellgruppen schon vorgebildet sind; aber insofern stimmen doch Bryophyllum, Echeveria und Rochea miteinander überein, als in allen Fällen der Bedarf an Baustoffen für die sich bildenden jungen Pflänzchen durch einige Zeit aus dem vom Stamme abgetrennten fleischigen Blatte bestritten wird, und daß es durchaus nicht notwendig ist, das Blatt sofort nach dem Abtrennen in feuchte Erde zu stecken, damit es aus dieser das nötige Wasser beziehe.

Wir brauchen aber nicht in die Tropen zu reisen, um solche Verhältnisse zu beobachten. Auch bei uns sind ähnliche Dinge zu sehen; da aber unsere Pflanzenwelt im ganzen bescheidenere und weniger auffallende Gestaltungen zeigt, so übersieht man zu Hause im Freien manches, was man an einer fremden Gewächshauspflanze bestaunt.

Sehr stattliche und hübsch schwarzviolett gefärbte Brutknospen erzeugt Dentaria bulbifera, die in unseren schattigen Laubwäldern hier und da wächst. Ebenso bildet die Feuerlilie auf der Basis ihrer Blätter Brutzwiebeln, die gleich denen von Bryophyllum abfallen. Merkwürdig sind die blattbürtigen Knospen bei Nymphaea micrantha (Daubenyana), welche sogar neben Blättern auch Blüten auf dem Mutterblatte bilden. Wenn das Mutterblatt im Herbst zugrunde geht, können die jungen Pflanzen selbständig werden (vgl. die Tafel bei S. 259).

Von den geschilderten blattständigen Knospen sind diejenigen wohl zu unterscheiden, welche auf den Laubblättern der im tropischen Westafrika heimischen, zu den Bixazeen gehörigen Mocquerysia multiflora und der japanischen Helwingie sowie auf den laubähnlichen Sproßgebilden der Flachsproßgewächse vorkommen. Was zunächst die Mocquerysia anlangt und die Helwingia, von der untenstehend eine Abbildung eingeschaltet ist, so konnte durch sorgfältige Untersuchungen festgestellt werden, daß von dem laubblatttragenden Stamme besondere Strangbündel ausgehen, welche zu den auf den Blättern sitzenden Knospen hinziehen. Jeder dieser Stränge entspricht einem Seitensproß, der aber nicht frei, sondern mit der Mittelrippe

Helwingie (Helwingia ruscifolia), mit Blüten auf den Laubblättern.

desjenigen Blattes, aus dessen Achsel er entsprang, verwachsen ist. Dieser mit der Mittelrippe verwachsene Seitensproß löst und erhebt sich erst im unteren Drittel der Blattfläche aus seiner Verbindung, erscheint dann von einer Knospe oder, wenn er sich teilt, von mehreren Knospen abgeschlossen und kann, da diese Knospen Blütenknospen sind, auch als Blütenstiel aufgefaßt werden. Man kann daher nicht sagen, daß diese Blütenknospen blattständig sind, d. h. daß sie direkt aus dem Gewebe eines Laubblattes entstehen. Tatsächlich gehen sie aus einer Achselknospe hervor, nur ist ihr Träger, ihr Stiel, ihre Achse, mit der Mittelrippe eines Laubblattes später verschmolzen. Willdenow, welcher die oben abgebildete Pflanze zuerst beschrieben hat, nannte sie mäusedornblätterige Helwingie (Helwingia ruscifolia), weil bekanntlich auch die Blütenknospen des Mäusedorns (Ruscus) von blattähnlichen Gebilden getragen werden (vgl. Bd. I, S. 249). Der Fall liegt aber doch wesentlich anders. Die grünen, blattähnlichen Gebilde des Mäusedorns, von deren oberer Fläche eine Blütenknospe entspringt, sind keine Blätter, sondern blattähnliche Kurztriebe, also Stämme, und die ihnen aufsitzenden Knospen sind daher auch nicht blattständig, sondern stammständig. Dasselbe gilt natürlich auch für die anderen Flachsproßgewächse, von welchen einige Vertreter in der Abbildung auf S. 250 des ersten Bandes zusammengestellt sind.

Haben viele Pflanzen in ihrer vegetativen Vermehrung, wie man diese Vorkommnisse nennt, auch ein Mittel, Nachkommenschaft zu erzeugen, so bezeichnet man diesen Vorgang doch nicht als Fortpflanzung. Er hat tatsächlich doch eine größere Ähnlichkeit mit der Bildung von Ablegern, die man in der Gartenkunst auch „Vermehrung" nennt.

Fortpflanzung ist dagegen eine Vermehrung durch Keimzellen.

Wie überall in der Wissenschaft, versteht es sich von selbst, daß Begriffsbildungen und Einteilungen nur aus einer Mehrzahl von Tatsachen abgeleitete Hilfsmittel für die Wissenschaft sind und die Natur sich nach ihnen nicht richtet. So kann man bei manchen Vermehrungsarten schwanken, ob man sie der vegetativen Vermehrung oder der Fortpflanzung zuzählen will. Sieht man als Fortpflanzung ausschließlich eine Vermehrung durch einzelne Zellen an, die zu diesem Zwecke erzeugt werden, so wäre die früher geschilderte und abgebildete Vermehrung von Hydrodictyon mehr der Brutknospenbildung an die Seite zu setzen und als vegetative Vermehrung anzusehen, man kann sie natürlich auch als ungeschlechtliche Fortpflanzung im Sinne der Schwärmsporenbildung betrachten.

Die im Anschluß an die grundlegenden Beobachtungen von Thuret, Pringsheim, Hofmeister in neuerer Zeit mit bewunderungswürdiger Hingebung von scharfsichtigen Botanikern durchgeführten Untersuchungen über die Fortpflanzung haben zu dem Ergebnis geführt, daß in den meisten Abteilungen des Gewächsreiches eine zweifache Art der Vermehrung durch Keimzellen vorkommt. Immer sind es zwar einzelne Protoplasten oder Zellen, welche den Anfang neuer Einzelwesen bilden; allein in dem einen Falle entwickeln sich die Keimzellen, wie sie da sind, und dann spricht man von ungeschlechtlicher Fortpflanzung, im anderen Falle dagegen muß eine Vereinigung von zwei getrennt entstandenen Zellen, also eine Paarung stattfinden, wenn überhaupt eine neue Pflanze entstehen soll. Das ist die geschlechtliche Fortpflanzung oder wie man auch sagt: Befruchtung.

Bei den niedersten Pflanzen entstehen die Keimzellen durch bloße Umwandlung des Inhalts einer gewöhnlichen Zelle zur Keimzelle oder zu vielen Keimzellen, in die dieser Zellinhalt zerfällt. Auf höheren Stufen des Pflanzenreiches werden die Keimzellen in besonderen, in ihren Formen von den Ernährungsorganen auffallend verschiedenen Fortpflanzungsorganen gebildet, die bei den verschiedenen Abteilungen des Pflanzenreiches eine noch größere Verschiedenheit zeigen, als die Ernährungsorgane untereinander. Die Fortpflanzungsorgane stehen aber trotzdem mit den Ernährungsorganen in einem genetischen Zusammenhange. Sie entstehen nicht nur an diesen, sondern sind auch nur als Metamorphosen der Ernährungsorgane anzusehen.

Das Vorhandensein einer doppelten Fortpflanzung im Pflanzenreich erklärt sich aus seiner historischen Entwickelung. Im Anfang haben sich die einfachsten Pflanzen, die auf der Erde entstanden, nur auf ungeschlechtlichem Wege fortgepflanzt. Nachdem sich eine Geschlechtlichkeit bei ihnen entwickelte, ist in vielen Fällen die ältere Vermehrungsweise daneben bestehen geblieben. Die geschlechtliche Fortpflanzung hat den erkennbaren Vorteil, daß bei ihr meistens ein Produkt (eine Eispore, ein Same) entsteht, welches im Vergleich zu den ungeschlechtlich entstandenen Keimzellen dauerhafter ist und nicht sofort in die notwendigen

Lebensbedingungen zu kommen braucht, um sich zu entwickeln, sondern dies oft nach längerer Ruhe noch tun kann. Die geschlechtlichen Sporen und Samen können oft jahrelang mit ihrer Keimung warten, während die ungeschlechtlichen Sporen zugrunde gehen, wenn sie nicht bald die notwendigen Keimungsbedingungen, besonders Feuchtigkeit, vorfinden.

---

2. Die Fortpflanzung bei den Kryptogamen.

Die Fortpflanzung bei Pilzen, Algen und Armleuchtergewächsen.

Zur Übersichtlichkeit dürfte es wesentlich beitragen, wenn bei Besprechung dieser Vorgänge an der alten Einteilung der Pflanzen in Kryptogamen und Phanerogamen festgehalten wird. Das Wort Kryptogamen wurde von Linné für die 24. Klasse seines Systems eingeführt. Für die ersten 23 Klassen, welche alle Blütenpflanzen umfaßte, gab es lange kein zusammenfassendes Wort. Ein französischer Botaniker J. F. Boudon de Saint-Amans (1748—1831) schuf dafür das Wort Phanerogamen, welches, seit Ventenat es in seinem „Tableau du régne végétal" 1799 gebrauchte, allgemein Eingang fand. Dem Wortlaute nach sind die Kryptogamen Pflanzen, welche sich im geheimen, die Phanerogamen Gewächse, welche sich sichtbar befruchten. Seit der Vervollkommnung und allgemeinen Anwendung des Mikroskops hat diese Unterscheidung allerdings ihre Bedeutung verloren; wenn aber die Übersetzung etwas anders gefaßt wird, und wenn man unter dem Namen Kryptogamen diejenigen Pflanzen begreift, welche der Blumen im gewöhnlichen Sinne entbehren, und deren Befruchtungsorgane nur unter dem Mikroskop deutlich gesehen werden können, unter dem Namen Phanerogamen dagegen jene Gewächse zusammenfaßt, welche Blüten tragen, und deren ohne Beihilfe des Mikroskops sichtbare Befruchtungsorgane als metamorphosierte Blätter zu gelten haben, so können diese althergebrachten Bezeichnungen immerhin verwendet werden, und zwar um so mehr, als auch andere den Befruchtungsvorgang betreffende Gegensätze die Unterscheiduug von Kryptogamen und Phanerogamen rechtfertigen, z. B. die Samenbildung der Phanerogamen und der Unterschied, daß die Befruchtung der Kryptogamen im Wasser oder in einem das Wasser vertretenden Medium, die Befruchtung der Phanerogamen dagegen fast ausschließlich in der Luft vor sich geht. — Ehe nun die Fortpflanzungsvorgänge und ihre Mittel geschildert werden, seien ein paar Worte über einige immer wiederkehrende Bezeichnungen gesagt.

Die Keimzellen heißen auch Sporen, ihre Behälter Sporangien. Werden die Sporen nach ihrer Entstehung freibeweglich, wie bei Algen und manchen Pilzen, so heißen sie zum Unterschied von den unbeweglichen Sporen Schwärmsporen (s. Abbildung, Bd. I, S. 29). Entstehen Sporen nicht innerhalb eines geschlossenen Behälters, sondern oberflächlich, wie bei manchen Pilzen an besonderen Tragorganen, so spricht man von Sporenträgern, weniger gut auch manchmal Fruchtträger genannt. Bei den Pilzen werden die von Trägern abgeschnürten Sporen auch Konidien genannt.

Bei der geschlechtlichen Fortpflanzung bezeichnet man die weibliche Keimzelle als Eizelle, die männlichen, kleineren und beweglichen Keimzellen als Spermatozoiden. In einigen Fällen jedoch sind männliche und weibliche Keimzellen gleichgestaltet und nicht zu unterscheiden. Dann nennt man sie beide Gameten. Die befruchtete Eizelle nennt man Oospore (Eispore). Die durch Paarung von Gameten entstandene Keimzelle heißt Zygote.

Will sich eine Pflanze durch Keimzellen vermehren, so ist der Weg der ungeschlechtlichen Fortpflanzung der einfachere. Hier handelt es sich nur um Abgliederung von Zellen vom Körper, die, falls nicht gerade die notwendigsten Lebensbedingungen fehlen, sich sogleich zum neuen Wesen ausgestalten können. Aus diesem Grunde ist es begreiflich, daß man bei den niederen Pflanzen die Fortpflanzung durch Sporen weit verbreitet findet. Auf diese Weise kann sich ein Organismus in kurzer Zeit sehr schnell massenhaft vermehren. Die niederen Pilze, z. B. die Schimmelpilze, sind darin Meister. Ihre unbemerkt eingeschleppten Sporen keimen überall auf passendem Nährboden, Brot, Speiseresten, und ihre ungehinderte Verbreitung wird nur durch den menschlichen Ordnungssinn gehindert, der durch diese mikroskopische Polizei aufgerüttelt wird.

Der häufigste aller Schimmel ist der Pinselschimmel (Penicillium), von welchem eine Art, nämlich Penicillium crustaceum, in der Abbildung in Band I, S. 398, durch die Figuren 8 und 9 dargestellt ist. Hier gliedern sich die Sporen in perlenschnurförmigen Reihen von den Trägern ab; der aufrechte Hyphenfaden, welcher den Ausgangspunkt der Sporen bildet, ist gegliedert und gabelig verästelt. Bei den Peronosporeen, zu welchen der für die Schotengewächse so verderbliche Schmarotzer Cystopus candidus gehört, werden die perlenschnurförmigen Reihen der Sporen von einer keulenförmigen Tragzelle abgegliedert.

Der in Band I, S. 398, Fig. 4 und 5, abgebildete Aspergillus niger, ein Schimmel, welcher besonders Fruchtsäfte und eingesottenes Obst überwuchert, bildet schlanke, aufrechte Hyphenfäden aus, deren angeschwollenes Ende eine Menge kurzer, zapfenförmiger Ausstülpungen oder Sterigmen treibt, von denen sich in rascher Aufeinanderfolge Reihen aus 5—15 Sporen abgliedern. Diese Sporen hängen anfänglich locker zusammen und sind so geordnet, daß sie den Eindruck von Perlenschnüren machen; diese Perlenschnüre aber sind wieder so gruppiert, daß sie zusammen ein kugeliges Köpfchen bilden. Erschütterungen der mannigfaltigsten Art, besonders durch Luftströmungen, veranlassen die Trennung der Reihen und ein Zerfallen des ganzen kugeligen Sporenhaufens. Es bleibt dann nur noch der an seinem Ende angeschwollene Hyphenfaden mit seinen Ausstülpungen zurück, der nun fast das Ansehen eines Streitkolbens besitzt (s. dieselbe Abbildung in Band I, S. 398, Fig. 4).

Am einfachsten vollzieht sich die Abschnürung der Sporen bei dem unter dem Namen „Getreiderost" bekannten Pilz, welcher in einem bestimmten Entwickelungsstadium als Schmarotzer in dem grünen Blattgewebe unserer Getreidearten wächst, und dessen Hyphenfäden zum Zweck der Sporenbildung büschelweise über die Oberfläche des durchwucherten Laubes hervorkommen. Da bildet sich an dem blindsackförmigen Ende einer jeden Hyphe nur eine einzige, verhältnismäßig große Spore aus, und sobald diese abgefallen ist, erlischt für die Hyphe oder Basidie die Fähigkeit, weiterhin Sporen abzuschnüren (vgl. Bd. I, S. 387).

Die Mannigfaltigkeit dieser durch Abgliederung erfolgenden Sporenbildung wird übrigens auch noch dadurch erhöht, daß bei einigen kryptogamen Pflanzenfamilien die abgegliederten Sporen von besonderen Hüllen umgeben sind. Das ist insbesondere bei dem unter dem Namen Aecidium bekannten Entwickelungsstadium der Rostpilze und bei den Bovisten der Fall. Die Äzidien präsentieren sich als Gebilde, welche aus einem das grüne Gewebe von Blättern durchwuchernden Myzelium ausgehen. Dicht zusammengedrängte Enden der Myzelfäden bilden die Tragzellen für die Sporen, die Basidien, von denen sich perlenschnurförmige Sporenketten abgliedern, und diese sind umschlossen von einer Hülle, die sich aus den die Basidien umgebenden Hyphen entwickelt hat. Erst nachdem diese kapselartige Hülle aufgerissen ist, können die Sporen, welche sich nun trennen, ausgestreut werden. Bei den zahlreichen Bovisten verhält es sich ähnlich, nur sind hier die Basidien und Sporen nicht regelmäßig geordnet. Auch findet man zwischen den staubähnlichen Sporen in der sackartigen Hülle der Bovisten

Schwämme: 1) Clavaria aurea; 2) Daedalea quercina; 3) Marasmius tenerrimus; 4) Marasmius perforans; 5) Craterellus clavatus; 6) Amanita phalloides; 7) kolbenförmige Basidien mit pfriemenförmigen Sterigmen, von deren Enden sich kugelige Sporen abgliedern: aus dem Hymenium der Amanita phalloides; 8) Hydnum imbricatum; 9) Polyporus perennis. Fig. 1, 2, 3, 4, 5, 6, 8, 9 in natürl. Größe, Fig. 7: 250fach vergrößert. (Zu S. 233 und 234.)

noch andere faserförmige, verästelte, dickwandige Gebilde, die für das Ausstreuen der Sporen von Bedeutung sind und Kapillitium genannt werden.

Eine Abgliederung der Sporen an Fäden zeigen auch die bekanntesten Pilze, die Hutpilze, zu denen der Champignon, Steinpilz und tausend andere gehören. Aus dem im Boden wuchernden, aus den Sporen entstandenem Fadengeflecht wachsen die bekannten, meist gestielten Hüte empor. Diese oft schöngefärbten Gebilde sind nichts weiter als die Sporenträger der Pilze.

Auf der Unterseite des Hutes, der wie ein Dach die Sporen vor Nässe schützt, entstehen auf Lamellen, Stacheln oder in Röhren die Keimzellen durch Abschnürung (vgl. S. 233, Fig. 7), fallen zu Boden und werden durch Wind oder Tiere, häufig durch Schnecken, die an den Pilzen hinaufkriechen, verbreitet. Einige von diesen Pilzen sind auf S. 233 abgebildet.

Aus dem unendlich zarten, vielverzweigten Myzelium jener Schimmel, welche unter dem Namen Mukorazeen zusammengefaßt werden, erheben sich einzelne Fäden und wachsen schnurgerade in die Höhe. Sie gliedern sich in zwei Zellen, von welchen die obere zu einer kugeligen Blase, die untere zu einem langen, dünnen Träger wird, dessen oberes Ende als hohler Zapfen in die von ihm getragene Blase gestülpt ist (s. nebenstehende Abbildung, Fig. 2). Das Protoplasma in der oberen blasenförmigen Zelle zerfällt in eine große Zahl von Sporen, und diese Zelle ist nun zum Sporangium geworden. Infolge der Gewichtszunahme des Sporangiums knicken die fadenförmigen Träger ein, die Sporangien platzen, und die Sporen mitsamt der hellen Flüssigkeit, in die sie eingebettet sind, quellen aus dem Risse des Sporangiums hervor (s. dieselbe Abbildung, Fig. 1).

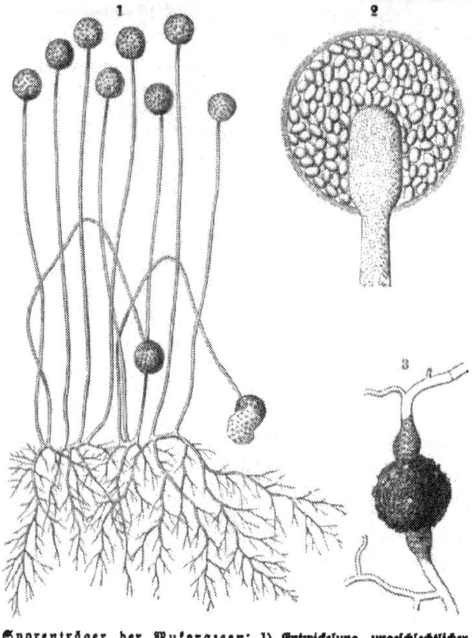

Sporenträger der Mukorazeen: 1) Entwickelung ungeschlechtlicher Sporen in kugeligen Sporengehäusen, 2) ein Sporengehäuse im Längsschnitt, 3) Bildung einer Jochfrucht. Fig. 1: 40fach, Fig. 2: 260fach, Fig. 3: 180fach vergrößert.

Anders verhält es sich mit jenen Pilzen, welche Askomyzeten genannt werden, und zu welchen von bekannten Gewächsen die Morcheln und Lorcheln (s. Abbildung, S. 235) und auch wieder mehrere Schimmel, zumal die den Meltau bildenden Erysipheen und die den Honigtau des Getreides veranlassenden Arten der Gattung Claviceps, gehören. Bei diesen Pflanzen erheben sich an bestimmten Stellen ihrer Körperoberfläche von dem Myzelium die Enden der Hyphenfäden teils als kolbenförmige, meist sehr verlängerte Schläuche (asci), teils als zarte fadenförmige Paraphysen, und diese Gruppe von Schläuchen und Paraphysen wird umgeben und umhüllt von anderen zelligen Gebilden, so daß das Ganze einer Schüssel, einem Becher oder einer Kapsel ähnlich sieht. Das Protoplasma in den Schläuchen zerfällt und bildet ellipsoidische, meistens in Längsreihen geordnete Sporen (s. Abbildung, S. 235, Fig. 2), seltener langgestreckte, büschelförmig gruppierte Fäden, welche sich, solange sie noch in den Schläuchen eingebettet liegen, mit einer derben Zellhaut versehen. Man hat diese Sporen Schlauchsporen oder Askosporen (Askos = Schlauch) genannt. Sie entbehren der Wimpern, welche die Zoosporen auszeichnen, können sich, nachdem sie aus dem aufgerissenen Scheitel des Schlauches ausgestoßen wurden, auch nicht selbständig bewegen.

Die Gruppierung sowie die Umhüllung der sporenbildenden Schläuche unterliegt bei den verschiedenen Gattungen und Arten einer großen Abwechselung. Erheben sich die Schläuche im Grunde flaschen- oder grubenförmiger Vertiefungen, so nennt man diese **Perithezien**; entspringen sie dagegen einem ebenen oder schüsselförmigen Grunde, so spricht man von **Apothezien**. Diese Perithezien und Apothezien hat man auch wohl Früchte genannt. Wenn dem Entstehen der Perithezien und Apothezien wirklich eine Befruchtung vorherging, was allgemein noch nicht festgestellt werden konnte, so kann man einen Behälter, in welchem eine oder mehrere Eizellen befruchtet wurden, als Frucht bezeichnen. Die Perithezien und Apothezien und alle

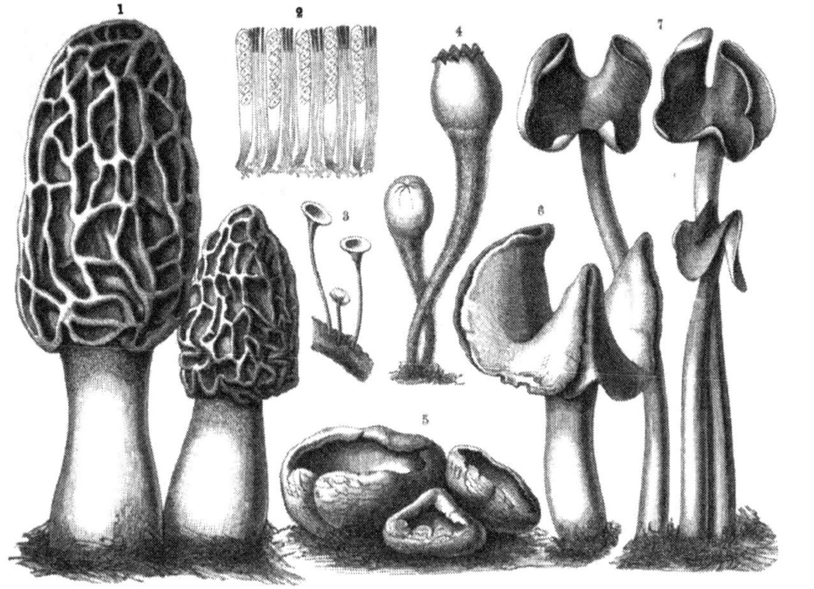

Scheibenpilze: 1) Speisemorchel (Morchella esculenta); 2) fünf Schläuche mit je acht Schlauchsporen, dazwischen fadenförmige Paraphysen, Längsschnitt aus dem Hymenium der Speisemorchel; 3) Helotium Tuba; 4) Anthopeziza Winteri; 5) Peziza vesiculosa; 6) bischofsmützenförmige Lorchel (Helvella Infula); 7) Röhrenlorchel (Helvella fistulosa). Fig. 1, 4, 5, 6, 7 in natürl. Größe, Fig. 3: 4fach, Fig. 2: 120fach vergrößert. (Zu S. 234.)

sogenannten Früchte der Askomyzeten sind aber doch nur fruchtähnliche Gebilde und eigentlich Sporangienstände, die den Früchten höherer Pflanzen keineswegs gleichen.

Gehen Pflanzen zum Wasserleben über, so erscheint es zweckmäßig, daß auch ihre Fortpflanzung sich dem Wasserleben anpaßt, und in der Tat sehen wie bei den Kryptogamen in diesem Falle schwimmende bewegliche Sporen (Schwärmsporen) auftreten.

Bei den im Band I des „Pflanzenlebens" auf S. 22 besprochenen und auf der Tafel bei S. 22 abgebildeten **Vaucherien** formt sich in jeder kolbenförmigen Aussackung der schlauchförmigen Zellen nur eine einzige verhältnismäßig große, grün gefärbte Spore, welche mit Hilfe zahlreicher kurzer Wimpern herumzuschwimmen imstande ist. Die auf verwesenden Tieren im Wasser lebenden schimmelartigen **Saprolegniazeen** entwickeln dagegen in ihren keulenförmigen Schläuchen eine große Menge farbloser Sporen, welche sich nach dem Ausschlüpfen aus den Schläuchen mittels zweier langer kreisender Wimperfäden im Wasser herumtummeln (s. untenstehende Abbildung). In beiden Fällen haben die Sporen die Fähigkeit, sich aus eigener Kraft zu bewegen und im Wasser herumzuschwärmen, dementsprechend sie Schwärmsporen genannt werden. Auch der Name Zoosporen (Zoon = Tier) wurde ihnen beigelegt, da sie in ihrer Gestalt und ihrem Benehmen lebhaft an gewisse Infusorien erinnern.

Aber nicht einmal Algen und Pilze, aus deren ungeheuerer Fülle von Fortpflanzungsformen nur einige herausgegriffen werden konnten, begnügen sich mit der ungeschlechtlichen

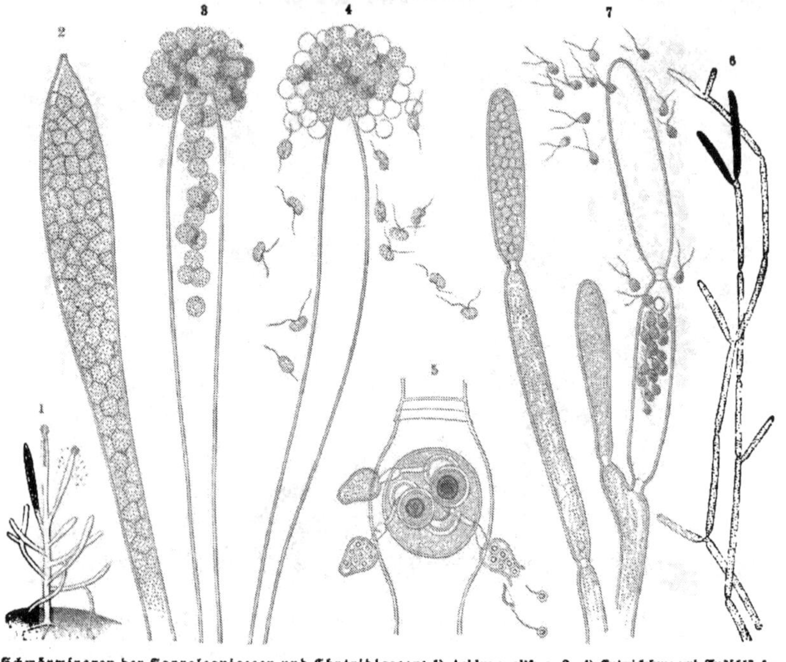

Schwärmsporen der Saprolegniazeen und Chytridiazeen: 1) Achlya prolifera, 2—4) Entwickelung und Ausschlüpfen der Schwärmsporen von Achlya prolifera; 5) Chytridium Olla, in dem Oogonium eines Ödogoniums schmarotzend, Entwickelung und Ausschlüpfen der Schwärmsporen; 6) Saprolegnia lactea, 7) Entwickelung und Ausschlüpfen der Schwärmsporen von Saprolegnia lactea (zum Teil nach De Bary und Pringsheim). Fig. 1: 20fach, Fig. 2—4: 400fach; Fig. 5: 300fach, Fig. 6: 100fach, Fig. 7: 300fach vergrößert. (Zu S. 235.)

Fortpflanzung. Es wird das Interesse steigern, nun sogleich zu sehen, wie sich bei ihnen der Geschlechtsvorgang ausnimmt, zunächst bei einer Alge.

Wenn in den Gebirgsgegenden des mittleren Europas der Winterschnee abgeschmolzen ist und die trüben Schmelzwasser sich nach und nach geklärt haben, sieht man allenthalben auf den Kieseln im Rinnsal der Bäche und an den Seitenwänden der vom Quellenwasser durchflossenen Brunnentröge samtartige Überzüge aus kurzen, zarten, dicht zusammengedrängten Fäden, welche durch smaragdgrüne Farbe auffallen und insbesondere dann, wenn ein Sonnenblick das Wasser streift, einen prächtigen Anblick gewähren. Diese grünen Fäden gehören einer Alge an, welche den Namen Kraushaar (Ulothrix) führt. Jeder einzelne Faden besteht aus zahlreichen kettenförmig verbundenen Zellen, wie es die Fig. 1 in der untenstehenden Abbildung zur Ansicht bringt. Wenn diese Fäden ausgewachsen sind und die Zeit der Befruchtung gekommen ist, zerfällt der protoplasmatische Inhalt der einzelnen Zellen in zahlreiche kugelige grün gefärbte Teile, die aber noch immer einen rundlichen, durch eine farblose Masse zusammengehaltenen Ballen darstellen. In der Wand der betreffenden Zellen entsteht nun eine Öffnung, durch welche der Ballen in das umgebende Wasser ausschlüpft (s. unten, Fig. 2 und 3). Hier lösen sich die einzelnen Protoplasten, welche den Ballen zusammensetzen, und es zeigt sich, daß jeder Protoplast an dem einen Ende zwei schwingende Wimpern trägt, mit deren Hilfe er im Wasser herumzuschwimmen vermag. Wenn sich bei diesen Schwimm-

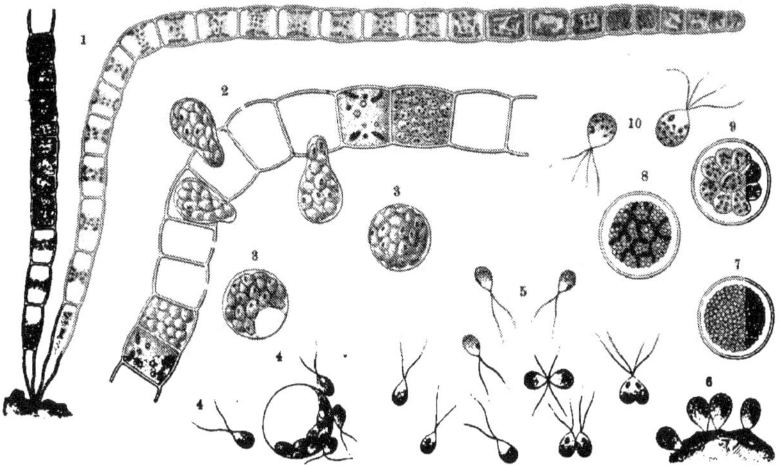

Befruchtung und Fruchtbildung eines Kraushaares, Ulothrix zonata. (Zum Teil nach Dodel-Port.) 1) Zwei Fäden aus kettenförmig verbundenen Zellen, 2) Ausschlüpfen zusammengeballter Gameten, 3) ausgeschlüpfter kugeliger Ballen von Gameten, 4) Trennung der Gameten, 5) schwimmende und sich paarende Gameten, 6) festsitzende und durch Paarung der Gameten entstandene Zygoten, 7—9) weitere Entwickelung der Zygote, 10) zwei aus der Zygote hervorgegangene Schwärmsporen. Fig. 1: 250fach, Fig. 2—10: ungefähr 400fach vergrößert.

übungen zwei aus einer und derselben Zellkammer stammende Protoplasten begegnen, so weichen sie sich gegenseitig aus; kommen dagegen die Protoplasten aus den Zellen verschiedener Fäden zusammen, so weichen sie sich nicht nur nicht aus, sondern stoßen mit ihrem vorderen bewimperten Ende zusammen, legen sich seitlich umkippend aneinander und verschmelzen zu einem mit vier Wimpern besetzten Körper (s. oben, Fig. 4 und 5). Kurz darauf verschwinden die Wimpern, und der durch Verschmelzung gebildete Körper kommt zur Ruhe. Dieses Verschmelzen ist der denkbar einfachste Fall der Befruchtung im Reiche der Pflanzen. Das Ergebnis der Befruchtung ist eine Keimzelle, die man Spore nennen kann, aber zum Unterschiede von ungeschlechtlichen Sporen lieber Zygote nennt. Sie besteht aus dem durch die geschilderte Verschmelzung gebildeten Protoplasten, der sich nun mit einer starken Zellhaut umgibt und sich an irgendeinem feststehenden Körper unter Wasser anheftet (s. oben, Fig. 6). Die weitere Entwickelung dieser Keimzelle interessiert hier nicht; es genügt, zur Erläuterung der Abbildung beizufügen, daß aus der festsitzenden einzelligen Zygote nicht sofort wieder eine bandförmige Zellenreihe

Tange im Adriatischen Meere.
Nach Aquarell von Fritz v. Kerner.

hervorgeht, sondern daß sich aus dem Protoplasma derselben zunächst wieder Schwärmsporen entwickeln (s. Abbildung, S. 237, Fig. 7—10), welche sich an einem Punkte fest setzen, mit Zellhaut umgeben, sich fächern und so zu einer bandförmigen Zellenreihe werden.

Die zum Zweck der Zygotenbildung sich paarenden Protoplasten sind bei Ulothrix und den verwandten anderen Gattungen in Gestalt, Größe, Färbung und Bewegung nicht verschieden, und es wäre unmöglich, nach dem äußeren Ansehen zu sagen, welcher derselben befruchtend wirkt, und welcher befruchtet wird. Man gebraucht darum für diese auch nicht verschiedene Ausdrücke, sondern nennt sie beide Gameten und kann auch den ganzen soeben geschilderten Vorgang Paarung der Gameten nennen. Das Produkt der Paarung, eine geschlechtlich erzeugte Spore, nennt man, wie gesagt, Zygote. Für unsere sinnliche Wahrnehmung ist dieser Vorgang der Befruchtung ein gegenseitiges Durchdringen der beiden Protoplasmen, und es darf vorausgesetzt werden, daß gerade dadurch eine molekulare Umlagerung veranlaßt wird, welche das Produkt der Paarung befähigt, sich selbständig weiter zu entwickeln. Diese Annahme findet besonders in der Tatsache eine Stütze, daß alle Gameten, welche nicht rechtzeitig zur Paarung kommen, sich auch nicht weiterentwickeln, sondern unbedingt im umgebenden Wasser zerfließen und zugrunde gehen.

Auch bei dem Wassernetz (Hydrodictyon), dessen ungeschlechtliche Vermehrung durch bloße Teilung und Umformung des Inhaltes einer Zelle früher beschrieben wurde (Bd. I, S. 35), kommt eine Paarung von Gameten vor. Das Protoplasma in bestimmten Zellen zerfällt dabei in Tausende kleiner Zellen, welche in das umgebende Wasser austreten, sich daselbst paaren, miteinander verschmelzen und kugelige oder sternförmige Zygoten bilden, aus welchen schließlich auch wieder kleine Wassernetze hervorgehen.

Die im Meere wachsenden Tange oder Fukazeen, von welchen der am felsigen, seichten Strande der Adria ungemein häufige Fucus virsoides auf der beigehefteten Tafel „Tange im Adriatischen Meere" nach der Natur abgebildet wurde, stimmen mit dem geschilderten Kraushaar (Ulothrix) insofern überein, als auch bei ihnen die zur Befruchtung bestimmten Protoplasten aus den betreffenden Zellkammern ausschlüpfen und die Befruchtung in einer Verschmelzung freier, von der Mutterpflanze abgeschiedener Protoplasten besteht. Darin aber unterscheiden sich diese Tange sehr auffallend von dem Kraushaar und den mit diesem verwandten Algenformen, daß die Protoplasten von zweierlei Größe und Gestalt sind, weshalb ein so ausgesprochener Gegensatz in der Form und Größe auch verschiedene Namen verlangt. Man unterscheidet in allen Fällen, wo die Keimzellen verschieden an Größe und Gestalt sind, beide Zellen als weiblich und männlich, nennt die weibliche die Eizelle und die männliche das Spermatozoid. Diese Bezeichnungen sind der tierischen Fortpflanzung entlehnt, da die Übereinstimmung vollkommen ist. Man erkennt die weibliche Eizelle an ihrer Größe und Unbeweglichkeit, während das männliche Spermatozoid sehr klein und beweglich ist. Nach der Befruchtung umgibt sich die Eizelle in der Regel mit einer dicken Membran und ist imstande, eine längere Ruhezeit durchzumachen. Man nennt sie daher in diesem Zustande auch Dauerspore. Das Gewebe aller Fucus-Arten ist derb, lederig, braun gefärbt, laubartig, gabelig geteilt oder gelappt und enthält stellenweise lufterfüllte Auftreibungen als Schwimmblasen eingeschaltet. An den Enden der Lappen sitzen auffallend aussehende Auftreibungen, welche eine grubige Punktierung bemerken lassen, und jedem Punkte entspricht eine Vertiefung, welche die Gestalt einer runden Grube besitzt (s. Abbildung, S. 239, Fig. 1). Durchschnitte durch solche Aushöhlungen zeigen, daß von der Oberhaut, welche die Grube

[Zur Tafel: »*Tange im Adriatischen Meere*«.]

Tange im Adriatischen Meere.

Nach Aquarell von Fritz v. Kerner.

...ben der am fe...
...steten Tage...
...t mit dem a...
...ernennung...

...wie sie sich mit einer ... ...ig. S. 239, Fig. 1...
Das ...atte durch solche Nach...ungen zeigen, ... verbreitet, welche die Grube

Tange im Adriatischen Meere.

Nach Aquarell von Fritz v. Kerner.

auskleidet, eine Menge gegliederter, unter dem Namen Paraphysen bekannter Fäden entspringen. Bei dem unten abgebildeten Fucus vesiculosus bleiben diese Fäden in der Höhlung geborgen, bei einigen anderen Fucus-Arten ragen sie aus der engen Mündung der Höhlung wie ein Pinsel hervor. Zwischen den Fäden im Grunde der Vertiefung sind aber noch andere Gebilde entstanden. Einzelne den Grund der Grube auskleidende Zellen haben sich papillenartig vorgewölbt und durch eine eingeschaltete Querwand in zwei Zellen gefächert, von welchen die eine die Gestalt einer Kugel, die andere die Form eines Stieles dieser Kugel annimmt (s. nebenstehende Abbildung, Fig. 2). Das Protoplasma in dem kugelförmigen Zellenraum ist dunkelbraun gefärbt, furcht sich und zerfällt in acht Teile, welche sich abrunden und nun die Eizellen darstellen. Die dicke Wand des kugelförmigen Zellenraumes löst sich in zwei Schichten, von welchen die innere wie eine Blase die acht gerundeten Protoplasmakörper umgibt. Diese mit den Eizellen vollgepfropfte Blase löst sich nun vollständig los, gleitet zwischen den Paraphysen empor und gelangt nun vor die Mündung der grubenförmigen Aushöhlung. Hier zerklüftet sich die Blase in zwei Lamellen, die innere stülpt sich vor, platzt auf, und die acht Eizellen werden nun frei und treiben im Meerwasser fort (s. Abbildung, Fig. 3 und 4).

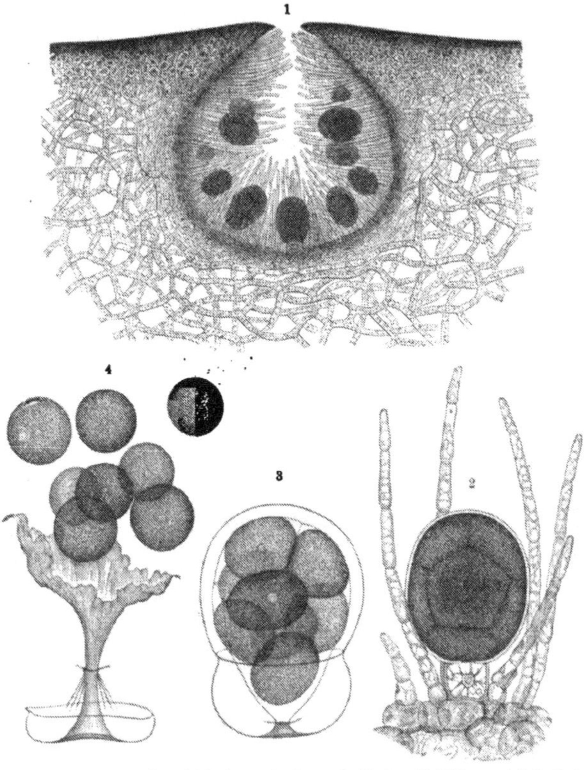

Fucus vesiculosus: 1) Längsschnitt durch eine der grubenförmigen Aushöhlungen des Zweiges, 2) eine von Paraphysen umgebene Blase aus dem Grunde der Aushöhlung, 3) eine abgelöste mit acht Eizellen erfüllte Blase, deren innere Lamelle sich vorstülpt, 4) Entbindung der Eizellen aus der zerklüfteten Blase, so daß sie im Meerwasser flottieren. Fig. 1: 50fach, Fig. 2—4: 160fach vergrößert. (Nach Thuret.)

Während sich in den grubenförmigen Höhlungen der Lappen an dem einen Individuum des Fucus vesiculosus die Eizellen ausbilden, entstehen in ähnlichen Gruben anderer Individuen (s. Abbildung, S. 240, Fig. 1) die Spermatozoiden. Die Zellen, welche die Auskleidung der Höhlung bilden, erheben sich als Papillen, welche in die Länge wachsen, sich fächern und zu verästelten Haaren werden, wie durch die Figur 2 der erwähnten Abbildung dargestellt ist. Einzelne Endglieder dieser Haare werden zu kleinen ovalen Kapseln (Antheridien), deren protoplasmatischer Inhalt in zahlreiche sehr kleine Partikel von dunkelbrauner Farbe zerfällt. Die Antheridien trennen sich ab und kommen vor die Mündung der Höhlung zu liegen, in der sie gebildet wurden. Das geschieht besonders zu der Zeit, wenn die mit Tangen bewachsene Strandzone trockengelegt ist und die lappigen Fucus-Pflanzen wie braunes, abgewelktes Laub platt auf den Steinen liegen. Kommt nun die Flut und werden dadurch die Tange wieder unter Wasser gesetzt, so platzen die mit Spermatozoen erfüllten Antheridien auf, und die winzigen Spermatozoiden schwärmen in das umgebende Wasser. Jedes Spermatozoid hat ein spitzes und ein stumpfes Ende und ist mit zwei langen Wimpern versehen, mit deren Hilfe es im Wasser herumschwimmt (s. nebenstehende Abbildung, Fig. 3). Mit Rücksicht auf ähnliche Vorgänge bei den Moosen ist es sehr wahrscheinlich, daß die vor den Mündungen der grubigen Vertiefungen liegenden, oben beschriebenen Eizellen irgendwelche Stoffe ausscheiden, welche auf die im Wasser schwärmenden Spermatozoiden eine Anziehung ausüben. Tatsache ist, daß die kleinen Schwärmer, welche in die Nähe der kugeligen Eizellen kommen, sich an diese anlegen, und zwar in so großer Menge, daß die Kugel bisweilen ganz von Spermatozoiden bedeckt erscheint (s. obenstehende Abbildung, Fig. 4).

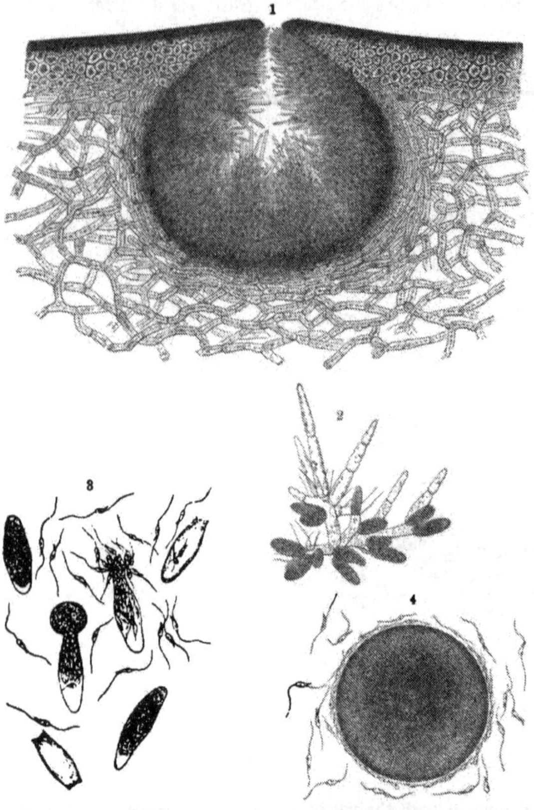

Fucus vesiculosus: 1) Längsschnitt durch eine mit Antheridien erfüllte Aushöhlung des Zweiges, 2) diesen Aushöhlungen entnommene Antheridien, 3) Spermatozoiden aus den Antheridien ausschlüpfend, 4) kugelförmige Eizelle mit Spermatozoiden bedeckt. Fig. 1: 50fach, Fig. 2: 160fach, Fig. 3 und 4: 350fach vergrößert. (Nach Thuret.)

Es wurde auch beobachtet, daß die kugeligen Eizellen durch die ihnen anhängenden Schwärmer in Drehung versetzt werden und dadurch von der Stelle, wo sie ausgeschlüpft sind, entfernt werden. Die befruchtende Wirkung, welche die anhängenden und dann mit den Eizellen verschmelzenden Spermatozoiden ausüben, besteht ohne Zweifel in molekularen Veränderungen, und das erste, auch äußerlich sichtbare Ergebnis dieser Umlagerungen ist, daß sich die Eizelle mit einer derben Zellhaut umgibt. Was nun vorliegt, ist die befruchtete Eizelle, welche längere Zeit unverändert in ruhendem Zustande verharrt, endlich aber sich streckt, mittels wurzelförmiger Aussackungen am Boden fest anwächst, sich fächert und allmählich wieder zu einer neuen Fucus-Pflanze heranwächst.

In den besprochenen beiden Fällen werden die weiblichen Zellen erst befruchtet, nachdem sie aus dem Oogonium der Mutterpflanze in das umgebende Wasser ausgeschlüpft sind, und entbehren zur Zeit der Befruchtung jeder Hülle. Bei den weiterhin zu besprechenden Gewächsen bleiben dagegen die Eizellen zur Zeit der Befruchtung im Verbande mit der Mutterpflanze. Die Eizelle bleibt in dem weiblichen Organ, welches Oogonium genannt wird, und in welchem sie entstand, ruhig liegen. Das befruchtende Protoplasma, das Spermatozoid, muß sich unter diesen Umständen seinen Weg zur Eizelle erst suchen.

Als Vorbild für diese vielgestaltige Gruppe von Gewächsen und zur Darstellung der hier in Betracht kommenden Vorgänge mag eine Art der Gattung Vaucheria herausgegriffen werden. Betrachtet man einen grünen Faden der Vaucheria unter dem Mikroskop, so zeigt sich, daß derselbe aus einem einzigen Schlauche besteht, der zwar nicht gefächert, doch mannigfach ausgesackt ist. Die Aussackungen dienen verschiedenen Zwecken: die an der Basis dient der Befestigung an die Unterlage, jene am freien Ende aber der Ausbildung von Schwärmsporen (vgl. Bd. I, Fig. 1 auf der Tafel bei S. 22) und die seitlich aus den Schläuchen entspringenden der Befruchtung und Fruchtbildung. Diese letzteren Ausstülpungen haben zweierlei Gestalt (s. Abbildung, S. 243, Fig. 5 und 6). Die einen sind kurz und dick, eiförmig und meistenteils etwas schief verzogen; die anderen sind zylindrisch, dünn, gemshornartig gekrümmt, schneckenförmig gewunden und bisweilen auch in mehrere Hörnchen geteilt. Das Protoplasma in diesen Ausstülpungen sondert sich von dem Protoplasma des Hauptschlauches ab, und in die entstandene Trennungsfurche wird eine Scheidewand aus Zellstoff eingeschoben. Jede dieser Ausstülpungen stellt nun einen Behälter dar. Die schief-eiförmigen Behälter sind die Oogonien und umschließen eine Eizelle, die sich aus dem Protoplasma geformt hat; die gewundenen zylindrischen Behälter sind die Antheridien und erzeugen Spermatozoiden. Die Entwickelung vollzieht sich ziemlich rasch, sie beginnt gewöhnlich am Abend, und am darauffolgenden Morgen sind die Oogonien und Antheridien bereits vollkommen ausgebildet. Im Laufe des Vormittages entsteht nun am Scheitel des Oogoniums eine Öffnung, während sich gleichzeitig die von demselben umschlossene Eizelle zur Kugel ballt. Das Spermatoplasma in den Antheridien ist indessen in zahlreiche längliche, an jedem der beiden Pole mit einer Wimper besetzte Spermatozoiden zerfallen. Nachdem dies geschehen, platzt das freie Ende des Antheridiums, und die winzigen Spermatozoiden werden als ein Schwarm in das umgebende Wasser entlassen. Ein Teil derselben gelangt nun zu einem benachbarten Oogonium, dringt durch den geöffneten Scheitel in das Innere des Behälters ein und verschmilzt dort mit der grünen Eizelle. Dabei ist folgende Erscheinung sehr auffallend. Wenn sich, wie das gewöhnlich der Fall ist, an demselben Schlauche nebeneinander Oogonien und Antheridien ausgebildet haben, so findet das Öffnen derselben nur sehr selten gleichzeitig statt, und es ist daher die Befruchtung der Eizelle durch die Spermatozoiden aus Antheridien desselben Schlauches verhindert, dagegen ist es der gewöhnliche Fall, daß die Spermatozoiden aus dem Antheridium des einen Schlauches zu den Oogonien eines anderen Schlauches gelangen und auf diese Weise eine Kreuzung stattfindet (s. Abbildung, S. 243, Fig. 5 und 6). Sobald die Befruchtung der

Eizelle stattgefunden hat, umgibt sich diese mit einer derben Zellhaut, die grüne Farbe des Protoplasmas weicht einem schmutzigen Rot oder Braun, und man sieht nun in dem Oogonium die rotbraune Zelle liegen. Die Oogoniumhaut löst sich auf und zerfließt, oder das Oogonium trennt sich mitsamt der eingeschlossenen Eizelle ab. In beiden Fällen trennt sich die befruchtete Dauerspore von dem Schlauche, an dem sie entstand, und sinkt in die Tiefe, wo eine verhältnismäßig lange, oft einen ganzen Winter dauernde Ruheperiode eingehalten wird. Wenn später die Eizelle keimt, so wird die äußere Schicht ihrer Zellhaut gesprengt, und es wächst aus dem Riß ein Schlauch hervor, welcher in seiner Gestalt dem Vaucheria-Schlauche gleicht, an dem sich die Eizelle ausgebildet hatte.

Wieder einer anderen Form der Fortpflanzung begegnet man bei einigen Kryptogamen, wo die beiden verschmelzenden Zellen gleichgestaltet sind, die Vereinigung der beiden Gameten jedoch innerhalb der geschlossenen Zellmembran erfolgt.

In besonders eigentümlicher Weise zeigt sich diese Art der Befruchtung bei jenen Schimmelpilzen, welche unter dem Namen Mukorazeen bekannt sind, und ebenso bei jenen grünen Algen, welche man mit Rücksicht auf ihre eigentümliche Befruchtung Konjugaten genannt hat. Bei ihnen geht der Verschmelzung der zweierlei Protoplasten stets eine Konjugation, eine Verbindung und Verwachsung der diese Protoplasten umgebenden Zellhüllen, voraus, und es wird dadurch ein besonderer Hohlraum geschaffen, in welchem die Verschmelzung der Protoplasten erfolgen kann. Die Figuren 1—4 in nebenstehender Abbildung zeigen diesen Befruchtungsvorgang bei einem Pilz, bei der zu den Mukorazeen gehörenden Sporodinia grandis. Zwei mehr oder weniger parallele schlauchförmige Hyphen treiben Ausstülpungen gegeneinander (Fig. 1), und die Aussackungen rücken so lange gegeneinander vor, bis sie mit ihren freien Enden in Berührung kommen und verwachsen. Ist die Verwachsung erfolgt, so wird rechts und links von der Verwachsungsstelle je eine Querwand ausgebildet, und man unterscheidet jetzt an der mit einem Joche (griechisch Zygon) verglichenen Verbindung beider Hyphen ein mittleres Zellenpaar, welches von den beiden basalen Teilen der Aussackungen getragen wird (s. nebenstehende Abbildung, Fig. 2). Die durch Verwachsung entstandene Wand, welche das mittlere Zellenpaar trennt, wird nun aufgelöst, und aus dem Zellenpaar ist nun ein einziger Zellenraum entstanden (Fig. 3). Die beiden in dem Zellenpaar hausenden, bisher getrennten Protoplasten, von welchen einer der Hyphe rechts, der andere der Hyphe links, also zwei verschiedenen Individuen, entstammen, verschmelzen hierauf innerhalb der Zellhaut, und dieses Verschmelzen ist als Befruchtungsakt aufzufassen. Die Haut der mittelständigen Zelle, welche das vereinigte Protoplasma umgibt, verdickt sich, wird bei der hier als Beispiel gewählten Sporodinia grandis warzig, bei dem S. 234 abgebildeten Mucor Mucedo runzelig und rauh und bei anderen Mukorazeen sogar stachlig und erhält auch eine auffallend dunkle Färbung. Endlich löst sich die mittelständige dunkle Zelle von den basalen Teilen der ursprünglichen Aussackungen, welche sie bisher getragen haben, und ist dadurch frei und selbständig geworden (s. Abbildung, S. 243, Fig. 4). Wie die Kirsche von dem Zweige des Baumes ist sie abgefallen. Man nennt diese Spore entsprechend der oben benutzten Bezeichnung Jochspore oder Zygospore, seltener Jochfrucht.

So wenig, als von den im Wasser sich paarenden Protoplasten des Kraushaares (Ulothrix) gesagt werden kann, der eine sei Eizelle, der andere Spermatozoid, vermag man von den verschmelzenden beiden Protoplasten der Sporodinia grandis festzustellen, welcher derselben befruchtet wird, und welcher befruchtend wirkt. Theoretisch ist zwar ein Unterschied vorauszusetzen, und es ist wahrscheinlich, daß derselbe in Eigentümlichkeiten des molekularen Aufbaues besteht, aber ein gröberer Unterschied in der Größe, im Umriß und in der Farbe oder dem Ursprunge nach ist nicht zu erkennen.

Auch bei den Desmidiazeen, von welchen zwei Formen (Closterium und Penium) durch die Figuren 9 und 10 auf der Tafel bei S. 22 des I. Bandes dargestellt sind, ebenso bei den

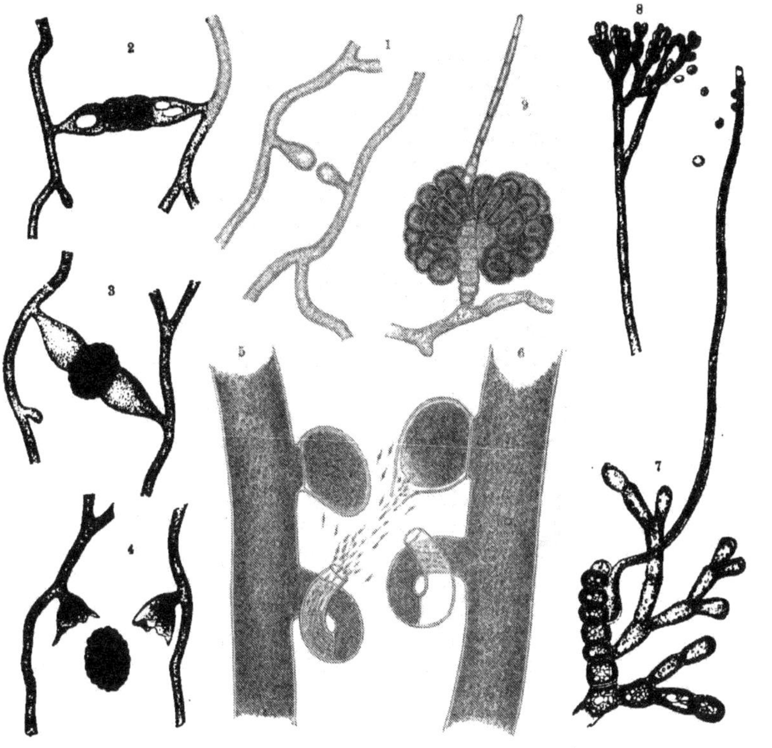

Befruchtung und Fruchtbildung der Mukorazeen, Siphoneen und Florideen: 1—4) Konjugation und Fruchtbildung der Sporodinia grandis; 5) und 6) Vaucheria sessilis; 7) Fruchtanlage mit Trichogyne von Dudresnaya coccinea, 8) Antheridien mit den in Abgliederung begriffenen Spermatien von derselben Pflanze, 9) Frucht derselben Pflanze. Fig. 1—4: 180fach, Fig. 5 und 6: 250fach, Fig. 7 und 8: 400fach, Fig. 9: 250fach vergrößert. (Fig. 7—9 nach Bornet.) Zu S. 241, 242 und 247.

nach Hunderten zählenden Arten der Diatomeen ist ein äußerlich wahrnehmbarer Gegensatz der bei der Befruchtung verschmelzenden Protoplasten nicht wahrzunehmen. Nur bei den Zygnemazeen könnte, auf räumliche Verhältnisse gestützt, der eine der sich verbindenden Protoplasten als Eizelle, der andere als Spermatozoid angesehen werden. Bei diesen Pflanzen, deren Befruchtung auf der Tafel bei S. 22 des I. Bandes durch die Fig. 11 an der in Gestalt grüner, schleimig anzufühlender Fäden in Tümpeln und Teichen sehr häufig vorkommenden Spirogyra arcta dargestellt ist, entstehen aus einzelnen der reihenweise geordneten Zellen seitliche Aussackungen, ähnlich wie aus den schlauchförmigen Zellen der Sporodinia grandis. Wie bei dieser kommen die Aussackungen der gegenüberliegenden Zellen in Berührung, verwachsen miteinander und stellen eine Art Joch her. Meistens entstehen von zwei nebeneinander im Wasser flottierenden Fäden aus zahlreichen gegenüberliegenden Zellen solche Jochverbindungen, welche dann an die Sprossen einer Leiter erinnern (s. Fig. 11 auf der Tafel bei S. 22 des I. Bandes). Die Wand, welche durch Verwachsung der sich berührenden Aussackungen entstanden ist, wird aufgelöst und verschwindet, und so wird ein die gegenüberliegenden Zellkammern der Spirogyra verbindender Kanal hergestellt. Inzwischen hat sich in jeder dieser Zellkammern das Protoplasma, welches bis dahin von einem schraubig gewundenen, bandförmigen Chlorophyllkörper erfüllt war, umgelagert; es haben sich daselbst rundliche, dunkelgrüne Ballen ausgebildet, welche miteinander verschmelzen sollen. Diese Vereinigung erfolgt nun bei Spirogyra nicht in der Mitte der jochartigen Verbindung wie bei Mucor und Sporodinia, sondern der grün gefärbte Protoplasmaballen der einen Zelle gleitet durch den querlaufenden Kanal in die gegenüberliegende Zellkammer und verschmilzt mit dem dort ruhenden, seine Lage nicht verändernden zweiten Protoplasmaballen. Man könnte nun immerhin den ruhenden Protoplasten als Eizelle, den zu ihm hingleitenden als Spermatozoid bezeichnen; doch muß nochmals ausdrücklich erklärt werden, daß in der Größe, Gestalt und Farbe bei Spirogyra kein Unterschied zwischen den beiden sich vereinigenden Protoplasten nachzuweisen ist. Bemerkenswert ist noch, daß die durch Verschmelzung entstandene Zygote, die nun die Gestalt eines Ellipsoids annimmt, nicht, wie man erwarten könnte, einen Rauminhalt besitzt, gleich dem Rauminhalte der beiden Körper, aus welchen sie hervorgegangen, sondern daß sie ein auffallend geringeres Volumen zeigt. Es ist daraus am besten zu entnehmen, daß im Momente der Vereinigung beider Protoplasten eine durchgreifende Veränderung im molekularen Aufbau der ganzen Masse stattfindet, wobei jedenfalls Wasser austritt.

Dieser Befruchtnng ähnlich, aber von ihr doch in mehreren wesentlichen Punkten abweichend ist die Befruchtung mittels eines von dem Antheridium ausgehenden, die Wand des Oogoniums durchbohrenden Fortsatzes. Dies wird insbesondere bei jenen verderblichen Schmarotzerpflanzen beobachtet, die man unter dem Namen Peronosporazeen begreift, und von welchen die auf dem Weinstock schmarotzende, in nebenstehender Abbildung dargestellte Peronospora viticola eine traurige Berühmtheit erlangt hat, zu denen auch die die Kartoffelfäule verursachende Phytophthora infestans, der den Schotengewächsen verderbliche Cystopus candidus, die Arten der Gattung Pythium usw. gehören. Aus den Sporen dieser Peronosporazeen, welche das frische Laub, die grünen Sprosse oder die jungen Früchte der zu Wirten ausgewählten Blütenpflanzen befallen, entwickeln sich sofort schlauchförmige Hyphen, welche in das grüne Gewebe eindringen, die Zellwände durchlöchern, in die Räume zwischen den Zellen hineinwachsen, sich dort aussacken und verzweigen, verhältnismäßig nur selten durch Scheidewände gefächert werden, dagegen sehr häufig kleine Saugkolben, sogenannte Haustorien, in das Innere der mit Protoplasma erfüllten Zellen treiben (s. Abbildung, Bd. I, S. 385, Fig. 1). Die das grüne Gewebe der Wirtspflanze durchwuchernden schlauchförmigen Hyphen schwellen an einem blindsackförmigen Ende kugelförmig an, und eine Scheidewand bildet die Grenze zwischen der endständigen Kugel und dem seine zylindrische Form beibehaltenden Teil des Schlauches. Die kugelförmige Zelle ist das Oogonium. Das ihren Inhalt bildende Protoplasma sondert sich in zwei Teile, in einen mittleren dunkleren Ballen, die Eizelle, und in eine hellere durchscheinende Hüllmasse. An einem zweiten, seltener an demselben Schlauche entstehen die das Spermatoplasma enthaltenden Antheridien als seitliche, kolbenförmige

Aussackungen, welche gegen das Oogonium hinwachsen und sich an dasselbe anlegen. Alsbald, nachdem die Berührung des Oogoniums und Antheridiums erfolgt ist, treibt das letztere von der Berührungsstelle aus einen die Wand des Oogoniums durchbohrenden kegelförmigen oder zylindrischen hohlen Fortsatz bis zu dem dunkeln Ballen im Zentrum des Oogoniums (s. untenstehende Abbildung, Fig. 3). Indessen hat sich in dem Antheridium das Protoplasma in einen Wandbeleg und in das eigentliche Spermatoplasma gesondert, ohne aber in Spermatozoiden

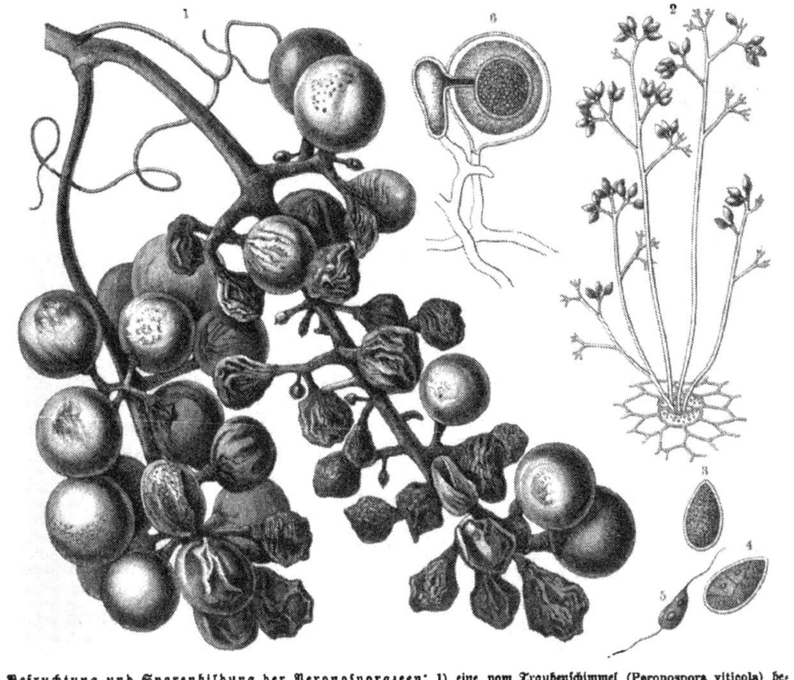

Befruchtung und Sporenbildung der Peronosporazeen: 1) eine vom Traubenschimmel (Peronospora viticola) befallene Traube; 2) Sporen auf verzweigten, aus einer Spaltöffnung des Weinlaubes hervorgekommenen Trägern; 3) einzelne Spore, 4) einzelne Spore, deren Inhalt sich in Schwärmer teilt, 5) einzelner Schwärmer; 6) Befruchtung der Peronospora viticola. Fig. 1 in natürl. Größe, Fig. 2: 80fach, Fig. 3—5: 350fach, Fig. 6: 380fach vergrößert. (Fig. 3—6 nach De Bary.) Zu S. 244—246.

zu zerfallen. Der von dem Antheridium entwickelte Fortsatz, den man Befruchtungsschlauch genannt hat, öffnet sich an seiner in das Innere des Oogoniums eingedrungenen Spitze, das Spermatoplasma quillt durch ihn binnen 1—2 Stunden zu der Eizelle hinüber und verschmilzt mit derselben so vollständig, daß man eine Grenze zwischen beiden nicht mehr wahrzunehmen imstande ist. Kurze Zeit nach diesem Vorgange umgibt sich die befruchtete Eizelle mit einer dicken Zellhaut, die aus mehreren Schichten besteht. Die äußere dieser Schichten wird gewöhnlich uneben und warzig und ist bei einigen Arten förmlich mit Stacheln besetzt. Die Eizelle löst sich später aus dem in Zersetzung übergehenden Oogonium, trennt sich also von der Mutterpflanze und hält nun, frei geworden, eine längere Ruheperiode ein. Die aus ihr hervorwachsende neue Generation hat anfänglich die Form eines Schlauches, dieser verästelt sich und erhält wieder die Gestalt der Mutterpflanze, oder aber es entstehen aus dem Protoplasma des auswachsenden Schlauches zunächst Schwärmer, welche sich eine Zeitlang herumtreiben, einen geeigneten Platz zur Ansiedelung aufsuchen und dort, zur Ruhe gekommen, die Ausgangspunkte für neue Individuen bilden. In welcher Weise die Peronosporazeen neben den Geschlechtsorganen auch Sporen an bäumchenförmig verzweigten, aus den Spaltöffnungen der grünen Wirtspflanzen hervorwachsenden Hyphen ausbilden, ist durch die Figuren 2, 4, 5 und 6 in der Abbildung auf S. 245 ersichtlich gemacht.

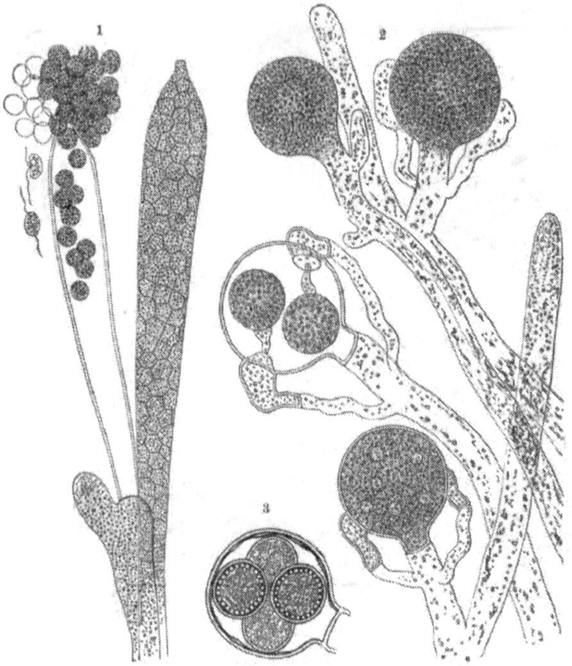

Generationswechsel der Saprolegniazeen: 1) Entwickelung ungeschlechtlicher Sporen, 2) Befruchtung, 3) Fruchtbildung. Sämtliche Figuren ungefähr 400fach vergrößert. (Zu S. 246.)

Den Peronosporazeen nahe verwandt sind die Saprolegniazeen, jene schimmelartigen Gebilde, welche auf verwesenden, im Wasser schwimmenden Tieren und auch als todbringende Schmarotzer an den Kiemen der Fische wuchern. Aus den farblosen, schlauchförmigen Zellen, welche die Sprosse dieser Pflanzen bilden, erheben sich das eine Mal die schon früher erwähnten (S. 236) keulenförmigen Schläuche, aus denen eine Unzahl kugeliger, mittels Wimpern im Wasser herumschwimmender Zoosporen entlassen werden (s. obenstehende Abbildung, Fig. 1), das andere Mal bilden sich an demselben Faden Antheridien und kugelförmige Oogonien. Aus den von dem Oogonium umschlossenen Eizellen, die in der Regel zu mehreren entstehen, gehen nach erfolgter Befruchtung durch je ein aus den Antheridien entlassenes Spermatozoid Dauersporen hervor (s. Fig. 2 und 3).

Bei den Rottangen oder Florideen, von welchen auf der nebenstehenden Tafel eine farbenprächtige Gruppe abgebildet ist, erfolgt die Befruchtung in einer von allen Kryptogamen ganz abweichenden Weise, nämlich durch einen Empfängnisapparat, den man Trichogyn nennt. Unter Trichogyn versteht man eine lange haar- oder fadenförmige Zelle, welche sich aus dem weiblichen Organ erhebt. Bei einem Teile der Florideen läuft die Zelle, welche die Eizelle enthält, direkt in das Trichogyn aus, bei anderen dagegen ist das weibliche Organ gefächert, d. h. es besteht aus einer Reihe breiter Zellen, die zusammengenommen einen kurzen

[Zur Tafel: »*Florideen im Adriatischen Meere*«.]

1. *Ceramium strictum.*
2. *Plocamium coccineum.*
3. *Dictyota.*
4. *Nitophyllum ocellatum.*
5. *Peyssonnelia squamaria.*
6. *Padina Pavonia.*
7. *Sphacelaria scoparia.*
8. *Callithamnion.*
9. *Sargassum linifolium.*

Florideen im Adriatischen Meere.
Nach Aquarellen von Fritz v. Kerner und E. v. Ransonnet.

Ast des gabelförmig verzweigten Sprosses bilden, und dieser Zellenreihe ist seitlich jene in einen langen, dünnen, fadenförmigen Schlauch ausgezogene Zelle angeschmiegt, welche den Namen Trichogyn führt (s. Abbildung, S. 243, Fig. 7). Während auf dem einen Individuum derartige Fruchtanlagen (Karpogon genannt) entstehen, bilden sich auf einem zweiten die Antheridien aus. Weit seltener kommt es vor, daß ein und dasselbe Individuum Fruchtanlagen und Antheridien nebeneinander trägt, und an den wenigen Arten, welche diese Vereinigung zeigen, ist durch eine verzögerte Entwickelung bald der Fruchtanlage, bald der Antheridien eine Selbstbefruchtung so gut wie unmöglich gemacht. Mag das eine oder andere der Fall sein, immer erscheint das Antheridium als ein Anhangsorgan der Sprosse, von welchem sich einzelne runde, mit Spermatoplasma erfüllte Zellen abtrennen. Die Fig. 8 in der Abbildung auf S. 243 stellt das Antheridium eines solchen Rottanges, nämlich jenes von Dudresnaya coccinea, dar. Ein schlanker Ast des Sprosses endigt mit gabelig gruppierten Zellen, und die äußersten dieser Zellen, welche sich abrunden und ablösen, sind winzig kleine Befruchtungskörper. Dieselben haben im Gegensatze zu den Spermatozoiden der Vaucheria und jenen der später zu besprechenden Armleuchtergewächse, Moose und Farne keine Wimpern, bewegen sich auch nicht aus eigener Kraft in dem umgebenden Wasser, sondern werden durch die Strömungen, welche an den Standorten der Florideen zu keiner Zeit gänzlich fehlen, den Trichogynen zugeführt. Man hat ihnen daher auch zum Unterschied von den beweglichen Spermatozoen den Namen Spermatien gegeben. Durch die Strömungen im Meerwasser gelangen sie zu einem der Trichogyne, welche sich über den Fruchtanlagen erheben, und bleiben an demselben hängen, wie es Fig. 7 in der Abbildung auf S. 243 zur Anschauung bringt.

Dort, wo die Spermatien an dem Trichogyn haften, findet eine Lösung sowohl der Zellhaut des Trichogyns als des Spermatiums statt, das Spermatoplasma tritt in den Innenraum des Trychogyns über und vereinigt sich mit dem Protoplasma, welches diesen Innenraum erfüllt. Die dadurch bewirkte Veränderung pflanzt sich fort auf das Protoplasma, welches die bauchige Erweiterung an der Basis des Trichogyns erfüllt, und in vielen Fällen noch darüber hinaus auf dasjenige, welches sich in den angrenzenden Zellen befindet. Während das Trichogyn abstirbt, sprießen entweder auf der Oberfläche des Karpogons Sporen hervor, die sich abgliedern, oder die entstehenden Sporen werden, infolge der Befruchtung, von Zellreihen von der Basis des Karpogons umwachsen, so daß eine Art Sporenkapsel (Zystokarp) entsteht.

Die noch weiter zu besprechenden Kryptogamen, die Armleuchtergewächse, die Moose und Gefäßkryptogamen, weichen von den bisher geschilderten dadurch ab, daß bei ihnen die Eizelle stets in einem besonders geformten Behälter eingeschlossen ist, wodurch der Zugang für die Spermatozoiden modifiziert erscheint.

Was zunächst die Armleuchtergewächse (Charazeen) betrifft, so hat bei ihnen die Eiknospe, wie das weibliche Organ hier heißt, eine ellipsoidische Gestalt und wird von einem sehr kurzen, einzelligen Stiele getragen. Diesem Stiele sitzt die sogenannte Knotenzelle auf, eine kurze, scheibenförmige Zelle, welche das Piedestal für das große ellipsoidische Oogonium bildet, und die auch zugleich den Ausgangspunkt für fünf wirtelig gestellte schlauchförmige Zellen bildet, die sich erheben, schraubenförmig um das Oogonium winden und als eine zierliche Umhüllung desselben erscheinen (s. Abbildung, S. 248, Fig. 8). Von den über dem Oogonium zusammenstoßenden Enden dieser Hüllschläuche gliedern sich kleine Zellen ab, welche zusammen ein Deckelchen oder Krönchen darstellen. Unterhalb dieses Krönchens bilden die halsförmig zusammengezogenen Hüllschläuche einen kleinen Hohlraum, und das ist die Stelle, wo zur Zeit der Befruchtung zwischen den im übrigen miteinander verwachsenen Hüllschläuchen Spalten sichtbar werden, durch welche die Spermatozoiden in die Eiknospe, zur Eizelle gelangen können.

Die Entstehung dieser Spermatozoiden ist überaus merkwürdig. Als ihre Bildungsstätte erscheinen rote kugelige Gebilde, welche wenig kleiner sind als die Fruchtanlagen und mit ihnen gleichen Ursprung haben. Sie entspringen nämlich an den wirteligen Verästelungen, und zwar

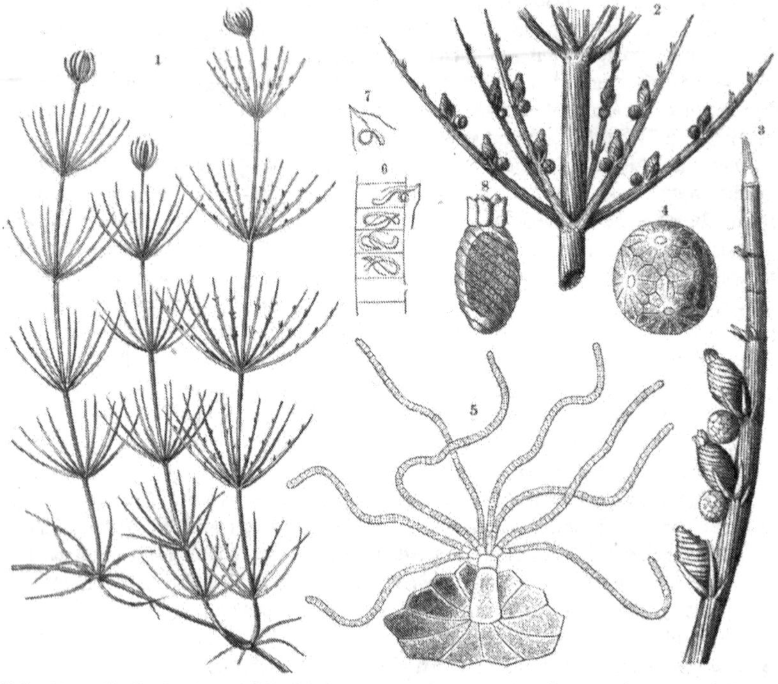

Befruchtung der Armleuchtergewächse (Charazeen): 1) Chara fragilis, 2) ein Stück dieser Pflanze mit Eiknospen und Antheridien an den Zweigen, 3) ein einzelner Zweig mit Eiknospen und Antheridien, 4) ein Antheridium, 5) ein Teilstück des Antheridiums mit dem Manubrium und den geißelförmig gruppierten Zellen, welche die Spermatozoiden enthalten, 6) mehrere Zellen aus einer der geißelförmigen Zellenreihen, die mittleren Zellen enthalten jede ein Spermatozoid, aus der obersten Zelle schlüpft das Spermatozoid aus, die unterste Zelle ist entleert, 7) ein einzelnes Spermatozoid, 8) Eiknospe, welche die Eizelle umschließt. Fig. 1 in natürl. Größe, Fig. 2: 10fach, Fig. 3: 15fach, Fig. 4: 35fach, Fig. 5: 100fach, Fig. 6: 300fach, Fig. 7: 500fach, Fig. 8: 50fach vergrößert. (Zu S. 247—249.)

bei einigen Arten zusammen mit den Eiknospen an demselben Individuum (s. obenstehende Abbildung, Fig. 2 und 3), bei anderen Arten an verschiedenen Individnen, also getrennt von den Eiknospen, wonach man auch einhäusige und zweihäusige Armleuchtergewächse unterscheidet. Jede rote Kugel wird aus acht nach außen zu schwach gewölbten Platten zusammengesetzt, deren jede die Gestalt eines sphärischen Dreiecks besitzt, strahlenförmig gefaltet und an den Rändern gekerbt ist (s. obenstehende Abbildung, Fig. 4). Die Kerbzähne der zur Kugel verbundenen Platten greifen ineinander, und es wird dadurch eine Verzahnung hergestellt. Von den Mittelpunkten der schwach konkaven Innenseite erhebt sich aus jeder Platte eine zylindrische und kegelförmige Zelle, auf deren Scheitel wieder eine andere köpfchenförmige Zelle sitzt. Von dieser letzteren gehen lange Zellenreihen aus, deren unterste Glieder eine kugelförmige oder zylindrische Gestalt besitzen, während die weiter folgenden die Form einer kurzen Scheibe zeigen (s. nebenstehende Abbildung, Fig. 5). Das ganze Gebilde ließe sich mit einer Geißel oder Knute vergleichen, und man hat auch die der Platte aufsitzende Stielzelle Handhabe (Manubrium) genannt. Solange die acht Platten der Kugel zusammenschließen, ragen diese Manubrien gegen den Mittelpunkt der hohlen Kugel vor, und die von dem Manubrium ausgehenden Zellenreihen sind zu einem Knäuel zusammengedreht. Sobald aber die Platten sich trennen und die Kugel zerfällt, löst sich der Knäuel auf, und dann erhalten die Teile jenes Aussehen, wie es durch die Fig. 5 der nebenstehenden Abbildung dargestellt ist. Zu dieser Zeit hat sich in jedem scheibenförmigen Gliede der Zellenreihen das Protoplasma in ein spiralig zusammengedrehtes Spermatozoid ausgestaltet, und man sieht nun auf kurze Zeit in jeder Zelle je ein Spermatozoid eingebettet (s. nebenstehende Abbildung, Fig. 6). Alsbald aber öffnen sich diese Zellen. Die an dem einen Ende mit zwei langen Wimpern besetzten Spermatozoiden schlüpfen aus und schwimmen in dem umgebenden Wasser wirbelnd herum (Fig. 7). Die Spermatozoiden gelangen nun durch die früher beschriebenen Spalten unter dem Krönchen zum Oogonium, über welchem eine schleimige, gallertartige Masse sich ausbreitet. Die Zellhaut des Oogoniums ist am Scheitel gleichfalls erweicht und wie zerflossen, und diese weichen, gequollenen Schleimmassen bilden kein Hindernis der Fortbewegung für die eingedrungenen Spermatozoiden, sondern leiten sie zur Eizelle hin. Die Spermatozoiden gelangen bis zur Eizelle, und es findet nun eine Verschmelzung beider statt.

Die infolge der Befruchtung eintretenden Veränderungen der Fruchtanlage geben sich äußerlich zunächst als eine Verfärbung der Eiknospe zu erkennen. Die bisher grünen Chlorophyllkörper nehmen ein rötlichgelbes Kolorit an, die schraubig gewundenen Zellen der Hülle werden verdickt und fast schwarz und stellen nun eine harte Schale dar, die das befruchtete Ei umgibt. Das ganze Gebilde löst sich hierauf von der Stielzelle ab, sinkt im Wasser unter und bleibt auf dem Grunde des Tümpels oder Teiches längere Zeit, gewöhnlich den ganzen Winter hindurch, unverändert liegen. Erst im darauffolgenden Frühling kommt es zur Keimung, es entwickelt sich zunächst eine Zellenreihe, der sogenannte Vorkeim, und aus einer der Zellen dieses Vorkeimes sproßt dann wieder eine wirtelig verzweigte Armleuchterpflanze hervor (s. Abbildung, S. 248, Fig. 1).

Der Generationswechsel bei der Fortpflanzung.

Ist es schon auffallend, daß überhaupt bei den Kryptogamen zweierlei Fortpflanzungsweisen vorkommen, so erscheint es noch merkwürdiger, daß beiderlei Keimzellen, geschlechtliche und ungeschlechtliche, so oft neben oder kurz nacheinander an derselben Pflanze erscheinen. Derselbe Vaucheria-Faden kann Schwärmsporen und Geschlechtsorgane bilden, und an demselben aus einer Spore entstandenen Myzel eines Pilzes können Sporenträger und Sexualorgane entstehen. Bei der Betrachtung dieser Verhältnisse erinnerte man sich, daß im Tierreiche, und zwar bei niederen Tieren, Quallen, Würmern, Tunikaten, ein ähnliches Verhalten besteht, und daß man dort für diesen Wechsel der Fortpflanzungsfolge die Bezeichnung Generationswechsel hat.

Wer bei ruhigem Wetter die Seeanemonen und die mannigfaltigen Polypen- und Korallenstöcke in der blaugrünen, klaren Flut seichter Meeresbuchten zum erstenmal erblickt, ist versucht zu glauben, ein Spiegelbild bunter, am Gestade blühender Pflanzen vor sich zu haben.

Die Kränze aus sternförmig ausgebreiteten, die Mundöffnung besäumenden Fangarmen sehen roten und violetten Astern oder den Blüten von Kristallkräutern auf einige Entfernung täuschend ähnlich, die Stämme ahmen die Form von Pflanzenstämmen nach, und durch die Gruppierung der Äste wird man lebhaft an den Aufbau rasenförmiger Pflanzenstöcke erinnert. Auch entbehren die Korallen- und Polypenstöcke der freien Ortsveränderung und sind, ähnlich den Florideen und anderen im Meere wachsenden Wasserpflanzen, der felsigen Unterlage angeheftet. Wenn daher die Zoologen ehemals diesen seltsamen Meeresbewohnern den Namen Pflanzentiere gegeben haben, so ist das zunächst schon mit Rücksicht auf die äußere Erscheinungsweise in hohem Grade zutreffend.

Aber auch der innere Bau und die Lebensweise dieser Tiere zeigen überaus merkwürdige Anklänge an Pflanzen. Bei manchen Arten verhalten sich die einzelnen, zu einem Stock vereinten Individuen ganz so wie Organe eines Körpers, wie Teile eines zusammengesetzten Organismus, welche verschiedenen Lebensverrichtungen dienen. Es hat eine Teilung der Arbeit unter den verschiedenen den Stock aufbauenden Einzeltieren stattgefunden. Der eine Ast des Stockes besorgt die Aufnahme von Nahrung, der andere die Fortpflanzung, und doch haben sie einen gemeinsamen Verdauungsraum, so zwar, daß die von einem Teile der Einzeltiere erworbenen Säfte in alle Teile des Stockes übergehen. Die Fortpflanzung dieser Tiere erfolgt auf zweifache Weise. Ähnlich wie an den Zweigen eines Baumes Knospen angelegt werden, welche sich zu neuen Zweigen ausgestalten, entstehen auch an den Polypenstöcken Knospen, welche sich vergrößern und zu Einzeltieren auswachsen. Bleiben diese mit dem Körper, aus dem sie hervorgesproßt sind, verbunden, und wiederholt sich dieser Vorgang zu öfteren Malen, so entstehen allmählich reichverzweigte Stöcke von bedeutendem Umfange. Bei vielen Polypenarten, nämlich bei sogenannten Hydrozoen, gestalten sich einzelne Zweige der geschlechtslosen Polypenform zu becher- oder kapselförmigen Gebilden, in deren Innerem Knospen entstehen, welche die Gestalt von Scheiben oder Glocken mit einem Kranze von Fangarmen annehmen, sich dann ablösen und frei im Wasser herumschwimmen. Man nennt diese aus den Knospen entstandenen, frei gewordenen und schwimmenden Einzeltiere Medusen. Die Medusen sind mit Geschlechtsorganen versehen, befruchten sich, und aus dem befruchteten Ei geht eine Larve hervor, die sich an einer geeigneten Stelle im Meeresgrunde festsetzt und wieder zu einem neuen geschlechtslosen Polypenstock auswächst und als solcher wieder mit Geschlechtsorganen versehene Medusen ausbildet. Bei anderen Arten, nämlich den Skyphozoen, setzt sich die geschlechtlich erzeugte Larve, nachdem sie eine Zeitlang im Wasser herumgeschwommen ist, mit dem dünneren Ende fest und erhält die Gestalt einer Keule. An diesem keulenförmigen Körper entstehen nun ringförmige Einkerbungen, welche sich mehr und mehr vertiefen, so daß nach einiger Zeit an Stelle der Keule parallele Scheiben erscheinen, die durch einen mittleren Stiel zusammengehalten werden. Das so entstandene Gebilde hat fast das Aussehen eines Koniferenzapfens, nur daß nicht einseitig ausladende Schuppen, sondern übereinanderliegende Scheiben von der Spindel zusammengehalten werden. Die Spindel schrumpft nun zusammen, die einzelnen Scheiben trennen sich und schwimmen als Medusen im Meere umher. Nach vorhergegangener Befruchtung kann aus den Eiern der Medusengeneration wieder eine ungeschlechtliche Larven- und Polypengeneration gebildet werden. Diesen Wechsel von ungeschlechtlicher und geschlechtlicher Generation hat man Generationswechsel genannt. Er wurde zuerst 1819 bei den Tunikaten entdeckt, und zwar von unserem Dichter Adalbert v. Chamisso, der auch ein hervorragender Naturforscher war.

In der Tierwelt auf einige wenige Kreise beschränkt, scheint es, als ob sich der Generationswechsel in der Pflanzenwelt als eine ganz gewöhnliche, weitverbreitete Erscheinung herausstellen wollte. Bei den Phanerogamen ist der Pflanzenstock eine Vereinigung von Sprossen. Jeder Sproß besteht aus mehreren übereinander stehenden Gliedern, von welchen die oberen jüngeren stets unter Beihilfe und durch Vermittelung der unteren älteren entwickelt werden. Zu einer Pflanze verbunden, führen sie einen gemeinsamen Haushalt, und es hat unter ihnen eine Teilung der Arbeit stattgefunden. Sprosse, die mit ihren Blättern oder grünen Geweben Baustoffe zubereiten, heißen Laubsprosse, Sprosse, die der Fortpflanzung dienen, Blüten. Als erste Anlage der Sprosse erscheinen bekanntlich Knospen, und diese sind entweder Laubknospen oder Blütenknospen. Die Sprosse, welche aus den Laubknospen hervorgehen, bleiben in den meisten Fällen mit dem betreffenden Stocke verbunden und erscheinen als Zweige desselben; die Sprosse, welche aus den Blütenknospen entsprungen sind, lösen sich dagegen nach erfolgter Befruchtung und Fruchtbildung ganz oder teilweise von dem Stock ab, und es entsteht dort, wo früher die Blütenknospe gestanden hatte, eine Narbe. Jeder Sproß kann als eine Generation aufgefaßt werden, und dementsprechend könnte auch der bei allen Phanerogamen beobachtete Wechsel in der Ausbildung von Laubsprossen und Blütensprossen oder von Laubknospen und Blütenknospen an ein und demselben Stock als Generationswechsel bezeichnet werden.

Noch einleuchtender erscheint die Sache bei den Kryptogamen. Aber dennoch ist der Generationswechsel auch hier nicht so allgemein, wie man meinen möchte, und unter den hier vorher besprochenen nur bei den Florideen, einigen Braunalgen (Diktyotazeen) und bei den Uredineen unter den Pilzen vorhanden. Man kann nur dann von einem Generationswechsel sprechen, wenn derselbe in regelmäßiger Folge ganz unabhängig von äußeren Bedingungen auftritt. Neuere Untersuchungen haben aber das interessante Resultat ergeben, daß man das Auftreten von geschlechtlichen und ungeschlechtlichen Generationen bei manchen Pflanzen in der Hand hat und durch Änderung der Bedingungen willkürlich hervorrufen kann. So kann man nach Belieben durch veränderte Ernährung und Beleuchtung Vaucheria zwingen, bald Schwärmsporen, bald Geschlechtsorgane zu bilden, und dasselbe ist bei einer Reihe von Pilzen gelungen, sogar Blütenpflanzen kann man jahrelang so ziehen, daß sie gar keine Blüten bilden und dies erst tun, wenn man sie durch neue Bedingungen dazu zwingt.

Aber wenn nun auch nicht jede Abwechselung geschlechtlicher und ungeschlechtlicher Vermehrung Generationswechsel ist, so gibt es doch einige Fälle im Pflanzenreich, wo ein wirklicher Generationswechsel um so klarer und für diese Pflanzenabteilungen ganz besonders charakteristisch auftritt. Dies ist der Fall bei den Farnen und Moosen.

Die Fortpflanzung der Farne und Moose.

Wenn hier von Farnen die Rede ist, so wird diese Abteilung in der Botanik etwas weiter gefaßt als im gewöhnlichen Sprachgebrauch und begreift außer den Farnkräutern auch die Schachtelhalme und Bärlappe in sich.

Die alten Kräuterbücher enthalten in dem Kapitel, das von den Farnen handelt, stets den Hinweis auf die merkwürdige Erscheinung, daß die genannten Gewächse zwar nicht blühen und fruchten, sich aber dennoch reichlich fortpflanzen und vermehren, daß sie häufig ganz unerwartet in der Kluft einer Felswand oder in der Ritze einer alten Mauer auftauchen, ohne daß man dort früher Samen zu sehen Gelegenheit hatte. In Deutschland fabulierte man in verflossenen Zeiten davon, daß die Samen der Farnkräuter nur zur Zeit der Sonnenwende auf eine geheimnisvolle Weise ausgebildet würden, und daß diese Samen nur von Eingeweihten unter Anwendung gewisser Zaubersprüche in der Johannisnacht gesammelt werden könnten. Allerdings wurde gegen diese abergläubische Meinung schon in der ersten Hälfte des 16. Jahrhunderts angekämpft. Namentlich der gelehrte Verfasser eines damals weitverbreiteten Kräuterbuches, Hieronymus Bock, erzählt in seinem Werke, daß er ohne alle Beschwörungsformeln jedesmal im Hochsommer „Farnkrautsamen“ erhielt, sobald er unter die Wedel der Farne ein Tuch oder ein Wollkrautblatt ausbreitete. Aber selbst zur Zeit Linnés herrschte über diese „Farnkrautsamen“, womit offenbar die von den Wedeln abgefallenen Sporengehäuse gemeint waren, und über die Beziehungen derselben zu Früchten ein vollständiges Dunkel.

Wenn wir die Sache vorläufig ganz unbefangen untersuchen, so ergibt sich das Folgende über die Fortpflanzungsmittel dieser Abteilung. Die Farnpflanze trägt keinerlei Geschlechtsorgane. Sie bildet nur Sporangien voll brauner Sporen. Bei den meisten Farnen wird diese Aufgabe von den grünen, oft feingefiederten Blättern mit besorgt, die zunächst wie andere Blätter Assimilationsorgane sind. In einigen Fällen dagegen entstehen die Sporangien an besonders geformten Sporenblättern (Sporophyllen), so z. B. an den auch in der europäischen Flora vertretenen Gattungen Allosurus, Struthiopteris und Blechnum. Bei anderen, wie z. B. dem Königsfarn (Osmunda regalis), bilden sich nur an dem oberen Teil eines Blattwedels Sporangien, während die unteren Abschnitte laubartiges Aussehen haben. Sehr eigentümlich nimmt sich der auf S. 253, Fig. 4, abgebildete, in den mexikanischen Gebirgsgegenden heimische Farn Rhipidopteris peltata aus. Neben den fächerförmigen flachen Wedeln, an denen keine Sporangien entstehen, entwickeln sich auch Wedel, welche einem Trichter oder einem flachen Napf ähnlich sehen, und in deren Vertiefung die Sporengehäuse aus den Oberhautzellen hervorgehen. Wieder bei anderen, wie z. B. bei Platycerium alcicorne, nehmen die mit Sporengehäusen besetzten Wedel die Gestalt von Renntiergeweihen an, während die Blätter ohne Sporangien grüne Lappen bilden, die der Borke der Baumstämme aufliegen.

Wir wollen der Sporenerzeugung etwas nachgehen. Bei den Polypodiazeen, einer Abteilung der Farne, welcher die meisten europäischen Arten angehören, und deren verbreitetste Formen auf der beigehefteten Tafel „Farne auf einer diluvialen Moräne in Tirol“ von E. Heyn meisterhaft dargestellt wurden, sieht man braune Häufchen an der Rückseite der Wedel (s. Abbildung, S. 253, Fig. 5). Es erheben sich daselbst über den das grüne Gewebe durchziehenden Strängen Zellengruppen wie kleine Polster; jede Zelle dieser polsterförmigen Wülste kann zu einem gestielten Sporangium auswachsen, und bisweilen besteht ein einziges Häufchen aus nicht weniger als 50 solchen gestielten Sporenbehältern. Ein solches Häufchen heißt ein Sorus. Auch bei den Zyatheazeen, zu welchen die meisten Baumfarne gehören, bilden sich die Häufchen an der unteren Seite der Wedel aus, aber der Träger (Rezeptakulum) für jedes Häufchen ist hier ein Zapfen, welcher auf der Wedelfläche senkrecht steht. Die aus den Oberhautzellen dieses Zapfens hervorgehenden Sporenbehälter sind sehr kurz gestielt und werden von einer Haut umhüllt, die den sporangientragenden Zapfen wie ein Becher umgibt (s. Abbildung, S. 253, Fig. 10, 11 und 12). Bei den zarten, ungemein zierlichen, bisweilen an Moose erinnernden, zumeist den tropischen Gegenden angehörigen Hymenophyllazeen erstrecken sich die Stränge, welche die Wedelabschnitte durchziehen, über den Rand des grünen Gewebes

[Zur Tafel: »*Farne*«.]

Farne auf einer [illegible]

[illegible] Tabulet[illegible]
[illegible] nnen.

[illegible]eten [illegible]
[illegible] der Farne [illegible]
[illegible]ler [illegible]
[illegible] e gen [illegible]

[illegible] andere
[illegible] an
[illegible]deren, wie
[illegible]nes Wort[illegible]
[illegible] sehr eigen
[illegible] genden
[illegible] Wedeln, an
[illegible]ater oder
[illegible] den Loer
[illegible] nehmen
[illegible]

[illegible] meist den [illegible] Gebieten [illegible]
[illegible] die [illegible] [illegible] grünen [illegible]

Farne auf einer diluvialen Moräne in Tirol.
Nach der Natur von Ernst Heyn.

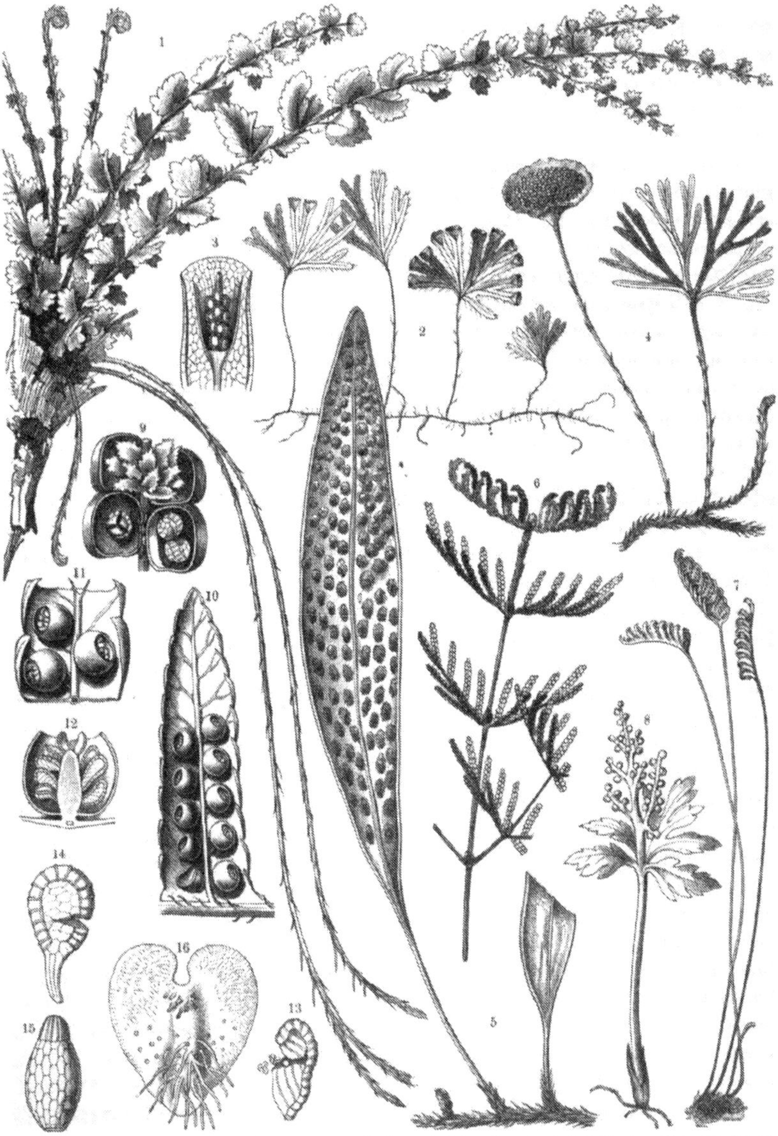

Farne: 1) Nephrolepis Duffi; 2) Trichomanes Lyelli, 3) Sorus desselben Farnes mit becherförmiger Hülle, Längsschnitt; 4) Rhipidopteris peltata; 5) Polypodium serpens; 6) Wedelabschnitt von Gleichenia alpina, 7) Schizaea fistulosa; 8) Botrychium lanceolatum; 9) untere Seite eines Wedelabschnittes von Gleichenia alpina, in den zwei oberen Gruben sind die Sporangien von Blättchen verdeckt, in den unteren sind sie entblößt; 10) und 11) Wedelabschnitt der Cyathea elegans, 12) Längsschnitt durch einen Sorus und Becher von Cyathea, 13) Sporangium von Cyathea, 14) von Polypodium, 15) von Schizaea; 16) Unterseite des Prothalliums eines Milzfarnes. Fig. 1, 2, 4—8 in natürl. Größe, Fig. 3, 9—16: 5—20fach vergrößert. (Zu S. 252—254.)

hinaus und bilden einen griffelförmigen Fortsatz, aus dessen Oberhautzellen die Sporangien herauswachsen. Der Fortsatz erscheint dann wie eine Spindel, welche die Sporenbehälter trägt, und der ganze Sorus hat die Gestalt einer kleinen Ähre. Jeder ährenförmige Sorus aber steckt in einem Becher, da sich das grüne Gewebe des Wedels am Rande der Abschnitte als ein Ringwall erhebt (s. Abbildung, S. 253, Fig. 2 und 3).

Bei den drei obengenannten Gruppen der Farne sind die Sporenbehälter aus Oberhautzellen der Blätter hervorgegangen, bei den Gleicheniazeen und Schizäazeen, von welchen zwei Repräsentanten in Fig. 6 und 7, S. 253, abgebildet sind, stehen die Sporenbehälter an umgewandelten Blättchen. Die Figur 6 der Abbildung auf S. 253 zeigt dieses Verhältnis sehr schön an einem vergrößerten Wedelabschnitte der Gleichenia alpina.

Dem Ursprung und der Entwickelung nach wieder ganz verschieden sind die Sporen und Sporangien in jener Abteilung der Farne, die unter dem Namen Ophioglosseen begriffen wird, und von der eine Art, nämlich die lanzettförmige Mondraute (Botrychium lanceolatum), in Fig. 8 der Abbildung auf S. 253 dargestellt ist. Als Bildungsherde der Sporen erscheinen bei diesen Farnen Zellennester inmitten des Gewebes der Wedel. Die Zellen dieser Nester fächern sich in vier Kammern, deren Protoplasten sich mit einer Haut versehen und zu Sporen werden. Infolge der Auflösung des Fächerwerkes werden dann die Sporen frei und erfüllen als ein feines Pulver kleine blasige Hohlräume im Gewebe der Wedelteile. Die Oberhaut dieser Wedelteile ist nun zur Wand der Hohlräume, zur Wand der Sporangien geworden. An jedem Stocke der Ophioglosseen unterscheidet man zweierlei Wedelteile, solche, welche keine Sporen entwickeln und das Ansehen eines grünen Laubes haben, und solche, an welchen sich Sporenbehälter ausbilden, und die dann fast nur aus den trauben- oder ährenförmig gruppierten Sporangien bestehen (s. Fig. 8).

Bei der abgebildeten Rhipidopteris sind die Sporenbehälter merkwürdigerweise auf der oberen Seite des Wedels entwickelt, was sonst nur sehr selten vorkommt. Gewöhnlich finden sie sich, wie schon früher erwähnt, an der unteren Wedelseite, und das hat den Vorteil, daß sie an der dem Boden zugewendeten Fläche gegen den auffallenden Regen ebenso wie gegen die auffallenden Sonnenstrahlen am besten geschützt sind. In den meisten Fällen findet übrigens auch noch ein weiterer Schutz gegen Nässe sowie gegen zu weit gehende Austrocknung statt, und zwar dadurch, daß sich über die Sporangien noch ein besonderes Schirmdach ausbreitet. Dieses Schirmdach geht entweder aus den Zellen, welche den Scheitel oder die Basis des die Sporangien tragenden Polsters oder Zapfens bilden, hervor und bildet ein zartes, über das ganze Sporangienhäufchen gespanntes Häutchen, das man Schleierchen (Indusium) genannt hat, wie bei unserem gewöhnlichen Wurmfarn (Polystichum Filix mas), oder es breiten sich kleine, schuppenförmige Blättchen über die Sporenbehälter aus, wie an den schon erwähnten Gleichenien (Fig. 9) und den nicht weniger merkwürdigen Lygodien und Davallien. Bisweilen bilden fünf oder sechs schuppenförmige, im Kreise herumstehende Blättchen eine Hülle der Sporangien, welche einer geschlossenen Blume täuschend ähnlich sieht, wie bei den Gattungen Schizocaena, Hymenocystis und Diacalpe, oder es bilden diese Blättchen eine Art Dose, die sich wie mit einem Deckel öffnet, wie bei Cibotium. Wieder in anderen Fällen erheben sich von der Fläche des Wedels häutige Säume und Leisten, durch welche die in langer Reihe geordneten Sporangien überdeckt werden, wie bei Lindsaya und Blechnum, oder es ist der Rand des Wedels wie gespalten, und es sind dann die Sporangien in dem engen Spalt geborgen, wie bei Vittaria und Schizoloma. Häufig rollt sich der Rand des Wedels ein und überdeckt so die parallel zum Rand auf polsterförmigen Erhabenheiten sich entwickelnden Sporangien, wie bei Allosurus, Ceratopteris, Ceratodactylis, Parkeria und noch zahlreichen anderen Gattungen. Es herrscht in dieser Beziehung eine große Mannigfaltigkeit, die mit den wechselnden klimatischen Verhältnissen der Standorte zusammenhängt, auf die im einzelnen einzugehen aber hier zu weit führen würde.

Auch die Bärlappe (Lykopodiazeen) erinnern in der Sporenbildung lebhaft an andere Farne, zumal an die Arten der erwähnten Gattungen Lygodium und Lygodictyon. Als erste Anlage der Sporangien erhebt sich an der Basis der schuppenförmigen Blättchen oder dicht über derselben am Stamm ein Wulst. Das innere Gewebe dieses Wulstes ist als rundlicher Ballen abgegrenzt. Nachdem sich die Zellen dieses Ballens isoliert haben, fächern sie sich, es entstehen aus jeder derselben vier Kammern, deren Wände sich nachträglich auflösen. Die Protoplasten in diesen Kammern werden, nachdem sie sich mit einer Haut umgeben haben, zu losen Sporen. Die Oberhaut, welche anfänglich über den sich erhebenden Wulst hinwegzog, bleibt erhalten und bildet nun die Wand eines mit losen Sporen erfüllten Hohlraumes des bohnenförmigen Sporangiums, das sich nachträglich wie eine Dose mit einem Deckel öffnet.

Ganz eigentümlich ist die Sporenbildung bei den Schachtelhalmen, von welchen zwei Arten, nämlich Equisetum arvense und E. silvaticum, auf S. 256, Fig. 1, 2 und 7, abgebildet sind. Am Ende des hohlen Stengels sieht man eine Ähre aus wirtelig gestellten, von kurzen Stielen getragenen Schildern, die als metamorphosierte Blättchen aufzufassen sind (s. Abbildung, S. 256, Fig. 3). Auf der gegen die Ährenspindel gewendeten Seite der Schilder erheben sich kleine Warzen, welche zu Sporenbehältern heranwachsen und endlich mit Sporen erfüllte Säckchen darstellen. Bei den Schachtelhalmen löst sich die äußere Haut der reifen Sporen in Form von Bändern los, welche hygroskopisch sind und Bewegungen ausführen, wodurch die Sporen verbreitet werden (Fig. 5 und 6).

Was wird nun aus den Sporen, wenn man sie keimen läßt? Vermutlich ein neues Farnkraut, ein Schachtelhalm oder ein Bärlapp, je nach Art der Spore. Daß das nicht der Fall ist und die Entwickelung in anderer, ganz überraschender Weise verläuft, wurde erst 1849 von dem genialen Botaniker Wilhelm Hofmeister entdeckt, der die ganze Entwickelungsgeschichte der Farne zum erstenmal klarlegte. Es ergab sich, daß niemals aus den Sporen der Farne wieder ein Farnkraut, wie wir es im Walde finden, hervorgeht, sondern eine unscheinbare grüne Gewebefläche, welche Befruchtungsorgane trägt. Erst aus deren Befruchtung entspringt wieder ein Farnkraut mit sporentragenden Blättern. Die Farnpflanzen bilden also zweierlei regelmäßig abwechselnde Generationen aus, eine unscheinbare, welche Befruchtungsorgane trägt, und eine zweite, durch ihre grünen Blätter in die Augen fallende, die ungeschlechtliche Sporen bildet. Es empfiehlt sich, diesen Generationswechsel etwas ausführlicher zu verfolgen.

Bei den Farnen erscheint die Generation, welche die Geschlechtsorgane trägt, als ein kleiner, flächenförmig ausgebreiteter Gewebekörper, von dessen unteren Seite zarte, haarförmige Wurzelhaare in die unterliegende Erde eindringen (s. Abbildung, S. 258, Fig. 1 und 8). Meistens hat dieser unter dem Namen Prothallium bekannte Gewebekörper die Gestalt eines herzförmigen oder länglichen Lappens und erreicht eine Länge von ungefähr 0,5—1 cm. Die Geschlechtsorgane entwickeln sich an der unteren, dem Boden zusehenden Seite des Prothalliums, und zwar die Antheridien als winzige, über die Fläche vorragende Warzen und die Archegonien ebendort als flaschenförmige Gebilde, welche mit ihrem bauchig erweiterten Teil in das Gewebe des Prothalliums eingesenkt sind und nur mit dem Halsteile sich über dieses erheben

(s. Abbildung, S. 258, Fig. 2). Bei der Mehrzahl der Farne trägt dasselbe Prothallium die zweierlei Geschlechtsorgane so verteilt, daß die Archegonien in der Nähe des herzförmigen Ausschnittes, die Antheridien hinter denselben im Mittelfeld und gegen den Rand des grünen kleinen

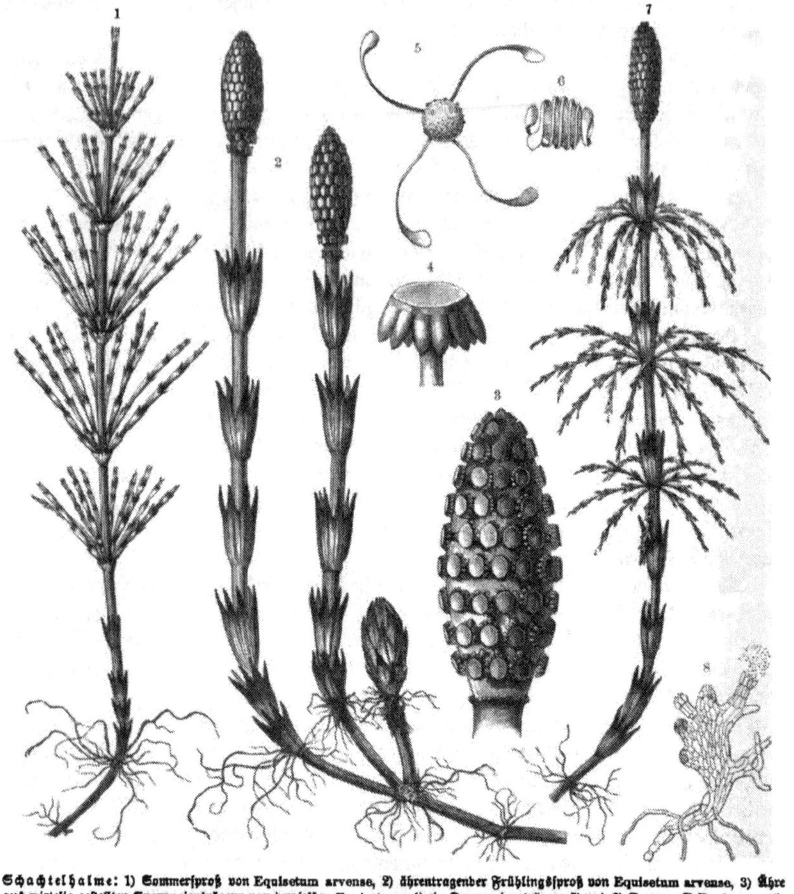

Schachtelhalme: 1) Sommerſproß von Equisetum arvense, 2) ährentragender Frühlingsſproß von Equisetum arvense, 3) Ähre aus wirtelig geſtellten Sporangienträgern von demſelben Equisetum; 4) ein Sporangiumträger; 5) und 6) Sporen; 7) Equisetum silvaticum; 8) Prothallium eines Schachtelhalmes. Fig. 1, 2 und 7 in natürl. Größe, Fig. 3: 3fach, Fig. 4: 6fach, Fig. 5 und 6: 25fach, Fig. 8: 30fach vergrößert. (Zu S. 255.)

Lappens liegen. Seltener kommt es vor, daß das eine Prothallium nur Archegonien, das andere nur Antheridien trägt.

Die Archegonien haben die Gestalt einer kurzhalsigen Flasche, die mit ihrem bauchigen Unterteil in das Prothalliumgewebe eingesenkt ist. Bei seiner Entstehung aus den Oberflächenzellen des Prothalliums ist der Hals des Archegoniums anfangs mit Zellen ausgefüllt, welche sich dann in Schleim umwandeln und dadurch einen Zugang zur Eizelle eröffnen (Fig. 2).

Auch die Antheridien entwickeln sich aus Zellen der Oberfläche des Prothalliums. Zunächst erheben sich diese Zellen als Papillen über ihre Umgebung, und nachdem durch Entstehung von Scheidewänden Fächer gebildet wurden, erweitert und vergrößert sich das innerste Fach, nimmt die Gestalt einer Kugel an, und es formen sich aus dem Protoplasma Zellen mit schraubig gewundenen Spermatozoiden. Endlich öffnet sich das Antheridium an seinem Scheitel, die losen Zellen werden in das umgebende Regen- oder Tauwasser entleert, und aus jeder derselben schlüpft ein schraubig gedrehtes, an seiner vorderen Hälfte mit struppig abstehenden Wimpern besetztes Spermatozoid aus (s. die Abbildung, S. 258, Fig. 3 und 4). Die im Wasser wirbelnden Spermatozoiden steuern augenscheinlich auf ein Archegonium zu. In diesem sind inzwischen die Halszellen teilweise verschleimt; etwas Schleim wurde in das umgebende Wasser ausgestoßen, und bei dieser Gelegenheit scheinen sich organische Säuren in dem Schleim des Archegoniums gebildet zu haben, welche auf die Spermatozoiden anziehend wirken. Tatsache ist, daß sich die Spermatozoiden in dieser schleimigen Masse anhäufen und auch noch durch den im Kanal des Archegoniumhalses zurückgebliebenen Schleim eindringen. Sie gelangen so bis zur Eizelle. Da man wiederholt gesehen hat, daß Spermatozoiden in die Eizelle eindringen und dort verschwinden, so ist anzunehmen, daß die zarte Haut der Eizelle von dem Spermatozoid durchdrungen wird, und daß alsdann eine Verschmelzung der zweierlei Protoplasmen, jedenfalls ihrer Kerne, stattfindet.

Nachdem nun die aus den Antheridien entlassenen, schraubig gedrehten Spermatozoiden (s. Abbildung, S. 258, Fig. 4) durch den Halsteil in den bauchig erweiterten Teil des Archegoniums eingedrungen sind und sich dort mit der Eizelle (s. Abbildung, S. 258, Fig. 2) vereinigt haben, ist die Befruchtung vollzogen. Das befruchtete Archegonium löst sich von dem Prothallium, auf welchem es entstanden ist, nicht ab, sondern wird im Verbande mit demselben zum Ausgangspunkt für eine zweite Generation, welche in ihren Lebensverrichtungen sowie in ihrer Gestalt von der geschlechtlichen Generation gänzlich verschieden ist.

Die befruchtete Eizelle sondert sich nun in mehrere Teile, zwischen welche Scheidewände eingeschoben werden, und es entsteht so ein mehrzelliger Embryo, welcher im unveränderten Archegonium eingebettet bleibt. Nach einer kurzen Ruheperiode keimt der Embryo, und die neue Generation, welche jetzt entsteht, indem aus den Zellen des Embryos Stamm, Wurzel und Blätter (Wedel) hervorgehen, erhält noch kurze Zeit ihre Nährstoffe durch Vermittelung des mütterlichen Prothalliums. Wenn endlich die neue Generation hinlänglich erstarkt ist, wenn sie die Nährstoffe aus der umgebenden Luft und dem umgebenden Boden unmittelbar aufzunehmen und dieselben in Baustoffe umzuwandeln vermag, ist die Mithilfe des Prothalliums überflüssig geworden; dasselbe welkt und ist zu der Zeit, wenn einmal die sporenbildenden Wedel zur Entwickelung kommen, spurlos verschwunden. Von den Zellen, in die sich die Eizelle teilt, wird eine Zelle zum Anfang eines Hauptstammes, eine zweite zum Anfang des ersten Blattes, eine dritte zum Anfang einer Wurzel, und eine vierte vermittelt noch eine Zeitlang den Zusammenhang mit dem Prothallium (s. Abbildung, S. 258, Fig. 5). Das Blatt breitet sich aus, und sein grünes Gewebe erzeugt Stoffe zum Weiterbau des jungen Farnstockes. Alsbald sprießt aus dem sich verlängernden Hauptstamm ein zweites Blatt hervor, und nun ist der junge Farnstock in betreff der zu seinem weiteren Ausbau nötigen Stoffe nicht mehr auf das Prothallium angewiesen. Das Gewebe des Prothalliums ist ohnedies inzwischen abgestorben, und dort, wo es früher gestanden hatte, befindet sich jetzt der Farnstock mit seinen grünen Blättern (s. Abbildung, S. 258, Fig. 6). An Stelle der geschlechtlichen

Generation des Prothalliums ist die ungeschlechtliche des Farnkrautes getreten. Seine zuerst entstandenen Blätter erzeugen mit ihrem grünen Gewebe Stoffe zum weiteren Ausbau, insbesondere zur Herstellung neuer Blätter, welche in zunehmender Zahl von dem an seinem

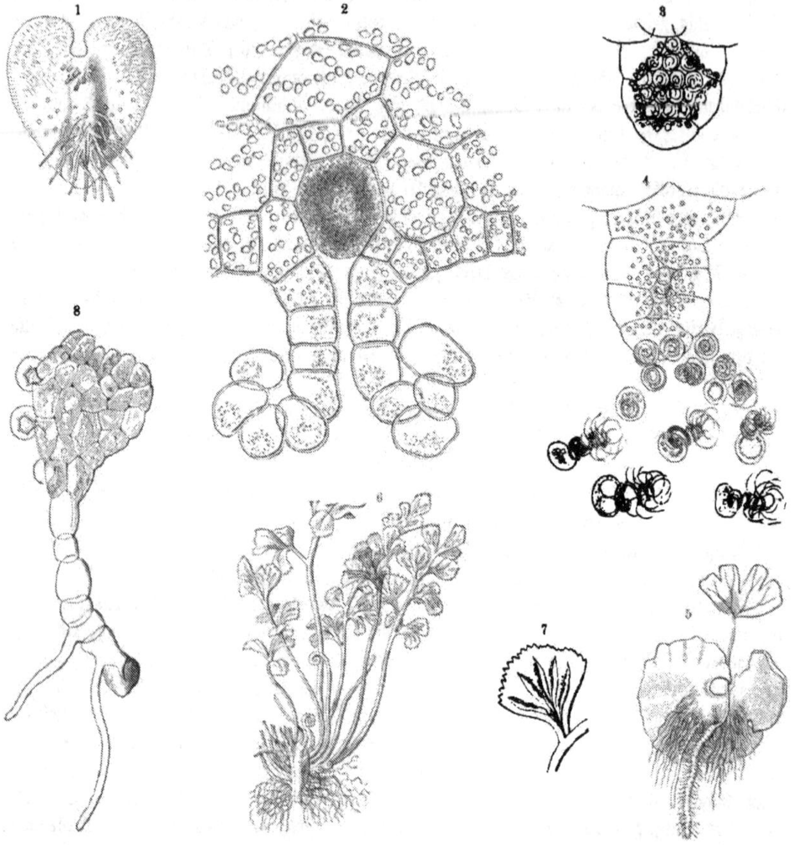

Generationswechsel der Farne: 1) Unterseite des Prothalliums eines Milzfarnes; 2) Längsschnitt durch ein befruchtetes Archegonium mit Halsteil und Eizelle; 3) Längsschnitt durch ein Antheridium, 4) Spermatozoiden, welche das Antheridium verlassen; 5) Anfang der ungeschlechtlichen Generation, aus dem Embryo ist nach oben zu ein Blatt, nach unten eine Wurzel hervorgewachsen; 6) ungeschlechtliche Generation eines Farnes (Asplenium Ruta muraria), an der Unterseite der Blattabschnitte die zu länglichen Häufchen geordneten Sporengehäuse, 7) ein Blattabschnitt vergrößert, die Sporengehäuse von einem Häutchen (Indusium) einseitig bedeckt, 8) erste Entwickelungsstufe eines Prothalliums mit Antheridien am Rande (geschlechtliche Generation), welche aus einer ungeschlechtlichen, von einem Blatt abgefallenen Spore hervorgeht. Fig. 6 in natürl. Größe, Fig. 1: 5fach, Fig. 2—4: 350fach, Fig. 5: 6fach, Fig. 7: 3fach, Fig. 8: 240fach vergrößert. (Zu S. 255—258.)

Scheitel fortwachsenden, stets massiger werdenden und bei den Baumfarnen (s. die beigeheftete Tafel „Baumfarne im Gebirge von Ceylon") in Gestalt einer Säule sich erhebenden Hauptstamm abzweigen. Die zweite Aufgabe der Blätter ist Bildung der Sporangien mit Sporen, aus denen die Prothallien hervorgehen (Fig. 8).

Baumfarne im Gebirge von Ceylon (Ramboddepaß).

Nach der Natur gezeichnet von E. v. Ransonnet.

Nymphaea micrantha (Daubenyana):

Auf den Schwimmblättern dieser Nymphaea-Art entstehen Sproßknospen, die sich noch auf dem mit der Pflanze verbundenen Blatte zur beblätterter und blühenden jungen Pflanze entwickeln. Nach dem Absterben des Mutterblattes kann die junge Pflanze selbständig werden. (Im Gießener Botanischen Garten kultiviert.)

Die Schachtelhalme (Equisetinae), Bärlappe (Lycopodinae) und Wasserfarne (Hydropteridinae) stimmen, was die Gestalt der Antheridien und der Archegonien betrifft, mit den als Vorbild für die Gefäßkryptogamen soeben geschilderten Farnen im großen und ganzen überein. Das aus der Spore eines Schachtelhalmes hervorgegangene Prothallium ist anfänglich dünn und bandartig, wird später vielfach gelappt und erinnert in seiner Gestalt an gewisse Lebermoose, manchmal auch an ein kleines krauses Laubblatt. Bei den meisten Schachtelhalmen entwickeln sich Antheridien und Archegonien auf verschiedenen Prothallien. Wo das nicht der Fall ist, wird die Befruchtung der Eizelle durch die von demselben Individuum stammenden Spermatozoiden durch ungleichzeitige Entwickelung der betreffenden Organe unmöglich gemacht. Die Prothallien, auf welchen Antheridien entstehen, sind immer kleiner als jene, auf welchen sich Archegonien ausbilden. Die Antheridien entstehen aus Oberflächenzellen am Ende oder am Rande des lappigen Prothalliums, die Archegonien dagegen aus Oberflächenzellen in den Ausbuchtungen der Lappen (s. Abbildung, S. 256, Fig. 8). Die Spermatozoiden sind an dem einen Ende spatelförmig verbreitert und tragen am anderen verschmälerten Ende eine förmliche Mähne aus ungemein feinen Wimpern. Bei den Bärlappen oder Lykopodinen sind die Prothallien winzige unterirdisch lebende Knöllchen, die sehr langsam wachsen, wie in Band I, S. 413, beschrieben wurde. Bei mehreren Gattungen der Bärlappe und Wasserfarne, so namentlich bei Selaginella, Salvinia und Marsilia, sind die Prothallien, an welchen die Antheridien, und jene, an welchen die Archegonien entstehen, in der Größe auffallend verschieden. Für beide sind zwar auch Sporen die Ausgangspunkte, aber diese unterscheiden sich selbst schon durch verschiedene Größe und werden als Kleinsporen (Mikrosporen) und Großsporen (Makrosporen) unterschieden. Sie entstehen in gesonderten Mikro- und Makrosporangien. Die Kleinsporen erzeugen kleine Prothallien mit Antheridien, die Großsporen solche mit Archegonien. Das Prothallium bleibt zum größten Teile im Innenraume der Spore verborgen. Nur einzelne oberflächliche Zellen dieses unvollkommenen Prothalliums drängen aus den Rissen der stellenweise geborstenen Sporenhaut hervor, und hier bilden sich Antheridien oder Archegonien. In der Scheitelzelle des Antheridiums entsteht ein Füllgewebe und aus jeder Zelle des Füllgewebes ein schraubig gedrehtes Spermatozoid. Das Öffnen des Antheridiums und das Ausschlüpfen der Spermatozoiden erfolgt dann in derselben Weise wie bei den Farnen. Das Prothallium, welches in den Großsporen entsteht und meist nur ein Archegonium erzeugt, ist zwar zellenreicher und umfangreicher als das männliche, verläßt aber ebensowenig wie dieses den Innenraum der Großspore, sondern drängt sich nur an einer Stelle, wo die äußere derbe Haut der Großspore aufgerissen ist, ein wenig hervor. Es hat sich eigentlich hier ein zweifaches Gewebe innerhalb einer jeden Großspore herausgebildet, nämlich das eben erwähnte Prothallium zwischen den aufgerissenen Lappen der äußeren Sporenhaut und ein im Grunde der Großspore gelagertes Reservestoffgewebe, das sehr reich an Stärke und Fett ist und als Nahrungsspeicher für das Prothallium dient, wenigstens auf so lange, als dieses die Nahrung aus der Umgebung sich nicht selbst zu verschaffen imstande ist. Die Bildung der später verschleimenden Halszellen, das Eindringen der Spermatozoiden und der Akt der Befruchtung und die Entwickelung des Embryos ist im wesentlichen nicht anders als bei den Farnen im engeren Sinne.

Die bei den Wasserfarnen und Selaginellen in der Großspore sich abspielenden Vorgänge hat man mit der Bildung der Samenanlage, wie sie bei den im nächsten Kapitel zu besprechenden Phanerogamen vorkommt, verglichen, und man hat tatsächlich vorhandene Analogien, welche hier und dort bestehen, hervorgehoben. Mit Rücksicht auf das gleiche Ziel, welches durch diese Entwickelungsvorgänge in den verschiedensten Abteilungen des Pflanzenreiches angestrebt wird, sind solche Analogien von Bedeutung für die Vorstellung eines genetischen Zusammenhanges zwischen den Farnen und den Blütenpflanzen, der, schon seit Goethe geahnt, von W. Hofmeister durch glänzende Untersuchungen wahrscheinlich gemacht worden ist.

Was hat nun aber diese seltsame regelmäßige Aufeinanderfolge von geschlechtlicher und ungeschlechtlicher Generation, dieses Auseinanderziehen eines Entwickelungsganges in zwei räumlich und zeitlich getrennte Abschnitte, für eine biologische Bedeutung.

Es ist nicht anzunehmen, daß das Prothallium Stoffe sammelt, um die Sporengeneration (den Sporophyten) vorzubereiten. Dazu ist es zu winzig und unvollkommen und zu kurzlebig. Wollte man behaupten, die Befruchtung sei eine absolute Vorbedingung der Entstehung des Sporophyten, so widerlegten das eine Menge Farne, bei denen ohne Befruchtung, nicht einmal aus einer Eizelle, sondern aus dem vegetativen Gewebe des Prothalliums ein junges Farnkraut hervorsprießt. Man nennt sie apogame Farne. So könnte denn vielleicht umgekehrt die lange Vegetation der Sporenpflanze die Vorbereitung für die Geschlechtsgeneration sein. Aber wie sollte man sich dann die einstige Entstehung dieses Verhältnisses denken. Das einfache Prothallium mit seinen an die Algen erinnernden Fortpflanzungsorganen war zweifellos früher da als das Farnkraut und hat vielleicht anfangs einfachere zweite Generationen erzeugt. Da aber das Farnkraut noch heute vom Prothallium abstammt, so kann es nicht als Vorbedingung für dieses gelten. Die Frage nach der Bedeutung des Generationswechsels ist heute noch nicht zu beantworten. Wir sehen und bewundern die seltsamen Wege, die die Natur mit ihren Formenbildungen einschlägt, wir erkennen wohl ein gewisses Ziel, aber den tieferen Sinn solcher verwickelten Vorgänge zu erfassen, ist uns dadurch erschwert und vielleicht unmöglich gemacht, daß wir in die einstmalige Entstehung solcher Verhältnisse keinen Einblick gewinnen können und somit den Schlüssel für das Verständnis nicht besitzen.

Noch in einer anderen wichtigen Abteilung der Kryptogamen, bei den Moosen, spielt sich ein ähnlicher Generationswechsel ab, und seine Besprechung, die vielleicht logischerweise hätte den Farnen voraufgehen können, wurde deshalb zurückgestellt, weil der Generationswechsel bei den Farnen wegen größerer Einfachheit leichter verständlich ist.

Auch die Moose, die dem Waldspaziergänger lieb und geläufig sind, besitzen einen Wechsel von sporenbildender und geschlechtlicher Generation (Sporophyt und Oophyt), und zwar sind die zierlichen Lebermoose und Laubmoosformen, deren wir uns in der Natur erfreuen, immer geschlechtliche Generationen. Sie tragen, wie die Farnprothallien, Archegonien und Antheridien, weshalb man die Moose auch mit den Farnen unter dem Namen Archegoniaten zu einer charakteristischen Abteilung des Pflanzensystems vereinigen kann. Seite 263, Fig. 10, sind diese Geschlechtsorgane abgebildet, und man erkennt am Ende eines Moosstengels die mit langem Halse versehenen Archegonien neben den kurzen ovalen, kapselähnlichen Antheridien. Gewöhnlich stehen mehrere Antheridien dicht beisammen. Jenen der Laubmoose sind sogenannte Paraphysen untermengt, Gebilde, welche an Haare erinnern, deren Bedeutung vielleicht die eines Schutzes ist. Bei vielen Arten der Moose entwickelt das eine Individuum nur Antheridien, das andere nur Archegonien, bei anderen dagegen sind Antheridien und Archegonien nebeneinander auf derselben Moospflanze ausgebildet. Ist das letztere der Fall, so zeigt entweder die Entwickelung des Archegoniums einen Vorsprung vor jener des Antheridiums oder umgekehrt, wodurch eine Kreuzung verschiedener Individuen angestrebt wird.

Bei einigen Lebermoosen erheben sich um die Antheridien und auch um die Archegonien Ringwälle, und man sieht dann die genannten Gebilde in grubigen Vertiefungen der Sprosse eingesenkt; bei anderen Lebermoosen, z. B. bei Marchantia, werden einzelne Lappen oder Ästchen der flachen Sprosse in gestielte Schilder und Scheiben umgewandelt, und an diesen bilden sich in besonderen Nischen und Fächern der oberen oder unteren Seite die Antheridien und Archegonien aus. Bei jenen Lebermoosen, deren Sprosse in eine stammähnliche Achse und in blättchenförmige Zellflächen gegliedert sind, entspringen die Antheridien in den Achseln der Blättchen oder am Scheitel der Stämmchen in krugförmigen Aushöhlungen. Bei den Laubmoosen schließen die Hauptachsen oder Nebenachsen mit Gruppen von Antheridien oder Archegonien ab, und es sind besondere Blättchen als schützende Hüllen und Decken ausgebildet, die man Perichätium genannt hat. Bisweilen machen diese Blättchen den Eindruck von Blumenblättern, wie z. B. bei den Widertonen (Polytrichum), von welchen eine Art auf der Tafel „Laub- und Lebermoose" bei S. 264 im Vordergrunde links abgebildet ist. Bei diesen sind die Antheridien und Archegonien auf verschiedene Individuen verteilt, die Hüllblättchen am Scheitel jener Stämmchen, welche mit Antheridien abschließen, sind dicht zusammengedrängt, kurz und breit, braunrotgefärbt und ahmen kleine Blumenblätter nach, welche einem scheibenförmigen Blütenboden aufsitzen. Diese Widertone sind auch das Vorbild für jene Moose, bei welchen ein recht auffallender Gegensatz zwischen den die Antheridien und den die Archegonien stützenden Hüllschuppen beobachtet wird. Die Individuen, auf welchen nur Archegonien entstehen, zeigen nämlich eine ganz andere Gestalt und Gruppierung des Perichätiums als jene, welche nur Antheridien tragen. Die Befruchtung erfolgt ganz wie bei den Farnen. Das Antheridium öffnet sich an seinem Scheitel, und die losen, in einer schleimigen Masse eingebetteten Zellen werden in das umgebende Regen- oder Tauwasser ruckweise ausgestoßen. Hier schlüpfen die Spermatozoiden aus den sie umhüllenden zarten Zellhäuten aus und schwimmen mit Hilfe langer Wimpern, deren jedes zwei besitzt, im Wasser herum (s. die Abbildung, Bd. I, S. 29, Fig. 9 und 10). Sie gelangen durch den geöffneten, nur mit Schleim ausgefüllten Hals in die erweiterte Basis des Archegoniums, dringen in die Eizelle ein und befruchten sie.

Aus der befruchteten Eizelle entwickelt sich nun die ungeschlechtliche Generation (der Sporophyt), aber es ist überraschend, daß diese nicht wie bei den Farnen ein beblättertes Pflanzengebilde ist, sondern eine langgestielte Kapsel, die, da sie sich von diesen Moospflänzchen nicht trennt, wie eine Frucht aussieht und von den älteren Botanikern auch als „Moosfrucht" angesehen und so genannt wurde. Diese ungeschlechtliche Generation entwickelt sich in folgender Weise. Der Zellkörper, welcher durch Zellteilungen aus der im flaschenförmigen Archegonium geborgenen Eizelle nach der Befruchtung entstanden ist, gestaltet sich zu einem büchsenförmigen Körper, und unter demselben entsteht ein Stiel oder Träger der Büchse, dessen meistenteils knollig angeschwollene Basis in das Gewebe des Moosstämmchens eingesenkt ist. Wenn sich der Stiel der Büchse in die Länge streckt, wird das Archegonium nahe der Basis quer durchgerissen, und es bildet die frühere Hülle jetzt eine über die Büchse gestülpte Mütze, die auf dem Sporangium oft sitzen bleibt (s. Abbildung, S. 262, Fig. 4 und 5). Später wird diese Mütze abgeworfen, und die Büchse, die also ein Sporangium darstellt, da deren Füllgewebe sich mittlerweile in zahlreiche einzelne lose Sporen umgewandelt hat, öffnet sich und gibt die Sporen bei der geringsten Erschütterung den Winden preis. Die mannigfachen Formen der Mooskapsel werden durch die Abbildung auf S. 263 erläutert.

In der Abbildung auf S. 264, Fig. 1—11, erscheinen die seltsamen Gestalten der auf dem Kote von Renntieren, Rindern und anderen Wiederkäuern wachsenden Splachnazeen (Splachnum luteum, vasculosum, ampullaceum) sowie das in Band I, S. 102, besprochene Smaragdmoos (Schistostega osmundacea) abgebildet.

Wie bei den Farnen sind die Sporenbehälter auch bei den Moosen während ihrer Entwickelung gegen schädliche äußere Einflüsse, zumal gegen Vertrocknung, geschützt, namentlich dadurch, daß die Mooskapseln bei den meisten Moosen durch einen zierlichen Deckel verschlossen sind, der sich erst nach der Reife der Sporen ablöst (S. 263, Fig. 1—3).

Beim Öffnen der Kapsel kommt dann ein zweiter Schutz zum Vorschein, der die reifen

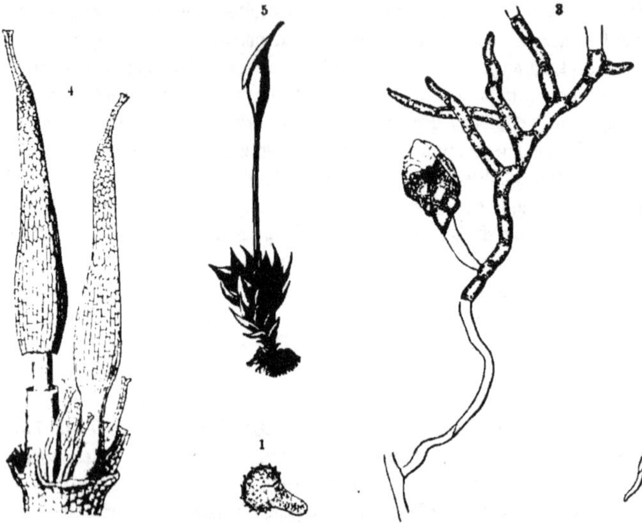

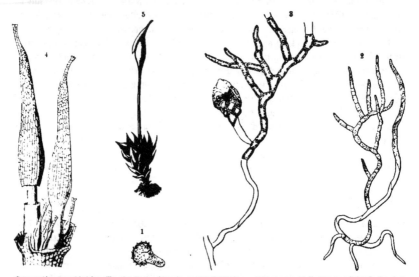

Generationswechsel der Moose: 1) eine keimende ungeschlechtliche Spore, 2) Protonema, 3) Protonema mit der Knospe eines Moosstämmchens, 4) Scheitel eines Moosstämmchens mit Archegonien und zwei aus den Archegonien hervorgegangenen jungen Kapseln; 5) Moosstämmchen, an dessen Scheitel aus einem dort entstandenen Archegonium eine gestielte Kapsel als zweite, ungeschlechtliche Generation hervorgewachsen ist; in der endständigen Büchse werden ungeschlechtliche Sporen ausgebildet. Fig. 1—3: 350—400fach, Fig. 4 ungefähr 80fach und Fig. 5: 5fach vergrößert. (Zu S. 261.)

Sporen vor Benetzung durch Regen beschützt. Es ist das ein aus zahnförmigen Streifen bestehender Besatz des Randes der Kapsel (Mundbesatz oder Peristom genannt). Seine Zähne sind hygroskopisch, biegen sich bei trockenem Wetter zurück, um den Sporen den Austritt zu gewähren, und neigen sich bei feuchtem Wetter wie ein schützendes Dach zusammen. Die Sporenkapseln der Andreäazeen und Torfmoose sind kugelig und öffnen sich in anderer Form (Fig. 13 und 14). Bei den meisten Lebermoosen bilden sich neben den Sporen in der Kapsel noch seltsam geformte Zellen von Spindelform mit schraubig gewundenen Zellstoffleisten. Sie machen wegen ihrer Hygroskopizität wurmartige Bewegungen und werfen dadurch die Sporen aus der Kapsel heraus. Wichtig für das Verständnis ist es, nicht zu vergessen, daß diese scheinbare Frucht der Moose deren ungeschlechtliche Generation, also etwas Selbständiges, darstellt und trotz der geringen Ähnlichkeit dem ganzen Farnkraute mit Blättern und Wurzeln entspricht. Beide stellen einen Sporophyten dar.

Die keimende Moosspore bildet kein Prothallium wie die Farnspore, aber ein grünes, mit bloßem Auge sichtbares Gespinst zarter Fäden (Fig. 2). Man hat es **Vorkeim** oder **Protonema** genannt. Einige der Zellfäden sind farblos oder gebräunt, mit schiefstehenden Querwänden versehen und dringen wie Wurzeln (Rhizoiden) in den Boden ein, die anderen sind

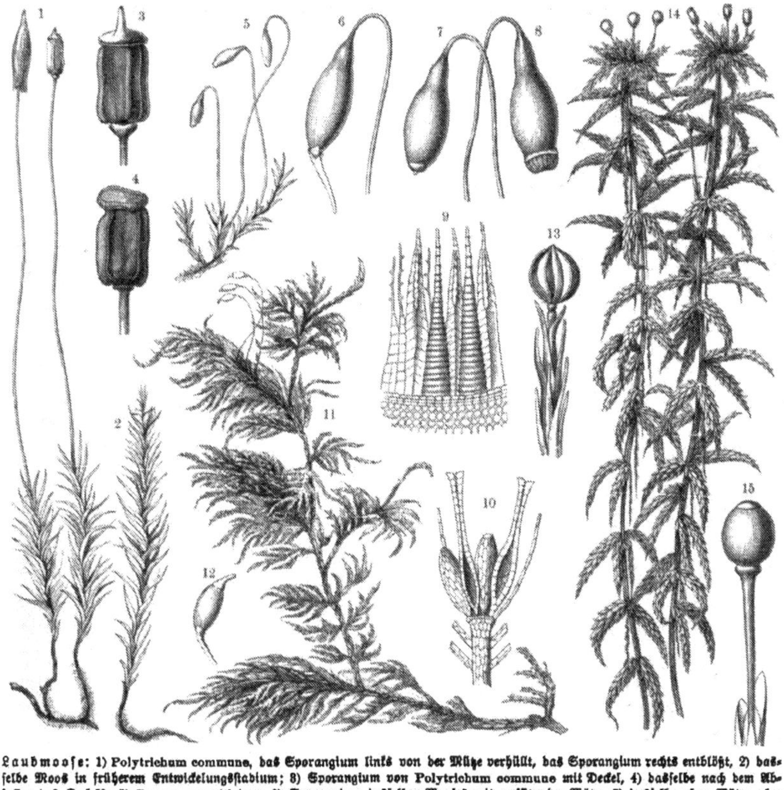

Laubmoose: 1) Polytrichum commune, das Sporangium links von der Mütze verhüllt, das Sporangium rechts entblößt, 2) dasselbe Moos in früherem Entwickelungsstadium; 3) Sporangium von Polytrichum commune mit Deckel, 4) dasselbe nach dem Abfallen des Deckels; 5) Bryum caespiticium, 6) Sporangium desselben Mooses mit aufsitzender Mütze, 7) dasselbe ohne Mütze, aber noch zugedeckelt, 8) dasselbe abgedeckelt, der Mundbesatz sichtbar, 9) ein Stück des Mundbesatzes; 10) Antheridien, Archegonien und Paraphysen des Bryum caespiticium; 11) Hylocomium splendens, 12) Sporangium desselben; 13) Andreaea rupestris mit aufgesprungenem Sporangium; 14) Sphagnum cymbifolium, die kugeligen Sporangien desselben an dem Exemplare links noch geschlossen, an jenem rechts geöffnet, 15) ein einzelnes Sporangium desselben Mooses. Fig. 1, 2, 5, 11, 14 in natürl. Größe, Fig. 3, 4, 6, 7, 8, 12, 13 und 15: 3—5fach, Fig. 9 und 10: 150fach vergrößert. (Zu S. 260.)

lebhaftgrün und breiten sich über dem Boden aus. Aus einigen grünen Zellen des Protonemas wachsen nach einiger Zeit knospenartige Gebilde hervor (s. Abbildung, S. 262, Fig. 2 und 3). Aus dieser Knospe erst wird eine neue sich in Stämmchen und Blätter gliedernde Moospflanze, die wieder Geschlechtsorgane erzeugt.

Aus der Fülle von Formen, in der die Fortpflanzung im Pflanzenreich sich abspielt, sind nur wenige herausgewählt worden, um zu zeigen, in welch verschiedenes Gewand sich ein und derselbe physiologische Vorgang kleiden kann. Warum das so ist, darüber können wir keine andere Auskunft geben, als das alle diese Formverhältnisse sich im Laufe unmeßbarer Zeiten nebeneinander und auseinander entwickelt haben und aus diesem Grunde existieren müssen. Das Ziel war überall das gleiche, die Erzeugung von Keimzellen. Aber diese selbst bieten uns gleichfalls nur Rätsel. Wir haben keine Erklärung dafür, warum sich aus einem einfachen Protoplasmakörper eine junge Pflanze mit vielfacher Wirksamkeit entwickeln kann.

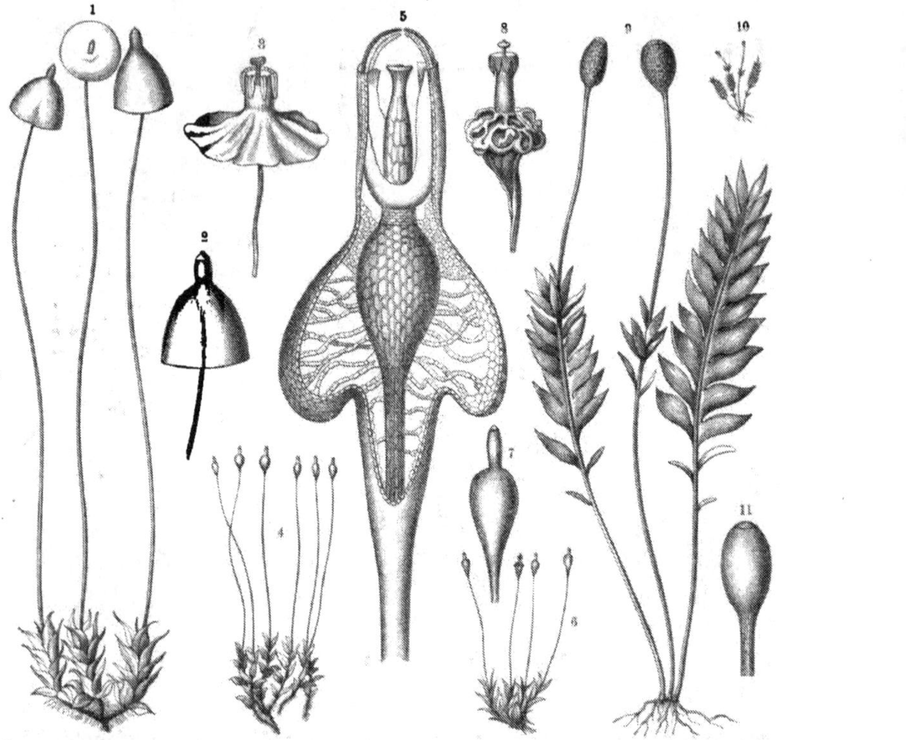

Generationswechsel der Moose. Verschiedene Formen der Büchsen, welche als ungeschlechtliche Generation aus dem Scheitel der Moosstämmchen hervorwachsen: 1) Splachnum luteum, 2) eine unreife Büchse, 3) eine reife Büchse desselben Mooses; 4) Splachnum vasculosum, 5) Längsschnitt durch eine reife Büchse dieses Mooses; 6) Splachnum ampullaceum, 7) eine unreife Büchse, 8) eine reife Büchse desselben Mooses; 9) und 10) Schistostega osmundacea, 11) eine reife Büchse dieses Mooses. Fig. 1, 4, 6, 10 in natürl. Größe, Fig. 2 und 3: 2fach, Fig. 7—9: 10fach, Fig. 11: 15fach, Fig. 5: 100fach vergrößert. (Zu S. 261 und 262.)

Ebensowenig begreifen wir, warum einmal ein solcher Protoplast seine Entwickelung ohne weiteres beginnt, das andere Mal erst dann, wenn ein anderer Protoplast oft von ganz geringer Masse sich mit ihm vereinigt. Betrachten wir alle die verschiedenen Keimzellen, die es gibt, so finden wir so wenig Unterschiede und so große Ähnlichkeiten, daß die Tatsache, daß aus solchen Keimzellen sich himmelweit verschiedene Pflanzenformen, hier eine zarte Alge, dort ein mächtiger Baum, entwickeln, uns nur erkennen läßt, wie unbegreiflich die täglich sich vor uns abspielenden Naturvorgänge unserem Verstande sind. Wir kommen kaum weiter, als sie zu ordnen.

[Zur Tafel: »*Laub- und Lebermoose*«.]

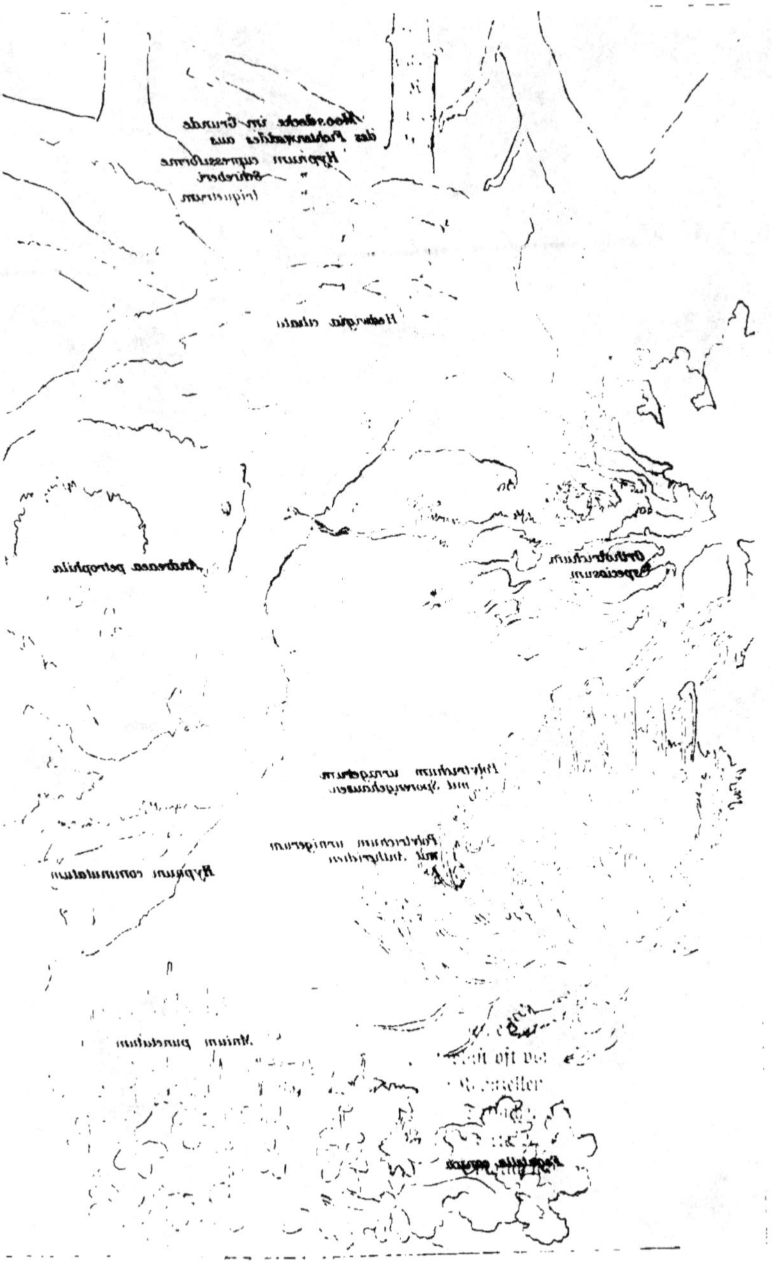

Laub- und Lebermoose.

3. Die Fortpflanzung bei den Phanerogamen.

Die Biologie der Blüte und die Bestäubungseinrichtungen.

Die Pflanzen verdanken das allgemeine Ansehen, die Beliebtheit, die sie genießen, die sorgende Liebe, die man ihnen entgegenbringt, nicht ihrem grünen Laube, sondern den formenreichen, farbenschönen und duftenden Blüten. Immer und überall freut man sich der blühenden Pflanze. Was wäre uns das Landschaftsbild, wenn sie uns fehlte als Frühlingsgruß schneeiger Obstbaumblüte, als Schmuck der Sommerwiese und als letzter Schimmer des herbstlichen Gartens. Nicht ohne Grund geht die Menge an unseren heimischen Bäumen interesselos vorüber, denn ihre Blüten sind so unscheinbar, daß mancher glaubt, sie blühen überhaupt nicht. Erst die Fremdlinge, die Roßkastanie, zumal die rotblühende, der Tulpenbaum oder die Magnolie, Syringe und Goldregen haben die Zuneigung gewonnen, weil sie nicht kargen mit Blüten, sondern prangend dastehen in ihrem Blütenkleide. Auch der Botaniker leugnet nicht, daß ihn in den Tropen ganz besonders die vielen prächtig blühenden Bäume als Kontrast zur heimatlichen Einfachheit anziehen. In der Tat haben wir auch keine Konkurrenten, die es mit dem Prunke einer Brownea oder Spathodea aufnähmen. Reizend erscheint die mit Tausenden zarter Blüten übersäte Schirmkrone eines Pithecolobium Saman, und prachtvoll glühen über dem Walde die zur Blütezeit laublosen, aber ganz mit großen purpurnen Blüten bedeckten mächtigen Kronen des Bombax malabaricus.

Aber die Blüte ist nicht mehr ein bloß ästhetischer Gegenstand. Sie ist nicht nur lange Objekt der Wissenschaft, sondern es ist aus der Menge von Beobachtungen des Blütenlebens eine ganze Sonderwissenschaft, die Blütenbiologie, entstanden. Gegenstand der Wissenschaft wurde die Blüte schon vor Linné durch die Untersuchungen von Camerarius, Tournefort, Vaillant, von denen der erste schon im Jahre 1694 Staubgefäße und Fruchtknoten als männliche und weibliche Sexualorgane bezeichnet hatte. Die praktische Benutzung der Blüte zur Bestimmung und Einteilung der Pflanzen nach Linnés System trug nicht unwesentlich dazu bei, die Formverhältnisse der Blüten genauer als bisher zu studieren. Linné hatte die Blüte als Fortpflanzungsorgan anerkannt. Wenn er auch von dem Fortpflanzungsvorgange selbst noch nichts wissen konnte und sogar die Bestäubung noch unrichtig auffaßte, so waren doch Fruchtknoten und Staubgefäße als die eigentlichen Sexualorgane der Blüten von ihren als bloße Hüllen dienenden Blumenblättern und Kelchblättern wohl unterschieden.

Diese einfachen Kenntnisse bilden die Grundlage zum Verständnis der Blüte als Fortpflanzungsapparat, welcher in der Weise in Wirkung tritt, daß der in den Antheren erzeugte Pollen oder Blütenstaub von einer Blüte in der Regel auf die Narbe einer anderen Blüte gebracht wird und die im Fruchtknoten verborgenen Samenknospen durch Aussendung eines langen zarten Schlauches befruchtet. Mit den Fortpflanzungsvorgängen der Kryptogamen bekannt, könnte man verleitet werden, unrichtige Vergleiche anzustellen. Dort wurden die männlichen Organe als Antheridien, die weiblichen als Oogonien oder Archegonien bezeichnet. Daher könnte man meinen, der Fruchtknoten der Blüte sei den Oogonien, die Staubfäden den Antheridien gleichzusetzen. Aber die Organe sowohl, als der äußere Verlauf der Befruchtung, sind bei den Phanerogamen und Kryptogamen grundverschieden, und es lassen sich nur bei einigen Abteilungen der letzteren Analogien auffinden, die zu erläutern aber wegen der Schwierigkeit nicht in der Absicht dieses Buches liegen kann. Allerdings handelt es sich immerhin auch bei dem Befruchtungsvorgang in der Blüte in letzter Linie um die Verschmelzung einer weiblichen und männlichen Keimzelle. Hierin liegt der Vergleichspunkt mit den Kryptogamen. Der eigentliche Fortpflanzungsakt ist aber bei den Blütenpflanzen durch die verschiedenen Vorbereitungen und Einrichtungen dazu so verdeckt, daß man die Übereinstimmung mit den Kryptogamen nur durch sorgfältige Studien erkennen kann. Ein Grund der großen äußerlichen Verschiedenheit der Fortpflanzungsvorgänge in den beiden großen Abteilungen des

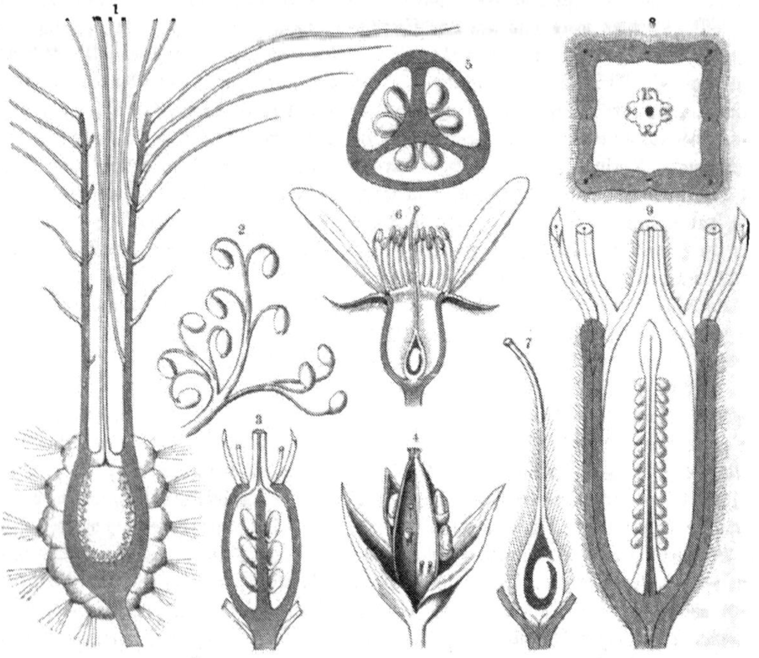

Anlagen von Phanerogamenfrüchten: 1) Längsschnitt durch die Fruchtanlage von Cereus grandiflorus, 2) Samenanlagen auf verzweigtem Träger aus dem Grunde der Fruchtanlage von Cereus grandiflorus; 3) Längsschnitt durch die Fruchtanlage von Hedychium angustifolium, 4) aufgesprungene Frucht derselben Pflanze, 5) Querschnitt durch die Fruchtanlage derselben Pflanze; 6) Längsschnitt durch die Blüte des Mandelbaumes (Amygdalus communis), 7) Längsschnitt durch die Fruchtanlage derselben Pflanze; 8) Querschnitt, 9) Längsschnitt durch die Fruchtanlage des Weidenröschens (Epilobium angustifolium). Fig. 1 in natürl. Größe, Fig. 3—6 schwach vergrößert, Fig. 2, 7—9 ungefähr 10fach vergrößert.

Pflanzenreiches liegt in der großen Verschiedenheit der Lebensweise. Die Kryptogamen, auch wenn sie nicht wie Algen und andere Wasserkryptogamen im Wasser leben, sind an reichliche Feuchtigkeitsmengen gebunden, haben sich mit ihrer Fortpflanzung diesem Medium angepaßt und besitzen daher meist bewegliche männliche Keimzellen (Spermatozoiden). Die Phanerogamen leben mit wenigen Ausnahmen von Luft umgeben, und die Mithilfe des Wassers zum Transport männlicher Keimzellen zu den Eizellen ist ausgeschlossen. Die Blüte hat sich zu einem Luftorgan umgestalten müssen und ist auf andere Mittel der Befruchtung angewiesen.

Der Bau der Blüte ist auf S. 173ff. so ausführlich beschrieben, daß die bei den folgenden Schilderungen benutzten Ausdrücke verständlich sind.

Die Befruchtung erfolgt in mehreren Abschnitten, von denen der erste das Ziel, die Befruchtung der Eizelle durch die Pollenzellen, vorbereitet. Die Eizelle ruht tief verborgen innerhalb eines Zellenraumes in der Samenanlage, dem **Embryosack**, und diese Samenknospe ist selbst wieder umgeben von den zum Ovarium verwachsenen Fruchtblättern (vgl. Abbildung, S. 266). So sind die räumlichen Verhältnisse recht verwickelt, und es wird für das Verständnis dieser wichtigen Vorgänge notwendig, zunächst das empfangende Organ, das Gynäzeum oder den Fruchtknoten, noch etwas genauer kennen zu lernen, denn nur dann versteht man, wie daraus das eigentliche Produkt der Befruchtung, Frucht und Same, entstehen kann.

Das Endziel der Befruchtung oder ihr **Zweck**, wenn man lieber will, ist die Bildung einer Frucht mit keimfähigen Samen, aus denen neue Pflanzen erwachsen. Allein man darf nicht in den Irrtum verfallen, als ob Frucht und Same erst bei der Befruchtung ganz neu entständen. Vielmehr findet sich in der Blüte schon vor der Befruchtung die Anlage der Frucht und des Samens vor, die mit der Blüte entstanden sind (s. Abbildung, S. 266). Die Befruchtung durch den Pollenschlauch veranlaßt diese Anlagen nur, sich zu entwickeln, und ohne Befruchtung würden sie allerdings als Anlagen ohne Bedeutung zugrunde gehen.

Cycas revoluta: 1) Fruchtblatt mit Samenanlagen; 2) Längsschnitt durch eine junge Samenanlage. (Zu S. 268.)

Wenn man sieht, wie anderseits aus der winzigen Fruchtanlage (dem Fruchtknoten) einer Blüte bei der Kokospalme eine mächtige Frucht von erstaunlichem Durchmesser entsteht, nur durch die Wirkung des Inhaltes einer mikroskopischen Pollenzelle, dann erscheint der Befruchtungsvorgang als einer der merkwürdigsten Vorgänge des Pflanzenlebens.

Blickt man in eine Blüte, unter Umständen unter Benutzung einer Lupe, hinein, so gewahrt man im Zentrum die ganze Anlage der Frucht. Ihre Form kann zwar sichtbare Verschiedenheiten bei verschiedenen Blüten zeigen. Immer aber ist es ein kleiner, zarter, unten grün gefärbter Körper von einfacher rundlicher oder länglicher Gestalt. Diese Fruchtanlage ist aus einer oder mehreren blattartigen Bildungen zusammengewachsen, und auf einem Durchschnitt läßt sich leicht sehen, daß diese Anlage einen ansehnlichen Hohlraum umschließt. Im Inneren dieses Raumes finden sich, entweder der Wand angeheftet oder auf einer mittelständigen Gewebesäule befestigt, kleine weiße Körnchen in der Einzahl oder Mehrzahl, oft sogar sehr viele, je nach der Art der Blüte, die man untersucht. Diese Körnchen sind die Samenanlagen, wohl weniger gut Samenknospen genannt. (Vgl. Abbildung, S. 182.)

Diese Samenanlagen sind die wichtigsten Einschlüsse des Fruchtknotens, denn sie ganz allein werden durch die Schläuche der Pollenzellen befruchtet; der Fruchtknoten ist, wie leicht zu begreifen, nur ein Behälter für die Samenknospen und trägt gleichzeitig auf seiner Spitze den Empfängnisapparat für die Pollenzellen, die **Narbe**, und das Zuleitungsorgan für die Pollenschläuche, den **Griffel**.

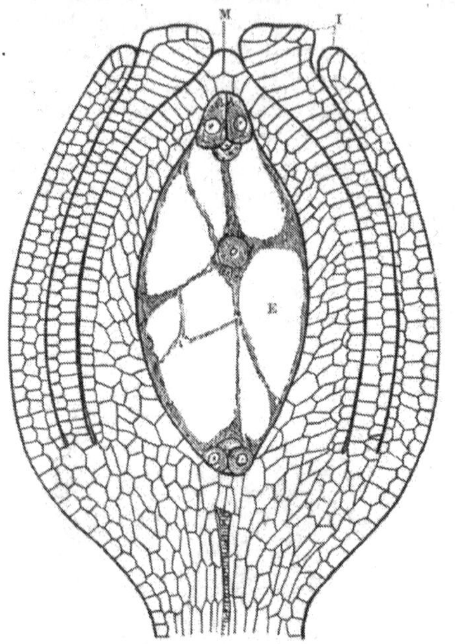

Durchschnitt einer Samenknospe einer angiospermen Pflanze vor der Befruchtung. Der Knospenkern, in welchem sich eine einzige Zelle durch Wachstum zum Embryosack (E) vergrößert hat, ist von zwei Hüllen (Integumenten, I) umgeben, die oben einen Zugang (Mikropyle, M) zum Embryosack offen lassen. Hier liegt der aus drei Zellen bestehende Eiapparat, gegenüber die Antipoden.

Nur bei den Gymnospermen, zu denen auch unsere Nadelhölzer gehören, sind die Samenanlagen **nicht** von einer Fruchthülle umgeben, sondern sitzen frei auf blattartigen Tragorganen, wie bei der Gattung Cycas (S. 267), oder verborgen in den Winkeln später verholzter Schuppen, wie bei den Zapfen der Koniferen.

In dem einen stimmen alle Samenanlagen miteinander überein, daß sie zur Zeit der Befruchtung einen mehrzelligen Gewebekörper darstellen, so zwar, daß ein **Knospenkern** und eine **Hülle** (Integument) wahrgenommen werden kann (s. nebenstehende Abbildung). Mitunter ist die Hülle eine doppelte, wie z. B. bei Delphinium und Butomus, während sie in anderen Fällen, wie beispielsweise bei Cycas revoluta, einfach bleibt.

Wo eine deutliche Hülle ausgebildet ist, bleibt doch immer eine kleine Stelle des Knospenkernes von ihr unbedeckt, und diese Stelle wird **Keimmund** oder **Mikropyle** genannt. In den meisten Fällen liegt die Mykropyle der Basis der Samenanlage gegenüber, und dann wird die Samenanlage **geradeläufig** (atrop) genannt. Bisweilen aber ist die ganze Samenanlage bogenförmig gekrümmt, und es erscheint dann die Mikropyle dem Grunde der Samenanlage mehr oder weniger genähert, in welchem Falle man die Samenanlage **krummläufig** (kampylotrop) zu nennen pflegt. Häufig stehen die Samenanlagen mit ihren Trägern durch eine Art Stiel oder durch einen förmlichen Faden in Verbindung, aber es kommt auch vor, daß sie ohne Stiel mit breiter Basis ihrem Träger aufsitzen. Die Fig. 2 der Abbildung auf S. 183 zeigt den ziemlich häufigen Fall, wo die von einem fadenförmigen Stiele getragene Samenanlage gleichsam umgestürzt und an der einen Seite mit dem Stiele verwachsen ist. In der botanischen Kunstsprache wird der fadenförmige Stiel Funikulus und die Leiste, welche durch Verwachsung desselben mit der umgekehrten Samenanlage entsteht, Raphe genannt. Solche umgewendete oder umgestürzte und an der einen Seite mit dem Funikulus verwachsene Samenanlagen werden gegenläufig (anatrop) genannt und sind sehr verbreitet.

Die Zellen, aus denen sich der Kern der Samenanlage aufbaut, zeigen ein gleichmäßiges Wachstum und bleiben klein. Nur eine der Zellen entwickelt sich zu auffallender Größe und bildet sich zum Keimsack oder Embryosack aus. Bei den Nadelhölzern ist sie im Vergleich zu den anderen Zellen des Kerngewebes von mäßigem Umfange, bei den meisten anderen Samenpflanzen aber erweitert sie sich, verdrängt mehr oder weniger die übrigen Zellen des ganzen Kernes und ist dann nur von einer einfachen Zellschicht umgeben. Der protoplasmatische Zellenleib des Embryosackes ist von Vakuolen reichlich durchsetzt. Unterhalb der Mikropyle bilden sich nach vorbereitenden Kernteilungen drei hautlose Zellen aus, die frei in den Embryosack hineinragen. Diese drei Zellen werden als Eiapparat bezeichnet. Eine der Zellen ist die Eizelle, denn aus ihr entsteht nach der Befruchtung der Keim. Die anderen beiden Zellen, Gehilfinnen oder Synergiden genannt, scheinen bei der Befruchtung Nebendienste zu leisten, gehen aber nach derselben zugrunde. Drei Zellen entstehen dem Eiapparat gegenüber, sie werden Antipoden genannt und haben keine erkennbare Funktion.

Die obenerwähnten kleinen äußeren Formenverschiedenheiten der Samenanlagen kommen für die Befruchtung selbst nicht in Betracht, dagegen ist wichtig, den allgemeinen Bau dieser Anlagen mit Embryosack und Eiapparat im Gedächtnis zu behalten, um die später zu besprechende Befruchtung verstehen zu können. Vorerst wollen wir uns die männlichen Keimzellen betrachten. Es wird nötig, um Einsicht in die Befruchtung zu gewinnen, die männlichen Zellen oder Pollenkörner, ohne deren Mitwirkung weder Same noch Frucht sich ausbilden können, genauer als bisher zu studieren.

Der Pollen.

Auf den kürzlich vom Schnee befreiten Gefilden erheben die Schneeglöckchen ihre weißen Blüten, die Blütenkätzchen der Weiden haben die Knospenhülle gesprengt, und am Waldrande, wo die Märzensonne ihre wärmenden Strahlen hinsendet, hat der Haselstrauch zu blühen begonnen. „Die Hasel stäubt.“ Wer hörte sie nicht gern, die frohe Botschaft, und wer freute sich nicht des ersten Zeichens, daß der lange Winter endlich dem Frühling das Feld geräumt! Sowohl die Blüten der Schneeglöckchen als jene der Hasel waren schon geraume Zeit vorbereitet; erstere unter der Erde verborgen und in Blattscheiden eingehüllt, letztere an den sparrigen Zweigen des Strauches in Gestalt von kurzen, zylindrischen gelblichgrauen Kätzchen. Nun der Frühling gekommen, strecken sich die Kätzchen in die Länge, die kleinen, bisher dicht zusammengedrängten Blüten rücken auseinander, die sie tragende starre Spindel wird weich und biegsam, die Kätzchen hängen als lange gelbe Trobbeln von den Zweigen herab, schwanken und pendeln im Winde, und nun sieht man auch die Staubwölkchen emporwirbeln, welche zu dem erlösenden Frühlingsrufe „die Hasel stäubt“ Veranlassung gegeben haben.

In zutreffender Weise hat der Volksmund diesen aus den Blüten ausfallenden Staub, von dem in diesem Kreise nur wenigen bekannt war, daß er mit der Befruchtung der Pflanzen im Zusammenhange steht, Blütenstaub genannt. Diese für gewisse Fälle so zutreffende Bezeichnung wurde auch von der Botanik für alle Zellen gebraucht, welche zwar in der Funktion mit dem Blütenstaub der Hasel übereinstimmen, in ihrem äußeren Aussehen aber von diesem sehr verschieden sind. Dieselben Zellen, welche aus der Haselblüte in Form von Staub zum Vorschein kommen, erscheinen nämlich bei anderen Pflanzen als schmierige, klebrige Klümpchen, als keulenförmige Körper oder als krümelige Massen, und auf diese will nun der Name Staub ganz und gar nicht mehr passen. Wären es nur einige wenige Arten, deren Blüten nicht stäuben, so könnte man sich ohne weitere Bemerkung darüber hinaussetzen, aber tatsächlich gehören hierher die umfangreichsten aller Pflanzenfamilien, nicht weniger als 10000 Korbblütler, 10000 Orchideen, 500 Röhrenblumige, 4000 Gekreuztblätterige, 3000 Schmetterlingsblütler, Tausende von Doldenpflanzen, Steinbrechen, Rosazeen, Schotengewächsen usf., und auf Grund einer übersichtlichen Schätzung ergibt sich, daß die Blüten von weit mehr als zwei Dritteilen der Phanerogamen nicht stäuben, und daß höchstens der achte Teil einen Blütenstaub entwickelt, welcher auf diesen Namen wirklich Anspruch machen könnte. Es wurde aus diesem Grunde von den Botanikern statt Blütenstaub die Bezeichnung Pollen eingeführt. Freilich bedeutet das lateinische pollen auch nichts anderes als feines Mehl und Mehlstaub, aber in die botanische Kunstsprache einmal aufgenommen und auf die in den Staubblättern der Phanerogamen entwickelten Zellen allgemein angewandt, kann dieser Ausdruck nicht mehr umgangen werden und soll auch im folgenden in dem angedeuteten Sinne in Anwendung gebracht werden.

Der Pollen besteht also aus Zellen. Die Pollenzellen entstehen im Gewebe der Anthere der Staubblätter durch wiederholte Zellteilungen, deren letzte mit Abrundung und Trennung der Pollenzellen verbunden ist. Dadurch fallen die anfangs noch verbundenen Zellen auseinander, während die Antherenwand sie zusammenhält. Sie liegen dann wie in einem zartwandigen Sacke eingeschlossen. Diese Pollensäcke sind an Träger angeheftet, die gewöhnlich fadenförmig sind, weshalb man auch das ganze Gebilde im Volksmunde als Staubfaden bezeichnet (vgl. S. 178ff.).

Es handelt sich nun darum, daß der Pollensack, welcher noch immer ringsum geschlossen ist, sich öffne, damit der Pollen entleert und seinem Ziele zugeführt werden könne. Diese Entleerung des Pollens vollzieht sich in sehr verschiedener Weise. Es wurde schon (S. 179) mitgeteilt, daß in der jungen Anthere meistenteils vier Fächer angelegt sind, daß diese aber nur selten getrennt bleiben, sondern meistens infolge des Aufreißens der beiden Antherenhälften zu zwei Fächern oder zu einem einzigen Hohlraume verschmelzen. Wo sich vier Pollenbehälter getrennt erhalten, entsteht über jedem derselben eine besondere Öffnung, wie das beispielsweise an den Antheren der Kakaopflanze (Theobroma Cacao) zu sehen ist (s. Abbildung, S. 271, Fig. 29 und 30). Wenn aber die eben erwähnte Vereinigung stattgefunden hat, wie z. B. bei Calla palustris (s. Abbildung, S. 271, Fig. 24 und 25), so sieht man nur zwei Öffnungen. Die Kugelblume (Globularia) besitzt Antheren mit sehr kleinem, punktförmigem Konnektiv und vier zu einem ellipsoidischen Körper verbundenen Pollenbehältern. Nachdem die zwischen die Pollenbehälter eingeschalteten Scheidewände geschwunden sind und dadurch ein einziger mit Pollen erfüllter Hohlraum sich herausgebildet hat, entsteht an der Wand dieses Hohlraumes ein weit klaffender, querlaufender Riß, und man sieht nun ein von dem Staubfaden getragenes flaches Becken (s. Fig. 27 und 28, S. 271), in dessen Grunde nach Entfernung des Pollens die früheren Scheidewände als zwei sich rechtwinklig kreuzende schwache Leisten angedeutet sind. Ähnliches bemerkt man auch an den untenstehend in Fig. 31 abgebildeten Antheren des Fettkrautes (Pinguicula). Bei mehreren Lippenblütlern, an welchen je zwei benachbarte und zusammenstoßende Antheren an der Berührungsstelle teilweise verbunden sind, vereinigen sich die Öffnungen der Pollenbehälter von beiden Antheren, und indem

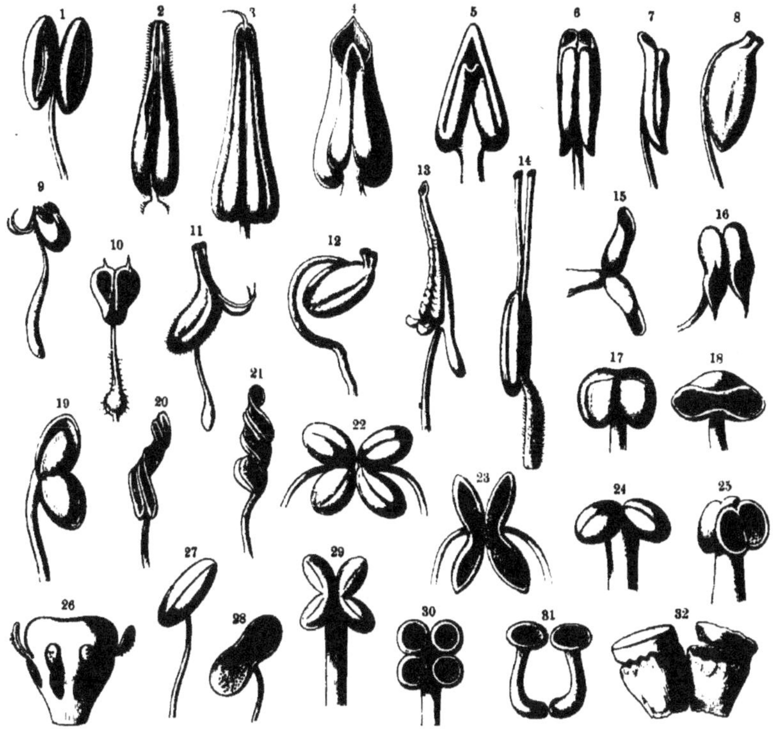

Entleerung des Pollens: 1) Calandrinia compressa; 2) Solanum Lycopersicum; 3) Galanthus nivalis; 4) Cyclamen europaeum; 5) Ramondia pyrenaica; 6) und 7) Cassia lenitiva; 8) Pirola rotundifolia, 9) Arctostaphylos Uva ursi; 10) Arctostaphylos alpina; 11) Vaccinium uliginosum; 12) Pirola uniflora; 13) Medinilla (nach Baillon); 14) Vaccinium Oxycoccos; 15) Calceolaria Pavonii; 16) Tozzia alpina; 17) und 18) Sibbaldia procumbens; 19) Galeopsis angustifolia; 20) und 21) Erythraea Centaureum; 22) und 23) Melissa officinalis; 24) und 25) Calla palustris; 26) Nyctandra (nach Baillon); 27) und 28) Globularia cordifolia; 29) und 30) Theobroma Cacao; 31) Pinguicula vulgaris; 32) Garcinia. Sämtliche Figuren etwas vergrößert. (Zu S. 270—272.)

diese Öffnungen weit auseinanderklaffen, entsteht eine Doppelnische mit ausgeschweiftem Rande, welche von den beiden bogenförmigen Staubfäden getragen wird (s. Fig. 22 und 23).

Mit Löchern sich öffnende Pollenbehälter findet man in großer Abwechselung bei den Preiseln und zahlreichen Erikazeen (s. oben, Fig. 8, 11, 12 und 14). Häufiger sind die mit Spalten sich öffnenden Antheren. Die Spalte sind entweder Längsspalte oder Querspalte, oder sie verlaufen entlang einer schlingenförmigen oder halbkreisförmigen Linie. Im letzteren Falle wird durch sie ein Lappen aus der Antherenwand herausgeschnitten.

Anfänglich gleichen die Spalte einem mit scharfem Messer geführten Schnitt (s. Fig. 1, S. 271). In manchen Fällen bleiben die Ränder des Spaltes beisammen, so daß die Öffnung die Form eines schmalen Schlitzes zeigt; meistenteils wird aber der Spalt klaffend, seine Ränder schrumpfen, ziehen sich zusammen, rollen sich nach außen oder werden wie Deckel oder wie Flügeltüren zurückgeschlagen. Die Längsspalte erstrecken sich entweder von dem einen bis zum anderen Ende des Pollenbehälters (s. Fig. 1, S. 271), oder sie stellen nur einen kurzen klaffenden Riß in der Nähe des freien Endes der Anthere dar. Im letzteren Falle, der insbesondere bei den Nachtschattengewächsen beobachtet wird und durch die Figuren 2, 3, 6, 7, 9, 10, 13, 15 und 16 (S. 271) dargestellt ist, ähneln die Spalte sehr den Löchern und sind von diesen oft nur entwickelungsgeschichtlich zu unterscheiden. Bisweilen vereinigen sich die kurzen klaffenden Risse der benachbarten mit Pollen gefüllten Hohlräume, und der gesamte Pollen aus beiden Antherenhälften muß durch diese einzige Öffnung entleert werden. So verhält es sich z. B. bei Cyclamen und Ramondia, deren Pollenblätter durch die Figuren 4 und 5 der Abbildung auf S. 271 dargestellt sind. Querlaufende Spalte finden sich in den mannigfaltigsten Formen bei den Pollenblättern der Wolfsmilchgewächse (Euphorbiazeen), bei den Zyklanthazeen, bei Alchimilla und Sibbaldia (s. Fig. 17 und 18, S. 271), bei dem Milzkraut und Bisamkraut (Chrysosplenium, Adoxa), bei den Kugelblumen, den Malvazeen und einigen Giftlilien (z. B. Globularia, Malva, Sabadilla) und noch so manchen anderen; im ganzen genommen ist aber diese Art des Öffnens seltener als die früher geschilderte. Wenn der querlaufende Spalt an der Seite quer-ovaler Antheren vorkommt, so machen die Ränder desselben mitunter den Eindruck von Lippen, welche eine Mundöffnung umranden (vgl. die Abbildung, S. 181, und Fig. 18 der Abbildung auf S. 271). Meistens sind es Schlitze, welche nur bei trockenem Wetter etwas klaffend werden und sich bei feuchtem Wetter wieder schließen. Noch seltener als die querlaufenden Spalte sind jene, welche als halbkreisförmige oder schlingenförmige Schnitte an der Wand des Pollensackes erscheinen und einen Lappen aus der Wand herausschneiden, der dann eine förmliche Klappe über der gebildeten Öffnung darstellt. Man nennt solche Antheren mit Klappen aufspringend. Sie werden beim Sauerdorn (Berberis), bei der Sockenblume (Epimedium) und überhaupt bei sämtlichen Berberideen, ebenso bei den lorbeerartigen Gewächsen angetroffen (s. Fig. 26, S. 271, und S. 192, Fig. 4). Die Antheren der Gattung Mimulus, Galeopsis, Garcinia (s. Abbildung, S. 271, Fig. 19 und 32) gleichen Dosen oder Büchsen, von welchen sich der bei dem Öffnen ausgebildete Lappen wie ein Deckel abhebt.

Bei vielen Pflanzen hat das Öffnen auch noch andere Veränderungen der Antheren im Gefolge. Die rechts und links von dem schmalen Konnektiv liegenden Pollenbehälter heben sich von ihrem Träger mehr oder weniger ab, krümmen und winden sich oder spreizen unter einem rechten Winkel auseinander. Wenn die beiden Pollenbehälter nur an der Basis auseinander fahren, wie z. B. bei vielen Winden (Convolvulus) und Gentianeen (Gentiana, Menyanthes), so erhalten die Antheren die Gestalt eines Pfeiles; wenn die Pollenbehälter unten und oben auseinanderweichen und sich zugleich etwas krümmen, so entstehen die sogenannten x-förmigen Antheren, welche für die Gräser so bezeichnend sind. Bei vielen Schotengewächsen (Diplotaxis, Sinapis usw.) erfahren die Antheren nach dem Aufspringen eine schraubige Drehung, und mitunter nehmen sie sogar die Gestalt eines Korkziehers an, was beispielsweise an dem Tausendgüldenkraut (Erythraea) der Fall ist (s. Abbildung, S. 271, Fig. 20 und 21). Eine sehr auffallende Erscheinung ist auch die Verkürzung, welche bei den mit Längsspalten sich öffnenden Antheren nicht selten vorkommt. Die noch geschlossenen Antheren der meisten lilienartigen Gewächse sind länglich-lineal; sie öffnen sich mittels Längsspalten, und zwar so, daß das Aufreißen zuerst am freien Ende der Pollenbehälter beginnt. Nach wenigen Stunden sieht man an Stelle der langen, linealen Antheren einen rundlichen, mit Pollen bedeckten Ballen. Beim Gelbstern (Gagea lutea) zeigt diese geöffnete ballenförmig gewordene Anthere nur noch den dritten Teil der früheren Länge; die Antheren der Kaiserkrone (Fritillaria imperialis) verkürzen sich von 20 auf 10, jene der Narzisse (Narcissus poëticus) von 11 auf 4, jene der Scilla bifolia von 2 auf 1 mm. Jedem der mannigfaltigen Vorgänge des Öffnens der Pollensäcke liegt ein ganz bestimmter Bau der Antherenwand zugrunde.

Bei den Nesseln, Maulbeerbäumen und mehreren anderen später zu besprechenden Gewächsen schnellt der Staubfaden wie eine Feder empor, die Antheren springen in demselben Augenblick mit Längsspalten auf, und der Pollen wird mit großer Gewalt herausgeschleudert. Der ganze Akt dauert kaum eine Sekunde, und der Zuschauer gewinnt den Eindruck, daß die Antheren explodieren. Bei anderen Pflanzen vollzieht sich das Öffnen in aller Stille, meist unter dem Schutze verhüllender Blumenblätter, und der Pollen, welcher aus den Schlitzen und Spalten der Antheren langsam hervorquillt oder hervorrieselt, wird zunächst nur an einer bestimmten Stätte im Bereiche der Blüten abgelagert. Dieses Ablagern kommt viel häufiger vor, als angenommen wird, und steht mit verschiedenen, später noch ausführlicher zu besprechenden Vorgängen im Zusammenhange. Bei den Schmetterlingsblütlern fällt der aus den Antheren austretende Pollen in die hohlkegelförmige Spitze des sogenannten Schiffchens, bei den Veilchen lagert er sich in die Rinne des unteren gespornten Kronenblattes ab, und bei dem Mohn, den Rosen und Ranunkeln fällt er wenigstens teilweise auf die schalenförmigen Vertiefungen der Blumenblätter. Der stäubende Pollen, welcher aus den geöffneten Antheren der kätzchenförmigen Blütenstände bei dem Walnußbaume, der Hasel, der Birke und Erle herausfällt, kommt zuerst auf die nach oben gekehrte Rückseite der darunterstehenden Blüten zu liegen (s. Abbildung, S. 274). Bei den Korbblütlern, Glockenblumen und einigen Sternkräutern wird der aus den geöffneten Antheren hervorquellende Pollen auf dem Griffel oder der Narbe abgelagert, aber nicht an die empfängnisfähige Stelle derselben, sondern abseits von dieser auf eigentümliche Papillen und Haare, welche zur Aufnahme des Pollens bestimmt sind. Auch bei den Proteazeen wird der Pollen aus den innerhalb der Blütenknospen geöffneten Antheren auf den Narbenkopf abgelagert, ohne mit der empfängnisfähigen Stelle in Berührung zu kommen, und die Narbe dient im Beginn des Blühens nur als zeitweiliges Depot des Pollens. Bei Sarracenia fällt der Pollen aus den geöffneten Antheren auf die Narbe, welche die Gestalt eines aufgespannten Regenschirmes hat, und bleibt dort an Stellen aufgespeichert, wo er mit den empfängnisfähigen Punkten nicht in Berührung kommt. Bei den Brunoniazeen und Goodeniazeen gelangt er zunächst in einen eigentümlichen Sammelbecher am Ende des Griffels, welcher mitunter wie eine Streubüchse wirksam ist, aber auch da nicht auf die empfängnisfähige Stelle der Narbe. Es ist nicht zu hoch gegriffen, wenn man die Zahl derjenigen Pflanzen, bei welchen der aus den geöffneten Antheren entlassene Pollen zunächst auf einem bestimmten Platze der Blüte abgelagert und dort zur späteren Verwendung bewahrt wird, auf 20000 Arten veranschlagt.

Noch häufiger sind die Fälle, in welchen der Pollen aus den Höhlungen der Antheren nicht herausfällt, obschon sich diese mittels Löchern, Spalten und Klappen geöffnet haben. Die

Pollenbehälter gleichen dann Nischen, Schalen, Dosen oder Streubüchsen, in welchen der Pollen aufgespeichert wird. Gewöhnlich kommen Tiere zu solchen Blüten, welche an die Antheren anstoßen, hierbei den Pollen abstreifen oder sich damit einstäuben und ihn zu anderen Blüten verschleppen.

1) Zweig des Walnußbaumes (Juglans regia) mit hängenden Kätzchen, in natürl. Größe, 2) das abgeschnittene Ende eines Kätzchens, vergrößert. Auf der Rückseite einer jeden Blüte lagert der Pollen aus den Antheren der darüberstehenden Blüten.

Mit diesen Besuchen von Tieren hängt es auch zusammen, daß die Antheren **bald auswärts, bald einwärts gewendet sind**. Sehen die Schlitze, Spalten und Klappen der Pollenbehälter gegen den Umfang der Blüte, so spricht man von auswärts gewendeten Antheren (extrors); sind sie dagegen dem Mittelpunkte der Blüte zugewendet, so nennt man die Antheren (intrors) einwärts gewendet. Hierfür sind nun, wie gesagt, die Beziehungen zu den blütenbesuchenden und honigsaugenden Insekten maßgebend. Findet sich nämlich der Honig außerhalb des Kreises der Pollenblätter, und müssen die Insekten, um den süßen Saft zu gewinnen, mit dem Rüssel zwischen den Pollenblättern und Blumenblättern einfahren, wie z. B. bei den Zeitlosen (Colchicum), den Schwertlilien (Iris), den Windlingen (Convolvulus), den Sockenblumen (Epimedium) und den Lorbeeren (Laurus), so sind die Antheren auswärts gewendet; ist dagegen der Honig zwischen dem Fruchtknoten und der Basis der Pollenblätter ausgeschieden, und haben die Insekten an dieser Stelle einzudringen, wie beispielsweise bei den Gentianen und Opuntien, so sind die Antheren einwärts gewendet. Es ist eben von Wichtigkeit, daß der an den Öffnungen der Antheren exponierte Pollen von den Insekten abgestreift und zu anderen Blüten übertragen werde, und dieses Ziel kann nur erreicht werden, wenn sich die mit Pollen besetzte Seite der Anthere hart an jenen Weg stellt, welcher von den Insekten bei der Einfahrt zum Blütengrund eingehalten wird.

Gestalt der Pollenzellen.

In betreff der Form und des Aussehens der in den Antherenfächern ausgebildeten Pollenzellen herrscht eine außerordentliche Mannigfaltigkeit. Gewöhnlich liegen die Pollenzellen frei und voneinander getrennt in den Antheren.

Bei sehr vielen Pflanzen, so namentlich bei den Preiseln, der Rauschbeere und den Epakridazeen, dann bei einzelnen Simsen (z. B. Juncus Jacquini und Luzula vernalis), endlich bei den Arten der Gattung Anona, Drimys, Jussieua bleiben die Pollenzellen zu vier und vier, wie sie in der Mutterzelle entstanden sind, verbunden und werden auch als solche aus den Fächern der Antheren entleert. Man nennt diese kleinen Gewebekörper Vierlinge oder Tetraden. Bei den soeben aufgezählten Gewächsen entsprechen die vier zur Tetrade verbundenen Zellen den Ecken eines Tetraëders (s. Abbildung, S. 279, Fig. 2), bei vielen anderen dagegen, wie z. B. bei den Apocynazeen (Apocynum, Periploca), bei zahlreichen Orchideen (Ophrys, Spiranthes usw.), bei der zu den Agaven gehörigen Foucroya und bei mehreren Rohrkolben (Typha), liegen die vier aus dem Protoplasma einer Mutterzelle hervorgegangenen Pollenzellen in einer Ebene. Bei einigen Weidenröschen (z. B. Epilobium montanum und hirsutum) sind die vier Zellen zwar verwachsen, aber nur teilweise, und es genügt ein mäßiger Druck, um sie zu trennen.

Bei weitem seltener als die Tetraden sind die Pollinien. Man spricht dann von Pollinien, wenn eine größere Zahl oder gar sämtliche in der Anthere entstandenen Pollenzellen miteinander verbunden bleiben. Ein solches Pollinium kann aus 8, 12, 64, es kann aus vielen hundert Pollenzellen zusammengesetzt sein. Die Pollinien, welche sich in den reihenweise geordneten Kammern der Antheren bei den Mimosazeen ausbilden, haben die Gestalt von linsenförmigen, eiförmigen oder rundlichen Ballen und Körnern, jene der Asklepiadazeen haben die Form von spatelförmigen Blättchen und bestehen aus Hunderten einzelner Pollenzellen. Die Pollenmassen vieler Orchideen sind aus einzelnen Ballen zusammengesetzt, erscheinen gefurcht oder gelappt, und jeder Ballen oder Lappen besteht aus größeren oder kleineren Pollinien. Die Masse, durch welche diese Pollinien der Orchideen verbunden sind, läuft meistens in ein Stielchen aus, steht mit einer Haftscheibe in Verbindung, und diese ist so klebrig, daß sie bei dem flüchtigsten Betasten an einen berührenden Körper anhaftet.

Die Pollenzellen zeigen je nach den verschiedenen Gattungen sehr ungleiche Größe. Das Vergißmeinnicht (Myosotis), der Boretsch (Borago), der Beinwell (Symphytum), überhaupt alle rauhblätterigen Pflanzen (Asperifoliazeen), desgleichen die Artokarpazeen (z. B. Ficus) haben sehr kleine, die Cannazeen, Malvazeen, Kürbisse und Nyktaginazeen verhältnismäßig sehr große Pollenzellen. Die nachfolgende Tabelle zeigt den großen Abstand in der Größe.

Myosotis alpestris . .	0,0025—0,0034 mm	Viola tricolor	0,062—0,071 mm
Lithospermum affine .	0,0042—0,0052 -	Convolvulus sepium .	0,076—0,084 -
Cerinthe minor . .	0,0050—0,0057 -	Geranium Robertianum	0,085—0,094 -
Ficus pumila . . .	0,0045—0,0056 -	Opuntia cynanchica .	0,15 —0,20 -
Echium vulgare . .	0,010 —0,014 -	Oxybaphus nyctagineus	0,18 —0,22 -
Pilea microphylla . .	0,018 —0,020 -	Morina Persica . . .	0,19 —0,24 -
Rhamnus cathartica .	0,022 —0,032 -	Cucurbita Pepo . . .	0,20 —0,23 -
Syringa vulgaris . .	0,024 —0,034 -	Mirabilis longiflora . .	0,20 —0,24 -
Aloë denticulata . .	0,035 —0,050 -	Cucumis Melo	0,20 —0,24 -
Yucca angustifolia .	0,055 —0,065 -	Mirabilis Jalappa . .	0,22 —0,25 -

Die Pollenzellen der Mirabilis Jalappa sind demnach hundertmal größer als die des Alpenvergißmeinnichts. Es fällt auf, daß insbesondere in jenen Blüten, welche nur einen Tag oder nur eine Nacht hindurch offen bleiben, wie z. B. in denen der Kürbisse und Melonen, des Portulaks, der Morina und der verschiedenen Arten von Mirabilis, die Pollenzellen auffallend groß sind. Von der Größe der Pollenzellen hängt es auch ab, ob in einer Anthere viele oder nur wenige enthalten sind. In einem Antherenfache der Mirabilis Jalappa finden sich im Mittel 32, in einem Antherenfache von Borago officinalis im Mittel 60 000 Pollenzellen.

Die Gestalt der Pollenzellen ist meist ellipsoidisch (s. Abbildung, S. 277, Fig. 13 und 14). Weit seltener kommt die Kugelform vor (s. S. 277, Fig. 1, 3, 4, 6 und 7). Die zu den Liliazeen gehörige Tritelia zeigt schmal-lanzettliche und Morina (s. S. 277, Fig. 2) walzliche Pollenzellen. Der Pollen von Pinus ist quer-oval, zeigt zwei halbkugelige Ausbuchtungen und hat die Gestalt eines Insektenkopfes mit zwei großen Augen (s. S. 277, Fig. 8). Bei den meisten Dolbenpflanzen und beim Vergißmeinnicht (Myosotis) sind die Pollenzellen biskuitförmig, bei Crucianella latifolia tonnenförmig und bei Brugmansia arborea kurz zylindrisch. Neben den elliptischen sind die kantigen und eckigen, an Kristallformen erinnernden Gestalten die häufigsten. So haben die Pollenzellen der Kapuzinerkresse (Tropaeolum) die Form dreiseitiger Prismen, jene des Stiefmütterchens (Viola tricolor) die Form vier- bis fünfseitiger und jene des Wundklees (Anthyllis Vulneraria) die Form kurzer sechsseitiger Prismen mit gefurchten Kanten. Die Gestalt eines Würfels trifft man bei den Pollenzellen von Triopteris brachypteris und Basella alba, jene eines Pentagondodekaëders bei Banisteria, Rivina und insbesondere bei vielen nelkenartigen Gewächsen, wie z. B. Arenaria, Silene und Dianthus (s. Abbildung, S. 277, Fig. 11). Bei den Pollenzellen des Löwenzahns (Taraxacum officinale) und denen des gelben Lerchenspornes (Corydalis lutea) erkennt man die mannigfaltigsten, kristallähnlichen Gestalten dicht nebeneinander in demselben Antherenfache (s. Abbildungen, S. 277, Fig. 12, und S. 278, Fig. 4). Sehr oft begegnet der Blick bei der Untersuchung der Pollenzellen unter dem Mikroskop auch dem Tetraëder. So z. B. besteht der Pollen von Thesium, Cuphea, den meisten Proteazeen und auch vieler Korbblütler aus zierlichen, kleinen Tetraëdern, und zwar bald mit ebenen, bald mit nach außen gewölbten Begrenzungsflächen (s. Abbildung, S. 278, Fig. 6). Auch Gestalten, welche das Aussehen haben, als wären sie von zwei Seiten her zusammengedrückt, die dabei den Umriß eines sphärischen

Dreieckes besitzen und mit einem dreieckigen Polster verglichen werden können, sind keine Seltenheit und werden insbesondere bei Circaea und den anderen Onagrazeen beobachtet (s. untenstehende Abbildung, Fig. 5). Am merkwürdigsten sind wohl die Pollenzellen der Kiefern (Fig. 8), die mit zwei lufthaltigen Flugblasen versehen sind, welche die Pollenzellen wie kleine Luftballons durch weite Entfernungen tragen. Alle diese Angaben beziehen sich nur auf den allgemeinen Umriß und nur auf trockene Pollenzellen.

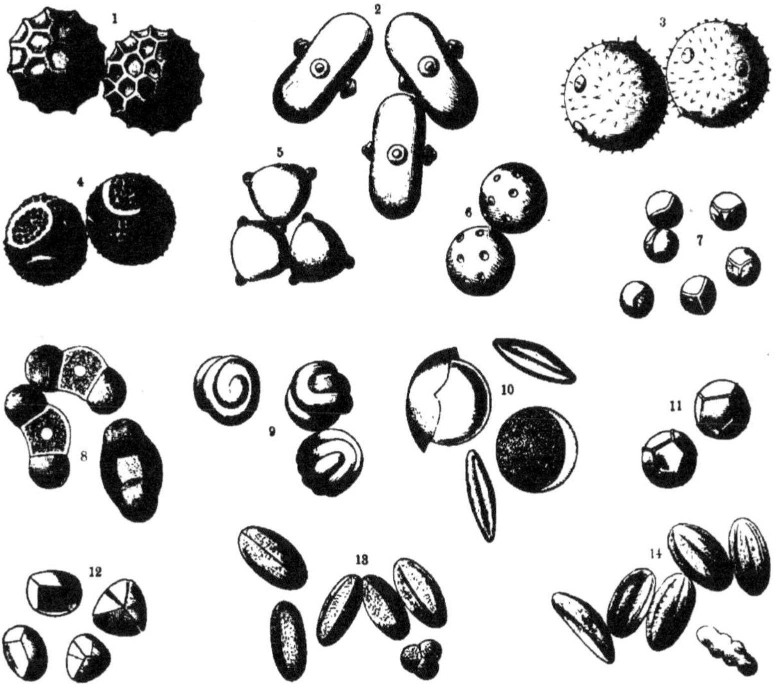

Pollenzellen: 1) Cobaea scandens; 2) Morina persica; 3) Cucurbita Pepo; 4) Passiflora kermesina; 5) Circaea alpina; 6) Convolvulus sepium; 7) Cannabis sativa; 8) Pinus Pumilio; 9) Mimulus moschatus; 10) Albucca minor (trocken und befeuchtet); 11) Dianthus Carthusianorum; 12) Corydalis lutea; 13) Gentiana rhaetica; 14) Salvia glutinosa. Fig. 1—3: 80- bis 90fach, Fig. 4, 5, 7, 8, 10: 120—150fach, Fig. 11, 12: 180fach, Fig. 6, 9, 13, 14: 220—250fach vergrößert. (Zu S. 277—281.)

Das Aussehen der Pollenzellen wird noch wesentlich beeinflußt durch die merkwürdigen Zeichnungen, Skulpturen, warzen- und nadelförmigen Hervorragungen, welche die äußere Schale ihrer Zellhaut aufweist. Bald erscheint diese äußerste Hautschicht fein punktiert, wie z. B. bei der Haselwurz, dem Safran, dem Lorbeer, der Raute, dem Salbei, vielen Gentianen und wolfsmilchartigen Gewächsen, den meisten Aroideen und Musazeen (s. obenstehende Abbildung, Fig. 13 und 14), bald wieder erscheinen die wulstartig hervorspringenden Teile der gefurchten ellipsoidischen Zellen der Quere nach fein gestreift, wie bei dem immergrünen Steinbrech (Saxifraga aizoides), oder es verlaufen die zarten Streifen als Meridiane, wie z. B. an den im Wasser aufgequollenen globusartigen Pollenzellen der Brugmansia arborea. Mitunter sind feine Punkte reihenweise geordnet und die punktierten Linien zu zierlichen Netzen verbunden. An den Pollenzellen von Thesium alpinum und T. rostratum sieht man die glatte Oberfläche netzförmig gezeichnet und in der Mitte einer jeden Masche des Netzes einen deutlichen Punkt. Auch bei den Strandnelken (Armeria, Statice) und den Raden (Agrostemma Githago) werden zarte netzförmige Zeichnungen wahrgenommen. In vielen Fällen ist die Oberfläche uneben. An den tetraëdrischen Pollenzellen von Cuphea platycentra ist die äußere Schale zierlich gerippt, an vielen anderen erscheint sie dagegen fein gekörnt. Die in Gestalt kleiner Körnchen hervortretenden Verdickungen sind entweder über die ganze Oberfläche gleichmäßig zerstreut und verteilt, oder sie sind reihenweise geordnet und die geraden kurzen Reihen netzförmig verbunden, was insbesondere bei vielen Schotengewächsen (Capsella, Raphanus, Sinapis usw.) deutlich hervortritt. Bei den Pollenzellen der Passifloren, z. B. bei jenen der Passiflora kermesina (s. Abbildung, S. 277, Fig. 4), werden von

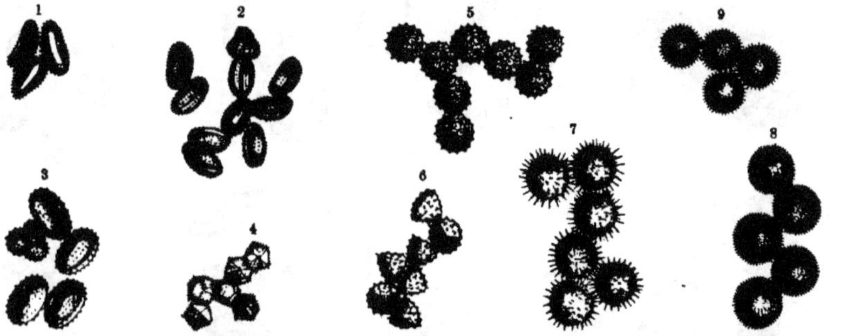

Pollenzellen: 1) Nymphaea alba; 2) Viscum album; 3) Carlina acaulis; 4) Taraxacum officinale; 5) Cirsium nemorale; 6) Buphthalmum grandiflorum; 7) Hibiscus ternatus; 8) Malva rotundifolia; 9) Campanula persicifolia. Sämtliche Figuren 200fach vergrößert.

den Maschen dieser Netze seichte grubenförmige Vertiefungen umrandet, und bei Cobaea scandens (s. Abbildung, S. 277, Fig. 1) macht die Oberfläche der Pollenzellen ganz und gar den Eindruck einer Bienenwabe. Bisweilen sind die netzförmig verbundenen Leisten hahnenkammförmig ausgezackt, wie z. B. an dem Pollen der Schwarzwurzel (Scorzonera Hispanica). In anderen Fällen erheben sich, gleichmäßig verteilt über die ganze Oberfläche der Pollenzellen, stumpfe Wärzchen, wie das namentlich bei der gemeinen Flockenblume (Centaurea Jacea), der Mistel (Viscum album), der Seerose (Nymphaea alba) und den tropischen Bauhinien (Bauhinia armata und furcata) der Fall ist (s. obenstehende Abbildung, Fig. 1 und 2). Sehr häufig kommt es auch vor, daß die ganze Oberfläche oder doch bestimmte Abschnitte derselben mit spitzen Dörnchen, kürzeren und längeren Nadeln und unendlich feinen, haarförmigen Gebilden besetzt ist (s. Abbildung, Fig. 3). Diese letztere Ausbildung zeigen insbesondere die Pollenzellen der Korbblütler, Skabiosen, Glockenblumen, Kürbisse und Malvazeen, aber auch jene verschiedener Arten der Gattungen Armeria, Amaryllis, Canna, Lonicera, Ipomaea, Convolvulus sowie viele Kakteen.

Wiederholt wurde angedeutet, daß es nur die Oberfläche der Pollenzellhaut ist, an welcher die beschriebenen mannigfaltigen Auswüchse, Skulpturen und Zeichnungen zu sehen sind, und daß die innere, unmittelbar an das Protoplasma grenzende Schicht der Zellhaut eine sehr gleichmäßige Struktur zeigt. Die Haut der Pollenzellen ist in der Tat mehrschichtig. In den meisten Fällen wird sie aus zwei Schichten zusammengesetzt, einer inneren, welche Intine, einer äußeren, welche Exine genannt wurde. Die Intine ist von der Exine stets als besondere Schicht scharf geschieden. Die äußere Schale ist es nun, welche jene Punktierungen, Zeichnungen und Auswüchse zeigt, die, soweit sie äußerlich erkannt werden können, im vorhergehenden geschildert wurden.

Häufig ist die Oberfläche der Pollenzellen mit einem gelbgefärbten, selten farblosen fetten Öl überzogen, welches bei der Untersuchung unter dem Mikroskop im Wassertropfen in Form kleiner Tröpfchen sichtbar wird. Unter 520 Arten, deren Pollen genauer untersucht worden ist, fand sich bei nahezu 400 das fette Öl als Überzug an der Oberfläche der äußeren Haut. Allerdings bildet dasselbe eine so dünne Schicht, daß es an den trockenen Pollenzellen der

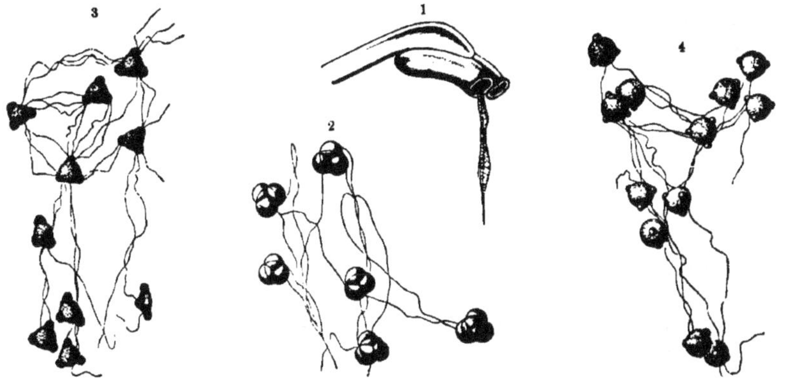

Pollenzellen und Pollentetraden, durch Viszinfäden verkettet: 1) und 2) Rhododendron hirsutum; 3) Oenothera biennis; 4) Epilobium angustifolium. Fig. 1: 8fach, Fig. 2—4: 50fach vergrößert. (Zu S. 279 und 280.)

Beobachtung entgeht; setzt man aber dem trockenen Pollen Wasser zu, so formt sich der Überzug sofort zu kleinen, das Licht stark brechenden Tröpfchen, welche wie Perlen die aufgequollene Zelle umsäumen. Da sich diese Tröpfchen in Äther und Olivenöl auflösen und bei Zusatz von Osmiumsäure dunkel färben und erstarren, so ist nicht zu bezweifeln, daß sie wirklich aus einem fetten Öle bestehen.

Weit seltener kommt es vor, daß außen an den Pollenzellen eine gestaltlose zähe Masse haftet, welche sich nach Zusatz von Wasser nicht zu Tröpfchen formt, sich auch in Äther und Olivenöl nicht auflöst, und die man nach ihrer Ähnlichkeit mit dem aus den Beeren der Mistel (Viscum) stammenden Vogelleime Viszin genannt hat. Man findet solches Viszin besonders an der Oberfläche der Pollenzellen von Fuchsia, Clarkea, Circaea, Gaura, Godetia, Oenothera, Epilobium und überhaupt bei allen Onagrazeen, ebenso an den zu Tetraden und Pollinien verbundenen Pollenzellen der Azaleen, Alpenrosen, Orchideen und Asklepiadazeen. Das Viszin ist ungemein klebrig, hängt sich bei dem leisesten Betupfen an den berührenden Körper an und erscheint zugleich so zähe, daß es wie verflüssigter Zucker in lange, dünne Fäden ausgesponnen werden kann. Der aus den Antherenfächern der Nachtkerze (Oenothera) und des schmalblätterigen Weidenröschens (Epilobium angustifolium) hervorkommende

Inhalt hat die Gestalt von Fransen und zerfetzten Bändern, gleicht wohl auch einem zerrissenen Netze, das zwischen die benachbarten Antheren ausgespannt ist, und unter dem Mikroskop zeigt sich, daß derselbe aus einzelnen Pollenzellen besteht, welche durch die zarten klebrigen Fäden des Viszins kreuz und quer verstrickt und verkettet sind (s. Abbildung, S. 279, Fig. 3 und 4). Noch auffallender als bei der Nachtkerze und dem Weidenröschen ist diese Erscheinung bei den zahlreichen Arten der Gattung Alpenrose (Rhododendron) zu sehen. So sind z. B. bei der gewimperten Alpenrose (Rhododendron hirsutum) sämtliche Pollentetraden eines Antherenfaches durch eine zähe Viszinmasse zusammengehalten. Sie bildet nach dem Öffnen der Anthere eine aus dem Loch heraushängende fransige Masse (s. Abbildung, S. 279, Fig. 1), ganz ähnlich wie bei der Nachtkerze und dem Weidenröschen, und auch unter dem Mikroskop zeigt sich ein ähnliches Bild, nur mit dem Unterschiede, daß es bei der Alpenrose nicht einzelne Pollenzellen, sondern Pollentetraden sind, welche von den Viszinfäden umstrickt werden (s. Abbildung, S. 279, Fig. 2). Bei Rhododendron Chamaecistus und den großblütigen Rhododendren des Himalaja entspinnen sich nicht selten Fäden und Schnüre aus den Antherenfächern, welche die Länge von 1 cm und darüber erreichen. Insekten, welche die Blüten dieser Pflanzen besuchen und an die Fäden anstreifen, kleben sich dieselben an, zerren beim Verlassen der Blüten gewöhnlich den ganzen Inhalt des betreffenden Antherenfaches heraus und übertragen denselben dann auf andere Blüten. Die zähe, ausziehbare Masse entsteht ohne Zweifel durch Verschleimung, und zwar entweder aus der äußeren Zellhautschicht der Tetraden selbst oder aus den aufgelösten Häuten der Urmutterzellen.

In der äußeren Haut der Pollenzellen befinden sich häufig verdünnte Stellen, welche den Austritt des Pollenschlauches erleichtern.

Die Mannigfaltigkeit in der Form, Lage, Zahl und Größe dieser verdünnten Stellen ist kaum geringer als die der Skulpturen und Auswüchse. Sehr häufig kommt es vor, daß die äußere Schale an jener Stelle verdünnt ist, wo sich an der Pollenzellhaut Furchen zeigen. Die verdünnte Stelle ist dann linienförmig und in der Tiefe der Furche gelegen. Schwillt die Pollenzelle infolge von Wasseraufnahme an, so platzt die Exine an der verdünnten Stelle, und manchmal findet ein förmliches Abschälen der Exine statt (s. Abbildung, S. 277, Fig. 10). An den Pollenzellen von Mimulus und Thunbergia hat die verdünnte Stelle der äußeren Haut die Gestalt einer Spirallinie, oder sie verläuft in mäandrischen Linien und bildet ganz seltsame Krümmungen und Schlingen, wie es Figur 9 der Abbildung auf S. 277 aufweist. Wenn die Intine bei diesem Pollen sich ausbaucht und infolgedessen die äußere Schale entlang den spiraligen oder mäandrischen Linien zerreißt, so entstehen schraubenförmig gewundene Bänder, die sich abheben, und die Pollenzelle sieht dann wie geschält aus. An dem Pollen der Passionsblume (Passiflora) erscheinen die verdünnten Stellen als Ringe, und wenn sich hier die Intine als Pollenschlauch vorstülpt, so werden die von den Ringen begrenzten Teile der äußeren Schale wie Deckel abgehoben. Dasselbe geschieht bei dem Pollen der kürbisartigen Gewächse; nur sind dort die abgehobenen Deckel verhältnismäßig sehr klein und bekommen auch dadurch ein eigentümliches Ansehen, daß auf jedem derselben ein dörnchenartiger Fortsatz aufsitzt (s. Abbildung, S. 277, Fig. 3). Bei den Pollenzellen der Windlinge (Convolvulus; s. Abbildung, S. 277, Fig. 6) sind in die äußere Schale runde Grübchen eingesenkt, in der Tiefe des Grübchens ist die äußere Schale wie durch einen kreisförmigen Schnitt unterbrochen, und es hebt sich das dadurch umrissene Stück der Schale als ein winziger, nach außen gewölbter Deckel ab. Eine seltsame Ausbildung zeigt sich an dem Pollen der mit der Kardendistel verwandten Morina persica (s. Abbildung, S. 277, Fig. 2). Jede der walzigen Pollenzellen besitzt in der Mittelhöhe drei Aufsätze, welche die Form eines zugedeckelten Flaschenhalses mit gewulsteter, ringförmiger Mündung haben. Sehr häufig weisen die verdünnten Stellen die Gestalt runder Scheiben auf und lassen sich am besten mit den verglasten runden Fensterchen, die man an den Breitseiten großer Schiffe sieht, vergleichen. Diese Form ist es auch, welche glauben macht, es sei die äußere Schale der Zellhaut schon vom Anfang her durchlöchert. Bei den Doldenpflanzen, Rosazeen, Schmetterlingsblütlern, Veilchen, Zistrosen, Rutazeen, Hyperikazeen, Asperifoliazeen, Skrofulariazeen, Nachtschattengewächsen und noch zahlreichen anderen Pflanzenfamilien liegen die kleinen Rundfenster versteckt in der Tiefe der Furchen, bei Cobaea (s. Abbildung, S. 277, Fig. 1) findet man sie in den Gruben der wabenartigen äußeren Pollenhaut, und bei dem Hexenkraute (Circaea) ist die äußere Haut der Pollenzelle über dem Scheitel der warzenförmigen Hervorragungen verdünnt (s. Abbildung, S. 277, Fig. 5). Die Zahl der Rundfenster ist je nach den Arten verschieden. Die Zyperazeen zeigen 1, die Zeitlosen, die Bromeliazeen, die Feigen und die Brugmansie 2, die Nesseln, die Eichen und Buchen, die Nachtkerzen und Weidenröschen und viele andere Pflanzen 3, die Rüstern, Erlen und Birken 4—6, die Arten der Gattung Ribes 8—12, die Windlinge 15—18, die Nelken, Melden und der Seidelbast 20—30 und die Nyktaginazeen sogar über 30.

Hiermit wäre die Schilderung der äußeren Pollenzellhaut beendigt. Nun drängt sich aber auch die Frage auf: Wozu dieser merkwürdige Bau, wozu diese Grübchen und Rinnen, diese Riefen und Kämme, diese Dörnchen und Nadeln, die in staunenerregender Abwechselung an der äußeren Schale beobachtet werden? Welche Bedeutung haben die Überzüge aus Viszin und fettem Öle? Was hat es mit den verdünnten Stellen in der Tiefe der Furchen, mit den Rundfenstern und den Deckelbildungen für eine Bewandtnis?

Verhältnismäßig am leichtesten ist wohl die zuletzt gestellte Frage zu beantworten. Wie der Augenschein lehrt, schwellen die Pollenzellen, nachdem man ihnen Wasser zugesetzt hat, mit Blitzesschnelle an; der in der Pollenzelle eingeschlossene, zur Befruchtung geeignete Protoplast saugt mit großer Lebhaftigkeit und Schnelligkeit Wasser aus der Umgebung auf, sein Körper nimmt infolgedessen rasch an Umfang zu, und es muß daher die ihn umschließende Hülle so eingerichtet sein, daß eine rasche Erweiterung möglich ist. Wenn die Intine auswächst und die Gestalt eines Schlauches annimmt, wird die äußere Schale der Pollenzelle nicht wesentlich verändert; die verdünnten Stellen derselben werden durchbrochen, wo Deckel vorhanden waren, werden sie abgehoben, und der Pollenschlauch hat freie Bahn.

Eine wichtige Rolle spielen aber die Skulpturen, Auswüchse und Überzüge der äußeren Schale insofern, als durch sie das Zusammenhängen größerer Mengen einzelner Pollenzellen zu krümeligen Massen, ihr Zurückbleiben in den Rissen der aufgesprungenen Antherenfächer und das *Anheften an Insekten und andere Tiere*, die Nahrung suchend in die Blüte kommen, begünstigt wird. Ebenso bleiben die Pollenkörner wegen der Erhabenheiten ihrer Haut besser an der Narbe haften, wenn sie dort von den Insekten abgestreift werden.

In hohem Grade wird das Haftvermögen gesteigert, wenn die Oberfläche der Pollenzellen mit fettem Öl überzogen ist, und man überzeugt sich leicht, daß die Pollenzellen desto leichter anhaften und zusammenhängen, je reichlicher Öl an ihrer Oberfläche ausgeschieden ist.

Je nach dem Fehlen oder Vorwalten der einen oder anderen dieser Einrichtungen ergeben sich alle erdenklichen Abstufungen von stäubenden, mehligen, krümeligen, klumpigen, schmierigen und wachsartigen Pollen. Damit ist freilich ausgesprochen, daß eine scharfe Grenze eigentlich nicht besteht, indessen ist doch ein recht auffallender Gegensatz zwischen jenen Blüten, deren Antheren stäubenden, und jenen, deren Antheren zusammenhängenden Pollen entwickeln, vorhanden, und es werden daher, gestützt auf diesen Gegensatz, die verschiedenen Vorgänge bei der Befruchtung, insbesondere die Übertragung des Pollens von Blüte zu Blüte, getrennt zu behandeln sein.

Die Schutzmittel des Pollens.

Wer von der Landseite her nach Venedig kommt, sieht dort zu beiden Seiten des als Fahrbahn benutzten langen Dammes endlose, mit Schilf und Riedgras besetzte Sümpfe und dazwischen die unter dem Namen Lagunen bekannten Ansammlungen brackigen Wassers, in welchen sich eine vorherrschend aus Laichkräutern und Najaden gebildete Vegetation breit macht. Besonders fällt in den Lagunen der den seichten, sandig-schlammigen Grund in ausgedehnten Beständen überwuchernde Wasserriemen (Zostera) auf, dessen untergetauchte bandartige, braungrüne, fast an Tange erinnernde Blätter gesammelt, getrocknet als geschätztes Material zur Füllung von Polstern unter dem Namen Seegras in den Handel gebracht werden. Diese Wasserriemen, von welchen man zwei Arten unterscheidet, weichen nicht nur durch ihr Aussehen, sondern auch durch die Entwickelung und die Übertragung des Pollens so sehr von den anderen Phanerogamen ab, daß man fast versucht sein könnte, ihnen mitsamt ihren nächsten Verwandten einen besonderen Platz im System anzuweisen, wenn nicht das Vorhandensein zahlreicher Mittelformen und Verbindungsglieder dagegen spräche.

Zunächst fällt auf, daß an den Pollen der Wasserriemen die für die meisten Pollenzellen so charakteristische äußere Schale der Zellhaut fehlt. Auch zeigen die Pollenzellen, sobald sie die unter Wasser sich öffnende Anthere verlassen, die Gestalt eines langgestreckten zylindrischen Schlauches. Solcher Pollen braucht, wenn er unter Wasser von der bandförmigen Narbe aufgefangen wird, nicht erst Pollenschläuche zu treiben, denn er hat dieses Entwickelungsstadium eigentlich schon in der Anthere erreicht. Bei den mit den Wasserriemen zunächst verwandten, teils im brackigen, teils im Meerwasser wachsenden Arten der Gattungen Posidonia und Cymodocea liegen die langen, an Hyphen erinnernden Pollenzellen in mannigfaltigen Verschlingungen und Wellenlinien geordnet in der Anthere, und wenn sie diese verlassen und durch die Bewegungen des Wassers zu den langen fadenförmigen Narben hingetrieben werden, bleiben sie an ihnen hängen wie die Spermatozoiden an der Trichogyne der Florideen. Der fadenförmige Pollen von Halophila ist sogar durch Querwände in mehrere Kammern geteilt, wird von den fadenförmigen Narben unter Wasser aufgefangen und wächst längs denselben in die Fruchtknotenhöhle hinab. Bei den Arten der Gattung Najas und Zannichellia haben die Pollenzellen, solange sie in der geschlossenen Anthere geborgen sind, eine kugelige oder ellipsoidische Gestalt; nachdem sich aber die Anthere geöffnet hat, gestalten sie sich zu Schläuchen, werden durch die Strömungen des Wassers hin und her getrieben und zu den Narben gebracht. Bei Zannichellia hat jede Narbe die Gestalt eines dreieckigen, verhältnismäßig großen Lappens, und indem drei oder vier dieser Lappen sich mit den Rändern berühren, entsteht eine Art Trichter, der als Auffangegefäß für die Pollenzellen dient.

Die hier vorgeführten Gewächse, alles in allem genommen etwa 50 Arten, sind sämtlich Wasserpflanzen; es wäre aber ein Irrtum, zu glauben, daß sämtlichen Wassergewächsen derselbe Pollen zukommt, wie ihn die Wasserriemen und die Arten von Halophila, Posidonia.

Cymodocea, Najas und Zannichellia zeigen, d. h. ein Pollen, welcher der äußeren Schale der Zellhaut entbehrt, die Gestalt eines Pollenschlauches annimmt und durch die Wasserströmungen seiner Bestimmung zugeführt wird. Im Gegenteil, Tausende von Wasserpflanzen entbinden den Pollen nicht unter, sondern über dem Wasser, die Zellen desselben sind kugelig oder ellipsoidisch, besitzen auch eine deutliche äußere Schale und werden nicht durch Wasserströmungen, sondern durch den Wind oder durch Vermittelung der Insekten zu den Narben gebracht. Das gilt selbst für jene Gewächse, deren belaubter Teil zeitlebens unter Wasser bleibt. Aldrovandia, Hottonia und Utricularia, zahlreiche Laichkräuter (Potamogeton) und Wasserranunkeln (Batrachium), noch vieler anderer nicht zu gedenken, bringen ihre Blüten stets über den Wasserspiegel, damit der Pollen im Bereiche der Luft aus den Antheren entbunden und von Blüte zu Blüte übertragen werden kann.

Es ist eine durch Beobachtung festgestellte Tatsache, daß, abgesehen von ungefähr 50 Arten, als deren Vorbild der Wasserriemen gelten kann, die Mehrzahl der anderen Phanerogamen einen Pollen entwickeln, für welchen der Transport und das längere Verweilen unter Wasser **schädlich** ist. Wird eine Pollenzelle absichtlich unter Wasser getaucht, oder wird sie in der freien Natur von Regen und Tau benetzt, so erfolgt eine Wasseraufnahme in das Innere der Zelle fast augenblicklich; die Intine wird allerwärts, wo die Exine keinen Widerstand bildet, vorgedrängt, und die Pollenzelle erscheint im Nu angeschwollen und aufgetrieben. Häufig wird sogar die Grenze der Dehnbarkeit überschritten; der vorgestülpte Teil der Intine platzt, das Plasma quillt hervor, zerfließt als eine feinkörnige, schleimige Masse in dem umgebenden Wasser, und damit ist die Pollenzelle vernichtet.

Dort, wo Regenzeiten und regenlose Perioden gesetzmäßig miteinander abwechseln, wie beispielsweise in den Llanos von Venezuela, in den brasilischen Campos, in den trockenen Gebieten Indiens und des Sudans, vor allem aber in dem südlich des Wendekreises gelegenen Teil Australiens, wo sich der Regen ganz auf den Winter beschränkt und später monatelang ausbleibt, ist der Schutz des Pollens gegen Wassergefahr indirekt durch das Klima gegeben, oder besser gesagt, **für den Pollen der in regenlosen Perioden blühenden Gewächse sind Schutzmittel gegen den Regen überflüssig.** Die Bäume, welche sich in den merkwürdigen Waldsavannen Neuhollands über das Grasland erheben, ebenso die zahlreichen, in dichten Beständen wachsenden, starren und saftarmen Sträucher, welche dem an die Waldsavannen angrenzenden „Scrub" angehören, blühen erst dann auf, wenn die Regenzeit vorüber ist, also in einer Periode, in welcher sie auch nicht mehr Gefahr laufen können, daß ihre Blüten vom Regen durchnäßt werden. Wo aber keine Gefahr ist, fällt auch die Notwendigkeit eines Schutzmittels weg, und die zahlreichen neuholländischen Mimosazeen und Myrtazeen, ja auch die Proteazeen, welche sich ganz vorzüglich an der Zusammensetzung der eben erwähnten Gebüschdickichte beteiligen, sind jeder Einrichtung bar, welche zum Schutze des Pollens dienen könnte. Diese Pflanzen behalten ihren starren Charakter auch während der Blütezeit bei; die zahlreichen Staubfäden in den Blüten der Akazien sowie der zahllosen Arten von Callistemon, Melaleuca, Eucalyptus, Calothamnus und Metrosideros ragen weit über die kleinen Blumenblätter hinaus, und auch die griffelförmigen Träger der Fruchtknoten der Proteazeen, auf deren Spitze sich der Pollen ablagert, strecken sich ungeschützt weit über die unscheinbaren Blumenblätter vor.

Vielfach anders stellt sich dagegen die Form der Blüten auf einem Gelände dar, wo die größte Zahl der atmosphärischen Niederschläge in die Blüteperiode fällt. In den mittel- und südeuropäischen Hochgebirgen, wo dieses Zusammentreffen tatsächlich stattfindet, müssen die

Gewächse, während sie blühen, täglich auf einen Regen gefaßt sein. Zudem triefen dort alle Pflanzen am frühen Morgen von Tau, und auch im Laufe des Tages hängen sich bei dem Vorüberziehen der Nebel Wassertröpfchen an Laub und Blüten an. Der an den aufgesprungenen Antheren haftende Pollen muß hier nicht selten wochenlang warten, bis einige sonnige trockene Stunden und mit ihnen Bienen und Falter kommen, welche den Pollen abholen und auf die Narben anderer Blüten übertragen. Wenn es daher irgendwo eines ausgiebigen Schutzes des Pollens gegen Nässe bedarf, so ist es hier der Fall. Überblickt man die Pflanzen, welche das niedere Buschwerk in dieser Region zusammensetzen, welcher Gegensatz zu den Gewächsen der neuholländischen Gebüschdickichte! Der Heiderich (Calluna vulgaris) sowie die niederen Heidelbeer-, Moosbeer- und Preiselbeersträucher (Vaccinium Myrtillus, uliginosum, Vitis idaea) haben glockenförmige oder krugförmige Blumenkronen, die an gekrümmten Stielen überhängen, mit der Mündung der Blüten der Erde zusehen und sich wie ein Schutzdach über die versteckten, mit Pollen beladenen Antheren wölben. Auch die aus Alpenrosensträuchern (Rhododendron) gebildeten Bestände, welche die Flanken unserer Hochgebirge überkleiden (s. die beigeheftete Tafel „Alpenrosen und Legföhren in Tirol"), weisen Blüten auf, welche gegen den schief aufrechten Stiel unter einem stumpfen Winkel geneigt sind, der bei auffallendem Regen zu einem rechten Winkel wird, so daß die pollenbedeckten Antheren alsdann unter ein schützendes Dach gestellt erscheinen.

Auf ein solches Überwölben und Einhüllen laufen denn auch alle die zahlreichen Einrichtungen hinaus, durch welche der Pollen direkt gegen Nässe geschützt wird. Entsprechend der Mannigfaltigkeit der Einrichtungen für die Übertragung des Pollens durch Luftströmungen oder durch Falter, Hummeln, Bienen, Käfer und Fliegen, ist aber dann auch der Schutz, welcher dem Pollen gegen die Nässe geboten wird, mannigfach modifiziert. Auch darin erscheinen die Schutzmittel vielfach abgeändert, daß in dem einen Falle das Dach sich unmittelbar über den Pollen, in dem anderen über eine ganze Blumengruppe, hier über eben geöffnete, mit Pollen beladene Antheren, dort über jene Stelle der Blüte, wo aus den Antheren losgelöster Pollen zeitweilig abgelagert wurde, ausspannt, daß anderseits bald die Antherenwandungen selbst, dann wieder die Narben, die Blumen- und Deckblätter, ja selbst die Laubblätter zu Schutz und Schirm des Pollens herhalten müssen. Das letztere ist insbesondere bei den Lindenbäumen zu sehen, deren Blüten immer so gestellt sind, daß sie zur Zeit, wenn die Antheren Pollen ausbieten, von den breiten flachen Laubblättern überdacht werden. Wenn auch noch so heftige Gußregen über den Lindenbaum niederrauschen, die Regentropfen prallen doch sicher von den Flächen des Laubes ab, und es kommt nur ausnahmsweise vor, daß eine oder die andere der tausend unter den Laubblättern postierten Blüten vom Regen benetzt wird. Ähnlich verhält es sich an mehreren Malvazeen, Daphneen und Balsaminazeen. Bei der hier als Beispiel gewählten Impatiens Nolitangere (s. Abbildung, S. 285, Fig. 1) stehen die kleinen Blütenknospen mit ihren zarten Stielen über der Fläche des anfänglich zusammengefalteten, oberseits rinnigen Laubblattes, aus dessen Achsel sie hervorgegangen sind; später aber, wenn die Blütenknospen größer werden und ihre Stiele sich verlängern, gleiten die letzteren an der einen Seite des mit seinen Rändern noch immer aufgebogenen Laubblattes hinab und verbergen sich förmlich unter demselben. Das Laubblatt breitet sich dann flach aus und fixiert mit dem einen Lappen seiner herzförmig ausgeschnittenen Basis den abseits geneigten Blütenstiel und damit auch die von demselben getragenen Knospen. Öffnen sich dann diese Knospen und zugleich die Antheren, so sind sie gedeckt durch eine glatte

[illegible] sein. Zudem triefen dort [illegible] des Tages hängen sich bei [illegible]. Der an den aufgesprungenen [illegible] warten, bis einige sonnige trockene [illegible] Bienen und Falter [illegible], welche den Pollen abholen und auf [illegible] Blüten übertragen. [illegible] irgendwo eines ausgiebigen Schutzes [illegible] bedarf, so ist es [illegible]. Überblickt man die Pflanzen, welche [illegible] in dieser Region [illegible], welcher Gegensatz zu den Gewächsen der [illegible] Gebüschdickicht! Der [illegible] (Calluna vulgaris) sowie die niederen Heidel[illegible], Moosbeer- und Preißelbeersträucher (Vaccinium Myrtillus, uliginosum, Vitis idaea) haben glockenförmige oder krugförmige [illegible], die an gekrümmten Stielen überhängen [illegible] der Erde [illegible] und sich wie ein Schutzdach über die versteckten, [illegible] Antheren wölben. Auch die aus Alpenrosensträuchern (Rhododendron [illegible]) gebildeten Bestände, welche die [illegible] unserer Hochgebirge überkleiden (s. die beigeheftete [illegible]), weisen [illegible] Blüten auf, welche gegen den schief auf[illegible] geneigt sind, der bei auffallendem Regen zu einem [illegible] die [illegible]bedeckten Antheren alsdann unter ein schützendes Dach [illegible].

[illegible] Überwölben und Einhüllen laufen denn auch alle die zahlreichen Einrichtungen hinaus, durch welche der Pollen direkt gegen Nässe geschützt wird. Entsprechend der Mannigfaltigkeit der Einrichtungen für die Übertragung des Pollens durch Luftströmungen oder durch Falter, Hummeln, Bienen, Käfer und Fliegen, ist aber dann auch der Schutz, welcher dem Pollen gegen die Nässe geboten wird, mannigfach modifiziert. [illegible] erscheinen die Schutzmittel vielfach abgeändert, daß in dem einen Falle das Dach sich unmittelbar über den Pollen, in dem anderen über eine ganze Blumengruppe, hier über eben geöffnete, mit Pollen [illegible] Antheren, dort über jene Stelle der Blüte, wo aus den Antheren losgelöster Pollen [illegible] wurde, ausspannt, daß anderseits bald die Antheren[illegible] selbst, dann wieder die Narben, die Blumen- und Deckblätter, ja selbst [illegible] zu Schutz und Schirm des Pollens verhalten müssen. Das letztere ist insbesondere bei den Lindenbäumen zu [illegible], deren Blüten immer so gestellt sind, daß sie zur Zeit, wenn die Antheren Pollen [illegible]bieten, von den breiten flachen Laubblättern überdacht werden. Wenn auch noch so heftige Gußregen über den Lindenbaum niederrauschen, die Regentropfen prallen doch sicher von den Flächen des Laubes ab, und es kommt nur ausnahmsweise vor, daß eine oder die andere der tausend unter den Laubblättern postierten Blüten vom Regen benetzt wird. Ähnlich verhält es sich an mehreren Malvazeen, Daphneen und Balsaminazeen. Bei der hier als Beispiel gewählten Impatiens Nolitangere (s. Abbildung, S. 285, Fig. 1) ziehen die kleinen Blütenknospen mit ihren zarten Stielen über der Fläche des anfänglich zusammengerollten, oberseits rinnigen Laubblattes, aus dessen Achsel sie hervorgegangen sind; später aber, wenn die Blütenknospen größer werden und ihre Stiele sich verlängern, gleiten die letzteren an der einen Seite des mit seinen Rändern noch immer aufgebogenen Laubblattes hinab und verbergen sich förmlich unter demselben. Das Laubblatt breitet sich dann flach aus und fixiert mit dem einen [illegible] herzförmig ausgeschnittenen Basis den abseits geneigten Blütenstiel und damit auch die von demselben getragenen Knospen. Öffnen [illegible] dann sich [illegible] und zugleich die Antheren, so sind sie gedeckt durch eine glat[illegible]

Alpenrosen und Legföhren (Tirol).
Nach der Natur von Ernst Heyn.

Laubblattfläche, über welche die niederträufelnden Regentropfen abrollen, ohne jemals die Blüte und ihren Pollen zu benetzen.

Bei vielen Aroideen wird der Blütenkolben zur Zeit, wenn der Pollen aus den aufgesprungenen Antheren hervordrängt, von dem großen gemeinschaftlichen Hüllblatte, der sogenannten Spatha, ganz überdacht, so namentlich bei dem bizarren japanesischen Arisema ringens, dessen Hüllblatt wie eine phrygische Mütze über den Blütenstand gewölbt ist, und nicht weniger wunderlich bei der auf S. 286, Fig. 1, abgebildeten Ariopsis peltata, deren Blütenkolben gegen Benetzung durch Regen oder Tau mittels je eines Hüllblattes geschützt sind, das am besten mit einer umgestürzten Barke verglichen werden kann.

Schutzmittel des Pollens gegen Nässe: 1) Impatiens Nolitangere; 2—5) Hippophaë rhamnoides; 6) Convallaria majalis; 7) Euphrasia stricta; 8) Iris sibirica. Fig. 1, 2, 6—8 in natürl. Größe, Fig. 3—5 etwas vergrößert. (Zu S. 284—287.)

Der zu den Myrtazeen gehörende Strauch Genetyllis tulipifera trägt an den Enden seiner dünnen holzigen Zweige Blütenstände, welche man beim ersten Anblicke für überhängende Tulpen halten möchte. Sieht man näher zu, so ergibt sich, daß die großen weißen, rot geaderten Blätter, die an die Blumenblätter der Tulpe erinnern, Deckblätter sind, welche die dicht zusammengedrängten Blüten wie eine Sturzglocke umhüllen, und über welche die Regentropfen wie über einen Regenschirm abfließen müssen. Bei den Pisangen (Musa, Urania) sind die Blüten zur Zeit der Pollenreife gleichfalls von großen Hüllblättern überdeckt, welche später, wenn der Pollen verbraucht und ein Schutz desselben überflüssig geworden ist, sich ablösen und zu Boden fallen. In den Pollenblüten des zweihäusigen Sanddorns (Hippophaë rhamnoides), welche in den Winkeln schuppenförmiger Deckblätter an der Basis der jungen Seitensprosse gehäuft beisammenstehen (s. obige Abbildung, Fig. 2), zeigen sich an kurzen, fadenförmigen, aufrechten Trägern vier Antheren, aus denen schon zur Zeit, wenn die Blüte noch knospenartig geschlossen ist und sich wie eine kleine Blase ausnimmt (Fig. 3), der reichliche staubförmige Pollen ausfällt. Dieser Pollen ist orangefarbig und erfüllt nach seinem Ausfallen den Grund der Blüte (s. Abbildung, S. 285, Fig. 4 und 5). Er soll bei trockenem Winde zu den Narben der Fruchtblüten, die sich an anderen Stöcken, oft Hunderte von Schritten entfernt, entwickelten, übertragen werden. Ehe sich dieser Wind einstellt, können mehrere Tage vergehen, und es ist die Gefahr vorhanden, daß im Laufe dieser Tage der aufgespeicherte Pollen vom Regen oder Tau zum Transport durch den Wind untauglich gemacht, daß er durchnäßt und verdorben wird. Um diese Gefahr zu vermeiden, klaffen die beiden

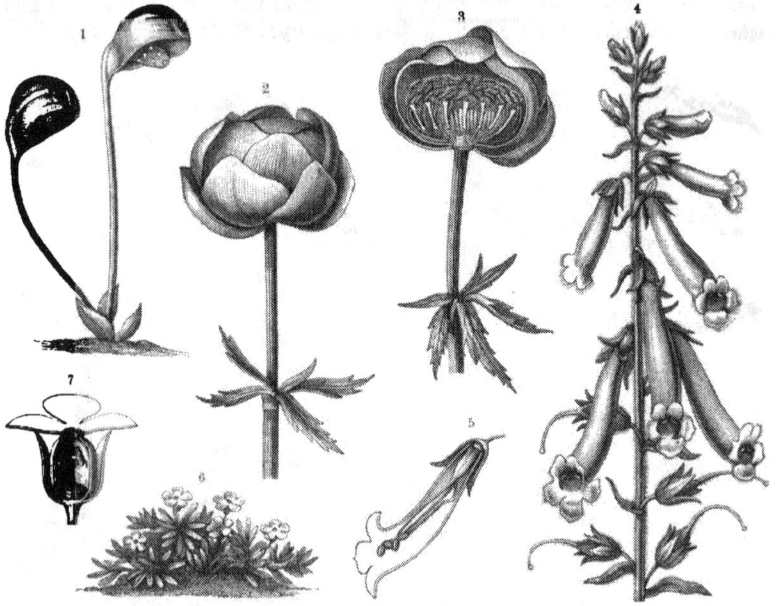

Schutzmittel des Pollens gegen Nässe: 1) Ariopsis peltata; 2) Blüte des Trollius europaeus, 3) dieselbe Blüte, die vorderen Blumenblätter weggeschnitten; 4) Digitalis lutescens, 5) eine einzelne Blüte dieser Digitalis im Längsschnitt; 6) Aretia glacialis, 7) eine einzelne vergrößerte Blüte dieser Aretia im Längsschnitt. (Zu S. 285—287.)

schalenförmigen Hüllblätter, welche mit ihrer hohlen Seite einander zugewendet sind und eine die Antheren und den Pollen umschließende Blase bilden, an den Seiten auseinander, und es entstehen dadurch zwei gegenüberliegende spaltenförmige Öffnungen, wie an den Figuren 4 und 5 der Abbildung auf S. 285 zu ersehen ist. Am Scheitel bleiben die beiden Schalen verbunden und bilden so ein Gewölbe, welches den darunter abgelagerten Pollen vollkommen gegen die atmosphärischen Niederschläge schützt. Fällt aber ein geeigneter Wind ein, so bläst dieser den stäubenden Pollen durch die Spalten der Blase hinaus und führt ihn weithin zu den Narben anderer Sanddornstöcke.

Die auf feuchten Wiesen der arktischen Flora und auch südwärts in den Gebirgsgegenden der Alten Welt verbreiteten Arten der Gattung Trollblume (Trollius), von welchen eine, nämlich Trollius europaeus, in obenstehenden Fig. 2 und 3 abgebildet ist, sind sozusagen täglich dem Regen oder reichlichem Tau ausgesetzt. Dennoch wird der Pollen derselben niemals durch die atmosphärischen Niederschläge benetzt. Die mit Pollen beladenen Antheren sind nämlich von den am Blütenboden entlang einer Schraubenlinie angeordneten Blumenblättern förmlich eingekapselt. Die Insekten, welche die Blüten gern besuchen, um den Honig aus den um die Pollenblätter herumstehenden gestielten Nektarien zu saugen, müssen das Dach, welches aus den zusammenschließenden und sich teilweise deckenden oberen Blumenblättern gebildet wird, durchbrechen, wenn sie in den Innenraum der Blüte kommen wollen. Kräftigeren Bienen gelingt das bei der Biegsamkeit dieser Blätter allerdings sehr leicht; niederfallende Regentropfen aber vermögen nicht einzudringen, sondern gleiten außen über die Blumenblätter herab. Auch die Blumenkronen der Lerchensporne, der Kalzeolarien, des Leinkrautes und des Löwenmaules (Corydalis, Calceolaria, Linaria, Antirrhinum) bilden eine ringsum geschlossene Hülle um die pollentragenden Antheren. Ebenso ist der Pollen der Schmetterlingsblütler bis zu dem Momente des Insektenbesuches in dem aus den beiden Blättern des sogenannten Schiffchens gebildeten Hohlraume geborgen.

Bei der Mehrzahl der Lippenblütler, bei dem Fettkraut, dem Klappertopf, dem Wachtelweizen und Augentrost (Pinguicula, Rhinanthus, Melampyrum, Euphrasia; s. Abbildung, S. 285, Fig. 7), ebenso bei dem Veilchen (Viola), dem Eisenhut (Aconitum) und noch zahllosen anderen Pflanzen, deren Blumen mit ihrer Mündung nach der Seite sehen, erscheint der Pollen zwar nicht förmlich eingekapselt, aber doch durch einen Teil der Blumenblätter überwölbt und wie durch ein Dach gegen Regen und Tau geschützt. Den seitlich gerichteten Blüten des Akanthus (Acanthus), welche in ihrer allgemeinen Form lebhaft an jene der Lippenblütler erinnern, aber keine vorragende Oberlippe besitzen, wird der Schutz des Pollens durch ein an Stelle der Oberlippe sich vorstreckendes Kelchblatt vermittelt. Einen seltsamen Schutz des Pollens durch Blumenblätter beobachtet man an den Blütenständen der mit den Hortensien verwandten, in Florida einheimischen Hydrangea quercifolia (s. Abbildung, S. 290, Fig. 8). Die zu einem schönen ansehnlichen Strauße vereinigten Blüten dieser Pflanze sind zweierlei Art; die einen enthalten Pollenblätter und Stempel, aber nur sehr kleine grünliche Blumenblätter, welche nicht imstande wären, den Pollen der neben ihnen stehenden Pollenblätter gegen Regen und Tau zu schützen; die anderen enthalten weder Pollenblätter noch Stempel, aber ihre Blumenblätter sind sehr groß, weiß gefärbt, flach ausgebreitet und so zusammengefügt, daß sie sich an ihren aufrechten Stielen wie Regenschirme ausnehmen. Sie erheben sich von den äußersten und obersten Ästchen des Straußes und sind immer so gestellt, daß durch sie der Regen von den tiefer stehenden, in Dolbenform gruppierten kleinen, aber pollenführenden Blüten abgehalten wird.

In seltenen Fällen fungieren auch die Griffel und Narben als Schutzmittel des Pollens. Am auffallendsten bei den Schwertlilien (Iris). Die Griffel dieser Pflanzen sind in drei Teile gespalten, und diese bilden sanft nach außen gebogene Blätter, deren jedes mit zwei gezahnten Zipfeln endigt (s. Abbildung, S. 285, Fig. 8). Die gewölbte, längs der Mittellinie gewöhnlich etwas gekielte Seite dieser blattartigen Gebilde ist nach oben, die ausgehöhlte Seite nach unten gekehrt. Dieser ausgehöhlten Seite dicht anliegend findet man eine pollenbeladene Anthere angeschmiegt, und diese ist hier so trefflich geborgen, daß sie selbst bei strömendem Regen niemals von einem Wassertropfen getroffen werden kann.

Auf einem wesentlich anderen Prinzip beruht die Ausbildung des Schutzes bei solchen Pflanzen, deren Blüten die Gestalt eines gestielten Tellers haben und deswegen von den Botanikern stieltellerförmig genannt wurden. Die hierher zu zählenden

Arten der Gattungen Phlox und Daphne und vor allem die zierlichen Arten der die nebelreiche Region des Hochgebirges bewohnenden Primulazeen aus der Gattung Mannsschild (Androsace, Aretia) sowie die hübschen Primeln mit aufrechten Blüten (z. B. Primula farinosa, denticulata, Cashmiriana) tragen Blumen, welche nach oben nicht überwölbt oder überdacht, sondern mit der unverschlossenen Mündung ihrer plötzlich in den ausgebreiteten Saum übergehenden Röhre gegen den Himmel gewendet sind (s. Abbildung, S. 286, Fig. 6 und 7), so daß sich Tau und Regentropfen auf dem die Mündung der Röhre umgebenden Saum ansammeln können. Es scheint unvermeidlich, daß hier ein Teil der Wassertropfen zu den in der Röhre eingefügten pollenbedeckten Antheren gelange. Und dennoch bleibt der Pollen vom Regen verschont und unbenetzt; denn die Röhre ist an ihrem Übergang in den Saum ganz plötzlich zusammengeschnürt, häufig auch mit kallösen Schwielen besetzt und infolgedessen so verengert, daß zwar Insekten mit dünnem Rüssel einfahren und im Blütengrunde Honig saugen können, daß aber die auf dem Saum etwa aufgelagerten Regen- und Tautropfen zurückbleiben müssen, weil die Luft aus der Röhre nicht entweichen kann. Nach einem Regen findet man auf jeder Blüte des auf S. 286, Fig. 6, abgebildeten, auf den Moränen vorkommenden Gletscher-Mannsschildes (Aretia glacialis) einen Wassertropfen gelagert, der die Luft in der engen, darunter befindlichen Röhre etwas komprimiert, aber den tiefer unten in der Röhre an den Antheren haftenden Pollen nicht erreichen kann. Bei nachfolgender Erschütterung durch den Wind rollen die Wassertropfen von dem Saume der Blumenkrone ab, oder sie verdunsten, und der Blütengrund wird dem Insektenbesuch wieder zugänglich.

In allen bisher erörterten Fällen findet zum Schutz des Pollens eine Änderung in der Lage der hierbei eine Rolle spielenden Laubblätter, Blumenblätter und blumenblattartigen Narben nicht statt. Dagegen wird bei einer langen Reihe anderer Pflanzen der Schutz des Pollens ausschließlich durch Zusammenneigen der Blumenblätter bewirkt. Es ist das insbesondere bei allen jenen Arten der Fall, welche ähnlich den zuletzt geschilderten Formen die Mündung ihrer Blüten der Einfallsrichtung des Regens und Taues zuwenden, bei welchen aber der untere röhrenförmige Teil nicht wie bei dem Mannsschild so sehr verengert ist, daß das Wasser in denselben einzudringen verhindert wäre. Solche unterwärts nicht verengerte becherförmige, beckenförmige, krugförmige, trichterförmige und röhrenförmige Blüten würden bei aufrechter Lage wahre Auffanggefäße für den Regen bilden, und es müßte das Wasser, das sich in ihnen ansammelt, alsbald den im Inneren geborgenen Pollen ertränken. Wenn sich nun solche Blüten zeitweilig schließen, d. h. wenn ihre Blumenblätter oder Hüllblätter so lange über den Innenraum gewölbt sind, als dort die Gefahr der Ansammlung von Wasser vorhanden ist, so wird dadurch mit sehr einfachen Mitteln der so notwendige Schutz des Innenraumes der Blüten gegen eine Überschwemmung erreicht. In der Tat ist dieser Schutz durch Schließen der Blüten in zahlreichen Fällen verwirklicht. Die Blüten der Zeitlosen und der Safrane (Colchicum, Crocus; s. Abbildung, S. 289), welche mit ihrem becherförmigen Saum im Frühling oder im Spätherbst über die Erde hervorkommen, die Gentianen unserer Alpenwiesen und die mit ihnen verwandten Arten der Gattung Tausendgüldenkraut (Erythraea), eine Menge Glockenblumen mit aufrechten Blüten (Campanula glomerata, spicata, Trachelium; Specularia Speculum usw.), die Päonien, Rosen, Leine, Opuntien, Mamillarien und Mesembryanthemeen, zahlreiche Arten der Gattungen Milchstern, Alraun und Stechapfel (z. B. Ornithogalum umbellatum, Mandragora vernalis, Datura Stramonium), die Blüten der Seerosen und Magnolien mögen als Beispiele für diese Formengruppe aufgeführt werden. Tagsüber, im warmen Sonnenschein, sind die Becken, Kelche und Trichter dieser Blüten weit geöffnet und dann von unzähligen Insekten umschwärmt; bei Eintritt der Dämmerung und beim Fallen des Taues am kühlen Abend rücken aber die Blumenblätter wieder zusammen, schlagen sich übereinander und bilden, wie das an dem eingeschalteten Bild einer Safranblüte zu sehen ist (s. untenstehende Abbildung), ein Gewölbe, auf dessen Außenseite sich die Tauperlen reichlich ablagern können, während das Innere des Bechers gegen Nässe vollständig gesichert ist. Bei Regenwetter und an naßkalten Tagen öffnen sich diese Blüten überhaupt nicht, und es fällt so die Periode des Geschlossenseins mit der Zeit

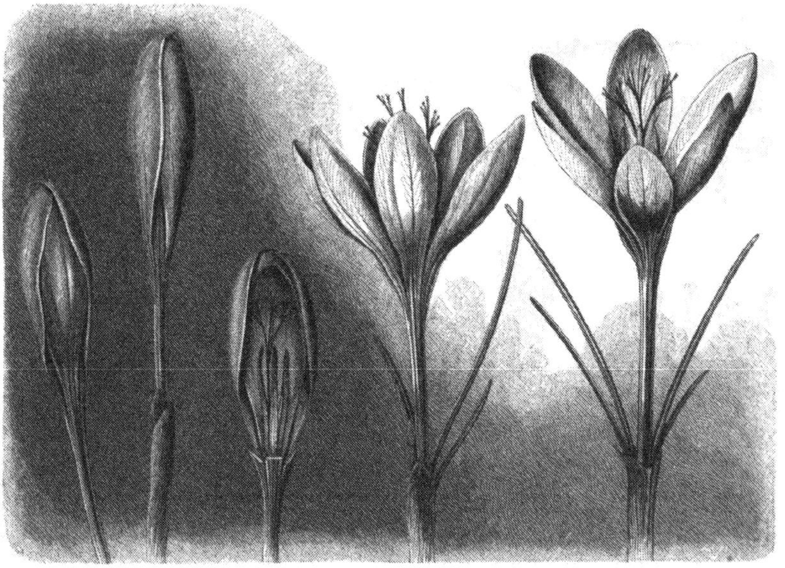

Schutzmittel des Pollens: Die Blüten eines Safrans (Crocus multifidus), im Sonnenschein geöffnet (rechts), in der Nacht und bei Regenwetter geschlossen (links). Die vorderen Blumenblätter von einer der drei geschlossenen Blüten weggeschnitten.

zusammen, in welcher die meisten honigsuchenden Insekten zur Nachtruhe gegangen sind oder sich zum Schutze gegen das Unwetter in ihre Schlupfwinkel zurückgezogen haben.

Von hohem Interesse ist die Erscheinung, daß die Blumenblätter, welche sich am Abend als schützender Mantel über die Antheren wölben, sich im Verlaufe der Blütezeit stark vergrößern, denn das Zusammenneigen und Öffnen der Blumenblätter kommt durch ein abwechselndes stärkeres Wachstum der Ober- und Unterseite der Blumenblätter zustande. Bei manchen Arten werden sie doppelt so lang, als sie zur Zeit des ersten Öffnens der betreffenden Blüte waren, und diese Vergrößerung hält gleichen Schritt mit gewissen Entwickelungsvorgängen der zu schützenden pollentragenden Antheren. Bei einigen Ranunkulazeen mit aufrechten Blüten, so namentlich bei dem Leberkraut und dem auf S. 290, Fig. 9 und 10, abgebildeten Winterstern (Eranthis), sind die in der Blütenmitte stehenden Stempel von zahlreichen, in mehreren Schraubenumgängen zusammengedrängten Pollenblättern eingefaßt, und diese sind wiederum von schalenförmigen Blumenblättern umgeben, welche sich tagsüber weit ausbreiten, nach Untergang der Sonne aber zusammenschließen und über den Pollenblättern eine Kuppel bilden. Die Antheren dieser Pflanzen öffnen sich nicht gleichzeitig, sondern nur sehr allmählich. Zuerst wird der Pollen aus den äußersten, den Blumenblättern zunächststehenden Antheren entbunden, deren Träger zu dieser Zeit noch kurz erscheinen. Begreiflicherweise genügen zur Überdachung derselben auch verhältnismäßig kurze Blumenblätter. Allmählich öffnen sich aber auch die weiter gegen die Mitte der Blüte stehenden Antheren; die Träger derselben strecken sich, und jetzt würden die Blumenblätter, deren Länge im Anfang genügt hatte, nicht mehr ausreichen, um in der Nacht ein Gewölbe über den sämtlichen mit Pollen beladenen Antheren

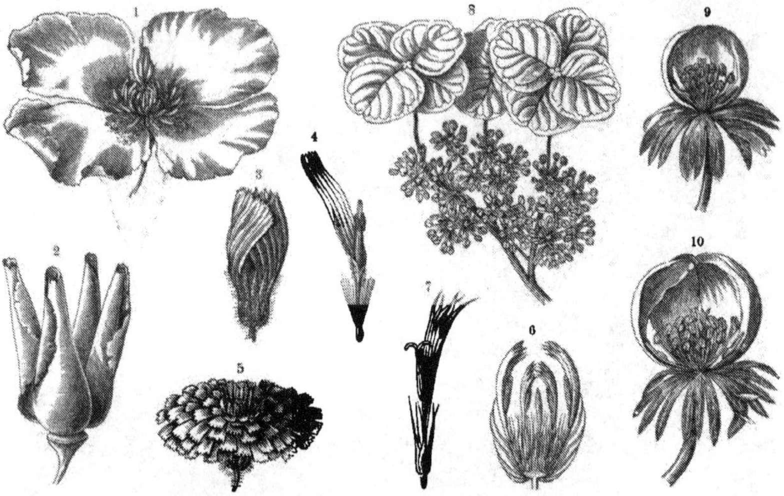

Schutzmittel des Pollens gegen Regen: 1) Eine im Sonnenschein geöffnete Blüte der Eschscholtzia californica, 2) eine bei Regenwetter geschlossene Blüte derselben Pflanze; 3) Blütenköpfchen des Hieracium Pilosella, geschlossen, 4) eine einzelne Blüte derselben Pflanze, 5) Blütenköpfchen derselben Pflanze, geöffnet; 6) Längsschnitt durch das geschlossene Köpfchen der Catananche coerulea, 7) eine einzelne diesem Köpfchen entnommene Blüte im letzten Stadium des Blühens; 8) ein Teil des Blütenstandes von Hydrangea quercifolia; 9) geschlossene junge Blüte von Eranthis hiemalis, 10) geschlossene alte Blüte derselben Pflanze. (Zu S. 289—291.)

zu bilden. Dementsprechend verlängern sie sich von Tag zu Tag, bis endlich auch die den Stempeln zunächststehenden Antheren ihren Pollen ausgeboten und abgegeben haben. Beim Winterstern (Eranthis) verlängern sich auf diese Weise die Blumenblätter von 11 auf 22 und bei dem Leberkraut (Anemone Hepatica) von 6 auf 13 mm, also auf das Doppelte ihrer ursprünglichen Länge.

Eine seltsame Art des Schließens der Blumenblätter zeigt die kalifornische Eschscholtzie (Eschscholtzia californica; s. obenstehende Abbildung, Fig. 1 und 2). Tagsüber sind die vier goldgelben Blumenblätter weit ausgebreitet. Der Pollen fällt aus den in der Mitte der Blüte büschelförmig gruppierten Pollenblättern als mehlige Masse auf die schalenförmigen Blumenblätter und erscheint hier als eine Schicht bis zur Höhe von 1 mm aufgespeichert (s. Fig. 1). Wenn nun der Abend kommt, so werden nicht die in der Mitte stehenden Antheren geschützt, welche den Pollen bereits verloren haben, sondern es werden vier Dächer über den abgefallenen Pollen gebildet, indem sich jedes Blumenblatt zusammenrollt und die Form einer umgekehrten Tüte annimmt (s. Fig. 2).

Die zu Köpfchen vereinigten Blumen des Löwenzahns (Taraxacum), des Lattichs (Lactuca), der Zichorie (Cichorium), des Rainsalats (Lampsana) und noch vieler anderer Korbblütler, für welche hier als Vorbild die Blüte eines Habichtskrautes (Hieracium Pilosella; s. Abbildung, S. 290, Fig. 4) gewählt sein mag, sind an der Basis röhrenförmig, oben aber einseitig in ein bandförmiges Gebilde verlängert, das man in der botanischen Kunstsprache Zunge (ligula) genannt hat. Aus dem Grunde der zungenförmigen Blume erheben sich fünf Pollenblätter, deren Antheren zu einer Röhre verwachsen sind. Diese Röhre ist schon frühzeitig erfüllt mit dem aus den Längsrissen der Antheren nach innen hervorquellenden Pollen. Auch geht durch diese Röhre der Griffel hindurch, welcher alsbald nach der Entbindung des Pollens sich verlängert und dabei wie der Stempel einer Pumpe wirkt, indem er den die Antherenröhre erfüllenden Pollen bis vor die freie Mündung der Röhre vorschiebt. Der über der Antherenröhre auf dem Griffelende ruhende Pollen soll von Insekten, welche sich auf die Blütenköpfchen setzen, abgestreift werden. Aber es ist fraglich, ob sich schon wenige Stunden, nachdem das Vorschieben des Pollens erfolgte, Insekten einstellen; und wenn auch, ein Teil des Pollens wird von den nur flüchtig über die Blüten hinstreifenden Insekten gewiß zurückgelassen. Unter allen Umständen muß der frei an der Mündung der Antherenröhre am vorgeschobenen Griffelende haftende Pollen noch geschützt werden, bevor der Abend kommt und sich Nachttau niederschlägt, oder ehe noch Regentropfen aus einer Gewitterwolke niederfallen und das Blütenköpfchen benetzen. Das geschieht auch in der Tat, und zwar dadurch, daß die einseitig vorgestreckte Zunge der angrenzenden Blumenkrone zu einem die Nässe abhaltenden Schirme wird. Bei den Habichtskräutern (Hieracium) biegt sich die Zunge wie ein flaches Dach über den zu schützenden Pollen (s. Abbildung, S. 290, Fig. 3 und 5). Bei einem anderen Korbblütler, nämlich bei Catananche, wird jede Zunge, welche tagsüber im Sonnenschein flach ausgebreitet war, am Abend zu einer Hohlkehle und wölbt sich zugleich im Halbbogen über den zur selben Blüte gehörigen Pollen (s. Abbildung, S. 290, Fig. 6). Es kommen da überhaupt minutiöse Verschiedenheiten vor, welche eingehend zu behandeln hier viel zu weit führen würde. Nur das eine darf nicht übergangen werden, daß nämlich bei diesen Korbblütlern die Zungen der Blüten am Umfange des Köpfchens immer viel länger sind als jene der Mitte, und daß daher durch die Krümmung und das Zusammenneigen der langen randständigen Zungen auch der Pollen in den mittelständigen Blüten überdacht und gegen Nässe geschützt wird. Damit soll nicht gesagt sein, daß sich die kurzen Zungen in der Mitte des Köpfchens am Schutze des Pollens überhaupt nicht zu beteiligen brauchen. In den meisten Fällen richten sich auch diese auf, biegen und krümmen sich einwärts und verhindern im Verein mit den äußeren längeren das Eindringen der Nässe auf den Pollen. An den Blüten von Catananche ist sogar die Einrichtung getroffen, daß die langen Zungen der randständigen Blüten aufhören, sich einwärts zu krümmen, sobald in diesen Blüten kein Pollen mehr zu schützen ist, weil er bereits abgestreift wurde und diese Blüten in ihr letztes Entwickelungsstadium eingetreten sind (s. Abbildung, S. 290, Fig. 7). Da müssen natürlich die kurzen Zungenblüten in der Mitte des Köpfchens allein den Schutz ihres Pollens besorgen. Aus diesem Grunde sieht man an den älteren Köpfchen von Catananche am Abend nur die mittelständigen kurzen Zungenblüten zusammengeneigt, während die randständigen unbeweglich bleiben und auch während der taufeuchten Nacht geradeso wie in der Mittagssonne strahlenförmig abstehen.

Sehr beachtenswert sind auch die Einrichtungen zum Schutze des Pollens bei jenen Korbblütlern, welche im Mittelfeld ihrer Köpfchen nur röhrenförmige Blüten tragen, während die Blüten an der Peripherie als Zungenblüten ausgebildet sind, oder wo die auf einer runden Scheibe dicht beisammenstehenden röhrenförmigen Blüten von einem Kranze starrer Hüllblätter eingefaßt werden, welche den Eindruck von Blumenblättern machen. Als Vorbild der ersten Gruppe kann die Ringelblume (Calendula), als Vorbild der letzteren die Wetterdistel (Carlina) angesehen werden (s. Abbildung, S. 293). Bei diesen Pflanzen wird der Pollen aus den Röhrenblüten geradeso wie bei den früher besprochenen Zungenblüten aus der Antherenröhre durch den in die Länge wachsenden Griffel emporgehoben und erscheint über jeder Röhrenblüte als ein kleines Klümpchen dem Ende des Griffels aufgelagert. Diese Röhrenblüten vermögen aber ihren Pollen nicht selbst gegen Wetterungunst zu sichern, und es findet daher im Bereiche dieser Blütenköpfe gewissermaßen eine Teilung der Arbeit statt, so zwar, daß die zungenförmigen Blüten oder die strahlenförmigen Deckblätter des Randes, welche keinen Pollen entwickeln, zu schützenden Decken für die pollenbildenden Blüten des Mittelfeldes werden. Bei gutem Wetter stehen die randständigen Zungenblüten und Deckblätter von der Peripherie der Köpfchen strahlenförmig ab, bei schlechtem Wetter und am Abend erscheinen sie aber aufgerichtet, neigen sich über die röhrenförmigen Blüten des Mittelfeldes und bilden dann zusammengenommen entweder einen über dieses Mittelfeld sich wölbenden Hohlkegel, oder sie decken sich gegenseitig wie die Schindeln auf einem Dache, bilden wohl auch einen scheinbar unregelmäßig zusammengedrehten Schopf, sind aber immer so gestellt, daß sie die röhrenförmigen Blüten des Mittelfeldes und den von diesen exponierten Pollen gegen die Unbilden der Witterung vollständig schützen.

Merkwürdig ist, daß die Länge dieser zusammenneigenden Zungen oder Strahlen in einem gewissen Verhältnis zum Querdurchmesser der Scheibe des Köpfchens steht. Köpfchen mit großer Scheibe und zahlreichen Röhrenblüten haben längere, solche mit kleiner Scheibe und wenigen Röhrenblüten kurze Zungen am Rande. Zudem erscheinen anfänglich, wenn die Blüten in der Mitte der Scheibe noch geschlossen sind und nur die gegen den Rand stehenden Röhrenblüten ihren Pollen vorgeschoben haben, die zungenförmigen Randblüten und strahlenden Deckblätter noch kurz, weil sie nur ihre nächsten Nachbarn zu schirmen die Aufgabe haben; sobald aber auch die Blüten in der Mitte der Scheibe sich öffnen, erscheinen sie so bedeutend verlängert, daß sie auch diese zu überdecken imstande sind. Tatsächlich wächst also hier das Dach entsprechend dem Umfange der zu überwölbenden Fläche.

Die hier übersichtlich geschilderten Lageänderungen der Blumenblätter, Zungenblüten und Deckblätter, welche unter dem Namen Schließbewegungen zusammengefaßt werden, erfolgen bei den meisten Pflanzen innerhalb 30—50 Minuten; bei einigen aber auch viel rascher. Bisweilen spielt sich der Vorgang des Schließens binnen wenigen Minuten ab. An Alpenpflanzen kommt es vor, daß sich die Blüten im Laufe einer Stunde mehrmals schließen und öffnen. Die Wärme, welche ein flüchtiger Sonnenblick den Blumen der Gentiana nivalis zugeführt hat, genügt, um die Ausbreitung der azurblauen Kronenzipfel zu veranlassen; kaum ist aber die Sonne hinter einer Wolke verschwunden, so drehen sich diese Zipfel schraubig übereinander und schließen, einen Hohlkegel bildend, zusammen. Bricht die Sonne wieder durch, so ist auch die Blumenkrone binnen einigen Minuten neuerdings geöffnet. Bei den Pflanzen, deren Blumenkrone die Gestalt eines Trichters, einer Röhre oder eines Beckens hat, wie beispielsweise bei dem Stechapfel, den Gentianen und dem Venusspiegel (Datura,

Gentiana, Specularia), finden beim Schließen die kompliziertesten Faltungen, Biegungen und Drehungen statt; in der Regel stimmt aber die Lage, welche die Blumenblätter bei dieser Gelegenheit annehmen, mit jener überein, welche sie schon in der Knospe zeigten. Überhaupt machen die meisten nächtlich geschlossenen Blüten und Blütenköpfchen den Eindruck, als ob sie sich noch in der Knospenlage befänden.

In allen den Fällen, wo trockene, nicht mehr aus lebendigen Zellen bestehende Deckblätter als Schutzorgane dienen, können die Bewegungen nicht mehr durch Wachstum zustande kommen. Als nächste Ursache solcher Schließbewegungen sind ohne Zweifel Änderungen in der Spannung der betreffenden Gewebeschichten anzusehen. Diese aber werden vornehmlich durch Schwankungen des Feuchtigkeitszustandes der Luft veranlaßt. Bei der Wetterdistel (Carlina

Schutzmittel des Pollens: Die Blütenköpfe der Wetterdistel (Carlina acaulis), im Sonnenschein geöffnet (rechts), in der Nacht und bei Regenwetter geschlossen (links). (Zu S. 292 und 293.)

acaulis) beruht das Öffnen und Schließen nur auf diesen Verhältnissen, und die Wärme spielt nur insofern eine Rolle, als in den Gegenden, wo die Wetterdistel wächst, mit zunehmender Wärme auch die relative Feuchtigkeit der Luft abzunehmen pflegt. Man benutzt darum auch die großen, von kurzen, dicken und steifen Stengeln getragenen und dem Boden aufruhenden Blütenköpfe der Carlina acaulis als Hygrometer und Wetteranzeiger und prophezeit dann, wenn die trockenen Deckblätter, welche die Röhrenblüten des Köpfchens umgeben, strahlenförmig abstehen, trockenes Wetter und hellen Himmel, wenn aber diese hygroskopischen Deckblätter sich aufrichten und zu einem Hohlkegel zusammenschließen, feuchtes Wetter und trüben Himmel (s. obenstehende Abbildung). Für die Pflanze selbst haben diese Bewegungen der strahlenförmigen Deck- oder Hüllblätter folgende Bedeutung. Am Tage, in warmer trockener Luft, sind die Strahlen nach auswärts gebogen, weit ausgebreitet, wenden ihre silberweiße Innenseite dem Himmel zu und schimmern im Lichte der Sonne so lebhaft, daß sie weithin sichtbar sind. Sie wirken dann als Anlockungsmittel für Insekten, welche eingeladen werden, aus den unscheinbaren röhrenförmigen Blüten der Mitte den Honig zu saugen, zugleich aber auch den in diesen Blüten an die Mündung der Antherenröhre vorgeschobenen Pollen abzuholen und auf andere Blüten zu übertragen. Es kommen auch zu den geöffneten Blütenköpfen der Wetterdisteln immer zahlreiche Hummeln geflogen, welche Honig saugen und dabei den Pollen mitschleppen. Fiele jetzt plötzlich Regen ein, so würden die Scheibenblüten unvermeidlich benetzt werden, und der Pollen wäre vernichtet. Da aber die Deckblätter sehr hygroskopisch sind, richten sie sich selbst bei geringer Zunahme der Luftfeuchtigkeit, welche dem Regen vorausgeht, empor, krümmen sich einwärts und vereinigen sich zu einem schützenden festen Zelt, an dessen glatter Außenseite die niederfallenden Regentropfen abprallen und ablaufen, ohne Unheil zu stiften.

Auf Änderungen der Form und Lage gewisser Gewebe der Pollenblätter infolge von Wasseraufnahme und Wasserabgabe beruht auch der Schutz gegen Nässe, welcher dem Pollen in den Blüten der Platanen und zahlreicher Nadelhölzer, insbesondere der Eiben und der Wacholder, geboten wird. Die Pollenbehälter befinden sich bei diesen Pflanzen an schuppen- oder schildförmig verbreiterten Trägern, und diese Schuppen oder Schildchen sind an einer Spindel in ähnlicher Weise befestigt wie die Schuppen eines Tannenzapfens. Sie haben auch das mit den Schuppen eines Zapfens gemein, daß sie, befeuchtet, zusammenschließen und sich mit den Rändern berühren, während sie, ausgetrocknet, auseinander rücken, so daß sich klaffende Spalten zwischen ihnen bilden (s. Abbildung, S. 299, Fig. 15—18). Aus diesen klaffenden Spalten kann bei Erschütterung der Blütenstaub, welcher sich in den kugeligen kleinen Pollenbehältern an der Innenseite der Schuppen ausgebildet hat, sehr leicht herausfallen, was aber, wie später noch ausführlicher erörtert werden wird, nur dann für die Pflanze von Vorteil ist, wenn trockenes Wetter herrscht. Bei feuchter Witterung, und besonders bei Regen, wäre ein solches Ausfallen des stäubenden Pollens gleichbedeutend mit Vernichtung desselben. Damit nun diese Gefahr abgewendet werde, schließen sich die Spalten, und zwar dadurch, daß die Schuppen durch Aufnahme von Feuchtigkeit anschwellen, sich mit ihren Rändern berühren und so die an ihrer Innenseite angehefteten kleinen Pollenbehälter und den Pollen überdecken und verhüllen.

Im Gegensatze zu den bisher geschilderten Blüten, in welchen der Pollen durch Krümmen, Wölben, Ausspannen und Falten blattartiger Gebilde und schuppen- oder schildförmiger Fortsätze des Konnektivs der Pollenblätter gegen Nässe und Wind geschützt wird, erfolgt bei einer anderen, der Zahl nach kaum geringeren Abteilung von Blütenformen derselbe Schutz in noch einfacherer Weise dadurch, daß beckenförmige oder becherförmige Blüten infolge von Krümmungen der Stiele und Stengel nickende hängende Lagen annehmen. Gewöhnlich erfolgen diese Krümmungen kurz vor dem Aufblühen, und es bleibt die Blüte dann so lange in umgekehrter Lage, als ihr Pollen des Schutzes bedarf. Bei zahlreichen Glockenblumen (z. B. Campanula barbata, persicifolia, pusilla), Nachtschattengewächsen und Skrofulariazeen (z. B. Atropa, Physalis, Scopolia, Digitalis), Primulazeen und Asperifoliazeen (z. B. Cortusa, Soldanella, Mertensia, Pulmonaria), Alpenrosen, Wintergrünen und Heidelbeeren (Rhododendron, Moneses, Vaccinium), Ranunkulazeen und Dryadazeen (z. B. Aquilegia, Geum rivale) und an vielen lilienartigen Gewächsen (z. B. Fritillaria, Galanthus, Leucojum, Convallaria, s. Abbildung, S. 285, Fig. 6) sieht man die Blütenknospen an aufrechten Stielen mit der noch geschlossenen Mündung dem Himmel zugewendet. Ehe sich aber die Blüte noch ganz öffnet, krümmen sich die Stiele abwärts, und es erscheint dadurch die Mündung der von dem Stiele getragenen Blüte mehr oder weniger gegen den Boden gerichtet. Ist die Blütezeit vorüber, wo der Schutz der im Inneren der Blüte geborgenen, pollenbedeckten Antheren überflüssig ist, so strecken sich in den meisten Fällen (z. B. Digitalis, Soldanella, Moneses, Fritillaria, Geum rivale) die Stiele wieder gerade, und die aus den Blüten hervorgegangenen Früchte, zumal wenn es Trockenfrüchte sind, werden wieder von aufrechten Stielen getragen. Dieser Vorgang, welcher durch die Abbildung auf S. 286, Fig. 4 und 5, anschaulich gemacht ist, spielt sich, wie gesagt, an Hunderten den verschiedensten Familien angehörenden Pflanzen und in den verschiedensten Modifikationen ab.

Bei einigen Pflanzen mit traubenförmig zusammengestellten Blüten krümmen sich vor dem Aufblühen nicht die Blütenstiele, sondern es krümmt sich die Spindel, von welcher die Blütenstiele ausgehen, wodurch die ganzen Trauben oder Ähren nickend und überhängend werden. Die Blüten kommen dann sämtlich in eine umgekehrte Lage, und die Blumenblätter schützen wie ein Dach den an den Antheren haftenden Pollen. So verhält es sich z. B. mit den Blüten des Kirschlorbeers (Prunus Laurocerasus) und der Traubenkirsche (Prunus Padus), des Sauerdorns (Berberis) und der Mahonie (Mahonia). Auch an den ährenförmigen Blütenständen der Walnuß, der Birken, Haseln, Erlen und Pappeln (Juglans, Betula, Corylus, Alnus, Populus) ändert sich die Lage der Ährenspindel kurz vor dem Aufspringen der Antheren, um dadurch einen Schutz für den durch das Aufspringen freiwerdenden Pollen zu vermitteln. Im jugendlichen Zustande sind die Pollenblüten dieser Pflanzen dicht gedrängt und bilden fest zusammenschließend eine steife, aufrechte zylindrische Ähre. Vor dem Aufblühen streckt sich aber die Spindel der Ähre, sie wird überhängend, und die von ihr getragenen, nun etwas auseinander gerückten Blüten erhalten dadurch eine umgekehrte Lage, so daß die aus kleinen Vorblättern und Perigonblättern zusammengesetzte Blütendecke nach oben, die Antheren nach unten zu stehen kommen (s. Abbildung, S. 274). Die Antheren, welche jetzt unter der Blütendecke wie unter einem Dach aufgehängt erscheinen, öffnen sich, ihr Pollen kollert und sickert aus den Öffnungen heraus, stäubt aber nicht sogleich in die freie Luft, sondern lagert sich, senkrecht herabfallend, zunächst in muldenförmigen Vertiefungen ab, welche an der nach oben gekehrten Rückseite der einzelnen Blüten ausgebildet sind. Hier bleibt er liegen, bis bei trockenem Wetter ein Windstoß kommt, der ihn auf eine später noch ausführlicher zu besprechende Weise zu den Narben hinweht. Bis dahin aber ist er auf seiner Ablagerungsstätte gegen Regen und Tau durch die über ihm stehenden Blüten derselben Ähre geschützt, und die Decke jeder Blüte ist somit einerseits ein Depot für den Pollen der höher gestellten Blüten und zugleich ein schützendes Dach für den auf den muldenförmig vertieften Rücken der tiefer gestellten Blüten aus den Antheren hinabgefallenen Pollen, wie das durch die oben erwähnte Abbildung der Walnußblüten anschaulich dargestellt wird.

Von hohem Interesse sind solche Blüten und Blütenstände, welche nur periodisch in eine umgekehrte Lage versetzt werden, und deren Stiele sich, entsprechend dem Wechsel von Tag und Nacht und dem Wechsel von schlechtem und gutem Wetter, beugen, strecken und wenden, und daher recht eigentlich als wetterwendische bezeichnet werden könnten. Es gehören in diese Abteilung Formen aus den verschiedensten Familien, die aber das eine gemeinsam haben, daß ihre Blüten oder Blütenstände von verhältnismäßig langen Stielen getragen werden, und daß ihr Honig und Pollen den anfliegenden Insekten im Grunde seichter Becken, flacher Schalen oder auch auf ebenen Scheiben dargeboten wird. Wenn sich solche Blüten und Blütenstände tagsüber und bei gutem Wetter aufrichten und ihre weite Mündung der Sonne zuwenden, so werden sie von jenen Insekten, welche es vermeiden, in das Innere überhängender Glocken und Röhren von untenher einzubringen, und welche nur auf weit offene und leicht zugängliche Blumen von obenher angeflogen kommen, auch reichlich besucht, und dadurch wird die so wichtige Übertragung des Pollens vermittelt. Wenn sie dagegen in der Nacht und bei regnerischem Wetter, also zu einer Zeit, in welcher die Insekten ohnedies nicht schwärmen, überhängend werden, so wird dadurch ihr Pollen und Honig gegen Wetterungunst geschützt, und es erscheint so durch die periodische Bewegung der Achse ein doppelter Vorteil erreicht.

Bei zahlreichen Glockenblumen und Storchschnabelgewächsen, aus deren Reihe die weitverbreiteten Arten Campanula patula und Geranium Robertianum für die untenstehende

Schutzmittel des Pollens: 1) Die Blüten eines Storchschnabels (Geranium Robertianum bei Tage an aufrechten Stielen, 2) die Blüten derselben Pflanze während der Nacht und bei Regenwetter an gekrümmten Stielen, in gestürzter Lage; 3) Blüte einer Glockenblume (Campanula patula) bei Tage an aufrechtem Stiel, 4) Blüte derselben Pflanze während der Nacht und bei Regenwetter an gekrümmtem Stiel, in gestürzter Lage; 5) Blütenköpfchen einer Skabiose (Scabiosa lucida) bei Tage an aufrechtem Stiel, 6) Blütenköpfchen derselben Pflanze während der Nacht und bei Regenwetter an gekrümmtem Stiel, in gestürzter Lage. (Zu S. 295—297.)

Abbildung (Fig. 1—4) als Beispiele gewählt wurden, ferner bei vielen Arten der Gattungen Sauerklee, Mohn, Adonis, Muschelblümchen, Hahnenfuß, Windröschen, Fingerkraut, Miere, Hornkraut, Steinbrech, Sonnenröschen, Anoda, Nachtschatten, Gauchheil, Sperrkraut und Tulpe (z. B. Oxalis lasiandra, Papaver alpinum, Adonis vernalis, Isopyrum thalictroides, Ranunculus acer, Anemone nemorosa, Potentilla atrosanguinea, Stellaria graminea, Cerastium chloraefolium, Saxifraga Huetiana, Helianthemum alpestre, Anoda hastata, Solanum tuberosum, Anagallis phoenicea, Polemonium coeruleum, Tulipa silvestris) krümmen sich die Stiele der einzelnen Blüten, bei der oben abgebildeten Skabiose (Scabiosa lucida; Fig. 5 und 6) sowie bei mehreren Korbblütlern (Bellis, Doronicum, Sonchus, Tussilago usw.) die Stiele der Blütenköpfchen, bei mehreren Doldenpflanzen (z. B. Astrantia alpina, carniolica usw.) die Träger der Dolden und bei einigen

Schotengewächsen (z. B. Draba aïzoides, Arabis Turrita, Cardamine pratensis, Sisymbrium Thalianum) die Spindeln der Trauben. Bei den genannten Skabiosen und Korbblütlern werden durch die Achsenkrümmung die ganzen Blütenstände periodisch in eine gestürzte Lage versetzt, und es erscheinen nun die randständigen, zungenförmigen, strahlenden Blüten der Köpfchen und bei den erwähnten Doldenpflanzen die verhältnismäßig großen Hüllen der einzelnen Döldchen als schützendes Dach für den Pollen der mittelständigen Blüten. Erwähnenswert ist noch der Umstand, daß bei einigen Weidenröschen (z. B. Epilobium hirsutum, montanum, roseum) nicht die Stiele der Blüten, sondern die stielartigen langen unterständigen Fruchtknoten sich periodisch bald abwärts krümmen, bald wieder gerade strecken, wodurch die einer flachen Schale vergleichbaren Blumen bald nickend, bald aufrecht erscheinen. Ebenso ist hier der Erscheinung zu gedenken, daß die Krümmungen der Blütenstiele oder der sie vertretenden Fruchtknoten aufhören, sobald der Pollen aus den betreffenden Blüten auf die eine oder andere Art entfernt wurde und ein Schutz desselben nicht mehr nötig ist. Die Blütenstiele der Saxifraga Huetiana krümmen sich nur so lange, als pollenbedeckte Antheren in den von ihnen getragenen Blüten zu schützen sind, und die langen Fruchtknoten der genannten Weidenröschen biegen sich nur an zwei aufeinander folgenden Abenden bogenförmig der Erde zu, am dritten Abend, wenn kein Pollen mehr gegen Regen und nächtlichen Tau in Sicherheit zu bringen ist, bleiben sie aufrecht und krümmen sich nicht.

Dieses Krümmen der Stiele und das Nicken der Blüten bereits vor Eintritt des Regens macht fast den Eindruck, als ob die betreffende Pflanze das Herannahen des Unwetters zu ahnen und sich schon im vorhinein in ihrem Verhalten so einzurichten vermöchte, daß ihr durch die Unbilden der Witterung nachträglich kein Schade erwächst. Das Landvolk ist auch solcher Ansicht und betrachtet demnach mit gutem Grunde die erwähnten Krümmungen der Stiele und das Nicken der Blüten und Blütenstände als Anzeichen eines nahe bevorstehenden Regens. Es läßt sich aber, wie gesagt, dieser Vorgang mechanisch in der Weise erklären, daß durch die Windstöße, welche dem Regen gewöhnlich vorhergehen, und durch die von denselben veranlaßten Erschütterungen eine Änderung in der Spannung der Gewebeschichten des Stengels angeregt wird, und daß die Spannungsänderung als eine längere Zeit anhaltende Krümmung des Stengels auch äußerlich zur Erscheinung kommt. Es läßt sich übrigens diese nachhaltige Krümmung des Stengels auch künstlich hervorrufen, indem man den durch die Belastung mit Wassertropfen veranlaßten Zug sowie die Erschütterung durch Regen und Wind nachahmt. Wenn man z. B. die zur Mittagszeit straff aufrechten Blütenstiele verschiedener Arten von Sauerklee (Oxalis), den Schaft einer Tulpe (Tulipa), die langen Köpfchenstiele von Doronicum, die blütentragenden Stengel von Astrantia major, Cardamine pratensis und Primula cortusoides umbiegt und einige Zeit in dieser Lage erhält, oder wenn man sie schüttelt, schwenkt und beklopft, so tritt alsbald eine Änderung in der Spannung der Gewebe ein, welche sich darin zeigt, daß diese Stiele und Stengel gekrümmt und die früher aufrechten und dem Lichte zugewendeten Blüten und Blütenköpfchen nickend werden und gegen die Erde sehen. Versucht man dann die Stiele wieder gerade zu strecken, so läuft man Gefahr, dieselben zu zerbrechen. Es dauert dann immer einige Stunden, bis sich diese Starre löst, bis sich jene Spannungen, welche vor Ausübung des mechanischen Reizes vorhanden waren, wiederherstellen und die Stiele und Stengel wieder gerade werden.

Die geschilderten mannigfachen Änderungen in der Richtung und Lage der Blumenblätter, Deckblätter, Blütenstiele und Stengel, welche sich unter dem Wechsel von Tag und

Nacht, Windstille und Sturmwind, Sonnenschein und trübem Himmel vollziehen, bedingen häufig innerhalb sehr kurzer Zeitabschnitte ein ganz und gar abweichendes Bild der Vegetationsdecke. An warmen Sommertagen, bei heiterem Himmel und ruhiger Luft ist das Grün der Wiesen mit unzähligen offenen Blumen geschmückt. Die sternförmig ausgebreiteten sowie die becher- und beckenförmigen Blüten und Blütenstände der Windröschen, Hahnenfüße, Fingerkräuter, Gentianazeen und Korbblütler, alle sind sie weit aufgetan, so daß die obere, heller gefärbte Seite ihrer Blumen weithin sichtbar ist. Die Mehrzahl derselben wendet sich der Sonne zu, so daß die Farbe des offenen Blumensaumes um so leuchtender hervortritt; mehrere der Blüten und Blütenstände, wie z. B. die der Sonnenröschen (Helianthemum), gehen geradezu mit der Sonne und sind am frühen Morgen nach Südost, am Mittag nach Süd und nachmittags nach Südwest gewendet. Unzählige Fliegen, Bienen, Hummeln und Falter summen und schwärmen um die besonnten Blüten. Der Abend kommt. Die Sonne ist hinter den Bergen gesunken, ein kühler Luftstrom senkt sich zu Tal, und reichlicher Tau schlägt sich auf Laub und Blüten nieder. Das Insektenvolk ist verstummt und hat sich in seine Schlupfwinkel zur Nachtruhe zurückgezogen, und auch die Blüten scheinen in Schlaf zu versinken. Die Blumenblätter falten und legen sich zusammen, die Blütenköpfchen schließen sich, Blüten und Blütenstände neigen sich gegen die Erde, werden überhängend und weisen dem Beschauer die unscheinbar gefärbte Außenfläche ihrer Blütendecken. Die Wiese, triefend vom Tau, ist die ganze Nacht hindurch in einen Zustand der Erstarrung verfallen, aus dem sie erst wieder durch die wärmenden Sonnenstrahlen des nächsten Morgens erlöst wird. Ein ähnlicher Wechsel des Bildes stellt sich ein, wenn böses Wetter im Anzuge ist, wenn der Wind über die Wiese fährt und vom trüben Himmel Regen auf die blütenbedeckten Pflanzen herabfällt. Auch dann haben die meisten Blumen die dem Verderben ausgesetzten Teile zeitig genug verdeckt und eingehüllt und können das Unwetter ohne wesentliche Benachteiligung ihres Pollens überstehen.

Nur verhältnismäßig wenige Pflanzen unserer Wiesen machen den Eindruck, als ob sie von diesem Wechsel äußerer Verhältnisse gar nicht berührt würden. Manche scheinen der Schutzmittel ihres Pollens gegen Durchnässung ganz entraten zu können; denn ihre Pollenbehälter bleiben, nachdem sich einmal die Blüten geöffnet haben, frei und unbedeckt, und zwar selbst dann, wenn reichlicher Tau oder Regen fällt. So ragen z. B. die von langen Fäden getragenen Antheren der Wegericharten und Kugelblumen (Plantago und Globularia) bei gutem und schlechtem Wetter aus den kleinen, zu dichten Ähren und Köpfchen vereinigten Blüten hervor, und es scheint ihr Pollen bei feuchter Witterung unvermeidlich dem Verderben ausgesetzt. Sieht man aber näher zu, so stellt sich heraus, daß es auch diesen Pflanzen an einer Schutzeinrichtung für den Pollen nicht gebricht. Die Antheren selbst sind es, welche den aus ihrem Gewebe entwickelten Pollen in Sicherheit bringen, und zwar dadurch, *daß die bei trockenem Wetter aufgesprungenen Antherenfächer, an deren Öffnungen der Pollen exponiert ist, in taureichen Nächten und bei feuchter Witterung sich wieder schließen und ihren Pollen dabei wieder einkapseln.* Der neuerdings eingekapselte reife Pollen ist dann in der Anthere gerade so gut gegen Nässe geschützt, wie er es zur Zeit seiner Entwickelung war; denn durch die Wand der Antherenfächer hindurch vermag Regen und Tau keinen nachteiligen Einfluß auf die im Inneren geborgenen Pollenzellen auszuüben. Kommt wieder trockenes warmes Wetter, so öffnet sich die Anthere wieder, und zwar in derselben Weise, wie sie sich zum erstenmal geöffnet hatte. Es wiederholen sich dabei genau alle die Vorgänge, welche bei früherer Gelegenheit (vgl. S. 272) dargestellt wurden. Sind es einfächerige Antheren, welche mit einer Querspalte aufspringen, wie die des Frauenmäntelchens (Alchimilla; s. untenstehende Abbildung, Fig. 5—10), so öffnen und schließen sich ihre Ränder wie die Lippen eines Mundes; sind es Antheren, welche mit Klappen aufspringen, wie die des Lorbeers (Laurus nobilis; s. untenstehende Abbildung, Fig. 11—14), so schlagen sich die Klappen wieder herab und drücken den an sie angeklebten Pollen wieder in die offenen Nischen der Antheren zurück; und sind es Antheren, welche sich mit Längsrissen öffnen, und deren Wände sich wie Flügeltüren nach außen bewegen und dabei zurückrollen, wie jene des Bergflachses und der Lichtblume (Thesium, Bulbocodium; s. untenstehende Abbildung, Fig. 1—4), so erfolgt in feuchter Luft wieder die umgekehrte Bewegung, und es schließen die beiden Flügeltüren wieder vollständig zusammen.

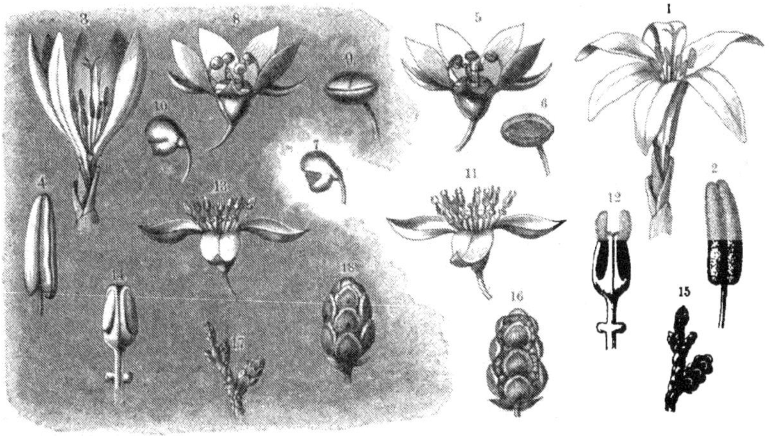

Schutzmittel des Pollens: 1) Blüte der Lichtblume (Bulbocodium) im Sonnenschein und in trockener Luft, mit geöffnetem Perigon und geöffneten Antheren, 2) eine Anthere aus dieser Blüte, 3) Blüte der Lichtblume (Bulbocodium) in feuchter Luft, das Perigon halb geöffnet, die Antheren geschlossen, 4) eine Anthere aus dieser Blüte; 5) Blüte des Frauenmäntelchens (Alchimilla vulgaris) in trockener Luft, mit geöffneten Antheren, 6) und 7) Antheren aus dieser Blüte, 8) Blüte des Frauenmäntelchens (Alchimilla vulgaris) bei Regenwetter, mit geschlossenen Antheren, 9) und 10) Antheren aus dieser Blüte; 11) Blüte des Lorbeers (Laurus nobilis) in trockener Luft, mit geöffneten Antheren, 12) eine Anthere aus dieser Blüte, 13) Blüte des Lorbeers (Laurus nobilis) bei Regenwetter, mit geschlossenen Antheren, 14) eine Anthere aus dieser Blüte; 15) Pollenblüten von Juniperus virginiana in trockener Luft, 16) dieselben vergrößert, 17) Pollenblüten von Juniperus virginiana bei Regenwetter, 18) dieselben vergrößert. Fig. 1, 3, 15 und 17 in natürl. Größe, die anderen Figuren 2—8fach vergrößert. (Zu S. 294 und 299.)

Im arktischen Gebiet und in der alpinen Region unserer Hochgebirge, wo zur Blütezeit der meisten Gewächse reichliche atmosphärische Niederschläge fallen, ist die Zahl solcher Pflanzen mit periodisch sich öffnenden und schließenden Antheren nicht groß, und es sind neben den schon erwähnten Arten des Bergflachses und des Frauenmäntelchens nur noch die Wegeriche, die Kugelblumen und die Ranunkulazeen, zumal jene mit pendelnden Antheren (Thalictrum), zu erwähnen, an welchen sich dieser Vorgang besonders deutlich abspielt. Viel öfter scheint diese Schutzeinrichtung für den Pollen in wärmeren Gegenden, zumal in subtropischen und tropischen Gebieten, vorzukommen; wenigstens zeigen die Zimtbäume, der Kampferbaum, der Lorbeer, überhaupt die lorbeerartigen Gewächse, ferner die Aralien und Zykadeen, die Arten der Gattung Ricinus und Euphorbia, die Zistrosen (Cistus), der Weinstock (Vitis) und wohl die meisten rebenartigen Gewächse, der Tulpenbaum und die Magnoliazeen

(Liriodendron, Magnolia), ferner von Nadelhölzern die Gattung Cephalotaxus in ausgezeichneter Weise dieses periodische Öffnen und Schließen der Antheren.

Es ist dieses Öffnen und Schließen die Folge von Veränderungen im Feuchtigkeitszustande der Luft und beruht auf der Zusammenziehung und Ausdehnung jener hygroskopischen Zellen, welche sich unter der Oberhaut der Antherenwandung ausgebildet haben, und die in dem vorhergehenden Kapitel bereits besprochen wurden. Der Einfluß der Wärme hat bei ihnen ähnlich wie bei den Bewegungen der Deckblätter an den Blütenköpfchen der Wetterdistel nur insofern eine Bedeutung, als mit dem Steigen und Fallen der Temperatur auch die relative Feuchtigkeit der Luft sich ändert. Da unter gewöhnlichen Verhältnissen der Gang der Temperatur sowie die Zunahme und Abnahme der Feuchtigkeit an den Wechsel von Tag und Nacht geknüpft ist, so erklärt es sich, daß auch das Öffnen und Schließen der Antheren eine Periodizität einhält, und daß sich bei zunehmender Feuchtigkeit am Abend die Antheren schließen, die ganze Nacht hindurch geschlossen bleiben und erst nach Aufgang der Sonne bei abnehmender Feuchtigkeit sich wieder zu öffnen beginnen.

Wenn eine Blüte zugleich periodisch sich öffnende und schließende Antheren und periodisch sich öffnende und schließende Blumenblätter besitzt, so erfolgen die entsprechenden Bewegungen meistens gleichzeitig; weil aber die Ursache der Bewegung hier und dort verschieden ist, kann es auch geschehen, daß der Einklang ausbleibt. Wenn z. B. nach längerem Regen ein warmer Sonnenblick die Blumenblätter der Lichtblume (Bulbocodium) geöffnet hat, so können doch die Antheren noch geschlossen bleiben, wenn gleichzeitig die Feuchtigkeit der Luft noch groß ist.

Die Antheren schließen sich bei herannahender Gefahr viel rascher als die Blumenblätter. Gewöhnlich bedarf es dazu nur einiger Minuten; in manchen Fällen auch nur einer halben Minute. Die Antheren des Bergflachses (Thesium alpinum) schließen sich, nachdem sie befeuchtet wurden, binnen 30 Sekunden. Bei dieser Pflanze ist der Vorgang des Schließens auch noch darum sehr interessant, weil die Befeuchtung der Antherenwand durch ein eigentümliches, von den Blumenblättern ausgehendes Haarbüschel vermittelt wird, was hier in gedrängtester Kürze geschildert werden soll. Die Blüten des Bergflachses sind mit dem offenen Saum ihrer Blumen dem Himmel zugewendet. In dieser Stellung erhalten sie sich unverändert Tag und Nacht, auch bei gutem und schlechtem Wetter. Die von obenher fallenden Regentropfen sowie der in hellen Nächten gebildete Tau kommen daher unvermeidlich auf die offenen Blüten. Es ist aber bei der Form des Saumes und infolge des Umstandes, daß das Gewebe desselben nicht benetzbar ist, verhindert, daß sofort die ganze Blüte durchnäßt wird; Regen und Tau lagern ihre Wasserperlen auf dem Saum ab, und die Antheren werden anfänglich nicht unmittelbar betroffen. Dennoch schließen sich die Antheren sehr rasch nach der Auflagerung der Wasserperlen, was sich dadurch erklärt, daß die Blumenblätter mit den vor ihnen stehenden Antheren durch ein Bündel aus gedrehten Haaren verbunden sind, welches sich nicht nur durch leichte Benetzbarkeit auszeichnet, sondern auch wie ein Docht das Wasser zu der Anthere hinleitet und dadurch das Schließen der Antherenwände veranlaßt.

Einen eigentümlichen durch die Antherenwände vermittelten Schutz des Pollens beobachtet man bei mehreren distelartigen Pflanzen und bei den Flockenblumen (Onopordon, Centaurea). Der Bau der Antherenröhre und die Entbindung des Pollens in den Hohlraum derselben, der Bau des Griffels und die Einlagerung desselben in die Antherenröhre sind bei diesen Pflanzen nicht wesentlich anders als bei den auf S. 291 besprochenen Korbblütlern, aber ein wesentlicher Unterschied besteht darin, daß der Pollen nicht durch den sich verlängernden Griffel, sondern durch die sich verkürzenden fadenförmigen Träger der Antherenröhre vor die Mündung dieser Röhre geschoben wird. Die fadenförmigen Träger der Antherenröhre, gemeiniglich Staubfäden genannt, ziehen sich bei Onopordon und Centaurea infolge mechanischer Reize zusammen; sie verkürzen sich und ziehen bei dieser Gelegenheit die Antherenröhre in die Tiefe. Da die Antherenröhre wie ein Futteral den Griffel umgibt, der Griffel aber sich weder verkürzt noch in seiner Lage ändert, so wird nach dem Herabziehen der Antherenröhre das obere Ende des Griffels sichtbar, und auch der Pollen, welcher dem Griffel aufgelagert ist, wird entblößt und erscheint als eine krümelige Masse auf der Griffelspitze oberhalb der Antherenröhre. Wurde der mechanische Reiz auf die Staubfäden durch ein auf dem Blütenköpfchen sich herumtummelndes Insekt ausgeführt, so wird der krümelige Pollen von den Insekten abgestreift, und die ganze Vorrichtung ist augenscheinlich darauf berechnet, daß dieselben Insekten, welche durch Anstreifen mit dem Rüssel oder mit den Klauen ihrer Füße die Verkürzung der Staubfäden, das Hinabziehen der Antherenröhre und das Heraustreten des Pollens veranlaßten, auch mit dem Pollen beladen werden. Bis zur Zeit des Insektenbesuches ist der Pollen aber versteckt in dem aus den Antheren gebildeten Futteral, und das ist für ihn insofern von Vorteil, als er dort gegen Regen und Nachttau geschützt wird. Die in Rede stehenden Korbblütler haben aufrechte Blütenköpfchen; Onopordon hat an diesen weder zungenförmige, bewegliche Strahlenblüten noch strahlende, sich schließende Deckblätter; Centaurea hat randständige Blüten, aber es geht ihnen die Fähigkeit ab, sich als schützende Decke über die auf dem Mittelfelde stehenden Röhrenblüten zu wölben. Die Stiele der Köpfchen werden bei schlechtem Wetter weder überhängend noch nickend, kurz gesagt, es entbehrt der Pollen dieser Korbblütler der so mannigfachen Schutzmittel, welche bei anderen Gattungen derselben Familie vorkommen, und die im vorhergehenden besprochen wurden. Dafür aber übernimmt bei ihnen die Antherenröhre selbst den Schutz des entbundenen Pollens, und zwar bis zu dem Augenblick, in welchem sich jene Insekten auf die Blüten setzen, die berufen sind, den Pollen abzuholen.

Erwähnenswert ist auch der Umstand, daß im Kreise derselben Pflanzenfamilie nicht immer das gleiche Schutzmittel zur Ausbildung gekommen ist. Das eine Familienmitglied schützt sich nach dieser, das andere nach jener Weise. Besonders deutlich kommt diese Erscheinung bei den verschiedenen Gattungen der Nachtschattengewächse und bei den mannigfaltigen Arten der Gattung Campanula zur Geltung. Bei den Nachtschattengewächsen findet sich folgender Wechsel der Schutzmittel nach den Gattungen. Die Blüten der Kartoffel (Solanum tuberosum) falten sich nachmittags zusammen und erhalten durch Krümmen der Blütenstiele über Nacht eine umgekehrte Lage, aber nur über Nacht; denn am anderen Morgen streckt sich der Blütenstiel gerade, und es entfaltet sich auch wieder die Blumenkrone. Die Blüten der Tollkirsche (Atropa Belladonna) bleiben im Verlaufe der ganzen Blütezeit in gestürzter Lage, und ihre Blumenkronen brauchen sich daher auch nicht periodisch zu schließen und zu öffnen; die Blüten des Alrauns (Mandragora vernalis) bleiben aufrecht, aber während der Nacht und bei regnerischem Wetter schließen die Zipfel der aufrechten Blumenkrone über den pollenbedeckten Antheren im Blütengrunde zusammen. Was die Glockenblumen (Campanula) anlangt, so sind diejenigen, welche sehr lange Blütenstiele haben, wie z. B. Campanula carpathica und die auf S. 296, Fig. 3 und 4, abgebildete Campanula patula, nur in der Nacht und bei schlechtem Wetter überhängend, im Sonnenschein und bei gutem Wetter aufrecht und zeigen ausgesprochene periodische Krümmungen der Achsen; bei anderen Glockenblumen mit kürzeren Stielen, z. B. Campanula persicifolia, pusilla, rotundifolia, werden die Blüten vor dem Aufblühen nickend und bleiben in dieser Lage während der ganzen Blütezeit, und bei Glockenblumen, deren Blüten an sehr kurzen Stielen dicht gedrängt in Knäueln beisammen stehen, wie z. B. an Campanula Cervicaria, glomerata und spicata, findet überhaupt eine Krümmung der Achsen nicht statt, sondern die Blüten bleiben zu allen Zeiten aufrecht, schützen sich aber gegen den einfallenden Regen dadurch, daß die Mündung der Glocke durch Einwärtsbiegen und Zusammenneigen der Zipfel der Blumenkrone verschlossen wird. Bei dem mit den Glockenblumen zunächst verwandten Venusspiegel (Specularia) endlich schließt sich die Blüte dadurch, daß tiefe Falten in der Blumenkrone entstehen.

Wenn Einrichtungen, welche gleichzeitig mehreren Zwecken dienen, geschildert werden sollen, so wäre es unklug und für das Verständnis nachteilig, alles, was über dieselben zu sagen ist, auf einmal bringen zu wollen. Es ist in solchen Fällen viel zweckmäßiger, immer nur ein Ziel im Auge zu behalten, selbst auf die Gefahr hin, von dem flüchtigen Leser der Einseitigkeit geziehen zu werden. Diese Bemerkung gilt ganz besonders für die soeben besprochenen Schutzmittel des Pollens gegen Nässe; denn es steht außer Frage, daß die meisten der geschilderten Einrichtungen neben dem angegebenen auch noch irgendeinen anderen Vorteil für die betreffende Pflanze zu bieten imstande sind. Wenn ein an der Basis mit Honig gefüllter Blütenbecher unverdeckt dem einfallenden Regen zugewendet bliebe, so würde der Honig in demselben alsbald verwässert werden, und dann würde dieser für die Insekten kein Anlockungsmittel mehr bilden. Hiernach ist man berechtigt, anzunehmen, daß das Absperren des Zuganges zum Blütengrunde, die Verengerung der Blumenröhre und auch das Nickendwerden der honigführenden Blüten nicht nur den Pollen, sondern auch den Honig gegen Verderbnis durch Nässe schützen, worauf schon der Begründer der Blütenbiologie, C. Sprengel, hingewiesen hat.

Wir haben überhaupt schon mehrfach hervorgehoben, daß Ansichten über zweckmäßige Einrichtungen nicht immer zwingend sein können, weil fast immer Fälle gefunden werden, welche zu der allgemeinen Ansicht nicht passen. Wir verschweigen daher nicht, daß auch Beobachtungen gemacht worden sind, nach welchen den Pollenkörnern mancher Pflanzen eine größere Widerstandsfähigkeit gegen Benetzung mit Wasser tatsächlich zukommt. Zu ihnen gehören Vertreter der Papaverazeen, Kapparideen, Nymphäazeen, Äskulinen, Krassulazeen, Primulazeen, Kampanulazeen, Lobeliazeen, Liliazeen usw. Aber es stellte sich dann auch heraus, daß bei diesen Pflanzen mechanische Schutzeinrichtungen gegen Regen fehlen. Daß durch diese Fälle die Frage nach der Schutzbedürftigkeit des Pollens im allgemeinen verneint würde, darf man wohl nicht behaupten, dafür spricht das Verhalten der meisten Pollenkörner zum Wasser. Dagegen wären eher solche Fälle anzuführen, wo Blüten mit gegen Regen sehr empfindlichem Pollen, z. B. die der meisten Valeriana-Arten und Dipsazeen, eines Schutzes entbehren. Es wäre in solchen Fällen noch die Untersuchung auf die Frage nach einem etwaigen Ersatz gröberer Schutzmittel durch verborgene auszudehnen. Immerhin ist das Hervorheben solcher Ausnahmen für die Biologie wichtig, um zu verhüten, daß die Wissenschaft nicht in bloßen Schematismus verfalle.

4. Die Kreuz- und Selbstbefruchtung der Blüten.

Kreuzbefruchtung.

Während Goethe in Karlsbad weilte, brachte ein junger Gärtner täglich Bündel blühender Pflanzen den beim Brunnen versammelten Kurgästen. Herren und Frauen interessierten sich lebhaft dafür, die Namen dieser Pflanzen mit Hilfe der Schriften des damals weithin berühmten schwedischen Botanikers Linné zu ermitteln. Man nannte dieses Aufsuchen der Namen „Bestimmen" oder „Determinieren" der Pflanzen, und das wurde auch von Dilettanten als eine Art Rätselspiel und als ein anmutiger, anregender Zeitvertreib mit großem Eifer betrieben. Im Kreise der Fachmänner fand Linné eine Anerkennung, wie sie selten einem Mitlebenden gezollt zu werden pflegt. Seine Methode hatte sich im Fluge die ganze gebildete Welt erobert, und sein „System" war zur Alleinherrschaft gelangt. Allerdings erhoben sich auch, und zwar vorzüglich aus dem Kreise der Dilettanten, vereinzelte Stimmen gegen die neue Lehre. Goethe erzählt, daß mehrere der Karlsbader Gäste die Beschäftigung mit der Pflanzenwelt nach der Anleitung des schwedischen Botanikers als geistlose Spielerei bezeichneten, welche weder dem Verstande noch der Einbildungskraft genügen und niemand auf die Dauer befriedigen könne. Offenbar hatte auch Goethe die Schwäche der Linnéschen Methode erkannt. Das Zählen und die Beschäftigung mit Zahlen war ohnedies seine Sache nicht, auch nicht das auf unscheinbare Merkmale begründete Auseinanderhalten der Formen; ihn fesselte weit weniger das, was die Pflanzen unterschied, als vielmehr das, was sie gemeinsam hatten, und was die gesamte Pflanzenwelt zu einer vielgliederigen Einheit verband, und es ist begreiflich, daß er sich für die Linnésche Botanik niemals recht erwärmen konnte.

Aber so künstlich und dogmatisch das Linnésche System sein mochte, so hatte es doch auf eine wichtige Eigenschaft der Blüten aufmerksam gemacht, nämlich daß die Verteilung der Geschlechter nicht in allen Blüten dieselbe ist. Die meisten Blüten enthalten männliche und weibliche Geschlechtsorgane, sie sind Zwitterblüten. In seiner 21. und 22. Klasse dagegen hatte Linné eine Menge Pflanzen vereinigen können, welche Blüten mit nur einer Art von Geschlechtsorganen besitzen, entweder nur Staubfäden oder nur Fruchtknoten. Je nachdem diese eingeschlechtigen Blüten auf derselben Pflanze auftreten, wie bei den Eichen und den meisten Koniferen, oder auf verschiedene Pflanzen verteilt sind, wie bei Weiden und Pappeln, unterschied Linné einhäusige und zweihäusige Pflanzen (Monoecia und Dioecia).

Die eingeschlechtigen Pflanzen können schon der Anlage nach eingeschlechtig sein, oder es erst durch mangelhafte Ausbildung des einen Geschlechts werden. Im letzteren Falle sind die Organe des anderen Geschlechts nur unvollkommen ausgebildet und nicht funktionsfähig (abortiert). Solche Blüten sehen dann aus wie Zwitterblüten, sind es aber nicht, weshalb man sie Scheinzwitter genannt hat. Merkwürdigerweise gibt es auch Pflanzen, welche alle diese drei Blütenformen nebeneinander erzeugen, z. B. die Ahorne und Eschen. Linné nannte sie polygam und vereinigte sie in der 23. Klasse seines Systems.

Diese eben aufgezählten Blütenformen sind aber durch zahlreiche Übergänge verbunden. In den Zwitterblüten des Knäuels (Scleranthus) sieht man nicht selten von den vier Pollenblättern zwei oder drei fehlschlagen; die Pollenblätter stehen zwar an der ihnen zukommenden Stelle, aber die Antheren sind geschrumpft und entbehren des geschlechtsreifen Pollens; nur eines oder zwei der Pollenblätter sind gut ausgebildet. Von den acht Pollenblättern der beliebten Zierpflanze Clarkea pulchella bilden gewöhnlich nur die vier zwischen den Kronenblättern stehenden einen befruchtungsfähigen Pollen aus, während die anderen vier verkümmerte Antheren besitzen. Bisweilen sind aber 5, 6, 7, ja selbst sämtliche Antheren fehlgeschlagen. Das unter dem Namen Hühnerdarm bekannte Unkraut Stellaria media zeigt in zwei fünfgliederigen Wirteln zehn Pollenblätter; aber nur selten tragen diese sämtlich Antheren mit befruchtungsfähigem Pollen, gewöhnlich sind die fünf des inneren und gar nicht selten auch ein paar des äußeren Wirtels verschrumpft und ohne Pollen. Die Blütenköpfchen der Becherblume (Poterium polygamum) enthalten neben reinen Fruchtblüten und reinen Pollenblüten auch echte Zwitterblüten. In den reinen Pollenblüten sind meistens 16 Pollenblätter ausgebildet; die Zwitterblüten enthalten 8, 7, 6 und allmählich abnehmend mitunter auch nur ein Pollenblatt. Die anderen Pollenblätter sind hier nicht verkümmert, sondern sind gar nicht angelegt und fehlen vollständig; tatsächlich ist von ihnen nicht die geringste Spur zu finden. Man kann solche Blüten ohne weiteres als Übergänge von echten Zwitterblüten zu eingeschlechtigen Blüten ansehen; denn man denke sich das Ausbleiben der Pollenblätter noch weitergehend, als soeben geschildert wurde, und nehme an, es wäre auch das letzte Pollenblatt nicht angelegt worden, so würde sich die fragliche Blüte nicht mehr als Zwitterblüte, sondern als reine Fruchtblüte darstellen.

Ungemein mannigfaltig sind auch sonstige Abstufungen in der Geschlechtlichkeit der Blüte. Die Kratzdistel (Cirsium), die Manna-Esche (Fraxinus Ornus), der Spargel (Asparagus officinalis), die Dattelpflaume (Diospyros Lotus), die Weinrebe (Vitis vinifera), mehrere Skabiosen, Steinbreche, Baldriane usw. entfalten teilweise Blüten, welche man im ersten Augenblicke für echte Zwitterblüten zu halten versucht ist. Nicht nur, daß in ihnen deutliche, wohlausgebildete Fruchtanlagen vorhanden sind, auch Pollenblätter sind zu sehen, in deren Antheren mehr oder weniger Pollenzellen zur Entwickelung gelangt sind; aber Versuche, welche mit solchem Pollen angestellt wurden, haben ergeben, daß er, auf die Narben gebracht, keine Pollenschläuche entwickelt, und solche Blüten sind also trotz alledem nicht echte Zwitter, sondern nur Scheinzwitter. Dasselbe gilt von einem Teile der Blüten in den Rispen der Roßkastanien (Aesculus, Pavia) und einiger Arten des Ampfers (Rumex alpinus, obtusifolius usw.) sowie von den Blüten im Mittelfelde der Köpfchen des Huflattichs, der Ringelblume und der Pestwurz (Tussilago, Calendula, Petasites), welche auch das Ansehen echter Zwitterblüten haben, aus deren Fruchtanlagen aber niemals Früchte mit keimfähigem Samen werden, weil die Narben nicht danach eingerichtet sind, daß der auf sie gebrachte geschlechtsreife Pollen Schläuche treiben könnte. Dagegen gibt es wieder viele Pflanzen, in deren Blüten bald die Fruchtanlage, bald wieder die Pollenblätter so sehr verkümmert sind, daß man sie erst bei sorgfältigster Untersuchung zu entdecken vermag. Die Taglichtnelke (Lychnis diurna) zeigt auf einigen ihrer Stöcke Blüten mit wohlausgebildeten Fruchtanlagen und belegungsfähigen Narben, aber die Pollenblätter derselben sind verschwindend klein, bilden dreieckige Gewebekörper in der Länge von kaum 1 mm und tragen an Stelle der Anthere ein kleines, glänzendes Knötchen ohne Pollen. Auf den anderen Stöcken entfaltet dieselbe Lichtnelke Blüten mit zehn Pollenblättern, deren lange, bandförmige Träger von großen Antheren mit geschlechtsreifen Pollen abgeschlossen sind; aber an Stelle der Fruchtanlage sieht man ein winziges Knötchen mit zwei Spitzen, durch welche die Narben angedeutet sind. Ähnlich verhält es sich auch mit den Blüten einiger Baldriane (Valeriana dioica, simplicifolia usw.). In den Trauben des Bergahorns (Acer Pseudoplatanus) kann man alle erdenklichen Abstufungen von scheinzwitterigen

Pollenblüten mit verhältnismäßig großen Fruchtanlagen zu solchen, in denen die Anlagen der Früchte verkümmert sind oder ganz fehlen, beobachten.

Wie bereits erwähnt, begnügten sich die Botaniker ehemals damit, die Pflanzen mit Rücksicht auf die Verteilung der Geschlechter in solche mit zwitterigen, einhäusigen, zweihäusigen und polygamen Blüten zu unterscheiden; diese Unterscheidung entspricht aber dem jetzigen Standpunkt unserer Kenntnisse nicht mehr. Es soll nun im nachfolgenden der Versuch gemacht werden, eine annähernde Übersicht über die hier in Frage kommenden äußerst verwickelten Verhältnisse zu geben und dabei, soweit wie möglich, die alte Einteilung zu berücksichtigen.

Als erste Gruppe mag diejenige vorangestellt werden, deren Arten an allen Stöcken ausschließlich echte Zwitterblüten entwickeln. Ist diese Gruppe auch nicht so umfangreich, wie zur Zeit Linnés angenommen wurde, so ist sie doch gewiß die ansehnlichste und umfaßt jedenfalls mehr als ein Drittel aller Phanerogamen. Als Beispiele können der Flieder, Hartriegel, Gelbstern, Seidelbast, die Wasserviole, die Linde und das Windröschen gelten. Hieran schließt sich eine zweite Gruppe von Arten, deren Stöcke neben echten Zwitterblüten auch scheinzwitterige Fruchtblüten tragen, wie beispielsweise Oxyria digyna und Geranium lucidum. Die dritte Gruppe umfaßt jene Pflanzenarten, deren Stöcke neben echten Zwitterblüten auch scheinzwitterige Pollenblüten entwickeln. Während die zweite Gruppe nur spärlich vertreten ist, zählen in die dritte Hunderte von Arten aus den verschiedensten Familien. Besonders hervorzuheben sind der Lederblumenstrauch (Ptelea trifoliata), der Wiesenknöterich (Polygonum Bistorta), die Roßkastanien (Aesculus, Pavia), einige Aralien (z. B. Aralia nudicaulis), mehrere Arten des Labkrautes und des Waldmeisters (z. B. Galium Cruciata, Asperula taurina) und besonders viele Doldenpflanzen. Bei den letzteren ist die Anordnung und Verteilung der zweierlei Blüten für jede Gattung genau geregelt und hängt mit den Vorgängen bei der Übertragung des Pollens und mit der Kreuzung und der schließlichen Selbstbestäubung auf das innigste zusammen. Bei Anthriscus enthalten die Döldchen der mittelständigen Dolde vorwiegend echte Zwitterblüten, welche von einigen wenigen scheinzwitterigen Pollenblüten eingefaßt werden; die Döldchen der seitenständigen Dolde dagegen sind nur aus scheinzwitterigen Pollenblüten zusammengesetzt. Bei Caucalis sind die mittelständigen Döldchen ausschließlich aus scheinzwitterigen Pollenblüten aufgebaut, während die anderen Döldchen aus zwei echten Zwitterblüten und 4—7 scheinzwitterigen Pollenblüten gebildet werden. Bei Astrantia enthalten die großen mittelständigen Döldchen zwölf von einigen wenigen scheinzwitterigen Pollenblüten umgebene echte Zwitterblüten, die seitenständigen kleineren Döldchen dagegen nur scheinzwitterige Pollenblüten. Athamanta cretensis, Chaerophyllum aromaticum und Meum Mutellina zeigen in sämtlichen Döldchen eine mittelständige echte Zwitterblüte, diese wird von scheinzwitterigen Pollenblüten und diese werden wieder von echten Zwitterblüten eingefaßt. Chaerophyllum Cicutaria und Laserpitium latifolium enthalten in sämtlichen Döldchen kurzgestielte scheinzwitterige Pollenblüten, welche von langgestielten echten Zwitterblüten eingefaßt sind. Turgenia latifolia zeigt in sämtlichen Döldchen 6—9 scheinzwitterige nichtstrahlende Blüten in der Mitte und 5—8 echte Zwitterblüten, die zugleich strahlend sind, am Umfang, und bei Sanicula europaea sind in jedem Döldchen drei mittelständige echte Zwitterblüten von 8—10 scheinzwitterigen Pollenblüten umgeben. In der vierten Gruppe beherbergt jeder Stock neben echten Zwitterblüten auch reine Fruchtblüten. Hierher gehört eine große Menge von Korbblütlern, als deren Vorbild die Astern angesehen werden können (Aster,

Bellidiastrum, Stenactis, Solidago, Buphthalmum, Inula, Arnica, Doronicum usw.). Die röhrenförmigen Blüten des Mittelfeldes sind in jedem Köpfchen echte Zwitter, die zungenförmigen Blüten des Umkreises dagegen reine Fruchtblüten. Dieselbe Verteilung der Geschlechter findet man auch bei jenen Korbblütlern, für welche als Vorbilder die Gattungen Homogyne und Helichrysum gelten können, deren randständige Blüten nicht zungenförmig, sondern fädlich sind. Außer bei den genannten Korbblütlern wird diese Anordnung nur selten beobachtet. Die fünfte Gruppe begreift jene Arten, welche an sämtlichen Stöcken neben echten Zwitterblüten auch reine Pollenblüten ausbilden. Beispiele sind der Germer (Veratrum), die Kaiserkrone (Fritillaria imperialis), die Schlangenwurz (Calla palustris) und zahlreiche Gräser aus den Gattungen Andropogon, Arrhenatherum, Hierochloa, Holcus und Pollinia. Einer sechsten Gruppe werden jene Arten zugezählt, welche an sämtlichen Stöcken neben scheinzwitterigen Pollenblüten reine Fruchtblüten tragen, aber der echten Zwitterblüten entbehren. In diese Gruppe gehören die Ringelblume (Calendula), der Huflattich (Tussilago) und die Falzblume (Micropus). Im Mittelfelde des Köpfchens stehen bei diesen Korbblütlern röhrenförmige scheinzwitterige Pollenblüten, im Umkreise zungenförmige oder fädliche reine Fruchtblüten. Auch das Edelweiß (Gnaphalium Leontopodium) sowie die Pestwurz (Petasites) reihen sich in diese Gruppe. Die Verteilung in den einzelnen Köpfchen ist aber bei diesen beiden zuletztgenannten Pflanzen eigentümlicher Art und von jener der anderen oben erwähnten Korbblütler abweichend. Von dem Edelweiß findet man nämlich dreierlei Formen. Bei der einen enthält das mittlere Köpfchen des ganzen Blütenstandes nur scheinzwitterige Pollenblüten, während die um dasselbe herumstehenden Köpfchen aus reinen Fruchtblüten zusammengesetzt sind, bei der zweiten Form ist das mittelständige Köpfchen gleichfalls ganz und gar aus scheinzwitterigen Pollenblüten gebildet, aber in den Köpfchen des Umkreises sind die scheinzwitterigen Pollenblüten von reinen Fruchtblüten umgeben, und bei der dritten Form enthalten sämtliche Köpfchen scheinzwitterige Pollenblüten, welche von reinen Fruchtblüten eingefaßt sind. Bei der Pestwurz zeigen alle Köpfchen im Mittelfelde scheinzwitterige Pollenblüten und am Umfange reine Fruchtblüten, aber merkwürdigerweise wechselt die Zahl dieser Blüten nach den Stöcken. Es gibt Stöcke, die sehr viele scheinzwitterige Pollenblüten und nur sehr wenige reine Pollenblüten in ihren Köpfchen haben und umgekehrt. Diese zweierlei Stöcke weichen in ihrem äußeren Ansehen sehr auffallend ab, und man könnte darum die Pestwurz bei flüchtiger Betrachtung auch für zweihäusig halten. Die siebente Gruppe begreift alle die Arten, welche an sämtlichen Stöcken neben reinen Pollenblüten reine Fruchtblüten entwickeln, und die man früher insbesondere einhäusig nannte. Beispiele für diese umfangreiche Gruppe sind: Eiche (Quercus; s. Abbildung, S. 307), Hasel (Corylus; s. Abbildung, S. 371), Erle (Alnus; s. Abbildung, S. 361), Walnuß (Juglans; s. Abbildung, S. 274), Kiefer (Pinus; s. Abbildung, S. 368), mehrere Urtizineen (z. B. Urtica urens), zahlreiche Aroideen (Arum, Ariopsis, Arisema, Richardia usw.), viele Palmen, eine Menge Sumpf- und Wasserpflanzen (Myriophyllum, Sagittaria, Sparganium, Typha, Zannichellia), einige Gräser (Heteropogon, Zea Mays) und besonders viele wolfsmilchartige und kürbisartige Gewächse. Die Arten der achten Gruppe zeigen an jedem Stocke nebeneinander dreierlei Blüten, echte Zwitterblüten, scheinzwitterige Fruchtblüten und scheinzwitterige Pollenblüten. Hierher gehören verschiedene Ahorne (z. B. Acer Pseudoplatanus und platanoides), Sumache (z. B. Rhus Cotinus und Toxicodendron), Lorbeer (z. B. Laurus nobilis und Sassafras), mehrere Ampfer

(z. B. Rumex alpinus und obtusifolius), ferner das Glaskraut (Parietaria) und auch einige Steinbreche (z. B. Saxifraga controversa und tridactylites). Als Vorbild für die neunte Gruppe, zu welcher alle Arten gehören, die an ein und demselben Stocke nebeneinander echte Zwitterblüten, reine Fruchtblüten und reine Pollenblüten tragen, mag unsere heimische Esche (Fraxinus excelsior; s. Abbildung, S. 364) angesehen werden.

Es folgen nun jene Gruppen, an deren Arten zwei- oder dreierlei Blüten auf zwei oder mehrere Stöcke verteilt sind. Die Arten der zehnten Gruppe tragen auf dem einen Stock echte Zwitterblüten, auf dem anderen scheinzwitterige Fruchtblüten. In diese Gruppe gehören zahlreiche Baldriane (z. B. Valeriana montana, saliunca, supina), einige Dipsazeen (z. B. Scabiosa lucida, Knautia arvensis), mehrere Steinbreche (z. B. Saxifraga aquatica), die gepflanzte Weinrebe (Vitis vinifera), viele Nelkengewächse (z. B. Dianthus glacialis und prolifer, Lychnis Viscaria, Silene noctiflora) und insbesondere sehr zahlreiche Lippenblütler (z. B. Calaminta, Glechoma, Marrubium, Mentha, Origanum, Prunella, Thymus). In die elfte Gruppe werden jene Arten zusammengefaßt, welche auf dem einen Stock echte Zwitterblüten, auf dem anderen scheinzwitterige Pollenblüten entwickeln, wie das bei zahlreichen Ranunkulazeen (z. B. Anemone baldensis, Pulsatilla, alpina, vernalis, Ranunculus alpestris, glacialis), an mehreren Dryadazeen (z. B. Dryas octopetala, Geum montanum und reptans), desgleichen bei mehreren Rebenarten (z. B. Vitis silvestris, macrocirrha) der Fall ist. Die zwölfte Gruppe begreift die Arten, welche an dem einen Stocke scheinzwitterige Fruchtblüten, an dem anderen scheinzwitterige Pollenblüten entwickeln. Das wurde beobachtet bei den

Vorbild einer einhäusigen Pflanze: 1) Stieleiche (Quercus pedunculata), am oberen Teil des Zweiges Fruchtblüten, am unteren Teil Pollenblüten, 2) eine einzelne Fruchtblüte derselben Pflanze, 3) drei Pollenblüten derselben Pflanze. Fig. 1 in natürl. Größe, Fig. 2 und 3 vierfach vergrößert. (Zu S. 306.)

Arten des Kreuzdorns aus der Rotte Carvispina (Rhamnus cathartica, saxatilis, tinctoria), bei verschiedenen nelkenartigen Gewächsen (z. B. Lychnis diurna und vespertina), bei dem Spargel (Asparagus officinalis), der Rosenwurz (Rhodiola rosea), der Alpenjohannisbeere (Ribes alpinum) und der Kratzdistel (Cirsium). Auch das Katzenpfötchen (Gnaphalium dioicum) und die ihm verwandten Arten der Gattung Ruhrkraut (Gnaphalium alpinum, carpaticum) gehören hierher. Der dreizehnten Gruppe gehören die zahlreichen Arten an, welche auf dem

Vorbild einer zweihäusigen Pflanze: Bruchweide (Salix fragilis), 1) Zweig mit Fruchtblüten, 2) Zweig mit Pollenblüten. Natürl. Größe.

einen Stocke reine Fruchtblüten, auf dem anderen reine Pollenblüten tragen, und welche von Linné zweihäusig genannt wurden. Beispiele sind: das Meerträubel (Ephedra), die Zykadeen, der Wacholder, die Eibe und der Ginkgo (Juniperus, Taxus, Ginkgo), zahlreiche Seggen (z. B. Carex Davalliana, dioica), die Vallisnerie (Vallisneria; s. Abbildung, S. 118), der Hanf und der Hopfen (Cannabis, Humulus), der Papiermaulbeerbaum (Broussonetia papyrifera; s. Abbildung, S. 363), das Bingelkraut (Mercurialis), einige Ampfer (Rumex Acetosa, Acetosella), der Sanddorn (Hippophaë), die Pappeln (Populus) und die Weiden (Salix), von welchen oben eine Abbildung eingeschaltet ist. Die vierzehnte Gruppe begreift alle jene Arten, welche auf einem Stock echte Zwitterblüten, auf einem zweiten Stocke scheinzwitterige Fruchtblüten und auf einem dritten Stocke scheinzwitterige Pollenblüten tragen. Die nelkenartigen Gewächse liefern für diese Gruppe viele Beispiele; namentlich wären hervorzuheben: Saponaria ocymoides, Silene acaulis, nutans, Otites, Saxifraga. Seltener findet sich diese Verteilung bei Gentianazeen, wie z. B. bei Gentiana ciliata. An diese Gruppe schließt sich noch eine fünfzehnte an, in welche jene Arten zu stellen sind, deren dreierlei verschiedene Blütenformen auf verschiedenen Stöcken in vierfacher Weise gruppiert sind, so daß man viererlei Formen unterscheiden kann. Als Vorbild für dieselben möge die Bocksbart-Spierstaude (Spiraea Aruncus) vorgeführt sein. Diese Pflanze entwickelt echte Zwitterblüten, scheinzwitterige Fruchtblüten und Pollenblüten, in deren Mitte noch ein kleiner, spitzer Gewebekörper als letzter Rest einer verkümmerten Fruchtanlage zu sehen ist, und welche daher noch als scheinzwitterige Pollenblüten angesehen werden können. Diese dreierlei Blüten sind nun in folgender Weise verteilt. Einige Stöcke tragen nur scheinzwitterige Fruchtblüten, andere nur scheinzwitterige Pollenblüten, wieder andere neben echten Zwitterblüten auch scheinzwitterige Pollenblüten, und dann gibt es auch noch Stöcke, deren sämtliche Blüten echte Zwitterblüten sind.

Dieser Übersicht ist noch beizufügen, daß einige Arten, wenn auch nur selten, Abweichungen von ihrer gewöhnlichen Verteilung der Geschlechter zeigen. So z. B. findet man von der zweihäusigen Nessel (Urtica dioica) mitunter Stöcke, welche reine Fruchtblüten und reine Pollenblüten nebeneinander tragen. Bei den Weiden wird bisweilen dasselbe beobachtet. Die Wirbelborste (Clinopodium vulgare) hat der Mehrzahl nach an sämtlichen Stöcken einer Gegend echte Zwitterblüten, aber es gibt auch Stöcke, bei welchen in einigen Blüten die Antheren ganz oder teilweise verschwunden sind. Vitis cordata, von welcher im Wiener Botanischen Garten nur Stöcke mit Pollenblüten gezogen werden, entwickelte viele Jahre hindurch tatsächlich nur Pollenblüten, aber in vereinzelten Jahren erschienen an diesen Stöcken neben den Pollenblüten auch noch echte Zwitterblüten. Bei den mit Fruchtblüten besetzten Stöcken des zweihäusigen Bingelkrautes (Mercurialis annua) wurden wiederholt einzelne Pollenblüten beobachtet, und bei Lychnis diurna und vespertina findet man mitunter auch reine Pollenblüten und vereinzelte echte Zwitterblüten. In den Blütenständen des Ricinus communis kommen ab und zu zwischen den reinen Fruchtblüten und reinen Pollenblüten einzelne echte Zwitterblüten vor, und an manchen Stöcken der Saponaria ocymoides hat man nebeneinander scheinzwitterige Pollenblüten, scheinzwitterige Fruchtblüten und echte Zwitterblüten gesehen.

Daß die Blüte das Organ der Fortpflanzung sei, darüber war man sich zu Linnés Zeiten einig und fand besonders bei den Zwitterblüten die Einrichtungen zu diesem Zweck besonders geeignet. Was könnte zweckmäßiger sein, als daß männliche und weibliche Organe in jeder Blüte dicht nebeneinander stehen. Die Übertragung des Pollens auf die Narbe, sagte man sich, könne gar nicht ausbleiben.

Aber die obige Zusammenstellung zeigt, daß die im Linnéschen Pflanzensystem zum Ausdruck gebrachte Annahme, daß die weitaus größte Zahl der Phanerogamen nur Zwitterblüten tragen, keine Bestätigung erfährt, und damit fällt auch die scheinbare Zweckmäßigkeit der Zwitterblüte.

Da sich herausstellt, daß vielmehr die räumliche Trennung der Geschlechter in der Pflanzenwelt eine sehr weitverbreitete Erscheinung ist, so kann die Befruchtung nicht in der gedachten einfachen Weise vor sich gehen. Es muß notwendig, um eine Befruchtung herbeizuführen, die Übertragung des Pollens einer Blüte auf die Narbe einer anderen stattfinden, ein Vorgang, den man als Kreuzung bezeichnet. Und in der Tat hat die neuere Forschung ergeben, daß die Kreuzung nicht nur bei den eingeschlechtlichen Blüten, sondern sogar in den meisten Fällen bei den Zwitterblüten nicht bloß stattfindet, sondern notwendig ist. Erst durch diese ganz allgemeine Tatsache wird auch die so überaus merkwürdige Mitwirkung der Insekten als Überträger des Pollens von einer Blüte auf die andere verständlich.

Die Erkenntnis dieses überraschenden Verhältnisses der Blumen und Insekten hat sich erst langsam Bahn gebrochen, obwohl schon 1761—66 der Mitbegründer der Lehre vom Geschlecht der Pflanzen, Jos. Gottlieb Kölreuter, ein Zeitgenosse Linnés, ausgesprochen hat, daß die Bestäubung der Blüten durch Insekten bewirkt und damit von diesen Tieren, wenn auch ohne Absicht, das wichtigste Geschäft für die Pflanzen übernommen würde.

Viel bewunderungswürdiger und umfassender waren aber die Beobachtungen des Rektors an der Großen Schule in Spandau, Christ. Conr. Sprengel, der nach unablässigen, genauen Naturbeobachtungen, wie sie damals sonst niemand betrieb, ungefähr 500 verschiedene Blütenbestäubungen, die er aufs scharfsinnigste erläuterte, in einem mit Abbildungen erschienenen Werke: „Das entdeckte Geheimnis der Natur im Bau und in der Befruchtung der Blumen", 1793 beschrieb. Er entdeckte dabei die Dichogamie der Blüten, die später erläutert werden wird, und sprach es schon klar aus, daß der Insektenbesuch nicht zweckloser Zufall sei, sondern daß anscheinend die Natur es nicht haben wolle, daß irgendeine Blume durch ihren eigenen Staub befruchtet werde. Aber was war der Erfolg dieses genialen Beobachters? Als Rektor fand Sprengel keine andere Zeit für seine Exkursionen zum Beobachten, als Sonntags. Darum mußte er einigemal die Predigt versäumen, was den Zorn der geistlichen Oberbehörde erregte. Obwohl eine Revision den ausgezeichneten Zustand der Schule ergab, wurde Sprengel 1794 durch Reskript des geistlichen Departements seines Amtes enthoben und mußte durch Privatunterricht seine Pension von ganzen 150 Talern zu vermehren suchen, so daß er zu weiteren Werken nicht gelangen konnte. In welcher Weise er die ihm angetanen Leiden zu vergelten wußte, möge man daraus entnehmen, daß er bei seinem Tode dem Waisenhaus in Berlin 5000 Taler vermachte. Aber ein gleicher Vorwurf wie die Staatsregierung trifft die Wissenschaft. Sie dankte ihm, indem sie sein Werk diskreditierte und es endlich vergaß.

Erst 1858 zog ein größeres, wenn auch ebenso stilles Genie, Charles Darwin, Sprengels Arbeit wieder in den Kreis der Beachtung, als er begann, auf seinen Pfaden fortwandelnd, die Blütenbiologie von neuem zu begründen. Durch zahlreiche in größeren Werken niedergelegte Beobachtungen bestätigte Darwin Sprengels grundlegende Beobachtungen, die er durch viele neue bedeutend vermehrte, und die bald andere Forscher, besonders Hermann Müller, antrieben, sich ihm anzuschließen.

Durch alle diese Arbeiten mußte sich immer mehr die Überzeugung Bahn brechen, daß durchgängig eine Kreuzung verschiedener Blüten angestrebt, eine Selbstbestäubung durch die verschiedensten Hilfsmittel ausgeschlossen wird und höchstens dann bei manchen Pflanzen eintritt, wenn die Kreuzung durch widrige Bedingungen verhindert wird. Über diese verschiedenen Hilfsmittel, die Kreuzbefruchtung ins Werk zu setzen, geben die folgenden Schilderungen Auskunft.

Eine Kreuzung durch Bestäubung kann in zweierlei Weise zwischen gleichartigen Pflanzen vor sich gehen. Die beiden sich geschlechtlich kreuzenden Blüten können als unmittelbare Nachbarn auf ein und demselben Stock stehen. Man spricht dann von Nachbarbestäubung (Geitonogamie); oder beide Blüten gehören zwar derselben Art an, stammen aber von verschiedenen Stöcken. Dann nennt man die Bestäubung eigentliche Kreuzung (Xenogamie). Zweifellos ist die Nachbarbestäubung die einfachere Kreuzungsmethode. Der Weg, den die

Pollenkörner bis zur Narbe der anderen Blüte zurücklegen müssen, ist bei ihr kurz, oft so kurz, daß sogar Wind und Insektenhilfe entbehrt werden könnten.

Wenn die zu Köpfchen, Knäueln, Dolden, Büscheln, Ähren und Trauben vereinigten Blüten so nahe beisammenstehen, daß die Narben der einen Blüte mit den pollenbedeckten Antheren der anderen Blüte leicht zusammenkommen können, so sind dadurch die Bedingungen einer Kreuzung dieser nachbarlichen Blüten gegeben. Und da diese Art der Kreuzung tatsächlich sehr verbreitet ist und sich bei gewissen Arten mit großer Regelmäßigkeit immer und immer in allen aufeinander folgenden Generationen wiederholt, so ist man wohl berechtigt, die soeben genannten Formen der Blütenstände mit der Geitonogamie in Verbindung zu bringen und anzunehmen, daß die Kreuzung benachbarter Blüten eines Stockes ganz wesentlich durch die Form der Blütenstände sich entwickelt hat.

Wie nicht anders zu erwarten, ist diese Kreuzung bei den Korbblütlern, deren Blüten in Köpfchen so dicht beisammenstehen, daß man den ganzen Blütenstand bei flüchtiger Betrachtung für eine einzelne Blüte halten könnte, in der reichhaltigsten Weise entwickelt, und es dürfte daher das Zweckmäßigste sein, bei der Besprechung der Geitonogamie diese umfangreiche, mehr als 10000 Arten umfassende Pflanzenfamilie voranzustellen. Es gibt eine ganze Abteilung Korbblütler, deren Köpfchen nur Zungenblüten enthalten. Mit dem Namen Zungenblüten bezeichnen die Botaniker bekanntlich jene Blüten, deren Blumenkrone nur am Grunde röhrig ist, während sich das freie Ende verflacht und ähnlich einer Zunge weit vorstreckt. Bei der Gattung Hasenkohl (Prenanthes) wird jedes Köpfchen nur aus fünf solchen Zungenblüten zusammengesetzt. Aus jeder Blüte ragt eine Antherenröhre empor, aus der ein dünner, langer Griffel hervorsieht. Der Griffel ist an der Außenseite mit steifen, aufwärts gerichteten Börstchen, den sogenannten Fegehaaren, besetzt, und wenn er sich nach dem Öffnen der Blüte in die Länge streckt, so wird der schon frühzeitig in das Innere der Antherenröhre entleerte Pollen mittels der Fegehaare herausgebürstet. Man sieht dann über die entleerte Antherenröhre einen langen Griffel vorragen, der von dem auflagernden Pollen ganz gelb gefärbt ist. Die beiden Äste des Griffels, welche das Narbengewebe tragen, schließen anfänglich zusammen, trennen sich aber bald, und das Narbengewebe der inneren Seite der Griffeläste wird dadurch entblößt. Kommen jetzt Insekten angeflogen, welche von anderen Stöcken Pollen mitbringen, so kann das Narbengewebe mit diesem Pollen belegt werden. Der an den Fegehaaren an der Außenseite der Griffeläste haftende Pollen kommt dagegen in diesem Stadium noch immer nicht auf die Narben. Sobald aber die zungenförmigen Blumenkronen zu welken und zu schrumpfen beginnen, spreizen die beiden Griffeläste weit auseinander, drehen und krümmen sich wie kleine Schlangen nach der Seite und abwärts, nähern sich auch anderen Griffeln, und da ist es unvermeidlich, daß die Griffeläste der einen Blüte mit dem noch immer auf den Fegehaaren lagernden Pollen der anderen in Berührung kommen und belegt werden.

Genau derselbe Vorgang vollzieht sich an den Blüten des Lattichs (Lactuca), der Milchdistel (Mulgedium) und des Knorpelsalates (Chondrilla), nur sind hier die Köpfchen etwas reichblütiger und in 2—3 Schraubenumgängen geordnet. Auch krümmen sich die Griffeläste nicht schlangenförmig, sondern werden nur spreizend und rollen sich etwas zurück, was aber vollständig genügt, um sie mit jenen der benachbarten Blüten in Berührung zu bringen und sich kreuzen zu lassen. Bemerkenswert ist auch noch, daß bei dem Hasenkohl die zungenförmigen Blumenkronen am Schluß der Blütezeit sich nach außen rollen, während jene des Lattichs und der anderen aufgezählten Korbblütler zusammenschließen und eine Umhüllung der sich kreuzenden Griffeläste bilden. Der Bocksbart (Tragopogon), das Habichtskraut (Hieracium), der Pippau (Crepis), die Schwarzwurzel (Scorzonera), der Löwenzahn (Leontodon), das Pfaffenröhrlein (Taraxacum) und noch zahlreiche andere Korbblütler, für welche die genannten als Vorbild dienen können, enthalten in einem Köpfchen bis zu 100 in mehreren Schraubenumgängen geordnete Zungenblüten (s. Abbildung, S. 290, Fig. 5). Die Zungen der Blumenkronen gehen am Morgen auseinander, am Abend zusammen, und ähnlich wie die Zungen sieht man auch die Antherenröhren und Griffel morgens etwas gegen den Umfang des Köpfchens geneigt, abends wieder aufgerichtet und einander genähert. Diese Annäherung wird schließlich zu einer unmittelbaren Berührung, und da die Entwickelung der Blüten vom Umfange gegen die Mitte des Köpfchens so vorschreitet, daß die Narben der äußeren Blüten schon belegungsfähig sind, wenn aus den inneren Blüten eben erst der Pollen aus der Antherenröhre vorgeschoben wurde, so kommt es bei dieser Berührung unausweichlich zur Kreuzung der benachbarten Blüten. Hiermit steht auch im Zusammenhange, daß die zungenförmigen Blumenkronen eines Köpfchens von ungleicher Länge sind. Würden sie gleichlang sein, so wäre die erwähnte Berührung und Kreuzung unmöglich; es würden zwischen die Griffel der äußeren und inneren Blüten die zungenförmigen Blumenkronen als hemmende Scheidewände eingeschoben sein. Das ist nun dadurch vermieden, daß die inneren Zungen um so viel kürzer sind, als notwendig ist, daß die Griffel sich aneinanderlegen können. Bei vielen hierhergehörigen Pflanzen, so z. B. bei dem Bocksbarte (Tragopogon), wird die Geitonogamie auch noch dadurch gefördert, daß in jedem Köpfchen die Blüten des äußeren Umganges genau zwischen zwei Blüten des nächstinneren Umganges zu stehen kommen. Bei dem Zusammenschließen des Köpfchens legt sich infolgedessen von den beiden das Narbengewebe tragenden, spreizenden und bogenförmigen Griffelästen der eine links und der andere rechts an die pollenbedeckten Griffel der vor ihnen stehenden Blüten.

Unter den Korbblütlern mit ausschließlich röhrenförmigen Blüten finden sich verhältnismäßig nur wenige Arten, bei welchen die in einem Köpfchen vereinigten Blüten miteinander eine Kreuzung eingehen. Die auffallendsten hierher zu zählenden Arten sind jene der Gattung Wasserdost (z. B. Eupatorium aromaticum und cannabinum; s. Abbildung, S. 313, Fig. 1 und 2). Die Köpfchen derselben sind sehr armblütig; jene des Eupatorium cannabinum enthalten fünf Blüten, welche sich nacheinander im Laufe von 5—8 Tagen öffnen. In jedem Köpfchen stehen demzufolge stets ältere und jüngere Blüten dicht nebeneinander. Die Griffel sind abweichend von jenen der anderen Korbblütler gestaltet; sie sind bis zur Hälfte in zwei lange fädliche Äste gespalten, und diese Äste tragen nur an der Basis das belegungsfähige Narbengewebe; der andere Teil bis zum freien Ende ist dicht mit kurzen Börstchen, den schon wiederholt erwähnten Fegehaaren, besetzt. Solange die Griffeläste in der Antherenröhre stecken (s. Abbildung, S. 313, Fig. 2), erscheinen sie parallel und schließen fest zusammen; auch nachdem sie sich verlängert und weit über die Antherenröhre vorgeschoben haben, sieht man sie noch eine Zeitlang zusammengelegt. Da bei dem Vorschieben die Fegehaare den Pollen aus der Antherenröhre ausgebürstet haben, sind sie an der äußeren Seite dicht mit Pollen bedeckt. Das dauert aber nur kurze Zeit; alsbald trennen sich die Griffeläste und spreizen unter einem Winkel von 40—50 Grad auseinander. Hierbei ist es unvermeidlich, daß die Griffeläste wie Schwertklingen sich kreuzen, daß der Pollen von den Fegehaaren abgelöst wird, abfällt und auf das belegungsfähige Narbengewebe gelangt. Auch das kommt vor, daß die aneinanderliegenden und mit Pollen bedeckten Griffeläste, wenn sie über die

Antherenröhre vorgeschoben werden, den Griffelast einer älteren Nachbarblüte, der wie ein Schlagbaum sich quer in den Weg stellt, anstreifen und bei dieser Gelegenheit ihren Pollen an das Narbengewebe dieses quergestellten Griffelastes abgeben.

Bei dem Alpenlattich (Homogyne) sind die auf dem ebenen Boden des Köpfchens beisammenstehenden Röhrenblüten von ungleicher Länge. Die randständigen Blüten sind etwas kürzer als die mittelständigen, so daß die Griffeläste der ersteren tiefer zu stehen kommen als die der letzteren. Das genügt aber noch nicht, um den Pollen, welcher sich von den höher

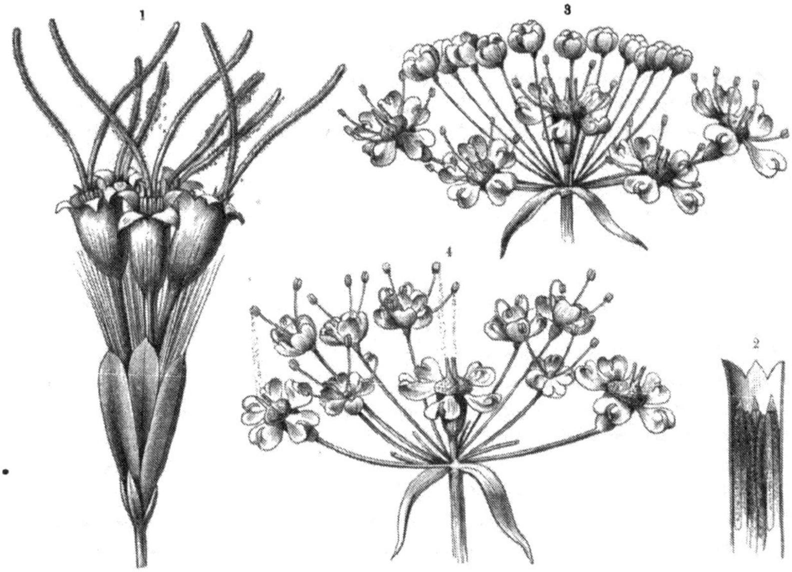

Geitonogamie mit haftendem Pollen: 1) Kreuzung der Griffeläste benachbarter Blüten in dem Köpfchen von Eupatorium cannabinum, 2) Längsschnitt durch den oberen Teil einer Blüte von Eupatorium; die beiden Griffeläste sind parallel und stecken noch in der Antherenröhre, welche wiederum von dem Saume der Blumenkrone umgeben ist; 3) Dölbchen von Chaerophyllum aromaticum; die echten Zwitterblüten geöffnet, die scheinzwitterigen Pollenblüten noch geschlossen; 4) dasselbe Dölbchen; von den echten Zwitterblüten sind die Pollenblätter abgefallen, die scheinzwitterigen Pollenblüten haben sich geöffnet, aus den schrumpfenden Antheren der letzteren fällt Pollen auf die Narben der ersteren. Sämtliche Figuren etwas vergrößert. (Zu S. 312—317.)

gestellten Griffelästen ablöst und abfällt, auf das Narbengewebe der tiefer stehenden Griffeläste zu bringen; denn diese letzteren sind etwas weiter am Umfange des Köpfchens aufgepflanzt, und es ist daher notwendig, daß sich die pollentragenden Griffel gegen den Umfang des Köpfchens neigen, wenn der von ihnen getragene Pollen an die richtige Stelle kommen soll. Das geschieht auch in der Tat. Die anfänglich geraden und aufrechten Griffel krümmen sich um einen Winkel von 70—90 Grad auswärts, und zwar bevor noch die beiden von ihnen getragenen Griffeläste spreizend werden und den aus der Antherenröhre vorgeschobenen Pollen abwerfen. Auf diese Weise gelangt der später abfallende Pollen unvermeidlich auf die tiefer stehenden Narben der älteren Blüten. Bisweilen kommt es auch vor, daß die noch mit Pollen bedeckten spreizenden Griffeläste jüngerer Blüten mit dem Narbengewebe an den Griffelästen älterer Blüten in unmittelbare Berührung kommen, und daß auch auf diese Weise eine Geitonogamie stattfindet.

Die Blütenköpfchen des Huflattichs (Tussilago) sowie jene der Ringelblume (Calendula) sind aus zweierlei Blüten zusammengesetzt. Das Mittelfeld trägt röhrenförmige scheinzwitterige Pollenblüten, und am Umfange des Köpfchens stehen zungenförmige reine Fruchtblüten. Die zuletztgenannten blühen früher auf als die Blüten des Mittelfeldes und können daher anfänglich nur mit dem Pollen aus anderen in der Entwickelung mehr vorgeschrittenen Köpfchen belegt werden. Alsbald wird aber auch der Pollen aus den von den Zungenblüten eingefaßten Blüten des Mittelfeldes vorgeschoben und erscheint als ein kleines Klümpchen der Antherenröhre aufgelagert. Wie nun dieser Pollen auf die Narben der benachbarten Zungenblüten gelangt, ist bei den beiden in Rede stehenden Gattungen verschieden. Bei den Huflattichen schließen sich die zahlreichen randständigen Zungenblüten, welche unter Tag strahlenförmig abstanden und durch ihre lebhafte gelbe Farbe weithin sichtbar und als Anlockungsmittel für Insekten wirksam waren, zwischen 5 und 6 Uhr nachmittags zusammen und krümmen sich bei dieser Gelegenheit so über die Scheibenblüten, daß eine Berührung mit ihrem Pollenklümpchen unvermeidlich ist. Der Pollen wird hierbei an die Zungenblüten angeheftet, und wenn sich dann am nächsten Morgen die Köpfchen wieder aufschließen und sich die Zungenblüten auswärts krümmen, so wird der angeheftete Pollen losgelöst und gleitet zu den an der Basis der Zungen aufragenden belegungsfähigen Narben hinab. Bei der Ringelblume ist der Vorgang einfacher. Da erscheinen die Griffeläste der randständigen Zungenblüten einwärts über die angrenzenden Blüten des Mittelfeldes gekrümmt, und zwar schon dann, wenn die zuletztgenannten Blüten noch sämtlich geschlossen sind. Öffnen sich nun die Blüten des Mittelfeldes, und wird aus ihren Antherenröhren Pollen emporgehoben, so gelangt dieser unvermeidlich auf die darüberstehenden Narben der benachbarten Zungenblüten.

Im äußeren Ansehen dem Huflattich und den Ringelblumen sehr ähnlich, aber in betreff der Verteilung der Geschlechter verschieden sind die Goldrute (Solidago), die Aster (Aster) und viele andere Korbblütler, welche unter dem Namen der Asterineen zusammengefaßt werden. Die röhrenförmigen Blüten des Mittelfeldes sind in jedem Köpfchen echte Zwitter, die zungenförmigen Blüten des Randes dagegen reine Fruchtblüten. Nach ein paar Tagen öffnen sich aber auch die Zwitterblüten des Mittelfeldes, und zwar zunächst jene des äußersten Umkreises. Der Pollen wird aus denselben emporgeschoben, und während das geschieht, neigen sich die betreffenden Blüten etwas auswärts, so daß der in Form kleiner Klümpchen auf der Antherenröhre lagernde Pollen entweder unmittelbar mit den belegungsfähigen Narben der randständigen Blüten in Berührung kommt, oder auf kurzem Wege zu denselben hinabfällt.

Bei sehr vielen Korbblütlern (z. B. Doronicum glaciale und scorpioides, Senecio cordatus und Doronicum, Telekia und Buphthalmum, Anthemis und Matricaria) ist der Boden, auf welchem die Blüten des Köpfchens beisammenstehen, anfänglich flach oder nur wenig gewölbt, erhebt sich aber im Verlaufe des Blühens so bedeutend, daß er die Form einer Halbkugel oder selbst eines Kegels annimmt. In den Köpfchen von Doronicum beträgt diese Erhöhung z. B. 1 cm, und verhältnismäßig noch ausgiebiger ist sie bei den Arten der Gattung Anthemis und Matricaria. Die nächste Folge dieser Umwandlung des Blütenbodens ist natürlich auch eine Änderung in der Richtung der auf dem Blütenboden stehenden Röhrenblüten. Es kommt vor, daß Blüten, welche auf dem Blütenboden des sich öffnenden Köpfchens senkrecht stehen, späterhin eine nahezu wagerechte Stellung einnehmen. Das Merkwürdigste dabei ist aber, daß diese Veränderungen gleichen Schritt halten mit der fortschreitenden Entwickelung der Blüten. Bekanntlich öffnen sich in den köpfchenförmigen Blütenständen die randständigen Blüten zuerst und jene der Mitte zuletzt (vgl. S. 187). Die Blüten jedes äußeren Umkreises sind daher immer schon weiter vorgeschritten als jene des nächstfolgenden inneren Umkreises, und wenn an den äußeren das belegungsfähige Narbengewebe bereits aufgeschlossen ist, wird an den inneren erst der Pollen aus der Antherenröhre vorgeschoben und von den sich trennenden Griffelästen abgestoßen. Dabei ist nun die wunderbare Einrichtung getroffen, daß infolge der früher erwähnten Veränderungen des Blütenbodens, auf welchem die Blüten beisammenstehen, die belegungsfähigen Narben der äußeren Blüten genau in die Fallinie des Pollens der inneren Blüten kommen. Bisweilen bedarf es übrigens gar nicht des Pollenfalles; denn die Blüten stehen so dicht neben- und übereinander, daß die spreizenden Narben der älteren mit dem Pollen der jüngeren Blüten pünktlich in Berührung kommen.

Ähnlich wie bei den Korbblütlern sind auch bei den Doldenpflanzen viele kleine Blüten so dicht zusammengedrängt, daß eine Berührung und Verbindung der Narben und des Pollens benachbarter Blüten leicht erfolgen kann. Tatsächlich zeigen die Doldenpflanzen eine Mannigfaltigkeit der zur Geitonogamie führenden Einrichtungen, die kaum geringer ist als jene, welche die Korbblütler aufweisen. Zunächst treffen wir eine Gruppe, für welche die Gattungen Mannstreu (Eryngium) und Hacquetia (Hacquetia) als Vorbilder gelten können. Die Arten dieser Gruppe zeigen köpfchenförmig zusammengestellte Blüten, welche von großen Hüllblättern umgeben sind. Sämtliche Blüten sind zwitterig und proterogyn[1]. Noch sind die Pollenblätter hakenförmig einwärts gekrümmt, die Antheren geschlossen und die Blumenblätter zusammengelegt, und doch ragen bereits die von klebrigen, glänzenden Narben abgeschlossenen langen Griffel weit aus der Knospe hervor. Zu dieser Zeit können die Narben nur mit dem Pollen anderer Stöcke belegt werden. Später strecken sich die Träger der Antheren in die Länge und werden gerade, die Antheren springen auf, und aus den gebildeten Rissen kommt Pollen zum Vorschein. Dieser gelangt mit den noch immer belegungsfähigen Narben der älteren Blüten entweder sofort oder doch alsbald in Berührung; denn die langen Griffel haben sich inzwischen noch mehr als im Beginn des Blühens nach der Seite geneigt, und ihre Narben sind dadurch in das Bereich der Nachbarblüten gelangt, wo es unausweichlich ist, daß sie entweder an die pollenbedeckten Antheren streifen oder mit dem aus den schrumpfenden Antheren abfallenden krümeligen Pollen belegt werden.

Einigermaßen abweichend von dieser Gruppe der Doldenpflanzen verhalten sich die Gattungen Sanikel (Sanicula), Sterndolde (Astrantia) und Laserkraut (Laserpitium). Die Abweichungen werden insbesondere dadurch bedingt, daß bei den Arten dieser drei Gattungen neben den zwitterigen Blüten auch Pollenblüten vorkommen. Bei dem Sanikel besteht jedes Döldchen aus drei mittelständigen echten Zwitterblüten und 8—10 kranzförmig um die ersteren gruppierten Pollenblüten. Die Zwitterblüten sind proterogyn, kommen zuerst zur Entwickelung, und es können daher im Beginn des Blühens die Narben nur mit Pollen von anderen Stöcken belegt werden. Später strecken sich die Pollenblätter der Zwitterblüten gerade und ragen so wie die Griffel weit aus den Blüten heraus. Da aber die Griffel senkrecht in die Höhe stehen und die Antherenträger eine schräge Richtung einhalten, so kommen Antheren und Narben derselben Blüte doch nicht zusammen. Dagegen erfolgt bald darauf eine Kreuzung der Zwitterblüten mit den benachbarten Pollenblüten, und zwar in folgender Weise. Die Pollenblätter der Zwitterblüten welken und fallen ab, die Griffel spreizen nun weit

[1] Proterandrisch nennt man Blüten, deren Staubgefäße sich zuerst, proterogyn solche, deren Narben sich zuerst entwickeln.

auseinander und krümmen sich in sanftem Bogen nach außen, wodurch die noch immer belegungsfähigen Narben in das Bereich der im Kreise herumstehenden Pollenblätter kommen, die sich inzwischen geöffnet haben und deren Antheren reichlichen Pollen ausbieten. Eine Belegung der Narben ist nun unvermeidlich, sei es durch gegenseitige Berührung der Narben und Antheren oder durch Abfallen des Pollens aus den schrumpfenden Antheren. Die Anordnung der Blüten bei der Sterndolde (Astrantia) stimmt mit jener bei dem Sanikel darin überein, daß jedes Döldchen neben Zwitterblüten auch Pollenblüten enthält, daß zuerst die Zwitterblüten zur Entwickelung kommen, daß diese proterogyn sind, und daß daher die klebrigen Narben der allerersten in einer bestimmten Gegend aufgehenden Blüten nur mit Pollen anderer Arten belegt werden können. Später spreizen die Griffel der Zwitterblüten auseinander, und die Narben holen sich gewissermaßen den Pollen aus den Antheren der benachbarten Pollenblüten, welche inzwischen aufgesprungen sind. Das Laserkraut (Laserpitium) zeigt zwar im allgemeinen dieselbe räumliche Verteilung der Blüten wie der Sanikel und die Sterndolde, unterscheidet sich aber dadurch, daß die Zwitterblüten in der weitschweifigen großen Dolde nicht proterogyn, sondern proterandrisch sind. Die Geitonogamie erfolgt nichtsdestoweniger auf dieselbe Weise wie bei der Sterndolde, nämlich dadurch, daß die Narben an der Spitze der spreizenden Griffel sich den Pollen aus den Antheren der benachbarten Pollenblüten holen. Da die proterandrischen Zwitterblüten früher zur Entwickelung kommen als die Pollenblüten, so trifft die Belegungsfähigkeit der Narben in den ersteren mit der Entbindung des Pollens aus den Antheren der letzteren genau zusammen.

Einen auffallenden Gegensatz zu den bisher besprochenen Doldenpflanzen, bei welchen sich zum Zweck der Geitonogamie die Narben der einen Blüte durch Verlängern, Krümmen und Hinübergreifen des Griffels in das Gebiet der Nachbarblüten den Pollen sozusagen selbst holen, bilden diejenigen, deren Griffel und Narben ihre ursprüngliche Lage beibehalten, wo dagegen die Pollenblätter sich strecken und verlängern und eine solche Lage annehmen, daß der von ihren Antheren entbundene Pollen auf die Narben nachbarlicher Blüten gelangt. Eine Gruppe hierhergehöriger Arten, für welche die auf den europäischen Hochgebirgen weitverbreitete Dickrippe (Pachypleurum) als Beispiel gewählt sein mag, entwickelt am Ende des Stengels eine einzige flache Dolde, deren Blüten durchgehends Zwitterblüten sind. Diese Zwitterblüten sind proterogyn; ihre klebrigen Narben vermögen bereits zu einer Zeit Pollen aufzunehmen, wenn die Antheren der zuständigen Pollenblätter noch geschlossen sind. In dieser ersten Periode des Blühens kann also nur eine Kreuzung mit den Blüten anderer Stöcke stattfinden. Später strecken sich die Pollenblätter gerade, stehen fast sternförmig nach allen Seiten ab, und die von langen Fäden getragenen Antheren kommen so in das Bereich der Nachbarblüten. Da die Narben noch immer belegungsfähig sind, so ist es unvermeidlich, daß ein Teil des aus den aufspringenden Antheren hervorquellenden Pollens einer jeden Blüte auf die Narben der Nachbarblüten zu liegen kommt. Wenig abweichend ist der Vorgang, welcher sich in den Dolden des Roßkümmels (Siler) vollzieht, obschon die Blüten dieser Pflanze nicht proterogyn wie jene der Dickrippe, sondern ausgesprochen proterandrisch sind. Die zu einer Dolde vereinigten Blüten des Roßkümmels entwickeln sich nicht wie jene der Dickrippe zu gleicher Zeit, sondern die Entwickelung schreitet vom Umfang der Dolde nur sehr allmählich gegen die Mitte vor, und infolge dieses Entwickelungsganges springen die Antheren der inmitten einer Dolde stehenden Blüten erst dann auf, wenn die am Umfang stehenden Blüten bereits ihren Pollen verloren haben und die Narben daselbst belegungsfähig geworden sind. Da die fadenförmigen Antherenträger so lang sind, daß sie bis zur Mitte der randständigen Nachbarblüten reichen, so wird dort auch ein Teil des krümeligen, aus den schrumpfenden Antheren ausfallenden Pollens auf die inzwischen belegungsfähig gewordenen Narben abgesetzt, und es erfolgt auf diese Weise sehr regelmäßig Geitonogamie.

Die Dickrippe und der Roßkümmel sowie alle jene Doldenpflanzen, für welche die beiden genannten Gattungen als Vorbilder gewählt wurden, beherbergen in ihren Dolden nur Zwitterblüten und unterscheiden sich dadurch von den Arten der Gattungen Augenwurz (Athamanta), Bärwurz (Meum) und Kälberkropf (Chaerophyllum; s. Abbildung, S. 313, Fig. 3 u. 4), in deren Dolden Zwitterblüten und Pollenblüten gemengt sind. Erst dann, wenn aus den Zwitterblüten die Pollenblätter sich abgelöst haben und abgefallen sind, und nachdem die Narben ein paar Tage hindurch im belegungsfähigen Zustand auf den Pollen aus anderen Stöcken gewartet haben, öffnen sich in den Pollenblüten die inzwischen über die Blumenblätter weit vorgeschobenen Antheren und lassen den Pollen auf die Narben der Zwitterblüten herabfallen. Der Erfolg dieses Vorganges ist um so sicherer, als die Zahl der Pollenblüten immer erheblich größer ist als jene der Zwitterblüten. Die Dolde von Chaerophyllum aromaticum, welche auf S. 313 abgebildet wurde, umfaßt z. B. neben einer mittelständigen und 3—5 randständigen Zwitterblüten 20 Pollenblüten, und es kommen daher auf 8—12 Narben ungefähr 100 Antheren. Überdies nehmen bei diesen Doldenpflanzen die Zwitterblüten zur Zeit des Aufblühens der Pollenblüten eine solche Lage ein, daß die Belegung ihrer Narben mit dem ausfallenden Pollen geradezu unvermeidlich ist.

Einen der merkwürdigsten Fälle der Geitonogamie beobachtet man bei jenen Doldenpflanzen, für welche die Gattungen Kerbel (Anthriscus), Fenchel (Foeniculum), Koriander (Coriandrum), Merk (Sium) und Birkwurz (Ferulago) als Vorbilder dienen können. Alle Arten dieser Gattungen zeigen zweierlei Blütenstände. Die zuerst aufblühenden Dolden enthalten vorherrschend echte Zwitterblüten, aber nur vereinzelte Pollenblüten; die später aufblühenden umfassen dagegen ausschließlich Pollenblüten. Die Zwitterblüten, welche zuerst an die Reihe kommen, sind vollkommen proterandrisch; die von sehr kurzen Fäden getragenen Antheren werden eine nach der anderen in die Mitte der Blüte gestellt, springen dort auf und bieten ihren Pollen aus; tags darauf fällt das betreffende Pollenblatt ab. Nachdem alle fünf Pollenblätter abgefallen sind, sieht man die Narben belegungsfähig werden. Sie verharren in diesem Zustand ein paar Tage und sind während dieser Zeit auf Kreuzung mit dem Pollen anderer Stöcke angewiesen. Nun kommen auch die Dolden, welche ausschließlich Pollenblüten tragen, zur Geltung. Die Seitenstengel, welche von diesen Dolden abgeschlossen werden, sind mittlerweile in die Höhe gewachsen und haben dabei eine solche Richtung eingehalten, daß ihre Dolden über die belegungsfähigen Narben der Zwitterblüten zu stehen kommen und gewissermaßen obere Stockwerke in dem Bauwerke des ganzen Blütenstandes bilden. Wenn nun die Antheren der im oberen Stockwerke stehenden Pollenblätter sich öffnen, und wenn daraufhin die Wände dieser Antheren schrumpfen, so wird der Pollen abgestoßen und fällt, dem Gesetze der Schwere folgend, in winzigen krümeligen Klümpchen senkrecht herab. Die Narben der tiefer stehenden älteren Blüten kommen auf diese Weise in einen förmlichen Pollenregen, und man überzeugt sich leicht, daß die Mehrzahl dieser Narben auch wirklich mit dem herabfallenden Pollen belegt wird.

Die bisher geschilderten Fälle der Geitonogamie bei den Korbblütlern und Doldenpflanzen können als Vorbilder für zahlreiche Pflanzen anderer Familien angesehen werden.

Zumal bei den Sternkräutern, Kaprifoliazeen, Kornazeen, Skrofulariazeen, Polygonazeen und Aroideen, deren Blüten in Köpfchen, Knäueln, Büscheln, Ähren und Trauben dicht gedrängt beisammenstehen, wiederholen sich die besprochenen Vorgänge mitunter bis auf die kleinste Kleinigkeit. So z. B. verlängern, spreizen und krümmen sich die beiden Griffel in den proterandrischen gebüschelten Blüten der Waldmeisterart Asperula taurina ganz ähnlich wie jene des Laserkrautes; sie gelangen infolge dieser Lageänderung auch in das Bereich jüngerer Nachbarblüten, in welchen noch Pollen ausgeboten wird, und ihre Narben kommen dort auch richtig mit Pollen in Berührung. Dieser Vorgang wird bei der genannten Waldmeisterart noch wesentlich dadurch unterstützt, daß die zuletzt zur Entfaltung kommenden Blüten Pollenblüten sind. Bei dem roten Holunder (Sambucus racemosa), bei den verschiedenen Arten der Gattung Hartriegel (Cornus florida, mas, sanguinea), bei jenen Weinreben (Vitis), welche echte Zwitterblüten tragen, bei der straußblütigen Lysimachie (Lysimachia thyrsiflora) sowie bei mehreren Spierstauden (Spiraea) erinnert der Vorgang der Geitonogamie an jenen, welcher sich bei dem Roßkümmel (Siler trilobum) abspielt, indem die Richtung des Griffels und die Lage der Narbe unverändert bleiben, aber die fadenförmigen Träger der Antheren sich strecken und krümmen und den Pollen auf die Narben der Nachbarblüten ablagern. An den verschiedenen Arten des Schneeballes (Viburnum Lantana, Opulus) ist zudem noch die Einrichtung getroffen, daß der von den übergreifenden Antheren der Nachbarblüten sich ablösende Pollen in den Grund der beckenförmigen Blumenkrone fällt, wo sich eine große polsterförmige Narbe befindet.

Alle diese Pflanzen haben krümeligen Pollen, der bei ruhendem Winde lotrecht auf die Narben benachbarter Blüten herabfallen kann, bei dessen Übertragung Luftströmungen keine große Rolle spielen. An sie reiht sich eine Gruppe von Pflanzen mit zwitterigen Blüten, bei welchen die Geitonogamie vorwiegend durch Luftströmungen vermittelt wird. Es wird dieser Gewächse später gedacht werden, wo ausführlich auf die Einteilung in tierblütige und windblütige Pflanzen eingegangen werden wird. Die hierhergehörigen Arten sind jedoch beides, anfänglich sind sie tierblütig, später windblütig. Der in den Alpenländern von den Talsohlen bis hinauf zu den höchsten Kuppen der Kalkberge verbreitete Frühlingsheiderich (Erica carnea), welcher als Vorbild für ein paar hundert Erikazeen dienen kann, wird viel und gern von Bienen besucht, und wie die Erfahrung lehrt, werden gelegentlich dieser Besuche vielfache Kreuzungen der Blüten teils desselben, teils verschiedener Stöcke veranlaßt. Aber noch viel häufiger findet bei dieser Pflanze Kreuzung benachbarter Blüten vermittelst Luftströmungen statt. Wie das kommt, soll mit Zuhilfenahme der Abbildung, S. 319, Fig. 1—4, erläutert werden. Die reihenförmig gruppierten Blüten sind mit ihrer Mündung sämtlich nach einer Seite und zugleich schräg abwärts gewendet (s. Abbildung, S. 319, Fig. 1). Ihre Entwickelung beginnt zu oberst an den Zweigen und schreitet von da allgemach nach unten fort. Gleichzeitig mit dem Öffnen der Blumenkrone kommt die Narbe in Sicht. Dieselbe wird von dem sich verlängernden Griffel über den Saum der Blumenkrone weit vorgeschoben. Die um den Griffel herumstehenden Antheren sind noch geschlossen und stecken ganz oder halb verborgen in der Blumenkrone (Fig. 2). Wenn jetzt Bienen angeflogen kommen, um im Blütengrunde Honig zu saugen, so ist es bei der eigentümlichen Stellung des Griffels unvermeidlich, daß die Narbe gestreift wird. Für den Fall, daß die Bienen von anderen Eriken Pollen mitgebracht haben sollten, erfolgt sofort eine Kreuzung verschiedener Stöcke. Mittlerweile haben sich auch an den Antheren große Löcher ausgebildet (s. Abbildung, S. 319, Fig. 3). Da aber die Öffnungen der benachbarten Antheren genau aufeinander passen und in dieser Lage durch die an der Mündung etwas verengerte Blumenkrone wie von einem Ringe zusammengehalten werden, so bleibt der Pollen in den Antherenfächern aufgespeichert, und erst dann, wenn eine Erschütterung der Antheren stattfindet, fallen die Pollentetraden als Staub heraus. Die Erschütterung der Antheren findet aber jedesmal statt, wenn Bienen ihren Rüssel zu dem Honig des Blütengrundes einführen, und es werden daher dieselben Bienen, welche bei dem Anflug zuerst an die vorstehende Narbe anstreifen, im nächsten Augenblick an Rüssel, Kopf und

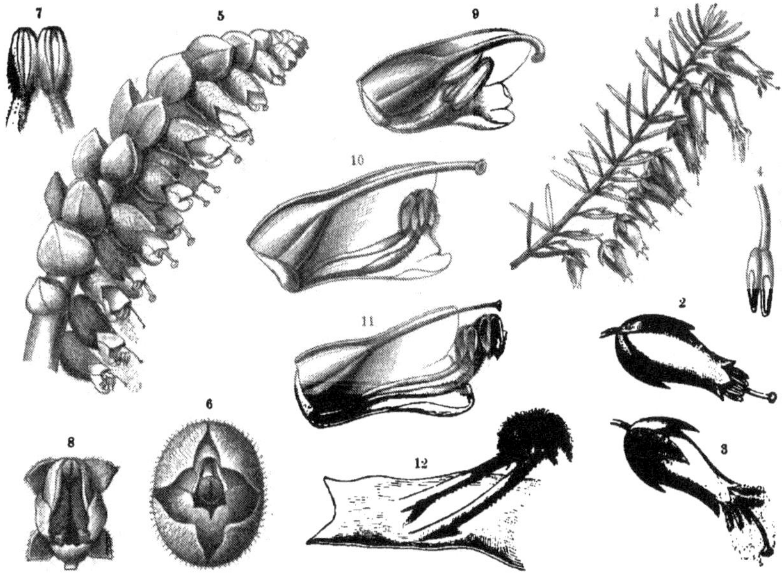

Geitonogamie mit stäubendem Pollen: 1) Erica carnea, Zweig mit einseitig gestellten Blüten, 2) Blüte dieser Pflanze im ersten Entwickelungsstadium, 3) dieselbe Blüte im letzten Entwickelungsstadium, 4) ein einzelnes Pollenblatt der Erica carnea; 5) Lathraea Squamaria, oberer Teil des Blütenstandes, 6) vordere Ansicht der soeben geöffneten Blüte, 7) zwei Antheren aus dieser Blüte, deren Fächer noch geschlossen sind, 8) vordere Ansicht einer Blüte in späterem Entwickelungsstadium, 9—11) Längsschnitte durch drei Blüten, welche sich im ersten, zweiten und dritten Entwickelungsstadium befinden, 12) zwei Antheren, aus deren Fächern der stäubende Pollen ausgefallen ist. Fig. 1 und 5 in natürl. Größe, die anderen Figuren etwas vergrößert. (Zu S. 318—321.)

Brust mit Pollen bestreut. Besucht die bestäubte Biene kurz danach die Blüten anderer Stöcke, so muß Kreuzung erfolgen. Die bestäubten Narben welken stets nach ein paar Tagen ab und sind dann nicht mehr fähig, Pollen aufzunehmen. Dagegen verlängern sich in derselben Blüte die Staubfäden und schieben die von ihnen getragenen Antheren vor die Mündung der Blumenkrone. Dadurch verlieren diese Antheren ihren Zusammenhalt, trennen sich, und der Pollen fällt aus ihren Fächern bei der leisesten Erschütterung heraus (s. obenstehende Abbildung, Fig. 4). Es genügt ein unbedeutendes Schwanken des blütentragenden Zweiges, um jetzt das Ausfallen des stäubenden Pollens zu veranlassen. Die noch immer belegungsfähigen klebrigen Narben der jüngeren Blüten, und zwar sowohl jene in der unmittelbaren Nachbarschaft an denselben Zweigen als auch die entfernter stehenden an anderen Zweigen des gleichen Stockes, werden unvermeidlich mit dem stäubenden Pollen belegt.

An dem Blütenstand der Schuppenwurz (Lathraea Squamaria) spielt sich die Kreuzung im großen und ganzen in derselben Weise ab. Die Blüten sind ähnlich jenen des Frühlingsheiderichs einseitig nach jener Gegend gewendet, von welcher ein Anflug von Insekten zu erwarten steht (s. Abbildung, S. 319, Fig. 5). Sie sind proterogyn, die Narben entwickeln sich also zuerst (s. S. 319, Fig. 6, 7 und 9). In dieser Zeit kann die Narbe nur mit Pollen anderer schon weiter entwickelter Stöcke derselben Art bestäubt werden. Blumenkrone, Griffel und Antherenträger wachsen noch fortwährend in die Länge; der bisher hakenförmig gekrümmte Griffel streckt sich, die Narbe, welche früher vor die enge Pforte der Blüte gestellt war, erscheint nun vorgeschoben, die Antheren springen auf, und die Blüte ist nun in ihr zweites Entwickelungsstadium getreten (s. S. 319, Fig. 8 und 10). Die Belegung der Narben erfolgt zu dieser Zeit durch Vermittelung der Insekten. Erfahrungsgemäß sind es Hummeln, welche den von einem fleischigen Wulst unterhalb des Fruchtknotens abgeschiedenen Honig saugen und den Pollen der Schuppenwurz von Blüte zu Blüte übertragen. Wenn sie anfliegen, streifen sie zunächst die vorstehende Narbe und belegen dieselbe mit dem Pollen, den sie anderswo aufgeladen haben, und fahren dann mit ihrem Rüssel zwischen die oberseits mittels weicher Haare verketteten Antheren ein. Sie müssen diesen Weg um so pünktlicher einhalten, als sie sonst zu Schaden kommen würden. Die Antherenträger sind nämlich unterhalb der Antheren mit spitzen Dörnchen besetzt (s. S. 319, Fig. 10), deren nachteiliger Berührung die Hummeln sorgfältig ausweichen. Sie fahren also zwischen den gegenüberliegenden und zusammenschließenden Antheren der als Streuzangen ausgebildeten Pollenblätter ein, drängen diese auseinander, bewirken dadurch ein Ausfallen des Pollens und werden am Rüssel und Kopfe mit dem mehligen Pollen eingestäubt. Und nun kommt die dritte und letzte Entwickelungsstufe. Der Griffel und die Narbe verwelken, schrumpfen und vertrocknen, die Staubfäden verlängern sich und schieben die von ihnen getragenen Antheren vor den Saum der Blumenkrone (s. Abbildung, S. 319, Fig. 11 und 12). Hier hört der bisherige Zusammenhalt der gegenüberstehenden Antheren auf; sie trennen sich, der in ihren Nischen enthaltene Pollen wird bei Erschütterung durch den anprallenden Wind entführt und zu den noch belegungsfähigen Narben jüngerer Nachbarblüten hingetragen. Wurde eine Blüte schon früher von Hummeln besucht, so ist wohl nur noch wenig Blütenstaub in den Nischen der Antheren vorhanden; fand jedoch kein Insektenbesuch statt, so sind die aus der Blüte herausgeschobenen Antheren noch reichlich mit Pollen erfüllt, und dieser wirbelt dann auch in Form kleiner Wölkchen zu den Narben der jungen Blüten im oberen Teile der Ähre empor. Die Geitonogamie kommt demnach hier wie in so vielen anderen Fällen erst gegen Ende des Blühens zustande. Bei Clandestina rectiflora, Bartschia alpina und einigen anderen Rhinanthazeen sind die Vorgänge ganz ähnlich.

Was mag nun allen diesen wundersamen Einrichtungen, welche die Kreuzbefruchtung erzwingen, für eine gemeinsame Bedeutung zugrunde liegen?

Sowohl Sprengel als Darwin gewannen eine bestimmte Meinung darüber, die sie auch beide in ähnliche Worte faßten: die Natur wolle es anscheinend nicht haben, daß Blumen sich selbst befruchten, oder die Natur schrecke vor beständiger Selbstbefruchtung zurück. Solche psychologistischen Auffassungen der Natur genügen aber der Forschung nicht, und Darwin war viel zu sehr Naturforscher, um nicht selbst nach einer Antwort auf die Frage zu suchen, warum in der Natur so verfahren werde?

Darwin und seine Mitarbeiter stellten zu dem Ende umfassende Versuche darüber an, wie eigener und fremder Pollen auf die Blüte einwirke, und förderten eine Menge interessanter

Tatsachen ans Licht. Schon Koelreuter und Gärtner hatten festgestellt, daß manche Pflanzen sich bei Bestäubung mit ihrem eigenen Pollen als völlig unfruchtbar erwiesen, also keine Samen erzeugen. So Verbascum phoeniceum, Lobelia fulgens und gewisse Passifloren. Diesen konnte man Tabernaemontana echinata, Corydalis cava, Hypecoum grandiflorum, Papaver alpinum, Reseda odorata und lutea, Senecio cruentus, Thunbergia alata, Wistaria sinensis, Lysimachia nummularia, Diclytra spectabilis, Hoya carnosa, Tecoma grandiflorum, Dentaria bulbifera, Secale cereale (Roggen), Papaver Rhoeas und somniferum, Lilium bulbiferum und croceum und noch andere anreihen. Man nannte solche Pflanzen selbststerile Pflanzen. Erstaunlich waren die Beobachtungen, welche ergaben, daß bei verschiedenen tropischen Orchideen, Arten wie Oncidium, Notylia, Gomesa, Sigmatostalix, Burlingtonia, die Pollenmassen sogar auf Narben des gleichen Stockes wie tödliche Gifte wirken. Bei Notylia tritt gar keine Pollenschlauchbildung ein, und nach zwei Tagen schon sind die Pollenmassen und Narben schwarz, und die Blüten fallen ab. In solchen Fällen muß demnach eine Kreuzung eintreten, wenn die Pflanzen Samen bilden sollen.

Diesen Beispielen steht nun eine Anzahl Pflanzen gegenüber, bei denen eine Kreuzung offenbar nicht unbedingt nötig ist, da ihre Blüten mit eigenem Pollen mit Erfolg befruchtet werden können. Man nennt sie selbstfertile Pflanzen, und zu ihnen gehören unter anderen Salvia Horminum, Hordeum vulgare und trifurcatum, Triticum vulgare und turgidum, Avena sativa, Adonis aestivalis, Linum usitatissimum, Hieracium alpinum, Papaver dubium, Fumaria officinalis, Phaseolus vulgaris.

Danach könnte es scheinen, als ob die Kreuzung kein allgemeines biologisches Gesetz, sondern nur eine ungleichmäßig verbreitete Tatsache von zweifelhafter Bedeutung sei. Zehn Jahre lang hat Darwin daran gewendet, um in mühsamen Versuchen festzustellen, daß das letztere nicht der Fall sei. Vergleichende Versuche mit zahlreichen Pflanzenarten, bei denen diese teils mit eigenen Pollen befruchtet, teils gekreuzt wurden, ergaben das übereinstimmende Resultat, daß die Nachkommen von gekreuzten Pflanzen an Fruchtbarkeit, an Gewicht und Kraft der Entwickelung den aus selbstbefruchteten Blüten entstandenen Pflanzen in verschiedenem Grade, aber durchweg auffallend überlegen sind. Obwohl es mechanisch nicht zu erklären ist, ist nicht zu verkennen, daß durch die ganze organische Welt eine Entwickelungsrichtung zum Vollkommeneren erkennbar ist, und wenn man bildlich von Zielen der Natur reden will, so ist auch die Kreuzung ein solches Zielen nach besser organisierten Nachkommen. Mit unserer Auffassung steht es nicht im Widerspruch, daß Pflanzen nebenher auch durch Selbstbestäubung sich befruchten können, eine Fähigkeit, die ihre großen Vorteile in den Fällen hat, wo Kreuzung durch äußere Verhältnisse, durch Mangel an Insekten oder Fehlen von solchen, gehemmt ist. Zuerst wird die Kreuzung angestrebt; kann sie nicht eintreten, so begnügen sich viele Pflanzen mit Selbstbestäubung.

Dem entsprechen nun alle die zahlreichen Blüteneinrichtungen, welche entweder dahin zielen, eine Kreuzung herbeizuführen oder die Selbstbestäubung zu verhindern, was zum gleichen Erfolge führt. In der Nachbarbestäubung haben wir die einfachste Methode kennen gelernt, Kreuzung herbeizuführen. Wir wollen nun auch die noch merkwürdigeren Einrichtungen betrachten, welche dazu dienen, die Selbstbestäubung nach Möglichkeit oder ganz zu verhindern. Am vollkommensten ist das letzte geschehen durch Entstehung eingeschlechtiger, monözischer oder diözischer Blüten, wo sich die Sache von selbst versteht. Hier kann ohne Kreuzung überhaupt keine Befruchtung eintreten. Bei Zwitterblüten gibt es sehr verschiedene Methoden, um die Selbstbestäubung zu verhindern.

In einigen Fällen erscheint die Kreuzung durch die gegenseitige Stellung und Lage der in einer echten Zwitterblüte vereinigten zweierlei Geschlechtsorgane angestrebt. Wenn in einer Blüte vom Beginn bis zum Schlusse des Blühens die Narbe eine solche Lage einnimmt, daß sie zwar von den einkehrenden Insekten gestreift, aber mit dem Pollen der zunächststehenden Antheren von selbst nicht belegt werden kann, so darf von der betreffenden Blüte wohl angenommen werden, daß sie auf Kreuzung, nicht auf Selbstbestäubung berechnet sei. So verhält es sich z. B. bei der weißen Lilie (Lilium candidum), der Taglilie (Hemerocallis flava und fulva), der Berglilie (Anthericum) und zahlreichen Zwiebelpflanzen des Kaplandes (Amaryllis, Albuca usw.). Die Blüten dieser Pflanzen sind nach der Seite gerichtet, und der Griffel ragt so weit über die mit Pollen beladenen Antheren hinaus, daß seine Narbe von diesem Pollen zu keiner Zeit etwas erhält. Wenn dagegen von anderen Blüten kommende Tiere den weit vorragenden Griffel als Anflugsstange benutzen, so ist eine Belegung der Narbe mit fremdem Pollen, also eine Kreuzung unvermeidlich. Dasselbe gilt von verschiedenen Asperifoliazeen (z. B. Echium), Skrofulariazeen (z. B. Paederota Ageria), Winden (z. B. Convolvulus sepium), Kaprifoliazeen (z. B. Linnaea borealis), Rhodorazeen (z. B. Rhododendron Chamaecistus) und Kakteen (z. B. Mamillaria). Auch mehrere himmelwärts gerichtete Blüten (z. B. Lilium bulbiferum, Glaucium luteum, Gentiana verna) zeigen dasselbe Verhältnis ihrer Antheren und Narben. In den Blüten des Seidelbastes (Daphne Mezereum) bildet die Narbe den Abschluß eines im Grunde der Blumenröhre stehenden Fruchtknotens, und die Antheren sind der Blumenröhre oberhalb der Narbe eingefügt. In aufrechten Blüten mag bisweilen etwas Pollen aus diesen Antheren, zumal bei dem Schrumpfen derselben am Ende der Blütezeit, auf die Narbe hinabfallen; aber die Mehrzahl der Seidelbastblüten steht wagerecht von den Zweigen weg, und in diesen ist es kaum möglich, daß der Pollen von selbst auf die Narben kommt, obschon der Abstand der Antheren und Narben nicht mehr als ein paar Millimeter beträgt. Die Blüten des Seidelbastes sind aber so reichlich von Bienen besucht, daß die meisten Narben mit fremdem Pollen belegt werden und insofern vielfache Kreuzungen stattfinden. Bei der Mehrzahl der Orchideen kann der Pollen aus seinem Versteck nur durch Insekten herausgezogen werden und wird von diesen kaum jemals auf die dicht nebenanstehende, sondern regelmäßig auf die Narbe einer anderen Blüte übertragen.

Eine andere, die Selbstbestäubung verhindernde und die Kreuzung erzielende Einrichtung ist der Platzwechsel der Antheren und Narben in Zwitterblüten. Er stellt eine der wichtigsten zur Kreuzung der Zwitterblüten führenden Einrichtungen dar und kann eigentlich nur im Hinblick auf dieses Ziel verstanden werden. Im wesentlichen vollzieht sich dieser Platzwechsel in folgender Weise. Jene Stelle, welche eine Zeitlang von der belegungsfähigen Narbe eingenommen wurde, erscheint späterhin von den pollenbeladenen Antheren besetzt und umgekehrt. Da diese Stelle dicht an dem Wege liegt, der den honigsaugenden Insekten zur Einfahrt dient, so streifen die Insekten in der einen Blüte nur die Narben, in der anderen nur die Antheren, was dann unvermeidlich zur Kreuzung führt. Entweder wird dieser Platzwechsel durch Neigen, Krümmen und Verschieben der Antherenträger oder durch ähnliche Richtungsänderungen der Griffel veranlaßt. Auch kommt es vor, daß sowohl die Antherenträger als die Griffel in derselben Blüte ihre Lage ändern und ihre Stelle förmlich vertauschen. Es lassen sich nicht weniger als zehn verschiedene Fälle des Platzwechsels unterscheiden. Bei einer Gruppe von Pflanzen, für welche der Zwerglauch (Allium Chamaemoly) als Beispiel genannt sein mag, sieht man inmitten der eben geöffneten Blüte die belegungsfähige Narbe, während die Antheren seitlich an die Perigonblätter angedrückt sind. Später, wenn die Antheren sich geöffnet haben und Pollen ausbieten, rücken sie infolge eigentümlicher Bewegung ihrer fadenförmigen Träger gegen die Mitte vor, stellen sich dicht vor die Narbe und bilden einen gelben Knäuel, welcher von den in die Blüte fliegenden Insekten notwendig gestreift werden muß, während früher ebendort nur die Narbe gestreift werden konnte. Bei einer zweiten Gruppe, in welche mehrere Gentianen (Gentiana asclepiadea, ciliata, Pneumonanthe), die meisten Malvazeen (Abutilon, Malva), die zahlreichen Arten des Eisenhutes (Aconitum), die Funkie (Funkia) und die Spornblume (Centranthus) gehören, sieht man in den jungen Blüten dicht an dem zum Honig führenden Wege den Pollen ausgeboten; bald nur von einer einzigen Anthere (s. untenstehende Abbildung, Fig. 1—3), bald von fünf oder sechs, mitunter auch von sehr vielen, die

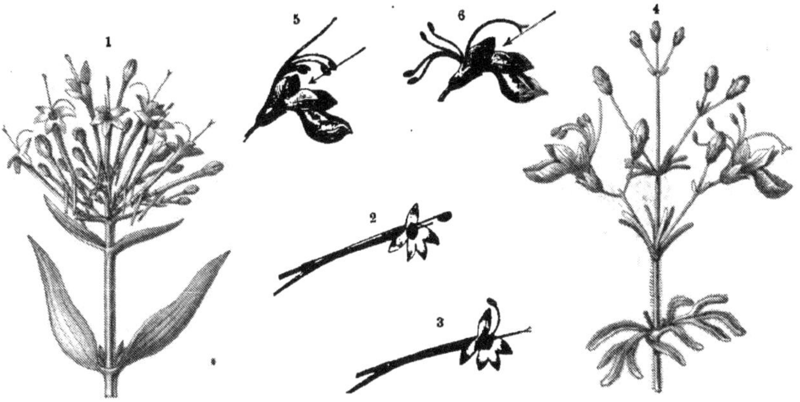

Platzwechsel der Antheren und Narben: 1) Blütenstand der Spornblume (Centranthus ruber), 2) einzelne Blüte der Spornblume kurze Zeit nach der Entknospung, 3) dieselbe Blüte in einem späteren Blütenstadium; 4) Blütenstand des Teucrium orientale, 5) einzelne Blüte derselben Pflanze, kurze Zeit nach der Entknospung, 6) dieselbe Blüte in einem späteren Stadium. Fig. 1 und 4 in natürl. Größe, Fig. 2, 3, 5 und 6 etwas vergrößert. (Zu S. 323 und 324.)

zusammengenommen ein ganzes Bündel darstellen. Die Narben stehen anfänglich versteckt hinter oder unter den Antheren. Später krümmen sich die Träger der Antheren im Halbbogen zurück, und die Narben werden entblößt. Ist nur eine einzige Narbe vorhanden, welche bisher hinter der Anthere versteckt war, wie bei der Spornblume, so wird natürlich nur diese einzige Narbe entblößt (s. die Abbildung, Fig. 2 und 3). Wenn nun Insekten zum Honig gelangen wollen, so streifen sie an die entblößten Narben geradeso, wie sie früher an die Antheren streifen mußten. Die dritte Gruppe umfaßt die Arten der Gattungen Schwertel (Gladiolus), Akanthus (Acanthus), Pentstemon (Pentstemon) und Salbei (Salvia; s. Abbildung, S. 457). In den seitlich gestellten Blüten dieser Pflanzen liegen Griffel und Narben dem dachförmigen Teile der Blumen oberhalb der Antheren angeschmiegt, später aber neigt und krümmt sich der Griffel herab, und es kommen dadurch die Narben an die Zufahrtslinie zum Honig zu stehen, so zwar, daß die Insekten in den jungen Blüten Pollen aufladen, in den alten Blüten Pollen abladen und Kreuzungen veranlassen. Bei der vierten Gruppe, in welche die Gattungen Allionia und Phalangium gehören, steht im Beginn des Blühens die Narbe am Ende des weit vorgestreckten Griffels vor den Antheren, und wenn jetzt Insekten die

Blüten anfliegen, so ist es unvermeidlich, daß sie zunächst diese Narbe berühren. Später biegt sich der Griffel unter einem Winkel von 80—90 Grad nach der Seite, wodurch die Narbe aus dem zum Honig führenden Wege geschafft wird. Wenn jetzt Insekten anfliegen, so kommen sie nur mit den pollenbedeckten Antheren in Berührung. In den Blüten der fünften Gruppe, für welche die Gattung Gamander (Teucrium; s. Abbildung, S. 323, Fig. 4—6) als Beispiel gelten kann, zeigt der Platzwechsel eine gewisse Ähnlichkeit mit jenem der Spornblume, insofern nämlich, als auch hier die fadenförmigen Antherenträger in der ersten Zeit des Blühens so gestellt sind, daß sich ihre Antheren den zum Blütengrund einfahrenden Insekten in den Weg legen, späterhin aber zurückkrümmen, den Insekten aus dem Wege gehen und zugleich die Narben entblößen; aber es besteht doch anderseits ein bemerkenswerter Unterschied, indem bei dem Gamander auch der Griffel seine Richtung und Lage ändert, sich bogenförmig krümmt und sich so weit herabneigt, damit die Narben genau an jene Stelle kommen, wo früher die Antheren gestanden hatten. In den Blüten der sechsten Gruppe, als deren Vorbilder das Basilienkraut (Ocymum Basilicum) und die bekannte Kletterpflanze Cobaea scandens anangesehen werden mögen, findet ein ganz ähnlicher Platzwechsel wie bei dem Gamander statt, nur krümmen sich da die Träger der Antheren nicht aufwärts und die Griffel nicht abwärts, sondern gerade umgekehrt; im Anfang des Blühens stehen die Antheren entlang dem Zugang zum Honig des Blütengrundes, später aber sinken sie von dem Zugang weg nach abwärts, während der Griffel sich bogenförmig emporhebt und die Narbe genau an denselben Platz bringt, welchen früher die Antheren innehatten. Der merkwürdige Platzwechsel der Narben und Antheren bei den Pflanzen der siebenten, durch die Tollkirsche (Atropa), die Skopolie (Scopolia), das Bilsenkraut (Hyoscyamus) und den Alraun (Mandragora) vertretenen Gruppe ist durch die Abbildung auf S. 473, Fig. 8 und 9, erläutert. In den jungen Blüten steht die Narbe in der Mitte der Blüten, und es sind die Antheren an die Wand der Blumenkrone gelehnt, in den alt gewordenen Blüten stehen die Antheren in der Blütenmitte, und es hat sich der Griffel an die Wand gedrückt. Für die achte Gruppe gelten als Beispiele die strauchförmigen Geißblattarten Lonicera alpigena, nigra und Xylosteum sowie die Gattung Scrophularia. Ihre Blüten sind seitwärts gerichtet; anfänglich ragt der gerade Griffel aus der Mitte der Blüte hervor, und die Narbe erscheint unmittelbar neben die zum Honig führende Zufahrtslinie gestellt, die Antheren stehen bei Lonicera noch oberhalb dieser Linie und befinden sich bei Scrophularia am Ende halbkreisförmig zurückgekrümmter Träger in der Höhlung der krugförmigen Blumenkrone geborgen. Später wird die Narbe von der erwähnten Zufahrtslinie weggerückt, und zwar dadurch, daß sich der Griffel bogenförmig oder knieförmig abwärts krümmt; dagegen erscheinen jetzt die Antheren an der bisher von der Narbe eingenommenen Stelle, was durch eine entsprechende Streckung und Richtungsänderung der Antherenträger geschieht. Die Nieswurz (Helleborus), welche als Vorbild für die neunte Gruppe dienen kann, hat verhältnismäßig große, honigreiche Blüten. Der Honig befindet sich nicht wie bei den anderen im vorhergehenden besprochenen Pflanzen in der Blütenmitte, sondern wird in tütenförmigen Behältern ausgeschieden, welche im Umkreise der Pollenblätter stehen. Dementsprechend steuern die honigsaugenden Insekten auch nicht der Mitte, sondern dem Umkreise der Blüten zu, und

Blüte der Weinraute (Ruta graveolens), dreifach vergrößert. (Nach Baillon.)

hieraus erklärt sich weiterhin, daß die Narben und Antheren, welche von den Insekten gestreift werden sollen, in einen entsprechenden Umkreis gestellt sind. Nach dem Öffnen der Blume erscheinen die Griffel zunächst spreizend und so gekrümmt, daß die Narben über den Honigbehältern stehen. Die Antheren sind in der Blütenmitte zusammengedrängt und werden von den anfliegenden Insekten nicht berührt. Später strecken sich die Griffel gerade und bewegen sich gegen die Mitte der Blüte, dagegen haben sich die Träger der Antheren verlängert und dabei eine solche Richtung eingehalten, daß die Antheren über die Honigbehälter zu stehen kommen und dort von den honigsaugenden Insekten gestreift werden müssen. Für die zehnte Gruppe soll die Weinraute (Ruta; s. Abbildung, S. 324) als Beispiel gewählt sein. Die Blüte enthält zehn Antheren, welche von steifen, sternförmig gruppierten Fäden getragen werden.

Vollkommen dichogame Blüten: 1) Geranium silvaticum mit vollkommen proterandrischen Blüten; 2) Parietaria officinalis mit vollkommen proterogynen Blüten, 3) einzelne Blüte der Parietaria mit belegungsfähiger pinselförmiger Narbe und eingeschlagenen geschlossenen Antheren, 4) dieselbe Blüte in einem späteren Entwickelungsstadium, die Narbe ist abgefallen, die Antherenträger haben sich gestreckt, und die Antheren schleudern den stäubenden Pollen aus. Fig. 1 und 2 in natürl. Größe, Fig. 3 und 4 etwas vergrößert. (Zu S. 325 und 326.)

Von diesen Fäden biegt sich zunächst einer in die Höhe, stellt die von ihm getragene Anthere in die Mitte der Blüte an die Zufahrtslinie, welche zu dem von einem fleischigen Ring an der Basis des Stempels abgesonderten Nektar führt, erhält sich so nahezu einen Tag, biegt sich aber dann wieder zurück und nimmt die frühere Lage ein. Während sich das erste Pollenblatt zurückbiegt, erhebt sich ein zweites und macht wieder denselben Weg hin und zurück. Und so geht das fort, bis nach und nach alle zehn Antheren in der Mitte der Blüte gestanden haben. Wenn endlich auch das zehnte Pollenblatt sich wieder zurückgebogen hat, so ist in der Blütenmitte die inzwischen belegungsfähig gewordene Narbe an demselben Platz zu sehen, wo früher der Reihe nach die Antheren ihren Pollen ausgeboten haben.

Ein an den Platzwechsel der Narben und Antheren sich anschließender, die Kreuzung von Zwitterblüten fördernder Vorgang ist das Abläsen und Abfallen der Narben zur Zeit des Öffnens der um die Narbe herumstehenden Antheren. Als Vorbild für diesen Fall kann das zu den Nesseln gehörige Glaskraut (Parietaria; s. obenstehende Abbildung, Fig. 2—4) dienen. In den Zwitterblüten dieser Pflanze entwickelt sich die Narbe immer schon vor dem Öffnen der Blume, und man sieht darum zu Beginn des Blühens die sprengwedelförmige Narbe aus der grünlichen Blütenknospe herausragen (s. Abbildung, S. 326, Fig. 3). Die gekrümmten Träger der Antheren sind zu dieser Zeit wie Uhrfedern gespannt und von den zusammenschließenden kleinen grünlichen Blumenblättern verdeckt. Ehe noch diese Antherenträger aufschnellen und ihren Pollen als Staub in die Lüfte streuen, welkt die Narbe und schrumpft zusammen, der Griffel löst sich von dem Fruchtknoten mitsamt der verdorrten Narbe ab, und der Fruchtknoten endigt dann zur Zeit der Entbindung des Pollens aus den Antheren mit einem Spitzchen, welches nichts anderes als der verdorrte Rest des abgefallenen Griffels ist (Fig. 4).

Bei weitem häufiger als das Ablösen und Abfallen der Narbe bei beginnendem Ausstäuben des Pollens aus den geöffneten Antheren ist *umgekehrt das Abfallen der Antheren und Pollenblätter zur selben Zeit, in welcher die danebenstehenden Narben belegungsfähig werden.* In den Blüten der Balsaminen (Impatiens glandulosa, Nolitangere, tricornis usw.) sind die Antheren miteinander verwachsen und bilden eine Art Kappe, welche sich über die Narbe wölbt. Nachdem sich die Blüte geöffnet hat und für

Rundblätteriger Steinbrech (Saxifraga rotundifolia): 1) ein Ästchen aus dem Blütenstande mit Blüten auf verschiedenen Entwickelungsstufen; 2) Längsschnitt durch eine einzelne Blüte mit aneinanderliegenden Narben und einem den Pollen ausbietenden Pollenblatte; ein anderes Pollenblatt hat seine Anthere verloren, und weitere vier Pollenblätter haben noch geschlossene Antheren; 3) dieselbe Blüte in einem späteren Entwickelungsstadium, die Narben belegungsfähig. Fig. 1 in natürl. Größe, Fig. 2 und 3: 4—5fach vergrößert.

die anfliegenden Insekten zugänglich geworden ist, springen sofort die Antheren auf, und man sieht am Eingang der Blüte nur die aus den aufgesprungenen Antheren gebildete Kappe. Späterhin lösen sich die Träger der Antheren ab, und die Antherenkappe fällt aus der Blüte heraus. Nun erst sieht man in der Mitte der Blüte die Narbe, welche inzwischen empfängnisfähig wurde. Die großblütigen Arten der Gattung Storchschnabel (z. B. Geranium argenteum, pratense, silvaticum; s. Abbildung, S. 325, Fig. 1) zeigen ein ähnliches Verhalten. Fast gleichzeitig mit dem Öffnen der Blüte springen ein paar der bisher von den Kronenblättern verdeckten Antheren auf. In einer bestimmten Reihenfolge öffnen sich dann auch die übrigen und bieten nun sämtlich Pollen aus. Die Narben in der Mitte der Blüte schließen noch zusammen. Sobald sie sich zu trennen beginnen, fallen die Antheren von ihren Trägern ab, und man sieht nun die fünf belegungsfähigen spreizenden Narben nur noch von den der Antheren beraubten pfriemenförmigen Trägern umgeben. Dasselbe gilt von jenen Steinbrechen, für welche die obenstehend in Fig. 1 abgebildete Saxifraga rotundifolia als Vorbild dienen kann. Nach dem Auseinandergehen der Blumenblätter sieht man mehrere Tage hindurch ein seltsames Spiel der Pollenblätter. Sobald sich eine Anthere öffnet, richtet sich ihr Träger straff in die Höhe (s. die Abbildung, Fig. 2), bleibt jedoch nur kurze Zeit in dieser Lage, neigt sich vielmehr schon am nächsten oder zweitnächsten Tage seitwärts und hält wieder jene Richtung ein, welche er früher eingenommen hatte. Die von ihm getragene Anthere fällt ab, oder, wenn sie als verschrumpftes Gehäuse an der Spitze des Fadens zurückbleibt, so hat sie doch ihren Pollen bereits verloren. Dieses Aufstellen und Niedersinken der Antherenträger trifft in einer bestimmten Reihenfolge alle Pollenblätter der Blüte. Erst wenn sie samt und sonders die Antheren oder doch den Pollen verloren haben, spreizen die beiden kurzen Griffel, welche bisher wie die beiden Pranken einer Zange gekrümmt und mit ihren Narben aneinandergelegt waren, auseinander, und die Narben werden nun belegungsfähig (s. Abbildung, S. 326, Fig. 3). Auch das Studentenröschen (Parnassia palustris; s. Abbildung, S. 447, Fig. 4) sowie viele Mieren und Nelkengewächse (z. B. Alsine verna, Silene Saxifraga), desgleichen mehrere Baldriane (z. B. Valeriana officinalis) und Tulpen (z. B. Tulipa Didieri) zeigen dieselbe Entwickelungsfolge und insbesondere dasselbe Abfallen der Antheren. Bei den Mieren und Nelken kommt es auch sehr häufig vor, daß sich die ihrer Antheren beraubten Fäden unter die Blumenblätter in einem halbkreisförmigen Bogen hinabkrümmen und sich so verstecken, daß man die betreffende Zwitterblüte in diesem Stadium bei flüchtiger Betrachtung leicht für eine reine Fruchtblüte halten könnte.

Was bei den Balsaminen, Steinbrechen, Studentenröschen, Mieren, Nelkengewächsen und noch zahlreichen anderen mit Zwitterblüten ausgestatteten Pflanzen durch das Abfallen der Antheren erzielt wird, ist wieder bei anderen dadurch erreicht, daß die Antheren einer Blüte in dem Augenblick, in welchem die Belegungsfähigkeit der danebenstehenden Narben beginnt, von den Blumenblättern verhüllt und verdeckt werden, so zwar, daß sie nicht mehr imstande sind, Pollen abzugeben. Die Folge hiervon ist aber, daß die Narben nur noch mit fremdem Pollen belegt werden können, oder, was auf dasselbe hinausläuft, daß in diesen Zwitterblüten nur eine Kreuzung möglich ist. In den Zwitterblüten der Tradeskantien (Tradescantia crassula, virginica usw.) öffnen sich die Antheren geraume Zeit, bevor die Narbe belegungsfähig wird. In der ersten Periode des Blühens kann daher aus den Blüten nur Pollen abgeholt werden. Sobald die Narben aber belegungsfähig geworden sind, rollen sich die Pollenblätter spiralig zusammen, und kurz darauf welken die Blumenblätter und überdecken als ein weiches, feuchtes Gewebe die von den eingerollten Fäden getragenen Antheren. Der Griffel ragt aus diesen Blüten noch immer straff hervor, und die Narben erhalten sich den ganzen folgenden Tag empfängnisfähig. Zu diesen Blüten kommen nun kleine Fliegen und andere kurzrüsselige Insekten angeflogen, um dort den Saft der weichen Blumenblätter zu saugen, und bei dieser Gelegenheit wird die Narbe gestreift und mit Pollen belegt, welchen die Tiere von anderen Blüten mitgebracht haben, während die Belegung mit dem Pollen der danebenstehenden Antheren jetzt unmöglich ist. Ein eigentümlicher Vorgang wird in den Blüten des Telephium Imperati, einer zu den Mieren gehörigen, in Südeuropa verbreiteten Pflanze, beobachtet. Im Anfang des Blühens schließen die Narben in der Mitte der Blüte fest zusammen; die um dieselben herumstehenden Antheren sind geöffnet und bieten Pollen aus, welcher von Insekten abgeholt wird. Damit nun später, wenn die Narben empfängnisfähig geworden sind und sich auseinanderlegen, nicht etwa Pollen von den danebenstehenden Antheren auf die Narbe kommt, rücken die ausgehöhlten Blumenblätter, welche bisher sternförmig ausgebreitet waren, zusammen und verhüllen die Antheren vollständig, so daß nur Pollen von anderen, jüngeren Blüten auf die belegungsfähige Narbe gebracht werden kann.

In den beschriebenen Fällen ist die räumliche Trennung der von einer Art ausgebildeten zweierlei Geschlechtsorgane durchgeführt. Das Zustandekommen der Kreuzung kann aber auch durch die zeitliche Trennung der bei der Befruchtung beteiligten beiderlei Geschlechtsorgane oder, besser gesagt, die ungleichzeitige Geschlechtsreife der Pollenzellen,

Narben und Samenanlagen herbeigeführt werden. Schon Sprengel hat die ungleichzeitige Geschlechtsreife und dadurch regulierte Paarungsfähigkeit bei den Pflanzen entdeckt und Dichogamie genannt. Sie kann in zweierlei Form auftreten, als proterogyne (erst=weibliche) und proterandrische (erst=männliche) Dichogamie. Sind nämlich die Narben befähigt, den Pollen schon aufzunehmen und das Treiben der Pollenschläuche zu veranlassen, wenn der Pollen in den Blüten derselben Pflanze noch unreif ist, so nennt man die betreffenden Pflanzenarten proterogyn; wird dagegen der Pollen aus den geöffneten Antheren entlassen, wenn die Narben noch nicht geschlechtsreif sind, so heißt die Pflanzenart proterandrisch. An dem traubenförmigen Blütenstand des schmalblätterigen Weidenröschens (Epilobium angustifolium), welcher in der Abbildung, S. 329, Fig. 1, dargestellt ist, sieht man zu oberst die Blüten noch geschlossen, etwas tiefer folgen drei Blüten, welche sich soeben geöffnet haben, und von welchen die mittlere von einer Hummel besucht wird, und noch tiefer abwärts stehen die Blüten, welche schon ein paar Tage hindurch geöffnet sind. In den zuletzt geöffneten Blüten sind die Antheren bereits mit Pollen bedeckt, die den knieförmig herabgebogenen Griffeln aufsitzenden Narben schließen zu einer Keule zusammen und sind noch nicht empfängnisfähig, diese Pflanze ist daher proterandrisch. Auf Seite 329, Fig. 2, ist die Blütentraube des zu den lilienartigen Gewächsen gehörigen Eremurus caucasicus abgebildet. Auch da sieht man die obersten Blüten noch im Knospenzustande, die unterhalb dieser Knospen folgenden Blüten haben sich soeben geöffnet, und noch tiefer abwärts folgen dann die älteren Blüten. In den eben erst aufgesprungenen Blüten sind die Antheren noch geschlossen und bieten noch keinen Pollen aus, aber die punktförmige Narbe, welche den bogenförmig aufwärts gerichteten Griffel abschließt, ist bereits belegungsfähig, und diese Pflanze ist daher proterogyn. Sowohl die proterogyne als die proterandrische Dichogamie kann vollkommen und unvollkommen sein. Vollkommen ist sie, wenn die Reife der Narben erst beginnt, nachdem der Pollen aus den zuständigen Antheren bereits durch den Wind oder durch blütenbesuchende Tiere entfernt wurde, so daß er in der gleichen Blüte nicht mehr befruchtend wirken kann, oder wenn die Narbe bereits welk, abgedorrt oder gar abgefallen ist, ehe die Antheren der gleichen Blüte sich öffnen, wie das z. B. bei dem Glaskraut (s. Abbildung, S. 325, Fig. 2—4) der Fall ist. Unvollkommen ist die Dichogamie dann, wenn die Paarungsfähigkeit des einen Geschlechtes noch nicht erloschen ist, ehe jene des anderen Geschlechtes in den Blüten der betreffenden Art beginnt. Die unvollkommene Dichogamie kommt weit häufiger vor als die vollkommene, und zweihäusige Pflanzenarten mit vollkommen dichogamen Blüten gibt es überhaupt nicht: wenn eine solche jemals auftreten sollte, sie müßte alsbald wieder vom Schauplatze verschwinden. Gesetzt den Fall, es wüchse irgendwo eine Weidenart mit zweihäusigen, vollkommen proterogynen Blüten, so könnte bei derselben nur eine Bastardierung stattfinden; die hierdurch zustande kommenden jungen Weidenstöcke wären also größtenteils Bastarde, deren Gestalt mit jener der Stammart nicht mehr übereinstimmte. Die Art selbst würde demnach auf dem Wege der Fruchtbildung keine gleichgestaltete Nachkommenschaft hinterlassen, oder, mit anderen Worten, sie würde aussterben und erlöschen. Die unvollkommene Dichogamie läßt natürlich viele Abstufungen zu. Bei langlebigen Blüten kann der Vorsprung, welchen das eine Geschlecht vor dem anderen voraushat, mehrere Tage dauern, bei kurzlebigen Blüten dagegen kaum auf eine Viertelstunde beschränkt sein. Die Schotengewächse haben samt und sonders proterogyne Blüten. Wenn die Blumenblätter sich auseinanderschieben, so wird in der Mitte der Blüte die bereits belegungsfähige Narbe sichtbar, während die um dieselbe herumstehenden Antheren noch geschlossen sind. Das dauert aber nur kurze Zeit, alsbald springen auch die Antheren auf, und nun sind beide Geschlechter paarungsfähig. Bei Lepidium Draba, Sisymbrium Sophia und noch zahlreichen anderen beträgt der Zeitunterschied von dem Augenblick, in dem die Narbe zugänglich wird, bis zu dem Augenblick, wo die Antheren den Pollen auszubieten beginnen, nur 2—5 Stunden. Dasselbe gilt von zahlreichen Sonnenröschen, mohnartigen Gewächsen, Kakteen, Ranunkulazeen, Dryadazeen, Asperifoliazeen, Gentianazeen, Erikazeen und Valerianazeen

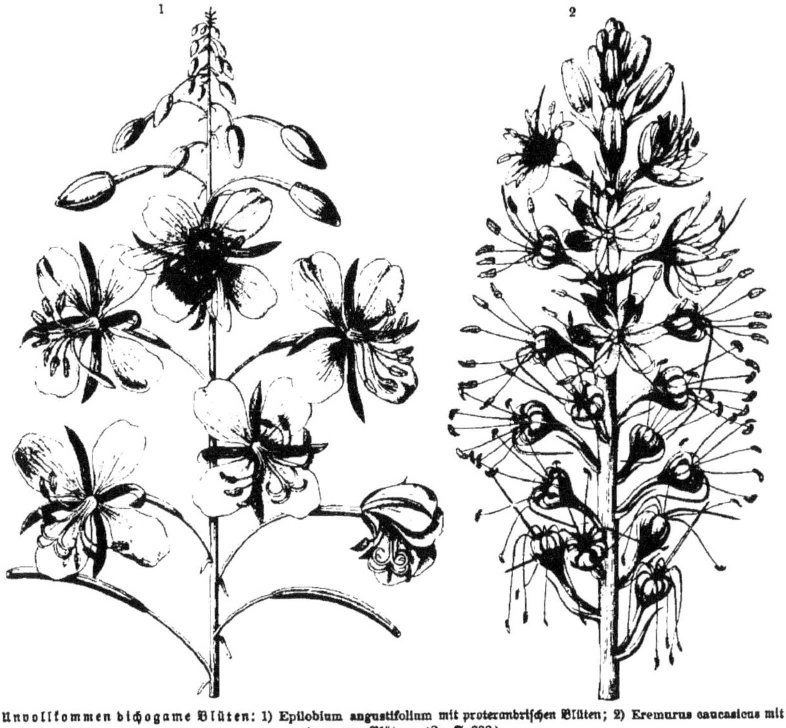

Unvollkommen dichogame Blüten: 1) Epilobium angustifolium mit proterandrischen Blüten; 2) Eremurus caucasicus mit proterogynen Blüten. (Zu S. 328.)

(z. B. Helianthemum alpestre, Glaucium luteum, Opuntia vulgaris, Actaea spicata, Adonis vernalis, Atragene alpina, Clematis Vitalba, Potentilla caulescens, Cynoglossum pictum, Lithospermum arvense, Menyanthes trifoliata, Arctostaphylos Uva ursi, Vaccinium Myrtillus, Valerianella dentata). Selbst die ephemeren und epinykten Blüten zeigen der Mehrzahl nach Dichogamie. Die Blüten der Nachtblume (Mirabilis Jalappa) öffnen sich zwischen 7 und 8 Uhr abends; wenn sich der Saum der Blume ausbreitet, so ist die einem kleinen Pinsel vergleichbare Narbe bereits befähigt, Pollen aufzunehmen, aber die Antheren der betreffenden Blüte sind noch sämtlich geschlossen. Erst 10—15 Minuten später sieht man die Antheren aufspringen und ihren Pollen ausbieten. Der Zeitunterschied ist hier so gering, daß er von den meisten Beobachtern vernachlässigt wurde, und daraus erklärt es sich, daß man solche Blüten gar nicht als dichogam gelten lassen wollte. Aber gerade der Umstand, daß selbst bei ephemeren Blüten die Paarungsfähigkeit der zweierlei Geschlechtsorgane nicht zur selben Zeit eintritt, ist für die Frage nach der Bedeutung der Dichogamie von größter Wichtigkeit, und es muß das hier ganz besonders hervorgehoben werden.

Bei den proterogynen Dichogamen ist es keine Seltenheit, daß sich die für die Aufnahme des Pollens geeignete Narbe schon zu einer Zeit aus der Blüte hervordrängt, wenn die Blumenblätter noch dicht zusammenschließen und die Blüte den Eindruck einer Knospe macht. So verhält es sich mit dem auf S. 372 abgebildeten krausblätterigen Laichkraut (Potamogeton crispus), mit den Affodillen (z. B. Asphodelus albus), mit den Hainsimsen (z. B. Luzula nivea), mit den Rüstern (z. B. Ulmus campestris), mit den Wegerichen (z. B. Plantago media), mit mehreren Alpenrosen (z. B. Rhododendron Chamaecistus), mit Prunus Myrobalanus, Cortusa, Deutzia und noch vielen anderen. Dagegen kennt man zahlreiche proterandrische Dichogamen, aus deren Antheren der Pollen schon zu einer Zeit entbunden wird, wenn sich die Blumenblätter noch in der Knospenlage befinden. Öffnet man eine dem Aufspringen nahe Blütenknospe der auf S. 460 abgebildeten Crucianella stylosa, so erkennt man sofort, daß die Antheren sich bereits seit geraumer Zeit geöffnet und ihren Pollen unter der Kuppel der geschlossenen Blütenknospe auf die verdickte warzige Außenseite des Griffelendes aufgelagert haben. Auch in den Blüten der wimperhaarigen Alpenrose (Rhododendron hirsutum) quillt der Pollen schon innerhalb der Blütenknospen aus den Antheren hervor, und bei vielen Korbblütlern, Glockenblumen und Schmetterlingsblütlern wird ähnliches beobachtet.

Obschon Tausende von Pflanzen mit Rücksicht auf die Dichogamie untersucht wurden, so sind die Erfahrungen doch noch nicht ausreichend, um angeben zu können, ob es mehr proterogyne oder mehr proterandrische Arten gibt. Man wäre selbst bei annähernden Schätzungen in dieser Beziehung der Gefahr ausgesetzt, grobe Irrtümer zu begehen. Namentlich wäre es gefährlich, die Ergebnisse, welche bei der Untersuchung mehrerer Arten einer Gattung oder mehrerer Gattungen einer Familie gewonnen wurden, vorschnell zu verallgemeinern und als maßgebend für die ganze Abteilung hinzustellen; denn tatsächlich enthalten die meisten Pflanzengattungen neben vorherrschend proterogynen Arten immer auch einige proterandrische und umgekehrt. Die lilienartigen Gewächse werden in den meisten botanischen Werken als proterandrisch angegeben; in Wirklichkeit sind aber viele dahin gehörende Gattungen und Arten (Amaryllis, Asphodelus, Colchicum, Erythronium, Leucojum, Lilium Martagon, Narcissus poëticus, Ornithogalum umbellatum, Scilla, Trillium usw.) unvollkommen proterogyn. Unter den Doldenpflanzen, welche angeblich alle proterandrisch sein sollen, gibt es eine ganz erkleckliche Zahl proterogyner Gattungen und Arten, wie beispielsweise Aethusa, Astrantia, Caucalis, Eryngium, Hacquetia, Pachypleurum, Sanicula, Scandix und Turgenia. Dasselbe gilt von den Steinbrechen. Die Mehrzahl derselben ist allerdings proterandrisch, aber einige unter ihnen, z. B. Saxifraga androsacea und peltata, sind ausgesprochen proterogyn. Die großblütigen Arten des Storchschnabels (Geranium argenteum, lividum, pratense, silvaticum) sind proterandrisch, die kleinblütigen (Geranium columbinum, lucidum, pusillum, Robertianum) sind proterogyn. Aus der Familie der Skrofulariazeen sind die Gattungen Digitalis und Pentstemon proterandrisch, die Gattungen Linaria, Paederota, Phygelius, Scrophularia, Veronica proterogyn. Auch zu den Asperifoliazeen gehören teilweise proterandrische (z. B. Borago, Echium), teilweise proterogyne Arten (z. B. Cynoglossum, Lithospermum). Von den Ranunkulazeen ist die Gattung Aconitum proterandrisch, während die Gattungen Adonis, Anemone, Atragene, Clematis und Paeonia proterogyn sind. Aus der Familie der Gentianazeen ist ein Teil, nämlich Swertia perennis, Gentiana asclepiadea, ciliata, cruciata, Froelichii, Pannonica, Pneumonanthe, punctata und prostrata, proterandrisch, andere, wie Menyanthes trifoliata, Gentiana bavarica, germanica, tenella, rhaetica und verna, proterogyn. Ähnlich verhält es sich auch bei den Erikazeen, Valerianazeen, Polemoniazeen und noch vielen anderen. Ausschließlich proterandrisch sind, soweit bekannt, die Korbblütler, die Glockenblumen, die Lippenblütler, die Malvazeen, die Nelkengewächse und die Schmetterlingsblütler, ausschließlich proterogyn die Simsen und Hainsimsen, die Aristolochiazeen und Daphneen, die Kaprifoliazeen, Kugelblumen, Nachtschattengewächse, Rosazeen, Berberidazeen und Schotengewächse.

Es ist hier hinzuzufügen, daß sämtliche Pflanzenarten, deren Zwitterblüten infolge der gegenseitigen Stellung und Lage ihrer beiderlei Geschlechtsorgane oder infolge des Platzwechsels der Antheren und Narben ohnehin auf Kreuzung angewiesen sind, überdies noch dichogam sind, wenn auch die Dichogamie mitunter nur eine sehr kurzdauernde ist.

Zu den dichogamen Pflanzen zählen ferner auch diejenigen, welche scheinzwitterige Blüten tragen. Die Baldriane: Valeriana dioica, polygama und tripteris öffnen auf gleichem Standort ihre scheinzwitterigen Fruchtblüten um 3—5 Tage früher als ihre scheinzwitterigen Pollenblüten, und es sind diese Pflanzen daher ausgesprochen proterogyn. Bei dem Alpenampfer (Rumex alpinus) sind die Narben der scheinzwitterigen Fruchtblüten schon 2—3 Tage lang belegungsfähig, ehe noch die Antheren der scheinzwitterigen Pollenblüten und der echten Zwitterblüten an demselben Stock sich geöffnet haben. Die Esche (Fraxinus excelsior) zeigt die Narben der Fruchtblüten schon belegungsfähig, wenn in den danebenstehenden Pollenblüten und Zwitterblüten die Antheren noch sämtlich geschlossen sind. Gewöhnlich entbinden diese letzteren ihren Pollen erst vier Tage später. Sehr auffallend ist auch die Dichogamie jener Gräser, welche reine Pollenblüten neben echten Zwitterblüten tragen, wie z. B. Anthoxanthum odoratum, Hierochloa australis, Melica altissima und Sesleria coerulea. Die Antheren verstäuben in den Blüten dieser Pflanzen ihren Pollen immer erst dann, wenn nebenan die Narben schon zwei Tage hindurch belegungsfähig waren. Dasselbe beobachtet man auch bei jenen Korbblütlern, in deren Köpfchen neben echten Zwitterblüten reine Fruchtblüten stehen, und bei denen, welche neben scheinzwitterigen Pollenblüten auch reine Fruchtblüten in dem Köpfchen enthalten. Die Narben der Fruchtblüten sind immer schon belegungsfähig, wenn aus den benachbarten echten Zwitterblüten oder scheinzwitterigen Pollenblüten noch kein Pollen zu haben ist, und zwar dauert das durchschnittlich zwei Tage. Als Beispiele hierfür mögen Aster alpinus, Aronicum glaciale, Bellidiastrum Michelii, Doronicum cordatum, Erigeron alpinum, Gnaphalium Leontopodium, Tussilago Farfara und Calendula officinalis angeführt sein. Auch jene Lippenblütler, welche an dem einen Stock nur echte Zwitterblüten, an dem anderen nur scheinzwitterige Fruchtblüten tragen, sind proterogyn. Bei dem Dost (Origanum vulgare) zeigen die scheinzwitterigen Fruchtblüten vor den echten Zwitterblüten einen Vorsprung von nicht weniger als acht Tagen, ja selbst darüber. Es muß hierzu nochmals ausdrücklich bemerkt werden, daß die erwähnte Verspätung oder Verfrühung nicht etwa durch den schattigen oder sonnigen Standort bedingt ist.

Was die einhäusigen Pflanzen anbelangt, so haben sie sich, soweit die bisherigen Untersuchungen reichen, sämtlich als proterogyn herausgestellt. Die Seggen, Rohrkolben und Igelkolben (Carex, Typha, Sparganium), die Aroideen mit einhäusigen Blüten, der Mais (Zea Mays), die einhäusige Brennessel (Urtica urens), das Tausendblatt (Myriophyllum), die Becherblume (Poterium), die Spitzklette (Xanthium), die Eselsgurke (Ecballium Elaterium), die einhäusigen wolfsmilchartigen Gewächse (Euphorbia, Ricinus) und insbesondere die Erlen und Birken, die Walnuß und die Platanen, die Rüstern und Eichen, die Haseln und Buchen, sie alle sind in der auffallendsten Weise proterogyn. Bei den meisten dieser Pflanzen, zumal den zuletztgenannten Bäumen und Sträuchern, wird der stäubende Pollen immer erst aus den Antheren entbunden, nachdem die Narben an demselben Stocke schon 2—3 Tage hindurch belegungsfähig waren. Bisweilen ist dieser Unterschied in der Geschlechtsreife aber auch noch größer. Bei der Grün- oder Alpenerle (Alnus viridis) beträgt er 4—5 Tage und bei dem kleinen Rohrkolben (Typha minima) sogar neun Tage. Auch die zweihäusigen Pflanzen sind der Mehrzal nach proterogyn. In den ausgedehnten Weidenbeständen an den Ufern unserer Flüsse sieht man bisweilen einzelne Arten durch Tausende von Sträuchern vertreten. Ein Teil derselben trägt Pollenblüten, der andere Fruchtblüten. Sie wachsen auf demselben Boden, sind in gleicher Weise der Besonnung ausgesetzt und werden von denselben Luftströmungen bestrichen, und trotz dieser gleichen äußeren Einflüsse eilen die Stöcke mit Fruchtblüten ihren Nachbarn mit Pollenblüten deutlich voraus. Die Narben der Mandelweide (Salix amygdalina) sind schon 2—3 Tage hindurch belegungsfähig, und dennoch hat sich weit und breit noch keine einzige Anthere dieser Weidenart geöffnet. Dasselbe gilt von der Purpurweide, der Korbweide, der Bruchweide usw. Auch bei den niedrigen Alpenweiden (Salix herbacea, retusa, reticulata) beobachtet man diese Erscheinung; doch ist dort der Unterschied in der Zeit gewöhnlich nur auf einen Tag beschränkt. Wenn man die zahllosen Stöcke des Hanfes (Cannabis sativa), die aus dem auf ebenem Ackerlande gesäten Samen dicht nebeneinander aufwuchsen, im Hochsommer betrachtet, so fällt es auf, daß an den meisten Stauden, welche Fruchtblüten tragen, die Narben schon belegungsfähig erscheinen, obschon noch keine einzige Pollenblüte sich geöffnet hat. Erst 4—5 Tage, nachdem die mit Fruchtblüten beladenen Stöcke zu blühen begannen, öffnen sich an den benachbarten Stöcken auch die Pollenblüten, und der Wind schüttelt dann aus den pendelnden Antheren den stäubenden Pollen aus. Bei dem Bingelkraut, zumal den ausdauernden Arten dieser Gattung (Mercurialis ovata und perennis), welche im Grund unserer Wälder in kleinen Beständen wachsen, und zwar so, daß nahe nebeneinander über demselben Erdreiche Stöcke mit Fruchtblüten und solche mit Pollenblüten abwechseln, werden die Narben wenigstens zwei Tage vor dem Ausstäuben des Pollens belegungsfähig. Dasselbe wurde auch beim Hopfen (Humulus Lupulus) und noch vielen anderen zweihäusigen Pflanzen beobachtet.

Alle diese Tatsachen sind für die Frage nach der Bedeutung der Kreuzung von größter Wichtigkeit. Wenn man die ungleichzeitige Geschlechtsreife nur bei den Pflanzenarten beobachten würde, welche echte Zwitterblüten tragen, so könnte die Dichogamie lediglich als eine Vervollständigung der Einrichtungen zur Verhinderung der Selbstbestäubung oder Autogamie angesehen werden. So z. B. macht es die gegenseitige Stellung der Antheren und Narben in der Blüte des Dreizackes (Triglochin; s. Abbildung, S. 373) nahezu unmöglich, daß Pollen auf die Narbe derselben Blüte kommt; aber ganz ausgeschlossen wäre diese Möglichkeit denn doch nicht, wenn die Antheren zur selben Zeit ihren Pollen entbinden würden, in der die Narben belegungsfähig sind. Wenn aber in den Blüten des Dreizackes die Narben zur Zeit des Ausstäubens schon ganz vertrocknet sind, so ist die Autogamie gänzlich ausgeschlossen, und insofern würde also die

Dichogamie eine Vervollständigung der erwähnten Einrichtungen sein. Solche Fälle von vollkommener Dichogamie, wie sie bei dem Dreizack, dem Glaskraut, dem Studentenröschen usw. vorkommen, sind aber verhältnismäßig selten, und auf die übergroße Zahl der unvollkommen dichogamen Zwitterblüten würde diese Erklärung nicht zutreffen. Noch weniger würde sie auf die einhäusigen und zweihäusigen Pflanzen passen, bei denen ebenfalls Dichogamie vorkommt. Bei diesen kann ja von einer Autogamie oder Selbstbestäubung überhaupt nicht die Rede sein.

Läßt sich das Bestehen der Dichogamie neben Einrichtungen von gleichem Erfolge nicht bis zur vollen Einsicht begründen, so ist es wohl von Interesse, darauf hinzuweisen, daß der Dichogamie noch ein ganz besonderer Erfolg zukommt. Der Leser sei eingeladen, zunächst eines der Weidengehölze zu betreten, welches im vorhergehenden kurz geschildert wurde. Die Purpurweide (Salix purpurea) beginnt gerade zu blühen. Die Fruchtblüten derselben zeigen bereits belegungsfähige Narben, aber die Pollenblüten sind noch in der Entwickelung zurück, und es ist noch keine einzige Anthere derselben geöffnet. Dagegen stehen die Pollenblüten bei der Korbweide (Salix viminalis), welche untermischt mit der Purpurweide in demselben Bestande wächst, auf dem Höhepunkte der Entwickelung. Pollen der Korbweide ist in Hülle und Fülle zu haben. Durch den Duft und die Farbe der Blütenkätzchen angelockt, haben sich zahlreiche Bienen eingestellt, schwirren von Strauch zu Strauch, saugen Honig und sammeln Pollen. Sie sind bei dieser Arbeit nicht wählerisch und beschränken sich nicht auf eine einzige Art, sondern fliegen ebensogern zur Purpurweide wie zur Korbweide, und wenn noch andere Weidenarten vorhanden sein sollten, auch noch zu diesen. Wenn jetzt eine Biene zu den Fruchtblüten der Purpurweide kommt, um dort Honig zu saugen, und wenn diese Biene mit Pollen bedeckt ist, den sie von einem kurz vorher besuchten anderen Weidenstrauch abgestreift und aufgeladen hat, so kann dieser Pollen nur von der Korbweide, der Lorbeerweide, der Salweide oder irgendeiner anderen Art herstammen, deren Pollenblüten in der Entwickelung bereits so weit vorgeschritten sind, daß von ihnen Pollen zu haben ist; von der Purpurweide kann dieser Pollen nicht herstammen, weil sich in der ganzen Gegend noch keine einzige Anthere dieser Weidenart geöffnet hat. Indem aber die Narben der Purpurweide mit dem Pollen der Korbweide belegt werden, findet eine Kreuzung zweier Arten oder Bastardierung statt. Erst zwei oder drei Tage später kann auch eine Kreuzung gleicher Arten vollzogen werden; denn nun haben sich auch aus den Pollenblüten der Purpurweide die Antheren vorgeschoben, sich weit geöffnet und bieten den entbundenen Pollen den besuchenden Insekten an. Diese säumen auch nicht, die zugänglich gewordenen Pollenblüten der Purpurweide zu besuchen, streifen dort Pollen ab und übertragen ihn auf die noch immer belegungsfähigen Narben derselben Art. Bei Beginn des Blühens ist also bei der genannten Weide infolge der Dichogamie nur eine Kreuzung verschiedener Arten und erst später eine Kreuzung gleicher Arten möglich. So verhält es sich selbstverständlich bei allen anderen Weiden und überhaupt bei sämtlichen zweihäusigen Gewächsen, deren Blüten unvollkommen proterogyn sind. Daß die geschilderten Vorgänge bei den Weiden wirklich eintreten, beweist die große Menge vorhandener Weidenbastarde.

Um zu zeigen, daß sich an den einhäusigen Pflanzen dieselben Vorgänge abspielen, betreten wir den Rand eines Moores, auf welchem zahlreiche einhäusige Riedgräser oder Seggen (Carex) den Grund des Pflanzenteppichs bilden. Die verschiedensten Arten stehen daselbst in bunter Abwechselung nebeneinander. Hier am Saume der dunkeln Wassertümpel Carex acutiformis, filiformis, riparia, vesicaria, paniculata, dort auf der sich anschließenden sumpfigen Wiesenfläche Carex flava, canescens, glauca, Hornschuchiana und noch viele andere. Diese Riedgräser blühen nicht alle zu gleicher Zeit, sondern die einen kommen etwas früher, die anderen etwas später an die Reihe, und dabei trifft es sich, daß die einen gerade dann aufblühen, wenn bei den anderen die Blüten den Höhepunkt der Entwickelung erreicht haben und bei einer dritten Gruppe die Blüten schon zur Neige gehen. Sämtliche einhäusige Riedgräser sind proterogyn. Die Narben sind schon 2—3 Tage belegungsfähig, haben sich sämtlich weit über die Deckschuppen vorgeschoben und erscheinen so gestellt, daß der von Luftströmungen herbeigetragene Pollen an ihnen hängenbleiben muß. Noch immer sind aber die Antheren der Pollenblüten der betreffenden Art nicht geöffnet. Da ist es wohl selbstverständlich, daß die Narben im Verlaufe des ersten und zweiten Tages häufig mit dem Pollen anderer, früher aufgeblüter Arten belegt werden; denn da die Antheren dieser schon früher aufgeblühten Arten bereits geöffnet sind, so wird jeder Windstoß den Pollen aus ihnen ausschütteln, denselben über das Moor hinwehen und alles bestäuben, was eben bestäubungsfähig ist. Der Blütenstaub, welcher sich später aus den über und neben den belegungsfähigen Narben stehenden Pollenblüten entbindet, kann, entsprechend seiner späteren Reife, erst in zweiter Linie aufgenommen werden. Demnach ist die unvollkommene Dichogamie auch bei den Pflanzen mit einhäusigen Blüten die Ursache, wenn außer Kreuzung gleicher Arten später Bastardbildung stattfindet.

Bekanntlich blühen selbst unter gleichen äußeren Verhältnissen nicht alle Stöcke einer Art an demselben Tag auf, und dieser Umstand ist hier insofern beachtenswert, als man daran denken könnte, daß die früher aufblühenden Stöcke einer Art den Pollen für die Narben der später aufblühenden Stöcke derselben Art liefern. Das ist auch gewiß sehr oft der Fall, aber ebenso gewiß ist, daß die Narben des allerersten zur Blüte kommenden Stockes einer proterogynen Art zunächst nur mit Pollen anderer noch früher blühender Arten belegt werden können und tatsächlich belegt werden, so daß also an der früher zum Ausdrucke gebrachten Schlußfolgerung nichts geändert zu werden braucht.

Da sich die Pflanzen mit scheinzwitterigen Blüten in betreff der Übertragung des Pollens ganz so wie zweihäusige und einhäusige verhalten, so läßt sich erwarten, daß bei ihnen der Dichogamie dieselbe Bedeutung zukommt, welche soeben erörtert wurde. Die hohen Ampferstauden aus der Gruppe Lapathum, namentlich Rumex alpinus, nemorosus und obtusifolius, tragen in ihren Rispen vorwaltend scheinzwitterige Fruchtblüten, scheinzwitterige Pollenblüten und neben diesen spärliche echte Zwitterblüten. Mag man was immer für einen Stock in Augenschein nehmen, stets findet man an demselben die Narben den Antheren in der Entwickelung bedeutend vorausgeeilt. Die Narben sind schon belegungsfähig, die Antheren noch geschlossen. Unter solchen Verhältnissen können die ersten Blüten eines Stockes, seien sie nun Scheinzwitter oder echte Zwitter, den Pollen nur von anderen Stöcken, welche schon mehrere Tage in Blüte stehen, und aus deren bereits geöffneten pendelnden Antheren der Wind den Pollen herausbläst, erhalten. Und mag auch angenommen werden, daß von den 100 Stöcken des Rumex obtusifolius, welche irgendwo einen kleinen Bestand bilden, nicht alle zu gleicher Zeit aufblühen und infolgedessen unzählige Kreuzungen zwischen den Blüten der benachbarten, zu derselben Art gehörigen Individuen stattfinden, die ersten belegungsfähig gewordenen Narben des im stundenweiten Umkreis am frühesten blühenden Stockes von Rumex obtusifolius können ein paar Tage hindurch nur Pollen von anderen Ampferarten erhalten, und es kann daher in der allerersten Zeit des Blühens bei Rumex obtusifolius eine Bastardierung stattfinden. Diese

Beispiele ließen sich noch vermehren, aus ihnen geht hervor, daß die unvollkommene Dichogamie ganz besonders für die Entstehung von Bastarden von Bedeutung ist.

Was die Pflanzen mit echten Zwitterblüten anbelangt, so wiederholt sich bei ihnen dasselbe Spiel. Wenn eine Art proterogyn ist, wie z. B. die offenblumige Küchenschelle Pulsatilla patens, so können die Erstlinge ihrer Blüten keinen Pollen aus den zuständigen Antheren erhalten, weil ein solcher in der ganzen von Pulsatilla patens bewohnten Gegend noch nicht zu haben ist; wohl aber wäre es möglich, daß sie mit dem Pollen anderer, ebendort wachsender und früher aufgeblühter Arten der Gattung Küchenschelle versehen werden. Das gilt selbstverständlich nur für die Anfangszeit des Blühens und nur für jene Stöcke der betreffenden Art, welche in einer bestimmten Gegend als die ersten ihre Blüte entfalten; denn bei den später aufblühenden kommt es ebensogut auch zu einer normalen Kreuzung, weil dann die Erstlinge bereits Pollen entbunden haben, der von den Insekten abgeholt und übertragen werden kann. Unter den Pflanzen mit echten Zwitterblüten gibt es, wie schon früher erzählt wurde, sehr viele, die nicht proterogyn, sondern proterandrisch sind. Da können die Narben in den Erstlingsblüten einer Art nicht mit Pollen belegt werden, weil sie noch nicht geschlechtsreif und nicht zugänglich sind. Was geschieht aber mit dem Pollen dieser proterandrischen Erstlingsblüten? Wenn er überhaupt alsbald nach seiner Entbindung aus den Antheren durch Vermittelung des Windes oder der Insekten zu einer Narbe gelangt, so kann das nur die Narbe einer anderen Art sein, welche bereits belegungsfähig ist. Gegen das Ende des Blühens ist in den Blüten der meisten proterandrischen Arten kein Pollen mehr vorhanden, aber die Narben dieser Nachzügler unter den Blüten haben erst jetzt ihre Geschlechtsreife erlangt. Sie können nur Pollen aus anderen, in der Entwickelung noch nicht so weit vorgeschrittenen Blüten bekommen. Für jene Blüten aber, welche als die allerletzten in irgendeiner Gegend blühen, ist, wenn sie proterandrisch sind, ein Pollen der zugehörigen Art gar nicht mehr zu haben, und diese können nur mit dem Pollen anderer Arten versehen werden.

Ein eigentümliches Verhalten zeigen die Pflanzenarten, welche man heterostyl genannt hat. Mehrere Gentianazeen (z. B. Menyanthes trifoliata, Gentiana rhaetica und germanica), die verschiedenen Arten des Bergflachses (Thesium), zahlreiche Primulazeen (z. B. Androsace, Aretia, Gregoria, Hottonia, Primula; s. Abbildung, S. 336 und 337, Fig. 1 und 2), desgleichen viele Asperifoliazeen (z. B. Myosotis, Mertensia, Pulmonaria; s. Abbildung, S. 336, Fig. 3 und 4) und verschiedene andere tragen an dem einen Stocke Blüten mit verhältnismäßig kurzem Griffel, und es stehen in diesen Blüten die Antheren oberhalb der Narbe; an einem anderen Stock entwickeln dieselben Pflanzenarten nur Blüten mit verhältnismäßig langem Griffel, und in solchen Blüten stehen die Antheren unterhalb der Narbe. Im Beginn des Blühens können die Narben solcher Blüten weder aus den über, noch aus den unter ihnen stehenden Antheren Pollen von selbst erhalten. Dagegen wird zu dieser Zeit ein Insekt, welches bei dem Einführen seines Rüssels in eine kurzgriffelige Blüte die um den Schlund der Blumenkrone herumstehenden Antheren streift und sich dabei Pollen auflädt, diesen Pollen bei dem darauffolgenden Einfahren in eine langgriffelige Blüte pünktlich auf die Narbe bringen, weil ja diese Narbe genau in derselben Höhe der Blüte steht wie der Antherenkreis in der kurzgriffeligen Blüte. Daß auch umgekehrt der Pollen, welcher in der Mittelhöhe der Kronenröhre einer langgriffeligen Blüte an den Rüssel eines honigsaugenden Insektes angeklebt wurde, bei dem folgenden Besuch einer kurzgriffeligen Blüte an die Narbe des bis zu derselben Höhe emporragenden Griffels abgestreift wird, braucht kaum ausführlicher geschildert zu werden. Es genügt, hier zu erwähnen, daß es auch Pflanzen gibt, deren Narben und Antheren dreierlei Guppierungen zeigen, daß z. B. bei dem Weiderich (**Lythrum Salicaria**) die Blüten des einen Stockes lange, die des zweiten Stockes mittlere und die des dritten Stockes kurze Griffel haben, und daß die in zwei Kreisen geordneten Antheren bei dieser Pflanze in den langgriffeligen Blüten unterhalb der Narben zu stehen kommen, während in den mittelgriffeligen Blüten die Antheren einen Kreis oberhalb und einen unterhalb der Narben bilden und in den kurzgriffeligen Blüten beide Antherenkreise über die Narben gestellt sind. Ebenso soll hier auch nur in Kürze darauf hingewiesen werden, daß die unten abgebildete **Eschscholtzia** in ihren Blüten ungleichlange Griffel entwickelt, nämlich in einigen durch bedeutenderen Umfang ausgezeichneten Blüten zwei längere und zwei kürzere, von denen die ersteren ihren Pollen von anderen Blüten erhalten und auf Kreuzung berechnet sind, während

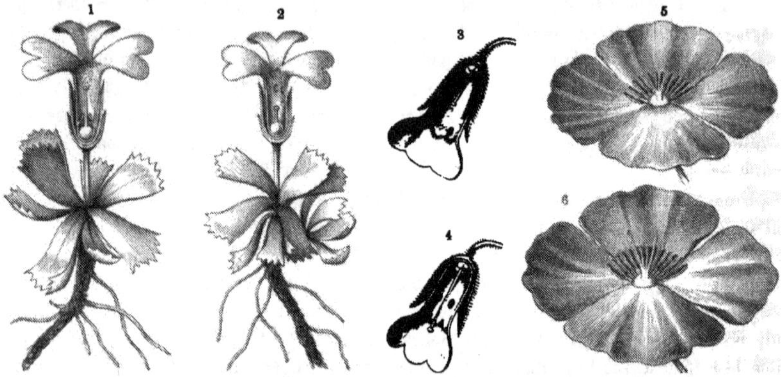

Heterostyle Blüten: 1) Stock von **Primula minima** mit einer langgriffeligen Blüte, 2) Stock derselben Pflanzenart mit einer kurzgriffeligen Blüte; 3) kurzgriffelige, 4) langgriffelige Blüte der **Pulmonaria officinalis**; 5) kurzgriffelige, 6) langgriffelige Blüte der **Eschscholtzia californica**. Sämtliche Figuren in natürl. Größe. (Zu S. 335 und 336.)

die letzteren mit dem Pollen aus den dicht neben ihnen stehenden Antheren belegt werden (s. obenstehende Abbildung, Fig. 6), und dann noch in den anderen, etwas kleineren Blüten vier Griffel, die sämtlich so kurz sind, daß sie über die den Pollen liefernden Antheren nicht hinausragen (s. Fig. 5). Von den merkwürdigen Ranunkulazeen und Dryadazeen (**Anemone baldensis, Pulsatilla alpina, vernalis, Ranunculus alpestris, glacialis, Geum montanum, reptans** usw.), welche neben den scheinzwitterigen Pollenblüten zweierlei Zwitterblüten entwickeln: solche mit großen Fruchtköpfchen und kurzen wenigen Pollenblättern und solche mit kleinen Fruchtköpfchen und längeren zahlreichen Pollenblättern, soll hier nur so viel erwähnt sein, daß die ersteren auf Kreuzung, die letzteren auf Autogamie berechnet sind.

Bei den heterostylen Blüten scheint die Möglichkeit der Selbstbefruchtung dadurch gegeben, daß in der kurzgriffeligen Blüte der Pollen einfach aus den höherstehenden Antheren auf die Narbe herunterfiele. Aber hier ist in eigentümlicher Weise dafür gesorgt, daß dies keinen Erfolg habe, weil bei vielen heterostylen Blüten die Größe, manchmal auch die Farbe der Pollenkörner verschieden ist und in Übereinstimmung steht mit der Größe der Narbenpapillen von Griffeln gleicher Höhe wie die pollenliefernden Antheren. Es passen also nur Pollenkörner aus tiefstehenden Antheren zu kurzen Griffeln und Pollenkörner aus hochstehenden Antheren zu langen Griffeln. So sind z. B. beim Weiderich die trockenen Pollenzellen der langen Pollenblätter grünlich, 30—38 Mikromillimeter lang und 20—60 Mikrom. breit, jene der mittleren sind gelblich, 23—26 Mikrom. lang und 13—16 Mikrom. breit, und jene der kurzen sind auch gelblich, aber 20—25 Mikrom. lang und 11—13 Mikrom. breit. Bei der Frühlingsprimel (Primula officinalis) zeigen die Pollenzellen aus den Antheren der hoch oben an der Mündung der Kronenröhre eingefügten Pollenblätter, welche für die Narben langer Griffel bestimmt sind, einen Durchmesser von 30, dagegen die Pollenzellen aus den Antheren der tief

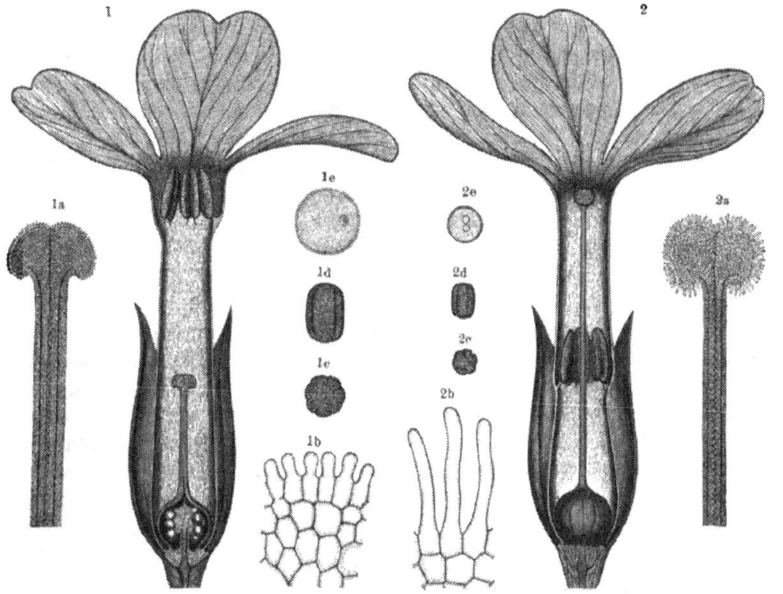

Heterostylie bei Primula elatior (nach Kny): 1) Längsschnitt durch die kurzgriffelige Blüte, 1a) oberer Teil des Griffels und der Narbe mit kurzen Papillen, 1b) Narbenpapillen, vergrößert, 1c) trockenes Pollenkorn, welches größer ist als bei der langgriffeligen Form, 1d) dasselbe von der Seite, 1e) in Wasser liegend; 2) Längsschnitt durch die langgriffelige Blüte, 2a) oberer Teil des Griffels und der Narbe mit langen Papillen, 2b) Narbenpapillen, stärker vergrößert, 2c) trockenes Pollenkorn, 2d) dasselbe von der Seite, 2e) in Wasser liegend. (Zu S. 335—337.)

unten in der Kronenröhre eingefügten Pollenblätter, welche für die Narben der kurzen Griffel bestimmt sind, einen Durchmesser von 20 Mikromillimeter. Die Übertragung des Pollens aus den Antheren einer kurzgriffeligen Blüte auf die Narbe einer langgriffeligen Blüte oder jenes aus den Antheren einer langgriffeligen Blüte auf die Narbe einer kurzgriffeligen ist von bestem Erfolge begleitet; die anderen Verbindungen, so insbesondere jene des Pollens aus den Antheren einer langgriffeligen mit den Narben einer anderen langgriffeligen Blüte oder des Pollens aus den Antheren einer kurzgriffeligen mit den Narben einer anderen kurzgriffeligen Blüte, haben nur geringen oder manchmal auch gar keinen Erfolg.

Es erübrigt nur noch zu bemerken, daß die Zahl der Pflanzenarten mit heterostylen Blüten weit größer ist, als in früherer Zeit angenommen wurde. Man kennt gegenwärtig dergleichen Arten aus den Familien der Asperifoliazeen, Kaprifoliazeen, Karyophyllazeen,

Kolchikazeen, Krassulazeen, Erikazeen, Gentianazeen, Globulariazeen, Iridazeen, Linazeen, Lythrazeen, Onagrazeen, Oxalidazeen, Papaverazeen, Plantaginazeen, Plumbaginazeen, Polygonazeen, Primulazeen, Oleazeen, Rubiazeen, Santalazeen, Solanazeen und Valerianazeen, und es ist wahrscheinlich, daß diese Liste bei eingehenderen Untersuchungen zumal tropischer Gewächse noch erheblich erweitert werden wird. In den meisten Fällen bringen die Arten einer Gattung nur zweierlei Blütenformen hervor. Es gibt aber auch Gattungen, wie z. B. Linum und Oxalis, von welchen ein Teil der Arten lang-, mittel- und kurzgriffelige, ein anderer Teil lang- und kurzgriffelige Blüten und ein dritter Teil durchweg Blüten mit gleichlangen Griffeln ausbildet. Bei manchen Arten ist die Feststellung der Heterostylie darum mit einigen Schwierigkeiten verbunden, weil sich die Antherenträger während des Blühens sowohl in den langgriffeligen als in den kurzgriffeligen Blüten verlängern, wodurch das gegenseitige Verhältnis der Längenmaße außerordentlich verwickelt wird. Auch ist man der Gefahr ausgesetzt, Pflanzenarten, welche auf einem Teil ihrer Stöcke scheinzwitterige Blüten mit zwar deutlich sichtbaren, aber dennoch zur Paarung nicht geeigneten Fruchtknoten, Griffeln und Narben tragen, für heterostyle Arten zu halten.

Selbstbefruchtung.

Man darf die Kreuzung nicht als biologisches Gesetz bezeichnen, denn wir können nicht von ihrer Notwendigkeit, sondern nur von ihrer Nützlichkeit sprechen, die aus ihren günstigen Folgen für die Nachkommenschaft hervorgeht. Man kann heute sagen, Kreuzung erzeugt bessere Nachkommenschaft als Selbstbefruchtung. Trotzdem findet auch diese letztere nicht bloß ganz selten, sondern häufig genug statt, um neben der Kreuzung besonders behandelt zu werden. Ein erheblicher Unterschied des Wertes beider Befruchtungsmethoden ist allerdings nicht zu verkennen. Während die Kreuzung in vielen Fällen zweckmäßig und bei den eingeschlechtigen Blüten sogar unumgänglich für eine Befruchtung ist, erscheint die Selbstbefruchtung oder Autogamie, wo sie vorkommt, eigentlich niemals als Notwendigkeit, sondern nur unter Umständen als nützlich.

Es ist eine merkwürdige Tatsache, daß sich manche Blüten, obschon darauf angelegt, durch Vermittelung der Insekten gekreuzt zu werden, gar nicht öffnen, wenn der Besuch der betreffenden Tiere wegen ungünstiger äußerer Bedingungen nicht erwartet werden kann. In den Gebirgsgegenden der gemäßigten Zonen kommt es häufig vor, daß dann, wenn die Blüten nahe daran sind, sich zu öffnen, Regenwetter eintritt, welches wochenlang beharrlich anhält. Die Bienen, Hummeln, Falter und Fliegen haben sich in ihre Baue und Schlupfwinkel zurückgezogen und müssen den Besuch der Blüten längere Zeit unterbrechen. Das Wachstum der Pflanzen ist aber während dieser Zeit nicht gänzlich aufgehalten; auch in den Blüten schreitet bei entsprechender Temperatur die Entwickelung ruhig fort; das Narbengewebe wird belegungsfähig, die Antheren erlangen ihre Reife, springen auf und entlassen ihren Pollen; aber noch immer hat kein Sonnenstrahl das Gewölk durchbrochen; es regnet fort, und die Insekten bleiben in ihren regensicheren Verstecken verborgen. Unter solchen Umständen findet auch eine Öffnung der Blütenpforte nicht statt; es kommt in der geschlossen bleibenden Blüte zur Autogamie, und die Vorrichtungen, durch welche eine Kreuzung hätte erzielt werden können, kommen nicht zur Wirksamkeit. So verhält es sich z. B. bei Alsine rubra, Anagallis phoenicea, Arabis coerulea, Azalea procumbens, Calandrinia compressa,

Centunculus minimus, Drosera longifolia, Gagea lutea, Gentiana glacialis und prostrata, Hypecoum pendulum, Hypericum humifusum, Lepidium sativum, Montia fontana, Oxalis corniculata und stricta, Polycarpon tetraphyllum, Portulaca oleracea, Sagina saxatilis, Silene noctiflora, Sisyrinchum anceps, Spergula arvensis, Stellera Passerina, Veronica alpina, Pflanzen der verschiedensten Standorte, die aber eins miteinander gemein haben, nämlich, daß ihre Blüten, auch wenn sie sich öffnen, nur von kurzer Dauer sind. Bei Pflanzen mit langlebigen Blüten ist es nicht selten, daß sich bei andauerndem Regenwetter die Autogamie in der geschlossenen Blüte vollzieht, daß aber nachträglich bei günstiger Witterung die Blumenblätter doch noch auseinandergehen und dadurch wenigstens die Möglichkeit gegeben wird, daß Insekten den zur Autogamie nicht verwendeten Pollen abholen. Als Beispiele, bei welchen diese Einrichtung häufig beobachtet wird, könnten das wimperhaarige Alpenröschen (Rhododendron hirsutum), der Fieberklee (Menyanthes trifoliata) und der Teufelszwirn (Cuscuta europaea) genannt werden.

Es gibt auch Pflanzen, welche in Wasserlachen, in Tümpeln und am Ufer der Teiche mit wechselndem Wasserspiegel ihren gewöhnlichen Standort haben, wie beispielsweise Alisma natans, Illecebrum verticillatum, Limosella aquatica, Peplis Portula und Subularia aquatica, welche für den Fall, daß ihre dem Öffnen nahen Blütenknospen unter Wasser gesetzt werden, sich nicht öffnen, und bei denen sich dann die Autogamie in den geschlossen bleibenden Blüten unter Wasser vollzieht, wozu bemerkt werden muß, daß in den mit Luft erfüllten Innenraum solcher Blüten das umgebende Wasser nicht eindringt und demnach der merkwürdige Fall vorliegt, daß die Übertragung des Pollens auf die zuständige Narbe zwar unter Wasser, aber dennoch in der Luft erfolgt.

Bei einigen Knöterichen (Polygonum Hydropiper, minus und mite) kann man auch die Beobachtung machen, daß sich an jenen Stöcken, welche vereinzelt wachsen, und deren sämtliche mit Blüten besetzte Zweige dem Sonnenlicht ausgesetzt und den Insekten sichtbar und zugänglich sind, alle Blüten öffnen, daß aber dann, wenn von derselben Art Hunderte von Stöcken dichtgedrängt beisammenstehen, nur ein Teil der Blüten die Perigone öffnet. Nur die Blüten an den aufrechten Zweigen solcher Stöcke erschließen sich den besuchenden Insekten, jene an den untersten, dem Boden aufliegenden Zweigen, welche beschattet, versteckt und für die Insekten nicht leicht zu erreichen sind, bleiben geschlossen. Also hier erscheint die Selbstbefruchtung als eine zweckmäßige Einrichtung zur Überwindung gelegentlicher ungünstiger Lebensbedingungen, und daher vollzieht sich auch hier die Autogamie mit sichtlichem Erfolge. Ähnliches wird von der tropischen Myrmecodia tuberosa angegeben, in deren kleinen, porzellanweißen, stets vollkommen geschlossen bleibenden Blumen nur Autogamie stattfindet, und welche dennoch reichliche keimfähige Samen erzeugen.

Solche Pflanzen bilden den Übergang von denjenigen, welche sich öffnen und zur Kreuzung bestimmt sind, zu solchen, welche überhaupt ganz geschlossen bleiben, und in welchen Autogamie stattfinden muß. Die letzteren Blüten hat man kleistogame Blüten (*κλειστος* [kleistos] = verschließbar; *γαμειν* [gamein] = heiraten) genannt und von denselben eine Reihe sehr merkwürdiger Formen unterschieden. Ein gemeinsames Merkmal derselben ist die Verkümmerung oder das gänzliche Fehlschlagen jener Blumenblätter, welche durch ihren Duft, ihre Farbe und ihren Honig die Insekten zum Besuch anlocken könnten. Was von Blumenblättern ausgebildet wird, hat nur die Bedeutung einer Hülle, unter deren Schutz die Samenanlagen und Narben, die Antheren und der Pollen ihre Geschlechtsreife erlangen und sich miteinander verbinden können. In manchen Fällen ist keine Spur einer Blumenkrone zu sehen, nur grüne Kelchblätter sind entwickelt, welche fest zusammenschließen und die Pollenblätter und Stempel wie ein Hohlkegel umgeben. So findet man z. B. bei der in den Laubwäldern Krains häufigen Aremonia agrimonioides kleistogame Blüten im Umfange von 2—3 mm, in welchen vom Rande der krugförmig vertieften Scheibe Pollenblätter und Kelchblätter ausgehen, aber die Kronenblätter vollständig fehlen. In anderen Fällen sind die Kronenblätter zwar vorhanden, bleiben aber klein und von grünlichweißer Farbe. Gerade diejenigen Teile der Krone, welche in offenen Blüten durch ihre Gestalt und ihren Farbenschmelz am meisten auffallen, sind hier verkümmert. So ist in den kleistogamen Blüten mehrerer Veilchen das gespornte Blumenblatt, welches in den offenen Blüten am meisten in die Augen fällt, kaum mehr zu erkennen; die Platte desselben ist im Umriß eiförmig, auch erscheint sie eingerollt und bildet einen über die Antheren und die Narbe gestülpten Hohlkegel. Die Antheren sind in den kleistogamen Blüten gewöhnlich so gestellt, daß der zur Reife gekommene und aus den aufgesprungenen Fächern hervordrängende Pollen unmittelbar mit der Narbe in Berührung kommt. Mitunter besteht zwar ein winziger Abstand zwischen dem an den Antherenfächern haftenden Pollen und der zuständigen Narbe, aber dann treiben aus den Pollenzellen Schläuche in der Richtung der Narbe hervor, welche sich an die Papillen der Narbe anlegen und von dort ihren weiteren Weg zu den Samenanlagen nehmen. In den kleistogamen Blüten einer Taubnessel (Lamium amplexicaule) hat man auch gesehen, daß sich die Antheren nicht öffnen, daß aber dennoch Pollenschläuche aus den Pollenzellen hervortreten, welche die Antherenwand durchbrechen und zu den Narben hinwachsen. Betrachtet man eine solche kleistogame Blüte, nachdem sich in ihr die Autogamie vollzogen hat, so könnte man beim ersten Anblick glauben, die Antheren seien mit den Narben verwachsen, da die Pollenschläuche eine ziemlich feste Verbindung mit der Narbe herstellen.

Es wurde bereits erwähnt, daß alle Pflanzenarten, welche kleistogame Blüten hervorbringen, neben diesen auch noch andere mit geöffneten Blumen entwickeln. Der Mehrzahl nach sind diese letzteren durch Form, Farbe und Duft sehr auffallend. Sie erscheinen auf den Besuch von Tieren berechnet, welche Kreuzungen vermitteln sollen. Merkwürdigerweise fehlen aber diesen offenen Blüten jene Einrichtungen, welche für den Fall ausbleibenden Insektenbesuches zur Autogamie führen. Auf Grund solcher Erfahrungen ist man wohl berechtigt, anzunehmen, daß hier eine Art Teilung der Arbeit stattgefunden hat, insofern als die Aufgaben, welche bei den meisten Pflanzen nur von einer Form der Zwitterblüten gelöst werden, hier zweierlei Zwitterblüten zugeteilt sind: die Kreuzung den sich öffnenden, die Autogamie den geschlossen bleibenden.

Unter Gräsern, Binsen, Simsen und ähnlichen Pflanzen, deren Zwitterblüten stäubenden Pollen entwickeln, sind nur wenige Arten mit kleistogamen Blüten bekannt. Das am längsten bekannte Beispiel ist wohl Oryza clandestina, ein mit der Reispflanze verwandtes, weitverbreitetes Sumpfgras, welches in seinen Rispen vorwiegend geschlossen bleibende, auf Autogamie angewiesene und nur an den obersten Verzweigungen einige wenige sich öffnende Blüten entwickelt, die durch Vermittelung des Windes gekreuzt werden können. Desto größer ist die Zahl der Arten mit kleistogamen Blüten unter denjenigen Gewächsen, welche durch Vermittelung von Insekten gekreuzt werden können. Zahlreiche Asklepiadazeen, Malpighiazeen, Papilionazeen und Orchideen der tropischen und subtropischen Florengebiete bieten hierfür lehrreiche Beispiele. Ihre offenen, prachtvoll gefärbten und weithin sichtbaren Blumen locken Tiere heran, und wenn diese wirklich die Blüten besuchen, so ist durch die mannigfaltigsten Schlagwerke, Streuwerke und Schleuderwerke die Kreuzung gesichert; aber wenn trotz aller Anlockungsmittel die erwarteten Tiere ausbleiben, so werden die Narben nicht belegt, und diese offenen großen Blüten verwelken, ohne zur Fruchtbildung gelangt zu sein. Nun erst können bei diesen Pflanzenarten die kleistogamen Blüten an die Reihe kommen, die sich in den Achseln bestimmter Blätter entwickeln als kleine, grünliche, knospenähnliche Gebilde, welche aller Anlockungsmittel für Insekten entbehren, aber um so sicherer reife Früchte und keimfähige Samen hervorbringen. Übrigens fehlt es auch in den Florengebieten gemäßigter Zonen nicht an Pflanzen, bei welchen dieselbe Erscheinung beobachtet wird. Eine Menge Glockenblumen, Sonnenröschen, Balsaminen, Polygalazeen, Oxalidazeen, Labiaten und Skrofulariazeen (z. B. Campanula, Specularia, Helianthemum, Impatiens, Polygala, Oxalis, Ajuga, Salvia, Linaria) und insbesondere die Veilchen aus den Rotten Nominium und Dischidium zeigen denselben Gegensatz in den Aufgaben ihrer zweierlei Blüten. Das schöne Veilchen unserer Laubwälder, Viola mirabilis, entfaltet im Frühling duftende, honigreiche Blüten mit großen violetten Blumenblättern. Wenn dieselben von Bienen oder Hummeln besucht werden, findet in ihnen eine Kreuzung statt; aber viele Blüten bleiben unbesucht und verwelken, ohne daß jene Autogamie zustande gekommen wäre, welche im vorhergehenden (S. 340) von den Veilchenarten der Rotte Melanium beschrieben worden ist. Nun kommen aber im Sommer an demselben Stock, und zwar an besonderen Verzweigungen desselben, kleine, grüne Blütenknospen zum Vorschein, welche sich nicht öffnen, und aus denen trotzdem bald darauf reife, große Fruchtkapseln mit einer Fülle von Samen hervorgehen. Schon den Botanikern des vorigen Jahrhunderts war diese der gewöhnlichen Vorstellung von dem Erfolge des Blühens scheinbar widersprechende Erscheinung aufgefallen, und sie hatten dieses Veilchen, an welchem sie die offenen, großen Blüten meistens fehlschlagen und die geschlossen bleibenden knospenartigen Blüten stets zu Früchten werden sahen, Viola mirabilis, das wunderbare Veilchen, genannt.

Bei dem wunderbaren Veilchen und bei allen mit ihm verwandten Arten, welche die beschreibenden Botaniker „stengeltreibend" genannt haben, gelangen die kleistogamen Blüten an besonderen Sprossen zur Ausbildung, und es erscheinen diese Sprosse entweder als aufrechte oder als lange, zickzackförmig gebogene und auf dem Boden liegende Zweige. Ähnliches beobachtet man auch bei mehreren Arten der Gattung Sauerklee (Oxalis) und an der schon früher erwähnten Aremonia agrimonioides. Man kennt auch einige Schmetterlingsblütler (z. B. Vicia amphicarpa) und Schotengewächse (z. B. Cardamine chenopodiifolia), bei denen die kleistogamen Blüten an unterirdischen Ausläufern oder Stielen entstehen, während die offenen Blüten von oberirdischen Trieben getragen werden. Bei mehreren Veilchen, welche die beschreibenden Botaniker „stengellos" nennen, so namentlich an Viola collina und sepincola, kommen die kleistogamen Blüten gleichfalls unterirdisch, und zwar an Stielen, welche von kurzen Stocksprossen ausgehen, zur Entwickelung. In allen diesen Fällen ist es ein und derselbe Stock, welcher die zweierlei Blüten getrennt an den verschiedenen Achsengebilden trägt. Es gibt aber auch Pflanzen, wie z. B. das Springkraut (Impatiens Nolitangere), welche an dem einen Stocke sich öffnende und an dem anderen Stocke geschlossen bleibende Blüten ausbilden. Um der Wahrheit gerecht zu werden, sollte übrigens hier jedesmal das Wort „vorwiegend" beigesetzt werden; denn Übergänge und Zwischenstufen sind nicht selten. So kommen z. B. Stöcke des zuletztgenannten Springkrautes vor, an welchen offene Blüten mit großen Blumenkronen, halb offene Blüten mit verkümmerten Blumenkronen und kleine, geschlossen bleibende, kleistogame Blüten nebeneinanderstehen, und wiederholt wurden an den zickzackförmigen, liegenden Ausläufern des Sandveilchens (Viola arenaria) neben den kleistogamen Blüten auch solche mit großen ausgebreiteten Blumenblättern gesehen. Dasselbe gilt auch in betreff der Zeit, in welcher die kleistogamen Blüten auftreten. In der Mehrzahl der Fälle werden sie erst entwickelt, wenn die offenen Blüten bereits verwelkt und entschwunden sind, aber bei Cardamine chenopodiifolia hat man beobachtet, daß die unterirdischen kleistogamen Blüten früher ausgebildet wurden als jene, welche von den oberirdischen Stengeln getragen werden und ihre Blumenblätter ausbreiten.

Ehemals wurde auch behauptet, daß es Pflanzen gebe, welche niemals andere als kleistogame Blüten tragen. So wurde von der Krötensimse (Juncus bufonius) erzählt, daß sie ausschließlich kleistogame Blüten hervorbringe. Spätere Untersuchungen haben aber ergeben, daß diese Pflanze zweierlei Blüten besitzt, dreimännige endständige, welche kleistogam sind, und sechsmännige seitenständige, welche sich im warmen Sonnenschein des Mittags in derselben Weise öffnen wie jene der anderen Simsen. Auch von einem Salbei (Salvia cleistogama) hatte man angegeben, daß er nur kleistogame Blüten entwickle, aber nach wiederholten Aussaaten desselben kamen auch Stöcke mit deutlich aufgeschlossenen Blüten zum Vorschein. Wer das Springkraut Impatiens Nolitangere nur auf dem Sande und den Schutthalden an Ufern der Gebirgsbäche in den Tiroler Hochtälern zu sehen Gelegenheit hätte, könnte auch von dieser Pflanze glauben, sie komme nur mit kleistogamen Blüten vor, denn an den bezeichneten Orten ist noch niemals eine offene Blüte derselben gesehen worden. Sät man aber die aus den kleistogamen Blüten hervorgegangenen Samen dieses Springkrautes in gute Walderde an eine halbschattige Stelle des Gartens, so tauchen regelmäßig schon nach der ersten Aussaat einige Stöcke mit großen gelben, aufgeschlossenen Blumen auf. Das deutet darauf hin, daß die Entstehung kleistogamer Blüten, wenn auch nicht allein, von der Ernährung der Pflanzen abhängig ist, was durch Versuche bestätigt worden ist. Auf den Hügeln am Fuße der Solsteinkette im tirolischen Inntale wächst in dichtem Waldesschatten ein Veilchen namens Viola sepincola. Dasselbe zeigt dort schon zur Zeit des Abschmelzens des Winterschnees zahlreiche unter dem abgefallenen Laube und teilweise unter der Erde geborgene kleistogame Blüten. Niemals hat man dort im schattigen Waldgrunde offene Blüten desselben gesehen. Stöcke dieses Veilchens, in den Garten an eine zeitweilig besonnte Stelle gesetzt, entwickelten aber schon im zweitnächsten Jahre neben den kleistogamen auch aufknospende, schön violette und duftende Blüten an aufrechten Stielen.

Dieses Ergebnis wirft auch einiges Licht auf die Anregung zur Bildung der hier in Rede stehenden Blüten. Im tiefen, kühlen Waldesschatten wurde an Viola sepincola keine offene oberirdische Blüte angelegt, wohl aber im freien Land an einem zeitweilig besonnten Standorte. Man geht wohl nicht fehl, wenn man auch dem Licht als Anregungsmittel für die Anlage blütentragender Sprosse, und zwar solcher, in deren Blüten auch bunt gefärbte Blumenblätter vorhanden sind, eine hohe Bedeutung zuschreibt, während bei mangelhafter Beleuchtung die Bildung kleistogamer Blüten gefördert wird. Mittelbar aber ergibt sich für die betreffenden Pflanzen der Vorteil, daß sie ihre Bautätigkeit im tiefen, kühlen Schatten, wo sich weder Bienen noch Hummeln einstellen, und wo die offenen Veilchenblüten unbesucht bleiben würden, auf die Anlage und Entwickelung kleistogamer Blüten beschränken und die Ausbildung offener, auf Kreuzung berechneter Blüten gewissermaßen ersparen können. Fallen die beschattenden Bäume des Waldes, sei es durch Windbruch oder durch die Axt des Holzhauers, und wird die Stelle, wo das in Rede stehende Veilchen wächst, der Sonne zugänglich, so stellen sich dort gewiß auch Bienen und Hummeln ein, die nach Honig suchen, von Blüte zu Blüte schwirren und dabei Kreuzungen einleiten. Dann sind die offenen, duftenden, violetten Blüten am Platze, und derselbe Veilchenstock, der jahrelang im dichten Waldesschatten nur kleistogame Blüten entwickelte, wird durch die Sonnenstrahlen angeregt, Blüten mit ausgebreiteten Blumenblättern anzulegen.

Eine ähnliche Bewandtnis hat es auch mit der auf bebautem Land, in Gemüsegärten, Weinbergen und unter der Saat gedeihenden stengelumfassenden Taubnessel (Lamium amplexicaule). Diese Pflanze entwickelt zweierlei Blüten, solche mit einer 15 mm langen, purpurnen Blumenkrone, welche die zum Honig führende Pforte weit aufsperrt, und kleistogame Blüten mit verkümmerter Blumenkrone und einem kleinen, geschlossen bleibenden grünen Kelche. Wie bei vielen anderen einjährigen Unkräutern erhalten sich auch bei dieser Taubnessel die in vorgerückter Jahreszeit aufgekeimten Stöcke lebend über den Winter, und man kann sie daher in allen Jahreszeiten an den erwähnten Standorten frisch und grün sehen. Auch Blüten werden von ihr in allen Jahreszeiten angelegt und entwickelt, aber merkwürdigerweise sind nur zur Zeit, wenn blütenbesuchende Insekten um die Wege sind, die schönen, purpurnen Kronen, in deren weit geöffneten Schlund die Honigsauger mit Rüssel und Kopf einfahren können, zu sehen; im kühlen Spätherbste, wenn die blütenbesuchenden Insekten fehlen, kann sich die Taubnessel den Luxus der roten, auf die Insekten als Anlockungsmittel wirkenden Blumenkronen ersparen, und in der Tat kommen dann fast nur kleistogame Blüten zum Vorschein. Das ist nun freilich nicht so aufzufassen, als ob die Pflanze aus eigener kluger Überlegung die Ausbildung der Kronen unterlassen würde, sondern die Beziehung ist als eine mittelbare zu denken, und man darf sich vorstellen, daß unter dem Einfluß der kurzen Tage und der niederen Temperatur im späten Herbst die Anregung zur Anlage der Blütenknospen eine andere ist als unter dem Einflusse der langen, warmen Tage des Sommers.

Demnach ist es unrichtig, zu meinen, kleistogame Blüten würden zum Zwecke des Ersatzes untätiger offener Blüten gebildet, denn bei der Pflanze mit kleistogamen Blüten bilden oft auch die offenen viele Samen. Auch darf man nicht annehmen, daß der Mangel an Insektenbesuch die Entstehung kleistogamer Blüten verursache. Vielmehr hängt die Entstehung solcher Blüten von äußeren Bedingungen, von Ernährung, Beleuchtung, Feuchtigkeit ab, die mit der Befruchtung nicht unmittelbar zusammenhängen. Die kleistogamen Blüten sind oftmals nicht notwendig, aber die Fähigkeit, sie zu bilden, erweist sich unter Umständen als nützlich, besonders wenn die offenen Blüten derselben Pflanze an der Bildung von Samen durch Ungunst der Verhältnisse gehindert werden.

Tritt bei den kleistogamen Blüten Samenbildung ein, so kann diese nur durch Selbstbefruchtung zustande kommen. Bei den offenen Blüten dagegen können sowohl Kreuzung als Autogamie stattfinden. Man muß daher die Frage stellen, ob trotz des Vermögens der Kreuzung nicht auch die Autogamie daneben in ausgedehnterem Maße ausgeübt wird. Man kann weder die Möglichkeit noch die Tatsächlichkeit des häufigen Samenansatzes nach Selbstbefruchtung leugnen, und es sind oben schon Pflanzen aufgeführt, die ziemlich häufig sich selbst befruchten. Dennoch wird aus den folgenden Schilderungen immer wieder hervorgehen, daß die Einrichtungen zur Autogamie erst in Wirkung treten, nachdem der Kreuzung der Vortritt gelassen wurde, also wesentlich als ein Ausgleich ungünstiger Verhältnisse.

Die Mittel, Autogamie herbeizuführen, sind ziemlich einfache. Es handelt sich darum, Anthere und Narbe derselben Blüte miteinander in Berührung zu bringen. Das geschieht häufig dadurch, daß beide Organe gegen Ende des Blühens ihre Lage durch Drehungen ändern und so zur Berührung gelangen.

Eine der häufigsten zur Autogamie führenden Einrichtungen ist folgende. Antheren und Narben befinden sich in gleicher Höhe, aber die Antheren stehen infolge der Lage und Richtung ihrer Träger so weit von der Narbe ab, daß eine Übertragung des haftenden Pollens von selbst nicht stattfinden kann. Anfangs kann daher nur eine Pollenübertragung durch Insekten stattfinden. Später werden aber von den fadenförmigen geraden und steifen Antherenträgern eigentümliche Bewegungen ausgeführt, welche den Erfolg haben, Pollen aus den Antheren auf die eigenen Narben zu bringen. Die Antherenträger neigen sich gegen die Mitte der Blüte, die Antheren werden dadurch mit den dort befindlichen Narben in Berührung gebracht und drücken den aus ihren Fächern hervorgequollenen Pollen auf die belegungsfähige Narbe. Als hierhergehörig wären zu nennen Azalea procumbens und Draba aizoides, zahlreiche Steinbreche aus der Gruppe Aizoonia und Tridactylites, besonders aber viele Mieren und Nelkengewächse.

Bei den zuletztgenannten Steinbrechen, welche in jeder Blüte zwei Kreise von Pollenblättern enthalten, kann es als Regel gelten, daß der Pollen, welcher in den Antheren der fünf vor den Kelchblättern stehenden Pollenblätter entbunden wird, zur Autogamie, der Pollen, welcher aus den Antheren der fünf vor den Kronenblättern stehenden Pollenblätter hervorgeht, zu Kreuzungen verwendet wird. Das Umgekehrte findet bei den hierhergehörigen Mieren, z. B. Malachium aquaticum, Sagina saxatilis, Spergula arvensis und Stellaria media, statt. Bei diesen dient nämlich der Pollen der fünf vor den Kelchblättern stehenden Antheren zu Kreuzungen, jener der fünf vor den Kronenblättern stehenden Pollenblätter zur Autogamie.

An diese Pflanzen, deren hauptsächlichste Vorbilder die Steinbreche aus der Gruppe Aizoonia und Tridactylites sowie die erwähnten Mieren bilden, schließt sich eine andere Gruppe, die vorwiegend aus Schotengewächsen besteht. Zum größten Teile sind es einjährige Arten mit kleinen Blüten, die nur spärlich von Insekten besucht werden, und deren Samen der Mehrzahl nach als das Ergebnis der Autogamie angesehen werden müssen. Cochlearia Groenlandica, Draba borealis und verna, Clypeola Messanensis, Lobularia nummularia, Hutchinsia alpina, Schieverekia podolica, Lepidium Draba, Alyssum calycinum sind einige wenige herausgegriffene Beispiele, deren Auswahl, nebenbei bemerkt, auch zeigen soll, daß die hier in Betracht kommenden Schotengewächse vom hohen Norden bis in die Sahara und von den Hochgebirgen bis in die Steppengebiete des Tieflandes verbreitet sind, und daß derselbe Vorgang der Autogamie unter den verschiedensten äußeren Verhältnissen sich wiederholt. Alle diese Schotengewächse sind proterogyn; sie haben zwei kürzere und vier längere steife Pollenblätter. Die Antheren der letzteren sind bei der Eröffnung der Blütenpforte noch geschlossen, stehen aber schon in gleicher Höhe mit der Narbe. Da diese Antheren von der Narbe in wagerechter Richtung etwas abstehen, so ist auch dann, wenn die Antherenfächer sich öffnen und Pollen hervorquillt, die Autogamie noch verhindert. Erst gegen das Ende des Blühens bewegen sich die steif aufrechten Antherenträger so weit gegen die Mitte der Blüte, daß der an den Antheren haftende Pollen auf die Narbe kommt. Der Pollen der kürzeren Pollenblätter gelangt dagegen nur bei wenigen Arten auf die zuständige Narbe; er soll von Insekten abgeholt und zu Kreuzungen verwendet werden, während der Pollen der längeren

Pollenblätter vorwiegend der Autogamie dient. Bei Lepidium Draba ist die merkwürdige Einrichtung getroffen, daß die vier längeren Pollenblätter in der ersten Zeit des Blühens sich nach außen bewegen und hinter den Blumenblättern zeitweilig verstecken, so daß sie von den besuchenden Insekten nicht berührt und ihres Pollens nicht beraubt werden können. Dadurch ist eben der Vorteil erreicht, daß für alle Fälle Pollen zur schließlichen Autogamie vorhanden ist. Bei Hutchinsia alpina nähert sich von den vier längeren Pollenblättern gewöhnlich nur eines so weit der Narbe, daß diese mit Pollen belegt werden kann, und wenn diese Belegung stattgefunden hat, entfernt sich dieses Pollenblatt wieder gegen den Umfang der Blüte. Meistens spielen sich alle diese Vorgänge sehr rasch ab, bei Alyssum calycinum binnen wenigen Stunden, bei Draba verna in dem kurzen Zeitraum vom Morgen bis zum Abend.

In hängenden Blüten, deren Antheren zu einem Streukegel vereinigt sind, kommt die Autogamie dadurch zustande, daß die Antherenträger gegen Ende des Blühens erschlaffen, so daß die mit Pollen gefüllten Fächer nicht mehr so fest wie früher zusammenschließen. Infolgedessen fällt der mehlige Pollen aus dem gelockerten Streukegel in die Tiefe und trifft dort auf die Narbe, welche noch immer klebrig und belegungsfähig ist. Im Beginn des Blühens sind die hierhergehörigen Pflanzen, für welche als Vorbilder das Schneeglöckchen (Galanthus), die oft genannte und auf S. 470, Fig. 1, abgebildete Soldanelle (Soldanella) und das mit dieser verwandte, in der Blütenform aber lebhaft an Cyclamen erinnernde Dodecathion genannt sein mögen, auf Kreuzung angewiesen. Der Griffel ragt über den Streukegel der Antheren weit hinaus. Insekten, welche sich als Besucher einstellen, streifen zuerst die Narbe, lockern dann für einen Augenblick den Streukegel und werden sofort mit einer Prise des Pollens bestreut. Wenn sie dann andere Blüten besuchen, so belegen sie zunächst die Narbe derselben mit dem mitgebrachten Pollen und veranlassen dadurch eine Kreuzung. Sind dagegen die Insekten ferngeblieben, so ist der Streukegel auch noch am Schlusse des Blühens mit mehligem Pollen erfüllt, und dieser Pollen fällt jetzt bei dem leichtesten Schwanken der hängenden Blüten, ja selbst ohne jeden Anstoß, aus den Nischen der gelockerten Antheren in die Tiefe zu den Narben hinab.

Auch in aufrechten Blüten kommt, und zwar ohne Lageänderung der Blumenblätter, Pollenblätter und Griffel, im zweiten Zeitabschnitte des Blühens die Autogamie bisweilen durch Pollenfall zustande. Auch mehrere einjährige Doldenpflanzen mit proterogynen Blüten (Aethusa Cynapium, Caucalis daucoides, Scandix Pecten Veneris, Turgenia latifolia usw.) neigen ihre Staubgefäße gegen Ende des Blühens gegen die Narben. In den Dolden des Nadelkerbels (Scandix Pecten Veneris; s. Abbildung, S. 346) sind zweierlei Blüten vereinigt: scheinzwitterige Pollenblüten (Fig. 1) und echte Zwitterblüten (Fig. 2—4). Die Zwitterblüten öffnen sich früher als die Pollenblüten; die letzteren kommen immer erst dann an die Reihe, wenn die ersteren bereits ihre Pollenblätter und Blumenblätter abgeworfen haben. Kaum daß die eingeschlagenen Blumenblätter etwas auseinandergerückt sind, wird in der Mitte der Blüte die feingekörnte honigabsondernde Scheibe, es werden dort die beiden kurzen Griffel sichtbar. Die Narben an den Enden der Griffel sind bereits belegungsfähig, aber die Pollenblätter sind zu dieser Zeit hakenförmig einwärts gekrümmt und ihre Antheren noch geschlossen (s. Abbildung, S. 346, Fig. 2). Auch tags darauf, wenn die Blumenblätter bereits weiter auseinandergegangen sind und die Träger der Antheren sich gestreckt haben (s. Abbildung, S. 346, Fig. 3), sind die um die belegungsfähige Narbe im Kreise herumstehenden Antheren noch geschlossen, und es kann zu dieser Zeit nur mit fremdem, durch

Insekten herbeigebrachtem Pollen eine Belegung stattfinden. Nun werden aber auch die Antheren und ihre Träger in Tätigkeit gesetzt. In der Reihenfolge 1, 3, 5, 2, 4 beugen sich die gekrümmten Pollenblätter in kurzen Zwischenräumen so gegen die Mitte der Blüte, daß die mittlerweile aufgesprungenen und mit Pollen beladenen Antheren auf die Narben gelegt werden, genau so, wie es Fig. 4 der untenstehenden Abbildung zur Anschauung bringt. In dieser Stellung verharrt jedes Pollenblatt nur kurze Zeit; es führt alsbald wieder eine rückläufige

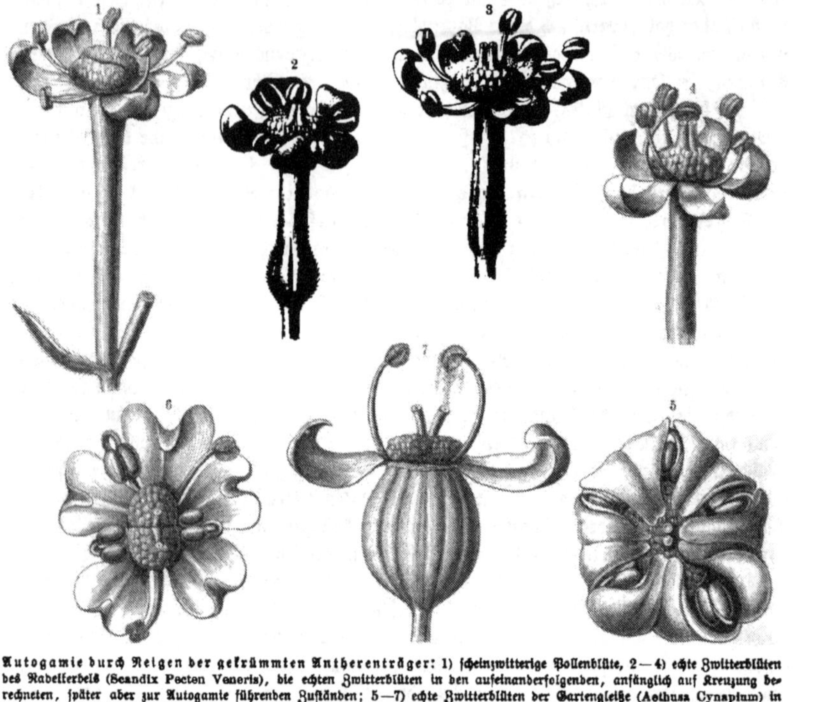

Autogamie durch Neigen der gekrümmten Antherenträger: 1) scheinzwitterige Pollenblüte, 2—4) echte Zwitterblüten des Nadelkerbels (Scandix Pecten Veneris), die echten Zwitterblüten in den aufeinanderfolgenden, anfänglich auf Kreuzung berechneten, später aber zur Autogamie führenden Zuständen; 5—7) echte Zwitterblüten der Gartengleiße (Aethusa Cynapium) in den aufeinanderfolgenden, anfänglich auf Kreuzung berechneten, später aber zur Autogamie führenden Zuständen. Sämtliche Figuren vergrößert.

Bewegung aus und macht dem nächsten, welches an die Reihe kommt, Platz. Haben sämtliche Pollenblätter diese Bewegungen durchgemacht, so lösen sie sich gleichwie die Blumenblätter ab und fallen zu Boden. Die Honigabsonderung auf dem gekörnten Gewebepolster in der Blütenmitte hört auf, die belegten Narben werden braun, und das Blühen ist zu Ende. Erst wenn sämtliche Zwitterblüten abgeblüht sind, kommen die scheinzwitterigen Pollenblüten zur Entwickelung, was wohl nur so gedeutet werden kann, daß sie den Pollen für proterogyne Zwitterblüten anderer Stöcke zu liefern haben, welche noch auf der ersten Stufe des Blühens stehen. Die Gleiße oder der Gartenschierling (Aethusa Cynapium; s. obenstehende Abbildung, Fig. 5 bis 7) weicht von dem Nadelkerbel und den anderen obengenannten einjährigen Doldenpflanzen dadurch ab, daß sämtliche Blüten der Dolde Zwitterblüten sind, und daß die in der

Blütenknospe wie eine Uhrfeder eingeschlagenen Antherenträger sich bei dem Aufblühen nicht nur strecken, sondern auch verlängern, so daß die Antheren dann höher stehen als die Narbe. Wie schon früher erwähnt, kommt es bei dem gewöhnlichen Gartenschierling (Aethusa Cynapium) auch vor, daß sich die Antheren nicht platt auf die Narben legen, sondern etwas oberhalb der Narbe zurückbleiben und ihren Pollen auf die Narbe herabfallen lassen (s. Abbildung, S. 346, Fig. 7); bei der kleinen Aethusa segetalis dagegen beobachtet man weit häufiger ein Auflagern der Antheren auf die Narbe, ähnlich wie beim Nadelkerbel (s. Abbildung, S. 346, Fig. 4).

Nach dem Muster der hier vorgeführten einjährigen Doldenpflanzen vollzieht sich die Autogamie auch bei zahlreichen kleinblütigen Labkräutern (z. B. Galium infestum, Mollugo,

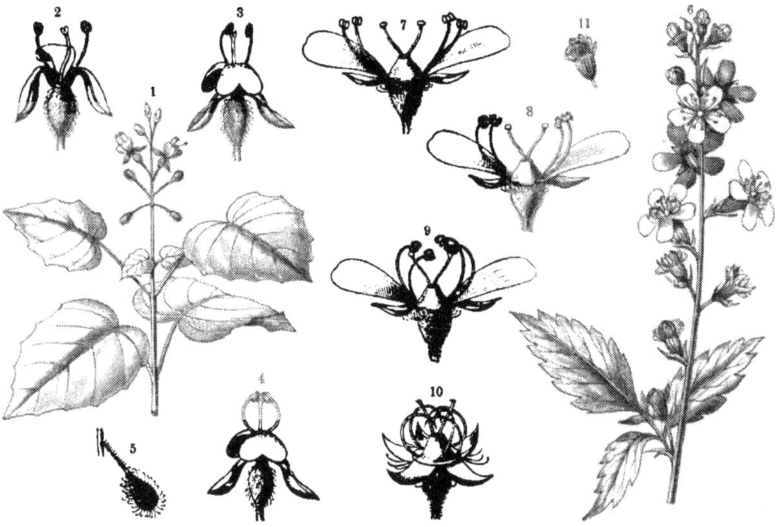

Autogamie durch Neigen der gekrümmten Antherenträger: 1) Circaea alpina, 2) eine Blüte dieser Pflanze, welche sich kürzlich geöffnet hat, das vordere Kronenblatt entfernt, 3) und 4) dieselbe Blüte in späterem Entwickelungsstadium, 5) Frucht der Circaea alpina; 6) Agrimonia Eupatoria, 7—10) Blüten dieser Pflanze in den aufeinanderfolgenden, anfänglich auf Kreuzung berechneten, später zur Autogamie führenden Zuständen, 11) junge Frucht dieser Pflanze. Fig. 1, 6 und 11 in natürl. Größe, die anderen Figuren vergrößert.

tricorne), bei der Kleeseide oder dem Teufelszwirn (Cuscuta), bei dem Alpenhexenkraute (Circaea alpina) und dem Odermennig (Agrimonia Eupatoria). Von dem Hexenkraute (s. obenstehende Abbildung, Fig. 1—5) wäre nur zu erwähnen, daß die Zahl der Pollenblätter auf zwei beschränkt ist, und daß bisweilen zum Zweck der Autogamie lediglich eine Anthere der Narbe angelegt wird (Fig. 3), nicht selten aber auch beide Antheren sich der Narbe anschmiegen (Fig. 4). Wenn das letztere geschieht, so macht es den Eindruck, als wäre die Narbe von den zwei Armen einer Zange erfaßt worden. In den Blüten des Odermennigs (Fig. 6—11) sieht man 12—20 Pollenblätter; die fadenförmigen Träger der Antheren sind in der eben geöffneten proterogynen Blüte so schwach einwärts gebogen, daß jeder Faden ungefähr dem sechsten Teil eines Kreises entspricht (Fig. 7); sobald aber die Antheren aufgesprungen sind, krümmen sich die Fäden einer nach dem anderen gegen die Mitte der Blüte (s. Abbildung,

S. 347, Fig. 8), ihre Krümmung entspricht endlich der eines Halbkreises, und einige der pollenbedeckten Antheren kommen mit den noch immer belegungsfähigen Narben in unmittelbare Berührung (Fig. 9). Nachdem die Narben mit Pollen belegt sind, fallen die Antheren alsbald von den fadenförmigen Trägern ab, und die letzteren rollen sich noch weiter zusammen, wie durch Fig. 10 der Abbildung auf S. 347 dargestellt ist.

Die Arten der Gattung Feigenkaktus (Opuntia) und die zahlreichen Arten der Gattung Rose (Rosa) verhalten sich ähnlich. Die bogenförmig gekrümmten fadenförmigen Träger der Antheren sind von ungleicher Länge, die Antheren an den Fäden des innersten Wirtels öffnen sich zuerst, aber ihr Pollen hat trotz der Nähe der zuständigen Narben für die Autogamie keine Bedeutung, weil die Antheren tiefer stehen als die Narben und mit diesen von selbst in keine Berührung kommen. Nur die Fäden des äußersten Wirtels haben die entsprechende Länge, und nur diese krümmen und neigen sich so weit nach der Mitte der Blüte, daß ihre Antheren unmittelbar auf die Narben zu liegen kommen. Da aber die Antheren dieser Fäden als die letzten der betreffenden Blüte sich öffnen, so erfolgt auch die Autogamie erst im letzten Augenblick des Blühens, sozusagen vor Toresschluß, und die ganze übrige Zeit ist die Blüte nur auf Kreuzung berechnet.

Sehr oft kommt in aufrechten oder schräg emporgerichteten Blüten die Autogamie dadurch zustande, daß im Verlaufe des Blühens die Antheren, welche anfänglich tiefer als die Narben stehen, infolge der Verlängerung ihrer Träger in die Höhe der Narben gebracht werden und dort ihren Pollen ablagern. Die meisten hierher gehörigen Arten sind proterogyn; die Träger der Antheren erscheinen aufrecht, liegen dem Fruchtknoten oder dem Griffel an oder sind diesen doch parallel. Im Beginn des Blühens sieht man die Antheren von der Narbe so weit entfernt, daß der aus ihnen hervorquellende Pollen von selbst nicht auf die zuständige Narbe kommen kann, aber die hierauf erfolgende Streckung der Antherenträger ist dem Raum und der Zeit nach so bemessen, daß die Antheren, sobald sie mit Pollen bedeckt sind, pünktlich in die Höhe der Narbe gelangen, sich an das belegungsfähige Gewebe anlegen und den Pollen unvermittelt zur Autogamie abgeben. Beispiele von Pflanzen, bei welchen dieser Vorgang beobachtet wird, sind das Moschuskraut (Adoxa Moschatellina), die meisten Arten des Knäuels (Scleranthus) und zahlreiche Schotengewächse, Steinbreche, Weidenröschen, Reiherschnabel, Windlinge und Nelkengewächse.

Aus der großen Familie der Schotengewächse sind namentlich die in den Schneegruben der Hochgebirge vorkommenden kleinblütigen Arten Arabis coerulea, Braya alpina, Cardamine alpina, Rhizobotrya alpina sowie die einjährigen und zweijährigen Arten Lepidium campestre, sativum, Sisymbrium Alliaria, Thalianum, Thlaspi alliaceum und arvense erwähnenswert. Bei diesen Pflanzen bildet die Narbe ein dem Fruchtknoten aufsitzendes rundliches, kleines Kissen, welches sofort sichtbar wird, sobald sich die in der Knospe wie die Schindeln eines Daches gruppierten Blätter der Krone auseinander schieben. Zu dieser Zeit kann die Narbe nur infolge einer von Insekten eingeleiteten Kreuzung belegt werden, da die sämtlichen Antheren der betreffenden Blüte noch geschlossen sind. Nun wachsen aber die vier langen Pollenblätter entlang der Wand des Fruchtknotens empor, und zwar genau um so viel, wie notwendig ist, damit die von ihnen getragenen Antheren in gleiche Höhe mit der Narbe kommen. Da mittlerweile die Antheren aufgesprungen sind, so gelangt der aus denselben hervordrängende Pollen unvermeidlich auf die belegungsfähigen Zellen am Umfange der kissenförmigen Narbe. Wiederholt wurde übrigens beobachtet, daß nur eine der emporgeschobenen vier Antheren ihren Pollen an die zuständige Narbe abgibt, und daß die drei anderen zwar knapp neben die Narbe hingestellt werden, aber sie doch nicht unmittelbar berühren. Der Pollen dieser drei Antheren ist augenscheinlich dazu da, um von den kleinen, diese Schotengewächse besuchenden Fliegen abgeholt und auf andere, jüngere Blüten zum Zweck der Kreuzung übertragen zu werden.

Die hier in Betracht kommenden Steinbreche (z. B. Saxifraga androsacea) haben zwei Narben, und diese sind schmal-lineal oder länglich. Der Pollen wird aus den emporgehobenen

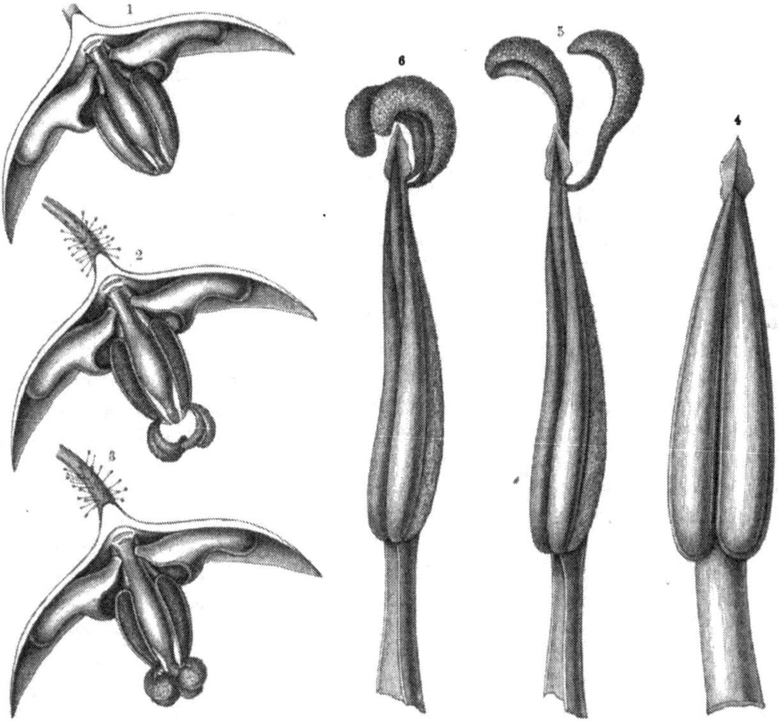

Autogamie durch Verlängerung des Stempels: 1—3) Blüten der Sockenblume (Epimedium alpinum) in den aufeinanderfolgenden, anfänglich auf Kreuzung berechneten, später zur Autogamie führenden Zuständen, 4) geschlossene Anthere, von der Breitseite gesehen, 5) dieselbe Anthere geöffnet, von der Schmalseite gesehen, von jedem der beiden Fächer hat sich die vordere Wand als ein Lappen abgehoben und emporgeschlagen, 6) dieselbe Anthere, die abgehobenen Lappen noch mehr zusammengezogen, so daß sie sich wie eine Kappe über die lanzettförmige Spitze wölben. Fig. 1—3: 10fach, Fig. 4—6: 25fach vergrößert.

Antheren gewöhnlich an die Seiten der Narbe, und zwar in der Nähe der Basis abgestreift. Aber auch hier ist bemerkenswert, daß meistenteils nur eine einzige von den fünf emporgehobenen Antheren ihren Pollen zur Autogamie hergibt, und daß die anderen Antheren mit den Narben nicht in Berührung kommen, weil sie unterhalb derselben etwas zurückbleiben.

Auch durch Verlängerung des Fruchtknotens oder Griffels kann eine Vereinigung mit den Antheren stattfinden. Die in den warmen Tälern der südlichen Alpen heimische Sockenblume (Epimedium alpinum), von welcher Blüten in nickender Stellung durch die Fig. 1—3 der obenstehenden Abbildung dargestellt sind, zeigt vier kreuzweise gestellte Kelchblätter und von diesen überdeckt vier Kronenblätter, welche die Form zierlicher kleiner Pantoffeln oder Socken angenommen haben, und die in der stumpfen sackartigen Aushöhlung reichlichen Honig enthalten. Der Fruchtknoten ist spindelförmig und trägt auf kurzem Griffel eine mit kleinen Papillen besetzte Narbe. Die Pollenblätter, vier an der Zahl, liegen mit ihrer Rückseite dem Fruchtknoten an; die Antheren derselben sind auswärts gewendet, lanzettlich, und über den Antheren erhebt sich wie eine Lanzenspitze eine kleine blattartige Schuppe (s. Abbildung, S. 349, Fig. 4). Die Blüten sind proterogyn, d. h. die papillöse, von den vier eben erwähnten Schuppen eingefaßte Narbe ist schon belegungsfähig, wenn die Antheren noch geschlossen sind (Fig. 1). Zu dieser Zeit kann die Narbe mit dem Pollen anderer Blüten gekreuzt werden. Nun öffnen sich die zweifächerigen Antheren, und zwar auf eine ganz eigentümliche Weise. Von jedem der beiden Fächer hebt sich die vordere Wand in Form eines Lappens ab, dessen innerer Seite der gesamte Pollen des betreffenden Antherenfaches anhaftet. Die beiden Lappen schrumpfen zusammen, verkürzen sich, rollen sich empor, krümmen sich bogenförmig rückwärts über das blattartige Spitzchen der Anthere (s. Abbildung, S. 349, Fig. 5) und auch noch über die dicht neben der blattartigen Spitze stehende Narbe (Fig. 2). Das alles erfolgt gleichzeitig an allen vier Antheren, und das Ergebnis dieses Vorganges ist, daß jetzt die Narbe von einer aus acht aufgerollten Lappen zusammengesetzten Kappe überdacht ist. Da den Lappen an der bei dem Aufrollen nach außen gekehrten Seite eine dicke Lage Pollen anhaftet, so ist die über der Narbe stehende Kappe an der Außenseite ganz mit Pollen bedeckt (s. Abbildung, S. 349, Fig. 2). Wenn jetzt Insekten angeflogen kommen, um aus den pantoffelförmigen Kronenblättern Honig zu saugen, so müssen sie an dieser pollenbedeckten Kappe vorbei und werden mit dem Pollen unfehlbar beklebt, während sie früher an derselben Stelle die Narbe zu streifen gezwungen waren. In diesem Zustand erhält sich die Blüte gewöhnlich zwei Tage. Mittlerweile gehen auch an dem Stempel Veränderungen vor, welche zwar sehr unscheinbar, aber für die schließliche Autogamie von größter Wichtigkeit sind. Wurde nämlich die Narbe nicht schon im Beginne des Blühens durch Vermittelung der Insekten mit Pollen anderer älterer Blüten belegt, so verlängert sich der ganze Stempel, und zwar so weit, als notwendig ist, damit die noch unbelegte Narbe in die mit Pollen bedeckte Kappe hineingeschoben wird. Da sich gegen das Ende des Blühens die an dem Aufbau der Kappe beteiligten Lappen noch etwas mehr gerollt haben (s. Abbildung, S. 349, Fig. 6), so kommt die Narbe mit dem an den Lappen haftenden Pollen unvermeidlich in Berührung (Fig. 3), und es erfolgt schließlich Autogamie.

Viel häufiger kommt die Autogamie dadurch zustande, daß **Teile des Stempels, zumal die Griffel, sich krümmen, so daß die Narben mit dem Pollen der zuständigen Pollenblätter entweder in unmittelbare Berührung gebracht, oder so unter die Antheren gestellt werden, daß der ausfallende Pollen auf sie treffen muß.** Die Krümmung der Griffel richtet sich nach der Form und Einstellung der Blüte und besonders nach der Lage, welche die Antheren einnehmen. Die Blüten der Königskerze (Verbascum Thapsus), das Rapünzchens (Valerianella Auricula, carinata usw.) sowie der nicht windenden Arten des Geißblattes (Lonicera alpigena, nigra, Xylosteum) sind proterogyn, und der Griffel ist bei der Eröffnung der Blumenpforte so gestellt, daß seine Narbe von den zum Blütengrund einfahrenden Insekten gestreift werden muß. Selbstverständlich ist zu dieser Zeit nur Kreuzung möglich. Wenn sich späterhin die Antheren öffnen und ihren Pollen ausbieten, so wird die Narbe völlig aus dem Wege geschafft; es krümmt sich nämlich der Griffel abwärts oder nach einer Seite, so daß die Narbe weder durch Vermittelung der Insekten noch von selbst mit Pollen der zuständigen Pollenblätter in Berührung kommen kann. Erst gegen das Ende des Blühens kehrt der Griffel in seine ursprüngliche Lage zurück, krümmt sich wieder empor, und die Narbe wird an die noch immer mit Pollen bedeckten Antheren angedrückt. Die Blüten des Türkenbundes (Lilium Martagon) sind nickend und ihre Perigonblätter halbkreisförmig zurückgerollt; jedes dieser zurückgerollten Perigonblätter zeigt eine Rinne, welche in der Mitte durch zwei zusammenschließende Randleisten überdacht und geschlossen ist, so daß der in ihr aufgespeicherte Honig nur an den beiden Enden beziehungsweise an der inneren und äußeren Mündung der Rinne von Insekten gesaugt werden kann. Diese Blüten sind proterogyn. Der Griffel ist in der kürzlich geöffneten Blüte gerade und die von ihm getragene Narbe so eingestellt, daß sie von den Insekten, welche an der inneren Mündung der erwähnten honigführenden Rinne Honig saugen wollen, gestreift werden muß. Da zu dieser Zeit die Antheren noch geschlossen sind, so kann nur von anderen, älteren Blüten Pollen an die Narbe

1 2 3

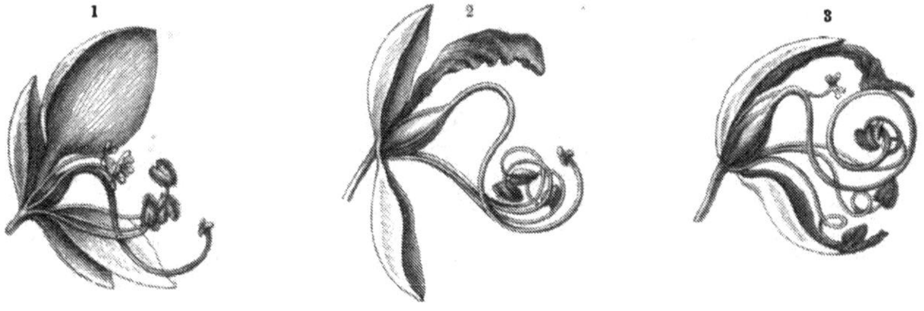

Autogamie durch spiraliges Einrollen der Antherenträger und Griffel: Blüte der Commelyna coelestis: 1) im ersten, 2) im zweiten, 3) im dritten Entwickelungsstadium; Längsschnitte. Sämtliche Figuren etwas vergrößert.

angeklebt werden. Später öffnen sich die Antheren. Dieselben sind so vor die äußere Mündung der honigführenden Rinne gestellt, daß Insekten, welche dort saugen wollen, unvermeidlich den Pollen von ihnen abstreifen müssen, dabei aber die Narbe nicht berühren. Schon in diesem zweiten Entwickelungsstadium der Blüte hat sich der Griffel etwas nach der Seite gekrümmt, gegen das Ende des Blühens wird die Krümmung so stark, daß die Narbe mit einer oder bisweilen auch mit zwei Antheren in Berührung kommt und sich von diesen den Pollen holt. Manchmal allerdings verfehlt die Narbe das Ziel, und es ist darum bei dem Türkenbund die Autogamie nicht so vollkommen sichergestellt wie in den meisten anderen Fällen. Auch darf nicht unerwähnt bleiben, daß die Krümmung nur dann stattfindet, wenn die Narbe nicht schon früher mit fremdem Pollen belegt wurde. Hat schon im Beginn des Blühens eine Kreuzung stattgefunden, so unterbleibt die Krümmung oder ist nur ganz unbedeutend.

Die verschiedensten Formen der Antheren- und Griffelkrümmungen ließen sich noch beschreiben, doch würde dies hier zu weit führen, weshalb auf die obige Abbildung hingewiesen wird.

Die Autogamie kommt vielfach bei Eintagsblüten vor, also bei solchen, welche oft nur wenige Stunden hindurch offenbleiben, und hier kann man solche Bewegungen sozusagen mit den Augen verfolgen. Bei den wenigen hierhergehörigen Arten, deren Blüten zwei, drei und noch mehrere Tage offen sind, vollziehen sich natürlich auch diese Krümmungen und Drehungen viel langsamer. Bei den Grasnelken (Armeria alpina, vulgaris usw.) sieht man in der Mitte der beckenförmigen Blüte fünf Narben, welche schlanke Zylinder darstellen, die infolge des

Besatzes aus kurzen, dicht gedrängten Papillen ein samtartiges Ansehen besitzen. Die der kurzen Kronenröhre angewachsenen Pollenblätter erheben sich vor den Lappen des Kronensaumes, und die Antheren kommen zwischen die Strahlen der Narbe zu stehen. Trotz des geringen Abstandes von Antheren und Narben gelangt doch weder in der ersten noch in der zweiten Periode des Blühens der Pollen von selbst auf das belegungsfähige Narbengewebe. Im Anfang des Blühens sind die Pollenblätter so gestellt, daß die Insekten, welche zum Honig des Blütengrundes einfahren, die pollenbedeckten Antheren streifen müssen, während zu dieser Zeit die fünf

Autogamie, veranlaßt durch Zusammenwirken der Krümmung des Blütenstieles und der Antherenträger: Pirola uniflora; 1) Längsschnitt durch eine dem Aufspringen nahe Blütenknospe, 2) die ganze Pflanze, ihre Blüte im ersten Entwickelungsstadium, 3) Blüte im ersten Entwickelungsstadium, etwas vergrößert, die vorderen Blumenblätter weggeschnitten, 4) die ganze Pflanze, ihre Blüte im letzten Entwickelungsstadium, 5) Blüte im letzten Entwickelungsstadium, etwas vergrößert, Längsschnitt. (Zu S. 353.)

Narben noch aufgerichtet sind. Etwas später vollzieht sich zwischen den Antheren und Narben, wie in so vielen anderen Fällen, ein Platzwechsel; die Pollenblätter richten sich auf, und die Antheren rücken gegen die Mitte der Blüte zusammen, die Narben dagegen spreizen auseinander und kommen neben die Zufahrt zum Honig zu liegen. Daß ein solcher Platzwechsel mit der Kreuzung zusammenhängt, ist so oft gesagt worden, daß es überflüssig erscheint, es nochmals zu wiederholen. Wenn es aber infolge ausbleibenden Insektenbesuches nicht zur Kreuzung kommt, so drehen sich die Griffel wie eine Schraube, bewegen sich zugleich gegen die Mitte der Blüte und verschlingen sich mit den dort stehenden Antherenträgern, welche gleichfalls eine schraubige Drehung ausgeführt haben. Bei dieser Gelegenheit kann es nicht fehlen, daß die samtigen Narben den noch an den Antheren haftenden Pollen aufnehmen.

Durch ein merkwürdiges Zusammenwirken der Antherenträger und Blütenstiele kommt auch bei der in unseren Fichtenwäldern heimischen Pirola uniflora am Ende des Blühens Autogamie zustande. Die Knospen (s. Abbildung, S. 352, Fig. 1) sowie die jungen Blüten, deren Blumenblätter sich eben ausgebreitet haben (s. Abbildung, S. 352, Fig. 2 und 3) hängen an dem Blütenstiel herab. Der Griffel und seine Narbe sind daher ebenfalls abwärts gerichtet. Die Antherenträger sind S-förmig gekrümmt, und zwar so, daß die beiden Löcher der streubüchsenförmigen Antheren nach oben sehen und der Pollen von selbst nicht ausfallen und auf die Narbe gelangen kann. Von Insekten, welche von untenher anfliegen, wird in solchen Blüten zuerst die Narbe gestreift, und daraufhin werden die Antheren durch Anstoßen zum Umkippen gebracht. Der aus den Löchern ausfallende Pollen bestäubt die anstoßenden Tiere, und wenn diese weiterfliegen und eine andere Blüte der Pirola uniflora aufsuchen, wird Kreuzung verursacht. Im Verlaufe des Blühens vollziehen sich nun zwei wenig auffallende, aber für das Zustandekommen der Autogamie äußerst wichtige Veränderungen. Der Bogen, welchen der Blütenstiel beschreibt, ist am Schlusse des Blühens nicht mehr ein Halbkreis, und es ist demzufolge die Blüte auch nicht mehr hängend, sondern nur nickend; der Griffel ist nun nicht mehr senkrecht, sondern schräg abwärts gerichtet, und die von ihm getragene Narbe kommt dadurch unter einen Teil der Antheren zu stehen. Die Antherenträger erscheinen zwar auch jetzt S-förmig gekrümmt, aber in entgegengesetzter Richtung als im Anbeginn des Blühens; die Antheren sind dadurch in eine umgekehrte Lage gebracht und ihre Löcher abwärts gerichtet. Die schwächste Erschütterung des schlanken Stengels durch leichte Luftströmungen genügt, um jetzt ein Ausfallen des Pollens zu veranlassen, und dabei kann es nicht fehlen, daß die klebrige Narbe mit einem Teil des ausfallenden Pollens belegt wird (s. die Abbildung, Fig. 4 und 5).

Durch Zusammenwirken der Krümmung des Blütenstieles und Neigung des Griffels gegen die Ablagerungsstätte des Pollens wird Autogamie beim Zwerglauch (Allium Chamaemoly; s. Abbildung, S. 354, Fig. 1) veranlaßt. Die kleinen weißen, nur wenig über die Erde vorragenden Blüten sind anfänglich aufwärts gerichtet und zwischen den langen bandförmigen grünen Laubblättern halb versteckt. Trotzdem werden die Blüten dieser Pflanze wegen des an den Seiten des Fruchtknotens in kleinen Grübchen ausgeschiedenen Honigs von kleinen Insekten fleißig besucht. Im ersten Stadium des Blühens ist nur Kreuzung möglich; die Narbe steht in der Mitte der Blütenpforte, und ihr Gewebe ist bereits befähigt, Pollen aufzunehmen, während die Antheren noch geschlossen und der Wand des Perigons angedrückt sind (s. Abbildung, S. 354, Fig. 2). Später neigen sich sämtliche Antherenträger gegen die Mitte der Blüte, die Antheren springen auf, bedecken sich ringsum mit Pollen und bilden zusammen einen gelben Knopf, welcher in der Mitte des Blüteneinganges steht, so daß einfahrende Insekten den Pollen abzustreifen und aufzuladen gezwungen sind. Die Narbe ist jetzt hinter den Antheren versteckt (s. Abbildung, S. 354, Fig. 3) und wird von den Insekten nicht berührt. Wenn keine Insekten zu den Blüten kamen, so erfolgt im dritten Stadium des Blühens Autogamie. Der Blütenstiel krümmt sich im Halbbogen abwärts und drückt die Blüte auf die Erde. Infolge dieses Druckes werden die zarten weißen Blumenblätter und die fadenförmigen Pollenblätter verschoben. Ein Teil des Pollens fällt dabei aus den Antheren auf die unteren, der Erde aufliegenden Blumenblätter; der Griffel neigt sich unbedeutend abwärts, und der Erfolg dieser Lageänderungen besteht jedesmal darin, daß die Narbe entweder mit dem abgefallenen, auf dem unteren Blumenblatte liegenden Pollen oder mit dem noch an den Antheren haftenden Pollen des einen oder anderen Pollenblattes in Berührung kommt und belegt wird (s. Abbildung, S. 354, Fig. 4).

Zuweilen nehmen auch die Blumenblätter an der Förderung der Autogamie teil, wofür statt mehreren Beispielen die von den beschreibenden Botanikern als „stengellos“ bezeichneten Gentianen (Gentiana acaulis, angustifolia, Clusii; s. Abbildung, S. 355) hervorgehoben seien. Die Blüten dieser Gentianen gehören in die Abteilung der Revolverblüten. Dadurch, daß im unteren Teile der trichterförmigen Blüte die Antherenträger mit der Blumenkrone

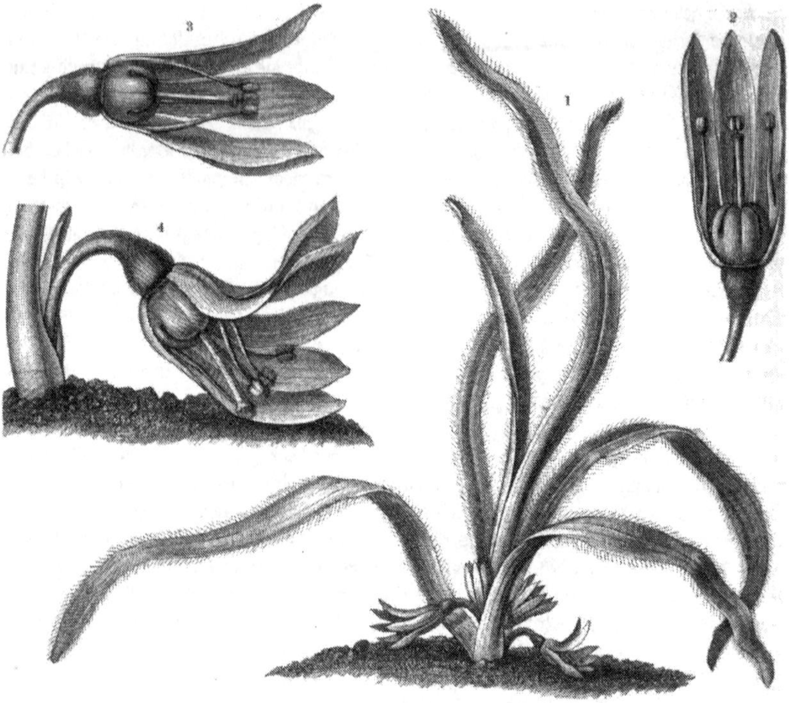

Autogamie durch das Zusammenwirken der Krümmung des Blütenstieles und der Neigung des Griffels zur Ablagerungsstätte des Pollens: Allium Chamaemoly; 1) der über der Erde sichtbare Teil der Pflanze in natürlicher Größe, 2—4) einzelne Blüten, von welchen die vorderen Blumenblätter weggeschnitten wurden, etwas vergrößert, in den aufeinanderfolgenden zur Autogamie führenden Zuständen. (Zu S. 353.)

verwachsen sind und als fünf kräftige Leisten gegen den wie eine Mittelsäule sich erhebenden Fruchtknoten vorspringen, entstehen ebensoviele röhrenförmige Zugänge zu dem in der Tiefe reichlich ausgeschiedenen Honig. Die Antheren befinden sich etwas über der Mittelhöhe des Trichters und sind zu einer den Griffel umschließenden Röhre miteinander verwachsen. Jede Anthere öffnet sich an der auswärts gewendeten Seite mit zwei Längsrissen, und die Antherenröhre erscheint alsbald nach der Eröffnung der Blütenpforte ringsum mit Pollen bedeckt. Über der Antherenröhre sieht man die Narbe, die aus zwei am Rande gekerbten und zerschlitzten weißen Lappen gebildet wird. Die Narbe sowie die Antheren sind so gestellt, daß die von Blüte zu Blüte schwärmenden Hummeln Kreuzungen herbeiführen müssen. Wenn aber infolge ungünstiger Witterung die Hummeln ausbleiben und die Kreuzung nicht zustande kommt, so gelangt der von den schrumpfenden Antheren sich allmählich ablösende und abfallende Pollen durch Vermittelung der Blumenkrone und der Blütenstiele auf folgende Weise an die Narben. Solange die Blüte aufrecht oder schief emporgerichtet ist (s. untenstehende Abbildung, Fig. 1 und 2), fällt der Pollen von der schrumpfenden Antherenröhre nach abwärts und sammelt sich über der Basis der Antherenträger in dem Blumentrichter an, und wenn sich die Blumenkrone bei Regenwetter und während der Nacht zusammenfaltet, so kommt der Pollen in die Rinnen zwischen den einspringenden Falten zu liegen, welche dicht an der Basis der Antherenträger beginnen und sich von da bis nahe zur Mündung der Blüte erstrecken. Diese Rinnen bilden in der Tat auch das Rinnsal, durch welches der abgefallene Pollen zu den Narben gelangt.

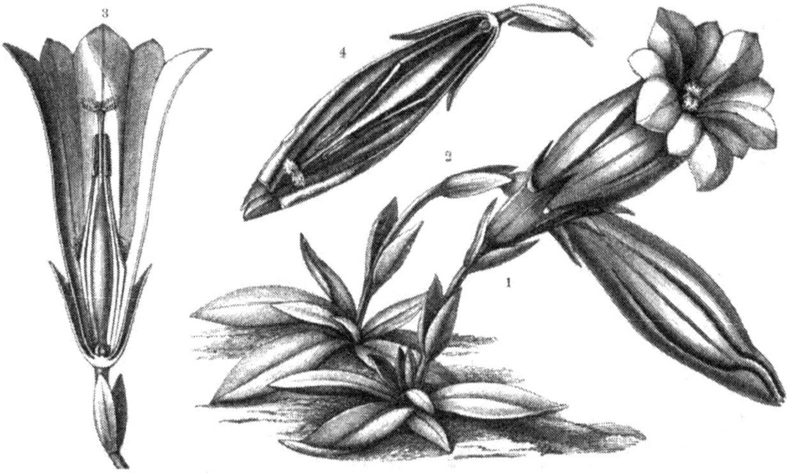

Autogamie durch das Zusammenwirken der sich krümmenden Blütenstiele und der sich faltenden Blumenkrone: 1) Gentiana Clusii, deren Blüte sich zum erstenmal geöffnet hat; 2) dieselbe Pflanze, ihre Blüte im letzten Entwickelungsstadium mit geschlossener Blumenkrone und verlängertem bogenförmig gekrümmten Stiel, 3) Längsschnitt durch eine Blüte, welche sich zum erstenmal geöffnet hat, 4) Längsschnitt durch eine Blüte, welche sich zum letztenmal geschlossen hat. (Zu S. 354—356.)

Nur muß hierzu die Blüte früher in eine gestürzte Lage versetzt und die Narbe so eingestellt werden, daß ihre gefransten Ränder bis zu der betreffenden Rinne reichen. Beides geschieht. Die gestürzte Lage der Blüte kommt dadurch zustande, daß sich die zu Anfang des Blühens noch kurzen Blütenstiele sehr verlängern und dann bei Regenwetter und bei eintretender Nacht in einem Halbbogen krümmen (s. obige Abbildung, Fig. 2). Die Ränder der Narbe aber gelangen dadurch in die Rinne, daß der Griffel etwas in die Länge wächst, so daß die von ihm getragene Narbe in den Hohlkegel vorgeschoben wird, welcher bei dem Zusammenfalten des Kronensaumes entsteht. Dort münden gewissermaßen alle Rinnen der Kronenröhre zusammen und nähern sich so sehr der Mittellinie der Blüte, daß eine Berührung mit den Rändern der in der Mitte des Hohlkegels stehenden Narbenlappen unvermeidlich wird. Wenn nun die überhängende Blüte durch fallende Regentropfen oder durch Windstöße erschüttert wird, so gleitet der Pollen durch die ganz glatte Rinne wirklich bis zu den Narben herab und wird von dem ausgekerbten und ausgefransten Rande derselben aufgenommen (s. obige Abbildung,

Fig. 4). Dieser Darstellung der bei Gentiana acaulis, angustifolia und Clusii stattfindenden Autogamie ist die Bemerkung beizufügen, daß die genannten Arten in den Alpen meistenteils an grasigen Abhängen oder auf den Gesimsen steil abfallender Felswände wachsen. An solchen Stellen kann man bei Regenwetter Tausende der Blüten parallel zu der Abdachung des Bodens überhängen sehen, und aus diesen Blüten gehen auch nach lange anhaltender Regenzeit regelmäßig Früchte hervor. Die Blüten der auf ebenen Wiesenflächen wachsenden Stöcke sind dagegen an dem Nickendwerden mitunter verhindert. Bei diesen kommt es begreiflicherweise auch nicht zur Autogamie, und wenn wegen schlechten Wetters keine Hummeln fliegen, nicht zur Kreuzung. Auf solchen ebenen Plätzen kann man darum häufig genug verkümmerte Fruchtanlagen finden.

Es ließen sich ganze Bände über die zur Herbeiführung oder Unterstützung einer Autogamie dienenden Bauverhältnisse der Blüten schreiben. Auch in diesem Falle sehen wir das ungemein große Vermögen der Natur, dasselbe Thema in der mannigfaltigsten Weise zu variieren. Trotz der Mannigfaltigkeit der Mittel kann man aber nicht verkennen, daß die Kreuzung an Wichtigkeit und Wert die Autogamie bei weitem überwiegt. Fast überall sehen wir die Autogamie nur dann eintreten, wenn die Kreuzung versagt, sei dies gelegentlich oder regelmäßiger. Wir wollen daher zur Kreuzung uns zurückwenden, um auch die zu ihr führenden Mittel und Wege noch genauer, als das bisher geschehen ist, kennen zu lernen.

---

5. Mittel der Kreuzung.

Die Übertragung des Pollens durch den Wind.

Im Eingang der früheren Kapitel wurde der Nachweis geliefert, daß die Übertragung des Pollens auf die Narben bei der weitaus größten Mehrzahl der Phanerogamen in der Luft erfolgt. Sind es räumlich getrennte Blüten, zwischen welchen die Übertragung des Pollens stattfinden soll, so kommen dabei insbesondere zwei Vermittler in Betracht: der Wind und die Tiere. Das hat die Botaniker veranlaßt, die phanerogamen Pflanzen geradezu in windblütige (Anemophilae) und tierblütige (Zoidiophilae) einzuteilen. Diese in den meisten botanischen Werken eingebürgerten Bezeichnungen können aber doch nur mit großer Beschränkung angewendet werden. Es ist allerdings richtig, daß es Pflanzen gibt, bei welchen die Übertragung des Pollens zu den Narben ausschließlich durch den Wind, und andere, bei welchen der gleiche Vorgang ausschließlich durch Vermittelung der Tiere erfolgt; aber anderseits wurde für sehr viele Gewächse auch ermittelt, daß kurz nach dem Öffnen ihrer Blüten kleine Tiere den Pollen abholen, um ihn zu anderen Blüten zu bringen, daß aber später gegen das Ende des Blühens der Pollen dem Wind anvertraut wird, der ihn zu den Narben benachbarter Blüten trägt. Am schönsten kann man das an mehreren Rhinanthazeen, wie z. B. an der Bartschie (Bartschia) und der Schuppenwurz (Lathraea), dann an zahlreichen Erikazeen, beispielsweise an den für unsere Berg- und Flachheiden so bezeichnenden Arten Calluna vulgaris und Erica carnea, aber auch noch an vielen anderen beobachten. Die Einrichtungen, welche die Blüten dieser Gewächse zeigen, nachdem sie sich eben geöffnet haben, machen ein Verstreuen des Pollens durch den Wind unmöglich, dagegen sieht man, daß bei gutem Wetter honigsaugende Insekten in großer Zahl herankommen, bei Gelegenheit des

Honigsaugens sich mit Pollen beladen und diesen Pollen dann zu den Narben anderer Blüten bringen. Späterhin ändert sich aber das Verhältnis in das gerade Gegenteil; die Honigquelle versiegt, und die Insekten bleiben aus, dagegen haben sich die Träger der Antheren sehr verlängert, die Pollenbehälter werden dadurch über die Mündung der Blumenkrone vorgeschoben, der in ihnen enthaltene Pollen wird entblößt und zur geeigneten Zeit durch den Wind zu den Narben jüngerer Blüten hingeweht. Man gewinnt bei der Betrachtung solcher Pflanzen den Eindruck, es sei bei ihnen für den Fall des Versagens der einen Maschine noch eine zweite in Bereitschaft, damit das mit dem Blühen angestrebte Ziel unter allen Umständen erreicht werde. Und das ist ja auch dringend notwendig. Wie leicht kann es geschehen, daß infolge ungünstiger Witterungsverhältnisse der Insektenbesuch längere Zeit hindurch sehr spärlich ist oder ganz ausbleibt. In solchen Fällen ist dann bei den meisten Pflanzen Vorsorge getroffen, daß der Aufwand des Blühens nicht umsonst gemacht wurde.

Es wurde in dem soeben beschlossenen Kapitel eine ganze Reihe von recht merkwürdigen Einrichtungen zur Besprechung gebracht, welche dahin abzielen, daß für den Fall des Ausbleibens der Insekten irgendein anderes Aushilfsmittel zur Belegung der Narben mit Pollen in Bereitschaft ist; aber diese eine Einrichtung, derzufolge viele Blüten, welche anfänglich tierblütig waren, später windblütig werden, hatte noch keine Erwähnung gefunden. Zugleich sollte damit die Bedeutung der Einteilung in windblütige und tierblütige Pflanzen auf das richtige Maß zurückgeführt werden.

Um so merkwürdiger ist aber die Tatsache, daß **der in klebrige Klümpchen vereinigte Pollen einiger Wasserpflanzen wie auf kleinen Kähnen zu den über dem Wasser emporgehobenen Narben durch den Wind hingetrieben wird.** Es wurde dieser Fall zuerst bei der in stehenden Gewässern des südlichen Europas weitverbreiteten Wasserpflanze Vallisneria spiralis beobachtet, und diese soll denn auch zur Erläuterung des seltsamen Vorganges hier als Vorbild gewählt sein. Dem Leser möge es gefallen, zunächst die Abbildung auf S. 118 dieses Bandes zu betrachten. Dieselbe zeigt die unter Wasser lebende Pflanze, deren bandförmige Blätter an den Enden der kriechenden und durch Wurzelfasern im Schlamme festgehaltenen Stämme rosettenförmig gruppiert sind, und von welchen die oberen infolge eigentümlicher Drehung nahezu zweizeilig gestellt erscheinen. In den Achseln dieser Blätter entstehen Knospen in mannigfaltigem Wechsel, bald nur eine einzige, welche den Ausgangspunkt eines neuen kriechenden Sprosses bildet, bald drei nebeneinander, von welchen eine sich parallel dem schlammigen Boden in die Länge streckt und an ihrem Ende eine Laubknospe ausbildet, während die beiden anderen schnurgerade in die Höhe wachsen, bald wieder zwei, von denen die eine sich in horizontaler Richtung verlängert, während die Achse der anderen sich gegen die Oberfläche des Wassers erhebt. Jeder der in die Höhe wachsenden Sprosse erscheint wie von einer Blase abgeschlossen, und diese Blase besteht aus zwei eiförmigen, schalenförmigen, etwas durchscheinenden Hüllblättern, von welchen das eine mit seinen Rändern über das andere übergreift und so einen festen Verschluß herstellt. In diesen Blasen befinden sich die Blüten. Ein Teil der Stöcke entwickelt nur Fruchtblüten, ein anderer nur Pollenblüten. Von Fruchtblüten wird in jeder blasenförmigen Hülle nur eine, seltener 2—5 angelegt. Jede Blüte zeigt einen langen walzlichen unterständigen Fruchtknoten, welcher von drei verhältnismäßig großen, in zwei Zipfel gespaltenen und am Rande fein gefransten Narben gekrönt ist. Die Narben sind von drei oberen kleinen verkümmerten und drei unteren größeren ei-lanzettförmigen Blumenblättern umgeben. Diese Blütenteile sind stets so angeordnet, daß der feingefranste Rand der Narben über die drei größeren Blumenblätter etwas hinausragt, so daß an die Fransen von der Seite her später Pollen angeheftet werden kann. Aus diesem Grunde sind wohl auch die drei inneren Blumenblätter verkümmert; denn würden sie so groß oder größer sein als die drei äußeren, so wäre die Narbe seitlich verdeckt, und es könnte dort ein Anheften des Pollens nicht erfolgen. Wenn die Narben so weit entwickelt sind, daß sie sich zur Aufnahme des Pollens eignen, so bildet sich am Scheitel der blasenförmigen Hülle eine Spalte; der Fruchtknoten streckt sich in die Länge, Blume und Narbe werden über die Hülle emporgeschoben und erscheinen jetzt über dem Wasserspiegel an der Luft ausgebreitet (s. untenstehende Abbildung). Das letztere ist nur dadurch ermöglicht, daß der Stiel der Frucht-

Die Blüten der Vallisnerie (Vallisneria spiralis), auf dem Wasserspiegel schwimmend. In der Mitte eine Fruchtblüte, zu beiden Seiten derselben mehrere Pollenblüten in den verschiedensten Entwickelungsstufen, zum Teil noch geschlossen, zum Teil im Öffnen begriffen, zum Teil geöffnet mit herabgeschlagenen kahnförmigen Blumenblättern. Aus den geöffneten Blüten erheben sich die Pollenblätter. Eine geöffnete Anthere heftet ihren Pollen an den gefransten Nebenrand der Fruchtblüte. 10fach vergrößert.

blüte eine außerordentliche Verlängerung erfährt und erst dann zu wachsen aufhört, wenn die von ihm getragene Blüte an die Wasseroberfläche gebracht ist (vgl. Abbildung, S. 118).

Wesentlich anders verhält es sich mit den Pollenblüten. Diese sind nicht vereinzelt, sondern stehen in großer Zahl traubenförmig gehäuft an einer in die blasenförmige Hülle hineinragenden Spindel. Die zwei Blätter, aus welchen sich die blasenförmige Hülle zusammensetzt, trennen sich unterhalb des Wassers, und nun sieht man die von einem kurzbleibenden Stiele getragene, aus kugeligen Blütenknospen zusammengesetzte Traube entblößt unter dem Wasserspiegel, etwa 5 cm über dem schlammigen Grunde (s. Abbildung, S. 118).

Kurz danach spielt sich einer der merkwürdigsten Vorgänge ab, welchen die Pflanzenwelt aufweist; die Blütenknospen, bisher durch sehr kurze Stielchen mit der Spindel der Traube verbunden, lösen sich ab, steigen im Wasser empor und erhalten sich schwimmend auf dem Wasserspiegel. Anfänglich sind sie noch geschlossen und haben die Gestalt eines Kügelchens, alsbald aber öffnen sie sich; die drei ausgehöhlten Blättchen, welche den unteren Wirtel des Perigons bilden und bisher kappenförmig über die Pollenblätter gewölbt waren, schlagen sich zurück, stellen drei an einem Punkte zusammenhängende Kähne dar, und die Pollenblätter, welche zwar in der Dreizahl angelegt waren, von denen aber nur zwei mit Antheren ausgestattet sind, ragen nun in schräger Richtung in die Luft empor (s. Abbildung, S. 358). Nach dem Zurückschlagen der Blumenblätter springen sofort die Antheren auf, die Antherenhaut schrumpft rasch zusammen, und es bleibt von ihr nichts übrig als ein kleiner Lappen, welchem die Pollenzellen aufgelagert sind. In der geschlossenen Anthere waren die Pollenzellen in acht Gruppen geordnet, in der aufgesprungenen Anthere bilden sie ein unregelmäßiges Haufwerk. Gewöhnlich sind in je einer Anthere nur 36 Pollenzellen enthalten. Dieselben sind verhältnismäßig groß, sehr klebrig, hängen unter sich zusammen und bilden ein von den dicken Staubfäden getragenes Klümpchen. Obschon dem Wasserspiegel sehr nahe, werden die Klümpchen aus Pollenzellen doch nicht leicht benetzt; die drei unter denselben stehenden Blumenblätter bilden eben, wie schon gesagt, drei Kähne, welche die leichteren Wellenbewegungen des Wassers mitmachen, ohne umzukippen, und die daher auch ihre Fracht gegen Durchnässung von unten trefflich schützen. Diese kleinen Fahrzeuge werden durch den Wind bald nach der einen, bald nach der anderen Richtung getrieben und häufen sich in der Umgebung fester Körper, zumal in den Ausbuchtungen derselben, wie Schiffe in einem Hafen an. Ist es die über das Wasser emporragende dreilappige Narbe einer Vallisnerie, deren Buchten den Landungsplatz bilden, so legen sie sich an diese an, und es ist unvermeidlich, daß ein Teil der Pollenzellen an den Fransen am Rande der Narbenlappen hängen bleibt.

Alsbald nach dem Anheften des Pollens an die Narbe, einem Vorgange, der durch die Abbildung auf S. 358 dargestellt ist, wird die Fruchtblüte unter das Wasser hinabgezogen, indem ihr langer Stiel die Gestalt einer Schraube annimmt, deren Windungen allmählich so sehr zusammenrücken, daß der zur Frucht gewordene Fruchtknoten wieder ganz nahe über den schlammigen Grund des Wassertümpels zu stehen kommt.

Bisher kennt man die durch den Wind vermittelte Übertragung haftenden Pollens auf den aus Blumenblättern gebildeten, schwimmenden Kähnen bei der weitverbreiteten Vallisneria spiralis, bei der im tropischen Asien heimischen Vallisneria alternifolia, bei den im Indischen und Stillen Ozean verbreiteten Enalus acoroides, bei Hydrilla verticillata und Elodea canadensis sowie bei einigen im Kapland und im tropischen Afrika vorkommenden Arten der Gattung Lagarosiphon, im ganzen nur 13 Arten, welche der kleinen Familie der Hydrocharitazeen angehören. Das ist eine verschwindend kleine Menge im Vergleich zu der Zahl jener Pflanzenarten, welche losen staubförmigen oder lockeren mehligen Pollen entwickeln, und bei welchen die Übertragung des Pollens ausschließlich und während der ganzen Blütezeit durch bewegte Luft in Form von Staubwölkchen erfolgt. Es dürfte nicht viel gefehlt sein, wenn diese Zahl mit 10000 angesetzt wird, was ungefähr dem zehnten Teil aller Phanerogamen gleichkommt. In diese Abteilung gehören die Nadelhölzer, die Eichen, Buchen, Haseln, Birken, Erlen und Pappeln, die Walnuß- und die Maulbeerbäume, die Platanen und die meisten Palmen, also Gewächse von hohem, baumförmigem Wuchse, welche mit Vorliebe in Beständen wachsen, umfangreiche Wälder zusammensetzen und sich durch überaus große Individuenzahl auszeichnen, weiterhin auch die gesellig wachsenden Halmgewächse, die Gräser der Wiesen, Prärien und Savannen, die Seggen, Simsen und Binsen der Moore, die Getreidearten unserer Felder, ferner Hanf und Hopfen, Nesseln und Wegeriche, die in stehenden und fließenden Gewässern so häufigen Laichkräuter und noch zahlreiche andere Pflanzen der verschiedensten Familien.

Eine Eigentümlichkeit, welche an diesen ausschließlich windblütigen Pflanzen besonders auffällt, ist der Mangel lebhaft gefärbter duftender Blüten. Die Blumenblätter sind bei ihnen verhältnismäßig klein, grünlich oder gelblich und heben sich von dem Laub gar nicht oder doch nur wenig ab. Der Blütengrund entbehrt des Duftes und des Honigs. Für diese Blüten ist es eben nicht von Vorteil, daß sie von Insekten besucht werden, und sie bedürfen darum auch nicht jener Lockmittel, durch welche Hummeln, Bienen, Fliegen und Schmetterlinge angezogen werden, sie bedürfen namentlich nicht der Riechstoffe, der süßen Säfte und der lebhaft gefärbten, von dem Grün des Laubwerkes abstechenden und schon von weitem wahrnehmbaren Blumen. Damit soll nicht gesagt sein, daß die Blüten dieser Pflanzen von dem Insektenvolke förmlich und vollständig gemieden würden. Viele der genannten Tiere haben es ja auch auf den Blütenstaub als Nahrung abgesehen, und man sieht darum auch an den Blütenkätzchen der Haseln und Birken, an den Ähren der Wegeriche und an den Rispen der Gräser, Binsen und Simsen nicht selten pollensammelnde und pollenverzehrende Insekten sich herumtummeln; aber diese Blütengäste spielen doch hier als Zwischenträger des Pollens nur eine sehr untergeordnete Rolle, sie können allenfalls dadurch, daß sie an die mit stäubendem Pollen bedeckten Blütenteile anstoßen, teilweise ein Ausfallen des Pollens veranlassen, aber sie werden damit der betreffenden Pflanze nur dann einen Gefallen tun, wenn gerade in demselben Augenblick der richtige Wind durch die Zweige und Halme streicht, der den ausfallenden Blütenstaub zu den Narben hinführt.

Hiermit ist aber auch schon angedeutet, daß sich nicht jede Luftströmung zur Vermittlerrolle bei der Belegung der Narben mit stäubendem Pollen eignet. Am wenigsten passen Winde, mit denen atmosphärische Niederschläge verbunden sind. Abgesehen davon, daß durch die anprallenden Regentropfen der Blütenstaub von seiner Lagerstätte weggespült und zur Erde geführt würde, müßte er auch infolge der Benetzung zugrunde gehen. Ebenso sind Stürme ohne gleichzeitigen Regen sehr unvorteilhaft; denn sie entführen den Blütenstaub, welchen sie auf ihrem Wege treffen, mit großer Heftigkeit und Schnelligkeit nur nach einer Richtung. In dieser Stromrichtung liegt aber jedenfalls nur eine sehr kleine Anzahl, ja vielleicht keine einzige jener Narben, die mit dem Pollen belegt werden sollen, und der größte Teil des Blütenstaubes würde daher durch die Stürme in des Wortes vollster Bedeutung verschleudert.

Am besten wird der Erfolg, der erreicht werden soll, auch wirklich erreicht, wenn der stäubende Pollen von dem Punkte, wo er entstanden und abgelagert wurde, sich gleichmäßig über immer größere Räume in die Luft verteilt, sich gleichsam verdünnt und ein sich allmählich erweiterndes Wölkchen bildet, so daß die Tausende loser Pollenzellen, welche im Bereiche der Blüte bisher in dem Raume von dem Umfang eines Stecknadelkopfes zusammengedrängt waren, sich nun über einen viele Millionen mal größeren Raum ausbreiten. Ein derartiges Verstäuben wird aber nur durch eine mäßig bewegte Luft veranlaßt. Ein leichter Morgenwind, welcher kurz nach Aufgang der Sonne durch das Tal streicht, aufsteigende Luftströme, welche man zur Mittagszeit über den erwärmten Ebenen zittern sieht, frische Brisen, welche in den Küstenlandschaften bald vom Lande gegen das Meer, bald in entgegengesetzter Richtung ihre Bahnen ziehen, Winde, unter deren Einfluß die Getreidefelder wie ein leicht bewegter See sanfte Wellen schlagen, Luftströme, die den Wald zu kaum hörbarem Rauschen anregen, das sind die besten Vermittler für das erfolgreiche Verstäuben. Unter dem Einflusse solcher milden Winde sieht man zur entsprechenden Zeit, wie von den Blüten der in Rede stehenden Pflanzen eine kleine Staubwolke nach der anderen sich ablöst und langsam entschwebt. Da die Luftströme wellenförmig dahinfluten und sich in kurzen Pausen bald etwas verstärken, bald wieder abschwächen, so ist auch die erste Bewegung, welche der ausstäubende Pollen erfährt, eine wellenförmige oder wogende; bald aber entzieht sich das Staubwölkchen auf seinem weiteren Wege der Beobachtung, und nur das eine ist noch deutlich zu erkennen, daß der Blütenstaub, ähnlich dem aufgewirbelten Staub auf einer Straße, eine schräg aufsteigende Richtung einhält.

Mit diesen Verhältnissen steht denn auch die Verteilung sowie die Gestalt der mit stäubendem Pollen zu belegenden Narben im Einklang. Sind die Blüten, die der Wind bestäubt,

Schwarzerle (Alnus glutinosa): 1) Zweig mit vorläufigen, d. h. vor der Entwickelung des Laubes geöffneten Blüten, die Pollenblüten in Form herabhängender Quasten und darüber die Fruchtblüten in Form kleiner Ähren geordnet, 2) belaubter Zweig, an dessen Gipfel bereits die Blütenstände für den nächsten Frühling angelegt sind. (Zu S. 362.)

Zwitterblüten, so sind sie in der Regel dichogam, d. h. ihre Narben sind entweder früher oder später reif als die Pollenzellen derselben Blüte. Eine erfolgreiche Bestäubung der unmittelbar neben den Antheren in derselben Blüte befindlichen Narben ist daher bei dieser Blüte, für welche als Beispiele die Wegeriche, viele Ampferarten, das Glaskraut, das Salzkraut, der Dreizack, die Laichkräuter (Plantago, Rumex, Parietaria, Salsola, Triglochin, Potamogeton) genannt sein mögen, ausgeschlossen, und es muß der Pollen auf den Flügeln des Windes zu benachbarten Blüten, deren Narben eben im belegungsfähigen Zustande sich befinden, getragen werden. Nun finden sich aber bei allen diesen dichogamen Gewächsen die Blüten mit den belegungsfähigen Narben höher gestellt als die Antheren, von welchen geschlechtsreifer Pollen den Luftströmungen anvertraut wird, und es muß daher hier der Pollen, um zu den belegungsfähigen Narben zu gelangen, den Weg nach oben einschlagen.

Noch auffallender tritt diese Erscheinung bei Pflanzen mit einhäusigen Blüten hervor. Von den Zweigen der Eichen, Birken, Erlen usw. hängen die stäubenden Blütenkätzchen als schwankende Quasten herab, während die Blüten mit den belegungsfähigen Narben an denselben oder auch an benachbarten Zweigen stets darüberstehen (s. Abbildung, S. 361). An den Ästen der Fichtenbäume sind nur die herabhängenden Seitenzweige mit den Staubblütenständen, die, vor dem Ausstäuben von fern gesehen, fast den Eindruck roter Erdbeeren machen, geschmückt, während die zu bestäubenden Fruchtblütenstände als kleine Zapfen an denselben Ästen obenauf wie die Kerzen auf einem Weihnachtsbaum emporragen; ja, viele Fichtenbäume tragen nur an den obersten Ästen, dicht am Wipfel, die Fruchtblüten, an den unteren Ästen dagegen nur Staubblüten, und es würde hier eine Bestäubung der ersteren ganz unmöglich sein, wenn der Pollen nur in horizontaler Richtung durch die Winde entführt würde. Selbst bei zweihäusigen Pflanzen ist eine solche tiefere Lage der Staubblüten zu beobachten, und es wird dieselbe dadurch erreicht, daß die Stöcke mit Staubblüten im Verhältnis zu jenen mit Fruchtblüten niedrig bleiben. So sieht man z. B. auf den Hanffeldern die stäubenden Pflanzen niemals die Höhe derjenigen erreichen, deren Blüten bestäubt werden sollen. Die Rohrkolben (Typha), die Igelkolben (Sparganium) und mehrere Halbgräser, namentlich zahlreiche Arten der Gattung Segge (Carex), welche einhäusige Blüten haben, scheinen allerdings eine Ausnahme zu machen, da bei ihnen die Staubblüten über den Fruchtblüten stehen; hier kommen aber infolge ungleichzeitiger Streckung der Achsen die zu bestäubenden Blüten des einen Stockes mit älterem höheren Stengel gewöhnlich höher zu liegen als die Staubblüten des nebenbei stehenden Stockes mit jüngerem niederen Stengel, und man kann sich durch Beobachtung leicht überzeugen, daß auch hier der stäubende Pollen durch die Luftströmungen nicht in wagerechter, sondern in schräger Richtung aufwärts entführt und an die zu belegenden Narben benachbarter Stöcke angeweht wird.

Das ist allerdings nicht so aufzufassen, als ob bei dem Entführen des stäubenden Pollens durch den Wind gar kein Pollen zur Tiefe gelangen würde; für die Mehrzahl der Fälle aber steht es außer Frage, daß die Wölkchen des Blütenstaubes, welche durch mäßige Winde fortgeführt werden, zunächst aufwärts schweben und entweder schon auf diesem Wege zu den höher stehenden zu belegenden Narben gelangen, oder aber erst später, wenn die über weite Räume verteilten Pollenzellen bei ruhigerer Luft wieder langsam zur Tiefe sinken, die Narben belegen, ähnlich so, wie der in den Stuben aufgewirbelte Staub schließlich wieder langsam zur Tiefe sinkt und alle Einrichtungsgegenstände in der Stube als gleichmäßige Schicht belegt.

Bei einigen Arten wird der Pollen in demselben Augenblick, in welchem die Antherenfächer aufspringen, mit Gewalt in die Luft hinausgeschleudert und entschwebt in Form kleiner Staubwölkchen schräg nach oben. In unseren Gegenden ist dieser Vorgang besonders schön an den Nesseln zu sehen. Wer sich an einem hellen taufrischen Sommermorgen vor ein Dickicht aus Nesseln stellt und dort zuwartet, bis die ersten Sonnenstrahlen die Blüten streifen, ist nicht wenig überrascht, wenn er bald hier, bald dort ein kleines blasses Staubwölkchen von den dunkel belaubten Stauden aufsteigen sieht. Anfänglich sind die Staubwölkchen nur vereinzelt und erheben sich in abmeßbaren Zeiträumen, allgemach werden sie häufiger, und bisweilen sieht man fünf, sechs und mehr im selben Augenblick und in geringen Abständen entstehen. Nach und nach aber stellen sich die kleinen Explosionen wieder seltener ein, und ehe noch eine halbe Stunde vergangen ist, herrscht über dem Nesseldickicht wieder vollständige Ruhe. Bei Besichtigung aus nächster Nähe erkennt man leicht, daß die eben geschilderte

Erscheinung auf einem plötzlichen Aufschnellen der fadenförmigen, in der Knospe schlingenförmig eingebogenen Träger der Antheren und einem gleichzeitigen Bersten der Antherenfächer beruht.

Wie mit unseren Nesseln verhält es sich mit den Arten der Gattung Glaskraut (Parietaria) und mit zahlreichen tropischen Urtikazeen. Eine dieser letzteren nämlich, die im zentralen Amerika heimische Pilea microphylla (auch unter dem Namen Pilea muscosa bekannt), wird häufig in den botanischen Gärten gezogen, um an ihr das Ausschleudern des stäubenden

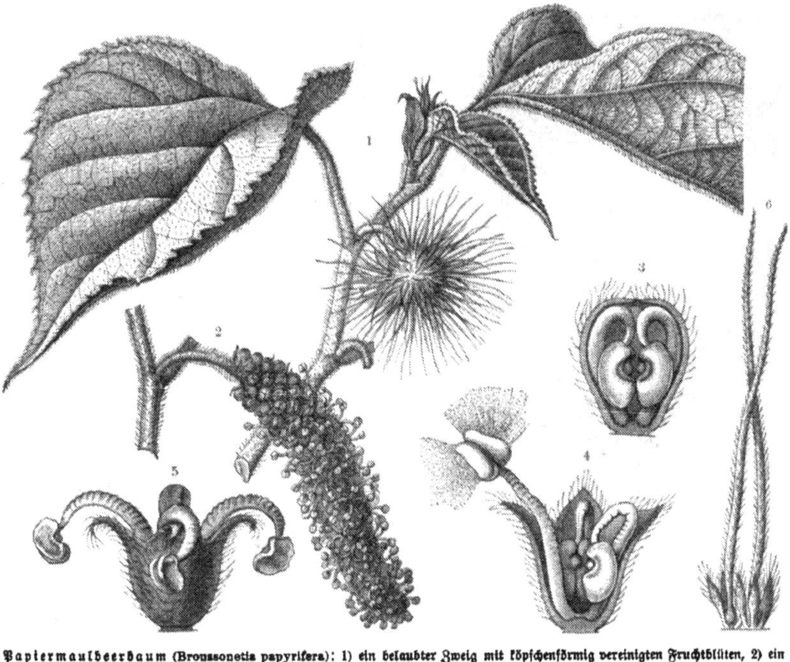

Papiermaulbeerbaum (Broussonetia papyrifera): 1) ein belaubter Zweig mit köpfchenförmig vereinigten Fruchtblüten, 2) ein des Laubes beraubtes Zweigstück mit ährenförmig gruppierten Pollenblüten, 3) eine noch geschlossene Pollenblüte im Längsschnitt, 4) eine geöffnete Pollenblüte im Längsschnitt, zwei Antherenträger noch eingeschlagen, ein Antherenträger aufgeschnellt und aus der aufgesprungenen Anthere den Pollen ausschleudernd, 5) eine geöffnete Pollenblüte, deren sämtliche Pollenblätter bereits aufgeschnellt sind und den Pollen aus den Antheren ausgeschleudert haben, 6) zwei Fruchtblüten mit langen haarigen Narben. Fig. 1 und 2 in natürl. Größe, Fig. 3—6: 4—5fach vergrößert.

Pollens zeigen zu können. Man braucht diese Pflanze zur Zeit, wenn sie mit Blütenknospen bedeckt ist, nur mit Wasser zu bespritzen und dann aus dem Schatten in die Sonne zu stellen, so geht sofort das Schauspiel los. An allen Ecken und Enden explodieren die Blütenknospen, und es wird weißlicher Blütenstaub in Form kleiner Wölkchen in die Luft emporgeschleudert. Auch viele Morazeen zeigen diese Erscheinung, so der Papiermaulbeerbaum (Broussonetia papyrifera), von dessen Blüten oben eine Abbildung eingeschaltet ist. Die Pollenblüten sind hier ährenförmig gruppiert (Fig. 2), und jede einzelne besteht aus einem kelchartigen Perigon und vier darüberstehenden Pollenblättern. Die ziemlich dicken Träger der Anthere sind in der geschlossenen Knospe eingeschlagen (Fig. 3) und wie Uhrfedern gespannt; sobald sich aber das Perigon öffnet, schnellen die Träger der Antheren einer nach dem anderen empor; gleichzeitig springen auch die Antherenfächer auf, und der Pollen wird aus ihnen gewaltsam in die Luft gestreut (Fig. 4). Sind sämtliche Antheren entleert, so krümmen sich ihre Träger bogenförmig zurück (Fig. 5), und alsbald fällt die ganze Blütenähre, die nun für die Pflanze keinen weiteren Wert hat, vom Stamm ab.

Das Ausschleudern des stäubenden Pollens erfolgt bei allen diesen Pflanzen nur dann, wenn zur Zeit des Sonnenaufganges ein leichter austrocknender Morgenwind über die Pflanzen hinstreicht und infolgedessen eine Änderung in der Spannung der betreffenden Gewebe erfolgt. Bei vollständiger Windstille und in schwüler feuchter Luft, ebenso bei Regenwetter unterbleibt das Öffnen der Blüten sowie das Ausschleudern des Pollens, oder, besser gesagt, es ist dieser Vorgang auf so lange hinausgeschoben, bis die Luft wieder trockener geworden ist, und bis sich wieder eine frische Brise eingestellt hat, welche die blütentragenden Zweige hin und her schwenkt und erschüttert. Die bewegte Luft hat die zwei Vorgänge einzuleiten, welche sich ergänzen. Derselbe Luftstrom, welcher durch Erschütterung der blütentragenden Achsen und durch Veränderungen in der Spannung der Gewebe der Blüte eine Entbindung und ein Ausstreuen des Pollens veranlaßt, entführt auch den Pollen von der Stelle, wo er erzeugt wurde, und geleitet ihn zu dem Ziele, für das er bestimmt ist.

Esche (Fraxinus excelsior): 1) Ästchen mit zwei Zweigen, von welchen der linksseitige Pollenblüten, der rechtsseitige Zwitterblüten trägt, 2) Zwitterblüte, 3) zwei Antheren, die obere aufgesprungen, die untere noch geschlossen. Fig. 1 in natürl. Größe, Fig. 2 und 3: 5fach vergrößert.

Als ein weiterer solcher Fall wäre zunächst jener anzuführen, der bei Pflanzen mit kurzen, dicken Antherenträgern und verhältnismäßig großen, mit mehligem Pollen erfüllten Antheren beobachtet wird. Die Steinlinde (Phillyrea), die Pistazie (Pistacia), der Buchsbaum (Buxus) und die meisten Eschen, zumal die gewöhnliche Esche (Fraxinus excelsior; s. obenstehende Abbildung), können als Vorbilder für diese Pflanzengruppe dienen. Die Entwickelung der Fruchtanlage eilt bei ihnen der Ausbildung des Pollens immer voraus. Man sieht zur Zeit, wenn die verhältnismäßig großen fleischigen Narben aus den unscheinbaren Blumen weit vorgestreckt und schon befähigt sind, den Pollen aufzunehmen, die Antheren der danebenstehenden Pollenblüten noch fest geschlossen (s. Fig. 1 und 2). Diese öffnen sich erst zwei, drei, oft sogar erst vier Tage später in trockener Luft, und zwar durch Bildung von Längsspalten über den Pollenbehältern. Die Ränder dieser Spalten schrumpfen sehr rasch, und dadurch wird jeder der beiden Pollenbehälter zu einer weit offenen Nische, in welcher der mehlige oder staubartige Pollen eingebettet liegt (s. Fig. 3). Da sich die Antheren kurz vor dem Aufspringen so gestellt haben, daß die Spalte nach oben gewendet ist, so sind natürlich auch die Nischen nach oben zu gerichtet und bleiben bei ruhiger

Luft mit Pollen erfüllt. Erst dann, wenn die blütentragenden Zweige hin und her schwanken, fällt der Pollen aus den Nischen, und derselbe Windstoß, welcher die Zweige ins Schwanken gebracht hat, entführt ihn als Staubwolke in die Lüfte.

Bei einer anderen Gruppe von Pflanzen **werden die Antheren von langen Fäden getragen, kommen durch den leisesten Windstoß in schwingende, pendelnde**

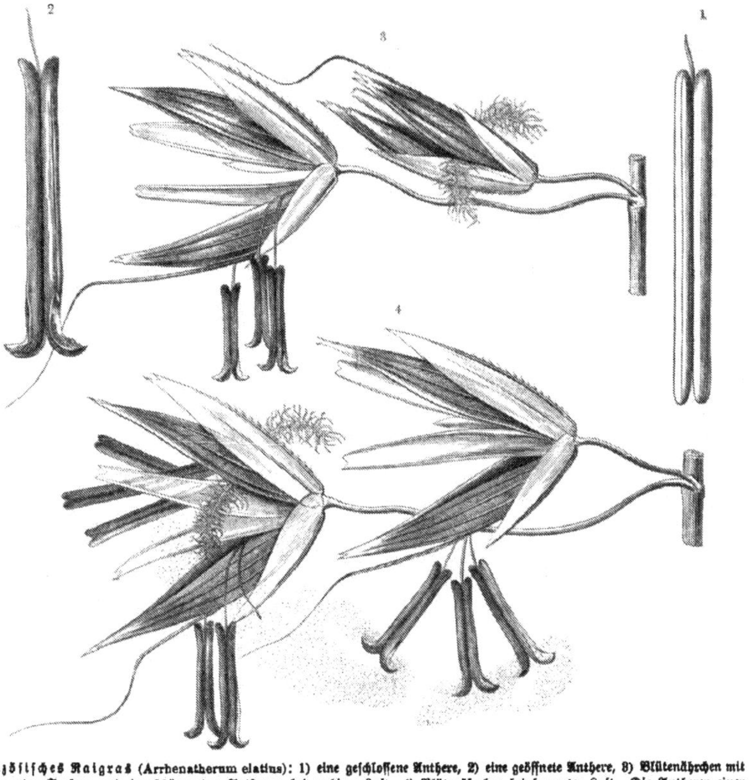

Französisches Raigras (Arrhenatherum elatius): 1) eine geschlossene Anthere, 2) eine geöffnete Anthere, 3) Blütenährchen mit aufgesperrten Spelzen und herabhängenden Antheren bei ruhiger Luft, 4) Blütenährchen bei bewegter Luft. Die Antheren einer Blüte mit pendelnden Antheren und ausstäubendem Pollen, die Antheren einer anderen Blüte des Pollens beraubt, von einem Faden ist die Anthere abgefallen, die Antheren einer dritten Blüte noch geschlossen, im Vorschieben begriffen. Fig. 1 und 2: 12fach, Fig. 3 und 4: 5fach vergrößert.

und zitternde Bewegung und entlassen ähnlich wie geschüttelte Streubüchsen den stäubenden Pollen in kleinen Prisen.

In erster Linie sind aus der Reihe solcher Pflanzen, deren stäubender Pollen durch zitternde, pendelnde oder schwingende Bewegungen der Antheren und der sie tragenden Fäden in die Luft gestreut wird, die **Gräser** zu nennen. Wie bei ihnen das Ausstäuben erfolgt, ist so merkwürdig, daß es sich der Mühe lohnt, etwas näher darauf einzugehen. Bei einem Teile der Gräser, zumal dem hier als Beispiel gewählten und oben abgebildeten Französischen

Raigras (Arrhenatherum elatius), beginnt der zu schildernde Vorgang damit, daß sich die unter dem Namen Spelzen bekannten Deckblättchen der Blüte plötzlich auseinanderspreizen, was vermittelst eines eigentümlichen, an der Basis angebrachten Schwellgewebes geschieht. Dadurch werden die bisher verborgenen Antheren entblößt und wird auch die Möglichkeit gegeben, daß die Antheren über die Spelzen hinaus in die Luft vorgeschoben werden. Dieses Vorschieben erfolgt durch ein erstaunlich rasches Längenwachstum der Antherenträger. Es wurde berechnet, daß bei einigen Gräsern die fadenförmigen Träger der Antheren innerhalb einer Minute um 1—1,5 mm sich verlängern, und daß sie nach 10 Minuten gewöhnlich das Drei- bis Vierfache ihrer ursprünglichen Länge erreicht haben. Bei einem Teil der hierhergehörigen Pflanzen wachsen die Fäden abwärts, bei einem anderen Teile wagerecht und wieder bei einem anderen Teil in gerader Richtung aufwärts dem Himmel zu. Bei denjenigen Gräsern, deren Staubfäden schon von Anfang her abwärts gewachsen waren, macht es zwar den Eindruck, als ob diese Richtung durch das Gewicht der Anthere veranlaßt worden wäre. Dem ist aber nicht so. Tatsächlich kommt auch hier ein starker Turgor ins Spiel, und wenn man die Blütenstände solcher Gräser umkehrt, so erhalten sich die Staubfäden, welche ihr Längenwachstum eben erst abgeschlossen haben, trotz der außerordentlichen Zartheit in strammer Haltung und ragen kerzengerade in die Höhe. Bald darauf ändert sich allerdings dieses Verhältnis. Die Fäden erschlaffen, die bisher aufrechtstehenden werden nickend und überhängend, die horizontal vorgestreckten sinken herab, und alle machen jetzt den Eindruck von Pendeln, an welchen die Antheren aufgehängt sind.

Hand in Hand mit diesen Veränderungen der Fäden vollzieht sich auch das Aufspringen der Antheren. Solange die Antheren unter der schützenden Hülle der Deckblättchen geborgen waren, erschienen sie langgestreckt und lineal (s. Abbildung, S. 365, Fig. 1). Jede Anthere besteht aus zwei parallel nebeneinanderliegenden Pollenbehältern, und jeder Pollenbehälter weist eine Längslinie auf, welcher entlang das Aufspringen erfolgt. Das Aufspringen beginnt immer erst dann, wenn die betreffende Anthere mit dem ursprünglich oberen Ende sich abwärts gerichtet hat. Ist das geschehen, dann bilden sich an den Pollenbehältern entlang den schon erwähnten Linien Risse. Diese Risse werden nur zum kleinen Teile klaffend, nämlich nur an dem ursprünglich oberen, nun abwärts gerichteten Ende der Anthere. Das hängt zum Teil damit zusammen, daß an dieser Stelle die beiden Pollenbehälter auseinanderweichen und sich in entgegengesetzter Richtung krümmen, wie es durch die Fig. 2 der Abbildung auf S. 365 zu sehen ist. Die Bedeutung dieses Vorganges aber ist darin gelegen, daß der staubförmige Pollen nicht sofort aus seinen Behältern fallen kann, nachdem sich die Risse gebildet haben; denn da die Enden der Pollenbehälter zufolge des Auseinanderweichens die Gestalt von tief ausgehöhlten Kähnen annehmen, so wird der Pollen bei ruhiger Luft zunächst in diesen Aushöhlungen eine Zeitlang zurückbehalten (s. S. 365, Fig. 3). Erst dann, wenn ein Luftstrom die Antheren in Schwingungen versetzt, wird der staubförmige Pollen in Form eines kleinen Wölkchens fortgeweht (s. S. 365, Fig. 4). Zunächst nur jene kleine Prise, welche auf den spreizenden, kahnförmig ausgehöhlten Enden der Anthere liegt; aber alsbald wird diese Prise dadurch ersetzt, daß aus den oberen nichtklaffenden Teilen der Antheren neuer Pollen herabsickert. Auch dieser hat natürlich keine lange Ruhe, und schon der nächste Windstoß vermag ihn fortzublasen. Nachdem die Antheren vollständig entleert sind, lösen sie sich von den Fäden ab und fallen als trockene Hülsen zu Boden.

Die dem Verstäuben des Pollens vorausgehenden Veränderungen sind bei den Gräsern noch weit auffallender als bei anderen Pflanzen von der Witterung abhängig. Besonders spielen die Temperatur und der Feuchtigkeitszustand der Luft eine hervorragende Rolle. Niedere Temperatur und Regen können das Auseinanderweichen der Spelzen, das Vorschieben und Aufspringen der Antheren nicht nur um Stunden, sondern um Tage verzögern. Auch sehr trockene Luft und gleichzeitige hohe Temperatur verlangsamen die geschilderten Vorgänge. Die günstigsten Bedingungen für das Ausstäuben sind bei den meisten Gräsern am frühen Morgen gegeben, zur Zeit, wenn noch etwas Nachttau auf den Wiesen liegt, die ersten Sonnenstrahlen, schräg einfallend, die Blüten streifen, die Temperatur nur mäßig steigt und ein leichter Morgenwind die Ähren und Rispen ins Schwanken bringt. Am frühesten, nämlich schon zwischen 4 und 5 Uhr, beginnen im Hochsommer die Rispengräser (Poa), das Süßgras (Glyceria), die Kölerie (Koeleria) und das Französische Raigras (Arrhenatherum elatius) zu stäuben. Etwas später, nämlich zwischen 5 und 6 Uhr, kommen das Zittergras (Briza media), die Rasenschmiele (Aira caespitosa), der Weizen und die Gerste (Triticum, Hordeum) an die Reihe. Zwischen 6 und 7 Uhr stäubt dann der Roggen und eine große Zahl verschiedener Wiesengräser, namentlich das Knaulgras (Dactylis), das Bartgras (Andropogon), die Zwenke (Brachypodium) und viele Arten der Gattung Schwingel (Festuca). Zwischen 7 und 8 Uhr stäuben die Hafer aus der Gruppe Trisetum, der Fuchsschwanz (Alopecurus), das Lieschgras (Phleum) und das Ruchgras (Anthoxanthum). Nun tritt, wenigstens unter den im mittleren Europa einheimischen Gräsern, eine Pause ein. Von ausländischen, bei uns in Gärten gezogenen Arten stäuben im Laufe des Vormittags, und zwar von 8—9 Uhr, die Hirse und die Moorhirse (Panicum milliaceum und Sorghum), von 9—10 Uhr die Kolbenhirse (Setaria italica) und das brasilische Savannengras (Gynerium argenteum). Gegen die Mittagszeit kommen wieder einheimische Gräser an die Reihe. Um 11 Uhr stäuben die meisten Arten der Gattung Straußgras (Agrostis), zwischen 12 und 1 Uhr das Perlgras (Melica), das Pfeifengras (Molinia), das Borstengras (Nardus), das Haargras (Elymus), das Hartgras (Scleropoa) und mehrere Reitgräser (Calamagrostis). Im Laufe des Nachmittags gelangen dann nur vereinzelte Arten zum Ausstäuben, so um 2 Uhr die Trespen (Bromus), um 3 Uhr einige Hafer (Avena), um 4 Uhr die Quecken (Agropyrum) und zwischen 5 und 6 Uhr die Waldschmiele (Aira flexuosa). Merkwürdig ist, daß das Honiggras (Holcus) bei günstigen Witterungsverhältnissen zweimal an einem Tage die Spelzen auseinanderspreizt, die Antheren vorschiebt und den Pollen ausstäubt: einmal am Morgen nach 6 Uhr, zum zweitenmal abends um 7 Uhr, und zwar stets beim Eintritt einer Temperatur der Luft von 14 Grad. In den meisten Fällen dauert der ganze Vorgang in einer Blüte 15—20 Minuten.

Mit dem Auseinanderweichen der Spelzen und mit dem Vorschieben der Antheren sind häufig auch Veränderungen in der Lage und Richtung der ährentragenden Stiele verbunden. So werden die Stielchen der Blütenähren von Agrostis, Apera, Calamagrostis, Koeleria und Trisetum für die Zeit, in welcher das Ausstäuben stattfinden soll, spreizend und bilden gegen die Spindel, von der sie sich abzweigen, Winkel von 45—80 Grad. Sobald aber das Ausstäuben vorüber ist, bewegen sich alle diese Stiele wieder gegen die Hauptachse des ganzen Blütenstandes, und die Rispe erscheint dann wie zusammengezogen.

Ähnlich wie bei den Gräsern und Seggen wird der stäubende Pollen bei dem Hanf und Hopfen (Cannabis, Humulus) und bei zahlreichen Arten der Gattungen Ampfer und Wiesenraute (z. B. Rumex alpinus und scutatus, Thalictrum alpinum, foetidum, minus) aus den an zarten Fäden pendelnden Antheren ausgeschüttelt. Auch bei den Wegerichen

(Plantago) wird der stäubende Pollen aus den von langen Fäden getragenen Antheren durch die Luftströmungen ausgeschüttelt. In der Blütenknospe sind die Fäden noch eingeschlagen,

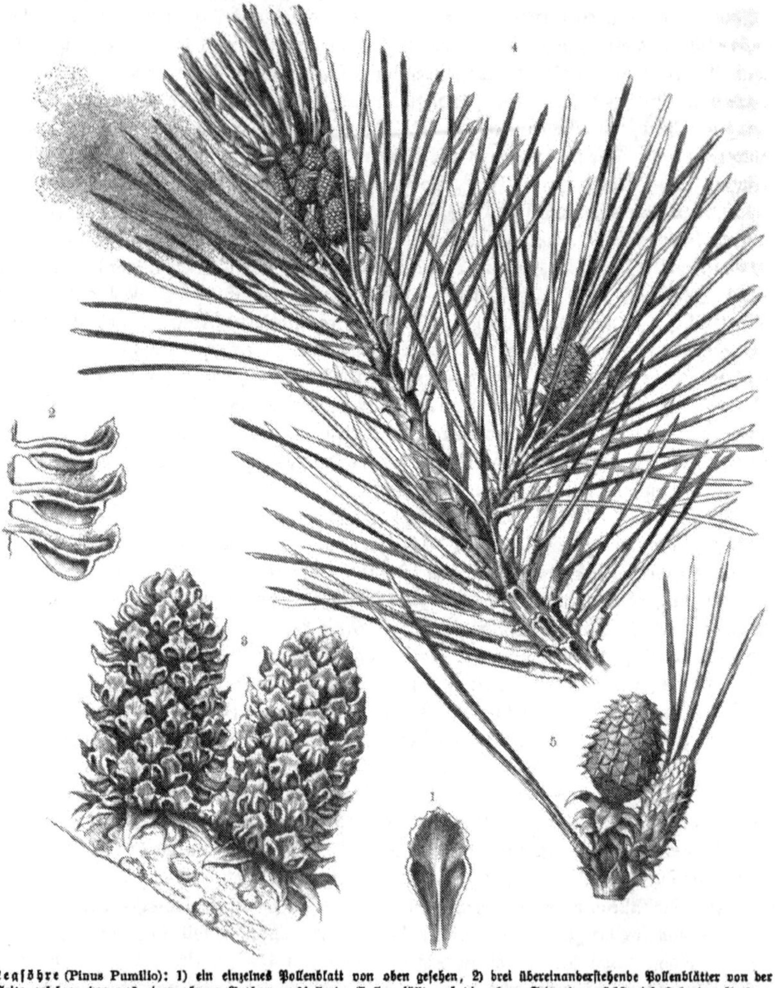

Legföhre (Pinus Pumilio): 1) ein einzelnes Pollenblatt von oben gesehen, 2) drei übereinanderstehende Pollenblätter von der Seite gesehen, der aus einer oberen Anthere ausfallende Pollen fällt auf die obere Seite der nächst tieferstehenden Anthere, 3) zwei ganze Blüten aus Pollenblättern, 4) ein Zweig, aus dessen Blüten der Pollen ausstäubt, 5) Fruchtanlage (ganzer Zapfen). Fig. 1 und 2: 10fach; Fig. 3: 8fach; Fig. 5: 2fach vergrößert; Fig. 4 in natürl. Größe. (Zu S. 369.)

sobald sich aber die Blumenblätter auseinander tun, strecken sich die Fäden gerade und ragen straff aus der Blütenähre hervor. Die von diesen Fäden getragenen beweglichen Antheren sind breit und meistens von herzförmiger Gestalt; die beiden Pollenbehälter, aus welchen sie sich zusammensetzen, öffnen sich nur an der dem Himmel zugewandten Seite, und es ist daher die kurze klaffende Spalte, durch welche der Pollen in die Luft befördert werden soll, nach oben gerichtet. Hiermit hängt es wohl zusammen, daß bei den Wegerichen ein paar Tage vergehen, bis aller Pollen ausgeschüttelt ist. An die Wegeriche reihen sich dann noch die Rüstern, die japanische Bocconia (Bocconia japonica), die Wiesenrauten mit aufrecht abstehenden Staubfäden (Thalictrum aquilegifolium, angustifolium, flavum usw.) sowie mehrere Arten der Gattungen Becherblume und Wiesenknopf (Poterium, Sanguisorba). Die Staubfäden der Rüstern sind zu allen Zeiten gerade, strecken sich aber kurz vor dem Öffnen der Antheren um das Doppelte ihrer ursprünglichen Länge, und die aufgesprungenen Antheren präsentieren sich dann als zwei weit offene Schalen; bei der Bocconia haben die Pollenbehälter die Gestalt langer, schmaler Nischen. Bei der in unseren Voralpen häufigen Wiesenraute Thalictrum aquilegifolium sowie bei dem sibirischen Wiesenknopfe Sanguisorba alpina sind die Staubfäden nach oben zu keulenförmig verdickt und, ähnlich wie jene der Bocconia, so eingerichtet, daß sie selbst bei schwach bewegter Luft leicht ins Schwanken kommen. Die Arten der Gattungen Plantago, Thalictrum und Ulmus sind auch insofern bemerkenswert, als sich die bei trockenem Wetter gebildeten Spalten ihrer Pollenbehälter bei Eintritt von Regen rasch schließen und so lange geschlossen bleiben, bis der Regen aufgehört hat und die Luft wieder trockener geworden ist.

In allen bisher besprochenen Fällen gelangt der in den Antheren erzeugte stäubende Pollen von seiner Bildungsstätte unmittelbar in die umgebende Luft. Nun gibt es aber noch viele Pflanzen, deren stäubender Pollen aus den Antheren zunächst auf einen geeigneten, gegen Nässe geschützten Platz im Bereiche der Blüten fällt, daselbst kürzere oder längere Zeit verweilt und erst dann, wenn die für seine Verbreitung geeignetsten Verhältnisse in der Umgebung eingetreten sind, vom Winde weggeblasen wird. Als zeitweilige Ablagerungsstätte für solchen Pollen werden sehr verschiedene Teile der Blüte benutzt. Bei den Kiefern, Tannen und Fichten dient seltsamerweise die Rückseite eines anderen Pollenblattes zu diesem Zwecke. Wie die Fig. 1 der Abbildung auf S. 368 zeigt, ist bei der Legföhre oder Krummholzkiefer (Pinus Pumilio) die obere Seite aller Pollenblätter infolge des Aufbiegens der seitlichen Ränder sowie des Aufstülpens der großen häutigen Schuppe, in welche das Konnektiv ausläuft, etwas grubig vertieft; zudem findet sich dort rechts und links von der Mittellinie eines jeden Pollenblattes eine seichte Mulde. Wie man sich leicht überzeugt, dienen diese grubigen Vertiefungen zur Aufnahme jenes Pollens, welcher aus den darüberstehenden Antheren herabfällt (s. Abbildung, S. 368, Fig. 2), und da sich gewöhnlich sämtliche in eine Blüte zusammengedrängte Antheren auf einmal öffnen, so tragen auch sämtliche Pollenblätter der betreffenden Blüte zu gleicher Zeit den staubartigen Pollen auf dem Rücken (s. S. 368, Fig. 3). Solange die Winde schweigen, bleibt der Pollen ruhig auf dieser Ablagerungsstätte liegen, sobald aber ein Windstoß die Äste und Zweige der Kiefer schüttelt, kommt der abgelagerte Pollen aus seinem Verstecke zum Vorschein, und man sieht ganze Wolken gelben Staubes von den Blüten emporwirbeln (s. S. 368, Fig. 4).

Einigermaßen abweichend von dieser für die Kiefern, Tannen und Fichten so bezeichnenden Einrichtung ist jene, die bei der Eibe (Taxus) beobachtet wird. Das Konnektiv der Pollenblätter endigt bei diesem Nadelholze nicht mit einer aufgestülpten Schuppe, sondern mit einem kreisförmigen, am Rande gekerbten Schildchen. Die Pollenbehälter erscheinen der unteren beziehentlich hinteren Seite dieses Schildchens angeheftet, wie an der Abbildung, S. 370, Fig. 1, zu sehen ist. Auch sind die Pollenblätter zu rundlichen Köpfchen vereinigt, und die schildförmigen Konnektive schließen mosaikartig dicht zusammen, so daß man bei oberflächlicher Ansicht die Pollenbehälter gar nicht zu sehen bekommt. Wenn der Pollen seine Reife erlangt und die Form des Staubes angenommen hat, springen die unter den Schildern versteckten Pollenbehälter auf, die Wände derselben schrumpfen zusammen, und die Pollenblätter haben jetzt die Form angenommen, wie sie die Fig. 2 der untenstehenden Abbildung zur Anschauung bringt. Die Schilder gleichen nun Kuppeln, welche von kurzen Säulen getragen werden und sich über Räume wölben, in denen loser, staubförmiger Pollen aufgespeichert ist. In warmer, trockener Luft zieht sich das Gewebe der Schilder etwas zusammen, es entstehen infolgedessen zwischen den Schildern spaltenförmige Öffnungen, und die aus den Pollenblättern gebildete Kugel sieht wie zerklüftet aus (s. nebenstehende Abbildung, Fig. 3). Sobald nun ein Windstoß die Eibenzweige ins Schwanken bringt, stäubt ein Teil des Pollens durch die eben erwähnten Spalten in Form kleiner Wölkchen aus. Abends, wenn die Luft feuchter wird, sowie an trüben, regnerischen Tagen schließen die Schilder wieder zusammen, der noch vorhandene Pollen wird eingekapselt und gegen Nässe geschützt. Tritt neuerdings warme, trockene Witterung ein, so stellen sich die Spalten wieder ein, und es kann der letzte Rest des Pollens ausgeschüttelt und fortgeblasen werden.

Eibe (Taxus baccata): 1) eine Anthere mit geschlossenen Pollenbehältern, 2) eine Anthere mit geöffneten und entleerten Pollenbehältern, 3) ein Zweig, aus dessen unteren Blüten der Pollen ausstäubt. Fig. 1 und 2 ungefähr 10fach, Fig. 3: 3fach vergrößert.

Die Einrichtung, welche hier bei der Eibe als einem leicht zugänglichen Beispiele geschildert wurde, findet man, in Einzelheiten mannigfach abgeändert, in der Hauptsache aber übereinstimmend, bei dem Wacholder, den Zypressen und Lebensbäumen (Juniperus, Cupressus, Thuja), und es wurden auch von einer Wacholderart, nämlich von Juniperus Virginiana, die bei trockener Luft geöffneten, bei feuchter Luft geschlossenen Köpfchen aus Pollenblättern bereits auf S. 299, Fig. 15—18, bildlich zur Darstellung gebracht. Merkwürdigerweise zeigen auch die im übrigen mit den zuletzt genannten Nadelhölzern in keinen verwandtschaftlichen Beziehungen stehenden Platanen (Platanus) ganz ähnliche Verhältnisse bei dem Verstäuben des Pollens. Die Pollenblätter derselben besitzen nämlich ein über den Antheren verbreitetes schildförmiges oder kissenförmiges Konnektiv, und jedes einzelne Pollenblatt, für sich betrachtet, erinnert an einen kurzen Nagel mit großem, dickem Kopfe. Neben kleinen Wärzchen, welche als verkümmerte Blumenblätter gedeutet werden, trägt der kugelförmige Boden des Blütenstandes eine große Zahl der eben beschriebenen nagelförmigen Pollenblätter. Dieselben stehen nach allen Seiten von der Kugel ab, und ihre schildförmigen Konnektive berühren sich gegenseitig an den Rändern ganz ähnlich wie jene der Eibe. So wie dort bilden sich unter der Decke

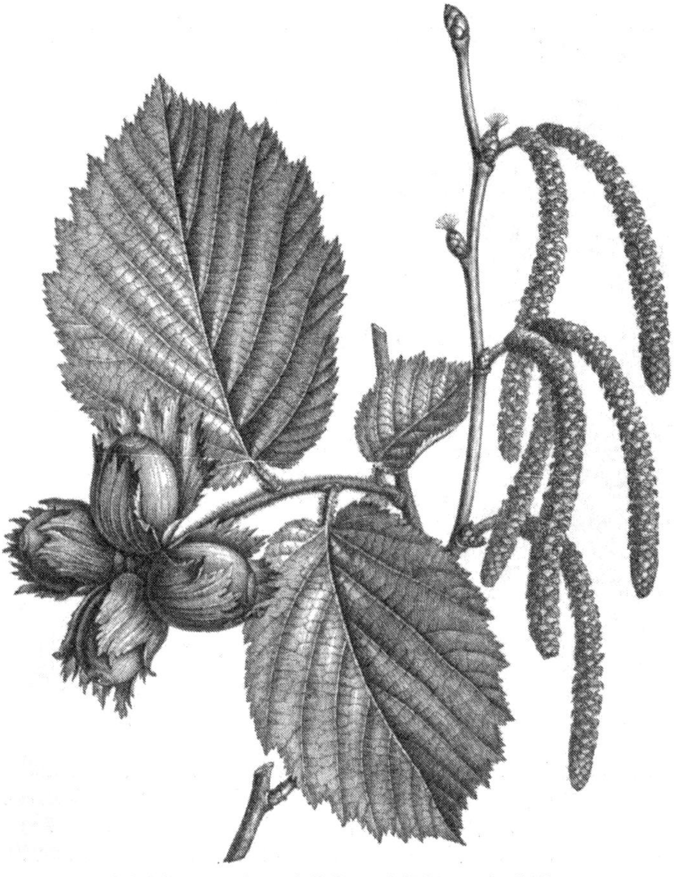

Hasel (Corylus Avellana) mit Blüten und Früchten. (Zu S. 372.)

der zusammenschließenden Konnektive Hohlräume aus, welche als zeitweilige Ablagerungsstätte für die aus den aufgesprungenen und zusammengeschrumpften Antheren entbundenen Pollenzellen dienen. Der Vorgang, wie diese Pollenzellen schließlich als Staub in die Luft gestreut werden, ist nun freilich wesentlich anders als bei den Eiben, Zypressen und dem Wacholder. Bei den Platanen fallen nämlich einzelne der nagelförmigen Pollenblätter aus dem kugelförmigen Blütenstande wie Stifte aus einem Mosaik heraus, und es entstehen auf diese Weise Löcher, welche sich als die Mündungen der mit stäubendem Pollen erfüllten Hohlräume darstellen. Aus diesen Löchern stäubt aber der Pollen in Form kleiner Wölkchen aus, sobald die an langen, schnurförmigen Stielen hängenden Blütenstände durch den Wind hin und her geschwenkt werden.

Bei den zahlreichen Bäumen und Sträuchern, deren ährenförmige Vereinigungen von Pollenblüten die Gestalt überhängender Quasten und Trobbeln haben, wie z. B. bei der in der Abbildung auf S. 371 dargestellten Hasel (Corylus), der auf S. 361 abgebildeten Erle (Alnus) und weiterhin bei den Birken, Pappeln und Hainbuchen, dient die Rückseite

Krauses Laichkraut (Potamogeton crispus) mit ausstäubendem Pollen. (Zu S. 373.)

der Blüten als zeitweilige Ablagerungsstätte des Pollens. Die Blütenähren aller dieser Gewächse sind anfänglich aufrecht und stellen kurze, dicke Zapfen und Zylinder dar. Kurze Zeit, bevor die Antheren aufspringen, streckt sich die Spindel der Ähren und wird überhängend; die an der Spindel sitzenden Blüten erhalten dadurch sämtlich eine gestürzte Lage, ihre offene Seite ist jetzt abwärts und die Rückseite aufwärts gewendet. Die Rückseite einer jeden Blüte ist so eingerichtet, daß sie den Pollen, welcher aus den Antheren der darüberstehenden Blüten ausfällt, aufnimmt und so lange zurückhält, bis ein Windstoß die Quaste ins Schwanken bringt und dadurch ein Ausstäuben veranlaßt (s. die Abbildung von Juglans regia auf S. 274, Fig. 2).

Mitunter gestaltet sich die obere schalenförmig ausgehöhlte Seite der Blumenblätter und Deckblätter zur zeitweiligen Ablagerungsstätte des stäubenden Pollens. Das ist zum Beispiel der Fall bei verschiedenen Arten der Gattung Laichkraut (Potamogeton), beim Dreizack (Triglochin) und beim Sanddorn (Hippophaë). Beim krausblätterigen Laichkraut (Potamogeton crispus), einer in Teichen und langsam fließenden Bächen untergetaucht lebenden Pflanze, welche ihre Blütenähren im Hochsommer über den Wasserspiegel emporhebt (s. die Abbildung, S. 372), erscheinen die fleischigen, rötlichbraunen, großen Narben schon zu einer Zeit befähigt, Pollen aufzunehmen, wo die danebenstehenden Antheren noch geschlossen sind. Ja, nicht einmal die Blumenblätter der betreffenden Blüten haben sich zu dieser Zeit auseinander getan, und man sieht sie unterhalb der vorgeschobenen, kreuzweise gestellten vier Narbenlappen über die Antheren gedeckt. Erst dann, wenn die Narben schon zu welken beginnen, schlagen sich die schalenförmigen, kurzgestielten Blumenblätter zurück. Fast gleichzeitig bilden sich an den großen weißen Antheren Längsrisse, die sich rasch in weit klaffende Spalten umwandeln, aus welchen mehliger gelber Pollen reichlich hervorquillt. Wenn zur Zeit des Aufspringens der Antheren ein frischer, trockener Wind über die aus dem Wasser ragenden Ähren des Laichkrautes streicht, so wird ein Teil des Pollens sofort als Staub fortgetragen; wenn aber Windstille herrscht, so fällt der Pollen zum Teil herab in die Aushöhlung desjenigen Blumenblattes, welches wie eine Schale oder wie ein kurzgestielter Löffel unter die Antheren gestellt ist. Hier kann der Pollen bei ruhiger Luft stundenlang abgelagert bleiben. Erst beim Eintreten eines kräftigen Windstoßes wird er aus der Schale weggeblasen und zu anderen über das Wasser aufragenden Ähren hingetragen, deren Blüten sich noch in einem sehr frühen Entwickelungszustande befinden, und wo zwar die vierstrahligen Narben schon zur Aufnahme von Pollen bereit, aber die Antheren noch nicht aufgesprungen und die Blumenblätter noch geschlossen sind (s. Abbildung, S. 372).

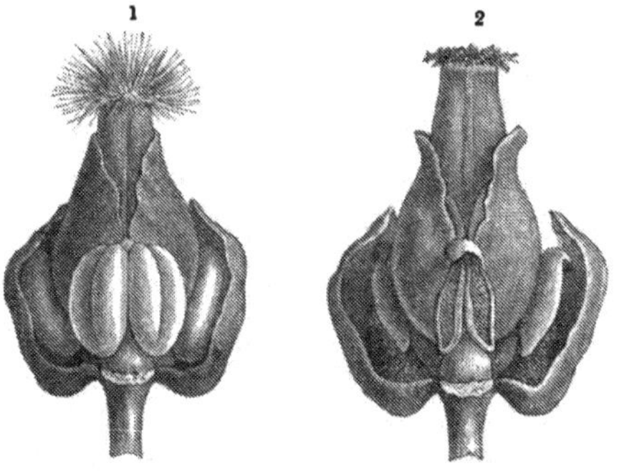

Dreizack (Triglochin palustre): 1) eine Blüte, deren sprengwedelförmige Narbe bereits belegungsfähig ist, während die sämtlichen Antheren noch geschlossen sind, 2) eine Blüte, deren Narbe bereits verwelkt ist, während die drei unteren Antheren sich geöffnet und ihren Pollen in die darunterstehenden ausgehöhlten Perigonblätter abgelagert haben; von beiden Blüten ist das vordere untere Perigonblatt weggeschnitten, beide sind 8fach vergrößert.

Noch auffallender als bei diesem Laichkraut ist die zeitweilige Aufspeicherung des Pollens in den ausgehöhlten Blumenblättern bei dem Dreizack (Triglochin). Auch bei dieser Pflanze eilt die Entwickelung der Narben jener der Antheren um 2—3 Tage voraus. Solange die sprengwedelförmige Narbe am Scheitel des Fruchtknotens frisch und zur Aufnahme des Pollens geeignet ist, sind die Antheren geschlossen, und erst dann, wenn die Narben verwelkt, verschrumpft und gebräunt sind, öffnen sich die Antheren (s. obenstehende Abbildung, Fig. 1 und 2). Die Pollenblätter, sechs an der Zahl, stehen in zwei dreigliederigen Wirteln übereinander (s. S. 184), und unter jedem Pollenblatte befindet sich ein tief ausgehöhltes Blumenblatt. Sobald sich die Antheren öffnen, kollert der Pollen in die Aushöhlung des darunterstehenden Blumenblattes, das sich inzwischen etwas von der Achse entfernt und gelockert hat. Hier verweilt er so lange, bis ihn ein die schlanken Blütenähren hin und her schwenkender Windstoß aus seinem zeitweiligen Verstecke hinausbläst. Bemerkenswert ist der Umstand, daß sich nicht alle sechs Antheren einer Blüte auf einmal öffnen, sondern daß zuerst der untere dreigliederige Wirtel der Pollenblätter an die Reihe kommt, und daß dann, wenn der Pollen derselben auf die angegebene Weise durch den Wind entführt worden ist, sowohl die entleerten Pollenblät als auch die darunterstehenden Blumenblätter abfallen. Nun erst lockert sich der nächsthöh Wirtel der Blumenblätter; die Antheren der drei oberen Pollenblätter springen auf, i Pollen gleitet in die darunterstehenden Aussackungen der Blumenblätter, und es wiederh sich genau der früher geschilderte Vorgang.

Als ein drittes hierhergehöriges Beispiel wäre noch der Sanddorn (Hippophaë) e wähnenswert, der auf S. 285, Fig. 2—5, abgebildet ist. Die Blüten erscheinen bei diese Strauche an der Seite holziger Zweige, in Form kleiner Knäuel gruppiert. Jede Staubblü setzt sich aus vier Pollenblättern und aus zwei schalenförmigen, gegenüberstehenden Deckblättern zusammen; die letzteren liegen mit ihren Rändern aneinander, und es entsteht dadurch ein kleine Blase, in der die vier Pollenblätter versteckt sind. Der orangegelbe Pollen ist mehlig und wird schon zu einer Zeit aus den Antheren entbunden, wenn die Blase noch geschlossen ist. Er fällt auf den Boden des blasenförmigen Hohlraumes und ist dort gegen Regen und Tau durch die ihn überwölbenden Deckblätter trefflich geschützt. Wenn ein warmer, trockener Wind über die Sanddornsträucher weht, öffnen sich die Blasen, es entstehen zwei gegenüberstehende, klaffende Spalten, und der Pollen wird aus seiner bisherigen Ablagerungsstätte in kleinen Prisen hinausgeblasen. Bei feuchtem Wetter schließen die beiden Deckblätter rasch zusammen und schützen den noch vorhandenen Pollen gegen Nässe; bei Eintritt trockener Witterung weichen sie wieder auseinander, gestatten dem Winde den Durchzug und lassen von demselben die Reste des noch vorhandenen Pollens entführen. Durch diese einfache Vorrichtung wird verhindert, daß der stäubende Pollen bei Regenwetter durch Nässe verdirbt, und anderseits ist doch die Möglichkeit gegeben, daß er beim Eintritt günstiger äußerer Verhältnisse zu den Narben benachbarter Sträucher gelangt.

Im Zusammenhange mit den hier in übersichtlicher Reihenfolge geschilderten Einrichtungen, deren Bedeutung darin liegt, daß das Ausstäuben des Pollens nur in den geeignetsten, günstigsten Zeitpunkten erfolgt, steht auch die Freihaltung des Weges, auf welchem der stäubende Pollen durch den Wind fortgeführt wird, und weiterhin auch die Gestalt der zur Aufnahme des stäubenden Pollens bestimmten Narben. Was das erstere anbelangt, so ist es eigentlich selbstverständlich, daß sich in die Bahn, auf welcher die Staubwölkchen des Pollens zu den Narben hingeführt werden sollen, kein Hindernis einschiebt. Würden die Blüten des Dreizackes, des Laichkrautes und der Gräser von breiten Laubblättern verhüllt sein, so müßte ein großer Teil des Pollens an diesen Blättern hängenbleiben. Dementsprechend sind auch alle Blüten, aus welchen der Wind den Pollen fortzublasen hat, an den oberen Enden der Stengel in Ähren, Rispen, Quasten und Kätzchen gruppiert und diese frei in die Luft gestellt, aber niemals von breit angelegtem Laubwerk verdeckt. Besonders zu beachten ist auch der Umstand, daß eine große Zahl der Pflanzen mit stäubendem Pollen schon zu einer Zeit ihren Pollen dem Winde übergeben, wenn das grüne Laub noch unentwickelt in den Knospen verborgen ist oder eben erst aus den Knospen hervordrängt. Der Sanddorn, die Erle, die Esche, die Hasel, sie alle blühen und stäuben zu einer Zeit, in welcher die Zweige des grünen Blattschmuckes entbehren (s. die Abbildungen auf S. 285, 361, 364 und 371).

Was die Narben anbelangt, so sind sie bei den Pflanzen mit stäubendem Pollen allesamt als rechte Staubfänger ausgebildet. In dem einen Falle sind sie fleischig, gewulstet und an der dem Winde zugänglichen Fläche wie mit Samt überzogen (s. Abbildung, S. 372), in dem anderen Falle bilden sie ein Gewirr aus langen, papillösen oder haarigen Fäden, wie beispielsweise bei dem Papiermaulbeerbaume (s. Abbildung, S. 363,

Immortellen und Kristallkräuter der Kapflora, mit mehrfarbigen Blüten.

[Zur Tafel: »*Immortellen und Kristallkräuter der Kapflora*«.]

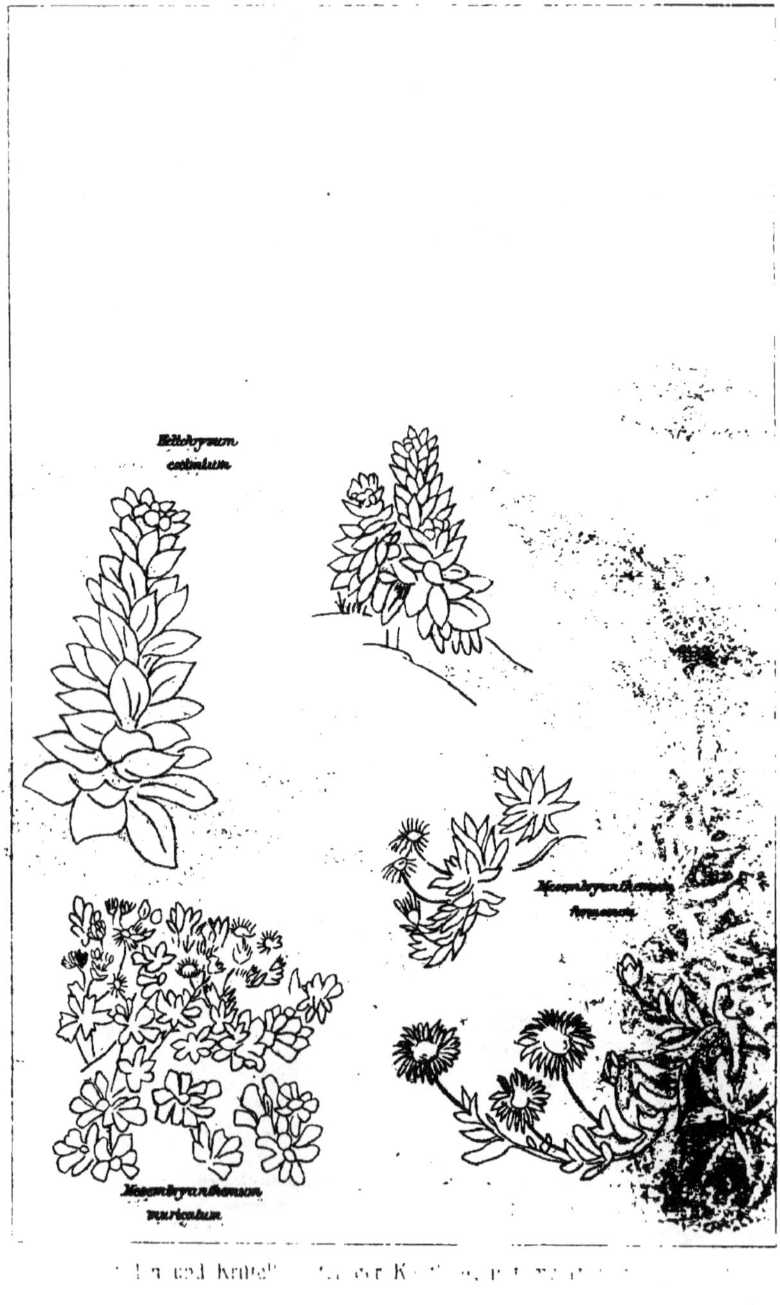

Fig. 1 und 6), bald erscheinen sie als zarte Federn (s. Abbildung, S. 365), bald als Pinsel und Sprengwedel (s. Abbildung, S. 373). Immer sind sie zu der Zeit, wo, durch die Witterung begünstigt, das Ausstäuben stattfindet, ganz frei dem Winde ausgesetzt und so gestellt, daß die durch die Lüfte schwebenden Pollenzellen, sobald sie mit ihnen in Berührung kommen, wie die Mücken von dem Spinnengewebe festgehalten werden. Und trotz aller dieser Einrichtungen würde die Bestäubung der Narben durch Vermittelung des Windes fraglich bleiben, wenn nicht noch ein anderer Umstand zu Hilfe käme. Der Wind ist eben ein gar unsicheres Gefährt, zumal für einen Gegenstand, der sich ganz untätig verhält, und der auf die Richtung des Weges gar keinen Einfluß zu nehmen vermag. Da ist es aber von Wichtigkeit, daß eine möglichst weitgehende Verteilung und Verbreitung des zu übertragenden Pollens stattfinde, und diese ist wieder nur dann möglich, wenn die Zahl der entführten Pollenzellen recht groß ist. Würden in dem Blütenstand einer Nessel nur ein paar tausend Pollenzellen erzeugt und als ein Spiel des Windes preisgegeben werden, so müßte man es fast als einen glücklichen Zufall preisen, wenn auch nur eine einzige dieser Pollenzellen von den Narben eines 5 m weit entfernten Stockes aufgefangen würde; so aber geht die Zahl der Zellen, welche den stäubenden Pollen einer Nesselstaude bilden, in die Milliarden, und es wird dadurch die Wahrscheinlichkeit der Bestäubung in entsprechendem Maße erhöht. Wenn man die Staubblüten von Nadelhölzern, Haseln, Birken, Hanf und Nesseln, noch ehe sich deren Antheren geöffnet haben, abpflückt, auf eine entsprechende Unterlage bringt und das Aufspringen der Antheren abwartet, so staunt man über die Masse des sich entbindenden Blütenstaubes. Es scheint kaum glaublich, daß sich in den so kleinen Antheren eine so große Menge von Pollen entwickeln konnte, und das scheinbare Mißverhältnis wird erst begreiflich, wenn man bedenkt, daß die Zellen, welche innerhalb der Antheren dicht aneinander schlossen, jetzt nur noch lose zusammengehäuft sind, und daß dieses Haufwerk von unzähligen Zwischenräumen durchsetzt ist. In Jahren, die für die Blüte der Nadelhölzer besonders günstig sind, wallen und wogen in den Kiefernwäldern bei mäßigem Winde gewaltige Staubwolken nicht nur durch die Baumkronen, sondern oft weit darüber hinaus, so daß schließlich außer den Fruchtblüten, Nadeln und Zweigen dieser Bäume auch die Blätter benachbarter Laubhölzer, ja selbst Kräuter und Gräser der angrenzenden Wiesen mit gelblichem Pollen eingepudert werden. Fällt in einer solchen Blütenperiode plötzlich ein Gewitterregen, so kann der Pollen abgespült und durch das über den Boden fließende Regenwasser zusammengeschwemmt werden, und wenn dann die Gewässer abgeflossen sind, bleiben auf der Erde mitunter streifen- und fleckenförmige Ablagerungen eines gelben Pulvers zurück, welche vielfach die Angaben von gefallenem „Schwefelregen" veranlaßt haben.

Die Übertragung des Pollens durch Tiere.

Würde dieses Buch mit Initialen ausgestattet sein, welche den Inhalt der Abschnitte durch bildliche Darstellungen andeuten sollen, so müßte hier am Kopfe des Kapitels eine Gruppe von Blumen stehen, welche von Faltern, Hummeln und Bienen umschwärmt wird, es müßte der Künstler in die Schnörkel des Anfangsbuchstabens eines jener Stilleben einflechten, die an hellen Sommertagen in Wald und Flur so lieblich zu schauen sind und in den poetisch angehauchten Schilderungen der Blumenwelt sowie in den Schöpfungen der bildenden Kunst bei naiven Völkern eine so hervorragende Rolle spielen. Darstellungen von Schmetterlingen, welche um bunte Blumen gaukeln, und emsigen Bienen, welche sich den Honigseim aus den Blütenkelchen holen, finden übrigens selbst in unserer der Kleinmalerei abholden Zeit immer noch ihr dankbares Publikum. Aber hinter diesem Treiben verbirgt sich ein wichtiger Vorgang, dessen wissenschaftliche Aufklärung für uns noch viel anziehender ist, als das Bild der die Blumen umfliegenden Insekten für den Künstler.

Wenn die Zoologen behaupten, daß viele Ausbildungen an dem Körper der Insekten mit der Form gewisser Blüten im Zusammenhange stehen, so ist diese Erklärung vollauf berechtigt. Dasselbe gilt aber auch von dem Ergebnis, zu welchem die Botaniker, namentlich durch die grundlegenden Untersuchungen von Hermann Müller, gekommen sind, daß nämlich zahlreiche Eigenheiten der Blüten mit der Gestalt und Lebensweise der blütenbesuchenden Tiere im Einklange stehen. Nun sind aber gerade jene Tiere, welche von den Blüten leben, und die zugrunde gehen müßten, wenn es nur ein einziges Jahr hindurch keine Blüten auf dem Erdenrunde gäbe, in Anbetracht der Größe, Form und Bekleidung, in betreff der Nahrungsbedürfnisse, im Hinblick auf die Flugzeit sowie mit Rücksicht auf zahlreiche andere nach Klima und Boden sich richtende Gewohnheiten ungemein verschieden. Von den winzigen Mücken bis zu den Kolibris und Honigvögeln, von den kaum 1 mm langen springenden Blasenfüßen, die in und mit den Blüten leben und sterben, bis zu den Riesenschmetterlingen Ceylons, Brasiliens und Neuguineas, deren Flügel eine Spannweite von 16 cm erreichen, und die schwerfällig von Blüte zu Blüte flattern, zieht sich eine lange Stufenleiter, welcher eine ganz ähnliche Reihe aus der Blütenwelt an die Seite gestellt werden kann. Der Buntheit in der Farbe blütenbesuchender Tiere, der Ausbildung der Flugvorrichtungen bei Käfern, Fliegen, Bienen, Schmetterlingen und Vögeln, der Vielfältigkeit der Organe, mit welchen die genannten Tiere ihre Nahrung aus den Blüten gewinnen, der Greifwerkzeuge, mit welchen sie sich an den Blüten anklammern und festhalten, der Borsten und Haarpelze, mit denen sie den Pollen abstreifen, entspricht eine ebenso große, augenscheinlich parallel laufende Farben- und Formenverschiedenheit im Reiche der Pflanzen.

Gleichzeitig mit dem Öffnen der ersten Lenzesblüten schlüpfen auch die ersten Aurorafalter aus ihrer Puppenhülle; Bienen und Hummeln erwachen an demselben sonnigen Tag aus dem Winterschlaf, an welchem die Kätzchen der Weiden, aus der braunen Knospenschuppe hervordrängend, ihren Honig und Pollen ausbieten. Viele Blüten, welche sich am frühen Morgen öffnen, sind nur von bestimmten, zur selben Zeit ihre nächtlichen Ruheplätze verlassenden Schmetterlingen besucht; sobald sich diese Blüten bei Sonnenuntergang schließen, suchen auch die genannten Tiere ihre Quartiere auf, legen die Flügel zusammen und bleiben die Nacht hindurch in Schlaf versunken. Andere Blüten öffnen sich erst nach Sonnenuntergang, also zur Zeit, wenn die Tagfalter schon zur Ruhe gegangen sind; zu diesen Nachtblüten kommen die Schwärmer, Eulen, Spinner und Spanner angeflogen, die sich tagsüber in schattigen Winkeln versteckt aufgehalten haben und erst mit beginnender Dämmerung ihre Ausflüge beginnen. Das sind gegenseitige Beziehungen der Lebensäußerungen, welche sich selbst dem flüchtigen Beobachter in der freien Natur mit jedem neuen Jahr aufdrängen, und die auch unzählige Male geschildert worden sind.

Heutzutage begnügen wir uns aber nicht mehr mit der Schilderung des Tatsächlichen, sondern fragen bei allen Erscheinungen nach den nahen und fernen Gründen und wollen den ursächlichen Zusammenhang der vor dem staunenden Auge sich abspielenden Vorgänge kennen lernen. Da drängt sich vor allem die Frage auf: was veranlaßt die Insekten und in den Tropen auch kleine Vögel, zu den Blüten zu kommen, und welcher Vorteil erwächst der Pflanze aus den ihren Blüten zuteil werdenden Besuchen? Die Antwort lautet: in einigen Fällen die Sorge um die Brut, in anderen Fällen die Annehmlichkeit eines gegen die Unbilden der Witterung gesicherten Unterstandes und in den meisten Fällen das Bedürfnis nach Nahrung. Die Blüten bieten also den Tieren die Brutstätte für die Nachkommenschaft, den zeitweiligen behaglichen Unterstand uud die gesuchte Nahrung nur für eine Gegenleistung, die darin besteht, daß die besuchenden Tiere mit Pollen beladen werden, der dann weiterhin, auf andere Blüten übertragen und dort auf den Narben abgelagert, die Samenbildung veranlaßt. Mit anderen Worten: die Insekten sind Vermittler der Befruchtung der Pflanzen. Es ist Aufgabe der nachfolgenden Zeilen, diese ganz allgemein gehaltene Antwort durch Darstellung einzelner Fälle zu erläutern und zu begründen.

Was zunächst die Wahl der Brutstätte für die Nachkommenschaft anlangt, so ist längst bekannt, daß die Nachtschmetterlinge aus der Gattung Dianthoecia und auch einige Arten der Gattung Mamestra ihre Eier in die Blüten nelkenartiger Gewächse, z. B. des nickenden Leimkrautes, der Klatschnelke, Kuckucksnelke und des Seifenkrautes (Silene nutans, Silene inflata, Lychnis flos cuculi, Saponaria officinalis), legen. Aus den mit einer verhältnismäßig langen, scharfrandigen Legeröhre abgesetzten Eiern gehen alsbald kleine Raupen hervor, welche in der Höhle des Fruchtknotens nicht nur ein sicheres Versteck, sondern auch die ihnen zusagende Nahrung finden. Die Raupen leben von den Samenanlagen und jungen Samen, welche in der Mitte der Fruchtknotenhöhle dem polsterförmigen oder kegelförmigen Ende des Blütenbodens aufsitzen. Wenn sie ausgewachsen sind, durchbeißen sie die Seitenwand des Fruchtknotens, kriechen durch das gebildete Loch aus der bisher als Wohnstätte benutzten Höhlung ins Freie und kommen auf den Boden herab, um sich daselbst zu verpuppen. Würden die Raupen von Dianthoecia sämtliche im Fruchtknoten angelegten Samen aufzehren, so wäre das kein Vorteil, sondern ein Nachteil für die betreffende Nelkenart. Bei der Fülle von Samenanlagen kommt es aber nur selten zu einer solchen vollständigen Vernichtung, und wenn schon in einer Kapsel alle Samen aufgezehrt werden sollten, so finden sich an demselben Nelkenstocke immer noch andere Kapseln, welche eine Fülle unversehrter keimfähiger Samen entwickeln. Die Mehrzahl der hier in Rede stehenden nelkenartigen Gewächse, unter anderen auch das auf S. 378 und 379 abgebildete nickende Leimkraut (Silene nutans), blüht in der Nacht; ihre Blüten öffnen sich, sobald die Dämmerung beginnt, sind die Nacht hindurch weit geöffnet und schließen sich bei Aufgang der Sonne am folgenden Tage. Das wiederholt sich an jeder Blüte wenigstens dreimal. Am ersten Abend breiten sich die Kronenblätter, welche bisher in der Knospe eingerollt und eingeschlagen waren, sternförmig aus und schlagen sich etwas zurück (s. Abbildung, S. 378); auch werden ziemlich rasch aus der Mitte der Blüte fünf Antheren vorgeschoben, welche bald danach aufspringen, sich ringsum mit Pollen bedecken und in diesem Zustande die Nacht hindurch verbleiben. Im Laufe des folgenden Vormittags biegen sich die fadenförmigen Träger dieser dem äußeren Kreise der Pollenblätter angehörenden Antheren nach außen, und die Antheren fallen ab. Seltener bleiben sie als verschrumpfte leere Säcke an den Enden der zurückgekrümmten Fäden hängen. Am nächsten Abend kommt der zweite in diesen Blüten enthaltene Wirtel von Pollenblättern an die Reihe, und es werden ganz in derselben Weise wie das erstemal fünf Antheren vor die Mündung der Blüten geschoben, die bei einbrechender Dunkelheit aufspringen und ihren Pollen ausbieten. Am dritten Tage krümmen sich auch diese Pollenblätter zurück, wobei ihre Antheren gewöhnlich abfallen, und bei beginnender Dämmerung schieben sich jetzt die langen, S-förmig gewundenen samtenen Narben vor, welche bisher, in der Tiefe der Blüte zusammengelegt, verborgen waren. Mit diesen Veränderungen Hand in Hand gehen auch gewisse Lageänderungen, welche die Blumenblätter betreffen. Es wurde bereits erwähnt, daß die in der Knospe eingerollten Kronenblätter am ersten Tage des Blühens sich aufrollen, sternförmig ausbreiten und zurückschlagen. Auch entwickeln die Blüten zu dieser Zeit einen köstlichen Hyazinthenduft, welcher zahlreiche nächtliche Insekten herbeilockt, aber nur von 8 Uhr abends bis gegen 3 Uhr morgens anhält. Mit anbrechendem Tage beginnen die Blumenblätter sich wieder einzurollen, und zwar bei milder Temperatur und hellem Himmel rascher, bei kalter Witterung und trübem Himmel langsamer. Bei diesem Einrollen bekommen die Kronenblätter auch Längsfalten, werden runzelig und gerieft und bilden nun fünf den Blütenmund umgebende Knäuel, welche bei flüchtigem Ansehen glauben machen, die Blütezeit sei schon vorüber (s. Abbildung, S. 379). Aber sobald der Abend heranrückt, verschwinden die Runzeln, die Kronenblätter glätten sich, rollen sich auf, breiten sich wieder sternförmig aus und schlagen sich neuerdings zurück. Eine Eigentümlichkeit, welche diesen Blüten zukommt, besteht auch darin, daß die innere Seite der Kronenblätter weiß, die Rückseite schmutziggelb, grünlich oder braun, auch trübrot oder fast aschgrau, immer aber von einer unausgesprochenen, unscheinbaren, wenig in die Augen fallenden Farbe ist. Während die sternförmig ausgebreiteten und zurückgeschlagenen Kronenblätter, welche die Innenseite nach außen kehren, mit ihrer weißen Farbe in der Dämmerung des Abends sehr auffallen, sind die eingerollten verknitterten Kronenblätter, von welchen nur die Rückseite zu sehen ist, bei Tage nichts weniger als in die Augen fallend und machen vielmehr den Eindruck, als seien sie bereits verwelkt und dabei gebräunt, wie das auch in der Abbildung auf S. 379 zu sehen ist. Infolgedessen werden sie auch am Tage von den Insekten nicht beachtet und die betreffenden Blüten nicht besucht.

Nickendes Leimkraut (Silene nutans) in der Nacht; eine Blüte von dem Nachtschmetterling Dianthoecia albimacula besucht.

Das ist es aber gerade, was hier angestrebt erscheint. Jene Insekten, welche im Laufe des Tages zu den Blüten kommen, um dort Honig zu saugen, wären für das Leimkraut nichts weniger als willkommene Gäste. Sie würden nur Honig holen, ohne Pollen mitzunehmen oder auf die Narbe abzustreifen. Die fadenförmigen Träger der Antheren sind zurückgekrümmt, die Antheren sind zusammengeschrumpft und leer oder abgefallen, und es ist jetzt kein Pollen in den Blüten abzustreifen. Sobald aber die Nacht heranrückt, stehen die pollenbeladenen Antheren und die samtigen Narben vor dem Eingange zum honigführenden Blütengrunde, der Duft und die weiße Farbe der Blumen wirken als Anlockungsmittel für die Insekten, und jetzt sind diese als Besucher willkommen und gern aufgenommen, freilich nur solche, welche zufolge ihres Körpermaßes bei Gelegenheit ihrer Besuche den Pollen oder die Narben streifen und rasch von

Blüte zu Blüte schwärmen. Die anderen, welche zu klein sind oder der Flügel entbehren, sind auch jetzt noch ferngehalten, und zwar durch Einrichtungen, auf welche später noch die Rede kommen wird. Von den willkommenen Besuchern sind aber wieder durch ihre Größe, Körperform, Rüssellänge und verschiedene andere Eigentümlichkeiten des Baues die kleinen Eulen am besten geeignet und unter diesen insbesondere die Arten aus der Gattung Dianthoecia, von welchen eine als Besucherin an der Blüte des nickenden Leimkrautes in der Abbildung auf S. 378 dargestellt ist. Diese kleinen Nachtschmetterlinge kommen auch fleißig angeflogen, saugen Honig, und die Weibchen legen ihre Eier in die Blüten. Es kommt auch vor, daß die Weibchen von einer Blüte, an der sie sich saugend aufgehalten haben, Pollen aufladen, dann zu anderen Blüten fliegen, an diesen, ohne wieder Honig zu saugen, die Eier ablegen und bei dieser Gelegenheit den mitgebrachten Pollen an die Narben abstreifen. Das Ergebnis aller dieser Vorgänge ist aber folgendes. Die Blüten des nickenden Leimkrautes und der anderen erwähnten nelkenartigen Gewächse sind für die kleinen Eulen aus der Gattung Dianthoecia und Mamestra berechnet und werden ausschließlich oder vorwiegend von diesen Tieren besucht. Die kleinen Eulen gewinnen dort Honig, und die Weibchen finden die für sie allein geeigneten Brutstätten für ihre Eier. Der Gegendienst, welchen die Schmetterlinge den Nelkengewächsen erweisen, besteht darin, daß sie den Pollen von Blüte zu Blüte übertragen und dadurch das Entstehen von Samen veranlassen, welche sonst nicht zustande kommen würden.

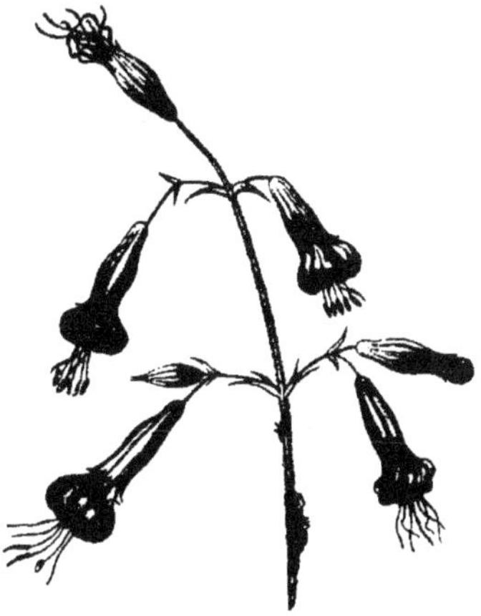

Nickendes Leimkraut (Silene nutans) am Tage. (Zu S. 377 und 378.)

Die hier geschilderten Beziehungen zwischen den kleinen Eulen aus den Gattungen Dianthoecia und Mamestra und den Nelkengewächsen aus den Gattungen Silene, Lychnis und Saponaria wiederholen sich auch noch in mehreren anderen Gruppen der Schmetterlinge und Pflanzen. So stehen mehrere Arten der kleinen blauen Tagfalter aus der Gattung Lycaena zu den Hülsengewächsen und Rosazeen in einem ganz ähnlichen Verhältnis. Die schöne Lycaena Hylas besucht die Blüten des Wundklees (Anthyllis Vulneraria) und überträgt bei diesen Besuchen den Pollen von einem Stocke zum anderen. Das Weibchen legt die Eier in den Fruchtknoten der besuchten Blüten, und aus den Eiern schlüpfen Raupen, die sich von den jungen Samen ernähren. Im ausgewachsenen Zustande verlassen die Raupen den Fruchtknoten und gehen unter die Erde, um sich daselbst zu verpuppen. Dasselbe Verhältnis besteht zwischen der südeuropäischen Lycaena Baetica und dem Blasenstrauche (Colutea arborescens), der Lycaena Arcas und dem Wiesenknopfe (Sanguisorba officinalis) und manchen anderen; nur kommen zu den Blüten dieser Pflanzen neben den Schmetterlingen noch andere Insekten angeflogen, welche keine Eier in die Fruchtknoten legen und als Lohn für die Übertragung des Pollens nur Honig erhalten, so daß diese Fälle wohl nur teilweise hierher gehören.

Dagegen wurde die Lebensgeschichte einer auf den kapseltragenden Arten der Gattung Yucca lebenden Motte, Pronuba yuccasella, bekannt, welche eins der merkwürdigsten Beispiele für die Übertragung des Pollens durch eierlegende Insekten ist und hier etwas ausführlicher besprochen werden soll. Die Blüten aller Arten

Übertragung des Pollens durch eierlegende Insekten: 1) ein Zweig aus dem Blütenstande der Yucca filamentosa, die Blüte in der Mittelhöhe geöffnet, die unter ihr stehende Blüte, welche tags vorher geöffnet war, bereits geschlossen, die übrigen Blüten noch im Knospenzustande; 2) eine einzelne Blüte derselben Pflanze, von der Motte Pronuba yuccasella besucht, die drei vorderen Blumenblätter entfernt; 3) Narbe der Yucca filamentosa; 4) Pronuba yuccasella zu der vom Monde beschienenen Yucca filamentosa anfliegend; 5) Kopf der Pronuba yuccasella, von dessen rüsselförmigen Kiefertastern ein Ballen aus dem Pollen der Yucca festgehalten wird; 6) Zweig mit Blütenstand der Ficus pumila, der urnenförmige Blütenstand der Länge nach durchschnitten; 7) eine einzelne Fruchtblüte aus dem Grunde der Urne von Ficus pumila; 8) und 9) Pollenblätter derselben Pflanze aus dem oberen Teile der Urne; 10) Urne von Ficus Carica, mit den von Blastophaga erzeugten Gallen erfüllt, der Länge nach durchschnitten, nahe der Mündung der Urne eine Feigenwespe (Blastophaga grossorum), die aus einer der Gallen ausgeschlüpft ist; 11) urnenförmiger Blütenstand von Ficus Carica, mit Fruchtblüten erfüllt, der Länge nach durchschnitten, an der Mündung der Urne zwei Feigenwespen, von welchen eine bereits in den Innenraum eingekrochen ist, während die andere im Begriffe steht, einzukriechen; 12) Pollenblüte; 13) langgriffelige Fruchtblüte der Ficus Carica; 14) die aus einer kurzgriffeligen Gallenblüte hervorgegangene Galle; 15) Blastophaga grossorum aus einer Galle ausschlüpfend; 16) eine ausgeschlüpfte Blastophaga; 17) dieselbe vergrößert. Fig. 1, 2, 4, 6, 10, 11, 16 in natürl. Größe; Fig. 3: 2fach; Fig. 5: 20fach; Fig. 7—9: 12=, 13: 5fach; Fig. 14, 15, 17: 8fach vergrößert. (Zu S. 379—385.)

der Gattung Yucca stehen in umfangreichen Rispen beisammen (s. Abbildung, S. 81), sind glockenförmig und hängen an grünen glatten Stielen. Die Blumenblätter, sechs an der Zahl, haben eine gelblichweiße oder rosenrote Farbe und sind demzufolge in der Dämmerung und in mond- und sternenhellen Nächten auf ziemliche Entfernung sichtbar. Nach dem Aufspringen der Blütenknospen, was regelmäßig am Abend erfolgt, bilden die Blumenblätter eine weit offene Glocke (s. Abbildung, S. 380, Fig. 2). Gleichzeitig mit dem Auseinandergehen der Blumenblätter öffnen sich auch die kleinen Antheren, welche auf dicken papillösen, auswärts gekrümmten Trägern ruhen, und es wird in den schraubenförmig gedrehten Rissen derselben ein goldgelber klebriger Pollen sichtbar. Jede Blüte ist nur eine Nacht hindurch weit geöffnet, schon am anderen Tage neigen die freien Enden der sechs Blumenblätter zusammen, und die Blüte hat jetzt die Form eines Ballons oder einer Blase mit sechs schmalen seitlichen Öffnungen angenommen (s. Abbildung, S. 380, Fig. 1). Im Zwielicht des Abends und in der Nacht flattern um die Blüten der Yukka zahlreiche kleine gelblichweiße, im Mondscheine metallisch schimmernde Motten (Pronuba yuccasella; s. S. 380, Fig. 4) herum. Die Weibchen derselben kommen in das Innere der weit geöffneten Glocken und suchen sich dort zunächst des Pollens zu bemächtigen, aber nicht um ihn zu verzehren, sondern um ihn wegzuschleppen. Sie sind zu diesem Zwecke mit einer eigenen Vorrichtung ausgestattet. Das erste Glied der Kiefertaster ist außerordentlich verlängert, an der Innenseite mit steifen Borsten besetzt und kann wie ein Rüssel eingerollt werden (s. S. 380, Fig. 5). Es dient zum Ergreifen, Zusammenballen und Festhalten des Pollens. In kürzester Zeit haben die Motten mittels dieses Greiforganes einen Ballen aus Pollen gesammelt, der an der unteren Seite des Kopfes durch die eingerollten Kiefertaster festgehalten wird und den Eindruck eines großen Kropfes macht. Beladen mit diesem Ballen aus Pollen, der mitunter dreimal so groß ist als der Kopf, verläßt die Motte die eine Blüte, um sofort eine zweite aufzusuchen. Hier angelangt, rennt sie flink im Kreise herum, macht ab und zu einen plötzlichen Sprung und nimmt endlich Stellung auf je zwei der dicken, nach auswärts gebogenen Träger der Antheren, indem sie sich auf diese mit gespreizten Beinen hinsetzt. Sie sucht nun mit der Legeröhre einen günstigen Punkt an der Seite des Stempels zu erreichen und setzt ihre Eier ab. Die Legeröhre besteht aus vier zusammengelegten hornartigen Borsten und ist ganz dazu geeignet, das Gewebe des Stempels der Yukkablüte zu durchbohren. Nachdem die Eier gelegt sind und der Eierleger zurückgezogen ist, rennt die Motte zur Spitze der trichterförmig vertieften Narbe (s. S. 380, Fig. 3), rollt dort ihre rüsselförmigen Kiefertaster auf und stopft den Pollen in den Narbentrichter hinein, indem sie dabei wiederholt nickende Bewegungen mit dem Kopfe ausführt (s. S. 380, Fig. 2). Es wird angegeben, daß dieselbe Motte in derselben Blüte das Eierlegen und das Ausstopfen der Narbe mit Pollen abwechselnd mehrmals wiederhole.

Die meisten in den Stempel eingeführten Eier werden in der Nähe der Samenanlagen abgesetzt. Sie sind länglich, schmal und durchscheinend, nehmen rasch an Umfang zu, und man sieht alsbald in denselben einen eingerollten Embryo. Schon am vierten oder fünften Tage kriecht die Raupe aus und geht sogleich daran, die Samenanlagen in der Höhle des Fruchtknotens zu verzehren. Jede Raupe braucht im Laufe ihrer Entwickelung 18—20 Samen zur Nahrung. Ist sie ausgewachsen, so beißt sie in die noch saftreiche Wand des Fruchtknotens ein Loch, kriecht durch dasselbe nach außen, läßt sich an einem Faden auf den Boden herab, bohrt sich in die Erde ein und spinnt unterirdisch einen eiförmigen Kokon, in welchem sie bis zum nächsten Sommer verbleibt. 14 Tage vor Beginn der Blütezeit der Yukka verpuppt sie sich, und sobald die Blüten der Yukka aufspringen, schlüpfen auch die silberglänzenden Motten aus ihrer Puppenhülle.

Zum vollen Verständnis der Beziehungen zwischen der Yukka und Yukkamotte ist es wichtig, zu wissen, daß bei der genannten Pflanze der klebrige Pollen ohne Beihilfe der Insekten nicht auf die Narbe gelangen kann. Nur bei Yucca aloëfolia scheint manchmal eine Übertragung des Pollens auf die Narbe durch Vermittelung der Blumenblätter oder der sich verlängernden Antherenträger stattzufinden, aber bei den meisten Arten dieser Gattung, namentlich den kapselfrüchtigen, ist das gewiß nicht der Fall. Insekten kommen mit Ausnahme der Motte nur selten angeflogen, und diejenigen, welche sich zufällig auf die Blüte setzen, veranlassen keine Belegung der Narbe mit Pollen. Würde die Pollenübertragung nicht durch die Pronuba yuccasella ausgeführt, so müßten die Fruchtanlagen und selbstverständlich auch die Samenanlagen der Yukka verderben. Tatsächlich verkümmern auch sämtliche Früchte der kapselfrüchtigen Arten, wenn die Motten durch einen Schleier aus Gaze von den Blüten abgehalten werden. Auch in den Gärten, wo die Yukkamotten fehlen, unterbleibt an den dort gepflegten Stöcken die Fruchtbildung. Yucca filamentosa, welche in ihrem Heimatlande von einer Motte besucht wird und dort reichliche aufspringende Kapselfrüchte bildet, hat im Wiener Botanischen Garten, wo sie wiederholt geblüht hat, wo aber die Motte fehlt, keine einzige Frucht zur Reife gebracht. An gewissen Arten, z. B. an Yucca gloriosa, hat überhaupt noch niemand Früchte gesehen, weder an ihrem ursprünglichen Standorte noch in den Gärten, und man glaubt, daß die zu dieser Art gehörige Motte ausgestorben ist. Es mag diese letztere Annahme dahingestellt bleiben; so viel ist gewiß, daß ohne Beihilfe der Pronuba yuccasella gewisse Arten von Yukka, namentlich die kapselfrüchtigen, keine Früchte und Samen bilden. Da es aber anderseits sichergestellt ist, daß die Raupe der genannten Motte ausschließlich von den jungen Samen dieser Arten von Yukka lebt, so wird man zu dem Schlusse gedrängt, daß die Motte den Pollen in die Narbe der Yukkablüte stopft, damit ihre Raupen die zur Erhaltung der Art nötige Nahrung finden.

Selbstverständlich bedarf diese Schlußfolgerung nicht der Annahme, daß von der Motte die besprochenen Verrichtungen mit Überlegung und kluger Voraussicht ausgeführt werden. Aber es wird nichts dagegen einzuwenden sein, wenn man die Handlungsweise dieser Tiere als eine unbewußt zweckmäßige auffaßt. Das Hineinstopfen des Pollens in den Narbentrichter ist nicht mehr und nicht weniger wunderbar als die Tatsache, daß der Kohlweißling in abgelegenen Gebirgstälern, wo sich nur spärliche menschliche Ansiedelungen und nur wenige Gemüsegärten neben den zerstreut stehenden Gehöften finden, oft stundenweit herumfliegt, um Kohlpflanzen ausfindig zu machen, auf die er seine Eier legt, damit die auskriechenden Raupen sogleich die ihnen zusagende Nahrung finden, daß viele auf Baumrinde sich einspinnenden Raupen das Gespinst, in dem sie sich später verpuppen, mit Flechten und Bruchstücken der Baumborke durchsetzen, damit ihre zeitweilige Ruhestätte von den insektenfressenden Vögeln nicht bemerkt wird, und daß die im Inneren harter Pflanzenteile lebenden Raupen vor der Verpuppung einen besonderen Ausgang für den später auskriechenden weichen und zarten Schmetterling vorbereiten.

Noch ist zu erwähnen, daß die Raupen der Pronuba yuccasella nicht alle Samen jenes Fruchtknotens aufzehren, in welchen die Motte ihre Eier gelegt hat. Es finden sich in einem Fruchtknoten ungefähr 200 Samenanlagen. Wenn nun auch die Hälfte, ja selbst zwei Drittel davon verzehrt werden, so bleibt noch immer eine genügende Zahl unversehrter Samen übrig, welche nach vollendeter Reife ausgestreut werden können, während ohne Dazwischenkunft der Motte kein einziger keimfähiger Same entstanden sein würde. Dasselbe gilt wohl auch für die anderen kapselfrüchtigen Arten der Gattung Yucca, namentlich für Yucca brevifolia, von welcher in neuerer Zeit nachgewiesen wurde, daß sie zu Pronuba synthetica, und für Hesperoyucca Whipplei, von der ermittelt wurde, daß sie zu Pronuba maculata in ähnlichen Beziehungen stehe wie die hier als Beispiel gewählte Yucca filamentosa zu Pronuba yuccasella. Daß, abgesehen von den Arten der Gattung Yucca, welche Kapselfrüchte haben, auch noch bei den beerentragenden Arten ein Zusammenleben mit Motten vorkommt, ist zwar mit Sicherheit nicht nachgewiesen, aber sehr wahrscheinlich, da an den beerentragenden Arten Yucca aloëfolia, Treculiana usw. wenigstens im Heimatlande (Florida, Carolina, Mexiko, Louisiana, Texas) in allen ausgereiften Früchten Löcher und andere Spuren wahrgenommen werden, welche beweisen, daß daselbst Raupen gehaust haben.

Noch merkwürdiger als das Verhältnis zwischen den kapselfrüchtigen Arten der Gattung Yucca und den mit ihnen zusammenlebenden Motten ist jenes zwischen den Feigenbäumen und gewissen kleinen Wespen aus der Gruppe der Chalcidier. Um in dasselbe einen klaren Einblick zu gewinnen, ist es vor allem notwendig, den Bau des Blütenstandes, wie er den Feigen zukommt, kennen zu lernen. Betrachtet man eine der Länge nach aufgeschnittene Feige, wie sie durch die Fig. 6 auf S. 380 dargestellt ist, so bemerkt man, daß sie nicht eine einfache Fruchtanlage, sondern vielmehr eine ganze Sammlung von Fruchtanlagen, ein aus dem betreffenden Zweige des Feigenbaumes hervorgewachsener kurzer, verdickter und ausgehöhlter Seitensproß ist, welcher in der Aushöhlung eine Menge Blüten birgt. Solche Seitensprosse, welche, von außen gesehen, die Form einer Keule, einer Birne oder einer Kugel zeigen, sind demnach in Wirklichkeit Becher oder Urnen, von deren Innenwand die Blütenstiele als letzte Verzweigungen des Sprosses entspringen. Die Mündung der Urne ist sehr eng, und es wird dieselbe noch dazu durch kleine schuppenförmige Blättchen beschränkt. Die Blüten, welche fast den ganzen Innenraum erfüllen, sind von zweierlei Art, Fruchtblüten und Pollenblüten. Beide sind sehr einfach gebaut. Jede Pollenblüte besteht aus 1—2, selten 3—6 Pollenblättern, welche von schuppenförmigen Blättchen umgeben und von einem kurzen Stiele getragen werden (s. S. 380, Fig 12). Die Pollenblätter haben bei manchen Arten, so namentlich bei Ficus pumila, die Gestalt eines Löffels, und der Aushöhlung dieses löffelförmigen Gebildes sind die Antheren eingebettet (s. S. 380, Fig. 8 und 9). Die Fruchtblüten zeigen einen einfächerigen Fruchtknoten mit einer einzigen Samenanlage. Der Griffel erhebt sich einseitig vom Fruchtknoten und ist durch eine sehr mannigfach gestaltete Narbe abgeschlossen. An der Basis des Fruchtknotens bemerkt man schmale Schuppen in verschiedener Zahl, welche als Perigon aufgefaßt werden (s. S. 380, Fig. 7 und 13). Viele Arten haben in ein und derselben Urne zweierlei Fruchtblüten, solche mit längerem Griffel und entwickelter Narbe und solche mit kürzerem Griffel und verkümmerter Narbe. Die letzteren werden aus einem weiterhin zu erörternden Grund auch Gallenblüten genannt (s. S. 380, Fig. 14). Die Verteilung der Pollenblüten und Fruchtblüten ist bei den verschiedenen Arten sehr verschieden. In den Urnen von Ficus elastica stehen die Pollenblüten und Fruchtblüten scheinbar regellos durcheinander, in jenen der Ficus pumila (s. Abbildung, S. 380, Fig. 6) beobachtet man im Grunde der Urne nur Fruchtblüten und in der Nähe der Mündung nur Pollenblüten. Diese Verteilung ist wohl die gewöhnlichste, aber es besteht wieder ein weiterer Unterschied in betreff der Zahl der Pollenblüten. In den Urnen mancher Arten ist nämlich die Umgebung der Mündung reichlich, in jenen anderer Arten nur sehr spärlich mit Pollenblüten besetzt, ja es kommt auch vor, daß die Pollenblüten in einer oder der anderen Urne ganz fehlen, und daß diese nur Fruchtblüten enthält. Bei vielen Arten entwickeln einige Stöcke nur Urnen mit Fruchtblüten, einige Stöcke nur Urnen, in welchen die Umgebung der Mündung mit Pollenblüten ausgestattet ist, und wo tiefer abwärts nur Fruchtblüten stehen. Das merkwürdigste aber ist, daß in den Urnen mancher Arten unterhalb der Pollenblüten alle oder die meisten Fruchtblüten in Gallenblüten umgewandelt sind. Das ist z. B. bei dem in Südeuropa vielfach gepflanzten gewöhnlichen Feigenbaum (Ficus Carica) der Fall, von welchem in der Tat zweierlei Stöcke vorkommen, solche, deren Urnen nur Fruchtblüten enthalten, und solche, welche in ihren Urnen an der Mündung mit Pollenblüten, weiter abwärts mit Gallenblüten besetzt sind (s. Abbildung, S. 380, Fig. 10 und 11). Die ersteren sind unter den Namen Ficus, die letzteren unter dem Namen Caprificus bekannt. Die Bäume erzeugen im Jahre drei Generationen von Feigen, denen auch drei Generationen der Gallwespen entsprechen.

Es drängt sich nun zunächst die Frage auf, welche Bedeutung den sogenannten Gallenblüten in den Urnen zukommt. Wie schon der Name andeutet, gehen aus den in Gallenblüten umgewandelten Fruchtblüten keine Früchte, sondern Gallen hervor, und das geschieht auf folgende Weise. Eine kleine Wespe aus der früher erwähnten Gruppe der Chalcidier (s. Abbildung, S. 380, Fig. 16 und 17), welche auf der in Südeuropa gezogenen Feige lebt, und die von den Zoologen Blastophaga grossorum genannt wird, gelangt durch die Mündung der Urne in den Innenraum, führt dort den Legestachel senkrecht in den Griffelkanal einer Blüte ein und setzt in der Nähe des Kernes der Samenanlage ein Ei ab. Die weiße, fußlose Larve, welche sich aus dem Ei entwickelt, nimmt rasch an Umfang zu und füllt alsbald den Fruchtknoten ganz aus, die Samenanlage dagegen geht zugrunde. Der Fruchtknoten ist jetzt zur Galle geworden (s. S. 380, Fig. 14). Wenn die kleinen Wespen ausgewachsen sind, verlassen sie die Gallen. Die flügellosen Männchen schlüpfen zuerst aus, und zwar durch ein Loch, welches durch Zerbeißen in der sie beherbergenden Galle erzeugt wurde. Die Weibchen bleiben noch einige Zeit in ihrer Galle und werden dort durch die Männchen befruchtet. Nachdem das geschehen ist, schlüpfen auch sie aus (s. S. 380, Fig. 15), halten sich aber nur kurze Zeit in dem Hohlraume der Urne auf, suchen vielmehr sobald wie möglich aus der Urne hinaus ins Freie zu kommen. Sie klimmen daher zu der Urnenmündung empor, wobei sie mit den Pollen der dort entwickelten Pollenblüten in Berührung kommen und sich mit denselben den Kopf, die Brust, den Hinterleib, die Beine und Flügel, kurz den ganzen Körper bestäuben. Nachdem sie sich auch noch zwischen den schuppenförmigen Blättchen an der Mündung der Urne durchgezwängt haben, sind sie endlich an der Außenseite der Urne angelangt, lassen hier ihre Flügel trocknen und laufen nun zu anderen Urnen desselben oder benachbarter Feigenstöcke hin. Das Wort laufen muß hier ausdrücklich betont werden; denn von den Flügeln machen sie bei dieser Ortsveränderung nur selten Gebrauch. Sie suchen nunmehr ausschließlich diejenigen Urnen auf, welche sich in einem jüngeren Entwickelungsstadium befinden, um dort ihre Eier in die Fruchtknoten zu legen, laufen der Urnenmündung zu und schlüpfen zwischen den dort befindlichen Schüppchen in den Innenraum. Bei dieser Gelegenheit werden bisweilen die Flügel verletzt, ja es kommt vor, daß die Flügel ganz abbrechen und zwischen den Blättchen an der Urnenmündung stecken bleiben.

Im Innenraum der Urne angelangt, machen sich die Wespen sofort an das Eierlegen, wobei sie unvermeidlich mit den Narben der Fruchtblüten in Berührung kommen. Da die Wespen noch immer mit dem beim Verlassen ihrer Geburtsstätte aufgeladenen Pollen bestäubt sind, so wird dieser an der Narben abgestreift und somit Pollen aus der einen in die andere Urne übertragen. Kommt der Pollen auf normale Fruchtblüten, so können diese keimfähige Samen entwickeln; kommt er auf Gallenblüten, so ist er in der Regel wirkungslos, weil die Narben dieser Gallenblüten mehr oder weniger verkümmert sind. Übrigens entstehen in diesen Gallenblüten auch aus dem Grunde keine Samen, weil an ihrer Stelle die Eier der Wespe gelegt werden. Bei jenen Feigenarten, wo Gallenblüten nicht besonders vorbereitet sind, werden die Eier in einen Teil der normal ausgebildeten Fruchtblüten gelegt. Bei der gewöhnlichen Feige (Ficus Carica) hat man aber die Beobachtung gemacht, daß die von Blastophaga grossorum in normale Fruchtblüten gelegten Eier nicht zur Entwickelung kommen, oder mit anderen Worten, daß eine solche Fruchtblüte auch dann, wenn die genannte Wespe ihren Legestachel in sie einsenkt und ein Ei absetzt, nicht zur Galle wird. Der Griffel ist nämlich bei den normalen Fruchtblüten der Ficus Carica (s. Abb., S. 380, Fig. 13) so lang, oder, was auf dasselbe hinauskommt, der Legestachel der Blastophaga grossorum ist so kurz, daß das Ei nicht bis in die Fruchtknotenhöhle hinabgeschoben werden kann, sondern an einem für die weitere Entwickelung ungünstigen Punkte zurückbleibt und dort zugrunde geht. Die Gallenblüten dieser Feigenart dagegen sind mit ihrem kurzen Griffel (s. Abb., S. 380, Fig. 14) zur Aufnahme des Eies an Stelle der Samenknospenanlage vorzüglich geeignet, hinwiederum für die Ausbildung keimfähiger Samen ungeeignet, weil auf ihren verkümmerten Narben der Pollen keine Pollenschläuche treibt. Augenscheinlich findet hier eine Ergänzung der Rollen oder, wenn man es lieber hört, eine Teilung der Arbeit in folgender Weise statt. Sowohl zu den kurzgriffeligen Gallenblüten als auch zu den langgriffeligen normalen Fruchtblüten bringen die zum Ablagern der Eier angelockten Wespen den Pollen herbei, und sie versuchen auch in beiderlei Blüten ihre Eier zu legen. Die Gallenblüten sind eigens für die Aufnahme der Wespeneier vorbereitet, und es entstehen in ihnen wirklich junge Wespen, aber ihre Narben sind zur Aufnahme des Pollens nicht geeignet, es entwickeln sich daher keine Pollenschläuche und demzufolge auch keine keimfähigen Samen. Auf den Narben der langgriffeligen normalen Fruchtblüten dagegen entwickeln sich Pollenschläuche, und dann kommt es zur Ausbildung keimfähiger Samen; der lange Griffel ist aber ein Hindernis für die passende Ablagerung des Wespeneies, und es bilden sich daher aus diesen Blüten niemals oder doch nur sehr selten Gallen.

Die zahlreichen Abweichungen, welche bei anderen Feigenarten noch beobachtet wurden, hier ausführlich zu erörtern, würde zu weitläufig werden. Dieselben sind auch lange nicht genau genug bekannt, um sie übersichtlich darstellen zu können. Nur so viel sei hier in Kürze bemerkt, daß es ungefähr 600 Arten der Gattung Ficus gibt, welche über die tropischen und subtropischen Gebiete der Alten und der Neuen Welt verbreitet sind, und daß man bisher fast ein halbes Hundert Arten kleiner Wespen aus den Gattungen Blastophaga, Crossogaster, Sycophaga und Tetrapus nachgewiesen hat, welche an den verschiedenen Feigenarten die Übertragung des Pollens von Urne zu Urne vermitteln. Manche dieser Wespen bewohnen mehrere Feigenarten. So z. B. ist Blastophaga brasiliensis in den Urnen von sieben verschiedenen Feigenbäumen nachgewiesen worden. Meistens hat jede Feigenart ihre besondere Wespe; äußerst selten wurden in den Urnen ein und derselben Feigenart zwei verschiedene Wespenarten gefunden.

In Unteritalien und auch sonst noch in Südeuropa, wo die Feigenkultur seit uralter Zeit im großen betrieben wird, zieht man die Feigenstöcke nur selten aus keimfähigen Samen, sondern verjüngt sie mittels Stecklingen, und zwar pflanzt man vorwiegend Stecklinge des Ficus, d. h. von Stöcken, deren Urnen nur Fruchtblüten enthalten, weil sie die besten und saftigsten Feigen liefern. Die Feigenstöcke, welche in ihren Urnen neben Pollenblüten nur Gallenblüten bergen, also der sogenannte Caprificus, wird nicht gepflegt, weil seine meisten Feigen frühzeitig vertrocknen und abfallen. Nur einzelne Stöcke des Caprificus werden hier und da gezogen, und zwar zu dem Zwecke, um die Urnen desselben an die Zweige des Ficus zu hängen. Man nennt das die Kaprifikation, und es herrscht die Meinung, daß dann, wenn aus den Urnen des Caprificus die Wespen ausschlüpfen und in die Urnen des Ficus einwandern, die Feigen des letzteren besser werden. Diese Meinung, obschon bei den Gärtnern und bei dem Landvolke weitverbreitet, ist aber unrichtig. Damit die Feigen des Ficus süß und saftig werden, bedarf es nicht der Wespen. Tatsächlich gehen aus den Urnen des Ficus, in welche keine Wespen gekommen, und in deren Früchtchen auch keine keimfähigen Samen entstanden sind, treffliche Feigen hervor, und ungezählte Mengen der in den Handel kommenden Feigen stammen aus Gegenden, wo die Kaprifikation nicht geübt wird. Es scheint daher, daß sich der Gebrauch der Kaprifikation durch Überlieferung aus sehr alter Zeit erhalten hat, aus einer Zeit, in welcher es den Gärtnern nicht nur darum zu tun war, gute Früchte, sondern auch keimfähige Samen zur Vermehrung der Feigenstöcke zu erhalten. Obschon nach dem Mitgeteilten die Kaprifikation heutzutage überflüssig ist, wird dennoch der alte Gebrauch, dessen wahre Bedeutung dem Landvolke nicht mehr bekannt ist, gewohnheitsmäßig und beharrlich fort und fort geübt.

Ausschließlich als Unterstand während der Nacht, als Obdach bei Regenwetter und als zeitweilige Herberge werden die Blüten und Blütenhüllen verhältnismäßig wenig in Anspruch genommen. Die meisten Hummeln, Bienen und Wespen haben ihre eigenen Heimstätten mit gesicherten Wohnräumen, in die sie sich beim Eintritt der Dämmerung und bei Sturm und Regen zurückziehen, die Schmetterlinge aber können der Mehrzahl nach das Innere der Blumenglocken und Blumentrichter für längere Zeit als Unterstand nicht aufsuchen, weil ihre verhältnismäßig großen Flügel in dem engen Raume Schaden leiden könnten, und weil bei eintretender Gefahr ein rasches Entweichen aus der Höhlung einer Blume kaum möglich wäre. Es bleiben daher nur Käfer, Fliegen und Aderflügler aus den Gattungen Meligethes, Melanostoma, Empis, Andrena, Cilissa und Halictus, durchweg Tiere, welche weder eigene Wohnungen noch überhaupt beständige Nachtquartiere haben, sondern mit dem nächstbesten Unterschlupf zufrieden sind und gewöhnlich dort übernachten, wo sie sich tagsüber aufgehalten haben. Wenn sie an solchen Orten Blüten finden, in deren Höhlung es wie in einer geheizten Stube recht warm ist, und wo noch dazu eine zusagende Nahrung ausgeboten wird, desto besser. Ohne Zweifel sind aus diesen Gründen die honigführenden Blüten der Glockenblumen (Campanula) sowie jene des Fingerhutes, in deren Innerem die Temperatur im Vergleiche zur Umgebung während der Nacht immer etwas erhöht ist (vgl. Bd. I, S. 436), als Herberge in kalten Nächten besonders beliebt. Auch die großen Köpfchen der Crepis grandiflora und mehrerer anderer Korbblütler, deren äußere Zungenblüten am Abend zusammenschließen, werden von Käferchen (Cryptocephalus violaceus, Meligethes aeneus) und dunkeln, kleinen Bienen (Panurgus ursinus) als nächtlicher Unterstand gern aufgesucht, weil im Inneren der geschlossenen Köpfchen nachts eine über die Umgebung erhöhte Temperatur herrscht. Sobald die Sonne kommt, verlassen die genannten Tiere ihre Nachtquartiere, und dabei ist es leicht möglich, ja in manchen Fällen unvermeidlich, daß der Pollen abgestreift, mitgenommen und auf andere weiterhin besuchte Blüten übertragen wird.

Bisweilen bleiben die Insekten in solchen behaglich eingerichteten Herbergen nicht nur während der Nacht, sondern auch noch während des Tages, ja mitunter sogar mehrere Tage. Wenn sich die kleinen Käfer aus den Gattungen Anthobium, Dasytes und Meligethes im Grunde der Blüten von Magnolien und Gentianen

(Magnolia obovata, Yulan, Gentiana acaulis, ciliata, Pneumonanthe usw.) eingenistet haben, so verlassen sie dieses warme sichere Heim nicht vor dem dritten Tage. Dasselbe gilt von den Rosenkäfern (Cetonia), welche mit Vorliebe die Blüten der Magnolia grandiflora aufsuchen. Gewöhnlich drängen sie sich in die jüngsten Blüten ein, welche eben erst aufgegangen sind, und tun sich da an dem süßen Safte gütlich, welcher an und zwischen den Narben zu finden ist. Später verzehren sie auch noch einen Teil des Pollens, welcher aus den Antheren entbunden wird und auf die schüsselförmig ausgehöhlten Blumenblätter herabfällt. Öffnen sich die Magnoliablüten am hellen Mittag, so bleiben die Rosenkäfer unbeirrt sitzen und lassen sich von den Sonnenstrahlen erwärmen; kommt der Abend und schließen sich die oberen Blumenblätter zusammen, so haben sie gleichfalls keine Ursache, ihr einmal gewähltes Standquartier zu verlassen, denn im abgeschlossenen Raume erhöht sich in der Nacht die Temperatur um 5—10° über die Temperatur der Umgebung, und zudem sind die Käfer dort gegen Angriffe von Nachttieren trefflich geschützt. So verbleiben sie denn auch in den Magnoliablüten so lange, bis sie beim Abfallen der Blumenblätter sozusagen an die Luft gesetzt werden. Die Blüten des Mohnes (Papaver somniferum) werden gleichfalls von einigen Käfern und Fliegen alsbald nach dem Aufblühen aufgesucht und nicht früher verlassen, bis sich die Blumenblätter ablösen. Allerdings ist dieser Aufenthalt viel kürzer als in den Magnoliablüten, weil sich die Blumenblätter des Mohnes nur einmal über Nacht schließen und schon am anderen Tag abfallen.

In den bisher besprochenen Fällen wäre es den Insekten ein leichtes, das von ihnen gewählte Standquartier am hellen Tage und bei Sonnenschein wieder zu verlassen, denn zu dieser Zeit sind die Blüten der Magnolien, der Gentianen und des Mohnes so weit geöffnet, wie überhaupt möglich. Es kommt aber auch vor, daß Insekten, welche, eine Herberge suchend, in den Blütengrund geschlüpft sind, dort eine Zeitlang wie in einem Gefängnis festgehalten werden. Dieser merkwürdige Fall wird insbesondere bei den Aroideen und Aristolochiazeen beobachtet. Bei zahlreichen Aroideen (Arum, Dracunculus, Helicodiceros usw.), für welche hier als Vorbild Arum conocephaloides gewählt sein mag (s. Abbildung, S. 388), hat die Blütenscheide eine tütenförmige Gestalt; nach oben hin ist sie weit geöffnet, unterhalb der Mitte zeigt sie eine auffallende Verengerung oder Einschnürung, und am Grunde ist sie wieder tonnenförmig oder kesselförmig aufgetrieben. In der Tonne oder dem Kessel erhöht sich die Temperatur immer bedeutend über jene der Umgebung, und Temperaturen von 30—36° sind in diesen Räumen keine Seltenheit; in den Blütenscheiden des italienischen Aronsstabes (Arum italicum) wurde sogar die Temperatur von 44° beobachtet (vgl. Bd. I, S. 437). Alle diese Aroideen haben einen widerlichen Duft, der an Aas, faulenden Harn und dergleichen erinnert, aber gerade dadurch zahlreiche auf Kadavern und anderen faulenden Stoffen lebende Tiere herbeilockt. Diese Tiere setzen sich auf das aus der Tüte emporragende Ende des Blütenkolbens und klettern oder fallen abwärts in die kesselförmige Erweiterung, wo sie einen warmen Unterstand und überdies an den dünnwandigen und saftreichen, den Kessel im Inneren auskleidenden Zellen Nahrung finden. Dort, wo die Blütenscheide verengert ist, gehen ringsum vom Kolben steife Borsten aus, welche eine Art Reuse darstellen. Da die Spitzen der meisten Borsten nach abwärts gekrümmt sind, so gestattet die Reuse den Insekten, in den warmen Kessel hinabzuklettern, versperrt ihnen aber den Rückweg. Erst nach einigen Tagen, wenn einmal der aus den Antheren hervorgequollene Pollen jene Region des Zapfens bedeckt, welche die Pollenblüten trägt, und wenn es unvermeidlich geworden ist, daß Insekten, welche über den Kolben emporklettern, sich mit dem ihnen in den Weg gelegten Pollen

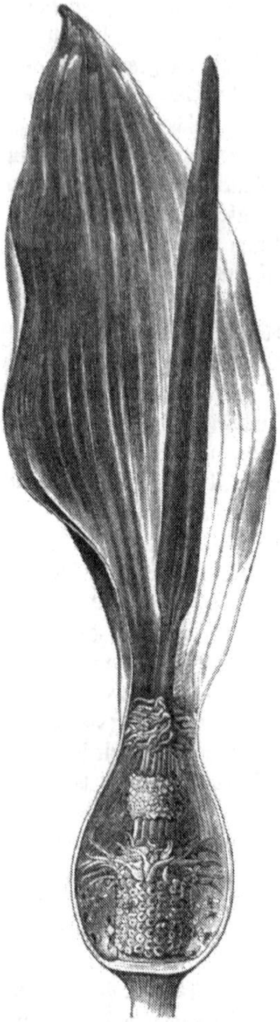

Arum conocephaloides, die vordere Wand der Blütenscheide entfernt, zu unterst an den Kolben die Fruchtblüten, darüber die erste Reuse, dann die Pollenblüten, dann eine zweite Reuse. Im Grunde des Kessels zahlreiche Mücken aus der Gattung Ceratopogon, deren Entschlüpfen durch die starren, abwärts gerichteten Spitzen der unteren Reuse zeitweilig verhindert wird.

behaften, um ihn weiterhin zu anderen jüngeren Blüten zu bringen, erst dann erschlaffen die Borsten der Reuse, die Einschnürung der Blütenscheide lockert und erweitert sich, und nun können die Gefangenen ihren zeitweiligen Unterstand wieder verlassen. Bei dem nebenstehend abgebildeten Arum conocephaloides sind zwei Reusen vorhanden, eine untere und eine obere. Die Borsten der oberen Reuse erschlaffen später als jene der unteren, und wenn die aus dem unteren Stockwerke des Kessels dem Ausgange zuwandernden Mücken nach dem Erschlaffen der unteren Reuse in das obere Stockwerk kommen, werden sie dort eine Zeitlang durch die noch starre obere Reuse aufgehalten, tummeln sich hier in der Region der Pollenblüten herum und beladen sich unvermeidlich mit Pollen. Erst wenn das geschehen ist, erschlafft auch die obere Reuse, und die Mücken können nun ungehindert wieder aus dem Gefängnis entweichen.

Es ist erstaunlich, wie viele und wie vielerlei Insekten in den Aroideenblüten einen Unterstand suchen und finden. Die kleineren Aroideen, so z. B. das in den mitteleuropäischen Laubwäldern verbreitete Arum maculatum, werden vorzüglich von kleinen Mücken, namentlich von Psychoda phallaenoides, aufgesucht, und es ist keine Seltenheit, daß man in einem einzigen Kessel mehrere Hunderte dieser Tiere findet. In dem Kessel der Blütenscheide des im Wiener Botanischen Garten gepflanzten Arum conocephaloides hatten sich drei Arten kleiner schwarzer Mücken aus der Gattung Ceratopogon eingefunden, und in einer dieser Blütenscheiden, welche in Alkohol versenkt und nachträglich geöffnet worden war, fanden sich nahezu tausend solcher Mücken eingesperrt. Im Grunde einer einzigen Blütenscheide des italienischen Aronsstabes (Arum italicum) fand man gleichfalls Fliegen, und zwar bis zu 16 verschiedene Arten in ein und demselben Kessel, vorzüglich aus den Gattungen Chironomus, Limosina, Sciara und Psychoda. Die Aroidee Dracunculus crinitus wird vorwiegend von größeren Fliegen, namentlich Somomyia Caesar und Anthomyia scalaris, aufgesucht. In den Kesseln des im Wiener Botanischen Garten zur Blüte gekommenen Dracunculus creticus hatten sich neben zahlreichen grünen, goldigglänzenden Fliegen aus den Gattungen Anthomyia, Lucilia und Somomyia auch verschiedene Aaskäfer (Aleochara fuscipes, Dermestes undulatus, Saprinus nitidulus usw.) eingefunden, und in den Blütenscheiden des in Italien vorkommenden Dracunculus vulgaris wurden fast nur Aaskäfer, vorzüglich aus den Gattungen Dermestes und Saprinus, beobachtet. In einer einzigen Blütenscheide der zuletzt genannten

Pflanzenart fanden sich einmal mehr als 250 Stück Aaskäfer, welche elf verschiedenen Arten angehörten, so daß solche Blüten Fundgruben für Entomologen darstellen.

Eine überraschende Ähnlichkeit mit den Blütenscheiden der Aroideen haben die Blumen der Gattung Osterluzei (Aristolochia). Wie bei den Aroideen die Blütenscheide, gliedert sich bei den Aristolochien das Perigon in drei Abteilungen. Zuvörderst der Saum, welcher bei den europäischen Arten die Gestalt einer Tüte hat, bei den tropischen amerikanischen Arten

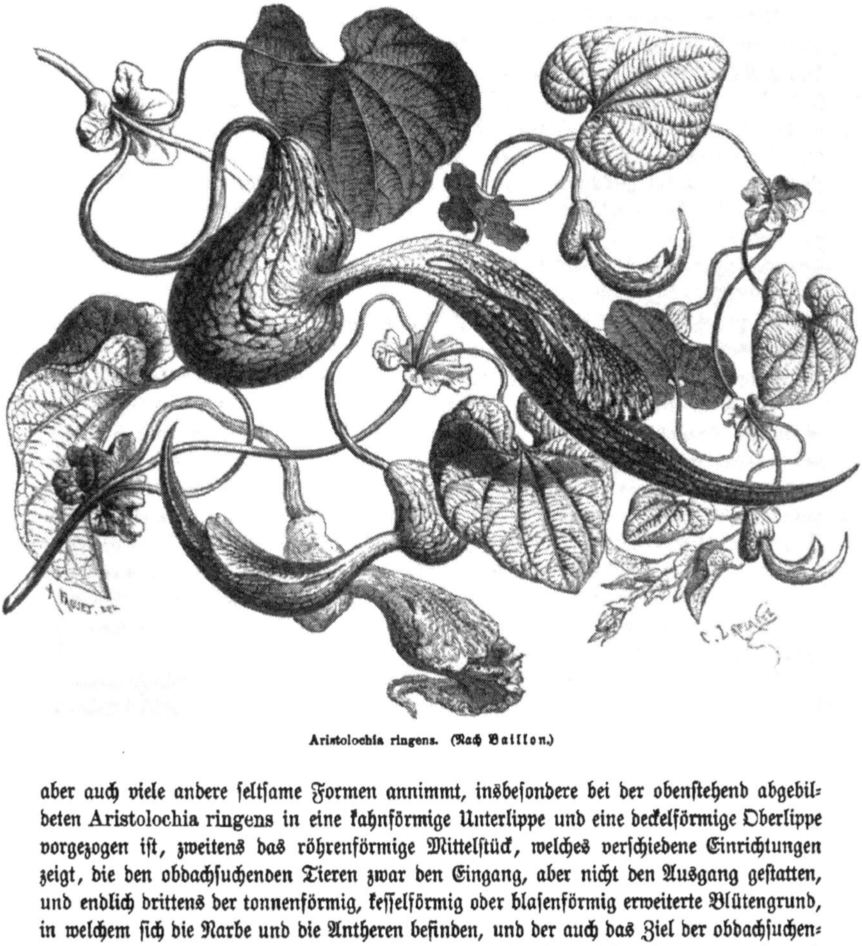

Aristolochia ringens. (Nach Baillon.)

aber auch viele andere seltsame Formen annimmt, insbesondere bei der obenstehend abgebildeten Aristolochia ringens in eine kahnförmige Unterlippe und eine deckelförmige Oberlippe vorgezogen ist, zweitens das röhrenförmige Mittelstück, welches verschiedene Einrichtungen zeigt, die den obdachsuchenden Tieren zwar den Eingang, aber nicht den Ausgang gestatten, und endlich drittens der tonnenförmig, kesselförmig oder blasenförmig erweiterte Blütengrund, in welchem sich die Narbe und die Antheren befinden, und der auch das Ziel der obdachsuchenden Insekten bildet. Es muß später ohnedies noch ausführlicher besprochen werden, in welcher Weise die in den Kessel einkriechenden Insekten den Pollen aufladen und abladen, und es genügt daher, hier in Kürze zu bemerken, daß die Tiere so lange im Kessel zurückgehalten werden, bis sich dort die Antheren geöffnet haben. Erst wenn das geschehen ist, treten in dem röhrenförmigen Mittelstücke Veränderungen ein, welche es den Gefangenen möglich machen, aus ihrem zeitweiligen Verliese zu entweichen.

Die Anlockung der pollenübertragenden Tiere durch Genußmittel.

Unter den Nahrungsmitteln, welche von den Tieren in den Blüten gesucht werden, hat neben dem Honig der Pollen die größte Bedeutung. Es gibt Pflanzen, in deren Blüten der Honigsaft gänzlich fehlt, und wo den nahrungsuchenden Tieren nur Pollen geboten wird. Als solche sind z. B. die Tulpen, der Mohn (Papaver), das Leberkraut (Hepatica), mehrere Windröschen (Anemone alpina, baldensis, silvestris usw.), die Rosen (Rosa) und zahlreiche Zistrosen und Sonnenröschen (Cistus und Helianthemum) bemerkenswert. Alle stimmen darin miteinander überein, daß ihre Blumen, wenn sie geöffnet sind, aufrechtstehen und eine sternförmige oder schalenförmige Gestalt besitzen, so daß der etwa aus den Antheren herabfallende Pollen nicht verloren geht, sondern auf der konkaven oberen Seite der Blumenblätter noch eine Zeitlang abgelagert bleibt, wie das besonders auffallend bei den Blüten der mohnartigen Gewächse (Eschscholtzia, Glaucium, Roemeria, Argemone; s. Abbildungen, S. 290, Fig. 1, und S. 391) zu sehen ist. Mit den später zu besprechenden honigführenden Blüten verglichen, erscheinen sie stets sehr einfach gebaut, was sich daraus erklärt, daß bei ihnen besondere Einrichtungen zur Abscheidung und Aufspeicherung sowie zum Schutze des Honigs überflüssig sind.

Mit besonderer Vorliebe werden die Blüten dieser Pflanzen von kleinen Käfern aus den Gattungen Anthobium, Dasytes und Meligethes aufgesucht, und es ist keine Seltenheit, daß in einer einzigen Zistrosen- oder Sonnenröschenblüte ein halbes Dutzend Dasytes gefunden werden, die dort mit Heißhunger Pollen verzehren. Nächst den Käfern kommen auch zahlreiche Fliegen zu den honiglosen Blüten, um dort Pollen zu fressen, namentlich gewisse Muszideen, Stratiomyideen und Syrphideen, welche die Pollenzellen mit den Endklappen ihrer Mundwerkzeuge erfassen, dieselben förmlich zermalmen und partienweise verschlucken. Auch gewisse Aderflügler, wie z. B. die Arten der Gattung Prosopis, weiterhin die Blasenfüße (Thrips) sind Pollenfresser und können, wenn sie in großer Zahl sich einstellen, in kurzer Zeit gewaltig mit dem vorhandenen Pollen aufräumen.

Von den Bienen und Hummeln wird der Pollen bekanntlich in großer Menge gesammelt und als Nahrung für die Larven in den Bau eingetragen. Das Sammeln erfolgt mittels besonderer Haare und Borsten, welche die verschiedenen Teile des Körpers, zumal den Hinterleib und die Schienen und Fersen der Hinterbeine, bekleiden. Ein Teil der Haare ist weich und biegsam, hat die Gestalt zarter Federchen, und wenn derlei Haargebilde gehäuft nebeneinander stehen, so wirken sie wie ein Flederwisch als wahre Staubfänger. Es bleibt daher der Pollen, mit dem sie bestreut oder über den sie hingestreift und hingeschleift werden, zwischen den Federchen hängen, kann aber nachträglich ebenso leicht wieder aus denselben entfernt werden. Andere Haare sind, wie gesagt, kurz und steif, machen den Eindruck von Wimpern und Borsten, ordnen sich in regelmäßige Reihen und fügen sich so zusammen, daß kleine Bürsten entstehen. Bei den Hummeln und Bienen finden sich Bürsten an den Fersen beider Hinterbeine, während bei den Arten der Gattung Osmia nur eine einzige Bürste an der unteren Seite des Hinterleibes ausgebildet ist. Wenn die genannten Insekten über pollenbedeckte Antheren oder über

Blumenblätter, auf welche loser Pollen hinabgefallen ist, mit den Beinen oder mit dem Hinterleibe hinstreifen, so kehren sie den Pollen mit den kleinen Bürsten ab, und es erscheinen danach die Räume zwischen den kurzen Börstchen der Bürste mit Pollen ganz vollgepfropft. Auch können die Bienen und Hummeln mit Hilfe der an den Fersen der Hinterbeine angebrachten Bürsten den Pollen, der sich in den weichen Haaren ihres eigenen Pelzes verfangen hat, abkämmen und abfegen, und es werden so diese Bürsten zu trefflichen Sammelvorrichtungen des Pollens. Bei diesen Insekten finden sich überdies noch eigentümliche Vorrichtungen, die man mit Körbchen verglichen hat, an den Beinen ausgebildet; es sind glatte, scharf umgrenzte Stellen, welche von steifen, stäbchenförmigen Borsten förmlich eingezäunt sind, und in welche der zu Klumpen und Knäueln vereinigte Pollen eingepfercht, aufgespeichert und nach Hause getragen wird. Viele der in Rede stehenden Aderflügler befeuchten den Pollen, welchen sie einsammeln wollen, zumal dann, wenn er mehlig oder staubförmig ist, mit Honigsaft, um ihn dann in die Körbchen einkneten zu können. Wenn z. B. die Bienen den lockeren, aus den Rissen der Antheren hervorgedrängten Pollen des Wegerichs (Plantago) gewinnen wollen, so speien sie auf denselben zuerst aus der vorgestreckten Saugröhre Honig, wodurch die lockere Masse gewissermaßen gebunden und zum Einsammeln geeignet wird. Auch wird häufig der einzusammelnde lockere Blütenstaub mit Säften aus dem angestochenen, prallen, saftstrotzenden Gewebe der benachbarten Blumenblätter versetzt. Ist der Pollen klebrig, so sind derlei Zurichtungen überflüssig. Es genügt dann die leiseste Berührung und das flüchtigste Anstreifen, damit der Pollen an dem Insektenleibe haften bleibt. Sogar ganz glatte, haarlose Stellen der Brust, des Hinterleibes und der Beine können mit solchem Pollen, der sich dort ohne weiteres festheftet, beklebt werden.

Honiglose, pollenreiche Blüte von Argemone mexicana.

Da der Insektenbesuch für die Blumen nur dann einen Vorteil bringt, wenn dieser Besuch auch eine Übertragung des Pollens von Blüte zu Blüte im Gefolge hat, so muß selbstverständlich die zu weit gehende Vertilgung des Pollens hintangehalten sein. Ein großer Teil des Pollens kann immerhin aus einer Blüte aufgefressen oder als Nahrung für die Larven in die Baue geschleppt werden, aber etwas soll immer an dem Leibe der Besucher hängen bleiben, damit die Narben anderer Blüten mit Pollen versehen werden können. Tatsächlich ist das auch der Fall und wird vorzüglich durch einen Überfluß von Pollen erreicht. Alle jene Blüten, welche keinen Honig enthalten und den Insekten nur Pollen als Nahrung anbieten, wie z. B. jene der oben abgebildeten Argemone, zeichnen sich durch eine große Menge von Pollenblättern aus, und diese erzeugen so viel Pollen, daß trotz weitgehender Angriffe von seiten der Insekten immer noch der Bedarf zur Belegung der Narben gedeckt ist. Die pollenfressenden Käfer, welche solche Blüten besucht haben, sind stets mit Pollen ganz eingepudert, können sich des an Brust, Hinterleib, Flügeldecken und Beinen haftenden Blütenstaubes bei dem Verlassen der Blüten nicht sofort entledigen und verschleppen diesen daher regelmäßig in andere Blüten. Auch die Bienen und Hummeln, welche in solche Blüten einfliegen, kommen wie mit Mehl bestäubt zurück, und wenn sie auch nachmals mit ihren Fersenbürsten fleißig über den Pelz fahren, um den Pollen abzukehren, so bleibt doch immer noch so viel übrig, als notwendig ist, damit auch die Narben ihren Teil bekommen, wenn nachträglich die genannten Tiere von der einen zur anderen Blüte hinüberfliegen.

In den Blüten, welche Honig in ihren Tiefen bergen, ist mit dem Pollen sehr gespart, und es ist auch Vorsorge getroffen, daß derselbe nicht vergeudet und unnützerweise verzettelt wird. Die Tiere, welche sich bei pollenarmen Blüten einfinden, sind ohnedies vorwiegend Honigsauger und gehen nicht darauf aus, Pollen zu fressen oder ihn zu sammeln und für ihre Brut in den Bau zu tragen. Sie werden vielmehr mit dem Pollen bestreut, bestrichen und beklebt, ohne daß sie es wollen, und bisweilen scheint es, daß ihnen diese Belastung nicht gerade sehr angenehm ist. Ebensowenig kann sie ihnen aber widerwärtig sein; denn man sieht Tiere, welche soeben von einer den Pollen ausstreuenden Blüte wie erschreckt davongeflogen sind, im nächsten Augenblicke doch wieder zu einer zweiten Blüte derselben Pflanzenart herankommen und sich der gleichen Behandlung aussetzen. Es wäre auch seltsam, wenn in den Blüten einerseits Einrichtungen getroffen wären, welche Insekten anlocken, damit sie den Pollen von Stock zu Stock übertragen, und wenn dieselben Blüten zugleich auch darauf eingerichtet wären, die eingeladenen und angelockten Gäste zu verscheuchen und sie von weiteren Besuchen abzuschrecken. Ein solcher Widersinn kommt im Reiche der Blüten niemals vor; vielmehr zeigen alle Einrichtungen, welche mit der Übertragung des Pollens zusammenhängen, eine Harmonie, welche jeden, der sich mit den einschlägigen Beobachtungen eingehender beschäftigt, mit Staunen erfüllt und zur Bewunderung hinreißt.

Dem Pollen in der äußeren Erscheinung sehr ähnlich, in der Entwickelung aber von ihm gänzlich verschieden sind die staub- und mehlartigen Belege, welche die Blüten einiger Orchideen, zumal der Gattungen Eleanthus und Polystachya, auszeichnen. Sie bestehen aus einem Haufwerke loser rundlicher Zellen und gehen durch Zerfall aus perlenschnurförmigen Reihen hervor, welche sich von der Oberhaut der jugendlichen Blumenblätter erheben. Meistens ist es nur jenes unpaarige, unter dem Namen Lippchen bekannte Blatt der Orchideenblüte, an welchem die Belege entstehen, und dieses präsentiert sich dann wie ein mit Mehl gefülltes kleines Becken. Die losen Zellen, die den Eindruck von Mehl oder Staub machen, enthalten Stärke, Zucker, Fett und eiweißartige Verbindungen, bilden daher eine vortreffliche Nahrung und dienen ganz ähnlich wie die Pollenzellen als Anlockungs- und Genußmittel für Insekten.

Im ganzen genommen sind diese staub- und mehlartigen Belege auf den Blumenblättern selten. Desto häufiger kommt es vor, daß Zellenreihen und Zellengewebe, welche von der Oberhaut bestimmter Blütenteile ausgehen und dem unbewaffneten Auge als Papillen, Haare, Schwielen und Warzen erscheinen, den blütenbesuchenden Insekten als Nahrung angeboten werden und insofern auch als Lockmittel zu gelten haben. In den Blüten des Portulaks (Portulaca oleracea) erscheint ein den kugeligen Fruchtknoten überdeckender ringförmiger Wulst ausgebildet, an dessen innerem Rande die Pollenblätter, an dessen Umfang die Blumenblätter entspringen. Zwischen diesen beiden Blattkreisen sieht man den fleischigen Wulst ganz dicht mit glashellen Papillen besetzt, welche zwar keinen Saft ausscheiden, aber von den die Blüten besuchenden kleinen Insekten ausgesogen und bisweilen auch förmlich abgeweidet werden. Dasselbe gilt von den zarten Haaren, mit welchen die Träger der Antheren des Gauchheils, der Königskerze und Tradeskantie (Anagallis, Verbascum, Tradescantia) besetzt sind, und welche sich unter dem Mikroskop als saftreiche vereinzelte oder reihenweise gruppierte Zellen ausweisen, ebenso von den Haaren, welche den Grund des ausgehöhlten Perigonblattes in der

Blüte des Frauenschuhes (Cypripedium) bekleiden. Bei mehreren Arten der Gattung Lysimachia ist der Fruchtknoten mit kleinen Wärzchen besetzt, deren saftreiche Zellen von den Tieren ausgesogen oder verzehrt werden, und in den Blüten der Frühlingsknotenblume (Leucojum vernum) findet sich ein kissenförmiger, den Griffel umwallender Zellgewebskörper, dessen Bedeutung mit jener der eben erwähnten kleinen Warzen übereinstimmt. Auch zahlreiche Orchideen, namentlich aus den Gattungen Odontoglossum, Oncidium und Stanhopea, tragen an ihrem Perigon fleischige Schwielen, Zapfen und Kämme, welche in demselben Sinne gedeutet werden.

Häufig kommt es auch vor, daß begrenzte Teile der flachen Blumenblätter aus einem Zellgewebe bestehen, welches von den Mundwerkzeugen der Insekten leicht durchbohrt und ausgesogen werden kann. Diese Teile unterscheiden sich gewöhnlich durch lebhafteren Glanz von der Umgebung, und man möchte glauben, daß dort eine dünne Schicht von Flüssigkeit ausgebreitet sei, obschon es in Wirklichkeit nicht der Fall ist. Besonders auffallend sind in dieser Hinsicht die Blüten des Centunculus minimus, einer winzigen Primulazee, deren beckenförmige Blumenkrone am Grunde mit schwachgewölbten großen saftreichen Oberhautzellen tapeziert ist, die, von der Sonne beschienen, wie Silber glänzen. Ähnlich verhalten sich auch die Blumenblätter der Blutwurz (Sanguinaria), des Hartheus (Hypericum), des Goldregens (Cytisus Laburnum), des Besenstrauches (Spartium) und noch vieler anderer Pflanzen. Daß auch die Blumenblüter der Hyazinthen und mehrerer Windröschen, die Blüten des Tausendgüldenkrautes (Erythraea) sowie die hohlen, honiglosen Sporne unserer Wiesenorchideen (Orchis mascula, militaris, Morio usw.) von den Insekten angestochen und ausgesogen werden, ist gleichfalls durch wiederholte Beobachtungen nachgewiesen, und es ist hier am Platze, hervorzuheben, daß zum Anbohren saftreicher Zellgewebe nicht nur Fliegen, Bienen und Hummeln, sondern selbst Schmetterlinge befähigt sind. Die letzteren haben an den Enden der Kieferladen, welche ihren Rüssel zusammensetzen, spitzzackige Anhängsel, mit welchen sie das saftreiche Gewebe zuerst aufritzen, um es dann des Saftes zu berauben.

Eine seltsame Anlockung jener Insekten, welche saftreiche Gewebe anzustechen und auszusaugen gewohnt sind, wurde an den im Altai, Kaukasus und Taurus heimischen Arten der Gattung Eremurus beobachtet. Diese zu den Liliazeen gehörigen Gewächse tragen auf hohem Schaft eine während des Blühens sich mächtig verlängernde Blütentraube. Wenn sich die Blütenknospen öffnen, sind die Blumenblätter flach ausgebreitet und umgeben als ein sechsstrahliger Stern die noch geschlossenen Antheren. Das dauert aber nur kurze Zeit. Sobald die Antheren aufspringen und ihren haftenden orangefarbigen Pollen ausbieten, rollen sich die Blumenblätter ein, werden welk und bilden einen kleinen, schmutzig rotbraunen Knäuel, von dem sich sechs grünliche dicke Schwielen abheben. Diese Schwielen, welche nichts anderes sind als die saftreichen Kiele an der Rückseite der Blumenblätter, machen den Eindruck von grünen Blattläusen. Die Schwebefliege Syrphus pirastri, welche bekanntlich Blattläuse aufsucht, sie ansticht und aussaugt, scheint diese Schwielen auch für Blattläuse zu halten; wenigstens stößt sie auf die eingerollten Blumen der Eremurus gerade so los wie auf Blattläuse, und, was das merkwürdigste an der Sache ist, sie belädt sich bei diesem Vorgehen mit den Pollen der vor den Blüten stehenden Antheren und überträgt ihn auf die Narben anderer Blüten.

Es wird später noch wiederholt von Pflanzen die Rede sein, deren Blüten nur einen Tag, nur eine Nacht, ja selbst nur einige Stunden hindurch geöffnet sind. Die Blumenblätter dieser Gewächse haben die Eigentümlichkeit, daß sie bei dem Verwelken rasch verfallen, verfärben, zerknittern, sich einrollen und weich werden. Der Zellsaft tritt dann aus dem Gewebe hervor und bedeckt die Oberfläche mit einer dünnen Flüssigkeitsschicht. Derlei weiche Blumenblätter werden gleichfalls von Insekten, zumal von Fliegen, aufgesucht, welche den Saft lecken und saugen und bei dieser Gelegenheit die Narbe mit dem von anderen Blüten mitgebrachten Pollen belegen. So verhält es sich z. B. bei Calandrinia, Tradescantia und Villarsia. Im ganzen genommen ist dieser Vorgang aber selten, und zwar aus dem einfachen Grunde, weil die Zahl der Pflanzen mit so kurzlebigen Blüten sehr beschränkt ist.

Dagegen ist die Ausscheidung von Säften an der Oberfläche frischer Gewebe in den mehrere Tage hindurch offen bleibenden Blüten eine weitverbreitete Erscheinung, und es dürfte nicht viel gefehlt sein, wenn man annimmt, daß diese Ausscheidung an 90 Prozent der von Insekten und Kolibris besuchten Blüten vorkommt. Der ausgeschiedene Saft enthält mehr oder weniger Zucker und schmeckt süß. Neben dem Zucker sind aber auch verschiedene andere Stoffe in gelöstem Zustand darin enthalten. Je nach dem wechselnden Gehalt an diesen Stoffen wechselt auch die Konsistenz, die Farbe und der Duft des Saftes vielfach ab. Bald ist derselbe wässerig und farblos, bald dickflüssig und braun wie Sirup. Der dunkle Saft, wie er in den Blüten von Melianthus vorkommt, hat einen unangenehmen, ja geradezu widerlichen Duft; in den meisten Fällen stimmt aber der Duft mit jenem des Bienenhonigs überein. Es ist auch der Hauptsache nach der in Rede stehende süße Saft nichts anderes als Honig, und dieser Name wird ihm daher jetzt von den meisten Botanikern auch beigelegt. Von den Botanikern früherer Zeit wurde er Nektar genannt, und die ihn zubereitenden und aufspeichernden Teile der Blüte, wenn sie deutlich umgrenzt sind, hat man als Nektarien angesprochen.

Die Ausscheidung des Honigs erfolgt in den meisten Fällen durch Spalten, und diese sind entweder gleichmäßig über die Oberfläche des betreffenden Gewebes verteilt oder auf bestimmte Stellen zusammengedrängt. Gewöhnlich sind die Spaltöffnungen groß und von jener Form, welche man Wasserspalten genannt hat. (Vgl. Bd. I, S. 169.) Bei den Weiden (Salix) trägt das zapfenförmige oder tafelförmige Nektarium an seinem abgestutzten Ende nur eine einzige große Wasserspalte, aus welcher farbloser Honig hervorquillt. Es gibt auch Nektarien, welche der Spaltöffnungen ganz entbehren, und wo der süße Saft auf diosmotischem Wege durch die äußere Wand der Oberhautzellen zutage tritt. Bisweilen scheint eine innere Schicht dieser Zellwände zu verschleimen, sich in Gummi und weiterhin in Zucker umzusetzen und dann aus den Rissen der blasenförmig emporgehobenen und berstenden Kutikula hervorzuquellen.

Die Menge des zutage tretenden Honigs ist sehr verschieden. Bei manchen Pflanzen sind die aus zerstreuten Spaltöffnungen der Blumenblätter hervorkommenden Tröpfchen so klein, daß man sie mit freiem Auge kaum zu erkennen vermag, bei anderen bildet der Honig einen äußerst dünnen Überzug, so daß man glauben könnte, es sei das betreffende Gewebe mit einem feuchten Pinsel bestrichen worden. In den meisten Fällen fließen die kleinen Tröpfchen zu größeren Tropfen zusammen und erfüllen dann die zu ihrer Aufnahme bereiten Rinnen, Röhren, Gruben und Becher. Mitunter füllen sich diese Behälter bis zum Übermaß, und es träufelt dann bei dem geringsten Anstoß der süße Saft in Tropfenform aus den Blüten herab. So verhält es sich z. B. bei dem im Kaplande vorkommenden Melianthus major, aus dessen mit einem kapuzenförmigen großen Honigbehälter ausgestatteten Blüten beim Schütteln des Blütenstandes ein förmlicher Honigregen niedergeht. Von einer tropischen Orchidee, namens Corianthes, wird aus zwei kleinen hornförmigen Fortsätzen der Blüte so viel flüssiger Honig abgeschieden, daß er längere Zeit von den Spitzen der Hörner herabtropft. Das untere Ende des sogenannten Lippchens ist ausgehöhlt, und allmählich wird diese Aushöhlung von dem

Alpenleinkraut im Kalkgerölle.

Nach der Natur von Ernst Heyn.

[Zur Tafel: »*Alpenleinkraut*«.]

Alpenleinkraut im Kalkgerölle.

[illegible] Heyn.

herabträufelnden Honig ganz ausgefüllt. Die Menge süßer Flüssigkeit, welche sich hier ansammelt, beträgt ungefähr 30 g.

In den meisten Fällen erhält sich der für die Anlockung der Insekten wichtigste Bestandteil des Honigs, das ist der Zucker, in gelöstem Zustande, was einerseits von seinen chemischen Verhältnissen, anderseits auch davon abhängt, daß die süße Flüssigkeit in den versteckten Gruben und Röhren der Blüten der Verdunstung weniger ausgesetzt ist. Nur bei einigen Orchideen aus der Gattung Aërides bilden sich aus dem süßen Saft in den Blüten Zuckerkristalle von ansehnlicher Größe. Daß sich außerhalb der Blüten die aus den Hüllschuppen gewisser Korbblütler hervorquellende Zuckerlösung in krümelige kristallinische Klümpchen umwandelt, gehört, strenggenommen, nicht hierher, mag aber doch eine kurze Erwähnung finden. Es wird auf diese Form des Zuckers als vielumworbene Nahrung der Ameisen in einem späteren Kapitel die Rede kommen.

Gewöhnlich verbleibt der Honig unmittelbar an jener Stelle, wo er gebildet und ausgeschieden wurde; es gibt aber auch Blüten, wo das nicht der Fall ist, wo der süße Saft von der Ursprungsstelle abfließt und in besonderen Behältern, die man Safthalter genannt hat, aufgespeichert wird. So verhält es sich z. B. in den Blüten von Coryanthes, Melianthus, Viola und Linaria. Daß bei Coryanthes ein förmliches Sammelbecken vorhanden ist, welches allen von den honigabsondernden hornförmigen Gewebekörpern herabträufelnden Honig aufnimmt, wurde bereits erwähnt. Bei Melianthus sind zwei schmale Kronenblätter vorhanden, von welchen der Honig in das kapuzenartige Kelchblatt fließt. Bei Viola erscheint jedes der zwei unteren Pollenblätter mit einem langen, vom Konnektiv ausgehenden Fortsatze geschmückt, und diese Fortsätze scheiden Honig ab, welcher in die sie umhüllende Aussackung des unteren unpaarigen Blumenblattes herabsickert. Bei dem Leinkraut, von welchem eine Art, nämlich das in mehrfacher Hinsicht interessante „Alpenleinkraut (Linaria alpina) im Kalkgerölle", auf der beigehefteten Tafel abgebildet ist, wird der Honig von einem Wulst an der Basis des Fruchtknotens abgesondert, fließt aber von dort durch eine schmale Spalte zwischen den beiden längeren Staubfäden hindurch in den von der Blumenkrone sich rückwärts erstreckenden hohlen Sporn.

In den Blüten der meisten Doldenpflanzen, der Hartriegelgewächse, des Efeus, des Milzkrautes, zahlreicher Arten der Gattung Steinbrech und Spindelbaum ist ein dem Fruchtknoten auflagerndes Gewebepolster ausgebildet; die Staubfäden und Blumenblätter stehen um dieses Polster im Kreise herum, ohne dasselbe aber zu verdecken, und man sieht in der offenen Blüte inmitten der Blumenblätter den Honig wie einen dünnen Firnisüberzug im Sonnenschein glänzen. Die Mitte der flach beckenförmigen Blüten des Sumachs (Rhus), des Kreuzdornes (Rhamnus) und des Johannisbeerstrauches (Ribes; s. Abbildung, S. 192, Fig. 5) ist mit einer fleischigen Scheibe ausgekleidet, welche entlang der ganzen Oberfläche flüssigen Honig absondert. Der Buchsbaum (Buxus) zeigt in der Mitte der Blüten, und zwar sowohl der Pollenblüten als der Fruchtblüten, drei zusammenschließende Wülste, deren jeder einen Tropfen Honig aufgelagert hat. Bei dem Frauenmantel (Alchimilla), der Sibbaldie (Sibbaldia) und dem Knäuel (Scleranthus) ist die Blüte in zwei Stockwerke geteilt, ein unteres becherförmiges, in welchem der Fruchtknoten steckt, und ein oberes beckenförmiges, das aus den Blumenblättern gebildet wird. An der Grenze beider Stockwerke ist eine in der Mitte durchlöcherte Scheibe oder, besser gesagt, ein leistenförmig vorspringender Ring eingeschaltet, welchen man mit der Blendung in der Röhre eines Mikroskops vergleichen könnte, und diese Ringleiste glänzt an der oberen Seite von dem dort als äußerst dünne Schicht ausgebreiteten

Honig. Ganz seltsam nehmen sich auch die honigausscheidenden Gewebe bei der Wolfsmilch (Euphorbia) aus. Die dicht zusammengedrängten Blüten sind von einer becherförmigen Hülle umgeben, deren Rand mit halbmondförmigen quer-ovalen oder rundlichen Gewebekörpern besetzt ist. Alle diese Gewebekörper glänzen an der oberen Seite von dem dünnen Überzug aus Nektar, ähnlich so wie das Gewebepolster, welches dem Fruchtknoten der Doldenpflanzen und des Spindelbaumes aufgelagert ist.

In den Blüten des Schlehdorns, der Mandel- und Pfirsichbäume, der Himbeeren und Erdbeeren, einiger Fingerkräuter und zahlreicher verwandter Arten ist im Umkreise des Frucht-

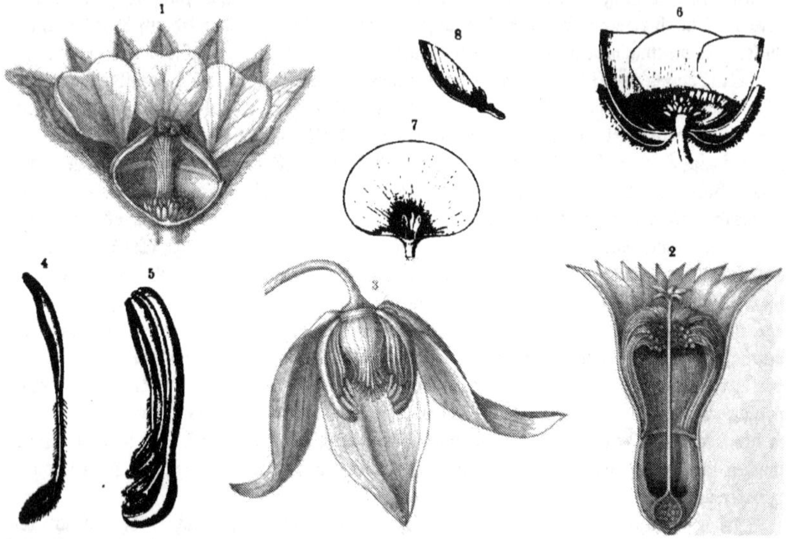

Nektarien: 1) Blüte eines Fingerkrautes (Potentilla micrantha), der vordere Teil der Blüte weggeschnitten; 2) Blüte der Mamillaria glochidiata, der vordere Teil der Blüte weggeschnitten; 3) Blüte der Alpenrebe (Atragene alpina), der vordere Teil der Blüte weggeschnitten, 4) ein Pollenblatt der Alpenrebe mit rinnenförmig ausgehöhltem Antherenträger, 5) vier sich deckende rinnenförmig ausgehöhlte Pollenblätter, zusammengehalten von einem löffelförmigen Blumenblatt, von derselben Pflanze; 6) Blüte des Gletscherhahnenfußes (Ranunculus glacialis), der vordere Teil der Blüte weggeschnitten, 7) ein einzelnes Kronenblatt des Gletscherhahnenfußes, von oben gesehen, 8) dasselbe Blatt der Länge nach durchschnitten, von der Seite gesehen. Fig. 3 in natürl. Größe, die übrigen Figuren etwas vergrößert. (Zu S. 396—400, 402 und 403.)

knotens oder des Fruchtknotenköpfchens ein fleischiges Gewebe ausgebildet, welches, vom Blütenboden ausgehend, gleich einer Tapete dem Grunde des Kelches aufliegt (s. obenstehende Abbildung, Fig. 1). Dieses Gewebe sondert Honig ab, der aber von außen nicht sichtbar ist, weil ihn die im Kreise herumstehenden, meist sehr zahlreichen Pollenblätter überdachen. Auch in den Blüten der Kakteen ist der unterste becherförmige oder röhrenförmige Teil der Blüte inwendig mit einer honigabsondernden Gewebeschicht ausgekleidet (s. obenstehende Abbildung, Fig. 2).

Bei den Daphnoideen, Skrofulariazeen, Gesneriazeen, Asperifoliazeen und Labiaten bildet das honigabsondernde Gewebe einen die Basis des Fruchtknotens ringförmig umschließenden Wall, während bei den verwandten Rhinanthazeen, zumal den Gattungen Bartschia, Clandestina, Lathraea, Pedicularis, nur ein einseitig der Basis des Fruchtknotens angeschmiegter Wulst und bei Rhinanthus und Melampyrum an derselben Stelle ein fleischiger, honigabsondernder

Lappen zu sehen ist. Auch bei den Schotengewächsen ist das Gewebe im Umkreise des Fruchtknotenstieles verdickt und gewulstet, und es erheben sich von demselben an bestimmten Stellen Warzen und Zapfen, welche den Honig ausscheiden. Bei den Levkojen (Matthiola annua und incana), bei Alyssum, Schieverekia und Thlaspi sieht man solche Warzen rechts und links von den zwei kurzen Pollenblättern, und bei Alliaria und Draba erhebt sich je eine Warze an der äußeren, den Blumenblättern zugewendeten Seite der längeren Staubfädenpaare. Ob diese Gebilde als metamorphosierte Blätter aufzufassen sind, mag dahingestellt bleiben. In manchen Fällen, wie z. B. bei Haberlea, Paederota und Polemonium, wo der ringförmige Wulst in fünf, und bei Scrophularia, wo er in zwei symmetrisch gestellte Lappen gegliedert ist, möchte man das letztere glauben. In den Blüten der Windlinge (Konvolvulazeen) ist die Basis des Fruchtknotens von fünf dicklichen, honigabsondernden gleichgroßen Schuppen umgeben, die zusammen einen kleinen Becher bilden, so daß man an ein im Eibecher steckendes Ei erinnert wird, und bei den Krassulazeen erhebt sich von dem ringförmigen Walle des Blütenbodens vor jedem Fruchtblatt ein Knötchen oder eine fleischige Schuppe, welche bald spatelförmig (Sedum annuum), bald lineal und am freien Ende zerschlitzt (Sedum atratum), überhaupt sehr mannigfaltig gestaltet ist. In diesen Fällen darf man die honigabsondernden Gebilde wohl zweifellos als metamorphosierte Blätter ansehen.

Verhältnismäßig selten sind die Fälle, wo die Honigbildung von den Fruchtblättern ausgeht, wie z. B. in den Blüten mehrerer Primulazeen (Androsace, Aretia), wo die flach gewölbte Decke des Fruchtknotens winzige Nektartröpfchen ausscheidet, und bei vielen Gentianen (Gentiana acaulis, asclepiadea, Bavarica, Pneumonanthe, prostrata, punctata usw.), wo die zwiebelförmig verdickte Basis des Fruchtknotens fünf Wülste zeigt, welche reichlichen Honig für den Grund des Blumentrichters liefern. In den Blüten einiger Liliazeen und Melanthazeen (z. B. Albuca, Ornithogalum, Tofjeldia) wird der Honig in den seitlichen Furchen des Fruchtknotens abgesondert, und bei der Zaunlilie (Anthericum) sowie dem Zwerglauch (Allium Chamaemoly) sieht man an jeder der drei Verbindungslinien der Fruchtblätter ein kleines Grübchen, aus welchem ein Honigtropfen hervorquillt.

Viel häufiger findet man die Nektarien an den Pollenblättern. Sie sind in allen Größen und Formen ausgebildet. Mitunter kommt es auch vor, daß ganze Pollenblätter in Nektarien umgewandelt sind, was natürlich nur auf Kosten der Antherenbildung erfolgen konnte. Die Pollenblätter der Heidelbeeren und Moosbeeren (Vaccinium Myrtillus und uliginosum), ebenso jene der Tulpen (Tulipa) haben an der verdickten breiten Basis der Antherenträger, und zwar an der äußeren, gegen die Blumenblätter gewendeten Seite, ein kleines, honigabsonderndes Grübchen. Bei der weitverbreiteten Herbstzeitlose (Colchicum autumnale) ist an den Pollenblättern knapp über jener Stelle, wo sie mit den violetten Blättern des Perigons verwachsen sind, ein orangefarbiger honigabsondernder Gewebekörper, und der dort erzeugte Honig erfüllt eine Rinne, welche das sich anschmiegende Perigonblatt durchzieht. Ebenso verhält es sich bei den anderen Zeitlosen und auch bei den Arten der Gattung Trillium. Bei den Storchschnabelgewächsen, insbesondere bei Erodium und Geranium, erhebt sich an der den Kelchblättern zugewendeten Seite von der Basis eines jeden der äußeren fünf Antherenträger ein warzenförmiges, bisweilen etwas ausgehöhltes Nektarium. Einen fast unerschöpflichen Reichtum an Formen zeigen auch die Nektarien an der Basis der fadenförmigen Antherenträger bei den Mieren und Nelkengewächsen. Bald sind sämtliche Staubfäden einer Blüte an ihrer Wurzel etwas verdickt und sondern aus einem gelblichen, dem Fruchtknoten zugewendeten

Gewebe Honig ab (wie z. B. bei Telephium Imperati), oder es ist an der Basis jedes Staubfadens ein Paar honigabsondernder Warzen zu sehen (wie z. B. bei Alsine mucronata und verna), bald wieder sind es nur die vor den Kelchblättern stehenden Pollenblätter, deren Fäden an der Basis schwielenförmig verdickt sind und an der dem Fruchtknoten zugewendeten grubig vertieften Seite Honig ausscheiden (wie z. B. bei Cherleria sedoides). In den Blüten der Sagina Linnaei sieht man jeden vor den Kelchblättern stehenden fadenförmigen Träger der Antheren am Grunde von einem becherförmigen Nektarium umwallt. Gar oft sind die Nektarien der benachbarten Pollenblätter in den Blüten der eben besprochenen Pflanzen zu einem Ringe miteinander verschmolzen, was bei den Storchschnabelgewächsen nur angedeutet ist, bei vielen Mieren (z. B. bei Spergula) und noch mehr bei den leinartigen und nelkenartigen Gewächsen (Linum, Gypsophila, Dianthus, Lychnis) recht auffallend hervortritt. Auch in den Blüten der meisten Schmetterlingsblütler sind es die Pollenblätter, welche den Nektar liefern. Neun miteinander verwachsene Staubfäden bilden eine Rinne, in welche der Fruchtknoten eingebettet ist; dieser Fruchtknoten ist gegen den Blütengrund zu stielartig verschmälert, die Rinne dagegen etwas erweitert. So entsteht dort ein Hohlraum, und darein wird von dem angrenzenden Teile der Staubfadenrinne Honig abgeschieden. Nach oben ist der Hohlraum durch das zehnte Pollenblatt zugedeckt, das keinen Honig liefert. An der zu den Ranunkulazeen gehörigen Alpenrebe (Atragene alpina) ist es die rinnenförmig vertiefte innere Seite der Staubfäden, in welcher der reichliche, von Hummeln sehr eifrig aufgesuchte Honig ausgebildet wird (s. Abbildung, S. 396, Fig. 3, 4 und 5).

Blüte des Schneeglöckchens (Galanthus nivalis).

Sehr häufig wird der Nektar von den **Blumenblättern** ausgeschieden, und zwar sowohl von den Blättern jener Blumen, die man als Perigon anspricht, als auch jener, welche Kelch und Krone genannt werden. Bei dem Schneeglöckchen (Galanthus nivalis; s. obenstehende Abbildung) sieht man den Honig in parallelen Längsfurchen an der Innenseite der drei ausgerandeten Perigonblätter; in den Blüten der Lilien, wie beispielsweise Lilium chalcedonicum, Carniolicum, Martagon und bulbiferum, ist jedes Perigonblatt der Länge nach von einer mit Leisten oder auch mit geweihartig verzweigten und teilweise kolbenförmig verdickten Gewebewucherungen eingefaßten Rinne durchzogen, und diese Rinne strotzt von dem in ihr abgesonderten reichlichen Nektar. Mehrere Orchideen, so namentlich die Arten der Gattung Zweiblatt (Listera), zeigen auch eine solche von süßem Saft erfüllte Rinne, aber nur an einem Blatte des Perigons, nämlich an dem sogenannten Lippchen (labellum), welches gleichzeitig auch die Anflugstelle für die honigsuchenden und die Rinne ausleckenden Insekten bildet. In den Perigonen der Sumpfwurz (Epipactis; s. Abbildung, S. 176, Fig. 3) ist das Lippchen grubig vertieft und macht den Eindruck einer mit Honig gefüllten Schale. Bei dem auf der Tafel in Band I bei S. 410 abgebildeten Ohnblatt (Epipogum) erscheint das dem Lippchen entsprechende Perigonblatt wie ein Helm oder wie eine phrygische Mütze nach oben gewölbt, und diese Wölbung birgt den an Ort und Stelle erzeugten reichlichen Honig. Bei vielen anderen Orchideen ist die Unterlippe des Perigons rückwärts ausgesackt, und in diese Aussackung, welche in der beschreibenden Botanik Sporn genannt wird, birgt sich gewöhnlich eine Fülle des süßen Saftes. Das Perigon der auf S. 403, Fig. 4, abgebildeten Tricyrtes pilosa wird aus sechs Blättern aufgebaut, von diesen sind die drei äußeren nahe ihrem Grund ausgesackt und scheiden daselbst reichlichen Nektar ab. In den Blüten der Narzissen (Narcissus), des Schwertels und der Schwertlilien (Gladiolus, Iris), ebenso in jenen von Sisyrinchum und Thesium ist die Innenseite des röhrenförmigen Perigonteiles entweder ganz oder wenigstens im unteren Drittel in ein honigabsondernbes Gewebe umgewandelt, ohne daß sich dort besondere Aussackungen zeigen. Ungemein zierlich sind die Nektarien bei den Perigonen der amerikanischen Uvularia grandiflora, bei den zahlreichen Arten der Gattung Fritillaria, namentlich bei der unter dem Namen Kaiserkrone in den Gärten häufig gepflegten Fritillaria imperialis, ausgebildet. Jedes der sechs Perigonblätter zeigt bei diesen Pflanzen an der Innenseite nahe der verdickten Basis ein rundliches, scharf umgrenztes Grübchen, in welchem ein großer Tropfen Honig funkelt.

Vergleichsweise selten ist die Honigausscheidung aus dem Gewebe der Kelchblätter. Am auffallendsten ist sie im Grunde der gefärbten, etwas ausgesackten und zugleich fleischigen Kelchröhre bei den verschiedenen Arten der Gattung Cuphea und der Kapuzinerkresse (Tropaeolum). Die Arten der zuletzt genannten Gattung haben einen Kelch, dessen obere Hälfte sich nach rückwärts in eine lange, kapuzenförmige Aussackung fortsetzt. In dem verengerten untersten Teile dieser Aussackung wird Honig erzeugt, und zwar so reichlich, daß er mitunter bis zur Mündung der Kapuze emporsteigt.

Und nun kommen endlich die Nektarien im Bereich der Kronenblätter an die Reihe. Wenn schon die honigbildenden Gewebe, welche am Blütenboden entwickelt sind, sowie jene an den Fruchtblättern, Pollenblättern, Perigonblättern und Kelchblättern auffallende Verschiedenheiten zeigen, so sind diese doch noch geringfügig im Vergleich zu dem Formenreichtum, der sich an den Blättern der Krone kundgibt. Es ist nicht möglich, in diesem Buche eine erschöpfende Darstellung dieser Gebilde zu geben, und es muß genügen, die auffallendsten und wichtigsten Formen für die weiterhin folgenden Schilderungen gewisser Vorgänge in den Blüten übersichtlich zusammenzustellen. In den Blumenkronen der Königskerzen, zumal in jenen von Verbascum Blattaria und phoeniceum, erfolgt die Ausscheidung von Honig auf dem unteren großen Kronenblatte, und zwar in Form zahlreicher über das Mittelfeld dieses Blattes zerstreuter Tröpfchen. Jedes Tröpfchen kommt aus einer Spaltöffnung hervor, und man sieht daher zur Zeit des Öffnens der Blumenkrone dieses Blatt wie mit Tau beschlagen. Das ist aber im allgemeinen der seltenere Fall; gewöhnlich fließen die ausgeschiedenen Tröpfchen zu einer Masse zusammen, und es erscheint dann an irgendeiner beschränkten Stelle ein größerer Tropfen aufgespeichert. Von den windenden Arten der Gattung Geißblatt (Lonicera Caprifolium, etrusca, grata, implexa, Periclymenum usw.), von den Bärentrauben (Arctostaphylos alpina und Uva ursi), von Allionia und Crucianella, von einer Art des Wintergrüns, nämlich Pirola secunda, sowie noch von zahlreichen anderen Gewächsen wird der Honig in der zuletzt geschilderten Weise im untersten Teile der röhrenförmigen oder glockigen Blumenkrone abgeschieden. Bei dem Alpenröschen (Rhododendron ferrugineum und hirsutum) sowie bei dem Fichtenspargel (Monotropa) ist der honigabscheidende Teil der Blumenkrone fleischig verdickt und jedes der miteinander verwachsenen Kronenblätter am Grunde grubig ausgehöhlt. Auch in den radförmigen Kronen der zu den Gentianazeen gehörenden Ophelien ist jedes der Blumenblätter an seinem Grunde mit einer Nektargrube ausgestattet. In den Blüten der nicht windenden Geißblattarten (Lonicera alpigena, nigra, Xylosteum usw.) zeigt die Blumenkrone über der Basis eine honigbildende Aussackung, und in den Blüten der Kalzeolarien

(Calceolaria amplexicaulis, floribunda, Pavonii usw.) findet sich die Nektargrube auf dem Ende des eingeschlagenen unteren Blumenblattes wie in einem Gehäuse geborgen. Die Blumenkrone der Baldriane (Valeriana globulariaefolia, montana, officinalis usw.) erzeugt ihren Honig in einer kleinen Aussackung, welche an der Kronenröhre zu sehen ist (s. untenstehende Abbildung), und in den Blüten des Fettkrautes (Pinguicula) verschmälert sich die Krone nach rückwärts in eine spitze, hohle, spornförmige, honigführende Aussackung (s. Abbildung auf der Tafel in Band I, bei S. 320). In den Blüten der Balsaminen (Impatiens) ist nur eins der fünf Kronenblätter mit einem honigführenden Sporn versehen, in jenen der Akelei (Aquilegia) ist dagegen jedes derselben in einen Sporn ausgezogen, welcher in seinem kolbenförmig verdickten Ende Honig entwickelt. Die kleinen weißen Kronenblätter des Sonnentaues (Drosera) sind an der Basis in einen gelben Nagel zusammengezogen, und das Gewebe dieses Nagels scheidet spärlichen Honig aus. Ähnlich verhält es sich in den Blüten des Hahnenfußes (Ranunculus); nur ist bei diesen das honigerzeugende Gewebe scharf umgrenzt und erscheint als Auskleidung eines kreisrunden oder quer-ovalen Grübchens, das in manchen Fällen, wie z. B. bei Ranunculus alpestris, unbedeckt, in anderen Fällen dagegen, wie z. B. bei dem Gletscherhahnenfuß (Ranunculus glacialis), von einer Schuppe überdacht ist (s. Abbildung, S. 396, Fig. 6, 7 und 8). Die Blüten der Lappenblume (Hypecoum) zeigen zwei gegenüberstehende, in drei Lappen geteilte Kronenblätter, und am Grunde derselben ist unterhalb des mittleren Lappens eine verhältnismäßig große Grube ausgebildet, welche mit dem dort erzeugten reichlichen Honig erfüllt ist (s. Abbildung, S. 396, Fig. 5 und 6). Ganz eigentümlich sind auch die Nektarien in den Blüten der zu den Gentianazeen gehörigen Swertia perennis. Einige Millimeter oberhalb des Blütengrundes sieht man auf jedem Kronenblatte zwei Gruben, welche von einem festen Ringwall umgeben sind, und von diesem Ringwall erheben sich lange Fransen, die eine Art Gitter über der Grube herstellen. Das Gewebe, welches die Auskleidung der Grube bildet, entwickelt reichlichen Honig, und da das Gitter die Grube nicht vollständig verdeckt, so sieht man den Honig zwischen den Fransen mehr oder weniger deutlich durchschimmern.

Blüte des Baldrians (Valeriana officinalis), der Länge nach durchschnitten.

An dieser Stelle ist auch der merkwürdigen Nektarien zu gedenken, welche sich in den Blüten mehrerer Droserazeen, Berberideen und Ranunkulazeen zwischen die Blumenblätter und Pollenblätter eingeschaltet finden, und für welche neuerlich der Name Honigblätter in Vorschlag gebracht wurde. Sie zeigen die seltsamsten Formen und entsprechen nur wenig der Vorstellung, welche man sich gemeinhin von einem Blatte macht. So z. B. haben sie bei dem zu den Saxifragazeen gehörenden Studentenröschen (Parnassia) die Form einer Hand, an deren hohler Seite sich zwei honigabsondernde Furchen befinden, während die den Fingern der Hand entsprechenden elf dünnen Fortsätze mit rundlichen Köpfchen abschließen. In den Blüten der zu den Berberideen gehörenden Sockenblume (Epimedium) haben sie die Gestalt eines Pantoffels, in jenen des Schwarzkümmels (Nigella) aus der Familie der Ranunkulazeen präsentieren sie sich als gestielte, zugedeckelte Schalen oder Ampeln (s. Abbildung, S. 401). In den Blüten des Eisenhutes (Aconitum) zeigen sie die Form bald einer phrygischen Mütze, bald einer Kapuze, bald eines Waldhornes, und werden von einem langen, aufrechten, der Länge nach rinnig durchfurchten Stiele getragen. In den Blüten des Muschelblümchens (Isopyrum) sowie in denen des Wanzenkrautes (Cimicifuga) besitzen sie die Gestalt von Schaufeln oder kurzgestielten Löffeln und tragen mitunter am freien Ende zwei in ihrer Bedeutung rätselhafte geknöpfte Spitzen. Die Blüten des Wintersterns (Eranthis) sowie jene der Nieswurz (Helleborus) zeigen innerhalb der großen Kelchblätter tütenförmige, becherförmige oder röhrenförmige Nektarien mit schief abgeschnittener Mündung, und die der Trollblume (Trollius) bergen zahlreiche spatelförmige Nektarien, welche im unteren Drittel etwas geknickt und verdickt und dort mit einem honigführenden Grübchen ausgestattet sind (s. Abbildung, S. 286, Fig. 3). In den Blüten der Küchenschellen (Pulsatilla vernalis und vulgaris) sieht man zwischen die großen flachen Blumenblätter und die antherentragenden Pollenblätter in zwei oder drei Schraubenumgängen kleine kolbenförmige Gebilde eingeschaltet, welche reichlichst Honig abscheiden, der die Basis der benachbarten Staubfäden benetzt. Alle diese Honigblätter kann man ebensogut als Umwandlungen der Kronenblätter wie der Pollenblätter betrachten. Jene der Sockenblume, des Schwarzkümmels, des Eisenhutes und des Muschelblümchens mahnen mehr an

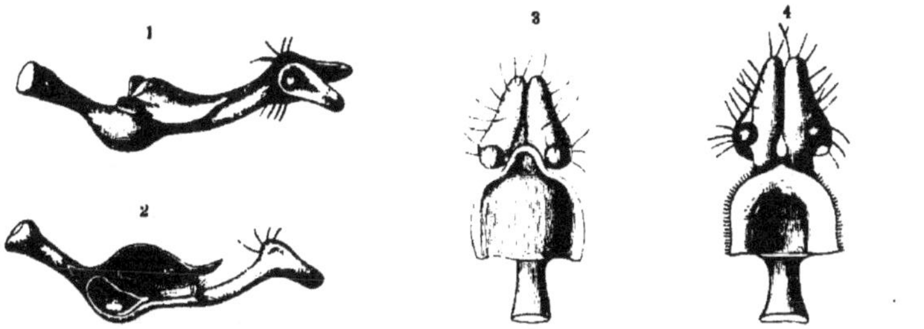

Bergung des Honigs: 1) ein Honigblatt von Nigella elata, 2) dasselbe, der Länge nach durchschnitten; 3) ein Honigblatt von Nigella sativa, von oben gesehen, 4) dasselbe, der Deckel, welcher die Nektargrube verschließt, weggeschnitten. Sämtliche Figuren etwas vergrößert.

Kronenblätter, jene der Trollblume und der Küchenschelle mehr an Pollenblätter. In Band I, S. 183, wurde der Auffassung Raum gegeben, daß alle Pollenblätter metamorphosierte Blätter seien. Von diesem Standpunkt aus angesehen, ist es selbstverständlich müßig, zu fragen, ob die besprochenen Honigblätter als Kronenblätter oder als Pollenblätter zu deuten seien.

Der offen zutage liegende Honig ist zwar für alle blütenbesuchenden Tiere zugänglich, wird aber doch nur von einem Teile derselben mit Erfolg ausgebeutet. Von Schmetterlingen und langrüsseligen Hummeln kann z. B. der firnisartige Überzug aus Honig, welcher dem Gewebepolster über dem Fruchtknoten bei dem Spindelbaum, Efeu und Hartriegel, den Steinbrechen und Doldenpflanzen aufgelagert ist, nicht gesogen werden. Dagegen ist gerade dieser Honig ein Anziehungspunkt für die Käfer, Fliegen, Mücken und andere kurzrüsselige Insekten. Auf den Blüten der genannten Pflanzen wimmelt es förmlich von Käfern aus den Gattungen Anthrenus, Dasytes, Meligethes, Telephorus und Trichius sowie von unzähligen Fliegen und Mücken, welche mit ihrer Zunge oder den platt aufgedrückten Rüsselklappen die flache, dünne Honigschicht ablecken. Auch der in Form großer Tropfen in den Vertiefungen des Lippchens in den Blüten der Sumpfwurz (Epipactis) sowie der in den Blumenkronen der Braunwurz (Scrophularia) ausgebotene Honig wird nur von kurzrüsseligen Insekten, namentlich von Wespen, aufgesucht und von Schmetterlingen und Hummeln gemieden.

Mit dem in versteckten Gruben, Röhren und Rinnen geborgenen Honig verhält es sich gerade entgegengesetzt. Derselbe ist den meisten kurzrüsseligen Insekten unzugänglich, bildet dagegen die wichtigste Nahrung für Schmetterlinge, Hummeln, Schwebefliegen, Kolibris und Honigvögeln (Nektariniden). Freilich sind auch da wieder Unterschiede, je nach der Länge des Rüssels oder Schnabels und der Tiefe des Versteckes, in welchem der Honig verborgen ist. In den Blüten des Frühlingsheidekrautes (Erica carnea) beträgt die Entfernung des honigabsondernden Grundes von der verschlossenen Mündung der Blumenkrone nur einige Millimeter, in jenen des Oxyanthus tubiflorus, einer in der Sierra Leone heimischen Rubiazee, 16 cm, und bei Angraecum sesquipedale, einer durch Größe und Pracht des Blütenstandes ausgezeichneten, in Madagaskar heimischen Orchideenart, zeigt das Perigon einen hohlen, in der Tiefe mit Honig gefüllten Sporn, welcher die Länge von 30 cm erreicht.

Was die Vorrichtungen zur Bergung des Honigs in den Gruben, Röhren und Rinnen der Blütenteile anbelangt, so sind deren zweierlei zu unterscheiden. Entweder ist der Zugang zu dem Versteck verengert, was durch die mannigfaltigsten Ausbuchtungen, Buckel, Schwielen, Wülste, Leisten und Klappen an der Mündung der Blumenröhre erreicht wird, oder es erscheint die den Nektar führende Höhlung durch einen Deckel oder wie durch eine Tür oder auch wie durch zwei zusammengepreßte Lippen vollständig abgeschlossen, so zwar, daß diejenigen Tiere, welche den in der Höhlung gewitterten Honig gewinnen wollen, den Deckel aufheben, die Tür öffnen oder die Unterlippe herabdrücken müssen. Als Beispiele für Verschlüsse der letzteren Art können die Blüten des Lerchenspornes (Corydalis; s. Abbildung, S. 178, Fig. 29), des Erdrauches (Fumaria), des Löwenmaules (Antirrhinum) und des Leinkrautes (Linaria; s. Abbildung, S. 176, Fig. 9) angeführt werden, und durch besondere, in die Blumenröhre eingeschaltete, mit Flügeltüren vergleichbare Schuppen wird der Verschluß bei einigen Soldanellen (Soldanella; s. Abbildung, S. 176, Fig. 7) hergestellt. Bei Aeschynanthus grandiflorus ist die Blumenkrone oberhalb des honigführenden Blütengrundes so außerordentlich verengert, daß nur Tiere mit langem und dünnem Rüssel oder Schnabel in den Blütengrund einfahren können. Oberhalb dieser Verengerung erweitert sich die Blumenkrone allerdings wieder so bedeutend, daß selbst Kolibris ihren Kopf in die Mündung einzuführen imstande sind und bei dieser Gelegenheit das eine Mal die Antheren, das andere Mal die Narben streifen. Für kurzrüsselige kleine Insekten ist dagegen der honigerfüllte Blütengrund infolge dieser auffallenden Verengerung der Blumenkrone nicht zugänglich.

Bisweilen sind die Pollenblätter so geformt und so zusammengestellt, daß sie die jene süßen Säfte bergenden oder ausscheidenden Zellen im Blütengrunde wie eine Kuppel oder ein Hohlkegel überdachen, was namentlich bei zahlreichen Nachtschattengewächsen, Primulazeen, Asperifoliazeen und Kampanulazeen (z. B. Nicandra, Cyclamen, Borago, Campanula, Phyteuma), besonders schön auch bei dem schmalblätterigen Weidenröschen oder Schotenweiderich (Epilobium angustifolium), bei dem Schwertel (Gladiolus) und bei dem auf S. 396, Fig. 1, abgebildeten kleinblütigen Fingerkraute (Potentilla micrantha), endlich auch bei den zu den Kakteen gehörigen Mamillarien (s. Abbildung, S. 396, Fig. 2) zu sehen ist.

In sehr eigentümlicher Weise ist der Verschluß der Nektarhöhlen oder Nektarien durch Häufung der Pollenblätter bei einigen weißblühenden Hahnenfüßen, z. B. dem Ranunculus glacialis, hergestellt. Der Honig wird bei diesen Gewächsen in einem kleinen Grübchen, welches auf der oberen Seite der Kronenblätter, und zwar dicht über dem gelben verdickten Nagel angebracht ist, abgesondert (s. Abbildung, S. 396, Fig. 6—8). Vor diesem Grübchen befindet sich eine Schuppe, welche unter einem Winkel von 40—50 Grad von der Ebene des Kronenblattes emporsteht. Auf und neben diese Schuppe kommen nun die zahlreichen, in mehreren Kreisen angeordneten und von der Mitte der Blüte strahlenförmig auslaufenden Pollenblätter zu liegen, und es wird so an der Basis eines jeden Kronenblattes eine kleine Nektarhöhle gebildet, zu welcher nur jene Insekten gelangen können, welche die Kraft haben, die auflagernden Pollenblätter empor und die Schuppe nach abwärts zu drücken. In den Blüten der Alpenrebe (Atragene alpina) sind die Pollenblätter rinnenförmig ausgehöhlt und sondern in dieser Rinne reichlichen Honig ab (s. Abbildung, S. 396, Fig. 4). Da aber in jeder Blüte mehrere Pollenblattwirtel vorhanden sind und die Pollenblätter der äußeren Wirtel immer jene der inneren decken und sich an den Rücken derselben anlegen (s. S. 396, Fig. 3), da endlich auch noch die

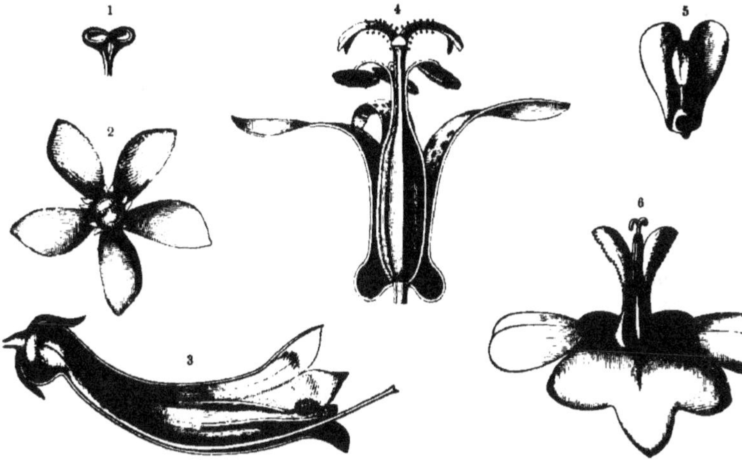

Bergung des Honigs: 1) Narbe der Gentiana bavarica, welche die Röhre der Blumenkrone verschließt, aus der Blüte herausgenommen, 2) Blüte derselben Pflanze, von oben gesehen; 3) Blüte von Phygelius capensis, der vordere Teil der Blüte weggeschnitten; 4) Blüte der Tricyrtes pilosa, der vordere Teil der Blüte weggeschnitten; 5) eines der zwei inneren Kronenblätter der Lappenblume (Hypecoum grandiflorum), von der inneren, dem Fruchtknoten anliegenden Seite gesehen, 6) Blüte von Hypecoum grandiflorum, in welcher die inneren beiden Blumenblätter dem Fruchtknoten anliegen.

sämtlichen Pollenblätter nach außen zu von einem Wirtel aufrechter, steifer, löffelförmiger Blätter zusammengehalten werden (s. S. 396, Fig. 5), so bilden alle diese Rinnen ebenso viele geschlossene kleine Nektarhöhlen, welche nur von kräftigen Insekten erschlossen werden können.

Die Blüten des oben in Fig. 3 abgebildeten Phygelius capensis zeigen an der Basis der röhrenförmigen Blumenkrone eine kleine, mit Honig gefüllte Aussackung, welche dadurch, daß sich der Fruchtknoten vor ihr herabkrümmt und an die Wand der Kronenröhre dicht anschmiegt, zu einer geschlossenen Höhle wird. In den Blüten der Tricyrtes pilosa (s. obenstehende Abbildung, Fig. 4), deren drei äußere Perigonblätter in der Aussackung am Grunde der Blüte Honig führen, ist der dreiseitige Fruchtknoten wie ein Pfropfen zwischen die Perigonblätter eingekeilt, und es werden dadurch aus den Aussackungen drei geschlossene Nektarhöhlen gebildet. Ein ähnliches Verhältnis beobachtet man auch in den Blüten von Hypecoum procumbens. Der Honig wird hier in einem Grübchen dicht über dem Nagel der zwei inneren Kronenblätter ausgeschieden (s. obenstehende Abbildung, Fig. 5). Wie bei dem Gletscherhahnenfuß erhebt sich dicht über diesem Grübchen eine eigentümliche Schuppe, welche dazu bestimmt ist, in einem gewissen Stadium der Entwickelung den Pollen aufzunehmen. Diese Schuppe ist aufrecht, dem Fruchtknoten parallel und liegt auch mit ihrem unteren Teile dem Fruchtknoten an (s. S. 403, Fig. 6). Dadurch aber wird ein vollständiger Verschluß der Nektargrube hergestellt.

Schließlich sei noch bemerkt, daß in manchen Blüten auch die Narbe zum Abschlusse der mit Honig erfüllten ausgehöhlten Blüten herhalten muß. So verhält es sich z. B. bei den Gentianen aus der Gruppe Cyclostigma, von welchen die Blüte und Narbe einer Art, nämlich Gentiana bavarica, auf S. 403, Fig. 1 und 2, abgebildet sind.

Die Blütenfarbe als Lockmittel für Insekten und andere Tiere.

Wenn wir wollen, daß dem Auge beschränkte Stellen aus der Ferne kenntlich werden, so helfen wir uns bekanntlich mit Farbenkontrasten. Wir stecken an der Eisenbahn Signale aus, auf welchen sich ein rotes Band von weißem Untergrund abhebt, bringen goldene Lettern auf schwarzen Schildern an, malen schwarze Kreise und ein schwarzes Zentrum auf die weiße Scheibe, nach der wir den Gewehrlauf richten. Ähnliche Farbenkontraste kommen auch bei den Pflanzen zur Geltung, deren Blüten das Ziel zufliegender Tiere sind.

Da sich die Blüten in den meisten Fällen über grünen Laubblättern entfalten, so ist es erklärlich, daß in der Blütenregion die mit Grün kontrastierenden oder doch vom Grün sich gut abhebenden Farben als Anlockungsmittel am häufigsten vorkommen.

Meistens sind es bekanntlich die Blumenblätter, deren von der Umgebung sich abhebende Farbe die Blüten schon von fern kenntlich macht, und zwar ist es vorzüglich die den zufliegenden Tieren zugewendete Seite derselben, an der sich die betreffende Farbe am grellsten ausbildet. Sind die Blumenkronen oder Perigone krugförmig oder glockenförmig, nickend oder überhängend, und sehen die Tiere bei dem Anfluge nicht in das Innere der Blüte, so erscheint die äußere Seite lebhafter gefärbt, ist dagegen die Blüte sternförmig oder schüsselförmig und mit ihrer Öffnung dem Licht und den in der Luft herumschwirrenden Insekten zugewendet, so zeigt die innere Seite lebhaftere Farben. Es gibt sogar Blüten, deren Blumenblätter an der Außenseite grün und nur an der Innenseite gelb, weiß oder rot gefärbt sind. So z. B. sind jene der Gelbsterne (Gagea) nur an der inneren Seite gelb; die äußere Seite erscheint grün. Wenn die Blüten des Gelbsternes geschlossen sind, fallen sie auch nicht in die Augen; nur wenn sie sich im Sonnenlichte geöffnet haben, heben sich die gelben Sterne deutlich von der Umgebung ab. Ähnliches beobachtet man an den Blüten des Milchsternes (Ornithogalum), des Scharbockskrautes (Ficaria), des Gauchheils (Anagallis), des Venusspiegels (Specularia) und noch vieler anderer Gewächse.

In einigen Fällen, wo die Kronenblätter in Nektarien umgewandelt sind, oder wo sie irgendeine andere Funktion auszuführen haben, mit der sich die Ausbildung bunt gefärbter Flächen nicht gut verträgt, wird die Anlockung der Tiere von den Kelchblättern übernommen. Diese sind dann nicht grün, sondern weiß, gelb, rot, blau, violett oder braun gefärbt, wie beispielsweise jene der Schneerosen und des weißen Waldhähnchens (Helleborus niger, Anemone nemorosa), der Trollblume und der Winterblume (Trollius, Eranthis), der Alpenrebe und des Eisenhutes (Atragene alpina, Aconitum Napellus), der Wiesenküchenschelle und des Blutauges (Pulsatilla pratensis, Comarum palustre). Auch bei den Blüten dieser Pflanzen wiederholt sich die früher erwähnte, an den Kronenblättern zu beobachtende

[illegible]

[illegible] äußere [illegible] gemalt, ist [illegible]
und ihrer [illegible] vom Licht und den [illegible]
[illegible] die innere Seite lebhaftere Farben [illegible]
der Außenseite [illegible]
sind jene [illegible]
grün. [illegible]

[illegible]

Euphorbia (Poinsettia) pulcherrima.

Erscheinung: bei den hängenden Glocken der Alpenrebe ist die Außenseite, bei den sternförmig offenen Blüten des Blutauges die Innenseite der Kelchblätter lebhafter gefärbt.

Farbenkontraste in den Blüten: 1) Doldentraube von Lobularia nummulariaefolia mit Blüten und jungen Früchten, 2) eine einzelne junge Blüte derselben Pflanze, 3) eine junge Frucht derselben Pflanze, deren Breitseite zwei der vergrößerten weißen Kronenblätter angeschmiegt sind; 4) Blütenähre von Lavandula Stoechas, von einem Schopfe leerer blauer Deckblätter abgeschlossen, 5) Doldentraube von Alyssum cuneatum mit jungen, eben geöffneten Blüten im Mittelfeld und alten, geschlossenen Blüten am Umfange, 6) Blumenblatt aus einer jungen, eben geöffneten Blüte derselben Pflanze, 7) Blumenblatt aus einer alten, geschlossenen Blüte derselben Pflanze; 8) Blütentraube von Muscari comosum, die oberen langgestielten und schopfförmig zusammengedrängten Blüten taub; 9) Blütenstand von Trifolium badium, die oberen jungen Blüten hellgelb, die unteren herabgeschlagenen alten Blüten dunkelbraun; 10) ein Zweig aus dem Blütenstande von Halimocnemis mollissima, die aus dem unscheinbaren Perigon herausragenden blasenförmig aufgetriebenen Anhängsel der Anthere machen den Eindruck von Blumenblättern, 11) ein einzelnes Pollenblatt der Halimocnemis mollissima, das Konnektiv erhebt sich über die Anthere in Form eines blasenförmigen Anhängsels; 12) Blütenstand von Cornus florida von vier großen weißen Hüllblättern umgeben; 13) Kornblume (Centaurea Cyanus), die kleinen Blüten des Mittelfeldes sind von großen trichterförmigen tauben Blüten eingefaßt; 14) Blütentraube von Kernera saxatilis, der Fruchtknoten in der Mitte der alten Blüten dunkel gefärbt und von den vergrößerten Blumenblättern umgeben; 15) Blütenstand der Strahldolde (Orlaya grandiflora), die randständigen Blüten strahlend, 16) eine einzelne strahlende Blüte derselben Pflanze; 17) Doldentraube der Schleifenblume (Iberis amara), die nach außen gerichteten Blumenblätter der randständigen Blüten doppelt so groß als jene, welche der Mitte des Blütenstandes zugewendet sind. Fig. 2, 3 und 11 etwas vergrößert, die anderen Figuren in natürl. Größe. (Zu S. 404—411.)

Weit seltener als durch die Perigone, Blumenkronen und Kelche werden die Tiere durch die eigentümlichen Farben der Pollenblätter auf die Quellen des Honigs und die Fundstellen des Pollens aufmerksam gemacht. In den Landschaften des mittleren und nördlichen Europas sind es insbesondere die Weiden, deren gelbe oder rote Antheren in so großer Zahl und so dicht beisammenstehen, daß die Blütenkätzchen trotz des Fehlens der Blumenblätter und trotz der Unscheinbarkeit der Deckschuppen von fern in die Augen fallen. Bei einigen zu den Ranunkulazeen gehörigen Pflanzen, namentlich bei Actaea, Cimicifuga und Thalictrum, noch mehr bei den neuholländischen Akazien und den zu den Myrtengewächsen gehörigen Gattungen Callistemon und Metrosideros, bei der japanischen Bocconia sowie bei mehreren Aesculus-Arten (z. B. Aesculus macrostachya) werden die Blüten dadurch recht auffallend, daß die Träger der Antheren, die „Staubfäden“, weiß, violett, rot oder gelb gefärbt sind. Auch die Blütenähren der kriechenden nordamerikanischen Pachysandra heben sich von dem dunkeln Untergrunde dadurch ab, daß die Träger der Antheren blendend weiß gefärbt sind. Bei mehreren asiatischen Steppengewächsen, namentlich bei den Arten der Gattung Anabasis (s. Abbildung, S. 405, Fig. 10 und 11), erhebt sich über jeder Anthere ein blasenförmiges, bald schwefelgelbes, bald violettes, bald hell-, bald dunkelrotes Anhängsel, das von der graugrünen Umgebung grell absticht, und welches man beim ersten Anblick leicht für ein Blumenblatt halten könnte.

Sehr oft kommt es vor, daß nicht die Blumen selbst, sondern die sie stützenden und einhüllenden Deckblätter durch ihre von dem Grün der Umgebung abstechenden Farben in die Augen fallen. Beispiele in Hülle und Fülle liefern die Hartriegelgewächse (z. B. Cornus florida und suecica; s. Abbildung, S. 405, Fig. 12), die Myrtazee Genetyllis tulipifera, die Doldenpflanzen (Astrantia, Smyrnium, Eryngium alpinum), die Lippenblütler (Nepeta reticulata, Salvia splendens), Korbblütler (Cirsium spinosissimum, Gnaphalium Leontopodium, Carlina acaulis; s. Abbildung, S. 243), die Wolfsmilchgewächse (Euphorbia [Poinsettia] pulcherrima, s. die Tafel bei S. 404; E. polychroma, splendens, variegata), die Aroideen (Richardia aethiopica, Calladium Scherzerianum) und die Bromeliazeen (Nidularia, Lamprococcus, Pitcairnia). Bei einigen Proteazeen, so namentlich Protea globosa, sind die obersten Laubblätter zu einer großen äußeren Hülle des kugeligen goldgelben Blütenstandes gruppiert, und damit sich dieser Blütenstand besser abhebt, sind die zusammengedrängten oberen Laubblätter bläulich gefärbt im Gegensatze zu dem tieferstehenden, weiter auseinander gerückten Laube, das eine grasgrüne Farbe besitzt. Selbst die Stiele der Blüten und Blütenstände können durch ihre lebhafte, von fern sichtbare Farbe als Anlockungsmittel dienen, wie das unter anderen an mehreren Arten der Gattung Mannstreu (Eryngium amethystinum, creticum usw.) der Fall ist.

Wenn der Umfang eines farbigen Gegenstandes unter ein gewisses Maß herabsinkt, so wird selbst das brennendste Rot, das lebhafteste Gelb und das blendendste Weiß aus der Entfernung nicht mehr gut gesehen. Die Blütenteile oder Hüllblätter, welchen die Aufgabe zukommt, fliegende Tiere aus der Ferne anzulocken, müssen daher immer auch einen entsprechend großen Raum einnehmen, wenn sie auffallen und als Wegweiser dienen sollen, und das ist auf sehr verschiedene Weise erreicht. Eins der Mittel zur Erreichung dieses Zweckes besteht darin, daß die einzelnen Blüten zu ansehnlicher Größe heranwachsen. Wer etwa glauben möchte, das gerade dieses Mittel wegen seiner Einfachheit zu den häufigsten zähle, würde bei näherem Zusehen eine arge Enttäuschung erfahren. In Wirklichkeit kommt dasselbe verhältnismäßig nur selten vor. Kaum der tausendste Teil der Phanerogamen weist Blüten auf, deren Ausmaß 10 cm überschreitet, und von diesen ist wieder die Mehrzahl auf die tropischen Landschaften beschränkt. Die größten Blüten der Welt zeigen die Rafflesien, von welchen eine Art in Band I, S. 378, abgebildet wurde. Die auf der Insel Mindanao in der Gruppe der

Philippinen auf den Wurzeln von Cissus-Reben schmarotzende Rafflesia Schadenbergiana entwickelt Blüten, deren jede ein Gewicht von ungefähr 11 kg und einen Durchmesser von 80 cm besitzt. An die Rafflesiablüten reihen sich dann die Blüten des seltsamen Paphiopedilium caudatum, dessen bandartige Blumenblätter eine Länge von 70 cm erreichen. Von diesen Riesenblumen zu denjenigen, welche nächst ihnen die größten sind, ist dann ein gewaltiger Sprung. Die Blüten der westindischen und brasilischen Aristolochien (Aristolochia gigantea und grandiflora) haben als größtes Ausmaß des Blumensaumes nur 27 cm. Allerdings kommt bei diesen bizarren Blüten in Betracht, daß sie auch verhältnismäßig lang sind, was bei den Rafflesiablüten nicht der Fall ist. Die Blüten der Aristolochia grandiflora, deren ausgebreiteter Saum einer gebogenen Röhre aufsitzt, mißt z. B. 33 cm in der Länge, und es wird erzählt, daß solche Blüten von spielenden Kindern wie Mützen benutzt und auf den Kopf gestülpt werden. Einen fast ebenso großen Querdurchmesser der Blüten weist die im Sikkim (Himalaja) heimische Magnolia Campbellii auf. Wenn sich die aufrechten roten Blumen dieses Baumes im Sonnenschein geöffnet haben, zeigen sie einen Durchmesser von 26 cm, was wohl bei keiner anderen Baumblüte wieder vorkommt. Eine der Lotusblumen, nämlich Nelumbo speciosum, sowie die australische Nymphaea gigantea haben Blüten mit einem Ausmaß von 25, die auf Madagaskar heimische Orchidee Angraecum sesquipedale und das in neuerer Zeit auch in europäischen Gärten nicht selten gepflanzte Lilium auratum Blüten mit 24 cm. Blüten mit 20—22 cm Durchmesser zeigen mehrere Kakteen (z. B. Echinopsis cristata, Cereus grandiflorus und nycticalus; s. die Tafel bei S. 417), die südamerikanische Datura Knigthii, Nymphaea devoniensis und die auf der Tafel bei S. 120 abgebildete „Victoria regia im Amazonenstrom". Blüten im Durchmesser von 16—18 cm haben Nelumbo luteum, Amaryllis solandriflora und der Gartenmohn (Papaver somniferum), Blüten mit 13—15 cm Amaryllis aulica, Datura ceratocaula und Paeonia Moutan, Blüten mit 10—12 cm mehrere mexikanische Kakteen (z. B. Echinocactus oxygonus und Tetani) und der Kürbis (Cucurbita Pepo).

Das zweite Mittel, die Blüten für das freie Auge auffallend zu machen, ist die Häufung derselben zu Büscheln, Ähren, Trauben, Dolden und Köpfchen. Die Einzelblüte des schwarzen Holders (Sambucus nigra) hat 5—6 mm Durchmesser und würde selbst auf dunklem Grund in der Entfernung von 10 Schritt kaum mehr gesehen werden. Tausend bis anderthalbtausend solcher Blüten in einen Ebenstrauß von 16—18 cm Durchmesser geordnet, heben sich aber in der abgegebenen Entfernung ganz deutlich von dem dunkelgrünen Laub ab. Die Blüten von ungefähr 10000 verschiedenen Korbblütlern, 1300 Doldenpflanzen und ungezählten Baldrianen, Nelken, Sternkräutern, Spierstauden, Schmetterlingsblütlern, Lippenblütlern und Kugelblumen verdanken es der Häufung ihrer Blüten, daß sie schon von fern gesehen werden können. Vereinzelt würden sie ihrer Kleinheit wegen kaum beachtet werden.

In vielen Fällen ist nicht sämtlichen, sondern nur einem Teile der zu Dolden, Trauben und Köpfchen vereinigten Blüten die Aufgabe zugewiesen, die Gesamtheit auffallend zu machen. Bei den zu den Schotengewächsen zählenden Arten der Gattung Iberis (z. B. Iberis amara, gibraltarica, umbellata; s. Abbildung, S. 405, Fig. 17), bei den meisten Skabiosen (z. B. Scabiosa Columbaria, cretica, graminifolia) und bei nicht wenigen Doldenpflanzen (Daucus, Heracleum, Orlaya; s. Abbildung, S. 405, Fig. 15 und 16) sind die am Umfange der Dolde oder der Köpfchen stehenden Blumen einseitig gefördert; jene Blumenblätter, welche der Mitte des Blütenstandes abgewandt sind, erscheinen vergrößert.

Sehr beachtenswert sind in dieser Beziehung auch einige Schotengewächse aus den Gattungen Alyssum, Dentaria und Sisymbrium. Von ihnen kann man nicht sagen, daß die am Umfange der Doldentraube stehenden Blüten einseitig gefördert sind, und dennoch nehmen sich dieselben ganz wie strahlende Blüten aus. Das kommt daher, daß bei diesen Pflanzen die Blumenblätter nicht abfallen, nachdem die Belegung der neben ihnen stehenden Narben mit Pollen erfolgt ist, sondern stehenbleiben, sich gleich den Blättern eines Buches aufeinanderlegen und, was das merkwürdigste ist, sogar noch geraume Zeit fortwachsen. Wenn die Blüte der Steinkräuter: Alyssum montanum, Wulfenianum, cuneatum (s. Abbildung, S. 405, Fig. 5) den Höhepunkt ihrer Entwickelung erreicht haben, wenn von ihren Antheren Pollen und in ihrem Blütengrunde Honig für die Insekten ausgeboten wird, zeigen die gelben Platten der Blumenblätter eine Länge von 3—4 mm; wenn einmal die Antheren ihren Pollen abgegeben haben und der Blütengrund des Honigs beraubt ist, wenn die Narbe vertrocknet ist und die Fruchtknoten bereits zu kleinen Früchten auswachsen, mißt die Platte der Blumenblätter 6—7 mm (s. Abbildung, S. 405, Fig. 6 und 7). Während also die auf dem Höhepunkte der Entwickelung stehenden Blüten im Mittelfelde der Doldentraube klein und unansehnlich sind, erscheinen die am Umfange der Doldentraube sitzenden alten Blüten mit vergrößerten Blumenblättern als kurze Strahlen und bringen dadurch den ganzen Blütenstand mit bestem Erfolge zur Geltung. Die alten Blüten haben hier tatsächlich zum Vorteil ihrer jüngeren Nachbarn die Anlockung der Insekten übernommen.

Bei zahlreichen Gewächsen beschränkt sich die Abweichung der randständigen von den mittelständigen Blüten ein und desselben Köpfchens nicht nur auf die Vergrößerung und einseitige Förderung, sondern es kommt da zur Ausbildung ganz verschiedener Blumenformen. Die Blüten des Mittelfeldes erscheinen bei ihnen aufrecht und haben die Gestalt kleiner Röhrchen, jene am Rande stehen strahlenförmig ab, sind größer, auch viel augenfälliger gefärbt und haben entweder die Gestalt kurzer, breiter Platten, wie bei der Schafgarbe (Achillea), oder langer, schmaler Zungen, wie bei dem Wohlverleih (Arnica montana). Bei der Kornblume (Centaurea Cyanus; s. Abbildung, S. 403, Fig. 13) und den mit ihr verwandten Arten haben die randständigen Blüten die Gestalt von Trichtern mit gespaltenem Saum angenommen. Im Inneren dieser trichterförmigen Blüten sucht man vergeblich nach Antheren oder Narben; sie sind unfruchtbar oder „taub" geblieben, und es hat sich so in dem Köpfchen der Kornblume eine vollständige Teilung der Funktionen unter die zweierlei Blüten vollzogen. Nur die Blüten des Mittelfeldes sind mit Pollenblättern und Fruchtanlagen versehen, nur diese bergen im Grunde der kleinen Blumenröhren den süßen Honig, und nur diese können nach erfolgter Befruchtung zu Früchten werden. Sie sind aber sehr unscheinbar und würden schon aus geringer Entfernung nicht bemerkt werden. Da kommen ihnen nun die ringsum abstehenden tauben Trichterblüten zu Hilfe, welche, mit prächtigem Azurblau geschmückt, weithin sichtbar sind und die Aufgabe haben, die Insekten zum Besuche ihrer fruchtbaren Nachbarblüten herbeizulocken. Diese überaus merkwürdige Teilung der Arbeit in der Blüte ein und desselben Köpfchens, wie sie an den Kornblumen vorkommt, findet sich übrigens auch bei mehreren zymatischen Blütenständen, wie beispielsweise bei dem Schneeball (Viburnum Opulus) und den Hortensien (Hydrangea japonica, quercifolia usw.; s. Abbildung, S. 290, Fig. 8), allerdings nur an den Blütenständen der wildwachsenden Stöcke; denn der in den Gärten gepflegte Schneeball sowie jene Pflanze, welche von den Ziergärtnern gemeinhin Hortensie genannt wird, haben Blütenstände, deren sämtliche Blüten taub sind, und aus welchen daher keine Früchte hervorgehen können.

Während bei den zuletzt besprochenen Pflanzen die zur Anlockung der Insekten dienenden geschlechtslosen oder tauben Blüten am Umfange des köpfchenförmigen oder ebensträußigen Blütenstandes ausgebildet sind, trifft man bei mehreren Arten der mit den Hyazinthen verwandten Gattung Muscari (z. B. Muscari comosum und tenuifolium; s. Abbildung, S. 405, Fig. 8) am Scheitel des traubenförmigen Blütenstandes ein Büschel tauber Blüten an, welches durch seine lebhafte Farbe sehr auffällt und mit Rücksicht auf die tieferstehenden, bei weitem weniger auffallenden fruchtbaren Blüten offenbar dieselbe Rolle spielt wie der Kranz der tauben Blüten an dem Köpfchen der Kornblume.

Auf eine seltsame Weise sind die Deckblätter mehrerer im mittelländischen Florengebiete heimischen Lavendel- und Salbeiarten (Lavandula pedunculata, Stoechas, Salvia viridis usw.) zu Anlockungsmitteln ausgebildet. Die untere Hälfte der Ähre trägt bei diesen Pflanzen Blütenbüschel, welche über unscheinbare kleine Deckblätter vorragen, an der Spitze der Ähre sind dagegen die Blüten nicht zur Entwickelung gekommen, aber hier erscheinen die Deckblätter vergrößert, lebhaft gefärbt, zu einem Schopfe zusammengedrängt und nehmen sich da oben gerade so aus wie blaue oder rote Fahnen, welche man auf dem Giebel eines Gebäudes aufgesteckt hat (s. Abbildung, S. 405, Fig. 4). In vielen Fällen ist die Buntheit der Blumen oder die verschiedene Farbe von Blumenblättern und Staubfäden ein Mittel, die Aufmerksamkeit zu erregen; vgl. die Tafel „Immortellen und Kristallkräuter der Kapflora" bei S. 375. Noch wirksamer sind bei einer Anzahl Tropenpflanzen die prangenden Hochblätter, welche die kleinen, wenig sichtbaren Blüten umgeben und die Insekten an die richtigen Orte locken. Auf Tafel S. 404 und S. 172 sind ein paar Beispiele der Poinsettia und Bougainvillea dargestellt.

An Tausenden verschiedener Blüten sind die Blumenblätter mit Flecke, Sprenkeln, Bändern, Streifen und Säumen bemalt und die abstechendsten Farben nebeneinander gesetzt. Die weißen Perigonblätter der Frühlingsknotenblume (Leucojum vernum; s. Abbildung, S. 128) tragen dicht unter der Spitze einen grünen Fleck, die scharlachrote Fahne der Schmetterlingsblüte von Clianthus Dampieri trägt in der Mitte einen schwarzvioletten Augenfleck, die orangegelben Zungenblüten der Gorteria ringens haben an der Basis einen schwarzen Fleck mit eingesprengten weißen Streifen und Punkten, die zarten Perigone des Sisyrinchum anceps erscheinen oben blau oder violett, am Grunde gelb oder orange gefärbt, die gelben Nebenkronen der Narzisse (Narcissus poëticus; s. Abbildung, S. 410) sind mit einem zinnoberroten Saum eingefaßt, und an den blauen Blüten des Vergißmeinnichts (Myosotis) ist die Mündung der kurzen Röhre mit einem gelben schwieligen Ring umrandet. Noch sei hier auf jene Pflanzen aufmerksam gemacht, welche mit Rücksicht auf die Farben ihrer Blumen den Namen „tricolor" erhalten haben, wie z. B. der dreifarbige Windling (Convolvulus tricolor), das Stiefmütterchen (Viola tricolor) und die dreifarbige Wicke (Vicia tricolor).

Bisweilen haben die von der Grundfarbe der Blumen sich abhebenden Flecke, Punkte und Streifen die besondere Aufgabe, den zugeflogenen Insekten den bequemsten und zugleich auch für die Pflanze selbst vorteilhaftesten Zugang zum Honig zu weisen, worauf später noch ausführlicher die Rede kommen wird, aber es war zu weit gegangen, wenn man seinerzeit alle solche Flecke als Wegweiser gedeutet und „Saftmale" genannt hat. Sie finden sich nämlich oft genug in Blüten, denen der Honig gänzlich fehlt, wie beispielsweise in jenen des Hibiscus Trionum und des Garten- und Klatschmohnes (Papaver somniferum und Rhoeas), wo ihnen wohl nur die Bedeutung zukommen kann, die Blüten auffallender zu machen. Es ist hier auch der Tatsache zu gedenken, daß Blüten mit fein punktierten Blumenblättern besonders gern, ja fast ausschließlich von Fliegen aufgesucht werden. Mehrere Orchideen und Lippenblütler, insbesondere aber viele Steinbreche (Saxifraga Aizoon, aizoides, bryoides, rotundifolia, stellaris, sarmentosa usw.) sind hierfür sehr lehrreiche Beispiele.

Ein recht greller Farbenkontrast wird dadurch erreicht, daß die Blumenkronen andere Farben haben als die nebenan ausgebreiteten Deckblätter und Kelchblätter. In dieser Beziehung sind insbesondere erwähnenswert die Blüten des Acanthus, deren oberes Kelchblatt violett und deren darunter gestellte Kronenblätter weiß gefärbt sind, die Blüten von Statice arborea mit blauviolettem Kelch und weißer Krone, des Clerodendron sanguineum mit weißen Kelchen und blutroten Kronenblättern, ebenso die Blütenstände mehrerer Arten des Wachtelweizens (Melampyrum arvense, grandiflorum, nemorosum), deren Blüten gelb, deren Deckblätter blau, violett oder rot erscheinen, endlich einige Arten der Gattung Gliedkraut (Sideritis montana, romana), deren schwarzbraune kleine Blumenkronen sich als dunkle Punkte von den gelben Deckblättern abheben.

Narzisse (Narcissus poëticus); die Nebenkrone in der Mitte der Blume ist von einem zinnoberroten (in der Abbildung schwarzen) Saum eingefaßt. (Zu S. 409.)

Oftmals wird der Farbenkontrast auch dadurch erreicht, daß die Blumenkronen in den verschiedenen Entwickelungsstufen ihre Farbe wechseln. Im Knospenzustande sind sie rot, nach dem Öffnen werden sie violett, dann zur Zeit des Verblühens werden sie blau oder malachitgrün. Stehen solche Blüten gehäuft beisammen, so ist mitunter ein sehr wirksamer Farbenkontrast erzielt. Besonders bemerkenswert sind in dieser Beziehung die Walderbsen (z. B. Orobus variegatus, vernus und venetus), dann mehrere zu den verschiedensten Gattungen gehörige rauhblätterige Pflanzen (z. B. Pulmonaria officinalis, Mertensia sibirica, Symphytum tauricum), die Roßkastanie (Aesculus Hippocastanum) und auch einige Weiden (z. B. Salix purpurea, repens, Myrsinites), bei denen die gehäuften Antheren anfänglich purpurrot, dann gelb und endlich schwarz erscheinen. Die Röhrenblüten des flachen, scheibenförmigen Köpfchens der Telekia (Telekia speciosa) sind anfänglich gelb und werden später braun, und da das Aufblühen vom Umfange des Köpfchens gegen den Mittelpunkt erfolgt, so sieht man zur Zeit der vollen Blüte das gelbe Mittelfeld von einem dunkelbraunen Ringe eingefaßt. Bei mehreren Arten des Klees (Trifolium) beobachtet man, daß die am Ende der Blütezeit verfärbten Blumenkronen nicht abfallen, sondern welken und vertrocknen und dann als ein Mantel die kleine Frucht einhüllen. Die Stiele der zu köpfchenförmigen Dolden gruppierten Blüten schlagen sich bei ihnen stets herab und ordnen sich dabei zu einem Kranze, der die darüberstehenden aufrechten und anders gefärbten jüngeren Blüten einfaßt. So sind bei dem Bastardklee (Trifolium hybridum) die dicht zusammengedrängten, aufrechten, jungen weißen Blüten von einem Kranz alter, herabgeschlagener rosenroter Blüten eingefaßt, bei der Trifolium spadiceum und badium sieht man das aus den jungen Blüten gebildete hellgelbe Mittelfeld von einer Zone kastanienbrauner alter Blüten umgeben, wodurch ein sehr auffallender Farbenkontrast hervorgebracht wird (s. Abbildung, S. 405, Fig. 9). Auch die Farbenkontraste von Blüten, welche an gleichen Standorten wachsen und zu gleicher Zeit die Blüten entfalten, kommen in Betracht. Wenn auf einer Wiese Tausende von blauen Glocken der Campanula barbata stehen, so werden die zwischen ihnen aufragenden orangefarbigen Sterne des Wohlverleihs (Arnica montana) viel mehr auffallen, als wenn jene blauen Glockenblumen nicht vorhanden wären (vgl. die Tafel „Alpiner Wasen" bei S. 412).

Die Zoologen behaupten, daß die Tiere, insonderheit jene, welche zu den Blüten fliegen, um dort Honig und Pollen zu holen, ein hochentwickeltes Farbengefühl besitzen, daß die Besuche, welche den Blumen von seiten der Bienen, Hummeln, Falter, Fliegen und Käfer zuteil werden, von den Farben der Blüte wesentlich beeinflußt werden, daß verschiedene Tiere verschiedene Farben vorziehen, und daß es für bestimmte Insekten geradezu „Lustfarben" und „Unlustfarben" gebe. Die Lieblingsfarbe der Honigbiene z. B. ist ultravioletthaltiges Blau; auch reines Blau und Violett wirken noch anziehend, Gelb wird weniger aufgesucht, ist aber nicht gemieden, gegen Grün verhalten sich die Bienen gleichgültig, Rot wird dagegen von ihnen gemieden und ist die Unlustfarbe der Bienen. Die Botaniker sind bei ihren Untersuchungen über die Beziehungen zwischen Blumen und Tieren im großen und ganzen zu ähnlichen Ergebnissen gelangt. Was insbesondere Blau und Violett anlangt, so ist es ganz richtig, daß diese Blütenfarben für Hummeln und Bienen, namentlich für die Honigbiene, als vorzügliche Anlockungsmittel wirken, was um so merkwürdiger ist, als, wie schon früher erwähnt wurde, blaue Blüten nicht zu den häufigsten zählen. Was Rot betrifft, so können wir das von den Zoologen gewonnene Resultat nur mit einer gewissen Einschränkung bestätigen. Blüten mit Purpurrot und Karminrot sowie mit allen weiteren Abstufungen zu Violett werden von der Honigbiene sehr gern aufgesucht, und es können daher nur Scharlachrot, Zinnoberrot und die weiteren Abstufungen zu Orange als Unlustfarben der Bienen angesehen werden.

Auf einem Gartenbeete war eine Gruppe des Pelargonium zonale gepflanzt, welches die Gärtner Skarlettpelargonium nennen; nebenan, nur durch die Breite eines Gehweges getrennt, wucherte der schmalblätterige Weiberich (Epilobium angustifolium). Die scharlachroten Blüten des Pelargoniums und die violettroten Blüten des Weiberichs öffnen sich zu gleicher Zeit. Bienen und Falter schwirrten und flatterten kreuz und quer über das Gelände, aber, wie sonderbar, die Falter machten bei beiden genannten Pflanzen Halt und schenkten den Blüten des Weiberichs keine größere Aufmerksamkeit als denen der Pelargonien; die Honigbienen aber flogen an den scharlachroten Blüten teilnahmlos vorbei und wendeten sich samt und sonders nur den violettroten Blüten des Weiberichs zu. Im Wiener botanischen Garten stehen dicht nebeneinander der blaublühende Ysop (Hyssopus officinalis), die blaß violett blühende Monarda fistulosa und die scharlachrot blühende Monarda didyma. Alle drei blühen zu gleicher Zeit um die Mitte des Monats Juli. Die Honigbienen kommen reichlich angeflogen, aber sie besuchen nur den Ysop und die violett blühende Monarde, die scharlachroten Blüten der Monarda didyma werden von ihnen gemieden. Es wird hier ausdrücklich das Wort gemieden und nicht das Wort verabscheut gebraucht, weil es fraglich ist, ob das Ausbleiben des Bienenbesuches bei den scharlachroten Blüten wirklich durch eine förmliche Scheu vor der Scharlachfarbe veranlaßt wird, und ob nicht vielmehr eine gewisse Farbenblindheit hierbei ins Spiel kommt, wie ja bekanntlich auch manche Menschen das Rot nicht erkennen. Wenn wir annehmen, daß die Honigbiene die scharlachrote Farbe nicht erkennt, so wäre es auch begreiflich, daß sie den Blüten der Skarlettpelargonien und der scharlachroten Monarde keinen Besuch abstattet. Sie beachtet diese Blüten nicht, weil ihrem Auge die scharlachrote Farbe nicht feurig rot, sondern farblos, schwarz oder vielleicht erdfarben erscheint. Das schließt nicht aus, daß wieder andere Tiere diese Farbe gut erkennen, ja daß für sie die scharlachrote Farbe sogar ein wichtiges, weithin wirkendes Anlockungsmittel ist. Zu den Blüten der Skarlettpelargonien kommen, wie schon erwähnt, ab und zu Falter angeflogen, die Monarda didyma wird von einer großen Hummel fleißig aufgesucht, und auch anderen scharlachroten Blüten, zumal in den tropischen Landschaften, sieht man verschiedene Tiere zufliegen.

Insbesondere wirken solche Blüten auf die Kolibris und Honigvögel; ja es scheint, daß diese nach Honig lüsternen kleinen Vögel besonders gern den Scharlachblüten zufliegen. Gewiß ist es auffallend, daß die scharlachrote Farbe in Asien und Europa, zumal in der alpinen, baltischen, pontischen und mittelländischen Flora, nur spärlich vertreten ist, daß dagegen in Amerika, zumal in Carolina, Texas, Mexiko, Westindien, Brasilien, Peru und Chile, ebenso in Afrika eine ausnehmend große Zahl roter Blüten vorkommt. In den zentralamerikanischen Urwäldern fällt jedem Besucher die große Zahl der Schlinggewächse und Epiphyten aus den Familien der Akanthazeen, Bignoniazeen, Bromeliazeen, Zyrtandrazeen und Gesnerazeen auf, welche scharlachrote Blüten tragen, und von welchen hier als Beispiele nur Bignonia venusta, Lamprococcus miniatus, Pitcairnia flammea, Nemanthus Guilleminianus, Mitraria coccinea und Beloperone involucrata genannt seien. In dem oben umgrenzten amerikanischen Gebiet ist ja auch die Heimat der Lobelien, Fuchsien nnd Begonien mit brennendroten Blumenkelchen (Lobelia cardinalis, fulgens, graminea, splendens, texensis, Fuchsia coccinea, cylindrica, fulgens, radicans, spectabilis, Begonia fuchsioides usw.), der von den Kolibris umschwärmten, in Scharlach gekleideten Salbeiarten (Salvia coccinea, cardinalis), der verschiedenen zu den Skrofulariazeen gehörigen Arten der Gattung Alonsoa und Russelia, der merkwürdigen Erythrinen (Erythrina crista galli, herbacea, speciosa) und der Zäsalpinazeen aus der Gattung Amherstia und Brownea (Amherstia nobilis, Brownea coccinea und grandiceps), deren Blüten durchweg so gebaut sind, daß ihr Honig kaum anders als von schwebenden Kolibris gewonnen werden kann. Es bleibt weiteren Beobachtungen in den tropischen Gebieten vorbehalten, zu ermitteln, ob es neben den Kolibris und Honigvögeln nicht auch noch andere blumenbesuchende Tiere, zumal Fliegen und Käfer, gibt, welche die scharlachroten Blüten sehen und auf sie zufliegen; denn gewisse Pflanzen, wie z. B. die brasilischen, mit einem großen scharlachroten Hüllblatt ausgestatteten Aroideen (Anthurium Scherzerianum, Andreanum, Lawrenceanum), entbehren des Honigs und sind weder auf Kolibris noch auf Falter berechnet.

Von nächtlichfliegenden Insekten besuchte Pflanzen haben meistens hellfarbige oder weiße Blüten, die in der Nacht noch gesehen werden; sind ihre Blüten dunkel gefärbt, so locken sie die Insekten mit ihrem Duft an. Dunkles Braun muß eine besondere Zugkraft auf Wespen ausüben; den braunen Blüten, zumal solchen, deren Farbenton an den von faulenden Birnen und anderem Obst erinnert, fliegen die Wespen mit großer Hast zu und lassen dabei andere für unsere Augen weit auffallendere Farben unbeachtet. Wenn an den Blüten neben Braun auch noch blasses, fahles Rot und schmutziges Violett vorkommt, sich somit jene Farbenzusammenstellung zeigt, welche an faulendem Fleisch und an Leichen auftritt, und wenn solche Blüten auch durch ihren Duft an einen Kadaver erinnern, so werden sie immer von Aasfliegen und Aaskäfern reichlich besucht. Man könnte glauben, daß der Duft allein schon zur Anlockung

[Zur Tafel: »*Alpiner Wasen*«.]

Alpiner Wasen auf dem Blaser in Tirol.

Nach der Natur von Ernst Heyn.

dieser Insekten genügen würde, es muß aber doch wohl anders sein; denn sonst wäre es nicht begreiflich, warum die verschiedenen nach Aas duftenden Aristolochien, Stapelien, Rafflesien und Balanophoreen neben dem Duft auch noch die Farben des Aases an sich tragen. Wieviel bei dieser Anlockung auf Rechnung der Farbe, wieviel auf Rechnung des Duftes kommt, ist freilich schwer zu entscheiden, und es wäre verfrüht, schon jetzt hierüber ein endgültiges Urteil abzugeben. Es ist hier überhaupt die Bemerkung einzuschalten, daß die zuletzt mitgeteilten Angaben nicht so hingenommen werden dürfen, als wären sie sämtlich über allen Zweifel erhaben. Die Untersuchungen über diese Fragen sind sehr schwierig, und der Fehlerquellen gibt es so viele, daß die Frage, ob die Insekten der Farbe oder dem Duft folgen oder beiden, noch weiterer Untersuchung wert ist. Diese Bedenken dürfen aber anderseits auch nicht so aufgefaßt werden, als wäre das, was bisher ermittelt wurde, ganz unsicher. Das eine ist ja mit Sicherheit festgestellt, daß die einen Blütenfarben von diesen, die anderen von jenen Tieren bevorzugt werden, und daß das Fehlen oder Vorkommen einzelner Blütenfarben mit den gleichen Erscheinungen in der Tierwelt in Parallele zu stellen ist.

Der Blütenduft als Lockmittel für Insekten und andere Tiere.

Gleichwie die Farbe, zeigt auch der Duft der Pflanzen die merkwürdigsten Beziehungen zur Tierwelt. Der von dem Laube, den Stengeln und Wurzeln ausgehende Duft dient, wie an anderer Stelle (Bd. I, S. 129) ausgeführt wurde, vorwiegend der Abhaltung und Abschreckung der Pflanzenfresser, der von den Blüten entwickelte Duft dagegen hat die Bedeutung der Anlockung von solchen Tieren, welche bei Gelegenheit ihrer Besuche den Pollen von Blüte zu Blüte, von Stock zu Stock übertragen und dadurch den betreffenden Pflanzen einen wichtigen Dienst erweisen. Bei der Aurikel (Primula Auricula), dem Waldmeister (Asperula odorata), der Raute (Ruta graveolens) und dem Lavendel (Lavandula vera) haben Blüten- und Laubblätter den gleichen Duft, und hier werden durch ein und denselben Stoff die honig- und pollensuchenden Insekten zu den Blüten gelockt und zugleich das Laub und die Blüten vor dem Abgefressenwerden gegen die weidenden Tiere geschützt. Eine solche gleichmäßige Verbreitung der duftenden Stoffe über die verschiedensten Teile derselben Pflanze ist aber verhältnismäßig selten; weit häufiger kommt es vor, daß der Duft der Blüten von jenem des Laubes abweicht. So entwickeln z. B. die Lauche (Allium Chamaemoly, sibiricum, suaveolens) in ihren Blüten Honigduft, welcher Insekten zum Besuche herbeilockt, die Laubblätter dagegen haben einen starken Lauchgeruch, welcher die weidenden Tiere fernhält. Auch bei den meisten Dolbenpflanzen haben die Blüten einen anderen Duft als die Laubblätter, Stengel und Wurzeln. Die Laubblätter der auf der Tafel bei S. 189 abgebildeten Sumbulstaude (Euryangium Sumbul) duften nach Moschus, der Wurzel des Korianders (Coriandrum sativum) entströmt ein abscheulicher anwidernder Wanzenduft, und das Kraut des gefleckten Schierlinges (Conium maculatum) besitzt einen abstoßenden Mäuseduft. Und doch haben die Blüten dieser drei Dolbengewächse gemeinsam einen zarten Honigduft, welcher Insekten zum Besuch anlockt.

Die Duftstoffe der Blüten sind sehr verschiedener Art, ätherische Öle oder andere flüchtige Verbindungen. Die ätherischen Öle riechen meist angenehm, andere Stoffe, wie Aminverbindungen, die bei Crataegus und Sorbus vorkommen, weniger angenehm; endlich sind manche Blüten für den Menschen übelriechend, z. B. Stapelia, Balanophoreen, Rafflesiazeen usw. Ob auf die Insekten jedoch die Düfte in gleicher Weise anziehend oder abstoßend wirken, darüber läßt sich noch wenig sagen. Begreiflicherweise sind wir bei allen diesen Fragen nur auf die Beobachtungen über das Verhalten der Insekten gegenüber den Blüten in der freien Natur angewiesen, und da bei solchen Beobachtungen im einzelnen viele Fehlerquellen unterlaufen, dürfen die abgeleiteten Schlüsse nur mit Vorsicht aufgenommen werden. Es kann darum die sogenannte „Blumentreue" der Insekten, worunter man die Vorliebe gewisser Arten für bestimmte Blüten versteht, insoweit sie den Duft betrifft, hier nur im großen und ganzen erörtert und nur das Hauptergebnis der Beobachtungen darüber verzeichnet werden.

Als solches kann aber gelten, daß die stinkenden Düfte auf gewisse Fliegen aus den Gattungen Scatophaga, Sarcophaga, Onesia, Lucilia, Pyrellia, Calliphora, Sepsis und Musca und auf Käfer aus den Gattungen Aleochara, Dermestes, Saprinus, welche sich auf Aas und Exkrementen einfinden, anziehend wirken, von den Schmetterlingen, Bienen und Hummeln aber unbeachtet bleiben. Durch die aminartigen Düfte werden insbesondere große und kleine Käfer, zumal Zetonien, und dann Hautflügler, aber kaum jemals Schmetterlinge angelockt. Der Honigduft wirkt in ausgiebiger Weise auf Bienen und Hummeln, aber auch auf Falter, Zygänen und bei Tage fliegende Schwärmer (z. B. den Taubenschwanz, Macroglossa stellatarum) sowie auf kleine Käfer; dagegen werden die durch die stinkenden (indoloiden) Düfte angeregten Insekten durch den Honigduft nicht angezogen. Den Blüten mit paraffinartigem Duft fliegen insbesondere gewisse Hautflügler, die merkwürdigerweise selbst ähnlich duften, namentlich die Arten der Gattung Prosopis, zu. Die Blüten mit Hyazinthenduft sind von kleinen Eulen und Spinnern und die Blüten mit Geißblattduft von großen, in der Dämmerung fliegenden Schwärmern umworben. Weder die einen noch die anderen der zuletzt genannten Düfte wirken aber anziehend auf die Käfer. Auch die Falter sieht man an den Blüten mit Geißblattduft ohne Anhalt vorüberfliegen, was zu der Annahme berechtigt, daß dieser Duft von den genannten Schmetterlingen gar nicht wahrgenommen wird oder ihnen unangenehm ist.

Die Tatsache, daß der Mensch gewisse Riechstoffe in feinster Verteilung und auf unglaublich große Entfernung wahrzunehmen vermag, gibt aber auch einen Anhaltspunkt zur Erklärung des sogenannten Witterns der Düfte von seiten der Tiere. Die Bienen fliegen zu den Blüten der Ampelopsis aus Entfernungen herbei, aus welchen sie diese Blüten durch den Gesichtssinn nicht wahrzunehmen imstande sind. Sie riechen die für uns duftlosen Blüten der Ampelopsis auf 300 Schritt gerade so wie wir auf gleiche Entfernung die Blüten der Weinreben.

Aus der Fülle merkwürdiger Beobachtungen über das Witterungsvermögen der Tiere fesseln uns hier nur jene, welche sich auf den Besuch der Blüten durch Insekten beziehen, und es mögen von diesen insbesondere zwei hervorgehoben werden. Vor einigen Jahren wurde die aus Zypern stammende Aroidee Dracunculus creticus am Rande eines kleinen Nadelholzbestandes im Wiener botanischen Garten gepflanzt. Im Umkreise von mehreren hundert Schritten befand sich weder eine Düngerstätte noch irgendein in Fäulnis übergegangener tierischer Körper, und auch von Aasfliegen und Aaskörpern war dort weit und breit keine Spur zu finden. Als sich aber einmal im Laufe des Sommers die große tütenförmige Blütenscheide dieser Aroidee geöffnet hatte, kamen sofort von allen Seiten zahllose Aasfliegen und Aaskäfer herbeigeflogen. Für den Menschen war der aus der Blütenscheide strömende Aasduft nur auf die Entfernung von wenigen Metern bemerkbar, die genannten Tiere mußten denselben aber mehrere hundert Meter weit gewittert haben. In ebendiesem Garten ist an einer beschränkten

Stelle ein Stock des Geißblattes (Lonicera Caprifolium) gepflanzt, und derselbe wird im Sommer, wenn die Dämmerung eintritt, alljährlich von Windlingsschwärmern (Sphinx Convolvuli) gern besucht. Diese Schwärmer pflegen sich, nachdem sie Honig gesogen haben, und wenn die Nacht an Stelle der Dämmerung tritt, in der Nähe des Stockes auf die Borke alter Baumstämme oder auf abgefallenes, am Boden liegendes Laubwerk zu setzen und verharren dort mit zusammengeschlagenen Flügeln wie erstarrt bis zum Abend des nächsten Tages. An einem Sommertage wurde eines der Holzstücke, welches von einem Windlingsschwärmer zum Ruheplatze gewählt worden war, mit aller Sorgfalt vom Boden aufgenommen, der Schmetterling an einer Stelle mittels Zinnober betupft und mitsamt dem Holzstück, auf dem er unbeweglich sitzen geblieben war, an einen anderen Punkt des Gartens, welcher von dem Geißblattstocke 300 Schritt weit entfernt war, gebracht. Als die Dämmerung eintrat, schwenkte der Schwärmer die ihm als Riechorgan dienenden Fühler einigemal hin und her, streckte die Flügel und flog wie ein Pfeil nach jener Richtung des Gartens, wo der Geißblattstock stand. Kurz danach wurde der mit Zinnober gekennzeichnete Schwärmer vor den Blüten dieses Stockes schwebend und Honig saugend beobachtet. Er war demnach allem Anschein nach geradeswegs zu dem Stocke geflogen und mußte den Duft der Geißblattblüten selbst in der Entfernung von 300 Schritt noch deutlich wahrgenommen haben.

Eine der merkwürdigsten Beziehungen des Blütenduftes zu den Tieren, auf welche schon früher gelegentlich hingewiesen wurde, ist das Zusammentreffen der Entwickelung des Blütenduftes mit der Flugzeit bestimmter Insekten. Die vorwiegend von Abendschmetterlingen besuchten Blüten verschiedener Arten des Geißblattes (Lonicera Caprifolium, Periclymenum, etrusca, grata usw.), der Petunien (Petunia violacea, viscosa usw.), der Platanthera bifolia und noch zahlreicher anderer im Sommer blühender Pflanzen duften tagsüber nur sehr schwach oder gar nicht; erst nach Sonnenuntergang, von 6 oder 7 Uhr abends angefangen bis gegen Mitternacht, entbinden sie reichlichst ihre Riechstoffe. Noch auffallender verhalten sich die von kleinen Nachtschmetterlingen besuchten Blüten der Trauerviole (Hesperis tristis), der dunkelblütigen Pelargonien (Pelargonium triste, atrum usw.), zahlreicher nelkenartiger Gewächse (Silene longiflora, nutans, viridiflora usw.), von welchen am Tage gar kein Duft ausgeht, die aber mit beginnender Dämmerung starken Hyazinthenduft aushauchen, desgleichen die Nachtviole (Hesperis matronalis), deren Blüten abends nach Veilchen, und eine Art des Waldmeisters (Asperula capitata), deren Blüten bei eintretender Dunkelheit nach Vanille duften. Anderseits stellen zahlreiche von Faltern, Bienen und Hummeln im Laufe des Tages besuchte Blüten die Entwickelung des Duftes ein, sobald die Sonne untergegangen ist. Die gelben Blüten des Besenginsters (Spartium junceum) spenden ihren köstlichen Akazienduft nur zur Zeit, wenn die Sonne hoch am Himmel steht und die genannten Insekten durch die warme Luft schwirren. Abends ist an ihnen keine Spur des Duftes wahrzunehmen. Der zierliche Klee Trifolium resupinatum und die verschiedenen Arten der Gattung Prunus, deren im Sonnenschein von vielen umsummte Blüten stark nach Honig duften, werden duftlos, sobald sich mit beginnender Dämmerung die Bienen in ihren Bau zurückziehen. Dasselbe gilt von dem Studentenröschen (Parnassia palustris), das nur im warmen Sonnenschein nach Honig duftet und abends duftlos wird. Auch eine in den Pyrenäen heimische Art des Seidelbastes (Daphne Philippi) zeigt die Eigentümlichkeit, daß ihre Blüten nur tagsüber zarten Veilchenduft entbinden.

Es wurde die Frage aufgeworfen, ob nicht zwischen Farbe und Duft der Blüten eine Art Ergänzung oder Stellvertretung stattfinde, so zwar, daß in jenen Fällen, wo die Anlockung der berufenen Honig- und Pollenfresser durch lebhafte Farben der Blumenblätter vermittelt wird, der Duft fehle und umgekehrt. Auf diese Idee wurde man durch die Tatsache hingeleitet, daß viele Pflanzen, deren Blumen in den grellsten Farben prangen und auch wegen ihrer Größe schon von fern in die Augen fallen, beispielsweise die Kornblume (Centaurea Cyanus), das Tausendschön (Adonis aestivalis und flammea), viele Gentianen (Gentiana acaulis, bavarica, verna), verschiedene Arten der Gattung Läusekraut (Pedicularis incarnata, rostrata usw.), der Kamelie (Camellia japonica); der indischen Azalee (Azalea indica) und zahlreiche Arten der Gattung Amaryllis und Hemerocallis, des Duftes völlig entbehren, während viele Blüten mit unscheinbaren kleinen Blumen, wie z. B. die Reseda (Reseda odorata), die Weinrebe (Vitis vinifera), der Efeu (Hedera Helix), die Gleditschie (Gleditschia triacanthos), der Oleaster (Elaeagnus angustifolia), einen weithin wahrnehmbaren starken Duft verbreiten. Es wäre hier auch zu verzeichnen, daß die schon mehrfach erwähnten Pelargonien (Pelargonium atrum und triste) und die Trauerviole (Hesperis tristis), welche schmutzig gelbe und schwärzliche, für das beste Auge in der Dämmerung nicht unterscheidbare Blüten tragen, starken Hyazinthenduft entwickeln, der zahlreiche kleine Nachtschmetterlinge anlockt. So einleuchtend aber diese Beispiele auch sind, es lassen sich anderseits wieder viele solche danebenstellen, welche zeigen, daß lebhafte und auffallende Farben nicht selten auch mit starkem Dufte der Blüten zusammen vorkommen. Die Rosen, Nelken und Levkoien, viele tropische Orchideen, die Magnolien, die Narzissen, die großblütigen Rhododendren des Himalaja zeigen zum wenigsten so viel, daß die erwähnte Annahme eine allgemeine Gültigkeit nicht besitzt.

Die Eröffnung des Zuganges zum Blütengrunde.

Das Abholen und Übertragen des Pollens durch Tiere kann selbstverständlich nur dann stattfinden, wenn die Blumenblätter, unter deren Schutze sich das Ausreifen des Pollens in den Antheren sowie die Entwickelung der zum Festhalten des Pollens bestimmten Narben vollzog, das Einfahren in den Blütengrund gestatten. Es ist hier zunächst eine kurze Erläuterung des Ausdruckes „Eröffnung“ zu geben, da derselbe auf manche Fälle nicht recht zu passen scheint. Die Blumen des Löwenmaules und des Leinkrautes (Antirrhinum und Linaria) öffnen sich eigentlich niemals ganz von selbst, sondern es müssen sich die anfliegenden Insekten, welche Honig gewinnen wollen, das Tor zum Innenraume dieser Blüten selbst aufmachen, indem sie deren Unterlippe herabdrücken. In den Blütenknospen der Schmetterlingsblumen umschließt das obere, unter dem Namen Fahne bekannte Blumenblatt wie ein Mantel die vier anderen; erst wenn der Pollen ausgereift und aus den Antheren entlassen ist, schlägt sich die Fahne teilweise zurück, und man sagt nun, die Pflanze sei aufgeblüht. Aber noch immer ist an der Schmetterlingsblüte keine Öffnung zu sehen; der Zugang zum Honig bleibt nach wie vor versteckt, und die Insekten, welche saugen wollen, müssen den Rüssel zwischen die zusammenschließenden Blätter der Blume einschieben. Im Grunde ist aber der Vorgang, um den es sich hier handelt, doch ein wahres Öffnen des in der Knospe bisher verschlossenen Raumes, ein Aufschließen der Zufahrt in die bisher unzugänglichen Tiefen der Blüten, und es mag daher die diesem Kapitel gegebene Überschrift immerhin beibehalten bleiben.

Das Auseinandergehen der Blumenblätter, welches wir als „Aufblühen“ bezeichnen,

Königin der Nacht, Cereus nycticalus (Mexiko).
Nach der Natur von Ernst Heyn.

[illegible] (Lonicera Caprifolium) beginnt
[illegible] der Blumenkrone, daraufhin biegen
[illegible] der Antheren lockern sich
[illegible] lassen sich mit den
[illegible] Noch rascher schnellt
[illegible] ab. Die Blumen-
[illegible] einer halben Minute aus,
[illegible] berechtigt ist, so gilt das in diesem
[illegible] Orchideen schlagen sich die Blumenblätter so
[illegible] Bewegungen deutlich sehen kann. Bei dem
[illegible] tigrina schnellen zuerst die äußeren Blumen-
[illegible] dann noch in kurzen Zeiträumen ruckweise Be-
[illegible] nach einer Minute im Halbbogen weit zurück-
[illegible] inneren Blumenblätter
[illegible] Der ganze Vorgang
[illegible] Es ist bemerkenswert, daß bei dem Aufspringen der
[illegible] Geräusch gehört wird, nicht unähnlich jenem Klatschen,
[illegible] Reihe der Blütenweise vorkommt.

[illegible] am frühesten Morgen öffnen, und die der erste
[illegible] die Schlingpflanze in unseren
[illegible] schon um 4 Uhr
[illegible] zwischen 4 und
[illegible] namentlich
[illegible] öffnen sich
[illegible] zwischen
[illegible] vor.
[illegible] der

Königin der Nacht, Cereus nycticalus (Mexiko).

Nach der Natur von Ernst Heyn.

erfolgt gewöhnlich sehr rasch. An den Blüten des Geißblattes (Lonicera Caprifolium) beginnt das Öffnen mit dem Herabschlagen des unteren Blattes der Blumenkrone; daraufhin biegen sich auch die seitlichen und oberen Blumenblätter zurück, die Träger der Antheren lockern sich und spreizen wie die Finger einer Hand auseinander. Diese Bewegungen lassen sich mit den Augen verfolgen, und der ganze Vorgang dauert kaum zwei Minuten. Noch rascher spielt sich das Öffnen der Blüte bei der Nachtkerze (Oenothera grandiflora) ab. Die Blumenblätter schieben sich ganz plötzlich auseinander, breiten sich binnen einer halben Minute aus, und wenn irgendwo das Wort Aufspringen der Blüten berechtigt ist, so gilt das in diesem Falle. Auch an den Blüten mehrerer tropischer Orchideen schlagen sich die Blumenblätter so rasch zurück, daß man die dabei stattfindenden Bewegungen deutlich sehen kann. Bei dem Öffnen der prachtvollen Blüten von Stanhopea tigrina schnellen zuerst die äußeren Blumenblätter 5 cm weit auseinander und machen dann noch in kurzen Zeiträumen ruckweise Bewegungen, welche zur Folge haben, daß sie nach einer Minute im Halbbogen weit zurückgekrümmt sind. Danach biegen sich auch die zwei gleichgestalteten inneren Blumenblätter zurück, und der Blütengrund ist nun dem Besuche von Tieren geöffnet. Der ganze Vorgang dauert kaum länger als drei Minuten. Es ist bemerkenswert, daß bei dem Aufspringen der genannten Stanhopea ein deutliches Geräusch gehört wird, nicht unähnlich jenem Klatschen, welches beim Zerplatzen der aufgeblasenen Kelche der Klatschnelke vorkommt.

Es gibt Blütenknospen, die sich schon am frühesten Morgen öffnen, und die der erste Strahl der aufgehenden Sonne bereits weit geöffnet antrifft. Die als Schlingpflanze in unseren Gärten häufig gezogene Winde Ipomoea purpurea öffnet ihre Blütenknospen schon um 4 Uhr morgens bei anbrechendem Tag. Auch die meisten wilden Rosen öffnen sich zwischen 4 und 5 Uhr morgens. Zwischen 5 und 6 Uhr entfalten die meisten Arten des Leines, namentlich Linum austriacum und perenne, ihre Blütenknospen. Zwischen 6 und 7 Uhr öffnen sich die Blütenknospen der Weidenröschen (Epilobium angustifolium und collinum), zwischen 7 und 8 Uhr jene der meisten Winden, namentlich des Convolvulus arvensis und tricolor. Zwischen 8 und 9 Uhr öffnen viele Gentianazeen und Ehrenpreisarten, die meisten Arten der Gattung Sauerklee (Oxalis) und das aus dem Himalaja stammende, in den Gärten häufig gepflanzte dunkelblütige Fingerkraut (Potentilla atrosanguinea) die Blütenknospen. Zwischen 9 und 10 Uhr gehen die Blütenknospen der meisten Tulpen und Opuntien (Tulipa, Opuntia) auf; zwischen 10 und 11 Uhr jene des kleinen Tausendgüldenkrautes (Erythraea pulchella) und des Kleinlinges (Centunculus minimus) und zwischen 11 und 12 Uhr jene des aufrechten Fingerkrautes (Potentilla recta). Von Mittag angefangen, ist nun eine lange Pause bis zum Abend. Es ist keine Pflanze bekannt, deren Blütenknospen sich in unseren Breiten und unter gewöhnlichen Verhältnissen am Nachmittag öffnen würden. Sobald sich aber die Sonne dem westlichen Horizont nähert, beginnt das hübsche Spiel von neuem. Um 6 Uhr abends oder kurz vorher springen die Blütenknospen des Geißblattes (Lonicera Caprifolium) auf; kurz darauf öffnen sich die Blütenknospen der Nachtkerze (Oenothera) und jene der Lichtnelken (Lychnis diurna und vespertina). Zwischen 7 und 8 Uhr die Nachtviolen (Hesperis matronalis und tristis), die Nachtblume (Mirabilis Jalappa), einige Arten des Leimkrautes (Silene noctiflora und vespertina) und mehrere Arten des Stechapfels (Datura Metel, Stramonium); zwischen 8 und 9 Uhr wieder einige Leimkräuter (Silene longiflora, Saxifraga, Vallesia) und eine Art des Tabaks (Nicotiana affinis), zwischen 9 und 10 Uhr der auf der beistehenden Tafel „Königin der Nacht“ abgebildete Cereus nycticalus.

So wie der Beginn ist auch das Ende des Blühens in jedem einzelnen Fall an einen festgestellten Zeitpunkt geknüpft, und es ergibt sich für jede Art eine bestimmte **Blütendauer**. Blüten, welche nur einen Tag offen sind, werden **ephemere** oder **Eintagsblüten** genannt. In der nachfolgenden Tabelle findet sich für eine Reihe ephemerer Blüten die Stunde des **Öffnens** und jene des **Schließens** verzeichnet.

Name der Pflanze	Öffnet sich um	Schließt sich um	Name der Pflanze	Öffnet sich um	Schließt sich um
Allionia violacea . .	3—4 vorm.	11—12 vorm.	Portulaca grandiflora	8— 9 vorm.	6—7 nachm.
Roemeria violacea. .	4—5 »	10—11 »	Calandrinia compressa	9—10 »	1—2 »
Cistus creticus . . .	5—6 »	5—6 nachm.	Drosera longifolia. .	9—10 »	2—3 »
Tradescantia virginica	5—6 »	4—5 »	Arenaria rubra. . .	10—11 »	3—4 »
Iris arenaria . . .	6—7 »	3—4 »	Portulaca oleracea .	10—11 »	3—4 »
Hemerocallis fulva .	6—7 »	8—9 »	Spergula arvensis . .	10—11 »	3—4 »
Convolvulus tricolor .	7—8 »	5—6 »	Sisyrinchum anceps .	11—12 »	4—5 »
Oxalis stricta . . .	8—9 »	3—4 »	Mirabilis longiflora .	7— 8 abds.	2—3 vorm.
Hibiscus Trionum . .	8—9 »	11—12 vorm.	Cereus grandiflorus .	8— 9 »	2—3 »
Erodium Cicutarium .	8—9 »	4—5 nachm.	Cereus nycticalus . .	9—10 »	2—3 »

Mit Rücksicht auf die Zahl der Stunden, während deren diese ephemeren Blüten offen bleiben, reihen sie sich in folgender Weise:

	Stunden		Stunden		Stunden
Hibiscus Trionum . .	3	Sisyrinchum anceps. .	5	Iris arenaria. . . .	9
Calandrinia compressa.	4	Roemeria violacea . .	6	Convolvulus tricolor .	10
Portulaca oleracea . .	5	Oxalis stricta. . . .	7	Tradescantia virginica	10
Drosera longifolia . .	5	Mirabilis longiflora . .	7	Portulaca grandiflora	10
Arenaria rubra . . .	5	Cereus grandiflorus. .	7	Cistus creticus . . .	12
Spergula arvensis . .	5	Allionia violacea. . .	8	Hemerocallis fulva .	14
Cereus nycticalus . .	5	Erodium Cicutarium .	8		

Aus dieser Tabelle ergibt sich, daß die Pflanzen mit ephemeren Blüten in zwei Gruppen zerfallen, in solche, deren Blumen sich zwischen dem Frühmorgen und Mittag öffnen, und solche, die erst am Abend mit beginnender Dämmerung oder in der Nacht aufgehen.

An die ephemeren Blüten reihen sich jene an, deren Blütenknospen abends zwischen 5 und 7 Uhr aufgehen, die Nacht und den nächsten Vormittag hindurch offen bleiben und sich erst zur Mittagszeit oder erst am Abend, meistens also 24 Stunden, nachdem sie sich zum erstenmal geöffnet haben, dauernd schließen. Hierher gehören mehrere Arten des Stechapfels und der Nachtkerze, die Morina, die Nachtblume und einige Kakteen (z. B. Datura Metel, Stramonium, Oenothera biennis, grandiflora, Morina Persica, Mirabilis Jalappa, Echinocactus Tetani).

Eine andere Gruppe von Pflanzen hat das Eigentümliche, daß ihre Blumen im Laufe des Vormittags zum erstenmal aufgehen, sobald die Dämmerung anbricht, sich schließen, am nächsten Morgen sich wieder öffnen, aber zwischen 2 und 5 Uhr nachmittags abfallen oder welk werden. Dahin gehören mehrere mohnartige Gewächse, zahlreiche Arten des Leines, die Himbeere, einige Fingerkräuter und Kakteen (z. B. Glaucium corniculatum und luteum, Papaver alpinum, Linum tenuifolium, Rubus Idaeus, Potentilla recta und Opuntia vulgaris).

In dem nachfolgenden Verzeichnis sind Pflanzen zusammengestellt, bei welchen sich das Blühen der einzelnen Blüten über zwei bis viele Tage erstreckt.

Es liegt zwischen dem Anfang und Ende des Blühens der einzelnen Blüte ein Zeitraum von 2 **Tagen** bei Centunculus minimus, Dianthus prolifer, Epilobium collinum, Geranium pratense, Papaver somniferum, Potentilla atrosanguinea und überhaupt den meisten Arten der Gattung Potentilla, Rosa arvensis und mehreren anderen Rosen, Saponaria Vaccaria, Sinapis arvensis, Veronica aphylla und zahlreichen verwandten Arten der Gattung Veronica; von 3 Tagen bei Lonicera Caprifolium, Potentilla formosa, Agrimonia Eupatorium, Aphyllanthes monspeliensis, Galium infestum und einigen anderen Arten der Gattung Galium, Helianthemum alpestre und die meisten Arten der Gattung Helianthemum; von 4 Tagen bei Lychnis diurna, Sagina saxatilis, Sedum atratum, Scilla liliohyacinthus. Telephium Imperati, Sanguinaria canadensis; von 5 Tagen bei Eschscholtzia californica, Fritillaria Meleagris, Scilla sibirica, Erythraea Centaurium, Linum viscosum; von 6 Tagen bei Digitalis purpurea, Erythraea pulchella, Hemerocallis flava, Lilium album, Oxalis lasiandra; von 7 Tagen bei Ranunculus acer und Pelargonium zonale; von 8 Tagen bei Eranthis hiemalis, Hepatica triloba, Parnassia palustris, Saxifraga bryoides; von 10 Tagen bei Cyclamen europaeum; von 12 Tagen bei Crocus sativus und Saxifraga Burseriana; von 18 Tagen bei Vaccinium Oxycoccos; von 30 Tagen bei Cattleya labiata; von 40 Tagen bei Cypripedium insigne und verschiedenen Arten von Odontoglossum; von 50 Tagen bei Epidendrum Lindleyanum und Phalaenopsis grandiflora; von 60 Tagen bei Oncidium cruentum; von 70 Tagen bei Cypripedium villosum; von 80 Tagen bei Odontoglossum Rossii. Die Dauer einzelner Blüten wechselt demnach bei den verschiedenen Arten von 3 Stunden bis zu 80 Tagen.

Diese auffallende Verschiedenheit steht mit der Menge des Pollens in den einzelnen Blüten sowie mit der Zahl der Blüten an den einzelnen Stöcken im Zusammenhang und ist auch davon abhängig, ob die Narbe der betreffenden Blüte ausschließlich durch Vermittelung der Insekten mit Pollen versehen wird oder nicht. Blüten mit zahlreichen Pollenblättern und reichlichem Pollen, beispielsweise die des Mohnes, der Zistrosen und des Portulaks, haben immer nur eine kurze Dauer, während umgekehrt diejenigen Blüten, welche nur eine einzige Anthere bergen, wie z. B. die meisten Orchideen, wochenlang frisch bleiben. Wenn die Pflanzenstöcke alljährlich nur eine einzige Blüte entwickeln, wie das Schneeglöckchen (Galanthus), das einblütige Wintergrün (Pirola uniflora), die Einbeere (Paris quadrifolia) und die verschiedenen Arten von Trillium, oder wenn die Zahl der Blüten eines Stockes nur auf zwei bis drei beschränkt ist, wie bei den tropischen Orchideen aus den Gattungen Oncidium, Stanhopea und Cattleya, so bleiben diese vereinzelten oder spärlichen Blüten sehr lange frisch und geöffnet. Es kann ja der Fall eintreten, daß trotz aller den Blüten zu Gebote stehenden Anlockungsmittel infolge ungünstiger Witterungsverhältnisse wochenlang keine Insekten angeflogen kommen. Wenn nun die Blüte so organisiert ist, daß bei dem Ausbleiben pollenbringender Insekten auch die Entwickelung keimfähiger Samen unterbleiben muß, so wäre bei kurzer Dauer des Blühens der Erfolg, welcher mit dem Blühen angestrebt ist, in Frage gestellt, und es könnte dahin kommen, daß der einblütige oder armblütige Pflanzenstock in einem Jahre gar keine Samen zutage förderte. Daraus geht aber auch hervor, daß es für solche Blüten sehr vorteilhaft ist, wenn sie möglichst lange ausharren. Je länger sie offen und frisch bleiben, desto größer ist die Wahrscheinlichkeit, daß denn doch einmal Insekten, mit den Pollen anderer Stöcke beladen, anrücken.

Wenn dagegen ein Pflanzenstock im Laufe des Jahres sehr zahlreiche Blüten entwickelt, noch dazu Blüten, welche sich nicht gleichzeitig öffnen, sondern nacheinander an die Reihe kommen, und wenn überdies in diesen Blüten für den Fall ausbleibenden Insektenbesuches Autogamie stattfindet, so kann auch die Dauer der Einzelblüte sehr kurz bemessen sein. Man sieht trotz der kurzen Dauer der einzelnen Blüten den betreffenden Stock dennoch wochenlang mit offenen Blüten geschmückt. Die Tradeskantien (Tradescantia crassula, virginica usw.) entwickeln Eintagsblüten, aber sie entwickeln sie zwei Monate hindurch fort und fort, und während dieser langen Zeit sieht man die Stöcke täglich mit neuen offenen Blüten besetzt. Dasselbe gilt von den meisten Schotengewächsen, den Zistrosen (Cistus), den Sonnenröschen (Helianthemum), dem Sonnentau (Drosera) und noch vielen anderen. Die zuletzt genannte Pflanze öffnet ihre Eintagsblüten nur bei günstigem Wetter und, wie es scheint, auch da nur an jedem zweiten Tage. Wenigstens bei Drosera longifolia wurde beobachtet, daß selbst bei auffallend schöner Witterung nur an jedem zweiten Tag eine Blütenknospe aufspringt. Auf diese Weise wird von den Stöcken mit zahlreichen ephemeren Blüten und von jenen mit einer einzigen, wochenlang offenbleibenden Blüte in der Hauptsache dasselbe geleistet.

Es gibt aber auch Pflanzen, deren Blumen sich periodisch öffnen und schließen. Diese merkwürdige Erscheinung hat schon vor langer Zeit die Aufmerksamkeit der Botaniker auf sich gelenkt, und der scharfsichtige Linné wurde durch sie angeregt, auf Grund mehrjähriger in Upsala angestellter Beobachtungen eine sogenannte Blumenuhr zu entwerfen. Er gruppierte nämlich die Pflanzen nach Maßgabe der Zeit, zu welcher sie ihre Blüten öffnen und schließen, und ermittelte für jede Stunde des Tages diejenigen Arten, bei welchen entweder das eine oder das andere stattfindet. Da man damals die aus zahlreichen Einzelblüten zusammengesetzten Köpfchen der Korbblütler als zusammengesetzte Blüten auffaßte, so wurden auch diese bei Aufstellung der Blumenuhr in Berücksichtiguug gezogen, um so mehr, als ja gerade an ihnen die periodischen Bewegungen recht auffallend hervortreten. Freilich sind es hier nicht die Blätter einer Blume, sondern die Blüten eines Köpfchens, welche periodisch zusammenschließen und wieder auseinandergehen, aber der Vorgang ist doch im Hinblick auf die Ursachen und Ziele derselbe, und es können daher die Korbblütler mit vollem Recht in den Kreis der Blumenuhr eingeschaltet werden. Würde man die Pflanzen, deren Blüten und Blütenköpfchen sich periodisch öffnen und schließen, auf einem beschränkten Raume nebeneinander pflanzen, so ließe sich an der gewählten Stelle des Gartens die Stunde des Tages wie an einer Uhr ablesen. Die Herstellung einer solchen Blumenuhr (s. Tabelle, S. 421) wurde in früherer Zeit in botanischen Gärten wiederholt versucht, der Erfolg ist aber insbesondere aus dem Grunde nicht erreicht worden, weil die ausgewählten Pflanzen nur zum geringsten Teile in der gleichen Jahreszeit zum Blühen gelangen. Auch wurde sie späterhin, als andere Richtungen der Botanik in die Mode kamen, als kindische Spielerei erklärt und ganz aufgegeben. So ist die Linnésche Blumenuhr verschollen und den jüngeren Botanikern kaum mehr dem Namen nach bekannt. Da sie aber für mehrere das Pflanzenleben betreffende, hier zu erörternde Fragen immerhin von Interesse ist, so soll sie wieder einmal kurz in Erinnerung gebracht und sollen noch einige Bemerkungen an dieselbe geknüpft werden.

Die Zahlen, welche in dieser Blumenuhr für die Stunden des Öffnens und Schließens der Blüten angegeben wurden, beziehen sich nur auf ganz oder doch größtenteils heitere Tage. Wenn der Himmel dicht umwölkt ist, wenn Nebel auf den Fluren lagert, oder wenn es regnet, öffnen sich die Blüten entweder gar nicht oder nur halb, oder aber es findet, wenn Bewölkung, Nebel und Regen vorübergehend waren, eine bedeutende Verspätung des Öffnens und auch des Schließens statt, die wegen ihrer Unregelmäßigkeit durch Zahlen nicht zum Ausdruck gebracht werden kann. Auch ist beizufügen, daß die mitgeteilten Beobachtungen an Pflanzenstöcken mit möglichst günstiger Stellung zur Sonne ausgeführt wurden, und daß sie sich auf die zuerst auf einem solchen Stocke geöffnete Blüte beziehen. Eine solche Beschränkung bei der Auswahl der zu beobachtenden Blüten ist unbedingt notwendig, wenn man halbwegs verläßliche Zahlen erhalten will.

Blumenuhr von Linné, ermittelt für Upsala (60° nördl. Breite).

3—5 Uhr morgens:
Tragopogon pratense . . auf

4—5 Uhr morgens:
Cichorium Intybus . . . „
Leontodon tuberosum . . „
Picris hieracioides . . . „

5 Uhr morgens:
Hemerocallis fulva . . . „
Papaver nudicaule . . . „
Sonchus oleraceus. . . . „

5—6 Uhr morgens:
Crepis alpina . . . . . „
Rhagadiolus edulis . . . „
Taraxacum officinale . . „

6 Uhr morgens:
Hieracium umbellatum . . „
Hypochoeris maculata . . „

6—7 Uhr vormittags:
Alyssum utriculatum . . „
Crepis rubra . . . . . „
Hieracium murorum . . . „
Hieracium Pilosella . . . „
Sonchus arvensis . . . . „

7 Uhr vormittags:
Anthericum ramosum . . „
Calendula pluvialis . . . „
Lactuca sativa . . . . . „
Leontodon hastile. . . . „
Nymphaea alba . . . . „
Sonchus lapponicus . . . „

7—8 Uhr vormittags:
Mesembryanthemum barbatum . . . . „
Mesembryanthemum linguiforme . . . . „

8 Uhr vormittags:
Anagallis arvensis . . . „
Dianthus prolifer . . . . auf
Hieracium Auricula . . . „

8—10 Uhr vormittags:
Taraxacum officinale . . zu

9 Uhr vormittags:
Calendula arvensis . . . auf
Hieracium chondrilloides . „

9—10 Uhr vormittags:
Arenaria rubra. . . . . „
Mesembryanthemum crystallinum . . . . . . „
Tragopogon pratense . . zu

10 Uhr vormittags:
Cichorium Intybus . . . „
Lactuca sativa. . . . . „
Rhagadiolus edulis . . . „
Sonchus arvensis . . . . „

10—11 Uhr vormittags:
Mesembryanthemum nodiflorum . . . . auf

11 Uhr vormittags:
Crepis alpina . . . . . zu

11—12 Uhr vormittags:
Sonchus oleraceus . . . „

12 Uhr mittags:
Calendula arvensis . . . „
Sonchus lapponicus . . . „

1 Uhr nachmittags:
Dianthus prolifer . . . . „
Hieracium chondrilloides . „

1—2 Uhr nachmittags:
Crepis rubra . . . . . „

2 Uhr nachmittags:
Hieracium Auricula . . . „
Hieracium murorum . . . „
Mesembryanthemum barbatum . . . . „

2—3 Uhr nachmittags:
Arenaria rubra . . . . zu

2—4 Uhr nachmittags:
Mesembryanthemum crystallinum. . . . . . „

3 Uhr nachmittags:
Leontodon hastile. . . . „
Mesembryanthemum linguiforme . . . . „
Mesembryanthemum nodiflorum. . . . . . . „

3—4 Uhr nachmittags:
Anthericum ramosum . . „
Calendula pluvialis . . . „
Hieracium Pilosella . . . „

4 Uhr nachmittags:
Alyssum utriculatum . . „

4—5 Uhr nachmittags:
Hypochoeris maculata . . „

5 Uhr nachmittags:
Hieracium umbellatum . . „
Nyctago hortensis . . . auf
Nymphaea alba . . . . zu

6 Uhr nachmittags:
Geranium triste . . . . auf

7 Uhr nachmittags:
Papaver nudicaule . . . zu

7—8 Uhr abends:
Hemerocallis fulva . . . „

9—10 Uhr abends:
Cactus grandiflorus . . . auf
Silene noctiflora . . . . „

12 Uhr Mitternacht:
Cactus grandiflorus . . . zu

Ein Vergleich der durch die Linnésche Blumenuhr unter Berücksichtigung dieser Vorsichtsmaßregeln zum Ausdrucke gebrachten Beobachtungen in Upsala (60° nördl. Breite) mit den an denselben Pflanzenarten um 13 Breitengrade südlicher, nämlich in Innsbruck (47° nördl. Breite), ausgeführten Beobachtungen hat zu dem beachtenswerten Ergebnis geführt, daß sich in Upsala die Blüten 1—2 Stunden früher am Tag öffnen und 1—6 Stunden früher am Tage schließen. Man geht wohl nicht fehl, wenn man dieses Ergebnis damit in Zusammenhang bringt, daß die Sonne während der Blütezeit der hier in Betracht kommenden

Pflanzen in Upsala um fast anderthalb Stunde früher aufgeht als in Innsbruck, und es läßt sich daraus der Schluß ziehen, daß an dem Öffnen der Blüten in erster Linie das Licht beteiligt ist, was sich durch physiologische Versuche bestätigen läßt. Manche Blüten, z. B. von Kakteen, Tulpen, Gentianen, Safrane, Wiesenflachs (Linum catharticum), können durch Verdunkelung zu beliebiger Zeit zum Schließen gebracht werden.

Aber bei der Mehrzahl der periodisch sich öffnenden und schließenden Blüten und Blütenköpfchen ist die Sache nicht so einfach. Die meisten Arten von Flachs und Sauerklee (Linum, Oxalis), ebenso die randständigen Blüten an den Köpfchen der Korbblütler führen zwar die der Beleuchtung und Erwärmung entsprechenden Bewegungen pünktlich aus, wenn sie nach längerer nächtlicher Ruhe von den Sonnenstrahlen getroffen werden, mag das nun um 6 Uhr oder 7 Uhr oder 8 Uhr morgens geschehen; aber wenn sie sich späterhin einmal geschlossen haben, so gelingt es nicht mehr, sie am selben Tage durch Beleuchtung und Erwärmung neuerdings vollständig zum Öffnen zu bringen. Bei der Mehrzahl dieser Pflanzen schließen sich die Blüten und Blütenköpfchen auch nicht bei abnehmender Beleuchtung und Erwärmung am Abend, sondern bei hohem Sonnenstande mittags, ja beim Rainsalat und Bocksbart (Lampsana, Tragopogon) sind die Köpfchen schon wieder geschlossen, ehe die Sonne im Zenith steht und mehrere Stunden, bevor die höchste Tagestemperatur erreicht ist. Und nun erst die Nachtviolen und die zahlreichen Nelkengewächse, welche ihre Blüten erst bei beginnender Dämmerung und sinkender Temperatur öffnen und sich in den Strahlen der aufgehenden Sonne und bei zunehmender Temperatur schließen!

Es bleibt völlig rätselhaft, wie das pünktliche Einhalten der aus äußeren Einflüssen nicht unmittelbar hervorgehenden periodischen Erscheinungen, insbesondere das Einhalten des Zeitpunktes für das Öffnen und Schließen der Blüten, bei den verschiedenen Pflanzenarten erblich geworden ist. Für diejenigen Wißbegierigen, welche sich damit zufrieden geben, wenn sie statt einer Erklärung einen griechisch oder lateinisch klingenden Namen zu hören bekommen, sei hier noch bemerkt, daß man die zuletzt besprochenen Bewegungen der Blumenblätter autonome Bewegungen genannt hat.

Einrichtungen der Blüten zur Erleichterung des Insektenbesuches.

Die Tiere, welche sich zu den mit Honig, Pollen und anderen Genußmitteln gedeckten Tischen im Inneren der Blüten als Gäste herandrängen, lassen sich in zwei Gruppen teilen: in berufene und unberufene. Die ersteren, welche die Blüten bestäuben, sind erwünschte Gäste, und die letzteren, welche nur Honig- und Pollenräuber sind, sollen womöglich abgewiesen und abgewehrt werden. Die Anlockungsmittel der Blüten für berufene Gäste wurden bereits besprochen. Im Anschlusse hieran ist nun zu schildern, wie die Blüten willkommenen Besuchern den Eintritt erleichtern und unwillkommene Gäste von sich fernhalten.

Praktischen Grundsätzen entsprechend sind sowohl die noch im Knospenzustande befindlichen Blüten, welche den Besuch der Tiere noch nicht annehmen können, als auch die Blüten, in welchen die Tiere nichts mehr zu tun finden, entweder geschlossen und unzugänglich oder ohne Anlockungsmittel. Das Gewöhnlichste ist, daß die als Anlockungsmittel dienenden duftenden und gefärbten Blumenkronen und Perigone sich ablösen und abfallen, nachdem die Narben mit Pollen belegt wurden; es gibt aber auch Fälle, wo die Blumenblätter nicht sofort fallen gelassen werden, sondern noch kürzere oder längere Zeit haften bleiben, weil sie noch irgendeine andere Funktion zu übernehmen haben. Solche zurückbleibende Blumen dürfen freilich nicht störend wirken, sie sollen den anderen nach ihnen an die Reihe kommenden jüngeren Blüten nicht die Besucher abwendig machen und müssen daher für die Insekten unzugänglich gemacht werden. Das geschieht am häufigsten dadurch, daß die Blumenblätter wieder die Lage einnehmen, welche sie im Knospenzustande hatten, so daß eine solche alte Blüte einer geschlossenen Blütenknospe oft täuschend ähnlich sieht, wie das beispielsweise an der auf S. 380 abgebildeten Yukka der Fall ist. Zuweilen schlägt sich auch ein Lappen des Blumensaumes oder der Blütenscheide wie ein Vorhang vor den Eingang zum Blütengrunde, wofür mehrere Aroideen und namentlich auch die europäische Osterluzei ein hübsches Beispiel bieten (s. Abbildung, S. 426, Fig. 8). Eine der häufigsten Erscheinungen ist, daß sich die alten Blüten, in welchen die Insekten nichts mehr zu tun haben, herabbiegen und den jüngeren sozusagen aus dem Wege gehen, was man an einer Unzahl Schmetterlingsblütler und Asperifoliazeen sehr gut sehen kann. Bei Morina persica und bei der brasilischen Rubiazee Exostemma longiflorum sind diese alten Blumen nicht nur herabgeschlagen, sondern auch noch eigentümlich verfärbt, um von den Insekten nicht mehr beachtet zu werden. Zur Zeit der vollen Blüte sind nämlich die langröhrigen, auf den Besuch von Abend- und Nachtschmetterlingen berechneten Blumenkronen dieser Pflanzen weiß und selbst in der Dämmerung noch auf ziemliche Entfernung deutlich sichtbar; sobald aber die Narben mit Pollen belegt sind, welken die Blumenkronen, sinken etwas herab und erhalten bis zum nächsten Abend eine trübrote Farbe, so daß man sie in der Dämmerung selbst aus geringer Entfernung nicht bemerken kann.

Auch die Lage, welche die Blüten annehmen, erleichtert in der Regel das Eindringen der Insekten. Bei vielen Pflanzen, für die als Beispiele die Kaiserkronen (Fritillaria) und die meisten Glockenblumen (Campanula barbata, persicifolia, rapunculoides) gelten können, krümmen sich die anfänglich aufrechten Blütenstiele kurze Zeit vor dem Öffnen der Blüte so stark abwärts, daß die Blüte dem Erdboden zugewendet ist. Für Hummeln und Bienen ist das die zweckmäßigste Stellung. Diese fliegen von untenher zur Mündung der hängenden Glocken, erfassen die in der Mitte vorragenden Narben, Griffel und Pollenblätter, bisweilen auch die Haare, welche eigens zu diesem Zweck im Inneren der Höhlung angebracht sind, und klettern mit Leichtigkeit zur honigführenden Kuppel der Glocke empor. Augenscheinlich finden sich die honigsaugenden Hummeln und Bienen bei den glockenförmigen Blumen auch darum mit Vorliebe ein, weil sie dort keine nennenswerten Mitbewerber treffen; denn für Tiere, welche, vor den Blüten schwebend, den Honig saugen wollen, für Fliegen, welche gewohnt sind, den Honig von einer ebenen Scheibe abzulecken, für alle jene Insekten, die viel zu scheu und vorsichtig sind, als daß sie sich in den Grund einer ausgehöhlten Blüte wagen würden, endlich auch für Käfer, welche große Mengen abgelagerten Pollens verlangen, ist die Stellung der genannten Blüten unbequem und unpassend. Wie früher erwähnt, bringt diese Stellung der Blüten auch noch den Vorteil mit sich, daß der Pollen am besten gegen Nässe geschützt ist (vgl. S. 282 ff.).

Bei sehr zahlreichen Gewächsen stehen die Blütenknospen an aufrechten Stielen; sobald aber die Blüten für den Empfang der Tiere bereit sein sollen, krümmen sich die Stiele so weit, bis die Eingangspforte der Blüte seitlich gerichtet ist. Wenn schließlich ein Besuch der Tiere nicht mehr nützlich ist, welken die Blumenblätter, schrumpfen und fallen ab, oder es wird die ganz alte Blüte hinabgeschlagen und dem Erdboden zugewendet. Dieser Richtungswechsel kommt z. B. in sehr auffallender Weise bei dem Geißblatt (Lonicera) und der Nachtkerze (Oenothera; s. Abbildung, S. 477) vor.

In ganz eigentümlicher Weise vollzieht sich diese seitliche Einstellung an einigen Schmetterlingsblütlern, für welche als Vorbild der Goldregen (Cytisus Laburnum) gewählt sein mag (s. untenstehende Abbildung). Solange die sämtlichen Blüten einer Traube noch geschlossene Knospen darstellen, ist die Spindel des Blütenstandes aufrecht, und die einzelnen Blüten sind so gestellt, daß das unter dem Namen Fahne bekannte Blumenblatt nach oben und das Schiffchen nach unten gekehrt erscheint (Fig. 1); später wird die Spindel des Blütenstandes überhängend, und die Spitze der Traube ist dem Boden zugewendet. Die Blütenknospen

Einstellung der Blüten für den Besuch der Insekten bei dem Goldregen (Cytisus Laburnum): 1) aufrechte Traube, sämtliche Blüten noch geschlossen, 2) hängende Traube, ein Teil der Blüten geöffnet.

sind dadurch in die entgegengesetzte Lage gekommen, die Fahne erscheint jetzt nach unten und das Schiffchen nach oben gekehrt. Bevor sich aber die Fahne von den anderen Kronenblättern abhebt und die Blüte dadurch dem Insektenbesuche zugänglich wird, dreht sich der Blütenstiel um 120 Grad; die Fahne erscheint jetzt wieder nach oben und das Schiffchen nach unten gewendet, wie es die Fig. 2 der obenstehenden Abbildung aufweist. In dieser Lage bietet das Schiffchen den geeignetsten Anflugsplatz für die besuchenden Insekten. Besonders bemerkenswert ist noch, daß die Drehung des Blütenstieles ausbleibt oder nur sehr unvollkommen erfolgt, wenn die jugendliche Traube des Goldregens mittels eines Bindfadens in aufrechter Stellung erhalten wird.

Auch die Orchideen bieten in dieser Beziehung eine Menge interessanter Beispiele; nur

Westindische Orchideen.
Oncidium Papilio und Stanhopea Devoniensis.

Westindische Orchideen.

Oncidium Papilio und Stanhopea Devoniensis.

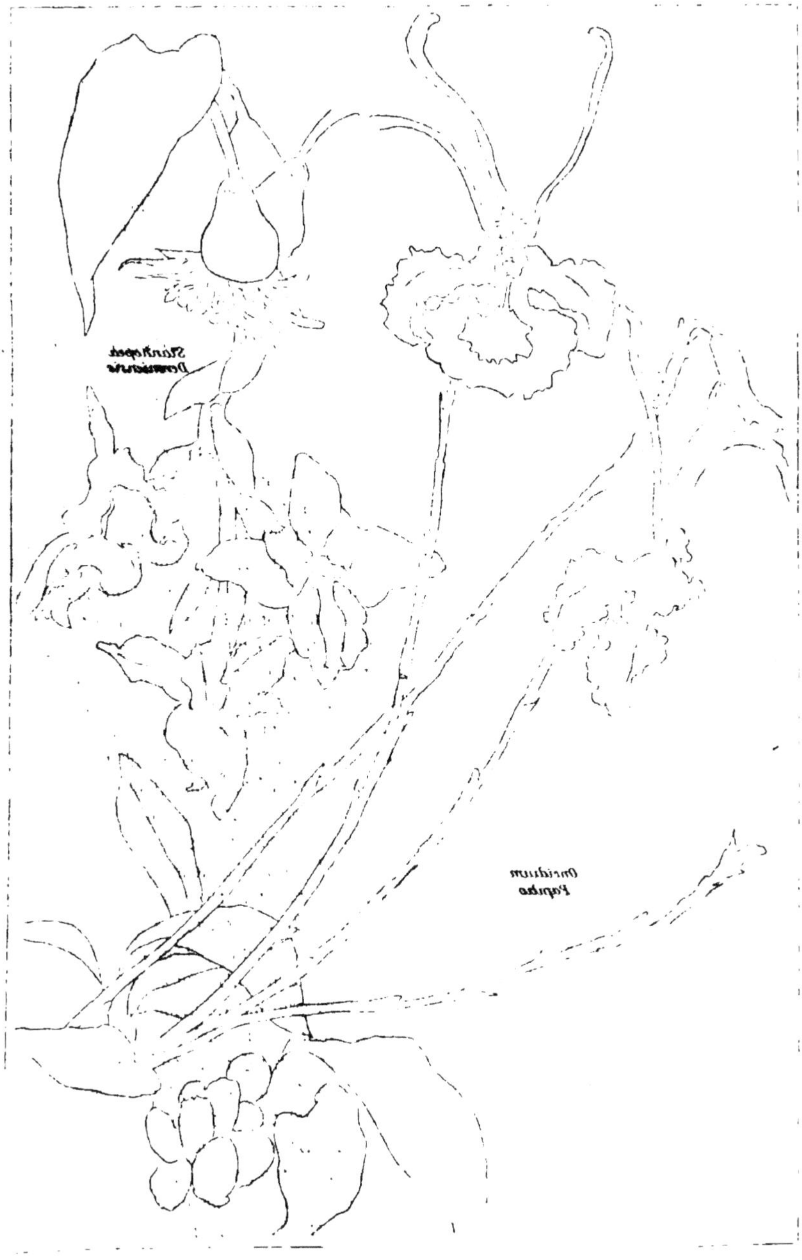

Stanhopea Devoniensis
Oncidium Papilio

[Zur Tafel: »Westindische Orchideen«.]

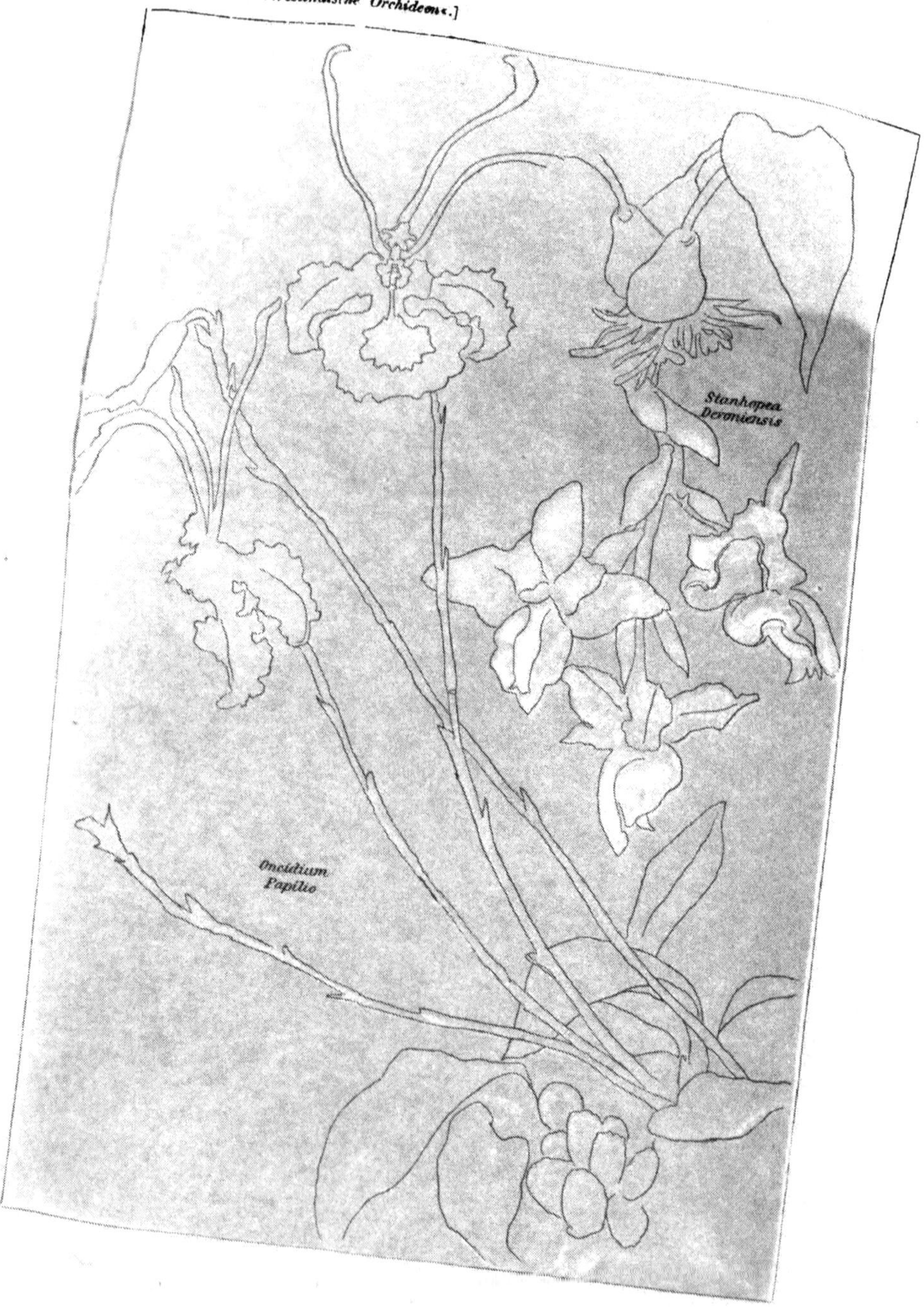

vollziehen sich bei ihnen die Drehungen und Krümmungen nicht an gewöhnlichen Blütenstielen, sondern an dem stielartigen unterständigen Fruchtknoten. Bekanntlich ist in den Blüten der Orchideen jenes Blatt, welches die beschreibenden Botaniker Labellum oder Honiglippe nennen, durch Gestalt und Größe besonders auffallend und bietet bei mehr als zwei Dritteln aller Arten den Landungsplatz für die anfliegenden Insekten. In der Knospe ist dieses Blumenblatt nach oben gewendet, und bei einem kleinen Teile der Orchideen, wie z. B. bei dem Kohlröschen (Nigritella) und dem Ohnblatt (Epipogum; s. Abbildung, S. 426, Fig. 10), wird diese Lage auch beibehalten. Aber bei den meisten Orchideen, namentlich den auf Wiesen wachsenden Arten mit aufrechten Blütenähren, erfährt der Fruchtknoten eine schraubige Drehung, die so stark ist, daß das, was früher oben stand, nach unten gekehrt erscheint, und daß dann insbesondere die Honiglippe einen trefflichen Anflugsplatz für die Insekten abgibt. Wie erwähnt, erfolgt diese Drehung bei den meisten Orchideen unserer Wiesen; sie kommt aber auch bei jenen Arten vor, welche als Epiphyten an der Borke alter Bäume oder auf humusbedeckten Felsterrassen in den Tropen wachsen, wenn diese aufrechte blütentragende Stengel haben, wie z. B. das auf der beigehefteten Tafel „Westindische Orchideen" abgebildete Oncidium Papilio. Viele tropische baumbewohnende Orchideen haben freilich keine aufrechten, sondern überhängende blütentragende Stengel, und insbesondere die Arten der Gattung Stanhopea, von welchen eine, nämlich Stanhopea devoniensis, auf der Tafel neben dem Oncidium Papilio abgebildet ist, zeigen die Blüten an herabhängender Spindel ährenförmig angeordnet. Solche Blüten brauchen sich nicht mehr zu drehen, um die Honiglippe in die für den Anflug geeignetste Lage zu bringen, und in der Tat unterbleibt auch bei Stanhopea und den meisten anderen ähnlichen Orchideen jene Drehung des Fruchtknotens, welche sich an dem Oncidium Papilio vollzieht. Bindet man dagegen eine junge Ähre von Stanhopea mittels eines Fadens künstlich in die Höhe, so daß die Spindel des Blütenstandes gerade emporgerichtet ist, so drehen sich alle Blüten derselben binnen 24 Stunden um 180 Grad, so daß also in den aufrechten Ähren die Blüten schließlich genau dieselbe Stellung im Raum einnehmen wie jene der herabhängenden Ähren.

Interessant ist auch der Umstand, daß sich bei vielen Pflanzen sämtliche von der aufrechten Spindel ausgehende Knospen nach derselben Seite wenden, so daß dadurch einseitige Ähren und Trauben entstehen, wie man sie besonders bei dem Fingerhut und den Arten der Gattung Pentstemon (Digitalis, Pentstemon) beobachtet. Stets wendet sich die Eingangspforte der Blüten jener Seite zu, von welcher der Anflug der Insekten oder Kolibris zu erwarten ist. Wenn z. B. eine Fingerhutstaude an der Grenze von Wald und Wiese steht, so sind sämtliche Blüten von dem an Insekten armen schattigen Walde weg und der mit Hummeln und Bienen reichlich bevölkerten sonnigen Wiese zugewendet.

Zu den Besuchern der mit ihrer Eingangspforte seitlich gerichteten Blüten zählen Schwebefliegen, kleine Eulen, Schwärmer, Kolibris und überhaupt alle die Tiere, welche, vor den Blüten schwebend, den Honig saugen. Dieselben bedürfen keines Stützpunktes, und darum entbehren auch die von ihnen vorzüglich oder ausschließlich aufgesuchten Blüten jedweder Einrichtung, welche als Stützpunkt oder Anflugsplatz gedeutet werden könnte. Sie zeigen weder Platten, Leisten und Fransen noch Stangen, Zapfen und Höcker, auf welche sich die anfliegenden Tiere niederlassen, und an welchen sie sich festhalten könnten. Die Zipfel des Saumes, welche in der Knospenlage die Blütenpforte verschließen, nehmen in der geöffneten Blüte bei dem Geißblatt (Lonicera Caprifolium), bei der von Schwärmern besuchten Stendel (Platanthera bifolia) und bei der von kleinen Honigvögeln ausgesogenen Honigblume (Melianthus major) eine solche Lage an, daß sie als Anflugsstangen und Anflugsplatten ganz ungeeignet wären, ja sie biegen sich von der Einfahrtstelle sogar weg und schlagen sich förmlich zurück, damit sie den vor den Blüten schwebenden und mit dem Rüssel oder Schnabel zum Honig einfahrenden Tieren nicht hinderlich im Wege stehen, wie das aus der untenstehenden Abbildung, Fig. 9—13, gesehen werden kann. Wenn an den

Einrichtungen zum Empfang der Insekten an der Pforte der Blüten: 1) Veronica Chamaedrys; 2) Ophrys cornuta; 3) Corydalis lutea, von vorn, 4) von der Seite gesehen; 5) Galeopsis grandiflora; 6) Aristolochia labiosa; 7) Aristolochia cordata; 8) Aristolochia Clematitis, eine der drei Blüten im Welken begriffen und herabgeschlagen, die Lippe des Perigons krümmt sich an dieser Blüte vor die Eingangspforte zum Blütengrund; 9) Längsschnitt durch eine Blüte der Aristolochia Clematitis, in dem tonnenförmig aufgetriebenen Blütengrunde zwei Mücken (Ceratopogon), welchen durch die steifen Haare im Blütenhalse der Ausgang verwehrt ist; 10) Blüte des Epipogum aphyllum, 11) Pollinien dieser Blüte, 12) Befruchtungssäule dieser Blüte mit der herzförmigen Klebdrüse, 13) infolge des Anstreifens mit der Spitze eines Bleistiftes klebt die Klebdrüse an, und es werden die beiden Pollinien aus ihrem Versteck herausgezogen. Fig. 9, 11—13 etwas vergrößert, die anderen in natürl. Größe. (Zu S. 426—428.)

von Abendschmetterlingen und Kolibris umworbenen Blüten ein mächtig entwickelter Saum vorhanden ist, wie beispielsweise an Mirabilis longiflora, Nicotiana affinis, Posoqueria fragrans, Narcissus poëticus, Oenothera biennis, so eignet sich derselbe zufolge seiner Zartheit und seiner Richtung niemals als Anflugsplatz, sondern dient mit seiner weißen oder gelben, in der Dämmerung auf ziemliche Entfernung sichtbaren Farbe nur als Anlockungsmittel.

Anders verhält es sich in jenen Fällen, wo die den Blüten zufliegenden Tiere sich zuerst nächst der Eingangspforte niederlassen, um sodann von dort aus zu den in der Tiefe versteckten honigführenden Stellen vorzudringen.

Bei dem Ohnblatt (Epipogum aphyllum) bildet für die anfliegende Hummel (Bombus lucorum) die aus der Blütenmitte schräg abwärts vorragende breite Befruchtungssäule (s. Abbildung, S. 426, Fig. 10, 12 und 13) einen bequemen Anflugsplatz. Im ganzen genommen ist es aber eine seltene Erscheinung, daß die Befruchtungssäule in solcher Weise benutzt wird. Dagegen kommt es oftmals vor, daß die mehr oder weniger weit über den Saum der Blume vorgestreckten Staubfäden und langen Griffel als Anflugsstangen eine Bedeutung erlangen, wie das z. B. bei der Roßkastanie (Aesculus), bei zahlreichen Liliazeen (Funkia, Anthericum, Paradisea, Phalangium), bei dem Natterkopf und dem Diptam (Echium, Dictamnus), desgleichen bei den großblütigen Arten der Gattung Ehrenpreis (Veronica; s. Abbildung, S. 426, Fig. 1) der Fall ist. Noch viel öfter ist es der Saum des Perigons oder der Blumenkrone, welcher zu diesem Zweck eine eigentümliche Ausbildung erfahren hat. Vor allen sind in dieser Beziehung die Aristolochien bemerkenswert, an deren Blumen eine fast unerschöpfliche Reihe bald flächenförmig ausgebreiteter plattenförmiger, bald stangenförmiger Anflugsplätze beobachtet wird. An der auf S. 389 abgebildeten Aristolochia ringens endigt die an der Basis tonnenförmig aufgetriebene Blume in einen schaufelförmigen Anflugsplatz; die in Brasilien heimische Aristolochia labiosa (s. Abbildung, S. 426, Fig. 6) zeigt eine breite Platte vor der schmalen Spalte, welche in die Blütenhöhle führt; bei Aristolochia cordata (Fig. 7) erhebt sich für die als Gäste willkommenen kleinen Fliegen eine lange dünne Anflugsstange, und die europäische Aristolochia Clematitis (Fig. 8 und 9) zeigt eine etwas vertiefte stumpfe Lippe, auf welche sich die Mücken zunächst niederlassen, wenn sie in das Innere der Blüte gelangen wollen.

Auch die Perigone der Orchideen sowie die Blumenkronen der Lippen- und Rachenblütler zeigen eine an das Unglaubliche grenzende Mannigfaltigkeit von Einrichtungen, welche den Anflug willkommener Gäste zu den Blüten erleichtern sollen. Da finden sich die verschiedenartigsten Buchten, Lappen, Fransen, Höcker und Zapfen an der Unterlippe, welche den heranschwirrenden Fliegen, Wespen, Bienen und Hummeln als einladender Landungsplatz und als Stützpunkt bei dem Einfahren in die honigbergende Höhlung dienen. Bei der herrlichen Orchidee Phalaenopsis Schilleriana, deren Blüte auf S. 428, Fig. 1, abgebildet ist, trägt die zierlich ausgeschweifte flache Unterlippe nahe ihrer Basis einen Aufsatz, welcher die Gestalt eines Schemels besitzt und den auf die Blüten kommenden Fliegen wirklich auch als Schemel dient. Hinter dem Schemel erhebt sich die Befruchtungssäule, deren Scheitel von der Anthere eingenommen wird, und die etwas tiefer abwärts eine Höhlung, die Narbenhöhle, zeigt. In die Narbenhöhle, deren Innenwand mit Honig überzogen ist, führt eine rundliche Öffnung, welche mit einer offenen Fensterluke verglichen werden könnte, und am oberen Rande dieses Fensters sieht man das sogenannte Rostellum als eine dreieckige Spitze oder, besser gesagt, ähnlich dem Schnäbelchen eines Vogels in die Luke des Fensters hineinragen (Fig. 2). Wenn eine Fliege den Honig in der Narbenhöhle lecken will, so setzt sie sich auf den Schemel und steckt den Kopf in die Fensterluke (Fig. 5). Dabei berührt sie den Klebkörper der Pollinien, welcher sofort an den oberen Teil des Kopfes anklebt. Sobald die Fliege nach genossenem Mahle ihren Sitzplatz verläßt, zerrt sie die beiden mit dem Klebkörper verbundenen Pollinien aus der Anthere, und ihr Kopf erscheint jetzt wie mit zwei gestielten gelben Kugeln besetzt (Fig. 6). Die Fliege sucht jetzt eine andere Blüte auf und setzt sich dort neuerdings auf den Schemel der Unterlippe. In der kurzen Zeit, welcher es hierzu bedarf, krümmen sich die Stiele der beiden kugelförmigen Pollinien wie ein Schwanenhals nach vorn herab (s. untenstehende Abbildung, Fig. 7), und wenn nun die Fliege ihren Kopf wieder in die Fensterluke steckt, so werden dabei auch die Pollinien in die Narbenhöhle gestopft (s. untenstehende Abbildung, Fig. 8), wo sie an der Innenwand kleben bleiben.

Sehr auffallend sind auch die Stützpunkte, welche sich für die anfliegenden Insekten auf der Unterlippe der gehörnten Ragwurz (Ophrys cornuta) und des gemeinen Hohlzahnes (Galeopsis Tetrahit) ausgebildet haben. Die Unterlippe der einen zeigt zwei vorstehende

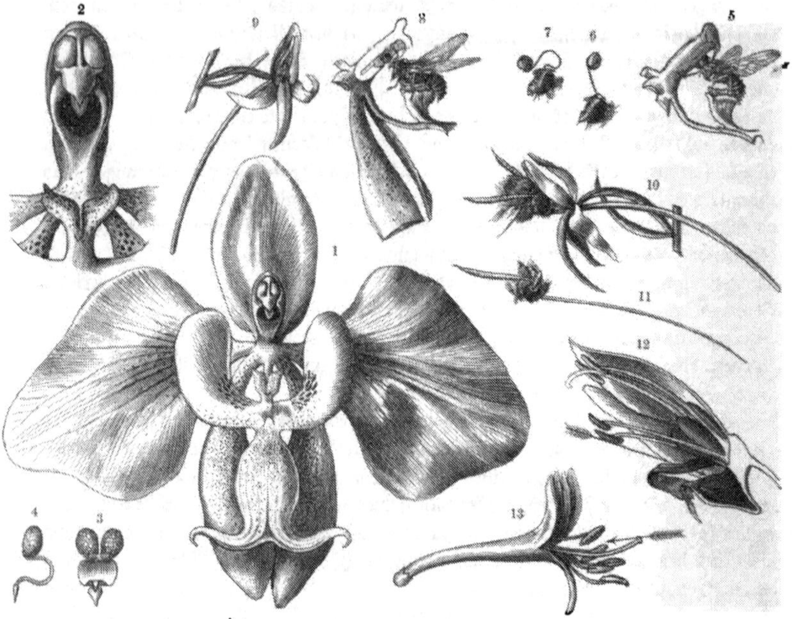

Einrichtungen zum Empfang der Insekten an der Pforte der Blüten: 1) Blüte der Phalaenopsis Schilleriana, 2) Befruchtungssäule dieser Phalaenopsis, vor und unterhalb der Narbenhöhle erhebt sich von dem Labellum ein Auswuchs, welcher die Gestalt eines Schemels hat, 3) Pollinien der Phalaenopsis mit dem herzförmigen Klebkörper, von vorn gesehen, 4) dasselbe, in seitlicher Ansicht, 5) eine Fliege, welche sich auf den Schemel gesetzt hat, ihren Kopf in die Narbenhöhle einführt und sich hierbei den Klebkörper anklebt, 6) Kopf dieser Fliege mit den daraufgeklebten Pollinien, 7) derselbe Kopf, die Stiele der Pollinien haben sich schwanenhalsförmig gebogen, 8) eine Fliege, welche die angeklebten Pollinien in die Narbenhöhlung einer anderen Blüte einführt, die letztere der Länge nach durchschnitten, 9) Blüte der Platanthera bifolia, 10) dieselbe Blüte von dem Tannenpfeile (Sphinx pinastri) besucht, von Sphinx pinastri ist nur der Kopf sichtbar, der vorgestreckte Rüssel ist in den langen Sporn der Blüte eingeführt, 11) Kopf des Sphinx pinastri mit vorgestrecktem Rüssel; 12) Blüte von Melianthus major in seitlicher Ansicht; die vorderen Blumenblätter weggeschnitten; 13) Blüte der Lonicera etrusca. Fig. 2, 3, 4, 6 und 7 etwas vergrößert, die anderen Figuren in natürlicher Größe.

Hohlkegel, welche der ganzen Blüte ein gehörntes Aussehen geben (s. Abbildung, S. 426, Fig. 2), jene der letzteren weist zwei Zapfen auf, die sich wie Elefantenzähne ausnehmen, aber im Inneren hohl sind und dieser Pflanze den Namen Hohlzahn eingetragen haben (s. Abbildung, S. 426, Fig. 5). An den Blüten des allbekannten Löwenmaules (Antirrhinum) und der mit diesen verwandten zahlreichen Arten der Gattung Leinkraut (Linaria; s. Abbildung, auf der Tafel bei S. 395) erheben sich von der Unterlippe zwei auffallende Höcker als Anflugsplätze, und es ist hier noch die weitere Einrichtung getroffen, daß diejenigen Insekten, welche als Gäste willkommen sind, durch den Druck, welchen sie beim Anfliegen auf den geschlossenen Rachen der Blüte ausüben, die Unterlippe herabdrücken und ein Öffnen des Rachens veranlassen. Es ist in der Tat ergötzlich zuzusehen, wenn eine Hummel zu dem Löwenmaul summend heranschwirrt, um sich auf den gelben Höckern der Unterlippe niederzulassen, wie dann der Rachen unter Mitwirkung scharnierartiger Gelenkbildungen an beiden Seiten der Blumenkrone weit aufgesperrt wird und die Hummel mit Blitzesschnelle in der Höhlung der Blume verschwindet, um dort den für sie vorbereiteten Honig zu holen. Bei den Kalzeolarien ist der Vorgang noch merkwürdiger. Die Hummel setzt sich auf den Rücken der pantoffelförmig ausgehöhlten Unterlippe und bringt es durch geringes Andrücken an die Oberlippe dahin, daß der Rachen weit aufgesperrt wird. Dabei kommt rückwärts ein in der pantoffelförmigen Höhlung bisher versteckter Honigbehälter zum Vorschein, ein Lappen, der grubig vertieft und reichlich mit Honig gefüllt ist. Dieser Honigbehälter wird tatsächlich der auf die Unterlippe angeflogenen Hummel wie eine gefüllte Schüssel vor den Mund gesetzt. Allerdings nur so lange, als der pantoffelförmige Teil der Unterlippe hinabgedrückt bleibt; sobald die Blüte von der Hummel verlassen wird, schnellt die Unterlippe wieder in die Höhe, die Blüte schließt sich, und der Honigbehälter ist wieder in der Aushöhlung versenkt.

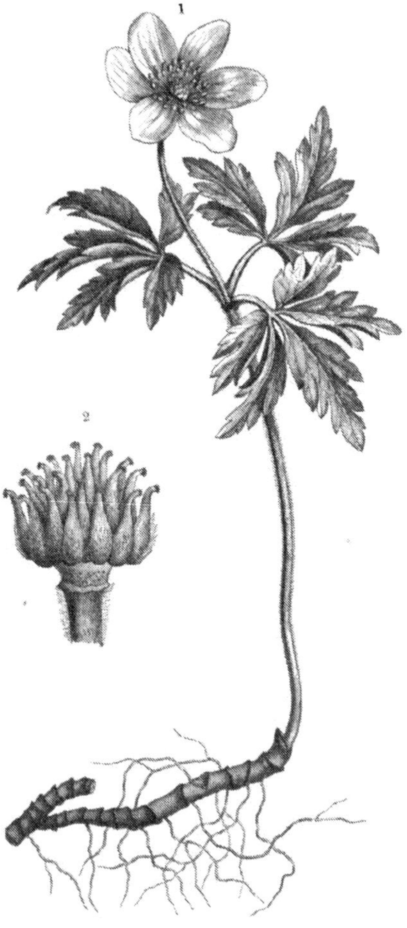

Hainwindröschen (Anemone nemorosa): 1) ganze Pflanze in natürl. Größe, 2) die gehäuften Stempel aus der Mitte der Blüte, welche den Anflugsplatz bilden, vergrößert. (Zu S. 430.)

Bei aufrechtstehenden Blumenkronen fliegen die Insekten auf den Rand oder gleich in die Blüte hinein. Die Hummeln, welche die aufrechten offenen Blüten der Gentianen (z. B. Gentiana asclepiadea, Pannonica, Pneumonanthe, punctata) besuchen, setzen sich zuerst auf den Saum und klettern von dort in die weite Röhre hinab, wo sie mitunter während des Honigsaugens völlig verschwinden. In der Mehrzahl der Fälle aber ist der Saum der Blumenblätter sehr zart und besitzt eine so geringe Tragfähigkeit, daß schwerere anfliegende Insekten, namentlich Käfer, nicht genügenden Halt finden würden, und dann wird regelmäßig die Mitte der Blüte von den heranschwirrenden Insekten vorgezogen. Insbesondere ist es in der Mitte der Blüte die ausgebreitete schildförmige, scheibenförmige oder sternförmige

Narbe, welche als trefflicher Anflugsplatz benutzt wird, wie beispielsweise in den Blüten der Tulpen, der Einbeere, der Opuntien, des Mohnes und der mexikanischen Argemone (Tulipa, Paris, Opuntia, Papaver, Argemone; s. Abbildung, S. 391). Bei den Rosen, Hahnenfüßen und Windröschen sind in der Mitte der aufrechten, dem Himmel zugewendeten Blüten mehrere Stempel zu einem Knopf oder Büschel vereinigt, wodurch gleichfalls ein brauchbarer Anflugsplatz hergestellt ist (s. Abbildung, S. 429). Mitunter ist der Griffel beziehentlich die Narbe gegabelt, und einer der Gabeläste hält eine schräge oder wage-

Cornus florida, die zahlreichen kleinen gehäuften Blüten, von vier großen weißen Hüllblättern umgeben, welche zugleich als Anlockungsmittel und Anflugsplatten für die Insekten dienen. (Nach Baillon.) Zu S. 431.

rechte Richtung ein, so daß er einer Anflugsstange gleicht, wie man sie an die Nistkästen der Vögel anzubringen pflegt, wofür als Beispiele die Blüten mehrerer Windlinge (z. B. Convolvulus arvensis und siculus) angeführt werden können. In den aufrechten Blüten der Doldenpflanzen, der Kornazeen und Araliazeen ist ein dem Fruchtknoten aufgelagertes honigausscheidendes Gewebepolster als Anflugsplatz für Fliegen und kleine Käfer ausgebildet. Auch die gebüschelten Staubfäden in der Mitte der aktinomorphen aufrechten Blüten bilden an manchen Blüten, beispielsweise bei denen der Myrten, des Hartheus (Hypericum), der neuholländischen Akazien und verschiedener Malvazeen (wenigstens im ersten Blütenstadium), einen gern benutzten Anflugsplatz.

Bei den Korbblütlern, Dipsazeen und Proteazeen, ebenso bei vielen Nelken, Baldrianen und Wolfsmilchgewächsen sind zahlreiche kleine Blüten dicht zusammengestellt und zu Büscheln,

Köpfchen und Dolden vereinigt, welche den Eindruck einer einzigen großen Blüte machen. Auf solche Blütenstände kommen die Tiere geradeso zugeflogen wie auf große Einzelblüten und lassen sich bald am Rande, bald in der Mitte, mitunter auch auf den Hüllblättern nieder, welche bei manchen Arten, wie z. B. bei Cornus florida (s. Abbildung, S. 430), zugleich zu Anlockungsmitteln und Anflugsplatten ausgestaltet sind.

Die Nelken und Skabiosen unserer Gegenden, deren zu Büscheln oder Köpfchen vereinigte Blüten Honig in ihren Tiefen bergen, werden mit Vorliebe von Faltern, Zygänen und Kleinschmetterlingen, die Blumen der Doldenpflanzen und Wolfsmilchgewächse, deren Honig offen und sichtbar zutage liegt, von Fliegen, Wespen und anderen kurzrüsseligen Aderflüglern besucht. Zu den Blütenständen der Korbblütler und Proteazeen kommen, entsprechend der Form und Einstellung des ganzen Blütenstandes und je nach der Tiefe, in welcher Honig geborgen und Pollen zu gewinnen ist, die verschiedenartigsten Tiere angerückt.

Unter den Einrichtungen, welche als Schutzmittel der Blüten gegen die nachteilige Ausbeutung durch flügellose, vom Boden her aufkriechende Tiere zu gelten haben, ist eine der merkwürdigsten der mittelbare Schutz des in den Blüten erzeugten Honigs durch den in der Region der Laubblätter ausgeschiedenen Honig, wie er bei mehreren Balsaminen, namentlich bei der im Himalaja heimischen Impatiens tricornis, beobachtet wird. Bei dieser Pflanze sind die an der Basis eines jeden Laubblattes stehenden zwei Nebenblättchen in Drüsen umgewandelt. Eine dieser Drüsen ist sehr klein und verkümmert, die anderen dagegen auffallend stark entwickelt. Die letztere hat die Gestalt einer fleischigen, nach oben schwach, nach unten stark gewölbten Scheibe, ist zum Teil der Basis des Laubblattes, zum Teil der Oberhaut des Stengels angewachsen und so gestellt, daß alle Insekten, welche von untenher am Stengel heraufkommen, unvermeidlich an ihr vorüber müssen. Der in dem Gewebe dieser Scheibe gebildete und ausgeschiedene Honig sammelt sich am Scheitel der halbkugeligen nach unten gewendeten Wulstung dieser Scheibe in Tropfenform an. Auf diese Weise ist den Insekten, welche vom Boden her über den Stengel zu den honigreichen Blüten gelangen wollten, an der Basis eines jeden Laubblattes ein großer Honigtropfen in den Weg gestellt, und sie finden das, was ihnen in den Blüten so begehrenswert erscheint, in reichlicher Menge und viel bequemer und näher schon in der Region der Laubblätter. Die Insekten, namentlich die nach süßen Säften so begierig fahndenden Ameisen, sind auch nicht spröde, sondern greifen eifrig zu, lassen sich den hier angebotenen Honig munden und bemühen sich nicht weiter aufwärts zu den Blüten. Tatsächlich findet man auch in den Blüten der Impatiens tricornis niemals Ameisen, während die am Wege zu den Blüten eingeschalteten Nebenblätter von ihnen förmlich belagert sind. Nachteilig und unwillkommen sind aber alle Tiere, durch deren Besuch die rasche Übertragung des Pollens von Blüte zu Blüte und die Vorteile der dadurch eingeleiteten Kreuzung beeinträchtigt oder verhindert werden. Als unberufene Gäste haben in erster Linie die kleinen flügellosen Tiere zu gelten, welche den Weg über die Stammgebilde einschlagen, über die Stengel emporklettern und über die Blumenhülle schreiten müssen, um den Honig und Pollen zu erreichen. Wenn sie dabei auch eine Bestäubung der Blüten zufällig veranlassen können, so verlieren sie auf ihrem langen Wege viel zu viel, als daß man sie zu diesem Geschäfte brauchen könnte.

Die Honigabsonderung an den Nebenblättchen, durch welche die Ablenkung der nach süßen Säften so lüsternen Ameisen von den Blüten erfolgt, beginnt bei Impatiens tricornis immer erst, wenn diese Pflanze ihre Blütenknospe öffnet.

An das Schutzmittel der Blüten gegen flügellose Ameisen durch Ablenkung mittels

Honigausscheidung in der Region der Laubblätter reihen sich nun mehrere Einrichtungen, welche als unmittelbare Schutzmittel gegen die vom Boden her zu den Blüten ankriechenden Tiere zu gelten haben. Der flüchtigste Blick auf dieselben offenbart eine merkwürdige Ähnlichkeit mit jenen Vorrichtungen, welche von den Gärtnern in Anwendung gebracht werden, wenn sie die Gewächse ihrer Treibhäuser und die Bäumchen ihrer Baumschulen gegen Raupen, Schnecken, Asseln, Ohrwürmer und anderes Ungeziefer schützen wollen. Um insbesondere das Aufkriechen dieser kleinen zudringlichen Gäste aus der Tierwelt von den in Gewächshäusern gezogenen Pflanzen hintanzuhalten, stellen die Gärtner jene Töpfe, in welchen die schutzbedürftigen Pflanzen enthalten sind, auf leere umgestürzte Gefäße, welche wieder in einem mit Wasser gefüllten Becken so angebracht werden, daß sie ungefähr um eines Daumens Breite über den Wasserspiegel emporragen. Die zu schützenden Pflanzen sind auf diese Weise wie auf eine Insel gestellt, und es wird dadurch die Belästigung derselben von seiten der obengenannten, das Wasser scheuenden flügellosen Tiere vollständig beseitigt. In den Baumschulen hinwiederum suchen die Gärtner ihre Bäumchen gegen das ankriechende Ungeziefer dadurch zu schützen, daß sie den Stamm unterhalb der Krone mit einem klebrigen Lappen umgürten oder die Borke an den gefährlichsten Zugängen mit Vogelleim oder irgendeinem anderen klebrigen Stoffe beschmieren, an welchem die Tiere haften bleiben, wenn sie unvorsichtig genug sind, die klebrigen Ringwälle zu beschreiten. Gegen das Aufkriechen von Raupen, Schnecken und anderen mit weicher Oberhaut versehenen Tieren wird auch ein die Stämmchen umgürtender Kranz aus Stacheln und Dornen mit Vorteil in Anwendung gebracht.

Vergleicht man nun diese von den Gärtnern ausgesonnenen Schutzwehren mit jenen Einrichtungen, welche an den wildwachsenden Pflanzen von selbst ausgebildet sind, so zeigen sie, wie schon bemerkt, eine überraschende Ähnlichkeit. Absperrung mittels Wasser, Verhinderung des Zuganges durch Klebestoffe, Ringe und Säume aus stechenden, den zulaufenden oder herankriechenden Tieren entgegenstarrenden Dornen und Stacheln, das sind im wesentlichen die Schutzmittel, durch welche auch von den Blüten der wildwachsenden Pflanzen die nach Honig und Pollen lüsternen, ihren Weg über den Boden, die Stengel und Blütenstiele nehmenden Tiere abgehalten werden.

Was insbesondere die Isolierung durch Wasser anbelangt, so kommt dieselbe den Blüten unzähliger Sumpf- und Wasserpflanzen zustatten. Die Blüten der Seerosen, für welche die auf der Tafel bei S. 120 dargestellte Victoria regia des Amazonenstromes als Vorbild gelten kann, ebenso die Blüten und Blütenstände der Wasserviole (Butomus), des Pfeilkrautes (Sagittaria), des Froschlöffels (Alisma), der Wasserfeder (Hottonia), des Wasserschlauches (Utricularia), der Sumpfblume (Villarsia), des Froschbisses (Hydrocharis), der Wasserschere (Stratiotes) und noch zahlreicher anderer könnten nicht besser gegen die ankriechenden, nach Honig und Pollen oder auch nach dem saftreichen Gewebe der Blumenblätter fahndenden Tiere geschützt sein, als dadurch, daß ihre Stengel und Stiele von Wasser rings umgeben sind. Fliegen und Käfer, welche auf dem Luftwege herbeikommen, um Honig zu lecken und Pollen zu fressen, sind gern gesehene Gäste und vermitteln auch tatsächlich bei allen den genannten Pflanzen unzählige Kreuzungen; die flügellosen Insekten, Schnecken und Asseln usw. sind aber durch das Wasser zurückgehalten. In ähnlicher Weise wirken auch die Wasseransammlungen in den zusammengewachsenen Blattscheiden der Kardendistel (Dipsacus) und des amerikanischen Silphium perfoliatum, welche in Band I, S. 180, besprochen und abgebildet sind, desgleichen die Wasseransammlungen in den trichterförmig gestalteten Scheiden der rosettenförmig gruppierten Blätter vieler Bromeliazeen (Aechmea, Billbergia, Lamprococcus, Tillandsia usw.), wobei aber nicht übersehen werden darf, daß den betreffenden Pflanzen durch die mit Wasser erfüllten Becken und Trichter auch noch andere Vorteile erwachsen.

Noch viel häufiger als durch Wasser kommt die Hinderung des Zuganges zu den Blüten durch Klebestoffe zum Ausdruck. Gewöhnlich ist der von den Pflanzen ausgebildete und an den Zugängen zu den Blüten zutage tretende Klebestoff eine dem Vogelleim ähnliche Substanz, deren chemische Zusammensetzung noch nicht genauer ermittelt ist, bisweilen

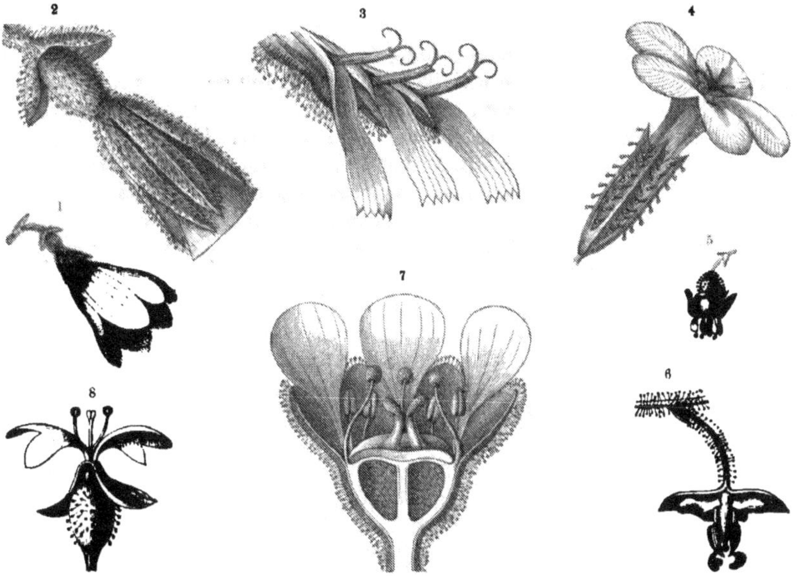

Klebrige Drüsen als Schutzmittel der Blüten gegen aufkriechende kleine Tiere: 1) Blüte von Linnaea borealis, 2) Kelch, unterständiger Fruchtknoten und Deckblätter derselben Pflanze; 3) drei Zungenblüten aus dem Köpfchen der Crepis paludosa mit den darunterstehenden drüsigen Schuppen der Hülle; 4) Blüte von Plumbago europaea, die Kanten des Kelches mit gestielten klebrigen Drüsen besetzt; 5) Blüte von Ribes Grossularia, die klebrigen gestielten Drüsen an dem unterständigen Fruchtknoten; 6) Blüte von Epimedium alpinum, die gestielten klebrigen Drüsen an den Blütenstielen; 7) Blüte von Saxifraga controversa, der vordere Teil derselben weggeschnitten, die klebrigen gestielten Drüsen am Blütenstiel und an der äußeren Seite des Kelches; 8) Blüte von Circaea alpina, der unterständige Fruchtknoten mit klebrigen Stieldrüsen besetzt. Fig. 5 in natürl. Größe, die anderen Figuren 2—10fach vergrößert. (Zu S. 434.)

ist es ein dem arabischen Gummi oder Kirschgummi nahe verwandter Körper, und mitunter sind es harzige Stoffe oder Gemenge aus Harz und Schleim.

Die Klebestoffe entstehen auf zweifache Weise. Entweder bilden für sie bestimmte Zellen der ebenen Oberhaut des Stengels den Ausgangspunkt, oder es erheben sich über die Oberhaut besondere, aus ihren endständigen Zellen klebrige Stoffe ausscheidende Gebilde, welche unter den Namen Drüsen, Drüsenhaare, Stieldrüsen und dergleichen bekannt sind. Im ersten Falle hebt sich von den Zellen der ebenen Oberhaut die Kutikula ab, und es wird in die dadurch entstehenden Klüfte ein Teil des klebrigen Zellinhaltes ausgeschieden. Allgemach wird die Kutikula blasenförmig emporgetrieben, bis sie schließlich platzt und den klebrigen Stoff hervorquellen läßt. Die betreffenden Stellen des Stengels und der

Blütenstiele sehen dann geradeso aus, als hätte man sie mit dem Klebestoffe bestrichen, und machen den Eindruck von Leimspindeln. Im zweiten Falle wird die klebende Substanz durch Drüsen ausgeschieden.

Am häufigsten trifft man die als Schutzmittel der Blüten gegen ankriechende Tiere ausgebildeten Klebestoffe an den Blütenstielen und an den Spindeln der Blütenstände. Hier treten sie so auffallend hervor, daß die Erscheinung selbst dem flüchtigsten Beobachter nicht entgehen kann. Mehrere Pflanzen führen sogar im Volksmunde Namen, welche auf die Klebrigkeit der Stengel und auf die Ähnlichkeit derselben mit Leimspindeln hinweisen, wie beispielsweise das Leimkraut (Silene) und die Pechnelke oder Picknelke (Lychnis Viscaria). Auch die Botaniker früherer Zeiten haben viele Pflanzen mit Rücksicht auf ihre an Leimspindeln erinnernden Stengel sowie im Hinblick auf die Tatsache, daß an diesen Stengeln so häufig kleine Tiere kleben bleiben, benannt, wie der Name Silene muscipula und die Bezeichnungen viscidus, viscosus, viscosissimus, glutinosus usw. zeigen, welche insbesondere in den Familien der Skrofulariazeen, Lippenblütler und nelkenartigen Gewächse sowie bei den Gattungen Ledum, Cistus, Linum, Aquilegia und Robinia oftmals wiederkehren. Bei den nelkenartigen Gewächsen aus den Gattungen Dianthus, Lychnis und Silene, bei welchen leimspindelartige Stengel besonders häufig angetroffen werden, ist auch zu sehen, daß die klebrige Schicht wirklich die Aufgabe hat, die Blüten gegen die Angriffe aufkriechender Tiere zu schützen. Der untere Teil des Stengels, der keine Blüten trägt, ist bei diesen Pflanzen (z. B. Dianthus viscidus, Lychnis Viscaria, Silene muscipula) grün und zeigt keine Spur des rotbraunen klebenden Überzuges; dieser beginnt immer erst unter dem Blattpaar, aus dessen Achseln blütentragende Zweige hervorgehen. Auch ist an der Spindel des Blütenstandes jedes Glied nur an der oberen Hälfte, also nur in der unmittelbarsten Nähe der Blüten, als Leimspindel ausgebildet (s. Abbildung, S. 379).

Noch häufiger als der Überzug aus klebrigen, den Rissen der geplatzten Kutikula entquollenen Stoffen ist die Bekleidung der Blütenstiele mit Drüsen und Drüsenhaaren, welche sich schmierig anfühlen, und an welchen die kleinen Tiere bei der leisesten Berührung kleben bleiben. Als Beispiel der vielen hierhergehörigen Pflanzen diene die in Fig. 6 auf S. 433 abgebildete Sockenblume (Epimedium alpinum). An den Hüllschuppen der Blütenköpfchen und Blütenbüschel sowie an den Kelchen und unterständigen Fruchtknoten findet man klebrige und schmierige Überzüge bei der Gattung Grindelia und Clandestina, Drüsenhaare und Stieldrüsen insbesondere bei Linnaea, Crepis, Ribes, Circaea, Saxifraga und Plumbago, für welche auf der Abbildung S. 433 mehrere Arten als Beispiele zur Anschauung gebracht sind (Fig. 1—5, 7 und 8).

Eine hierhergehörige seltsame Ausbildung zeigt auch die auf S. 435 abgebildete Cuphea micropetala. Wie aus Fig. 4 dieser Abbildung zu ersehen ist, sind hier die Kronenblätter zu winzigen lanzettlichen Blättchen verkümmert, welche der Kelchröhre am oberen Ende nischenförmiger Vertiefungen eingefügt sind. Der Kelch ist bunt gefärbt, röhrenförmig, 22—28 mm lang und 6—7 mm breit, an der Basis, hinter dem Fruchtknoten, ausgesackt und sondert von der Innenfläche dieser Aussackung reichlich Honig ab. Der schräggestellte Fruchtknoten ist verhältnismäßig groß und zeigt dort, wo er in den Griffel übergeht, nach oben zu einen Wulst, der dicht an die obere Wand der Kelchröhre anschließt (Fig. 2). Da auch die beiden Seitenwände des Fruchtknotens der Kelchröhre dicht anliegen, so ist der Honig in der Aussackung des Kelches wie durch einen Pfropf abgesperrt. Es findet sich aber an dem Fruchtknoten, wie an Fig. 3 der untenstehenden Abbildung zu sehen ist, rechts und links je eine nach vorn trichterförmig erweiterte Furche, und es entstehen auf diese Weise 0,5 mm weite Kanäle, welche zu der hinter dem Fruchtknoten angebrachten, mit Honig gefüllten Höhle führen und auch selbst mit dem aus der Höhle zufließenden Honig größtenteils erfüllt sind. Anfliegende Insekten, welche Honig gewinnen wollen, und welche durch ihren Besuch vorteilhafte Kreuzungen der Blüten veranlassen, müssen ihren Rüssel in diese Kanäle einführen. Daß es ihnen hierbei sehr unwillkommen wäre, die Mündung der Kanäle von Honig leckenden Ameisen belagert und so den Zugang erschwert zu finden, ist natürlich, und es wäre insofern für diese Pflanze ein Nachteil, wenn der Honig ihrer Blüten auch flügellosen aufkriechenden Ameisen zugänglich sein würde. Und dennoch muß gerade der Honig der Cuphea micropetala für die Ameisen eine

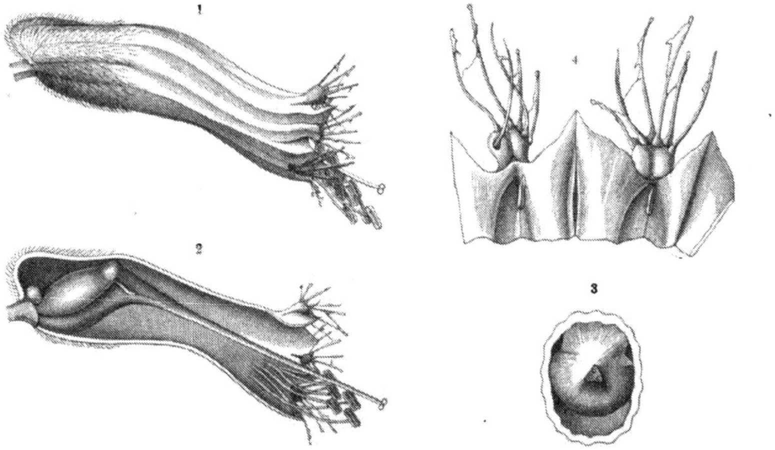

Klebrige Borsten am Saume des Kelches als Schutzmittel der Blüten gegen kleine aufkriechende Tiere: 1) Blüte von Cuphea micropetala, 2) Längsschnitt durch dieselbe Blüte, 3) Querschnitt durch dieselbe Blüte, in der Höhe der Basis des Griffels, 4) ein Stück des Blumensaumes derselben Pflanze, mit den von rundlichen Knöpfen ausstrahlenden klebrigen Borsten. Fig. 1—3: 2fach, Fig. 4: 8fach vergrößert.

besondere Anziehungskraft haben, da sich so viele Opfer dieser doch sonst in betreff des Betretens der Klebestoffe äußerst vorsichtigen Tiere an der genannten Pflanze finden. Die Kelchröhre ist zudem so weit, daß die meisten kleineren Arten der Ameisen zu der Mündung der honigführenden Kanäle an den Seitenwänden des Fruchtknotens leicht gelangen könnten. Es wird aber hier der Zugang zu dem Innenraume der Blüte durch ganz eigentümliche Vorrichtungen sowohl den Ameisen als allen anderen ankriechenden Insekten unmöglich gemacht. Über den verkümmerten Blättchen der Krone erheben sich nämlich am Saume des Kelches eigenartige knopfförmige Gebilde, deren jedes 4—6 spreizende, reichlich Klebestoff ausscheidende, am besten mit Leimspindeln zu vergleichende Borsten aufsitzen hat (s. obenstehende Abbildung, Fig. 1, 2 und 4). Diese Leimspindeln bilden zusammengenommen eine Reuse, welche den Saum der Kelchröhre krönt, und welche keine flügellose, von der Basis des Kelches her ankriechende Ameise betreten kann, ohne unrettbar verloren zu sein. Anfliegende Tiere dagegen, welche sich vor der Blüte beim Saugen des Honigs schwebend erhalten, sowie auch solche kleinere zufliegende

Tiere, welche etwa die über den Saum des Kelches hinausragenden Pollenblätter sowie den Griffel als Anflugsstange benutzen, werden durch die vom Kelchsaum etwas schräg nach auswärts abstehenden Leimspindeln nicht beirrt, und diese Gäste sind denn auch den Blüten der Cuphea micropetala in hohem Grade willkommen.

Es gibt auch Pflanzen, welche nicht nur an Kelchen, Hüllblättern und Blütenstielen, sondern auch an den Stengelblättern, ja selbst an den rosettenförmig gruppierten grundständigen Blättern mit klebrigen Haaren und Stieldrüsen besetzt oder mit leimartigen Überzügen versehen sind, wie namentlich verschiedene Primeln (Primula glutinosa, viscosa, villosa), Steinbreche (Saxifraga controversa und tridactylites), Krassulazeen (Sedum villosum, Sempervivum montanum) und verschiedene Steppengewächse (Cleome ornithopodioides, Bouchea coluteoides usw.). Daß diese Pflanzen durch ihre klebrigen Überzüge gegen nachteilige flügellose Besucher der Blüten geschützt werden, unterliegt keinem Zweifel. Man wird auch durch den Augenschein belehrt, daß nicht selten kleine Tiere, welche unvorsichtig genug waren, den gefährlichen zu den Blüten führenden Weg über die Blätter und Stengel zu betreten, kleben bleiben und zugrunde gehen. Dagegen dürfte es nicht in Betracht kommen, daß die Leichen der angeklebten kleinen Insekten den betreffenden Pflanzen einen Zuschuß zu ihrer Nahrung liefern, und daß sich die Drüsenhaare dieser Gewächse ähnlich verhielten wie die analogen Gebilde an den Blättern des Taublattes, des Sonnentaues und Fettkrautes (vgl. Bd. I, S. 319—335).

Seltener dienen auch Wachsüberzüge als Schutz gegen die zu den Blüten aufkriechenden Insekten. Für den Wachsüberzug, welcher als bläulicher Reif die mit Blütenkätzchen besetzten Zweige der Lorbeerweide (Salix daphnoides) und der kaspischen Weide (Salix pruinosa) bedeckt, ist wenigstens diese Rolle über allen Zweifel erhaben. Für die genannten Weiden, welche als zweihäusige Gewächse in betreff der Übertragung des krümeligen, haftenden Pollens geradezu auf die rasch fliegenden Bienen angewiesen sind, ist es von größter Wichtigkeit, daß ihr Honig nur diesen Tieren erhalten bleibe und nicht in nutzloser Weise anderweitig verbraucht werde. Flügellose Ameisen sind als nutzlos von dem Genusse des Honigs der Weidenblüten ausgeschlossen. Wenn dennoch diese Tiere, von den honigreichen, duftenden und weithin wahrnehmbaren Blütenkätzchen angezogen, über die Stämme und Zweige der genannten Weiden emporklettern, so gelangen sie unterhalb der Blütenkätzchen auf die mit Wachs überzogenen und dadurch sehr schlüpfrig gemachten Stellen. In ihrer Begierde, den so nahen Honig zu gewinnen, suchen sie auch diese Stellen rasch zu überschreiten, glitschen aber regelmäßig aus und büßen ihren Versuch, zu dem gewitterten süßen Safte zu kommen, mit einem mehrere Meter hohen Sturz auf die Erde.

Eine geringere Sicherheit gewähren alle diese Stoffe gegen Schnecken. Diese Tiere scheuen die Klebestoffe nicht sonderlich. Sie wissen die gefährlichen Stellen dadurch zu überschreiten, daß sie dort Schleim ausscheiden, welcher das Ankleben verhindert. Dagegen sind die Schnecken, wie überhaupt alle Tiere mit weicher Oberhaut, gegen Dornen, Stacheln und steife Borsten sehr empfindlich, und während es den Ameisen gelingt, über die stachligen Laubblätter und über die mit scharfen Spitzen bewehrten Hüllen der Distelköpfe ohne Schaden hinüberzukommen, machen die Tiere mit weichem Körper an solchen Stellen halt und suchen jede Berührung mit den stechenden Gebilden zu vermeiden. Gegen diese Tiere gibt es keinen besseren Schutz als *Stacheln, spitze Zähne und starre, stechende Borsten, welche den Weg besetzen, der zu den Blüten hinführt.* Nur ist zu bemerken, daß die weichen Tiere, namentlich

Schnecken und Raupen, weder Honig noch Pollen aufsuchen, sondern den Blüten dadurch gefährlich werden, daß sie die ganzen Blumenblätter, Pollenblätter und Fruchtblätter verzehren. Insofern fällt aber die Bedeutung der Stacheln als Schutzmittel der Blüten mit jener als Schutzmittel der Laubblätter teilweise zusammen, und es kann deshalb auf die Schilderung verwiesen werden, welche in Band I, S. 119, gegeben worden ist. Nur zwei Dinge verdienen in betreff dieser Schutzwehren hervorgehoben zu werden, erstens daß in allen jenen Fällen, wo nicht nur das Laub, sondern auch die Blüten gegen auffriechende Tiere geschützt werden sollen, die Zahl der stachelförmigen Gebilde desto mehr zunimmt, je näher den Blüten die betreffende Stelle der Pflanze gelegen ist, und zweitens, daß in sehr vielen Fällen die um die Blüten herumstehenden Stacheln nicht nur als Schutzmittel gegen unberufene Gäste, sondern gleichzeitig auch als Wegweiser zu gelten haben, durch welche anfliegende honigsuchende Tiere veranlaßt werden, in den Blüten dort einzukehren, wo sie sich Pollen aufladen oder den von anderen Blüten mitgebrachten Pollen an der Narbe abstreifen müssen.

Die kleinen, zu Köpfchen und Büscheln vereinigten Blüten der Korbblütler, Skabiosen und Nelken sind bekanntlich sehr reich an Honig. In vielen derselben reicht er über die Röhre bis zu dem erweiterten Teile der Blumenkrone herauf. Der süße Saft ist aber nur für Insekten ausgeboten, welche von obenher zu den Blüten kommen, wo pollenbedeckte Antheren und Narben im Wege stehen. Die Ausbeutung des Honigs auf anderem Wege, etwa von unten oder von der Seite her, muß vermieden werden. Nun gibt es aber viele Insekten, zumal Bienen und Hummeln, welche, wenn sie Honig unter einer dünnen Hülle wittern, diese Hülle durchbeißen und sich durch eine selbst gebildete Hintertür in den Genuß des Honigs setzen. Gegen diese muß eine den unteren honiggefüllten Teil der Blüten schützende, schwer durchdringbare Hülle angebracht sein, welche einen Angriff von unten oder von der Seite her ausschließt oder doch ziemlich aussichtslos macht. Tatsächlich sind auch die Hüllen oft als unüberschreitbare Barrikaden ausgestaltet. Da die geflügelten Insekten von der Seite herankommen könnten, um den Honig auszubeuten, so muß auch in dieser Beziehung vorgesorgt sein. Man betrachte nur einen Distelkopf oder das Blütenbüschel einer Nelke und besehe den mächtigen, mehrschichtigen Wall aus dicken, starren und festen, dachziegelförmig aufeinandergelagerten Schuppen, welche die Hülle der gehäuften kleinen honigreichen Blüten bilden. Die kräftigste Hummel würde sich vergeblich bemühen, diesen Wall zu durchbeißen und sich den Zugang zum Honig von der Seite her zu erzwingen. Will sie nicht auf die Ausbeute verzichten und unverrichteter Dinge davonfliegen, so bleibt ihr nichts anderes übrig, als über den Schutzwall emporzuklettern und in die honiggefüllten Blüten von obenher einzufahren.

Während die bisher besprochenen Einrichtungen vorwiegend die Aufgabe haben, die Blüten gegen die vom Boden herankriechenden Tiere zu schützen, und dementsprechend entlang dem Wege ausgebildet sind, welchen die Tiere über den Stengel, die Blütenstiele, Hüllblätter und Kelche einschlagen müssen, um den Honig des Blütengrundes zu erreichen, sind die *Schutzmittel gegen die als unberufene Gäste zufliegenden kleinen Tiere* vorwiegend im Inneren der Blüten angebracht. Von hervorragendem Interesse sind in dieser Beziehung zunächst *die im Inneren der Blüten ausgebildeten Haare und Fransen*. Dieselben gruppieren sich entweder zu unregelmäßigen Dickichten, welche Baumwollpfropfen, Flocken und Bliesen ähnlich sehen, oder sie sind regelmäßig nebeneinandergestellt und aneinandergereiht und erscheinen dann als Gitter und Reusen. Im ersteren Fall erfüllen sie entweder den ganzen Innenraum der glocken- oder krugförmigen Blumenkrone, wie z. B. bei den Blüten der

Bärentrauben (Arctostaphylos alpina und Uva ursi; s. untenstehende Abbildung, Fig. 1), oder sie beschränken sich nur auf den röhrenförmigen Teil der Krone, wie bei der kleinen Primel der Hochalpen (Primula minima). Bei den Alpenröschen (Rhododendron hirsutum und ferrugineum) sowie bei mehreren Arten der Gattung Geißblatt (Lonicera nigra,

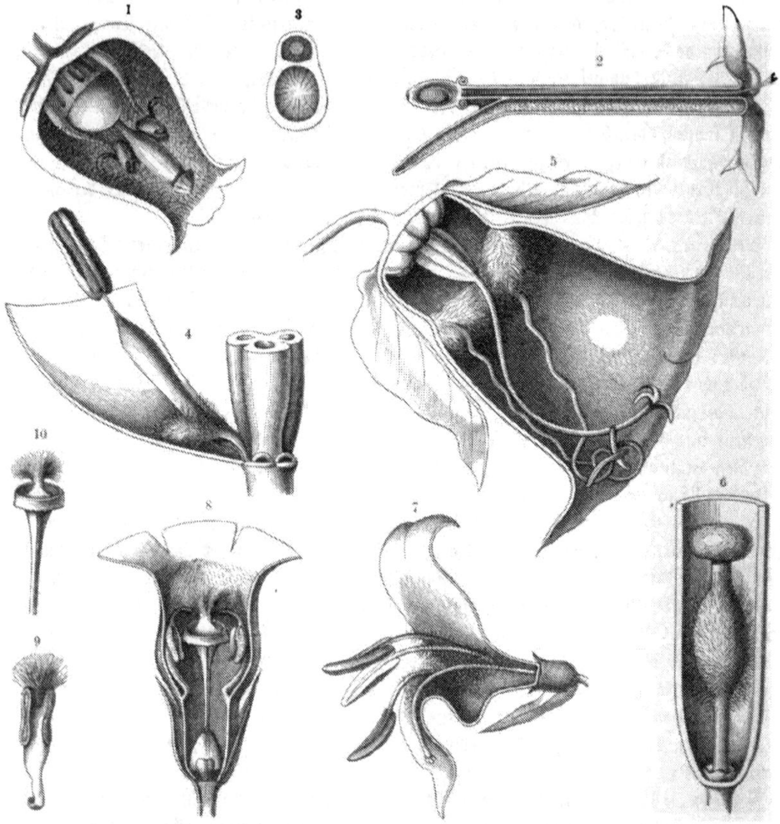

Dichte aus Haaren als Schutzmittel der Blüten gegen unberufene Gäste: 1) Längsschnitt durch die Blüte der Bärentraube (Arctostaphylos Uva ursi); 2) Längsschnitt durch die Blüte von Centranthus ruber, 3) Querschnitt durch dieselbe Blüte; 4) Ausschnitt aus der Blüte einer Tulpe (Tulipa silvestris); 5) Längsschnitt durch die Blüte von Cobaea scandens; 6) Längsschnitt durch die Blüte von Daphne Blagayana; 7) Längsschnitt durch die Blüte von Lonicera alpigena; 8) Längsschnitt durch die Blüte von Vinca herbacea (die Zipfel des Saumes teilweise weggeschnitten), 9) ein einzelnes Pollenblatt derselben Pflanze, 10) Griffel und Narbe derselben Pflanze. Fig. 5 in natürl. Größe, die anderen Figuren 3—10fach vergrößert.

Xylosteum und alpigena; s. Abbildung, Fig. 7) ist die Blumenkrone unterwärts mit Haaren besetzt, welche sich mit jenen, die von den Pollenblättern ausgehen, zu einem die Honiggrube verhüllenden Dickicht verbinden. In vielen Fällen ist die Innenseite der Blumenkrone glatt und nur die Basis der Pollenblätter mit Haarflocken besetzt, welche sich vor die Nektarhöhle lagern, wie z. B. bei der Tollkirsche, dem Bocksdorn und dem Speerkraut (Atropa, Lycium,

Polemonium). Bei der für Kolibris berechneten, zu den Skrofulariazeen gehörenden mexikanischen Schlingpflanze Lophospermum scandens erscheint der zu fünf Gruben erweiterte honigführende Blütengrund durch einen Pfropf von zarten, weichen Haaren abgeschlossen, welche einerseits von dem Fruchtknoten, anderseits von der Basis der Pollenblätter ausgehen, und welcher zwar von einem kräftigen Schnabel leicht durchbrochen werden kann, aber kleinen Insekten den Durchgang verwehrt. Bei der bekannten Schlingpflanze Cobaea scandens (s. Abbildung, S. 438, Fig. 5) ist die Basis eines jeden Pollenblattes wie in einen weißen Pelz gehüllt, und es bilden die fünf pelzigen Haargewirre zusammen einen förmlichen Pfropf, welcher die Blütenglocke in eine hintere, honigführende und eine vordere, die Antheren und Narben bergende Kammer teilt. In den Blüten der Tulpen (s. Abbildung, S. 438, Fig. 4) wird der Honig von den Pollenblättern abgesondert. Jedes Pollenblatt ist zu unterst an der dem Perigon zusehenden Seite ausgehöhlt, und diese Aushöhlung ist mit Honig erfüllt. Diese Honiggrube wird aber durch ein darüberstehendes Haardickicht vollständig verhüllt, und Insekten, welche den Honig gewinnen wollen, müssen sich unter diesen Haarpfropf eindrängen und das ganze Pollenblatt emporheben. Bei der Königsblume (Daphne Blagayana; s. Abbildung, S. 438, Fig. 6) ist der gestielte Fruchtknoten in Haare eingehüllt und dadurch der im Blütengrunde von einem fleischigen Ringwalle reichlich abgeschiedene Honig gegen den Raub durch unberufene Gäste abgesperrt. In den Blüten der auf den pontischen Steppen heimischen Vinca herbacea (s. Abbildung, S. 438, Fig. 8—10) sind die Scheitel der Pollenblätter ebensowohl wie der Scheitel des scheibenförmigen Griffelkopfes mit Haarbüscheln besetzt, die gegenseitig ineinandergreifen und dadurch einen Verschluß der Kronenröhre herstellen, der ganz den Eindruck macht, als hätte man einen Pfropf aus Baumwolle in die Mündung der Röhre eingefügt. Eine der absonderlichsten, hier noch zu erwähnenden Bildungen findet sich in den Blüten der Spornblume (Centranthus; s. Abbildung, S. 438, Fig. 2 und 3). Hier ist nämlich die 12 mm lange und kaum 1 mm weite Röhre der Blumenkrone durch ein häutiges, dünnes Gewebe der Länge nach in zwei Abteilungen gebracht, von welchen die obere engere den fadenförmigen Griffel eingebettet enthält, während die etwas weitere untere nach rückwärts zu in eine sackförmige Verlängerung ausläuft, in welcher Honig ausgeschieden wird. Diese untere Abteilung ist nun von der vorderen Mündung angefangen bis zu dem honiggefüllten Sacke ganz dicht mit Härchen besetzt, welche wohl die Einführung eines Rüssels gestatten, aber kleineren Insekten das Einkriechen bis zum Honig unmöglich machen. Da diese Härchen mit ihren freien Enden sämtlich gegen die Mittellinie der Röhre gerichtet sind (s. Abbildung, S. 438, Fig. 3), so bilden sie gewissermaßen den Übergang zu den Haarkränzen, Reusen und Gittern, welche oben als zweite Form der im Inneren der Blüten entwickelten Haargebilde aufgeführt wurden.

Am häufigsten sind die Reusen und Gitter aus geraden, elastisch biegsamen Haaren oder Fransen zusammengesetzt, welche von einer ringförmigen Leiste oder Kante an der Innenseite des röhrenförmigen Teiles der Blumenkrone ausgehen und, wie gesagt, mit ihren freien Enden gegen die Mitte der Kronenröhre gerichtet sind. Bald trifft man diese Reusen oder Gitter unmittelbar an der Mündung der Röhre, wie bei dem Ehrenpreis (Veronica officinalis), bald etwas hinter dem vorderen Ende des Schlundes, wie bei dem Eisenkraut (Verbena officinalis), bald wieder tief unten im Grunde der Röhre, wie bei dem Akanthus, dem Phlox, dem Drachenmaul und der Braunelle (Acanthus, Phlox, Horminum, Prunella). Mit Fransen besetzte, ringförmig gruppierte Schuppen in einfacher, doppelter oder dreifacher Reihe sind in den Blüten vieler Gentianen und Passifloren zu sehen. Bei einigen Rautengewächsen, so namentlich bei Haplophyllum, wird aus den von der Basis der Pollenblätter abstehenden Haaren ein Gitter im Blütengrunde gebildet, und bei einer Art des Fichtenspargels (Monotropa) gehen von einem besonderen Wulst unterhalb der Narbe strahlenförmig gruppierte Haare aus, welche bis zu den Kronenblättern reichen und sich als zierliches Gitter darstellen. Bei der Swertia (Swertia perennis) wird der Honig in kleinen, nahe der Basis der Blumenblätter stehenden Näpfen ausgeschieden, und es erheben sich von dem ringförmigen Walle, welcher die Näpfe umgibt, zahlreiche Fransen, deren Spitzen zusammenneigen, sich kreuzen, verschlingen und zusammendrehen und so, einem Käfig vergleichbar, die mit Honig gefüllten Vertiefungen überdecken. Mit dieser Aufzählung sind die Formen der Reusen, Gitter und Haarkränze zwar noch lange nicht erschöpft; doch gibt sie ein annäherndes Bild der großen Mannigfaltigkeit, welche in dieser Beziehung besteht.

Es dürfte befremden, wenn nun in diesem Kapitel, wo die Ameisen so oft als unberufene Gäste der Blüten dargestellt worden sind, dieselben Tiere zum Schluß auch noch als willkommene und vorteilhafte Besucher gewisser Pflanzen aufgeführt werden. Und dennoch scheint gerade diese Stelle des Buches am besten geeignet, um der merkwürdigen Rolle der Ameisen als Wächter und Beschützer der Blüten zu gedenken. Wir knüpfen dabei an die Bemerkungen an, die über das genossenschaftliche Zusammenleben von Ameisen und Pflanzen zu beiderseitigem Vorteil früher gemacht worden sind. In betreff dieses Zusammenlebens sei hier in Kürze wiederholt, daß jene Ameisen, welchen von den Wirtspflanzen in besonderen Kammern der Stengel, Stacheln und Dornen eine gesicherte Heimstätte und an den Laubblättern in Form eigentümlicher Gewebekörper eine ergiebige Nahrung geboten wird, die Aufgabe haben, die Laubblätter dieser Pflanzen gegen die Angriffe anderer gefräßiger Insekten zu schützen (vgl. Bd. I, S. 421). Dieser Schutz ist nun freilich ein Gegendienst, welchen die Ameisen den betreffenden Pflanzen nicht aus selbstloser Gefälligkeit, sondern nur im eigensten Interesse leisten. Durch die Zerstörung der Laubblätter und das dadurch veranlaßte Hinsiechen und Absterben der ganzen Pflanzenstöcke würden den Ameisen zwei wichtige Lebensbedingungen genommen, und wenn sie sich bemühen, die dem Laub ihrer Wirtspflanzen gefährlichen Tiere zu vertreiben, so verteidigen sie eigentlich nur ihre Futterplätze und Wohnstätten.

Etwas Ähnliches kommt nun auch bei den Blütenköpfchen mehrerer im südöstlichen Europa einheimischen Korbblütler, namentlich bei Centaurea alpina und ruthenica, Jurinea mollis und Serratula lycopifolia, vor, von welchen die zuletzt genannte Art auf S. 441 abgebildet ist. Die Blütenköpfchen dieser Korbblütler sind im jugendlichen Zustande den verderblichen Angriffen gefräßiger Käfer sehr ausgesetzt. Insbesondere finden sich auf ihnen gewisse mit dem Maikäfer und den Goldkäfern verwandte Arten, wie z. B. Oxythyrea funesta, ein, welche ohne viele Umstände tiefe Löcher in die Köpfchen fressen und außer den grünen, saftreichen Schuppen der Hülle und den kleinen, noch geschlossenen Blüten bisweilen auch den Blütenboden ganz oder teilweise zerstören. Durch ein solches Vernichtungswerk wäre selbstverständlich die weitere Entwickelung der Blütenköpfchen und die Ausbildung von Früchten unmöglich gemacht, und um dieser Gefahr zu begegnen, erscheint eine Besatzung aus wehrhaften Ameisen herangezogen. An den grünen, dachziegelförmig aneinandergereihten Hüllschuppen der noch geschlossenen Blütenköpfchen wird aus großen Wasserspalten Honig ausgeschieden, und zwar in so reichlicher Menge, daß man am frühen Morgen auf jeder Schuppe einen Tropfen des süßen Saftes und, wenn das Wasser dieses Tropfens verdunstet ist, ein krümeliges Klümpchen Zucker, ja bisweilen auch kleine Zuckerkristalle hängen sieht. Den Ameisen ist dieser Zucker in hohem Grade willkommen, und sie finden sich reichlich ein, bewahren aber auch den gutbesetzten Tisch gegen anderweitige Angriffe. Nähert sich einer der erwähnten gefräßigen Käfer, so nehmen sie sofort eine kampfbereite Stellung ein, halten sich mit dem letzten Fußpaar an den Hüllschuppen fest und strecken den Hinterleib, die Vorderbeine und insbesondere die kräftigen Kiefer dem Feinde entgegen, wie es durch die untenstehende Abbildung naturgetreu dargestellt ist. Sie verweilen in dieser Stellung so lange, bis sich der Angreifer, dem, wenn es nötig ist, auch eine Ladung von Ameisensäure entgegengespritzt wird, zurückzieht, und erst wenn dies geschehen, setzen sie sich wieder ruhig zum Mahle

Die Blütenköpfe der Serratula lycopifolia, gegen die Angriffe eines gefräßigen Käfers (Oxythyrea funesta) durch Ameisen (Formica exsecta) verteidigt.

hin. Kämpfe der zu einer Art gehörenden Ameisen untereinander wurden auf den genannten Korbblütlern niemals beobachtet, obschon es vorkommt, daß auf einem einzigen Köpfchen der Jurinea mollis 10—15 Stück der Ameise Camponotus Aethiops und auf einem Köpfchen der Serratula lycopifolia ebenso viele Stück von Formica exsecta begierig den Honig lecken.

Merkwürdig ist, daß die Zuckerausscheidung aus den Wasserspalten der Hüllschuppen abnimmt und endlich ganz aufhört, sobald die Blüten des Köpfchens sich zu öffnen beginnen, die Angriffe von seiten der gefräßigen Käfer ausbleiben und ein Schutz für die Köpfchen nicht mehr nötig ist. Dann zieht sich auch die Besatzung zurück, d. h. die Ameisen verlassen die Blütenköpfchen und klettern wieder auf den Boden herab. Diesen Tieren war es ja nur um die Verteidigung ihres ergiebigen Futterplatzes zu tun, und ohne es zu wissen und zu wollen, wurden sie zu Wächtern und Schützern der jungen Blüten!

Das Aufladen des Pollens.

Nachdem die Einrichtungen, welche sich auf die Ankunft und den Empfang der berufenen und unberufenen Gäste aus der Tierwelt an der Blütenpforte beziehen, eine übersichtliche Darstellung gefunden haben, können nun auch die Vorgänge geschildert werden, durch welche die in die Blüten gelangten Tiere mit Pollen beladen werden.

Der einfachste Vorgang beim Aufladen des Pollens besteht darin, daß die Tiere beim Herumklettern und Herumlaufen im Bereiche der Blüten ringsum mit Pollen beladen und förmlich eingepudert werden. Es kommt das bei zahllosen Doldenpflanzen, Skabiosen und nelkenartigen Gewächsen vor, deren Einzelblüten zwar nur wenig Pollenblätter enthalten, wo aber durch Vereinigung zahlreicher Blüten zu Dolden, Büscheln, Ähren und Köpfchen ein umfangreicher, mit schlanken, fadenförmigen, leicht ins Wanken zu bringenden Pollenblättern besetzter Tummelplatz für die Insekten hergestellt ist, auf welchen der Pollen aus den Antheren von allen Seiten leicht abgeschüttelt und abgestreift werden kann. Auch in den mit Pollenblättern gut ausgestatteten Einzelblüten der Rosen, Windröschen, Päonien, Mohne, Magnolien und Opuntien werden die Insekten, wenn sie sich zwischen den Antheren herumtreiben oder an dem auf die Blumenblätter herabgefallenen Pollen gütlich tun, an Kopf, Brust und Hinterleib, an Flügeln und Füßen mit dem mehligen Pollen eingestäubt. Dasselbe geschieht in den Blütenscheiben der Aroideen, den Perigonen der Osterluzeiblüten und den Urnen der Feigen, in welchen sich Mücken, Wespen und Käfer herumtreiben, die beim Verlassen ihrer zeitweiligen Herberge den Pollen abstreifen, worüber die Mitteilungen auf S. 383—388 dieses Bandes zu vergleichen sind. An der erwähnten Stelle wurde auch gesagt, daß die Tiere, welche in den Osterluzeiblüten in Gefangenschaft geraten, nach einiger Zeit mit Pollen beladen ins Freie kommen. Der dort nur angedeutete Vorgang ist so merkwürdig, daß es sich lohnt, denselben an einem besonderen Falle etwas ausführlicher zu besprechen. Bei der weitverbreiteten und in der Abbildung auf S. 426, Fig. 8, dargestellten Osterluzei, Aristolochia Clematitis, führt der Weg in den blasenförmig aufgetriebenen Blütengrund über eine bequeme zungenförmige Anflugplatte durch einen dunkeln, verhältnismäßig engen Gang, der an der Innenwand mit Haaren ausgekleidet ist. Die freien Enden dieser Haare richten sich einwärts, d. h. gegen die blasenförmig erweiterte Kammer, und gestatten den Besuchern aus der Insektenwelt, kleinen, schwarzen Mücken aus den Gattungen Ceratopogon und Chironomus, daß sie den Gang durchdringen und die Kammer betreten. Einmal dort angelangt, müssen sie sich aber gefallen lassen, ein paar Tage eingesperrt zu bleiben. Die erwähnten Haare erlauben zwar das Hineinschlüpfen, versperren aber den Rückweg, indem sich ihre Spitzen den kleinen Mücken, welche aus der Kammer entweichen möchten, entgegenstellen (s. Abbildung, S. 426, Fig. 9). In der ersten Zeit wird übrigens die Gefangenschaft von den Mücken gern ertragen, da ihnen die im Gefängnis herrschende erhöhte Temperatur zusagt und anderseits die saftreichen Zellen, mit welchen die Kammer im Inneren austapeziert ist, etwas Nahrung bieten. Am zweiten oder dritten Tage der Gefangenschaft öffnen sich die den Seitenwänden der Befruchtungssäule angewachsenen Antheren und lassen ihren mehligen Pollen auf den Boden der Kammer herabfallen. Auch dieser Pollen ist für die Mücken eine willkommene Nahrung, und man sieht, daß sie sich an demselben gütlich tun. Endlich aber werden die Gefangenen doch unruhig, sie suchen einen Ausweg zu gewinnen, treiben sich lebhaft in der Kammer umher und beladen sich bei dieser Gelegenheit an ihrer ganzen Körperoberfläche mit Pollen. Sobald dies geschehen, naht für sie die Stunde der Befreiung; die Haare im Inneren des engen Ganges welken und fallen schlaff zusammen, die Bahn nach außen ist nun frei, und die mit Pollen eingepuderten Mücken verlassen rasch die Blüte der Osterluzei, in welcher sie ein paar Tage hindurch Obdach und Nahrung gefunden hatten. Daß den Mücken die zeitweilige Gefangenschaft nicht in unangenehmer Erinnerung bleibt, geht daraus hervor, daß sie, kaum der einen Blüte entschlüpft, sofort in eine zweite hineinkriechen, die eben erst zugänglich geworden ist. Dieser letztere Umstand muß ganz besonders betont werden, wenn die Bedeutung des seltsamen, soeben geschilderten Fangspieles zum Verständnis gebracht werden soll. Sobald die Blüte zugänglich geworden ist, kann die Narbe bereits Pollen aufnehmen, die Antheren sind aber noch geschlossen. Wenn nun die kleinen Mücken aus älteren Blüten in jüngere kommen und dort auf die Narbe treffen, welche gerade vor der inneren Mündung des dunkeln Ganges steht, so streifen sie an diese den mitgebrachten Pollen ab und veranlassen dadurch eine Kreuzung. Infolge der Befruchtung welken aber die Haare in der Blütenröhre ab.

Wenn den Insekten die aus der Eingangspforte vorragenden oder hart an die Schwelle dieser Pforte gestellten Pollenblätter als Anflugplatz dienen, wie beispielsweise bei den Blüten der Funkien, des Natterkopfes, der Braunwurz und des Eisenhutes (Funkia, Echium, Scrophularia, Aconitum), so wird schon im Augenblicke des Niederlassens und noch mehr beim Vorschreiten gegen den Blütengrund das Insekt an der unteren Seite des Körpers mit Pollen beladen. Bei einer Art der Alpenrosen (Rhododendron Chamaecistus) und bei dem Gamander-Ehrenpreis (Veronica Chamaedrys; s. Abbildung, S. 426, Fig. 1) erfassen die zu den seitlich eingestellten Blüten kommenden Insekten mit den Vorderbeinen die weit vorstehenden Staubfäden als Anflugstangen. Diese aber sind so eingerichtet, daß sie sich infolge der Berührung abwärts und einwärts drehen. Im Nu sind sie der unteren Seite des angeflogenen Insektes angeschmiegt und sogleich ist dort auch der Pollen abgestreift. Ein massenhaftes Abstreifen des Pollens an die untere Körperseite der Insekten findet auf den scheibenförmigen Blütenständen der Korbblütler statt. Aus den kleinen, das Köpfchen eines Korbblütlers zusammensetzenden Röhren- oder Zungenblüten werden kurz nach dem Öffnen der Kronen die an der Außenseite mit Pollen bedeckten Griffel vorgeschoben, und da stets ganze Wirtel solcher Blüten zugleich sich öffnen, so ragen auch zahlreiche pollenbeladene Griffel dicht nebeneinander von der Scheibe des Köpfchens wie ein kleiner Wald empor. Ein auf das Köpfchen fliegendes größeres Insekt kann daher schon im Augenblicke des Aufsitzens mit dem Pollen zahlreicher Blüten auf einmal bestreut werden. Dreht und wendet sich überdies das Insekt auf der Scheibe des Blütenstandes, indem es bald hier, bald dort seinen Rüssel in die Tiefe der kleinen Blüten einsenkt, so streift es bei dieser Gelegenheit mit der Unterseite des Hinterleibes noch viel mehr Pollen ab und verläßt dann, reichlichst mit demselben beladen, das Blütenköpfchen.

In eigentümlicher Weise vollzieht sich das Aufladen des Pollens bei den unter dem Namen Frauenschuh (Cypripedium) bekannten Orchideen. Bei diesen wird nämlich immer nur eine der beiden Schultern des besuchenden Insektes mit der schmierigen Pollenmasse beklebt. Wie das zugeht, soll hier in Kürze von dem europäischen Frauenschuh (Cypripedium Calceolus) erzählt werden. Die Blume dieser Orchidee, von welcher auf S. 448, Fig. 1, eine Abbildung eingeschaltet ist, besteht aus sechs Blättern, von welchen eins die Form eines Holzschuhes hat, tief ausgehöhlt ist und am Boden einen Besatz aus saftreichen „Haaren" trägt. Mitunter werden von den Zellen, aus welchen sich diese Haare aufbauen, auch kleine Nektartröpfchen ausgeschieden. An diesen Haaren wollen sich gewisse kleine Bienen aus der Gattung

Andrena gütlich tun und suchen in die Höhlung zu gelangen. Drei Wege stehen ihnen hierzu offen, entweder eins der beiden kleinen Löcher im Hintergrunde rechts und links neben der Befruchtungssäule oder die große ovale Öffnung in der Mitte vor der Befruchtungssäule. Sie wählen den letzteren Zugang und schlüpfen unterhalb der breiten, rauhen Narbe auf den Boden der Höhlung hinab. Dort angekommen, weiden sie die saftreichen Zellen der Haare ab, suchen aber nach einiger Zeit wieder ins Freie zu kommen. Das gelingt freilich nicht so leicht. Die Ränder der großen mittleren Öffnung sind nach einwärts übergebogen (s. Abbildung, S. 448, Fig. 2) und so geformt, daß ein Erklettern derselben unmöglich ist, und es bleibt den Bienen daher nichts anderes übrig, als einen der beiden kleinen Auswege im Hintergrunde der Höhlung aufzusuchen. Auch dort ist übrigens das Entkommen nicht gerade leicht, und die Bienen müssen

1

2

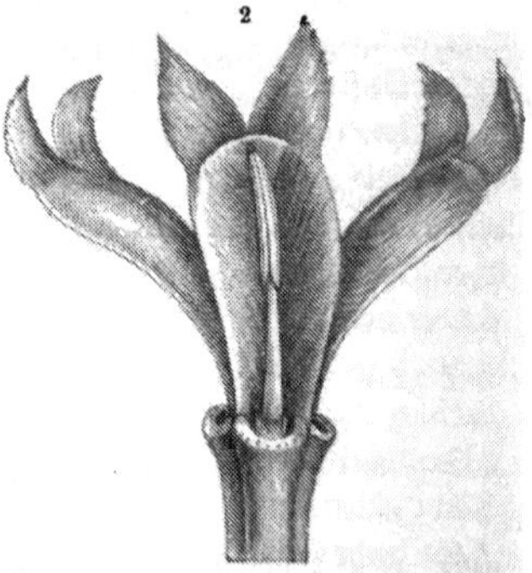

Einrichtungen zum Aufladen des Pollens: 1) Blüte einer Schwertlilie (Iris Germanica), drei Perigonblätter sind aufwärts, drei abwärts geschlagen, die letzteren tragen einen aus gelben Haaren gebildeten, von dem Violett der Perigonblätter sich deutlich abhebenden Bart, welcher als Wegweiser für die in die honigerfüllte Perigonröhre einfahrenden Insekten dient, 2) die obere Hälfte der Perigonröhre mit den drei Zugängen zum Honig; über jedem Zugange steht ein Pollenblatt mit langer linealer, auswärts gewendeter Anthere, und über jedes Pollenblatt ist einer der drei blumenblattartigen Griffel gewölbt. (Zu S. 445.)

sich durch eine der beiden engen Öffnungen förmlich durchzwängen, wobei sie mit der einen Schulter an den weichen, klebrigen Pollen derjenigen Anthere anstreifen, welche den inneren Rand des betreffenden Ausganges bildet. Es ist dem nur noch beizufügen, daß solche an einer Schulter mit dem Pollen beklebte Insekten den Pollen an die rauhe Narbe anheften, sobald sie in eine andere Blüte des Frauenschuhes eindringen.

Sehr häufig sind die Fälle, wo die honigsuchenden Insekten mit der Oberseite des Körpers an die Antheren anstreifen und sich den Rücken mit Pollen beladen. Die Hummeln, welche auf dem Barte der herabgeschlagenen äußeren Perigonblätter der Schwertlilie (Iris; s. Abbildung, S. 444) als dem bequemsten Anflugplatze dieser Blüten sich niederlassen und von dort aus zu den mit Honig gefüllten Kanälen der Perigonröhre vordringen, kommen dabei unter das Dach der blattartigen Griffel und zugleich unter das Pollenblatt, welches so gebogen und so gestellt ist, daß es genau der Krümmung des Rückens und Hinterleibes der Hummel entspricht. Regelmäßig wird auch der Pollen auf den Rücken des Tieres gestreift und aufgeladen. In ähnlicher Weise streifen Bienen, welche in die aufgesperrte Blume des Schwertels (Gladiolus), der Taubnessel (Lamium) und anderer Lippenblütler einfahren, mit dem Rücken an die Antheren, welche dicht unter der Oberlippe verborgen sind, und werden auch nur dort mit Pollen beladen. Dasselbe gilt von den Hummeln, welche in die großen Glocken der Gloxinia schlüpfen,

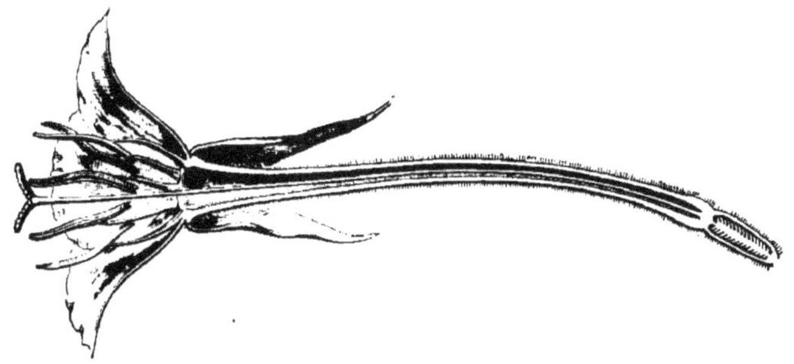

Längsschnitt durch die Blüte der Nachtkerze (Oenothera biennis).

in den Blüten des Fingerhutes (Digitalis) zum Honig emporklettern oder sich in den Rachen der Blüten des Löwenmaules und Leinkrautes (Antirrhinum, Linaria) wagen. In den zuletzt genannten Blüten sind zwei Paare großer Antheren dicht unter dem Dache der Oberlippe angebracht, und der aus ihnen entbundene Pollen bildet zwei rundliche Ballen, welche von den einfahrenden Insekten auf einmal aus den Nischen der Antheren gelöst, auf den Rücken geladen und zu anderen Blüten geschleppt werden.

Die Schmetterlinge, welche, vor den nach der Seite eingestellten Blüten der Nachtkerzen (Oenothera; s. obenstehende Abbildung) schwebend, ihren Rüssel in die lange, mit Honig gefüllte Blumenröhre einführen, streifen dabei mit dem Kopfe an die Antheren, welche den Eingang zur Blumenröhre umgeben, und werden auch vorwiegend an diesem Körperteil mit Pollen behaftet. Dasselbe gilt von den Honigvögeln, welche den braunen Nektar aus dem becherförmigen unteren Kelchblatte der Melianthusblüten (s. Abbildung, S. 428, Fig. 12) gewinnen wollen und dabei die darüber gestellten Antheren mit dem Kopfe berühren.

Die Blüten, deren Einrichtung zum Zweck hat, daß die zum Honig des Blütengrundes einfahrenden Insekten mit dem Bauche, dem Rücken, der Schulter, dem Kopf oder auch nur mit dem Rüssel den Pollen abstreifen, sind übrigens so mannigfaltig, daß es in Berücksichtigung des in diesem Buche gebotenen Raumes unmöglich ist, alle vorzuführen. Es sollen daher nur noch einige der auffallendsten geschildert werden, was um so rascher erledigt werden kann, als gerade diese Einrichtungen mit den schon bei früherer Gelegenheit besprochenen

Schutzmitteln des Honigs teilweise zusammenfallen. In erster Linie wäre der in ihrem Inneren mit Dörnchen oder steifen, spitzen Börstchen ausgestatteten Blüten zu gedenken. Es ist bekannt, daß die honigsaugenden Insekten, namentlich die Hummeln, um ihren Rüssel sehr besorgt sind, daß sie ihn, wenn er nicht gerade im Gebrauch ist, sorgfältig in besonderen Furchen ihres Körpers verwahren und es auch dann, wenn sie ihn benutzen, vermeiden, an feste Spitzen anzustoßen, weil er dadurch leicht verletzt werden kann. Durch spitze Dörnchen oder Börstchen im Bereiche der Blüten wird daher den mit dem Rüssel einfahrenden Insekten der Weg genau vorgezeichnet. Sie weichen nämlich den Spitzen aus, und indem sie das tun, gelangen sie auf jene Bahn, wo sie ihren Rücken, Kopf oder Rüssel unvermeidlich mit Pollen beladen. So verhält es sich z. B. in den Blüten einiger Schotengewächse (Braya alpina, Malcolmia africana, maritima; s. Abbildung, S. 448, Fig. 6), wo die Insekten durch zwei Gruppen aufrecht abstehender, starrer spitzer Börstchen, deren Träger der Fruchtknoten ist, auf den Weg zum Honig verwiesen werden, bei dessen Benutzung sie mit dem Rüssel und Kopf die pollenbedeckten Antheren streifen müssen. Dasselbe gilt von der Blumenkrone eines Lippenblütlers, namens Leonurus heterophyllus (s. Abbildung, S. 448, Fig. 7), welche im Schlunde dicht hinter der Unterlippe einen Besatz aus spitzen Dörnchen aufweist. Insekten, welche den Honig im Blütengrunde gewinnen und dabei die Berührung der Dörnchen vermeiden wollen, sind genötigt, mit dem Rüssel dicht unter der Oberlippe einzufahren, wobei sie an die dort befindlichen pollenbedeckten Antheren anstreifen. Auch in vielen anderen Blüten, z. B. mehreren kleinen Gentianen der Hochalpen (Gentiana glacialis und nana), wird der Weg den Insekten durch den Bau der Blüten gewiesen, damit mit der Entnahme des Honigs immer auch eine Berührung der Antheren erfolgt.

In den Blüten des Ackersenfs (Sinapis arvensis), des Doppelsamens (Diplotaxis) und noch mehrerer anderer Schotengewächse vollführen die aufgesprungenen Antheren schraubige Drehungen, welche den Zweck haben, die pollenbedeckte Seite von der Narbe wegzuwenden und dorthin zu stellen, wo die Insekten mit dem Rüssel zum Honig einfahren. Bei anderen Schotengewächsen zeigen die Pollenblätter eigentümliche Biegungen der Antherenträger, welche zum Ziele haben, die Antheren dicht neben die Zufahrt zum Nektar zu stellen. So z. B. findet man im Grunde der Blüten von Kernera saxatilis (s. Abbildung, S. 448, Fig. 8, 9 und 10) den Honig nur an den zwei Schmalseiten des Fruchtknotens angesammelt, obschon die Pollenblätter rings um den Fruchtknoten gestellt sind. Gesetzt den Fall, es wären die fadenförmigen Träger der Antheren sowohl vor den Schmalseiten als vor den Breitseiten gerade emporgewachsen, so würde von den honigsaugenden Insekten nur der Pollen der ersteren aufgeladen werden. Damit nun auch die pollenbeladenen Antheren, welche vor der honiglosen Breitseite des Fruchtknotens stehen, gestreift werden, sind die Träger dieser Antheren unter einem rechten Winkel gebogen, wie es die Figuren 9 und 10 in der Abbildung auf S. 448 zur Anschauung bringen. Dadurch sind alle pollenbedeckten Antheren der Blüte dorthin gebracht, wo sie von den honigsaugenden Insekten gestreift werden müssen. Auch bei Antirrhinum und Gladiolus kommen Drehungen der Staubfäden vor. Andere Bewegungen der Pollenblätter, welche dasselbe Ziel anstreben, beobachtet man bei zahlreichen Nelkengewächsen, Ranunkulazeen, Steinbrechen, Krassulazeen und Droserazeen. Bei den Ranunkulazeen, namentlich bei Eranthis, Helleborus, Isopyrum, Nigella, Trollius (s. Abbildung, S. 448, Fig. 11), stehen um die mehrblätterige, die Mitte der Blüte einnehmende Fruchtanlage zahlreiche, in mehrere Wirtel gruppierte Pollenblätter. Diese sind von einem Kranze sehr kleiner tütenförmiger oder röhrenförmiger, mit Honig gefüllter Blumenblätter, den sogenannten Nektarien, eingefaßt, und diese sind wieder umgeben von großen gelben, weißen, roten oder blauen blumenähnlichen Hüllblättern. Kurz nachdem sich diese Blumenblätter geöffnet haben, springen die Antheren des äußersten Wirtels von Pollenblättern auf. Die fadenförmigen Träger derselben haben sich gestreckt und neigen, drehen und krümmen sich so, daß die Antheren genau über die Mündung der mit Honig gefüllten Becher zu stehen kommen. Insekten, welche den Honig saugen wollen, müssen unvermeidlich an diese Antheren streifen. Am nächsten Tage krümmen sich die Glieder des ersten Wirtels von Pollenblättern nach außen gegen die blumenblattartigen Kelchblätter, und zugleich treten an ihre Stelle die Pollenblätter des nächsten Wirtels, jenes Wirtels nämlich, der weiter einwärts gegen die Mitte des Blütenbodens entspringt. Am dritten Tage sind auch diese nach außen gerückt und durch die Glieder des dritten Wirtels ersetzt. So geht das fort, bis endlich sämtliche Pollenblätter der Reihe nach ihre Antheren über die Nektarbecher gestellt haben. Das alles vollzieht sich mit einer Genauigkeit und Pünktlichkeit, die das Staunen des Beobachters in höchstem Grade hervorrufen muß.

Auch in den schüsselförmigen offenen Blüten des Studentenröschens (Parnassia palustris) kann man den hier geschilderten Vorgang beobachten. Nur ist die Zahl der Pollenblätter auf fünf beschränkt, und jedesmal wird nur eine Anthere den anfliegenden Insekten in den Weg gestellt, wie es in der Abbildung auf S. 448, Fig. 4, zu sehen ist. Der Honig wird in zwei kleinen, länglichen Aushöhlungen an der Innenseite von seltsam geformten, gefransten Blattgebilden abgesondert, deren Spitzen durch kugelige gelbe Knöpfchen abgeschlossen sind, so daß sie an Stecknadeln erinnern (s. Abbildung, S. 448, Fig. 5). Die Knöpfchen erwecken aber nur den Schein, als ob hier Honig abgeschieden würde. Sie sollen offenbar unerwünschte Besucher von der Honigquelle ablenken. Wenn die nach dem Honig lüsternen Insekten von obenher über der Mitte der Blüte Einkehr halten, so bleibt ihnen nichts anderes übrig, als mit ihrem Rüssel die Anthere zu streifen, welche gerade an diesem Tage ihren Pollen entbunden hat und dicht neben der Zufahrtslinie steht. An diesem Studentenröschen ist übrigens noch eine andere, sehr interessante Einrichtung getroffen. Man muß sich nämlich die Frage stellen, wie verhalten sich solche Insekten, welche nicht von obenher dem Honig zusteuern, sondern auf den Rand der Blumenblätter fliegen? Wenn sie sich vom Rande der schüsselförmig ausgebreiteten Blumenblätter gegen die oben bezeichneten Honigbehälter bewegen, so finden sie daselbst eine Schranke in Form des Gitters, welches von den strahlenförmig auslaufenden Fransen der honigführenden Blätter gebildet wird. Dieses Gitter ist aber nicht unübersteiglich. Die vom Rande der Blumenblätter kommenden Insekten überklettern dieses Gitter mit Leichtigkeit und ohne jeden Nachteil und gelangen so an die dem Mittelpunkte der Blüte zugewendete Seite der gefransten Honigblätter, wo sie das finden, was sie suchen, nämlich den Honig. Aber bei dem Überklettern des Gitters nähern sie sich so sehr der Mitte der Blüte, daß sie dort die Anthere streifen, welche gerade Dienst hat, d. h. welche sich an dem betreffenden Tage öffnete und nun, den Pollen ausbietend, durch die entsprechende Bewegung des Staubfadens an die Seite des Zuganges zum Nektar gestellt wurde. Es liegt hier einer jener merkwürdigen Fälle vor, wo die Blüte für verschiedene Besucher zugleich angepaßt ist, für solche Insekten, die von obenher zum Nektar kommen, und für solche, die von der Landungsstelle am Rande der Blumenblätter vordringen. Auf dem einen wie auf dem anderen Wege beladen sie sich mit dem Pollen der Blüte. Nur unberufene Gäste lassen sich durch die falschen Honigdrüsen täuschen und fliegen nach vergeblichem Suchen nach Honig davon.

Bei vielen Pflanzen ist der abzustreifende Pollen nicht unmittelbar zugänglich, sondern in Röhren und Nischen versteckt, und die Hülle muß vorher entfernt werden, wenn das die Blüte besuchende Insekt mit Pollen beladen werden soll. In den zu Köpfchen vereinigten Blumen der Korbblütler aus den Gattungen der Eselsdistel und Flockenblume (Onopordon und Centaurea), zu welchen unter anderen auch die bekannte Kornblume (Centaurea Cyanus) gehört, bilden die von zarten Staubfäden getragenen Antheren, wie bei allen anderen Korbblütlern, eine Röhre, in welcher der obere Teil des Griffels

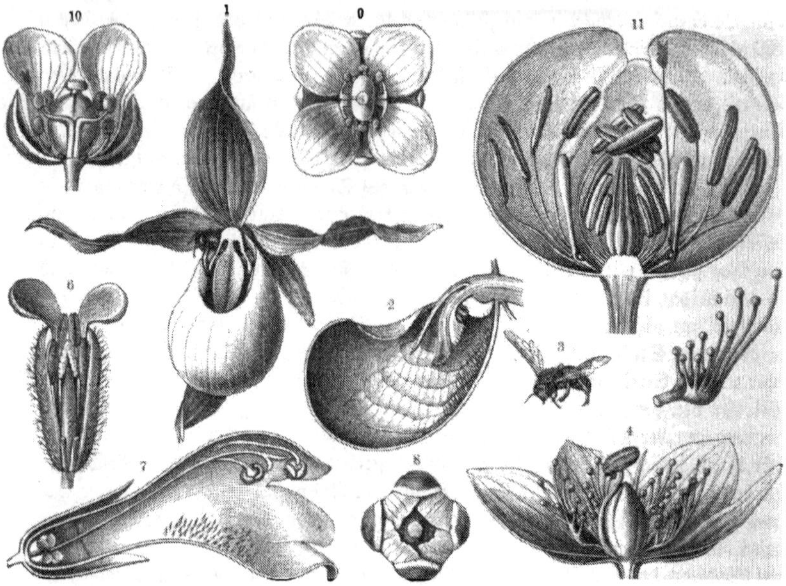

Einrichtungen zum Aufladen des Pollens auf die blütenbesuchenden Insekten: 1) Blüte des europäischen Frauenschuhes (Cypripedium Calceolus), aus einer der Lücken an der Seite der Befruchtungssäule drängt sich ein Hautflügler (Andrena) hervor, welcher sich an der Schulter mit Pollen beklebt, 2) Längsschnitt durch das Labellum und die Befruchtungssäule des Frauenschuhes; 3) eine fliegende Andrena; 4) Blüte des Studentenröschens (Parnassia palustris); die vorderen Blumen-, Honig- und Pollenblätter weggeschnitten, von den sichtbaren Pollenblättern sind drei ihrer Antheren beraubt, das vierte hat sich so gestellt, daß die Anthere in die Mitte der Blüte zu stehen kommt; 5) ein einzelnes Honigblatt aus der Blüte der Parnassia; 6) Blüte der Malcolmia maritima, das vordere Kelchblatt, die zwei vorderen Kronenblätter und zwei Pollenblätter weggeschnitten, der sichtbare Teil des Fruchtknotens mit einer Längsreihe steifer aufrechter Börstchen besetzt; 7) Längsschnitt durch die Blüte des Leonurus heterophyllus; 8) Blüte der Kernera saxatilis im ersten Entwickelungsstadium (von oben gesehen), 9) dieselbe Blüte in späterem Entwickelungsstadium (von oben gesehen), 10) dieselbe Blüte, das vordere Kelchblatt und die zwei vorderen Kronenblätter weggenommen; 11) Längsschnitt durch die Blüte von Trollius europaeus. Fig. 1 und 2 in natürl. Größe, die anderen Figuren 2—8fach vergrößert. (Zu S. 443—448.)

steckt. Die Antheren öffnen und entleeren sich nach innen, und der Pollen ist nun dem in der Röhre steckenden Griffel aufgelagert. Bei der Mehrzahl der Korbblütler wächst hierauf der Griffel in die Länge und preßt und schiebt den Pollen über die Mündung der Röhre empor. Nicht so in den Blüten der Eselsdistel und der Flockenblume. Da findet keine Verlängerung des Griffels statt, und der Pollen bleibt in der Röhre versteckt. Betritt aber ein Insekt das Mittelfeld des Köpfchens und berührt, auf den Scheibenblüten herumkletternd, die Staubfäden, von denen die Antherenröhre getragen wird, so ziehen sich diese sofort zusammen und verkürzen sich, die Röhre wird wie ein Futteral herabgezogen, der auf dem Griffelende lagernde Pollen wird dadurch entblößt, und das Insekt, welches diesen Vorgang durch die Berührung der reizbaren Staubfäden veranlaßte, streift den losen Pollen an die untere Seite seines Leibes. Derselbe Erfolg, wenn auch mit anderen Mitteln, wird bei gewissen Schmetterlingsblütlern erzielt. Bei einer Gruppe derselben, für welche der Geißklee und Steinklee, der gewöhnliche Klee und die Esparsette (Cytisus, Melilotus, Trifolium, Onobrychis) als bekannte Beispiele dienen können, stellt das unter dem Namen Schiffchen bekannte und den Insekten als Anflugplatz dienende untere Blumenblattpaar eine Nische dar, welche nach oben eine sehr schmale Spalte zeigt. In dieser Nische sind die zehn steifen, teilweise miteinander verwachsenen Staubfäden und die von ihnen getragenen, mit Pollen bedeckten Antheren verborgen. Wenn nun eine Hummel zufliegt, sich auf dem Schiffchen niederläßt und den Rüssel in den honigführenden Blütengrund einschiebt, so wird dadurch das Schiffchen herabgedrückt, die in dem Schiffchen verborgenen Antheren werden entblößt, und der von ihnen getragene Pollen wird an die untere Seite des einfahrenden Insektes, und zwar zumeist an die unteren Teile des Kopfes und der Brust, abgestrichen. Sobald das Insekt die Blüte verläßt, kehrt das Schiffchen in seine frühere Lage zurück und birgt wieder die Antheren, welche gewöhnlich nur einen Teil ihres Pollens abgegeben haben. Kommt ein weiterer Insektenbesuch, so wiederholt sich der eben geschilderte Vorgang, und es können zwei, drei, vier verschiedene Insekten nacheinander mit dem Pollen aus derselben Blüte beladen werden. Bei den Platterbsen und Walderbsen, den gewöhnlichen Erbsen und den Wicken (Lathyrus, Orobus, Pisum, Vicia) ist der Vorgang der Hauptsache nach der gleiche, doch wird hier der innerhalb des Schiffchens aus den Antheren entbundene Pollen durch ein eigentümliches, am Griffelende befindliches Organ, das man die Griffelbürste genannt hat, in demselben Augenblick aus der Nische des Schiffchens gefegt, als sich das Insekt auf die Blüte setzt. Dabei ist es unvermeidlich, daß der Pollen auf die untere Seite des angeflogenen Insektes abgestreift oder angedrückt wird.

Ein seltsamer Vorgang spielt sich auch bei dem Aufladen des Pollens in den Blüten des Hohlzahnes (Galeopsis) und der Maskenblume (Mimulus) ab, von welcher eine Blüte auf S. 475, Fig. 1, abgebildet ist. Die Blumenkrone dieser Blüte ist zweilippig, und unter dem Dache der Oberlippe befinden sich vorn die zweilappige, infolge von Berührung zusammenklappende Narbe und dahinter zwei Paare von Pollenblättern. Die Antheren der letzteren haben die Gestalt von Büchsen, welche durch eine Querwand in zwei Fächer geteilt sind, und wo jedes Fach durch einen Deckel verschlossen ist. Wenn man eine Nadel in die Blüte einführt und dabei die Antheren streift, so werden die Deckel aufgeklappt, der Pollen wird dadurch entblößt und klebt an die vorbeistreichende Nadel an. Dasselbe geschieht auch dann, wenn Insekten in die Blüte einfahren.

Nicht weniger merkwürdig als diese Fälle, wo der Pollen durch das Eingreifen blütenbesuchender Insekten erst entblößt werden muß, bevor er abgestreift und aufgeladen werden kann, sind jene, wo die in Nischen geborgenen Pollenmassen durch Vermittelung eines besonderen Organs an die Körper der besuchenden Insekten geklebt und so hervorgezogen werden. Diese Art des Aufladens von Pollen, welche vorzugsweise bei den Orchideen vorkommt, wurde schon S. 427 erwähnt. Es verlohnt sich, dieselbe näher ins Auge zu fassen und an einigen bekannten Vorbildern zu schildern, wozu freilich notwendig ist, daß hier zunächst eine übersichtliche Darstellung des eigentümlichen Baues der Orchideenblüte eingeschaltet wird. Bekanntlich haben alle Orchideen einen unterständigen Fruchtknoten, welcher zur Blütezeit den Eindruck eines Blütenstieles macht. Dieser trägt auf seinem Scheitel zwei dicht übereinanderstehende dreigliederige Wirtel von Blumenblättern. Je zwei Blätter eines Wirtels sind gleichgestaltet, während das dritte Blatt von ihnen abweicht. Besonders auffallend tritt diese Abweichung an einem Blatte des inneren Wirtels hervor, das man Lippe oder Lippchen (labellum) genannt hat. Manchmal ähnelt dieses Blatt wirklich einer Lippe, vielfach nimmt es aber auch die Form eines Holzschuhes, eines Kahnes oder Beckens an (s. Abbildung, S. 448, Fig. 1), oder es ähnelt einer vorgestreckten Zunge, mitunter auch dem Leib einer Spinne oder eines Insektes (s. Abbildung, S. 451, Fig. 2, und auf der Tafel bei S. 425). Häufig ist die Lippe am Rande gelappt, oft auch gefranst oder in lange, lockenförmig gewundene Bänder zerschlitzt, zeigt überhaupt eine unerschöpfliche Mannigfaltigkeit in Umriß, Größe und Form und ist die Hauptursache der eigentümlichen bizarren Gestalt, welche für die Orchideen sprichwörtlich geworden ist. Inmitten der Blüte erhebt sich ein säulenförmiger zarter Körper. Dieses Gebilde, das man auch kurzweg Säule nennen kann, trägt die Pollenblätter und die Narbenfläche, erscheint vom Mittelpunkte der Blüte etwas weggerückt und ist der Lippe stets so gegenübergestellt, daß der Zugang zum Blütengrunde zwischen beiden in der Mitte liegt. Von Pollenblättern sind bei jener kleinen Abteilung der Orchideen, für welche der Frauenschuh (Cypripedium; s. Abbildung, S. 448, Fig. 1 und 2) als Vorbild dienen kann, zwei zur Entwickelung gekommen, bei den meisten anderen ist nur ein Pollenblatt in jeder Blüte vollständig ausgebildet. Der Träger der Anthere ist erst bei genauer Untersuchung und Zergliederung der Blüte zu erkennen. Gewöhnlich erscheint die Anthere, beziehentlich das Antherenpaar, in Nischen und Gruben der Säule eingebettet oder einer Seite oder auch dem Scheitel der Säule angeschmiegt und angewachsen. In den Blüten mancher Orchideen, wie beispielsweise der auf S. 451 abgebildeten Sumpfwurz, sieht man neben dem einen Pollenblatt mit vollständig entwickelter zweifächeriger Anthere rechts und links noch je ein verkümmertes Pollenblatt in Form eines dreieckigen Zahnes. Neben den Pollenblättern trägt die Säule auch noch die Narbe. Bei der obenerwähnten Gruppe der Orchideen, als deren Repräsentant der Frauenschuh (Cypripedium) gelten kann, sind alle drei zur Aufnahme des Pollens geeignet, bei den anderen Orchideen sind nur zwei Narben hierzu befähigt, und diese sind gewöhnlich zu einer einzigen Scheibe oder Platte miteinander verschmolzen; die dritte Narbe ist in das sogenannte Rostellum umgewandelt, ein Gebilde, welches bei den weiterhin zu beschreibenden Vorgängen eine sehr wichtige Rolle spielt. Bald ist das Rostellum kappen- oder klappenförmig, bald wieder hat es die Gestalt eines Säckchens oder einer Tasche, eines schiefen Daches, einer Leiste oder eines Blättchens, jedesmal steht dasselbe mit der Anthere in eigentümlichen Beziehungen und ist über ein Ende derselben gedeckt oder ausgespannt. Durch Zerfall gewisser Zellenschichten und Zellennester entsteht in diesem Rostellum eine zähe, äußerst klebrige Masse, welche lebhaft an Vogelleim erinnert und in den meisten Fällen die Form einer Warze annimmt. Die Anthere ist zweifächerig. Ihre Fächer, deren jedes ein Pollenkölbchen oder Pollinium enthält, reißen schon sehr zeitig auf, gewöhnlich schon zur Zeit, wenn die Blüte noch geschlossen ist. Man sieht dann aus den zwei der Länge nach aufgeschlitzten Fächern die Pollenkölbchen herauslugen und bemerkt, daß die schmäleren Enden derselben mit dem Klebkörper des Rostellums in Verbindung stehen. Wie diese Verbindung hergestellt wird, ist je nach den Arten sehr verschieden und kann ausführlicher hier nicht behandelt werden; genug an dem, die Verbindung ist jedesmal so innig, daß die beiden Pollenkölbchen aus ihrem Bette herausgezogen und entführt werden, sobald der Klebkörper, von einem vorüberstreifenden

Gegenstande berührt, anhaftet und von seiner Bildungsstätte abgehoben wird. Die in Europa weitverbreitete breitblätterige Sumpfwurz (Epipactis latifolia), welche als besonders geeignetes Beispiel zur Erläuterung des merkwürdigen Blütenbaues und des noch merkwürdigeren Aufladens der Pollenkölbchen auf den Leib der besuchenden Insekten gewählt wurde, zeigt alle hier geschilderten Eigenheiten der Orchideen in ausgezeichneter Weise (s. unten, Fig. 2 und 3). Die Lippe ist im oberen Teile beckenförmig vertieft und enthält dort reichlichen Honig. Über

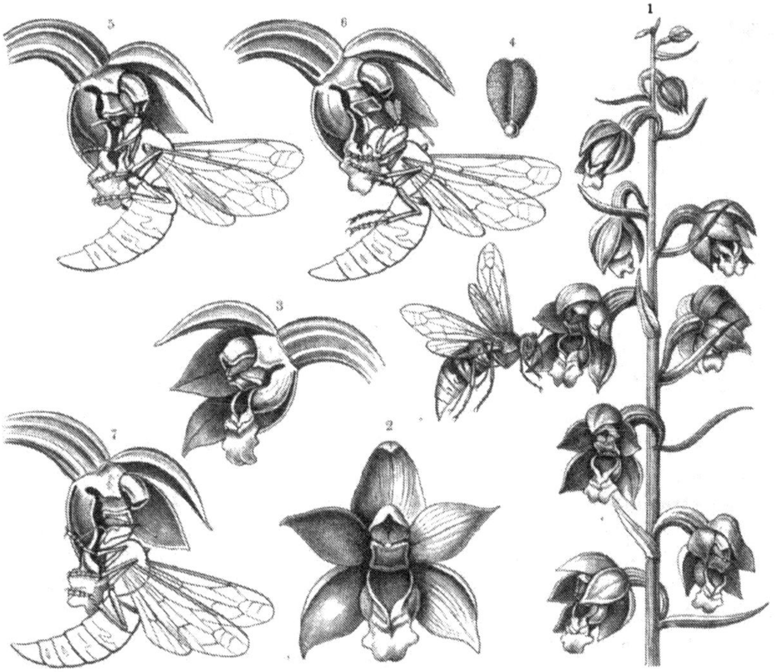

Aufladen und Abladen der Pollenkölbchen in den Blüten einer Orchidee: 1) Blütenähre der breitblätterigen Sumpfwurz (Epipactis latifolia), auf welche eine Wespe (Vespa austriaca) zufliegt, 2) eine Blüte dieser Pflanze, von vorn gesehen, 3) dieselbe Blüte in seitlicher Ansicht, die dem Beschauer zugewendete Hälfte des Perigons weggeschnitten, 4) die beiden Pollenkölbchen, durch den Klebkörper verbunden, 5) dieselbe Blüte von einer Wespe besucht, welche sich beim Lecken des Honigs den Klebkörper mit den beiden Pollenkölbchen an die Stirn klebt, 6) die Wespe verläßt mit den angekitteten, aufrechtstehenden Pollenkölbchen die Blüte, 7) die Wespe besucht eine neue Blüte und drückt die der Stirn angeklebten, inzwischen herabgeschlagenen Pollenkölbchen an die Narbe an. Fig. 1 in natürl. Größe, die anderen Figuren 2fach vergrößert.

der Lippe folgt die von der Säule getragene viereckige Narbe, über dieser das warzenförmige Rostellum und über dem Rostellum die Anthere. Die zwei in der Anthere ausgebildeten Pollenkölbchen sind mit der klebrigen Warze des Rostellums verbunden. Wie das aus der Anthere herausgezogene Paar der Pollenkölbchen aussieht, wird durch obenstehende Figur 4 der Abbildung anschaulich gemacht. Der Honig, welcher in der beckenförmigen Vertiefung abgesondert wird, ist kurzrüsseligen Insekten leicht zugänglich, und es werden daher die Blüten der Sumpfwurz mit Vorliebe von Wespen aufgesucht. Kommt eines dieser Tiere — es wurde für das Bild Vespa austriaca gewählt — auf die Lippe geflogen, so hält es sich mit seinen

Beinen an den Buckeln der Unterlippe fest und leckt das mit Honig gefüllte Becken von unten nach oben zu allmählich aus. Oben angekommen berührt es mit der Stirn unvermeidlich den Klebkörper des Rostellums. Sofort ist dieser der Berührungsstelle angekittet (s. Abbildung, S. 451, Fig. 5). Verläßt nun die Wespe nach vollendetem Schmause die Blüte, so zieht sie die mit dem Klebkörper verbundenen beiden Pollenkölbchen aus den Antherenfächern heraus und sucht mit diesem seltsamen Kopfputze versehen das Weite (s. Abbildung, S. 451, Fig. 6). Es sei hier noch erwähnt, daß sich solche Wespen mit einer Schüssel Honig, beziehentlich mit dem Mahl aus einer Blüte, nicht bescheiden, sondern auch noch andere Blüten aufsuchen und sich dort in derselben Weise benehmen, wie es eben geschildert wurde. Während des Fluges von der einen zur anderen Blüte haben sich die an der Stirn klebenden Pollenkölbchen gegen die Mundwerkzeuge herabgeschlagen, und wenn nun das honigleckende Tier am oberen Ende des Beckens einer zweiten Blüte anlangt, so werden die Pollenkölbchen an die viereckige Narbe gedrückt (s. Abbildung, S. 451, Fig. 7).

Im wesentlichen wiederholt sich der hier an Blüten der breitblätterigen Sumpfwurz erläuterte Vorgang bei den meisten Orchideen, deren Lippe nach abwärts gewendet ist, und die in jeder Blüte nur eine einzige Anthere bergen; in Nebensachen herrscht allerdings eine große Verschiedenheit, was mit Rücksicht auf die weitgehende Mannigfaltigkeit der Blütenformen und der Blütenbesucher auch nicht anders erwartet werden kann. Ein paar der auffallendsten Abweichungen mögen hier mit kurzen Worten noch Erwähnung finden. Die meiste Abwechselung zeigt, wie schon früher erwähnt, die Lippe und das Rostellum. Bei einigen Gattungen, wie z. B. bei dem Zweiblatt (Listera), ist der honigführende Teil der Lippe nicht beckenförmig, sondern stellt eine lange, schmale Rinne dar, welche von kleinen Käfern ausgeleckt wird; in anderen Fällen ist die Lippe rückwärts ausgesackt und setzt sich in den sogenannten Sporn fort, dessen mit süßem Safte gefüllte Zellen von den Insekten angebohrt und ausgesogen werden, was z. B. bei der Gattung Knabenkraut (Orchis) der Fall ist. Oder es wird in die enge Röhre des Sporns Honig ausgeschieden, der besonders Schmetterlinge anlockt, wie bei den Gattungen Nacktdrüse (Gymnadenia) und Stendel (Platanthera; s. Abbildung, S. 428, Fig. 9).

An dem Rostellum entstehen sehr häufig zwei getrennte Klebkörper, von welchen jeder nur mit einem Pollenkölbchen in Verbindung steht. Die Insekten ziehen daher beim Verlassen der Blüten nicht immer beide, sondern häufig nur eins der Pollenkölbchen aus der Anthere. Bei den Arten der Gattung Zweiblatt (Listera) ist das Rostellum blattartig, ragt wie ein Schirm über die Narbe, ist aber mit den Pollenkölbchen im Beginne des Blühens nicht verbunden. Sobald dasselbe jedoch berührt wird, quillt aus ihm augenblicklich ein Tropfen zäher Flüssigkeit hervor, der sich einerseits an den berührenden Körper, anderseits an die über dem Rostellum liegenden Pollenkölbchen anhängt, binnen 2—3 Sekunden erhärtet und so den berührenden Körper mit den Pollenkölbchen verkittet. Wenn die kleinen Schlupfwespen aus den Gattungen Cryptus, Ichneumon und Tryphon und noch mehr die kleinen Käfer aus der Gattung Grammoptera auf der Unterlippe landen und die mit Honig gefüllte Rinne von unten nach oben auslecken, so kommen sie am Schlusse ihrer Mahlzeit mit der vorspringenden Kante des Rostellums in Berührung; im Nu werden ihnen auf die soeben geschilderte Weise die Pollenkölbchen angekittet, und wenn die genannten Tiere dann wieder fortfliegen, müssen sie unvermeidlich auch die an der Stirn festsitzenden Pollenkölbchen als Bescherung mitnehmen.

Merkwürdigerweise werden mitunter auch an die Augen der Insekten die Klebkörper angekittet, was jedenfalls eine Beschränkung des Sehvermögens zur Folge hat. Es geschieht das insbesondere in jenen Orchideenblüten, deren Antherenfächer und Pollenkölbchen nach unten zu auseinanderweichen und mit zwei getrennten Klebkörpern des Rostellums in Verbindung stehen. In den Blüten des Bergstendels (Platanthera montana) weichen die beiden Pollenkölbchen so stark auseinander, daß sie einen Winkel von 70 Grad einschließen und ein Joch bilden, unter welchem die Schmetterlinge ihren Kopf einführen müssen, wenn sie Honig aus dem langen Sporne saugen wollen. Da ist es unvermeidlich, daß sich die Klebkörper und mittels dieser die Pollenkölbchen rechts und links am Kopf anheften, und daß dabei häufig auch die Augen beklebt werden. Bei den verschiedenen Arten der Gattung Nacktdrüse (Gymnadenia) bleiben die Pollenkölbchen an den Seiten des Rüssels der saugenden kleinen Eulen, bei der Herminie (Herminium Monorchis) dagegen an den Vorderfüßen der honigleckenden kleinen Aderflügler und Käfer kleben. So ließen sich noch viele Einrichtungen anführen, welche die wunderbaren Beziehungen zwischen Gestalt der Blüten und Form der blütenbesuchenden Tiere darlegen.

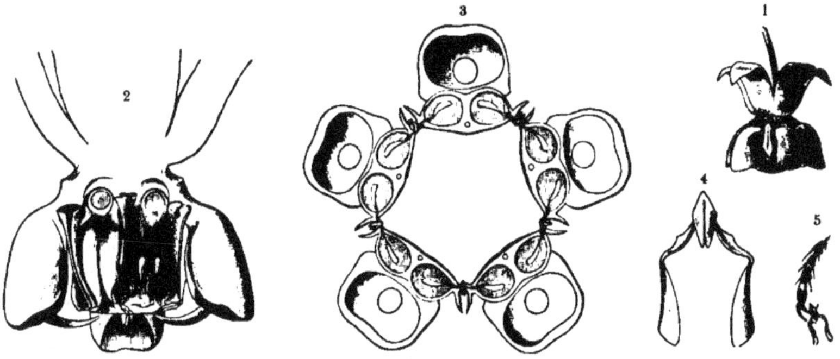

Vorrichtung zum Anheften der Pollinien einer Asklepiadazee (Asclepias Cornuti) *an die Füße der Insekten mittels Klemmkörper:* 1) Blüte der Asclepias Cornuti, von der Seite gesehen, 2) dieselbe Blüte vergrößert, die vorderen zwei Blumenblätter sowie die vordere Wand einer Anthere weggeschnitten, 3) Querschnitt durch dieselbe Blüte, 4) Klemmkörper mit zwei Pollinien, 5) Insektenfuß mit Pollinien behaftet. Fig. 1 in natürl. Größe, die anderen Figuren 2—5fach vergrößert.

Eine entfernte Ähnlichkeit mit den eben beschriebenen, in den Blüten der Orchideen sich abspielenden Vorgängen bei dem Aufladen des Pollens auf den Leib der zugeflogenen Tiere hat auch *das Anheften der Pollenkölbchen mittels besonderer Klemmkörper an die Füße der Insekten, wie solches in den Blüten der Asklepiadazeen beobachtet wird.* Der Pollen erscheint hier auch wieder in Form von Pollenkölbchen oder sogenannten Pollinien, die zu zwei und zwei miteinander verbunden sind, und man wird beim Anblick eines solchen Paares von Pollinien (s. obenstehende Abbildung, Fig. 4) unwillkürlich an die analogen Gebilde in den Orchideenblüten erinnert. Bei näherem Zusehen ergeben sich aber doch sehr erhebliche Unterschiede. Erstens ist das Knötchen, durch welches die beiden Pollinien zusammenhängen, nicht weich und klebrig, sondern ein trockener und fester Klemmkörper mit zwei Armen, von welchem dünne eingeschlossene Gegenstände wie von den Armen einer Pinzette festgehalten werden, zweitens sind die Pollinien nicht keulenförmig und teigartig, sondern stellen glänzende hornartige Blättchen dar, und drittens gehören die beiden an den Klemmkörper mittels bandartiger Stränge gehefteten Pollinien nicht einem, sondern zwei benachbarten Pollenfächern an. Wie der Querschnitt durch die Blüte der Seidenpflanze (Asclepias Cornuti; s. obenstehende Abbildung, Fig. 3) zeigt, wird die Mitte der Blüte von einer fünfseitigen Säule eingenommen.

Jeder der fünf Seiten dieser Säule ist ein gedunsenes zweifächeriges Pollenblatt aufgelagert, an dessen seitlichen Rändern häutige Säume herablaufen. Diese häutigen Säume liegen der Säule nicht an, sondern sind auswärts gestülpt, und je zwei und zwei derselben stehen nebeneinander, wie etwa die aufgebogenen Ränder zweier nebeneinander, auf einem Tische liegender Papierbogen. Dadurch wird der Eindruck hervorgebracht, als wäre die aus den Pollenblättern gebildete Hülle der fünfseitigen Mittelsäule vor den Kanten dieser Säule der Länge nach aufgeschlitzt. Da der gedunsene Teil der Pollenblätter von den tütenförmig ausgehöhlten, mit Honig erfüllten und in der Mitte mit einem hornförmigen Fortsatze geschmückten Blumenblättern überdeckt ist, so sieht man von den Pollenblättern äußerlich nur die aufgestülpten häutigen Säume beziehentlich die fünf Schlitze, was durch die Abbildung, S. 453, Fig. 1 und 2, anschaulich gemacht ist. In der Tiefe eines jeden dieser fünf Schlitze findet sich je ein Klemmkörper, und von diesem gehen bandförmige Stränge aus, die ihn mit den Pollinien in den benachbarten Fächern der Pollenblätter verbinden. So sind demnach durch jeden Klemmkörper zwei Pollinien miteinander verbunden, von welchen sich das eine in dem linken Fache des vom Schlitze rechts liegenden, das andere in dem rechten Fache des vom Schlitze links liegenden Pollenblattes entwickelt hat. Der reichliche Honig in den erwähnten tütenförmigen Blumenblättern und der weithin wahrnehmbare Honigduft führen unzählige Insekten zu den Blüten der Asklepiadazeen. Da der Honig sehr oberflächlich liegt und daher auch von kurzrüsseligen Tieren gewonnen werden kann, kommen außer den Bienen und Hummeln insbesondere auch Wespen und Grabwespen angeflogen, und es gewährt ein großes Vergnügen, diese schön bemalten glatten Insekten, zumal die prächtigen Skolien (Scolia haemorrhoidalis, quadripunctata, bicincta), sich auf den Blüten herumtreiben zu sehen. Die Blüten, welche zur Zeit, wenn sie am reichsten mit Honig versorgt sind, nicken oder überhängen, bieten den Insekten keinen bequemen Anflugplatz und Halteplatz zum Honiggenuß. Alle Teile der Blüte sind glatt und schlüpfrig, und nur in den oben beschriebenen Schlitzen zwischen den honigführenden Blumenblättern finden die Insekten gute Stützpunkte. In diese führen denn auch die angeflogenen Tiere die bekrallten Fußspitzen ein, streifen von dem einen bis zum anderen Ende hindurch und heften sich bei dieser Gelegenheit an eine der Krallen den Klemmkörper an. Wenn sie dann bei dem Verlassen der Blüte den betreffenden Fuß aus dem Schlitze herausziehen, so werden die an dem Klemmkörper befestigten zwei Pollinien aus ihren Höhlungen gezerrt und an das Tageslicht befördert. Der Insektenfuß zeigt nunmehr eine der Krallen in den Klemmkörper eingezwängt, und an dem Klemmkörper hängen die beiden Pollinien (s. Abbildung, S. 453, Fig. 5).

Die Pollinien sollen zu den Narben, und zwar zu den Narben an der Fruchtanlage anderer Blüten, kommen. Wo sind nun diese Narben? Die fünfseitige, von den fünf Pollenblättern umgebene Mittelsäule, von welcher früher die Rede war, enthält in ihrem Inneren eingelagert die Fruchtanlage. Der Zugang zu dieser Fruchtanlage aber wird durch die sogenannten Narbenkammern hergestellt, welche dicht unter dem knopfartigen Ende der Mittelsäule liegen und nach außen zu geöffnet sind. Diese Zugänge liegen so wie die Klemmkörper in den Schlitzen versteckt, und Insekten, welche in die Schlitze treten, kommen mit ihren Fußenden gelegentlich auch in diese Narbenkammern. Hatten die Insekten schon früher eine andere Blüte besucht und wurden ihnen dort Pollinien mittels des Klemmkörpers angeheftet, so werden diese zu den neubesuchten Blüten verschleppt. Indem die Tiere, daselbst angekommen, festen Halt suchen und in den Schlitz einfahren, stopfen sie die Pollinien in die unter dem Schlitze versteckten Narbenkammern. Ziehen sie dann den Fuß wieder zurück, so reißen die Bänder, durch welche die Pollinien mit dem Klemmkörper verbunden sind, ab, die Pollinien bleiben in der Narbenkammer, die Klemmkörper an den Füßen der Insekten zurück. Bei dieser Gelegenheit kann auch ein neuer Klemmkörper mit Pollinien angeheftet werden, und es kann sich dieser Vorgang überhaupt mehrmals wiederholen. Beim Einfangen von Insekten, welche die Blüten von Asclepias Cornuti besuchten, wurden manchmal an ein und demselben Fuße 5—8 Klemmkörper gefunden.

Das Anklemmen der Pollinien an die Füße der Insekten gehört zu dem Merkwürdigsten, was man im Bereiche der Blüten von dergleichen Vorgängen beobachtet hat, und es wäre nicht zu verwundern, wenn diejenigen, welche das alles nicht mit eigenen Augen gesehen haben, die betreffenden Schilderungen für Erfindungen der erhitzten Phantasie eines Botanikers halten würden. Durch Betrachten der Asklepiadazeenblüte mit einer stärkeren Lupe kann man sich von ihrem merkwürdigen Bau überzeugen. Zum Verständnis dienen auch die Blütenmodelle, welche von Brendel in Berlin angefertigt werden. Es reihen sich aber an die geschilderten Vorgänge noch vier andere an, welche das Erstaunen des Beobachters in nicht geringerem Grade zu erregen vermögen, und die insbesondere auch darum sehr beachtenswert sind, weil bei ihnen das Aufladen des Pollens auf den Leib der besuchenden Insekten durch besondere Bewegungen der Blütenteile geschieht. Die Insekten heften sich den Pollen nicht selbst durch unmittelbare Berührung an, sondern sie veranlassen nur bei Gelegenheit des Einfahrens in die Blüte gewisse Veränderungen in der Lage der Blütenteile, welche zur Folge haben, daß der Pollen an bestimmte Stellen des Leibes gestreut, angepreßt oder hingeworfen wird.

In vielen Fällen ist es mißlich, die Einrichtungen an den Pflanzen mit den Erzeugnissen menschlicher Kunstfertigkeit zu vergleichen; wenn man aber diese verschiedenen Pumpen und Hebel sieht, so liegt der Vergleich mit gewissen von den Menschen erfundenen und verwendeten Gerätschaften und Maschinen so nahe, daß es gesucht und unnatürlich wäre, ihn abzuweisen. Ja, es erleichtert sogar wesentlich das Verständnis dieser Einrichtungen, wenn für sie Namen gewählt werden, welche die Ähnlichkeit mit einfachen, im Haushalte des Menschen gebrauchten Gerätschaften und Maschinen andeuten. Von diesem Gesichtspunkte ausgehend, sollen die noch zu besprechenden Einrichtungen bei dem Beladen der Tiere mit Pollen auch in der angedeuteten Weise bezeichnet und als Pumpwerke, Schlagwerke, Schleuderwerke und Streuwerke vorgeführt werden.

Zunächst das Pumpwerk in den Schmetterlingsblüten. Nicht in allen, aber doch in sehr vielen Schmetterlingsblüten, namentlich in denen der Kronwicke, des Hufeisenklees, der Wolfsbohne, der Hauhechel, des Wundklees (Coronilla, Hippocrepis, Lupinus, Ononis, Anthyllis) und insbesondere des hier zum Vorbilde gewählten Hornklees (Lotus corniculatus; s. Abbildung, S. 456, Fig. 1 und 2), sind die beiden seitlichen Blumenblätter, welche man in der botanischen Kunstsprache Flügel nennt, nach oben zu konvex und schließen so zusammen, daß sie einen über das Schiffchen gewölbten Sattel bilden. Mit dem Schiffchen stehen diese Flügel in eigentümlicher Weise in Verbindung. Nahe der Basis findet sich an jedem derselben ein faltenförmiger Vorsprung, und dieser paßt genau in eine Furche des entsprechenden Teiles am Schiffchen (s. Abbildung, S. 456, Fig. 3 und 4). Dadurch sind beide fest verschränkt, und jeder Druck auf das Flügelpaar wird auch auf das Schiffchen übertragen. Wenn sich Bienen und Hummeln rittlings auf das zu einem Sattel vereinigte Flügelpaar setzen, so wird dadurch nicht nur dieses selbst, sondern auch das Schiffchen herabgedrückt, und da sieht man mit Erstaunen, daß infolge dieser Bewegung aus einer kleinen Spalte an der hohlkegelförmigen Spitze des Schiffchens teigartiger Pollen wie ein kleines Würmchen oder wie ein schmales Band hervorkommt, um an die untere Leibesseite, mitunter auch an die Beine der reitenden Insekten gepreßt zu werden. Der Vorgang dieses Hervorpressens ist durch die untenstehenden Figuren 5—7 dargestellt. Wie an diesen Figuren zu ersehen ist, haben sich mehrere Staubfäden unterhalb der von ihnen getragenen Antheren keulenförmig verdickt, liegen dicht beieinander und nehmen sich in dem hohlkegelförmigen, nur an der Spitze offenen Schiffchen geradeso aus wie der Stempel in einer Pumpe. Ja, sie wirken auch gleich einem solchen Stempel. Wenn nämlich infolge eines Druckes, dessen Richtung der Pfeil anzeigt, das Schiffchen in die Tiefe rückt, so werden dadurch die feststehenden Enden der Staubfäden weiter in den Hohlkegel des Schiffchens hineingedrängt und pressen einen Teil des dort aufgespeicherten Pollens aus der erwähnten kleinen Spalte an der Spitze hinaus. Läßt der Druck nach, so kehrt das Schiffchen

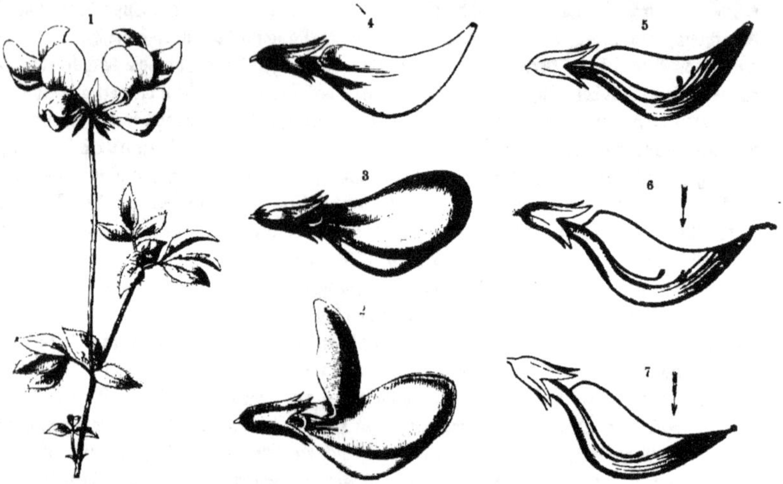

Pumpwerk zum Aufladen des Pollens: 1) Lotus corniculatus, 2) eine Blüte dieser Pflanze, 2fach vergrößert, 3) dieselbe Blüte, die Fahne weggenommen, 4) dieselbe Blüte, die Fahne und die Flügel weggenommen, so daß das Schiffchen entblößt ist, 5) ein Blatt des Schiffchens weggenommen, im Inneren des Schiffchens sieht man die Pollenblätter, von welchen die längeren gegen ihr freies Ende zu keulenförmig verdickt sind, der Hohlkegel oberhalb der entleerten Antheren ist mit Pollen erfüllt, und in diesen Pollen ist der Griffel mit der Narbe eingebettet, 6) das Schiffchen ist in der Richtung des Pfeiles herabgerückt, infolgedessen wird an der Mündung des Hohlkegels durch das Bündel der keulenförmigen Antherenträger Pollen hinausgepumpt, 7) das Schiffchen in der Richtung des Pfeiles noch mehr herabgerückt, so daß die Narbe vor die Mündung des Hohlkegels zu stehen kommt.

in seine frühere Lage zurück. Durch sorgfältige Untersuchungen wurde ermittelt, daß das Hinauspumpen teigartigen Pollens aus ein und derselben Blüte sich achtmal wiederholen kann, vorausgesetzt, daß das Schiffchen nicht gar zu tief herabgedrückt wurde. Zu bemerken ist nur noch, daß bei stärkerem Abwärtssinken des Schiffchens auch das Griffelende aus der kleinen Spalte hervorkommt (s. obenstehende Fig. 7) und an den Hinterleib der besuchenden Bienen und Hummeln anstreift, worauf bei anderer Gelegenheit nochmals zurückzukommen sein wird.

Das Pumpwerk, wie es hier geschildert wurde, scheint ausschließlich auf Schmetterlingsblüten beschränkt zu sein. Dagegen ist das **Schlagwerk**, welches nun vorgeführt werden soll, in den Blüten der verschiedensten Familien zur Ausbildung gelangt. In allen hierhergehörigen Fällen macht die Bewegung der Antherenträger, welche das Aufladen des Pollens auf den Leib der besuchenden Insekten zur Folge hat, auf den Beschauer einen ähnlichen Eindruck wie das Aufschlagen des Hammers auf die Glocke einer Turmuhr, wenn auch die Auslösung dieser

Bewegung in den verschiedenen Blüten sehr abweichend ist. Das eine Mal wird ein zweiarmiger Hebel in Bewegung gesetzt, das andere Mal findet ein plötzliches Aufschnellen der Pollenblätter aus einer Klemme statt, und wieder in anderen Fällen erfahren die reizbaren Träger der Antheren bei der leisesten Berührung eine Lageänderung.

Das bekannteste aller Schlagwerke ist das in den Blüten der Salbeipflanzen. An keiner Art dieser umfangreichen Gattung ist dasselbe schöner zur Entwickelung gelangt als an dem klebrigen Salbei (Salvia glutinosa, Salvia pratensis u. a.), und es soll daher auch dieser hier zum Vorbilde dienen. Wie aus der untenstehenden Abbildung deutlich ersehen werden kann, sind die Blumen dieses Lippenblütlers seitlich eingestellt, und es bildet die Unterlippe

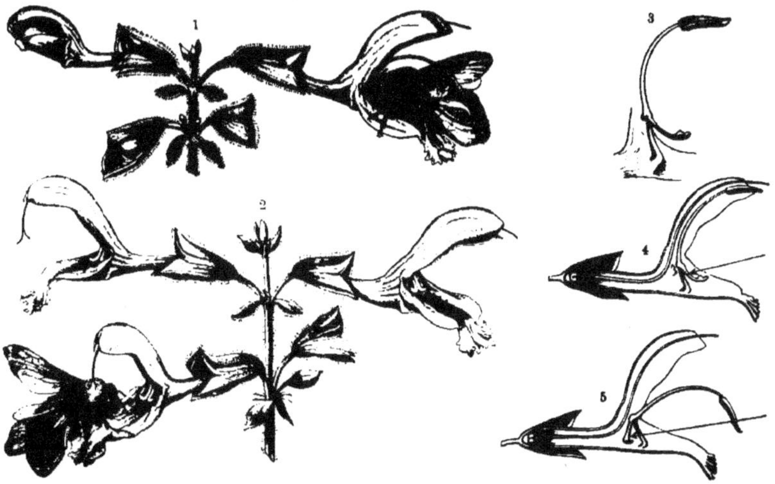

Aufladen des Pollens mittels eines Schlagwerkes: 1) ein Teil des Blütenstandes von Salvia glutinosa; die Blüte rechts von einer Hummel besucht, auf deren Rücken die pollenbedeckte Anthere herabschlägt, 2) ein anderer Teil desselben Blütenstandes mit drei offenen Blüten, die auf verschiedenen Entwickelungsstufen stehen; die Blüte links unten von einer Hummel besucht, welche auf ihrem Rücken den Pollen von einer jüngeren Blüte mitbringt und denselben an die herabgebogene Narbe abstreift, 3) ein Pollenblatt der Salvia glutinosa mit schaukelndem Konnektiv, 4) Längsschnitt durch eine Blüte der genannten Pflanze; der Pfeil deutet die Richtung an, welcher entlang die Hummeln zum Blütengrund einfahren, 5) derselbe Längsschnitt; der untere Hebelarm des Konnektivs ist gegen den Hintergrund der Blüte gedrängt, infolgedessen die pollenbedeckte Anthere am Ende des anderen Hebelarmes herabgedrückt wurde.

für die zufliegenden Hummeln den besten Landungsplatz. Will die gelandete Hummel den im Hintergrunde der Blüte in der Umgebung des Fruchtknotens verborgenen Honig gewinnen, so muß sie von der Unterlippe aus in den weit geöffneten Rachen der Blüte vordringen. Nun findet sich aber gerade dort das merkwürdige Schlagwerk aufgestellt. Es erhebt sich nämlich rechts und links am Eingange je ein Pollenblatt (s. obenstehende Abbildung, Fig. 3), das sich aus einem aufrechten, kurzen, festen und unverrückbaren Träger und der von einem halbbogenförmigen Konnektiv getragenen schaukelnden Anthere zusammensetzt. Die Verbindung dieser beiden Teile wird mittels eines Gelenkes hergestellt, welches die Schaukelbewegung nur nach einer in der obenstehenden Abbildung durch die Figuren 4 und 5 ersichtlich gemachten Richtung gestattet. Der in schaukelnde Bewegung zu versetzende Teil des Pollenblattes besteht aus einem oberen längeren Hebelarme, der mit der pollenbedeckten Anthere abschließt, und einem unteren kurzen Hebelarme, der gegen sein freies Ende spatelförmig verbreitert und etwas knotenförmig verdickt ist. Stößt die Hummel in der Richtung des Pfeiles (Fig. 4, S. 457) an den unteren Hebelarm an, so wird der obere herabgeschlagen (Fig. 5). Da die beiden als Schlagwerke ausgebildeten Pollenblätter dicht nebeneinander stehen und insbesondere die unteren Hebelarme zusammenschließen, so erfolgt auch das Herabschlagen der oberen Hebelarme zu gleicher Zeit, und man könnte bei seitlicher Ansicht glauben, es sei hier nur eine einzige schaukelnde Anthere vorhanden. Wenn nun die von ihrem Landungsplatz auf der Unterlippe zum Blütengrunde vordringende Hummel an das den Rachen versperrende Paar der Hebelarme anstößt, so wird in demselben Augenblick ihr Rücken oder die obere Seite ihres Hinterleibes von den herabschlagenden Antheren mit Pollen beladen (Fig. 1). Daß solche von dem Schlagwerke getroffene Hummeln, wenn sie späterhin andere Blüten besuchen, bei dem Einfahren den aufgeladenen Pollen an die vor die Blütenpforte herabgebogene Narbe abstreifen (Fig. 2), wird später nochmals zur Sprache kommen. Das Schlagwerk in den Blüten des im Mittelmeergebiete weitverbreiteten gebräuchlichen Salbeis (Salvia officinalis) weicht von dem oben geschilderten nur darin ab, daß auch an dem unteren Hebelarme der Antheren etwas Pollen ausgebildet ist, welcher von den zum Blütengrund einfahrenden Insekten an den Kopf gestrichen wird. Das schaukelnde Stück des Pollenblattes ist nämlich bei allen Salbeiarten als eine Anthere aufzufassen, deren Konnektiv eine eigentümliche Veränderung erfahren hat. Dasselbe ist in einen straffen Halbbogen umgewandelt, der an jedem Ende ein Fach zu tragen hätte. Bei dem klebrigen Salbei ist nur an dem oberen Ende ein mit Pollen gefülltes Fach ausgebildet, während dem unteren Ende der Pollen vollständig fehlt. Bei dem gebräuchlichen Salbei dagegen ist, wie gesagt, auch in einem kleineren Fach am Ende des kurzen unteren Hebelarmes etwas Pollen zur Entwickelung gekommen. An den Antheren mehrerer Arten, für welche der Wiesensalbei (Salvia pratensis) als Vorbild gelten kann, ist der Träger der Antheren zuweilen verkümmert. Die untere Hälfte der Anthere oder der untere Hebelarm ist in einen viereckigen Lappen umgestaltet. Die Lappen der gegenüberliegenden beiden Pollenblätter sind so miteinander verbunden, daß sie wie eine Falltür die Blütenpforte verschließen. Nur dort, wo beide Lappen zusammenstoßen, zeigt jeder eine kleine, muschelförmige Aushöhlung, die genau auf die entsprechende Aushöhlung des benachbarten Lappens paßt, wodurch ein Loch in der Mitte der Falltür entsteht. Durch dieses Loch fahren die angeflogenen Insekten mit dem Rüssel ein und drücken dabei die Falltür nach rückwärts und zugleich in die Höhe. Die Lappen, aus welchen sich die Falltür zusammensetzt, bilden aber zugleich die kurzen Hebelarme des Schlagwerkes, und indem sie in die Höhe gehoben werden, schlagen die anderen langen Hebelarme, deren jeder an seinem Ende ein mit Pollen erfülltes Antherenfach trägt, herab, und auf diese Weise wird die Oberseite des honigsaugenden Insektes mit Pollen beladen.

Während bei den Salbeiarten der Pollen auf die obere Seite der honigsaugenden Hummeln kommt, wird er bei den in Mexiko einheimischen Lopezien durch das Anschlagen der Anthere an die untere Seite der zu den Blüten kommenden Insekten gebracht. Diese Lopezien (Lopezia coronata, miniata, racemosa) sind schon dadurch auffallend, daß jede ihrer Blüten nur ein einziges antherentragendes Pollenblatt enthält. Dasselbe liegt eingeklemmt in dem darunterstehenden, der Länge nach zusammengefalteten und an seinem freien Ende löffelförmig gestalteten Blatte. Sobald sich ein Insekt auf dieses Blatt oder auf das löffelförmige, den bequemsten Anflugplatz bietende Ende desselben niederläßt, klappt das Blatt augenblicklich abwärts; zugleich schnellt das in ihm versteckte Pollenblatt in die Höhe, schlägt an die untere

Seite des Tieres, welches angeflogen kam, und ladet ihm an der Stelle des Anschlages den Pollen auf. Bei den Blüten des Sauerdorns (Berberis) wird das Anschlagen durch die Reizbarkeit der Staubfäden veranlaßt. Jede Blüte enthält in zwei Wirtel geordnet sechs Pollenblätter, welche, schräg nach außen gerichtet, in den dahinterstehenden schalenförmigen Kronenblättern versteckt sind. An der dem Fruchtknoten zugewendeten inneren Seite der Antherenträger oder Staubfäden findet sich im Blütengrunde reichlicher Honig, welcher von safranfarbigen Wülsten der Kronenblätter herstammt. Dieser Honig wird von Bienen und Hummeln aufgesucht, welche sich bei ihrem Anflug an die nickenden Blütentrauben hängen. Schon bei diesem Anhängen treten die Insekten häufig mit den Vorderbeinen in die Blüten und treffen dabei die Staubfäden; unvermeidlich werden aber die Staubfäden an ihrer Basis berührt, wenn die Insekten mit dem Rüssel in den Blütengrund einfahren, um dort den Honig zu saugen. Die leiseste Berührung, welche die Staubfäden in ihrem unteren Drittel erfahren, wirkt aber als Reiz, hat eine Veränderung in der Spannung der Gewebeschichten und eine plötzliche ruckweise Bewegung, ein förmliches Aufschnellen der betreffenden Pollenblätter zur Folge. Das Aufschnellen wird zugleich zu einem Aufschlagen der Antheren auf das Insekt und zu einem Beladen des Insektes mit Pollen. Besonders wird durch den Schlag der Kopf des Insektes getroffen; aber auch der Rüssel, mit welchem die Insekten eingefahren sind, und die Vorderfüße, mit welchen sie den Innenraum der Blüte betreten hatten, werden mit Pollen beladen.

In ähnlicher Weise wie bei dem Sauerdorn vollzieht sich das Beladen der Insekten mit Pollen in den Blüten der Opuntien (Opuntia). Bei Opuntia vulgaris öffnen sich die verhältnismäßig großen Blüten bei hellem Himmel um 9 Uhr vormittags. Man sieht dann in der Blüte die fleischige, vierlappige Narbe, welche den kegelförmigen dicken Griffel krönt und den bequemsten Landungsplatz für die anfliegenden Insekten bildet. Der Griffel erhebt sich aus einer Grube, welche reichlich mit süßem Honig erfüllt ist, und die Grube ist umstellt von sehr zahlreichen, ungleich langen, aufrechten Pollenblättern. Die geöffneten Antheren dieser Pollenblätter sind mit krümeligen Pollen beladen, ihre fadenförmigen Träger erscheinen im unteren Viertel blaßgelb, weiter aufwärts glänzend goldgelb gefärbt. Berührt man den glänzend goldgelben Teil eines Fadens, so krümmt sich derselbe sofort in einem halbkreisförmigen und zugleich etwas schraubig gedrehten Bogen einwärts gegen den Griffel hin und schlägt sich über die mit Honig gefüllte Grube, aus welcher der Griffel emporragt. Kommt nun eine Biene angeflogen, so setzt sie sich zuerst auf die über die Antheren hinausragende große Narbe und sucht von da zu der mit Honig gefüllten Grube hinabzuklettern. Dabei ist aber die Berührung des reizbaren Teiles der fadenförmigen Antherenträger unvermeidlich, und sobald diese erfolgt, krümmen sich auch die berührten Fäden über die Bienen und beladen sie mit den von den Antheren leicht ablösbaren Pollen. Es ist ergötzlich, diesem Schauspiele zuzusehen und zu beobachten, wie sich kurz nacheinander die zahlreichen Fäden gruppenweise über das in den Blütengrund hinabkletternde Insekt überbeugen und gegen dasselbe hinschlagen. Die honigsuchende Biene wird durch die Krümmung der Pollenblätter und die Schläge, denen sie ausgesetzt ist, nicht sehr erschreckt, sondern läßt sich den Pollen ohne weiteres aufladen. Sie kann denselben nachträglich abbürsten, in die Körbchen sammeln und in den Bau tragen. Da die Krümmung der Pollenblätter zum mindesten so lange anhält, bis das betreffende Insekt die Blüte verläßt, so ist es unvermeidlich, daß auch noch bei Gelegenheit des angetretenen Rückzuges der Pollen von zahlreichen Antheren abgestreift wird. Gewöhnlich sind die Bienen beim Verlassen der Opuntienblüten mit dem Pollen ganz bedeckt.

Andere Vorrichtungen, die Insekten mit Pollen zu bestreuen und zu bewerfen, kann man unter dem Namen Schleuderwerke zusammenfassen. Das Ausschleudern wird durch plötzliches Aufschnellen bald des Griffels, bald der Staubfäden und bei einigen Orchideen auch der Antheren und des Rostellums veranlaßt. Da die Zahl der Schleuderwerke sehr groß ist, können hier nur die auffallendsten Formen vorgeführt werden, und es sei zunächst mit der Schilderung der im nördlichen Persien einheimischen Crucianella stylosa, welche in den untenstehenden

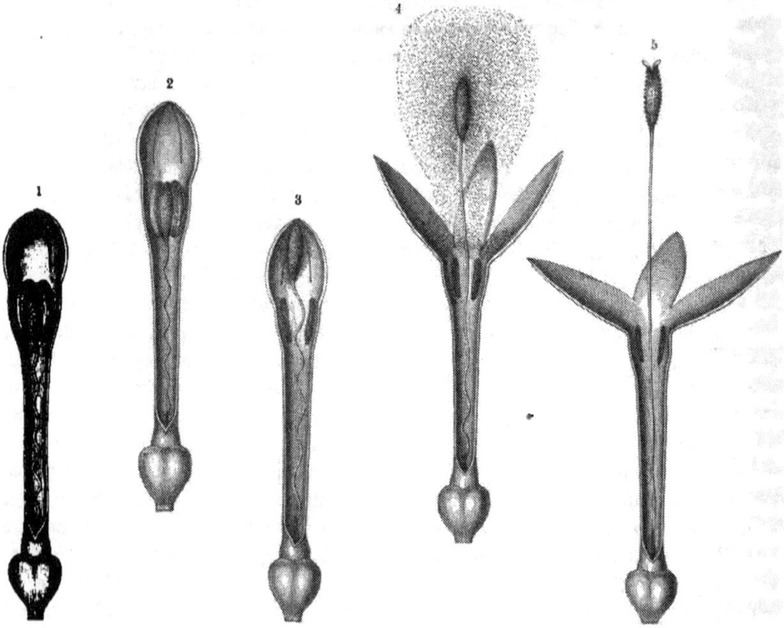

Schleuderwerk zum Aufladen des Pollens: 1) Längsschnitt durch die noch nicht geöffnete Blüte von Crucianella stylosa, die an der Außenseite mit Wärzchen besetzte Narbe steckt zwischen den geschlossenen Antheren, 2) derselbe Längsschnitt; die Antheren haben sich geöffnet und lagern ihren Pollen auf die warzige Außenseite der Narbe ab, 3) die an der Außenseite mit Pollen bedeckte Narbe ist infolge der Verlängerung des Griffels bis unter die Kuppel der geschlossenen Blüte vorgeschoben, 4) die Blumenkrone ist aufgesprungen, und der hervorschnellende Griffel schleudert den auf der Außenseite der Narbe abgelagerten Pollen aus, 5) der weit aus der Blüte hervorragende Griffel trägt die geöffnete zweilippige, jetzt erst belegungsfähig gewordene Narbe. Sämtliche Figuren 4fach vergrößert.

Abbildungen und auf S. 463 dargestellt ist, begonnen. Diese Pflanze gehört zu den Sternkräutern. Ihre rosenroten Blüten sind zu endständigen Büscheln vereinigt und entwickeln einen weithin wahrnehmbaren Honigduft. Wenn man von einer einzelnen noch nicht geöffneten Blüte die vordere Wand der Blumenkrone entfernt, um einen Einblick in das Innere zu gewinnen, so fällt zunächst auf, daß der dünne, lange Griffel schlangenförmig gewunden, und daß die ihm aufsitzende dicke Narbe zwischen die Antheren eingepfercht ist (s. obenstehende Abbildung, Fig. 1). Sobald sich die Antheren geöffnet haben, quillt der Pollen aus den Fächern hervor und lagert sich auf die äußere warzige Seite der Narbe (s. Abbildung, Fig. 2). Kurz darauf streckt sich der Griffel, seine Windungen werden steiler, und dadurch wird die mit Pollen bedeckte

Narbe über die entleerten Antheren und bis unter die Kuppel der noch immer geschlossenen Blumenkrone emporgehoben. In diesem Stadium, welches durch die Figur 3 auf S. 460 dargestellt ist, erscheint der Griffel an die Kuppel der Blumenkrone förmlich angestemmt und ist so stark gespannt, daß er bei dem Öffnen des Blütensaumes sofort hervorschnellt, wobei der auf der Narbe lastende Pollen als Staubwölkchen ausgeschleudert wird (Fig. 4). Wenn Insektenbesuch ausbleibt, so findet dieses Ausschleudern des Pollens von selbst statt; wenn aber kleine Hautflügler oder Fliegen anrücken, um sich auf den Blüten niederzulassen, und bei dieser Gelegenheit den Scheitel einer dem Öffnen nahen Blüte berühren, so wird dadurch augenblicklich das Aufklappen des Saumes veranlaßt, und das berührende Insekt wird von untenher mit Pollen bestreut, wie es die Figur 1 der Abbildung auf S. 463 zur Anschauung bringt. Es wird späterhin noch einmal zur Sprache kommen, was weiterhin in diesen Blüten geschieht, und dann wird auch die Figur 5 der Abbildung auf S. 460 ihre Erläuterung finden.

Seit geraumer Zeit kennt man auch das Schleuderwerk in den Blüten der in Chile und Peru einheimischen Arten der Gattung Schizanthus, von welchen eine, nämlich Schizanthus pinnatus, als Zierpflanze in unsere Gärten Eingang gefunden hat. In jeder geöffneten Blüte fällt bei diesen Gewächsen zunächst ein unpaariger, aufwärts geschlagener gefleckter Lappen in die Augen, welchem die Anlockung der Insekten zukommt. Unter ihm sieht man zwei kleinere, in mehrere Zipfel gespaltene Lappen, welche eine Art Schiffchen und einen bequemen Anflugplatz für die honigsuchenden Insekten bilden. Festgehalten in der Rinne dieses Schiffchens, finden sich zwei Staubfäden, welche aus ihrer Haft gelöst werden, in die Höhe schnellen und Pollen aus den Antheren ausstreuen, sobald ein angeflogenes Insekt sich auf das Schiffchen niederläßt und den Rüssel unter dem erwähnten aufwärts geschlagenen fahnenförmigen Blumenblatt einführt.

Ein ähnliches Emporschleudern des Pollens beobachtet man auch an den Blüten mehrerer Lerchensporne, namentlich an jenen der Corydalis lutea (s. Abbildung, S. 426, Fig. 3 und 4). Die Blumenkrone wird bei dieser Pflanze aus vier Blättern gebildet, einem oberen, einem unteren, einem rechten und einem linken. Die beiden zuletztgenannten sind in der Größe und Form übereinstimmend und schließen ungefähr so zusammen wie zwei hohle Hände. Das untere ist auffallend klein und spatelförmig gestaltet; das obere ist größer als alle übrigen, verlängert sich rückwärts in einen hohlen Sack, in welchem Honig geborgen ist, und erscheint vorn verbreitert und wie eine Hutkrempe aufgestülpt. Unter dem aufgestülpten Teile des oberen Blattes ist der Zugang zum Honig, und dort müssen auch die Insekten, welche Honig gewinnen wollen, einfahren. Um das bewerkstelligen zu können, setzen sich die anfliegenden Tiere auf die seitlichen, wie zwei hohle Hände zusammenschließenden Blätter. Damit aber dieser Anflugplatz einen guten Halt gewähre, sind wagerecht abstehende Leisten oder Lappen an demselben ausgebildet, welche sich am besten mit Steigbügeln an den Seiten eines Sattels vergleichen lassen. Diese Steigbügel dienen auch wirklich dem angedeuteten Zwecke; denn die anfliegenden Bienen stützen sich auf sie mit ihren Beinen und reiten gewissermaßen auf den beiden zusammenschließenden seitlichen Blumenblättern wie auf einem Sattel. Sobald sich nun Insekten rittlings auf den Sattel niederlassen und ihren Rüssel unter der Fahne einführen, wird die gelenkartige Verbindung zwischen den aufgestülpten oberen und den beiden zusammenschließenden, den Sattel bildenden seitlichen Blumenblättern gelöst; der Sattel sinkt hinab, und die bisher in seiner Höhlung geborgenen Staubfäden schnellen empor. Da sich der mehlige Pollen schon frühzeitig entbindet und über den Antheren liegen bleibt, so wird er durch die emporschnellenden Staubfäden an die untere Seite der auf den Blüten reitenden Insekten gestreut.

Sehr schön sieht man das Emporschleudern des Pollens auch bei den Melastomazeen und bei zahlreichen Schmetterlingsblütlern aus den Gattungen Astragalus, Indigofera, Medicago und Phaca, ebenso an Genista, Retama, Sarothamnus, Spartium und Ulex. Als Vorbild für diese letzteren soll hier der im mittelländischen Florengebiete weitverbreitete Besenstrauch (Spartium junceum) gewählt sein. Die untenstehende Abbildung zeigt in Fig. 1 und 2 die Vorderansicht einer Blüte dieser Pflanze, und man erkennt sofort die aufwärts geschlagene große Fahne, die zwei seitlichen Flügel und unter diesen das aus zwei zusammenschließenden Blumenblättern gebildete Schiffchen. Nahe der Basis bemerkt man an jedem Blatte des Schiffchens einen Wulst und ein Grübchen (s. untenstehende Abbildung, Fig. 4), welche mit entsprechend gebauten Teilen der beiden Flügel in Verbindung stehen, so daß beide Blumenblattpaare miteinander förmlich verquickt und ineinander gekeilt sind, und jeder Druck,

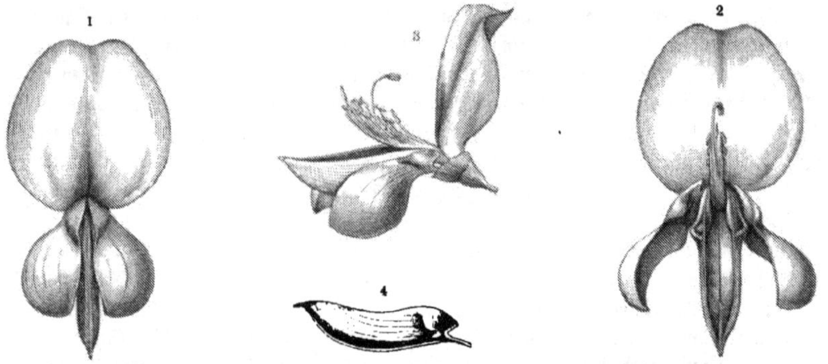

Schleuderwerk eines Schmetterlingsblütlers: 1) Blüte von Spartium junceum, von vorn gesehen, das Schiffchen geschlossen, 2) dieselbe Blüte, das Schiffchen geöffnet und die früher dort geborgenen Pollenblätter mitsamt dem Griffel aufgeschnellt, 3) dieselbe Blüte mit geöffnetem Schiffchen und aufgeschnellten Pollenblättern, in seitlicher Ansicht, 4) eins der beiden Blumenblätter, welche das Schiffchen zusammensetzen, von der inneren Seite gesehen.

welcher von obenher auf die Flügel ausgeübt wird, mittelbar auch das Schiffchen trifft. An jedem der beiden Flügel bemerkt man überdies nahe der Basis einen stumpfen Zahn (s. obenstehende Abbildung, Fig. 3), der sich in der geschlossenen Blüte unter der Fahne verbirgt, und welcher, indem er sich an die Fahne anstemmt, die Flügel und mittelbar das Schiffchen in wagerechter Lage erhält. In dem Schiffchen liegen, wie Uhrfedern gespannt, ein Griffel und zehn Staubfäden sowie die von den letzteren getragenen Antheren, aus welchen schon sehr frühe der Pollen entbunden und im vorderen Teile des Schiffchens abgelagert worden ist. Drückt man nun von oben auf die kissenförmig gewölbten Flügel und mittelbar auf das Schiffchen, so gleiten die stumpfen Zähne, durch welche die Flügel an der Fahne festgehalten werden, ab, und es senken sich Flügel und Fahne mit einem plötzlichen Rucke nach abwärts; die in der Rinne des Schiffchens eingebetteten Staubfäden samt dem Griffel schnellen empor und schleudern den mehligen Pollen in die Höhe. Wenn der Druck auf die kissenförmig gewölbten Flügel und das mit ihnen verquickte Schiffchen von einem angeflogenen größeren Insekt ausgeht, so spielt sich natürlich der gleiche Vorgang ab, und es wird dabei der Hinterleib des besuchenden Insektes von untenher mit Pollen bestäubt (s. Abbildung, S. 463, Fig. 2).

Da der Pollen in den zuletzt besprochenen Blüten mehlig oder staubförmig ist, so wird jedesmal, wenn das Schleuderwerk derselben in Wirksamkeit tritt, in des Wortes vollster Bedeutung Staub aufgewirbelt. Es macht den Eindruck, als ob solche Blüten explodieren würden, und die Gärtner nennen auch mehrere der eben besprochenen Gewächse, wie z. B. die Arten der Gattung Schizanthus, „Pflanzen mit explodierenden Blüten".

Bei weitem seltener sind Schleudereinrichtungen, durch welche der gesamte Pollen einer Anthere als zusammenhängende Masse auf einmal ausgeschleudert

Aufladen des Pollens mittels Schleuderwerkes: 1) Crucianella stylosa, aus deren Blüten der Pollen auf den Leib eines Hautflüglers geschleudert wird; 2) Spartium junceum, das Schiffchen der untersten Blüte noch geschlossen und wagerecht vorgestreckt, das Schiffchen der nächstoberen Blüte herabgedrückt und die Pollenblätter aufgeschnellt, die dritte Blüte von einem Hautflügler (Xylocarpa violacea) besucht, auf dessen Unterleib der Pollen geschleudert wird. (Zu S. 460—463.)

wird. In dieser Beziehung sind insbesondere die Blüten eines zu den Rubiazeen gehörigen brasilischen Strauches, namens Posoqueria fragrans, und jene einiger tropischen Orchideen bemerkenswert. Die Blüten der Posoqueria erinnern in mehrfacher Beziehung an die Geißblattblüten; sie zeigen nämlich eine wagerecht vorgestreckte lange Röhre und fünf kurze Zipfel der Blumenkrone, welch letztere bei dem Aufblühen sich etwas zurückkrümmen. Das Öffnen der Blüten erfolgt am Abend, die Blumenkrone ist weiß, in der Tiefe mit Honig gefüllt und entwickelt in der Dämmerung und während der Nacht einen weithin wahrnehmbaren Duft, durchweg Eigenschaften, welche darauf hinweisen, daß diese Blüten wie die des Geißblattes für den Besuch langrüsseliger Schwärmer und Nachtschmetterlinge angepaßt sind. Die fünf

Pollenblätter sind dem Schlunde der Blüte eingefügt, die Antheren schließen fest zusammen und bilden einen eiförmigen hohlen Knopf, der dicht unterhalb der Mündung der Blumenröhre zu stehen kommt. Die Antheren öffnen sich einen Tag früher als die Blumenblätter, und ihr gelblicher Pollen wird in die Höhlung des eben erwähnten Knopfes entleert. Er ballt sich dort zu einem kugeligen Klumpen, der ziemlich klebrig ist. Der hohle Antherenknopf wird von ungleich langen spangenförmigen Fäden getragen, von welchen insbesondere die beiden oberen dadurch auffallen, daß sie halbbogenförmig gekrümmt sind. Sie sind überdies durch große Reizbarkeit ausgezeichnet. Sobald das Mittelstück derselben berührt wird, schnellen die fünf Pollenblätter mit Blitzesschnelle auseinander, das eine Paar derselben schlägt sich nach rechts, das andere Paar nach links zurück, und das fünfte unpaare untere Pollenblatt schleudert den Pollenballen in weitem Bogen von der Blüte weg. Wenn die Berührung der reizbaren Stelle durch einen Nachtschmetterling erfolgte, welcher seinen Rüssel in die lange Blumenröhre einführen wollte, so wird ihm der klebrige Pollenballen an den Rüssel geworfen, wo er auch hängen bleibt. Das Merkwürdigste an der Sache aber ist, daß das unpaare Pollenblatt, welches wie eine Uhrfeder aufwärts schnellt, auch den Eingang in die Blumenröhre versperrt und es dem betreffenden Tier unmöglich macht, dort den Rüssel einzuführen. Erst 8—12 Stunden später beginnt das wie ein Riegel vor die Mündung der Blumenröhre gestellte Pollenblatt sich zu erheben und nimmt bis zum nächsten Abend die vor dem Aufschnellen innegehabte Lage wieder an. Der Zugang zum Blütengrund ist dadurch frei geworden, und die Schmetterlinge können jetzt zu dem in der Tiefe geborgenen Honig ihren Rüssel einführen, ohne neuerdings durch das aufschnellende Pollenblatt belästigt zu werden. Wenn nun ein Schmetterling angeflogen kommt, welcher kurz vorher bei dem Besuch einer jungen Blüte mit Pollen beladen wurde, und wenn dieser Schmetterling seinen Rüssel in die offene Röhre einer anderen älteren Blüte einführt, so wird er in der Mitte derselben die Narbe streifen und auf diese den am Rüssel klebenden Pollen übertragen.

Aus der Reihe der mit einem Schleuderwerk versehenen Orchideen sind besonders die Gattungen Catasetum und Dendrobium bemerkenswert. Catasetum ist schon darum etwas eingehender zu besprechen, weil bei demselben das Ausschleudern infolge eines äußeren Reizes erfolgt, welcher nicht einmal direkt auf das Schleuderwerk wirkt, sondern durch ein besonderes Organ übertragen werden muß. Ähnlich wie bei vielen anderen Orchideen mit nach oben gerichteter Lippe erhebt sich in den Blüten von Catasetum (s. Abbildung, S. 465, Fig. 1 und 2) unter der ausgehöhlten Lippe die Befruchtungssäule. Dieselbe trägt an der Spitze die Anthere, darüber das Rostellum und ist über dem Rostellum grubig vertieft. Die Ränder der Grube sind fleischig, und es entwickeln sich aus ihnen zwei absonderlich geformte Fortsätze, welche man am besten mit zwei Hörnern vergleicht. Dieselben sind geschweift und schief nach vorn und aufwärts gerichtet. Das eine ist bei den meisten Arten, unter anderen auch bei dem abgebildeten Catasetum tridentatum, etwas schräg über das andere geschlagen (s. Abbildung, S. 465, Fig. 7). In der Anlage ist jedes Horn eigentlich ein bandförmiger Lappen; da sich dieser aber der Länge nach zusammenrollt, so entsteht eine spitz auslaufende Röhre, welche eben die Gestalt eines Hornes besitzt. Das Gewebe beider Hörner geht ohne scharfe Grenze in das Gewebe des darunterstehenden Rostellums über. Obschon man dieses Gewebe auf das sorgfältigste untersuchte, hat man nichts Besonderes an demselben finden können, und dennoch zeigt dasselbe eine ganz außerordentliche Reizbarkeit. Durch die Erfahrung und durch die Versuche ist es nämlich erwiesen, daß der am freien Ende des Hornes ausgeübte Druck als Reiz wirkt, und daß dieser Reiz sofort durch die Zellenzüge des Gewebes auf jenen Teil des Rostellums übertragen wird, welcher sich als Klebkörper ausgebildet hat. Man braucht nur eins der Hörner an seinem freien Ende zu berühren, und sofort reißt das Zellgewebe, durch welches der Klebkörper des Rostellums bisher festgehalten wurde, auseinander, und der

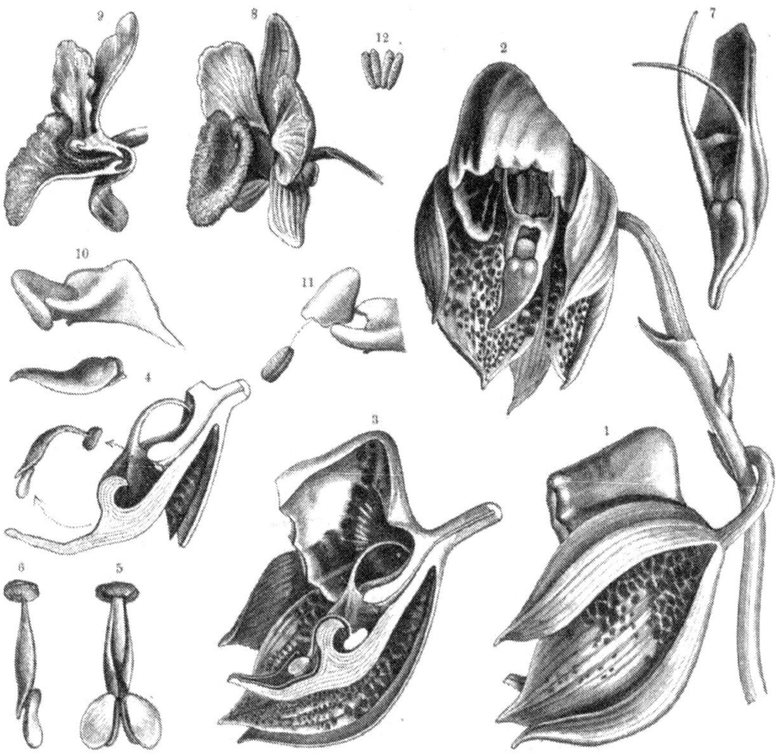

Schleuderwerke in den Orchideenblüten: Blüte von Catasetum tridentatum, 1) von der Seite, 2) von vorn gesehen, 3) Längsschnitt durch diese Blüte, das Band, welches die Pollenkölbchen mit dem Klebkörper verbindet, ist über einen Wulst der Befruchtungssäule im Halbbogen gespannt, 4) die Pollenkölbchen und der Klebkörper haben sich gelöst und werden durch das sich geradestreckende Verbindungsband fortgeschleudert, auch die vordere Antherenwand, welche die Pollenkölbchen bisher verhüllte, wird fortgeschleudert, 5) Pollenkölbchen, Klebkörper und das sie verbindende Band, dessen beide Ränder sich etwas eingerollt haben, von vorn gesehen, 6) dieselben in seitlicher Ansicht, 7) Befruchtungssäule aus der Blüte genommen, unten die Anthere, etwas höher das elastische, im Halbbogen gespannte Band, darüber die Narbenhöhle, von deren fleischigen Rändern die zwei hornförmigen, reizbaren Fortsätze ausgehen; 8) Blüte von Dendrobium fimbriatum, 9) dieselbe Blüte im Längsschnitt, 10) die kapuzenförmige Anthere am Ende der Befruchtungssäule, in seitlicher Ansicht, 11) die kapuzenförmige Anthere klappt zurück, und die Pollenkölbchen werden ausgeworfen; 12) Pollenkölbchen des Dendrobium fimbriatum. Fig. 10—12: 5fach vergrößert, die anderen in natürl. Größe. (Zu S. 464—466.)

scheibenförmige Klebkörper wird dadurch frei. Da aber von dem Klebkörper auch ein elastisches, gekrümmtes, die Verbindung mit den Pollenkölbchen herstellendes Band in seiner Lage und Spannung erhalten wird (s. obige Abbildung, Fig. 3), so hat das Freiwerden des Klebkörpers zugleich ein Aufschnellen des gekrümmten Bandes zur Folge. Dasselbe streckt sich gerade, reißt dadurch sowohl den Klebkörper als auch die Pollenkölbchen aus ihrem bisherigen

Versteck und schnellt es in weitem Bogen von dem Säulenstück, welches bisher zur festen Unterlage diente, weg (s. Abbildung, S. 465, Fig. 4). Der Klebkörper wendet sich während des Fluges nach vorn, und er ist es auch, der zuerst mit dem zum Ziele dienenden Gegenstand in Berührung kommt und an demselben anklebt. Nach dem Abschleudern erscheint auch das Band, welches die Pollenkölbchen mit dem Klebkörper verbindet, vollkommen geradegestreckt (s. Abbildung, S. 465, Fig. 5 und 6).

Ganz anders ist das Schleuderwerk eingerichtet, welches die meisten Arten von Dendrobium zeigen. An dem hier als Vorbild gewählten Dendrobium fimbriatum (s. Abbildung, S. 465, Fig. 8 und 9) wird die Säule durch eine Anthere abgeschlossen, welche die Gestalt einer Sturzglocke hat. Dieselbe ist gefächert und enthält in ihren Fächern Pollenkölbchen, welche mit keinem Klebkörper in Verbindung stehen und daher aus der Anthere leicht herausfallen, wenn es die Lage derselben gestattet. Die Anthere wird von einem dünnen, pfriemenförmigen Faden getragen und ist mit dem Ende desselben in einer gelenkartigen Verbindung. Bei geringem Anstoße kann sie in schaukelnde Bewegung gebracht werden. In der eben geöffneten Blüte, in welcher die Befruchtungssäule einem Anstoße noch nicht ausgesetzt war, ruht die sturzglockenähnliche Anthere mit ihrer weiten Öffnung auf einem stufenförmigen Ausschnitte der Säule und ist durch zwei zahnartige Fortsätze, welche rechts und links von dem stufenförmigen Ausschnitte stehen, festgehalten (s. Abbildung, S. 465, Fig. 10). Wenn aber ein Anstoß von vornher erfolgt, so wird sie aus dieser Lage gebracht, sie klappt rasch zurück, und gleichzeitig werden die in ihr enthaltenen Pollenkölbchen ausgeschleudert (s. Abbildung, S. 465, Fig. 11). Da die ausgeschleuderten Pollenkölbchen (s. Abbildung, S. 465, Fig. 12) der Klebkörper entbehren, so ist nicht recht abzusehen, wie sie den blütenbesuchenden Tieren, von welchen der Anstoß ausgeht, aufgeladen werden. Dennoch ist es in hohem Grade wahrscheinlich, daß mit dem Ausschleudern auch ein Aufladen Hand in Hand geht. Beobachtungen in der freien Natur an wildwachsenden, von Insekten besuchten Pflanzen, welche allein hierüber einen sicheren Aufschluß zu geben imstande sind, haben freilich ergeben, daß die verschiedenen Dendrobien, offenbar wegen dieser mangelhaften Einrichtung, sehr wenige, oft gar keine Samen ansetzen.

An die Schleuderwerke schließen sich die Streuwerke an. Der in denselben zur Verwendung kommende Pollen ist immer mehlig oder staubförmig und wird durch Erschütterung aus seinen Behältern ausgestreut. Der Pollen wird in verschiedener Weise durch die Stellung der Staubfäden so lange festgehalten, bis diese, durch einen Anstoß der die Blüten besuchenden Insekten aus ihrer Lage gebracht, den Pollen ausstreuen. Einige derartige Beispiele wollen wir im folgenden näher besprechen.

So verhält es sich z. B. mit dem Streuwerk in zahlreichen Akanthazeen- und Skrofulariazeenblüten. Unter dem schützenden Dache von Hochblättern, am häufigsten unter der Oberlippe einer seitlich gestellten rachenförmigen Blumenkrone, sieht man die Antheren der paarweise gegenüberstehenden Pollenblätter als zwei Schalen oder Nischen fest zusammenschließen. Sie werden von den steifen, aber doch biegsamen spangenförmigen Trägern in dieser Lage erhalten, und die Ränder der mit mehligem Pollen gefüllten Schalen passen so genau aufeinander, daß ohne besonderen Anstoß nicht eine einzige Pollenzelle herausfallen kann. Sobald nun die beiden Schalen, mögen sie in der eben erwähnten Weise an einer Stelle verbunden sein oder nicht, um ein kleines auseinanderweichen, so sickert der mehlige Pollen sofort durch die gebildete Kluft und fällt nach dem Gesetze der Schwere abwärts. Bei der Bartschie (Bartschia alpina) ist die Eingangspforte zu den Blüten dieser Pflanze durch den aufgebogenen Saum der Unterlippe sehr verengert, und dicht hinter die enge Pforte sind die verhältnismäßig großen, am oberen Rande verfilzten Pollenschalen gestellt. Will ein Insekt zum Honig des Blütengrundes kommen, so muß es diese beiden Pollenschalen am unteren Rand auseinanderdrängen und sich dabei mit dem Pollen bestreuen lassen. In den Blüten des Klappertopfes und der Schuppenwurz (Rhinanthus, Lathraea) ist die Einfahrt noch genauer vorgezeichnet und darf um keines Millimeters Breite verfehlt werden, wenn die Insekten nicht Schaden leiden wollen. Die Träger der Pollenschalen, welche hier in der Mitte der Blütenpforte stehen, sind nämlich mit starren, spitzen Dörnchen besetzt, deren Berührung von den für ihren Rüssel sehr besorgten Insekten sorgfältig gemieden wird, und es führt der einzige ungefährliche Weg zum Blütengrunde zwischen den mit weichen Haaren eingesäumten, schon bei mäßigem Drucke leicht auseinanderweichenden Pollenschalen hindurch (s. Abbildung, S. 468, Fig. 4—6). In den Blüten von Clandestina, Trixago und noch mehrerer anderer Rhinanthazeen fehlt der Besatz aus kleinen Dörnchen an den Antherenträgern, da ist aber jede Pollenschale unterwärts in einen pfriemenförmigen Fortsatz verlängert, welchen die in den Blütenrachen einfahrenden Insekten unvermeidlich berühren und auf die Seite drängen. Dadurch werden die betreffenden Pollenschalen auseinandergerückt, und im Augenblicke des Einfahrens rieselt der mehlige Pollen auf den Kopf und Rücken des anstoßenden Insektes herab. In den Blüten der Läusekräuter Pedicularis asplenifolia, rostrata und zahlreicher anderer verwandter Arten sind die Antheren unter der Wölbung der Oberlippe so versteckt, daß ein unmittelbares Anstoßen an dieselben von seiten der besuchenden Insekten unmöglich ist. Hier fahren die Insekten etwas tiefer zwischen den spangenförmigen Antherenträgern ein, drängen dieselben auseinander und veranlassen dadurch eine solche Veränderung in der Stellung aller Blütenteile, daß auch die Pollenschalen auseinanderweichen und den eingekapselten mehligen Pollen fallen lassen. Wieder etwas anders ist das Streuwerk bei jener Gruppe von Pedicularis eingerichtet, für welche die in den Alpen häufige Pedicularis recutita als Vorbild angesehen werden kann. In den Blüten dieser Pflanze (s. obenstehende Abbildungen) sind die von elastischen Fäden getragenen Pollenschalen zwischen den Seitenwänden der helmförmigen Oberlippe förmlich eingeklemmt. Ein Auseinanderweichen der Pollenschalen ist nur möglich, wenn der sie umschließende Helm erweitert und seitlich ausgebaucht wird. Das geschieht aber auf sehr eigentümliche Weise. Wenn die Hummeln anfliegen, fassen sie mit den Vorderbeinen die weit vorgestreckte helmförmige Oberlippe und biegen sie um einen Winkel von 30 Grad herab, was um so leichter erfolgt, als an der Basis des Helmes rechts und links vom Schlunde der Blüte kräftige Rippen angebracht sind, welche wie ein Hebelwerk wirken und ihre Bewegung auf die ganze Oberlippe übertragen. Das Herabbiegen der Oberlippe hat aber zur Folge, daß erstens die Seitenwände des Helmes, welche bisher straff gespannt waren, seitlich ausgebaucht werden, zweitens, daß die spangenförmigen Träger der Pollenschalen gebogen werden, und drittens, daß die Pollenschalen auseinanderweichen und der mehlige stäubende Pollen auf das angeflogene Insekt herabgestreut wird. Damit dieses ganze verwickelte Hebelwerk von Erfolg begleitet sei, muß das zugeflogene Insekt allerdings an einer genau bestimmten Stelle der Blüte, nämlich durch eine kleine Rinne

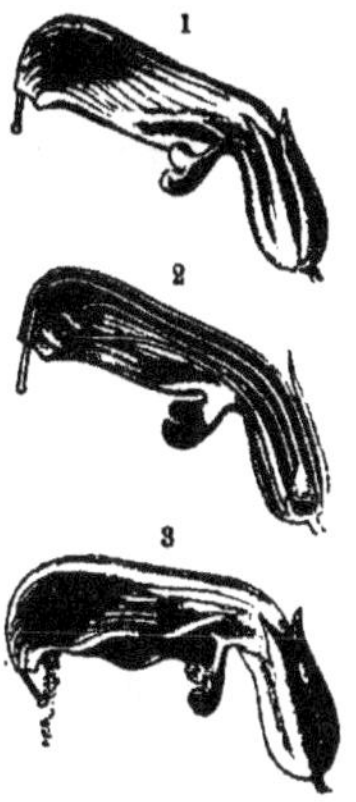

Pedicularis recutita: 1) ganze Blüte, 2) Längsschnitt durch dieselbe, 3) der Helm der Blumenkrone herabgebogen, infolgedessen Pollen ausfällt. 3fach vergrößert.

an der Unterlippe, mit dem Rüssel einfahren, und darum finden sich die anderen Stellen der Blütenpforte, wo ein Einfahren auch noch versucht werden könnte, verschanzt und verrammelt. Namentlich ist der Rand der Oberlippe ganz dicht mit spitzen, kurzen Dörnchen besetzt, deren Berührung von den Insekten sorgfältig vermieden wird.

Das Streuwerk in den Akanthusblüten (Acanthus longifolius, mollis, spinosus; s. untenstehende Abbildung, Fig. 1—3) weicht von den bisher besprochenen insbesondere dadurch ab, daß die Antheren nicht zweifächerig, sondern einfächerig sind, und daß das Fach nicht so sehr einer Schale als einer schmalen, langen Nische gleicht. Der Rand jeder Nische ist mit kurzem Flaume dicht besetzt, was zum besseren Verschlusse der aneinandergelegten Pollenbehälter wesentlich beiträgt. Die Träger der Antheren sind wie aus Elfenbein gedrechselt, ungemein kräftig

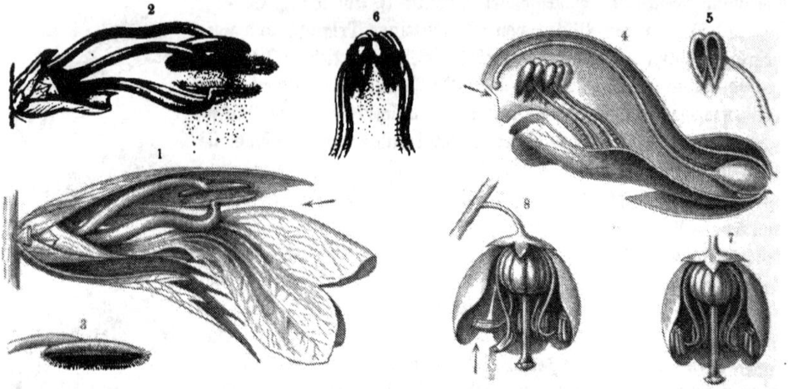

Streuwerke: 1) Blüte von Acanthus longifolius, ein Teil der Blumenblätter weggeschnitten, 2) die als Streuzangen ausgebildeten Pollenblätter des Acanthus auseinandergerückt, so daß Pollen ausfällt, 3) eine Anthere des Acanthus; 4) Längsschnitt durch die Blüte von Rhinanthus serotinus, 5) ein Pollenblatt aus dieser Blüte, 6) die vier Pollenblätter des Rhinanthus von vorn gesehen, die Antheren am Scheitel verbunden, unten auseinandergerückt, Pollen ausfallend; 7) Blüte von Pirola secunda, ein Teil der Blumen- und Pollenblätter weggeschnitten, 8) dieselbe Blüte, infolge des Abhebens eines Blumenblattes ist die bisher von diesem festgehaltene streubüchsenförmige Anthere umgekippt und streut Pollen aus. Der Pfeil deutet in Fig. 1, 4 und 8 die Richtung an, welche von den zum Blütengrund einfahrenden Insekten eingehalten wird. Fig. 1 und 2 in natürl. Größe, die anderen Figuren 2—5fach vergrößert.

und nicht so leicht auseinanderzudrängen. Nur große, kräftige Hummeln vermögen diese Antherenträger aus ihrer Lage zu bringen, veranlassen dadurch ein Auseinanderweichen der nischenförmigen Pollenschalen und werden dabei an der oberen Seite ihres Körpers über und über mit mehligem Pollen bestreut.

Wesentlich verschieden von den Streuwerken, welche sich als Zangen mit schalenförmigen Pollenbehältern am Ende der Zangenarme darstellen, sind diejenigen, welche die Gestalt von **Streubüchsen** haben. Sie finden sich vorwiegend in glockenförmigen, hängenden und nickenden Blüten. Die am freien Ende oder doch in der Nähe desselben mit zwei kleinen Löchern versehenen Antheren sind innerhalb der Glocken so gestellt, daß in dem Augenblick, in welchem der Pollen ausgestreut werden soll, die Löcher abwärts sehen. Der mehlige Pollen ist in den Streubüchsen fest zusammengepreßt, lockert sich aber partienweise und wird auch partienweise in Form kleiner Prisen entlassen, etwa so, wie wenn feingepulverter Zucker aus den Löchern einer Streubüchse stoßweise herausgeschüttelt wird. Zum Teil sind die Streubüchsen im Inneren der glockenförmigen Blüten so aufgehängt, daß schon im Beginn des Blühens ihre Löcher abwärts gerichtet sind, wie z. B. in den Blüten der Knotenblume (Leucojum vernum) und denen der Preißelbeere (Vaccinium Vitis Idaea); zum Teil aber sind sie an schlingenförmig umgebogenen elastischen Fäden aufgehängt, und ihre Streulöcher sehen anfänglich dem Grunde der hängenden Blüte zu. Damit aus solchen Streubüchsen, deren Löcher nach aufwärts gewendet sind, der Pollen ausfallen kann, müssen sie umgestürzt werden, was durch Vermittelung jener Insekten erfolgt, welche mit Pollen bestreut werden sollen. So verhält es sich z. B. bei dem in unseren Wäldern häufigen einseitswendigen Wintergrün (Pirola secunda). Die Streubüchsen werden in dessen Blüten von S-förmig gekrümmten und wie eine Feder gespannten Fäden getragen und sind in der früher erwähnten Lage durch die angedrückten Blumenblätter festgehalten (s. Abbildung, S. 468, Fig. 7). Sobald nun Insekten, in die Glocke eindringend, die Blumenblätter verschieben, strecken sich die bisher gespannt erhaltenen S-förmigen Träger der Antheren gerade, die Streubüchsen werden dadurch umgestürzt und ihre Löcher abwärts gerichtet (s. Abbildung, S. 468, Fig. 8), und der Pollen kann herausfallen.

In sehr vielen Fällen sind die Antheren mit besonderen Fortsätzen versehen, an welche die zum Blütengrund einfahrenden Insekten unvermeidlich anstoßen, was jedesmal das Ausstreuen einer Prise des Pollens zur Folge hat. Bei dem Schneeglöckchen (Galanthus), der Erdscheibe (Cyclamen), der Ramondie (Ramondia) und noch vielen anderen, den verschiedensten Familien angehörenden Pflanzen sind es einfache starre Spitzen, welche von dem freien Ende der Antheren abbiegen und sich den Insekten in den Weg stellen, bei dem Erdbeerbaum (Arbutus) sowie bei der Bärentraube (Arctostaphylos; s. Abbildung, S. 438, Fig. 1) gehen vom Rücken einer jeden Anthere zwei Hörnchen aus, an welche die honigsaugenden Insekten beim Einfahren in den Blütengrund anstoßen, wodurch die ganze Streubüchse erschüttert und Pollen aus ihren Löchern ausgestreut wird.

Mit der Entwickelung streubüchsenförmiger Antheren geht meistens die Ausbildung aktinomorpher, hängender oder nickender Blüten Hand in Hand, und alle bisher besprochenen, mit Streubüchsen ausgestatteten Pflanzen weisen in der Tat hängende oder nickende, nach allen Seiten gleichgestaltete Glocken auf. Von den wenigen zygomorphen Blüten mit Streubüchsen soll hier in Kürze nur der Kalzeolarien und Melastomazeen gedacht sein. Die Antheren werden in den Blüten dieser Pflanzen von kurzen Trägern gestützt und können ähnlich wie jene des Salbeis in schaukelnde Bewegung versetzt werden. Während aber die Antheren in den Salbeiblüten mit einer Längsspalte aufspringen und klebrigen Pollen enthalten, öffnen sich jene der Kalzeolarien und Melastomazeen mit Löchern am Scheitel der Pollenbehälter und umschließen mehligen oder stäubenden Pollen. Wenn solche Antheren durch anstoßende Insekten geschaukelt werden und umkippen, so fällt auch sofort mehliger Pollen aus ihren Löchern auf die Insekten herab.

Die dritte, unter dem Namen Streukegel erwähnte Form des Streuwerkes besteht aus einem Wirtel starrer Pollenblätter, welche zusammen einen Hohlkegel bilden. Die Anthere eines jeden Pollenblattes zeigt zwei Pollenbehälter, welche mit einer Längsspalte aufspringen und die Gestalt offener Nischen annehmen. Damit der mehlige oder staubförmige Pollen aus den offenen Nischen nicht vorzeitig herausfallen kann und so lange zurückbleibt, bis die angelockten Insekten kommen und das Ausstreuen veranlassen, ist ein besonderer Verschluß notwendig. Dieser wird auf zweifache Art erreicht. Entweder sind die mit mehligem Pollen gefüllten Nischen der Antheren an den Griffel, um welchen sie in engem Kreise herumstehen, fest angedrückt, oder es schließen die einander zusehenden Nischen der benachbarten Antheren so genau und so fest wie die Pollenschalen der Streuzangen zusammen. Das erstere findet sich bei den Soldanellen (z. B. Soldanella alpina; s. untenstehende Abbildung, Fig. 1—3), das letztere bei zahlreichen Eriken und Asperifoliazeen (s. Abbildung, Fig. 4—10). In beiden Fällen birgt der aus vier oder fünf lanzettlichen Antheren gebildete Kegel den mehligen Pollen in acht oder zehn langen, schmalen Fächern, die bei der geringsten Verschiebung des Kegels auseinandergehen und ihren Inhalt ausfallen lassen. Wenn das Öffnen der Fächer durch Insekten veranlaßt wird, die, irgendwo am Antherenkegel ihren Rüssel eindrängend, eine Verschiebung der stramm zusammenschließenden Teile bewirken, so fällt der Pollen unvermeidlich auf diese Tiere. Gewöhnlich wird dieser Pollen nur prisenweise ausgestreut. Sobald die Insekten ihren Rüssel zurückziehen, nehmen die auf elastisch biegsamen Trägern sitzenden Antheren ihre frühere Lage wieder an, das Spiel kann von neuem angehen und das Ausstreuen des Pollens aus ein und demselben Kegel sich mehrmals wiederholen.

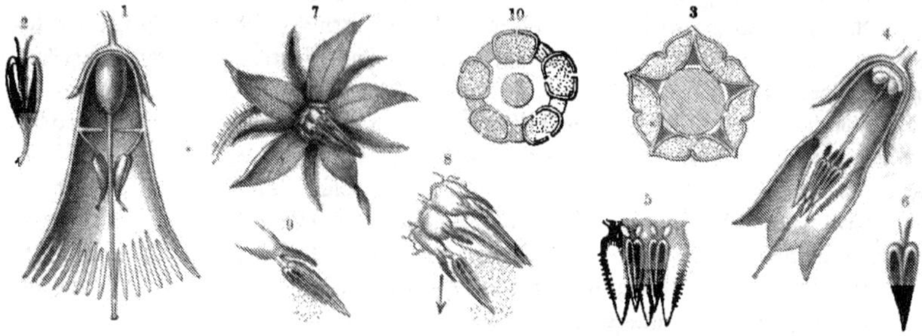

Streuwerke: 1) Längsschnitt durch die Blüte der Soldanella alpina, 2) ein Pollenblatt aus dieser Blüte, von der dem Griffel anliegenden Seite gesehen, 3) schematischer Querschnitt durch den Griffel und die demselben anliegenden fünf Antheren, der Griffel durch hellere Schraffierung und der Pollen durch Punktierung bezeichnet; 4) Längsschnitt durch die Blüte von Symphytum officinale, 5) zwei Pollenblätter und drei mit ihnen abwechselnde, an den seitlichen Rändern mit Dörnchen besetzte Schuppen, 6) ein einzelnes Pollenblatt von Symphytum; 7) Blüte von Borago officinalis, 8) Streukegel aus dieser Blüte, eines der Pollenblätter in der Richtung des Pfeiles herabgerückt, demzufolge eine Prise Pollen ausfallend, 9) ein Pollenblatt mit der zahnförmigen Handhabe an dem Antherenträger, 10) schematischer Querschnitt durch den Griffel und Streukegel von Borago, der Griffel durch Schraffierung, der Pollen durch Punktierung bezeichnet. Fig. 7 in natürl. Größe, die anderen Figuren 2—5fach vergrößert.

Die Insekten fahren an sehr verschiedenen Stellen zu dem Honig in die Blüten ein. Bei den Eriken ist es meistens die Spitze, bei dem Boretsch (Borago officinalis; s. obige Abbildung, Fig. 7) die Basis des Antherenkegels, wo der Rüssel eingeführt wird. Bienen und Hummeln fliegen von untenher zu den nickenden Blüten der zuletztgenannten Pflanze, klammern sich mit den Vorderfüßen so an, daß ihr Kopf und Rüssel in die Nähe der Basis, ihr halbbogig gekrümmter Hinterleib aber unter die Spitze des Kegels zu stehen kommt. Sie erfassen dabei einen eigentümlichen zahnartigen Fortsatz des Antherenträgers (s. obige Abbildung, Fig. 9) wie eine Handhabe mit den Krallen, zerren die erfaßte Anthere von ihren Nachbarn weg, und im selben Augenblick fällt der mehlige Pollen aus dem Antherenkegel heraus (s. obige Abbildung, Fig. 8) und bestäubt den Hinterleib des saugenden Insektes. In den Blüten mehrerer Asperifoliazeen, z. B. denen des Beinwells (Symphytum) und der Wachsblume (Cerinthe), sind besondere seitlich mit Dörnchen bewaffnete Schuppen ausgebildet, welche mit den Antheren abwechseln (s. obige Abbildung, Fig. 4—6) und so gestellt sind, daß die Insekten, welche sich vor Verletzungen ihres Rüssels sehr in acht nehmen, nur an der Spitze des Streukegels einfahren, was wieder zur Folge hat, daß nur der Kopf dieser Insekten und nicht auch der Hinterleib mit Pollen bestreut wird. Bei Soldanella (s. Abbildung, S. 470, Fig. 1 und 2) gehen von der Spitze jeder Anthere zwei Fortsätze aus, an welche die zum Blütengrunde vordringenden Insekten anstoßen, wodurch ein Ausstreuen des Pollens veranlaßt wird. Es wiederholen sich demnach hier wieder mehrere jener merkwürdigen Einrichtungen, welche auch bei den Streuzangen vorkommen und auf S. 453ff. geschildert wurden, und es kann darauf verzichtet werden, dieselben ausführlicher zu besprechen. Eine besondere Erwähnung verdient nur noch der Streukegel in den Blüten der Veilchen (Viola; s. Abbildung, S. 473, Fig. 1), und zwar darum, weil er abweichend von den anderen Fällen in einer mit der Eingangspforte seitlich gerichteten zygomorphen Blume zur Ausbildung gekommen ist, und auch noch mit Rücksicht auf die eigentümliche Weise, wie in demselben die mit mehligem Pollen erfüllten Antherenfächer durch die Insekten verschoben werden. Der Streukegel steht nämlich in den Veilchenblüten über dem unteren Blumenblatte, welches mit einer rückwärts gerichteten, honigführenden Aussackung, dem sogenannten Sporn, versehen ist. Wenn Insekten den Honig aus diesem Sporn saugen wollen, müssen sie unter dem Streukegel einfahren und ihren Rüssel in die Rinne des gespornten Blumenblattes schieben. Nun stellt sich ihnen aber an dieser Stelle die Lippe des Griffelkopfes (s. Abbildung, S. 473, Fig. 3) oder das hakenförmig abwärts gebogene verdickte Ende des Griffels entgegen, und es ist unvermeidlich, daß sie dieses berühren und etwas verschieben. Da aber die fünf Pollenblätter, welche den Streukegel bilden, dem Griffel anliegen, so werden infolge der Lageänderung des Griffels auch die Antheren verschoben, und in dem Augenblicke, wo das geschieht, wird der Rüssel des einfahrenden Insektes mit Pollen aus dem gelockerten Antherenkegel bestreut.

Das Wiederabladen des Pollens.

Die Insekten und die honigsaugenden Vögel sollen den Pollen, welcher ihnen in einer Blüte aufgeladen wurde, in einer anderen Blüte wieder abladen. Der Ort, wo der Pollen seiner Bestimmung entgegengeht, ist die Narbe, und die rechte Zeit für das Abladen ist eingetreten, sobald die Narbe den auf sie gebrachten Pollen festzuhalten imstande ist. Wird der Pollen nicht auf der Narbe, sondern auf irgendeiner anderen Stelle der Blüte abgelagert, oder ist die Narbe zur Zeit des Abladens welk und verschrumpft, und ist sie nicht geeignet, den ihr zugeführten Pollen festzuhalten, so ist der in die Blüte eingeschleppte Pollen verloren, geradeso, als wäre er auf die Erde oder in das Wasser gefallen. Es ist somit durch die maßgebenden Bedingungen für den Erfolg der Übertragung des Pollens nicht nur die Zeit des Abladens, sondern auch die Lage und Beschaffenheit der Narben auf das genaueste vorgezeichnet. Wurde der Pollen auf den Rücken eines Insektes gestreut, so muß auch die Narbe mit dem Rücken desselben Insekts in Berührung kommen; hatte sich der Pollen dem Rüssel angeheftet, so soll das Insekt mit dem Rüssel die Narbe der neubesuchten Blüte streifen; wurde mit dem Pollen die untere Seite des Tieres beklebt, so hat in der betreffenden Blüte die Narbe ihre Stelle am Blüteneingang, welchen die einfahrenden Insekten mit der unteren Körperseite berühren müssen. Daraus ergibt sich, daß die Lage der Antheren, welche sich für das Abholen des Pollens als die passendste erwiesen hat, im großen und ganzen auch für die Narbe, auf welche der Pollen gebracht werden soll, die geeignetste ist.

Es wurde in dem vorhergehenden Kapitel der Platzwechsel der Antheren und

Narben besprochen und insbesondere von der Blüte des Studentenröschens (Parnassia; s. Abbildung, S. 447, Fig. 4) erzählt, daß sich in derselben eine Anthere nach der anderen gegen die Mitte der Blüte biegt, weil gerade dort der Weg zum Honig vorbeiführt und die saugenden Insekten gezwungen werden, von der am Wege stehenden Anthere Pollen abzustreifen. Jede in die Mitte gerückte Anthere verdeckt aber die Narbe, welche dem eiförmigen Fruchtknoten aufsitzt, und solange das der Fall ist, kann der Pollen aus anderen Blüten auf diese nicht übertragen werden. Es ist daher notwendig, daß auch die zuletzt an die Reihe gekommene Anthere von dem in der Mitte eingenommenen Platze wieder wegrücke, damit die Narbe zugänglich werde. Das geschieht auch in der Tat. Die Narbe ist nun entblößt an derselben Stelle zu sehen, wo früher nacheinander die fünf Antheren gestanden hatten, und wenn jetzt Insekten kommen und den Honig aufsuchen, so wird von ihnen der aus anderen Blüten mitgebrachte Pollen auf die Narbe abgestreift. Ähnlich wie mit dem Studentenröschen verhält es sich auch mit Funkia, Centranthus und Impatiens. In den Blüten von Impatiens bilden die Antheren eine Art Kappe, welche die Narbe so einhüllt, daß man diese in der ersten Zeit des Blühens gar nicht zu Gesicht bekommt. Erst wenn sich diese Kappe losgelöst hat und abgefallen ist, wird die Narbe entblößt und steht jetzt an derselben Stelle, wo früher die Antheren gestanden hatten. In diesen Fällen braucht die Lage, welche von der Narbe im Anfange des Blühens eingenommen wurde, nicht geändert zu werden, damit sie von den mit Pollen beladenen Insekten an demselben Platze getroffen werde, wo früher die Antheren standen. Dagegen müssen zur Erreichung desselben Zieles die Griffel der meisten Steinbreche (z. B. Saxifraga bryoides, cuneifolia, Geum, rotundifolia, stellaris), ebenso die Narben mehrerer Gentianen und insbesondere jene in den Revolverblüten der Nelkengewächse eine Änderung ihrer Lage vornehmen. Anfänglich sind die Narben dieser Pflanzen in der Mitte der Blüte zusammengelegt, und es stehen die pollentragenden Antheren in einem Kreis um dieselben herum; nachdem aber die Antheren abgefallen sind und die Träger derselben sich weggekrümmt haben, spreizen die Griffel beziehentlich die Narben auseinander, biegen, winden und drehen sich und werden dorthin gestellt, wo früher die Antheren ihren Pollen ausgeboten hatten.

Noch auffallendere Bewegungen vollführen die Griffel der Lippenblütler. Wie man an der Abbildung des zu den Lippenblütlern gehörenden klebrigen Salbeis (Salvia glutinosa) auf S. 457 ersehen kann, ragt in der ersten Zeit des Blühens nur das Ende des Griffels als eine einfache, gerade Spitze über den Rand der Oberlippe vor (s. Abbildung, S. 457, Fig. 1 und 2, Blüte rechts). Von den in die Blüte einfahrenden Hummeln wird in diesem Stadium nur Pollen von den Antheren abgeholt, die Spitze des Griffels aber von ihnen nicht berührt. Später krümmt sich der Griffel bogenförmig herab, die beiden bisher zusammenschließenden Äste desselben, welche das Narbengewebe tragen, gehen auseinander und stellen sich so vor die Eingangspforte der Blüte, daß die als Besucher sich einstellenden Hummeln den von anderen, jüngeren Blüten mitgebrachten Pollen an sie abstreifen müssen (s. Abbildung, S. 457, Fig. 2, Blüte links). Einen sehr bemerkenswerten Platzwechsel der Narben und Antheren beobachtet man auch in den Blüten des Schwertels (Gladiolus), der Nieswurz (Helleborus), des schmalblätterigen Weidenröschens (Epilobium angustifolium), der grün blühenden Jacquinia und verschiedener Arten der Gattung Geißblatt (Lonicera), ferner bei der Braunwurz (Scrophularia), den Arten der Gattung Pentstemon und Cobaea, endlich auch bei zahlreichen Nachtschattengewächsen, wie beispielsweise bei der Tollkirsche (Atropa), dem Bilsenkraute (Hyoscyamus), der Skopolie (Scopolia) und dem Alraun (Mandragora). Wirft man einen Blick in die soeben geöffnete Blüte des Alrauns (s. untenstehende Abbildung, Fig. 8), so erkennt man dicht hinter der Eingangspforte, und zwar genau in der Mitte, die kugelige klebrige Narbe. Die um sie im Kreise stehenden Antheren sind noch geschlossen und an die Innenwand der Blumenkrone angelehnt und, da die Eingangspforte zu dieser Zeit nur mäßig erweitert ist, kaum bemerkbar. Wie ist man überrascht beim Anblicke derselben Blüte nach Ablauf von zwei Tagen! Der Griffel, welcher die Narbe trägt, hat sich seitwärts gebogen und an die Innenwand der

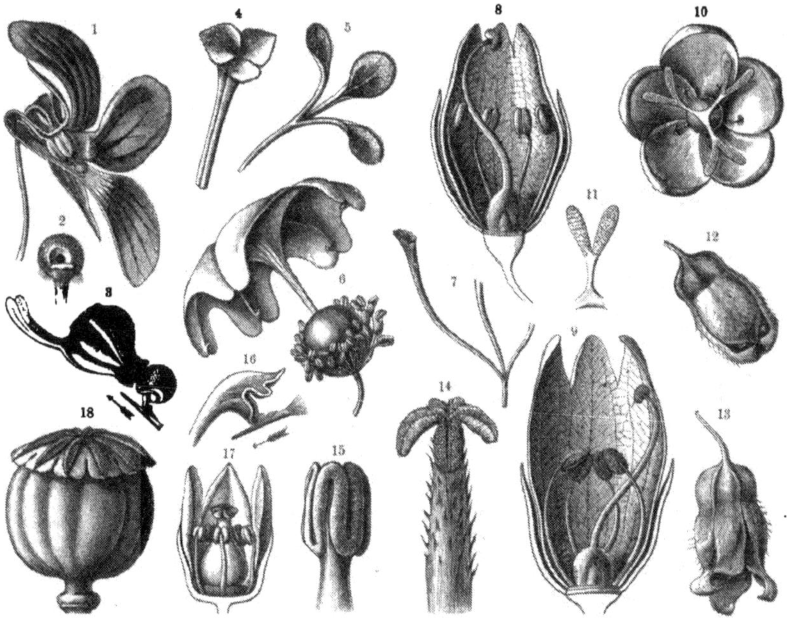

Vorrichtungen zum Festhalten des abgelagerten Pollens: 1) Blüte des Ackerveilchens (Viola arvensis), ein Teil der Blumenblätter weggeschnitten, 2) das kopfförmige Ende des Griffels aus dieser Blüte, von unten gesehen, 3) der Fruchtknoten des Veilchens, von dem Antherenkegel umgeben, von einem in der Richtung des Pfeiles geführten Stifte wird Pollen an die kleine Lippe des Narbenkopfes abgestreift; 4) Narben der Narzisse (Narcissus poëticus) mit feingezähnelten Rändern; 5) Narben des Schwertels (Gladiolus segetum) mit gewimperten Rändern; 6) Stempel der Sarracenia purpurea, der Fruchtknoten mit großer schirmförmiger Narbe, von den Pollenblättern umgeben; 7) trichterförmige Narbe des Safrans (Crocus sativus), zwei Narben weggeschnitten; 8) Blüte des Alrauns (Mandragora vernalis) im ersten Stadium des Blühens, 9) dieselbe in einem späteren Stadium des Blühens, ein Teil der Blumenkrone und des Kelches weggeschnitten; 10) Blüte des Sonnentaues (Drosera longifolia), von oben gesehen, 11) ein Stück der papillösen klebrigen Narbe des Sonnentaues; 12) Blüte der Haselwurz (Asarum europaeum) im ersten Stadium des Blühens, 13) dieselbe Blüte in einem späteren Stadium; 14) Narbe der Roemeria; 15) Narbe der Opuntia vulgaris; 16) Narbe der Thunbergia grandiflora, die untere Lippe wird von dem in der Richtung des Pfeiles geführten Stifte mit Pollen belegt; 17) Blüte der Azalea procumbens, ein Teil der Blumenblätter weggeschnitten; 18) Stempel des Mohnes (Papaver somniferum). Fig. 6, 18 in natürl. Größe, die anderen Figuren etwas vergrößert. (Zu S. 473—476.)

Blumenkrone angelehnt, die Antheren sind dagegen nach der Mitte der inzwischen stark erweiterten Eingangspforte gerückt, sind mit Pollen bedeckt und haben also mit der Narbe den Platz gewechselt (s. obige Abbildung, Fig 9). In gewissem Sinne findet auch in den zu Dolden und Köpfchen vereinigten Blüten vieler Doldenpflanzen, Skabiosen und Korbblütler ein Platzwechsel der Antheren und Narben statt, indem sich daselbst die Narben immer erst entwickeln, nachdem die benachbarten Pollenblätter schon zusammengeschrumpft oder ihre Antheren abgefallen sind. An den Köpfchen mehrerer Dipsazeen (Cephalaria, Succisa) sieht man im Anfange des Blühens aus sämtlichen Blüten nur pollenbedeckte Antheren, später dagegen nur narbentragende Griffel sich erheben. Da sich die Insekten auf diesen Blütenständen den Pollen in Massen aufladen, so versteht es sich von selbst, daß auch das Abladen in derselben Weise geschieht, d. h., daß ein ringsum mit Pollen beladenes Insekt, welches auf den mit zahlreichen narbentragenden Griffeln bespickten Blütenständen anlangt und sich dort lebhaft herumtummelt, binnen einigen Sekunden Dutzenden der klebrigen Narben den Pollen anheftet.

Nächst der für das Abladen des Pollens geeignetsten Lage der Narben und der demselben Zweck entsprechenden Gestalt der Blumenblätter muß als eine der wichtigsten Eigenschaften die Fähigkeit der Narbe, den herbeigetragenen und abgeladenen Pollen festzuhalten, besprochen werden. Wie nicht anders zu erwarten, stimmen in dieser Beziehung die Blüten, welche von Insekten besucht werden, mit denjenigen, welchen der Wind den Blütenstaub zuführt, nur zum geringsten Teil überein. In allen jenen Fällen, wo zusammenhängender, in Form krümeliger Massen den Insekten aufgeladener Pollen abgestreift werden soll, würden zarte, bewegliche, federige Narben, wie sie die Gräser und viele andere durch Luftströmungen mit Blütenstaub versorgte Pflanzen zeigen, nichts taugen, dagegen passen in solchen Fällen steifere Narben mit vorspringenden Kanten, Leisten und Lappen, an welchen die Tiere im Vorbeifahren den Pollen zurücklassen müssen. Gewöhnlich befindet sich unmittelbar neben der vorspringenden Kante auch eine Vertiefung, welche mit dem abgestreiften Pollen angefüllt wird. So z. B. endigt der Griffel von Thunbergia (s. Abbildung, S. 473, Fig. 16) mit einer trichterförmigen Narbe, deren Rand an der einen Seite wie eine Schaufel vorspringt. Wenn die zum Blütengrund einfahrenden Insekten diese Narbe streifen, so wird der Pollen von der Schaufel aufgenommen und gelangt auch sofort in die trichterförmige Vertiefung. Die Insekten, welche ihren Rüssel in die Blüte des Ackerveilchens (Viola arvensis) einführen, streifen dabei unvermeidlich an einen schmalen Lappen, welcher von der unteren Seite der kopfförmigen Narbe vorspringt (s. Abbildung, S. 473, Fig. 1—3), und wenn der Rüssel mit Pollen beklebt ist, so bleibt dieser an der einen Seite des Lappens haften. Zieht dann das Insekt den Rüssel zurück, so wird dadurch der Lappen auf den Narbenkopf gedrückt, was wieder zur Folge hat, daß der kurz vorher abgestreifte Pollen in die Höhlung des Narbenkopfes gelangt. Die Blüten der Schwertlilien bergen Griffel, welche die Gestalt und Farbe von Blumenblättern besitzen. Die an ihren freien Enden entwickelten Narben sind zweilippig (s. Abbildung, S. 444, Fig. 1 und 2). Die obere Lippe ist aufgebogen, ziemlich groß und in zwei spitze Zipfel gespalten, die Unterlippe ist dünn und bildet einen schmalen, häutigen, in die Quere ausgespannten Lappen. Der Weg, welchen die Hummeln nehmen, wenn sie in den Blüten der Schwertlilien Honig saugen wollen, führt unter der zweilippigen Narbe vorbei, und wenn die Hummeln mit Pollen beladen von anderen Blüten kommen, so streifen sie über den dünnen Rand der Unterlippe wie über das Messer eines Hobels hin, bei welcher Gelegenheit der Pollen von ihrem Rücken abgeschabt und zwischen beide Lippen eingelagert wird. Mehrere Pedalinazeen, Skrofulariazeen und Utrikulariazeen (Martynia, Crotolaria, Catalpa, Mimulus, Rehmannia, Torenia und Utricularia), für welche hier als Vorbild die gelbe Maskenblume (Mimulus luteus; s. Abbildung, S. 475, Fig. 1—3) gewählt wurde, haben zweilippige Narben, welche Reizbewegungen ausführen. Wenn der Pollen durch ein zum Blütengrund einfahrendes Insekt an die in den Weg gestellte untere Lippe der Narbe angestreift wird (Fig. 4), so legen sich sofort beide Lippen wie die Blätter eines Buches aneinander (Fig. 5), und es wird dadurch der aufgenommene

Pollen an jene Stelle der Narbe gebracht, wo er sich weiterhin entwickeln kann. Zieht hierauf das Insekt den Rüssel zurück, und nimmt es bei dieser Gelegenheit Pollen aus den zugedeckelten Antheren mit, so ist nicht zu besorgen, daß dieser Pollen auch in das Innere der Narbe komme, weil die untere Lippe der Narbe nicht mehr im Wege steht, sondern hinaufgeklappt ist (Fig. 6). Die Narbe von Mimulus luteus bleibt nach Berührung mit einer Nadel ungefähr fünf Minuten geschlossen, hierauf öffnet sie sich wieder, die untere Lippe erhält ihre frühere Lage und kann sich bei Berührung neuerdings schließen. Bei einer anderen Art dieser Gattung, nämlich Mimulus Roezlii, bleibt die Narbe sieben Minuten geschlossen. Dasselbe gilt von den Narben des Trompetenbaumes (Catalpa). Länger als zehn Minuten scheint keine der früher genannten Pflanzen ihre Narbe geschlossen zu halten. Dieses wiederholte Öffnen der Narbe ist sehr wichtig für den Fall, daß das erste die betreffende Blüte besuchende Insekt keinen Pollen mitgebracht haben sollte. Indem sich die Narbe nochmals öffnet, erwartet sie gewissermaßen

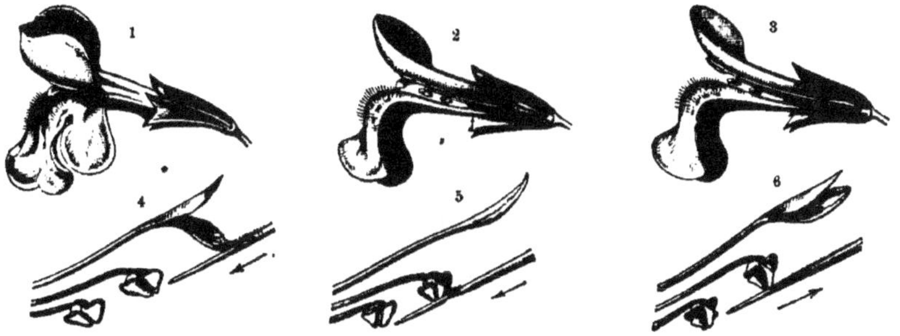

Abladen des Pollens: 1) Blüte der gelben Maskenblume (Mimulus luteus), 2) dieselbe Blüte der Länge nach durchschnitten, mit offener Narbe, 3) dieselbe Blüte mit geschlossener Narbe, 4) an dem unteren Lappen der Narbe wird von einem in der Richtung des Pfeiles geführten Stifte Pollen abgestreift, 5) die Narbe hat sich infolge der Berührung geschlossen, der in der Richtung des Pfeiles geführte Stift öffnet die zugedeckten Antheren und belädt sich mit Pollen, 6) der untere Lappen der Narbe ist so weit emporgeschlagen, daß der in der Richtung des Pfeiles zurückgezogene Stift mit demselben nicht in Berührung kommt, daher auch der auf dem Stifte haftende Pollen nicht auf die Narbe gelangt. Fig. 1—3 in natürl. Größe, die anderen Figuren etwas vergrößert.

einen zweiten Besuch. Wenn auch dieser erfolglos sein sollte, so kann sie sich ein drittes Mal öffnen. Das Öffnen und Schließen wiederholt sich überhaupt so lange, bis endlich einmal ein Insekt kommt, welches die Narbe mit Pollen belegt. Ist das geschehen, dann bleibt die Narbe dauernd geschlossen. Die Gattung Glossostigma weicht dadurch von den anderen oben aufgezählten Skrofulariazeen mit reizbaren Narben ab, daß ihre Narbe nur aus einem einzigen Lappen gebildet wird, welcher sich über die Antheren herabbiegt und den in die Blüte einfahrenden Insekten in den Weg stellt. Sobald er berührt und Pollen an ihn abgestreift wird, hebt er sich sofort empor, geht sozusagen den einfahrenden Insekten aus dem Weg, und es wird dadurch verhindert, daß er auch noch mit Pollen aus den benachbarten zuständigen Antheren beklebt wird.

Bei zahlreichen Blüten streifen die Insekten den Pollen an den papillösen Oberflächenzellen der Narben ab. Das geschieht z. B. in den Blüten der Malven und Nelkengewächse, deren Griffel einseitig mit langen glashellen Papillen besetzt und nicht nur wie eine Bürste geformt, sondern auch wie eine Bürste wirksam sind. In den Blüten der Sonnenröschen (Helianthemum) sowie in jenen der Taglilien (Hemerocallis) sind lange Papillen wie zu einem Pinsel an der kopfförmigen Narbe gruppiert, am öftesten aber macht der Besatz aus mäßig verlängerten, sehr zahlreichen und dicht zusammengedrängten Papillen den Eindruck des Samtes, und es werden solche Narben von den beschreibenden Botanikern auch „samtig“ genannt. Von allgemein bekannten Pflanzen mit samtigen Narben mögen als Beispiele die Gattungen Erythraea, Daphne und Hibiscus genannt sein. Bei vielen Pflanzen sind die Papillen der Narbe nur unbedeutend vorgewölbt, und es erscheint dann die Oberfläche warzig, rauh, oft wie gekörnt. Wenn die Blüten gehäuft sind und das Abladen des Pollens gleichzetiig auf zahlreiche Narben erfolgen soll, so sind diese meistens lineal oder nur an einer Seite mit Papillen besetzt, wie bei Cephalaria, oder allseitig mit denselben bekleidet, wie bei Armeria, immer aber so gestaltet und so gestellt, daß die auf den Blütenköpfchen sich herumtummelnden Insekten den Pollen so leicht und so rasch wie möglich an alle Narben abstreifen können. Bei jenen Pflanzen, wo die inmitten der aufrechten, schüsselförmigen Blume sich erhebende Narbe von den Insekten als Anflugplatz benutzt wird, ist entweder die ganze Oberfläche mit Papillen dicht besetzt (z. B. bei Roemeria; s. Abbildung, S. 473, Fig. 14), oder es ordnen sich die Papillen in Form von Streifen, welche strahlenförmig über das Mittelfeld verteilt sind, wofür die Narbe des Mohnes (Papaver; s. Abbildung, S. 473, Fig. 18) ein auffallendes Beispiel bietet. Häufig kommt es vor, daß die Papillen nur den Rand der Narben besäumen und sich wie kurze Wimpern an Augenlidern oder wie die Zähne eines Kammes ausnehmen. Es wird das besonders dann beobachtet, wenn die Narbe die Gestalt eines oder mehrerer Lappen hat, wenn diese Lappen löffelförmig, beckenförmig oder trichterförmig vertieft und verhältnismäßig groß sind, und wenn die Insekten bei dem Einfahren mit dem pollenbedeckten Körperteile nur den Rand dieser Narbenlappen berühren. So verhält es sich z. B. in den Blüten vieler Gentianen, Narzissen, Schwertel und Safrane (z. B. Gentiana bavarica, Narcissus poeticus, Gladiolus segetum, Crocus sativus; s. Abbildung, S. 473, Fig. 4, 5 und 7).

Der abgeladene Pollen wird zwischen den Papillen der Narbe festgehalten, etwa so wie Staub an einem Samtlappen oder an einer Bürste oder einem Kamm, und es ist nicht unbedingt nötig, daß die Papillen der Narbe auch klebrig sind. Kommt die Klebrigkeit der Papillen noch dazu, dann wird das Festhalten des abgeladenen Pollens begreiflicherweise noch wesentlich erhöht. Es gibt in der Tat Narben, welche mit glashellen Papillen besetzt und gleichzeitig durch eine von den Oberhautzellen der Narbe ausgeschiedene Flüssigkeitsschicht sehr klebrig gemacht sind, wie z. B. jene des Sonnentaues (Drosera; s. Abbildung, S. 473, Fig. 10 und 11). Im ganzen genommen sind aber solche Fälle selten. Meistens sind die samtigen und die mit langen Papillen besetzten Narben nicht klebrig, und es ist die Klebrigkeit auf die warzigen und gekörnten Narben beschränkt. Beispiele von Gewächsen mit stark klebrigen Narben sind die Doldenpflanzen, die Alpenrosen, die Bärentrauben, die Eriken, die Heidelbeeren und Preißelbeeren, die Wintergrüne und Knöteriche, die Tollkirsche, die Bartschie. Häufig erscheint die klebrige Narbe als Abschluß eines fadenförmigen, dünnen Griffels, stellt sich als eine kleine Scheibe dar oder ist kopfförmig und fällt weniger durch ihre Größe als durch den Glanz, der von dem klebrigen Überzuge ausgeht, in die Augen. Bei Swietenia Mahagoni hat sie die Form einer Scheibe, bei Azalea procumbens (s. Abbildung, S. 473, Fig. 17) die Gestalt eines flach gewölbten Polsters mit fünf strahlenförmig verlaufenden Kanten, bei dem Feigenkaktus (Opuntia; s. Abbildung, S. 473, Fig. 15) bildet sie einen schlangenförmig gewundenen fleischigen Wulst, der sich um das Ende des Griffels herumschlingt, und bei den Nachtkerzen (Oenothera; s. Abbildung, S. 477) wird sie von vier fleischigen, kreuzweise gestellten linealen Lappen gebildet. Auffallend ist, daß die klebrigen Narben besonders häufig bei jenen Pflanzen vorkommen, deren Pollen als Mehl oder Staub aus den streubüchsenförmigen Antheren fällt. Auch alle die Gewächse, deren Pollen aus Vierlingszellen besteht, welche durch zarte Fäden umsponnen und verstrickt sind, zeichnen sich durch stark klebende Narben aus. Bei den meisten der oben genannten Pflanzen klebt der Pollen im Augenblicke der Berührung so fest der Narbe an, daß man ihn durch heftiges Anblasen oder durch starkes Schütteln nicht mehr entfernen kann. Manche der klebrigen Narben erinnern an Leimspindeln, und zwar auch insofern, als die zähe Schicht, durch welche die Klebrigkeit veranlaßt wird, der Luft ausgesetzt, nicht vertrocknet, sondern sich ähnlich wie Vogelleim mehrere Tage lang schmierig und klebrig erhält.

Nachtkerze (Oenothera biennis). (Nach Baillon.)

In manchen Fällen werden die Narben erst dann klebrig, wenn das Narbengewebe die Fähigkeit erlangt hat, die mit ihm in Berührung gekommenen Pollenzellen zur Entwickelung von Pollenschläuchen zu veranlassen. Sehr merkwürdig ist in dieser Beziehung die Narbe der zu den Dipsazeen gehörenden Cephalaria alpina. Dieselbe macht, kurz nachdem sich die Blumenkrone geöffnet hat, den Eindruck, als ob sie schon vollständig ausgebildet und auch befähigt wäre, den Pollen festzuhalten. Das beruht aber nur auf Täuschung; streift man Pollen an, so fällt er von der glatten Oberfläche der Narbe sogleich wieder herab. Erst zwei Tage später, nachdem sich das Narbengewebe mit einer sehr zarten, für das freie Auge nicht erkennbaren Schicht einer klebrigen Flüssigkeit überzogen hat, haftet er fest und entwickelt auch sofort Pollenschläuche, welche in das Gewebe eindringen. Wie in so vielen Fällen, wäre es aber auch hier gefehlt, diesen Vorgang zu verallgemeinern; denn bei den meisten Doldenpflanzen sind die Narben schon zu einer Zeit klebrig, wenn ihr Gewebe den angedeuteten Einfluß auf den Pollen noch nicht zu nehmen vermag. Auch in den Blüten des Allermannsharnisches (Allium Victorialis) klebt der Pollen schon zu einer Zeit den Narben an, wo diese noch nicht befähigt sind, das Treiben von Pollenschläuchen zu veranlassen, ja es sind zur Zeit des Anklebens noch nicht einmal die Narbenpapillen entwickelt. Die Narben der Orchideen sind sogar schon geraume Zeit klebrig, ehe noch die Samenanlagen ausgebildet sind. In diesen Fällen hat die klebrige Schicht nur die Aufgabe, den Pollen so lange festzuhalten, bis sich in dem tieferen Narbengewebe Veränderungen vollzogen haben, welche den Pollen anregen, Pollenschläuche zu treiben.

Die zuletzt erwähnten klebrigen Narben der Orchideen erheischen übrigens auch noch mit Rücksicht auf die Art und Weise, wie der Pollen auf ihnen abgelagert wird, eine besondere Besprechung. Jene der auf S. 451 abgebildeten Sumpfwurz (Epipactis latifolia) hat die Gestalt einer viereckigen Tafel und ist gegen den Grund der mit Honig gefüllten, beckenförmigen Unterlippe geneigt gestellt. Wenn eine Wespe bei dem Auslecken des Honigbeckens mit der Stirn an das am oberen Rande der Narbe vorragende Rostellum stößt, so klebt dieses augenblicklich an, und es werden die mit dem Klebkörper verbundenen beiden Pollenkölbchen bei dem Fortfliegen der Wespe aus den Fächern der Anthere herausgerissen und entführt. Die Wespe trägt nun das Paar der Pollenkölbchen an der Stirn, so wie es in der Abbildung auf S. 451, Fig. 6, dargestellt ist. Zunächst stehen die Pollenkölbchen aufrecht von der Stirn ab, schon nach einigen Minuten ändern sie aber ihre Lage. Infolge des Austrocknens der die Pollenvierlinge verbindenden Masse drehen und biegen sie sich gegen die Mundwerkzeuge herab und erscheinen jetzt als zwei dicke Wülste der vorderen Seite des Kopfes aufgelagert (s. Abbildung, S. 451, Fig. 7). Das ist aber unbedingt notwendig, wenn der Pollen dieser Kölbchen von der Wespe auf die klebrige Narbe anderer Blüten gebracht werden soll. Käme die Wespe mit den aufrecht abstehenden Pollenkölbchen beladen zu einer anderen Blüte, um dort Honig zu lecken, so würden die Pollenkölbchen über den oberen Rand der Narbe hinausgeschoben werden, und das Ziel wäre entweder gar nicht oder doch nur sehr unvollkommen erreicht. Sobald aber die Kölbchen über die vordere Kopfseite der Wespe herabgeschlagen sind, werden sie von dem honigleckenden Insekt pünktlich an die klebrige, viereckige Narbenfläche angedrückt. Die Vierlinge aus Pollenzellen sind zu rundlichen oder unregelmäßig viereckigen Ballen vereinigt, und diese mittels zäher Fäden verbundenen Ballen sind wieder so gruppiert, daß sie zusammengenommen ein Kölbchen bilden. Wird nun ein solches Kölbchen an die klebrige Narbe gedrückt, so bleiben alle mit dem Klebstoff in Berührung kommenden Pollenvierlinge hängen, und zwar so fest, daß bei dem Abfliegen des Insektes viel eher die zähen Fäden im Inneren des Pollenkölbchens zerreißen, als daß sich der an die Narbe geklebte Pollen wieder ablösen würde.

Jede dieser Einrichtungen zeigt immer wieder von neuem, wie das Ausmaß aller bei der Übertragung des Pollens beteiligten Organe auf das genaueste bestimmt und geregelt sein muß, wenn der Erfolg der Bestäubung gesichert sein soll. Die Verschiebung der Narbe um ein Millimeter könnte verhindern, daß der Pollen an dem richtigen Platz abgelagert wird. Es gibt Pflanzen, deren Narbe nur an einer sehr beschränkten Stelle den Pollen anregt, Pollenschläuche zu treiben. Bei den Astern ist es nur ein schmaler Saum am Rande der winzigen Griffeläste, und bei vielen Lippenblütlern ist es nur die Spitze des unteren Griffelastes, wo Pollen mit Erfolg abgeladen wird. Eine der größten Narben zeigt Sarracenia purpurea. Die Narbe dieser Pflanze hat die Gestalt eines Sonnenschirmes, mißt 3,5 cm in der Quere, zeigt an ihrem Rande fünf ausgerandete Lappen und in der Ausrandung jedes Lappens an der inneren Seite ein kleines Zäpfchen (s. Abbildung, S. 473, Fig. 6). Nur diese Zäpfchen sind zur Aufnahme des Pollens geeignet, und wenn man mit dem Namen Narbe nur den Gewebekörper begreifen will, auf welchem der Pollen sich weiter entwickelt und Pollenschläuche treibt, so darf man nur diese fünf Zäpfchen der Sarracenia Narben nennen.

Die Ablagerung des Pollens auf der Narbe hat nicht nur Veränderungen der Pollenzellen und des Narbengewebes, sondern auch der angrenzenden Blumenteile, zumal der Blumenkrone, im Gefolge. Was die ersteren betrifft, so werden sie schon dem freien Auge durch Welken, Verschrumpfen und Braunwerden der oberflächlichen Zellen erkennbar. Bei jenen früher besprochenen Gewächsen, an deren klebrigen Narben der Pollen nicht sofort angeregt wird, Pollenschläuche zu treiben, vergehen mitunter Wochen, bis diese Veränderung eintritt, bei anderen dagegen beobachtet man sie schon nach wenigen Stunden. Sehr merkwürdig sind in dieser Beziehung die Nachtschattengewächse, namentlich die Giftbeere (Nicandra physaloides) und die Tollkirsche (Atropa Belladonna). Nicht nur, daß schon eine Stunde, nachdem Pollen auf die klebrige Narbe gekommen ist, ein Welken und Bräunen der letzteren stattfindet, auch der ganze Griffel erfährt eine Veränderung, löst sich von dem Fruchtknoten ab und fällt alsbald zu Boden. Hier müssen demnach sofort, nachdem die Pollenzellen mit dem Narbengewebe in Berührung gekommen sind, Pollenschläuche entwickelt werden, die binnen wenigen Stunden zu den Samenanlagen im Inneren des Fruchtknotens gelangen.

Noch auffälliger sind die aus gleichem Grunde eintretenden Veränderungen an den Blumenblättern. Sobald die Narbe gewelkt ist, welken nämlich in kürzester Frist auch die Blumenblätter, oder sie lösen sich von dem Blütenboden los und fallen ab.

Das Welken vollzieht sich bei den Blumenblättern in sehr mannigfacher Weise. Sie verlieren ihre Prallheit, sinken zusammen, nehmen einen geringeren Umfang ein und verändern gleichzeitig die bisherige Farbe. Aus den Blumenblättern der Eintagsblüten scheidet sich bei dieser Gelegenheit Wasser aus dem Gewebe aus, nicht unähnlich wie an den Laubblättern, welche im Herbst einem starken Nachtfrost ausgesetzt waren und am darauffolgenden Tage von der Sonne getroffen werden, sie werden weich und sehen wie zerquetscht oder wie gekocht aus. Die Kronen einiger Schmetterlingsblütler, namentlich mehrerer Arten der Gattung Klee (Trifolium), vertrocknen und werden rauschend wie dürres Laub. Die Mitte zwischen diesen beiden Gegensätzen halten dann jene zahlreichen Blüten, deren Blumen erschlaffen, etwas zusammenschrumpfen, sich verbiegen und dann schließlich verwelkt abfallen, wie dies beispielsweise an den meisten Schotengewächsen, Baldrianen und Korbblütlern der Fall ist. Die Blumenblätter nehmen beim Welken meistens diejenige Lage an, welche sie schon in der Knospe innehatten. So z. B. rollen sich die Zungenblüten des Bocksbartes (Tragopogon) beim Welken zu einer Röhre zusammen und erhalten dadurch dasselbe Ansehen wie vor dem ersten Aufblühen. Durchgreifend ist dieses Verhalten allerdings nicht; denn die Zungenblüten von Bellidiastrum und der meisten Astern rollen sich beim Welken spiralig nach außen, jene des Hieracium staticefolium spiralig nach innen, und es sind auch schraubige Drehungen der welkenden, vertrocknenden und sich verfärbenden Blumenblätter keine Seltenheit. Welche Bedeutung der mit dem Welken Hand in Hand gehenden Verfärbung der Blumenblätter zukommt, wurde schon bei früherer Gelegenheit (S. 423) erörtert. Bei manchen Pflanzen kommt es auch vor, daß sich alsbald nach der Ablagerung des Pollens auf die Narbe die benachbarten Blumenblätter einzeln oder in ihrer Gesamtheit vom Blütenboden ablösen, ohne vorher gewelkt zu sein, wie z. B. bei den Rosen, Mandelbäumen, Primeln und Fuchsien.

6. Die Befruchtung und Fruchtbildung der Phanerogamen.

Die Bestäubung des Narbengewebes mit Pollen ist nur die Einleitung zu dem Vorgange, welcher Befruchtung genannt wird. Es ist wissenschaftlich ungenau und auch irreführend, wenn, wie es gelegentlich geschieht, Bestäubung und Befruchtung für dasselbe gehalten werden. Ohne Bestäubung der Narben kann allerdings keine Befruchtung stattfinden, aber es findet oft genug eine Bestäubung statt, ohne daß durch Bildung der Pollenschläuche die Befruchtung folgt, und es kann, mit anderen Worten, auch eine Bestäubung erfolglos sein, was sich dann darin zeigt, daß die Frucht- und Samenbildung ausbleibt.

Wegen mangelhafter Unterscheidung von Bestäubung und Befruchtung sind in der alten Literatur eine Menge von Irrtümern entstanden. Solange man glaubte, daß alle Zwitterblüten sich selbst befruchteten, nahm man an, daß eine ausbleibende Fruchtbildung eine erfolglose Befruchtung bedeutete, ohne genau nachzusehen, ob denn überhaupt eine Bestäubung stattgefunden habe. Es ist sogar vorgekommen, daß Pflanzen, welche man in einem oder wenigen Stöcken im Garten hatte, für ganz unfruchtbar gehalten wurden, weil man nicht beachtete, daß zur Zeit, wenn der Pollen der Blüten stäubte, die Narben schon nicht mehr empfängnisfähig waren und wohl eine Bestäubung, aber keine Befruchtung mehr stattfinden konnte.

Mitunter hielt man Pflanzenarten für unfruchtbar, weil an dem Beobachtungsort die Insekten fehlten, welche bei ihnen die Übertragung des Pollens vorzunehmen pflegen. Paederota Ageria, eine in den Felsritzen der südlichen Alpen nicht seltene Pflanze, wurde in großer Menge im Innsbrucker Botanischen Garten gepflanzt, entfaltete dort alljährlich zahlreiche Blüten, blieb aber nichtsdestoweniger unfruchtbar. Die Blüten dieser Pflanze sind auf Kreuzung durch Vermittelung von Insekten berechnet. Da aber in dem erwähnten Garten jene Insekten fehlten, welche die Blüten der Paederota Ageria in den Südalpen besuchen, und da auch keine Autogamie bei dieser Pflanze stattfindet, so bildeten sich niemals Früchte aus. An den ursprünglichen Standorten in Südtirol und Krain werden die Blüten dieser Pflanze von Insekten besucht, und dort gehen aus ihnen auch Früchte in Hülle und Fülle hervor. Ähnlich verhält es sich auch mit mehreren aus fernen Ländern bei uns eingeführten und teilweise verwilderten Gewächsen. Die Zwitterblüten des im östlichen Asien einheimischen Kalmus (Acorus Calamus) stehen dicht gedrängt auf einer dicken Spindel und bilden das, was in der botanischen Kunstsprache ein Kolben genannt wird. Die Blüten sind vollkommen proterogyn. Wenn sich die Antheren öffnen, ist die Narbe schon braun uud vertrocknet. Autogamie ist demnach hier ausgeschlossen. Die Entwickelung der Blüten schreitet von der Basis gegen die Spitze des Kolbens fort, und zur Zeit des Öffnens der Antheren an den untersten Blüten sind die Narben in den obersten Blüten noch belegungsfähig. Wenn der Pollen von den untersten Blüten zu den obersten übertragen würde, könnte daher eine Befruchtung stattfinden, freilich nur durch Vermittelung von Insekten, da der Pollen nicht stäubt. In Europa, wo diese Pflanze nicht ursprünglich einheimisch ist, kommt das niemals vor, und zwar darum nicht, weil jene Insekten fehlen, welche die Blütenkolben zu besuchen pflegen. Bei uns bleibt daher der Kalmus unfruchtbar. In seiner Heimat, in China und Indien, werden die Blüten durch Insekten gekreuzt, und dort bilden sich an den Kolben rötliche Beerenfrüchte aus. Die gelbrote Taglilie (Hemerocallis fulva) hat ephemere Blüten, welche sich im Sommer zwischen 6 und 7 Uhr morgens öffnen und zwischen 8 und 9 Uhr abends schließen. Die ganze Blüte macht den

Eindruck, daß sie auf große Tag- oder Abendschmetterlinge, welche mit einem langen, dünnen Rüssel ausgestattet sind, berechnet ist. Merkwürdigerweise werden aber in unseren Gegenden die Blüten der Hemerocallis fulva niemals von Schmetterlingen besucht. Da in diesen Blüten keinerlei Einrichtungen getroffen sind, welche zu einer Autogamie führen würden, so bleiben in unseren Gegenden die Narben unbelegt, und es kommt auch nicht zur Fruchtbildung. In den europäischen Gärten, wo die Pflanze doch sehr verbreitet ist und alljährlich reichlich blüht, ebenso dort, wo sie in der Nähe der Gärten im südlichen Europa verwilderte, hat noch niemand eine Frucht derselben mit keimfähigen Samen gesehen. Es ist daher mehr als wahrscheinlich, daß Hemerocallis fulva in ihrer ursprünglichen Heimat, das ist im östlichen Asien, von Tag- oder Abendschmetterlingen besucht wird, welche in Europa fehlen.

Daß auch die Blüten der amerikanischen Yucca-Arten, auf deren Narben der Pollen von kleinen, in Europa fehlenden Motten gebracht wird, bei uns keine Früchte ansetzen, ist bereits bei früherer Gelegenheit erzählt worden (vgl. S. 382).

In vielen Fällen wird die Narbe zwar mit Pollen belegt, aber dieser Pollen ist verkümmert, und es geht ihm die Fähigkeit ab, Pollenschläuche zu treiben. Die Verkümmerung des Pollens wird am häufigsten bei den in Gärten auf üppigem, gut gedüngtem Boden gezogenen Gewächsen, bei den künstlich erzeugten Bastarden und bei solchen Pflanzen beobachtet, deren Pollenblätter teilweise in Blumenblätter umgewandelt sind. Allerdings darf diese Erfahrung nicht so verallgemeinert werden, daß alle Pflanzen, in deren Blüten die erwähnte Umwandlung stattgefunden hat, schlechten Pollen erzeugen; denn die teilweise in Blumenblätter metamorphosierten Pollenblätter der gefüllten Rosen bergen in ihren Antheren nicht selten ordentlichen befruchtungsfähigen Pollen, der von den Gärtnern bei künstlichen Bestäubungen mit Erfolg verwendet wird. Aber für die Mehrzahl solcher Gewächse kann die Verkümmerung des Pollens immerhin als Regel gelten, und es braucht kaum weiter ausgeführt zu werden, daß die Belegung der Narben mit solchem Pollen keine Befruchtung und Fruchtbildung bewirkt.

In der freien Natur, zumal an Orten, wo viele Pflanzenarten zu gleicher Zeit ihre Blüten entwickeln, wie z. B. am Rande von Waldbeständen, auf Wiesen und Heiden, ist es unvermeidlich, daß sich der Pollen der verschiedensten Arten auf einer Narbe zusammenfindet. Mit Vorliebe halten sich zwar die Insekten durch längere Zeit an ein und dieselbe Pflanzenart, insbesondere dann, wenn diese Art in großer Zahl von Stöcken auf einem beschränkten Gelände in Blüte steht; aber wer diesen Tieren bei den Blütenbesuchen zusieht, überzeugt sich leicht, daß auch der Wechsel in den aufgesuchten Blüten sehr häufig vorkommt. Die Biene, welche soeben in der Blüte einer Winterblume (Eranthis) Honig gesogen und sich dabei mit Pollen beladen hat, fliegt von da zu den Blüten der Lorbeerweide (Salix daphnoides), und wenn sie gerade an einem blühenden Strauche des Seidelbastes (Daphne Mezereum) vorbeikommt, so unterläßt sie es gewiß nicht, auch dort einen Besuch abzustatten, um sich Honig zu holen; im nächsten Augenblicke schwirrt sie zu den Blüten des Frühlingssafrans (Crocus vernus) auf der angrenzenden Wiese, um dann weiterhin noch in den Blüten des duftenden Veilchens (Viola odorata) einzukehren. Da darf es wohl nicht überraschen, wenn auf den Narben des Veilchens sich mitunter auch Pollenzellen der Winterblume, der Lorbeerweide, des Seidelbastes und des Frühlingssafrans finden, oder daß an den Narben des Frühlingssafrans auch Pollen des Seidelbastes haftet und so fort. Ähnlich verhält es sich auch mit dem stäubenden Pollen. Auf den Narben der Einbeere (Paris quadrifolia) wurden einmal Pollenzellen der Fichte (Abies excelsa) und des Bingelkrautes (Mercurialis perennis), welche der

Wind herbeigetragen hatte, beobachtet, und ein anderes Mal sah man die Narbe des Gelbsternes (Gagea lutea) mit dem Pollen der Grünerle (Alnus viridis) so dicht belegt, daß anderer Pollen daneben nicht mehr Platz gefunden hätte.

Daß der Pollen der Lorbeerweide nicht zur Befruchtung des Frühlingssafrans, der Pollen des Bingelkrautes nicht zur Befruchtung der Einbeere und der Pollen der Grünerle nicht zur Befruchtung des Gelbsternes taugen werde, ließ sich von vornherein erwarten. Man konnte an denselben nur jene Veränderungen erkennen, welche sich jedesmal einstellen, wenn Pollen auf eine feuchte Unterlage kommt, d. h. solche Pollenzellen beginnen manchmal Pollenschläuche zu treiben (s. nebenstehende Abbildung), die aber über die Anfänge nicht hinauskommen, und die Befruchtung und weitere Entwickelung von Frucht und Samen unterbleibt.

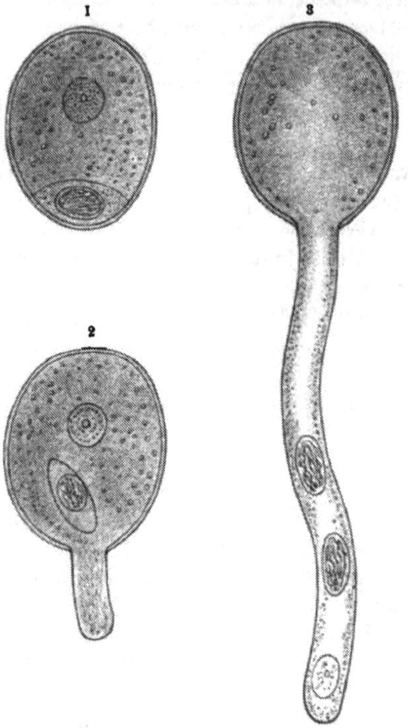

Pollenkorn, sich zur Befruchtung anschickend: 1) An einem Ende ist die kleine hautlose antheridiale Zelle im Inneren des Pollenkornes entstanden; 2) Beginn der Bildung des Pollenschlauches; die antheridiale Zelle hat sich abgelöst und liegt in der Pollenzelle neben deren Zellkern; 3) Entwickelung des Pollenschlauches; die antheridiale Zelle hat sich in zwei für die Befruchtung bestimmte generative Zellen geteilt, die in den Pollenschlauch hinabwandern; der Kern der Pollenzelle geht ihnen voran, hat aber keine Bedeutung mehr.

Welche Verhältnisse bei der Auswahl des richtigen Pollens ins Spiel kommen, ist schwer zu sagen. Die Beobachtungen der Vorgänge auf der Narbe erlauben die Annahme, daß das lebendige Protoplasma in der Pollenzelle durch Stoffe, welche aus dem Narbengewebe herstammen, beeinflußt wird. In dem einen Falle werden vielleicht diese Stoffe in die Pollenzelle aufgenommen, und der Protoplast zeigt infolgedessen Veränderungen, welche sich als Wachstum nach einer bestimmten Richtung kundgeben; in dem anderen Falle werden die Stoffe nicht aufgenommen, oder wenn sie auf diosmotischem Wege in das Innere der Pollenzelle gelangen, so wird doch kein Wachstum angeregt. Es macht dann vielmehr den Eindruck, daß das lebendige Protoplasma unter dem Einflusse dieser aufgenommenen Stoffe geschädigt wird und zugrunde geht. Ob dies wirklich der Fall ist, und welcher Art die von der Narbe in die Pollenzelle übergehende Flüssigkeit ist, bedarf noch einer genaueren Feststellung. Aus dem Umstande, daß das Hervortreiben der Pollenschläuche in vielen Fällen mittels einer dreiprozentigen Rohrzuckerlösung, der man eine geringe Menge von Gelatine zugesetzt hat, auf einem Glasplättchen zustande gebracht werden kann, mag man den Schluß ziehen, daß irgendeine Zuckerart im gelösten Zustand in der Narbenflüssigkeit enthalten sei. Im Hinblick auf verschiedene andere Erscheinungen, insbesondere auf das früher erwähnte Wahlvermögen der Narben, ist aber anzunehmen, daß die chemische Zusammensetzung bei verschiedenen Arten in wesentlichen Dingen abweicht.

Nach diesen Bemerkungen, welche einzuschalten notwendig war, um mehrere an und für sich zwar richtige, aber noch nicht völlig erklärte Tatsachen in das rechte Licht zu stellen und zugleich vor Benutzung derselben als Stütze weitgehender Hypothesen zu schützen, ist es an der Zeit, die Entwickelung der Pollenschläuche aus den Pollenzellen zu schildern, auf welche die entsprechende geschlechtsreife Narbe einen nachweisbaren Einfluß übt. Ehe die Pollenkörner sich zur Keimung auf der Narbe anschicken, sind schon mit ihnen sehr merkwürdige innere Veränderungen vor sich gegangen. Schon vor dem Verstäuben haben sich Teilungsvorgänge in der Pollenzelle vollzogen, indem von der großen kugeligen Pollenzelle sich im Inneren eine kleine, linsenförmige, hautlose Zelle abtrennt, die zuerst der Wand anliegt. Sie löst sich aber von dieser los und liegt neben dem Zellkern in der Pollenzelle (vgl. nebenstehende Abbildung).

Der nächste äußerlich sichtbare Erfolg ist das Hervordrängen der zarten, wachstumsfähigen inneren Schicht der Pollenzellhaut in Form eines Schlauches, und zwar häufig durch die Austrittsstellen, welche an der äußeren schalenförmigen Schicht derselben Pollenzellhaut vorgebildet sind. Der Bau dieser Austrittsstellen ist auf S. 280 geschildert worden; hier ist nur zu bemerken, daß durch jede der vorgebildeten Austrittsstellen ein Schlauch hervortreten kann. Aus Pollenzellen mit mehreren Austrittsstellen, welche man in eine Zuckerlösung eingelegt hat, sieht man nahezu gleichzeitig nach mehreren Richtungen Pollenschläuche hervorwachsen; wenn aber dieselben Pollenzellen auf einem entsprechenden frischen Narbengewebe haften, so geht nur aus einer einzigen Austrittsstelle ein Pollenschlauch hervor. Alsbald nach dem Hervortreten zeigt der Pollenschlauch einen Querdurchmesser, welcher manchmal der verlassenen Hülle der Pollenzelle fast gleichkommt, und eine Länge, die jene der Hülle um das Vielfache übertrifft.

Das Ziel, welches der Pollenschlauch erreichen soll, ist die zu befruchtende Samenanlage, welche bei den bedecktsamigen Pflanzen oder Angiospermen in dem Gehäuse des Fruchtknotens verborgen ist. Mag nun die Narbe unmittelbar dem Fruchtknoten aufsitzen, oder mag zwischen ihr und dem Fruchtknoten ein Griffel eingeschaltet sein, stets ist die Entfernung von der Narbe bis zu den Samenanlagen eine im Verhältnis zur Größe des Pollenschlauches bedeutende zu nennen, und, was das Wichtigste ist, der Weg führt nicht immer, wie früher geglaubt wurde, durch einen offenen Kanal, sondern in den meisten Fällen durch geschlossene Zellen und geschlossenes Gewebe. Allerdings sind es ganz bestimmte Zellen und Zellenreihen, an welche sich der Pollenschlauch hält, und von denen man annimmt, daß sie ihn führen und leiten, aber die Erscheinung wird dadurch nur noch rätselhafter, weil nun auch noch die Frage auftaucht, in welcher Weise diese Zellen befähigt sind, den Pollenschlauch zu seinem Ziele hinzulenken.

Am einfachsten ist die Wanderung des Pollenschlauches durch einen wirklichen Griffelkanal, wie sie bei der Türkenbundlilie (Lilium Martagon; s. Abbildung, S. 484, Fig. 1) beobachtet wird. Wenn man den säulenförmigen Griffel dieser Lilienart quer durchschneidet, so zeigt sich, daß hier ein dreiseitiger Kanal vorhanden ist, welcher sich in der Richtung zum Fruchtknoten verengert, gegen die Narbe zu trichterförmig erweitert und mit einer dreistrahligen Spalte mündet. In der Umgebung dieser Mündung befinden sich zahlreiche kolbenförmige Papillen, durch welche die Pollenzellen festgehalten und zur Entwickelung der Pollenschläuche veranlaßt werden. Die Spitzen der Pollenschläuche wenden sich ausnahmslos der trichterförmigen Vertiefung zu und schmiegen sich bei ihrem Weiterwachsen den Zellen an, welche den Griffelkanal auskleiden. Diese sind zur Zeit des Eindringens der Pollenschläuche stets zu Schleim verquollen, und die Pollenschläuche wachsen daher hier in einem die Wände des Griffelkanals bekleidenden Schleim in die Fächer des Fruchtknotens zu den Samenanlagen hinab.

Wie ganz anders erfolgt dagegen die Wanderung des Pollenschlauches bei den Gräsern, für welche hier als Vorbild das Raigras (Arrhenatherum elatius; s. untenstehende Abbildung, Fig. 2) gewählt sein mag. Von dem kugeligen Fruchtknoten gehen bei dieser Pflanze zwei in sanftem Bogen auswärts gekrümmte Gebilde aus, welche die Gestalt kleiner Federn haben, und die von den Botanikern als Narben beschrieben werden. Die Spindel dieser kleinen Federn besteht aus saftreichen, farblosen, langgestreckten Zellen; auch die dem Barte der

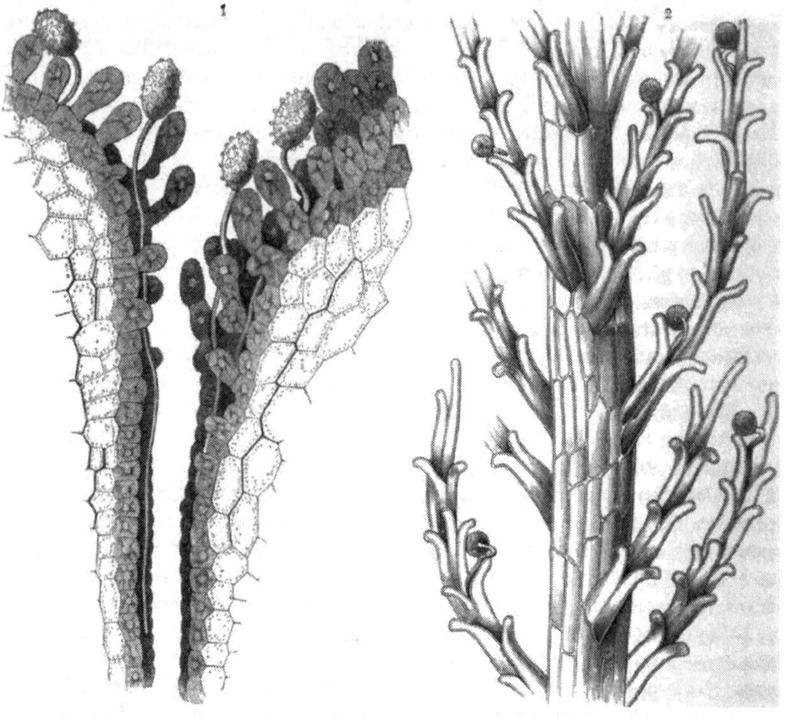

Entwickelung der Pollenschläuche: 1) Längsschnitt durch die Narbe und den oberen Teil des Griffels der Türkenbundlilie (Lilium Martagon). Aus den Pollenzellen, die an den Narbenpapillen haften, haben sich Pollenschläuche entwickelt, welche durch die verschleimten Zellen des Griffelkanals abwärts wachsen (nach Dodel-Port), 2) Ausschnitt der federförmigen Narbe des Raigrases (Arrhenatherum elatius). Aus den Pollenzellen, welche an den papillenförmigen Enden der Narbenzellen haften, haben sich Pollenschläuche entwickelt, deren fortwachsende Spitze die Scheidewände benachbarter Narbenzellen spaltet und in die gebildete Spalte eindringt. Fig. 1: 110fach, Fig. 2: 170fach vergrößert. (Zu S. 483—485.)

Feder entsprechenden zarten Fäden bestehen aus solchen Zellen. Diese sind einer Schraubenlinie entsprechend aneinander gereiht, zeigen die sogenannte Eindrittelstellung und sind mit ihren freien Enden unter einem stumpfen Winkel seitlich abgebogen, so daß diese Enden als zarte Papillen erscheinen. Weder in dem Federbarte noch in der Spindel desselben ist ein Zwischenzellengang zu bemerken; die Zellen schließen lückenlos aneinander, und der Pollenschlauch, welcher dieses Gewebe durchdringen wollte, müßte sich zuvor aus eigener Kraft den Weg bahnen. Das ist auch in der Tat der Fall. Die durch den Wind herbeigetragenen glatten

Zellen des stäubenden Pollens bleiben an dem zarten Federbarte hängen und erscheinen ausnahmslos den papillenartigen vorspringenden Enden der feinen Fäden angeschmiegt (s. nebenstehende Abbildung, Fig. 2). Die Papillen sind prall und ihre Wandung mit einer ungemein zarten Kutikula überzogen. Kurze Zeit, nachdem sich an dieser oder jener Papille eine Pollenzelle angelegt hat, tritt aus der einzigen Austrittsstelle, welche diese Pollenzelle besitzt, der Pollenschlauch hervor. Mag nun die Austrittsstelle der Papille zugewendet oder von ihr abgewendet sein, stets richtet sich die Spitze des hervorwachsenden Schlauches gegen den Winkel, welchen die zunächstliegende Papille mit der Achse des Fadens bildet, wobei oft die seltsamsten Krümmungen stattfinden. Überraschend ist es zu sehen, wie insbesondere jene Pollenschläuche, die aus einer von der Papille abgewendeten Austrittsöffnung der Pollenzelle hervorkommen, sich durch die umgebende Luft in Form eines Halbbogens oder mitunter in Form einer U-förmigen Schlinge diesem Winkel zuwenden. Bisweilen kommt es auch vor, daß sich der Pollenschlauch um eine der Papillen schraubenförmig herumwindet. Das Wunderbarste aber ist, daß die Spitze des Pollenschlauches, sobald sie in dem erwähnten Winkel angelangt ist, zwischen die festverbundenen Zellen hineinwächst, die Scheidewände der benachbarten Zellen spaltet und sich gewissermaßen einen Zwischenzellengang ausweitet, durch welchen dann der ganze Pollenschlauch gleich einem Wurme fortkriecht. Auch im Zellgewebe der Narbenspindel wandert der Pollenschlauch durch einen von seiner Spitze geschaffenen Zwischenzellengang, ja selbst mitten durch die von ihm durchbohrten Zellhäute, bis er endlich die Samenanlage im Fruchtknoten erreicht hat.

In dieser Beziehung unterscheiden sich die Gräser von jenen zahlreichen anderen Gewächsen, die für den einwandernden Pollenschlauch das sogenannte leitende Gewebe vorbereitet haben, dessen Zellen von den benachbarten auffallend abweichen. Der Griffel, durch welchen der Pollenschlauch hindurchwachsen soll, hat zwar auch hier keinen vorgebildeten offenen Kanal, aber durch die Mitte desselben zieht doch ein Strang aus reihenweise angeordneten, langgestreckten Zellen mit gequollenen Wandungen, und diese Wandungen sind es, welche durch die Spitze des von der Narbe herabwachsenden Pollenschlauches getrennt und zu einem Wege für den Pollenschlauch ausgeweitet werden. So verhält es sich beispielsweise bei den Nachtschattengewächsen und Skrofulariazeen. Das leitende Gewebe ist übrigens in vielen Fällen von der Umgebung nicht immer deutlich abgegrenzt, und es ist dann sozusagen die ganze Narbe und der ganze Griffel als leitendes Gewebe aufzufassen, wie das z. B. bei den Orchideen der Fall ist.

Wieder auf eine andere Art wird die Wanderung der Pollenschläuche von der Narbe abwärts zur Fruchtknotenhöhle bei den Malvazeen und den meisten Nelkengewächsen ausgeführt. Die Narben haben hier eine entfernte Ähnlichkeit mit denen der Gräser. Von der Oberfläche eines vielzelligen, langgestreckten, dem freien Auge als Faden erscheinenden Gewebekörpers erheben sich lange, zylindrische, glashelle, ungemein zarte Zellen, an welche der Pollen durch Vermittelung der Insekten angeheftet wird. Alsbald nach dieser Anheftung treibt aus jeder Pollenzelle, und zwar immer nur aus einer der zahlreichen Austrittsstellen, der Pollenschlauch hervor, seine Spitze legt sich an die Wand einer glashellen Narbenzelle an und löst diese an der Berührungsstelle auf. Der ganze Pollenschlauch schlüpft nun durch die gebildete Öffnung in den Innenraum der betreffenden Narbenzelle und strebt weiterwachsend dem Gewebekörper zu, welcher die glashellen Narbenzellen trägt. Über das Verhalten des Pollenschlauches im Inneren dieser glashellen Narbenzellen sind Erfahrungen veröffentlicht worden, welche man, würden sie nicht von den gewissenhaftesten Beobachtern herrühren, kaum für glaubhaft halten möchte. An der Rade (Agrostemma Githago) wurde z. B. gesehen, daß der in die Narbenzelle eingedrungene Pollenschlauch bei seinem Weiterwachsen mitunter eine falsche Richtung einschlägt, d. h. daß er nicht sofort nach dem Eindringen die Richtung gegen die Samenanlage einhält, sondern anfänglich in entgegengesetzter Richtung weiterwächst. In solchen Fällen findet aber stets eine Umkehr statt, und es dauert nicht lange, bis die Spitze des Pollenschlauches die zur Samenanlage führende Richtung gefunden hat, sich nun dem Gewebekörper zuwendet, welcher die glashellen Narbenzellen trägt, und hier, sich einen Zwischenzellengang ausweitend, bis zur Höhlung des Fruchtknotens vordringt.

Um die Samenknospen zu erreichen, bedarf der von der Narbe oder von dem Griffel in den Bereich der Fruchtknotenhöhle übergetretene Pollenschlauch neuerdings einer Führung. Er hat hier eine genau bestimmte Bahn einzuhalten und eine genau bestimmte Stelle zu erreichen. Er soll zu der im Fruchtknoten verborgenen Samenanlage gelangen und soll dort zum Embryosack geführt werden, in welchem eine Zelle, die zu befruchtende Eizelle, ihrer Befruchtung harrt.

Die Eintrittsstelle zur Samenanlage ist in den meisten Fällen die von den Integumenten freigelassene, unter dem Namen Mikropyle bekannte Stelle der Samenanlage (S. 268). Bei Casuarina, Alnus, Betula, Corylus, Ulmus und auch noch bei verschiedenen Gattungen der Juglandazeen gelangt dagegen der Pollenschlauch nicht durch die Mikropyle in das Innere der Samenanlage, sondern wächst aus dem Griffel durch die Plazenta zum Funikulus und dringt durch diesen und das Verbindungsgewebe zwischen Funikulus und Samenanlage, den sogenannten Hagelfleck oder die Chalaza, in den Kern der Samenanlage, welcher Vorgang mit dem Namen Chalazogamie bezeichnet worden ist.

Was das erstere, d. h. das Eindringen des Pollenschlauches durch die Mikropyle, anbelangt, so ist zu bemerken, daß dieser Teil der Samenanlage im Inneren des Fruchtknotens nur in seltenen Fällen so eingestellt ist, wie es die Abbildungen auf S. 268 und S. 487, Fig. 2, darstellt, nämlich in der geraden Verlängerung des Weges, welchen der von der Narbe durch den Griffel herabkommende Pollenschlauch bisher eingehalten hat. Viel öfter ist die Samenanlage durch das Wachstum des Stieles oder Funikulus wie umgestürzt, so daß die Mikropyle dem Grunde der Fruchtknotenhöhle zugewendet ist, oder dieselbe sieht der Seitenwand des Fruchtknotengehäuses, bisweilen auch der den Fruchtknoten durchziehenden Mittelsäule zu, wie es durch die Abbildung auf S. 488, Fig. 1—3, zur Anschauung gebracht ist.

Auch ist der Umstand zu berücksichtigen, daß in den meisten Fällen mehrere Samenanlagen in der Höhlung eines Fruchtknotens verborgen sind, daß zu jeder Samenanlage ein Pollenschlauch hinwachsen soll, und daß daher die Wege für die gemeinschaftlich durch den Griffel herabgekommenen Pollenschläuche im Fruchtknoten auseinander laufen, ähnlich wie die Seitenwege, welche von einer Hauptstraße abzweigen. Man sollte nun erwarten, daß gerade für diesen wichtigsten Abschnitt des Weges, welchen die Pollenschläuche zu nehmen haben, besondere Leitungsvorrichtungen ausgebildet seien, ist aber bei näherem Zusehen sehr enttäuscht; denn nur in verhältnismäßig wenigen Fällen finden sich besondere saftstrotzende Papillen, verlängerte fadenförmige Zellen, zapfenartige Gewebekörper, Leisten und Furchen, welche die Führung der Pollenschläuche in der Fruchtknotenhöhle übernehmen, und dennoch kommen die Pollenschläuche stets pünktlich zu jenen Stellen der Samenanlage, wo sich die Befruchtung vollziehen soll. Sind zahlreiche Samenanlagen in der Höhlung des Fruchtknotens vorhanden, wie bei dem Sonnenröschen Helianthemum (s. nebenstehende Abbildung), so laufen die Pollenschläuche, welche bisher bündelförmig gruppiert von der Narbe herabgewachsen waren, strahlenförmig auseinander, und jeder derselben steuert einer anderen Samenanlage zu.

Die wichtigste Zelle der ganzen Samenanlage ist diejenige, welche den Eiapparat einschließt. Wir nennen sie bei den hier zunächst in Betracht kommenden bedecktsamigen Phanerogamen (Angiospermen) **Embryosack**. Der Embryosack war anfänglich nichts weiter als eine der vielen Zellen des Gewebekörpers, welcher den **Kern der Samenanlage** (Knospenkern) bildet und von **Integumenten** eingehüllt wird. Aber diese Zelle wuchs schnell heran und übertrifft zur Paarungszeit alle ihre Nachbarzellen an Größe. Die viel kleineren Nachbarzellen

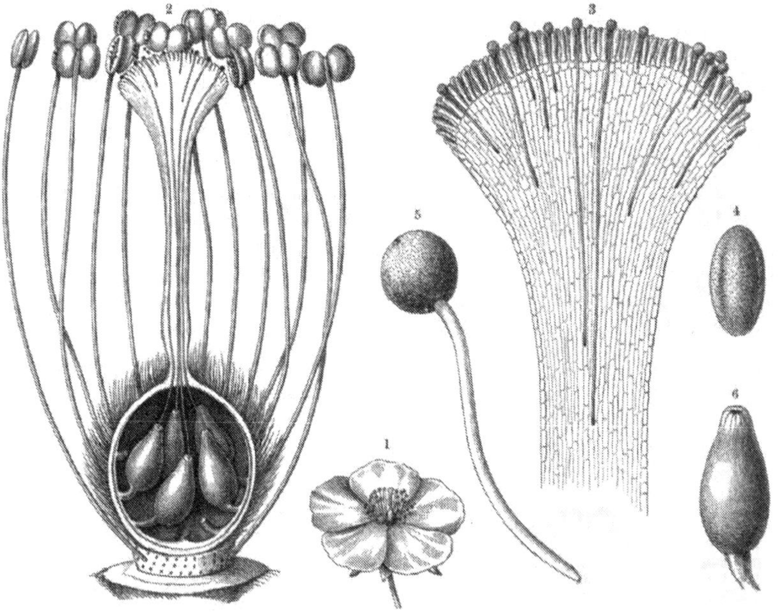

Entwickelung der Pollenschläuche: 1) Blüte des Sonnenröschens (Helianthemum marifolium), 2) dieselbe Blüte, die Blumenblätter entfernt, der Fruchtknoten, der Griffel und die Narbe im Längsschnitt; die durch den Griffel bündelförmig hinabwachsenden Pollenschläuche laufen in der Fruchtknotenhöhle auseinander, und jeder derselben trifft auf die Mikropyle einer Samenanlage, 3) die Narbe und der obere Teil des Griffels; aus einem Teile der an den Papillen der Narbe haftenden Pollenzellen haben sich Pollenschläuche entwickelt, welche in das Gewebe des Griffels hineingewachsen sind (nach **Baillon**), 4) trockene Pollenzelle, 5) befeuchtete Pollenzelle, welche einen Pollenschlauch treibt, 6) Samenanlage des Helianthemum marifolium. Fig. 1 in natürl. Größe, Fig. 2: 22fach, Fig. 3: 55fach, Fig. 4 und 5: 300fach, Fig. 6: 50fach vergrößert. (Zu S. 486.)

bilden um sie eine geschlossene Hülle, aber die Integumente lassen einen Zugang offen. Die offen gelassene Stelle wird, wie schon erwähnt, **Mikropyle** genannt. Diese bildet allgemein mit Ausnahme der verhältnismäßig wenigen durch Chalazogamie sich befruchtenden Arten die Pforte, durch welche der Pollenschlauch eindringt (vgl. S. 268). Wie die drei auf S. 489 stehenden Abbildungen des Embryosackes erkennen lassen, haben sich im Raum dieser Zelle an dem der Mikropyle zugewandten Scheitel nach wiederholter Kernteilung drei hautlose Zellen gebildet. Die eine davon ist die Eizelle, die beiden anderen heißen Gehilfinnen oder **Synergiden**, da sie wahrscheinlich bei der Zuleitung des Pollenschlauchinhaltes zur Eizelle mitwirken. Gegenüber diesem „Eiapparat“ haben sich an der anderen Seite des Embryosackes ebenfalls drei Zellen unbekannter Bedeutung angelagert, die man als **Antipoden** oder Gegenfüßlerinnen bezeichnet.

Dieser ganze auffallende Zellenapparat entsteht auf folgende Weise. Anfänglich enthält der Embryosack in seinem Protoplasten nur einen einzigen Kern. Dieser teilt sich in zwei Kerne, welche sich noch zweimal teilen, so daß endlich acht Kerne vorhanden sind, von denen sich vier nach oben, vier nach unten wenden. An diesen Orten bilden sich nun um je drei der Kerne die schon genannten Zellgruppen. Es bleiben von den acht Kernen oben und unten je einer übrig. Diese „Polkerne“ wandern nun aufeinander zu und verschmelzen miteinander zum „sekundären Embryosackkern“.

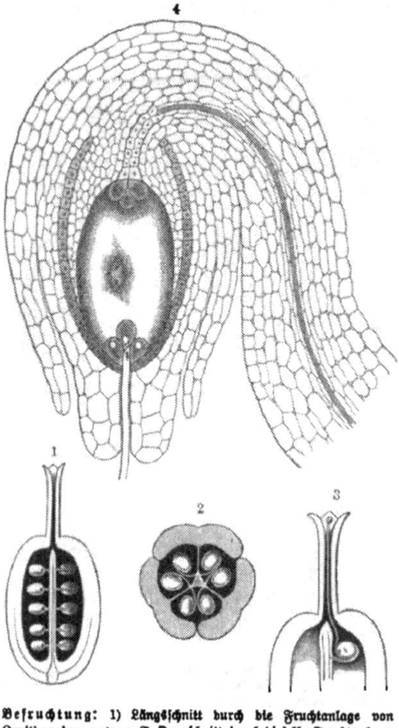

Befruchtung: 1) Längsschnitt durch die Fruchtanlage von Ornithogalum nutans, 2) Querschnitt durch dieselbe Fruchtanlage, 3) Längsschnitt durch die Narbe, den Griffel und den obersten Teil des Fruchtknotens von Ornithogalum nutans; von der an der Narbe haftenden Pollenzelle geht ein Pollenschlauch aus, dessen Spitze an der Mikropyle einer Samenanlage angelangt ist; 4) Längsschnitt durch die Samenanlage von Ornithogalum; die Spitze des Pollenschlauches hat sich durch die Mikropyle den Weg in den Embryosack gebahnt und berührt die Synergiden (schematisch). Fig. 2, 3: 3fach, Fig. 1: 2fach, Fig. 4: 100fach vergrößert. (Zu S. 486.)

Sowohl die Eizelle als auch die Gehilfinnen enthalten je eine Vakuole, welche aber weder mit Luft noch mit wässeriger Flüssigkeit, sondern mit Plasma erfüllt ist, allerdings mit einem Plasma, das von der Umgebung verschieden sein muß, weil es sich von diesem deutlich abgegrenzt zeigt. In den Synergiden findet sich diese Vakuole in der vom Scheitel des Embryosackes abgewendeten, in der Eizelle in der dem Scheitel zugewendeten Hälfte (s. Abbildung, S. 489, Fig. 1 bis 3). Jede dieser Zellen enthält einen Kern. Der Kern der Eizelle wird Eikern genannt. Bisweilen ist dieser Kern so umfangreich, daß das übrige Protoplasma nur eine schwache Hülle desselben bildet. Nun ist der Embryosack bereit zum Empfang des Pollenschlauches. Aber auch in der Pollenzelle gehen neue sichtbare Veränderungen vor sich.

Von dem Protoplasma, das die Pollenzelle erfüllt, hatte sich, wie S. 482 in der Abbildung erläutert ist, ein Teil als linsenförmige Zelle abgesondert, und die Pollenhaut umhüllte nun eine kleinere und eine größere Zelle. Jede derselben besitzt einen Zellkern. Aber diese Kerne weichen sowohl an Größe als auch im Bau voneinander ab. Der Kern der kleineren Zelle, welche die Befruchtung vollführen soll, enthält einen grobfädigen Knäuel, er wird als generativer Kern bezeichnet. Der andere Kern ist mit einem zarten Fadennetz erfüllt, gehört der größeren Teilzelle des Pollenkerns an, welche zum Pollenschlauch auswächst, und heißt, weil er sich nicht an dem Befruchtungsprozeß beteiligt, vegetativer Kern. Während der Pollenschlauch nun sein Wachstum aufnimmt, um die Samenknospe zu erreichen, teilt sich die generative Zelle nochmals, in zwei Zellen, die fast ganz aus der Kernsubstanz bestehen, und alle Kerne wandern in den Pollenschlauch hinab, der vegetative Kern voran, die generativen Kerne hinterdrein.

Wenn die Pollenschlauchspitze an dem Scheitel des Embryosackes angelangt ist, stellt sich an dem der Mikropyle zugewendeten Teile jeder Synergidenzelle eine Längsstreifung ein, und es bildet sich dort eine Kappe aus, von welcher flüssige Stoffe ausgeschieden werden. Auch zieht sich das Protoplasma der Synergiden zusammen und wird stark lichtbrechend. Diese Veränderungen stehen ohne Zweifel mit der Aufgabe der Synergiden, den Spermakern des Pollenschlauches zur Eizelle hinzuleiten, im Zusammenhange. Durch die von den Synergiden ausgeschiedenen Stoffe wird nämlich die zarte Zellhaut des Embryosackes aufgelöst, und durch die Zusammenziehung der Synergiden soll für den generativen Kern ein Weg zur Eizelle geschaffen werden. In manchen Fällen beschränkt sich übrigens die Veränderung nicht nur auf die Zusammenziehung, sondern es erfolgt eine förmliche Auflösung der Synergiden.

Sobald der Pollenschlauch an den Embryosack herangetreten ist, wird seine Zellhaut an der Berührungsstelle aufgelöst oder doch so verändert, daß sie dem Durchtritt der generativen Kerne kein Hindernis mehr entgegensetzt. Die beiden generativen Kerne, welche bis zur Spitze des Pollenschlauches gelangt waren, treten aus und in den Embryosack ein. Die Eizelle übernimmt nun denjenigen Kern (Spermakern), welcher bei der Wanderung voraus ging. Der zweite scheint die Bedeutung eines Reservekernes zu haben und nur dann an die Reihe zu kommen, wenn der erste die zur Befruchtung nötigen Fähigkeiten nicht besitzen sollte. Er geht in vielen Fällen zugrunde. In anderen Fällen aber vereinigt er sich mit dem noch vorhandenen Embryosackkern und ist, wie es scheint, die Veranlassung zum Beginn der Bildung des Nährgewebes (Endosperm). Die Aufnahme des Spermakernes von der Eizelle vollzieht sich in folgender Weise. Der Spermakern tritt seitlich an die Eizelle heran, dringt in diese ein und nähert sich dem im unteren Teile der Eizelle eingelagerten Eikerne. Beide Kerne verschmelzen miteinander, und dieser Vorgang wird als der Akt der Befruchtung aufgefaßt.

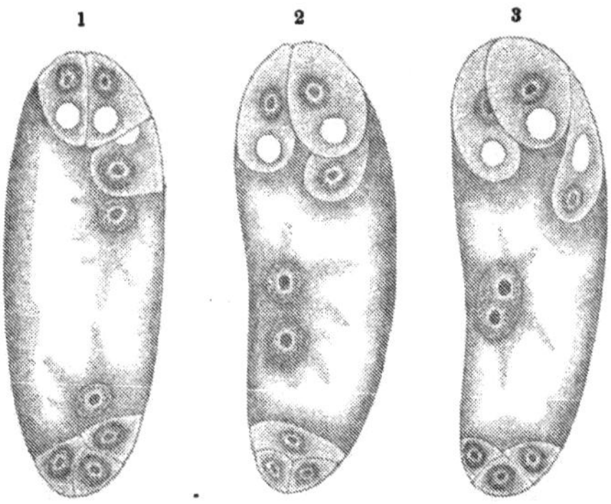

Embryosack in drei Entwickelungsstadien (Fig. 1—3); in jedem derselben sind, in der Reihenfolge von oben nach unten, zu sehen: die Synergiden und die Eizelle, der obere Polkern, der untere Polkern, die Antipoden (schematisch). Zu S. 487, 488 und 491.

Was mit dem aus dem Pollenschlauch entleerten Plasma, in welchem die Spermakerne eingelagert waren, geschieht, ist noch fraglich. Es wird angenommen, daß dieses Protoplasma zur Ernährung der befruchteten Eizelle dient.

Nachdem die Befruchtung durch den Spermakern erfolgt ist, umgibt sich die Eizelle mit einer Haut von Zellstoff. Die so gebildete Zelle nennt man Keimzelle, der durch Verschmelzung entstandene Kern dieser Zelle heißt Keimkern, und aus dieser Zelle geht der Embryo hervor, aus dem sich ein neues Pflanzenindividuum entwickelt. Möge die Pflanze, die daraus entsteht, klein oder groß werden, immer war sie im Anfang einmal eine einzige Zelle, eine Keimzelle.

Die Entwickelung des Keimlinges oder Embryos aus der Keimzelle zeigt bei den Pflanzen eine große Übereinstimmung, wenn auch in gewissen Pflanzenabteilungen Verschiedenheiten zu verzeichnen sind. Nachdem die Eizelle durch ihre Befruchtung zur Keimzelle geworden ist, beginnt sie zu wachsen, und indem sie sich in die Länge streckt, entstehen hintereinander mehrere parallele Zellwände. Dadurch entsteht ein zylindrischer kleiner, in den Embryosack hereinwachsender Zellkörper, dessen kugelförmige Endzelle sich zum Embryo ausbilden soll, während die übrigen Zellen als Träger dieser Embryonalkugel dienen (Fig. 1 und 2). Die an dem Embryoträger hängende Kugel teilt sich jetzt durch senkrecht aufeinanderstehende Zellwände nach den drei Richtungen des Raumes, wonach die Kugel aus acht Zellen besteht (Fig. 3). Dann aber gliedert sich der kleine Embryonalkörper schon in verschiedene Gewebe-

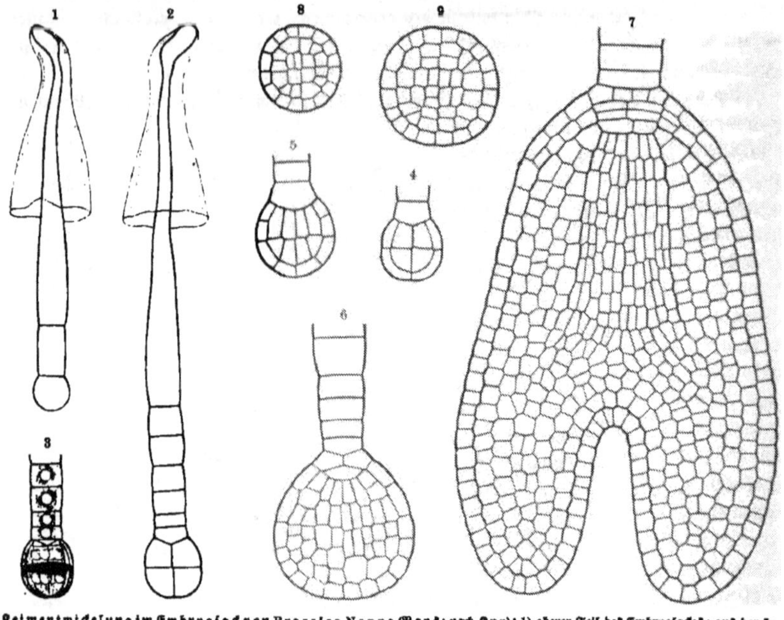

Keimentwickelung im Embryosack von Brassica Napus (Raps; nach Kny): 1) oberer Teil des Embryosackes; aus der befruchteten Eizelle hat sich der schlauchförmige Embryoträger entwickelt, der, am Mikropylenende befestigt, am anderen Ende die kugelförmige Zelle trägt, aus der der Embryo entsteht; 2) und 3) die Embryonalzelle hat sich zuerst durch zwei aufeinander senkrechte Wände in vier Zellen, darauf durch eine horizontale Wand in acht Zellen geteilt; 4) Anlage der Epidermis durch gekrümmte, der Kugeloberfläche parallele Wände; 5) Ausbildung des Körpergewebes und der Epidermis durch neue Zellteilungen; 6) weiter entwickelter Keim; an seinem Aufbau beteiligt sich auch die letzte Zelle des Embryoträgers (die Hypophyse), sie drängt sich flach pyramidenförmig zwischen die unteren Oktanten der Embryokugel ein (Fig. 2, 4, 5) und schließt den Embryo durch einige Zellteilungen unten ab (Fig. 6); 7) Bildung der Kotyledonen und des Wurzelendes und weitere Differenzierung der inneren Gewebe; 8) und 9) Querschnitte der Embryos 5) und 6).

formen, indem durch Entstehung von Wänden parallel der Oberfläche die Epidermis angelegt wird (Fig. 4 und 5). Während diese Gewebebildung durch Vermehrung der Zellen fortschreitet, erfolgt nun auch die erste Ausgestaltung des Körpers, indem aus dem einen Ende ein oder zwei Keimblätter herauswachsen (Fig. 7). Haben diese ihre Größe erreicht, woneben auch am anderen Ende die embryonale Wurzel ausgebildet wird, dann stellt der Embryo sein Wachstum vorläufig ein und ruht im Samen, bis dieser zur Keimung gelangt. Der ausgewachsene Keimling besteht bei einigen Schmarotzerpflanzen und bei den Orchideen aus einer kleinen Zellengruppe, welche keinerlei Gegensatz von Achse und Blättern erkennen läßt; bei den meisten bedecktsamigen Phanerogamen aber erscheint er deutlich gegliedert, und man unterscheidet an ihm bereits die Anlage eines Stammes, die Anlage einer ersten Wurzel und die Anlagen von Blattgebilden (s. Abbildung, S. 20, Fig. 1 und 2). Am meisten in die Augen fallend sind die Keimblätter, welche vom Keimblattstamm ausgehen, und welche bei manchen Arten, wie z. B. Styphnolobium japonicum, durch reichliches in den Zellen ausgebildetes Chlorophyll grün gefärbt sind. Bei vielen Pflanzen, so z. B. bei den Äpfeln und Mandeln, den Bohnen und Erbsen, der Kapuzinerkresse und der Wassernuß sowie bei den Eichen (s. Abbildung, S. 23, Fig. 1—6), werden die Keimbätter gedunsen, dick und prall, gestalten sich zu einem Reservestoffbehälter, liefern für die auswachsende Achse des Keimlinges die nötigen Baustoffe und füllen endlich den von den Integumenten umschlossenen Raum so vollständig aus, daß für andere Gebilde neben dem Keimling kein Platz mehr übrigbleibt. In den meisten Fällen aber sind die Keimblätter zart und dünn, und es würden die in ihnen abgelagerten Stoffe als Baustoffe für die auswachsende Achse nicht ausreichen. Dann erscheint dem Keimling, welcher früher oder später von der Mutterpflanze sich trennt, für die erste Zeit seiner Selbständigkeit ein Vorrat von Nährstoffen in einem besonderen Speichergewebe mitgegeben (vgl. S. 489). Dieses Gewebe, dessen Zellen mit Fett und Mehl (Stärke- und Proteinkörner) vollgepfropft sind, entspricht dem Dotter im Vogelei, und es wäre sehr wünschenswert, wenn sich die Botaniker dahin einigen könnten, dasselbe auch bei den Pflanzen Dotter zu nennen. Die mannigfaltigen Namen, welche diesem Nahrungsspeicher gegeben wurden, Endosperm, Albumen, Eiweiß, Eiweißkörper usw., sind nämlich unzutreffend und verwirrend, weil sie in ihrem Anlaute ganz oder teilweise mit den für wesentlich andere Stoffe und Gebilde eingebürgerten und in Anwendung gebrachten Bezeichnungen übereinstimmen.

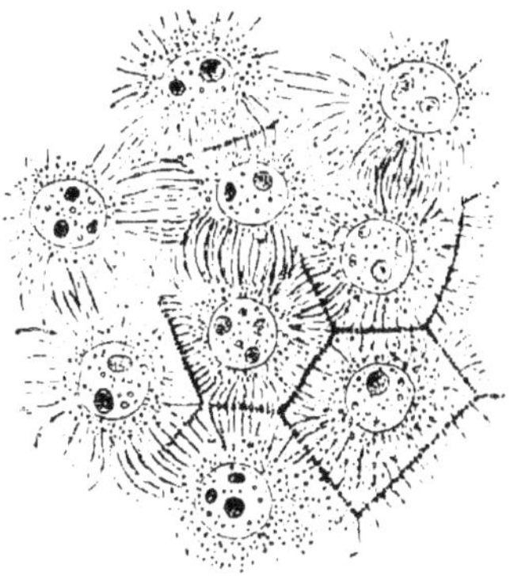

Bildung des Endosperms durch Scheidewandbildung im Umkreis der Zellkerne.

Den Ausgangspunkt für dieses gewöhnlich Endosperm genannte Speichergewebe bilden zwei schon frühzeitig im Embryosack angelegte Kerne (s. Abbildung, S. 489, Fig. 1), die man als oberen und unteren Polkern unterschieden hat. Diese beiden Kerne, um welche sich ein Teil des Protoplasmas ballt, nähern sich (s. Abbildung, S. 489, Fig. 2) und verschmelzen daraufhin zu einem einzigen Kerne, dem sogenannten Zentralkerne (Fig. 3), der dann später nochmals mit dem einen generativen Kern der Pollenzelle verschmilzt. Indem der Kern daraufhin wiederholte, sehr häufige Teilungen erfährt, wird er der Ausgangspunkt für ein parenchymatisches Gewebe (vgl. obenstehende Abbildung), welches im Embryosack mit dem Embryo heranwächst und dessen Zellen sich mit den erwähnten Reservestoffen (Fett, Stärke- und Proteinkörner) füllen. In seltenen Fällen, z. B. bei den Palmen, besteht das Endosperm auch aus Zellulose von hornartiger Konsistenz, z. B. beim Dattelkern.

Die Verbindung des Keimlings mit seinem Nahrungsspeicher ist auf sehr verschiedene Weise hergestellt. In vielen Fällen, wie z. B. bei dem Gauchheil, dem Sauerklee, dem Löwenmaul und dem Erdbeerbaum (Anagallis phoenicea, Oxalis Acetosella, Antirrhinum majus, Arbutus Unedo; s. Abbildung, S. 492, Fig. 3—10), liegt der geradlinige Keimling mitten in dem Nahrungsspeicher eingebettet. Auch bei der Weinraute (Ruta graveolens; s. untenstehende Abbildung, Fig. 1 und 2), welche einen gekrümmten Keimling besitzt, beobachtet man dasselbe Verhältnis; dagegen liegt bei der Kermesbeere (Phytolacca decandra; s. untenstehende Abbildung, Fig. 11) der Keimling dem Nahrungsspeicher seitlich an und ist um denselben wie ein Hufeisen gekrümmt. Die Sapindazeen und die Meldengewächse zeigen einen spiralig gerollten Keimling. Bei den Gräsern ist der Keimling dem Nahrungsspeicher seitlich angeschmiegt, aber nicht gekrümmt, sondern gerade. In welcher Weise der auswachsende Keimling die ihm von der Mutterpflanze in dem Speichergewebe mitgegebenen Nährstoffe verbraucht und sich nutzbar macht, wurde ausführlich auf S. 10 geschildert.

Sowohl der Keimling als auch das Speichergewebe nehmen auf Kosten der an den Embryosack unmittelbar angrenzenden, mit Protoplasma erfüllten Zellen des Knospenkerns (S. 268) an Umfang zu, und dies Gewebe wird dabei völlig aufgesogen. Nur bei verhältnismäßig wenigen

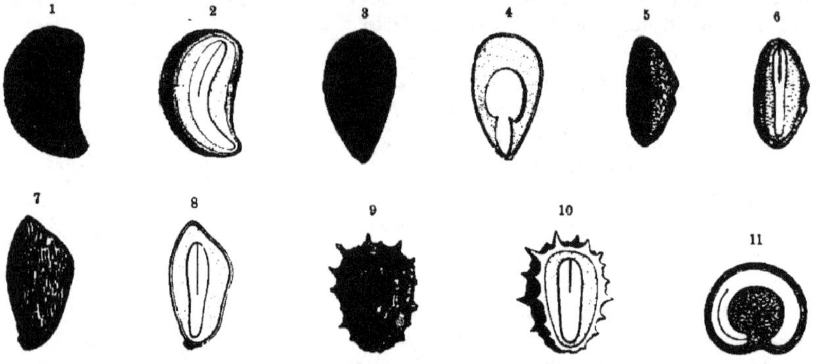

Samen mit einem Speichergewebe: 1) Ruta graveolens, ganzer Same, 2) Längsschnitt durch denselben; 3) Oxalis Acetosella, ganzer Same, 4) Längsschnitt durch denselben; 5) Anagallis phoenicea, ganzer Same, 6) Längsschnitt durch denselben; 7) Arbutus Unedo, ganzer Same, 8) Längsschnitt durch denselben; 9) Antirrhinum majus, ganzer Same, 10) Längsschnitt durch denselben; 11) Längsschnitt durch den Samen von Phytolacca decandra. (Nach Baillon.)

Pflanzen bleibt ein Teil der genannten Zellen erhalten und erlangt eine ähnliche Bedeutung wie das Speichergewebe, welches sich im Inneren des Embryosackes ausgebildet hat. Es füllen sich nämlich auch diese Zellen mit Fett und mit Stärke- und Proteinkörnern, welche späterhin von dem auswachsenden Keimlinge verwertet werden können. Im Gegensatz zu dem Endosperm, unter welchem Namen das im Embryosack entstandene Speichergewebe bezeichnet wird, hat man jenes, welches außerhalb des Embryosackes entsteht, Perisperm genannt. Aber es finden nun infolge der Befruchtung noch weitere Veränderungen statt, nicht nur der Samenanlage, welche dem Samen das charakteristische Äußere geben, sondern auch des Fruchtknotens.

Der Keimling bedarf bestimmter Ausrüstungen für seine Reise und seine neue Ansiedelung, er bedarf entsprechender Verbreitungsmittel, er bedarf einer Schutzwehr gegen die vernichtenden Angriffe der auf Pflanzenkost angewiesenen Tiere bis zu jenem Zeitpunkt, in welchem er die Mutterpflanze verläßt, und er bedarf auch einer Versicherung gegen die Ungunst der Witterung. Diese Ausrüstungen werden nun durch eigentümliche, nach der Befruchtung eintretende Veränderungen der Integumente, der Fruchtblätter, des Blütenbodens und der Hochblätter zustande gebracht.

Die Integumente verwandeln sich in die Samenschale. Die Samenschale zeigt eine große Mannigfaltigkeit der Gestalt. Sie ist meistens mehrschichtig, und die aufeinanderfolgenden Schichten werden aus den verschiedenartigsten Zellformen aufgebaut. Bald erscheint sie weich und dünnhäutig, bald steif und fest, pergamentartig, holzig, hornartig oder steinhart, wieder in anderen Fällen fleischig und saftreich oder in eine schleimige, klebrige Masse umgewandelt. Die äußerste Schicht dieser Schale ist in den meisten Fällen braun, grau oder schwarz, seltener gelb und weiß und am seltensten rot gefärbt. Welche Bedeutung die verschiedenen schleimigen Überzüge, die Zellenlagen, aus denen bei Befeuchtung klebrige Stoffe ausgeschieden werden, ferner die kleinen Grübchen und Furchen, Warzen und Runzeln, Riefen und Netze, Spitzen und Zacken für das Festhalten der Samen an das Keimbett haben, wurde bereits S. 30ff. erörtert. Wenn die Samen durch den Wind verbreitet werden sollen, so

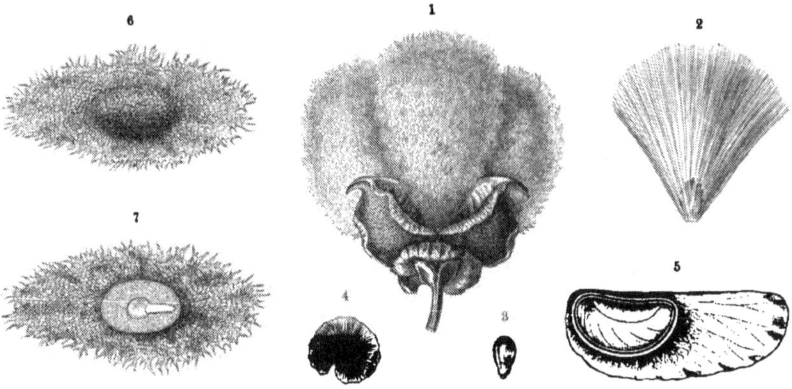

Samen mit flügelförmigem Saum und Samenhaaren: 1) aufgesprungene Frucht von Gossypium herbaceum, die behaarten Samen zwischen den Klappen sichtbar; 2) Same von Populus tremula mit Samenhaaren, 3) derselbe Same, von dem Haarmantel abgelöst; 4) geflügelter Same von Lepigonum marginatum; 5) Längsschnitt durch den geflügelten Samen von Vochysia; 6) geflügelter Same von Cinchona, 7) Längsschnitt durch diesen Samen. Fig. 3—7 vergrößert. (Zum Teil nach Baillon.)

erheben sich von der oberflächlichen Schicht ihrer Schale flügelförmige Leisten und Säume, wie beispielsweise bei dem zu den Mieren gehörigen Lepigonum marginatum (s. obenstehende Abbildung, Fig. 4), den Samen der Chinarindenbäume (Cinchona; s. obenstehende Abbildung, Fig. 6 und 7) und der tropischen Vochysia (Fig. 5), welche, nebenbei bemerkt, durch die übereinandergerollten Keimblätter des Keimlinges ausgezeichnet ist. Manchmal geht von den oberflächlichen Zellen der Samenschale eine Unmasse langer, zarter Haare aus, wie bei der Baumwollstaude (Gossypium; s. obenstehende Abbildung, Fig. 1) und dem zu den Wollbäumen gehörenden Eriodendron.

Bei nicht wenigen Pflanzen entwickeln und erheben sich von der Basis oder von dem Träger der Samenanlage noch besondere Gebilde, welche zur Zeit der Reife des Keimlinges wie ein Mantel die aus den Integumenten hervorgegangene Samenschale ringsum einhüllen und unter dem Namen Samenmantel (arillus) begriffen werden. Bei manchen Passifloreen, Sapindazeen und Zelastrineen, unter anderen bei der Gattung Spindelbaum (Evonymus), stellt er eine breiige oder fleischige, gewöhnlich lebhaft rot gefärbte Masse dar, und bei den Myristikazeen bildet er eine eigentümlich zerschlitzte Hülle. Der Samenmantel der Muskatnuß, welcher als rote zerschlitzte Umhüllung den braunen Samen umgibt, kommt als Gewürz mit dem falschen Namen „Muskatblüte" in den Handel. Wenn die Leisten und Lappen oder das fleischige Gewebe nur einseitig von der Basis oder von dem Träger der Samenanlage ausgehen, so spricht man von einer Samenschwiele (caruncula). Eine sehr auffallende, einem fleischigen Hahnenkamm vergleichbare Samenschwiele zeigt das Schöllkraut (Chelidonium majus). Beschränkt sich die Zellwucherung auf den sogenannten Nabel, das ist die Stelle, wo sich der Same von seinem Träger ablöst, so wird dieselbe insbesondere Nabelschwiele genannt. Solche Nabelschwielen beobachtet man z. B. bei dem Veilchen (Viola; s. untenstehende Abbildung, Fig. 1 und 2) und bei dem Rizinus (Ricinus; s. untenstehende Abbildung, Fig. 3 und 4). Die Umgebung der Stelle, wo die Samenanlage mit ihrer Unterlage im Zusammenhange stand, ist auch dann, wenn dort keine Schwiele ausgebildet wurde, am abgelösten Samen immer noch deutlich zu erkennen und wird Nabel (hilum) genannt. Sie ist deutlich abgegrenzt, meistens anders gefärbt als der übrige Teil der Samenschale, bald gewölbt, bald vertieft, manchmal rinnenförmig und bisweilen von zwei wulstförmigen Rändern eingefaßt (s. nebenstehende Abbildung, Fig. 5). Die Stelle, wo sich an der Samenanlage die Mikropyle befand, ist an dem ausgereiften Samen in vielen Fällen gleichfalls zu erkennen. Sie erscheint als ein kleines Loch oder als eine ritzenförmige Vertiefung, und ihre Umgebung ist gewöhnlich mit eigentümlichen Geweben umrandet. Bei jenen Samen, welche aus gekrümmten Samenanlagen hervorgegangen sind, erscheinen die Mikropylennarbe und Nabelnarbe einander sehr genähert (s. untenstehende Abbildung, Fig. 6 und 7). Mitunter hat sich eine grubenförmige Vertiefung (Nabelgrube) ausgebildet, worin beide Narben dicht nebeneinander liegen.

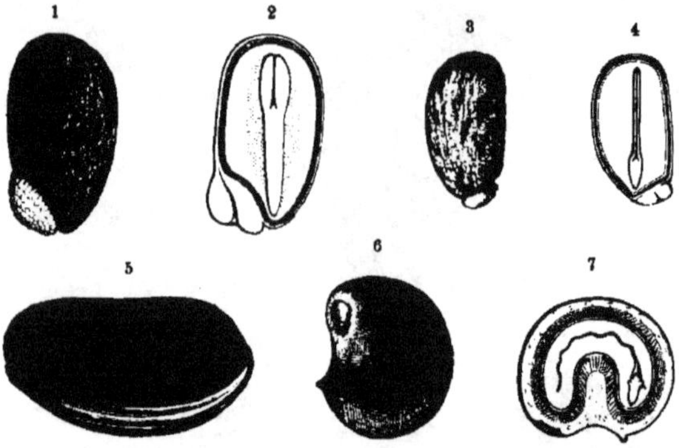

Samen mit Schwielen, Nabelnarben und Keimmundnarben: 1) Same von Viola tricolor, 2) derselbe im Längsschnitt; 3) Same von Ricinus communis, 4) derselbe im Längsschnitt; 5) Same von Physostigma venenosum; 6) Same von Anamirta Cocculus, 7) derselbe im Längsschnitt. (Nach Baillon.)

Mit der geschilderten Entwickelung der Samen steht auch die Umgestaltung des Gehäuses, in welchem die Samenanlagen geborgen waren, und in dessen Innerem die Befruchtung stattfand, im innigen Zusammenhange. Dieses Gehäuse führte zur Zeit der Befruchtung den Namen Stempel oder Fruchtknoten und bildet sich nach der Befruchtung zur Frucht aus. Wenn das aus dem Stempel hervorgegangene Samengehäuse mit Ausnahme der mehr oder weniger festen Haut ganz und gar saftreich geworden ist, so wird die Frucht Beere genannt. Aus unterständigen Stempeln gehen unterständige, aus oberständigen Stempeln oberständige Beeren hervor. Die Beeren des Bittersüßes (Solanum Dulcamara), der Tollkirsche (Atropa Belladonna), des Sauerdornes (Berberis vulgaris) und des Weinstockes (Vitis vinifera) sind oberständig; die Beeren der Mistel (Viscum album), des schwarzen Holders (Sambucus nigra) und des Stachelbeerstrauches (Ribes Grossularia) sind unterständig.

Wenn der äußere Teil des Samengehäuses fleischig und der innere, den Samen unmittelbar umschließende Teil desselben steinhart wird, so nennt man die Frucht **Steinfrucht**. Beim Zerlegen dieser Früchte löst sich der innere Teil der Frucht als Stein leicht ab, in ihm liegt der Same. Die meisten Steinfrüchte, wie z. B. jene der Kirsche (Prunus avium), enthalten nur einen Steinkern und einen Samen, die Frucht des Wegdornes (Rhamnus) enthält zwei Steinkerne und in jedem derselben einen Samen.

In vielen Fällen wird das Samengehäuse durch und durch trocken. Von den mit solchen Samengehäusen ausgestatteten Früchten unterscheidet man die Schließfrucht, die Spaltfrucht

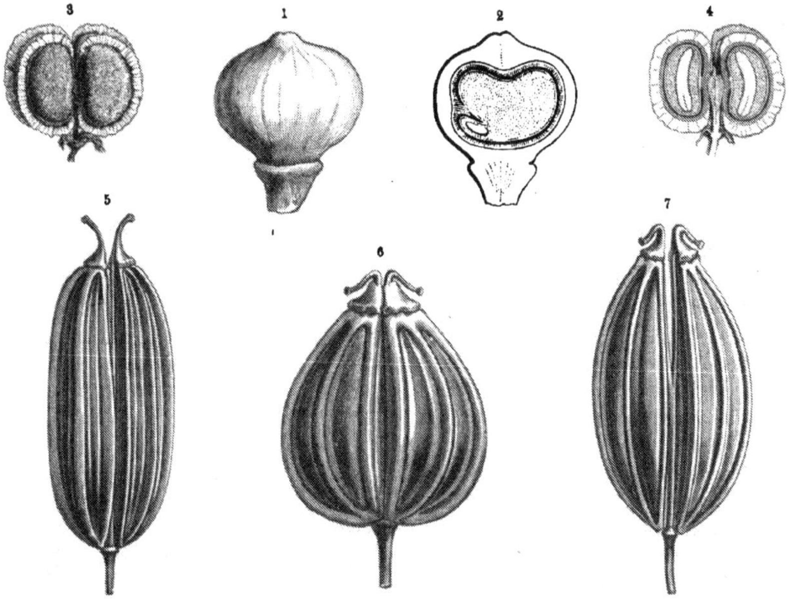

Schließ- und Spaltfrüchte: 1) pflaumenartige Nuß von Fumaria, 2) dieselbe im Längsschnitt; 3) Schließfrucht der Callitriche, 4) dieselbe im Längsschnitt; 5) Spaltfrucht von Foeniculum aromaticum; 6) Spaltfrucht von Petroselinum sativum; 7) Spaltfrucht von Carum carvi. Sämtliche Figuren vergrößert. (Nach Baillon.) Zu S. 496.

und die aufspringende Trockenfrucht. Die **Schließfrucht** öffnet und spaltet sich niemals von selbst. Zur Zeit der Reife fällt sie mitsamt den in ihr eingeschlossenen Samen von der Mutterpflanze ab, und es kommt dem geschlossen bleibenden Gehäuse auch die Aufgabe zu, die Verbreitung und Ansiedelung des eingeschlossenen Samens zu vermitteln. Ist die Schließfrucht aus einem oberständigen Fruchtknoten hervorgegangen, wie z. B. bei der Linde, so wird sie **Nuß**, hat sie sich aus einem unterständigen Fruchtknoten entwickelt, so wird sie **Achäne** genannt. Wenn der Same mit der Innenwand des umschließenden Samengehäuses vollständig verwachsen ist, wie bei den Gräsern (s. Abbildung, S. 20, Fig. 3), so nennt man die Frucht **Karyopse**. Bei manchen Pflanzen besteht das Gehäuse der Nuß aus einer inneren, sehr harten und einer äußeren, weicheren, sich lange saftreich erhaltenden Schicht und erinnert dann an eine Pflaume. Das ist z. B. bei dem Erdrauch (Fumaria; s. obenstehende Abbildung,

Fig. 1 und 2) der Fall, und es wird diese Frucht als pflaumenartige Nuß angesprochen. Gewöhnlich ist die Nuß einfächerig und enthält nur einen einzigen Samen. Weit seltener sind mehrfächerige Nüsse. Der Wasserstern (Callitriche; s. Abbildung, S. 495, Fig. 3 und 4) hat eine vierfächerige Nuß, und diese bildet den Übergang zu den sogenannten Spaltfrüchten.

Die Spaltfrucht ist gewissermaßen eine Vereinigung mehrerer Schließfrüchte. Zwei bis mehrere die Samen bergende Gehäuse schließen während des Ausreifens dicht zusammen; erst später, wenn einmal die Keimlinge reisefertig sind, trennen sich die Gehäuse, fallen auseinander, und es macht dann häufig den Eindruck, als wäre eine Spaltung mittels eines scharfen Messers vorgenommen worden. Jedes der getrennten Samengehäuse bleibt für sich geschlossen, und die in ihm enthaltenen Samen fallen nicht aus, sondern werden durch Vermittelung des Gehäuses verbreitet. Eine solche Spaltfrucht ist jene der Käsepappel (Malva). Bei den Doldenpflanzen, für welche in der Abbildung auf S. 495 die Frucht des Kümmels (Carum carvi, Fig. 7), der Petersilie (Petroselinum sativum, Fig. 6) und des Fenchels (Foeniculum aromaticum, Fig. 5) als Beispiele vorgeführt sein mögen, bleiben die beiden Achänen nach der Spaltung noch eine Zeitlang an den Enden eines gabelförmigen Trägers aufgehängt.

Wie schon erwähnt, vermittelt das Gehäuse der Schließfrüchte in sehr vielen Fällen die Verbreitung und Ansiedelung der eingeschlossenen Samen. Das geschieht auf zweifache Weise. Entweder erheben sich von der Oberfläche des Gehäuses Haare, gekrümmte Borsten und widerhakige Stacheln, welche sich an das Gefieder oder den Pelz wandernder Tiere anhängen, oder es gehen von dem Gehäuse häutige Säume, Lappen und flügelförmige Fortsätze aus, welche bei großer Zartheit und sehr geringem Gewichte dem Wind eine verhältnismäßig große Angriffsfläche bieten, so daß selbst von einem schwachen Luftstrome die von der Mutterpflanze abgelösten Früchte weithin verbreitet werden können. Die beschreibenden Botaniker nennen jede mit einem Flügel versehene Schließfrucht Flügelfrucht und unterscheiden mehrere Formen derselben.

Die aufspringenden Trockenfrüchte werden auch unter dem Namen kapselartige Früchte begriffen. Ihr Samengehäuse ist zur Zeit der Reife im ganzen Umfang ausgetrocknet, öffnet sich und entläßt die Samen in der mannigfaltigsten Weise. Das entleerte Gehäuse bleibt entweder an der Mutterpflanze zurück oder fällt, in Stücke geteilt, zugleich mit den Samen ab, hat aber weder in dem einen noch in dem anderen Falle für die bereits ausgestreuten Samen irgendeine weitere Bedeutung. Die aufspringenden Kapseln zählen zu den häufigsten Fruchtformen, sind auch für viele Gattungen sehr bezeichnend, und es hat sich das Bedürfnis herausgestellt, die verschiedenen Ausbildungen derselben durch bestimmte Ausdrücke der botanischen Kunstsprache festzuhalten. Wenn das Samengehäuse aus einem einzigen Fruchtblatte hervorgeht und zur Zeit der Reife an der einen Seite, entlang der sogenannten Bauchnaht, aufspringt, während an der gegenüberliegenden Seite, der sogenannten Rückennaht, entweder gar keine oder doch nur eine teilweise Trennung des Zusammenhanges erfolgt, oder wenn das Aufspringen entlang der Bauch- und Rückennaht zwar gleichmäßig, aber doch nicht bis zum Grunde des Samengehäuses stattfindet, so wird die Frucht Balgfrucht genannt. In den meisten Fällen stehen mehrere Balgfrüchte am Ende des Fruchtstieles in einem Wirtel beisammen, wie z. B. bei dem Rittersporn (Delphinium; s. nebenstehende Abbildung, Fig. 2) und dem Stern-Anis (Illicium anisatum; s. nebenstehende Abbildung, Fig. 1); seltener schließen sie vereinzelt den Fruchtstiel ab, wie bei der Schwalbenwurz (Cynanchum Vincetoxicum).

Gleich der Balgfrucht geht auch die Hülse aus einem einzigen Fruchtblatte hervor; aber das aus demselben gebildete Gehäuse trennt sich zur Reifezeit sowohl entlang der Bauchnaht als auch der Rückennaht bis zum Grund in zwei Klappen, welche nach dem Aufspringen gewöhnlich eine schraubige Drehung erfahren. Diese Fruchtform findet sich bei dem größten Teile der Schmetterlingsblütler (s. untenstehende Abbildung, Fig. 3).

Eine aufspringende Trockenfrucht, deren Samengehäuse aus zwei oder mehreren Fruchtblättern aufgebaut ist, heißt Kapsel im engeren Sinn. Man unterscheidet Kapseln, welche von

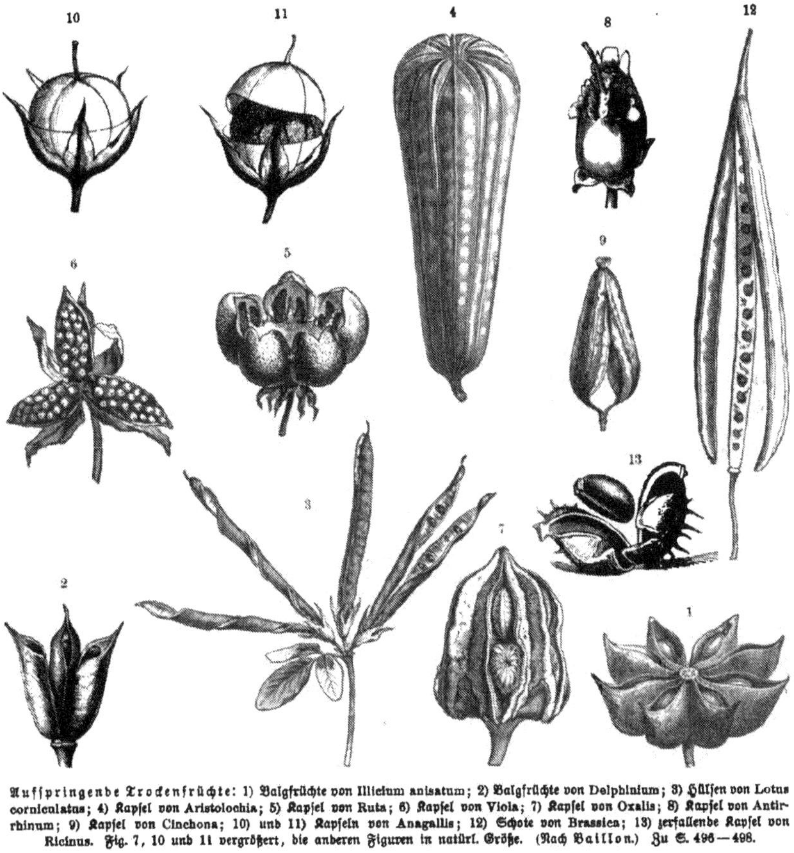

Aufspringende Trockenfrüchte: 1) Balgfrüchte von Illicium anisatum; 2) Balgfrüchte von Delphinium; 3) Hülsen von Lotus corniculatus; 4) Kapsel von Aristolochia; 5) Kapsel von Ruta; 6) Kapsel von Viola; 7) Kapsel von Oxalis; 8) Kapsel von Antirrhinum; 9) Kapsel von Cinchona; 10) und 11) Kapseln von Anagallis; 12) Schote von Brassica; 13) zerfallende Kapsel von Ricinus. Fig. 7, 10 und 11 vergrößert, die anderen Figuren in natürl. Größe. (Nach Baillon.) Zu S. 496—498.

der Spitze her mit Klappen aufspringen, wie jene der Osterluzei (Aristolochia; s. obenstehende Abbildung, Fig. 4), der Raute (Ruta; s. Fig. 5) und des Veilchens (Viola; s. Fig. 6), solche, welche sich nur am Scheitel mit dreieckigen Zähnen öffnen, wie jene der Nelkengewächse, solche, deren Wand der ganzen Länge nach aufspringt, wie jene des Sauerklees (Oxalis; s. Fig. 7), solche, bei welchen durch das Auseinanderweichen der Zähne mehrere große Löcher entstehen, wie jene des Löwenmaules (Antirrhinum; s. Fig. 8), und solche, an welchen sich durch Schrumpfen beschränkter Abschnitte des Gewebes zahlreiche kleine Löcher ausbilden, wie jene des Mohnes (Papaver). Die Kapseln der Chinarindenbäume (Cinchona; s. Abbildung, S. 497, Fig. 9) springen mit zwei Klappen auf, welche an der Spitze verbunden bleiben und nur an der Basis auseinanderweichen. Bei vielen Kapseln, wie z. B. jenen des Gauchheiles (Anagallis; s. S. 497, Fig. 10 und 11), hebt sich ein Deckel von der büchsenförmigen Kapsel ab, das gleiche ist bei der zierlichen Kapsel des Bilsenkrautes der Fall, und bei anderen, wie z. B. bei Ricinus (s. Abbildung, S. 497, Fig. 13), lösen sich gleichzeitig mit dem Ausschleudern der Samen die ganzen Fruchtblätter von den Fruchtstielen und fallen ab. Unter Schote (siliqua) versteht man eine Kapsel, deren zwei Fruchtblätter von einem an den Rändern mit Samen besetzten Rahmen sich abheben und abfallen. Der Rahmen ist durch eine dünne Membran verschlossen. Die Ablösung der Fruchtblätter von dem Rahmen erfolgt von unten nach

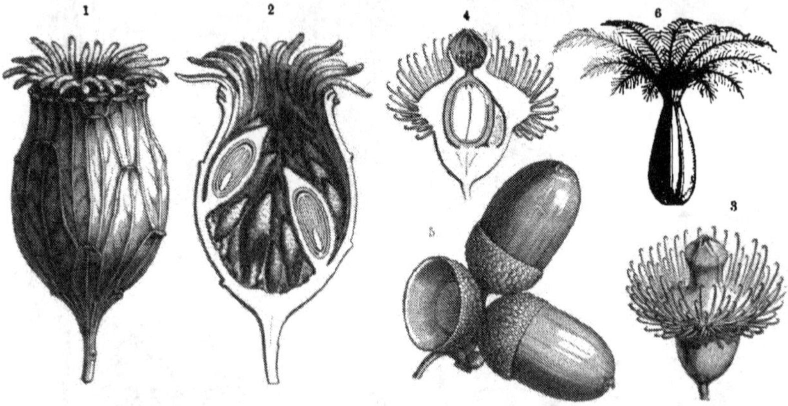

Früchte, an deren Ausbildung der Blütenboden, die Deckblätter oder der Kelch beteiligt ist: 1) Fruchtbecher von Calycanthus, 2) Längsschnitt durch diesen Fruchtbecher; 3) Frucht von Agrimonia, 4) Längsschnitt durch diese Frucht; 5) Früchte der Eiche (Quercus sessiliflora); 6) Frucht des Baldrians (Valeriana officinalis). (Nach Baillon.) Zu S. 499—501.

oben. Als Vorbild ist auf S. 497, Fig. 12, die Frucht der Kohlpflanze (Brassica oleracea) hingestellt. Die mannigfach geformten Schoten charakterisieren die Kruziferen (Kreuzblütler).

Bei den meisten Blütenpflanzen lösen sich die Blumenblätter vom Blütenboden ab, nachdem die Narbe mit Pollen belegt wurde und die Pollenschläuche in den Fruchtknoten eingedrungen sind, bei einem anderen Teil aber bleiben sie zurück, gehen die mannigfaltigsten Veränderungen ein und bilden eine äußere Hülle des Samengehäuses, die bei der Verbreitung und Ansiedelung der Samen eine wichtige Rolle spielt. Dasselbe gilt von Deckblättern und Hüllblättern, welche unterhalb der Blumenblätter von dem Blumenstiele ausgehen. Es kann nicht die Aufgabe dieses Buches sein, die zahllosen Formen dieser Fruchtdecken und Fruchthüllen zu beschreiben; einige der bekanntesten und verbreitetsten müssen genügen. Eine besonders merkwürdige, hierhergehörige Fruchtform ist jene des Maulbeerbaumes (Morus). Die Fruchtblüten dieses Baumes sind an einer kurzen Spindel ährenförmig angeordnet. Jede Blüte enthält einen Fruchtknoten, welcher von einem unscheinbaren grünen Perigon umgeben ist. Aus den Fruchtknoten geht eine kleine Nuß hervor; aber die reife Frucht macht doch nicht den Eindruck einer Nuß, sondern vielmehr den einer saftreichen Beere, was sich daraus erklärt, daß am Ende des Blühens das Perigon sich vergrößert und zu einem saftreichen Gewebe umgestaltet, welches die Nuß überwallt und schließlich so einhüllt, daß man ohne Kenntnis der Entwickelungsgeschichte die fleischige Hülle für das Samengehäuse und die Nuß für den Samen halten könnte. Die Arten der Gattung Klee aus der Rotte Chronosemium (Trifolium agrarium, badium, spadiceum usw.) haben eine gelbe, schmetterlingsartige Blumenkrone. Diese wird nach der Befruchtung braun, vertrocknet und gestaltet sich zu einer Flugvorrichtung für die eingeschlossene kleine Hülse. Am häufigsten kommt es vor, daß sich der Kelch in eine Fruchtdecke umwandelt. Bei der Judenkirsche (Physalis) bläht sich der anfänglich kleine grüne Kelch auf,

Fruchtstand der Hainbuche (Carpinus Betulus). Zu S. 500.

erhält eine scharlachrote Farbe und umgibt als eine große Blase die aus der Fruchtanlage hervorgegangene Beere; bei dem Bilsenkraute (Hyoscyamus) bildet er einen der Kapsel dicht anliegenden, nach oben zu trichterförmig erweiterten Sack; bei den Lippenblütlern erscheint er bald in Form einer kurzen Röhre, bald in Gestalt einer Glocke oder eines Napfes, in deren Grunde die Schließfrüchte eingebettet sind. Bei der Wassernuß (Trapa natans; s. Abbildung, S. 23, Fig. 3, und S. 32) verhärten die vier Kelchblätter und bilden eine in vier kreuzweise gestellte Spitzen auslaufende, ungemein feste Fruchtdecke. Bei vielen Baldrianen, Korbblütlern und Skabiosen wächst der Kelch zur Zeit der Fruchtreife zu einem strahlenförmig abstehenden Borstenkranz oder zu einer Federkrone aus. An dieser Federkrone, welche man Pappus genannt hat, ist dann das Früchtchen wie an einem Fallschirm aufgehängt (s. Abbildung, S. 498, Fig. 6).

Bei den Pflanzen, welche der Blumenblätter entbehren, werden sehr häufig die Deck- und

Hüllblätter in die Fruchtbildung einbezogen. In dieser Beziehung sind besonders die Gräser, die Becherfrüchtler oder Kupuliferen und die Kasuarineen hervorzuheben. Bei den Gräsern ist es eine sehr gewöhnliche Erscheinung, daß die Kornfrucht von den unter dem Namen Spelzen bekannten Deckblättern eingeschlossen ist und sich dem Blicke des Beobachters ganz entzieht. So z. B. ist die Kornfrucht der Gerste und des Hafers in vertrocknete und verhärtete Spelzen eingewickelt, und ähnlich verhält es sich mit zahlreichen anderen Gräsern. Die größte Mannigfaltigkeit dieser Fruchthüllen beobachtet man bei den Becherfrüchtlern und Verwandten, zu welchen die Eiche, Hainbuche, Hopfenbuche und Rotbuche, der Haselnußstrauch und noch mehrere andere

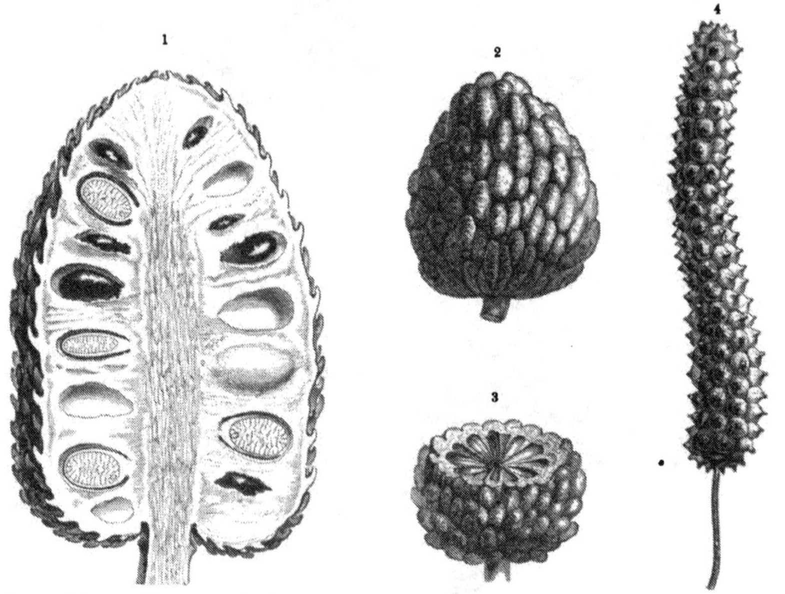

Sammelfrüchte: 1) Längsschnitt durch die Sammelfrucht von Anona muricata; 2) Sammelfrucht von Anona squamosa, 3) Querschnitt durch diese Frucht; 4) Sammelfrucht von Piper Betle. (Nach Baillon.) Zu S. 503.

unserer Laubhölzer gehören. Die Frucht der eigentlichen Kupuliferen ist eine Nuß, aber die Nuß ist von einer Hülle aus dem in sehr verschiedener Weise eigentümlich gestalteten Teil der Achse umgeben, welche Fruchtbecher (cupula) genannt wird. Bei den Eichen hat der Fruchtbecher die Form einer Schüssel (s. Abbildung, S. 493, Fig. 5); bei der Rotbuche (Fagus) ist er an der Außenseite mit Weichstacheln besetzt, zeigt die Form einer Urne und springt zur Zeit der Reife mit vier Klappen auf, so daß man beim ersten Anblicke versucht wird, ihn für eine mit Klappen aufspringende Kapsel zu halten; bei der Kastanie ist seine Oberfläche mit starren, stechenden Nadeln dicht besetzt, und das Aufspringen erfolgt mit unregelmäßigen Rissen (s. Abbildung, S. 510, Fig. 4); bei der Haselnuß bildet die Hülle einen an den Rändern zerschlitzten, häutigen Sack (s. Abbildung, S. 371), und bei der Hainbuche oder dem Hornbaume (s. Abbildung, S. 499) hat sich die Hülle zu einem dreilappigen Flügel ausgestaltet, dessen Basis die Nuß angewachsen ist. Bei der fleischigen äußeren Schicht der Frucht des Walnußbaums

(Juglans regia) läßt sich entwickelungsgeschichtlich nachweisen, daß Blütenhülle und Frucht verwachsen. Bei den Kasuarineen werden die Blumenblätter durch zwei gegenständige Deckblättchen vertreten. Diese verwachsen nach der Befruchtung zu einer das Samengehäuse vollständig einschließenden Fruchthülle, und so ließen sich noch zahlreiche andere hierhergehörige Fälle aufzählen.

Sehr häufig gestaltet sich der **Blütenboden** zu einem Teile der Frucht. Besonders bemerkenswert ist die Frucht des Gewürzstrauches, der Rosen und der Pomazeen. Der Gewürzstrauch Calycanthus (s. Abbildung, S. 498, Fig. 1 und 2) zeigt einen krugförmigen

1 2

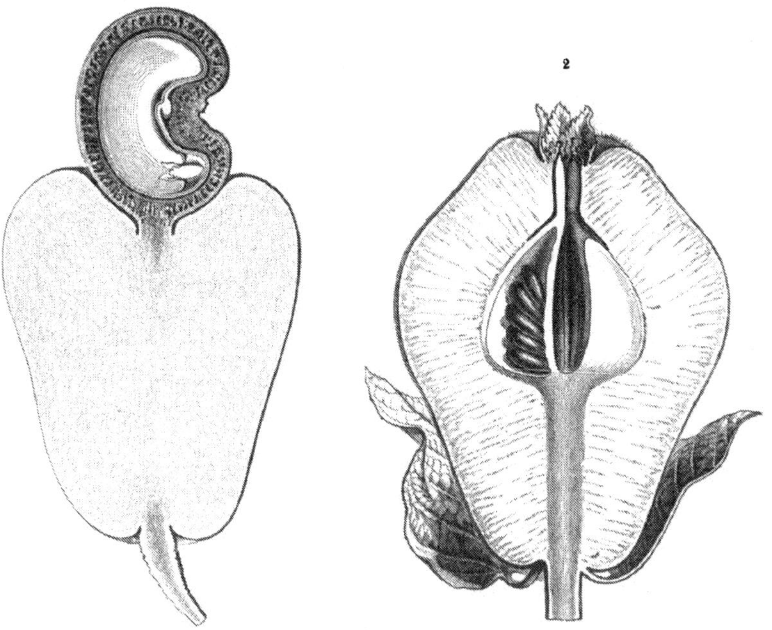

Früchte, an deren Ausbildung der Blütenboden und der Blütenstiel beteiligt sind: 1) Längsschnitt durch die Frucht von Anacardium; 2) Längsschnitt durch die Frucht von Cydonia (Quitte). (Nach Baillon.) Zu S. 502.

Blütenboden, welcher an der Außenseite mit Deckblättchen besetzt ist und im Inneren die Nüsse birgt; die Rose (Rosa; s. Abbildung, S. 193, Fig. 1 und 2) besitzt gleichfalls einen krugförmigen, die Nüsse umschließenden Blütenboden, aber derselbe ist an der Außenseite glatt und nur obenauf mit fünf Kelchblättern besetzt. Bei den Äpfeln, Birnen, Quitten und anderen Pomazeen gestaltet sich der becherförmige Blütenboden zu einer saftreichen, fleischigen Masse, welche mit dem eingeschlossenen Samengehäuse ganz verwachsen ist (s. Abbildung, S. 193, Fig. 4—6, und oben, Fig. 2). Bei der Erdbeere (Fragaria) ist der hügelförmig gewölbte Blütenboden zu einem fleischigen Körper umgewandelt, welcher die Früchtchen trägt. Die kleinen gelblichen Körnchen, welche der roten Oberfläche des fleischig gewordenen Blütenbodens aufsitzen, sind nicht etwa die Samen, sondern kleine Nüsse, deren jeder einen Samen umschließt. Übrigens wird der Blütenboden nicht immer saftreich und fleischig; in manchen

Fällen vertrocknet derselbe, und es geht aus ihm eine sehr feste Hülle der Nüßchen hervor, wie beispielsweise bei dem auf S. 498, Fig. 3 und 4, abgebildeten, zur Familie der Rosazeen gehörigen Odermennig (Agrimonia Eupatoria), dessen grubenförmig vertiefter Scheibenboden zu einer ringsum mit widerhakigen Stacheln besetzten harten Scheibe auswächst.

Nelumbium speciosum mit Früchten. (Zu S. 503.)

Weit seltener kommt es vor, daß der Blütenstiel in die Bildung der Frucht einbezogen wird, was namentlich bei einigen lorbeerartigen Gewächsen, bei Anakardiazeen und Rhamneen, der Fall ist. Beim tropischen Anacardium (s. Abbildung, S. 501, Fig. 1) schwillt der Blütenstiel zur Größe einer Birne an und wird als saftreiches Obst genossen; auf dem Ende dieses seltsamen Stieles sitzt die trockene Frucht mit dem eingeschlossenen Samen. Bei den mit unseren Wegdornen verwandten Hovenien (Hovenia) werden alle Verzweigungen des trugdoldigen Blütenstandes fleischig, und es bilden diese Stiele ein in China und Japan beliebtes, wohlschmeckendes Obst. An diese Hovenien reihen sich noch die Feigenfrüchte an, wo der ganze in eine urnenförmig ausgehöhlte Masse metamorphosierte Blütenstengel an der Bildung der Frucht teilnimmt (s. Abbildung, S. 380, Fig. 10 und 11). Die Blüten sitzen in der Aushöhlung; aus den Fruchtblüten gehen kleine Nüßchen hervor, während sich das Zellgewebe der Urne vergrößert und mit süßem Safte füllt. Die kleinen gelblichen Körnchen in der fleischigen, als Obst genossenen Feige, welche gemeinhin für Samen gehalten werden, sind in Wirklichkeit kleine Nüßchen, also Früchte, und jedes Nüßchen birgt in seinem Inneren einen Samen.

Bei jenen Pflanzen, deren Blüten dicht gedrängt beisammenstehen, kommt es vor, daß die in den Blüten entstandenen Früchte, indem sie an Umfang zunehmen, sich gegenseitig drücken und abplatten und dann eine einzige klumpige Masse bilden; bisweilen sind die einzelnen Fruchtanlagen schon von Anfang an teilweise miteinander verwachsen, oder es ist die Spindel,

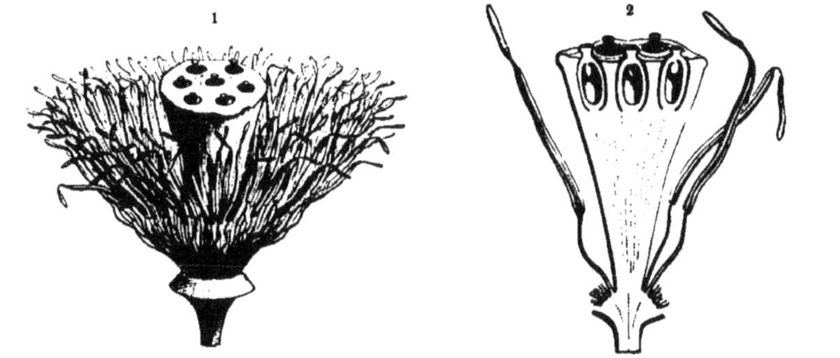

Nelumbium speciosum: 1) Blüte, von welcher die Blumenblätter entfernt wurden, 2) Längsschnitt durch eine solche Blüte und durch drei in den Kegel eingesenkte Fruchtanlagen. (Nach Baillon.)

welche die Beeren trägt, oder die Urne, welche die Nüßchen birgt, fleischig geworden und bildet ein Verbindungsglied für die einzelnen Beeren, Nüsse oder Bälge. Ein solcher Fruchtstand wird Sammelfrucht (syncarpium) genannt. Von den im vorhergehenden schon besprochenen Fruchtformen gehören die Maulbeere, die Brombeere, die Frucht von Illicium, Clematis, Ranunculus hierher. Außerdem sind noch die Ananas (Ananassa), die Magnoliazeen und Anonazeen (z. B. Anona muricata und squamosa; s. Abbildung, S. 500, Fig. 1—3), die Himbeere (Rubus Idaeus), die Piperazeen (z. B. Piper Betle; s. S. 500, Fig. 4) und die Artokarpeen (z. B. Artocarpus incisa) durch solche Sammelfrüchte ausgezeichnet. Eine ganz absonderliche Sammelfrucht zeigt auch die in der Abbildung, S. 502, nach der Natur dargestellte indische Lotosblume, Nelumbium speciosum. In der Mitte der Blüte erhebt sich ein Gewebekörper, welcher die Form eines umgekehrten Kegels hat und oben wie eine Bienenwabe von mehreren Grübchen ausgehöhlt ist. In jedem dieser Grübchen ist ein Stempel eingesenkt, welcher später zu einer kleinen Nuß wird, wie die obige Abbildung zeigt.

In mehrfacher Beziehung weichen die Befruchtungsvorgänge der Gymnospermen, unter welchem Namen man die Zykadeen, Koniferen und Gnetazeen zusammenfaßt, von denen der Blütenpflanzen ab, obwohl auch die Gymnospermen als Produkt der Befruchtung einen Samen bilden. Schon die Gestalt der Blüten bei den Gymnospermen, z. B. bei unseren

Nadelhölzern, ist eine ganz andere. Sie haben keine Zwitterblüten, sondern eingeschlechtige Blüten, und deren Gestalt gleicht schon wegen gänzlichen Mangels der Blumenkrone mehr den Sporangienständen mancher Kryptogamen, wenn sie diese auch an Stattlichkeit übertreffen. Das Fehlen der Blumenkrone deutet schon darauf hin, daß die Bestäubung der Gymnospermen vom Wind besorgt wird. In der Tat sieht man im Mai, wie die Luft in einem Fichtenwalde ganz von aus den Bäumen herabrieselnden Pollenkörnern erfüllt ist, die, vom Wind getragen, durch den Raum schweben und oft weit entfernt vom Walde niederfallen. Ihre Menge ist oft so groß, daß, wenn ein Regen eintritt, sie in Form gelber Massen am Boden zusammengetrieben werden, die das Volk irrtümlich als „Schwefelregen" bezeichnet.

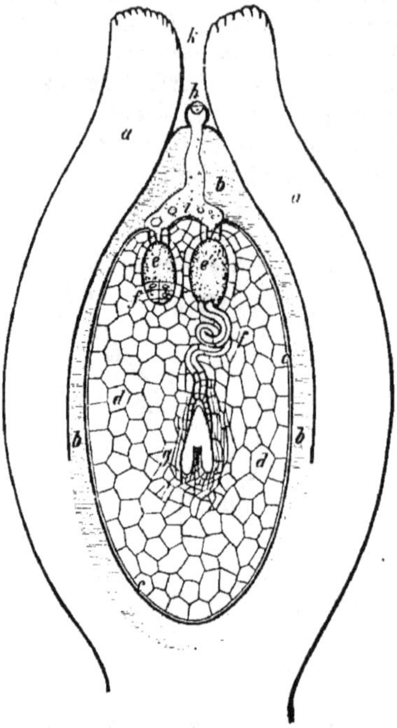

Schematischer Längsschnitt durch die Samenknospe einer Gymnosperme, aus Sachs, Vorlesungen. a Hülle der Samenknospe, b Knospenkern, k Öffnung in der Hülle am Scheitel der Samenknospe (Mikropyle), h Blütenstaubkorn, i aus demselben hervorgewachsener Schlauch, dessen Ausstülpungen bohren sich in die Archegonien ein. Nach der Befruchtung beginnen im Grunde der befruchteten Eizelle Teilungen. Indem die so entstandenen scheibenförmigen Zellen f sich strecken (bei e′), drängen sie den am unteren Ende des Archegoniums aus den dort vorhandenen kleinen Zellen sich bildenden Embryo g in das Gewebe des Prothalliums (Endosperm) d hinein. c Haut des Embryosacks.

Bei den Blütenpflanzen sind die Samenanlagen in einem Fruchtknotengehäuse eingeschlossen; der Pollen kommt auf die Narbe, und die Pollenschläuche müssen durch das Gewebe der Narbe und des Griffels wachsen, um zur Samenanlage zu gelangen. Den Gymnospermen fehlt das Fruchtknotengehäuse; es fehlt der Griffel, es fehlt die Narbe, und der Pollen gelangt durch Vermittelung des Windes unmittelbar auf die Mikropyle der Samenanlage. Das ist schon ein bemerkenswerter Unterschied. Um die Pollenzellen hier festzuhalten, sind verschiedene Einrichtungen getroffen. Die Mikropyle ist zur Zeit, wenn der Pollen ausstäubt, weit geöffnet, und die oberflächlichen Zellen sind durch einen ausgeschiedenen Zuckertropfen klebrig. Die darauffallenden Pollenzellen bleiben hier haften und werden mit dem Flüssigkeitstropfen in die trichterförmige Vertiefung der Mikropyle hineingezogen. Die Samenanlage hat zwar einen ganz ähnlichen Umriß wie bei den Blütenpflanzen, besteht aus dem Knospenkern und einem Integument (vgl. nebenstehende Figur), aber die Vorgänge im Embryosack sind bei den Gymnospermen auffallend verschieden von den bei den Blütenpflanzen geschilderten.

Im Embryosack der Gymnospermen entsteht kein Eiapparat vor der Befruchtung, sondern jener wird ganz mit einem Gewebe ausgefüllt, welches an der Mikropylenseite zwei oder mehrere zarte, kurzhalsige, flaschenförmige Behälter bildet, die je eine Eizelle enthalten. Diese Gebilde gleichen den Archegonien mancher Farne und werden daher auch bei den Gymnospermen ebenso genannt. Das Gewebe, welches bei den Farnen die Archegonien erzeugt, heißt Prothallium, und so ist man geneigt, auch das im Embryosack der Gymnospermen gebildete Gewebe als Prothallium anzusehen, zumal es gewisse

Farnabteilungen gibt (Wasserfarne, Isoëten, Selaginellen), bei denen das Prothallium gleichfalls in einer Zelle (der Makrospore) ganz eingeschlossen ist. Die Befruchtung erfolgt bei den Gymnospermen, indem die Pollenzelle den Pollenschlauch bis in die Halsteile der Archegonien treibt. Es findet aber hierbei eine bemerkenswerte Abweichung von den Blütenpflanzen statt, insofern bei einigen Gymnospermen (Cycas und Gingko) der Protoplast der Pollenzelle nicht in unbewegliche generative Zellen, sondern meistens in bewegliche Spermatozoiden zerfällt, die zur Eizelle hinabwandern. Bei den Koniferen dagegen sind die generativen Zellen denen der Blütenpflanzen ähnlich. Sehr merkwürdig ist es, daß bei den Kiefern (Pinus) der im Mai in die Mikropyle gefallene Pollen den ganzen Sommer, Herbst und Winter hindurch unverändert bleibt und erst nach einem Jahre die Entwickelung der Pollenschläuche beginnt. Inzwischen sind im Inneren des Embryosacks (den man der Makrospore der Farne gleichachtet) die geschilderten Veränderungen vor sich gegangen. Aus den Eizellen der Archegonien entstehen nach der Befruchtung Embryonen, und da stets mehrere solcher Archegonien vorhanden sind, bilden sich auch mehrere Embryonen aus, aber in der Regel verdrängt einer dieser Embryonen die anderen durch sein Wachstum, so daß der Same auch nur einen einzigen Embryo enthält.

Die Ausbildung des Embryos aus der befruchteten Eizelle ist verwickelter als bei den Blütenpflanzen. Aus dem Eikern gehen durch Teilung vier Tochterkerne hervor, die sich mit Protoplasma umgeben. Die so entstandenen Zellen wandern in den Grund des Archegoniums und bilden durch Zellwände drei bis vier Stockwerke von Zellen. Hierauf strecken sich die des mittleren Stockwerkes, nehmen die Gestalt gekrümmter Schläuche an und wachsen durch die Wand des Archegoniums in das darunterliegende Prothalliumgewebe, welches sich mit Nährstoffen (fettem Öl) füllt und nun dem Endosperm gleichsteht, hinein. Die Zellen des oberen Stockwerkes bleiben in dem Archegonium zurück, jene des unteren Stockwerkes aber werden durch die erwähnten Schläuche in das Speichergewebe hineingeschoben, wo sie sich auf Kosten der sie umgebenden Nährstoffe vergrößern, fächern und zum Keimling heranwachsen. Ein großer Teil des Speichergewebes bleibt übrigens stets zurück und wird erst später verwendet, wenn sich der reife Same von der Mutterpflanze getrennt hat. Der Keimling der Koniferen liegt daher in allen Fällen inmitten eines mit Fett und anderen Nährstoffen reichlich gefüllten Speichergewebes. Indem das Integument der Samenanlage zur Samenschale wird, vollzieht sich der ganze Vorgang der Samenbildung ähnlich wie bei den Blütenpflanzen. Bei manchen Arten, wie z. B. der Pinie (Pinus Pinea) und der Zirbelkiefer (Pinus Cembra), erreicht die Samenschale einen Durchmesser von 1,4—2 mm, und der Same macht den Eindruck einer Nuß. Die Samen der Zirbelkiefer führen auch im Volksmunde den Namen Zirbelnüsse. Die Samen der Kiefern, Tannen und Fichten sind mit einem einseitig sich verlängernden Flügel besetzt (s. Abbildung, S. 506, Fig. 3—5), welcher bei der Verbreitung durch den Wind eine Rolle spielt. Bei Gingko biloba wächst das Integument zu einer fleischigen Masse heran, und der reife Same hat das Ansehen einer gelben, saftigen Pflaume (s. Abbildung, S. 507, Fig. 7). Auch bei Cycas revoluta (s. Abbildung, S. 267, Fig. 1 und 2) wird das Integument fleischig, färbt sich rot und erreicht die Größe eines Taubeneies.

Die Samenanlagen der Tannen und Zypressen sitzen auf flachen, schüsselförmigen oder schildförmigen Schuppen, deren Ausgangspunkt eine bald sehr verlängerte, bald sehr verkürzte Achse bildet (s. Abbildung, S. 506, Fig. 7—9, und Abbildung, S. 507, Fig. 3, 4 und 6). Diese Schuppen gestalten sich nach der Befruchtung ganz auffallend um und werden als Fruchtschuppen beschrieben. In vielen Fällen, so namentlich bei der Tanne

(Abies pectinata; ſ. unten, Fig. 1—4) und der Lärche (Larix; ſ. unten, Fig. 8), ſtehen unter dieſen Fruchtſchuppen noch andere deutlich getrennte blattartige Gebilde, welche als **Deckſchuppen** angeſprochen werden. Bei den Kiefern (Pinus) ſind dieſe Deckſchuppen mit den Fruchtſchuppen verſchmolzen, und man deutet den warzenförmigen, unter dem Namen **Apophyſe** bekannten Fortſatz an der Rückſeite der holzigen Fruchtſchuppe als angewachſene

Zapfen, Fruchtſchuppen und Samen der Koniferen: 1) Zapfen der Edeltanne (Abies pectinata), 2) Deckſchuppe und Fruchtſchuppe aus dieſem Zapfen, von der Außenſeite, 3) die beiden von der Fruchtſchuppe getragenen geflügelten Samen und dahinter die Deckſchuppe, 4) Längsſchnitt durch die Fruchtſchuppe und Deckſchuppe; auf der Fruchtſchuppe einer der geflügelten Samen, 5) geflügelter Same, 6) Längsſchnitt durch den Samen; 7) eine einzelne Fruchtſchuppe der Kiefer (Pinus silvestris); 8) eine einzelne Fruchtſchuppe der Lärche (Larix europaea) mit der darunterſtehenden Deckſchuppe, 9) Längsſchnitt durch die Fruchtſchuppe der Lärche. Fig. 1 in natürl. Größe, die anderen Figuren vergrößert. (Zu S. 505—507.)

Deckſchuppe (ſ. Abbildung, S. 507, Fig. 2). Bei den Tannen ordnen ſich die Fruchtſchuppen entlang einer um die ſpindelförmige Achſe herumlaufenden **Schraubenlinie** (ſ. oben, Fig. 1), bei den Zypreſſen ſind ſie in zwei- oder dreigliederige **Wirtel** geordnet (ſ. Abbildung, S. 507, Fig. 3—5). Sowohl bei den einen als bei den anderen legen ſich die Ränder der Fruchtſchuppen aufeinander, und die Samen ruhen in den eng begrenzten Räumen zwiſchen den ſich deckenden Schuppen verſteckt (ſ. Abbildung, S. 508, Fig. 6, und S. 507, Fig. 5). Es entſteht auf diese Weise eine Art Sammelfrucht, welche **Zapfen** (conus) genannt wird. Werden die Schuppen trocken, fest und holzig, so spricht man von einem **Holzzapfen** (s. Abbildung, S. 506, Fig. 1, und unten, Fig. 1, 2 und 5), wird das Gewebe der Schuppen saftig, so nennt man die Sammelfrucht **Beerenzapfen**. An dem Aufbau der Beerenzapfen beteiligen sich nur zwei oder drei Wirtel von Fruchtschuppen; die Fruchtachse ist sehr kurz, und der ganze kleine Zapfen hat das Ansehen einer rundlichen Beere. Ein allbekanntes Beispiel hierfür sind die

Zapfen, Fruchtschuppen und Samen der Koniferen: 1) Zweig der Lärche (Larix europaea) mit reifem Zapfen; 2) Zweig der Pinus serotina mit reifem Zapfen, 3) junger Zapfen der Zypresse, 4) Längsschnitt durch diesen Zapfen; 5) aufgesprungener Zapfen der Zypresse (Cnpressus sempervirens), 6) einzelnes Fruchtblatt der Zypresse; 7) Zweig von Gingko biloba mit unreifem Samen. Fig. 1, 2, 5 und 7 in natürl. Größe, die anderen Figuren vergrößert. (Zu S. 505.)

„Wacholderbeeren", mit welchem Namen der Volksmund die Beerenzapfen des Wacholders (Juniperus communis; s. Abbildung, S. 508, Fig. 7 und 8) bezeichnet.

Die unter dem Namen Taxazeen zusammengefaßten Gymnospermen entwickeln keine Zapfen. Die Samen derselben stehen gepaart oder vereinzelt am Ende besonderer kurzer Sprosse, oder aber sie entspringen von der Fläche kleiner Fruchtschuppen. Die pflaumenartigen Samen des Gingko (Gingko biloba) stehen zu zweien am Ende eines dünnen Stieles, welcher an einen Kirschstiel erinnert (s. obenstehende Abbildung, Fig. 7). Die Samen der Eibe (Taxus baccata) stehen vereinzelt am Ende eines kurzen, mit kleinen Schüppchen besetzten Sprosses und sind zur Zeit der Reife bis über die Mittelhöhe von einem fleischigen, saftreichen, scharlachroten Gewebe umwallt (s. Abbildung, S. 508, Fig. 1, 4 und 5). Diese fleischige Masse, welche sich als ringförmige Wucherung vom Ende des Stielchens der Samenanlage erhebt (s. untenstehende Abbildung, Fig. 2—4), ist als Samenmantel (arillus) aufzufassen. Auch bei den Arten der in Australien, Ostasien und Amerika heimischen Gattung Podocarpus kommt ein eigentümlicher Samenmantel zur Entwickelung.

Die Samen der Zykadeen sitzen bei einigen Arten an zapfenförmig gruppierten Fruchtschuppen und haben eine holzige Schale, bei anderen stehen sie an den Rändern der Fruchtschuppen oder an Stelle der unteren Fiedern der Fruchtblätter (s. Abbildung, S. 267, Fig. 1) und besitzen, wie schon oben erwähnt, eine aus dem Integument hervorgegangene fleischige Hülle. Die Samen der Gnetazeen werden bei einigen Gattungen, wie z. B. bei dem Meerträubel (Ephedra), zur Zeit der Reife von dem fleischig gewordenen Fruchtblatt umwallt, bei

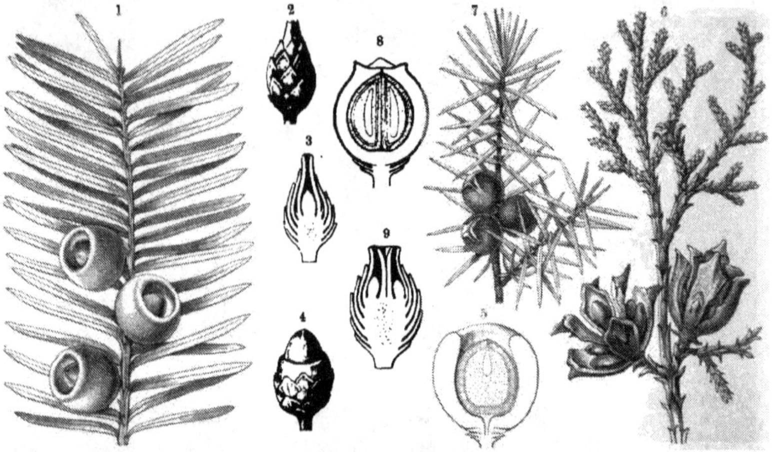

Weibliche Blüten, Zapfen und Samenanlagen von Koniferen: 1) Zweig der Eibe (Taxus baccata) mit reifen Beerenzapfen, 2) weibliche Blüte, 3) Längsschnitt durch diese Blüte, 4) junger Beerenzapfen, 5) Durchschnitt durch die reifen Beerenzapfen und Samen der Eibe; 6) Zweig mit Blüten und reifen aufgesprungenen Zapfen des Lebensbaumes (Thuja orientalis); 7) Zweig des Wacholders (Juniperus communis) mit Beerenzapfen, 8) Längsschnitt durch einen Beerenzapfen des Wacholders und 9) durch die junge Blüte. Fig. 1, 6 und 7 in natürl. Größe, die anderen Figuren vergrößert. (Zu S. 507 und 508.)

anderen dagegen entstehen zapfenförmige Sammelfrüchte, und wieder bei anderen erscheinen die unterhalb der Samenanlagen stehenden Blattgebilde zu einem Becher verwachsen.

Wie schon aus diesen kurzen Bemerkungen hervorgeht, ist die Fruchtbildung der nacktsamigen Phanerogamen von einer fast unerschöpflichen Mannigfaltigkeit und dabei doch in allen Fällen von jener der bedecktsamigen Phanerogamen verschieden. In einem Punkte herrscht aber Übereinstimmung. Das Ziel des Entwickelungsganges ist bei allen Phanerogamen das gleiche: die Erzeugung eines kräftigen Keimlinges, die Ausbildung von Schutzmitteln desselben gegen nachteilige äußere Einflüsse und die Herstellung von Ausrüstungen zur Verbreitung der von der Mutterpflanze sich trennenden Samen, welche den Keimling enthalten.

In der Regel ist der ganze Same, wenn er sich von der Mutterpflanze trennt, in allen seinen Teilen, Keim, Endosperm und Schale, vollkommen ausgebildet. Er ist reif, wie man sagt. In einigen Fällen aber findet die vollständige Ausbildung erst nach dem Abfallen des Samens, durch eine „Nachreife“ statt. Bei dem Gingko (Gingko biloba) ist zur Zeit, wenn der pflaumenartige Same abfällt, der Keimling noch gar nicht angelegt. Die Bestäubung hat

Zykadeen.

stattgefunden, aber nun tritt ein Stillstand der Entwickelung im Archegonium ein, und dieser Stillstand dauert so lange, bis der Same, dessen Schale inzwischen an Umfang ungewöhnlich zunahm und fleischig wurde, abgefallen ist. Erst jetzt befruchtet der Pollenschlauch die Eizelle, sie beginnt sich weiter zu entwickeln und wächst auf Kosten der Stoffe im Speichergewebe zu einem stattlichen Keimlinge mit Würzelchen und Keimblättern heran. Bei den Orchideen sowie bei mehreren Schmarotzern und Verwesungspflanzen, z. B. dem Teufelszwirn, der Sommerwurz, den Balanophoreen und dem Fichtenspargel (vgl. Bd. I, S. 357, 365, 369 und 413), enthält der von der Mutterpflanze abgetrennte Same bereits einen Keimling; derselbe besteht aber nur aus einigen gleichgestalteten Zellen und ist nicht gegliedert. Bei den anderen Phanerogamen ist an dem Keimlinge bereits eine deutliche Gliederung in ein Würzelchen und in einen Keimblattstamm, in die Anlage des Sproßblattstammes und in die Keimblätter zu erkennen. Bei dem Hornkraute (Ceratophyllum) ist der Sproßblattstamm bereits gestreckt und trägt sogar mehrere kleine Laubblättchen übereinander, und bei Nelumbium zeigen die vom Sproßblattstamm ausgehenden Laubblätter eine deutliche Gliederung in Blattstiel und Blattspreite. Bei den Mangrovebäumen wächst der Keimling sogar im Verbande mit der Mutterpflanze zu außergewöhnlicher Größe heran (vgl. S. 38). Endlich löst sich dieser Keimling vom Keimblatte und fällt in das Wasser oder in den schlammigen Grund am Strande des Meeres. Es löst sich demnach bei den Mangroven nicht der Same, sondern der Keimling von der Mutterpflanze ab.

Sehr verschieden ist die Größe der Samen und Früchte. Der Same unserer Wiesenorchidee Gymnadenia conopea hat den Durchmesser von kaum 1 mm und wiegt 0,008 g; der Same der Kokosnuß erreicht einen Durchmesser von 11—22 cm und wiegt trocken 800—1400 g. Die Kornfrüchte des Windhalmes (Apera spica venti) sind 1,2 mm lang und 0,3 mm breit und wiegen 0,05 g; die Seschellennuß mißt 45 cm in der Höhe, 30—35 cm in der Breite, 22 cm in der Dicke und wiegt trocken 4200—5500 g. Die größten Früchte erzeugen die Kukurbitazeen. Auf üppigem Boden in warmen Sommern gezogene Kürbisse erreichen nicht selten im Durchmesser einen halben Meter, und einzelne Früchte des Riesenkürbis weisen einen Längendurchmesser von 1 m und ein Gewicht von 75—100 kg auf. Der Flaschenkürbis (Lagenaria leucantha) entwickelt unter günstigen Verhältnissen Früchte, welche einen Querdurchmesser von 30 cm und die Länge von 1,5 m besitzen.

---

7. Schutzmaßregeln für die Samen und Früchte.

Wir haben im 1. Bande mannigfache Schutzeinrichtungen der Organe kennen gelernt. Daß auch die für die Pflanzen so wichtigen Samen der Schutzmittel gegen tierische Angriffe und gegen Ungunst der Witterung bedürfen, ist einzusehen. Daher finden wir an den Samen häufig Dornen, Stacheln, stechende Borsten und Brennhaare, welche besonders am Samengehäuse, an den Fruchtdecken und Fruchthüllen angetroffen werden. Die Kapseln des Stechapfels (Datura Stramonium), die Kapsel der Bixa Orellana, die mit drei Klappen aufspringende Trockenfrucht der Schrankia (s. Abbildung, S. 510, Fig. 2), die Hülsen der russischen Süßholzstaude (Glycyrrhiza echinata), die aus dem Kelche gebildete Fruchtdecke der die Steppen bewohnenden Arnebia cornuta und die Fruchthülle der Kastanie (Castanea vesca; s. Abbildung, S. 510, Fig. 4) mögen hierfür als Beispiele dienen. Auch bei mehreren

Kiefern wird solcher Schutz beobachtet, dafür möge die nordamerikanische Pinus serotina als Vorbild gelten, deren Zapfen ringsum mit kurzen, sehr spitzen Nadeln besetzt sind (s. Abbildung, S. 507, Fig. 2), so daß bis zur Zeit der Trennung der Schuppen und des Ausfallens der geflügelten, dem Winde preisgegebenen Samen kein Tier es wagen wird, diese Zapfen anzugreifen. Von besonderem Interesse sind auch einige Schotengewächse (Tetractium quadricorne, Matthiola bicornis, tricuspidata; s. untenstehende Abbildung, Fig. 3), bei denen sich nur am Ende der Frucht neben dem abdorrenden kurzen Griffel 2, 3 oder 4 feste, spreizende Spitzen ausbilden, welche den weidenden Tieren drohend entgegenstarren. Noch

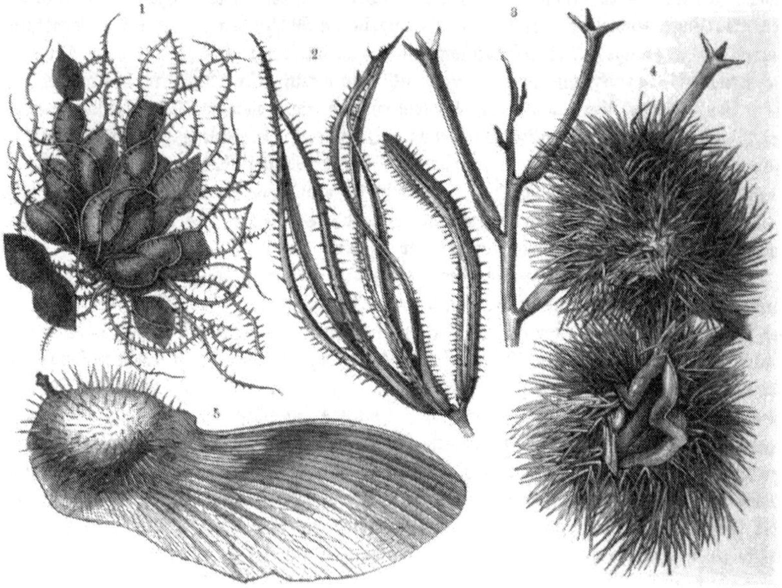

Schutzmittel der ausreifenden Samen gegen die Angriffe der Tiere: 1) Mimosa hispidula; 2) Schrankia; 3) Matthiola tricuspidata; 4) Castanea vesca; 5) Centrolobium robustum. (Zu S. 509—511.)

seltsamer und einer besonderen Beschreibung wert sind die Mimosen aus der Verwandtschaft der Sinnpflanze (z. B. Mimosa pudica, polycarpa, hispidula), für welche die zuletzt genannte als Vorbild hingestellt sein soll (s. obenstehende Abbildung, Fig. 1). Die Hülsen sind hier zu einem Knäuel vereinigt. Sowohl die Rückennaht als die Bauchnaht jeder Hülse wird von einer Rippe gebildet, welche zwei Reihen scharfer, kurzer Stacheln trägt. Dieser stachelige, die Hülse wie ein Rahmen einfassende Besatz verscheucht alle Tiere, welche etwa nach den ausreifenden Früchten lüstern sein sollten. Wenn dann die Samen reif geworden sind, fallen die Hülsen aus dem bestachelten Rahmen heraus und werden durch die Luftströmungen verbreitet. Gewöhnlich spalten sich die ausfallenden Hülsen in mehrere Glieder von sehr geringem Gewicht und einer verhältnismäßig großen Angriffsfläche, so daß sie, durch den Wind erfaßt, sehr weit fortgetragen werden können.

Meistens bleiben die bestachelten, zur Reifezeit geöffneten Hüllen der Samen an der

Mutterpflanze zurück, und nur in seltenen Fällen, z. B. bei der Flügelfrucht des Centrolobium robustum (s. Abbildung, S. 510, Fig. 5), löst sich das bestachelte geschlossene Samengehäuse ganz von dem Fruchtstiel ab. Geschieht dies, so haben die Stacheln noch weitere Aufgaben zu erfüllen, insbesondere haben sie als Verbreitungsmittel und bei der Befestigung der Samen an das Keimbett eine wichtige Rolle zu spielen. Bei Pflanzen mit fleischigen, saftreichen Früchten, deren Samen durch Vögel verbreitet werden, wäre es nicht vorteilhaft, wenn die Frucht auch noch zur Zeit ihrer vollen Reife mit spitzen Stacheln besetzt wäre. In der Tat lösen sich bei solchen Pflanzen die Stacheln und Borsten, wenn solche bis zur Zeit des Reifens vorhanden waren, ab, und die fleischige Frucht, welche eine Beute der Vögel werden soll, ist dann unbewehrt. Die Früchte der zu den Leguminosen gehörigen Mucuna pruriens sind während ihrer Entwickelung dicht mit braunen, spindelförmigen Borsten besetzt. Jede Borste besteht aus einer Zelle, ist hohl und enthält einen scharfen Saft; an dem freien Ende sitzen kleine Papillen, welche, mit ihrer Spitze rückwärts gerichtet, wie Widerhaken wirken. Diese Borsten bohren sich bei der leisesten Berührung in die Haut ein und erzeugen unausstehliches Jucken und heftige Entzündungen. Solange diese Borsten auf der Frucht sitzen, unternimmt kein auf Pflanzenkost angewiesenes Tier einen Angriff; sobald aber die in der fleischigen Masse eingebetteten Samen reif geworden sind, fallen die gefährlichen Borsten ab, und nun nahen sich auch Vögel, um die Früchte als Nahrung aufzunehmen, was die Verbreitung der Samen zur Folge hat.

Die unter dem Namen Hagebutten bekannten Früchte der Rosen reifen im Herbste, fallen aber auch dann, wenn sie vollständig ausgereift sind, nicht von ihren Tragzweigen ab. Die Samen sind in kleinen, sehr harten Nüßchen und diese in dem fleischig gewordenen Blütenboden verborgen. Die Verbreitung soll durch Dohlen, Krähen und Amseln vermittelt werden, welche angeflogen kommen, die Hagebutten ihres Fruchtfleisches wegen als Nahrung zu sich nehmen, das Fruchtfleisch verdauen, die harten Nüßchen aber unverdaut mit dem Kot an Stellen absetzen, welche von den Standorten der Mutterpflanze mehr oder weniger weit entfernt sind. Während die genannten Vögel willkommene Gäste sind und durch die auffallende Farbe der Hagebutten sogar angelockt werden, sind Mäuse und andere kleine Nager in hohem Grad unwillkommen; denn sie zernagen die Nüßchen, welche in dem Fruchtfleische der Hagebutten stecken, und verzehren mit großer Geschwindigkeit auch den Inhalt der Nüßchen, die Samen. Gegen diese bösen Gäste sollen die Hagebutten ausgiebig geschützt sein. Und sie sind es auch. Die Stämme und Zweige, über welche die gefährlichen kleinen Nager den Weg zu den Früchten einschlagen müßten, starren von Stacheln, welche mit ihrer gekrümmten, scharfen Spitze abwärts sehen und den Mäusen das Emporklettern unmöglich machen. Wenn man im Spätherbste, nachdem die Mäuse von den Feldern abgezogen sind und in den von Menschen bewohnten Räumen ihr Winterquartier aufgeschlagen haben, von den Rosensträuchern Hagebutten abpflückt und sie am Abend auf die Erde unter die Rosensträucher legt, findet man sie am folgenden Morgen von den Mäusen angenagt und vernichtet, während die an den Zweigen stehen gelassenen Hagebutten unberührt bleiben. Ähnlich wie die Hagebutten sind auch die Früchte mehrerer niederer Palmen durch Stachelkränze an den Stämmen, durch stechende Nadeln an den Hüllen und hakenförmig gekrümmte spitze Zähne an jenen Blattstielen, über welche sich die Nagetiere den Früchten nähern könnten, geschützt. Ebenso findet man die Beeren mehrerer staudenförmiger Nachtschattengewächse (z. B. Solanum sodomaeum und sisymbriifolium) sowie die Früchte der Brombeeren mit zahllosen stechenden Borsten und Stacheln sowohl am Stengel als auch an den Fruchtstielen und Kelchen gegen aufkriechende

Tiere gesichert. Bei mehreren Arten der Gattung Hecksame, so namentlich Ulex Galii, micranthus und nanus, sind die Hülsen über Zweige verteilt, welche ringsum von Dornen starren. Die Dornen ragen über die Hülsen hinaus, sind bogenförmig gekrümmt, und ihre scharfe Spitze ist gegen die Erde gerichtet. Mäuse, welche über diese Zweige emporklettern und die zwischen den Dornen versteckten Hülsen aufsuchen wollten, würden diesen Versuch teuer bezahlen.

Daß außer den Nagern auch noch andere unwillkommene Gäste aus der Tierwelt, namentlich Raupen, Schnecken, Ohrwürmer, Asseln und dergleichen, abgehalten werden sollen, ist selbstverständlich. Für gewisse Raupen haben die grünen Samengehäuse und für andere unwillkommene Gäste wieder die Samen selbst eine besondere Anziehungskraft. Inwieweit es für Nelkengewächse, Schmetterlingsblütler und einige Arten der Gattung Yucca von Vorteil ist, wenn ein Teil ihrer Samen den Raupen zum Opfer fällt, wurde auf S. 380 u. f. ausführlicher erörtert. Es ist hier auch daran zu erinnern, daß durch die Stacheln und Dornen, insbesondere durch jene, deren Spitzen schräg aufwärts gerichtet sind, das Laub der betreffenden Pflanzen gegen die weidenden Tiere geschützt wird (vgl. Bd. I, S. 129 u. f.). Bei den obenerwähnten Hecksamen (Ulex) kann man sehen, daß die Spitzen jener Dornen, welche an dem Gipfel der Zweige entspringen, den weidenden Tieren entgegenstarren, während die tiefer abwärts von den Zweigen ausgehenden Dornen, welche gegen die Erde gekrümmt sind, das Emporklettern der Mäuse verhindern.

Eine eigentümliche Schutzvorrichtung wird an den Fruchtkelchen gewisser Lippenblütler, namentlich des Thymians, des Bergthymians und der Ballote (Thymus, Calamintha, Ballota), beobachtet. Nachdem die Befruchtung stattgefunden hat, fällt die Blumenkrone ab, der Kelch aber, in dessen Grunde vier Nüßchen heranwachsen sollen, bleibt zurück und bildet eine becherförmige Fruchtdecke. Damit nun dort die Entwickelung der Nüßchen ohne Störung vor sich gehen kann, wird die Mündung des Bechers abgesperrt. Es erscheint nämlich dort ein **Haarkranz** eingeschaltet, welcher von den kleinen, samenfressenden Tieren nicht durchdrungen werden kann. Welche Bedeutung diesen Haarkränzen überdies bei dem Ausschleudern der Früchtchen zukommt, wird an anderer Stelle zu erörtern sein (Band III).

In manchen Fällen werden die Früchte oder die Samen gegen die ungebetenen Gäste aus der Tierwelt nicht durch abwehrende Dornen, Stacheln, Borsten und Haare, sondern dadurch unzugänglich gemacht, daß sie **während des Ausreifens an langen dünnen Stielen hängen**. Es wäre für die Mäuse ein gefährliches Wagnis, entlang der schwankenden Stengel und Stiele zu den hängenden Hülsen der Erbsen (Pisum) sowie zu jenen der Wicken (Vicia dumetorum, pisiformis, silvatica) emporzuklimmen. Wenn zufällig einmal eine dieser Hülsen eine Lage einnimmt, derzufolge sie auf einem anderen Wege leicht erreicht werden kann, dann ist sie auch so gut wie verloren, denn die nahrhaften Samen in diesen Hülsen bilden für die Mäuse eine sehr begehrte und vielumworbene Speise. Daß mittels der langen, schwankenden Stiele auch die Kirschen gegen die Angriffe der Ohrwürmer, Asseln und anderen Ungeziefers geschützt sind, geht aus dem Umstande hervor, daß jene Kirschen, welche man abgepflückt, unter dem Baum auf den Boden gelegt und so den flügellosen Tieren zugänglich gemacht hat, von diesen schon nach wenigen Stunden belagert und angefressen werden.

Wo als Anlockungsmittel für die zur Samenverbreitung berufenen Tiere fleischige, saftreiche Gewebe ausgebildet werden, kann man mit Sicherheit darauf rechnen, daß **diese Gewebe vor der Reife der Samen nicht begehrenswert erscheinen**. Sie sind dies erst, wenn die Samen schon keimfähig und befähigt sind, sich selbständig ohne weitere Beihilfe der Mutterpflanze weiter zu entwickeln. Es braucht hier nur an die unreifen Kirschen, Pflaumen, Birnen, Äpfel und Weinbeeren erinnert zu werden. Sehr lehrreich ist in dieser Beziehung auch die Walnuß (Juglans regia). Die Nuß ist so lange von einer tanninreichen, äußerst herben, fleischigen Hülle umgeben, als der in ihr geborgene Same die Keimfähigkeit nicht erreicht hat. Man hat noch niemals gesehen, daß diese Hülle von einem Nußhäher oder einem anderen nach Nüssen fahndenden Tiere berührt worden wäre. Sobald aber der Same aus-

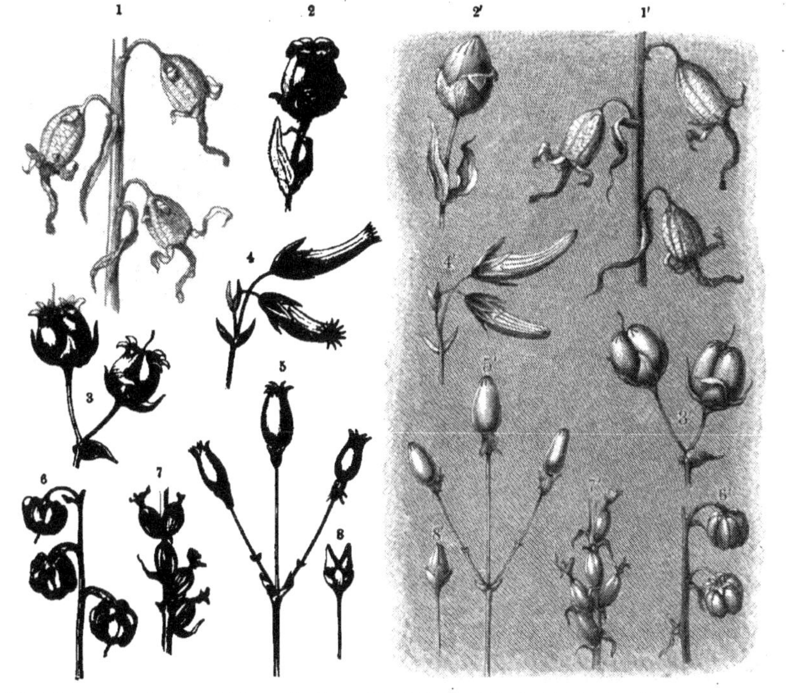

Schutzmittel der Samen gegen die nachteiligen Einflüsse der Witterung: 1) Kapsel der Campanula rapunculoides bei trockenem Wetter, 1') bei Regenwetter; 2) Kapsel der Lychnis diurna bei trockenem, 2') bei Regenwetter; 3) Kapseln der Linaria macedonica bei trockenem, 3') bei Regenwetter; 4) Kapseln des Cerastium macrocarpum bei trockenem, 4') bei Regenwetter; 5) Kapseln der Silene nutans bei trockenem, 5') bei Regenwetter; 6) Kapseln der Pirola chlorantha bei trockenem, 6') bei Regenwetter; 7) Kapseln der Gymnadenia conopea bei trockenem, 7') bei Regenwetter; 8) Kapsel der Pinguicula vulgaris bei trockenem, 8') bei Regenwetter. (Zu S. 514.)

gereift ist, zerklüftet die fleischige Hülle, sie schwärzt sich, wird weich, schrumpft zusammen und hebt sich von der Nuß in Form unregelmäßiger Borken ab. Die Nuß wird sichtbar und zugänglich, und jetzt stellen sich auch die Nußhäher und andere Tiere ein, welche die Verbreitung dieser Samen zu besorgen haben.

In vielen Fällen sind es nicht so sehr bittere und saure, sondern stark duftende, harzige und klebrige Stoffe, welche die Zellen und Gänge in den äußersten Schichten der Frucht so lange erfüllen, bis der Same im Inneren keimfähig geworden ist. So z. B. sind die Schuppen an dem Zapfen der Zirbelkiefer (Pinus Cembra) bis zur vollendeten Reife der von ihnen verdeckten Samen ungemein harzreich. Ritzt man sie mit einem Messer, so quillt Harz hervor, welches an der glatten Messerklinge anhaftet und nur schwer wieder entfernt werden kann. Wollte jetzt ein Tannenhäher die Samen durch Aufhacken der Zapfenschuppen mit dem Schnabel gewinnen, so würde er sich mit Harz besudeln. Diese Tiere unterlassen es auch, um diese Zeit die Samen aus den Zapfen zu lösen, und warten die volle Reife der Samen ab. Ist diese eingetreten, so werden die Zapfen trocken, ihre Schuppen trennen sich von selbst, und die Samen sind jetzt leicht zu gewinnen.

Nicht weniger wichtig als der Schutz gegen die Angriffe unberufener Gäste aus der Tierwelt ist für den Keimling der Schutz gegen nachteilige Einflüsse der Witterung. Namentlich kann die Feuchtigkeit das für die Pflanze notwendige Maß weit überschreiten. Samen, welche in Kapseln geborgen sind, zumal in Kapseln, die mit Klappen, Zähnen und Löchern aufspringen, unterliegen der Gefahr, durchnäßt und verdorben zu werden, wenn sich der Hohlraum der Kapsel bei Regenwetter mit Wasser füllt. Dem ist nun in der einfachsten Weise dadurch vorgebeugt, daß bei drohender Gefahr die Öffnungen der Kapseln geschlossen werden. Das Gehäuse vieler Kapseln ist sehr hygroskopisch, und dementsprechend erfolgt auch das Schließen der Kapsel unter dem Einfluß von Nässe ungemein rasch. Die Abbildung auf S. 513 bringt einige Beispiele für dieses Öffnen und Schließen. Bei dem schon wiederholt erwähnten nickenden Leimkraute (Silene nutans; Fig. 5) öffnet sich die Kapsel an dem aufwärts gerichteten Scheitel mit sparrig abstehenden, wenig gekrümmten Zähnen. Dasselbe gilt von der Doppelkapsel verschiedener Arten des Leinkrautes (z. B. Linaria macedonica; Fig. 3). Bei dem großfrüchtigen Hornkraut (Cerastium macrocarpum; Fig. 4) ist die Kapsel seitlich eingestellt, etwas aufwärts gebogen und springt mit spitzen, wenig zurückgekrümmten Zähnen auf; bei der Taglichtnelke (Lychnis diurna; Fig. 2) öffnet sich die aufrechte Kapsel mit Zähnen, welche sich spiralig zurückrollen; bei den Glockenblumen (z. B. Campanula rapunculoides; Fig. 1) heben sich nahe an der Basis der Kapsel scharf umgrenzte Wandstücke wie Klappen ab, wodurch dort ebenso viele Löcher entstehen; bei den Wintergrünen (z. B. Pirola chlorantha; Fig. 6) entstehen an der nach oben sehenden Basis der hängenden Kapsel klaffende Spalten, und bei dem Fettkraut (Pinguicula vulgaris; Fig. 8) geht die aufrechte Kapsel in zwei Klappen auseinander. Wie alle diese Kapseln aussehen, wenn sie von Regen oder Tau befeuchtet werden, zeigen die Figuren 1′ bis 8′. Der Verschluß ist ein so vollkommener, daß von dem Eindringen der Nässe in das Innere des Gehäuses keine Rede sein kann, und so sind die dort geborgenen Samen gegen die Gefahr einer vorzeitigen Durchnässung auf das trefflichste geschützt. Wo sich nur schmale Spalten an den Seitenwänden der Kapsel ausbilden, wäre es möglich, daß das Wasser durch diese eindringt und die Samen verdirbt. Aber gerade solche Kapseln sind ausnehmend hygroskopisch, und selbst eine schwache Benetzung mit Tau genügt, daß sich die bei trockenem Wetter offenen Spalten sofort schließen, wenn die Feuchtigkeit der Luft zunimmt und Tau gebildet wird. Die Früchte unserer Wiesenorchideen, z. B. der Gymnadenia conopea (s. Abbildung, S. 513, Fig. 7 und 7′), zeigen diesen Vorgang in schönster Weise.

Balgfrucht von Xylomelum piriforme. (Zu S. 515.)

Ausbildungen an den Früchten, deren hauptsächlichste, wenn nicht einzige Bedeutung in dem Schutze des Keimlinges gegen die zu weit gehende Austrocknung oder, um es mit einem Worte zu sagen, gegen das Verdorren zu suchen ist, gibt es verhältnismäßig nur wenige. In einigen Landstrichen Australiens liegt die Pflanzenwelt monatelang in einer Art Sommerschlaf; es fällt zu dieser Zeit kein Regen, der Tau netzt kaum ein oder das andere Mal vorübergehend die Oberfläche des Erdreiches, und es herrscht eine Trockenheit der Luft und nachgerade auch des Bodens, welche die Pflanze nötigt, den Saftumtrieb zeitweilig ganz einzustellen. Die Samen des auf S. 514 abgebildeten Xylomelum pyriforme sind in einem steinharten Gehäuse eingesargt, dessen Wand einen Durchmesser von 2 cm zeigt, und können daselbst der größten Trockenheit jahrelang ohne Nachteil widerstehen. Ähnlich verhält es sich auch mit den Samen, welche in den büchsenförmigen, dicken Gehäusen der australischen Arten von Banksia und Eucalyptus geborgen sind. Daß auch die Früchte der Steppenpflanzen in der heißen, regenlosen Zeit des Hochsommers eines Schutzes gegen das Vertrocknen des

Linaria Cymbalaria, den Samen in Felsenritzen legend.

eingeschlossenen Keimlinges bedürfen, ist selbstverständlich. Unter diesen Pflanzen sind ganz besonders die hohen Doldengewächse aus der Gattung Prangos und Cachrys bemerkenswert, deren Spaltfrüchte einen dicken Panzer besitzen, dessen Gewebe lebhaft an Holundermark erinnert. In dieser gepanzerten Hülle liegt der zarte Keimling gegen Vertrocknung trefflich verwahrt, und es hat diese Fruchtform außerdem noch den Vorteil, daß sie bei verhältnismäßig bedeutendem Umfange doch nur ein sehr geringes Gewicht besitzt, so daß sie durch die Winde über die Steppe leicht verbreitet werden kann.

Auch Bewegungen zum Schutze der Samen finden bei manchen Pflanzen statt. Während die blütentragenden Stiele von Linaria Cymbalaria sich anfangs dem Lichte und dem von dort kommenden Insektenbesuch zuneigen, krümmen sie sich nach erfolgter Befruchtung in der entgegengesetzten Richtung, also nach den dunkelsten Stellen hin, wodurch die Früchte in dunkle, feuchte Steinritzen (s. obenstehende Abbildung) zu liegen kommen.

8. Die Parthenogenesis.

Zu Anfang unseres Jahrhunderts wurde die Aufmerksamkeit der Botaniker auf eine Wasserpflanze gelenkt, welche in der Alten Welt von Irland bis China und von Finnland bis zum Küstensaume des nördlichen Afrikas verbreitet ist, nirgends aber häufiger auftritt als in der Umgebung und auf den Inseln der Ostsee. Diese Wasserpflanze führt den Namen Chara crinita, gehört in die Gruppe der Armleuchtergewächse, wächst besonders gern in der Nähe des Meeres in brackigem Wasser und nur stellenweise auch in schwach salzigen, stehenden Gewässern im Inneren der Kontinente. Wo sie sich in Gräben, Tümpeln und Seen angesiedelt hat, erscheint sie stets in großer Menge und bildet mitunter, ähnlich den stammverwandten Arten, ausgedehnte reine Bestände. Sie ist einjährig. Im Herbste stirbt die ganze Pflanze ab. Aus den abgefallenen, den Winter hindurch im schlammigen Grund eingebetteten Oogonien wachsen im nächsten Frühlinge junge Pflanzen hervor, welche im folgenden Herbste geradeso wie die Mutterpflanzen wieder zugrunde gehen, nachdem ihre Oogonien abgefallen sind. Chara crinita ist zweihäusig, d. h. das eine Individuum entwickelt nur Oogonien, das andere nur Antheridien (vgl. S. 247 f.). Während aber von anderen zweihäusigen Armleuchtergewächsen beiderlei Geschlechter zusammen in derselben Gegend zu wachsen pflegen, kommt eine solche Nachbarschaft bei Chara crinita nur äußerst selten vor. Bisher wurden nur bei Courteison, unweit Orange, im südlichen Frankreich, bei Gurjew am Kaspischen Meere, bei Salzburg nächst Hermannstadt in Siebenbürgen, in kleinen Tümpeln mit salzigem Wasser bei Soroksar südlich von Budapest und im Hafen von Piräus in Griechenland Individuen mit Antheridien beobachtet. In Norddeutschland, zumal in der Umgebung der Ostsee, wo Chara crinita besonders häufig ist, wurde dagegen nicht ein einziger Stock derselben mit Antheridien gefunden. Der Laie könnte auf die Vermutung kommen, daß diese Gegenden vielleicht doch zu wenig durchforscht seien, um schon jetzt behaupten zu können, daß Chara crinita mit Antheridien im Ostseegebiete vollständig fehle. Aber wenn irgendwo eine solche Behauptung gewagt werden kann, so ist es hier der Fall. Auf das seltsame Verhalten dieser Pflanze einmal aufmerksam geworden, haben es die Botaniker an den eingehendsten Untersuchungen in dem genannten Gebiete nicht fehlen lassen. Der Dassower See bei Lübeck, die Umgebung von Warnemünde nächst Rostock, der große und kleine Jasmunder Bodden auf der Insel Rügen und das Wanger Wieck bei Stralsund, wo Chara crinita in ungeheurer Menge vorkommt, wurden zu wiederholten Malen eigens mit Rücksicht auf das Vorkommen von Antheridien an diesem Armleuchtergewächse untersucht. Insbesondere wurden auch Nachforschungen angestellt, ob vielleicht an einzelnen mit Archegonien ausgestatteten Individuen irgendwo einige Antheridien ausgebildet seien, weil bekanntlich bei zweihäusigen Pflanzen mitunter eine solche Abweichung von der gewöhnlichen Verteilung der Geschlechter vorkommt. Aber die sorgfältigsten Nachforschungen waren vergeblich, und es kann als feststehend gelten, daß im Ostseegebiete von dem in Rede stehenden Armleuchtergewächse keine Antheridien und somit auch keine Spermatozoiden ausgebildet werden. Der Versuch, die Sache so zu erklären, daß zur Zeit, wenn die Oogonien befruchtungsfähig werden, aus den Wassertümpeln des südlichen Frankreichs, aus Ungarn oder aus dem Kaspisee männliche Geschlechtszellen der Chara crinita durch Wasservögel in das Ostseegebiet gebracht werden könnten, ist gleichfalls abzulehnen, und es ergibt sich aus alledem, daß im Ostseegebiete die Eizellen in den Oogonien der Chara crinita unbefruchtet bleiben. Wenn dennoch die im Herbst abfallenden und im Schlamme überwinternden Oogonien im darauffolgenden Jahr eine weitere Entwickelung erfahren, wenn dann die unbefruchtete Eizelle sich teilt und zum Ausgangspunkte für ein neues Individuum wird, so liegt hier einer jener Fälle vor, welchen die Zoologen Parthenogenesis genannt haben. Wiederholt angezweifelt, ist doch jetzt mit Bestimmtheit nachgewiesen, daß aus den unbefruchteten Eiern der Tannenlaus (Chermes) und der Blattlaus (Aphis), ebenso aus jenen verschiedener gesellig lebender Bienen, Wespen und Blattwespen lebensfähige Individuen hervorgehen. Auch von der Mottengattung Solenobia und von dem Seidenspinner ist es bekannt, daß aus unbefruchteten Eiern Raupen auskriechen, welche sich weiter entwickeln und verpuppen, wozu noch bemerkt zu werden verdient, daß aus solchen Puppen immer wieder nur Weibchen hervorgehen. Es ist dies insofern interessant, als auch aus den unbefruchteten Oogonien der Chara crinita immer nur Individuen mit Oogonien entspringen. Unter den im Wasser lebenden Saprolegniazeen gibt es mehrere, bei welchen Parthenogenesis regelmäßig beobachtet wird, z. B. Achlya-Arten, Saprolegnia hypogyna, molinifera und uniseta, bei welchen unvollkommene oder gar keine Antheridien gebildet werden, und trotzdem bilden die Eizellen ohne Befruchtung neue Pflanzen.

Es liegen aber mehrere andere Fälle vor, wo die Parthenogenesis bei phanerogamen Pflanzen über allen Zweifel erhaben ist. Einen solchen besonders lehrreichen Fall bildet Gnaphalium alpinum oder Antennaria alpina, ein ausdauernder Korbblütler, welcher mit dem in Deutschland unter dem Namen Katzenpfötchen bekannten und im mittleren Europa sehr häufigen Gnaphalium dioicum und dem in den Karpathen und Alpen verbreiteten Gnaphalium carpaticum eine große Ähnlichkeit zeigt. Diese Pflanze findet sich in Skandinavien von Telemarken bis Havosund (59° 52′ bis 71° nördl. Br.), in Rußland vom nördlichen Finnland bis zur Halbinsel Kola, weiterhin im arktischen Sibirien und arktischen Amerika, in Labrador, auf der Melville-Insel, durch den ganzen arktischen Archipel, auf Grönland von 60—72° nördl. Br. und auch noch auf Island, also in einem Gürtel, der im Durchmesser von ungefähr 12 Breitengraden den Nordpol umgibt. Sie fehlt dagegen vollständig den mittel- und südeuropäischen Hochgebirgen und ist auch auf den Gebirgen des mittleren Asiens nicht mit Sicherheit nachgewiesen worden. In dem ungeheuren nordischen Verbreitungsbezirke ist Gnaphalium alpinum nicht selten und kommt dort an vielen Tausenden von Standorten und in Milliarden von Stöcken vor. Aber merkwürdig, weder im arktischen Amerika noch im arktischen Asien wurde jemals ein Stock gesehen, welcher Pollen entwickelt hätte. In der skandinavischen Flora wurde angeblich einmal im Jahre 1842 die pollentragende Pflanze gefunden; aber auch dieser Fund wird angezweifelt, und die vielen Botaniker, welche die skandinavische Flora auf das sorgfältigste in alter und neuer Zeit durchforscht haben, sagen einstimmig aus, daß sie nur Stöcke des Gnaphalium alpinum, welche Blüten mit Fruchtanlagen, aber niemals solche, welche Blüten mit Pollen trugen, gesehen haben. Durch diese Umstände angeregt, wurden Stöcke von Gnaphalium alpinum vom Dovrefjeld in Norwegen unter Berücksichtigung aller möglichen Vorsichtsmaßregeln im Innsbrucker Botanischen Garten gezogen und zum Blühen gebracht. Sämtliche Blüten zeigten zwar Fruchtanlagen, aber keinen Pollen, und eine Belegung der Narben mit Pollen war ganz unmöglich gemacht. Trotzdem entwickelten sich aus einem Teile der Fruchtanlagen Früchte mit wohlausgebildeten Samen, und aus diesen gingen, nachdem sie in sandige, humusreiche Erde gelegt worden waren, junge Pflanzen hervor, welche mit der Stammpflanze vollständig übereinstimmten, alsbald auch zur Blüte gelangten, aber in ihren Blüten wieder nur Fruchtanlagen zeigten. Nach diesem Ergebnisse kann es nicht zweifelhaft sein, daß sich Gnaphalium alpinum auch in seinem weit ausgedehnten nordischen Verbreitungsbezirke durch Parthenogenesis vermehrt, und daß seine Fortpflanzung durch das Fehlen pollenliefernder Stöcke nicht verhindert wird.

Weitere interessante Fälle von Parthenogenesis finden sich in der sehr artenreichen Gattung Alchimilla. Zahlreiche nord- und mitteleuropäische Arten der Abteilung Eualchimilla bilden keimfähige Samen mit vollkommenem Embryo aus, ohne daß sie befruchtet werden. Dabei wurde entdeckt, daß die Parthenogenesis hier eine Forderung des Fortbestehens der Pflanzen ist, da sie meistens verkümmerte Samenanlagen und gar keine oder verkümmerte Pollenkörner ausbilden. Von den Thalictrum-Arten ist Th. purpurascens und vielleicht auch noch andere parthenogenetisch. Ferner zeigen diese Eigenschaft eine ganze Reihe Arten der zu den Korbblütlern gehörigen Gattung Taraxacum. Man hat sie bis jetzt bei zwölf Arten Parthenogenesis festgestellt, darunter auch bei dem gemeinen Löwenzahn, Taraxacum officinale, und bei Taraxacum vulgare. Interessant sind auch die Verhältnisse bei den Hierazien, bei denen man trotz künstlicher Entfernung der Antheren und Narben, also ohne Befruchtung, keimfähige Samen erhält. Daß auch unter natürlichen Bedingungen bei Hierazien Parthenogenesis eintreten muß, ergibt sich daraus, daß bei manchen, z. B. Hieracium excellens, die Antheren gar keinen Pollen enthalten. Endlich ist ein indischer Strauch hier aufzuführen, Wikstroemia indica, eine Thymeläazee, welche ohne Befruchtung normale Samen bildet. Auch bei dieser Pflanze stellte sich heraus, daß die Pollenbildung gestört ist. Es ist also eine ziemlich allgemeine, wenn auch nicht ausnahmslose Regel, daß bei parthenogenetisch sich vermehrenden Pflanzen entweder gar kein oder nur sehr wenig normaler Pollen entsteht.

Während die hier erwähnten Fälle von Parthenogenesis sichergestellt sind, finden sich auch Angaben über eine Reihe von Pflanzen, bei denen jedoch noch nähere Untersuchungen nötig sind. So soll auch bei dem Hanf und bei dem Hopfen (Cannabis sativa, Humulus Lupulus) die Fortpflanzung durch Parthenogenesis vorkommen können.

Eine andere Pflanze, an welcher seit langer Zeit das Entstehen von Keimlingen in nicht befruchteten Samenanlagen beobachtet wurde, ist das zu den Euphorbiazeen gehörende einjährige Bingelkraut (Mercurialis annua; s. nebenstehende Abbildung), eine Pflanze, welche auf Feldern, in Gemüsegärten, an Hecken und Zäunen und auf Schuttplätzen im mittleren Europa sehr verbreitet ist. Im freien Lande wachsen von dieser Pflanzenart Stöcke, die nur Fruchtblüten, und solche, die nur Pollenblüten tragen, bunt durcheinander. Der stäubende Pollen gelangt durch Vermittelung der Luftströmungen leicht zu den Narben, und an den Stöcken mit Fruchtblüten reift stets eine große Menge keimfähiger Samen, welche als das Ergebnis der vorhergegangenen Befruchtung gelten. Man hat nun zu verschiedenen Zeiten Stöcke mit Fruchtblüten für sich allein in Töpfen herangezogen, und diese entwickelten gleichfalls keimfähige Samen, wenn auch in geringerer Zahl als jene, welche im freien Lande in Gesellschaft der Stöcke mit Pollenblüten aufgewachsen waren. Dieses Ergebnis wurde von vielen Seiten bezweifelt und auf Ungenauigkeit bei den Kulturversuchen zurückzuführen gesucht. Es wurde eingewendet, daß stäubender Pollen von fern her durch den Wind in die zu den Kulturversuchen benutzten Räume geweht sein konnte, und, was noch mehr ins Gewicht fiel, es wurde darauf aufmerksam gemacht, daß manche Stöcke des Bingelkrautes neben vielen Fruchtblüten auch vereinzelte Pollenblüten tragen. Der Widerspruch regte zu neuen Versuchen an, bei welchen auf alle möglichen Fehlerquellen die entsprechende Rücksicht genommen wurde. Besonders günstig erschienen zu erneuten Kulturversuchen solche Gelände, wo auf viele Meilen in der

Runde kein Bingelkraut wild wachsend vorkommt, und wo die Möglichkeit der Zufuhr von Pollen aus der Umgebung vollständig ausgeschlossen war, so z. B. irgendein Punkt im mittleren Tirol, wo sowohl das einjährige als das ausdauernde Bingelkraut vollständig fehlen. Auf einem solchen Gelände in dem hochgelegenen tirolischen Gschnitztale wurden die schon im Jahre 1833 von Ramisch in Prag mit so großer Ausdauer durchgeführten Versuche wiederholt, und es wurden dabei alle jene Fehler, welche den Versuchen von Ramisch vorgeworfen wurden, vermieden. Insbesondere wurden alle Stöcke, an welchen sich Knospen von Pollenblüten zeigten, sofort vernichtet und auch sorgfältig darauf geachtet, ob nicht vielleicht an dem einen oder anderen mit Fruchtblüten ausgestatteten Stock irgendwo eine vereinzelte Pollen- oder Zwitterblüte versteckt sei. Zur Zeit, als nun die Narben des Bingelkrautes belegungsfähig waren,

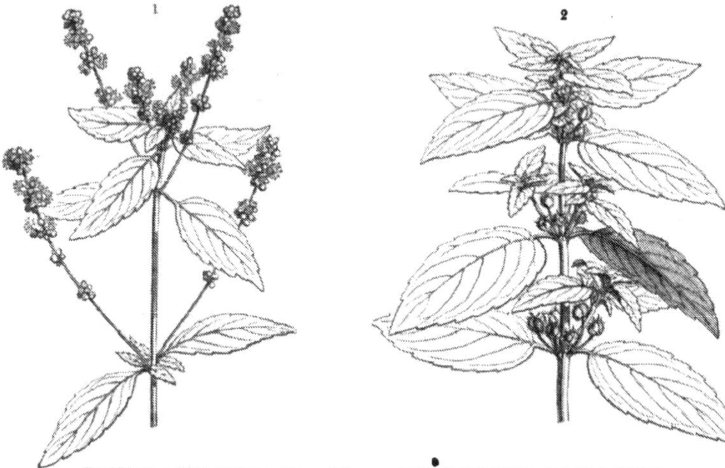

Einjähriges Bingelkraut (Mercurialis annua): 1) mit Pollenblüten, 2) mit Fruchtblüten.

fanden sich auf viele Meilen in der Runde ganz bestimmt keine Pollenzellen dieser Pflanze vor, und es konnte daher eine Belegung mit solchem Pollen auch nicht stattfinden. Dennoch schwollen alsbald die Fruchtknoten an, aus den Samenanlagen entwickelten sich Samen mit einem Keimling, und aus diesen Samen gingen nach der Aussaat wieder neue, kräftige Stöcke hervor.

Es muß hier hervorgehoben werden, daß die Entscheidung, ob Parthenogenesis vorliegt, nicht bloß durch Ernte keimfähiger Samen von Pflanzen, die augenscheinlich nicht befruchtet werden, zu erlangen ist, sondern daß mikroskopische Untersuchung des Fortpflanzungsapparates, unumgänglich ist, um nicht zu falschen Schlüssen zu gelangen. Von Parthenogenesis kann nur geredet werden, wenn der Embryo wirklich aus einer unbefruchteten Eizelle hervorgeht. Unter Umständen kann im unbefruchteten Samen auch ohne Beteiligung der Eizelle ein Embryo entstehen, indem dieser aus Zellen des Samenknospenkernes entsteht und in den Embryosack hineinwächst. Solche Embryonen nennt man Adventivembryonen, sie haben mit der Eizelle überhaupt nichts zu tun, sondern sind nur rein vegetative Erzeugnisse. Eine zu den Euphorbiazeen gehörige Pflanze, die wild in den Gebüschdickichten des östlichen Australiens wächst und 1829 nach Europa in die botanischen Gärten kam, Caelebogyne ilicifolia, hat lange als das erste Beispiel von Parthenogenesis im Pflanzenreich gegolten. Es waren nur weibliche Pflanzen vorhanden, und doch erzeugte die Pflanze Samen. Aber spätere Untersuchungen stellten fest, daß in diesem Falle die Eizelle nicht an der Keimbildung beteiligt war, sondern nur Adventivembryonen vorlagen. In diesem Falle, der auch bei Funkia ovata, Evonymus latifolia, Citrus Aurantium (Orange) vorkommt, bilden sich gewöhnlich viele Keimlinge auf diese Art, welche dann im Samen gedrängt nebeneinanderliegen. Man nennt diese Erscheinung Polyembryonie. Im allgemeinen kommt der Parthenogenesis wohl keine große Bedeutung für die Erhaltung der Nachkommenschaft zu, sie könnte aber vielleicht noch einmal auf die Entwickelung der Sexualität bei den Pflanzen mehr Licht werfen.

Wenn keine Befruchtung der Samenknospen erfolgt, bildet sich in der Regel auch der Fruchtknoten nicht zur Frucht aus. Bei einigen Kulturpflanzen, z. B. Gurken, Äpfeln, Birnen, ist die Entstehung von Früchten beobachtet worden, ohne daß eine Befruchtung stattfand. Man bezeichnet eine solche Fruchtbildung als Parthenokarpie. Die Früchte sind aber dann kernlos. Während bei dem größeren Teil der parthenogenetischen Pflanzen die Sexualorgane noch normal ausgebildet werden und sogar bei manchen auch normal funktionieren können, sind sie bei einigen Algenpilzen, bei einem Teil der Askomyzeten und bei allen Basidiomyzeten so verkümmert, daß sie gar nicht mehr funktionieren. Hier findet also die Neubildung von Individuen ohne jeden Sexualakt statt. Man bezeichnet im Gegensatz zur Parthenogenesis diese Tatsache als Zeugungsverlust oder Apogamie, die auch bei einigen Farnen vorkommt.

9. Ersatz der Fruchtbildung durch Ableger.

Obwohl den Pflanzen im allgemeinen die Fähigkeit innewohnt, Blüten und samenerzeugende Früchte auszubilden, kann diese Fähigkeit doch unter Umständen durch äußere Ungunst teilweise oder ganz unterdrückt werden.

In der freien Natur unterbleibt die Ausbildung der Blüten bisweilen infolge von Beschattung; dagegen werden dann vegetative Vermehrungsorgane gefördert. Das schmalblätterige Weidenröschen (Epilobium angustifolium) entfaltet nur an sonnigen, den Hummeln und Bienen zugänglichen Plätzen seine prächtigen Blüten. Je kräftiger der Sonnenschein, desto lebhafter der Purpur der Blumenblätter. Hat sich die Pflanzenwelt in der Nachbarschaft solcher reichblühender Weidenröschenstauden in der Weise verändert, daß die bisher besonnten Stöcke dicht beschattet werden, so verkümmern an denselben die Blütenknospen viel früher, als sie sich geöffnet haben, und fallen als weißliche, vertrocknete Gebilde von der Spindel der Blütentraube ab. Während aber die reichlich blühenden Stöcke nur wenige kurze Ausläufer bilden, entstehen aus den in Schatten gestellten blütenlosen Stöcken lange unterirdische Sprosse, die als Ausläufer weit und breit herumkriechen und dem Bereich des Schattens zu entgehen suchen.

Als eine weitere sehr merkwürdige Erscheinung verdient hier verzeichnet zu werden, daß ausdauernde Arten, die unter günstigen klimatischen Verhältnissen reichlich blühen und fruchten, in rauheren Gegenden gar nicht zum Blühen kommen, dagegen dort reichliche Ableger bilden und sich durch diese ausnehmend stark vermehren und verbreiten. Über den größten Teil des arktischen Gebietes verbreitet, wächst ein mit unserer Pestwurz nahe verwandter Korbblütler namens Nardosmia frigida. Diese

Pflanze treibt aber nur an der Südgrenze ihres Verbreitungsbezirkes Blüten und Früchte, weiter nordwärts hat sie noch keines Menschen Auge jemals blühen gesehen; dagegen vermehrt sie sich dort reichlich durch weit und breit unterirdisch herumkriechende und ausgedehnte Bestände bildende Sprosse. Arenaria peploides, Stellaria humifusa, Cardamine pratensis und mehrere Seggen und Ranunkeln kommen auf Spitzbergen nur sehr selten zum Blühen; dagegen vermehren sie sich dort ungemein reichlich durch Ableger, mit welchen sie oft weite Strecken, insbesondere in den Moorgründen und am Strand, überziehen. Ähnlich verhält sich in den Alpen der Drüsengriffel (Adenostyles Cacaliae). In den Voralpenwäldern und selbst noch über der Waldgrenze blüht derselbe in Menge und reift dort alljährlich auch keimfähige Samen aus, in der alpinen Region dagegen, in der Seehöhe über 2200 m, kommt er niemals zur Blütenbildung, treibt dagegen reichliche Sprosse als Ableger und erfüllt die kleinen Gruben auf den Alpenhöhen mit seinem üppigen Laubwerk. In einem kleinen Sumpfe des hoch gelegenen Tiroler Gschnitztales wächst in der Seehöhe von 1200 m die Landform des amphibischen Knöterichs (Polygonum amphibium). Seit vielen Jahren hat derselbe dort niemals reife Früchte hervorgebracht. Dagegen wuchert diese Pflanze mit Stocksprossen in einer sonst nur selten zu beobachtenden Üppigkeit und bildet einen Bestand, der rings um den Sumpf einen breiten Gürtel bildet. Wenn man die eben beschriebenen Stöcke der Nardosmia frigida, der Adenostyles Cacaliae und des Polygonum amphibium ihrem frostigen Standort entnimmt und unter günstigere Verhältnisse bringt, so bilden sie nicht nur Blüten, sondern auch keimfähige Samen aus; aber die Vermehrung durch Sprosse ist dann so auffallend beschränkt, daß man glauben könnte, es sei eine ganz andere Pflanzenart, die sich aus dem verpflanzten Stocke entwickelt hat.

An diese Fälle der Stellvertretung schließen sich solche an, wo in der Blütenregion Ableger statt Blüten ausgebildet werden. Die Knöteriche Polygonum bulbiferum und viviparum, die Steinbreche Saxifraga cernua, nivalis und stellaris, die Simsen Juncus alpinus und supinus sowie die Gräser Aira alpina, Festuca alpina und rupicaprina, Poa alpina und cenisia kommen zwar vielfach mit ordentlich entwickelten Blüten und Früchten vor, aber im Hochgebirge und noch mehr im arktischen Florengebiete, wo diese Pflanzen gegenwärtig ihre Heimat haben, trifft man oft genug auch Stöcke mit Ablegern an Stelle der Blüten und Früchte, und man überzeugt sich leicht, daß diese Ableger, von der Mutterpflanze abfallend, zu Ausgangspunkten neuer Stöcke werden. An den genannten Knöterichen entstehen statt der Blüten kleine Knöllchen. Die auf umstehender Abbildung, Fig. 3, dargestellte Saxifraga cernua trägt an ihrem schlanken Stengel gewöhnlich nur eine Gipfelblüte und an Stelle der seitlichen Blüten knäuelförmig zusammengedrängte Knospen mit kurzen Achsen, die das Aussehen von kleinen Zwiebeln haben. Manchmal fehlt auch die Gipfelblüte, und man sieht dann aus den Achseln aller Deckblätter nur kurze Zweiglein mit gehäuften knospenförmigen Ablegern (s. Abbildung, S. 522, Fig. 4) hervorgehen. Die Knospen sind, wenn sie abfallen, entweder noch geschlossen (Fig. 5), oder es sind die fleischigen, dicken Hüllblätter bereits auseinandergerückt, und es erscheint eines der Laubblätter mit kleiner, grüner Spreite schon vorgeschoben. Auf der Erde liegend, treiben sie alsbald Würzelchen und wachsen zu neuen Stöcken heran (s. Abbildung, S. 522, Fig. 6 und 7). Bei Saxifraga nivalis (Fig. 1 und 2) entstehen an Stelle der Blüten kurze Sprosse von rosettenförmigem Ansehen mit dicht zusammengedrängten grünen Blättchen. Auch diese lösen sich leicht ab, und nachdem aus der verkürzten Achse des Sprosses Wurzeln hervorgegangen sind, wachsen sie zu neuen Pflanzenstöcken heran.

Bei den genannten Simsen und Gräsern kommen statt der Früchte kurze Sprosse zum Vorschein, welche sich von den Verzweigungen der Rispe ablösen. Die Entwickelung dieser Sprosse erfolgt bei dem untenstehend in Figur 8 abgebildeten Alpenrispengrase (Poa alpina) und überhaupt bei den meisten der in Rede stehenden Gräser in der Art, daß die Spindel des Blütenährchens, nachdem sie an der Basis mehrere Hüllspelzen ausgebildet hat, weiter aufwärts einige grüne verlängerte Laubblätter vorschiebt und so einen kleinen beblätterten Halm

Ersatz der Blüten und Früchte durch Ableger: 1) Saxifraga nivalis mit grünbelaubten rosettenförmigen Sprossen an Stelle der Blüten, in natürl. Größe, 2) zwei grünbelaubte rosettenförmige Sprosse an Stelle der Blüten, vergrößert; eine Rosette hat sich von ihrem Stiele getrennt; 3) Saxifraga cernua, in natürl. Größe, 4) ein Seitenzweiglein dieser Saxifraga, vergrößert, 5—7) die an den Seitenzweiglein an Stelle der Blüten ausgebildeten Ableger in den aufeinanderfolgenden Entwickelungsstadien; 8) Poa alpina, mit Ablegern an Stelle der Blüten, in natürl. Größe, 9) ein Ästchen aus der Rispe dieser Pflanze, vergrößert, 10) beblätterter Halm als Ableger an Stelle der Frucht zwischen den Spelzen hervorwachsend. Vergrößert. (Zu S. 521.)

darstellt (s. obenstehende Abbildung, Fig. 9 und 10). Dieser löst sich später ab und wächst auf feuchter Erde zu einem selbständigen neuen Stock aus. Seltener findet eine seitliche Sprossung aus der Spindel statt, in welchem Falle sich in den Achseln der Deckspelzen kleine seitliche Sprosse ausbilden, welche ähnlich wie die von den Spelzen umhüllten Früchtchen von der Spindel abgelöst und abgeworfen werden. Die Botaniker früherer Zeiten nannten solche Gräser und überhaupt alle Pflanzen, welche in der Blütenregion Ableger ausbildeten, lebendiggebärende (plantae viviparae) und glaubten, daß in allen solchen Fällen die Samen, solange sie noch mit der Mutterpflanze in Verbindung stehen, zum Keimen kämen. Zu dieser Ansicht mochte wohl die Erfahrung der Landwirte geführt haben, daß der Roggen, der Hafer und andere Getreidearten bisweilen „auswachsen“, d. h. daß sich dann, wenn während der Reifezeit des Getreides Tage und Wochen hindurch Regen die Ähren benetzt und überdies die Halme auf den Boden hingelagert sind, die Keimlinge bereits zu entwickeln beginnen, solange noch die Früchte zwischen den Spelzen der Ähren stecken. Dieses Keimen in den Ähren und Rispen erfolgt aber ganz unabhängig von der Mutterpflanze; denn diese ist bereits gebleicht, abgedorrt und tot, die Früchtchen stehen mit ihr nicht mehr in organischer Verbindung und werden nur noch mechanisch zwischen den Spelzen festgehalten. Wenn die Keimlinge zwischen den feuchten Spelzen zur Entwickelung kommen, so ist es nicht anders, als wenn Keimlinge zwischen feuchtem Löschpapier sich entfalten. Was nun aber die Gewächse anbelangt, welche ehemals als vivipare bezeichnet wurden, so sind bei ihnen die Entwickelungsvorgänge in der Hochblattregion von jenen in den Ähren des „auswachsenden“ Getreides gänzlich verschieden. Es kommen diese Gewächse überhaupt gar nicht zum Blühen, bilden daher keine Samen aus, und es kann demzufolge auch von dem Keimen eines Samens im Verbande mit der mütterlichen Pflanze keine Rede sein. Die sich ablösenden Gebilde, welche man für ausgewachsene Keimlinge hielt, sind in Wahrheit kleine beblätterte Sprosse, die an jenen Stellen ausgebildet wurden, wo sich sonst Blüten und Früchte zu entwickeln pflegen.

Die obengenannten Knöteriche, Steinbreche, Simsen und Gräser gehören zu denjenigen Pflanzen, welche an ihren Standorten verhältnismäßig spät aufblühen und dort in ungünstigen Jahren der Gefahr ausgesetzt sind, daß ihre Samen nicht zur Reife kommen, welcher Umstand mit der bei ihnen so häufig vorkommenden Stellvertretung der Früchte durch Ableger unbedenklich in Zusammenhang gebracht werden darf. Man wird wohl nicht fehlgehen, wenn man auch das an manchen Steppenpflanzen beobachtete Auftreten von Ablegern an Stelle der Blüten damit in Zusammenhang bringt, daß diesen Pflanzen in manchen Jahren für den Aufbau ihres Stammes und für die Ausbildung von Blüten und reifen Früchten die Zeit so karg bemessen ist.

Für Wasserpflanzen, welche ihre Blüten über dem Wasserspiegel entfalten, sind auch die Schwankungen des Wasserspiegels von großer Bedeutung, und es ist begreiflich, daß ein längere Zeit hindurch anhaltender hoher Wasserstand das Blühen und Fruchten beeinträchtigen, ja in vielen Fällen unmöglich machen kann. Manche dieser Sumpf- und Wasserpflanzen haben zwar die Fähigkeit, sich „nach der Decke zu strecken“, und es wachsen die Stengel mit zunehmendem Wasserstande fort und fort, damit die Blüten endlich doch noch über den Wasserspiegel emporkommen und sich dort entfalten können; aber auch dieses Längenwachstum hat seine Grenzen, und es tritt gar nicht selten der Fall ein, daß trotz außerordentlicher Verlängerung der Stengel und Blütenstiele das Ziel doch nicht erreicht wird. Unter Wasser kann aber in den Blüten dieser Pflanzen keine Befruchtung stattfinden. Wenn schon Blüten vorbereitet wurden, so kommen diese doch nicht zur Entfaltung, verkümmern und lösen sich als Knospen ab oder verwesen, ohne daß aus ihnen Früchte hervorgegangen wären. In den kleinen Seen des Schwarzwaldes wächst eine zu den Wegerichen gehörige Sumpfpflanze, Litorella lacustris, die aber nur in den trockensten Jahren, wenn nämlich der Wasserspiegel auf einen ganz kleinen Tümpel eingeengt und der Seegrund fast trockengelegt ist, zum Blühen und Fruchten kommt. Das ist nun freilich selten der Fall; es vergehen Jahrzehnte, ohne daß der Wasserstand in der eben geschilderten Weise abnimmt, und die Litorella bleibt dann untergetaucht, blüht nicht auf und setzt natürlich auch keine Früchte an. Dagegen bildet sie als Ersatz der Früchte Ausläufer, welche im Schlamm anwurzeln, und mit deren Hilfe sie sich Jahrzehnte hindurch zu erhalten und zu vermehren imstande ist. Wie diese Litorella verhalten sich auch mehrere Laichkräuter und Wasserranunkeln, und es steht überhaupt mit dieser Verhinderung der Fruchtbildung durch hohen Wasserstand im Zusammenhange, daß so viele Wasserpflanzen äußerst selten blühen, sich dagegen häufig durch Ableger vermehren und verbreiten. Die auf S. 282 erwähnte Cymodocea antarctica, welche an den Küsten Australiens unabsehbare Bestände bildet, blüht so selten, daß man lange Zeit ihre Blüten gar

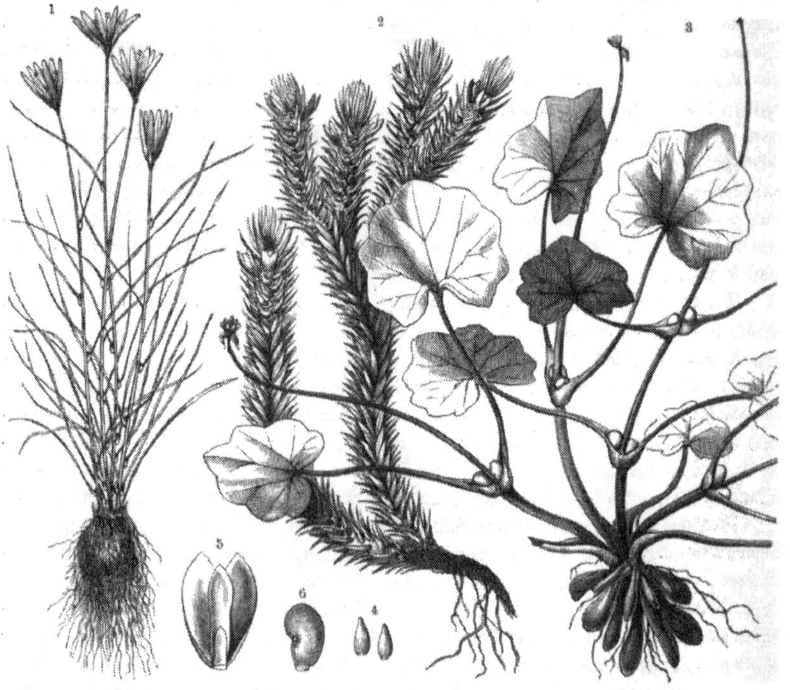

Ersatz der Blüten, Früchte und Sporengehäuse durch Knöllchen und knospenförmiger Ableger: 1) Gagea persica; 2) Lycopodium Selago; 3) Ranunculus Ficaria; 4) knospenförmige Ableger aus den Blattachseln der Gagea Persica; 5) knospenförmiger Ableger von Lycopodium Selago; 6) knollenförmiger Ableger von Ranunculus Ficaria. Fig. 1—3 in natürl. Größe, Fig. 4—6 vergrößert. (Zu S. 525—527.)

nicht kannte und ihre eigentümlich geformten Ableger für Blüten ansah. Auch die Blüten und Früchte der Wasserlinsen (Lemna) haben wegen ihrer Seltenheit nur wenige Botaniker gesehen, und die in neuester Zeit wegen Hinderung der Schiffahrt so berühmt gewordene Wasserpest (Elodea canadensis), welche gleichfalls nur sehr selten zum Blühen kommt, verdankt ihre fabelhafte Vermehrung und Ausbreitung nicht den Früchten, sondern der ungemein rasch und ausgiebig erfolgenden Ablegerbildung.

Bei manchen Arten mag auch der Umstand ins Spiel kommen, daß sich die Insekten, welche die Belegung der Narben mit Pollen zu vermitteln hätten, dort, wo die Pflanze jetzt wächst, nur äußerst spärlich einstellen oder gar ganz ausbleiben.

Selbstverständlich kommen in dieser Beziehung nur Pflanzen in Betracht, deren Blüten jener Einrichtungen entbehren, vermöge welcher bei ausbleibender Kreuzung früher oder später eine Autogamie stattfinden würde. Wenn auch nicht bei allen, so doch bei einer ansehnlichen Zahl hierhergehöriger Gewächse stellen sich in der Tat an Stelle der Blüten und Früchte

Ersatz der Blüten und Früchte durch Ableger: knöllchentragende Zahnwurz (Dentaria bulbifera): 1) Blütentraube, 2) belaubter Stengel, von einer Fruchttraube abgeschlossen, in welcher zwei Früchte zur Reife gekommen sind; in den Achseln eines Teiles der Stengelblätter knospenförmige Ableger, 3) belaubter Stengel, dessen Blütentraube verkümmert ist; in den Achseln sämtlicher Stengelblätter knospenförmige Ableger, 4) wurzeltreibende abgefallene knospenförmige Ableger, 5) Rhizom der Dentaria bulbifera. (Zu S. 526.)

Ableger ein, und zwar Ableger der verschiedensten Form, oberirdische und unterirdische Knöllchen, zwiebelartige Knospen, grün belaubte Sprosse und in seltenen Fällen auch winzige Knöspchen, aus deren Achse eine dicke, fleischige Luftwurzel hervorwächst.

Die gelben Blüten des Scharbockkrautes (Ranunculus Ficaria) werden auf sonnigen Plätzen von kleinen pollenfressenden Käfern, von Fliegen und Bienen, wenn auch nicht gerade häufig, aber doch auch nicht selten besucht, und an solchen Standorten entwickeln sich auch vereinzelte reife Fruchtköpfchen aus den Fruchtanlagen; an schattigen Stellen im Gedränge niederen Buschwerkes und im dunkeln Grunde der Laubwälder ist dagegen der Besuch durch Insekten sehr spärlich, und dort gehen auch die meisten Fruchtanlagen zugrunde, ohne zur Reife gelangt zu sein. Dagegen entwickeln sich an den im tiefen Schatten gewachsenen Stöcken des Scharbockkrautes aus den Achseln der Stengelblätter kugelige oder bohnenförmige Knöllchen (s. Abbildung, S. 524, Fig. 3 und 6), welche später bei dem Welken der Stengel und Blätter abfallen und zu Ausgangspunkten neuer Stöcke werden. Die Stöcke, an welchen Früchte zur Reife kamen, bilden dagegen gar keine oder doch nur sehr wenige knollenförmige Ableger. Die in Fig. 1—5 auf S. 525 abgebildete Zahnwurz Dentaria bulbifera zeigt ähnliche Verhältnisse. Der Pollen gelangt bei ihr nur durch Mithilfe der Insekten auf die Narbe, und nur dann, wenn diese Tiere die Blüten besuchen, kommt es zur Bildung von Früchten. Sie wächst teils in jungen Buchengehölzen und in der Nähe des sonnigen Waldrandes, wo sich Insekten mit Vorliebe herumtreiben, aber auch noch im Hochwalde, der sich im Laufe der Zeit aus den jungen Gehölzen herausgebildet hat, und in dessen tiefschattigem, blütenarmem Grunde die Bienen, Hummeln, Fliegen und Falter nur selten Einkehr halten. Im Jungwald und unfern vom Saume des Gehölzes entwickeln sich aus den von Fliegen und Bienen besuchten Blüten allenthalben Schotenfrüchte; in der einsamen Tiefe des Hochwaldes dagegen blühen und verblühen die meisten Dolbentrauben, ohne von Insekten besucht worden zu sein. Die Mehrzahl der Fruchtanlagen verkümmert dort, welkt, fällt ab, und nur selten kommt eine oder die andere samentragende Schote zur Ausbildung (s. Abbildung, S. 525, Fig. 2). In dem Maße aber, als die Fruchtbildung beschränkt ist, erscheint die Bildung von Ablegern gefördert; in den Blattachseln wachsen große zwiebelförmige Knospen heran, welche sich, sobald der Hochsommer kommt, von der vergilbenden Pflanze ablösen, von dem im Winde schwankenden Stengel weggeschleudert werden, auf den feuchten Boden des Laubwaldes gelangt, alsbald anwurzeln (s. Abbildung, S. 525, Fig. 4) und zu unterirdisch kriechenden Rhizomen heranwachsen (s. Abbildung, S. 525, Fig. 5). An den schattigsten Stellen des Waldes trifft man auch Stöcke, welche selbst an der Spitze des Stengels keine Blüten entwickeln und daher nur auf die Vermehrung durch Ableger angewiesen sind (Fig. 3).

Von der Feuerlilie gibt es in Europa zweierlei Formen. Die eine, welche vorwiegend in den Pyrenäen und im südlichen Frankreich vorkommt (Lilium croceum), bringt fast immer Früchte mit keimfähigen Samen zur Reife, bildet aber in den Achseln ihrer Laubblätter keine Ableger aus; die andere, welche in den Talgeländen der Zentralalpen und Nordalpen vorherrscht (Lilium bulbiferum), bringt kaum jemals Früchte zur Reife, entwickelt aber in den Blattachseln zwiebelartige Ableger, welche sich gegen den Herbst zu ablösen und von dem im Winde schwankenden Stengel abgeschleudert werden. Und doch ist im Bau der Blüten bei diesen beiden Formen der Feuerlilie kein Unterschied, und man kann sich den Gegensatz in der Vermehrungsweise kaum anders als durch die Annahme erklären, daß in jenen Landstrichen, wo jetzt die Form Lilium bulbiferum wächst, jene Insekten fehlen, welche den Pollen von Stock zu Stock übertragen sollten. Da bei der Feuerlilie Autogamie von selbst nicht stattfindet, so entwickeln sich an ihr bei ausbleibendem Insektenbesuche keine Früchte. Es scheint überhaupt, daß dieser Form die Fähigkeit, sich auf dem Wege der Autogamie zu vermehren, verloren gegangen ist. Wenigstens hatte die Übertragung des Pollens auf die Narbe bei Stöcken, die im Garten gepflanzt waren, niemals eine Fruchtbildung zur Folge. Dafür aber entstehen an den Pflanzen reichliche Ableger, durch welche die Vermehrung und Verbreitung besorgt wird.

In mehreren Tälern der Zentralalpen bringt die Feuerlilie gar keine Blüten hervor und ist dort gegenwärtig nur auf die Vermehrung durch die zwiebelartigen Ableger angewiesen.

An dem auf S. 524, Fig. 1, abgebildeten, zu den Liliengewächsen gehörenden persischen Gelbstern (Gagea persica) wiederholen sich mehrere der Eigentümlichkeiten, welche soeben von der Feuerlilie verzeichnet wurden. Die Stengel dieser zierlichen kleinen Zwiebelpflanze schließen mit Blüten ab, welche bei ausbleibendem Insektenbesuch verwelken, ohne Früchte hervorzubringen. In den Achseln der fadenförmigen grünen Blätter sind winzige Knospen angelegt. Verkümmern die Fruchtanlagen, so wachsen diese knospenförmigen Ableger (s. Abbildung, S. 524, Fig. 4) heran; werden reife Früchte ausgebildet, so verkümmern an den betreffenden Stengeln alle oder doch die meisten Knospenanlagen. Ein merkwürdiges Seitenstück zu dieser Pflanze beherbergt auch die mitteleuropäische Flora in dem böhmischen Gelbstern (Gagea bohemica). Der Name bohemica darf nicht glauben machen, daß diese Art ausschließlich in Böhmen zu Hause sei; sie hat diesen Namen seinerzeit nur erhalten, weil sie zuerst in Böhmen entdeckt wurde; später stellte sich heraus, daß ihr Verbreitungsbezirk sehr groß ist und sich von Mitteleuropa bis Persien, Kleinasien, das südliche Rußland und die Balkanhalbinsel erstreckt. Weiter westlich in Europa findet sich Gagea bohemica nur noch an einigen wenigen verlorenen Posten in Böhmen und bei Magdeburg, und sie ist zweifelsohne ein letzter Rest der ehemals bis an den Harz ausgebreiteten Steppenflora. Es wird sich späterhin Gelegenheit geben, zu erzählen, wie sich diese Steppenflora nach Osten zurückgezogen hat, und wie sie durch wesentlich andere Pflanzengemeinschaften ersetzt wurde; aber schon an dieser Stelle ist zu erwähnen, daß gleichzeitig mit dem Rückzug der Steppenflora auch ein Rückzug der Steppentiere erfolgte. Die Steppenantilope, das Steppenmurmeltier, das Steppenstachelschwein, der Pferdespringer und der Pfeifhase, welche damals im mittleren Deutschland lebten, haben dieses Gebiet längst verlassen, und es ist mit gutem Grund anzunehmen, daß auch die Insekten jener Periode ausgewandert sind. Nun ist es gewiß überaus merkwürdig, daß die Steppenpflanze Gagea bohemica, deren Blüten ihrem Bau nach auf eine Kreuzung durch Vermittelung der Insekten berechnet sind, und in welchen eine Autogamie nicht zustande kommt, an den erwähnten vereinzelten Standorten in Böhmen und Deutschland niemals Früchte und Samen zur Reife bringt. Unwillkürlich drängt sich der Gedanke auf, daß an diesem Fehlschlagen das Ausbleiben jener Steppeninsekten schuld sei, welche ehemals auch durch Böhmen und Deutschland verbreitet sein mochten. Jedenfalls ist so viel Tatsache, daß an den Stöcken der Gagea bohemica, welche an den Standorten in der freien Natur in Böhmen und Deutschland Blüten entfalten, noch niemand Früchte und Samen ausreifen sah. Dagegen bilden sich an dem Stengel dieser Pflanze, zwischen den beiden Grundblättern, kleine zwiebelähnliche Knospen aus, welche nachträglich abfallen, anwurzeln und als Ableger die Art erhalten und vermehren.

In diesem Bande sind die Organe der Pflanzen beschrieben und die ihrer mannigfachen Tätigkeit entsprechenden Einrichtungen geschildert worden. Dabei konnten im wesentlichen nur zwei Gruppen von Organen, Ernährungs- und Fortpflanzungsorgane, unterschieden werden. Aber die Tatsachen ließen überall hervortreten, daß die Organe der Pflanzen gegenüber den äußeren Bedingungen empfindlich, reizbar sind, mithin auch die ganze Pflanze als ein empfindendes Wesen bezeichnet werden kann. Daraus entsteht die Frage, ob die Pflanze nicht auch, ähnlich wie das Tier, besondere Organe, Sinnesorgane, besitzt, um die Reize aufzunehmen. Dem widerspricht, daß alle Organe der Pflanze reizbar sind, und zwar zeigen niedere und höhere Pflanzen die gleiche Reizbarkeit. Das Plasmodium eines Schleimpilzes, der Schwärmer einer Achlya, welche sicher keine Sinnesorgane haben, zeigen die gleiche Reizbarkeit wie die vollkommenste Pflanze. Die Pflanze empfindet offenbar mit dem Protoplasma ihrer Zellen ohne Vermittelung besonderer Sinnesorgane. Darum kann sie auch keine spezifischen Eindrücke aufnehmen, sondern empfindet nur Unterschiede. Nicht das Licht, die Schwerkraft, Feuchtigkeit, sondern nur Unterschiede der Intensität empfindet die Pflanze. Sie orientiert sich aber nicht, wie das Tier, über diese Unterschiede durch Sinnesorgane, sondern wird von diesen äußeren Einflüssen unmittelbar geleitet. Gerade weil das Protoplasma den Reiz aufnimmt, haben sich in einigen Fällen Einrichtungen gebildet, welche das Protoplasma in engste Berührung mit der Reizursache bringen, z. B. „Fühltüpfel" bei Ranken, linsenförmige Zellen bei Blättern. Das gibt aber noch keine Berechtigung, diese als „Sinnesorgane" zu bezeichnen, weil Sinnesorgane im Tierreich immer mit Nervenfasern verbunden sind, die zu einem Zentralorgan hinführen. Beides fehlt den Pflanzen.

Wie die Pflanze, den gegebenen Bedingungen gemäß, alle ihre Bedürfnisse reguliert, bleibt noch ein völliges Rätsel. Es bedeutet ein Überschreiten der Grenzen der Wissenschaft, wenn man willkürlich den leeren Begriff einer „Pflanzenseele" oder von „Etwas Psychischem" einführt. Das ist nicht einmal eine Hypothese, sondern ein bloßes Dogma oder eigentlich bloße Mythologie. Das Altertum verfuhr in dieser Frage anschaulicher. Man sagte, ein Baum lebt, weil in jedem Baum eine Nymphe, eine Dryas, wohnt. Niemand hatte sie gesehen, aber man glaubte daran. Wir nennen das heute Mythologie. Die Pflanzenseele ist gleichfalls von niemand gesehen oder durch Erfahrung nachgewiesen worden, mithin muß auch die in einigen Köpfen aufgetauchte Annahme einer Pflanzenpsyche als Mythologie bezeichnet werden.

Für den Anhänger der Entwickelungslehre ist es zwar einleuchtend, daß auch das Seelenvermögen der höheren Lebewesen sich allmählich entwickelt haben wird. Allein daß wir dessen Anfänge in der Pflanzenwelt finden sollen, wäre eine durch nichts begründete Annahme, weil nichts darüber bekannt ist, daß die Pflanzen Vorfahren der Tiere waren, oder daß diese von jenen abstammen. Um uns eine Vorstellung über die Entwickelung des Seelischen machen zu können, müßten wir die ganze Entwickelungsreihe der Lebewesen kennen. Man ist überzeugt, daß der Annahme einer einzigen Entwickelungsreihe in gerader Linie von der niedersten Pflanze bis zu den Tieren die größte Unwahrscheinlichkeit entgegensteht. Es ist völlig unbewiesen, daß die uns bekannte vergangene und heutige Pflanzenwelt mit dem Tierreich in einem solchen Zusammenhange stünde, der einen Schluß auf das Vorhandensein primitiver seelischer Eigenschaften bei Pflanzen zuließe. Das gleiche gilt von „Sinnesorganen" und dem „Bedürfnisgefühl". Hätten die Pflanzen übrigens Nerven und Gefühl, dann wären sie bei den Angriffen und Zerstörungen, die sie durch Tiere und Menschen in viel höherem Grade als diese selbst erleiden müssen, die beklagenswertesten Geschöpfe, und man könnte sich kaum noch ihrer freuen.

Register.

Das Kreuzchen (†) hinter einer Ziffer verweist auf eine Tafel, das Sternchen (*) auf ein Textbild. Die Autorennamen sind durch gesperrte Schrift hervorgehoben.

A.

C.

D.

E.

H.

N.

O.

S.

Berichtigungen.

Seite 182, Zeile 7 von unten lies: kurzen Stiel, statt langen Stiel.
" 191, " 4 von oben lies: **Raphia Ruffia**, statt **Raffia Ruffii**.

	M.	Pf.
Erdgeschichte, von Prof. Dr. ***Melchior Neumayr.*** *Zweite, von Prof. Dr. V. Uhlig bearbeitete Auflage.* Mit 873 Abbildungen im Text, 4 Karten und 34 Tafeln in Farbendruck und Holzschnitt. Gebunden, in 2 Bänden	32	—
Das Weltgebäude. Eine gemeinverständliche Himmelskunde. Von Dr. ***M. Wilhelm Meyer.*** *Zweite Auflage.* Mit 291 Abbildungen im Text, 9 Karten und 34 Tafeln in Farbendruck, Ätzung und Holzschnitt. Gebunden.	16	—
Die Naturkräfte. Ein Weltbild der physikalischen und chemischen Erscheinungen. Von Dr. ***M. Wilhelm Meyer.*** Mit 474 Abbildungen im Text und 29 Tafeln in Farbendruck, Ätzung und Holzschnitt. Gebunden	17	—
Leitfaden der Völkerkunde, von Prof. Dr. ***Karl Weule.*** Mit einem Bilderatlas von 120 Tafeln (mehr als 800 Einzeldarstellungen) und einer Karte der Verbreitung der Menschenrassen. Gebunden, in Leinen	4	50
Bilder-Atlas zur Pflanzengeographie, von Dr. ***Moritz Kronfeld.*** Beschreibender Text mit 216 Abbildungen. Gebunden, in Leinen	2	50
Kunstformen der Natur. 100 Tafeln in Farbendruck und Ätzung mit beschreibendem Text von Prof. Dr. ***Ernst Haeckel.*** In zwei eleganten Sammelkasten 87,50 M. — Gebunden, in Leinen	85	—
Kunstformen der Natur, Kleine Ausgabe. Unter Mitwirkung des Bibliographischen Instituts bearbeitet von Prof. Dr. ***Ernst Haeckel.*** 22 farbige und 8 schwarze Bildertafeln mit Kunstformen der anorganischen und der organischen Natur, nebst erläuterndem Text. In Leinenmappe	6	—

Geographische Werke.

	M.	Pf.
Allgemeine Länderkunde, Kleine Ausgabe, von Prof. Dr. ***Wilh. Sievers.*** Mit 62 Textkarten und Profilen, 33 Kartenbeilagen, 30 Tafeln in Farbendruck, Ätzung und Holzschnitt und 1 Tabelle. Gebunden, in 2 Leinenbänden. . .	20	—
Die Erde und das Leben. Eine vergleichende Erdkunde. Von Prof. Dr. ***Friedrich Ratzel.*** Mit 487 Abbildungen im Text, 21 Karten und 46 Tafeln in Farbendruck, Ätzung und Holzschnitt. Gebunden, in 2 Bänden. . . .	34	—
Afrika. *Zweite Auflage* von Prof. Dr. ***Fr. Hahn.*** Mit 173 Abbildungen im Text, 11 Karten und 21 Tafeln in Farbendruck, Ätzung usw. Gebunden . . .	17	—
Australien, Ozeanien und Polarländer, von Prof. Dr. ***W. Sievers*** und Prof. Dr. ***W. Kükenthal.*** *Zweite Auflage.* Mit 198 Abbildungen im Text, 14 Karten und 24 Tafeln in Farbendruck, Ätzung usw. Gebunden.	17	—
Süd- und Mittelamerika, von Prof. Dr. ***Wilh. Sievers.*** *Dritte Auflage.* Mit 54 Abbildungen, Kärtchen, Profilen usw. im Text, 9 Kartenbeilagen, 20 Doppeltafeln in Ätzung usw. und 6 Tafeln in Farbendruck. Gebunden.	18	—
Nordamerika, von Prof. Dr. ***Emil Deckert.*** *Dritte Auflage.* Mit 86 Abbildungen, Kärtchen, Profilen usw. im Text, 13 Kartenbeilagen, 27 Doppeltafeln in Ätzung und Holzschnitt und 10 Tafeln in Farbendruck. Gebunden.	16	—
Europa, von Prof. Dr. ***A. Philippson.*** *Zweite Auflage.* Mit 144 Abbildungen im Text, 14 Karten und 22 Tafeln in Farbendruck usw. Gebunden . . .	17	—
Das Deutsche Kolonialreich. Eine Länderkunde der deutschen Schutzgebiete. Herausgegeben von Prof. Dr. ***Hans Meyer.*** Mit 12 Tafeln in Farbendruck, 66 Doppeltafeln in Kupferätzung, 55 farbigen Kartenbeilagen und 159 Textkarten, Profilen und Diagrammen. Gebunden, in 2 Leinenbänden	30	—
Meyers Physikalischer Handatlas. 51 Karten zur Ozeanographie, Morphologie, Geologie, Klimatologie, Pflanzen- und Tiergeographie und Völkerkunde. Gebunden, in Leinen	4	—
Meyers Geographischer Handatlas. *Vierte Auflage.* 121 Haupt- und 126 Nebenkarten, 5 Textbeilagen u. Namenverzeichnis. Gebunden, in Leinen	15	—
Meyers Deutscher Städteatlas. 50 Stadtpläne mit 34 Umgebungskarten, vielen Nebenplänen u. vollständigen Straßenverzeichnissen. Geb., in Leinen	8	—

	M.	Pf.
Meyers Orts- und Verkehrslexikon des Deutschen Reichs. *Fünfte Auflage.* Mit 52 Stadtplänen, 19 Umgebungs- und Übersichtskarten, einer Verkehrskarte u. vielen statist. Beilagen. Gebunden, in 2 Leinenbänden	36	—
— ***Textausgabe,*** ohne Beilagen. Gebunden, in 2 Leinenbänden	24	—
Ritters Geographisch-Statistisches Lexikon. *Neunte Auflage.* Revidierter Abdruck. Gebunden, in 2 Leinenbänden	50	—
Geographischer Bilderatlas aller Länder der Erde. Von Prof. Dr. ***Hans Meyer*** und Dr. ***Walter Gerbing.*** Erster Teil: ***Deutschland in 250 Bildern,*** zusammengestellt und erläutert von Dr. ***Walter Gerbing.*** (Weitere Teile in Vorbereitung.) Gebunden, in Leinen	2	75
Verkehrskarte von Deutschland und seinen Grenzgebieten. Zweite Ausgabe. Von ***P. Krauss.*** Maßstab 1:1 500 000. In Umschlag . . .	1	20

Welt- und kulturgeschichtliche Werke.

	M.	Pf.
Weltgeschichte. Begründet von Dr. ***H. F. Helmolt.*** *Zweite, neubearbeitete Auflage,* herausgegeben von Dr. ***Armin Tille.*** Mit mehr als 1200 Abbildungen im Text, 300 Tafeln in Farbendruck, Ätzung und Holzschnitt und 60 Karten. (Im Erscheinen.) Gebunden, in 10 Leinenbänden	140	—
Meyers Historischer Handatlas. 62 Hauptkarten mit vielen Nebenkärtchen, einem Geschichtsabriß und 10 Registerblättern. Gebunden, in Leinen . .	6	—
Der Krieg 1914/17. Werden und Wesen des Weltkriegs, dargestellt in umfassenderen Abhandlungen und kleineren Sonderartikeln. Herausgegeben von ***Dietrich Schäfer.*** Mit vielen Karten, Plänen, Kunstblättern, Textbildern und statistischen Beilagen. *Erster Teil.* Gebunden, in Leinen	10	—
Das Deutsche Volkstum, herausgegeben von Prof. Dr. ***Hans Meyer.*** *Zweite Auflage.* Mit 1 Karte u. 43 Tafeln in Farbendruck, Ätzung u. Holzschnitt. Gebunden, in 2 Leinenbänden	19	—
Urgeschichte der Kultur, von Dr. ***Heinrich Schurtz.*** Mit 434 Abbildungen im Text, 1 Karte und 23 Tafeln in Farbendruck usw. Gebunden, in Leinen	17	—
Geschichte der Deutschen Kultur, von Prof. Dr. ***Georg Steinhausen.*** *Zweite, neubearbeitete Auflage.* Mit 213 Abbildungen im Text und 22 Tafeln in Farbendruck und Kupferätzung. Gebunden, in 2 Leinenbänden . . .	20	—
Allgemeine Wirtschaftskunde. Von Professor Dr. ***Alwin Oppel.*** Mit 218 Abbildungen im Text, 23 Karten und 24 Tafeln in Farbendruck, Ätzung und Holzschnitt. 2 Bände, in Leinen gebunden	9	—

Literatur- und kunstgeschichtliche Werke.

	M.	Pf.
Geschichte der Deutschen Literatur, von Prof. Dr. ***Friedr. Vogt*** und Prof. Dr. ***Max Koch.*** *Dritte Auflage.* Mit 173 Abbildungen im Text, 31 Tafeln in Farbendruck, Tonätzung, Kupferstich und Holzschnitt, 2 Buchdruck- und 43 Faksimilebeilagen. Gebunden, in 2 Leinenbänden.	20	—
Geschichte der Englischen Literatur, von Prof. Dr. ***Rich. Wülker.*** *Zweite Auflage.* Mit 229 Abbildungen im Text, 30 Tafeln in Farbendruck, Tonätzung usw. und 15 Faksimilebeilagen. Gebunden, in 2 Leinenbänden	20	—
Geschichte der Französischen Literatur, von Professor Dr. ***Hermann Suchier*** und Prof. Dr. ***Adolf Birch-Hirschfeld.*** *Zweite Auflage.* Mit 169 Abbildungen im Text, 25 Tafeln in Farbendruck, Kupferätzung und Holzschnitt und 13 Faksimilebeilagen. Gebunden, in 2 Leinenbänden	20	—
Geschichte der Italienischen Literatur, von Prof. Dr. ***B. Wiese*** und Prof. Dr. ***E. Pèrcopo.*** Mit 158 Textabbildungen und 31 Tafeln in Farbendruck, Kupferätzung und Holzschnitt und 8 Faksimilebeilagen. Geb., in Leinen	16	—

	M.	Pf.
Weltgeschichte der Literatur, von ***Otto Hauser.*** Mit 62 Tafeln in Farbendruck, Tonätzung und Holzschnitt. **Gebunden, in 2 Leinenbänden** . . .	20	—
Geschichte der Kunst aller Zeiten und Völker, von Prof. Dr. ***Karl Woermann.*** *Zweite Auflage.* Mit mehr als 2000 Textabbildungen und über 300 Tafeln in Farbendruck usw. **Geb., in 6 Leinenbänden etwa**	75	—
Erschienen ist: Band I: Urzeit und Altertum. 14 Mark. — Band II: Farbige Völker und Islam. 18 Mark. **In Vorbereitung:** Band III: Christliche Frühzeit und Mittelalter. — Band IV: Renaissance. — Band V: Barock. — Band VI: Rokoko, Klassizismus und Neuzeit.		

Wörterbücher.

	M.	Pf.
Duden, Rechtschreibung der deutschen Sprache u. der Fremdwörter. *Neunte Auflage.* **Gebunden**	3	—
Duden, Kleines Wörterbuch der deutschen Rechtschreibung. **Gebunden**	1	10
Fremdwort und Verdeutschung. Ein Wörterbuch für den täglichen Gebrauch, herausgegeben von Prof. Dr. ***Albert Tesch.*** **Gebunden**	2	—
Handwörterbuch der deutschen Sprache, von Dr. ***Daniel Sanders.*** *Achte Auflage* von Dr. ***J. Ernst Wülfing.*** **Geb., in Leinen** . .	10	—

Technik.

	M.	Pf.
Moderne Technik. Die wichtigsten Gebiete der Maschinentechnik und Verkehrstechnik allgemeinverständlich dargestellt und erläutert durch zerlegbare Modelle. Herausgegeben von Ingenieur ***Hans Blücher.*** Mit 1391 Abbildungen im Text und 15 zerlegbaren Modellen. **Gebunden, in 2 Leinenbänden** . . (**Die „Moderne Technik" ist auch in 11 selbständigen, einzeln käuflichen Sonderabteilungen erschienen.**)	40	—
Technischer Modellatlas. 15 zerlegbare Modelle aus den Gebieten der Maschinen- und Verkehrstechnik mit gemeinverständlichen Erläuterungen. Herausgegeben von ***Hans Blücher.*** Neue, wohlfeile Ausgabe. **In Pappband** . .	9	—

Meyers Klassiker-Bibliothek.

	M.	Pf.
Arnim, herausgeg. von *J. Dohmke*, 1 Band	2	40
Brentano, herausg. von *M. Preitz*, 3 Bände	7	50
Bürger, herausg. von *A. E. Berger*, 1 Band	2	40
Chamisso, herausg. von *H. Tardel*, 3 Bände	7	20
Eichendorff, herausg. von *R. Dietze*, 2 Bände	4	80
Freiligrath, herausg. von *P. Zaunert*, 2 Bände	4	80
Gellert, herausg. von *A. Schullerus*, 1 Band	2	40
Goethe, herausgegeben von *K. Heinemann*,		
kleine Ausgabe in 15 Bänden. . .	36	—
— große Ausgabe in 30 Bänden . . .	72	—
Grabbe, herausgegeben von *A. Franz* und		
P. Zaunert, 3 Bände	7	20
Grillparzer, herausg. von *R. Franz*, 5 Bände	12	—
Gutzkow, herausgeg. von *P. Müller*, 4 Bände	9	60
Hauff, herausg. von *M. Mendheim*, 4 Bände	9	60
Hebbel, herausg. von *Fr. Zinkernagel*, kleine		
Ausgabe in 4 Bänden	9	60
— große Ausgabe in 6 Bänden . . .	14	40
Heine, herausgeg. von *E. Elster*, 7 Bände .	16	80
Herder, herausg. von *Th. Matthias*, 5 Bände	12	—
Hoffmann, herausgegeben von *V. Schweizer*		
und *P. Zaunert*, 4 Bände	9	60
Immermann, herausg. von *H. Maync*, 5 Bände	12	—
Jean Paul, herausg. von *R. Wustmann*, 4 Bde.	9	60
Kleist, herausgegeben von *E. Schmidt*, 5 Bde.	12	—
Körner, herausg. von *H. Zimmer*, 2 Bände	4	80
Lenau, herausg. von *C. Schaeffer*, 2 Bände	4	80
Lessing, herausg. von *G. Witkowski*, 7 Bde.	16	80
O. Ludwig, herausg. von *V. Schweizer*, 3 Bände	7	20
Luther, herausg. von *A. E. Berger*, 3 Bände	7	50
Mörike, herausgeg. von *H. Maync*, 3 Bände	7	20
Nibelungenlied, herausg. von *G. Holz*, 1 Bd.	2	40
Novalis u. Fouqué, herausg. v. *J. Dohmke*, 1 Bd.	2	40
Platen, herausgegeben von *G. A. Wolff* und		
V. Schweizer, 2 Bände.	4	80
Reuter, herausgegeben von *W. Seelmann*,		
kleine Ausgabe, 5 Bände	12	—
— große Ausgabe, 7 Bände	16	80
Rückert, herausg. von *G. Ellinger*, 2 Bände	4	80
Scheffel, herausg. von *Fr. Panzer*, 4 Bände	9	60
Schiller, herausgegeben von *L. Bellermann*,		
kleine Ausgabe in 8 Bänden . . .	19	20
— große Ausgabe in 14 Bänden. . .	33	60
Shakespeare, *Schlegel-Tieck*sche Übersetzung.		
Bearbeitet von *A. Brandl.* 10 Bände	20	—
Tieck, herausgeg. von *G. L. Klee*, 3 Bände	7	20
Uhland, herausgeg. von *L. Fränkel*, 2 Bände	4	80
Wieland, herausgeg. von *G. L. Klee*, 4 Bände	9	60

Preise gelten für Leineneinband.

Gedruckt vom Bibliographischen Institut in Leipzig.